EL
DICCIONARIO
PRÁCTICO

de
SINÓNIMOS
Y ANTÓNIMOS

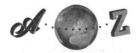

EVEREST

DICCIONARIOS

El **Diccionario Práctico de Sinónimos y Antónimos** ha sido concebido y realizado por el equipo lexicográfico de Editorial Everest.

Diseño de cubierta: Jesús Cruz

CUARTA EDICIÓN

© EDITORIAL EVERGRÁFICAS, S. L.
Carretera León-La Coruña, km 5 - LEÓN
ISBN: 84-241-1508-2
Depósito legal: LE. 1074-2000
Printed in Spain - Impreso en España

EDITORIAL EVERGRÁFICAS, S. L.
Carretera León-La Coruña, km 5
LEÓN (España)

Presentación

Editorial Everest saca a la luz -dentro de su nueva colección de Diccionarios Prácticos- el *Diccionario de Sinónimos y Antónimos*. Pero, ¿qué finalidad tiene un diccionario de este tipo? Indudablemente no es otra que la de enriquecer el vocabulario. Hay dos vías o modos para ampliar nuestro léxico: de un lado la lectura y de otro la consulta en un diccionario, y, más en particular, uno de sinónimos y antónimos.

Muchas veces en las conversaciones nos hallamos en un callejón sin salida, cuando una simple palabra hubiera rematado la charla. En otras ocasiones no encontramos el vocablo con el que terminar el crucigrama comenzado. El diccionario es el amigo que nos ayuda a finalizar un crucigrama o a redactar con brillantez y pulcritud cualquier documento, escrito o carta.

¿A quién va dirigido este diccionario? Por lo anteriormente expuesto, es fácil deducir que al público en general, pero principalmente quisiéramos que fuese un instrumento de consulta para el alumno y el profesor. Para ello entre sus páginas se pueden encontrar más de 8 000 entradas principales que recogen alrededor de 70 000 sinónimos y antónimos. La forma de consultar este diccionario es sencilla: la entrada va en letra negrita, seguida de la categoría gramatical en letra cursiva. A continuación aparecen los sinónimos en letra redonda normal, cuando la entrada tiene una única acepción. En el caso de que haya más de una acepción, el primer sinónimo de cada una de ellas aparece en letra negrita. Por último, los antónimos figuran en letra cursiva precedidos por el signo (➤).

Deseamos que este *Diccionario Práctico de Sinónimos y Antónimos* sirva para el enriquecimiento del vocabulario de sus usuarios y que, de alguna manera, contribuya a la fecundidad y la exaltación de la expresión léxica de nuestro fecundo idioma: el español.

EDITORIAL EVEREST

Abreviaturas

A

adj.	adjetivo
adj. comp.	adjetivo comparativo
adj. dem.	adjetivo demostrativo
adj. distrib.	adjetivo distributivo
adv.	adverbio, adverbial
adv. afirm.	adverbio afirmativo
adv. c.	adverbio de cantidad
adv. dud.	adverbio de duda
adv. l.	adverbio de lugar
adv. m.	adverbio de modo
adv. neg.	adverbio de negación
adv. t.	adverbio de tiempo
amb.	ambiguo
apóc.	apócope
art.	artículo
art. det.	artículo determinado
art. indet.	artículo indeterminado

C

calif.	calificativo
comp.	compuesto
cond.	condicional
conj.	conjunción
conj. advers.	conjunción adversativa
conj. caus.	conjunción causal
conj. conces.	conjunción concesiva
conj. cond.	conjunción condicional
conj. consec.	conjunción consecutiva
conj. cop.	conjunción copulativa
conj. distrib.	conjunción distributiva
conj. disy.	conjunción disyuntiva
conj. sust.	conjunción sustantiva
conj. temp.	conjunción temporal
contracc.	contracción

D

dem.	demostrativo
dim.	diminutivo

E

excl.	exclamativo
expr.	expresión
expr. lat.	expresión latina

I

ind.	indefinido
inf.	infinitivo
int.	interrogativo
interj.	interjección

L

loc.	locución

N

n.	neutro
num. card.	numeral cardinal
num. ord.	numeral ordinal
num. part.	numeral partitivo

P

p. a.	participio activo
pers.	persona, personal
pl.	plural
pl. n.	plural neutro
pos.	posesivo
p. p.	participio pasivo
prep.	preposición
pron.	pronombre
p. us.	poco usual

R

rel.	relativo

S

s. amb.	sustantivo ambiguo
s. f.	sustantivo femenino
s. m.	sustantivo masculino
sin.	sinónimo
sing.	singular
sup.	superlativo

V

v. aux.	verbo auxiliar
v. cop.	verbo copulativo
v. impers.	verbo impersonal
v. intr.	verbo intransitivo
v. prnl.	verbo pronominal
v. tr.	verbo transitivo

abacería *s. f.* Colmado, ultramarinos, comercio, puesto, tienda.

ábaco *s. m.* **1. Numerador**, tabla, marcador, contabilizador. **2. Artesa.**

abacorar *v. tr.* **1. Avasallar**, supeditar. **2. Achuchar**, hostigar, acosar, perseguir.

abad *s. m.* **1. Superior**, rector, prior. **2. Cura**, sacerdote, capellán.

abadengo, ga *adj.* Abacial.

abadesa *s. f.* Madre superiora.

abadía *s. f.* Abadiato, abadengo, priorato, colegiata, convento, residencia, cenobio, monasterio, cartuja.

abajadero *s. m.* Bajada, cuesta, rampa, costanera, costanilla, pendiente, caída, derrumbadero.

abajamiento *s. m.* **1. Minoración**, rebaja. ➤ *Elevación, aumento.* **2. Humillación**, bajeza. ➤ *Exaltación.*

abajar *v. intr.* Rebajar, humillar, bajar. ➤ *Elevar, ensalzar, alzar.*

abajo *adv. l.* Debajo, bajo. ➤ *Arriba.*

abalanzar *v. tr.* **1. Arrojar**, echar, lanzar, proyectar. ➤ *Refrenar, contener, frenar, sujetar.* **2. Igualar**, equilibrar, contrapesar, compensar. ➤ *Desequilibrar, descompensar.* ‖ *v. prnl.* **3. Echarse**, desplomarse, arremeter, acometer, lanzarse, embestir. ➤ *Contenerse, reprimirse, frenarse.*

abaldonar *v. tr.* Envilecer, denigrar, afrentar, ofender, deshonrar. ➤ *Ennoblecer, dignificar.*

abalear *v. tr.* Tirotear, disparar.

abalizamiento *s. m.* Señalización, orientación, demarcación.

abalizar *v. tr.* Amojonar, marcar.

aballestar *v. tr.* Tensar. ➤ *Aflojar.*

abalorio *s. m.* **1. Cuenta**, bolita, lentejuela. **2. Collar**, gargantilla. **3. Oropel**, quincalla, baratija.

abaluartar *v. tr.* Abastionar, amurallar, reforzar. ➤ *Desguarnecer.*

abanar *v. tr.* Atizar, reavivar. ➤ *Apagar.*

abanderado, da *s. m. y s. f.* Portaestandarte, señalero.

abanderizador, ra *adj.* Faccioso, insurrecto, rebelde. ➤ *Leal, obediente.*

abanderizar *v. tr.* Dividir, separar, enemistar. ➤ *Disciplinarse, obedecer.*

abandonado, da *adj.* **1. Descuidado**, abúlico, dejado, negligente, desidioso, desaliñado, sucio, desaseado. ➤ *Cuidadoso, esmerado, atildado, aseado, pulcro.* **2. Desasistido**, desamparado. ➤ *Atendido, cuidado, amparado.*

abandonar *v. tr.* **1. Desatender**, dejar, desamparar, descuidar, desasistir, desentenderse. ➤ *Atender, amparar, asistir, cuidar.* **2. Marcharse**, irse, apartarse, retirarse. ➤ *Volver, regresar, permanecer, quedarse.* **3. Renunciar**, cejar, desistir. ➤ *Seguir, insistir.* ‖ *v. prnl.* **4. Entregarse**, dejarse llevar, relajarse. ➤ *Resistir, esmerarse, cuidarse, componerse.*

abandonismo *s. m.* Derrotismo, pesimismo. ➤ *Iniciativa.*

abandonista *adj.* Desertor, tránsfuga.

abandono *s. m.* **1. Desvalimiento**, desamparo. ➤ *Asistencia.* **2. Desaliño**, dejadez, descuido, relajamiento, negligencia, incuria. ➤ *Atención, cuidado, esmero.* **3. Cesión**, renunciamiento, dimisión. ➤ *Reclamación, demanda, petición.* **4. Deserción**, deslealtad. ➤ *Fidelidad.*

abanicar *v. tr.* Abanar, orear, soplar.

abanico *s. m.* Paipái, ventalle, abanillo.

abanto *adj.* Alelado, atolondrado, aturdido. ➤ *Avispado, despabilado.*

abaratamiento *s. m.* Rebaja, devaluación, liquidación, desvalorización, saldo. ➤ *Subida, encarecimiento.*

abaratar *v. tr.* Bajar, rebajar, disminuir, desvalorizar, depreciar, devaluar, saldar. ➤ *Encarecer, subir, aumentar.*

abarca *s. f.* Almadreña, zueco.

abarcar *v. tr.* **1. Abrazar**, ceñir, rodear, contener. ➤ *Soltar.* **2. Englobar**, incluir, comprehender. ➤ *Excluir, exceptuar, eliminar.* **3. Cubrir**, ocupar.

abarloar *v. tr.* Arrimar, atracar, fondear, amarrar. ➤ *Zarpar.*

abarquillado, da *adj.* Alabeado, combado, curvo. ➤ *Recto, derecho.*

abarquillar *v. tr.* Alabear, combar, pandear, curvar. ➤ *Enderezar.*

abarraganarse *v. prnl.* Amancebarse, amontonarse, juntarse, entenderse, liarse. ➤ *Separarse.*

abarrancar *v. intr.* **1. Embarrancar**, varar, encallar. ➤ *Desembarrancar.* || *v. prnl.* **2. Atollarse**, embarrancarse, enredarse. ➤ *Librarse, salir.*

abarrar *v. tr.* Lanzar, expulsar, arrojar, despedir. ➤ *Retener, mantener.*

abarrer *v. tr.* Escobar, barrer, arrasar.

abarrotado, da *adj.* Atestado, henchido, colmado, saturado, atiborrado. ➤ *Vacío, desocupado.*

abarrotamiento *s. m.* Hacinamiento, saturación, congestión, sobrecarga. ➤ *Falta, escasez, vacío.*

abarrotar *v. tr.* Llenar, colmar, atestar, atiborrar, sobrecargar, saturar. ➤ *Vaciar, descargar, desocupar.*

abasia *s. f.* Invalidez, parálisis.

abastecedor, ra *adj.* Proveedor, suministrador.

abastecer *v. tr.* Proveer, surtir, suministrar, aprovisionar, avituallar, abastar. ➤ *Desabastecer, desproveer.*

abastecimiento *s. m.* Provisión, suministro, surtimiento, aprovisionamiento, abasto. ➤ *Desabastecimiento, desprevención.*

abastionar *v. tr.* Abaluartar, defender, guarnecer. ➤ *Desguarnecer.*

abasto *s. m.* Aprovisionamiento, abastecimiento, suministro, avituallamiento. ➤ *Desabastecimiento.*

abatanado, da *adj.* Curtido, apelmazado, desgastado.

abatanar *v. tr.* Tundir, batir, maltratar.

abatido, da *adj.* **1. Ruin**, canalla, abyecto, perverso, infame, tunante, degradado. ➤ *Noble, honesto, decoroso,* honrado, decente, respetable. **2. Desanimado**, descorazonado, triste, postrado, decaído, desalentado, desfallecido, agotado. ➤ *Animado, vigoroso, alegre, dispuesto, animoso, vivaz.*

abatimiento *s. m.* Desánimo, depresión, languidez, decaimiento, desfallecimiento. ➤ *Animación, alegría.*

abatir *v. tr.* **1. Hundir**, derrumbar, tirar, desmantelar, demoler, arruinar, derribar. ➤ *Levantar, construir, reconstruir, alzar, cimentar, fundar.* **2. Inclinar**, tumbar, desplomar, vencer, volcar, cargar. ➤ *Levantar, elevar, encumbrar, descollar, lanzar.* **3. Desalentar**, decaer, desfallecer, desanimar, entristecer, debilitar, aplanar. ➤ *Animar, excitar, alentar, enaltecer.*

abdicación *s. f.* Renuncia, dimisión, cese. ➤ *Aceptación, asunción.*

abdicar *v. tr.* **1. Dimitir**, declinar, ceder, abandonar, cesar. ➤ *Asumir, conservar, aceptar.* **2. Renegar**, apostatar, renunciar. ➤ *Abrazar.*

abdomen *s. m.* Barriga, tripa, panza, andorga, vientre, intestinos.

abecé *s. m.* **1. Alfabeto**, abecedario. **2. Rudimentos**, fundamentos, bases, cimientos, principios.

abecedario *s. m.* **1. Alfabeto**, abecé. **2. Cartilla**, silabario.

abejorreo *s. m.* Rumor, mosconeo.

abellacado, da *adj.* Envilecido, abribonado, avillanado. ➤ *Ennoblecido.*

abellacarse *v. prnl.* Envilecerse, abribonarse, avillanarse. ➤ *Ennoblecerse.*

aberración *s. f.* **1. Extravío**, descarrío, desviación, vicio, relajación. **2. Ofuscación**, error, equivocación, cabezonería. ➤ *Acierto.* **3. Deformación**, anomalía, imperfección, tara. ➤ *Normalidad, perfección, proporcionalidad, regularidad.*

abertura *s. f.* **1. Apertura**. **2. Rendija**, boquete, brecha, resquicio, resquebrajadura, corte, rotura, hendidura, grieta, orificio, hueco, agujero. ➤ *Cierre, oclusión, obturación.* **3. Franqueza**, sencillez, sinceridad, llaneza, naturalidad. ➤ *Reserva, disimulo, hipocresía, cautela, circunspección.*

abetunado, da *adj.* Bituminoso.

abiertamente *adv. m.* Sinceramente, claramente, manifiestamente, llanamente, francamente. ➤ *Subrepticiamente, cautamente, ocultamente.*

abierto, ta *adj.* **1. Hendido**, roto, resquebrajado, agrietado. ➤ *Entero, compacto.* **2. Despejado**, raso, liso. ➤ *Escarpado.* **3. Sincero**, franco, natural, claro, llano. ➤ *Reservado, cauteloso, circunspecto, hipócrita, cerrado, solapado.* **4. Libre**, desembarazado, expedito. ➤ *Obstruido.*

abigarrado, da *adj.* Chillón, multicolor, mezclado, confuso, sobrecargado, heterogéneo, enredado, inconexo. ➤ *Unicolor, homogéneo, uniforme.*

abigarrar *v. tr.* Mezclar, entremezclar.

abigeato *s. m.* Cuatrerismo, rapiña.

abigeo *s. m.* Cuatrero, ladrón.

abirritar *v. tr.* Aplacar, calmar, mitigar, lenificar. ➤ *Excitar, irritar.*

abisal *adj.* Profundo, hondo, insondable, misterioso, imponente, recóndito.

abismado, da *adj.* **1. Abatido**, arruinado, hundido. **2. Ensimismado**, sumido, absorto. ➤ *Distraído.*

abismal *adj.* Profundo, insondable, hondo, imponente, inmenso, abisal, misterioso, oscuro, recóndito. ➤ *Superficial, claro, comprensible, sencillo.*

abismar *v. tr.* **1. Sumir**, sumergir. ➤ *Sacar.* **2. Turbar**, confundir, desconcertar, ofuscar, abatir, atribular. ➤ *Serenar, aclarar, despejar, tranquilizar.* ‖ *v. prnl.* **3. Ensimismarse**, meditar, abstraerse. ➤ *Distraerse.*

abismo *s. m.* **1. Precipicio**, sima, despeñadero, vacío, barranco, talud. ➤ *Cima, cumbre, cúspide.* **2. Averno**, infierno, tinieblas. ➤ *Cielo, paraíso.*

abitar *v. tr.* Amarrar, anclar, liar.

abjurable *adj.* Erróneo, falaz. ➤ *Auténtico, verdadero, veraz.*

abjuración *s. f.* Renuncia, retractación, apostasía. ➤ *Aceptación, bautismo.*

abjurar *v. tr.* Renegar, apostatar, retractarse, abandonar, renunciar. ➤ *Abrazar, mantenerse, sostener, ratificar.*

ablación *s. f.* Amputación, mutilación, extirpación, separación. ➤ *Injerto.*

ablandamiento *s. m.* Dulcificación, mitigación, moderación, reblandecimiento. ➤ *Endurecimiento.*

ablandar *v. tr.* **1. Emblandecer**, suavizar, reblandecer. ➤ *Endurecer.* **2. Enternecer**, desenfadar, conmover, desenojar, desencolerizar. ➤ *Enfadar, irritar, encolerizar, ensañarse.* ‖ *v. intr.* **3. Templar**, molificar, abonanzar, mejorar. ➤ *Recrudecer, empeorar, aborrascarse.* **4. Mitigar**, ceder.

ablandativo, va *adj.* Emoliente.

ablepsia *s. f.* Ceguera, ceguedad.

ablución *s. f.* **1. Lavado**, enjuague. **2. Lavatorio**, lavabo, purificación.

ablusado, da *adj.* Ahuecado, abolsado, holgado. ➤ *Ceñido, apretado.*

abnegación *s. f.* Altruismo, desinterés, filantropía, generosidad, desprendimiento. ➤ *Egoísmo, interés.*

abnegado, da *adj.* Benefactor, bienhechor, filántropo, generoso, desprendido. ➤ *Egoísta, mezquino.*

abnegarse *v. prnl.* Sacrificarse, renunciar.

abobado, da *adj.* Alelado, atontado, distraído. ➤ *Listo, inteligente.*

abobar *v. tr.* Alelar, atontar, entontecer, entorpecer. ➤ *Despabilar.*

abocar *v. tr.* **1. Transvasar**, derramar, verter, volcar. **2. Acercar**, arrimar, juntar. ➤ *Alejar, separar.* ‖ *v. intr.* **3. Llegar**, entrar. ‖ *v. prnl.* **4. Unirse**, acercarse, conversar, pactar. ➤ *Alejarse, distanciarse.*

abocardado, da *adj.* Abocinado, atrompetado.

abocetado, da *adj.* Bosquejado, esbozado, perfilado. ➤ *Acabado.*

abocetar *v. tr.* Esbozar, esquematizar, bosquejar, perfilar. ➤ *Rematar.*

abochornado, da Avergonzado, confundido, sofocado.

abochornar *v. tr.* **1. Avergonzar**, ruborizar, sofocar, sonrojar, azarar. ➤ *Enorgullecerse, serenarse.* **2. Agostar**, abrasar, acalorar, asfixiar, sofocar. ➤ *Enfriar, refrescar.*

abofetear *v. tr.* Golpear, sopapear, cruzar el rostro, dar tortas.

abogacía *s. f.* Jurisprudencia.

abogado, da *s. m. y s. f.* **1. Letrado**, jurisconsulto, jurista, legista, leguleyo, picapleitos. **2. Defensor**, medianero, mediador. ➤ *Acusador, fiscal.*

abogar *v. intr.* Defender, patrocinar, proteger, mediar, interceder, apoyar. ➤ *Acusar, atacar, desamparar.*

abolengo *s. m.* Alcurnia, genealogía, linaje, ascendencia, estirpe, casta.

abolición *s. f.* Anulación, cancelación, derogación, invalidación, revocación. ➤ *Autorización, aprobación.*

abolir *v. tr.* Anular, suprimir, revocar, abrogar, rescindir, cancelar, eliminar, derogar, invalidar, prohibir. ➤ *Implantar, instaurar, inaufgurar, restaurar, restablecer, promulgar.*

abollado, da *adj.* Aplastado, chafado, deformado, hundido. ➤ *Liso.*

abollar *v. tr.* Hender, machacar, hollar, hundir, chafar, aplastar, deformar. ➤ *Aplanar, desabollar, igualar, alisar.*

abolsado, da *adj.* Ablusado, holgado. ➤ *Ceñido.*

abombado, da *adj.* **1. Ahuecado**, combado. ➤ *Liso.* **2. Atontado**, tonto, alelado, aturdido. ➤ *Despierto.*

abombar *v. tr.* **1. Arquear**, alabear. ǁ *v. prnl.* **2. Combarse**, curvarse.

abominable *adj.* Aborrecible, atroz, detestable, ominoso, vituperable. ➤ *Admirable, amable, encomiable.*

abominación *s. f.* Espanto, aversión, execración, condena. ➤ *Admiración.*

abominar *v. tr.* **1. Reprobar**, decir pestes, maldecir, vituperar. ➤ *Glorificar, bendecir.* **2. Odiar**, detestar, aborrecer, repugnar, execrar. ➤ *Amar, adorar, admirar, alabar, enaltecer.*

abonado, da *adj.* **1. Avalado**, fiable, acreditado, garantizado. ǁ *s. m. y s. f.* **2. Inscrito**, suscrito.

abonanzar *v. intr.* Serenar, despejar, aclarar, mejorar, abrir. ➤ *Aborrascarse, cargarse, oscurecerse, encapotarse.*

abonar¹ *v. tr.* **1. Asegurar**, acreditar, garantizar. ➤ *Invalidar.* **2. Responder**, salir fiador. **3. Fertilizar**, enriquecer, estercolar.

abonar² *v. tr.* **1. Satisfacer**, saldar, pagar, costear, sufragar, liquidar una cuenta. **2. Tomar en cuenta.** ➤ *Cargar.* ǁ *v. prnl.* **3. Apuntarse**, anotarse, inscribirse, suscribirse. ➤ *Dar de baja.*

abonaré *s. m.* Pagaré, acreditación, crédito, recibo. ➤ *Cargo.*

abono *s. m.* **1. Fertilizante**, estiércol. **2. Suscripción.**

aboquillar *v. tr.* Abocardar.

abordable *adj.* Accesible, tratable. ➤ *Inaccesible, intratable.*

abordaje *s. m.* **1. Asalto**, acometida. **2. Colisión**, choque, encontronazo, siniestro, accidente.

abordar *v. tr.* **1. Chocar**, entrechocarse, topar. ➤ *Evitar, eludir.* **2. Acercarse**, aproximarse. ➤ *Alejarse, distanciarse.* **3. Iniciar**, empezar, plantear, emprender, acometer.

aborigen *adj.* Autóctono, vernáculo, indígena, originario, nativo. ➤ *Extranjero, forastero, alienígena, foráneo.*

aborrascarse *v. prnl.* **1. Encapotarse**, cubrirse, nublarse, oscurecerse. ➤ *Abonanzar, escampar, despejar.* **2. Disgustarse**, amoscarse, irritarse. ➤ *Calmarse, apaciguarse.*

aborrecer *v. tr.* **1. Odiar**, detestar, abominar, execrar, despreciar. ➤ *Amar, adorar, admirar, simpatizar.* **2. Hastiar**, aburrir, fastidiar. ➤ *Interesar, gustar, agradar.*

aborrecible *adj.* Abominable, condenable, execrable. ➤ *Amable.*

aborrecimiento *s. m.* Aversión, desprecio, execración, fobia, odio. ➤ *Aprecio, cariño.*

abortar *v. tr.* **1. Malparir**, mover, perder. ➤ *Parir.* ǁ *v. intr.* **2. Frustrarse**, fracasar, fallar, malograrse. ➤ *Lograrse, triunfar, salir adelante.*

aborto *s. m.* Malparto, abortamiento.

abotagarse *v. prnl.* Hincharse, inflarse, embotijarse, congestionarse. ➤ *Deshincharse, desinflarse.*

abotonar *v. tr.* Abrochar, fijar, sujetar, cerrar. ➤ *Desabotonar, desabrochar.*

abovedado, da *adj.* Curvado, arqueado, corvo, combado, cóncavo.

abra *s. f.* **1. Ensenada**, cala, bahía. **2. Resquebrajadura**, hendidura, grieta. **3. Senda**, sendero, vereda, trocha.

abrasador, ra *adj.* Ardiente, flamígero, candente, achicharrante, ígneo. ➤ *Helador, glacial, gélido, helado.*

abrasar *v. tr.* **1. Incendiar,** carbonizar, calcinar. ➤ *Apagar, sofocar.* **2. Marchitar,** agostar. ➤ *Reverdecer.* **3. Arder,** quemar. ➤ *Enfriar, templar.* **4. Enardecer,** encender, acalorar.

abrazadera *s. f.* Corchete, llave.

abrazar *v. tr.* **1. Rodear,** abarcar, estrechar, ceñir, enlazar, estrujar. ➤ *Soltar.* **2. Comprender,** constar de, englobar, incluir. ➤ *Excluir.* **3. Seguir,** adoptar, someterse. ➤ *Abjurar, renegar, apostatar, rechazar.*

abrazo *s. m.* Apretón, lazo, saludo.

abrelatas *s. m.* Abridor.

abrevadero *s. m.* Barreño, pilón.

abreviación *s. f.* Brevedad, acortamiento, resumen. ➤ *Prórroga.*

abreviado, da *adj.* Parvo, reducido, sintetizado, extractado, acortado, compendiado. ➤ *Extenso, dilatado.*

abreviar *v. tr.* **1. Reducir,** compendiar, resumir, restringir, acortar. ➤ *Extender, alargar, ampliar, prolongar.* **2. Apurar,** aligerar, apremiar, acelerar, apresurar. ➤ *Retardar, diferir, dilatar.*

abreviatura *s. f.* **1. Sigla,** inicial, cifra. **2. Síntesis,** compendio, resumen, abreviación.

abribonarse *v. prnl.* Envilecerse, malearse, avillanarse. ➤ *Corregirse.*

abrigar *v. tr.* **1. Arropar,** tapar, cubrir. ➤ *Desabrigar, desarropar.* **2. Proteger,** amparar, patrocinar, auxiliar. ➤ *Desamparar, abandonar.* **3. Albergar,** cobijar, resguardar.

abrigo *s. m.* **1. Pelliza,** tabardo, zamarra, sobretodo, gabán. **2. Refugio,** guarida, albergue, parapeto. **3. Amparo,** refugio, auxilio, patrocinio.

abriles *s. m. pl.* Años, primaveras.

abrillantar *v. tr.* **1. Pulir,** pulimentar, bruñir, lustrar, refulgir. ➤ *Deslucir.* **2. Labrar,** pulir, ciclar. **3. Valorar,** esplender, lucir.

abrir *v. tr.* **1. Desplegar,** separar, soltar, desdoblar. ➤ *Cerrar, plegar, doblar.* **2. Descubrir,** destapar. ➤ *Ce-*

rrar, tapar. **3. Iniciar,** comenzar, inaugurar. ➤ *Clausurar, finalizar, terminar, concluir.* **4. Rajar,** agrietar, hender, rasgar, resquebrajar. || *v. intr.* **5. Serenar,** aclarar, despejar, abonanzar. ➤ *Aborrascarse, oscurecerse, encapotarse, cubrirse.* || *v. prnl.* **6. Sincerarse,** declarar. ➤ *Ocultar, disimular.*

abrochar *v. tr.* Abotonar, ceñir, unir, cerrar. ➤ *Desabrochar, desabotonar.*

abrogar *v. tr.* Revocar, derogar, anular, abolir, suprimir. ➤ *Restablecer, restaurar, instituir, instaurar, promulgar.*

abroquelarse *v. prnl.* Escudar, ampararar, cubrir, proteger. ➤ *Exponer.*

abrumador, ra *adj.* Agobiante, atosigante. ➤ *Cómodo, confortante.*

abrumar *v. tr.* Agobiar, atosigar, hastiar, aplanar, cansar, agotar, aburrir, incomodar, abatir. ➤ *Aliviar, mitigar, confortar.*

abrupto, ta *adj.* **1. Escarpado,** accidentado, intrincado, quebrado, fragoso, áspero. ➤ *Llano, liso, plano, raso, suave, accesible.* **2. Áspero,** violento, rudo, destemplado. ➤ *Amable, afable.*

absceso *s. m.* Tumor, purulencia, grano, pústula, llaga, úlcera.

absentismo *s. m.* **1. Alejamiento. 2. Incumplimiento,** abandono, ausencia, abstencionismo.

absolución *s. f.* Liberación, perdón, exención, redención, indulto, rehabilitación, indulgencia, descargo. ➤ *Condenación, inculpación.*

absolutismo *s. m.* Autocracia, despotismo, dictadura, tiranía. ➤ *Democracia, constitucionalismo.*

absolutista *adj.* Déspota, dictador, tirano, autócrata. ➤ *Demócrata.*

absoluto, ta *adj.* **1. Completo,** total, universal, general. ➤ *Parcial, fragmentario.* **2. Incondicional,** ilimitado, categórico, dogmático, tajante, definitivo. ➤ *Relativo, comprensivo, condescendiente.*

absolutorio, ria *adj.* Eximente. ➤ *Condenatorio.*

absolver *v. tr.* Perdonar, remitir, eximir, indultar, sobreseer, rehabilitar. ➤ *Condenar, inculpar.*

absorbente *adj.* **1. Secante**, empapante, permeable. **2. Avasallador**, arrollador, tirano, cautivante.

absorber *v. tr.* **1. Aspirar**, chupar, embeber, empapar, tragar. ➤ *Arrojar, expulsar, expeler.* **2. Cautivar**, atraer, seducir. ➤ *Repeler, aburrir, desencantar.*

absorción *s. f.* Resorción, embebimiento, empapamiento.

absortar *v. tr.* Ensimismar, abstraer, meditar, embeberse. ➤ *Distraerse.*

absorto, ta *adj.* **1. Abstraído**, ensimismado, abismado, pensativo, meditabundo, embebido, en las nubes. ➤ *Distraído, desentendido, despreocupado.* **2. Admirado**, atónito, pasmado, asombrado, boquiabierto, maravillado. ➤ *Impasible, indiferente.*

abstemio, mia *adj.* Sereno, sobrio, enófobo. ➤ *Borracho, bebedor.*

abstención *s. f.* Contención, inhibición, renuncia, freno.

abstencionismo *s. m.* Neutralidad, pasividad. ➤ *Colaboracionismo.*

abstenerse *v. prnl.* Privarse, prescindir, inhibirse, contenerse, refrenarse, renunciar. ➤ *Participar, intervenir, actuar, obrar, tomar parte.*

abstergente *adj.* Antiséptico, desinfectante. ➤ *Contaminador.*

abstersión *s. f.* Desinfección, purificación, limpieza, asepsia. ➤ *Infección.*

abstinencia *s. f.* **1. Ayuno**, dieta, frugalidad. ➤ *Gula.* **2. Continencia**, moderación, castidad, privación, renuncia. ➤ *Exceso, lujuria, incontinencia.*

abstracción *s. f.* **1. Conceptualización**, racionalización. ➤ *Concreción, materialización.* **2. Embelesamiento**, enfrascamiento, ensimismamiento. ➤ *Disipación, distracción.*

abstraer *v. tr.* **1. Conceptualizar**. ➤ *Materializar.* ‖ *v. prnl.* **2. Ensimismarse**, absorberse, embelesarse, meditar, enfrascarse, enajenarse. ➤ *Distraerse, disiparse.*

abstruso, sa *adj.* Incomprensible, recóndito, impenetrable, profundo, difícil, oscuro, oculto, inasequible. ➤ *Comprensible, obvio, fácil, claro, asequible, accesible.*

absuelto, ta *adj.* Redimido, perdonado, exculpado, indultado, rehabilitado. ➤ *Condenado, culpado.*

absurdo, da *adj.* **1. Ilógico**, desatinado, disparatado, irracional, extravagante, inconsecuente, descabellado. ➤ *Lógico, sensato, racional, razonable, consecuente, atinado.* ‖ *s. m.* **2. Disparate**, desatino, incoherencia, incongruencia, falsedad, extravagancia, necedad. ➤ *Congruencia, sensatez.*

abuchear *v. tr.* Abroncar, patear, silbar, protestar. ➤ *Aplaudir, jalear, ovacionar, aclamar.*

abucheo *s. m.* Pita, silba, desaprobación, protesta, bronca, pateo. ➤ *Aplauso, ovación, aclamación.*

abulia *s. f.* Apatía, desgana, indiferencia, desinterés, pasividad, dejación, esplín. ➤ *Actividad, interés, gana.*

abúlico, ca *adj.* Desganado, lánguido, apático, pasivo. ➤ *Activo, dinámico.*

abultar *v. tr.* **1. Acrecer**, agrandar, hinchar, engordar, ensanchar. ➤ *Alisar, adelgazar, disminuir, deshinchar.* **2. Hiperbolizar**, exagerar, ponderar, encarecer, acrecentar. ➤ *Disminuir, minimizar.*

abundancia *s. f.* Copia, caudal, exceso, multitud, profusión, opulencia, plétora, raudal, demasía. ➤ *Escasez, pobreza, carencia, falta, indigencia.*

abundante *adj.* Cuantioso, numeroso, profuso, innumerable, rico, exuberante, fecundo, pletórico. ➤ *Escaso, contado, exiguo, falto, limitado, pobre.*

abundar *v. intr.* Multiplicarse, pulular, rebosar, cundir, sobrar. ➤ *Escasear, faltar.*

aburguesamiento *s. m.* **1. Enriquecimiento**, opulencia. ➤ *Empobrecimiento.* **2. Conformismo**, apoltronamiento, anquilosamiento. ➤ *Inquietud, inconformismo.*

aburguesarse *v. prnl.* **1. Establecerse**, enriquecerse. ➤ *Arruinarse.* **2. Anquilosarse**, apoltronarse.

aburrarse *v. prnl.* Embrutecerse.

aburrido, da *adj.* Monótono, cargante, insulso, tedioso, fastidioso, inoportuno. ➤ *Divertido, entretenido.*

aburrimiento *s. m.* Desgana, esplín, hastío, tedio, inapetencia, fastidio. ➤ *Diversión, entretenimiento, regocijo.*

aburrir *v. tr.* **1. Amolar**, fastidiar, hastiar, cansar, molestar, hartar. ➤ *Divertir, entretener, regocijar.* ‖ *v. prnl.* **2. Hastiarse**, agobiarse, hartarse, cansarse. ➤ *Divertirse, recrearse.*

abusar *v. intr.* **1. Excederse**, extralimitarse, aprovecharse, explotar. ➤ *Moderarse, contenerse.* **2. Atropellar**, forzar, violar, aprovecharse, engañar, seducir, propasarse. ➤ *Respetar, honrar, considerar.*

abuso *s. m.* Exceso, injusticia, atropello, arbitrariedad, ilegalidad. ➤ *Respeto.*

abusón, na *adj.* Abusivo, explotador, injusto. ➤ *Comedido, considerado.*

abyección *s. f.* **1. Abatimiento**, humillación. **2. Bajeza**, infamia, oprobio, vileza, ignominia. ➤ *Nobleza, sublimidad, dignidad.*

acá *adv. l.* **1. Aquí**, al lado, cerca. ➤ *Allá, allí.* ‖ *adv. t.* **2. Ahora**, en este momento. ➤ *Después, antes.*

acabado, da *adj.* **1. Concluido**, terminado, consumado, finalizado. ➤ *Incompleto, inacabado, inconcluso.* **2. Gastado**, consumido, agotado, malparado, destruido. ➤ *Pletórico, joven, vital, nuevo.* ‖ *s. m.* **3. Remate**, retoques, toques.

acabamiento *s. m.* **1. Conclusión**, desenlace, ejecución, solución. ➤ *Incumplimiento, inconclusión, imperfección.* **2. Remate**, fin, término. ➤ *Origen, comienzo, inicio.* **3. Óbito**, defunción, muerte. ➤ *Nacimiento.*

acabar *v. tr.* **1. Finalizar**, rematar, concluir, terminar, finiquitar, ultimar. ➤ *Empezar, comenzar, iniciar, principiar, emprender.* **2. Consumir**, agotar, gastar, apurar. ➤ *Reservar, guardar.* **3. Pulir.** ‖ *v. intr.* **4. Extinguirse**, fallecer, fenecer, morir. ➤ *Nacer, aparecer, originarse.*

acabildar *v. tr.* Asociar, reunir, congregar, convocar.

academia *s. f.* **1. Instituto**, colegio, escuela, seminario. **2. Corporación**, institución, entidad, sociedad.

acaecer *v. intr.* Acontecer, ocurrir, pasar, sobrevenir, suceder, producirse.

acaecimiento *s. m.* Acontecimiento, suceso, hecho, evento, caso, episodio, contingencia, incidente.

acallar *v. intr.* **1. Silenciar**, intimidar, amordazar. ➤ *Publicar, difundir.* **2. Sosegar**, calmar, aplacar, contener, tranquilizar, mitigar, suavizar. ➤ *Excitar, incitar, avivar, inquietar.*

acaloramiento *s. m.* **1. Sofoco**, febrilidad. ➤ *Enfriamiento.* **2. Fogosidad**, ardor, vehemencia, enardecimiento, arrebato. ➤ *Serenidad, frialdad, calma, tranquilidad, impasibilidad.*

acalorarse *v. prnl.* Enardecerse, entusiasmarse, excitarse, irritarse, exaltarse. ➤ *Calmarse, apaciguarse, serenarse, moderarse.*

acampada *s. f.* Cámping, campamento.

acampanado, da *adj.* Abocardado, atrompetado.

acampanar *v. tr.* Abocinar, abocardar.

acampar *v. intr.* Acantonarse, establecerse, instalarse.

acanalado, da *adj.* Canalado, estriado, rayado. ➤ *Liso, llano.*

acanillado, da *adj.* Estriado, acanalado, rayado. ➤ *Liso.*

acantilar *v. tr.* **1. Embarrancar**, encallar. **2. Dragar.**

acantonamiento *s. m.* **1. Emplazamiento**, localización, posición. **2. Campamento**, plaza.

acantonar *v. tr.* Acampar, emplazar, localizar.

acañutado, da *adj.* Angosto, estrecho. ➤ *Ancho.*

acaparador, ra *adj.* Especulador, estraperlista, monopolizador.

acaparamiento *s. m.* Acopio, acumulación, almacenamiento, monopolio.

acaparar *v. tr.* **1. Acumular**, almacenar, especular, retener. **2. Monopolizar**, centralizar. ➤ *Distribuir, compartir, repartir.*

acaponado, da *adj.* Afeminado, adamado, castrado. ➤ *Masculino, viril.*

acaramelar *v. tr.* **1. Azucarar**, endulzar, garrapiñar. ‖ *v. prnl.* **2. Enamorarse**, encariñarse, galantear.

acariciador, ra *adj.* Grato, melifluo, meloso, zalamero, adulador, mimoso, manoseador. ➤ *Adusto, áspero.*

acariciar *v. tr.* **1. Mimar**, abrazar, besar, arrullar. ➤ *Maltratar, pegar.* **2. Rozar**, tocar, manosear. **3. Desear**, esperar, abrigar. ➤ *Desesperar.*

acarrear *v. tr.* **1. Transportar**, llevar, conducir, cargar, portear, trasladar. **2. Ocasionar**, causar, implicar, proporcionar, producir.

acarreo *s. m.* Conducción, transporte, traslado, porte.

acartonamiento *s. m.* Amojamamiento, acecinamiento, apergaminamiento. ➤ *Frescura, lozanía.*

acartonarse *v. prnl.* Acecinarse, amojamarse, apergaminarse, momificarse.

acaso *s. m.* **1. Azar**, casualidad, eventualidad, suerte, chamba, chiripa. ➤ *Certeza, seguridad.* ‖ *adv.* **2. Quizá**, quizás, tal vez, es posible que.

acatable *adj.* Aceptable, admisible, respetable. ➤ *Menospreciable.*

acatamiento *s. m.* Obediencia, sumisión, supeditación, veneración, respeto, sometimiento. ➤ *Desobediencia, rebelión, motín, menosprecio, insubordinación, atención.*

acatar *v. tr.* Obedecer, someterse, respetar, sujetarse, venerar, reverenciar, supeditarse. ➤ *Desacatar, rebelarse, desobedecer, desconsiderar, faltar, menospreciar, insubordinarse.*

acatarrarse *v. prnl.* Constiparse, resfriarse, enfriarse.

acaudalado, da *adj.* Creso, millonario, pudiente, rico, adinerado. ➤ *Pobre, indigente, necesitado, menesteroso.*

acaudalar *v. tr.* Atesorar, acumular, enriquecerse, adinerarse. ➤ *Empobrecerse, arruinarse.*

acaudillar *v. tr.* **1. Dirigir**, guiar, conducir. **2. Capitanear**, mandar.

acautelarse *v. prnl.* Cautelarse, precaverse, prever.

acceder *v. intr.* **1. Permitir**, autorizar, convenir, aceptar, ceder, transigir, condescender. ➤ *Rehusar, negarse, denegar, rechazar, resistirse, declinar.* **2. Entrar**, penetrar, pasar.

accesible *adj.* **1. Abordable**, alcanzable, cercano, asequible. ➤ *Inalcanzable, inasequible, inaccesible.* **2. Cordial**, abierto, sencillo, franco, tratable, llano, cordial. ➤ *Altivo, arrogante, distante, inasequible, seco.* **3. Comprensible**, inteligible. ➤ *Incomprensible, ininteligible.*

accesión *s. f.* Acceso.

accésit *s. m.* Gratificación, premio, galardón, recompensa.

acceso *s. m.* **1. Acercamiento**, llegada, aproximación. ➤ *Alejamiento, retirada.* **2. Senda**, vereda, carretera, camino, paso, entrada. ➤ *Salida.* **3. Ataque**, indisposición, trastorno.

accesorio, ria *adj.* **1. Accidental**, anejo, circunstancial, secundario, complementario. ➤ *Esencial, fundamental, básico, principal.* ‖ *s. f.* **2. Anexo**, complemento.

accidentado, da *adj.* **1. Escarpado**, montañoso, irregular, abrupto. ➤ *Llano, liso, suave, raso.* **2. Difícil**, peliagudo, agitado, movido, borrascoso. ➤ *Fácil, cómodo, tranquilo.*

accidental *adj.* **1. Secundario**, accesorio, complementario, suplementario. ➤ *Esencial, principal, básico, fundamental.* **2. Fortuito**, impensado, contingente, casual, eventual, incidental. ➤ *Premeditado, previsto, preparado.* **3. Interino**, provisional, temporal. ➤ *Fijo, definitivo.*

accidentar *v. tr.* **1. Dañar.** ➤ *Curar.* ‖ *v. prnl.* **2. Dañarse**, indisponerse. ➤ *Recuperarse, curarse.*

accidente *s. m.* **1. Síntoma**, detalle, signo. ➤ *Esencia, sustancia.* **2. Incidente**, aventura, percance, contratiempo, suceso. **3. Bache**, altibajo, irregularidad. **4. Desmayo**, lesión, síncope, soponcio, indisposición. **5. Alteración**, congoja, pasión.

acción *s. f.* **1. Actividad**, práctica, tarea, movimiento ➤ *Inacción, inactividad, inercia.* **2. Hecho**, obra, acto. **3. Ademán**, postura, expresión, apariencia. ➤ *Inacción.* **4. Título**, participación, bono, valor. **5. Escaramuza**, encuentro, lucha, combate, batalla, lid.

accionar *v. tr.* **1. Manipular**, mover, manejar, maniobrar, operar. || *v. intr.* **2. Gesticular**, manotear, moverse.

accionista *s. m. y s. f.* Beneficiario, capitalista, rentista, socio.

acechador, ra *adj.* Avizorador, acechón, espía.

acechar *v. tr.* Vigilar, espiar, atisbar, observar, escudriñar, husmear.

acecho *s. m.* **1. Acechanza**. **2. Garita**.

acecinado, da *adj.* Apergaminado, amojamado. ➤ *Fresco, lozano*.

acecinar *v. tr.* **1. Ahumar**, curar, salar. || *v. prnl.* **2. Amojamarse**, enflaquecer, secarse. ➤ *Engordar*.

acedar *v. tr.* **1. Agriar**, acidular, acidificar, avinagrar. **2. Disgustar**, importunar, enfadar, desazonar.

acedía *s. f.* Acidez, agrura. ➤ *Dulzura*.

acéfalo, la *adj.* Descabezado, decapitado. ➤ *Céfalo*.

aceite *s. m.* Grasa, óleo.

aceitoso, sa *adj.* Oleaginoso, oleoso, untoso, graso, grasoso. ➤ *Seco*.

aceituna *s. f.* Oliva.

acelajado, da *adj.* Anubado, velado. ➤ *Descubierto*.

aceleración *s. f.* Celeridad, prontitud, rapidez, apresuramiento, apremio, urgencia. ➤ *Lentitud, calma*.

acelerar *v. tr.* Apresurar, activar, avivar, aligerar, precipitar, apurar, incrementar, apremiar, urgir. ➤ *Retardar, entretener, frenar, diferir, detener*.

acelga *s. f.* Armuelle, bledo.

acemilería *s. f.* Establo, caballeriza.

acemilero, ra *adj.* Arriero, mulero.

acendrado, da *adj.* Depurado, delicado, inmaculado, purificado, impoluto. ➤ *Impuro, manchado*.

acendramiento *s. m.* Aquilatamiento, decantación, depuración, purificación, acrisolamiento.

acendrar *v. tr.* **1. Decantar**, acrisolar, depurar. **2. Refinar**, perfeccionar.

acento *s. m.* **1. Tilde**, vírgula. **2. Dejo**, tonillo, entonación, pronunciación.

acentuadamente *adv. m.* Remarcadamente, insistentemente, subrayadamente, marcadamente. ➤ *Sutilmente, tenuemente, suavemente, finamente*.

acentuar *v. tr.* **1. Recalcar**, realzar, remarcar. ➤ *Atenuar, menguar, sutilizar*. **2. Marcar**, insistir, hacer hincapié, hacer resaltar, subrayar, destacar. ➤ *Atenuar, soslayar, disimular, aminorar, pasar por alto*. || *v. prnl.* **3. Aumentar**, crecer. ➤ *Menguar, decrecer*.

acepillar *v. tr.* Desempolvar, cepillar.

aceptable *adj.* Admisible, pasable, tolerable, autorizable. ➤ *Rechazable*.

aceptar *v. tr.* **1. Acoger**, recoger, tomar, admitir, hacerse cargo. ➤ *Rechazar, rehusar*. **2. Aprobar**, tolerar, pasar, aplaudir, acceder, consentir. ➤ *Reprobar, repudiar, condenar*.

acepto, ta *adj.* Bienquisto, agradable.

acequia *s. f.* Canal, azarbe, riego, reguero, zanja, cauce.

acera *s. f.* Andén, orilla, bordillo, margen. ➤ *Calzada*.

acerado, da *adj.* **1. Resistente**, duro, fuerte, recio, firme, férreo. ➤ *Blando, débil, frágil*. **2. Incisivo**, mordaz, penetrante, punzante, agudo. ➤ *Torpe, burdo, romo*.

acerar *v. tr.* Robustecer, endurecer, vigorizar. ➤ *Debilitar*.

acerbidad *s. f.* Acritud, rudeza, crueldad. ➤ *Amabilidad, suavidad*.

acerbo, ba *adj.* **1. Amargo**, agrio, desabrido, acre. ➤ *Suave, dulce*. **2. Despiadado**, cruel, duro, huraño, severo, implacable, violento, riguroso, cruel. ➤ *Benigno, indulgente, gentil, apacible, amable*.

acerca *prep.* Sobre, con respecto a, referente a, en relación a.

acercamiento *s. m.* Aproximación, arrimo, unión, cercanía, proximidad. ➤ *Separación, distanciamiento*.

acercar *v. tr.* Aproximar, arrimar, avecinar, juntar, unir, adosar, pegar, tocar, rozar. ➤ *Alejar, separar, apartar*.

acerería *s. f.* Fundición, factoría, siderurgia.

acerico *s. m.* Alfiletero.

acero *s. m.* Hoja, tizona, puñal, espada.

acérrimo, ma *adj.* Tenaz, obstinado, recalcitrante, incansable, constante, encarnizado, voluntarioso, intransigente. ➤ *Moderado, débil, discreto*.

acertado, da *adj.* Apropiado, oportuno, adecuado, atinado, conveniente. ➤ *Inoportuno, desacertado, inadecuado, inapropiado, desatinado.*

acertar *v. tr.* **1. Atinar,** dar en el clavo. ➤ *Errar, equivocarse, desviarse, fallar.* **2. Adivinar,** descifrar, hallar, resolver, solucionar. ➤ *Divagar, embrollar, alejarse.*

acertijo *s. m.* Jeroglífico, misterio, rompecabezas, ovillejo, adivinanza.

acervo *s. m.* **1. Montón,** cúmulo. **2. Tradición,** cultura, patrimonio, fondo.

acético, ca *adj.* Ácido, avinagrado.

acetificar *v. tr.* Avinagrar.

achacable *adj.* Aplicable, asignable, endosable, imputable, atribuible.

achacar *v. tr.* Imputar, atribuir, echar la culpa, culpar, endosar. ➤ *Desvincular, disculpar, defender, exculpar.*

achacoso, sa *adj.* Enfermizo, enclenque, doliente, mórbido. ➤ *Sano, lozano, saludable, rozagante.*

achaflanar *v. tr.* Enromar, achatar.

achantar *v. tr.* **1. Intimidar,** acobardar, acoquinar, apabullar, disminuir, humillar, achicar, bajar los humos, rebajar. ➤ *Estimular, exaltar, animar, apoyar.* ‖ *v. prnl.* **2. Ocultarse,** acoquinarse, arredrarse, acobardarse, atrincherarse, agazaparse. ➤ *Mostrarse, dejarse ver, afrontar, crecerse, animarse, envalentonarse.*

achaparrado, da *adj.* Repolludo, rechoncho, regordete, panzudo. ➤ *Estilizado, alto.*

achaque *s. m.* **1. Dolencia,** enfermedad, mal, indisposición, afección, padecimiento. **2. Tacha,** limitación, imperfección, debilidad. ➤ *Cualidad, virtud, perfección.* **3. Disculpa,** pretexto, pega, excusa.

acharolado, da *adj.* Charolado, embetunado.

achatado, da *adj.* Aplanado, aplastado. ➤ *Perfilado.*

achatar *v. tr.* Achaflanar, aplastar, embotar. ➤ *Afilar, acerar.*

achicar *v. tr.* **1. Acortar,** disminuir, empequeñecer, menguar, mermar. ➤ *Agrandar, aumentar, ampliar, exten-*der. **2. Apocar,** acoquinar, intimidar, arredrar, achantar, acobardar, humillar, empequeñecer, rebajar. ➤ *Alentar, animar, envalentonar, valorar, engrandecer, ensalzar.* **3. Baldear,** jamurar. ➤ *Anegar, inundar.*

achicharrar *v. tr.* **1. Chamuscar,** tostar, torrefactar, torrar. **2. Quemar,** abrasar. ➤ *Helar, enfriar.* **3. Fastidiar,** importunar, abrumar, freír, acribillar. ➤ *Agradar.*

achiguarse *v. prnl.* Albearse, curvarse, combarse. ➤ *Enderezarse.*

achisparse *v. prnl.* Emborracharse, ajumarse, embriagarse, colocarse.

achubascarse *v. prnl.* Encapotarse, oscurecerse, nublarse. ➤ *Despejarse.*

achuchado, da *adj.* **1. Escaso,** necesitado, apurado. **2. Difícil,** duro.

achuchar *v. tr.* **1. Enardecer,** aguijar, espolear, irritar, pinchar, instigar, azuzar. ➤ *Tranquilizar, contener, calmar, apaciguar.* **2. Comprimir,** despachurrar, aplastar, estrujar. ➤ *Mullir, esponjar, ahuecar.* **3. Acorralar,** empujar, atropellar. ➤ *Respetar.*

achuchón *s. m.* Estrujón, embestida.

achularse *v. prnl.* Apicararse, aplebeyarse, avillanarse.

aciago, ga *adj.* Infeliz, desgraciado, funesto, fatídico, nefasto, desafortunado, desdichado, desventurado, infausto, infortunado. ➤ *Feliz, venturoso, dichoso, bienhadado, fausto.*

acibarar *v. tr.* **1. Amargar.** ➤ *Endulzar.* **2. Apesadumbrar,** desilusionar, entristecer, mortificar, atormentar, amargar. ➤ *Alegrar, confortar, contentar.*

aciberar *v. tr.* Pulverizar, triturar.

acicalado, da *adj.* Compuesto, aseado, peripuesto. ➤ *Desarreglado.*

acicaladura *s. f.* Embellecimiento, limpieza, pulcritud, arreglo. ➤ *Suciedad, abandono, dejadez.*

acicalar *v. tr.* **1. Pulir,** bruñir, alisar, alcorzar, limpiar. ➤ *Ensuciar, marchar.* **2. Embellecer,** maquillar, ataviar, adornar, arreglar, componer. ➤ *Desarreglar, descuidar, desasear.*

acicatear *v. tr.* Acuciar, animar, inducir, estimular, incentivar. ➤ *Disuadir.*

acidia *s. f.* Pereza, flojedad, desgana, flojera. ➤ *Diligencia, actividad.*

acidificar *v. tr.* Acidular, acetificar. ➤ *Edulcorar, endulzar.*

ácido, da *adj.* Agrio, acedo, acidulado, avinagrado. ➤ *Dulce.*

acidular *v. tr.* Acetificar, amargar, agriar. ➤ *Edulcorar, endulzar.*

acierto *s. m.* **1. Puntería,** tiento, tino, éxito, hallazgo. ➤ *Desacierto, desatino, fallo.* **2. Habilidad,** destreza, arte, competencia, industria, aptitud. ➤ *Incompetencia, torpeza, inhabilidad.*

acinesia *s. f.* Entumecimiento, inmovilidad, paralización. ➤ *Movimiento.*

acirate *s. m.* Linde, lindero.

aclamación *s. f.* Aplauso, ovación, vítor. ➤ *Abucheo, pita, rechifla.*

aclamar *v. tr.* **1. Vitorear,** aplaudir, ovacionar, exaltar, homenajear. ➤ *Patear, silbar, protestar, abuchear.* **2. Proclamar,** nombrar. ➤ *Destituir.*

aclarar *v. tr.* **1. Disipar,** alumbrar, iluminar, clarificar, esclarecer, despejar. ➤ *Oscurecer, ensombrecer.* **2. Clarificar,** ilustrar, dilucidar, descubrir, desembrollar, explicar. ➤ *Enredar, embrollar, confundir.* **3. Enjuagar.** ‖ *v. intr.* **4. Clarear,** alborear, rayar el alba. ➤ *Anochecer, oscurecer.* **5. Escampar,** abonanzar, calmar. ➤ *Encapotarse, aborrascarse, cubrirse.*

aclaratorio, ria *adj.* Definitorio, explicativo, esclarecedor. ➤ *Confuso.*

aclimatación *s. f.* Acomodo, arraigo, connaturalización. ➤ *Erradicación.*

aclimatar *v. tr.* **1. Adaptar,** habituar, naturalizar, radicar. **2. Acomodar,** acostumbrar, arraigar, familiarizar.

acmé *s. f.* Algidez, apogeo, culminación. ➤ *Decadencia.*

acné *s. m.* Espinilla, grano, barrillo.

acobardar *v. tr.* Intimidar, atemorizar, arredrar, acoquinar, amilanar, achicar, amedrentar, asustar. ➤ *Animar, alentar, envalentonar, crecerse.*

acoceamiento *s. m.* **1. Pateo,** patada. **2. Humillación,** insulto, injuria.

acogedor, ra *adj.* **1. Cómodo,** agradable. ➤ *Incómodo, inhóspito.* **2. Afable,** amable. ➤ *Antipático.*

acoger *v. tr.* **1. Recibir,** aceptar, cobijar. ➤ *Rechazar, expulsar.* **2. Proteger,** amparar. ➤ *Desamparar.* **3. Admitir,** aceptar. ➤ *Rehusar, denegar.*

acogida *s. f.* Acogimiento, refugio, aceptación, recepción, admisión. ➤ *Rechazo, despido, expulsión.*

acogido, da *s. m. y s. f.* Adoptivo, refugiado.

acogotar *v. tr.* Asustar, vencer, atrapar, dominar, derribar. ➤ *Liberar.*

acohombrar *v. tr.* Enterrar, cubrir.

acolchado, da *adj.* **1. Mullido,** revestido, tapizado. ‖ *s. m.* **2. Edredón,** colcha, frazada.

acolchar *v. tr.* Almohadillar, mullir, tapizar, rellenar, acolchonar.

acólito *s. m.* Adlátere, auxiliar, asistente, ayudante, acompañante, satélite.

acollarar *v. tr.* Enjaezar.

acometedor, ra *adj.* Agresivo, arrojado, emprendedor. ➤ *Apocado, cortado, tímido.*

acometer *v. tr.* **1. Atacar,** embestir, agredir, arremeter, abalanzarse. ➤ *Huir, evitar.* **2. Iniciar,** comenzar, empezar, abordar, intentar, emprender, ponerse a. ➤ *Abandonar, cesar.*

acometida *s. f.* **1. Acometimiento,** carga, invasión, ofensiva, agresión, embestida. **2. Enlace,** embocadura. ➤ *Desembocadura.*

acometividad *s. f.* **1. Agresividad,** belicosidad, provocación. ➤ *Pacifismo.* **2. Dinamismo,** empuje. ➤ *Abulia.*

acomodable *adj.* Adaptable, adecuable, graduable, ajustable. ➤ *Fijo.*

acomodadizo, za *adj.* Acomodaticio, dúctil, adaptable, maleable, transigente. ➤ *Intransigente, intolerable, terco.*

acomodación *s. f.* Ajuste, combinación.

acomodado, da *adj.* **1. Ajustado,** arreglado. **2. Oportuno,** apropiado, apto, oportuno. ➤ *Inadecuado, inoportuno.* **3. Opulento,** pudiente, rentista, adinerado, rico. ➤ *Pobre, indigente, necesitado, menesteroso.* **4. Relajado,** cómodo. ➤ *Incómodo.*

acomodamiento *s. m.* Acuerdo, conciliación, arreglo, transacción, ajuste, convenio. ➤ *Desacuerdo.*

acomodar *v. tr.* **1. Ordenar**, ajustar, aplicar, adecuar, componer, adaptar, acondicionar, amoldar, encajar. ➤ *Desajustar, desarreglar, desencajar.* **2. Concertar**, conciliar, acordar, armonizar. ➤ *Desacordar, desarmonizar, discordar.* **3. Situar**, emplear, establecer. ‖ *v. prnl.* **4. Atenerse**, transigir, avenirse, conformarse. ➤ *Rebelarse.*

acompañamiento *s. m.* **1. Comitiva**, escolta, séquito, cortejo. **2. Comparsa**, coro. **3. Armonización.**

acompañante, ta *s. m. y s. f.* Compañero, adlátere, camarada.

acompañar *v. tr.* **1. Estar con**, ir con, escoltar, seguir, conducir. ➤ *Abandonar, dejar.* **2. Juntar**, agregar, adjuntar, añadir, anexar. ➤ *Separar, aislar.*

acompasado, da *adj.* **1. Métrico**, rítmico, medido, isócrono. ➤ *Irregular, arrítmico, desacompasado.* **2. Mesurado**, reposado, pausado. ➤ *Desmedido, desmesurado, descomedido.*

acompasar *v. tr.* Adecuar, igualar.

aconcharse *v. prnl.* Escudarse, parapetarse, protegerse.

acondicionado, da *adj.* Arreglado, dispuesto, preparado. ➤ *Inadecuado.*

acondicionamiento *s. m.* Adaptación, adecuación. ➤ *Inadecuación.*

acondicionar *v. tr.* **1. Adaptar**, adecuar, disponer, ajustar, amoldar, encajar. ➤ *Desajustar, desencajar.* **2. Armonizar**, arreglar, acomodar, componer. ➤ *Desarreglar, desarmonizar, descomponer.*

acongojante *adj.* Abrumador, agotador, fatigante, angustiante, doloroso, opresivo. ➤ *Sedante, alegre.*

acongojar *v. tr.* Apenar, contristar, entristecer, atribular, amargar, oprimir, afligir, angustiar, apesadumbrar, abrumar. ➤ *Aliviar, consolar, alentar, confortar, alegrar, animar.*

aconsejable *adj.* Conveniente, favorable, recomendable, ventajoso, oportuno. ➤ *Inadecuado, perjudicial.*

aconsejar *v. tr.* Advertir, prevenir, encaminar, avisar, asesorar, sugerir, guiar, dirigir, recomendar, aleccionar. ➤ *Desaconsejar, disuadir, apartar.*

acontecer *v. intr.* Ocurrir, acaecer, sobrevenir, verificarse, surgir, suceder, producirse, cumplirse. ➤ *Frustrarse.*

acontecimiento *s. m.* Circunstancia, evento, incidente, caso, suceso, hecho, acaecimiento.

acopiar *v. tr.* Acumular, amontonar, amasar, reunir, almacenar, juntar, apilar. ➤ *Desperdigar, desparramar, espaciar, derrochar.*

acopio *s. m.* Acaparamiento, acumulación, monopolio.

acoplamiento *s. m.* **1. Ajuste**, encaje, acopladura. ➤ *Desunión, desajuste, separación.* **2. Enganche**, engaste, montaje, conexión. **3. Cópula**, apareamiento. **4. Conexión**, enchufe. **5. Ensamblaje**, montaje.

acoplar *v. tr.* **1. Unir**, ajustar, casar, encajar, ensamblar, soldar, conectar. ➤ *Desacoplar, desencajar, desunir, separar, despegar.* **2. Cruzar**, ayuntar, aparear.

acoquinamiento *s. m.* Encogimiento, amedrentamiento, amilanamiento, temor, susto.

acoquinar *v. tr.* Acogotar, amilanar, atemorizar, acobardar, asustar, amedrentar, intimidar. ➤ *Tranquilizar, sosegar, envalentonar, animar, crecerse.*

acorazado, da *adj.* Blindado, reforzado, revestido. ➤ *Frágil, débil.*

acorazar *v. tr.* Proteger, reforzar, revestir. ➤ *Desproteger.*

acorazonado, da *adj.* Cordiforme.

acorchado, da *adj.* Correoso.

acorchamiento *s. m.* Embotamiento, encalladura, abotargamiento, insensibilidad. ➤ *Sensibilidad.*

acorcharse *v. prnl.* Anestesiarse, insensibilizarse, dormirse.

acordado, da *adj.* **1. Justificado**, lógico. **2. Armónico**, musical, afinado, acorde. **3. Determiando**, dispuesto.

acordanza *s. f.* **1. Reminiscencia**, evocación, memoranza, recuerdo. ➤ *Olvido.* **2. Armonía**, concordancia.

acordar *v. tr.* **1. Convenir**, quedar en, pactar, concordar. **2. Determinar**, resolver. **3. Evocar**, recordar, traer a la memoria. ➤ *Olvidar, dar al olvido.*

acorde *adj.* Armónico, conforme, concorde, de acuerdo, en consonancia. ➤ *Disconforme, discordante, en desacuerdo, discorde.*

acordelar *v. tr.* Acotar, circunscribir.

acordeón *s. m.* Bandoneón, filarmónico.

acordonamiento *s. m.* Alineación, cerco, límite.

acordonar *v. tr.* **1. Ajustar**, rodear, ceñir. **2. Encerrar**, cercar, circunscribir.

acornear *v. tr.* Acornar, cornear.

acorralamiento *s. m.* Acotamiento, encierro, rodeo, asedio.

acorralar *v. tr.* **1. Encerrar**, encorralar, amajadar. ➤ *Liberar, soltar.* **2. Cercar**, rodear, arrinconar, atenazar, aislar, asediar. ➤ *Soltar, dejar huir, dejar escapar.* **3. Confundir**, turbar.

acortamiento *s. m.* Abreviación, aminoración, disminución, reducción. ➤ *Dilatación, alargamiento.*

acortar *v. tr.* Reducir, abreviar, mermar, aminorar, limitar, encoger, achicar. ➤ *Alargar, aumentar, prolongar, extender, estirar, dilatar.*

acosador, ra *adj.* Asediador, hostigador, sitiador. ➤ *Liberador, libertador.*

acosamiento *s. m.* Acoso, hostigamiento, importunación, molestia.

acosar *v. tr.* **1. Asediar**, estrechar, bloquear, sitiar, cercar, acorralar. ➤ *Dejar escapar, dejar huir.* **2. Molestar**, hostigar, abrumar, fatigar. ➤ *Aliviar, liberar, desahogar, dejar en paz.*

acoso *s. m.* **1. Hostigamiento**, importunación, molestia. **2. Batida**, caza.

acostado, da *adj.* Tumbado, tendido, yacente, echado. ➤ *Levantado, incorporado, erguido.*

acostamiento *s. m.* Apoyo, ánimo.

acostar *v. tr.* **1. Tender**, echar, tumbar. ➤ *Erguir, alzar.* ‖ *v. prnl.* **2. Tumbarse**, echarse. ➤ *Levantarse.*

acostumbrar *v. tr.* **1. Habituar**, avezar, estilar, enseñar, familiarizar, aclimatar. ➤ *Desacostumbrar, deshabituar.* ‖ *v. intr.* **2. Soler**, usar.

acotación *s. f.* **1. Nota**, glosa, comentario. **2. Paréntesis**, inciso. **3. Cota**.

acotamiento *s. m.* Acorralamiento, acotación, delimitación.

acotar *v. tr.* **1. Amojonar**, limitar, marcar. **2. Fijar**, delimitar. **3. Vedar**, limitar, reservar. **4. Testificar**, probar, atestiguar. **5. Anotar**, glosar.

acracia *s. f.* Anarquía. ➤ *Tiranía, absolutismo.*

ácrata *adj.* Libertario, anarquista, nihilista. ➤ *Tiránico.*

acre *adj.* **1. Agrio**, picante, ácido, acerbo. ➤ *Suave, dulce.* **2. Áspero**, desabrido, desapacible, irritante. ➤ *Afable, apacible.*

acrecentamiento *s. m.* Agrandamiento, amplificación, crecimiento, desarrollo. ➤ *Disminución, mengua.*

acrecentar *v. tr.* Acrecer, agrandar, engrandecer, extender, ampliar, desarrollar, incrementar, aumentar, multiplicar. ➤ *Disminuir, menguar, reducir, menoscabar, restar, empobrecer, aminorar, mermar.*

acrecer *v. tr.* Aumentar, acrecentar, agrandar, engrandecer, extender, ampliar. ➤ *Disminuir, menguar, reducir, menoscabar, mermar.*

acreditado, da *adj.* Afamado, reputado, renombrado, célebre, popular. ➤ *Desconocido, dudoso, impopular.*

acreditar *v. tr.* **1. Justificar**, demostrar, confirmar, asegurar, atestiguar, probar. ➤ *Desacreditar, infamar.* **2. Afamar**, reputar, renombrar, celebrar, popularizar. ➤ *Difamar.*

acreedor, ra *adj.* Digno, merecedor. ➤ *Indigno, desmerecedor, deudor.*

acribillar *v. tr.* **1. Agujerear**, picar, acribar, herir. **2. Hostigar**, fastidiar, importunar, cargar, freír, abrumar.

acriminación *s. f.* Acusación, inculpación, imputación.

acriminador, ra *adj.* Acusador.

acriminar *v. tr.* **1. Culpar**, imputar, inculpar. ➤ *Exculpar, perdonar.* **2. Abultar**, exagerar, hiperbolizar, hinchar. ➤ *Suavizar, disminuir, rebajar.*

acrimonia *s. f.* **1. Aspereza**, acidez, desabrimiento, acritud. ➤ *Dulzura, suavidad.* **2. Causticidad**, mordacidad, virulencia, insidiosidad, sequedad. ➤ *Afabilidad, amabilidad, cordialidad, simpatía, cortesía.*

acrisolado, da *adj.* Alambicado, aquilatado, depurado, refinado, probado, demostrado. ➤ *Impuro.*

acritud *s. f.* Rigor, dureza. ➤ *Dulzura.*

acróbata *s. m. y s. f.* Equilibrista, saltimbanqui, volatinero, trapecista.

acrofobia *s. f.* Vértigo.

acromegalia *s. f.* Elefantiasis, gigantismo.

acrópolis *s. f.* Ciudadela, fortificación.

acrostolio *s. m.* Mascarón, espolón.

acrotera *s. f.* Basa, base, pedestal.

acta *s. f.* Reseña, atestado, certificación, relato, relación, acuerdo, memoria.

actea *s. f.* Cimicaria, yezgo, saúco.

actitud *s. f.* **1. Compostura**, continente, porte, ademán, gesto, aire, apariencia, postura. **2. Intención**, inclinación, tendencia, talante.

activamente *adv. m.* Rápidamente, vivamente. ➤ *Lentamente.*

activar *v. tr.* Avivar, excitar, mover, acelerar, empujar, apresurar. ➤ *Retardar, frenar, parar.*

actividad *s. f.* **1. Diligencia**, dinamismo, celeridad, presteza, solicitud, agilidad, eficacia. ➤ *Pasividad, ineficacia, indolencia.* **2. Ocupación**, profesión, tarea, trabajo, labor.

activo, va *adj.* Vivo, diligente, solícito, ligero, raudo, laborioso, enérgico, avispado, eficaz, dinámico. ➤ *Pasivo, inactivo, ineficaz, apático, abúlico.*

acto *s. m.* **1. Acción**, hecho, actuación, suceso. **2. Jornada**, parte, cuadro.

actor *s. m.* **1. Artista**, cómico, intérprete, protagonista, comediante, histrión. **2. Querellante**, demandante, acusador. ➤ *Acusado, demandado.*

actriz *s. f.* Cómica, intérprete, artista.

actuación *s. f.* Acción, intervención, conducta, ejercicio, ejecución, acto.

actual *adj.* **1. Efectivo**, real, existente. ➤ *Pasado, inexistente, potencial.* **2. Contemporáneo**, del momento, de hoy en día, de ahora, en boga. ➤ *Pasado de moda, anticuado, inactual.*

actualidad *s. f.* Contemporaneidad, moda, boga, novedad. ➤ *Antaño, pasado.*

actualizar *v. tr.* Renovar, modernizar.

actualmente *adv. t.* Ahora, hoy.

actuar *v. intr.* Hacer, obrar, proceder, conducirse, ejercer, intervenir, portarse, representar, elaborar. ➤ *Abstenerse, cruzarse de brazos, inhibirse.*

acuadrillar *v. tr.* **1. Apandillar**, atropar. **2. Capitanear.**

acuarela *s. f.* Aguada.

acuario *s. m.* Pecera, vivero.

acuartelamiento *s. m.* Acantonamiento, acampada.

acuartelar *v. tr.* Acantonar, establecer, localizar, recluir. ➤ *Desacuartelar.*

acuatizar *v. intr.* Amarar, posarse.

acubilar *v. tr.* Apriscar, arredilar.

acuchillado, da *adj.* Ducho, experimentado, experto. ➤ *Novato.*

acuchillar *v. tr.* Apuñalar, estoquear.

acucia *s. f.* Anhelo, ansia, apremio.

acuciamiento *s. m.* Apremio, prisa.

acuciar *v. tr.* **1. Apresurar**, incitar, excitar, espolear, estimular, apremiar, urgir, acelerar, apurar. ➤ *Aplacar, tranquilizar, calmar, sosegar, disuadir.* **2. Anhelar**, perseguir, ansiar, solicitar. ➤ *Despreciar, desdeñar.*

acucioso, sa *adj.* Ansioso, diligente, solícito, presuroso, activo, rápido, afanoso. ➤ *Inactivo, apático, pasivo, lento.*

acuclillarse *v. prnl.* Acurrucarse, agacharse. ➤ *Erguirse, levantarse.*

acudir *v. intr.* **1. Ir**, presentarse, llegar, asistir. ➤ *Marchar, partir.* **2. Ayudar**, auxiliar, socorrer. ➤ *Abandonar, desamparar, desasistir.* **3. Apelar**, replicar, contestar, recurrir, objetar. ➤ *Admitir, callar.*

ácueo, a *adj.* Acuoso.

acuerdo *s. m.* **1. Decisión**, determinación, disposición, fallo, pacto, convenio, sentencia. **2. Unión**, armonía, consonancia, conformidad, concordia, avenencia. ➤ *Desacuerdo, disconformidad, desavenencia, discordia.* **3. Convenio**, pacto, compromiso, trato, negociación, arreglo, alianza.

acuidad *s. f.* Penetración, sutileza, agudeza. ➤ *Embotamiento.*

acuitar *v. tr.* Atribular, apesadumbrar, preocupar. ➤ *Alegrar, aliviar.*

acullá *adv. l.* Allá, allende.

acumulación *s. f.* Acopio, amontonamiento, hacinamiento, apilamiento, aglomeración. ➤ *Escasez, dispersión.*

acumulador *s. m.* Condensador, batería, pila.

acumulamiento *s. m.* Apelotonamiento, amontonamiento.

acumular *v. tr.* Acopiar, reunir, aglomerar, hacinar, juntar, amontonar, apilar, almacenar. ➤ *Esparcir, distribuir, desparramar, desperdigar.*

acunar *v. tr.* Arrullar, cunear, mecer.

acuñación *s. f.* Sellado, troquelado.

acuñar¹ *v. tr.* Grabar, estampar, troquelar.

acuñar² *v. tr.* Calzar, atarugar, falcar.

acuoso, sa *adj.* Húmedo, mojado, aguado. ➤ *Seco.*

acurrucarse *v. prnl.* Acuclillarse, ovillarse, agacharse, agazaparse, recogerse, plegarse. ➤ *Estirarse, extenderse, desencogerse.*

acusación *s. f.* Acriminación, delación, denuncia, incriminación, inculpación, cargo. ➤ *Defensa, disculpa.*

acusado, da *s. m. y s. f.* **1. Inculpado**, reo, procesado. ‖ *adj.* **2. Destacado**, pronunciado, acentuado. ➤ *Disimulado, imperceptible.*

acusador, ra *adj.* Delator, fiscal, difamador, chivato. ➤ *Defensor.*

acusar *v. tr.* **1. Culpar**, inculpar, achacar, responsabilizar, imputar. ➤ *Defender, exculpar, interceder.* **2. Soplar**, chivar, delatar, soplonear. ➤ *Defender, exculpar, encubrir, callar.* **3. Notar**, comunicar, avisar, notificar. **4. Reprender**, reconvenir, censurar.

acusatorio, ria *adj.* Condenatorio, inculpatorio. ➤ *Exculpatorio.*

acusica *adj.* Chivato, acusón, soplón.

acusón, na *adj.* Fuelle, acusica, soplón, chivato.

acústico, ca *adj.* Auditivo, sonoro. ➤ *Sordo.*

adagio *s. m.* Proverbio, refrán, aforismo, apotegma, máxima, sentencia, dicho, axioma.

adalid *s. m.* Jefe, guía, cabeza, cabecilla, paladín, dirigente, caudillo, campeón. ➤ *Subordinado, subalterno.*

adamado, da *adj.* **1. Amaricado**, amariconado, afeminado, femenino. ➤ *Viril, varonil.* ‖ *s. f.* **2. Presuntuosa**, presumida, cursi. ➤ *Discreta.*

adamar *v. tr.* **1. Cortejar**, requebrar. ‖ *v. prnl.* **2. Amariconarse**, afeminarse, amanerarse. ➤ *Virilizarse.*

adamismo *s. m.* Desnudismo, nudismo.

adán *s. m.* Marrano, dejado, guarro, desaliñado, haraposo, sucio, descuidado. ➤ *Elegante, limpio, atildado.*

adaptabilidad *s. f.* Ductilidad, elasticidad, flexibilidad. ➤ *Rigidez.*

adaptable *adj.* Acomodable, amoldable.

adaptación *s. f.* Aclimatación, acomodación, conformación.

adaptar *v. tr.* **1. Ajustar**, acoplar, aplicar, apropiar, amoldar, conformar. ➤ *Desajustar, desacomodar, resistirse.* ‖ *v. prnl.* **2. Acomodarse**, aclimatarse, amoldarse, adecuarse. ➤ *Desarraigarse, desadaptarse.*

adarga *s. f.* Broquel, escudo.

adargar *v. tr.* **1. Abroquelarse**, escudarse. ➤ *Descubrirse.* **2. Defender**, proteger, resguardar. ➤ *Desproteger.*

adarme *s. m.* Migaja, nadería, pellizco.

adarve *s. m.* Trinchera, foso, defensa.

adecentar *v. tr.* Ordenar, limpiar.

adecuación *s. f.* Idoneidad, acondicionamiento, conveniencia, acomodo.

adecuado, da *adj.* Apto, conveniente, lógico, oportuno, idóneo, ajustado. ➤ *Inadecuado, impropio, ilógico.*

adecuar *v. tr.* Acomodar, acompasar, proporcionar, ajustar, arreglar, acondicionar. ➤ *Desarreglar, desigualar.*

adefesio *s. m.* **1. Esperpento**, mamarracho, facha, espantajo, birria, fantoche. **2. Disparate**, despropósito, extravagancia, ridiculez, incoherencia.

adehala *s. f.* Gratificación, propina.

adelantamiento *s. m.* Rebasamiento, superación. ➤ *Retraso, retroceso.*

adelantar *v. tr.* **1. Avanzar**, acelerar, apresurar, anticipar. ➤ *Atrasar, retrasar, retardar, frenar.* **2. Aventajar**, exceder, superar, mejorar. ➤ *Estancarse, retroceder, empeorar.* **3. Progresar**, prosperar. ➤ *Fracasar.* ‖ *v. intr.* **4. Sobrepasar**, exceder.

adelanto *s. m.* **1.** Anticipación, anticipo, avance. **2.** Adelantamiento, avance, mejora, progreso, perfeccionamiento. ➤ *Retraso, atraso, estancamiento.*

adelgazamiento *s. m.* Desmedro, delgadez, desnutrición, enflaquecimiento, enmagrecimiento. ➤ *Engrosamiento, robustecimiento.*

adelgazar *v. tr.* **1.** Enflaquecer, afilarse, encanijarse, disminuir, reducir. ➤ *Engordar.* **2.** Clarificar, purificar, depurar. ➤ *Enturbiar, opacar.*

ademán *s. m.* Gesto, ceño, mohín, actitud, seña, mueca, aspaviento.

además *adv. c.* **1.** Asimismo, también, igualmente, inclusive. ➤ *Excepto, menos.* **2.** Tras de, también, aparte de, por otra parte, encima de.

adentrarse *v. prnl.* Profundizar, entrar, internarse, introducirse. ➤ *Salir.*

adepto, ta *adj.* **1.** Afiliado, asociado, sectario, iniciado, devoto. **2.** Seguidor, discípulo, adicto, incondicional, partidario. ➤ *Opositor, contrario, enemigo, adversario, detractor.*

aderezado, da *adj.* **1.** Compuesto, acicalado. **2.** Condimentado, sazonado.

aderezar *v. tr.* **1.** Componer, ataviar, acicalar, adornar, hermosear, afear. ➤ *Desadornar, descomponer, desaliñar, deslucir, ajar.* **2.** Aliñar, adobar, condimentar, sazonar. **3.** Prevenir, aprestar, preparar, aviar, disponer, organizar. ➤ *Improvisar.* **4.** Arreglar, zurcir, apañar, reparar. ➤ *Descomponer, estropear, romper, fastidiar.*

aderezo *s. m.* Adorno, alhaja, atavío.

adeudar *v. tr.* **1.** Deber, entrampar, cargar ➤ *Saldar, pagar, liquidar.* ‖ *v. prnl.* **2.** Empeñarse, entramparse.

adherencia *s. f.* **1.** Cohesión, unión, anexión. **2.** Parentesco, conexión.

adherente *adj.* **1.** Unido, vinculado. **2.** Adhesivo, aglutinante.

adherir *v. tr.* **1.** Pegar, encolar. ➤ *Despegar, desencolar.* ‖ *v. prnl.* **2.** Unirse, juntarse. ➤ *Separar, desunir.* **3.** Afiliarse, enrolarse, abrazar, convenir, asociarse, unirse. ➤ *Discrepar, separarse, darse de baja, desafiliarse.*

adhesión *s. f.* **1.** Adherencia. ➤ *Separación.* **2.** Partidismo, sectarismo, servilismo, bando, amistad, solidaridad, concordia, conformidad. ➤ *Enemistad, oposición, divergencia, disconformidad.*

adiamantado, da *adj.* Adamantino, diamantino. ➤ *Blando, quebradizo.*

adiar *v. tr.* Citar, emplazar, quedar.

adicción *s. f.* Dependencia.

adición *s. f.* **1.** Agregación, incremento. ➤ *Disminución.* **2.** Suma. ➤ *Resta.*

adicional *adj.* Accesorio, añadido, secundario, complementario, suplementario. ➤ *Fundamental, principal.*

adicionar *v. tr.* Aumentar, añadir, incrementar, agregar, sumar. ➤ *Restar, disminuir, quitar.*

adicto, ta *adj.* Allegado, afecto, afiliado, adherido, incondicional, devoto, adepto, partidario, leal, secuaz. ➤ *Desafecto, contrario, opuesto, enemigo, oponente, adversario.*

adiestrado, da *adj.* Entrenado, educado, instruido, amaestrado.

adiestrador, ra *adj.* Cuidador, educador, entrenador.

adiestramiento *s. m.* Educación, enseñanza, instrucción, entrenamiento.

adiestrar *v. tr.* Amaestrar, enseñar, instruir, guiar, encaminar, entrenar, enderezar, ejercitar. ➤ *Descarriar.*

adinerado, da *adj.* Rico, poderoso, opulento, potentado, pudiente, acaudalado, creso. ➤ *Arruinado, pobre.*

¡adiós! *interj.* Abur, agur, hasta pronto, a más ver, hasta luego, hasta la vista.

adiposidad *s. f.* Gordura, grasa.

adiposo, sa *adj.* Gordo, obeso, grasoso. ➤ *Magro, delgado, seco.*

aditamento *s. m.* Adición, aumento, complemento, apéndice. ➤ *Supresión.*

adivinación *s. f.* Auspicio, oráculo, predicción, pronóstico, vaticinio.

adivinador, ra *s. m. y s. f.* Adivino, agorero, arúspice, pitonisa, sibila.

adivinanza *s. f.* Adivinación, acertijo, calambur, charada, rompecabezas.

adivinar *v. tr.* **1.** Profetizar, vaticinar, augurar, agorar, auspiciar, pronosticar. **2.** Resolver, solucionar, atinar, descifrar, descubrir, ver. ➤ *Errar, equivocarse, engañarse.* **3. Conjeturar,** presagiar, intuir, presentir.

adivinatorio, ria *adj.* Augural, presagioso, profético.

adivino, na *s. m. y s. f.* Adivinador, arúspice, agorero, augur, brujo, clarividente, astrólogo, nigromante, hechicero, vidente, vate.

adjudicación *s. f.* Donación, entrega, cesión, otorgamiento. ➤ *Denegación.*

adjudicar *v. tr.* **1. Asignar,** conferir, atribuir, entregar, aplicar, adscribir, dar, otorgar, donar, transmitir. ➤ *Expropiar, quitar.* ‖ *v. prnl.* **2. Quedarse,** retener, detentar, arrogarse, apoderarse. ➤ *Privarse, despojarse.* **3. Triunfar,** vencer, derrotar, conquistar, ganar. ➤ *Perder, ser derrotado.*

adjudicatario, ria *s. m. y s. f.* Beneficiario, concesionario.

adjuntar *v. tr.* Agregar, juntar, unir, acompañar. ➤ *Excluir.*

adjunto, ta *adj.* **1. Agregado,** unido, junto, pegado, aplicado. ➤ *Separado, desunido, dividido, despegado.* **2. Auxiliar,** acompañante, acólito, colaborador, socio. ➤ *Principal, independiente, autónomo.*

adjutor, ra *adj.* Auxiliar, ayudante.

adlátere *s. m. y s. f.* Acompañante, satélite, acólito, escolta.

adminicular *v. tr.* Auxiliar, ayudar.

adminículo *s. m.* **1. Utensilio,** aparato, objeto, aparejo, artefacto, útil. **2. Avío,** pertrecho, auxilio, ayuda.

administración *s. f.* Gerencia, gestión, gobierno, dirección.

administrado, da *adj.* Dirigido, gobernado. ➤ *Administrador.*

administrador, ra *adj.* Apoderado, gerente.

administrar *v. tr.* **1. Gobernar,** regirdirigir. **2. Apoderar,** disponer, manejar, regentar. **3. Conferir.**

administrativo, va *adj.* Burócrata, funcionario, oficinista, secretario.

admirable *adj.* Considerable, fascinante, excelente, notable, espléndido, soberbio, magnífico, maravilloso, portentoso. ➤ *Abominable, despreciable.*

admirador, ra *adj.* Devoto, seguidor, adepto, incondicional, fan, partidario. ➤ *Enemigo, hostil, opuesto.*

admirar *v. tr.* **1. Asombrar,** aturdir, chocar, extasiar, encantar, deslumbrar. ➤ *Despreciar, desdeñar, menospreciar, desestimar.* ‖ *v. prnl.* **2. Maravillarse,** pasmarse, sorprenderse.

admisible *adj.* Aceptable, tolerable, permisible. ➤ *Inadmisible, inaceptable, intolerable.*

admisión *s. f.* Aceptación, acogida, aprobación, ingreso. ➤ *Rechazo.*

admitir *v. tr.* **1. Tomar,** acoger, recibir, aceptar. ➤ *Rechazar, despreciar.* **2. Permitir,** sufrir, consentir, tolerar, aguantar. ➤ *Desaprobar, prohibir.*

adobar *v. tr.* **1. Componer,** arreglar, aderezar, apañar, remendar, adornar, hermosear, afeitar, acicalar. ➤ *Descomponer, desarreglar, afear, estropear.* **2. Acecinar,** aliñar, aderezar, guisar, condimentar, salpimentar, sazonar. ➤ *Desaliñar, desaderezar.*

adobo *s. m.* Aliño, caldo, condimento.

adocenado, da *adj.* Ordinario, ramplón, trivial. ➤ *Selecto, supremo.*

adocenamiento *s. m.* **1. Mediocridad,** chabacanería, vulgarización. ➤ *Originalidad.* **2. Conformismo,** estancamiento. ➤ *Evolución, inquietud.*

adocenar *v. tr.* Conformarse, vulgarizarse, estancarse. ➤ *Destacar, superar.*

adolecer *v. intr.* Sufrir, penar, padecer. ➤ *Estar sano, estar saludable.*

adolescencia *s. f.* Pubertad, mocedad, juventud. ➤ *Vejez.*

adolescente *adj.* Mozo, púber, muchacho, efebo, joven. ➤ *Adulto.*

adopción *s. f.* Afiliación, prohijamiento.

adoptar *v. tr.* **1. Ahijar,** prohijar. ➤ *Abandonar, repudiar.* **2. Abrazar,** seguir, practicar. ➤ *Rechazar.* **3. Elegir,** admitir, aceptar, acoger. ➤ *Dejar, rehusar, descartar.*

adoptivo, va *adj.* Acogido, afiliado, amparado, prohijado.

adoquín *s. m.* Losa, ladrillo.

adoquinado *s. m.* Pavimento.

adoquinar *v. tr.* Pavimentar, enlosar, empedrar.

adorable *adj.* Delicioso, encantador. ➤ *Detestable, repugnante.*

adoración *s. f.* Devoción, veneración, fervor, idolatría, exaltación.

adorar *v. tr.* **1. Venerar,** reverenciar, idolatrar. ➤ *Despreciar, blasfemar.* **2. Querer,** apreciar, estimar, amar. ➤ *Detestar, abominar, odiar, aborrecer.*

adormecedor, ra *adj.* Mitigante, narcótico, soporífero. ➤ *Excitante.*

adormecer *v. tr.* **1. Aplacar,** calmar, sosegar, aquietar, tranquilizar, acallar, aliviar. ➤ *Excitar, animar, avivar, exaltar, enardecer, recrudecer.* || *v. prnl.* **2. Adormilarse,** adormitarse, amodorrarse, aletargarse. ➤ *Despertarse, desvelarse, despabilarse, desentumecerse.*

adormecimiento *s. m.* Somnolencia, sopor, sueño. ➤ *Despabilamiento.*

adormilarse *v. prnl.* Amodorrarse, adormecerse, aletargarse.

adormitarse *v. prnl.* Adormecerse, amodorrarse, adormilarse.

adornar *v. tr.* **1. Ornar,** ataviar, acicalar, ornamentar, aderezar, arreglar. ➤ *Despojar, desnudar.* **2. Embellecer,** engalanar, guarnecer, decorar, paramentar, ornamentar. ➤ *Desaliñar, descomponer, afear, estorbar.* **3. Elevar,** encomiar, engrandecer. ➤ *Rebajar, empobrecer, menguar, abajar.*

adorno *s. m.* Aderezo, afeite, arreo, ornamento.

adosar *v. tr.* Arrimar, pegar, unir, acercar, apoyar, aproximar, juntar. ➤ *Despegar, separar, desunir, alejar.*

adquiridor, ra *adj.* Adquisidor, comprador. ➤ *Vendedor.*

adquirir *v. tr.* **1. Lograr,** obtener, alcanzar, comprar, ganar. ➤ *Perder, dar, vender.* **2. Apropiarse,** agenciarse, adueñarse.

adquisición *s. f.* Compra, ganancia, logro, provecho. ➤ *Venta, cesión.*

adquisidor, ra *adj.* Adquiridor, comprador, tomador. ➤ *Vendedor.*

adrede *adv. m.* Deliberadamente, aposta, intencionadamente, ex profeso, de intento, expresamente. ➤ *Involuntariamente, inconscientemente.*

adscribir *v. tr.* Atribuir, anexar, agregar, afectar, adjuntar, asociar. ➤ *Separar, desunir, desligar.*

adscripción *s. f.* Anexión, vinculación. ➤ *Desvinculación.*

aducir *v. tr.* Alegar, argumentar, añadir, adjuntar, razonar, citar. ➤ *Callar, tapar, encubrir.*

adueñarse *v. prnl.* Apoderarse, posesionarse, ocupar, conquistar. ➤ *Desposeerse, renunciar, desprenderse.*

adulación *s. f.* Carantoña, embeleco, halago, lisonja.

adulador, ra *adj.* Lisonjeador, zalamero, pelotillero, meloso, lisonjero, lagotero, cobista. ➤ *Seco, áspero, adusto, desabrido, arisco, hosco.*

adular *v. tr.* Halagar, lisonjear, incensar, agasajar, dar coba, dar jabón. ➤ *Ofender, insultar, afrentar, despreciar, desairar.*

adulón, na *adj.* Camelador, servil.

adulterable *adj.* Corruptible, mistificable, falsificable. ➤ *Incorruptible.*

adulteración *s. f.* Engaño, falsificación, mistificación, corrupción.

adulterador, ra *adj.* Falsificador, corruptor, falseador.

adulterar *v. tr.* Falsear, defraudar, engañar, viciar, falsificar, mistificar. ➤ *Purificar, sanear, depurar, limpiar.*

adulterio *s. m.* **1. Infidelidad,** amancebamiento. ➤ *Fidelidad.* **2. Falsificación,** fraude, engaño, falseamiento, mistificación. ➤ *Legitimidad.*

adulto, ta *adj.* **1. Maduro,** crecido, medrado, grande. ➤ *Adolescente, niño, menor.* **2. Perfecto,** cumplido, formado, desarrollado. ➤ *Inmaduro, subdesarrollado, informe, primitivo.*

adunco, ca *adj.* Alabeado, curvado, corvo, combado. ➤ *Derecho.*

adustez *s. f.* Malhumor, severidad, hosquedad. ➤ *Afabilidad.*

adusto, ta *adj.* **1. Arisco,** hosco, seco, rígido, retraído, serio, huraño, áspero, sobrio. ➤ *Simpático, afable, cortés, amable, abierto, dicharachero.* **2. Quemado,** tostado, incinerado.

advenedizo, za *adj.* **1. Extranjero,** forastero, extraño, bárbaro, foráneo.

➤ *Natural, vecino, nativo, indígena, compatriota.* **2. Sobrevenido**, intruso, entrometido.

adverar *v. tr.* Confirmar, testimoniar, certificar, asegurar.

advenir *v. tr.* Venir, avenir, aparecer, ocurrir, suceder, surgir. ➤ *Ir, partir, salir, desaparecer.*

adversario, ria *s. m. y s. f.* Contrario, antagonista, competidor, rival, oponente. ➤ *Simpatizante, amigo, aliado, compañero, camarada.*

adversidad *s. f.* Accidente, desastre, revés, desdicha, desgracia, malaventura, fatalidad, desventura, infortunio. ➤ *Fortuna, felicidad, ventura, buenaventura, dicha.*

adverso, sa *adj.* Opuesto, antípoda, contrapuesto, desfavorable, hostil.

advertencia *s. f.* **1. Prevención**, admonición, indicación, observación, aviso, consejo, exhortación, amonestación, amenaza, apercibimiento. **2. Prólogo**, proemio, prefacio.

advertir *v. tr.* **1. Reparar**, percatarse, notar, observar, mirar, atender. ➤ *Pasar por alto, desadvertir.* **2. Amonestar**, informar, prevenir, enseñar, aconsejar, indicar, señalar, instruir, avisar. ➤ *Ocultar, engañar, encubrir.*

adyacente *adj.* Aledaño, anejo, lindante, próximo, contiguo, vecino, inmediato, limítrofe, cercano. ➤ *Lejano, apartado, distante, separado.*

aedo *s. m.* Bardo, rapsoda, trovador.

aéreo, a *adj.* Sutil, volátil, vaporoso, leve, ligero, etéreo, impalpable. ➤ *Consistente, pesado, grave, espeso, palpable, concreto, material, macizo.*

aerodinámico, ca *adj.* Alargado, esbelto, grácil, airoso. ➤ *Chato, romo.*

aeródromo *s. m.* Aeropuerto.

aerolito *s. m.* Astrolito, meteorito.

aeronauta *s. m. y s. f.* Cosmonauta, piloto.

aeronave *s. f.* Dirigible, aerostato.

aeroplano *s. m.* Avión, aeronave, avioneta.

aeropuerto *s. m.* Aeródromo.

aerosol *s. m.* Vaporizador, pulverizador.

aerostación *s. f.* Aeronáutica.

afabilidad *s. f.* Amabilidad, benevolencia, benignidad, cordialidad, sociabilidad. ➤ *Adustez, aspereza.*

afable *adj.* Atento, cortés, cordial, tratable, sociable, gentil, efusivo, agradable, dulce, afectuoso, amable. ➤ *Descortés, brusco, adusto, intratable, antipático, hosco, agrio, huraño.*

afamado, da *adj.* Famoso, reputado, insigne, renombrado, célebre, ínclito, prestigioso, ilustre, glorioso, admirado, eximio, popular. ➤ *Desconocido, común, vulgar, ignorado.*

afamar *v. tr.* Acreditar, prestigiar. ➤ *Calumniar, desprestigiar.*

afán *s. m.* **1. Ahínco**, empeño, fatiga, esfuerzo, tarea. ➤ *Negligencia, apatía, desgana.* **2. Deseo**, ansia, aspiración, apetencia, interés, ambición, anhelo. ➤ *Desilusión, desencanto, desinterés, desánimo.*

afanado, da *adj.* Ajetreado, atareado, ocupado. ➤ *Ocioso.*

afanar *v. tr.* **1. Aperrear**, apurar. **2. Hurtar**, robar, birlar. ‖ *v. prnl.* **3. Esmerarse**, desvivirse, esforzarse.

afanoso, sa *adj.* **1. Dificultoso**, trabajoso, arduo. ➤ *Llevadero, fácil.* **2. Diligente**, trabajador. ➤ *Vago.*

afear *v. tr.* **1. Desfavorecer**, desgraciar, deformar, desvirtuar, estropear, quedar mal. ➤ *Embellecer, agraciar, hermosear, favorecer.* **2. Reprender**, vituperar, reprochar, censurar, reprobar, motejar, criticar, echar en cara. ➤ *Encomiar, alabar, elogiar.*

afección *s. f.* **1. Predisposición**, inclinación, afecto, aprecio, cariño, apego. ➤ *Desafección, desafecto, malquerencia, desapego, desprecio.* **2. Dolencia**, enfermedad, anormalidad, achaque. ➤ *Normalidad, bienestar.*

afectación *s. f.* Artificio, disimulo, esnobismo, pedantería, amaneramiento, fingimiento, rebuscamiento, cursilería, ñoñería. ➤ *Naturalidad, sencillez, simplicidad, espontaneidad.*

afectado, da *adj.* **1. Fingido**, esnob, cursi, petulante, pedante, amanerado. ➤ *Sencillo, natural, espontáneo.* **2. Doliente**, dolorido, enfermo.

afectar *v. tr.* **1. Forzar,** aparentar. **2. Simular,** fingir. **3. Impresionar,** conmover, emocionar, afligir, inquietar. **4. Concernir,** atañer, tocar, importar, aludir, incumbir.

afectividad *s. f.* Emotividad, sentimiento.

afecto, ta *adj.* **1. Unido,** adscrito, agregado, vinculado, incorporado. ➤ *Ajeno, extraño.* ‖ *s. m.* **2. Inclinación,** afición, afección, ternura, amistad, interés. ➤ *Desafecto, desafección, malquerencia, aversión.*

afectuoso, sa *adj.* **1. Cariñoso,** amable, entrañable, cordial, acogedor, amistoso. ➤ *Áspero, brusco, hostil, antipático, arisco, hosco, seco, serio, despegado, distante.* **2. Animado,** significativo, gráfico, expresivo, vivo. ➤ *Inexpresivo, anodino.*

afeitar *v. tr.* **1. Acicalar,** componer, adornar, embellecer. **2. Rapar,** raer, esquilar, rasurar, recortar, apurar.

afeite *s. m.* **1. Aderezo,** compostura, adorno, gala, atavío. **2. Cosmético,** perfume, crema, tintura, barniz, colorete, polvos, alcohol, loción.

afelpado, da *adj.* Aterciopelado, velloso, velludo, lanoso.

afeminación *s. f.* **1. Afectación,** cominería. **2. Amujeramiento,** amariconamiento, feminización.

afeminado, da *adj.* **1. Adamado,** amariconado, amujerado, feminoide. ➤ *Viril, hombruno.* ‖ *s. m.* **2. Invertido,** homosexual, marica, sarasa.

afeminar *v. tr.* Adamar, amariconar, amujerar, feminizar. ➤ *Virilizar.*

aferradamente *adv. m.* Obstinadamente, empeñadamente, tenazmente, tercamente, porfiadamente.

aferramiento *s. m.* **1. Asimiento,** agarramiento. **2. Obstinación,** porfía.

aferrar *v. tr.* **1. Agarrar,** asegurar, atrapar, afianzar, amarrar, embrazar, retener, aprisionar. ➤ *Soltar, dejar, liberar, desasir.* ‖ *v. intr.* **2. Obstinarse,** porfiar, cerrarse, empeñarse. ➤ *Ceder, desistir, cejar, admitir.*

afianzar *v. tr.* **1. Garantizar,** responder, avalar. **2. Afirmar,** asegurar, apo-

yar, sostener, asir, agarrar, amarrar, consolidar, reforzar, apuntalar, afirmar. ➤ *Soltar, abandonar, aflojar.*

afición *s. f.* **1. Afecto,** tendencia, cariño, inclinación, propensión, apego. ➤ *Desapego, indiferencia, desinterés.* **2. Ahínco,** empeño, afán, voluntad. ➤ *Desgana, indiferencia, abulia.* **3. Hinchada,** peña.

aficionado, da *adj.* Entusiasta, amateur, diletante. ➤ *Profesional.*

aficionar *v. tr.* **1. Encariñar,** enamorar, prendar, enviciar, inclinar. ➤ *Desinteresar, despegar.* ‖ *v. prnl.* **2. Inclinarse,** encariñarse, enamorarse, prendarse, simpatizar, apegarse. ➤ *Desinteresarse, enfriarse.*

afiladura *s. f.* Afilado, afinamiento.

afilalápices *s. m.* Afilador, afilapuntas.

afilar *v. tr.* **1. Amolar,** aguzar, afinar. ➤ *Embotar.* **2. Cortejar,** galantear, flirtear, ligar. ‖ *v. prnl.* **3. Adelgazar,** estilizar. ➤ *Engordar, rellenar.*

afiliación *s. f.* Alistamiento, adhesión, incorporación, inscripción. ➤ *Baja.*

afiliado, da *adj.* Adicto, adepto, asociado, correligionario, partidario.

afiliar *v. tr.* **1. Admitir,** acoger, adherir, inscribir, congregar, incorporar, juntar. ➤ *Retirar, separar, excluir, expulsar.* ‖ *v. prnl.* **2. Inscribirse,** asociarse, adherirse, unirse, incorporarse. ➤ *Darse de baja, renunciar.*

afín *adj.* **1. Cercano,** adyacente, contiguo. ➤ *Lejano, distante, apartado.* **2. Análogo,** similar, semejante, parecido, relacionado. ➤ *Diferente, disimilar, opuesto, contrario.* ‖ *s. m. y s. f.* **3. Pariente,** allegado. ➤ *Extraño.*

afinación *s. f.* Entonación, temple.

afinar *v. tr.* **1. Pulir,** purificar, perfeccionar, acabar, retocar, terminar, rematar. **2. Templar,** ajustar, entonar. ➤ *Desafinar, destemplar.*

afincarse *v. prnl.* Establecerse, fijarse, establecerse, avecindarse, asentarse, residir. ➤ *Desarraigarse, emigrar.*

afinidad *s. f.* **1. Correlación,** parecido, similitud, relación, simpatía, atracción. ➤ *Desemejanza.* **2. Consanguinidad,** parentesco. **3. Cohesión.**

afirmación *s. f.* **1. Asentimiento**, aserción, aserto, confirmación. ➤ *Negación, negativa, repulsa.* **2. Consolidación**, afianzamiento. ➤ *Inseguridad.*

afirmar *v. tr.* **1. Consolidar**, afianzar, apoyar, asegurar, sostener, reforzar. ➤ *Debilitar, desajustar, desafianzar.* **2. Aseverar**, atestiguar, declarar, alegar, manifestar, sostener, confirmar, ratificarse, reiterarse, asentir, proclamar, mantener. ➤ *Negar, denegar, rectificar, refutar, desmentir.*

afirmativa *s. f.* Afirmación, aserción, aserto. ➤ *Negación.*

aflicción *s. f.* Desesperación, duelo, desolación, congoja, tribulación, abatimiento, amargura, angustia, tormento, pena. ➤ *Alegría, contento.*

aflicto, ta *adj.* Afligido, desolado, atribulado, acongojado, apenado, abatido. ➤ *Alegre, contento.*

afligido, da *adj.* Apenado, angustiado, desolado. ➤ *Alegre, despreocupado.*

afligir *v. tr.* Apenar, apesadumbrar, disgustar, entristecer, angustiar, atormentar, amargar, atribular. ➤ *Alegrar, contentar, consolar, mitigar.*

aflojamiento *s. m.* Debilidad, blandura, flaqueza, flacidez, relajación. ➤ *Tirantez, endurecimiento.*

aflojar *v. tr.* **1. Ceder**, relajar, deshinchar, desceñir. ➤ *Atirantar, tensar.* ‖ *v. intr.* **2. Disminuir**, desincharse, debilitarse, entregar, debilitar. ➤ *Aumentar, congestionarse.* **3. Flaquear**, relajarse, decaer. ➤ *Esforzarse.*

aflorar *v. intr.* Brotar, manar, surgir, aparecer, manifestarse, asomar. ➤ *Desaparecer, ocultarse.*

afluencia *s. f.* **1. Abundancia**, copia, aglomeración, concurrencia, concurso, cantidad, multitud. ➤ *Escasez, poquedad, exigüidad.* **2. Labia**, facundia, verborrea, elocuencia, verbosidad. ➤ *Parquedad, sobriedad, taciturnidad.*

afluir *v. intr.* **1. Acudir**, concurrir, aglomerarse. ➤ *Alejarse, dispersarse.* **2. Desaguar**, desembocar, verter.

afonía *s. f.* Carraspera, enronquecimiento, ronquera.

afónico, ca *adj.* Ronco, mudo.

aforador *s. m.* Forero.

aforar *v. tr.* Calcular, estimar, justipreciar.

aforismo *s. m.* Adagio, máxima, axioma, refrán, fórmula, sentencia.

aforístico, ca *adj.* Gnómico, proverbial.

aforrarse *v. prnl.* **1. Abrigarse**, arroparse. **2. Hartarse**, reventar, atiborrarse. ➤ *Moderarse.*

afortunado, da *adj.* Dichoso, venturoso, próspero, bienaventurado, agraciado, feliz. ➤ *Desafortunado, desventurado, infeliz, desdichado.*

afrancesado, da *adj.* Agabachado, francófilo. ➤ *Francófobo.*

afrenillar *v. tr.* Atar, ceñir, amarrar.

afrenta *s. f.* Agravio, desprecio, injuria, ultraje, deshonra, vejación, vilipendio, infamia, escarnio, baldón, insulto. ➤ *Homenaje, honra, dignidad.*

afrentar *v. tr.* Deshonrar, ofender, agraviar, ultrajar, escarnecer, humillar, despreciar, insultar, vejar, infamar, injuriar. ➤ *Honrar, venerar, agasajar, alabar, ensalzar, encomiar.*

afrentoso, sa *adj.* Vergonzante, infamante, deshonroso, humillante.

afrikáner *adj.* Bóer.

afrodisíaco, ca *adj.* Estimulante, excitante, enervante. ➤ *Anafrodisíaco.*

afrontamiento *s. m.* Arrostramiento, encaramiento. ➤ *Soslayamiento.*

afrontar *v. tr.* Desafiar, enfrentarse, oponerse, encararse, arrostrar, resistir. ➤ *Eludir, esquivar, soslayar, evitar.*

afueras *s. f. pl.* Extrarradio, contorno, cercanías, alrededores, inmediaciones, alfoz, extramuros. ➤ *Centro.*

afusión *s. f.* Baño, ducha.

agachado, da *adj.* Agazapado, encogido, acurrucado. ➤ *Erecto, erguido.*

agacharse *v. tr.* **1. Bajar**, doblar, inclinar. ➤ *Erguir.* ‖ *v. prnl.* **2. Agazaparse**, acurrucarse, esconderse. ➤ *Enderezarse, levantarse, erguirse.*

agalla *s. f.* Branquia, angina, amígdala.

agallas *s. f. pl.* Audacia, valor, redaños, arrestos, valentía, coraje. ➤ *Cobardía, miedo, timidez.*

agallón *s. m.* Abalorio, cuenta.

agalludo, da *adj.* Valiente, esforzado.

ágape *s. m.* Festín, merendola, comilona.

agarrada *s. f.* Pendencia, porfía, follón, altercado, pelea, colisión, riña, discordia, disputa, trifulca. ➤ *Concordia, avenencia, contento, acuerdo.*

agarradero *s. m.* **1. Asidero**, aldaba, barandilla, tirador, picaporte. **2. Apoyo**, ayuda, sostén, guarda, defensa, intercesión, recomendación.

agarrar *v. tr.* **1. Tomar**, atrapar, pillar, coger, aferrar, sujetar, apañar, asir, empuñar. ➤ *Soltar, desasir, dejar, desaferrar.* **2. Contagiarse**, contaminarse, infectarse, contraer, coger. ➤ *Mejorar, sanar, curar.* ‖ *v. prnl.* **3. Pelearse**, reñir, disputar, embarullarse. ➤ *Pacificarse, amistarse, unirse, congraciarse, reconciliarse.*

agarrón *s. m.* Agarrada, pelea, riña.

agarrotamiento *s. m.* Envaramiento, rigidez, calambre, contracción, entumecimiento. ➤ *Distensión, relajación.*

agarrotar *v. tr.* **1. Comprimir**, estrangular, oprimir, atar, trabar. ➤ *Soltar, aflojar.* **2. Ajusticiar**, ejecutar. ‖ *v. prnl.* **3. Entumecerse**, endurecerse, inmovilizarse, atiesarse ➤ *Desentumecerse, relajarse, aflojarse.*

agasajar *v. tr.* Regalar, festejar, obsequiar, homenajear, lisonjear, halagar, mimar. ➤ *Menospreciar, desdeñar, desatender, despreciar.*

agasajo *s. m.* Convite, cortesía, delicadeza, homenaje, halago, obsequio, visita, fineza. ➤ *Desdén, desprecio, desaire.*

agatizarse *v. prnl.* Bruñirse, pulirse.

agavanzo *s. m.* Galabardera, zarzaperruna.

agavillar *v. tr.* Apandillar, atropar, agarbillar.

agazaparse *v. prnl.* Doblarse, encogerse, acurrucarse, ocultarse, esconderse, atrincherarse, arrugarse. ➤ *Levantarse, enderezarse, mostrarse, erguirse, alzarse, incorporarse.*

agencia *s. f.* **1. Oficina**, despacho, bufete. **2. Delegación**, sucursal.

agenciar *v. tr.* **1. Disponer**, organizar, buscar, intentar, solicitar, diligenciar. ‖ *v. prnl.* **2. Componérselas**, alcanzar, adquirir, obtener, conseguir, lograr, arreglárselas.

agenda *s. f.* Dietario, memorándum, calendario.

agenesia *s. f.* Esterilidad. ➤ *Fecundidad.*

agente *s. m.* Delegado, comisionado, gerente, intermediario, representante.

agestado, da *adj.* Encarado, malencarado, sonriente, ceñudo.

agestión *s. f.* Adición, agregación.

agible *adj.* Posible, factible, hacedero. ➤ *Imposible.*

agigantado, da *adj.* **1. Descomunal**, enorme, grandioso, colosal. ➤ *Enano, pequeño.* **2. Notable**, extraordinario, sobresaliente, excesivo. ➤ *Común, ordinario, corriente.*

agigantar *v. tr.* **1. Aumentar**, agrandar, exagerar. ➤ *Empequeñecer, aminorar.* ‖ *v. prnl.* **2. Desarrollarse**, ampliarse.

ágil *adj.* Pronto, activo, diligente, ligero, vivo, desembarazado, rápido, veloz, listo, agudo, expedito, raudo. ➤ *Pesado, lento, torpe, tardo.*

agilidad *s. f.* Elasticidad, ligereza, viveza, diligencia, prontitud, velocidad, destreza, sutilidad, rapidez, listeza. ➤ *Lentitud, torpeza, pesadez, necedad.*

agitación *s. f.* Convulsión, movimiento, revuelo, sacudida, alteración, inquietud, excitación, perturbación, intranquilidad, desasosiego, revolución. ➤ *Tranquilidad, calma, paz.*

agitado, da *adj.* Convulso, desasosegado, inquieto. ➤ *Tranquilo, calmado.*

agitador, ra *adj.* Instigador, amotinador, perturbador, revolucionario, provocador. ➤ *Apaciguador, pacificador, aquietador, sosegador, conservador.*

agitar *v. tr.* **1. Sacudir**, remover, mover, blandir. ➤ *Aplacar, aquietar, calmar.* **2. Intranquilizar**, perturbar, conmover, alterar, inquietar, excitar, desasosegar. ➤ *Tranquilizar, apaciguar, serenar, pacificar, sosegar.*

aglomeración *s. f.* Amontonamiento, hacinamiento, muchedumbre, acopio, gentío, turba, acumulación, reunión. ➤ *Dispersión, disgregación.*

aglomerar *v. tr.* Acumular, acopiar, conglomerar, amontonar, hacinar, reunir, apilar. ➤ *Disgregar, dispersar, desparramar, separar, desunir.*

aglutinar *v. tr.* Pegar, unir, adherir, amasar, encolar, combinar, conglutinar. ➤ *Despegar, separar, desencolar, desunir, disgregar.*

agnación *s. f.* Afinidad, consanguinidad.

agnado, da *adj.* Consanguíneo, pariente, familiar.

agnición *s. f.* Anagnórisis, reconocimiento.

agnominación *s. f.* Aliteración, paronomasia.

agobiado, da *adj.* **1. Jorobado,** cheposo, giboso, encorvado. ➤ *Derecho, erguido, enhiesto, tieso.* **2. Fatigado,** abatido, abrumado, preocupado, angustiado, sofocado, molesto, hastiado, rendido. ➤ *Desahogado, aliviado, despreocupado, descansado, relajado.*

agobiar *v. tr.* **1. Encorvar,** doblar, corvar, cargar. ➤ *Estirar, erguir, enderezar.* **2. Abrumar,** atosigar, oprimir, cansar, fatigar, angustiar, molestar, sofocar. ➤ *Aliviar, descansar, despejar.*

agolpamiento *s. m.* Abundancia, hervidero, amontonamiento.

agolparse *v. prnl.* Amontonarse, hacinarse. ➤ *Separarse, disgregarse.*

agonía *s. f.* **1. Desenlace,** postrimería, fin, muerte, óbito, estertor. ➤ *Nacimiento, origen, principio.* **2. Dolor,** angustia, pesadumbre, congoja, pena, tribulación. ➤ *Alegría, júbilo, felicidad.* **3. Afán,** ansia, anhelo.

agónico, ca *adj.* Agonizante.

agonizar *v. intr.* **1. Acabarse,** extinguirse, perecer, consumirse, finalizar. ➤ *Nacer, aparecer, renacer, despuntar.* **2. Padecer,** penar, expiar, sufrir. ➤ *Gozar, disfrutar.*

agorafobia *s. f.* ➤ *Claustrofobia.*

agorar *v. tr.* Anunciar, pronosticar, vaticinar, predecir, augurar, profetizar.

agorero, ra *adj.* **1. Adivino,** augur, profeta, brujo, hechicero. **2. Derrotista,** pesimista. ➤ *Optimista.*

agostamiento *s. m.* Resecamiento, marchitamiento, languidecimiento.

agostar *v. tr.* Abrasar, marchitar, secar, languidecer. ➤ *Lozanear, reverdecer.*

agosto *s. m.* Cosecha, recolección. ➤ *Siembra.*

agotador, ra *adj.* Abrumador, fatigoso, pesado, extenuante. ➤ *Descansado.*

agotamiento *s. m.* Cansancio, consunción, debilidad, extenuación, fatiga. ➤ *Buena forma, lozanía.*

agotar *v. tr.* **1. Acabar,** apurar, terminar, extinguir, extremar, fatigar. ➤ *Colmar, llenar.* **2. Debilitar,** extenuar, fatigar, cansar, postrar. ➤ *Vigorizar, robustecer, reanimar.*

agraciado, da *adj.* **1. Chistoso,** saleroso, chispeante, gracioso, agradable. ➤ *Desagradable, antipático, soso, patoso.* **2. Afortunado,** suertudo, favorecido. **3. Guapo,** hermoso, atractivo, apuesto, gallardo. ➤ *Feo.*

agraciar *v. tr.* **1. Favorecer,** conceder, bendecir, beneficiar, recompensar. ➤ *Perjudicar, dañar, desgraciar.* **2. Premiar,** otorgar, dispensar, conceder. ➤ *Sancionar, castigar.*

agradable *adj.* Afable, ameno, deleitoso, gustoso, placentero, apacible. ➤ *Desagradable, desapacible, molesto, incómodo.*

agradar *v. intr.* Complacer, contentar, gustar, atraer, cautivar, encantar, satisfacer, lisonjear. ➤ *Aburrir, hastiar, desagradar, disgustar, incomodar.*

agradecer *v. tr.* **1. Reconocer,** dar las gracias, sentir gratitud. **2. Gratificar,** premiar, recompensar.

agradecimiento *s. m.* Gratitud, reconocimiento, complacencia, satisfacción. ➤ *Ingratitud.*

agrado *s. m.* **1. Afabilidad,** simpatía, encanto, amabilidad. ➤ *Desabrimiento, antipatía.* **2. Placer,** antojo, gana, arbitrio, capricho, voluntad, deseo. ➤ *Deber, obligación.*

agramar *v. tr.* Sacudir, tundir, golpear.

agrandamiento *s. m.* Acrecentamiento, engrandecimiento. ➤ *Empequeñecimiento.*

agrandar *v. tr.* Aumentar, ampliar, engrandecer, acrecentar, dilatar, expandir, estirar. ➤ *Empequeñecer, achicar, reducir, disminuir, encoger.*

agranujado, da[1] *adj.* Granuloso.

agranujado, da[2] *adj.* Abellacado, encanallado, truhán.

agrario, ria *adj.* Rural, campestre.

agravamiento *s. m.* **1. Acrecimiento,** aumento, incremento. **2. Empeoramiento.** ➤ *Mejoría, alivio.*

agravar *v. tr.* **1. Gravar,** cargar, aumentar. ➤ *Aligerar, desahogar.* **2. Empeorar,** recrudecer, agudizar. ➤ *Aliviar, mejorar, aplacar, mitigar.*

agraviante *adj.* Insultante, ofensivo, ultrajante, injurioso, afrentoso.

agraviar *v. tr.* **1. Insultar,** afrentar, calumniar, deshonrar, ultrajar. ➤ *Alabar, ensalzar, enaltecer, desagraviar.* ‖ *v. prnl.* **2. Picarse,** molestarse.

agravio *s. m.* **1. Insulto,** afrenta, infamia, acusación, calumnia, ultraje, ofensa. **2. Injusticia,** daño, perjuicio.

agrazar *v. intr.* **1. Amargar,** agriar. ‖ *v. tr.* **2. Insidiar,** molestar, disgustar, desazonar.

agredir *v. tr.* Arremeter, embestir, herir, golpear, atacar, sacudir, maltratar, zumbar, zurrar, pegar. ➤ *Huir, esquivar.*

agregación *s. f.* Anexión, anexo, incorporación, aditamento, añadido, complemento, suplemento.

agregado, da *adj.* **1. Adherido,** anejo, anexionado, unido, yuxtapuesto. ➤ *Separado, aislado, apartado.* ‖ *s. m. y s. f.* **2. Adjunto,** asociado. ➤ *Titular.*

agregar *v. tr.* **1. Adicionar,** sumar, aumentar, añadir, yuxtaponer. ➤ *Separar, restar, substraer, quitar, aislar, apartar.* **2. Anexionar,** adscribir.

agremiar *v. tr.* Sindicar, asociar.

agresión *s. f.* Asalto, acometida, ataque, arremetida, paliza, tunda.

agresivo, va *adj.* Provocador, procaz, mordaz, cáustico, punzante. ➤ *Moderado, manso, tranquilo, suave.*

agreste *adj.* **1. Abrupto,** montuoso, áspero, inculto, silvestre, campestre, salvaje, rústico, selvático. ➤ *Llano, cultivado, elaborado, cuidado, labrado.* **2. Grosero,** basto, tosco, rudo, cerril, paleto, bruto, burdo. ➤ *Fino, refinado, culto.*

agriar *v. tr.* **1. Acedar,** acidificar, avinagrarse. **2. Exacerbar,** alterar, exasperar, irritar, cabrear, impacientar. ➤ *Calmar, sosegar, suavizar, serenar.*

agrícola *adj.* Agrario, rural, campestre.

agricultor, ra *s. m. y s. f.* Campesino, colono, hortelano, labriego, labrador.

agricultura *s. f.* Agronomía.

agriera *s. f.* Acidez, acedía.

agrietar *v. tr.* Abrir, hender, rajar, resquebrajar, cuartear, cascar, quebrar. ➤ *Cerrar, unir, pegar.*

agrimensura *s. f.* Topografía.

agrio, gria *adj.* **1. Acre,** acerbo, acedo, acidulado, ácido. ➤ *Dulce.* **2. Hiriente,** punzante, desagradable, seco, cortante, antipático, mordaz, sarcástico, desabrido. ➤ *Agradable, grato, afable, amable.*

agronomía *s. f.* Agricultura.

agronómico, ca *adj.* Agrícola.

agrumar *v. tr.* Cuajar, espesar, solidificar, coagular. ➤ *Aclarar, fluidificar.*

agrupación *s. f.* **1. Unión,** reunión, conjunto, conglomerado, montón, amontonamiento, apilamiento, pila, concentración. **2. Asociación,** grupo, corporación, entidad, comunidad, sociedad, congregación.

agrupar *v. tr.* Aglomerar, apandillar, apiñar, asociar, juntar, congregar, conglomerar, reunir, aglutinar. ➤ *Separar, disgregar, desunir, aislar.*

aguacero *s. m.* Chaparrón, chubasco.

aguachirle *s. f.* **1. Caldo. 2. Nimiedad,** comino.

aguada *s. f.* Acuarela.

aguafiestas *s. m. y s. f.* Ceñudo, pesimista, cascarrabias, gruñón, gafe. ➤ *Optimista, parrandero, alegre, simpático, jovial.*

aguamanil *s. m.* Lavabo, tina, palangana, pila.

aguamiel *s. f.* Hidromiel.

aguanoso, sa *adj.* Pantanoso, encharcado. ➤ *Seco.*

aguantable *adj.* Llevadero, pasable, soportable, tolerable, sufrible. ➤ *Insoportable, inaguantable, insufrible.*

aguantar *v. tr.* **1. Sostener,** reprimir, mantener, moderar, dominar. ➤ *Ceder, abandonar, soltar.* **2. Padecer,** sobrellevar, tolerar, sufrir. ➤ *Ceder, flaquear, transigir, capitular.* **3. Callarse,** conformarse, refrenarse, jorobarse, fastidiarse. ➤ *Explotar, estallar, reventar, rebelarse, oponerse.*

aguante *s. m.* Imperturbabilidad, flema, cuajo, tolerancia, paciencia, resistencia, vigor, sangre fría. ➤ *Flaqueza, impaciencia, endeblez, flojedad, intolerancia.*

aguapié *s. m.* Aguachirle.

aguar *v. tr.* **1. Bautizar**, templar, chapurrar, desleír, adulterar. ➤ *Concentrar, desaguazar.* **2. Fastidiar**, frustrar, chafar, estropear, entorpecer, arruinar, malograr. ➤ *Alentar, animar, excitar, estimular, favorecer.*

aguardar *v. tr.* **1. Esperar**, acechar, dar tiempo. ➤ *Desesperar.* ‖ *v. prnl.* **2. Demorarse**, prorrogar, diferir, retardarse, detenerse. ➤ *Apresurarse.*

aguardiente *s. m.* Cazalla, ojén.

aguaviento *s. m.* Chubasco, chaparrón.

aguaza *s. f.* Acuosidad, líquido.

aguazal *s. m.* Estero, charca.

aguazo *s. m.* Acuarela.

agudeza *s. f.* **1. Filo**, arista, corte. **2. Talento**, penetración, sagacidad, perspicacia, sagacidad, ingenio. ➤ *Simpleza, torpeza.* **3. Gracia**, chiste.

agudización *s. f.* Enconamiento, recaimiento, recrudecimiento.

agudizar *v. tr.* **1. Acerar**, aguzar, afinar, afilar, adelgazar. ➤ *Engrosar, despuntar, embotar.* ‖ *v. prnl.* **2. Agravarse**, aguzarse, empeorar, recrudecerse. ➤ *Mejorar, aplacarse, mitigarse, aliviarse.*

agudo, da *adj.* **1. Acerado**, afilado, fino, puntiagudo, aguzado. ➤ *Romo, obtuso, embotado.* **2. Punzante**, lacerante, fuerte, vivo. ➤ *Sordo, suave.* **3. Alto.** ➤ *Bajo, grave.* **4. Sagaz**, ingenioso, penetrante, sutil, perspicaz, inteligente. ➤ *Necio, simple, torpe.*

agüero *s. m.* Premonición, presagio, auspicio, vaticinio, pronóstico, predicción, señal, profecía.

aguerrido, da *adj.* Veterano, belicoso, ducho, acostumbrado, experimentado, avezado, endurecido, curtido, fogueado, baqueteado. ➤ *Novato, inexperto, tierno, bisoño.*

aguijadura *s. f.* Aguijonazo.

aguijar *v. tr.* **1. Espolear**, fustigar, pinchar. ➤ *Refrenar.* **2. Estimular**, animar, incitar.

aguijón *s. m.* **1. Espina**, púa, pincho, rejo, rejón, dardo. **2. Acicate**, incentivo, aliciente, pasión, estímulo. ➤ *Freno, sujeción, tope.*

aguijonamiento *s. m.* Estímulo, aguijadura, fustigamiento.

aguijonazo *s. m.* **1. Pinchazo**, picadura. **2. Puyazo.**

aguijonear *v. tr.* **1. Pinchar**, punzar, avispar, aguijar. **2. Incitar**, estimular, inquietar, atormentar, enardecer, provocar, atizar. ➤ *Frenar, contener, calmar, serenar, tranquilizar, sosegar.*

aguileño, ña *adj.* Aquilino, ganchudo, alargado, curvo, arqueado, encorvado. ➤ *Recto, respingón, chato.*

aguilón *s. m.* Puntal, traviesa.

aguinaldo *s. m.* Gratificación, propina, sobre, regalo, dádiva.

aguja *s. f.* **1. Manecilla**, saeta. **2. Prendedor**, pasador, alfiler. **3. Púa**, espina.

agujerear *v. tr.* Barrenar, atravesar, horadar, taladrar, acribillar, perforar. ➤ *Taponar, tapar, obturar.*

agujero *s. m.* Boca, hueco, ojo, orificio, boquete, perforación, hoyo.

agujetas *s. f. pl.* Hormiguillo.

agusanamiento *s. m.* Putrefacción.

agusanarse *v. prnl.* Pudrirse.

aguzar *v. tr.* **1. Adelgazar**, afinar, afilar. ➤ *Embotar, arromar, despuntar, mellar.* **2. Avivar**, excitar, afinar, estimular, incitar. ➤ *Frenar, contener, parar, desanimar.* **3. Afinar**, agudizar, tensar. ➤ *Aflojar, relajar, distender.*

ahelear *v. tr.* Amargar, ensombrecer.

aherrojamiento *s. m.* Encarcelamiento, esclavitud, prisión.

aherrojar *v. tr.* **1. Encadenar**, esposar, engrilletar, atar. ➤ *Soltar.* **2. Dominar**, esclavizar, subyugar, oprimir, tiranizar, someter. ➤ *Libertar.*

aherrumbrarse *v. prnl.* Enmohecerse, oxidarse.

ahí *adv. l.* Allí, allá. ➤ *Aquí, acá.*

ahidalgado, da *adj.* Caballeroso, noble.

ahijado, da *adj.* **1. Acogido**, adoptado. ‖ *s. m. y s. f.* **2. Apadrinado.**

ahijar *v. tr.* **1. Acoger**, adoptar, apadrinar, afiliar, arrogar. ➤ *Abandonar, repudiar.* **2. Achacar**, atribuir, imputar. **3. Retoñar**, fructificar, procrear.

ahincado, da *adj.* Esforzado, voluntarioso, eficaz, vehemente, diligente, tesonero. ➤ *Dejado, vago.*

ahincarse *v. prnl.* Apresurar, acelerar.

ahínco *s. m.* Tesón, firmeza, insistencia, afán, fervor, perseverancia, empeño. ➤ *Desgana, apatía, indolencia.*

ahitarse *v. prnl.* Saciarse, hartarse, empacharse. ➤ *Ayunar, abstenerse.*

ahíto, ta *adj.* **1. Empachado**, saciado, indigesto, repleto, harto, lleno, saturado. ➤ *Hambriento, en ayunas, famélico.* **2. Aburrido**, hastiado, enfadado, harto, cansado. ➤ *Entretenido, interesado.* ‖ *s. m.* **3. Empacho**, atracón.

ahocinarse *v. prnl.* Encajarse, angostarse. ➤ *Abrirse.*

ahogadero, ra *adj.* Asfixiante.

ahogado, da *s. m. y s. f.* Asfixiado, sofocado, estrangulado.

ahogar *v. tr.* **1. Asfixiar**, sofocar, estrangular. **2. Acongojar**, agobiar, abrumar, apretar. **3. Extinguir**, sofocar, dominar, apagar. ➤ *Inflamar.*

ahogo *s. m.* **1. Opresión**, sofoco. **2. Apuro**, aprieto, congoja, apremio. **3. Penuria**, pobreza, necesidad, apuro, escasez. ➤ *Desahogo, bienestar.*

ahondamiento *s. m.* Penetración, avance, profundización. ➤ *Superficialidad.*

ahondar *v. tr.* **1. Penetrar**, cavar. **2. Profundizar**, investigar.

ahora *adv. t.* Hoy, actualmente.

ahorcado, da *s. m. y s. f.* Colgado, condenado, ajusticiado.

ahorcamiento *s. m.* Linchamiento.

ahorcar *v. tr.* Ajusticiar, colgar, linchar, ejecutar.

ahormar *v. tr.* **1. Amoldar**, conformar. **2. Convencer**.

ahorrador, ra *adj.* Austero, usurero, economizador. ➤ *Pródigo, gastador.*

ahorrar *v. tr.* **1. Economizar**, guardar, reservar, restringir. ➤ *Gastar, prodigar.* **2. Excusar**, eludir, evitar, sortear. ➤ *Afrontar, enfrentar.*

ahorro *s. m.* **1. Economía**. **2. Reserva**, tesoro, hucha.

ahuchear *v. tr.* Patear, reventar, silbar, chiflar. ➤ *Aplaudir, ovacionar.*

ahucheo *s. m.* Burla, pita, chifla.

ahuecado, da *adj.* Inflado, mullido, esponjoso. ➤ *Compacto, macizo.*

ahuecamiento *s. m.* Abombamiento.

ahuecar *v. tr.* **1. Esponjar**, ablandar, mullir. ➤ *Tupir, apelmazar, desinflar, chafar, aplastar.* **2. Bajar la voz.** ➤ *Atiplar.* ‖ *v. intr.* **3. Marcharse**, largarse, salir, irse, retirarse. ➤ *Llegar, presentarse, permanecer.* ‖ *v. prnl.* **4. Envanecerse**, hincharse, engreírse, pavonearse. ➤ *Humillarse, rebajarse, achicarse, cortarse.*

ahuevar *v. tr.* Aovar.

ahumar *v. tr.* Curar, acecinar.

ahusarse *v. prnl.* Afinarse, afilarse, adelgazarse. ➤ *Engrosarse.*

ahuyentar *v. tr.* **1. Expulsar**, arrojar, espantar, asustar, alejar. ➤ *Atraer, seducir, cautivar.* **2. Apartar**, repudiar, rechazar. ➤ *Inducir, estimular.*

airadamente *adv. m.* Ásperamente, enfurecidamente. ➤ *Amablemente*

airamiento *s. m.* Irritación, disgusto, enfado, enojo, furia. ➤ *Serenidad.*

airar *v. tr.* Encolerizar, embravecer, exasperar, enojar, enfadar, enfurecer, irritar. ➤ *Calmar, tranquilizar.*

aire *s. m.* **1. Cielo**, éter, espacio. **2. Viento**, corriente, soplo, efluvio, brisa. **3. Parecido**, semejanza, similitud, afinidad. ➤ *Diferencia.* **4. Apariencia**, porte, figura. **5. Gracia**, apostura, primor, gallardía, garbo, gentileza, elegancia. ➤ *Torpeza, desgarbo.*

airear *v. tr.* **1. Orear**, oxigenarse, ventilar. ➤ *Encerrar.* **2. Propagar**, divulgar, publicar, lanzar a los cuatro vientos. ‖ *v. prnl.* **3. Acatarrarse**, constiparse, resfriarse.

airoso, sa *adj.* Apuesto, arrogante, gentil, esbelto, elegante, garboso, gallardo. ➤ *Desgarbado, patoso, torpe.*

aislado *adj.* Solo, suelto, individual, retirado, solitario, incomunicado, apartado. ➤ *Acompañado, comunicado, céntrico.*

aislar *v. tr.* **1. Incomunicar**, desconectar, separar. ➤ *Comunicar, conectar.* **2. Apartar**, recogerse, arrinconar. ➤ *Incorporar.*

ajado, da *adj.* Desgastado. ➤ *Lozano.*

ajamiento *s. m.* Desaliño, desgaste, deslustre, deterioro.

ajamonarse *v. prnl.* Engordar, engrosar. ➤ *Adelgazar.*

ajar *v. tr.* **1. Marchitar**, deslucir, maltratar. ➤ *Lozanear, reverdecer, mejorar.* **2. Vejar.** ➤ *Respetar.*

ajarafe *s. m.* **1. Altozano**, meseta. **2. Ático**, terraza.

ajedrea *s. f.* Jedrea, hisopillo.

ajenjo *s. m.* Absenta, absintio.

ajeno, na *adj.* Extraño, impropio. ➤ *Propio, personal.*

ajero, ra *s. m. y s. f.* Buhonero.

ajetrearse *v. tr.* **1. Zarandear**, traquetear, agobiar, abrumar, cargar. ➤ *Aliviar, descargar, desahogar.* ‖ *v. prnl.* **2. Fatigarse**, trajinar. ➤ *Descansar.*

ajetreo *s. m.* Baqueteo, trajín, zarandeo.

ají *s. m.* Guindilla, chile.

ajiaceite *s. m.* Alioli.

ajilimójili *s. m.* Aliño, adobo.

ajimez *s. m.* Ventanal, balcón.

ajobo *s. m.* Fardo.

ajolote *s. m.* Ahuizote.

ajorca *s. f.* Pulsera, brazalete.

ajuar *s. m.* **1. Menaje**, mobiliario. **2. Equipo**, canastilla.

ajuarar *v. tr.* Amueblar, equipar.

ajustador *s. m.* Corsé, justillo, faja.

ajustar *v. tr.* **1. Acoplar**, unir, amoldar, acomodar, encajar, embutir, adaptar. ➤ *Desajustar, desarreglar, desacoplar, desencajar, separar.* **2. Convenir**, pactar, concertar, acordar, concordar, avenir, arreglar. ➤ *Romper, discordar, contravenir.*

ajuste *s. m.* **1. Acople**, arreglo, trato, pacto, convenio, contrato. ➤ *Desarreglo, desajuste.* **2. Precisión**, exactitud. ➤ *Imprecisión, desajuste.*

ajusticiamiento *s. m.* Fusilamiento, linchamiento, ahorcamiento.

ajusticiar *v. tr.* Agarrotar, ahorcar, fusilar, linchar, ejecutar, guillotinar. ➤ *Perdonar, absolver.*

ala *s. f.* **1. Élitro**, remo, aleta, alón. **2. Tejaroz**, chaperón. **3. Lado**, costado, flanco. ➤ *Centro, medio, mitad.*

alabado, da *adj.* Aplaudido, ensalzado, glorificado. ➤ *Denostado, vituperado.*

alabanza *s. f.* Aclamación, elogio, loa, ovación. ➤ *Ataque, desaprobación.*

alabar *v. tr.* **1. Celebrar**, encarecer, elogir, exaltar, encomiar, loar, ensalzar. ➤ *Censurar, condenar, desaprobar, ofender, vituperar.* ‖ *v. prnl.* **2. Preciarse**, alardear, presumir, jactarse, vanagloriarse, envanecerse, hincharse, pavonearse. ➤ *Rebajarse, reprobarse, reprocharse.*

alabarda *s. f.* Lanza, rejón, pica.

alabardero *s. m.* Lancero.

alabastrado, da *adj.* Alabastrino, traslúcido.

alabastro *s. m.* Mármol, espato.

alabeado, da *adj.* Combado, curvado, combo, corvo. ➤ *Recto,derecho.*

alabear *v. tr.* **1. Combar**, curvar. ‖ *v. prnl.* **2. Pandearse**, deformarse.

alabeo *s. m.* Arqueamiento, comba, pandeo. ➤ *Enderezamiento.*

alacena *s. f.* Armario, despensa, fresquera, hornacina.

alaciarse *v. prnl.* Enlaciarse.

alaco *s. m.* Guiñapo, trasto.

alacrán *s. m.* Escorpión.

alacridad *s. f.* Animación, prontitud, ligereza. ➤ *Pereza.*

aladierna *s. f.* Alitierno.

aladroque *s. m.* Anchoa, alache.

alajú *s. m.* Alfajor.

alambicado, da *adj.* Acrisolado.

alambicar *v. tr.* **1. Aquilatar. 2. Sofisticar.**

alambique *s. m.* Serpentín.

alambrar *v. tr.* Enrejar, vallar.

alambre *s. m.* Cable.

alambrera *s. f.* Alambrada, enrejado.

alameda *s. f.* **1. Chopera. 2. Arboleda**, parque, avenida.

alamparse *v. prnl.* Ansiar, anhelar.

alarde *s. m.* Jactancia, vanidad, pompa, presunción, fanfarronada, vanagloria. ➤ *Disimulo, ocultación.*

alardear *v. intr.* Jactarse, enorgullecerse, pagarse, vanagloriarse.

alargamiento *s. m.* Dilatación, estiramiento, prórroga. ➤ *Acortamiento, reducción.*

alargar *v. tr.* **1. Prolongar,** extender, aumentar, desarrollar. ➤ *Acortar, reducir, menguar, mermar, disminuir.* **2. Prorrogar. 3. Tender,** entregar, pasar, dar. ➤ *Tomar.*

alarguez *s. m.* Agracejo, aspálato.

alarida *s. f.* Alboroto, griterío.

alarido *s. m.* Chillido, rugido, bramido.

alarifazgo *s. m.* Albañilería.

alarma *s. f.* Sobresalto, inquietud, susto, temor, andiedad, intranquilidad, miedo. ➤ *Tranquilidad, sosiego, calma.*

alarmante *adj.* Inquietante, perturbador, preocupante. ➤ *Calmante, apaciguador, tranquilizante.*

alarmar *v. tr.* Alterar, angustiar, atemorizar, asustar, sobresaltar, inquietar, aterrar, amedrentar. ➤ *Tranquilizar, sosegar, calmar.*

alarmista *adj.* **1. Derrotista,** pesimista. ➤ *Realista, optimista.* **2. Insidioso,** bolero, trolero, trapalón.

alazán, na *adj.* Anaranjado, rojizo, vinoso, canela.

alazor *s. m.* Azafrán, cárcamo.

alba *s. f.* Aurora, despuntar el día, alborada, madrugada, primeras luces, amanecer. ➤ *Anochecer, crespúsculo, ocaso, atardecer.*

albacea *s. m. y s. f.* Fiduciario, legatario, cabezalero.

albada *s. f.* Jabonera.

albañal *s. m.* **1. Cloaca,** colector, alcantarilla. **2. Vertedero,** colector.

albañil *s. m.* Alarife.

albaquía *s. f.* Remanente, sobra, resto.

albar *adj.* Blanquecino, blanco. ➤ *Negro, oscuro.*

albaricoque *s. m.* Albarcoque, albercoque, albérchigo.

albaricoquero *s. m.* Alberchiguero.

albariza *s. f.* Albufera, marisma.

albarraz *s. m.* Estafisagria.

albayalde *s. m.* Cerusa.

albear *v. intr.* **1. Alborear.** ➤ *Oscurecer, ennegrecer.* **2. Enblanquecerse,** blanquear. ➤ *Negrear, negrecer.*

albedrío *s. m.* **1. Arbitrio,** voluntad, elección, decisión, gusto, libertad. ➤ *Fatalidad, necesidad, destino, determinación.* **2. Arbitrariedad,** capricho, ganas, veleidad.

alberca *s. f.* Charca, estanque, pozo, acequia.

albergador, ra *adj.* Mesonero, posadero, hostelero. ➤ *Huésped.*

albergar *v. tr.* **1. Alojar,** amparar, aposentar, hospedar, acoger, cobijar. ➤ *Desalojar, echar, arrojar, expulsar, rechazar.* ‖ *v. intr.* **2. Hospedarse,** alojarse.

albergue *s. m.* **1. Mesón,** posada, pensión, venta, parador, hostería, hostal, hotel, fonda. **2. Guarida,** refugio, cueva, cabaña. **3. Orfanato.**

albina *s. f.* Albufera, marisma.

albo, ba *adj.* **1. Níveo,** blanco, puro, limpio. ➤ *Negro.* ‖ *s. f.* **2. Aurora,** amanecer. ➤ *Crepúsculo, anochecer, atardecer, ocaso.*

albollón *s. m.* Sumidero, alcantarilla, desagüe.

albor *s. m.* **1. Inicio,** preludio, alba, aurora, principio, origen, nacimiento. ➤ *Final, término, crepúsculo, anochecer, ocaso.* **2. Blancor,** albura, blancura, pureza. ➤ *Negror, negrura, suciedad.*

alborada *s. f.* **1. Aurora,** albor, madrugada, alba. ➤ *Crepúsculo, ocaso, anochecer.* **2. Albada,** diana. ➤ *Toque de queda, retreta.*

albórbola *s. f.* Bulla, griterío.

alborear *v. intr.* Clarear, albear. ➤ *Anochecer, atardecer.*

alboreo *s. m.* Amanecer, aurora, alba. ➤ *Crepúsculo.*

alborga *s. f.* Alpargata, esparteña.

alboroque *s. m.* Robla, robra.

alborotadamente *adv. m.* Desordenadamente, atolondradamente.

alborotado, da *adj.* Aturdido, irreflexivo, atolondrado, precipitado, ligero. ➤ *Reflexivo, cauto, sesudo, mesurado, pausado.*

alborotador, ra *adj.* Bullicioso, buscarruidos, jaranero, levantisco. ➤ *Furtivo, silencioso.*

alborotar *v. tr.* **1. Inquietar,** alterar, perturbar. ➤ *Calmar, apaciguar, serenar, sosegar, aplacar, aquietar.* ‖ *v. prnl.* **2. Amotinar,** sublevar. ➤ *Tranquilizar, apaciguar.*

alboroto *s. m.* Altercado, contienda, motín, asonada, disturbio, desorden, bullicio, estrépito, bulla, jaleo, jarana, revolución, algarabía, revuelta. ➤ *Silencio, calma.*

alborozado, da *adj.* Animoso, alegre, risueño. ➤ *Serio, triste.*

alborozar *v. tr.* Alegrar, complacer. ➤ *Entristecer, aguar.*

alborozo *s. m.* Entusiasmo, gozo, júbilo, contento. ➤ *Tristeza, congoja, consternación, aflicción, pena.*

albricias *s. f. pl.* Felicitaciones, parabienes. ➤ *Pésame, tristeza.*

albufera *s. f.* Albariza, albina.

albuminoideo, a *adj.* Proteico, proteínico.

albur *s. m.* Azar, fortuna, destino.

albura *s. f.* Blancor, albor. ➤ *Negrura.*

alcabala *s. f.* Gabela, impuesto, carga, gravamen.

alcahueta *s. f.* Proxeneta, celestina, trotaconventos, encubridora, comadre, tercera, enredadora.

alcahuete *s. m.* Proxeneta, encubridor, rufián.

alcahuetear *v. intr.* Terciar, encubrir, celestinear, rufianar.

alcahuetería *s. f.* Lenocinio, prostitución, proxenetismo, trata.

alcaide *s. m.* **1. Guardián,** castellano. **2. Carcelero.**

alcaldada *s. f.* Cabildada, desafuero, tropelía.

álcali *s. m.* Amoniaco.

alcaloide *s. m.* Soporífero, somnífero.

alcance *s. m.* **1. Trayectoria. 2. Inteligencia,** luces, clarividencia, sutileza, talento. ➤ *Torpeza, incapacidad.* **3. Seguimiento,** persecución, obtención, logro. **4. Gravedad,** importancia, peso, eficacia, efecto. ➤ *Intrascendencia.*

alcancía *s. f.* Cepillo, hucha, cepo, ladronera.

alcantarilla *s. f.* Cloaca, colector.

alcanzable *adj.* Asequible, posible, factible. ➤ *Imposible, inalcanzable.*

alcanzar *v. tr.* **1. Atrapar,** rebasar, dar alcance, agarrar, tocar, coger, cazar. ➤ *Dejar escapar, quedarse atrás.* **2. Coger,** tomar. ➤ *Soltar.* **3. Penetrar. 4. Lograr,** obtener, conseguir. ➤ *Perder.* **5. Percibir,** captar, sentir. experimentar, apreciar. ‖ *v. intr.* **6. Atañer,** incumbir, afectar.

alcarraza *s. f.* Cántaro, rallo.

alcarria *s. f.* Altiplanicie, altozano, ventorrero.

alcatifa *s. f.* Tapiz, alfombra, tapete.

alcaudón *s. m.* Desollador, picagrega, verdugo.

alcayata *s. f.* Clavija, candileja.

alcazaba *s. f.* Alcázar, castillo.

alcista *s. m. y s. f.* Bolsista, especulador, financiero.

alcoba *s. f.* Dormitorio, cuarto, aposento.

alcoholismo *s. m.* **1. Borrachera,** embriaguez. ➤ *Abstinencia.* **2. Dipsomanía.**

alcoholizado, da *adj.* Borracho, dipsómano, alcohólico.

alcor *s. m.* Altozano, cerro, otero. ➤ *Depresión, valle.*

alcornoque *adj.* Necio, estúpido, tarugo, zote. ➤ *Inteligente, agudo.*

alcotán *s. m.* Esmerejón.

alcotana *s. f.* Zapapico.

alcurnia *s. f.* Genealogía, prosapia, estirpe, linaje, ascendencia, raza.

aldaba *s. f.* Aldabón, llamador.

aldabonazo *s. m.* Golpe, aviso.

aldea *s. f.* Lugar, burgo, villorrio.

aldeano, na *adj.* Villano, lugareño, pueblerino. ➤ *Ciudadano.*

aleación *s. f.* Fusión, mezcla.

alear *v. tr.* Fundir, fusionar, mezclar. ➤ *Desintegrar, separar.*

aleatorio, ria *adj.* Fortuito, casual.

aleccionador, ra *adj.* Animante, instructivo. ➤ *Desanimante, disuasivo.*

aleccionar *v. tr.* Aconsejar, adiestrar, instruir, amaestrar, enseñar, ejercitar, sugerir. ➤ *Disuadir, desanimar.*

aledaño, ña *adj.* Limítrofe, confinante, colindante, vecino, lindante, adyacente, rayano, inmediato, anexo. ➤

Separado, lejano, apartado, distante, ajeno, extraño, remoto, retirado.

alegar *v. tr.* Aducir, exponer, pretextar.

alegoría *s. f.* Símbolo, figura, metáfora, comparación, atributo, imagen, emblema, representación. ➤ *Realidad.*

alegórico, ca *adj.* Emblemático, simbólico, metafórico. ➤ *Real.*

alegorizar *v. tr.* Simbolizar, imaginar.

alegrar *v. tr.* Animar, regocijar, excitar, entusiasmar, deleitar, solazar, recrear, divertir, alborozar, avivar. ➤ *Entristecer, apenar, contristar, afligir, chafar, apagar, deslucir.*

alegre *adj.* Jovial, risueño, alborozado, animado, divertido, gracioso, festivo, jocoso, contento, gozoso. ➤ *Triste, serio, apenado, apesadumbrado, afligido.*

alegría *s. f.* Júbilo, contento, entusiasmo, dicha, felicidad, gozo, satisfacción, regocijo, placer, alborozo, risa. ➤ *Tristeza, pesar, pena, pesadumbre, aflicción, llanto, ceño.*

alejado, da *adj.* Lejano, distante, apartado. ➤ *Céntrico, cercano, aledaño.*

alejamiento *s. m.* Distanciamiento, reconditez, lejanía, apartamiento. ➤ *Aproximación, acercamiento.*

alejar *v. tr.* Separar, apartar, distanciar, rechazar, retirar, desviar, perder de vista, irse. ➤ *Acercar, aproximar, allegar, juntar, arrimar, unir.*

alelamiento *s. m.* Aturdimiento, entontecimiento. ➤ *Inteligencia.*

alelar *v. tr.* Embobar, atontar, atontolinar. ➤ *Despabilar, avispar, despertar.*

alemán, na *adj.* Germano, tudesco, teutón.

alentado, da *adj.* Incansable, brioso, vigoroso, infatigable. ➤ *Débil.*

alentar *v. tr.* **1. Respirar. 2. Estimular**, reanimar, confortar, animar, dar vigor, excitar, aguijonear, apoyar. ➤ *Desalentar, desanimar, disuadir, desengañar, desilusionar.*

alergia *s. f.* Hipersensibilidad, reacción, rechazo.

alero *s. m.* **1. Ala**, borde, saliente. **2. Guardabarros**, salvabarros.

alertar *v. tr.* **1. Avisar.** ‖ *v. intr.* **2. Preparar**, aprestarse, disponerse.

aletargamiento *s. m.* Letargo, adormecimiento, somnolencia. ➤ *Vigilia.*

aletargar *v. tr.* **1. Adormecer**, amodorrar. ➤ *Desvelar, despabilar.* ‖ *v. prnl.* **2. Adormecerse**, amodorrarse. ➤ *Despertarse.*

alevosía *s. f.* Deslealtad, infidelidad. ➤ *Nobleza, lealtad, fidelidad, gratitud.*

alevoso, sa *adj.* Aleve, desleal, traidor, infiel, pérfido. ➤ *Noble, leal.*

alexifármaco, ca *adj.* Antídoto, contraveneno, triaca. ➤ *Veneno.*

alfabetizar *v. tr.* Enseñar, educar, instruir, culturizar.

alfaguara *s. f.* Fontana, fuente.

alfajor *s. m.* **1. Dulce**, alajú. **2. Puñal**, navaja, daga.

alfanje *s. m.* Cimitarra, espadón.

alfaqueque *s. m.* Manumisor, redentor.

alfaquí *s. m.* Consejero, doctor, sabio.

alfarería *s. f.* **1. Cerámica. 2. Taller**, alfar, obrador.

alfarero, ra *s. m. y s. f.* Ceramista, cantarero, barrero, botijero, alcaller.

alfeñique *s. m.* Enclenque, escuchimizado, flojo, flaco, débil, delicado, raquítico, delgado. ➤ *Fuerte, rudo, robusto, corpulento.*

alférez *s. m.* **1. Abanderado**, portaestandarte. **2. Subteniente**, lugarteniente, oficial.

alfiler *s. m.* **1. Imperdible**, aguja. **2. Broche**, pasador.

alfilerazo *s. m.* **1. Pinchazo**, punzada. ➤ *Alabanza, elogio.* **2. Pulla.**

alfiletero *s. m.* Agujetero, acerico.

alfombra *s. f.* Tapiz, estera, moqueta.

alforja *s. f.* **1. Mochila**, zurrón, talega, bolsa, talego, capacho. **2. Víveres**, provisiones, comestibles.

alforza *s. f.* Jareta, pliegue, dobladillo.

alfoz *s. amb.* Barrio, distrito, arrabal.

alga *s. f.* Liquen, sargazo.

algalia[1] *s. f.* Ambarina, civeto.

algalia[2] *s. f.* Catéter, sonda.

algarabía *s. f.* **1. Galimatías. 2. Vocerío**, bulla, lío, confusión, jaleo, algazara, trifulca, jolgorio, estrépito, follón. ➤ *Silencio, orden, quietud.*

algarada *s. f.* Asonada, clamor, tumulto.

algarroba *s. f.* Arvejón, arveja.

algazara *s. f.* Jolgorio, zarabanda, tumulto, estrépito, jaleo. ➤ *Calma.*

algebrista *s. m. y s. f.* Curandero, ensalmador, componedor.

álgido, da *adj.* **1. Frígido**, glacial, frío, helado. ➤ *Cálido, ardiente.* **2. Máximo**, crítico, culminante.

algodonar *v. tr.* Enguatar, mullir.

algodonoso, sa *adj.* Lanoso, velloso.

algorín *s. m.* Troj, troje.

algoritmia *s. f.* Aritmética.

algorítmico, ca *adj.* Aritmético.

alguacil *s. m.* Alamín, comisario, corchete.

alguien *pron. indef.* Alguno. ➤ *Nadie.*

algún *adj. indef.* Alguno. ➤ *Ningún.*

alhaja *s. f.* Reliquia, joya, presea, aderezo. ➤ *Nadería, fruslería, baratija.*

alhajar *v. tr.* Acicalar, engalanar, enjoyar. ➤ *Despojar.*

alharaca *s. f.* Jolgorio, algazara, bulla, jaleo, barullo. ➤ *Mesura, sosiego.*

alheñarse *v. prnl.* Agostarse, amustiarse, quemarse.

alhóndiga *s. f.* Almudín, lonja.

aliado, da *adj.* Socio, partidario, confederado, asociado. ➤ *Adversario.*

alianza *s. f.* **1. Unión**, liga, coalición, amistad, federación, confederación, pacto, lazo, conexión. ➤ *Rivalidad, discordia, hostilidad, ruptura, desavenencia, rompimiento.* **2. Tratado**, acuerdo. **3. Aro**, anillo, sortija.

aliarse *v. prnl.* Unirse, ligarse, coaligarse, asociarse, confederarse. ➤ *Desunirse, romper, separar, regañar.*

alias *s. m.* Mote, seudónimo, sobrenombre, apodo, remoquete.

alicaído, da *adj.* Decaído, abatido, triste, desanimado, melancólico, entristecido, deprimido, desalentado. ➤ *Entusiasmado, alegre, exaltado, enardecido, animado, optimista, alborozado, radiante, contento.*

alicantina *s. f.* Añagaza, ardid, argucia, treta, astucia.

alicates *s. m. pl.* Tenazas.

aliciente *s. m.* Acicate, encanto, estímulo, atractivo, incentivo, imán, señuelo, aguijón. ➤ *Inconveniente, dificultad, pega, impedimento.*

alícuota *adj.* Proporcional, igual.

alienado, da *adj.* Loco, perturbado, ido, demente. ➤ *Cuerdo, sano.*

alienar *v. tr.* **1. Vender**, traspasar, enajenar. ➤ *Adquirir.* **2. Explotar.**

alienígeno, na *adj.* Extranjero, forastero, foráneo, extraño, extraterrestre. ➤ *Paisano, natural, aborigen, nativo.*

alienista *adj.* Frenópata, psiquiatra.

aliento *s. m.* **1. Esfuerzo**, denuedo, brío, voluntad, valor, arresto. ➤ *Desaliento, flaqueza, desánimo, debilidad.* **2. Hálito**, soplo, resuello.

alifara *s. f.* Cuchipanda, merendola, ágape, convite.

aligeramiento *s. m.* Alivio, descarga, disminución, reducción, suavizamiento. ➤ *Alargamiento, crecimiento.*

aligerar *v. tr.* **1. Avivar**, apresurar, apurar, reducir, abreviar, acelerar, activar. ➤ *Retardar, diferir, pesar, tardar, atrasar.* **2. Atenuar**, moderar, suavizar, aliviar, templar. ➤ *Agravar.* **3. Descargar**, vaciar. ➤ *Cargar.*

alígero, ra *adj.* Ligero, raudo, rápido, veloz. ➤ *Tardo, lento.*

alijar *s. m.* **1. Dehesa**, cortijo. **2. Serranía**, monte.

alimaña *s. f.* Bestia, bicho, fiera.

alimentación *s. f.* **1. Nutrición**, sustento, manutención. **2. Comida.**

alimentar *v. tr.* **1. Nutrir**, sustentar, mantener. ➤ *Desnutrir.* **2. Sostener**, avivar, estimular, fomentar. ➤ *Apagar, desanimar, enfriar.*

alimenticio, cia *adj.* Nutritivo, sustancioso, vitaminado. ➤ *Pobre, poco nutritivo, sin alimento.*

alimento *s. m.* **1. Comida**, manjar, sustento, vianda, colación, comestibles, pitanza. **2. Estímulo**, sostenimiento, apoyo, pábulo.

alimón, al *loc. adv.* A dúo, a la vez. ➤ *Individualmente.*

alineación *s. f.* Formación, ordenación. ➤ *Desorden.*

alinear *v. tr.* Ahilar, formar.

aliñar *v. tr.* **1. Condimentar**, sazonar, adobar, sabrosear. ➤ *Desaliñar, deslavazar.* **2. Adornar**, acicalar, aderezar. ➤ *Desmantelar, destartalar.*

aliquebrado, da *adj.* Triste, abatido, desanimado, decaído, alicaído. ➤ *Exaltado, eufórico, alegre.*

alisar *v. tr.* Pulir, pulimentar, bruñir, planchar, desarrugar, tersar, enrasar, allanar, aplanar, atezar. ➤ *Arrugar, abultar, estriar.*

alistado, da *adj.* Rayado, listado.

alistamiento *s. m.* **1. Afiliación,** enganche, inscripción. ➤ *Baja.* **2. Reclutamiento,** enrolamiento. ➤ *Licencia.*

alistar¹ *v. tr.* **1. Inscribir,** matricular, afiliar, listar, enrollar. ➤ *Dar de baja, borrar, quitar.* ‖ *v. prnl.* **2. Engancharse,** enrolarse. ➤ *Licenciarse.*

alistar² *v. tr.* Prevenir, aparejar, aprontar, disponer, aprestar, prevenir. ➤ *Desaparejar, improvisar.*

aliviadero *s. m.* Sobradero, desagüe.

aliviar *v. tr.* **1. Descargar,** aligerar, aminorar, desgravar. ➤ *Reforzar, gravar, pesar, cargar.* **2. Mejorar,** curar, sanar, recobrar, reponer. ➤ *Agravar, agudizar, empeorar, enfermar.* **2. Mitigar,** paliar, confortar, aplacar. ➤ *Afligir, apesadumbrar, acongojar, atribular, abrumar.*

alivio *s. m.* Aplacamiento, consuelo, desahogo, mejoría, restablecimiento. ➤ *Recrudecimiento, empeoramiento.*

aljaba *s. f.* Carcaj.

aljofifa *s. f.* Bayeta, paño.

aljofifar *v. tr.* Fregar, aluciar, baldear.

allá *adv.* Más lejos, al otro lado, allende. ➤ *Acá, aquí.*

allanamiento *s. m.* **1. Aplanamiento. 2. Registro,** inspección.

allanar *v. tr.* **1. Aplanar,** nivelar, igualar, derribar, explanar, arrasar. ➤ *Desnivelar, edificar, desigualar, desarreglar.* **2. Forzar. 3. Zanjar,** resolver, franquear. ➤ *Fracasar, malograr, frustrar.* ‖ *v. prnl.* **4. Resignarse,** amoldarse, someterse, conformarse, avenirse. ➤ *Resistirse, rebelarse, sublevarse, enfrentarse, oponerse.*

allegado, da *adj.* **1. Inmediato,** cercano, próximo, ladero, a mano. ➤ *Lejano, alejado, distante, separado.* **2. Deudo,** familiar, ahijado, consanguíneo, paniaguado. ➤ *Extraño.*

allegar *v. tr.* **1. Aproximar,** arrimar, pegar, juntar. ➤ *Alejar, apartar, distanciar.* **2. Recoger,** reunir, acopiar, apilar. ➤ *Dispersar, disgregar, desparramar.* **3. Agregar,** añadir.

allende *adv. l.* Allá, lejos, más allá, al otro lado, de la otra parte. ➤ *Aquí, acá, de este lado, de esta parte.*

allí *adv. l.* Allá. ➤ *Aquí, acá.*

alma *s. f.* **1. Espíritu,** mente, ánima. ➤ *Cuerpo, materia.* **2. Ánimo,** energía, esfuerzo, expresión, aliento. ➤ *Desánimo, flaqueza.* **3. Persona,** habitante, ser, hombre, sujeto, individuo.

almacén *s. m.* Depósito, factoría, tienda, pósito, taller, bodega.

almacenamiento *s. m.* Acopio, acumulación, provisión, depósito.

almacenar *v. tr.* Amontonar, aglomerar, reservar, guardar, acumular, juntar, acaparar, acopiar, depositar. ➤ *Sacar, repartir, distribuir.*

almacenista *s. m. y s. f.* Tendero, dependiente.

almáciga *s. f.* Semillero, vivero.

almadía *s. f.* Armadía, balsa, canoa.

almadreña *s. f.* Abarca, zueco.

almagrar *v. tr.* Mancillar, tachar, humillar, notar, infamar. ➤ *Honrar.*

almagre *s. m.* **1. Ocre rojo,** óxido, almagra. **2. Señal,** marca.

almanaque *s. m.* Calendario.

almastigado, da *adj.* Resinoso.

almazara *s. f.* Aceitería, prensa.

almea *s. f.* Bailarina, danzarina.

almena *s. f.* Atalaya.

almenar *v. tr.* Amurallar, fortificar.

almenara *s. f.* Hoguera, pira, fuego.

almendra *s. f.* Alloza.

almendruco *s. m.* Arzolla.

almete *s. m.* Casco, yelmo, casquete.

almez *s. m.* Aligonero, almecino.

almiar *s. m.* Henil, pajar.

almíbar *s. m.* Jarabe, sirope.

almibarado, da *adj.* Dulzón, melifluo, empalagoso, suave. ➤ *Desabrido, áspero, agrio, incisivo, acerbo, seco.*

almibarar *v. tr.* Camelar, engatusar.

almidón *s. m.* Dextrina, fécula.

almidonado, da *adj.* Tieso, compuesto, pulcro, recolocado, atildado,

pulido, relamido. ➤ *Desaliñado, descuidado, desaseado, desastrado.*
alminar *s. m.* Minarete, torre.
almizclar *v. tr.* Odorizar, perfumar.
almizcle *s. m.* Perfume, aroma.
almo, ma *adj.* **1. Vivificador,** alimentador. **2. Venerable,** beato, santo.
almocafre *s. m.* Azada, escabuche.
almohada *s. f.* Cabezal, almohadón.
almohadillado, da *adj.* Acolchado, almohadado.
almohadón *s. m.* Cojín, respaldo.
almojarife *s. m.* Recaudador, cobrador.
almoneda *s. f.* Subasta, licitación, saldo, ocasión, puja, venta pública.
almorrana *s. f.* Hemorroide.
almorta *s. f.* Tito, arvejón, chícharo.
almorzar *v. tr.* Comer, desayunar.
almotacén *s. m.* Tasador.
almuédano *s. m.* Muecín.
almuerzo *s. m.* Desayuno, tentempié.
almunia *s. f.* Heredad, predio, huerto.
alocado, da *adj.* Irreflexivo, atolondrado, desatinado, atronado, precipitado, inconsciente, desquiciado. ➤ *Juicioso, prudente, cuerdo, reflexivo, pausado, consciente, serio, formal.*
alóctono, na *adj.* Exótico, foráneo. ➤ *Autóctono.*
alocución *s. f.* Arenga, soflama, perorata, discurso, razonamiento, prédica, alegato, sermón, plática.
alodial *adj.* Exento, inmune, libre. ➤ *Dependiente, tributable.*
alojamiento *s. m.* **1. Mesón,** posada, hostería, hotel, albergue, hospedaje, domicilio, residencia, vivienda, morada, piso, aposento. **2. Cuartel,** cantón, acantonamiento, barraca.
alojar *v. tr.* **1. Albergar,** guarecer, cobijar. ➤ *Desalojar, expulsar, echar.* **2. Acuartelar,** acantonar. **3. Colocar,** ubicar, situar, meter, introducir. ➤ *Sacar, extraer.* ǁ *v. prnl.* **4. Habitar,** posar, vivir, residir.
alondra *s. f.* Cogujada, copetuda.
alopecia *s. f.* Calvicie.
aloque *adj.* Tinto, encarnado, rubí.
alpaca *s. f.* Paco, llama, vicuña.
alpargata *s. f.* Esparteña, abarca, sandalia, zapatilla.

alpechín *s. m.* Jámila, tinaco.
alpinismo *s. m.* Montañismo.
alpinista *s. m. y s. f.* Escalador, montañista, excursionista.
alpino, na *adj.* Escarpado, montañoso.
alquequenje *s. m.* Vejiguilla.
alquería *s. f.* Cortijo, hacienda, masía.
alquilador, ra *s. m. y s. f.* **1. Arrendador. 2. Inquilino,** arrendatario.
alquilar *v. tr.* Arrendar, traspasar, servir, fletar. ➤ *Desalquilar.*
alquitrán *s. m.* Brea, pez, betún.
alquitranar *v. tr.* Calafatear, embetunar, embrear.
alrededor *adv. l.* **1. En torno a,** a la redonda, cerca de. ǁ *adv. c.* **2. Aproximadamente,** casi, hacia. ǁ *s. m. pl.* **3. Afueras,** aledaños, contorno, periferia, circunvalación, inmediaciones, cercanías, proximidades.
alta *s. f.* Inscripción, subscripción, reincorporación. ➤ *Baja.*
altanería *s. f.* Engreimiento, envanecimiento, soberbia, desdén, desprecio, orgullo, presunción, vanidad, altivez, arrogancia. ➤ *Humildad, sencillez, modestia, docilidad, sumisión.*
altanero, ra *adj.* Engreído, envanecido, vanidoso, altivo, soberbio, arrogante, desdeñoso, orgulloso, petulante. ➤ *Humilde, sencillo, modesto.*
altar *s. m.* **1. Ara,** altarejo. **2. Hornacina,** peana.
altavoz *s. m.* Amplificador, megáfono.
altearse *v. prnl.* Sobresalir, exceder.
alteración *s. f.* **1. Perturbación,** mudanza, cambio, variación, modificación, falsificación, adulteración. ➤ *Permanencia, estabilidad, conservación.* **2. Trastorno,** perturbación, sofoco, enfado, inquietud, excitación, conmoción, nerviosismo, sobresalto. ➤ *Calma, sosiego, serenidad, tranquilidad, reposo.* **3. Alboroto,** tumulto, motín, sublevación, asonada, algarada. ➤ *Quietud, paz, orden.*
alterado, da *adj.* Cambiado, descompuesto, desordenado, perturbado, trastornado. ➤ *Compuesto, ordenado.*
alterar *v. tr.* **1. Variar,** mudar, modificar, falsificar, adulterar. ➤ *Permane-*

cer, conservar, mantener. **2. Perturbar,** inquietar, trastornar, irritar, agitar, sobresaltar, excitar, enfadar, conmocionar. ➤ *Calmar, sosegar, tranquilizar, apaciguar, serenar.* **3. Desordenar,** revolver, alborotar. ➤ *Ordenar.* **4. Vulnerar,** dañar, estropear. ➤ *Conservar, preservar.*

altercado s. m. Pelotera, disputa, agarrada, riña, cisco, alteración, porfía, querella, gresca, discusión, escándalo, polémica. ➤ *Conciliación, acuerdo, reconciliación, avenencia.*

altercar v. intr. Discutir, reñir, pelearse, porfiar, disputar. ➤ *Avenirse.*

alternación s. f. Periodicidad, rotación, turno, alternancia.

alternador s. m. Generador.

alternar v. tr. **1. Turnar,** relevar, suceder, cambiar, permutar. ➤ *Continuar, mantener.* ‖ v. intr. **2. Codearse,** tratarse, frecuentar, relacionarse, convivir, comunicarse. ➤ *Aislarse, retraerse, recogerse, retirarse.*

alternativo, va adj. **1. Alterno,** rotatorio, alternante. ➤ *Continuo.* ‖ s. f. **2. Dilema,** disyuntiva, opción, elección. ➤ *Solución, determinación.*

alteza s. f. **1. Elevación,** altitud. ➤ *Bajura.* **2. Excelencia,** sublimidad. ➤ *Bajeza, ruindad.* **3. Majestad.**

altibajos s. m. pl. **1. Avatares,** vaivenes **2. Desigualdades,** fragosidades, accidentes. ➤ *Llano.*

altillo s. m. Altozano, cerro, montículo.

altiplanicie s. f. Alcarria, aljarafe.

altisonancia s. f. Grandilocuencia.

altisonante adj. Grandilocuente, engolado, enfático, hinchado, campanudo, rimbombante, pomposo, solemne. ➤ *Sencillo, llano, natural.*

altísono, na adj. Altisonante, campanudo, engolado, rimbombante, enfático. ➤ *Llano, sencillo, bajo.*

altitonante adj. Atronador, tonante.

altitud s. f. Elevación, alto, altura. ➤ *Anchura, horizontalidad.*

altivez s. f. Orgullo, soberbia, arrogancia, altanería, engreimiento, desdén, altiveza. ➤ *Humildad, modestia, sencillez, docilidad.*

altivo, va adj. **1. Orgulloso,** soberbio, desdeñoso, presuntuoso. ➤ *Humilde, modesto.* **2. Erguido,** elevado. ➤ *Bajo, deprimido, hundido.*

alto, ta adj. **1. Eminente,** prominente, encumbrado, superior, excelente. ➤ *Bajo, llano, liso, hondo, pequeño, inferior.* **2. Crecido,** espigado, elevado, aumentado. ➤ *Bajo, achaparrado, hondo, profundo.* ‖ adv. m. **3. Agudo.** ➤ *Grave.* ‖ s. f. **4. Ingreso,** reingreso, reincorporación, admisión. ➤ *Baja.*

altozano s. m. Otero, cerrillo, alcor, colina. ➤ *Valle.*

altruismo s. m. Generosidad, filantropía, caridad, humanidad, piedad, benevolencia, beneficencia. ➤ *Egoísmo, egolatría, misantropía.*

altruista adj. Desprendido, generoso, humanitario. ➤ *Egoísta.*

altura s. f. Alto, eminencia, cumbre, cima, picacho. ➤ *Bajura, depresión.*

alubia s. f. Fréjol, frijol, haba, habichuela.

aluciar v. tr. Abrillantar, lustrar, bruñir.

alucinación s. f. Visión, ilusión, engaño, deslumbramiento, pesadilla, espejismo. ➤ *Realidad, objetividad.*

alucinante adj. Emocionante, fantástico, imponente. ➤ *Sencillo, corriente.*

alucinar v. tr. Ofuscar, confundir, seducir, embaucar, cautivar, engañar, deslumbrar, cegar, embaucar. ➤ *Iluminar, aclarar, esclarecer, alumbrar.*

alucinógeno, na adj. Estupefaciente, droga.

alucón s. m. Autillo, cárabo.

alud s. m. Avalancha, desprendimiento, derrumbamiento, corrimiento.

aludir v. intr. **1. Insinuar,** sugerir, apuntar. ➤ *Omitir, callar.* **2. Mencionar,** hacer referencia, mentar, citar. ➤ *Silenciar, callar, reservarse.*

alumbrado s. m. Iluminación, electricidad, luz, farolas, luminarias.

alumbramiento s. m. **1. Parto. 2. Recién nacido,** neonato.

alumbrar v. tr. **1. Iluminar,** aclarar, encender, dar luz, clarear. ➤ *Apagar, oscurecer.* **2. Aflorar,** elevar. **3. Instruir,** enseñar, aconsejar, ilustrar. ➤

Confundir, embrollar, liar. ‖ *v. intr.*
4. Parir, dar a luz. ‖ *v. prnl.* **5. Emborracharse,** achisparse.

alumno, na *s. m. y s. f.* Discípulo, estudiante, escolar, colegial, aprendiz, educando. ➤ *Maestro, profesor.*

alusión *s. f.* Insinuación, mención, referencia, indirecta, cita.

alusivo, va *adj.* Insinuativo, referente.

alustrar *v. tr.* Pulir, pulimentar, bruñir.

aluvión *s. m.* **1. Tromba,** desbordamiento, inundación. **2. Masa,** multitud, muchedumbre, enjambre, gentío.

álveo *s. m.* Cauce, lecho, madre.

alza *s. f.* Aumento, elevación, subida, encarecimiento, acrecentamiento, incremento. ➤ *Baja, descenso, abaratamiento, reducción.*

alzado *s. f.* Rebelde, sublevado, amotinado. ➤ *Sometido, subyugado.*

alzamiento *s. m.* Motín, insurrección, levantamiento, rebelión, revolución, sedición, pronunciamiento. ➤ *Acatamiento, obediencia.*

alzar *v. tr.* **1. Elevar,** subir, ascender, encumbrar, izar. ➤ *Bajar, descender.* **2. Cortar,** levantar. **3. Levantar,** edificar, erigir. ➤ *Tirar, derrumbar.*

ama *s. f.* **1. Señora,** patrona. **2. Propietaria,** dueña. **3. Nodriza,** aya, niñera.

amabilidad *s. f.* Afabilidad, bondad, cordialidad, gentileza, afecto, agrado, cortesía, urganidad. ➤ *Desabrimiento, grosería, descortesía, mala educación, antipatía, sequedad.*

amable *adj.* **1. Agradable,** tratable, encantador, gracioso, simpático, cordial, sociable. ➤ *Abominable, aborrecible, desagradable, seco, antipático.* **2. Atento,** cariñoso, cortés, complaciente, cordial. ➤ *Áspero, desabrido, descortés, odioso, desatento.*

amablemente *adv. m.* Atentamente, afectuosamente, cortésmente.

amado, da *s. m. y s. f.* Adorado, apreciado, idolatrado, querido. ➤ *Odiado.*

amador, ra *adj.* Adorador, enamorado, amante.

amaestrar *v. tr.* Adiestrar, domesticar, instruir, ejercitar, aleccionar.

amagar *v. tr.* Amenazar, conminar.

amago *s. m.* Conato, síntoma, señal, anuncio, asomo, barrunto.

amainar *v. tr.* **1. Arriar,** plegar, recoger velas. ‖ *v. intr.* **2. Disminuir,** aflojar, ceder, moderar, calmar, flaquear. ➤ *Arreciar, encrespar, recrudecer, avivar, enfurecer, enardecer, excitar, levantar.*

amaine *s. m.* Aplacamiento, calma.

amaitinar *v. tr.* Atisbar, acechar.

amajadar *v. tr.* Acorralar, arredilar.

amalgama *s. f.* Combinación, mezcolanza, reunión, aleación, mezcla. ➤ *Separación, desunión, aislamiento.*

amalgamar *v. tr.* Combinar, mezclar.

amamantamiento *s. m.* Lactancia, nutrición. ➤ *Destete.*

amamantar *v. tr.* Atetar, nutrir, criar, dar el pecho, lactar.

amancebamiento *s. m.* Abarraganamiento, amontonamiento, concubinato, adulterio, lío, plan, contubernio.

amancebarse *v. prnl.* Arrejuntarse, abarraganarse, enrollarse.

amanecer *v. intr.* **1. Aclarar,** apuntar, despuntar, alborear, alborecer, rayar el día, despertar el día, romper el día, clarear. ➤ *Anochecer, oscurecer.* **2. Aparecer,** surgir. ➤ *Desaparecer.* ‖ *s. m.* **3. Alba,** aurora, madrugada, amanecida, orto, albor. ➤ *Anochecer, crepúsculo, ocaso.*

amanecida *s. f.* Aurora, alba.

amaneciente *adj.* Incipiente, matinal, matutino.

amanerado, da *adj.* Rebuscado, afectado, remilgado. ➤ *Natural.*

amaneramiento *s. m.* Artificiosidad, rebuscamiento, afectación, remilgo, pretenciosidad, teatralidad. ➤ *Naturalidad, sencillez, originalidad.*

amanerarse *v. prnl.* **1. Viciarse. 2. Estudiarse,** afectarse. ➤ *Simplificarse, hacerse natural.*

amansado, da *p. p.* Domesticado, domado, desbravado.

amansamiento *s. m.* Pacificación, doma. ➤ *Embravecimiento.*

amansar *v. tr.* **1. Domar,** desbravar, amaestrar, domesticar. ➤ *Embravecer.* **2. Calmar,** mitigar, amainar, aplacar, aquietar, sosegar, tranquilizar. ➤ *Excitar, enfurecer, enardecer, recrudecer, animar, arreciar.*

amantar *v. tr.* Abrigar, arropar, tapar, cubrir. ➤ *Destapar, desarropar.*

amante *adj.* **1. Adorador**, apasionado, entusiasta, enamorado. ➤ *Indiferente, frío, despegado.* ‖ *s. m. y s. f.* **2. Querido**, querida, amigo, manceba, concubina, barragana, coima.

amanuense *s. m. y s. f.* Copista, escribano, escribiente.

amañado, da *adj.* Falseado, compuesto, preparado. ➤ *Auténtico.*

amañar *v. tr.* **1. Arreglar**, preparar, componer, ajustar, armar, falsear, falsificar, apañar. ➤ *Descomponer, desbaratar.* ‖ *v. prnl.* **2. Arreglarse**, apañarse, componérselas, darse maña, amoldarse. ➤ *Enredarse, embrollarse, complicarse, liarse.*

amaño *s. m.* Truco, ardid, estratagema, componenda, argucia.

amar *v. tr.* **1. Estimar**, apreciar, estar enamorado, querer, adorar, prendarse de. ➤ *Odiar, detestar, aborrecer, abominar.* **2. Pretender**, ambicionar, apetecer, anhelar, querer, ansiar. ➤ *Renunciar, desentenderse.*

amaraje *s. m.* Amerizaje. ➤ *Despegue.*

amaranto *s. m.* Flor de amor, borlones.

amarar *v. intr.* Amerizar. ➤ *Despegar.*

amargado, da *adj.* Dolido, triste, rencoroso, frustrado, disgustado.

amargar *v. tr.* **1. Acibarar**, acidular. ➤ *Endulzar.* **2. Apesadumbrar**, entristecer, atormentar, disgustar, apenar, acongojar, contrariar. ➤ *Alegrar, endulzar, consolar, animar.*

amargo, ga *adj.* **1. Acerbo.** ➤ *Dulce.* **2. Doloroso**, penoso, aflictivo. **3. Desagradable.** ➤ *Amable, cordial.*

amargor *s. m.* **1. Acíbar. 2. Aflicción.**

amargura *s. f.* Aflicción, disgusto, desconsuelo, sinsabor, pena, desengaño, dolor, sufrimiento, pesar. ➤ *Alegría, dicha, felicidad, gusto, dulzura.*

amaricado, da *adj.* Afeminado, adamado, ahembrado. ➤ *Varonil.*

amarillear *v. intr.* Amarillecer.

amarillento, ta *adj.* Ambarino, ceroso.

amarillo, lla *adj.* Ambarino, áureo, dorado, gualdo, rubio.

amaro *s. m.* Bácara, maro.

amaromar *v. tr.* Atar, amarrar.

amarra *s. f.* **1. Cordaje**, atadura. **2. Soga**, cabo, maroma. ‖ *s. f. pl.* **3. Influencia**, protección, apoyo.

amarrado, da *adj.* **1. Atado**, afianzado, ligado. ➤ *Suelto.* **2. Avaro**, agarrado. ➤ *Desprendido, espléndido.*

amarradura *s. f.* Atadura, ligazón.

amarrar *v. tr.* Atar, ligar, trincar, liar, empalmar, enlazar, sujetar, unir, afianzar. ➤ *Desamarrar, desatar, soltar, desunir, desenlazar.*

amarrido, da *adj.* Triste, afligido, pesaroso. ➤ *Alegre, contento, jubiloso.*

amartelado, da *adj.* Acaramelado, enamorado.

amartelar *v. tr.* Acaramelar, arrullar, derretir, enamorar, amar, cortejar, galantear. ➤ *Ofender, insultar, maltratar, odiar.*

amasar *v. tr.* **1. Mezclar**, amalgamar, heñir, sobar. **2. Fraguar**, componer, forjar, preparar.

amasijo *s. m.* Revoltijo, lío, confusión.

amateur *adj.* Diletante, aficionado.

amaurosis *s. f.* Ceguera.

amauta *s. m.* Sabio, docto, noble.

amazacotado, da *adj.* Compacto, informe, desordenado, pesado.

amazona *s. f.* **1. Cazadora**, guerrera, valquiria. **2. Marimacho**, sargentona, machota. ➤ *Mujer dulce, femenina, tierna.* **3. Caballista**, jinete.

ambages *s. m.* Perífrasis, ambigüedades, equívocos, sutilezas, anfibologías. ➤ *Concisión, exactitud.*

ambición *s. f.* Aspiración, pretensión, codicia, pasión, ansia, anhelo, apetito. ➤ *Modestia, renuncia, conformidad, acomodación.*

ambicionar *v. tr.* Codiciar, ansiar, anhelar, querer, aspirar, apetecer, desear. ➤ *Despreciar, desdeñar, renunciar, conformarse.*

ambicioso, sa *adj.* Codicioso, deseoso.

ambientar *v. tr.* Aclimatar, acomodar, habituar, adaptar. ➤ *Desambientar, desaclimatar, desadaptar.*

ambiente *s. m.* Medio, ámbito, situación, escenario, clima, entorno.

ambigüedad *s. f.* Equívoco, imprecisión, indeterminación, oscuridad, confusión, doble sentido, tergiversación, anfibología, equivocidad. ➤ *Precisión, claridad.*

ambiguo, gua *adj.* **1. Anfibológico**, de doble sentido, equívoco. **2. Incierto**, confuso, impreciso. ➤ *Claro, preciso, simple.*

ámbito *s. m.* Superficie, campo, espacio, medio, entorno.

ambos *adj.* Entrambos, uno y otro, los dos. ➤ *Uno.*

ambrosía *s. f.* Néctar.

ambulante *adj.* Nómada, vagabundo, trashumante, móvil, itinerante. ➤ *Sedentario, quieto, permanente, fijo.*

ambulatorio *s. m.* Consultorio, consulta, sanatorio, centro de salud.

amedrentar *v. tr.* Atemorizar, acobardar, arredrar, acoquinar, asustar, amilanar, intimidar, espantar. ➤ *Animar, envalentonar.*

amelgar *v. tr.* Arar, roturar.

amén[1] *s. m.* Conforme, de acuerdo.

amén[2] *adv. m.* **1. Excepto**, a excepción de, sólo, aparte de, fuera de, descontado, salvo. ➤ *Inclusive, incluido.* ‖ *adv. c.* **2. Además**, a más, también, conjuntamente. ➤ *Menos.*

amenaza *s. f.* Advertencia, intimidación, reto, conminación, aviso, amonestación, amago, desafío.

amenazador, ra *adj.* Ceñudo, torvo, peligroso, desafiante. ➤ *Conciliador.*

amenazar *v. tr.* **1. Amagar**, conminar, advertir, intimidar, inquietar, provocar. ➤ *Halagar, atraer, seducir.* **2. Anunciar**, presagiar, señalar, advertir.

amenguar *v. tr.* **1. Disminuir**, menoscabar, mermar, aminorar, achicar. ➤ *Aumentar, acrecentar, crecer, añadir.* **2. Deshonrar**, infamar, abaldonar, rebajar, afrentar, difamar. ➤ *Honrar, dignificar, respetar, alabar.*

amenidad *s. f.* Afabilidad, deleite, atractivo, diversión. ➤ *Desagrado.*

amenizar *v. tr.* Entretener, divertir, deleitar. ➤ *Aburrir, desagradar.*

ameno, na *adj.* Grato, divertido, placentero, encantador, delicioso, agradable, atractivo, entretenido, ingenioso. ➤ *Aburrido, ingrato, feo, pesado, desagradable, repulsivo, monótono.*

amenorrea *s. f.* Opilación.

amerizar *v. intr.* Amarar.

ametrallar *v. tr.* Acribillar, disparar, tirotear.

ametropía *s. f.* ➤ *Emetropía.*

amigable *adj.* Accesible, abierto, afable, amistoso, afectivo, cariñoso. ➤ *Inaccesible, huraño, arisco, hostil, hosco, antipático, odioso.*

amígdala *s. f.* Tonsila, agalla.

amigo, ga *adj.* **1. Inclinado**, partidario, adicto, aficionado, afecto. ➤ *Enemigo, adversario, rival, oponente, contrario, opuesto.* ‖ *s. m. y s. f.* **2. Amante**, querido, querida, coima. **3. Camarada**, compañero, íntimo.

amilanamiento *s. m.* Abatimiento, encogimiento, cobardía. ➤ *Valentía.*

amilanar *v. tr.* **1. Acoquinar**, acobardar. ‖ *v. prnl.* **2. Intimidarse**, amedrentarse. ➤ *Envalentonarse.*

aminorar *v. tr.* Reducir, atenuar. ➤ *Aumentar, acrecentar, acentuar.*

amistad *s. f.* **1. Intimidad**, afecto, apego, cariño, adhesión, amor, lealtad, aprecio, inclinación, compañerismo, camaradería. ➤ *Enemistad, rivalidad, aversión, odio, encono.* **2. Amancebamiento**, concubinato, barraganería, lío, plan, contubernio.

amistar *s. f.* **1. Amigar**, intimar, compadrar, simpatizar. ➤ *Enemistar, regañar, odiar.* **2. Avenir**, arreglar, allanar, confraternizar. ➤ *Desarreglar, encizañar, enfrentar.*

amistoso, sa *adj.* Accesible, afable, amigable. ➤ *Desagradable, hosco.*

amnistía *s. f.* Gracia, indulto, perdón, olvido, remisión. ➤ *Condena.*

amnistiar *v. tr.* Indultar, condonar, absolver. ➤ *Inculpar, sentenciar.*

amo *s. m.* **1. Jefe**, cabeza. **2. Señor**, patrón, propietario, poseedor. ➤ *Empleado, asalariado, criado, siervo, esclavo.* **3. Tirano**, soberano, caudillo, cabecilla. ➤ *Súbdito.*

amodorrado, da *adj.* Adormecido, adormilado, somnoliento, soñoliento, aletargado. ➤ *Vivaz, despierto, despabilado, despejado, insomne.*

amodorramiento *s. m.* Adormecimiento, aletargamiento, somnolencia. ➤ *Exaltación, despabilamiento.*

amodorrarse *v. prnl.* Adormecerse, dormitar, aletargarse. ➤ *Desvelarse, despabilarse, espabilarse.*

amohinamiento *s. m.* Disgusto, enfado, enojo, entristecimiento.

amohinar *v. tr.* Desagradar, enfadar, enojar. ➤ *Contentar.*

amojamamiento *s. m.* Delgadez, magrez, acecinamiento, sequedad. ➤ *Engrosamiento.*

amojamarse *v. prnl.* Acecinarse, apergaminarse. ➤ *Engordar.*

amojonamiento *s. m.* Asentamiento, delimitación, señalamiento.

amojonar *v. tr.* Ahitar, circunscribir, clausurar, delimitar.

amolado, da *adj.* Importuno, pesado, latoso, fastidioso. ➤ *Oportuno.*

amolar *v. tr.* **1. Aguzar**, afilar. ➤ *Embotar.* **2. Enojar**, incomodar, hastiar, aburrir, fastidiar. ➤ *Agradar.*

amoldable *adj.* Acomodaticio, conformista. ➤ *Inadaptable, incómodo.*

amoldarse *v. prnl.* Adaptarse, avenirse, transigir, sujetarse, someterse, acomodarse, conformarse, acostumbrarse. ➤ *Resistirse, cuadrarse, rebelarse, enfrentarse, levantarse, protestar.*

amollar *v. intr.* Ceder, aflojar, desistir, abandonar, capitular, conceder, acceder. ➤ *Mantenerse, afirmarse.*

amondongado, da *adj.* Blandengue, fofo, desmadejado.

amonedar *v. tr.* Acuñar, monedear.

amonestación *s. f.* Admonición, advertencia, apercibimiento, censura, aviso, reprimenda, reproche, exhortación, sermón, regañina. ➤ *Elogio.*

amonestar *v. tr.* Regañar, reconvenir, avisar, exhortar, advertir, aconsejar, reprender, corregir, sermonear.

amontonar *v. tr.* **1. Acumular**, aglomerar, hacinar, apilar, acopiar, juntar, reunir. ➤ *Esparcir, separar, disper-*

sar, disgregar. **2. Enfadarse**, encolerizarse, irritarse, enojarse. ➤ *Calmarse, apaciguarse, serenarse.* ‖ *v. prnl.* **3. Amancebarse**, amigarse, liarse.

amor *s. m.* **1. Cariño**, apego, estimación, amistad, querer, piedad, afición, caridad, cordialidad, pasión, adoración. ➤ *Odio, aversión, aborrecimiento, desamor, enemistad, abominación.* **2. Erotismo**, lujuria, atracción. ➤ *Frialdad, despego, indiferencia, desinterés.* **3. Delicadeza**, finura, ternura, blandura, suavidad. ➤ *Dureza, aspereza, acritud.* **4. Cuidado**, prolijidad, primor, pulcritud. ➤ *Descuido, disgusto, desgana.*

amoragar *v. tr.* Tostar, soasar.

amoral *adj.* Inmoral, indecente.

amoratado, da *adj.* Cárdeno, lívido, violáceo.

amorfía *s. f.* Imperfección, monstruosidad. ➤ *Perfección, belleza.*

amorfo, fa *adj.* Informe, disforme, deforme, irregular. ➤ *Conformado, estructurado, proporcionado.*

amoroso, sa *adj.* Afectivo, cordial.

amorrar *v. intr.* Agachar, inclinarse.

amortiguador *s. m.* Ballesta, muelle, suspensión.

amortiguamiento *s. m.* **1. Suspensión**. **2. Reducción**, moderación, aminoramiento. ➤ *Agudización.*

amortiguar *v. tr.* Mitigar, moderar, paliar, atenuar, aplacar, apagar, aminorar, amenguar, suavizar. ➤ *Avivar, recrudecer, excitar, intensificar.*

amortización *s. f.* Abono, liquidación, pago. ➤ *Deuda.*

amortizar *v. tr.* **1. Liquidar**, extinguir, redimir, vincular, cubrir gastos. **2. Compensar**, recuperar.

amoscarse *v. prnl.* Enfadarse, escamarse, picarse, amostazarse, enojarse, irritarse. ➤ *Aplacarse, apaciguarse, calmarse, tranquilizarse, alegrarse.*

amotinado, da *adj.* Insumiso, rebelde, insurrecto. ➤ *Fiel, leal.*

amotinador, ra *adj.* Agitador, activista, provocador. ➤ *Pacificador.*

amotinar *v. tr.* Sublevar, insubordinar, insurreccionar, levantar, alzar, revolucionar, incitar, soliviantar. ➤ *Aplacar, apaciguar, someter, dominar, calmar.*

amparador, ra *adj.* Avalista, bienhechor, defensor, mecenas.

amparar *v. tr.* Auxiliar, ayudar, salvaguardar, favorecer, proteger, atender, acoger, abogar, abrigar, apoyar, avalar, patrocinar, cobijar. ➤ *Desamparar, abandonar, desatender, desasistir.*

amparo *s. m.* Adopción, asilo, intercesión, socorro, ayuda, apoyo, auxilio, protección, patrocinio, salvaguardia, refugio, abrigo, favor, cobijo. ➤ *Abandono, desvalimiento, desamparo.*

amperímetro *s. m.* Galvanómetro, voltímetro.

ampliable *adj.* Ensanchable, agrandable, extensible. ➤ *Reducible.*

ampliación *s. f.* Alargamiento, engrandecimiento. ➤ *Reducción.*

ampliar *v. tr.* Agrandar, aumentar, ensanchar, desarrollar, amplificar, alargar, dilatar, acrecentar. ➤ *Reducir, disminuir, acortar, menguar.*

amplio, plia *adj.* **1. Ancho,** copioso, extenso, sobrado, dilatado, espacioso, vasto, grande. ➤ *Estrecho, escaso, mezquino, angosto, reducido, pequeño, corto, breve.* **2. Detallado,** prolijo, pormenorizado, circunstanciado. ➤ *Conciso, resumido, sintetizado.*

ampolla *s. f.* **1. Boja,** vesícula, tumor, ampolleta, abolsamiento. **2. Botella,** vasija. **3. Burbuja,** pompa.

ampuloso, sa *adj.* Rimbombante, pomposo, enfático, exagerado, pretencioso, prosopopéyico. ➤ *Llano, natural, escueto, sencillo, franco.*

amputación *s. f.* Ablación, cercenamiento, mutilación. ➤ *Injerto.*

amputar *v. tr.* Cercenar, mutilar, segar, guadañar, decapitar, quitar. ➤ *Coser, añadir, pegar.*

amueblar *v. tr.* Decorar, adornar, moblar, alhajar, vestir. ➤ *Desamueblar, desalhajar, desmantelar.*

amuleto *s. m.* Mascota, talismán, fetiche, abracadabra, reliquia.

amurallado, da *adj.* Almenado, fortificado, bastionado. ➤ *Desguarnecido, desprotegido.*

amurallar *v. tr.* Cercar, defender, encerrar, murar, atrincherar, almenar. ➤ *Descubrir, desproteger, abrir.*

amustiarse *v. prnl.* Agostarse, secarse, ajarse, languidecer. ➤ *Revivir.*

anacoreta *s. m. y s. f.* Ermitaño, eremita, solitario, asceta, cenobita.

anacrónico, ca *adj.* Improcedente, desplazado. ➤ *Actual, oportuno.*

ánade *s. m.* Ánsar, ganso.

anafe *s. m.* Cocina, infernillo, hornillo.

anafilaxia *s. f.* Alergia.

analectas *s. f. pl.* Antología, selección, crestomatía, florilegio.

anales *s. m. pl.* Crónica, fastos, historia, relato, memorias, comentarios.

analfabetismo *s. m.* Ignorancia, incultura. ➤ *Cultura, ilustración.*

analfabeto, ta *adj.* Iletrado, ignorante, inculto, paleto, palurdo, zote, bruto, zopenco. ➤ *Culto, cultivado, letrado, instruido.*

analgésico *s. m.* Calmante, sedante.

análisis *s. m.* **1. Separación,** descomposición, disociación, desmembración, distinción. ➤ *Síntesis, unión, suma.* **2. Examen,** estudio, observación, comparación, investigación.

analítico, ca *adj.* Metódico, razonado. ➤ *Sintético.*

analizar *v. tr.* Descomponer, estudiar, examinar, separar, distinguir, detallar, averiguar, comparar. ➤ *Sintetizar, compendiar, unir.*

analogía *s. f.* Similitud, semejanza, parecido, correspondencia, correlación, relación, conformidad, afinidad. ➤ *Diferencia, desemejanza, disimilitud.*

análogo, ga *adj.* Aproximado, equivalente, semejante, similar, afín, parecido. ➤ *Distinto, disconforme.*

ananás *s. m.* Piña.

anaquel *s. m.* Estante, repisa, tabla.

anarquía *s. f.* **1. Acracia,** anarquismo, nihilismo. **2. Desconcierto,** desgobierno, alteración, trastorno, perturbación. ➤ *Orden, disciplina, concierto.*

anárquico, ca *adj.* Libertario, revolucionario. ➤ *Disciplinado, metódico.*

anarquismo *s. m.* **1. Acracia. 2. Revolución,** subversión.

anarquista *adj.* Agitador, libertario, perturbador, ácrata.

anastomosis *s. f.* Comunicación, enlace, unión.

anástrofe *s. f.* Inversión, hipérbaton.

anatema *s. f.* **1. Excomunión**, descomunión, anatematismo, censura, veto. ➤ *Inclusión, aceptación.* **2. Execración**, condenación, imprecación, maldición. ➤ *Bendición, magnificación, alabanza.*

anatematizar *v. tr.* Excomulgar.

anatomía *s. f.* Fisiología.

anca *s. f.* Flanco, pernil, culata, cuadril, cadera, grupa.

ancho, cha *adj.* **1. Extenso**, vasto, dilatado, amplio, alargado, abierto, espacioso. ➤ *Estrecho, angosto, reducido.* **2. Satisfecho**, ufano, orondo, orgulloso, contento, hinchado, hueco. ➤ *Insatisfecho, modesto, humilde, sencillo, moderado.* **3. Desembarazado**, libre, laxo, exento. ➤ *Trabado, embarazado, sujeto.* **4. Sobrado**, holgado, abundante. ➤ *Escaso, estrecho, falto, exiguo.* ‖ *s. m.* **5. Amplitud**, anchura. ➤ *Alto.*

anchura *s. f.* **1. Extensión**, espaciosidad, ancho, amplitud. ➤ *Altura, altitud, largo, largura.* **2. Holgura**, abundancia, libertad, soltura, desahogo. ➤ *Estrechez, angostura.*

anchuroso, sa *adj.* Extenso.

ancianidad *s. f.* Senectud, decrepitud, envejecimiento, vetustez, vejez, caduquez, decadencia. ➤ *Juventud, niñez, mocedad, infancia.*

anciano, na *adj.* Viejo, longevo, provecto, vetusto, carcamal, nonagenario, senil. ➤ *Joven, tierno, nuevo.*

ancla *s. f.* Áncora, ferro, rejón, rizón, mascarana, encepadura, mojel.

anclaje *s. m.* Fondeo.

anclar *v. intr.* Fondear. ➤ *Zarpar.*

áncora *s. f.* **1. Ancla. 2. Protección**, auxilio, amparo.

andaderas *s. f. pl.* Andador.

andado, da *adj.* **1. Trillado**, vulgar, común, ordinario. ➤ *Original.* **2. Ajado**, usado, gastado. **3. Pasajero.**

andadura *s. f.* Caminata, recorrido.

andamio *s. m.* Andamiaje, estructura, plataforma, armazón.

andanada *s. f.* **1. Disparo**, salva. **2. Filípica**, rapapolvo, reconvención, reprimenda. ➤ *Elogio, alabanza.*

andante *adj.* Errátil, vagabundo, errabundo. ➤ *Sedentario.*

andanza *s. f.* Correría, aventura, peripecia, caso, evento, lance, suceso.

andar *v. intr.* Caminar, correr, marchar, recorrer, ir, venir, pasar, patear, trasladarse, transitar, circular, vagar, errar. ➤ *Parar, detener, estacionar.*

andariego *adj.* Andarín, trotamundos, errante, caminante, nómada. ➤ *Sedentario, casero, estacionario.*

andarín, na *adj.* **1. Andador**, trotamundos. **2. Andorina.**

andas *s. f. pl.* Angarillas, palanquín, parihuelas.

andén *s. m.* Muelle, acera, apeadero.

andorga *s. f.* Tripa, panza.

andorrero, ra *adj.* Callejero.

andrajo *s. m.* Harapo, guiñapo, trapo, trapajo, colgajo, cangalla, pingajo, jirón, pingo.

andrajoso, sa *adj.* Astroso, desarrapado, harapiento, haraposo, zarrapastroso, guiñapiento. ➤ *Arreglado, elegante, atildado, cuidado, compuesto.*

androide *s. m.* Autómata, robot.

andrómina *s. f.* Embeleco, falsedad, fullería, paparrucha, embuste, enredo.

andurrial *s. m.* Lugar, sitio, paraje.

anécdota *s. f.* Historieta, relato, cuento, relación, chiste, chascarrillo, suceso, acontecimiento, historia, hablilla.

anecdótico, ca *adj.* Incidental, circunstancial. ➤ *Esencial, importante.*

anegadizo, za *adj.* Empapado, encharcado, inundado. ➤ *Seco.*

anegar *v. tr.* **1. Sumergir**, encharcar, hundir, embalsar, naufragar. ➤ *Achicar, jamurar, sacar, emerger.* **2. Abrumar**, agobiar, molestar, apenar, cansar, fatigar, fastidiar. ➤ *Aliviar, descargar, desahogar, aligerar, alegrar, complacer.* ‖ *v. prnl.* **3. Zozobrar**, sumergirse, irse a pique.

anejo, ja *adj.* Dependiente, unido, agregado, anexo, adjunto, adscrito, accesorio, adyacente. ➤ *Separado, independiente, principal.*

anémico, ca *adj.* Débil, enfermizo. ➤ *Vigoroso, fuerte.*

anestesia *s. f.* Adormecimiento, eterización, letargo, sueño.

anestesiar *v. tr.* Insensibilizar, paralizar, adormecer, cloroformizar, embotar, raquianestesiar, atontar, dormir. ➤ *Sensibilizar, hiperestesiar, despertar.*

anestésico *s. m.* Cloroformo.

anexar *v. tr.* Adherir, adscribir, amalgamar, anexionar, anejar, agregar, acoplar, asociar, incorporar. ➤ *Separar, desunir, segregar.*

anexión *s. f.* Adhesión, agregación, unión. ➤ *Separación, desvinculación.*

anexo, xa *adj.* Anejo, unido, agregado. ➤ *Separado, independiente.*

anfibología *s. f.* Ambigüedad, equívoco, doble sentido. ➤ *Univocidad.*

anfiteatro *s. m.* **1. Circo**, coliseo, teatro. **2. Hemiciclo**, gradas.

anfitrión, na *s. m. y s. f.* Convidador, invitador, festejante. ➤ *Invitado, festejado, convidado, huésped.*

ánfora *s. f.* Jarra, jarrón, cántaro.

anfractuosidad *s. f.* Surco, depresión, desigualdad, sinuosidad, quebradura, torcedura, aspereza, escabrosidad. ➤ *Llanura, planicie.*

angarillas *s. f.* Andas, parihuelas.

ángel *s. m.* Querubín, querube, arcángel, serafín. ➤ *Lucifer, demonio, diablo.*

angelical *adj.* Bendito, candoroso, cándido, inocente, puro, tierno, casto, limpio, ingenuo, delicado. ➤ *Perverso, malo, demoníaco, diabólico, satánico, impuro.*

anginas *s. f. pl.* Amigdalitis.

anglicano, na *adj.* Protestante.

angloamericano, na *adj.* Norteamericano, estadounidense.

angostar *v. tr.* Apretar, ceñir, encajonar, encañonar, reducir, estrechar. ➤ *Abrir, ensanchar, ampliar, engrandecer, agrandar.*

angosto, ta *adj.* Ajustado, apretado, ceñido. ➤ *Ancho, amplio.*

ángulo *s. m.* Arista, esquina, codo, recodo, rincón, canto.

anguloso, sa *adj.* Aristado.

angustia *s. f.* **1. Dolor**, tristeza, desconsuelo. ➤ *Euforia, alegría.* **2. Congoja**, inquietud, tribulación, ansiedad. ➤ *Serenidad, gozo, tranquilidad.*

angustiar *v. tr.* Acuitar, apenar, atribular, mortificar. ➤ *Animar, consolar.*

anhelante *adj.* Afanoso, ansioso, deseoso. ➤ *Abúlico, indiferente.*

anhelar *v. intr.* Ansiar, ambicionar, desvivirse, desear, apetecer, aspirar, querer, codiciar, suspirar por. ➤ *Renunciar, despreciar, conformarse, ignorar, menospreciar, desestimar.*

anhelo *s. m.* Afán, ambición, avidez, pasión, ansia, aspiración, apetito, gana. ➤ *Desgana, indiferencia.*

anidar *v. intr.* **1. Residir**, establecerse. ‖ *v. tr.* **2. Guardar**, encerrar, albergar.

anilina *s. f.* Tinte, tintura.

anillado, da *adj.* Rizado, ensortijado.

anillo *s. m.* Sortija, solitario, alianza, argolla, aro, sello.

animación *s. f.* **1. Movimiento**, actividad, excitación. ➤ *Inactividad, desánimo.* **2. Vivacidad**, expresividad, excitación, agitación, calor. ➤ *Abatimiento, desánimo, aburrimiento, inactividad.* **3. Bullicio**, afluencia, concurrencia, festejo, colorido, algazara, alborozo. ➤ *Calma, quietud.* **4. Expresividad**, gesticulación, viveza. ➤ *Inexpresividad.*

animado *adj.* **1. Vivo**, viviente. ➤ *Inanimado, inánime, exánime.* **2. Animoso**, vivaz, alborozado, excitado, alegre, divertido. ➤ *Apocado.* **3. Decidido**, valiente, resuelto, esforzado, bravo, osado, dispuesto, audaz. ➤ *Indeciso, timorato, cobarde.* **4. Concurrido**, divertido, movido, agitado. ➤ *Vacío, desanimado, aburrido.*

animadversión *s. f.* Desafecto, encono, odio, enemistad, ojeriza, antipatía, animosidad, rencor, repulsión, inquina, tirria, aversión, manía. ➤ *Amistad, simpatía, afecto, cariño, afición, inclinación, querencia.*

animal[1] *s. m.* Bestia, bruto.

animal[2] *adj.* Torpe, zafio, grosero, zopenco, burro, cabestro, patán, cateto.

➤ *Fino, culto, cultivado, delicado, inteligente, hábil, refinado, listo.*

animar *v. tr.* **1. Avivar**, vigorizar. **2. Confortar**, consolar, aconsejar. ➤ *Abatir, angustiar.* **3. Aguijonear**, enardecer, enfervorizar, alentar, excitar, espolear, empujar, incitar. ➤ *Desalentar, desanimar, enfriar, apabullar, apagar.* **4. Reanimar**, excitar. ➤ *Desanimar, desalentar, disuadir.* **5. Alegrar**, movilizar, alborozar, divertir. ➤ *Aburrir, entristecer, aquietar, calmar.* ‖ *v. prnl.* **6. Reanimarse**, envalentonarse, esforzarse, crecerse. ➤ *Abatirse, abandonar, desanimarse.*

ánimo *s. m.* **1. Valor**, esfuerzo, energía, arrojo, brío, arrestos, espíritu, braveza, denuedo, animosidad. ➤ *Desánimo, postración, desaliento, flaqueza, cobardía, abulia.* **2. Propósito**, pensamiento, voluntad.

animosidad *s. f.* Amistad, inclinación.

animoso, sa *adj.* Agalludo, arrestado, atrevido, audaz, esforzado, denodado. ➤ *Cobarde, pusilánime.*

aniñado, da *adj.* Pueril, infantil.

aniquilación *s. f.* Asolación, demolición, destrucción. ➤ *Conservación.*

aniquilador, ra *adj.* Arrasador, asolador, demoledor, exterminador, destructor. ➤ *Constructivo, edificante.*

aniquilar *v. tr.* **1. Exterminar**, suprimir, desbaratar, destruir, arruinar, consumir, asolar, hacer polvo. ➤ *Levantar, construir, conservar, crear.* ‖ *v. prnl.* **2. Humillarse**, avergonzarse, apocarse, deteriorarse, anonadarse, abatirse, postrarse. ➤ *Ensalzar, encumbrar, dignificar, animar.*

anís *s. m.* Matalahúva, matalahúga.

aniversario *s. m.* Conmemoración, cumpleaños, onomástica, celebración.

ano *s. m.* Recto, culo.

anochecer[1] *v. intr.* Ensombrecer, atardecer, entenebrecer, oscurecer. ➤ *Amanecer, alborear, clarear.*

anochecer[2] *s. m.* Anochecida, ocaso, crepúsculo. ➤ *Amanecer, aurora, alborada, alba.*

anodino, na *adj.* Insignificante, insustancial. ➤ *Excitante, interesante.*

anomalía *s. f.* Anormalidad, irregularidad, desigualdad, rareza, incoherencia, extrañeza, extravagancia, error. ➤ *Normalidad, regularidad, vulgaridad, coherencia.*

anómalo, la *adj.* Anormal, desigual, insólito, irregular, extraño, singular, desusado, raro, original. ➤ *Vulgar, regular, comun, correcto, normal.*

anonadación *s. f.* Decaimiento, desaliento, abatimiento, postración.

anonadar *v. tr.* **1. Aniquilar**, exterminar, desolar. **2. Menoscabar**, apocar. **3. Abatir**, confundir, apabullar.

anónimo *adj.* Incógnito, ignorado, secreto, desconocido, misterioso, enigmático. ➤ *Firmado, reconocido.*

anorak *s. m.* Impermeable.

anorexia *s. f.* Inapetencia.

anormal *adj.* **1. Anómalo**, defectuoso, irregular. ➤ *Normal.* ‖ *s. m. y s. f.* **2. Subnormal**, deficiente.

anormalidad *s. f.* Amorfia, anomalía, irregularidad. ➤ *Regularidad.*

anotación *s. f.* Acotación, nota, comentario, explicación, observación, apunte, apostilla, llamada, glosa.

anotar *v. tr.* **1. Comentar**, glosar, apuntar, marginar, interpretar, citar, acotar, ampliar, inscribir. **2. Asentar**, apuntar, alistar, registrar, empadronar, matricular, inscribir.

anquilosamiento *s. m.* Atrofia, baldadura, invalidez. ➤ *Ligereza, movilidad.*

anquilosarse *v. prnl.* Estancarse, envejecer, paralizarse, secarse, atrofiarse. ➤ *Progresar, moverse, florecer, perfeccionarse, desarrollarse.*

anquilosis *s. f.* Parálisis, inmovilidad.

ánsar *s. m.* Ánade, ganso.

ansia *s. f.* **1. Afán**, anhelo, ansiedad, sed, codicia, apetito, hambre, avaricia, ambición, ilusión. ➤ *Desprecio, desdeño, indiferencia.* **2. Ansiedad**, desazón, agitación, alarma, preocupación, zozobra, congoja, desasosiego, incertidumbre, angustia. ➤ *Despreocupación, tranquilidad, serenidad, calma, paz, equilibrio, inapetencia.*

ansiar *v. tr.* Ambicionar, anhelar, desear. ➤ *Ignorar, despreocuparse.*

ansioso, sa *adj.* Deseoso, anheloso, ávido, codicioso. ➤ *Indiferente.*

antagónico, ca *adj.* Discrepante, opuesto. ➤ *Semejante, amigo.*

antagonismo *s. m.* Contraposición, conflicto, lucha, enemistad, desacuerdo, disparidad, discrepancia, disconformidad, oposición, rivalidad, enfrentamiento. ➤ *Acuerdo, concordia, conformidad, consonancia, afinidad.*

antagonista *s. m. y s. f.* Adversario, rival, competidor, oponente, enemigo, opositor, contrario, contradictor, émulo, contrincante. ➤ *Amigo, aliado, colaborador, compañero, camarada, socio, adicto, partidario.*

antaño *adv. t.* Antiguamente, en otro tiempo, en otra época, en tiempos pasados, en tiempos lejanos, años ha, otrora. ➤ *Hogaño, ahora, hoy día, actualmente, en nuestros días.*

antañón, na *adj.* Anciano, antiguo, vetusto. ➤ *Nuevo.*

antártico, ca *adj.* Austral. ➤ *Ártico.*

ante *pre.* **1. Enfrente a**, cara a, frente, en presencia de. **2. Con respecto a**, en referencia a, en comparación con, respecto de. ‖ *s. m.* **3. Anta**, antílope, gamo, reno, tapir.

antecámara *s. f.* Antesala, recibimiento.

antecedente *s. m.* Precedente, referencia, antecesor, precursor, antepuesto, predecesor. ➤ *Siguiente, subsiguiente, sucesor, posterior.*

antecesor, ra *s. m. y s. f.* **1. Predecesor**, anterior, precedente, precursor. ➤ *Sucesor, continuador.* ‖ *s. m. pl.* **2. Mayores**, padres, predecesores, ascendientes, engendradores, progenitores, antepasados. ➤ *Descendiente, hijo, heredero, vástago.*

anteco, ca *adj.* Antípoda.

antedicho, cha *adj.* Mencionado, aludido, precitado, referido.

antediluviano, na *adj.* Prehistórico, primitivo, remoto, inmemorial, antiquísimo, lejanísimo. ➤ *Moderno, actual, contemporáneo, reciente, nuevo.*

antelación *s. f.* Anterioridad, preferencia, prelación, prioridad, precedencia. ➤ *Posterioridad, posposición.*

antemano, de *loc. adv.* Por anticipado, por adelantado, previamente, anteriormente, anticipadamente. ➤ *Posteriormente, después, más tarde, ulteriormente, seguidamente.*

anteojo *s. m.* **1. Catalejo**, telescopio. ‖ *s. m. pl.* **2. Prismáticos**, gemelos.

antepecho *s. m.* Brocal, balaustre.

anteponer *v. tr.* **1. Adelantar.** ➤ *Posponer.* **2. Preferir.** ➤ *Relegar.*

anteproyecto *s. m.* Plan, avance, borrador, planteamiento, bosquejo.

anterior *adj.* Precedente, antecedente, previo. ➤ *Posterior.*

anterioridad *s. f.* Antecedencia, antelación, anticipación, prioridad, precedencia. ➤ *Posterioridad.*

antesala *s. f.* Antecámara, recibidor, vestíbulo.

anticipación *s. f.* Adelanto, antelación, anterioridad, anticipo, avance, adelantamiento, delantera, anteposición. ➤ *Retraso, atraso, posposición, postergación.*

anticipadamente *adv. t.* Adelantadamente, prematuramente.

anticipar *v. tr.* **1. Adelantar**, avanzar, anteponer. ➤ *Retrasar, diferir, posponer, postergar, atrasar.* **2. Fiar**, prestar, adelantar, dar a cuenta, dar a crédito. ➤ *Deber, retrasar el pago.* ‖ *v. intr.* **3. Pisar**, madrugar, ganar, aventajar, tomar la delantera. ➤ *Perder, retrasarse, llegar tarde.*

anticipo *s. m.* Préstamo, señal.

anticonceptivo *s. m.* Píldora.

anticonstitucional *adj.* Antirreglamentario, ilegítimo, injusto, ilícito, dictatorial. ➤ *Legal, constitucional.*

anticuado, da *adj.* Desusado, obsoleto, rancio, trasnochado, antiguo, añejo, fósil, pasado. ➤ *Moderno, actual, contemporáneo, reciente, de moda.*

anticuarse *v. prnl.* Añejarse, arranciarse, envejecer. ➤ *Renovarse.*

antídoto *s. m.* Antitóxico. ➤ *Veneno.*

antiestético, ca *adj.* Repulsivo, feo, desagradable. ➤ *Bello, estético.*

antifaz *s. m.* Careta, máscara.

antifebril *adj.* Febrífugo, antipirético, antitérmico.

antifonario *s. m.* Breviario.
antigualla *s. f.* Vejestorio, vetusto.
antigüedad *s. f.* **1. Vejez**, vetustez, ranciedad, años. ➤ *Actualidad, novedad.* **2. Pasado**, tiempo inmemorial, prehistoria, tiempos remotos, tiempos lejanos, tiempos de Maricastaña. ➤ *Presente, actualidad, hoy.* **3. Resto**, antigualla, reliquia.
antiguo, gua *adj.* Viejo, anticuado, trasnochado, rancio, vetusto, pretérito, fósil, pasado, lejano, inmemorial, primitivo. ➤ *Moderno, actual, contemporáneo, cercano, coetáneo.*
antihigiénico, ca *adj.* Insano, nocivo.
antimilitarismo *s. m.* Pacifismo. ➤ *Belicismo, militarismo.*
antimilitarista *adj.* Pacifista. ➤ *Belicista, militarista.*
antipara *s. f.* Celosía, cortina.
antipatía *s. f.* Asco, aversión, desafecto, hostilidad, animosidad, repulsión, tirria, desagrado, manía, fobia, animadversión. ➤ *Simpatía, amor, apego, cariño, afición, inclinación.*
antipático, ca *adj.* Aborrecible, odioso, repelente. ➤ *Amable, simpático.*
antipirético, ca *adj.* Antifebril, febrífugo.
antípoda *adj.* Enfrentado, opuesto, contrario. ➤ *Similar, afín.*
antipútrido, da *adj.* Antiséptico.
antiquísimo, ma *adj.* Antediluviano, inmemorial, prehistórico. ➤ *Actual.*
antirreligioso, sa *adj.* Ateo, impío.
antisepsia *s. f.* Esterilización, desinfección, asepsia. ➤ *Infección.*
antítesis *s. f.* Contraste, contradicción, contraposición, oposición, antagonismo. ➤ *Concordancia, similitud.*
antitético, ca *adj.* Antagónico, contrario, incompatible. ➤ *Semejante.*
antitóxico, ca *adj.* Antídoto, contraveneno. ➤ *Veneno.*
antojadizo, za *adj.* Caprichoso, inconstante, mudable, veleidoso, voluble. ➤ *Firme, constante.*
antojarse *v. prnl.* **1. Apetecer**, encapricharse, empeñarse, desear, emperrarse. ➤ *Despreciar, desdeñar.* **2. Sospechar**, imaginarse, temerse.

antojo *s. m.* Capricho, gusto, ilusión.
antología *s. f.* Centón, selección, recopilación, florilegio, miscelánea.
antónimo, ma *adj.* Contrario, opuesto, antitético. ➤ *Sinónimo.*
antorcha *s. f.* **1. Hachón**, tea, blandón. **2. Dirección**, rumbo, norte, meta, fin, luz, faro.
ántrax *s. m.* Tumor, bubón.
antro *s. m.* **1. Tugurio**, pocilga, cuchitril, cloaca, zahúrda. **2. Caverna**, cueva, gruta, guarida, cubil, madriguera.
antropofagia *s. f.* Canibalismo.
antropófago, ga *adj.* Caníbal, bárbaro, feroz, sanguinario, salvaje, cruel, inhumano. ➤ *Amable, humano.*
antropoide *adj.* Antropomorfo, primate.
antropozoico, ca *adj.* Cuaternario.
antruejada *s. f.* Burla, chanza, chasco.
antruejo *s. m.* Carnaval.
anualidad *s. f.* Haberes, honorarios, renta, interés.
anuario *s. m.* Agenda, almanaque, calendario.
anubarrado, da *adj.* Chubascoso, encapotado, nublado, nubloso, tormentoso, neblinoso. ➤ *Claro, despejado, limpio, luminoso, azul.*
anublar *v. tr.* Nublar, encapotar, oscurecer. ➤ *Clarear, despejar.*
anudar *v. tr.* Atar, amarrar, añudar, ligar, enlazar, entrelazar. ➤ *Desatar, soltar, desanudar, desligar.*
anuente *adj.* Aprobatorio, tolerante. ➤ *Contrario, opuesto.*
anulable *adj.* Revocable. ➤ *Fijo, irrevocable.*
anulación *s. f.* Abolición, nulidad, prescripción, invalidación, cancelación. ➤ *Confirmación, aprobación.*
anular *v. tr.* **1. Derogar**, abolir, revocar, suprimir, invalidar, abrogar, eliminar, inutilizar, cancelar. ➤ *Autorizar, confirmar, validar, ratificar, aprobar.* **2. Inhabilitar**, incapacitar, descalificar. ➤ *Autorizar, habilitar, capacitar.* || *v. prnl.* **3. Retraerse.**
anunciar *v. tr.* **1. Advertir**, prevenir, informar, publicar, proclamar, hacer saber, avisar, descubrir, manifestar,

divulgar, notificar, declarar. ➤ *Ocultar, callar, encubrir, tapar, disimular*. **2. Presagiar**, predecir, prever, vaticinar, pronosticar, augurar.

anuncio *s. m.* **1. Advertencia**, información, aviso, reclamo, proclama, cartel, programa, bando. **2. Augurio**, profecía, presagio, vaticinio.

anverso *s. m.* Haz, cara. ➤ *Cruz, reverso, envés.*

añadidura *s. f.* Acrecentamiento, adición, agregación, aditamento, ampliación, complemento, incremento, parche, propina, pegote. ➤ *Reducción, disminución, resta.*

añadir *v. tr.* Sumar, cargar, adicionar, agregar, aumentar, ampliar, anexar, acrecentar, juntar, incrementar, amplificar, complementar, anexionar. ➤ *Restar, mermar, reducir, quitar, sustraer, disminuir.*

añagaza *s. f.* **1. Cebo**, reclamo. **2. Treta**, truco, ardid, argucia, artimaña.

añal *adj.* Añojo, añino.

añascar *v. tr.* Acumular, acopiar.

añejo, ja *adj.* Rancio, con solera, vetusto, viejo, antiguo. ➤ *Reciente, nuevo.*

añicos *s. m. pl.* Pedazos, fragmentos, polvo, trizas, migajas, trozo.

añil *adj.* Azulado.

añorante *adj.* Evocador, nostálgico.

añoranza *s. f.* Evocación, nostalgia, morriña, recuerdo, melancolía, zangarriana. ➤ *Olvido, desapego.*

añorar *v. tr.* Evocar, rememorar, recordar. ➤ *Olvidar, desinteresarse.*

añoso, sa *adj.* Longevo, viejo, anciano, antiguo. ➤ *Joven, moderno.*

aojar *v. tr.* **1. Embrujar**, hechizar, maleficiar. ➤ *Bendecir, exorcizar.* **2. Desgraciar**, malograr.

apabullar *v. tr.* Confundir, anonadar, avergonzar, aplastar, abatir, abochornar, turbar, perturbar. ➤ *Halagar, serenar, animar, tranquilizar.*

apacentar *v. tr.* **1. Pastorear. 2. Instruir**, enseñar, guiar. ‖ *v. prnl.* **3. Pastar**, ramonear.

apache *s. m.* Malhechor, maleante.

apacibilidad *s. f.* Afabilidad, benignidad, docilidad. ➤ *Genio, brusquedad.*

apacible *adj.* Afable, bondadoso, delicado, pacífico, manso, plácido, dulce, agradable, tranquilo, amable, ameno, sosegado, placentero, suave. ➤ *Brusco, revoltoso, encrespado, desapacible, destemplado, duro.*

apaciguamiento *s. m.* Pacificación, reconciliación, aplacamiento. ➤ *Excitación, provocación.·*

apaciguar *v. tr.* Calmar, serenar, sosegar, aquietar, aplacar, pacificar, tranquilizar, dulcificar. ➤ *Excitar, enconar, inquietar, enfurecer, exaltar, irritar, meter cizaña.*

apadrinamiento *s. m.* Padrinazgo.

apadrinar *v. tr.* **1. Acompañar**, asistir. **2. Patrocinar**, proteger, avalar, cobijar. ➤ *Abandonar, desentenderse.* ‖ *v. prnl.* **3. Ampararse**, acogerse, resguardarse. ➤ *Desatender.*

apagado, da *adj.* **1. Tímido**, gris, sosegado, opaco, apocado, pusilánime, menguado. ➤ *Atrevido, vivaz, resuelto.* **2. Mortecino**, bajo, débil, moribundo, tenue, amortiguado. ➤ *Vivo, brillante, chillón.*

apagador *s. m.* Apagavelas, matacandelas.

apagamiento *s. m.* Apagón, extinción.

apagar *v. tr.* **1. Sofocar**, aplacar, ahogar. ➤ *Encender, avivar.* **2. Reprimir**, mitigar, amortiguar, rebajar, debilitar. ➤ *Excitar, estimular, animar.*

apagón *s. m.* Interrupción, oscuridad. ➤ *Iluminación.*

apaisado, da *adj.* Alargado, horizontal, prolongado. ➤ *Alto, vertical.*

apalabrar *v. tr.* Tratar, convenir, pactar.

apaleamiento *s. m.* Paliza, apaleo, tunda, vapuleo.

apalear[1] *v. tr.* Aporrear, bastonear.

apalear[2] *v. tr.* Palear.

apaleo *s. m.* **1. Paliza**, tunda. **2. Trilla.**

apandar *v. tr.* Afanar, hurtar, pellizcar.

apandillar *v. tr.* Reclutar, agrupar.

apañado, da *adj.* Diestro, experto, mañoso, hábil. ➤ *Torpe, inepto.*

apañar *v. tr.* **1. Guardar**, tomar, apropiarse, asir, agarrar, apresar, prender, apañuscar. ➤ *Desasir, soltar.* **2. Hurtar**, robar, escamotear, sisar. ➤ *Entregar,* *dar, donar.* **3. Ataviar,** aderezar, asear, acicalar, adornar, emperejilar. ➤ *Desataviar, desordenar, desasear, desaderezar.* **4. Remendar,** zurcir, arreglar, coser, parchear, reparar. ➤ *Estropear, desarreglar, romper, destrozar, raer.* **5. Abrigar,** arropar. ‖ *v. prnl.* **6. Amañarse,** industriarse, arreglarse.

apaño *s. m.* Chapuza, arreglo, parche.

apañuscar *v. tr.* Ajar, apretujar.

aparador *s. m.* Cómoda, trinchero, vitrina, estantería, vasar.

aparatarse *v. prnl.* Emperejilarse, engalanarse, acicalarse, emperifollarse.

aparato *s. m.* **1. Fausto,** boato, pompa, ostentación, magnificencia, lujo. ➤ *Sencillez, modestia, simplicidad.* **2. Artefacto,** máquina, instrumento, útil, artificio, ingenio, utensilio.

aparatoso, sa *adj.* Lujoso, llamativo, espectacular. ➤ *Sobrio, sencillo.*

aparcamiento *s. m.* Estacionamiento.

aparcar *v. tr.* Estacionar, colocar, instalar. ➤ *Desaparcar, sacar.*

apareamiento *s. m.* Cópula, ayuntamiento, emparejamiento.

aparear *v. tr.* Ayuntar, emparejar.

aparecer *v. intr.* **1. Asomar,** apuntar, aflorar, manifestarse, mostrarse, surgir, salir, brotar, exhibirse. ➤ *Desaparecer, ocultarse, esconderse.* **2. Figurar,** estar, encontrarse, hallarse.

aparecido *s. m.* Fantasma, visión, espíritu, aparición, ánima, espectro.

aparejar *v. tr.* Preparar, disponer, aviar, aprestar, aprontar, apercibir. ➤ *Desaparejar, desprevenir, descuidar.*

aparejo *s. m.* **1. Albarda,** arreos. **2. Instrumental,** herramientas.

aparentar *v. tr.* Fingir, simular, afectar, disimular, disfrazar, enmascarar. ➤ *Desenmascarar, evidenciar.*

aparente *adj.* **1. Simulado,** fingido, disfrazado, postizo, supuesto, enmascarado. ➤ *Real, verdadero.* **2. Manifiesto,** patente, visible, evidente. ➤ *Invisible, oculto, escondido.*

aparición *s. f.* **1. Manifestación,** presentación. **2. Aparecido,** fantasma.

apariencia *s. f.* **1. Forma,** plante, figura, pinta, traza, aire, tipo, línea. **2.**

Ficción, simulación, invención, ilusión, quimera. ➤ *Realidad, verdad.*

apartadizo, za *adj.* Anacoreta, misántropo, huraño, retirado. ➤ *Sociable.*

apartado *adj.* **1. Retirado,** distante, remoto, aislado, lejano. ➤ *Cercano.* ‖ *s. m.* **2. Sección,** título, parte.

apartamento *s. m.* Piso, buhardilla, estudio, departamento.

apartamiento *s. m.* Aislamiento, alejamiento, retiro.

apartar *v. tr.* **1. Escoger,** separar, dividir, alejar, aislar. **2. Desviar,** quitar, alejar, retirar. ➤ *Arrimar, acercar.* **3. Distraer,** disuadir. ➤ *Incitar.*

apartheid *s. m.* Segregacionismo, segregación, racismo. ➤ *Integración.*

aparvar *v. tr.* Amontonar, emparvar.

apasionado, da *adj.* **1. Ardiente,** enamorado, entusiasmado, vehemente, ardoroso, fanático, amante, febril, frenético. ➤ *Frío, indiferente, desapasionado.* **2. Sectario,** fanático.

apasionamiento *s. m.* Adoración, afán, fanatismo, partidismo.

apasionante *adj.* Emocionante, excitante, conmovedor, palpitante, trastornador, embriagante, enloquecedor. ➤ *Insulso, desabrido, aburrido.*

apasionar *v. tr.* **1. Excitar,** entusiasmar, inflamar, aficionar, abrasar, fanatizar, trastornar. ➤ *Desinteresar, desengañar, desapasionar, enfriar, apagar.* **2. Afligir,** atormentar.

apatía *s. f.* Indiferencia, flema, abulia, desidia, desgana, dejadez, abandono, inercia, indolencia, molicie. ➤ *Actividad, fervor, esfuerzo, voluntad.*

apático, ca *adj.* Abúlico, indiferente, displicente. ➤ *Diligente, activo.*

apeadero *s. m.* Parada, estación.

apear *v. tr.* **1. Descender,** desmontar, descabalgar. ➤ *Subir, montar.* **2. Sujetar,** frenar. **3. Desviar,** apartar, disuadir. ➤ *Incitar, animar.*

apechugar *v. intr.* Aguantar, apencar, tragar, admitir. ➤ *Rechazar, rehusar.*

apedreamiento *s. m.* Lapidación, apedreo.

apedrear *v. tr.* **1. Cantear. 2. Lapidar.** ‖ *v. intr.* **3. Granizar.**

apegar *v. tr.* **1. Adherir**. ‖ *v. prnl.* **2. Aficionarse**, amigarse, simpatizar, intimar. ➤ *Odiar, enemistarse.*

apego *s. m.* Amistad, simpatía, afecto, afición, cariño, afección. ➤ *Desapego, antipatía, enemistad, desinterés.*

apelación *s. f.* Interposición, recurso, alzada, reclamación, demanda.

apelar *v. intr.* **1. Reclamar**, interponer. ➤ *Desistir, abandonar, aceptar.* **2. Solicitar**, suplicar, pedir, rogar.

apellidar *v. tr.* **1. Designar**, proclamar, nombrar. ‖ *v. prnl.* **2. Llamarse**.

apellido *s. m.* Apodo, alias, mote.

apelmazado, da *adj.* Compacto, denso, pesado, amazacotado. ➤ *Suelto.*

apelmazar *v. tr.* Comprimir, tupir.

apelotonar *v. tr.* Apiñar.

apenar *v. tr.* Abatir, abrumar, entristecer, apesarar, afligir, atormentar, amargar, acongojar, atribular, apabullar, apesadumbrar. ➤ *Alegrar, complacer, consolar, regocijar.*

apenas *adv.* **1. Penosamente**, trabajosamente, dificultosamente, difícilmente. ➤ *Fácilmente, cómodamente, buenamente.* **2. Tan pronto como**, al punto que, en cuanto.

apencar *v. intr.* Cargar, aguantar, soportar. ➤ *Rechazar, rehusar.*

apéndice *s. m.* **1. Añadido**, agregado, prolongación, suplemento, anexo, adición. **2. Rabo**, cola, miembro, extremidad, tentáculo.

aperar *v. tr.* Dotar, suministrar.

apercibimiento *s. m.* Amonestación, advertencia, regañina.

apercibir *v. tr.* **1. Aprestar**, aparejar, preparar, disponer, prevenir, prever. ➤ *Desprevenir, descuidar, desprever, improvisar.* **2. Advertir**, amenazar, avisar, conminar, amonestar, reñir, señalar, observar, sugerir, exhortar, recomendar. ➤ *Elogiar, callar.* **3. Citar**, emplazar. **4. Percibir**, observar. ➤ *Ocultar, silenciar.*

apergaminado, da *adj.* Arrugado, seco, acartonado.

aperitivo, va *adj.* **1. Estimulante**. ‖ *s. m.* **2. Tentempié**, entrante, tapa, copa, vermut, pincho.

apero *s. m.* Trebejo, útil, aparejo.

aperreado, da *adj.* Cansado, duro, fatigoso, trabajoso, molesto, difícil, pesado. ➤ *Cómodo, descansado.*

aperreo *s. m.* Trote, ajetreo, trabajo.

apertura *s. f.* Estreno, inauguración, abertura, principio, comienzo. ➤ *Clausura, cierre.*

apesadumbrar *v. tr.* Afligir, apenar, entristecer. ➤ *Alegrar, confortar.*

apesgar *v. tr.* Aburrir, cansar, reventar.

apestar *v. tr.* **1. Pudrir**, viciar, dañar, descomponer, contaminar ➤ *Limpiar, purificar.* **2. Molestar**, enfadar, fastidiar, aburrir, cansar, hastiar. ➤ *Divertir, regocijar, entretener.* ‖ *v. intr.* **3. Heder**, maloler, aromar. ➤ *Oler bien, perfumar, aromatizar.*

apestoso, sa *adj.* **1. Fétido**, hediondo, infecto, pestilente. ➤ *Aromático, perfumado.* **2. Fastidioso**, molesto.

apetecer *v. tr.* Querer, ansiar, ambicionar, desear, anhelar, antojarse. ➤ *Repugnar, despreciar, desechar, detestar.*

apetecible *adj.* Codiciable, envidiable.

apetencia *s. f.* Anhelo, afán, aspiración, deseo, gana, ansiedad.

apetito *s. m.* **1. Inclinación**, deseo, gana, apetencia. **2. Hambre**, gazuza, voracidad, glotonería, gula. ➤ *Inapetencia, desgana, desinterés, apatía.*

apetitoso, sa *adj.* Aperitivo, gustoso, sabroso, apetecible, atrayente, delicioso, agradable, incitante. ➤ *Soso, insulso, desagradable, repugnante.*

apiadarse *v. prnl.* Compadecerse, condolerse, ablandarse, dolerse. ➤ *Endurecerse, ensañarse.*

apicararse *v. prnl.* Achularse, acanallarse, engolfarse. ➤ *Reformarse.*

ápice *s. m.* **1. Cima**, vértice, cumbre, pico, punta, remate. ➤ *Base, fondo.* **2. Tilde**, rasgo, acento.

apilar *v. tr.* Acumular, juntar, amontonar. ➤ *Esparcir, desperdigar.*

apiñamiento *s. m.* Apelotonamiento, densidad, piña, arremolinamiento.

apiñar *v. tr.* Apretar, arrimar, agrupar, amontonar, reunir. ➤ *Disgregar.*

apiparse *v. prnl.* Atiborrarse, saciarse, hartarse, atracarse. ➤ *Ayunar.*

apisonadora *s. f.* Aplanadora.
apisonar *v. tr.* Aplanar, aplastar, planchar, pisonear, allanar, apachurrar, despachurrar, compactar. ➤ *Esponjar.*
aplacamiento *s. m.* Alivio, atenuación, moderación, sedación, mitigamiento, aquietamiento. ➤ *Excitación.*
aplacar *v. tr.* Mitigar, suavizar, atenuar, aquietar. ➤ *Intranquilizar, irritar.*
aplanamiento *s. m.* Abatimiento, decaimiento, postración. ➤ *Animación.*
aplanar *v. tr.* **1.** Apisonar, igualar, explanar, aplastar. **2.** Desalentar, debilitar, abatir, extenuar. ➤ *Vigorizar.*
aplastamiento *s. m.* Achatamiento, despachurre, prensamiento.
aplastar *v. tr.* **1.** Estrujar, despachurrar, allanar, aplanar, achuchar, apisonar, machacar, chafar, achatar, comprimir, prensar, apachurrar, triturar. ➤ *Hinchar, esponjar, inflar.* **2.** Avergonzar, humillar, abatir, abrumar, apabullar. ➤ *Exaltar, engrandecer, ensalzar.* **3.** Aniquilar, derrotar, reducir, someter, anonadar. ➤ *Perder.*
aplaudir *v. tr.* **1.** Celebrar, ovacionar, palmear, palmotear, vitorear, aclamar. ➤ *Abuchear, patear, vituperar, chiflar, sisear.* **2.** Aprobar, celebrar, alabar, animar, encomiar, elogiar, estimular, felicitar, ponderar. ➤ *Censurar, desaprobar, reprobar, condenar.*
aplauso *s. m.* Ovación, aclamación.
aplazable *adj.* Prorrogable, demorable. ➤ *Inminente.*
aplazamiento *s. m.* Demora, dilación, prórroga, retraso, tardanza.
aplazar *v. tr.* **1.** Llamar, requerir, convocar, anunciar, reunir, citar. **2.** Prorrogar, retrasar, posponer, retardar, suspender, demorar, postergar. ➤ *Anticipar, cumplir, avanzar.*
aplebeyarse *v. prnl.* Abellacarse, avillanarse, humillarse. ➤ *Ennoblecerse.*
aplicable *adj.* Adaptable, aprovechable.
aplicación *s. f.* **1.** Esmero, tesón, atención, afán, cuidado, concentración, diligencia, perseverancia. ➤ *Desatención, descuido, negligencia, desaplicación.* **2.** Acomodación, adaptación, superposición.

aplicado, da *adj.* Diligente, cuidadoso, esmerado, laborioso, estudioso, afanoso, aprovechado, concentrado. ➤ *Negligente, perezoso, descuidado.*
aplicar *v. tr.* **1.** Superponer, sobreponer, adosar, juntar. ➤ *Desunir, separar.* **2.** Adjudicar, achacar, destinar, designar, asignar, referir, imputar. ➤ *Desasignar, quitar.* || *v. prnl.* **3.** Atender, estudiar. ➤ *Distraerse, desatender, desaplicarse.* **4.** Usar, emplear, adaptar, acomodar. **5.** Esmerarse, perseverar, concentrarse, aprovechar, afanarse. ➤ *Descuidarse, desaplicarse, desentenderse.*
aplique *s. m.* Adorno, lámpara.
aplomado, da *adj.* Maduro, objetivo, reflexivo, sensato, mesurado, circunspecto. ➤ *Inmaduro, irreflexivo.*
aplomo *s. m.* Serenidad, circunspección, rectitud, cordura, prudencia, ponderación, sensatez, gravedad, ecuanimidad, desenvoltura. ➤ *Inseguridad, vacilación, titubeo, turbación.*
apocado, da *adj.* Acobardado, acoquinado, encogido, tímido, timorato, pusilánime, menguado. ➤ *Atrevido, resuelto, acometedor, desenvuelto.*
apocamiento *s. m.* Acoquinamiento, cobardía, pusilanimidad, encogimiento, timidez. ➤ *Arrojo, valor.*
apocar *v. tr.* **1.** Acortar, achicar, aminorar, menguar, rebajar, mermar, reducir, limitar. ➤ *Aumentar, agrandar, acrecentar, amplificar.* || *v. prnl.* **2.** Acobardarse, achicarse, abatirse, cortarse, encogerse, embarazarse, azararse, avergonzarse, turbarse, deprimirse, amilanarse, acoquinarse. ➤ *Estimularse, envalentonarse.*
apocopar *v. tr.* Contraer, reducir.
apócope *s. f.* Elisión, contracción.
apócrifo, fa *adj.* Falso, supuesto, fabuloso, fingido, erróneo, quimérico, tergiversado, inexacto. ➤ *Auténtico, verdadero, real, exacto.*
apodar *v. tr.* Motejar, llamar.
apoderado, da *adj.* Administrador, procurador, representante.
apoderar *v. tr.* **1.** Facultar, dar poder, conferir. ➤ *Desautorizar.* || *v. prnl.* **2.**

Tomar, coger, usurpar, dominar, quitar, hurtar, apropiarse, adueñarse. ➤ *Renunciar, ceder, restituir.*

apodíctico, ca *adj.* Convincente, incontrovertible, innegable.

apodo *s. m.* Alias, mote, seudónimo, motete, sobrenombre, apelativo.

apogeo *s. m.* Auge, culminación, esplendor, plenitud, cima, coronamiento, cumbre, cúspide. ➤ *Decadencia, apagamiento, ruina.*

apógrafo *s. m.* Calco, copia.

apolillamiento *s. m.* Deterioro.

apolillar *v. tr.* Carcomer, deteriorar, picar, raer.

apolíneo, a *adj.* Apuesto, hermoso, perfecto. ➤ *Contrahecho, feo.*

apologético, ca *adj.* Laudatorio, panegírico, encomiástico. ➤ *Crítico.*

apología *s. f.* **1. Elogio**, loa, ponderación, alabanza, panegírico, ensalzamiento. ➤ *Vituperio, diatriba, crítica, reprobación, libelo.* **2. Defensa**, disculpa, justificación. ➤ *Acusación.*

apológico, ca *adj.* Ensalzador, ponderativo, elogioso. ➤ *Crítico.*

apologizar *v. tr.* Alabar, elogiar, loar, ensalzar. ➤ *Censurar, denigrar.*

apólogo *s. m.* Cuento, parábola.

apoltronamiento *s. m.* Abandono, dejadez, inercia. ➤ *Diligencia.*

apoltronarse *v. prnl.* Arrellenarse, repantigarse, vegetar, abandonarse, tumbarse. ➤ *Moverse, actuar.*

aporrarse *v. prnl.* Importunar, molestar, fastidiar. ➤ *Agradar.*

aporrear *v. tr.* **1. Zurrar**, apalear, pegar, sacudir, machacar, dar leña, dar una tunda. ➤ *Acariciar, mimar.* **2. Importunar**, molestar. ‖ *v. prnl.* **3. Fatigarse**, afanarse, empeñarse, azacanearse, esforzarse. ➤ *Tumbarse a la bartola, abandonar, descuidarse.*

aporreo *s. m.* Paliza, solfa, tunda.

aportación *s. f.* Cuota, tributo.

aportar[1] *v. intr.* Arribar. ➤ *Zarpar.*

aportar[2] *v. tr.* **1. Llevar**, traer, conducir, transportar, trasladar, acarrear, portar. **2. Proporcionar**, dar, producir, ocasionar, originar. ➤ *Sacar.*

aposentar *v. tr.* Albergar, acomodar.

aposento *s. m.* Dormitorio, habitación, sala, estancia, cámara, alcoba.

apósito *s. m.* Compresa, vendaje.

aposta *adv. m.* Deliberadamente, ex profeso, premeditadamente, intencionadamente, a propósito, adrede. ➤ *Involuntariamente, sin querer, casualmente, sin intención, por azar.*

apostante *adj.* Competidor, retador.

apostar *v. tr.* **1. Poner**, jugar, aventurar, arriesgar, exponer. **2. Colocar**, situar, establecer, emboscar.

apostasía *s. f.* Abjuración, renuncia, retractación, perjurio. ➤ *Fidelidad.*

apóstata *s. m. y s. f.* Perjuro, renegado, relapso. ➤ *Fiel, converso.*

apostatar *v. intr.* Abjurar, retractarse, renegar, descreer, traicionar. ➤ *Abrazar, convertirse, confirmarse.*

apostilla *s. f.* Glosa, nota, observación, acotación, comentario.

apostillar *v. tr.* Acotar, anotar, glosar.

apóstol *s. m.* **1. Evangelizador**, misionero, apostolizador, predicador. **2. Propagandista**, propagador, divulgador. ➤ *Detractor, desacreditador.*

apostolado *s. m.* Enseñanza, predicación, evangelización.

apóstrofe *s. amb.* Invectiva, acusación, imprecación, insulto, dicterio, ofensa. ➤ *Bendición, alabanza.*

apóstrofo *s. m.* Tilde, vírgula.

apostura *s. f.* Elegancia, garbo, gentileza, gallardía, planta, figura. ➤ *Desgaire, desaliño, descuido.*

apotegma *s. m.* Adagio, aforismo, refrán, proverbio, axioma, agudeza, dicho, sentencia, máxima.

apoteósico, ca *adj.* Delirante, triunfante, exultante. ➤ *Humilde.*

apoteosis *s. f.* Deificación, glorificación, ensalzamiento, exaltación, culminación. ➤ *Humillación, condenación, rebajamiento.*

apoyar *v. tr.* **1. Auxiliar**, proteger, amparar, ayudar, patrocinar, defender, alentar, secundar. ➤ *Atacar, combatir, oponerse, abandonar, desasistir.* **2. Sostener**, confirmar, basar, asentar, descansar, adosar, apuntalar. ➤ *Contradecir.* **3. Corroborar**, avalar, fundamentar, confirmar. ➤ *Rechazar, desaprobar.* **4. Recostarse,** acodarse, echarse, reclinarse, arrimarse, respaldarse, afirmarse. ➤ *Separarse.*

apoyo *s. m.* **1. Columna,** cimiento, pilar, asiento, soporte, sostén, sustentáculo, puntal. **2. Alegato,** defensa, socorro, favor, amparo, auxilio. ➤ *Desprotección, oposición, resistencia.* **3. Base,** corroboración, confirmación. ➤ *Rechazo, crítica, desaprobación.*

apreciable *adj.* Estimable, respetable, tasable, ponderable, importante, considerable, notable. ➤ *Despreciable, banal, trivial, insignificante.*

apreciación *s. f.* Aprecio, crédito, dictamen, mérito, valor, consideración.

apreciar *v. tr.* **1. Valorar,** evaluar, tasar, justipreciar. **2. Estimar,** considerar, calificar, reputar, distinguir. ➤ *Despreciar, desestimar, aborrecer, desdeñar.* **3. Querer,** amar. ➤ *Odiar.*

aprecio *s. m.* **1. Tasación,** estimación, evaluación, consideración. **2. Estima,** cariño, amor. ➤ *Odio, desdén.*

aprehender *v. tr.* **1. Coger,** aprisionar, capturar, detener, atrapar, agarrar, apresar. ➤ *Soltar, liberar, desasir.* **2. Aprender,** concebir, asimilar, imaginar, percibir, distinguir.

aprehensión *s. f.* Percepción.

apremiar *v. tr.* **1. Urgir,** acuciar, apurar, obligar, espolear, acelerar, aguijar, meter prisa. ➤ *Sosegar, moderar, tranquilizar.* **2. Apretar,** oprimir, atosigar, estrechar, obligar, exigir.

apremio *s. m.* **1. Prisa,** urgencia. **2. Apuro,** acuciamiento, exigencia.

aprender *v. tr.* Estudiar, ilustrarse, educarse, instruirse, cultivarse, aplicarse. ➤ *Desaprender, olvidar.*

aprendiz, za *s. m. y s. f.* Alumno, aspirante, discípulo, principiante, novicio, neófito, practicante. ➤ *Maestro, experto, perito.*

aprendizaje *s. m.* Ejercitamiento, estudio, instrucción, lección.

aprensión *s. f.* Desconfianza, reparo, sospecha, recelo, repugnancia, miramiento, temor, miedo, escrúpulo, manía. ➤ *Despreocupación, confianza.*

aprensivo, va *adj.* Desconfiado, temeroso, miedoso. ➤ *Confiado.*

apresar *v. tr.* Aprehender, prender, capturar, detener. ➤ *Soltar, libertar.*

aprestar *v. tr.* Preparar, prevenir, arreglar, aparejar, organizar, aderezar. ➤ *Desarreglar, desprevenir, improvisar.*

apresurado, da *adj.* Activo, veloz, rápido, acelerado. ➤ *Lento, tardo.*

apresuramiento *s. m.* Aceleración, celeridad, urgencia, apremio, prontitud, presteza. ➤ *Lentitud, calma.*

apresurar *v. tr.* Acelerar, aligerar, avivar, activar, acuciar. ➤ *Entretener, retardar, sosegar, tardar, retrasar.*

apretado, da *adj.* **1. Apretujado,** oprimido, prensado. ➤ *Holgado, ancho.* **2. Estrecho,** mezquino. ➤ *Amplio, generoso.* **3. Arduo,** peligroso.

apretadura *s. f.* Apretón, opresión.

apretar *v. tr.* **1. Estrechar,** apretujar, aplastar, oprimir, cerrar, abrazar, comprimir, condensar, prensar, estrujar, ceñir, exprimir. ➤ *Soltar, liberar, ensanchar, aflojar.* **2. Juntar,** apiñar. **3. Importunar,** afligir, angustiar, hostigar, apremiar, atosigar, instar, obligar, constreñir. ➤ *Sosegar, dejar en paz.* **4. Acelerar,** activar.

apretón *s. m.* Apretujón, estrujón.

apretujar *v. tr.* **1. Apretar.** ‖ *v. prnl.* **2. Achucharse,** apiñarse, hacinarse.

aprisa *adv. m.* Deprisa, rápidamente, pronto, velozmente. ➤ *Despacio.*

aprisco *s. m.* Boyera, chiquero, majada.

aprisionar *v. tr.* **1. Prender,** encarcelar, enrejar, enchironar, enchiquerar, encerrar, encadenar. ➤ *Soltar, libertar, excarcelar.* **2. Coger,** asir, atar, sujetar, amarrar, detener, prender, retener, contener, capturar, apresar. ➤ *Soltar, desatar, liberar.*

aproar *v. intr.* Enfilar, embocar.

aprobación *s. f.* Admisión, amén, aquiescencia, asentimiento, autorización, aplauso, aceptación, consentimiento, beneplácito, consenso. ➤ *Desaprobación, rechazo, censura.*

aprobado *s. m.* Suficiente. ➤ *Suspenso.*

aprobar *v. tr.* **1. Aceptar,** consentir, avenirse, admitir, acceder, autorizar, acreditar, afirmar, avalar, asentir. ➤ *Desaprobar, reprobar, negar, rechazar.* **2. Pasar.** ➤ *Suspender.*

aprobatorio, ria *adj.* Gustoso, plausible. ➤ *Discrepante.*

aprontar *v. tr.* Aviar, preparar.

apropiación *s. f.* Adquisición, asunción, confiscación, incautación, adueñamiento. ➤ *Devolución, restitución.*

apropiado, da *adj.* Conveniente, correcto, oportuno, pertinente, justo, adecuado, a propósito, ajustado, decente. ➤ *Inapropiado, incorrecto, inadecuado, desajustado, impropio, inoportuno, indiscreto, impertinente.*

apropiador, ra *adj.* Tomador, usurpador. ➤ *Dador, cedente.*

apropiar *v. tr.* **1. Adecuar,** acomodar, adaptar, ajustar. ➤ *Desadaptar, desajustar.* ‖ *v. prnl.* **2. Apoderarse,** tomar, coger, adueñarse, incautarse, capturar, obtener, quitar, hurtar, robar, usurpar, despojar. ➤ *Desproveerse, ceder, dejar, abandonar.*

aprovechable *adj.* Aplicable, servible, utilizable. ➤ *Inservible.*

aprovechado, da *adj.* **1. Oportunista,** ventajista, zorro, ganguero. ➤ *Dejado, incurioso, despilfarrador, perdulario.* **2. Laborioso,** estudioso, diligente, trabajador, aplicado. ➤ *Vago, negligente, desaplicado.*

aprovechamiento *s. m.* Asimilación, utilización, disfrute, explotación.

aprovechar *v. intr.* **1. Servir,** valer, rendir, producir. ‖ *v. tr.* **2. Emplear,** utilizar, disfrutar, valerse, explotar, servirse, beneficiarse, usar, lucrarse. ➤ *Desaprovechar, desperdiciar.*

aproximación *s. f.* Acercamiento, afinidad. ➤ *Alejamiento, separación.*

aproximar *v. tr.* Juntar, arrimar, acercar, avecinar, avecindar, allegar. ➤ *Alejar, apartar, distanciar, separar.*

áptero, ra *adj.* Inalado. ➤ *Alado.*

aptitud *s. f.* Capacidad, disposición, idoneidad, habilidad, competencia, talento, potencial. ➤ *Ineptitud, incompetencia, inhabilidad.*

apto, ta *adj.* Capacitado, perito, competente, diestro, idóneo. ➤ *Inepto.*

apuesta *s. f.* Envite, postura, jugada.

apuesto, ta *adj.* Bizarro, engalanado, garboso, gallardo, airoso, arrogante, gentil. ➤ *Desmadejado, zarrapastroso, desgarbado, desaliñado, descuidado.*

apuntador, ra *s. m. y s. f.* Soplón.

apuntalar *v. tr.* Asegurar, afirmar, consolidar, sostener, apoyar, entibar, reforzar. ➤ *Desapuntalar, aflojar.*

apuntar *v. tr.* **1. Asestar,** encañonar, dirigir, encarar. **2. Indicar,** mostrar, señalar. **3. Anotar,** registrar, inscribir, desglosar, marginar. **4. Esbozar. 5. Insinuar,** indicar, soplar, aludir. ‖ *v. intr.* **6. Salir,** nacer, originarse, aparecer, surgir, brotar. ➤ *Ocultarse, meterse.* **7. Afilar,** aguzar. ➤ *Embotar.* ‖ *v. prnl.* **8. Torcerse,** avinagrarse, agriarse, acedarse.

apunte *s. m.* **1. Glosa,** anotación, nota. **2. Esbozo,** bosquejo.

apuñalar *v. tr.* Acuchillar, herir, pinchar, apuñalar, acribillar, clavar.

apurado *adj.* **1. Pobre,** necesitado, menesteroso, indigente, miserable, hambriento. ➤ *Rico, opulento, acaudalado, creso.* **2. Difícil,** peligroso, arriesgado, complicado, peliagudo. ➤ *Fácil, simple, ligero, leve.* **3. Apresurado,** apremiante, urgente. ➤ *Retardado, retrasado, lento.*

apurar *v. tr.* **1. Depurar,** limpiar, filtrar, clarificar, decantar, sublimar. ➤ *Impurificar, manchar, ensuciar.* **2. Consumir,** extremar, acabar, agotar, quintaesenciar. ➤ *Desaprovechar, desperdiciar.* **3. Activar,** acelerar, apretar, apremiar, apresurar, acuciar, urgir. ➤ *Tardar, atrasar, retrasar, sosegar.* ‖ *v. prnl.* **4. Atribularse,** afligirse, acongojarse, preocuparse, sufrir, padecer. ➤ *Aliviar, confortar, consolarse, tranquilizarse, animarse.*

apuro *s. m.* **1. Aprieto,** necesidad, urgencia, ahogo. ➤ *Abundancia, acopia, sobra.* **2. Conflicto,** dificultad, escollo, laberinto. ➤ *Desahogo.*

aquejar *v. tr.* Acongojar, afligir, fatigar, inquietar, incomodar, oprimir, abrumar. ➤ *Confortar, consolar, aliviar.*

aquí *adv. l.* Acá. ➤ *Allí.*

56 AQUIESCENCIA - ARDIENTE

aquiescencia *s. f.* Aprobación, beneplácito, confirmación, conformidad, consentimiento, anuencia, aceptación, autorización, asentimiento, venia, consenso. ➤ *Discrepancia, desaprobación, rechazo, disentimiento.*

aquietar *v. tr.* Reposar, serenar, sosegar, calmar, apaciguar, tranquilizar, pacificar, inmovilizar, aplacar. ➤ *Alborotar, excitar, intranquilizar, avivar, recrudecer.*

aquilatar *v. tr.* Valorar, apreciar, estimar, examinar, probar, comprobar, verificar, analizar, tasar.

arado *s. m.* Reja.

arador, ra *adj.* Campesino, labrador, labriego.

arambel *s. m.* Jirón, andrajo, trapo.

arancel *s. m.* Tasa, impuesto, valoración, tarifa, carga, derechos, tributo.

arancelario, ria *adj.* Contributivo, impositivo, tributario.

arándano *s. m.* Ráspano, abia, meruéndano.

arandela *s. f.* Corona, anilla, volandera, platillo, golilla, herrón.

arañar *v. tr.* **1. Rasguñar**, rascar, rallar, desgarrar, raspar, rasgar. **2. Acopiar**, juntar, amontonar, recopilar, reunir, apilar. ➤ *Esparcir, separar.*

arañazo *s. m.* Arpadura, rasguño, uñada, zarpazo.

arar *v. tr.* Cultivar, roturar, labrar. ➤ *Dejar en barbecho.*

arbitraje *s. m.* Arbitrio, peritaje, sentencia, veredicto, juicio, dictamen.

arbitrar *v. tr.* Dictaminar, juzgar, comprometer, procurar, proponer, interponer, decidir, sentenciar, intervenir, mediar, intermediar.

arbitrariedad *s. f.* Exceso, atropello, extralimitación, parcialidad, capricho, desafuero, despotismo, injusticia, iniquidad, ilegalidad. ➤ *Derecho, legalidad, justicia, equidad, ecuanimidad.*

arbitrario, ria *adj.* Caprichoso, veleidoso, parcial, injusto. ➤ *Ecuánime.*

arbitrio *s. m.* **1. Recurso**. **2. Autoridad**, poder, facultad, potestad, fuero. ‖ *s. m. pl.* **3. Tributos**, gabelas, derechos, impuestos, cargas.

árbitro, tra *s. m. y s. f.* Juez, mediador, regulador, dictaminador.

arbolado *s. m.* Arboleda, jardín, bosque, floresta. ➤ *Erial, desierto.*

arbolar *v. tr* Enarbolar, izar, blandir, ondear. ➤ *Bajar, arriar, recoger.*

arboleda *s. f.* Alameda, soto, floresta.

arborescente *adj.* Arbustivo.

arbotante *s. m.* Contrafuerte.

arbusto *s. m.* Mata, matojo.

arca *s. f.* Cofre, baúl, arquilla, arqueta, arcón, caja, cajón.

arcabuz *s. m.* Trabuco, fusil, mosquete.

arcada *s. f.* **1. Arquería**, bóveda. **2. Basca**, náusea.

arcaduz *s. m.* Tubo, fístula, canalón, conducto, cangilón.

arcaico, ca *adj.* Viejo, primitivo, antiguo, anticuado, añoso, añejo, rancio, vetusto. ➤ *Reciente, moderno, actual, contemporáneo, nuevo.*

arcano, na *adj.* **1. Oculto**, secreto, recóndito, reservado, impenetrable, misterioso, enigmático. ➤ *Sabido, conocido, accesible.* ‖ *s. m.* **2. Enigma**, misterio, secreto.

arcediano *s. m.* Archidiácono.

archidiócesis *s. f.* Arzobispado, arquidiócesis.

archivador *s. m.* Clasificador, archivo.

archivar *v. tr.* Conservar, custodiar, encarpetar, fichar, registrar.

archivero, ra *s. m. y s. f.* Bibliotecario, catalogador.

archivo *s. m.* Registro, biblioteca.

arcilloso, sa *adj.* Arenoso, gredoso, terroso.

arco *s. f.* Curvatura, curva. ➤ *Recta.*

ardentía *s. f.* **1. Ardor**. **2. Pirosis**, quemazón, rescoldera. **3. Refracción**, fosforescencia, reverberación.

arder *v. intr.* Abrasar, quemarse, crepitar, flamear, llamear. ➤ *Apagarse.*

ardid *s. m.* Treta, astucia, estratagema, artimaña, amaño, artificio, añagaza, maña, engaño, artilugio.

ardiente *adj.* **1. Ardoroso**, apasionado, abrasador, hirviente, caliente, quemante, candente, inflamado, tórrido. ➤ *Helado, frío, apagado.* **2. Fogoso**, entusiasta, fervoroso, vehemente, vivo, enérgico. ➤ *Frío, inmutable, apagado, desapasionado.*

ardite *s. m.* Bledo, ochavo, comino.

ardor *s. m.* Entusiasmo, pasión, fervor, vehemencia. ➤ *Frialdad, apatía.*

ardoroso, sa *adj.* Activo, apasionado, fogoso, pasional. ➤ *Tibio, flojo.*

arduo, dua *adj.* Dificultoso, espinoso, apurado, penoso, apretado, peligroso, peliagudo, intrincado. ➤ *Cómodo, fácil, sencillo, asequible.*

área *s. f.* **1. Extensión**, superficie, perímetro, zona. **2. Parcela**, faja, era.

arel *s. m.* Cedazo, criba.

arelar *v. tr.* Cribar.

arena *s. f.* **1. Polvo**, grava, grano. **2. Ruedo**. ‖ *s. f. pl.* **3. Cálculos.**

arenal *s. m.* Playa, duna.

arenga *s. f.* Perorata, oración, alocución, habla, discurso, proclama.

arengar *v. intr.* Sermonear, soflamar.

arenisco, ca *adj.* Arenoso.

arenoso, sa *adj.* Pedregoso, polvoriento, terroso.

arete *s. m.* Pendiente, zarcillo.

argamasa *s. f.* **1. Cemento**, mortero, argamazón, amasijo. **2. Revoltijo**, pelotera, mezcolanza, follón, amalgama.

argayo *s. m.* Alud, desprendimiento.

argolla *s. f.* **1. Aro**, anilla. **2. Ajorca**, brazalete, gargantilla. **3. Anillo.**

argos *s. m.* Atento, observador.

argot *s. m.* Jerga, germanía, jerigonza.

argucia *s. f.* Añagaza, contrasentido, retórica, tergiversación, paralogismo, ingeniosidad, sutileza, sofisma.

argüidor, ra *adj.* Discrepante, polemista, discutidor, argumentador.

argüir *v. tr.* **1. Inferir**, razonar. **2. Mostrar**, probar, comprobar. ‖ *v. intr.* **3. Argumentar**, rebatir, objetar.

argumentación *s. f.* Conclusión, demostración, inferencia, prueba.

argumentar *v. intr.* **1. Disputar**, objetar, refutar, contradecir, replicar, impugnar, discutir. ➤ *Acordar, concordar, aprobar, aceptar.* **2. Descubrir**, probar, mostrar, indicar, argüir, explicar. ➤ *Encubrir, ocultar, oscurecer.*

argumento *s. m.* **1. Premisa**, tesis, argumentación, raciocinio, razón,

prueba, silogismo, consideración. **2. Tema**, materia, asunto. **3. Resumen**, guión, sumario, trama, índice, libreto.

aria *s. f.* Romanza, canción, solo.

aridez *s. f.* Esterilidad, sequedad, infecundidad. ➤ *Fertilidad.*

árido, da *adj.* **1. Estéril**, improductivo, seco, infecundo, desecado, yermo, desierto. ➤ *Fértil, fecundo, húmedo.* **2. Fastidioso**, cansado, monótono, soporífero, tedioso, aburrido, enfadoso. ➤ *Ameno, atractivo, placentero, agradable, divertido.*

arijo, ja *adj.* Cultivable, laborable, sembradío. ➤ *Árido.*

arimez *s. m.* Cornisa, resalto.

arísaro *s. m.* Candilillo, rabiacana.

arisco, ca *adj.* Huidizo, esquivo, bravío, áspero, intratable, adusto, agreste, esquivo, antipático, insociable, hosco, huraño. ➤ *Sociable, afable, cordial, dócil, tratable, amable.*

arisnegro, gra *adj.* Arisprieto.

arista *s. f.* **1. Raspa. 2. Ángulo**, intersección. **3. Canto**, borde.

aristado, da *adj.* Anguloso. ➤ *Romo.*

aristocracia *s. f.* Nobleza, alcurnia, linaje, prosapia, abolengo, hidalguía, señorío, patriciado. ➤ *Plebe, vulgo.*

aristócrata *s. m. y s. f.* Noble, hidalgo, patricio. ➤ *Plebeyo.*

aristocrático, ca *adj.* Linajudo, señoril, noble. ➤ *Plebeyo.*

aristoso, sa *adj.* Aristado, anguloso.

aristotélico, ca *adj.* Peripatético.

aritmético, ca *s. m. y s. f.* Matemático.

arlequín *s. m.* Payaso, burlón, bufón.

arma *s. f.* **1. Artefacto**, defensa, armamento. ‖ *s. f. pl.* **2. Blasón.**

armada *s. f.* Flota, escuadra.

armadía *s. f.* Balsa, almadía.

armadijo *s. m.* Cepo, lazo, red, trampa.

armado, da *adj.* Acorazado, blindado, preparado, pertrechado, equipado.

armadura *s. f.* **1. Arnés**, coraza, armas. **2. Armazón**, esqueleto.

armar *v. tr.* **1. Montar**, amartillar, artillar, abastecer. ➤ *Desarmar.* **2. Concertar**, formar, componer, encajar, construir, ajustar, amoldar, arreglar, hacer. ➤ *Desarmar, desguazar, des-*

montar. **3. Disponer,** fraguar, mover, promover, causar. ➤ *Disolver, deshacer.* **4. Aviarse,** prepararse, avenirse, alistarse. ➤ *Desproveerse.*

armario *s. m.* Ropero, guardarropa, aparador, estante, trinchero, cómoda.

armatoste *s. m.* **1. Cachivache,** trasto, bártulo, cacharro. **2. Artilugio,** artefacto, armadijo, andamio.

armazón *s. amb.* Armadura, andamiaje, soporte, bastidor, entramado.

armígero, ra *adj.* Batallador, guerrero, pendenciero. ➤ *Pacífico.*

armiñar *v. tr.* Blanquear.

armisticio *s. m.* Paz, tregua, reconciliación, pacto, parlamento. ➤ *Guerra, hostilidad, enfrentamiento.*

armonía *s. f.* **1. Cadencia,** consonancia, acorde. ➤ *Cacofonía, asonancia, desarmonía.* **2. Concordancia,** conformidad, equilibrio, simetría, complementación, estética. ➤ *Desequilibrio, asimetría.* **3. Cordialidad,** acuerdo, conformidad, simpatía, concierto, asenso. ➤ *Discordia, desacuerdo, antipatía, enemistad, odio.*

armonioso, sa *adj.* **1. Cadencioso,** melodioso. ➤ *Cacofónico.* **2. Equilibrado,** simétrico. ➤ *Estridente.*

armonización *s. f.* Avenencia, concordancia, ajuste. ➤ *Discordancia, desavenencia.*

armonizar *v. tr.* Acordar, avenir, unir. ➤ *Enemistar, discordar.*

arnés *s. m.* **1. Armadura.** ‖ *s. m. pl.* **2 Arreos,** guarnición.

aro *s. m.* Anillo, argolla.

aroma *s. m.* Esencia, fragancia, perfume, efluvio. ➤ *Mal olor, fetidez.*

aromático, ca *adj.* Bienoliente, fragante, perfumado, oloroso, odorífero, odorante, aromado. ➤ *Fétido, hediondo, maloliente, pestilente.*

aromatizar *v. tr.* Perfumar, almizclar.

arpado, da *adj.* Grato, armonioso, melodioso, eufónico. ➤ *Estridente.*

arpar *v. tr.* Arañar, rasgar, rasguñar, desgarrar, despedazar.

arpegio *s. m.* Cadencia, acorde.

arpía *s. f.* Furia, bruja, euménide, diablesa. ➤ *Hada, ángel.*

arpón *s. m.* Garfio.

arquear *v. tr.* **1. Enarcar,** combar, encorvar, alabear, doblar, curvar, cimbrar. ➤ *Enderezar, atiesar, erguir.* **2. Nausear,** producir arcadas.

arqueo[1] *s. m.* Curvatura, torcedura, cimbreo, combeo, alabeo, encorvamiento. ➤ *Enderezamiento.*

arqueo[2] *s. m.* Tonelaje, cabida.

arqueo[3] *s. m.* Recuento, registro, constatación, reconocimiento, balance.

arqueológico, ca *adj.* Rancio, anticuado. ➤ *Moderno, actual.*

arqueozoico, ca *adj.* Arcaico.

arquería *s. f.* Arcada, bóveda.

arquero *s. m.* Asaetador, flechero.

arqueta *s. f.* Caja, cofre, arca.

arquetipo *s. m.* Dechado, ejemplo, paradigma, modelo, prototipo, molde, ideal, tipo.

arquitrabe *s. m.* Viga, cornisa.

arrabal *s. m.* Barrio, suburbio, afueras, alrededores, alfoz, barrio, pedanía, extrarradio, contornos. ➤ *Centro.*

arrabalero, ra *adj.* Descarado, ordinario. ➤ *Fino, educado.*

arracada *s. f.* Pendiente, zarcillo, aro.

arracimarse *v. prnl.* Aglomerarse, apretujarse, apiñarse. ➤ *Separarse.*

arraigar *v. intr.* **1. Enraizar,** prender, agarrar, radicar, encepar. ➤ *Desarraigar, desenraizar.* ‖ *v. prnl.* **2. Afincarse,** establecerse, radicarse, fijarse, avecindarse. ➤ *Desarraigarse, desprenderse, trasladarse, mudarse.*

arramblar *v. tr.* Saquear, llevarse.

arrancado, da *adj.* **1. Extirpado,** extraído, removido. **2. Arruinado,** empobrecido. ➤ *Enriquecido, opulento.*

arrancadura *s. f.* Desarraigo, descuaje, extirpación, extracción.

arrancar *v. tr.* **1. Extraer,** extirpar, desencajar, desenterrar, desenraizar, despegar, quitar, desclavar, descuajar, descepar, arrebatar, separar. ➤ *Plantar, meter, enraizar, pegar.* ‖ *v. intr.* **2. Salir,** originar, comenzar, iniciar. ➤ *Terminar, apagar, detener, parar.*

arrancharse *v. prnl.* Remolonear.

arranque *s. m.* **1. Pronto,** arrebato, impulso, rapto, arrechucho, brío, pujanza, decisión, crisis. **2. Salida**, agudeza, gracia, dicho. **3. Origen**, principio, inicio, comienzo, preámbulo. ➤ *Término, fin.*

arranquera *s. f.* Ruina, miseria, pobreza, necesidad. ➤ *Opulencia.*

arrapiezo *s. m.* **1. Andrajo**, guiñapo, jirón. **2. Chaval**, mocoso, rapaz.

arras *s. f. pl.* **1. Señal**, garantía, prenda, fianza, aval. **2. Dote.**

arrasar *v. tr.* **1. Asolar**, devastar, talar, destruir, arruinar, derruir, desmantelar. ➤ *Construir, edificar.* ‖ *v. intr.* **2. Rasar**, aplanar, aplastar, nivelar, igualar. ➤ *Desnivelar, desigualar.*

arrastramiento *s. m.* Arrastre, tracción, tiramiento, remolcamiento.

arrastrado *adj.* **1. Pobre**, baqueteado, miserable, aporreado, aperreado, mísero, fatigado. **2. Pícaro**, tunante, bribón, pillo, bellaco, bribonzuelo. ➤ *Cándido, ingenuo, buenazo.*

arrastrar *v. tr.* **1. Transportar**, tirar, acarrear, conducir, remolcar. **2. Forzar**, atraer, persuadir, obligar. ➤ *Alejar, disuadir.* **3. Bajarse**, inclinarse, rebajarse, envilecerse, prostituirse, barrer el suelo, besar el suelo. ➤ *Erguirse, levantarse, enorgullecerse.*

arrastre *s. m.* **1. Acarreo**, transporte, conducción. **2. Atracción**, captación, hechizo, seducción. ➤ *Repulsión.*

arrayán *s. m.* Mirto.

arrear *v. tr.* **1. Espolear**, aguijar, dar, atizar, pegar, tundir, acelerar, fustigar, apresurar. ➤ *Enfrenar, parar.* **2. Adornar**, hermosear, engalanar, ataviar, arreglar. ➤ *Desarreglar, destartalar, afear.* ‖ *v. intr.* **3. Darse prisa**, apresurarse. ➤ *Roncear.*

arrebañaduras *s. f. pl.* Escurriduras, sobras, residuos.

arrebatado, da *adj.* **1. Furibundo**, colérico, enfurecido, iracundo, grosero, violento, inconsiderado. ➤ *Apacible, amable, dulce.* **2. Arrebolado**, colorado, ruborizado, encendido. ➤ *Pálido.* **3. Precipitado**, impetuoso, atolondrado. ➤ *Pausado, reposado.*

arrebatador, ra *adj.* Agradable, delicioso, exquisito, seductor.

arrebatar *v. tr.* **1. Llevarse**, arrancar, tomar, arramblar, desposeer, coger, despojar, conquistar. ➤ *Devolver, dar, ceder, dejar, entregar.* **2. Cautivar**, encantar, atraer, hechizar, seducir, maravillar, embrujar, arrobar, embelesar. ➤ *Repugnar, rechazar.* **3. Irritarse**, enfurecerse, exaltarse, desbocarse, enardecerse, indignarse, encolerizarse. ➤ *Sosegarse, calmarse, tranquilizarse, serenarse.*

arrebato *s. m.* **1. Cólera**, arranque, pronto, furor, pronto, ira, violencia, vehemencia. ➤ *Flema, calma, pachorra.* **2. Enajenamiento**, rapto, éxtasis, arrobo, transporte, tránsito, embeleso, arrebatamiento. ➤ *Indiferencia, desinterés, frialdad.*

arrebol *s. m.* Colorete.

arrebozar *v. tr.* Esconder, disimular, embozar, enmascarar, disfrazar, ocultar, encubrir. ➤ *Mostrar, revelar, desembozar, desenmascarar.*

arrebujar *v. tr.* **1. Rebujar.** ‖ *v. prnl.* **2. Arroparse**, taparse, cubrirse, abrigarse, envolverse. ➤ *Desarroparse.*

arrecho, cha *adj.* Rijoso, cachondo.

arrechucho *s. m.* **1. Pronto**, arrebato, enfurecimiento, arranque. ➤ *Calma, flema, tranquilidad, sosiego.* **2. Afección**, achaque, indisposición.

arreciar *v. intr.* Intensificarse, apretar, recrudecerse, aumentar, acrecentar, crecer, redoblar, fortalecer, incrementarse. ➤ *Amainar, debilitar, decrecer, disminuir.*

arrecife *s. m.* Escollo, cayo, banco, islote, punta, rompiente, atolón.

arrecirse *v. prnl.* Entumecerse, congelarse, entorpecerse. ➤ *Entrar en calor.*

arredramiento *s. m.* Desánimo, acoquinamiento, intimidación.

arredrar *v. tr.* **1. Asustar**, acoquinar, amilanar, amedrentar, atemorizar, intimidar, acobardar. ➤ *Envalentonar, animar, acicatear, incitar.* **2. Apartar**, retirar, separar, alejar. ➤ *Acercarse, unir, juntar.* ‖ *v. prnl.* **3. Acobardarse**, asustarse, amilanarse, achicarse, espantarse, intimidarse. ➤ *Crecerse, osar, envalentonarse.*

arregazar *v. tr.* Arremangar, remangar.

arreglado, da *adj.* Disciplinado, ordenado, moderado. ➤ *Desarreglado.*

arreglar *v. tr.* **1. Acomodar,** conciliar, ajustar, regular, adecuar, conformar, regularizar. ➤ *Estropear, desarreglar, desajustar, desacomodar.* **2. Organizar,** ordenar, concertar, aviar, disponer, desembrollar, desenredar. ➤ *Desordenar, desbarajustar, revolver.*

arreglo *s. m.* **1. Ajuste,** compostura, reparación, reforma, restauración. **2. Regla,** orden, coordinación. **3. Avenencia,** conciliación. **4. Amancebamiento,** enredo, lío.

arregostarse *v. prnl.* Enviciarse, habituarse, aficionarse, engolosinarse.

arregosto *s. m.* Abandono, hábito, afición, gusto.

arrellanarse *v. prnl.* Apoltronarse, repantigarse, acomodarse, retreparse, repanchingarse. ➤ *Estirarse, erguirse.*

arrematar *v. tr.* Apuntillar, concluir, terminar. ➤ *Comenzar, principiar.*

arremeter *v. intr.* Abalanzarse, arrojarse, agredir, embestir, asaltar, chocar, atacar, acometer. ➤ *Huir, evitar, detenerse, apartarse.*

arremetida *s. f.* Acometida, agresión, embestida, ataque.

arremolinarse *v. prnl.* Apiñarse, arracimarse. ➤ *Esparcirse, separarse.*

arrendador, ra *s. m. y s. f.* Alquilador, casero, locatario.

arrendajo *s. m.* Grajo.

arrendar *v. tr.* Alquilar, subarrendar, fletar, ceder, traspasar. ➤ *Desarrendar.*

arrendatario, ria *adj.* Aparcero, colono, inquilino. ➤ *Arrendador.*

arreo *s. m.* **1. Aderezo,** atavío, adorno. ‖ *s. m. pl.* **2. Jaeces,** ataláje, arnés.

arrepentimiento *s. m.* Atrición, dolor, sentimiento, aflicción, pesadumbre, contrición, remordimiento. ➤ *Impenitencia, contumacia, obstinación.*

arrepentirse *v. prnl.* Dolerse, deplorar, lamentar, sentir, compungirse, apesadumbrarse, apesararse, contristarse. ➤ *Alegrarse, complacerse, insistir, persistir, obstinarse.*

arrepistar *v. tr.* Machacar, moler.

arrepticio, cia *adj.* Poseso, hechizado.

arrequesonarse *v. prnl.* Agriarse.

arrestado, da *adj.* Audaz, arrojado, valiente. ➤ *Cobarde, pusilánime.*

arrestar *v. tr.* Prender, apresar, encarcelar, enchironar, encerrar, recluir. ➤ *Soltar, liberar, libertar, excarcelar.*

arresto *s. m.* **1. Encarcelamiento,** apresamiento, reclusión, encierro, detención, prendimiento, captura. ➤ *Libertad, excarcelación.* **2. Audacia,** bizarría, valor, atrevimiento, ánimo, enjundia, coraje. ➤ *Timidez, cobardía, apocamiento.*

arriar *v. tr.* Largar, soltar, aflojar, recoger. ➤ *Izar, levantar, enarbolar.*

arriba *adv.* Por encima, en alto. ➤ *Abajo, debajo.*

arribada *s. f.* **1. Llegada.** ➤ *Ida.* **2. Arribaje,** recalada, fondeo.

arribar *v. intr.* **1. Recalar,** llegar, presentarse, comparecer, venir, aterrizar. ➤ *Zarpar, salir, partir, despegar.* **2. Recuperar,** convalecer, robustecer, restablecerse, mejorar, reponerse. ➤ *Empeorarse, agravarse, perder.*

arribazón *s. f.* Profusión, abundancia, afluencia. ➤ *Escasez.*

arriesgado, da *adj.* **1. Aventurado,** peligroso, incierto, expuesto, arriscado. ➤ *Seguro, cierto, sin peligro.* **2. Osado,** imprudente, temerario, atrevido, audaz, arrojado, valeroso, intrépido. ➤ *Prudente, cauteloso, cuidadoso.*

arriesgar *v. tr.* Aventurar, exponer, atreverse, osar, jugar. ➤ *Guardar, conservar, proteger, salvaguardar.*

arrimadero *s. m.* Atracadero, arrimo.

arrimar *v. tr.* **1. Unir,** juntar, dejar a mano, aproximar, pegar, adosar. ➤ *Separar, apartar, alejar, despegar, distanciar.* **2. Abandonar,** arrinconar, dejar de lado, postergar, renunciar, prescindir. ‖ *v. prnl.* **3. Ampararse,** valerse, apoyarse. ➤ *Separarse, despegarse, independizarse.*

arrimo *s. m.* **1. Apoyo,** ayuda, sostén, amparo, auxilio. **2. Apego,** afición, inclinación.

arrinconado, da *adj.* **1. Alejado,** aislado, separado, distante, apartado, retirado. ➤ *Cercano, próximo.* **2. Postergado**, desdeñado, menospreciado, despreciado, olvidado, relegado, desatendido, abandonado. ➤ *Apreciado, atendido, valorado, cuidado.*

arrinconar *v. tr.* **1. Apartar**, arrumbar, alejar, retirar, separar, distanciar. ➤ *Sacar, acercar, centrar.* **2. Acorralar**, acosar, sitiar, cercar, encorralar, rodear. ➤ *Dejar, liberar.* ‖ *v. prnl.* **3. Retraerse**, aislarse, exilarse, exiliarse, retirarse, esconderse, ocultarse. ➤ *Exhibirse, mostrarse, relacionarse.*

arriscado, da *adj.* **1. Abrupto**, montuoso, rocoso. ➤ *Llano.* **2. Atrevido**, resuelto. ➤ *Apocado.* **3. Ágil**, gallardo.

arriscar *v. tr.* **1. Arriesgar**, exponer. ‖ *v. prnl.* **2. Despeñarse**, caerse, precipitarse. **3. Encresparse**, enfurecerse.

arritmia *s. f.* Intermitencia, irregularidad. ➤ *Ritmo, continuidad.*

arrizar *v. tr.* Asegurar.

arrobado, da *adj.* Arrebatado, embelesado, encantado, seducido, hechizado, absorto, enajenado, extático.

arrobamiento *s. m.* Embebimiento, enajenación, arrobo, arrebato, embeleso, rapto, transporte, tránsito, éxtasis. ➤ *Desarrobamiento, desencanto, indiferencia, frialdad.*

arrobar *v. tr.* **1. Encantar**, atraer, hechizar, maravillar. ‖ *v. prnl.* **2. Extasiarse**, elevarse, embelesarse.

arrodillamiento *s. m.* Genuflexión, postración, prosternación.

arrodillar *v. tr.* **1. Hincar**, humillar. ‖ *v. intr.* **2. Inclinarse**, postrarse, hincarse, prosternarse, ahinojarse. ➤ *Levantarse, estar de pie.*

arrogación *s. f.* Apropiación.

arrogancia *s. f.* **1. Altivez**, desdén, imperio, altanería, soberbia, presunción, orgullo, insolencia, impertinencia, valor. ➤ *Humildad, sencillez, modestia, cobardía.* **2. Gallardía**, bizarría, apostura, garbo, brío, elegancia, galanura. ➤ *Desgarbo, fealdad.*

arrogante *adj.* Altanero, soberbio, altivo, orgulloso. ➤ *Humilde, sencillo.*

arrogar *v. tr.* **1. Prohijar**, adoptar. ‖ *v. prnl.* **2. Apropiarse**, atribuirse.

arrojar *v. tr.* **1. Disparar**, despedir, expeler, proyectar, lanzar, botar, impulsar, tirar. ➤ *Parar, recoger, contener, retener, atraer.* **2. Derramar**, emitir, lanzar, despedir, brotar, echar, expulsar, expeler, escupir. **3. Vomitar**, nausear, devolver. ➤ *Contenerse, retener.* **4. Decidirse**, animarse, atreverse, lanzarse. ➤ *Retraerse, arredrarse.* ‖ *v. prnl.* **5. Abalanzarse**, arremeter, lanzarse, embestir, tirarse, precipitarse, despeñarse, proyectarse. ➤ *Echarse atrás, retroceder.*

arrojo *s. m.* Valentía, coraje, audacia, osadía. ➤ *Cobardía, timidez.*

arrollador, ra *adj.* Irresistible, pujante.

arrollar *v. tr.* **1. Enrollar**, envolver, liar, enroscar, rollar. ➤ *Desenrollar, desenvolver, estirar, extender.* **2. Aniquilar**, vencer, dominar, superar, derrotar, destrozar, batir, aplastar. ➤ *Rendirse.* **3. Atropellar**, empujar, chocar, derribar, llevarse por delante.

arromar *v. tr.* Achatar.

arropar *v. tr.* **1. Embozar**, tapar, abrigar, envolver. ➤ *Desnudar, destapar, desarropar.* **2. Resguardar**, cobijar.

arrostrar *v. tr.* **1. Afrontar**, desafiar, sufrir, aguantar, tolerar, enfrentar, resistir, oponer. ➤ *Rehuir, esquivar, desistir, eludir, huir, dar la espalda.* ‖ *v. prnl.* **2. Plantarse**, hacer frente, dar la cara. ➤ *Rehuir, esquivar.*

arroyada *s. f.* Desbordamiento, avenida, crecida, inundación.

arruga *s. f.* **1. Surco**, ceño, estría, raya, bolsa. **2. Frunce**, fuelle, bollo, rugosidad, repliegue, plisado. ➤ *Tersura.*

arrugar *v. tr.* **1. Fruncir**, plegar, doblar, estriar, ajar, surcar. ➤ *Estirar, desarrugar, planchar, alisar, extender.* ‖ *v. prnl.* **2. Encogerse**, acobardarse. ➤ *Crecerse, envalentonarse.*

arruinar *v. tr.* **1. Aniquilar**, derruir, desplomar, deshacer, abatir, asolar, devastar, hundir. ➤ *Construir, levantar, reparar.* **2. Fracasar**, quebrar, quedarse sin blanca, venir a menos, empobrecer. ➤ *Enriquecer.*

arrullador, ra *adj.* Susurrante, adormecedor. ➤ *Ruidoso.*

arrullar *v. tr.* **1. Zurear**, gorjear. **2. Acunar**, cantar, adormecer, adormir. **3. Encandilar**, piropear, requebrar, camelar, enamorar.

arrullo *s. m.* **1. Zureo. 2. Galanteo. 3. Nana**, canto. **4. Bisbiseo**, susurro.

arrumaco *s. m.* Carantoña, zalamería, caricia, coba, engatusamiento.

arrumbar *v. tr.* **1. Apartar**, retirar. **2. Arrinconar**, despreciar, desdeñar.

arsenal *s. m.* **1. Polvorín. 2. Almacén**, parque, depósito. **3. Montón**, cúmulo, acervo, pila, colección, infinidad, enormidad, cantidad.

arte *s. amb.* **1. Disciplina**, industria, técnica, norma, regla. **2. Inspiración**, disposición, genio, talento. **3. Práctica**, experiencia. ➤ *Inhabilidad.*

artefacto *s. m.* Aparato, artilugio, ingenio, mecanismo, máquina.

artería *s. f.* **1. Vaso**, vena. **2. Calle**, vía, avenida, paseo.

artería *s. f.* Astucia, ardid, trampa.

artero, ra *adj.* Mañoso, astuto, falso, taimado, bellaco, traidor, ladino, tramposo, bribón. ➤ *Noble, sincero, franco, leal, honrado, honesto.*

artesa *s. f.* Amasadera, batea, duerna.

artesano, na *s. m. y s. f.* Artífice, obrero, menestral, artista.

artesonado *s. m.* Bóveda, techo.

ártico, ca *adj.* Boreal, septentrional, norte. ➤ *Antártico.*

articulación *s. f.* **1. Coyuntura**, enlace, unión, juntura, juego. **2. Dicción**, deletreo, pronunciación.

articular *v. tr.* **1. Vincular**, relacionar, juntar. ➤ *Desarticular.* **2. Modular**, exponer, pronunciar, expresar, decir, hablar, enunciar, proferir. ➤ *Callar, balbucir, murmurar.* **3. Juntar**, concertar, organizar, trabar, coordinar, enlazar. ➤ *Desarticular, descoyuntar, descoordinar, desorganizar.*

articulista *s. m. y s. f.* Periodista, editorialista.

artículo *s. m.* **1. Apartado**, división, título, capítulo, sección, entrada. **2. Articulación**, artejo, nudillo. **3. Mercancía**, mercadería, género, mercaduría. **4. Noticia**, editorial, crónica.

artífice *s. m. y s. f.* Creador, autor, artista, artesano, padre, ejecutante.

artificial *adj.* **1. Fabricado**, innatural, elaborado, industrializado, manufacturado. ➤ *Real, natural, bruto.* **2. Artificioso**, ficticio, postizo, falso, aparente, engañoso, falsificado, imitado, adulterado. ➤ *Auténtico, verdadero.*

artificio *s. m.* **1. Industria**, arte, destreza, ingenio, compostura, sutileza, maestría. ➤ *Torpeza, inhabilidad.* **2. Disimulo**, cautela, treta, doblez, astucia, ardid, engaño, artería, falsedad. ➤ *Naturalidad, sinceridad, sencillez.*

artificioso, sa *adj.* **1. Industrioso**, habilidoso, ingenioso, complicado, sofisticado. ➤ *Sencillo, natural.* **2. Astuto**, artero, fingido, engañoso, disimulado, cauteloso. ➤ *Espontáneo, leal, natural, llano.*

artilugio *s. m.* Artefacto, armatoste, artificio, cachivache, máquina, ingenio, tinglado, aparato, mecanismo.

artimaña *s. f.* **1. Emboscada**, trampa. **2. Astucia**, disimulo, engaño, truco, treta, amaño, intriga, maniobra, ardid, maña. **3. Cepo**, red, armadijo.

artista *s. m. y s. f.* Escultor, pintor, actor, intérprete, bailarín, cantante.

artolas *s. f. pl.* Angarillas.

arúspice *s. m.* Augur, adivino, profeta.

aruspicina *s. f.* Videncia, brujería.

arzobispo *s. m.* Prelado, primado, mitrado, obispo metropolitano.

as *s. m.* Campeón, triunfador.

asa *s. f.* Agarradero, empuñadura, mango, asidero, aro, manubrio.

asado *s. m.* Churrasco.

asador *s. m.* Espetón, parrilla.

asadura *s. f.* Vísceras, entrañas.

asaetear *v. tr.* **1. Tirar**, flechar, disparar. **2. Acribillar**, matar, herir. **3. Enfadar**, irritar, importunar, molestar.

asalariado, da *adj.* Proletario, obrero, productor, pagado, mercenario, a sueldo, servidor, criado, trabajador. ➤ *Amo, patrón, dueño, capitalista.*

asalariar *v. tr.* Asoldar, contratar, pagar, emplear.

asaltante *adj.* Agresor, atacante, atracador, delincuente, salteador.

asaltar *v. tr.* **1. Abordar**, atacar, invadir, embestir, arremeter. **2. Atracar**, hurtar, despojar, saltear, agredir, emboscar, robar. **3. Irrumpir**, sobrevenir, acudir, sorprender, acometer, surgir, aparecer.

asalto *s. m.* Acometida, embestida, abordaje, atraco, agresión, salteamiento, irrupción, arremetida, salteo.

asamblea *s. f.* **1. Cámara**, congreso, ágora, sinagoga, comicios, cortes, parlamento, diputación. **2. Cónclave**, convención, congregación, junta, conferencia, mitin, concilio.

asar *v. tr.* **1. Dorar**, hornear, guisar. **2. Torrar**, chamuscar, quemar, achicharrar. ‖ *v. prnl.* **3. Ahogarse**, acalorarse, sudar, asfixiarse.

ascendencia *s. f.* Antepasados, linaje, cuna, estirpe, árbol, alcurnia, prosapia, abolengo. ➤ *Descendencia, sucesión, herederos, sucesores.*

ascender *v. intr.* **1. Montar**, escalar, auparse. ➤ *Descender.* **2. Adelantar**, mejorar, avanzar, progresar, ganar puestos, prosperar. ➤ *Retrasarse, estancarse, retroceder.* **3. Elevar**, subir, alzar, levantar, izar, montar, empinar. ➤ *Bajar, descender.* ‖ *v. tr.* **4. Montar**, sumar. ➤ *Relegar.*

ascendiente *s. m. y s. f.* **1. Predecesor**, antepasado, progenitor, antecesor. ➤ *Descendiente, sucesor.* ‖ *s. m.* **2. Influjo**, poder, prestigio, autoridad.

ascensión *s. f.* Elevación, escalada, subida, encumbramiento, ascenso. ➤ *Descenso, bajada.*

ascenso *s. m.* **1. Subida**, escalada. ➤ *Descenso.* **2. Promoción**, adelanto, subida, progreso, mejoramiento, escalafón, incremento, mejora. ➤ *Degradación, destitución.*

ascensor *s. m.* Montacargas.

asceta *s. m. y s. f.* Anacoreta, cenobita, eremita, ermitaño.

ascetismo *s. m.* Austeridad, frugalidad, moderación, renuncia.

asco *s. m.* **1. Náusea**, vómito. **2. Repulsión**, grima, aborrecimiento, desagrado, asquerosidad, prevención, aversión. ➤ *Atracción, encanto.*

ascua *s. f.* Brasa, rescoldo, lumbre.

aseado *adj.* **1. Limpio**, higiénico. ➤ *Sucio.* **2. Pulcro**, cuidadoso, aliñado, acicalado, curioso, impecable. ➤ *Desaseado, descuidado, desaliñado.*

asear *v. tr.* Acicalar, engalanar, lavar, limpiar, adornar, cuidar, ordenar, arreglar. ➤ *Desordenar, desasear.*

asechanza *s. f.* Celada, estratagema, maquinación, treta, acecho, traición, intriga, perfidia, engaño, insidia.

asechar *v. tr.* Tender un lazo, insidiar, espiar, intrigar, engañar.

asedar *v. tr.* Suavizar.

asediar *v. tr.* **1. Sitiar**, incomunicar, acorralar, acechar, bloquear, poner cerco, rodear. ➤ *Dejar libre, levantar el sitio.* **2. Fastidiar**, molestar, insistir. ➤ *Dejar tranquilo, dejar en paz.*

asedio *s. m.* Bloqueo, sitio, cerco, aislamiento. ➤ *Liberación.*

aseguramiento *s. m.* Salvaguardia, consolidación, fortalecimiento, sostenimiento, apoyo, afianzamiento.

asegurar *v. tr.* **1. Consolidar**, sostener, fortalecer, amarrar, afianzar, apuntalar, afirmar, fijar. ➤ *Conmover, soltar.* **2. Prevenir**, cubrir, amparar. **3. Aseverar**, ratificar, testificar, avalar, cerciorar, garantizar. ➤ *Negar, dudar.* **4. Calmar**, reafirmar, sosegar, tranquilizar, infundir confianza. ➤ *Intranquilizar, inquietar, turbar.*

asemejar *v. tr.* **1. Semejar**. ‖ *v. prnl.* **2. Parecerse**, asimilarse, salir a, tirar a, darse un aire. ➤ *Diferenciarse, desemejarse, distinguirse.*

asendereado, da *adj.* **1. Fatigado**, maltrecho. **2. Ducho**, hábil, experto.

asenso *s. m.* Aprobación, asentimiento, conformidad, anuencia, visto bueno, consentimiento, permiso, refrendo, aceptación. ➤ *Negación, reprobación, disconformidad, rechazo.*

asentado, da *adj.* **1. Formal**, serio, reflexivo, equilibrado, sensato, juicioso, cuerdo, prudente. ➤ *Irreflexivo, desequilibrado, alocado.* **2. Constante**, permanente, fijo, asegurado, establecido, durable, afirmado, estable. ➤ *Inestable, móvil, transitorio.*

asentador s. m. Mayorista, tratante.
asentar v. tr. **1. Sentar**, colocar. **2. Avecindar**, instalar, domiciliar. ➤ Sacar, quitar, marcharse. **3. Fundar**, establecer, levantar, erigir, ubicar, situar. **4. Allanar**, apisonar, planchar, alisar, aplanar. ➤ Arrugar, encrespar, ondular. **5. Convenir**, pactar, ajustar, acordar, quedar, estipular. ➤ Desacordar. **6. Anotar**, registrar, inscribir, sentar, apuntar. **7. Asegurar**, fijar, afianzar, posar. ➤ Soltar, aflojar, desasentar, desafianzar. **8. Fundamentar**, basar, afirmar, ratificar, sostener. ➤ Negar, dudar.
asentir v. intr. **1. Admitir**, convenir, afirmar. ➤ Disentir, negar, reprobar, rechazar. **2. Aceptar**, reconocer, ratificar, sancionar.
aseñorado, da adj. Señoril, noble, distinguido. ➤ Zafio, burdo.
aseo s. m. **1. Servicio**, tocador, cuarto de baño. **2. Aliño**, compostura, primor, cuidado, esmero, pulcritud, adorno, limpieza. ➤ Desaseo, inmundicia, suciedad, descuido.
asepsia s. f. Desinfección, higiene, esterilización. ➤ Suciedad, infección.
aséptico, ca adj. Desinfectante, antiséptico, estéril. ➤ Infeccioso.
asequible adj. Alcanzable, realizable, practicable, accesible, hacedero, factible, posible, fácil. ➤ Imposible, inasequible, inaccesible.
aserción s. f. Aserto, manifestación, confirmación, aseveración, afirmación, ratificación, declaración, garantía, prueba, certificación. ➤ Negación, rechazo.
asesinar v. tr. Destripar, ejecutar, degollar, ahorcar, masacrar, matar, dar muerte, atentar, acabar con, eliminar.
asesinato s. m. Crimen, homicidio, atentado, matanza, muerte.
asesino, na adj. Criminal, matador.
asesor, ra adj. Consejero, letrado.
asesorar v. tr. **1. Aconsejar**, guiar, recomendar, proponer, sugerir, aclarar, dirigir, informar. **2. Preguntar**, consultar, informarse, aconsejarse.
asestar v. tr. **1. Apuntar**, encañonar, encarar. ➤ Desencañonar. **2. Apo-**

rrear, atizar, descargar, golpear, sacudir, disparar, propinar.
aseveración s. f. Aserción, afirmación, declaración. ➤ Negación.
aseverar v. tr. Confirmar, ratificar, asegurar, declarar, reafirmar, garantizar, avalar, afirmar, sostener. ➤ Negar, desmentir, poner en duda.
asfaltar v. tr. Alquitranar, pavimentar.
asfixia s. f. Ahogo, sofoco, bochorno, agobio, ahogamiento, opresión, estrangulamiento, sofocación, estrangulación. ➤ Respiro, respiración.
asfixiar v. tr. Ahogar, sofocar, estrangular. ➤ Respirar, reanimar.
así adv. De tal manera, de esta manera, de tal forma, de esta forma, mismamente, precisamente, de esta suerte.
asicar v. tr. Incomodar, molestar, fastidiar. ➤ Complacer, agradar.
asidero s. m. **1. Agarradero**, mango, empuñadura, asa. **2. Excusa**, justificación, disculpa, pretexto.
asiduidad s. f. Costumbre, constancia, persistencia, continuidad, perseverancia, frecuencia, hábito. ➤ Inconstancia, discontinuidad, desaplicación, impuntualidad, intermitencia.
asiduo, dua adj. Frecuente, puntual, perseverante, constante, continuo. ➤ Desaplicado, discontinuo.
asiento s. m. **1. Localidad**, butaca, silla, sillón, taburete, sitial, banco, escaño, escabel, banqueta, estrado, mecedora, diván, poltrona, tresillo, grada. **2. Sedimento**, poso. **3. Juicio**, prudencia, estabilidad, madurez, solidez, consistencia, constancia, firmeza. ➤ Inestabilidad, inconsistencia. **4. Registro**, anotación, partida.
asignación s. f. Haberes, honorarios, renta, pago, retribución, sueldo, pensión, gratificación, salario.
asignar v. tr. **1. Estipular**, retribuir, destinar. **2. Designar**, fijar, determinar, marcar, señalar.
asignatura s. f. Disciplina, materia.
asilar v. tr. Acoger, amparar, recoger, albergar, recluir, cobijar, refugiar, proteger. ➤ Abandonar, expulsar, rechazar, arrojar, desamparar.

asilo s. m. **1. Amparo**, protección, abrigo, cobijo, albergue. **2. Orfanato**, hospicio, orfelinato, geriátrico.

asimetría s. f. Anomalía, disimetría, irregularidad. ➤ *Simetría.*

asimilable adj. **1. Digerible**, provechoso, incorporable. **2. Equiparable**, comparable, parangonable.

asimilación s. f. Aprovechamiento, provecho, nutrición, absorción.

asimilar v. tr. **1. Equiparar**, igualar, parangonar, relacionar, comparar, asemejar. ➤ *Diferenciar, distinguir.* **2. Digerir**, nutrir, absorber. ‖ v. prnl. **3. Asemejarse**, parecerse, tener un aire, recordar, semejarse. ➤ *Diferenciarse, distinguirse.*

asir v. tr. **1. Coger**, atenazar, prender, tomar, agarrar, atrapar, aprisionar, aferrar, pescar, pillar, apresar. ➤ *Desasir, soltar.* **2. Enraizar**, arraigar, agarrar. ➤ *Desprenderse, soltarse.* ‖ v. prnl. **3. Pelearse**, enfrentarse, reñir, disputar, regañar, enemistarse. ➤ *Reconciliarse, hacer las paces, amistarse.*

asistencia s. f. **1. Concurrencia**, concurso, afluencia. ➤ *Inasistencia.* **2. Auxilio**, socorro, apoyo, favor, protección, cooperación, amparo, ayuda. ➤ *Desamparo, abandono.*

asistenta s. f. Muchacha, empleada de hogar, criada, chica.

asistente adj. **1. Presente**, espectador, público. **2. Ayudante**, auxiliar.

asistir v. intr. **1. Concurrir**, presenciar, estar, presente. ➤ *Faltar, estar ausente.* ‖ v. tr. **2. Acompañar.** ➤ *Abandonar.* **3. Curar**, cuidar, vigilar, atender, auxiliar, proteger, socorrer, favorecer, ayudar. ➤ *Desasistir, descuidar, desatender.* **4. Apoyar**, cooperar, colaborar. ➤ *Desentenderse.*

asma s. f. Asfixia, disnea.

asno s. m. **1. Burro**, jumento, pollino, borrico, rozno, rucio. **2. Bobo**, necio, bruto, ignorante, tonto, zote, corto. ➤ *Lince, águila, inteligente, hábil.*

asobinarse v. prnl. Ovillarse, envolverse, hacerse una pelota, encogerse.

asociación s. f. Comunidad, gremio, mutualidad, hermandad, cofradía,

consorcio, liga, sociedad, corporación, compañía, cuerpo, entidad, federación, institución, círculo.

asociado, da s. m. y s. f. Afiliado, agremiado, miembro, socio.

asociar v. tr. Afiliar, solidarizar, hermanar, unirse, juntarse, coligarse, mancomunarse, agregarse, agruparse. ➤ *Disociar, separar, desligarse, aislarse.*

asolador, ra adj. Aniquilador, demoledor, destructor, arrasador.

asolapar v. tr. Colocar, cubrir.

asolar v. tr. **1. Devastar**, destruir, arruinar, desolar, desmantelar, arrasar, tirar. ➤ *Reconstruir, construir, levantar.* ‖ v. prnl. **2. Asentarse**, posarse. ➤ *Revolverse.*

asolearse v. prnl. **1. Torrarse**, tostarse. **2. Broncearse**, atezarse.

asomar v. intr. **1. Salir**, surgir, brotar. ➤ *Ocultarse, desaparecer.* ‖ v. tr. **2. Exhibir**, manifestar, aparecer, enseñar, mostrar. ➤ *Esconder.*

asombrar v. tr. **1. Entenebrecer**, oscurecer, apagar. ➤ *Aclarar, iluminar, alumbrar.* **2. Fascinar**, sorprender, pasmar, admirar, encantar, maravillar, conmover. ➤ *Dejar indiferente.* **3. Asustar**, espantar, turbar, amedrentar. ➤ *Tranquilizar, serenar.*

asombro s. m. Alelamiento, estupor, fascinación, pasmo, estupefacción, aturdimiento, maravilla, sorpresa, turbación, susto, espanto, terror. ➤ *Indiferencia, impasibilidad, frialdad.*

asombroso, sa adj. Admirable, portentoso, prodigioso, sorprendente, fenomenal, maravilloso, extraordinario, estupendo, pasmoso. ➤ *Común, vulgar, ordinario, indiferente.*

asomo s. m. **1. Aparición**, presencia, exhibición. **2. Pista**, síntoma, señal, muestra, sospecha, conjetura, barrunto, presunción, supuesto, atisbo.

asonada s. f. Revuelta, sedición, alboroto, tumulto, motín, sublevación, desorden, alzamiento, revolución, pronunciamiento. ➤ *Paz, calma.*

asonancia s. f. **1. Rima**, similicadencia. ➤ *Consonancia.* **2. Parecido**, análogo, similitud, afinidad, relación, correspondencia, semejanza. ➤ *Disonancia, desemejanza, disimilitud.*

asordar *v. tr.* Atronar, ensordecer.

aspa *s. f.* Cruz, equis.

aspar *v. tr.* Crucificar, torturar.

aspaventero, ra *adj.* Exagerado, gesticulante, vehemente. ➤ *Moderado, tranquilo.*

aspaviento *s. m.* Ademán, gesticulación, zalemas, gesto, mueca.

aspecto *s. m.* Semblante, catadura, cariz, facha, exterioridad, aire, exterior, estampa, empaque, presencia, porte, físico, figura, fachada, pinta, traza, vista, viso, cara, planta.

ásperamente *adv. m.* Acremente, secamente. ➤ *Suavemente, dulcemente.*

aspereza *s. f.* **1. Asperidad**, acritud, acidez, rudeza, brusquedad, rigidez, dureza, tosquedad. ➤ *Suavidad, afabilidad, dulzura, blandura.* **2. Escabrosidad**, desigualdad, fragosidad, abruptez, rugosidad, erizamiento. ➤ *Llanura, lisura, llaneza.*

áspero, ra *adj.* **1. Duro**, basto, granuloso, rasposo, desigual, rugoso. ➤ *Suave, liso, fino.* **2. Escabroso**, abrupto, escarpado, quebrado, intrincado. ➤ *Llano, liso.* **3. Tempestuoso**, desapacible, inclemente, riguroso. ➤ *Agradable.* **4. Intratable**, seco, rudo, desabrido, hosco, arisco, insociable, antipático, rígido, violento. ➤ *Sociable, afable, tratable, amable.*

aspersión *s. f.* Ducha, rociadura, salpicadura.

aspersor *s. m.* Rociador.

aspersorio *s. m.* Asperges.

aspillera *s. f.* Saetera, tronera.

aspirante *s. m.* Candidato, pretendiente. ➤ *Titular.*

aspirar *v. tr.* **1. Inspirar**, inhalar, absorber, alentar, respirar. ➤ *Exhalar, expirar, soplar.* **2. Ambicionar**, ansiar, anhelar, apetecer, perseguir, querer, desear, esperar, pretender. ➤ *Renunciar, desistir, cejar.*

asquear *v. tr.* Desagradar, repeler, repugnar. ➤ *Atraer.*

asqueroso, sa *adj.* Inmundo, nauseabundo, repulsivo, repugnante, repe-lente, sucio, desagradable. ➤ *Atractivo, atrayente, agradable, pulcro.*

asta *s. f.* **1. Lanza**, alabarda, pica. **2. Pitón**, cuerno. **3. Mástil**, verga.

astenia *s. f.* Decaimiento, flojedad, lasitud, cansancio. ➤ *Vigor.*

astilla *s. f.* Esquirla, partícula, fragmento.

astillar *v. tr.* Fragmentar, romper.

astral *adj.* Sideral, sidéreo.

astricción *s. f.* Restricción, constricción.

astro *s. m.* Asteroide, estrella, lucero, planeta, luminaria.

astronauta *s. m. y s. f.* Cosmonauta.

astronave *s. f.* Cohete, cosmonave, transbordador espacial.

astronomía *s. f.* Astrofísica, cosmografía.

astrónomo, ma *s. m. y s. f.* Cosmógrafo, astrofísico.

astroso, sa *adj.* **1. Infausto**, desgraciado, malhadado, sombrón, malapata, infeliz, desafortunado, gafe. ➤ *Afortunado, suertudo, agraciado, bienhadado.* **2. Desaseado**, roto, andrajoso, harapiento, pingajoso, zarrapastroso, desaliñado, desastrado. ➤ *Compuesto, aseado, elegante, cuidadoso, pulcro.* **3. Vil**, abyecto, despreciable, infame, abominable, bajo, miserable, ruin. ➤ *Noble, digno.*

astucia *s. f.* **1. Sagacidad**, perspicacia, sutileza, picardía, tunería, marrullería. ➤ *Simpleza, ingenuidad, inocencia, torpeza.* **2. Ardid**, treta, estratagema, artimaña, maña, artería, maulería.

astuto, ta *adj.* Avisado, malicioso, artero, ladino, taimado, sagaz, pícaro.

asueto *s. m.* Fiesta, vacaciones, reposo, recreo, descanso, ocio, festividad. ➤ *Trabajo, labor.*

asumir *v. tr.* Posesionarse, adjudicarse, arrojarse, aceptar, alcanzar, coger, conseguir, apropiarse, asimilar, apoderarse. ➤ *Rehusar, dejar, relegar.*

asunción *s. f.* **1. Aceptación**, admisión. **2. Ascensión**, elevación.

asunto *s. m.* **1. Tema**, materia, razón, propósito, cuestión, grano, motivo. **2. Empresa**, trato, operación, negocio, transacción, venta. **3. Argumento**, tesis, trama, fondo, contenido.

asurcano, na *adj.* Colindante, contiguo, lindante, vecino. ➤ *Lejano.*

asustadizo, za *adj.* Pusilánime, impresionable, aprensivo, miedoso, medroso. ➤ *Impávido, valeroso.*

asustar *v. tr.* Atemorizar, aterrar, sobresaltar, espantar, amedrentar, aterrorizar, amilanar, alarmar, horripilar, despavorir, recelar, estremecer, sobrecoger, intimidar. ➤ *Tranquilizar, animar, envalentonar, estimular.*

atacador, ra *adj.* **1. Atacante.** ‖ *s. m.* **2. Baqueta.**

atacar *v. tr.* **1. Ajustar,** atar, amarrar. **2. Agredir,** asaltar, arremeter, acometer, embestir. ➤ *Defender, retroceder, resistir.* **3. Rebatir,** contradecir, rechazar, refutar, combatir, criticar. ➤ *Defender, sostener, admitir, aceptar.*

atacir *s. m.* Astrolabio.

atadijo *s. m.* Paquete, envoltorio, lío.

atado, da *adj.* **1. Tímido,** apocado, pusilánime, encogido, menguado, indeciso. ➤ *Resuelto, lanzado, atrevido, acometedor, osado, decidido.* **2. Amarrado,** enlazado, ligado, esposado, acordonado, encadenado. ➤ *Desatado, libre, suelto.* **3. Envoltorio,** atadijo, lío, paquete.

atadura *s. f.* **1. Enlace,** vínculo, unión, ligazón. ➤ *Desunión, desenlace.* **2. Amarre,** nudo, lazo. **3. Impedimento,** obstáculo, sujeción.

atafagar *v. tr.* **1. Atufar,** sofocar, aturdir. **2. Fastidiar,** incordiar, molestar.

ataharre *s. m.* Baticola, cincha.

atajar *v. intr.* **1. Abreviar,** acortar, adelantar. ➤ *Dar rodeos.* **2. Detener,** contener, interrumpir, paralizar, impedir, cortar, parar, frenar. ➤ *Estimular, permitir, dejar seguir.* **3. Dividir,** separar, cortar. ➤ *Unir.*

atajo *s. m.* Trocha, vereda, senda, vericueto, hijuela.

atalaya *s. f.* **1. Almena,** garita, faro, torreta. **2. Otero,** torre, alcor, prominencia, altura, montículo. ➤ *Llano.* ‖ *s. m.* **3. Vigía,** centinela, observador, vigilante, guarda, torrero.

atalayar *v. tr.* **1. Avizorar,** otear. **2. Acechar,** vigilar, espiar.

atalayero *s. m.* Centinela, vigía.

atañer *v. intr.* Concernir, incumbir, corresponder, tocar, pertenecer, importar, respectar, afectar, aludir.

ataque *s. m.* **1. Ofensa,** agresión, insulto, acometida, arremetida, asalto, embestida, ofensiva, combate. ➤ *Defensa, resistencia.* **2. Pelea,** lucha, atraco, asalto. **3. Indisposición,** trastorno, apoplejía, patatús, acceso, colapso, aire. **4. Pendencia,** disputa, altercado, riña, polémica, crítica. ➤ *Aceptación, aprobación, defensa.*

atar *v. tr.* **1. Anudar,** amarrar, encadenar, juntar, enlazar, empalmar, ligar, ajustar, unir, maniatar, ensogar. ➤ *Desatar, desamarrar, soltar.* ‖ *v. prnl.* **2. Embarazarse,** embarullarse, atascarse, embrollarse, entorpecerse, liarse. ➤ *Desembarazarse, desliarse.*

atarantado, da *adj.* **1. Travieso,** alborotador, inquieto, bullicioso. ➤ *Sereno, tranquilo.* **2. Confuso,** distraído, pasmado, aturdido. ➤ *Atento.*

atarantamiento *s. m.* Aturdimiento, pasmo. ➤ *Atención.*

ataraxia *s. f.* Impasibilidad, impavidez, tranquilidad, imperturbabilidad, inmutabilidad, flema. ➤ *Inquietud.*

atardecer[1] *v. intr.* Anochecer, oscurecer. ➤ *Amanecer.*

atardecer[2] *s. m.* Crepúsculo, ocaso, anochecida. ➤ *Amanecer, alba.*

atarear *v. tr.* **1. Ocupar.** ‖ *v. prnl.* **2. Afanarse,** apresurarse, trabajar, agobiarse, ocuparse, ajetrearse, abrumarse, atosigarse. ➤ *Vagar, desentenderse, desocuparse, holgazanear.*

atarjea *s. f.* Alcantarilla, sumidero.

atarragar *v. tr.* Clavetear.

atarugamiento *s. m.* **1. Hartazgo,** plenitud. ➤ *Vacío.* **2. Confusión.**

atarugar *v. tr.* **1. Cerrar,** obstruir, atestar. ➤ *Vaciar.* ‖ *v. prnl.* **2. Atracarse,** saciarse, empacharse. ➤ *Ayunar.* **3. Confundir,** apabullar.

atascar *v. tr.* **1. Cegar,** obturar, estancar, atorar, cerrar, impedir, tapar. ➤ *Desatascar, desatorar.* **2. Detener,** embarazar. ‖ *v. prnl.* **3. Encasquillarse. 4. Trabucarse,** atrancarse.

atasco *s. m.* **1. Obstrucción**, taponamiento, obturación. ➤ *Desatasco.* **2. Embotellamiento.** ➤ *Fluidez.*

ataúd *s. m.* Urna, féretro, sarcófago.

ataujía *s. f.* Damasquinado, taracea.

ataviar *v. tr.* Acicalar, lucir, componer, engalanar, arreglar, aderezar, adornar, emperifollar, emperejilar, aliñar, endomingar, apañar. ➤ *Desataviar, desarreglar, desaliñar.*

atávico, ca *adj.* Ancestral, hereditario, recurrente, familiar, consanguíneo.

atavío *s. m.* **1. Acicalamiento**, aderezo, adorno, apaño, adornamiento, ornato, aliño, perifollo, arreglo. ‖ *s. m. pl.* **2. Ropajes**, joyas, alhajas, indumentaria, traje, conjunto, atuendo.

atavismo *s. m.* Consanguinidad, afinidad, herencia.

ateísmo *s. m.* Irreligiosidad. ➤ *Fe.*

atelana *adj.* Jácara, paso, sainete.

atembado, da *adj.* Aturdido, confuso, atolondrado, atontado. ➤ *Espabilado.*

atemorizar *v. tr.* Acobardar, acoquinar, amilanar, apocar, asustar, amedrentar, intimidar, espantar, arredrar, alarmar, inquietar, aterrar. ➤ *Envalentonar.*

atemperar *v. tr.* **1. Suavizar**, mitigar, aplacar, moderar. ➤ *Excitar, exasperar.* **2. Amoldar**, ajustar, acomodar.

atenacear *v. tr.* Martirizar, torturar. ➤ *Acariciar.*

atención *s. f.* **1. Interés**, curiosidad, vigilancia, ojo, aplicación, cuidado, esmero, reflexión. ➤ *Desatención, distracción, descuido.* **2. Consideración**, cumplido, cortesía, solicitud, deferencia, miramiento. ➤ *Desatención, descortesía, desconsideración.* ‖ *s. f. pl.* **3. Asuntos**, obligaciones, negocios, ocupaciones, trabajos, quehaceres, diligencias.

atender *v. tr.* **1. Aguardar**, esperar, acechar, vigilar. ➤ *Desatender.* **2. Considerar**, acoger, satisfacer, escuchar, contemplar. ➤ *Despreciar, rechazar.* **3. Cuidar**, velar, asistir, mimar, preocuparse. ➤ *Descuidar, abandonar, desasistir.* ‖ *v. intr.* **4. Observar**, curiosear, advertir, fijarse, ver, mirar. ➤ *Distraerse, abstraerse.*

ateneísta *s. m. y s. f.* Asociado, miembro, socio.

ateneo *s. m.* Asociación, casino, club, sociedad, círculo, centro.

atenerse *v. prnl.* Adherirse, limitarse, amoldarse, remitirse, ajustarse, ceñirse. ➤ *Separarse, distanciarse.*

atentado *s. m.* **1. Asesinato**, crimen, homicidio, ataque, tentativa, delito. **2. Discreto**, prudente, circunspecto, mesurado, moderado, juicioso, cabal, grave, cuerdo, reflexivo, sensato. ➤ *Loco, insensato, desmesurado.*

atentar *v. tr.* **1. Infringir**, violar, contravenir, delinquir, transgredir, burlar. ➤ *Respetar, obedecer, acatar.* **2. Asaltar**, agredir, atacar.

atento, ta *adj.* **1. Interesado**, observador, vigilante. ➤ *Desatento, distraído.* **2. Educado**, respetuoso, cortés, urbano, amable, considerado, galante, complaciente, fino. ➤ *Desatento, descortés, desconsiderado, maleducado.*

atenuación *s. f.* Debilitación, disminución, mitigación. ➤ *Aumento.*

atenuante *adj.* Paliativo, exculpatorio. ➤ *Agravante.*

atenuar *v. tr.* **1. Menguar**, amortiguar, debilitar, aminorar, mitigar, apagar, suavizar. ➤ *Acentuar, fortalecer, recrudecer, avivar, reforzar.* **2. Disminuir**, minorar. ➤ *Aumentar.*

ateo, a *adj.* Agnóstico, antirreligioso, incrédulo. ➤ *Creyente.*

aterciopelado, da *adj.* Afelpado, algodonoso, lanoso, terso. ➤ *Áspero.*

aterimiento *s. m.* Enfriamiento, pasmo, congelación. ➤ *Sofoco.*

aterirse *v. prnl.* Enfriarse, helarse, amoratarse, transirse, pasmarse. ➤ *Calentarse, templarse.*

aterrador, ra *adj.* Espantoso, horrible, horripilante, estremecedor, horrendo, tremebundo, sobrecogedor, pavoroso. ➤ *Encantador, alegre, agradable.*

aterrar[1] *v. tr.* Derrumbar, derribar, abatir, asolar. ➤ *Levantar, erigir.*

aterrar[2] *v. tr.* Espantar, horrorizar, aterrorizar, amedrentar, amilanar, atemorizar, acoquinar. ➤ *Confortar, tranquilizar, animar, envalentonar.*

aterrizar *v. intr.* Descender, bajar, tomar tierra, aterrar, caer. ➤ *Despegar, ascender, emprender el vuelo.*

aterrorizar *v. tr.* Atemorizar, aterrar, espantar, amedrentar. ➤ *Confortar.*

atesorar *v. tr.* Acumular, ahorrar, economizar, guardar, amasar, acopiar, amontonar, juntar, acaparar, almacenar. ➤ *Dilapidar, gastar, derrochar.*

atestación *s. f.* Alegación, testimonio, testificación, declaración.

atestado, da *adj.* **1. Abarrotado,** atiborrado, colmado, repleto, henchido, rebosante, hasta los topes. ➤ *Vacío, desocupado.* **2. Testarudo,** tozudo, terco, cabezón, obstinado. ➤ *Dócil, versátil, maleable, influenciable.*

atestado *s. m.* Informe, testimonio, testificación, legitimación, autentificación, certificación, atestación.

atestamiento *s. m.* Henchimiento, llenura, abarrotamiento. ➤ *Vacío.*

ateatar *v. tr.* **1. Llenar,** abarrotar, colmar, atiborrar, ocupar, embutir, rellenar, comprimir, saturar, repletar. ➤ *Vaciar, sacar, desocupar.* **2. Empachar,** hartar, saciar, colmar, llenar, satisfacer. ➤ *Quedarse con hambre, carecer, ayunar.* **3. Atestiguar,** autentificar, testimoniar, certificar, legalizar, legitimar, refrendar, rubricar, testificar. ➤ *Callar, silenciar.*

atestiguar *v. tr.* Testificar, testimoniar, legitimar, probar, atestar, declarar, certificar. ➤ *Callar, ocultar, silenciar.*

atetar *v. tr.* Amamantar, criar, dar el pecho, nutrir, alimentar, lactar.

atezado, da *adj.* Bronceado, moreno, tostado, cetrino, quemado. ➤ *Pálido.*

atiborrar *v. tr.* **1. Abarrotar,** colmar, llenar, henchir. ➤ *Vaciar.* ‖ *v. prnl.* **2. Saciarse,** atracarse. ➤ *Evacuar.*

ático *s. m.* Buhardilla, desván.

atiesar *v. tr.* Atirantar, templar, estirar. ➤ *Aflojar, arrugar.*

atildado, da *adj.* Pulcro, acicalado, aseado, emperifollado, elegante, impecable, peripuesto. ➤ *Astroso, desaliñado, descuidado, desastrado.*

atildamiento *s. m.* Elegancia, limpieza, pulcritud. ➤ *Dejadez, suciedad.*

atildar *v. tr.* Adornar, ataviar, emperejilar, acicalar, embellecer, arreglar, engalanar, emperifollar, aliñar. ➤ *Desarreglar, ensuciar, destartalar.*

atinar *v. intr.* **1. Hallar,** lograr, topar, encontrar. **2. Acertar,** dar en el blanco, dar en el clavo, descubrir, adivinar. ➤ *Errar, fallar.*

atinconar *v. tr.* Afirmar, apuntalar.

atinente *adj.* Concerniente, relativo, tocante, perteneciente, referente, referido a, atingente. ➤ *Marginal, independiente, inconexo.*

atirantar *v. tr.* **1. Tensar,** estirar. ➤ *Aflojar.* **2. Armar,** asegurar.

atisbar *v. tr.* Observar, espiar, ojear, otear, vigilar, mirar, acechar.

atisbo *s. m.* **1. Sospecha,** vislumbre, conjetura, atisbadura, barrunto, presunción, suposición. ➤ *Certeza, evidencia.* **2. Asomo,** indicio, vestigio, pista, signo, síntoma.

atizar *v. tr.* **1. Fomentar,** estimular, excitar, activar, reanimar, remover, recrudecer, avivar. ➤ *Sofocar, aplacar, apagar, serenar.* **2. Pegar,** dar, propinar, sacudir, zurrar, maltratar. ➤ *Acariciar, mimar.*

atleta *s. m. y s. f.* Deportista, gimnasta.

atmósfera *s. f.* **1. Endosfera. 2. Entorno,** ámbito, medio, ambiente.

atoar *v. tr.* Arrastrar, remolcar.

atocinarse *v. prnl.* **1. Irritarse,** amostazarse. **2. Enamorarse,** amartelarse.

atolladero *s. m.* **1. Obstáculo,** dificultad, embrollo, aprieto, atasco, problema, duda. **2. Abarrancadero,** atascadero, fangal, tolladar, lodazal.

atollarse *v. prnl.* Atrancarse, embarrancarse, empantanarse, atascarse.

atolondradamente *adv. m.* Atropelladamente, alocadamente, imprudentemente. ➤ *Sensatamente.*

atolondrado, da *adj.* Aturdido, irreflexivo, atontado, alocado, tolondro, precipitado, inconsciente, atropellado. ➤ *Sensato, juicioso, reflexivo.*

atolondramiento *s. m.* Aturdimiento, precipitación, inconsciencia.

atolondrar *v. tr.* Distraer, precipitar, confundir, aturullar. ➤ *Despabilar.*

atomización *s. f.* Desintegración, escisión, pulverización.

atomizador *s. m.* Pulverizador, spray, aerosol.

atomizar *v. tr.* Desintegrar, pulverizar.

átomo *s. m.* Miaja, pizca.

atonía *s. f.* Flojedad, debilidad, flacidez, laxitud, decaimiento. ➤ *Energía.*

atónito, ta *adj.* Asombrado, estupefacto, alucinado, pasmado, sorprendido, atontado, turulato, maravillado, espantado, aterrado. ➤ *Desinteresado, impávido, sereno, frío.*

átono, na *adj.* Inacentuado, débil. ➤ *Tónico.*

atontado, da *adj.* Embobado, necio, pasmado. ➤ *Avispado, listo.*

atontamiento *s. m.* Aturdimiento, pasmo, atolondramiento, confusión.

atontar *v. tr.* Atolondrar, desorientar, confundir, aturullar, ofuscar.

atoramiento *s. m.* Obstrucción, atasco, tupición, obturación. ➤ *Desatasco.*

atorar *v. tr.* Obturar, cegar, atascar, atarugar, atochar, tapar, atragantar, ahogar. ➤ *Desatascar, desatorar.*

atormentador, ra *adj.* Martirizador, verdugo. ➤ *Víctima.*

atormentar *v. tr.* **1. Martirizar**, torturar. **2. Disgustar**, afligir, acongojar, molestar. ➤ *Acariciar, consolar, confortar, tranquilizar, calmar, alegrar.*

atornillar *v. tr.* **1. Enroscar. 2. Apurar**, atosigar, presionar.

atortolarse *v. prnl.* Acaramelarse, apasionarse, amartelarse. ➤ *Enfriarse.*

atosigamiento *s. m.* Acoso, cansancio, apremio. ➤ *Paz, tranquilidad.*

atosigar[1] *v. tr.* Intoxicar, envenenar, inficionar, infectar. ➤ *Desintoxicar.*

atosigar[2] *v. tr.* Aguijonear, fatigar, acuciar, cansar, molestar, importunar, excitar, apremiar, abrumar, apurar. ➤ *Aliviar, tranquilizar, descansar.*

atrabajar *v. tr.* Agobiar, aperrear, apurar, apremiar. ➤ *Descansar.*

atrabiliario, ria *adj.* Airado, bilioso, colérico, irascible, malhumorado, geniudo. ➤ *Afable, amable, benévolo.*

atracadero *s. m.* Amarradero, fondeadero, muelle, desembarcadero.

atracador, ra *s. m. y s. f.* Asaltante, bandido, bandolero, malhechor.

atracar[1] *v. tr.* **1. Hartar**, empachar, atiborrar, saciar, llenar, atestar, ahitar, colmar, atarugar. ➤ *Evacuar.* **2. Desvalijar**, saquear, asaltar, saltear, atacar, robar, emboscar.

atracar[2] *v. intr.* Anclar, amarrar, acercar, fondear, arribar. ➤ *Zarpar, levar anclas.*

atracción *s. f.* **1. Captación**, sugestión, afinidad, simpatía, imán, encanto, cordialidad, hechizo. ➤ *Antipatía, repulsión, aversión, rechazo.* **2. Gravedad**, gravitación.

atraco *s. m.* Robo, asalto, saqueo.

atracón *s. m.* Hartazgo, panzada, comilona. ➤ *Ayuno.*

atractivo, va *adj.* **1. Atrayente**, fascinante, seductor, agradable, cautivador, encantador, conquistador, hechicero, llamativo. ➤ *Insulso, repulsivo, desagradable, antipático, anodino.* **2. Encantador**, fascinante, hechicero. ‖ *s. m.* **3. Encanto**, gancho, atracción, fascinación, seducción, gracia. ➤ *Repulsión, antipatía, insulsez, sosería.*

atraer *v. tr.* **1. Polarizar**, captar, absorber. ➤ *Repeler.* **2. Seducir**, encantar, cautivar, agradar, granjearse, ganarse, conquistar, hechizar, arrebatar, llamar. ➤ *Repeler, rechazar, desagradar.* **3. Provocar**, acarrear, causar, motivar, ocasionar. ➤ *Impedir, evitar.*

atrafagar *v. intr.* Aperrearse, cansarse, fatigarse, afanarse. ➤ *Descansar.*

atragantarse *v. prnl.* **1. Atascarse**, obturarse. **2. Cortarse**, pasmarse, embarazarse, desconcentrarse, aturdirse, detenerse. **3. Ahogar**, asfixiar. **4. Fastidiar**, enojar, enfadarse, cansar, atosigar, irritar, hartarse. ➤ *Alegrar, tranquilizar, solazar.*

atramparse *v. prnl.* Obturarse, taponarse, cegarse, taparse. ➤ *Destaparse.*

atrancar *v. tr.* **1. Cerrar**, reforzar, asegurar. ➤ *Desatrancar.* ‖ *v. prnl.* **2. Encerrarse**, defenderse, aislarse.

atrapar *v. tr.* **1. Prender**, apresar, sujetar, aprisionar, apoderarse, pescar, trincar, distraer, detener, pillar. ➤ *Li-*

berar. **2. Timar**, engatusar, engañar, abusar, entrampar, dar gato por liebre. **3. Agarrar**, alcanzar, enganchar, coger, asir. ➤ *Soltar, dejar.*

atrás *adv.* **1. Detrás**, a la zaga, tras, en pos. ➤ *Delante, adelante.* **2. Antes**, anteriormente. ➤ *Ahora, hoy, en el futuro, luego, después.*

atrasado *adj.* **1. Retrasado**, rezagado, retardado, viejo, anticuado. ➤ *Adelantado, avanzado.* **2. Malo**, pasado, seco, descompuesto, podrido, rancio, estropeado. ➤ *Reciente, fresco.* **3. Tardío**, retrasado, pospuesto, postergado, demorado, dilatado. ➤ *Precoz, temprano, adelantado.*

atrasar *v. tr.* **1. Retardar**, posponer, postergar, demorar, delegar, dilatar. ➤ *Anticipar, avanzar.* **2. Secarse**, enranciarse, pudrirse, descomponerse. || *v. prnl.* **3. Retardarse**, rezagarse, retroceder. ➤ *Adelantarse.*

atraso *s. m.* **1. Demora**, dilación, aplazamiento, retraso, atrasamiento, posposición, retardo, rezagamiento. ➤ *Anticipo, adelanto, avance.* || *s. m. pl.* **2. Deuda**, empeño, morosidad, retrasos. ➤ *Anticipo, adelanto.*

atravesado, da *adj.* **1. Bizco**, bisojo, estrábico. **2. Torcido**, siniestro, dañino, ruin, avieso. ➤ *Bueno, franco.*

atravesar *v. tr.* **1. Agujerear**, penetrar, perforar, traspasar, horadar, enclavar, ensartar, engarzar. **2. Recorrer**, cruzar, traspasar, pasar. **3. Embrujar**, hechizar, endemoniar, encantar, aojar. || *v. prnl.* **4. Interponerse**, entremeterse, cruzarse, intercalar, obstaculizar. **5. Presentarse**, acaecer, surgir, aparecer.

atrayente *adj.* Agradable, deleitable, encantador, fascinante, maravilloso, cautivante. ➤ *Desagradable, ominoso, repulsivo, repelente.*

atreverse *v. prnl.* **1. Aventurarse**, lanzarse, determinarse, arriesgarse, arrojarse, decidirse, resolverse, osar. **2. Envalentonarse**, desbocarse, indisciplinarse, insolentarse, desvergonzarse, descararse. ➤ *Respetar, honrar, acatar.*

atrevido, da *adj.* **1. Arriesgado**, decidido, valiente, audaz, emprendedor, arrojado, osado, imprudente, resuelto, ufano, intrépido. ➤ *Cobarde, cortado, timorato, apocado.* **2. Fresco**, insolente, irrespetuoso, descarado, desvergonzado, descocado. ➤ *Respetuoso, reverente, cortés.*

atrevimiento *s. m.* Aplomo, arresto, audacia, empuje, insolencia. ➤ *Comedimiento, timidez.*

atribución *s. f.* Atributo, facultad, poderes, asignación, aplicación.

atribuir *v. tr.* Acusar, imputar, inculpar, arrogar, reclamar, achacar, asignar, calificar, suponer, interpretar, dedicar, designar, otorgar, conceder, abonar, apropiarse, apoderarse. ➤ *Renunciar, quitar.*

atribular *v. tr.* Consternar, acongojar, entristecer, atormentar, afligir, desconsolar, desolar, angustiar, apenar. ➤ *Aliviar, consolar, confortar, mitigar, alegrar.*

atributivo, va *adj.* Copulativo.

atributo *s. m.* Calidad, propiedad, distintivo, rasgo, característica, condición, peculiaridad.

atrición *s. f.* Arrepentimiento, remordimiento, pesar.

atrincar *v. tr.* Asegurar, atar.

atrincheramiento *s. m.* Defensa, fortificación, parapeto. ➤ *Desamparo.*

atrincherar *v. tr.* **1. Amurallar**, cubrir, defender, proteger. || *v. prnl.* **2. Parapetarse**, protegerse, resguardarse, cubrirse, defenderse, esconderse, guardarse. ➤ *Exponerse.*

atrio *s. m.* **1. Galería**, porche. **2. Zaguán**, entrada, recibidor.

atrito, ta *adj.* Apesarado, arrepentido, dolido.

atrochar *v. intr.* Atajar, cruzar.

atrocidad *s. f.* **1. Inhumanidad**, salvajada, bestiada, barbaridad, crueldad, brutalidad, salvajismo. **2. Barbaridad**, burrada, necedad, temeridad, imprudencia, error, torpeza, idiotez, locura. ➤ *Acierto, sensatez.* **3. Enormidad**, demasía, monstruosidad, exorbitancia, exceso. ➤ *Escasez, parquedad.*

atrofia *s. f.* Anquilosamiento, raquitismo, distrofia, encanijamiento. ➤ *Crecimiento, desarrollo.*

atrofiar *v. tr.* **1. Arrugar,** consumir, secar, anquilosar, inutilizar. ➤ *Desarrollar, crecer, aumentar.* ‖ *v. prnl.* **2. Secarse,** encanijarse.

atronado, da *adj.* Alocado, atolondrado. ➤ *Juicioso, reflexivo.*

atronar *v. tr.* Aturdir, retumbar, asordar, ensordecer.

atropar *v. tr.* **1. Acuadrillar,** juntar, reunir. **2. Agavillar,** recoger.

atropellado, da *adj.* Atolondrado, irreflexivo. ➤ *Atento, reflexivo.*

atropellar *v. tr.* **1. Derribar,** hollar, accidentar, arrollar, empujar, arrojar, impulsar, pasar por encima, dar empellones, tirar. **2. Afrentar,** ultrajar, vejar, ofender, abusar, violar, oprimir, agraviar. ➤ *Respetar, honrar.* **3. Precipitarse,** apresurarse, apurarse.

atropello *s. m.* **1. Abuso,** ilegalidad, injusticia. **2. Accidente,** arrollamiento.

atroz *adj.* **1. Bárbaro,** fiero, cruel, inhumano, salvaje, sanguinario, bestial, repelente, monstruoso, espantoso, horripilante. **2. Enorme,** grave, inaudito, descomunal, tremendo, desmesurado, inmenso, desmedido.

atuendo *s. m.* **1. Atavío,** vestimenta, indumentaria, ropa, arreglo. **2. Pompa,** boato, aparato, ostentación. ➤ *Modestia, sencillez, comedimiento.*

atufar *v. tr.* **1. Heder,** apestar, oler, asfixiar. **2. Incomodar,** irritar, disgustar, enfadar. ➤ *Aplacarse.* ‖ *v. prnl.* **3. Alterarse,** avinagrarse.

aturdido *adj.* **1. Distraído,** alocado, imprudente, ligero, irreflexivo, precipitado, atolondrado, inconsciente. ➤ *Sereno, juicioso, mesurado, consciente.* **2. Desconcertado,** consternado, conturbado, confuso, turbado. ➤ *Templado, tranquilo, impertérrito.*

aturdimiento *s. m.* Desconcierto, turbación, conmoción, ofuscación, atontamiento, aturullamiento, atolondramiento, pasmo. ➤ *Serenidad.*

aturdir *v. tr.* Atolondrar, turbar, aturullar, atribular, perturbar, pasmar, confundir, conturbar, atontar, demudar, asombrar, maravillar, desconcertar, azarar. ➤ *Serenar, despabilar.*

aturullar *v. tr.* Atolondrar, aturdir, marear, turbar, azarar, ofuscar.

atusarse *v. prnl.* Acicalarse, emperifollarse, arreglarse, componerse, adornarse. ➤ *Descuidarse.*

audacia *s. f.* **1. Arresto,** arrojo, coraje, valentía, osadía, aplomo, imprudencia, temeridad, intrepidez, decisión, resolución. ➤ *Cobardía, pusilanimidad, timidez, prudencia.* **2. Desvergüenza,** descaro, desfachatez, desco-co, jactancia, presunción, cinismo. ➤ *Cortesía, vergüenza, respeto.*

audaz *adj.* **1. Osado,** atrevido, arrojado, arriesgado, arrestado, intrépido, valiente, decidido, firme, imprudente, irreflexivo, despreocupado, temerario. ➤ *Tímido, cobarde, pusilánime, prudente.* **2. Descarado,** descocado, sinvergüenza, jactancioso, cínico. ➤ *Comedido, respetuoso, cortés.*

audiencia *s. f.* **1. Audición,** recepción, entrevista, conferencia. **2. Tribunal,** sala, juzgado, magistratura. **3. Público,** auditorio, concurrencia, oyentes, concurso, respetable.

auditivo, va *adj.* Acústico.

auditorio *s. m.* Concurrencia, público, audiencia, concurso, oyentes.

auge *s. m.* Progreso, cima, florecimiento, esplendor, culminación, apogeo, prosperidad, plenitud, encumbramiento. ➤ *Ocaso, decadencia, ruina.*

augur *s. m.* Adivino, arúspice, profeta.

auguración *s. f.* Agüero, auspicio.

augurar *v. tr.* Profetizar, vaticinar, presagiar, presentir, predecir, pronosticar, agorar, adivinar.

augurio *s. m.* Profecía, pronóstico, vaticinio, presagio, anuncio, predicción, agüero, adivinación, auspicio.

augusto, ta *adj.* Reverenciado, excelente, respetado, honorable, venerable, majestuoso. ➤ *Indigno, despreciable, bajo, innoble.*

aula *s. f.* Clase, paraninfo, anfiteatro.

aullar *v. intr.* Bramar, gemir, ladrar, rugir, gruñir, ulular, roncar.

aullido *s. m.* Bramido, gruñido, ladrido, rugido, gemido, ronquido.

aumentar *v. tr.* Acrecentar, añadir, engrandecer, crecer, sumar, agrandar, ampliar, alargar, acrecer, agregar, alzar, adicionar, engrosar, hinchar, agigantar. ➤ *Reducir, decrecer, disminuir, mermar, achicar, restar.*

aumento *s. m.* Ampliación, engrandecimiento, incremento, crecimiento, suma, adición, mejora, avance, adelanto, engrosamiento, alargamiento. ➤ *Disminución, merma, reducción, descenso, decrecimiento.*

aunar *v. tr.* Unificar, asociar, confederar, concertar, aliar, juntar, unir, coaligar, ligar, mezclar, federar. ➤ *Dividir, desunir, desligar, disgregar, separar.*

aunque *conj. conces.* Mas, pero, sin embargo, bien que, no obstante, si bien, por más que.

aupar *v. tr.* **1. Alzar**, encaramar, elevar, izar, erguir. ➤ *Bajar, descender, desencaramar, tumbar.* **2. Engrandecer**, alabar, enaltecer, encumbrar, ensalzar, glorificar, elogiar. ➤ *Rebajar, criticar, despreciar.*

aura *s. f.* **1. Brisa**, aire. **2. Hálito**, soplo.

áureo, a *adj.* Brillante, dorado, amarillo, fulgurante, aurífero, áurico, aurífico, aurígeno, rutilante. ➤ *Deslucido.*

aureola *s. f.* **1. Nimbo**, diadema, corona, resplandor, cerco, aréola, halo, aura. **2. Renombre**, honra, reputación, gloria, fama, popularidad, celebridad, notoriedad. ➤ *Anonimato.*

auricular *s. m.* Receptor.

auriga *s. m.* Cochero, conductor.

aurora *s. f.* Alba, amanecer, madrugada, mañana, alborada. ➤ *Ocaso, atardecer, anochecer.*

auscultación *s. f.* Exploración, reconocimiento, examen.

auscultar *v. tr.* Reconocer, explorar, observar, escuchar.

ausencia *s. f.* **1. Abandono**, destierro, falta, separación, alejamiento, deserción, huida, partida, desaparición. ➤ *Presencia, asistencia, comparecencia.* **2. Defecto**, omisión, laguna, supresión, carencia. ➤ *Existencia.*

ausentar *v. tr.* **1. Apartar**, expatriar, separar, despedir. **2. Eclipsar**, ocultar. ‖ *v. prnl.* **3. Exiliarse**, expatriarse, emigrar, abandonar, dejar, largarse, irse, marcharse, partir, evadirse, desaparecer. ➤ *Presentarse, aparecer, llegar, asistir, estar, comparecer, quedarse.*

auspicio *s. m.* **1. Señal**, pronóstico, presagio, augurio, agüero. **2. Ayuda**, auxilio, amparo, protección, favor, salvaguardia, patrocinio, tutela. ➤ *Desfavor, abandono, perjuicio, daño.*

austeridad *s. f.* Ascetismo, continencia, rigor, seriedad, gravedad, sobriedad, severidad, templanza, dureza, rigor, rigidez, penitencia, pobreza, frugalidad. ➤ *Abundancia, ligereza, blandura, indulgencia.*

austero, ra *adj.* **1. Acerbo**, agrio, áspero, acre, astringente. ➤ *Dulce, suave.* **2. Mortificado**, ascético, solitario, penitente, místico, eremítico. ➤ *Vividor, hedonista, incontinente, epicúreo, sibarítico.* **3. Severo**, rígido, serio, sobrio, riguroso, adusto, inexorable, digno, grave. ➤ *Indulgente, blando, flexible, tolerante.*

austral *adj.* Antártico, meridional. ➤ *Boreal, septentrional.*

autarquía *s. f.* Autonomía, autosuficiencia. ➤ *Dependencia.*

autárquico, ca *adj.* Autónomo, autosuficiente, independiente.

auténtico, ca *adj.* Legítimo, genuino, real, cierto, verdadero, fidedigno, seguro, certificado, innegable, justificado, probado, confirmado, puro. ➤ *Falso, apócrifo, falsificado, ilegítimo.*

autentificar *v. tr.* Atestiguar, certificar.

auto[1] *s. m.* **1. Escritura**, acta, documento, escrito, expediente. **2. Drama**, misterio, paso, representación.

auto[2] *s. m.* Coche, vehículo, turismo.

autoclave *s. f.* Esterilizador.

autocopista *s. f.* Fotocopiadora.

autocracia *s. f.* Dictadura, despotismo, tiranía. ➤ *Democracia.*

autóctono, na *adj.* Originario, aborigen, oriundo, nativo, vernáculo, natural, indígena. ➤ *Forastero, extranjero, foráneo, extraño.*

autodeterminación *s. f.* Independencia, autonomía. ➤ *Colonialismo.*

autogiro *s. m.* Helicóptero.

autógrafo *s. m.* Firma, rúbrica.

autómata *s. f.* **1. Robot**, máquina, muñeco, maniquí. **2. Fantoche**, títere, marioneta, monigote. ➤ *Carismático.*

automático, ca *adj.* **1. Involuntario**, inconsciente, irreflexivo, reflejo, impensado, maquinal. ➤ *Consciente, voluntario, deliberado.* **2. Mecánico**, automotriz, mecanizado. ➤ *Manual.*

automatizar *v. tr.* Mecanizar.

automóvil *s. m.* Auto, coche, carro, vehículo, carricoche.

automovilista *s. m. y s. f.* Conductor, chófer. ➤ *Peatón.*

autonomía *s. f.* Libertad, independencia, soberanía, emancipación, franquicia, autogobierno. ➤ *Dependencia, sujeción, sometimiento.*

autónomo, ma *adj.* Independiente, soberano. ➤ *Dependiente, sometido.*

autopista *s. f.* Autovía, calzada, pista.

autopsia *s. f.* Disección, necropsia.

autor, ra *s. m. y s. f.* **1. Creador**, padre, inventor, hacedor. **2. Escritor**, productor, artista. **3. Causante**, ejecutor, artífice.

autoridad *s. f.* **1. Potestad**, jurisdicción, dominio, mando, poderío, influencia, ascendente. **2. Delegado**, representante, funcionario, jefe, director. ➤ *Subordinado, subalterno.* **3. Crédito**, fe, prestigio, credibilidad, seriedad, autorización. ➤ *Desautorización, descrédito.* **4. Ostentación**, fausto, aparato. ➤ *Sobriedad.*

autoritario, ria *adj.* Despótico, imperativo, tiránico, arbitrario, dictador, mandón, autocrático.

autoritarismo *s. m.* Cesarismo, fascismo, despotismo.

autorización *s. f.* Licencia, permiso, venia, consentimiento. ➤ *Prohibición.*

autorizar *v. tr.* Confirmar, permitir, acceder, tolerar, facultar, conceder, consentir, delegar, aprobar, asentir, dar venia, dar carta blanca. ➤ *Desautorizar, denegar, desaprobar, prohibir.*

autosuficiencia *s. f.* Autarquía.

auxiliador, ra *adj.* Bienhechor, filántropo, protector.

auxiliar[1] *s. m.* Asistente, subalterno, adjunto, ayudante, suplente, agregado, subordinado, encargado, delegado. ➤ *Jefe, dirigente, director.*

auxiliar[2] *v. tr.* Socorrer, amparar, remediar, ayudar, proteger, apoyar, salvaguardar, favorecer, asistir, secundar, echar una mano. ➤ *Dañar, perjudicar, abandonar, desasistir.*

auxilio *s. m.* Favor, mediación, protección, asistencia, apoyo, socorro, abrigo, alianza, amparo, colaboración, concurso, refuerzo, cooperación, defensa. ➤ *Daño, desamparo, perjuicio.*

aval *s. m.* Crédito, garantía, señal, respaldo, seguridad, fianza.

avalar *v. tr.* Acreditar, apoyar, ratificar. ➤ *Desconfiar, recelar.*

avalorar *v. tr.* **1. Tasar**, valorar. **2. Valorizar**, revalorizar. ➤ *Desvalorizar.*

avance *s. m.* **1. Ascenso**, progreso, desarrollo, aumento, marcha, evolución, impulso, adelantamiento, aventajamiento. ➤ *Retroceso, regresión.* **2. Adelanto**, anticipo. ➤ *Atraso, deuda.*

avanzar *v. intr.* **1. Mejorar**, florecer, prosperar, progresar, ascender. ➤ *Fracasar, arruinarse.* **2. Adelantar**, ganar terreno, marchar. ➤ *Retroceder, perder terreno, retirarse.*

avaricia *s. f.* Codicia, ambición, tacañería, miseria, avidez, mezquindad, ruindad, cicatería, sordidez, usura. ➤ *Generosidad, largueza, prodigalidad.*

avaro, ra *adj.* Agarrado, avariento, codicioso, mezquino, avaricioso, ávido, apegado, ruin, cicatero, tacaño, roñoso, sórdido, miserable. ➤ *Desprendido, derrochador, generoso, pródigo, largo, dilapidador, manirroto.*

avasallar *v. tr.* **1. Oprimir**, tiranizar, rebajar, someter, dominar, subyugar, señorear, sojuzgar, aherrojar, esclavizar, humillar, sujetar, rendir. ➤ *Libertar, emancipar.* ‖ *v. prnl.* **2. Someterse**, acatar, supeditarse. ➤ *Liberarse.*

avecinarse *v. prnl.* Arraigar, domiciliarse, empadronarse, establecerse, instalarse. ➤ *Emigrar, mudarse.*

avecindar *v. tr.* Establecer, instalar, domiciliar, residir, avecinar, localizar, empadronar, vivir, localizarse, afincarse. ➤ *Emigrar, ausentarse, vagabundear, errar.*

avejentar *v. tr.* Ajar, arrugar, envejecer, marchitar, aviejar, estropear, mustiar, arrugar. ➤ *Rejuvenecer, remozar.*

avenar *v. tr.* Canalizar, desaguar.

avenencia *s. f.* **1. Armonía**, arreglo, conciliación, concierto, convenio, compenetración, acuerdo, reconciliación, unión. ➤ *Discrepancia, enemistad, desavenencia, disconformidad, desacuerdo.* **2. Tregua**, armisticio, paz, pacto, convenio, acuerdo.

avenida *s. f.* **1. Riada**, arroyada, crecida, inundación, avalancha, derrame, aluvión, desbordamiento. **2. Senda**, vía, arteria, calle, camino. **3. Bulevar**, paseo, rambla, alameda. **4. Muchedumbre**, afluencia, gentío, tropel.

avenir *v. tr.* **1. Concordar**, arreglar, acordar, componer, encajar, amoldar, ajustar. ➤ *Desunir, separar, soltar.* ‖ *v. prnl.* **2. Conformarse**, amoldarse, contentarse, simpatizar, congeniar, comprenderse, confraternizar, entenderse, convenir, concertar, acomodarse, ajustarse, apañarse, arreglarse. ➤ *Resistirse, discrepar, protestar, rechazar, enemistarse, pelearse.* ‖ *v. intr.* **3. Suceder**, acaecer, acontecer.

aventador *s. m.* **1. Bieldo.** **2. Abanico**, pai-pai. **3. Fuelle**, ventilador, soplador, pericón, soplillo.

aventajado, da *adj.* Adelantado, aplicado, sobresaliente. ➤ *Retrasado.*

aventajar *v. tr.* **1. Superar**, pasar, exceder, adelantar, sobrepasar, avanzar, sobresalir, progresar, ganar terreno, tomar la delantera, ir en cabeza. ➤ *Rezagarse, retrasarse, perder puestos.* **2. Anteponer**, preferir, favorecer, beneficiar. ➤ *Perjudicar, menoscabar.*

aventamiento *s. m.* Aireación, oreo.

aventar *v. tr.* **1. Ventilar**, airear, ventear, refrigerar. **2. Expulsar**, impeler, arrojar, echar, despedir. ➤ *Recibir, acoger.* **3. Escaparse**, esquivar, largarse, huir, eludir, retirarse, escurrir-

se, desaparecer, eclipsarse, ausentarse, tomar las de Villadiego, pirarse, salir pitando, irse por pies. ➤ *Quedarse, afrontar.*

aventura *s. f.* **1. Suceso**, incidente, hazaña, correría, lance, andanza, caso. **2. Azar**, casualidad, contingencia, coyuntura. ➤ *Premeditación.*

aventurado *adj.* **1. Arriesgado**, atrevido, peligroso, expuesto, comprometido, azaroso. ➤ *Sencillo, cómodo.* **2. Aleatorio**, fortuito, casual, inopinado, inseguro. ➤ *Previsto, seguro, infalible, premeditado.* **3. Valiente**, decidido, arrojado, audaz, arriesgado. ➤ *Pusilánime, temeroso, cobarde.*

aventurar *v. tr.* Apostar, exponer, arriesgar, lanzarse, osar, atreverse, probar, tentar, decidirse. ➤ *Asegurar.*

aventurero, ra *adj.* Explorador, trotamundos, bohemio, inquieto, activo. ➤ *Sedentario, tranquilo.*

avergonzar *v. tr.* **1. Humillar**, agraviar, insultar. **2. Azorar**, sofocar, ruborizar. ‖ *v. prnl.* **3. Ruborizarse**, sonrojarse, abochornarse, confundirse, turbarse. ➤ *Enorgullecerse.*

avería[1] *s. f.* Bandada, multitud, masa de aves.

avería[2] *s. f.* Desperfecto, deterioro, rotura, imperfección, accidente, menoscabo, detrimento, percance, estropicio. ➤ *Mejora, arreglo.*

averiarse *v. prnl.* Dañarse, deteriorarse, inutilizarse. ➤ *Arreglar, componer.*

averiguación *s. f.* Atención, busca, búsqueda, examen, pesquisa, indagación, exploración, investigación, tanteo, sondeo, escudriñamiento, encuesta, escrutinio, reconocimiento, fisgoneo, vigilancia, sonsacamiento. ➤ *Ignorancia, desconocimiento.*

averiguar *v. tr.* Explorar, husmear, indagar, pesquisar, escudriñar, inspeccionar, sondear, escrutar, rebuscar, tantear, enterarse, investigar, oliscar, examinar, acechar, curiosear, rastrear, escarbar, poner en claro. ➤ *Ignorar.*

aversión *s. f.* Antipatía, repulsión, manía, aborrecimiento, abominación, animosidad, animadversión, rencor, odio, ojeriza. ➤ *Inclinación, simpatía, amor, afecto, afinidad.*

avezado *adj.* Veterano, curtido, hecho, encallecido, endurecido, diestro, experimentado. ➤ *Novato, novicio, principiante, primerizo, bisoño.*

avezar *v. tr.* Ejercitar, experimentarse, curtir, habituar, acostumbrar, entrenar, endurecer, encallecer, hacerse a, adiestrar. ➤ *Desacostumbrar.*

aviación *s. f.* Aeronáutica, aerostática

aviador, ra *adj.* Aeronauta, piloto, conductor, guía, timonel.

aviar *v. tr.* **1. Aprestar**, preparar, alistar, arreglar, aparejar, organizar, componer, disponer, ordenar. ➤ *Desbarajustar, desordenar, desarreglar, alborotar.* **2. Despachar**, urgir, avivar, apresurar, activar. ➤ *Entretener, retardar, estancar.*

avidez *s. f.* Codicia, ambición, hambre, sed, vehemencia, ansia, apetito, avaricia, anhelo, afán, glotonería, apetencia, voracidad, insaciabilidad. ➤ *Desinterés, saciedad, indiferencia, desprendimiento, hartazgo.*

ávido *adj.* Ansioso, codicioso, anhelante, avaricioso, ambicioso, glotón, voraz, sediento, insaciable, deseoso, hambriento. ➤ *Indiferente, displicente, saciado, harto.*

avieso, sa *adj.* **1. Retorcido**, siniestro, perverso, odioso, malo, maligno, repⁱ   nte, pérfido. ➤ *Bueno, honra-   ᵛintencionado.* **2. Torcido**, atravesado, desviado, revirado, descentrado. ➤ *Derecho, centrado.*

avilantez *s. f.* Descaro, desfachatez, audacia, insolencia. ➤ *Timidez.*

avillanado, da *adj.* Ordinario, vulgar, bajo, común, chabacano, abrutado, tosco, rústico. ➤ *Fino, elegante, refinado, exquisito.*

avillanar *v. tr.* Abellacar, aplebeyar.

avinagrado, da *adj.* **1. Agrio**, acedo. **2. Brusco**, hosco. ➤ *Afable, amable.*

avinagrar *v. tr.* **1. Acedar**, agriar, revenir, acetificar. ➤ *Dulcificar.* **2. Enrarecer.** ➤ *Suavizar.*

avío *s. m.* **1. Preparación**, preparativo, prevención, apresto, orden, colo-

cación, arreglo, provisión. **2. Aperos**, arreos, utensilios, provisiones, trastos, útiles, menesteres, víveres, equipo, trebejos, bagaje. **3. Interés**, provecho, utilidad, beneficio.

avión *s. m.* Aparato, aeronave, aeroplano, aerostato, avioneta, hidroplano, helicóptero, hidroavión, autogiro.

avisado, da *adj.* **1. Astuto**, previsor, despierto, listo, ladino, discreto, sagaz, prudente, redomado, diestro, sin un pelo de tonto, precavido, cauteloso, taimado. ➤ *Simple, imprudente, torpe, ingenuo, simplón.* **2. Notificado**, enterado, informado, advertido. ➤ *Desavisado, ignorante.*

avisar *v. tr.* Anunciar, comunicar, informar, notificar, prevenir, advertir, participar, apercibir, indicar, noticiar, iniciar, instruir, expresar, revelar, publicar, orientar, poner al corriente.

aviso *s. m.* **1. Comunicación**, cartel, circular, observación, informe, revelación, advertencia, manifestación, testimonio, participación, referencia, confidencia, parte, noticia, mensaje, nueva. **2. Precaución**, cuidado, discreción, prudencia, atención, cautela. ➤ *Descuido, imprudencia, irreflexión, espontaneidad.* **3. Indicio**, señal, indicación.

avispado, da *adj.* Astuto, sagaz, listo, lince, vivo, avisado, agudo, sutil, vivaracho, penetrante, perspicaz, despabilado, vivaz, fino, despierto, ladino. ➤ *Torpe, obtuso, lento, corto.*

avispar *v. prnl.* Estimular, excitar, avivar, despertar, aguijonear, despabilar, inquietar, incitar, ingeniar, despuntar, atravesar, aguzar el ingenio, atizar. ➤ *Aturdir, aquietar, embotar, atontar.*

avispero *s. m.* Enredo, trampa, maraña, lío, emboscada, embrollo, celada.

avistar *v. tr.* Divisar, ver, descubrir, advertir, avizorar, observar, percibir, vislumbrar, distinguir.

avituallamiento *s. m.* Abastecimiento, aprovisionamiento, equipamiento.

avituallar *v. tr.* Abastecer, aprovisionar, proveer, surtir, equipar, suministrar. ➤ *Desabastecer, privar.*

avivamiento *s. m.* Desentumecimiento, excitación, activamiento.

avivar *v. tr.* **1. Vigorizar**, excitar, reanimar, acalorar, enardecer, aguzar, animar, recrudecer, activar, vivificar, acelerar, apresurar, despabilar, empujar, incitar. ➤ *Frenar, desanimar, apaciguar, mitigar.* **2. Atizar**, reavivar, encender. ➤ *Apagar.*

avizorador, ra *adj.* Acechador, espía, vigía, oteador.

avizorar *v. tr.* Observar, otear, vislumbrar, divisar, columbrar, atisbar.

avocastro *s. m.* Adefesio, monstruo.

axioma *s. m.* Principio, evidencia, sentencia, apotegma, aforismo, verdad, proverbio, máxima. ➤ *Equívoco, anfibología.*

axiomático *adj.* Evidente, claro, irrebatible, irrefutable, incontrovertible, indiscutible, sin vuelta de hoja. ➤ *Ambivalente, ambiguo, dudoso.*

aya *s. f.* Ama, nodriza, niñera.

ayer *adv.* Poco tiempo ha, antes, recientemente, no ha mucho. ➤ *Hoy, en la actualidad, ahora, mañana.*

ayo *s. m.* Instructor, preceptor, consejero, profesor, pedagogo, guía, educador, maestro, orientador.

ayuda *s. f.* **1. Amparo**, apoyo, asistencia, auxilio, favor, socorro, protección, refuerzo, sufragio, concurso, defensa, subvención, contribución, colaboración, mediación. ➤ *Rechazo, abandono.* **2. Lavativa**, supositorio.

ayudante *adj.* Asistente, auxiliar, agregado, adjunto, colaborador, coadjutor, coadyuvante, conllevador.

ayudantía *s. f.* Pasantía, asistencia.

ayudar *v. tr.* Colaborar, coadyuvar, amparar, contribuir, remediar, asistir, auxiliar, apoyar, secundar, reforzar, favorecer, socorrer, proteger, aliviar, subvenir, subvencionar, sostener, sufragar, arrimar el hombro, echar una mano. ➤ *Estorbar, dificultar, dejar, abandonar, obstaculizar.*

ayunar *v. intr.* Renunciar, sacrificarse, retenerse, privarse, contenerse, mortificarse. ➤ *Henchirse, hartarse, saciarse, llenarse, ponerse morado.*

ayuno *s. m.* **1. Dieta**, abstinencia, privación, renuncia, mortificación, penitencia, continencia. ➤ *Intemperancia, atiborramiento, hartazgo.*

ayuno, na *adj.* Ignorante, inadvertido, desavisado. ➤ *Enterado.*

ayuntamiento *s. m.* **1. Reunión**, asamblea, junta, congreso, convención, consejo, comunidad. **2. Alcaldía**, municipio, consistorio, concejo, municipalidad, cabildo, casa consistorial. **3. Cópula**, enlace, unión, coito, fornicación, polvo.

ayuntar *v. tr.* **1. Agregar**, añadir. ➤ *Quitar.* ‖ *v. prnl.* **2. Aparearse.**

azada *s. f.* Azadón, garabato, zapapico, cavadera, arpón, escarda, ligón, raedera, batidera, escarbador.

azafata *s. f.* Auxiliar, camarera.

azafrán *s. f.* Alazor, eroco.

azafranado, da *adj.* Amarillo, anaranjado, dorado.

azagador *s. m.* Camino, senda, vereda.

azagaya *s. f.* Lanza, flecha, venablo.

azanca *s. f.* Corriente, venero, manantial.

azaque *s. m.* Contribución, impuesto, tributo.

azar *s. m.* **1. Ventura**, albur, destino, eventualidad, acaso, hado, fatalidad, suerte, fortuna, contingencia, chamba, chiripa. ➤ *Certeza, seguridad.* **2. Desgracia**, accidente, riesgo. .

azararse *v. prnl.* **1. Malograrse**, estropearse, fracasar, frustrarse, desgraciarse, venirse abajo, fastidiarse. **2. Asustarse**, ponerse nervioso, aturdirse, turbarse, avergonzarse, azorarse, ponerse colorado, subirse el pavo, alterarse. ➤ *Permanecer impasible.*

azarbe *s. m.* Acequia, canal, cauce.

azaroso, sa *adj.* **1. Arriesgado**, aventurado, casual, fortuito, accidental, aleatorio, eventual, expuesto, inopinado. ➤ *Infalible, necesario, previsto.* **2. Turbado**, temeroso, aturdido, atemorizado, conturbado, confuso. ➤ *Envalentonado, decidido, animado.* **3. Aciago**, siniestro, fatal, infausto, funesto, nefasto, desdichado, desafortunado. ➤ *Afortunado, venturoso.*

azcona *s. f.* Flecha, venablo, dardo.

azocar *v. tr.* Tupir, apretar.

azogue *s m.* Mercurio, argento vivo, hidrargiro.

azolvar *v. tr.* Atascar, atorar, obstruir, cerrar, tupir. ➤ *Desatascar.*

azor *s. m.* Milano.

azoramiento *s. m.* Aturdimiento, aturullamiento, turbación, confusión, vergüenza. ➤ *Tranquilidad.*

azorar *v. tr.* Asustar, aturdir, conturbar, sobresaltar, confundir, azarar, avergonzar, sacar los colores. ➤ *Calmarse, tranquilizarse.*

azotacalles *s. m. y s. f.* Trotamundos, vagabundo, callejero.

azotado, da *adj.* Vapuleado, zurrado, cascado, baqueteado, maltratado, golpeado, flagelado, zumbado, calentado, sacudido.

azotaina *s. f.* Paliza, soba, tunda, vapuleo, azotamiento, baqueteo.

azotar *v. tr.* Vapulear, tundir, sacudir, zurrar, baquetear, disciplinar, zumbar, flagelar, fustigar, calentar, golpear, palmear, medir las costillas, poner como un Cristo, zurrar la badana.

azote *s. m.* **1. Vergajo**, látigo, tralla, vara, verdugo, flagelo, disciplinas, corbacho, cuesco, abrojo, penca, cuarta, plomada. **2. Latigazo**, manotada, golpe, tortazo, nalgada, verdugazo. **3. Plaga**, epidemia, castigo, cataclismo, adversidad, calamidad, desgracia.

azotea *s. f.* Terraza, solana, terrado, tejado, galería.

azucarado, da *adj.* **1. Dulce**, meloso, acaramelado, almibarado, dulzón, sacarino, melificado. ➤ *Acre, agrio, amargo.* **2. Afable**, suave. ➤ *Áspero.*

azucarar *v. tr.* Almibarar, edulcorar, endulzar, sacarificar, dulcificar, melar, sacarinear, melificar, enmelar. ➤ *Acibarar, amargar, agriar.*

azucena *s. f.* Lirio.

azud *s. amb.* **1. Noria. 2. Presa.**

azuela *s. f.* Hacha.

azufrar *v. tr.* Sulfatar.

azufre *s. m.* Sulfato, pirita.

azul *adj.* Opalino, garzo, azur, añil, índigo, turquesa, endrino, pavo, azulino, cobalto, marino, celeste.

azulado, da *adj.* Azulino, garzo.

azulejar *v. tr.* Alicatar, embaldosar.

azulejo *s. m.* **1. Baldosa**, cerámica, mayólica, mosaico, alicatado, baldosín. **2. Abejero**, abejaruco.

azuzar *v. tr.* Avivar, excitar, hostigar, animar, recrudecer, espolear, aguijar, incitar, instigar, enardecer, estimular, encizañar, irritar, pinchar. ➤ *Frenar, tranquilizar, contener, apaciguar, calmar, apagar, mitigar.*

azuzón *adj.* Instigador, encizañador, intrigante, lioso, chismoso, enredador, cizañero, embrollador. ➤ *Prudente, discreto.*

B b

baba *s. f.* Babaza, espumajo, espumarajo, salivazo, humor, saliva.

babada *s. f.* Babilla.

babaza *s. f.* Baba.

babeador *s. m.* Babero.

babear *v. tr.* Salivar, espumajear, escupir, babosear, ensalivar, desbabar, insalivar.

babel *s. amb.* **1. Leonera**, casa de locos. **2. Barullo**, desbarajuste, barahunda, caos, perturbación, pandemonio, confusión, desorden. ➤ *Paraíso, cielo.*

babélico, ca *adj.* Confuso, ininteligible.

babero *s. m.* **1. Babador**, pechero, babera, babeador. **2. Babi**, delantal.

babieca *s. m. y s. f.* Bobo, simple, abobado, papanatas, flojo, pazguato, débil, tontaina, badulaque. ➤ *Listo, avispado, fuerte.*

babilla *s. f.* Rótula, choquezuela.

babilónico, ca *adj.* Deslumbrante, espléndido, lujoso, fastuoso, maravilloso, ostentoso, grandioso. ➤ *Sencillo, modesto, humilde, pobre.*

babiney *s. m.* Cenagal, pantano, ciénaga, tremedal.

babosa *s. f.* Limaco, limaza, babaza.

babosada *s. f.* Disparate, locura, necedad, simpleza, bobería.

babosear *v. tr.* Babear, chupetear, insalivar, salivar, espumajear.

baboso, sa *adj.* Empalagoso, almibarado, tierno, meloso, obsequioso, dulzón, rijoso. ➤ *Seco, duro, antipático, arisco.*

babucha *s. f.* Chancleta, chinela, chapín, zapatilla, pantufla.

baby sitter *s. f.* Nurse, aya, canguro.

baca *s. f.* **1. Portaequipajes. 2. Capota.**

bacalao *s. m.* Abadejo, curadillo, pejepalo, estocafis, pezpalo.

bacanal *s. f.* Festín, francachela, juerga, jolgorio, orgía, desenfreno.

bache *s. m.* **1. Rodera**, rodada, socavón, zanja, agujero, giba, carril, depresión, releje, rodera. **2. Depresión**, desánimo.

bachear *v. tr.* Rellenar, parchear.

bachichas *s. f. pl.* Poso, residuo.

bachiller, ra *s. m. y s. f.* Graduado, diplomado, licenciado.

bachiller, ra *s. m. y s. f.* Entendido, hablador, oficioso, impertinente. ➤ *Prudente, comedido, moderado, discreto.*

bachillerada *s. f.* Pedantería, impertinencia, simpleza. ➤ *Discreción, prudencia.*

bachillería *s. f.* Pedantería, simpleza, impertinencia, oficiosidad, habladuría, comadreo. ➤ *Comedimiento, mesura, discreción.*

bacía *s. f.* Bacina.

bacilo *s. m.* Microbio, microorganismo, micrococo, virus.

bacín *s. m.* Orinal, perico, zambullo, bacinilla.

bacinada *s. f.* Excremento, orín, heces, porquería.

bacinete *s. m.* Casco, yelmo.

bacteria *s. f.* Bacilo, microorganismo, microbio, micrococo, virus.

báculo *s. m.* **1. Bastón**, cayado, vara, cachava, palo, cayada, bordón, croza. **2. Alivio**, consuelo, apoyo.

badajada *s. f.* Disparate, sandez, bobada. ➤ *Genialidad.*

badajear *v. intr.* Comadrear, cotillear, chismorrear, disparatar.

badajo *s. m.* **1. Espiga**, lengua. **2. Charlatán**, parlanchín, hablador.

badana *s. f.* Cuero, pellejo.

badén *s. m.* Bache, depresión, cauce, zanja, arrollada, hoyo.

badiana *s. f.* Anís estrellado.

badil *s. m.* Pala, recogedor, badila, hurgón, hurgonero.

badila *s. f.* Hurgonero, paleta, pala, hurgón.

badulaque *s. m. y s. f.* Tonto, tarugo, necio, atolondrado, pasmarote, abobado, lelo, atontado, irreflexivo, bobo. ➤ *Reflexivo, inteligente, listo, avispado.*

bafle *s. m.* Altavoz.

baga[1] *s. f.* Vaina.

baga[2] *s. f.* Ronzal.

bagaje *s. m.* **1. Impedimenta. 2. Maleta**, mochila, macuto, saco, paquete. **3. Caballería**, cuadrúpedo, haberío.

bagatela *s. f.* Nimiedad, menudencia, fruslería, insignificancia, baratija, minucia, frivolidad, chuchería, friolera, puerilidad. ➤ *Trascendencia, seriedad, importancia.*

bagazo *s. m.* Pellejo, piel, cáscara, corteza.

bahada *s. f.* Vaguada.

baharí *s. m.* Tagarote.

bahía *s. f.* Cala, ensenada, rada, golfo, refugio, abrigo. ➤ *Saliente, cabo.*

bahorrina *s. f.* Suciedad, porquería.

bailar *v. intr.* Danzar, gambetear, valsar, zapatear, cabriolear, bailotear, moverse.

bailarín, na *s. m. y s. f.* Danzarín, danzante, saltarín, bailador.

baile *s. m.* **1. Danza. 2. Ballet**, coreografía.

bailía *s. f.* Alcaldía, diputación, municipio.

bailotear *v. intr.* Cabriolar, desgoznarse, bailar.

baja *s. f.* **1. Decadencia**, descenso, caída, desvalorización, pérdida, disminución, quebranto, bajón, desprecio, mengua. ➤ *Alza, subida, aumento, auge, revalorización, incremento.* **2. Cese**, discontinuación, suspensión. ➤ *Alta.*

bajá *s. m.* Pachá.

bajada *s. f.* Descenso, cuesta, declive, pendiente, declinación. ➤ *Ascenso, subida.*

bajamar *s. f.* Reflujo, descenso. ➤ *Flujo, pleamar.*

bajar *v. intr.* **1. Descender.** ➤ *Subir, ascender.* **2. Menguar**, decrecer, de-

caer. ➤ *Alzar, aumentar, crecer.* **3. Humillar.** ‖ *v. tr.* **4. Abajar.** ➤ *Elevar, alzar, subir.* **5. Abaratar**, rebajar. ➤ *Encarecer.* ‖ *v. prnl.* **6. Agacharse**, inclinarse. ➤ *Levantarse, erguirse.*

bajel *s. m.* Barco, navío, embarcación, buque, nao, nave.

bajera *s. f.* Diarrea.

bajeza *s. f.* **1. Indignidad**, vileza, abyección, degradación, infamia. ➤ *Dignidad.* **2. Servilismo**, cobardía, timidez. ➤ *Orgullo.*

bajista *s. m. y s. f.* Especulador, bolsista.

bajo, ja *adj.* **1. Pequeño**, chico, retaco, bajudo, apaisado. ➤ *Alto, elevado, grande, esbelto, crecido.* **2. Inclinado**, agachado, humillado. ➤ *Erguido.* **3. Descolorido**, apagado, mortecino, débil. ➤ *Vivo, encendido, fuerte.* **4. Indigno**, innoble, plebeyo, ruin, despreciable, servil, rastrero. ➤ *Noble, orgulloso, digno, estimable, honroso.* **5. Vulgar**, ordinario, grosero, soez, basto. ➤ *Culto, refinado.* **6. Barato**, rebajado. ➤ *Caro, elevado.* **7. Grave.** ➤ *Alto, agudo.* **8. Apagado.** ➤ *Vivo, fuerte.*

bajón *s. m.* Merma, disminución, caída, deterioro, decadencia, baja, declinación, descenso. ➤ *Subida, alza, recuperación.*

bajonado *s. m.* Pez de pluma.

bala[1] *s. f.* Balín, munición, posta, tiro, plomo, proyectil.

bala[2] *s. f.* Fardo, paca, bulto, paquete, lío.

baladí *adj.* Insignificante, insustancial, superficial, despreciable, trivial, de poca monta. ➤ *Importante, fundamental, esencial.*

baladre *s. m.* Hojaranzo, laurel rosa, rododafne.

baladrón, na *adj.* Matasiete, bravucón, perdonavidas, fanfarrón, fantasma, matón, farolero. ➤ *Prudente, discreto, modesto, moderado.*

baladronada *s. f.* Bravata, fanfarronada, alarde, chulería, farde, fantasmada, jactancia, farol, desplante.

baladronear *v. intr.* Blasonar, guapear, fanfarronear.

bálago *s. m.* Broza.

balaguero *s. m.* Bálago.

balance *s. m.* Balanceo, vaivén, oscilación, equilibrio, vacilación, meneo, tambaleo. ➤ *Inmovilidad, quietud.*

balancear *v. intr.* **1. Oscilar,** columpiar, mecer. **2. Vacilar,** titubear.

balanceo *s. m.* Oscilación, fluctuación, vaivén, meneo, mecimiento, equilibrio, movimiento. ➤ *Estabilización, desequilibrar.*

balancín *s. m.* **1. Balanza,** báscula. **2. Contrapeso. 3. Mecedora,** columpio.

balandrán *s. m.* Alba, hábito, sotana.

balandro *s. m.* Chalupa, lancha.

bálano *s. m.* Glande.

balanza *s. f.* Báscula, romana.

balar *v. intr.* Balitar, gemir, gamitar, berrear.

balasto *s. m.* Guijo.

balate *s. m.* Linde, orilla.

balaustrada *s. f.* Barandaje, pasamano, baranda, barandilla.

balazo *s. m.* Disparo, tiro, impacto de bala, descarga.

balbuceo *s. m.* Barboteo, chapurreo, farfulla.

balbucir *v. intr.* Balbucear, barbotear, farfullar, mascullar, tartamudear, tartajear.

balcón *s. m.* **1. Galería,** miranda, corredor, terraza. **2. Balaustre,** pasamano.

balconada *s. f.* Galería, terraza, ventanal, corredor.

balconear *v. tr.* Atisbar.

balda *s. f.* Repisa, estante, vasar.

baldado, da *adj.* Tullido, impedido, inválido, contrahecho, lisiado. ➤ *Sano, fuerte.*

baldadura *s. f.* Anquilosamiento, invalidez. ➤ *Agilidad, forma física.*

baldaquín *s. m.* Marquesina, palio, dosel, baldaquino.

baldar *v. tr.* Herniar, paralizar, tullir, atrofiar, impediar, inutilizar. ➤ *Rehabilitar.*

balde *s. m.* Caldero, recipiente, tina, cubo, palangana, jofaina, barreño.

balde, de *loc. adv.* Gratis, gratuitamente, por la cara bonita.

baldear *v. tr.* Asear, fregotear, fregar.

baldeo *s. m.* Limpieza, riego, fregoteo.

baldío, a *adj.* Inculto, yermo, estéril, abandonado, inutilizado. ➤ *Fértil, cultivado.*

baldo, da *adj.* Desfallecido, impedido.

baldón *s. m.* Afrenta, vituperio, deshonor, infamia, ofensa, agravio, ultraje, injuria, insulto. ➤ *Alabanza, elogio, loa.*

baldonador, ra *adj.* Ofensor, vilipendiador.

baldonar *v. tr.* Afrentar, vituperar, ultrajar, ofender, infamar, injuriar. ➤ *Alabar, elogiar, encomiar.*

baldosa *s. f.* Baldosín, azulejo, mosaico, tesela, plaqueta, placa.

baldosín *s. m.* Loseta, mosaico, baldosa.

baldragas *s. m.* Alicaído, calzonazos, incapaz.

balduque *s. m.* Ribete, trencilla.

baleo *s. m.* Esterilla.

balido *s. m.* Berrido.

balín *s. m.* Posta, metralla, bala, perdigón, proyectil.

baliza *s. f.* Hito, boya.

ballesta *s. f.* **1. Venablo. 2. Amortiguador.**

ballestera *s. f.* Saetera.

ballestero *s. m.* Saetero, sagitario.

ballestilla *s. f.* Báculo de Jacob.

ballet *s. m.* Coreografía, danza, baile.

ballueca *s. f.* Avena loca.

balneario *s. m.* Termas, caldas.

balotar *v. intr.* Elegir, papeletear.

balsa¹ *s. f.* Alberca, estanque, laguna, poza.

balsa² *s. f.* Almadía, guarés, jangada.

balsamera *s. f.* Esenciero, pomo, perfumador.

balsámico, ca *adj.* Aromático, fragante, oloroso. ➤ *Pestilente, maloliente.*

bálsamo *s. m.* **1. Gomorresina,** goma, barniz. **2. Esencia,** remedio, medicina. **3 Alivio,** desahogo, calmante. ➤ *Espina, inquietud, herida.*

baluarte *s. m.* **1. Barbacana,** almena, bastión, garita, torreta, torre. **2. Parapeto,** protección, defensa, custodia, salvaguarda.

balumba *s. f.* Desorden, lío, barullo, confusión, desbarajuste, desorganiza-

ción. ➤ *Orden, organización, ordenación, ajuste.*

bambalina *s. f.* Colgadura, cortina, telón, lienzo.

bambarria *s. m. y s. f.* Bobo, mentecato.

bamboche *s. m.* Orondo, rechoncho.

bambolear *v. intr.* Bambanear, tambalearse, vacilar, perder el equilibrio.
➤ *Aquietarse, equilibrarse.*

bamboleo *s. m.* Oscilación, bandeo.

bambolla *s. f.* Aparato, ostentación,
boato, pompa, fausto, ampulosidad.
➤ *Sencillez, modestia.*

banal *adj.* Anodino, superficial, intrascendente, baladí, insustancial, insignificante, fútil. ➤ *Importante, profundo, trascendente, fundamental,
básico.*

banasta *s. f.* Canasto, canasta, canastilla, cesto, capacho, cuco.

banca[1] *s. f.* Banco, taburete, escaño.

banca[2] *s. f.* Banco.

bancal *s. m.* **1. Terraplén. 2. Predela**,
banco.

bancario, ria *adj.* Bursátil, financiero,
mercantil.

bancarrota *s. f.* Ruina, hundimiento,
desastre, crack, fracaso. ➤ *Riqueza,
abundancia, esplendidez.*

banco *s. m.* **1. Taburete**, poyo, grada,
banqueta, banquillo, escaño. **2. Banca**, caja de ahorros.

banda[1] *s. f.* Estola, insignia, orla, cinturón, faja, cinta, lista.

banda[2] *s. f.* Partida, facción, cuadrilla,
pandilla, grupo, conjunto.

bandada *s. f.* **1. Banco**, cardume, car-
dumen. **2. Muchedumbre**, masa.

bandazo *s. m.* Balanceo, cabezada, oscilación, traspié.

bandear *v. tr.* Balancear, mecer, columpiar.

bandeja *s. f.* **1. Fuente**, patena. **2. Plato**, escudilla.

bandera *s. f.* **1. Insignia**, enseña, estandarte, pabellón. **2. Divisa**, emblema, pendón. **3. Banderín**, gallardete.

bandería *s. f.* Partido, facción, sección,
rama, bando, cuadrilla.

banderillear *v. tr.* Parear.

banderín *s. m.* Insignia, flámula.

banderizo, za *adj.* Faccioso, parcial,
revolucionario.

bandido, da *adj.* Malhechor, prófugo,
criminal, cuatrero, bandolero. ➤
Honrado, probo.

bando[1] *s. m.* Proclama, orden, edicto.

bando[2] *s. m.* Partida, rama, secta.

bandola *s. f.* Bandolina, bandurria,
laúd, mandolina.

bandolera *s. f.* Tahalí, correaje.

bandolerismo *s. m.* Bandidaje, vandalismo, barbarie, atropello, tropelía.
➤ *Orden, respeto, reverencia.*

bandolero *s. m.* Maleante, criminal,
bandido, cuatrero, salteador.

bandolina *s. f.* Cosmético, fijador, laca.

bandullo *s. m.* Barriga, vientre, panza,
abdomen.

bandurria *s. f.* Bandolina, guitarra,
mandolina, laúd.

banquero, ra *s. m. y s. f.* Bolsista, accionista, cambista, financiero.

banqueta *s. f.* **1. Escaño**, taburete. **2.
Escabel**, alzapiés.

banquete *s. m.* Comilona, cuchipanda,
convite, festín, ágape, fiesta.

banquetear *v. tr.* Convidar, invitar.

bañador *s. m.* Bikini, calzón, maillot,
slip, traje de baño.

bañar *v. tr.* Mojar, remojar, duchar, sumergir, chapuzar, empapar.

bañera *s. f.* Barreño, tina, pilón, baño.

bañero *s. m.* Cuidador, socorrista.

bañil *s. m.* Bañadero, charco.

baño *s. m.* **1. Inmersión**, sumersión,
remojón, ducha, chapuzón. **2. Bañera**, tina, cubeta, pilón. ‖ *s. m. pl.* **3.
Caldas**, termas.

bao *s. m.* Travesaño, viga.

baqueta *s. f.* Varilla, taco, junquillo.

baqueteado, da *adj.* **1. Avezado**, habituado, experimentado, experto,
acostumbrado, entrenado. ➤ *Inexperto, desacostumbrado.* **2. Gastado**,
rozado. ➤ *Flamante, nuevo.*

baquetear *v. tr.* **1. Castigar**, moler. **2.
Fastidiar**, molestar, incordiar.

baqueteo *s. m.* Azotaina, tunda.

baquiano, na *adj.* Baqueano, práctico, experto.

báquico, ca *adj.* Dionisíaco, orgiástico, borracho.

baquio *s. m.* Pariambo.

bar *s. m.* Café, taberna, mesón, tasca, cantina, pub, cafetería.

barahúnda *s. f.* Batahola, desbarajuste, algarabía, follón, lío, desorden, alboroto, jolgorio, vocerío. ➤ *Silencio, quietud, calma, paz.*

baraja *s. f.* Cartas, naipes.

barajar *v. tr.* Entremezclar, revolver. ➤ *Ordenar, clasificar.*

barajón *s. m.* Raqueta.

baranda *s. f.* Banda.

barandal *s. m.* Pasamano, barra.

barandilla *s. f.* Barandal, pasamano, antepecho.

baratar *v. tr.* Abaratar.

baratería *s. f.* Mohatra, engaño, fraude.

baratija *s. f.* Chuchería, bujería, nadería, bagatela, fruslería, bobería. ➤ *Joya, tesoro, alhaja.*

baratillero, ra *s. m. y s. f.* Prendero, ropavejero, trapero, saldista, baratista, compraventero.

baratillo *s. m.* Zoco, rastro, rastrillo, mercadillo.

barato, ta *adj.* Asequible, módico, económico, rebajado, de ocasión. ➤ *Caro, costoso, oneroso, dificultoso, inasequible.*

báratro *s. m.* Abismo, infierno, averno.

baratura *s. f.* Rebaja, saldo, ocasión.

barba *s. f.* Barbilla, mentón.

barbada *s. f.* Freno.

barbado, da *adj.* Barbudo.

barbaja *s. f.* Teta.

bárbaramente *adv. m.* Atrozmente, ferozmente, bestialmente, cruelmente, inhumanamente, toscamente, groseramente, crudamente, a lo salvaje, a lo cafre. ➤ *Suavemente, humanamente, dulcemente, delicadamente, cortésmente, con tacto, habilidosamente.*

barbaridad *s. f.* **1. Ferocidad**, atrocidad, bestialidad, brutalidad, salvajada. ➤ *Humanidad, blandura, dulzura, cariño, mimo, atención, delicadeza.* **2. Disparate**, desbarro, desatino, desvarío, aberración, despropósito, imprudencia, temeridad. ➤ *Acierto,*

atinamiento. **3. Enormidad**, demasía, exageración, sobreabundancia. ➤ *Pequeñez, nimiedad, escasez, parquedad.*

barbarie *s. f.* **1. Cerrilidad**, salvajismo, rusticidad, incultura. ➤ *Humanidad, cultura.* **2. Ferocidad**, inhumanidad, fiereza, crueldad. ➤ *Suavidad, ternura, humanidad.*

barbarismo *s. m.* Solecismo, extranjerismo. ➤ *Casticismo.*

barbarizar *v. tr.* **1. Extranjerizar.** ‖ *v. intr.* **2. Desbarrar**, desatinar, disparatar. ➤ *Atinar, acertar.*

bárbaro, ra *adj.* **1. Feroz**, inhumano, atroz, cruel, fiero, salvaje, sanguinario, bestial. ➤ *Dulce, cariñoso, humano, delicado, caritativo.* **2. Rudo**, tosco, salvaje, cerril, ignorante, inculto, basto, grosero, zafio, bruto. ➤ *Refinado, culto, elegante, gentil, educado, ilustrado, fino, cultivado.* **3. Imprudente**, alocado, atrevido, temerario, arriesgado, echado para adelante. ➤ *Prudente, respetuoso, cortado, cobarde.*

barbecho *s. m.* Huebra, tierra holgada.

barbería *s. f.* Peluquería.

barbero *s. m.* **1. Peluquero**, fígaro, rasurador, rapador, afeitador. **2. Pelotillero**, adulador.

barbián, na *adj.* Galán, gallardo, desenvuelto.

barbilampiño *adj.* Imberbe, lampiño, rapagón, desbarbado. ➤ *Barbado, barbiluengo, velludo, barbudo, cerrado de barba.*

barbilindo *adj.* Barbilucio, afeminado, galancete.

barbilla *s. f.* Mentón, barba, hoyuelo, perilla.

barbiquejo *s. m.* Barbuquejo.

barbirrapado, da *adj.* Afeitado, barbihecho.

barbitúrico *s. m.* Narcótico, hipnótico, somnífero.

barbo *s. m.* Carpa.

barboquejo *s. m.* Barbiquejo, barbuquejo, barbillera, barbijo.

barbotar *v. intr.* Musitar, barbotear, farfullar, barbullar, balbucear, balbucir, murmurar, rezongar, mascullar, cuchichear.

barbudo, da *adj.* Barbado, barbicerrado, velludo, barboso, cerrado de barba, barbiespeso. ➤ *Lampiño, imberbe, rapado, afeitado.*

barbulla *s. f.* Batahola, vocería, algazara. ➤ *Silencio, calma.*

barbullar *v. intr.* Barbotar, alborotar.

barca *s. f.* **1. Lancha,** bote, batel, barcaza, canoa. **2. Barcaje,** pasaje.

barcaza *s. f.* Gabarra, barcón, barca, gabarrón, lancha.

barcia *s. f.* Desecho, sobra, cáscara.

barco *s. m.* Buque, navío, nave, bajel, vapor, embarcación, nao.

barcón *s. m.* Gabarra, lanchón.

bardo *s. m.* Aedo, juglar, rapsoda, vate, recitador, trovador, coplero, cantor.

baremo *s. m.* Escala.

bargueño *s. m.* Cómoda, armario.

baritel *s. m.* Cabestrante.

baritina *s. f.* Espato, hepatita.

barjuleta *s. f.* Equipaje, macuto, mochila, petate, bolsón, saco.

barniz *s. m.* Esmalte, laca, brillo, lustre, tintura.

barnizar *v. tr.* Encerar, esmaltar, lacar, vidriar, embarnizar.

barógrafo *s. m.* Barómetro.

barómetro *s. m.* Barógrafo.

barquero, ra *s. m. y s. f.* Batelero, marinero, remero, timonel.

barquillo *s. m.* Canutillo, oblea, galleta, pasta.

barquinazo *s. m.* Sacudida.

barra *s. f.* **1. Barrote,** lingote, tocho, estaca, palo, tranca, vara, varilla, palanca, tira. **2. Pistola,** pan.

barrabasada *s. f.* Atropello, tropelía, desafuero, enredo, travesura. ➤ *Seriedad, comedimiento.*

barraca *s. f.* Barracón, caseta, chabola, choza, refugio, cabaña.

barragana *s. f.* Querida, manceba, amiga, amante, concubina. ➤ *Esposa.*

barranca *s. f.* Despeñadero, barranco.

barranco *s. m.* **1. Quebrada,** desfiladero, precipicio, garganta, descolgadero. **2. Atolladero,** dificultad.

barrear *v. tr.* Tachar, rayar.

barreduras *s. f. pl.* **1. Basura,** desperdicio, suciedad. **2. Residuo,** inmundicia, resto, mugre.

barrena *s. f.* **1. Berbiquí,** broca, fresa. **2. Punzón,** taladro.

barrenar *v. tr.* **1. Taladrar,** horadar, agujerear, perforar, calar. ➤ *Taponar.* **2. Malograr,** impedir, arruinar, echar por tierra, imposibilitar. ➤ *Ayudar, favorecer.* **3. Infringir,** conculcar. ➤ *Respetar, cumplir.*

barrenero *s. m.* Dinamitero.

barreño, ña *s. m. y s. f.* Terrizo, jofaina, tinaja, odre, artesa.

barrer *v. tr.* **1. Limpiar,** pasar la escoba, cepillar, arrastrar. ➤ *Ensuciar.* **2. Hacer desaparecer,** desembarazar, apartar, arrollar, dispersar, despejar, expulsar. ➤ *Dejar, conservar.*

barrera *s. f.* **1. Valla,** estacada, muro, seto, tapia, parapeto, reja, verja, empalizada, cerca, seto. **2. Impedimento,** obstáculo, oposición.

barrero *s. m.* Barrera.

barretear *v. tr.* Afirmar, asegurar.

barrica *s. f.* Garrafón, odre.

barricada *s. f.* Barrera, defensa, parapeto, trinchera, enzarzada.

barriga *s. f.* **1. Panza,** tripa, abdomen, mondongo, vientre. **2. Curvatura,** convexidad, arqueo, bombeo.

barrigudo, da *adj.* Gordo, obeso, rechoncho, orondo, panzudo, tripudo, rollizo, inflado. ➤ *Flacucho, consumido, escurrido, chupado.*

barril *s. m.* Bocoy, cuba, cubeta, pipa, tonel, bota.

barrilete *s. m.* Barril.

barrilla *s. f.* **1. Almarjo,** sosa. **2. Natrón.**

barrillar *s. m.* Almarjal.

barrio *s. m.* Distrito, barriada, alfoz, suburbio, manzana, ciudadela, acrópolis, arrabal, cuartel, extramuros.

barrisco, a *loc. adv.* A puñados, a montones.

barrizal *s. m.* Lodazal, fangal, cenagal. ➤ *Sequedad, secadal, seguera.*

barro *s. m.* **1. Arcilla. 2. Cieno,** fango, légamo, limo, lodo, lama, reboño, cazcarria, pecina. **3. Cerámica.**

barroco, ca *adj.* Excesivo, profuso, recargado, pomposo, plateresco, rococó, charro, estrambótico. ➤ *Sencillo, simple.*

barroquismo *s. m.* Exageración, pomposidad. ➤ *Sencillez.*

barrote *s. m.* **1. Reja. 2. Travesaño,** larguero, cerrojo, palo.

barrueco *s. m.* Berrueco.

barrumbada *s. f.* Fanfarronada, petulancia.

barruntar *v. tr.* Suponer, sospechar, conjeturar, prever, anunciar, presuponer, señalar, inducir, inferir, olfatear. ➤ *Ignorar, desconocer.*

barrunte *s. m.* Presentimiento, corazonada, atisbo, remusgo. ➤ *Certeza.*

barrunto *s. m.* Sospecha, recelo, señal, atisbo, anuncio, presentimiento, corazonada, indicio, sospecha, vislumbre. ➤ *Certeza, seguridad.*

bártulos *s. m. pl.* Utensilios, cachivaches, trastos, efectos, equipaje, objetos, chismes, útiles.

barullo *s. m.* Lío, enredo, desbarajuste, confusión, alboroto, ruido, revoltijo, jaleo, tumulto, algarada, desorden, escándalo, mezcla, revuelta, zurriburri, liorna. ➤ *Orden, calma, concierto.*

barzón *s. m.* **1. Mediana. 2. Coyunda.**

basa *s. f.* Pedestal, zócalo, basamento, rehundido, base, fundamento, cimientos, plinto, neto.

basamento *s. m.* Pedestal, plinto, base, sotabaza.

basar *v. tr.* Cimentar, descansar, apoyarse, fundamentar.

basca *s. f.* **1. Náusea,** ansia, fatiga, arcada, desazón, regurgitación, vuelta de estómago. **2. Arrebato,** arrechucho.

bascosidad *s. f.* **1. Porquería,** asquerosidad. **2. Taco,** grosería, blasfemia.

báscula *s. f.* Balanza, romana.

bascular *v. intr.* Temblar, vacilar.

base *s. f.* **1. Fundamento,** asiento, cimiento, soporte. **2. Pedestal. 3. Pie.**

básico, ca *adj.* Elemental, primordial, esencial, fundamental. ➤ *Secundario, accesorio.*

basílica *s. f.* **1. Alcázar,** palacio, mansión. **2. Catedral,** templo, colegiata.

basilisco *s. m.* Régulo, furia, trasgo, século, arpía, monstruo, brujo, íncubo.

basquear *v. intr.* **1. Vomitar,** nausear. ‖ *v. tr.* **2. Asquear,** repugnar. ➤ *Agradar, gustar.*

bastante *adj.* Suficiente, asaz. ➤ *Escaso, insuficiente.*

bastantemente *adv. c.* Asazmente, sobradamente, suficientemente, cumplidamente, capazmente, saturadamente, pasablemente. ➤ *Insuficientemente, escasamente, excesivamente.*

bastardear *v. intr.* **1. Envilecer,** corromper, depravar, viciarse. ➤ *Mejorarse, perfeccionarse.* **2. Corromperse,** degenerar, alterarse. ➤ *Purificarse, acrisolarse, acendrarse.*

bastardilla *adj.* Cursiva, itálica.

bastardo, da *adj.* **1. Falso,** bajo, vil, infame. **2. Ilegítimo,** espurio, noto. ➤ *Legítimo.*

bastedad *s. f.* Grosería, vileza, basteza.

basterna *s. f.* Angarillas, litera.

bastero, ra *s. m. y s. f.* Guarnicionero.

basteza *s. f.* Ordinariez, zafiedad, grosería, rusticidad, aspereza, bastedad, grosura, tosquedad, rugosidad. ➤ *Finura, cortesía, suavidad, pulimento.*

bastidor *s. m.* Chasis, esqueleto, castillejo, entramado.

bastimentar *v. tr.* Abastecer, proveer.

basto, ta *adj.* Burdo, ordinario, rudo, rústico, ineducado, zoquetudo, grosero, zafio, zamborotudo. ➤ *Educado, fino, refinado, cortés.*

bastón *s. m.* Báculo, cayado, vara, muleta, rotén, palo, clava, croza, arrimo, lituo, bordón, rota, estaca, apoyo, muletilla, garrote, cayada, cachava, bengala, tiento, macana.

bastonazo *s. m.* Estacazo, porrazo, garrotazo, varapalo, varazo, trancazo.

bastonear *v. tr.* Varear.

bastonera *s. f.* Paragüero.

basura *s. f.* **1. Inmundicia,** porquería, barreduras, impureza, suciedad. **2. Excrementos,** sedimentos, estiércol, mugre.

basurero *s. m.* Albañal, estercolero, muladar, vertedero, letrina, jamerdama, pocilga, sentina, zahurda.

bata *s. f.* Albornoz, batín, peinador, quimono.

batacazo *s. m.* Porrazo, trastazo, costalada, caída, golpe, barquinazo, morrada, zarpazo, pechugón.

batahola *s. f.* Jarana, jaleo, griterío, algarabía, bulla, jolgorio, bullicio, juerga, barahunda, estruendo, escándalo, tumulto. ➤ *Silencio, calma, tranquilidad.*

batalla *s. f.* Lid, pelea, lucha, contienda, torneo, cruzada, golpe de mano, operaciones, zalagarda, encuentro, justa, hostilidades, estratagema, degollina, invasión, estrago, choque, zafarrancho, escaramuza, ofensiva, conflicto, acometimiento. ➤ *Tregua, paz, armisticio.*

batallador, ra *adj.* **1. Belicoso**, guerrero, combatiente, enemigo, soldado. **2. Campeador**, estratega.

batallar *v. intr.* **1. Luchar**, lidiar, contender. ➤ *Pacificar, apaciguar.* **2. Altercar**, disputar, porfiar. ➤ *Calmar.*

batanear *v. tr.* Atizar, pegar, golpear. ➤ *Acariciar.*

batata *s. f.* **1. Boniato. 2. Cortedad**, poquedad, cobardía.

batatilla *s. f.* Pepino.

batayola *s. f.* Antepecho.

batel *s. m.* Lancha, barca, chalana, canoa, bote, piragua.

batelero, ra *s. m. y s. f.* Barguero, lanchero, remero, timonel.

batería *s. f.* Acumulador.

baticola *s. f.* Grupera, correa.

batida *s. f.* Reconocimiento, exploración, rastreo, ojeo.

batidera *s. f.* Azada, azadilla.

batido, da *adj.* Frecuentado, hollado, conocido, trillado, recorrido, transitado. ➤ *Intransitado, abandonado.*

batidor, ra *s. m.* **1. Escarpidor. 2. Guía**, reconocedor, descubridor. ‖ *s. m. y s. f.* **3. Limadora**, mezcladora.

batín *s. m.* Albornoz, peinador, bata.

batintín *s. m.* Gongo, gong.

batir *v. tr.* **1. Percutir**, azotar, golpear, martillar. **2. Destrozar**, destruir, arruinar, derribar, tumbar, asolar. ➤ *Reconstruir, rehacer, levantar.* **3.**

Vencer, deshacer, arrollar, sojuzgar, humillar, derrotar, someter. ➤ *Perder.* **4. Explorar**, reconocer. ‖ *v. prnl.* **5. Batallar**, lidiar, luchar.

batojar *v. tr.* Golpear, varear.

batracio *adj.* Anuro, urodelo.

batuda *s. f.* Brinco, cabriola.

batuque *s. m.* Alboroto, barahunda, follón, confusión, gresca, barullo.

baturrillo *s. m.* Revoltijo, popurrí, amasijo, desorden, mezcla, batiburrillo, cóctel, frangollo.

bauprés *s. m.* Bausán, botalón.

bausán *s. m.* **1. Rudo**, zafio. **2. Perezoso**, vago.

bautizar *v. tr.* **1. Cristianar**, batear, crismar. **2. Apellidar**, nombrar. **3. Apodar**, motejar, llamar. **4. Aguar**, rebajar, mermar.

bautizo *s. m.* Bateo, bautismo, cristianismo.

bauza *s. f.* Leña, madero, tocho.

baya *s. f.* Fruto.

bayadera *s. f.* Danzarina, bailarina, cantora.

bayeta *s. f.* Trapo, gamuza, alijofifa, boquín.

bayoneta *s. f.* Machete.

baza *s. f.* Tanto, partida.

bazar *s. m.* **1. Zoco**, mercado. **2. Feria**, lonja.

bazofia *s. f.* **1. Guisote**, potaje. **2. Bodrio**, comistrajo.

bazucar *v. tr.* Sacudir, menear, zabucar, revolver.

beata *s. f.* **1. Devota**, religiosa, fervorosa. **2. Mojigata**, hipócrita.

beatería *s. f.* Devotería, santería, santurronería. ➤ *Piedad, sinceridad.*

beatificación *s. f.* Canonización, santificación. ➤ *Anatema, excomunión.*

beatificar *v. tr.* Canonizar, santificar. ➤ *Excomulgar, anatematizar.*

beatífico, ca *adj.* Bienaventurado, venerable. ➤ *Pecador.*

beatitud *s. f.* Dicha, felicidad, santidad, gloria eterna, bienaventuranza. ➤ *Condenación, fuego eterno.*

beato, ta *adj.* **1. Santo**, bendito, bienaventurado. **2. Mojigato**, gazmoño, santurrón, hipócrita, beatón.

bebé *s. m.* Niño, nene, rorro, lactante, mamoncete, angelito, muñeco, chiquitín.

bebedero *s. m.* Abrevadero, pilón.

bebedizo *s. m.* Filtro, pócima, brebaje.

bebedor, ra *adj.* **1. Beodo**, borracho. ➤ *Sobrio, abstemio.* ‖ *s. m.* **2. Abrevadero**, pilón.

beber *v. intr.* Trasegar, libar, pimplar, sorber, escanciarse, refrescar, chingar, abrevarse, saborear, absorber, trincar, soplarse, copear, chisquetear, ingerir, matar la sed, empinar el codo, echar un trago.

bebida *s. f.* Caldo, jugo, néctar, vino, poción, refresco, consumición, elixir, brebaje, licor, zumo, agua.

bebido, da *adj.* Chispa, achispado, borracho, ebrio, embriagado, beodo, cocido, mamado, curda. ➤ *Sobrio, abstemio, frugal.*

bebistrajo *s. m.* Cóctel, combinado, mejunje, explosivo.

beca *s. f.* Subvención, préstamo, ayuda, prebenda.

becada *s. f.* Chocha, coalla, gallineta, pitorra.

becar *v. tr.* Ayudar, pensionar, sufragar, subvencionar.

becario, ria *s. m. y s. f.* Pensionado.

becerrada *s. f.* Novillada, tienta, lidia, capea.

becerro *s. m.* Añojo, novillo, eral.

bedel, la *s. m. y s. f.* Conserje, ordenanza, portero, vigilante, celador, ujier.

befa *s. f.* Escarnio, grosería, rechifla, irrisión, chuflilla, insulto, pitorreo, desprecio, mofa, chungueo, chufla, desdén.

befar *v. tr.* Mofar, insultar, despreciar, burlar, chunguear, rechiflarse, escarnecer, pitorrear, desdeñar, guasearse. ➤ *Alabar, elogiar, respetar.*

behetría *s. f.* **1. Feudo**, señorío. **2. Barullo**, alboroto, confusión, desorden.

beige *adj.* Ocre, crema, crudo.

bejín *s. m.* Llorica, enojadizo, irritable.

bejuquear *v. tr.* Sacudir, varear.

Belcebú *n. p.* Leviatán, Satanás, Satán, diablo, Luzbel, Lucifer.

belcho *s. m.* Uva de mar, canadillo.

beldad *s. f.* **1. Belleza**, hermosura, guapura, lindura, lindeza, venustez. ➤ *Fealdad.* **2. Hermosa,** preciosa, venus, pimpollo. ➤ *Fea.*

beldar *v. tr.* Abieldar, aventar.

belén *s. m.* Lío, embrollo, cirio, desorden, jaleo, enredo, cisco, alboroto, follón, tumulto, bulla, marimorena. ➤ *Calma, tranquilidad, balsa.*

belfo *s. m.* Hocico, morro, jeta.

belicismo *s. m.* Militarismo.

belicista *adj.* Militarista.

bélico, ca *adj.* Belicoso, marcial, guerrero, castrense, militar.

belicosidad *s. f.* Agresividad, beligerancia, combatividad. ➤ *Pacifismo.*

belicoso, sa *adj.* Batallador, luchador, combatiente, belicista, pendenciero. ➤ *Pacífico.*

beligerante *adj.* Contendiente, atacante, contrario, adversario. ➤ *Aliado, neutral.*

belitre *adj.* Pillo, villano, pícaro.

bellaquear *v. intr.* Picardear, pillear, truhanear.

bellaquería *s. f.* Vileza, bajeza, ruindad, tunantería, perversidad, bellacada, truhanería, villanía, maldad, picardía, deslealtad. ➤ *Proeza, hombrada, buena obra.*

belleza *s. f.* Hermosura, beldad, lindura, perfección, encanto, gracia, guapura, atractivo, finura, preciosidad, brillo, divinidad, seducción, delicadeza, primor, exquisitez. ➤ *Fealdad, desproporción, insulsez.*

bello, lla *adj.* Hermoso, bonito, lindo, guapo, precioso, agraciado, escultural, exquisito, primoroso, majo, divino, encantador, atractivo, brillante. ➤ *Feo, repulsivo, desproporcionado, repugnante.*

bellota *s. f.* Bálano.

belvedere *s. m.* Bellavista, galería, mirador.

bencina *s. f.* Gasolina, esencia, carburante.

bendito, ta *adj.* **1. Ejemplar**, venerable, admirable. ➤ *Maldito, maligno, perverso.* **2. Beato,** santo, bienaventurado, puro. ➤ *Pecador, pecaminoso.* ‖ *s. m. y s. f.* **3. Cándido**, bobalicón, simple, pánfilo, pazguato, simplón. ➤ *Avisado, malicioso, pícaro.*

benefactor, ra *adj.* Filántropo, humanitario, bienhechor. ➤ *Dañino, perjudicial.*

beneficencia *s. f.* Benevolencia, caridad, filantropía, humanidad, bondad, benignidad. ➤ *Maldad, inhumanidad, malignidad.*

beneficiar *v. tr.* **1. Favorecer**, dispensar, ayudar, bonificar. ➤ *Perjudicar, dañar.* **2. Aprovechar**, utilizar. **3. Explotar**, sacar rendimiento.

beneficiario, ria *adj.* Adjudicatario, usuario.

beneficio *s. m.* **1. Favor**, merced, servicio, gracia, regalo, ayuda, atención, apoyo, socorro, protección, donación. ➤ *Daño, mal, perjuicio.* **2. Ganancia**, rendimiento, lucro, dividendo, fruto, utilidad, ventaja, jugo. ➤ *Pérdida.* **3. Taquilla.**

beneficioso, sa *adj.* Benéfico, productivo, rentable, lucrativo, provechoso, favorable, bueno, útil, fructuoso, ventajoso. ➤ *Pernicioso, dañino, malo, desfavorable.*

benéfico, ca *adj.* **1. Beneficioso**, provechoso, favorable. ➤ *Perjudicial.* **2. Humanitario**, caritativo. ➤ *Impío, inhumano.*

benemérito, ta *adj.* Honorable, meritorio, laudable, estimable, bueno, plausible. ➤ *Indigno, malo.*

beneplácito *s. m.* Consentimiento, venia, asentimiento, autorización, aprobación, conformidad, permiso, licencia, aceptación. ➤ *Negativa, prohibición, oposición.*

benevolencia *s. f.* Afabilidad, bondad, magnanimidad, clemencia, indulgencia, generosidad, amabilidad, benignidad, condescendencia, humanidad. ➤ *Aspereza, rigidez, dureza, inclemencia.*

benévolo, la *adj.* Benigno, bondadoso, propicio, indulgente, magnánimo, clemente, afable, generoso, condescendiente, amable, humano, afectuo-

so, cariñoso, bienintencionado, compasivo, complaciente, humanitario. ➤ *Dañino, malintencionado, inclemente, inhumano, duro, áspero.*

benignidad *s. f.* Afabilidad, benevolencia, compasión, generosidad, liberalidad, bondad, magnanimidad, indulgencia, clemencia, amabilidad, dulzura, altruismo, delicadeza. ➤ *Mezquindad, dureza, maldad, inclemencia, aspereza, rigidez.*

benigno, na *adj.* **1. Bondadoso**, clemente, indulgente, humano, generoso, magnánimo. ➤ *Malo, inhumano, duro, maligno, despiadado.* **2. Apacible**, suave, dulce, sereno, afable, afectuoso. ➤ *Rebelde.*

benjamín *s. m.* Peque, pequeño, último. ➤ *Primogénito, mayor.*

beodo, da *adj.* Ebrio, bebido, borracho, cocido, mamado, achispado, alegre, cuba. ➤ *Sobrio, cuerdo.*

beque *s. m.* Bacín, orinal, bacinilla, perico.

berbecí *s. m.* Bejín.

berbiquí *s. m.* Broca, fresa, taladro.

berceo *s. m.* Albardín, barceo.

berenjenal *s. m.* Follón, jaleo, lío, laberinto, complicación, maraña, embrollo, desorden, enredo, barullo, tinglado, pitote.

bergante *s. m.* Bandido, belitre, bribón, pícaro, golfo, truhán, sinvergüenza, granuja, bellaco, canalla, buscón, indeseable. ➤ *Santo, bendito, ángel.*

beriberi *s. m.* Escorbuto.

berilio *s. m.* Glucinio.

berilo *s. m.* Aguamarina, topacio.

berlina *s. f.* Cupé.

bermejizo *s. m.* Panique.

bermejo, ja *adj.* **1. Rubio**, rufo, bermellón, rojo, cobrizo, canela, anaranjado. **2. Taheño.**

berrear *v. intr.* **1. Bramar**, mugir, rugir. **2. Chillar**, gritar, vocear, dar berridos, desgañitarse, vociferar.

berrendo, da *adj.* Tordo.

berrera *s. f.* Arsáfraga.

berrido *s. m.* **1. Mugido**, bramido. **2. Chillido**, gallo.

berrinche *s. m.* Pataleta, rabieta, enojo, berrechín, disgusto, enfado, sofoco, desilusión, coraje, perra, pataleo.

berro *s. m.* Balsamita, mastuerzo.

besalamano *s. m.* Esquela, nota, volante.

besamanos *s. m.* **1. Acatamiento**, ceremonia. **2. Saludo**.

besante *s. m.* Roeles.

besar *v. tr.* Besuquear, rozar, dar besos, dar el pico, hocicar, besotear, hociquear, oscular.

beso *s. m.* **1. Ósculo**, besuqueo. **2. Trastazo**, trompada.

bestezuela *s. f.* Bicharraco, bicho.

bestia *s. f.* **1. Alimaña**, bicho, fiera. ‖ *s. m. y s. f.* **2. Zafio**, bárbaro, salvaje, bruto.

besugo *s. m.* Pagel.

besuquear *v. tr.* Besar, achuchar, amorrar, hociquear, besotear, hocicar.

betún *s. m.* Alquitrán.

bezote *s. m.* Arete.

bezudo, da *adj.* Hocicudo, morrudo.

biaural *adj.* Biauricular.

biberón *s. m.* Tetero, chupete.

bibliografía *s. f.* Lista, índice, relación, catálogo.

biblioteca *s. f.* **1. Archivo**, colección. **2. Estantería**, estante, anaquel.

bibliotecario, ria *s. m. y s. f.* Archivero.

bicicleta *s. f.* Biciclo, bici, triciclo.

bicípite *adj.* Bicéfalo.

bicoca *s. f.* **1. Pequeñez**, nadería, fruslería, bagatela, insignificancia, chuchería, menudencia, futilidad. **2. Ganga**, breva, chollo, canonjía, ocasión, mina, momio.

bicoquete *s. m.* Bonete, bicoqueta, papalina, gorra.

bidón *s. m.* Barril, lata.

biela *s. f.* Cruceta, manivela, eje.

bieldo *s. m.* Aventador, horquilla, bielga, bielgo.

bien *adj.* **1. Acomodado.** ➤ *Modesto.* ‖ *s. m.* **2. Bondad**, virtud. ➤ *Mal, maldad.* **3. Provecho**, prosperidad, utilidad, beneficio, interés, conveniencia, servicio, pro. ➤ *Detrimento, perjuicio, pérdida, ruina.* **4. Favor**, don, gracia,

merced. ➤ *Daño.* ‖ *s. m. pl.* **5. Caudal**, capital, hacienda, patrimonio, riquezas, fortuna. ‖ *adv. m.* **6. Correctamente**, acertadamente. ➤ *Mal, defectuosamente.* **7. Gustosamente.** ➤ *Desganadamente.*

bienandanza *s. f.* Suerte, dicha, optimismo. ➤ *Desgracia, tristeza.*

bienaventurado, da *adj.* **1. Beato**, santo, justo, venerable, bendito, elegido. ➤ *Condenado, maldito, pecador.* **2. Inocentón**, incauto, sencillo. **3. Feliz**, dichoso. ➤ *Desgraciado, infeliz.*

bienaventuranza *s. f.* **1. Dicha**, bienestar, fortuna, prosperidad, felicidad, tranquilidad, ventura, alegría. ➤ *Desgracia, tristeza, desdicha.* **2. Gloria**, vida eterna, inmortalidad. ➤ *Infierno, condenación.*

bienestar *s. m.* Riqueza, abundancia, comodidad, dicha, felicidad, bienandanza, fortuna, ventura, contento, paz, tranquilidad, suerte, placer, serenidad, confort, alegría. ➤ *Pobreza, carencia, malestar, infortunio, desventura.*

bienfortunado, da *adj.* Suertudo, afortunado. ➤ *Infortunado.*

bienhablado, da *adj.* Comedido, prudente. ➤ *Malhablado, maldiciente.*

bienhadado, da *adj.* Afortunado, venturoso, dichoso, bienfortunado, potroso, venturoso, suertudo, feliz. ➤ *Desafortunado, gafe, malhadado, infortunado.*

bienhechor, ra *adj.* Favorecedor, protector, benefactor, amparador, mecenas, abogado, tutor, padrino, patrocinador. ➤ *Malhechor.*

bienintencionado, da *adj.* Recto, justo. ➤ *Malvado, injusto.*

bienmandado, da *adj.* Dócil, obediente, sumiso. ➤ *Rebelde, díscolo.*

bienoliente *adj.* Fragante.

bienquerencia *s. f.* Cariño, simpatía, afecto. ➤ *Malquerencia, antipatía.*

bienquistar *v. tr.* Conciliar, reconciliar. ➤ *Malquistar.*

bienquisto, ta *adj.* Apreciado, considerado, querido, reputado. ➤ *Desestimado, despreciado.*

bienvenida *s. f.* **1. Acogida**, recibimiento, bienllegada. ➤ *Despedida*. **2. Saludo**, cumplimiento, agasajo, pláceme, salva, cortesía. ➤ *Desaire*.

bies, al *loc. adv.* Oblicuamente, en diagonal, en sesgo.

bífido, da *adj.* Dividido, rasgado, bifurcado. ➤ *Unido, junto*.

bifurcación *s. f.* **1. Ramificación**, división, desviación, desvío, ramal, derivación, cruce, separación, escisión. ➤ *Unión, confluencia*. **2. Rosa**, cruz.

bifurcado, da *adj.* Ramificado, triforme, separado, escindido. ➤ *Confluente*.

bígamo, ma *adj.* Bínubo, polígamo. ➤ *Monógamo*.

bígaro *s. m.* Bigarro.

bigote *s. m.* Mostacho, bozo, guía.

biguá *s. f.* Cormorán.

bigudí *s. m.* Rizador, rulo.

bilateral *adj.* Simultáneo, recíproco. ➤ *Unilateral*.

bilboquete *s. m.* Boliche, juguete.

bilioso, sa *adj.* **1. Ictérico**. **2. Colérico**, irritable, desagradable, intratable, atrabiliario, áspero, virulento, brusco. ➤ *Dulce, apacible, afable*.

bilis *s. f.* **1. Hiel**, secreción. **2. Amargura**, atrabilis, desabrimiento, irritabilidad, enojo, tristeza, virulencia, pesimismo, cólera, brusquedad, mala leche, malas pulgas. ➤ *Afabilidad, alegría, simpatía*.

billete *s. m.* **1. Esquela**, nota. **2. Bono**, tícket, entrada, volante.

billetero *s. m.* Monedero, cartera, billetera.

bimba *s. f.* **1. Chistera**, sombrero. **2. Gigante**.

binadera *s. f.* Azada.

binador *s. m.* Azada, azadón.

binar *v. tr.* Arar, cavar.

binoculares *s. m. pl.* Prismáticos, gemelos.

binóculo *s. m.* Prismáticos, quevedos, gafas, lentes, binoculares, impertinentes, antiparras, gemelos, anteojos.

bínubo, ba *adj.* Bígamo. ➤ *Monógamo*.

binza *s. f.* **1. Fárfara**. **2. Película**, telilla.

biografía *s. f.* Semblanza, vida, retrato, hechos, andanzas, bosquejo.

biombo *s. m.* Bastidor, canal, cancel, mampara, pantalla, celosía.

biopsia *s. f.* Disección, corte, extracción.

birimbao *s. m.* Trompa gallega.

birlar *v. tr.* Robar, hurtar, mangar, limpiar, desposeer, quitar, sustraer, afanar, ratear, sisar. ➤ *Dejar, devolver, restituir*.

birreta *s. f.* Bonete, solideo.

bisagra *s. f.* Gozne, charnela, articulación, pernio, juego, charneta.

bisar *v. tr.* Reiterar, repetir.

bisbisar *v. tr.* Cuchichear, bisbisear, musitar, susurrar, murmurar, farfullar, mascullar, barbotar, mascar.

bisbiseo *s. m.* Murmullo, arrullo, tole.

biscote *s. m.* Tostada.

bisecar *v. tr.* Partir, dividir a la mitad.

bisemanal *adj.* Quincenal.

bisojo, ja *adj.* Bizco, ojituerto, estrábico, birojo, guercho, trasajado, estrabón, bizcorneta, bizcuerno.

bisoñé *s. m.* Peluca.

bisoño, ña *adj.* Novel, novato, aprendiz, novicio, inexperto, pipiolo, principiante, nuevo, neófito. ➤ *Veterano, antiguo, maestro, avezado, experto, ducho*.

bistec *s. m.* Filete, chuleta.

bisturí *s. m.* Lanceta.

bituminoso, sa *adj.* Oleaginoso, petrolífero.

bizantinismo *s. m.* **1. Decadencia**, depravación, molicie, perversión, relajamiento, corrupción. ➤ *Austeridad, moderación*. **2. Barroquismo**, recargamiento, pomposidad. ➤ *Simplicidad, sencillez*.

bizarramente *adv. m.* Bravamente.

bizarría *s. f.* **1. Bravura**, valor. ➤ *Cobardía, temor*. **2. Apostura**, gallardía. ➤ *Desgarbo*. **3. Recargamiento**, barroquismo. ➤ *Sencillez, elegancia*.

bizarro, rra *adj.* **1. Valiente**, intrépido, arrojado, denodado, esforzado, valeroso, bravo. ➤ *Cobarde, apocado, pusilánime, desanimado*. **2. Generoso**, espléndido. ➤ *Tacaño, agarrado*. **3. Gallardo**, apuesto.

bizcar *v. intr.* Guiñar, volver, bizquear, embizcarse, extraviar, bizconear, cruzar los ojos, torcer la vista.

bizcochería *s. f.* Dulcería, bollería, pastelería.

bizcocho *s. m.* Bollo, torta, brioche.

bizquear *v. intr.* Guiñar, embizcarse.

blanco, ca *adj.* **1. Albo**, cano, níveo, albar, lechoso, cándido, armiñado, albino. ➤ *Negro, oscuro.* || *s. m.* **2. Diana**, centro. **3. Objetivo**, meta, fin.

blancote, ta *adj.* Pusilánime, cobarde. ➤ *Valiente, arrojado.*

blancura *s. f.* Albor, blancor, albura, candor. ➤ *Negrura, oscuridad.*

blancuzco, ca *adj.* Albino, blanquecino.

blandear *v. intr.* **1. Aflojar**, ceder. || *v. tr.* **2. Convencer**, persuadir, aflojar, ceder. ➤ *Resistir.*

blandengue *adj.* Calzonazos, timorato, tímido. ➤ *Atrevido, decidido.*

blandir *v. tr.* Agitar, arbolar, blandear, enarbolar, levantar, esgrimir, sacudir, tremolar.

blando, da *adj.* **1. Esponjoso**, suave, dúctil, blandengue, pastoso, maleable, tierno, fofo, blanduzco, blandujo, fláccido, esponjoso. ➤ *Duro, áspero, férreo, recio, firme.* **2. Pusilánime**, cobarde, apocado, flojo, asustadizo, timorato, indolente, débil. ➤ *Animoso, arriesgado, atrevido, valiente, arrojado, bizarro.*

blanducho, cha *adj.* Fofo, fláccido. ➤ *Duro, recio.*

blandura *s. f.* **1. Suavidad**, flaccidez, lenidad, ternura, esponjosidad, ductilidad, morbidez, maleabilidad, elasticidad. ➤ *Dureza, fortaleza, firmeza, rigidez.* **2. Flojedad**, debilidad, flojería, cobardía, apocamiento, indolencia, lentitud, inconstancia. ➤ *Valentía, constancia, fortaleza.*

blanquear *v. tr.* **1. Blanquecer**, nevar, armiñar. **2. Emblanquecer**, enjalbegar, encalar. ➤ *Ennegrecer, apagar, ensuciar.* || *v. intr.* **3. Albear.**

blanquecino, na *adj.* Blancuzco, blanquiñoso, níveo, cano, rucio, lechoso. ➤ *Negruzco, parduzco.*

blanqueo *s. m.* Enlucido, enjabelgamiento, blanqueamiento, emblanquecimiento, blanquinación, blanqueación, blanqueadura, limpieza, lavado.

blanquición *s. f.* Blanquecimiento.

blanquizal *s. m.* Gredal.

blasfemador, ra *adj.* Blasfemo, irreverente, renegador, blasfemante, maldiciente. ➤ *Reverente, respetuoso.*

blasfemante *adj.* Blasfemo, irreverente, execrador. ➤ *Reverente.*

blasfemar *v. intr.* Jurar, renegar, vituperar, maldecir, execrar, insultar, agraviar, ofender, ultrajar. ➤ *Orar, alabar, bendecir, ensalzar.*

blasfemia *s. f.* **1. Execración**, juramento, irreverencia, maldición, reniego, voto, imprecación. ➤ *Alabanza, bendición.* **2. Grosería**, imprecación, injuria, vituperio, ultraje, agravio, insulto. ➤ *Elogio, encomio, piropo, loa, lindeza.*

blasfemo, ma *adj.* **1. Irreverente**, blasfemante, injurioso, ofensivo, ultrajante, renegante, vejatorio. ➤ *Reverente, laudatorio.* **2. Blasfemador**, renegador, execrador, maldiciente, imprecador, ofensor, agraviador.

blasón *s. m.* Divisa, emblema, timbre.

blasonado, da *adj.* Aristocrático, noble, ilustre. ➤ *Plebeyo, vulgar.*

blasonador, ra *adj.* Baladrón, bocazas, fanfarrón. ➤ *Humilde, modesto.*

blasonar *v. intr.* Ostentar, presumir, gloriarse, jactarse, pavonearse, fanfarronear, vanagloriarse. ➤ *Ocultar, silenciar, avengonzarse, disimular.*

bledo *s. m.* Comino, ardite, pimiento, higa, pito, pepino.

blenorragia *s. f.* Blenorrea, gonococia, flujo.

blindaje *s. m.* Coraza, protección, defensa, caparazón, armadura.

blindar *v. tr.* Acorazar, fortificar, chapar, defender, parapetar.

blister *s. m.* Ampolla.

bloc *s. m.* Cuaderno, libreta.

blocar *v. tr.* Bloquear, detener.

blonda *s. f.* Puntilla, encaje.

bloquear *v. tr.* **1. Incomunicar**, aislar, sitiar, poner cerco, cercar, estrechar, asediar, encerrar. ➤ *Levantar el bloqueo*. **2. Inmovilizar**, congelar, detener, parar, suspender. ➤ *Desbloquear, mover, activar*.

bloqueo *s. m.* **1. Aislamiento**, asedio, sitio, cerco, circunvalación, incomunicación, encierro. **2. Suspensión**, paralización, paro, parada, detención. ➤ *Activación, movimiento*.

bluff *s. m.* Falsedad, farol, bravata.

blusa *s. f.* Cámisa, blusón, chambra, camisola, túnica.

blusón *s. m.* Túnica, blusa, camisola.

boato *s. m.* Pompa, lujo, fausto, fastuosidad, suntuosidad, deslumbramiento, postín, riqueza, derroche, opulencia. ➤ *Sencillez, humildad, pobreza*.

bobada *s. f.* Simpleza, necedad, tontería, majadería, bobería, tontada, estupidez, idiotez, cretinada, sandez, ñoñería, burrada, memez, tontuna, patochada. ➤ *Ingeniosidad, agudeza, ocurrencia, gracia, sutileza*.

bobalías *s. m. y s. f.* Bobalicón, bobo.

bobalicón, na *adj.* Bobo, memo, lerdo, zopenco, idiota, lelo, cretino, imbécil, corto, obtuso, primo, pazguato, gaznápiro, soso. ➤ *Listo, avispado, vivo, inteligente*.

bobear *v. intr.* Tontear.

bobería *s. f.* Asnada, dislate, gansada, majadería, tontería, necedad, fantochada, mentecatez, memez, botaratada, disparate, ñoñez, tontada, simpleza, patochada, tontuna, sandez, idiotez, simplonería, bobada, sosería, fatuidad. ➤ *Agudeza, ocurrencia, ingeniosidad, sutileza*.

bobina *s. f.* Devanadera, canilla, carrete, inductor.

bobinar *v. tr.* Rebobinar, arrollar, devanar.

bobo, ba *adj.* Alelado, ignorante, lelo, tonto, memo, idiota, pazguato, simple, tarugo, cándido. ➤ *Despabilado, listo, sagaz*.

boca *s. f.* **1. Bocacha**, morro, pico, morrete, bocaza, hocico, jeta. **2. Entrada**, salida, embocadura, puerta. **3. Agujero**, orificio, hueco, boquete, ojo, ojete.

bocací *s. m.* Bucarán.

bocadear *v. tr.* Trocear, despedazar.

bocadillo *s. m.* **1. Tentempié**, pincho. **2. Bocata**, sandwich, emparedado, medianoche, lima.

bocado *s. m.* **1. Mordisco**, dentellada, mordedura, muerdo, tarascada, tarascón. **2. Taco**, pincho, cacho, trozo, tapa, tentempié. **3. Freno**, embocadura. **4. Nuez**.

bocamanga *s. f.* Puño.

bocana *s. f.* Canal, estrecho.

bocanada *s. f.* Boqueada, buche.

bocarte *s. m.* Boquerón.

bocaza *s. m. y s. f.* Fanfarrón, jactancioso, bocón. ➤ *Lacónico, discreto, prudente*.

boceto *s. m.* **1. Mancha**, esbozo, bosquejo, apunte, croquis. **2. Proyecto**, esquema.

bochinche *s. m.* Griterío, confusión, barullo, tumulto, zapatiesta, tremolina, zipizape, guirigay, trifulca, tiberio, barahúnda, alboroto, bronca, zarabanda, marimorena, pandemónium, jaleo, algarabía. ➤ *Calma*.

bochinchero, ra *adj.* Jaranero, gritón, peleón, escandaloso.

bochorno *s. m.* **1. Calima**, canícula, calor, calorazo. ➤ *Frío, fresco*. **2. Rubor**, vergüenza, sofocación, sonrojo, sofoco. ➤ *Palidez, lividez*. **3. Desazón**, vergüenza.

bochornoso, sa *adj.* Escandaloso, vergonzoso, asfixiante. ➤ *Edificante, ejemplar*.

bocina *s. f.* Cláxon, altavoz, caracola, cuerno, portavoz, trompeta, trompa, pabellón. ➤ *Sordina*.

bocón, na *adj.* **1. Hablador**, charlatán, fanfarrón, chulo, fanfarroneador, farfantón, parlanchín, gallo. ➤ *Moderado, discreto, prudente*. **2. Jetudo**, boquiabierto, morrazos, bocudo, boquiancho, picudo, hocicudo, bezudo.

bocoy *s. m.* Tina, pipa, tonel.

boda *s. f.* Matrimonio, enlace, desposorio, esponsales, himeneo, nupcias, connubio, consorcio, vínculo, unión, casorio, bodorrio, bodijo. ➤ *Divorcio, separación, soltería*.

bodega s. f. **1. Depósito**, despensa, fresquera, cillero. **2. Granero**, cilla, troj, silo.

bodegón s. m. **1. Figón**, casa de comidas, bodega, tasca, bar, cantina, taberna. **2. Naturaleza muerta**.

bodegonero, ra s. m. y s. f. Mesonero, tabernero.

bodeguero, ra s. m. y s. f. Tabernero.

bodón s. m. Buhedo.

bodoque s. m. y s. f. Simple, tonto, tarugo, bobo, bolonio, necio, ignorante, mentecato, lelo, zoquete, memo, asno, zopenco, bolo. ➤ *Listo, as, lumbrera*.

bodrio s. m. **1. Bazofia**, comistrajo, guisote, sancocho. ➤ *Exquisitez, manjar*. **2. Birria**, mierda.

bofe s. m. Chofe, asadura, pulmón.

bofetada s. f. Galleta, cachete, guantada, sopapo, bofetón, soplamocos, mamporro, revés, trompazo, torta, chuleta, mojicón, guantazo, tornavirón, tortazo, tapaboca, moquete, tozalada, tincazo, cate, metido, tobarazo, puñada, casque, lapo, toba.

bofetón s. m. Guantazo, sopapo.

boga s. f. **1. Fama**, reputación, auge, prosperidad, moda, gloria, popularidad. **2. Singladura**, remadura, bogadura, batimiento, singa, chapoteo, paleteo, ciadura, picadura.

bogador, ra s. m. y s. f. Remero.

bohemio, mia adj. Artista, vagabundo, libre, despreocupado, desordenado, errante. ➤ *Convencional*.

bohío s. m. Chabola, choza, cobijo.

bohordo s. m. Jabalina, venablo.

boicot s. m. Aislamiento. ➤ *Aceptación*.

boicotear v. tr. Aislar, privar, coaccionar, coartar, reducir, incomunicar, hacer el vacío. ➤ *Aceptar, admitir*.

boite s. f. Pub, discoteca.

bojeo s. m. Contorno, perímetro.

bol s. m. **1. Taza**, tazón, jícara, pocillo, vaso. **2. Redada**, bolichada. **3. Boliche**, aljerife, traína, albareque, almadraba, jábega.

bola s. f. **1. Pelota**, esfera, burujo, canica, cuenta, balón, globo, grano, bala, píldora, rulo, agallón, pelote. **2. Pa-**

parrucha, engaño, mentira, embuste, fantasía, trola, hipérbole, cuento, patraña.

bolchevismo s. m. Comunismo, marxismo, leninismo.

bolear v. tr. Atontar, aturdir.

bolera¹ s. f. Boliche, bolos.

bolera² s. f. Torera, chaquetilla.

boleta s. f. **1. Entrada**, pase. **2. Cheque**, talón.

boletín¹ s. m. **1. Talón**. **2. Pase**.

boletín² s. m. Gaceta, revista, circular.

boleto s. m. **1. Cupón**, ticket. **2. Entrada**, localidad.

bólido s. m. **1. Meteorito**, asteroide, aerolito. **2. Coche de carreras**.

bolina s. f. Algazara, escándalo, estruendo. ➤ *Calma, silencio, paz*.

bollería s. f. Pastelería, dulcería.

bollero, ra s. m. y s. f. Pastelero.

bollo s. m. Pastelillo, torta, bizcocho, panecillo, rosca, hornazo, tortita.

bolo s. m. Tonto, bodoque, simple, trompo, bobo, inepto, tarugo, zoquete, asno, mentecato, zopenco. ➤ *Lumbrera, as, listo*.

bolsa s. f. **1. Fardo**, mochila, saco, zurrón, talega, faltriquera, bolsilla, funda, gato, morral, sacocha, salsopeto, estuche, zaina, escarcela, barjuleta, macuto, cabás, landre, alforja, cica, zamarrico, bizaza. **2. Monedero**, bolso, portamonedas, bolsillo. **3. Caudal**, capital, fondos, posibles, plata, cuartos, peculio, pasta, monises.

bolsear v. tr. Hurtar, mangar, robar.

bolsillo s. m. Faltriquera, saquillo, portamonedas, fondillo, monedero, bolso, bolsilla.

bolsista s. m. y s. f. Accionista, alcista, bajista, cambista, agiotista, contador, obligacionista, banquero, corredor.

bolso s. m. Maleta, mochila, bolsa.

bomba s. f. **1. Granada**, cóctel molotov, proyectil, pepino. **2. Aguatocha**, pulsómetro, sacabuche, bombillo.

bombardear v. tr. **1. Cañonear**, acribillar, tirotear, disparar, bombear. **2. Hostigar**, insistir, hostilizar.

bombardeo s. m. Cañoneo, fuego, tiroteo.

bombasí *s. m.* Fustán.

bombástico, ca *adj.* Rebuscado, retórico, culterano. ➤ *Sencillo, simple.*

bombazo *s. m.* Voladura, estruendo, zambombazo, estallido, explosión.

bombear *v. tr.* **1. Alabar,** halagar, adular, loar, elogiar, encomiar. ➤ *Detractar, insultar.* **2. Bombardear,** disparar, cañonear, tirotear. **3. Sacar,** extraer, trasvasar.

bombeo *s. m.* Pandeo, barriga, curvatura, alabeo, arqueo, convadura.

bombero *s. m.* Matafuegos, apagador.

bombilla *s. f.* Lámpara, luminaria, luz.

bombo *s. m.* **1. Atabal,** timbal, tímpano, tambor. **2. Alabanza,** encomio, exageración, loa, coba, elogio, lisonja, adulación. **3. Atolondrado,** turbado, atontado, abombado.

bombón *s. m.* Chocolatina, dulce, chocolatín.

bombona *s. f.* Redoma, garrafa, cubeta, botella, redonda.

bombonera *s. f.* Confitera, cofrecito, estuche.

bonachón *adj.* Buenazo, bondadoso, manso, sencillo, confiado, apacible, crédulo, favorable, cándido, blando, pacífico, afable, tolerante, alma de Dios, pobre diablo. ➤ *Malvado, infame, malicioso, rebelde.*

bonancible *adj.* Benigno, favorable, tranquilo, apacible, sereno, hermoso, estrellado, delicioso, raso, bonanzoso, bueno, manso, suave, despejado, claro. ➤ *Desapacible, malo, destemplado.*

bonanza *s. f.* **1. Calma,** serenidad, apacibilidad, claridad, tranquilidad, escampada, suavidad. ➤ *Tempestad, temporal.* **2. Prosperidad,** éxito, dicha, buena suerte, felicidad. ➤ *Fracaso, desdicha, mala suerte.*

bondad *s. f.* **1. Benignidad,** benevolencia, humanidad, magnanimidad. ➤ *Crueldad, maldad.* **2. Dulzura,** afabilidad, indulgencia, tolerancia. ➤ *Aspereza, dureza.*

bondadoso, sa *adj.* Benévolo, caritativo, cordial, piadoso, apacible, amable, clemente, dulce, humanitario, magnánimo, probo, sencillo, virtuoso, ángel, cordero, compasivo, filántropo, indulgente, manso, tierno, abnegado, benigno, dócil, generoso, misericordioso, suave, afable, bueno, pío. ➤ *Cruel, malo, fiero, malicioso, vicioso, perverso, malévolo.*

bonete *s. m.* Birrete, capelo, bonetón, birreta, gorro, bicoquete, cachucha.

bongo *s. m.* Esquife, canoa.

boniato *s. m.* Batata.

bonificar *v. tr.* Descontar, rebajar, beneficiar, aprovechar, indemnizar, abonar, compensar. ➤ *Recargar, gravar.*

bonitamente *adv. m.* Disimuladamente, mañosamente, diestramente, despacio, tranquilamente. ➤ *Torpemente, desmañadamente, deprisa.*

bono *s. m.* Ticket, cupón.

boñiga *s. f.* Bosta, moñiga, plasta, catalina, cagarruta, basta, frez.

boom *s. m.* Auge, expansión, despegue. ➤ *Fracaso, ruina.*

boquear *v. intr.* **1. Fenecer,** morir, extinguirse, fallecer, acabarse, expirar. **2. Consumirse,** terminarse, concluir, agotarse, finalizar. ➤ *Renacer.* **3. Expresar,** decir, hablar.

boquerón *s. m.* Alacha, lacha, aleche, anchoa.

boquete *s. m.* **1. Orificio,** angostura, embocadura. **2. Rotura,** abertura, brecha, agujero.

boquiabierto, ta *adj.* Absorto, enajenado, patitieso, asombrado.

boquifresco, ca *adj.* Deslenguado, fresco. ➤ *Callado, discreto.*

boquirroto, ta *adj.* Parlanchín, charlatán, indiscreto. ➤ *Silencioso, callado, discreto.*

boquirrubio, bia *adj.* **1. Indiscreto,** deslenguado. ➤ *Discreto, reservado.* **2. Inexperto.** ➤ *Experimentado.*

bórax *s. m.* Atíncar, borraj.

borbollar *v. intr.* Borbollear, borboritar, borbotar, hervir.

borbolleo *s. m.* Borbor, borboteo.

borbotar *v. intr.* Hervir, borbollar, borbotear, brollar.

borboteo *s. m.* Borbolleo, ebullición.

borceguí *s. m.* Bota, botín, boto.

borceguinero, ra *s. m. y s. f.* Zapatero.

bordada *s. f.* Bandazo, cabeceo, cuchareo, socallada, balanceo, cabezada, bordo.

bordadura *s. f.* Recamado, encaje, calado, entorchado.

bordar *v. tr.* **1. Festonear**, recamar, ribetear, embastar, labrar, estofar, marcar, trepar. **2. Pulir**, adornar, perfilar.

borde[1] *s. m.* **1. Canto**, margen. **2. Reborde**, orilla, filete, orla, ribete.

borde[2] *adj.* Bastardo, espurio, ilegítimo.

bordear *v. intr.* **1. Orillar**, rodear, serpentear, cantear, orlar, zigzaguear, circunvalar. **2. Frisar**, aproximarse, rozar. **3. Virar**, cucharear, revirar, cabecear, cambiar, hurtar el viento.

bordón *s. m.* **1. Estribillo**, coda, ritornelo. **2. Latiguillo**, coletilla, muletilla, bordoncillo, reiteración. **3. Vara**, cayado, báculo, palo, cachava.

bordoncillo *s. m.* Latiguillo, coletilla, muletilla.

bordonear *v. intr.* Vagar, mendigar, vagabundear.

bordoneo *s. m.* Acorde, rasgueo.

bóreas *s. m.* Matacabras.

borla *s. f.* Alamar, madroño, tachón, borlón, cañutillo, cadejo, flocadura, gusanillo, cairel, rapacejo, ramo, bellota.

borne *s. m.* Contacto.

bornear *v. tr.* **1. Alabear**, combar, girar, revolver, torcer, mover, ladear, curvar, mudar. **2. Desbastar**, trabajar, limar, escofinar.

borneo *s. m.* Alabeo, torcedura.

borona *s. f.* **1. Mijo. 2. Maíz.**

borra *s. f.* **1. Pelusa**, vello, tamo, lanilla. **2. Hez**, poso, sedimento, residuo.

borrachera *s. f.* Embriaguez, ebriedad, curda, tajada, borrachez, beodez, dipsomanía, alcoholismo, emborrachamiento, merluza, bomba, ditirambo, moña, pítima, tranca, cogorza, melopea, pea, zorra, chispa, llorona, mona, pena, temulencia, chalina, juma, manta, papalina, tablón, zamacuco, crápula, combalada, turca, humera. ➤ *Sobriedad, abstinencia.*

borrachez *s. f.* Enajenación, turbación, embriaguez.

borrachín, na *adj.* Borracho, ahumado, mamado, achispado, alcohólico, alegre, beodo, catavinos, chispo, emborrachado, tumbacuartillos, alcoholizado, bebido, dipsomaníaco, ebrio, azorado, cañeco, curda, mosquito, azumbrado, calamocano, ditirámbico, mona, ajumado, alumbrado, bacante, cuba, espita, temulento, acocullado, pellejo, odre, potado, estilbón, piorno. ➤ *Sobrio.*

borracho, cha *adj.* **1. Beodo**, embriagado, bebido. ➤ *Sobrio.* **2. Alcohólico**, dipsomaníaco, alcoholizado. ➤ *Abstemio.*

borrador *s. m.* Boceto, proyecto, bosquejo, esbozo, apunte, plan, diseño.

borradura *s. f.* Tachadura, tachón, testadura, tildón, raya, testación, laguna, trazo.

borrajear *v. tr.* **1. Emborronar**, borronear. **2. Garabatear**, garrapatear.

borrar *v. tr.* **1. Suprimir**, raspar, tildar, despintar, tachar, rayar, decolorar, barrear, eclipsar, quitar, deshacer, testar. ➤ *Marcar, señalar, escribir, poner.* **2. Esfumar**, desvanecer, evaporar. ➤ *Aparecer.*

borrasca *s. f.* **1. Galerna**, temporal, tempestad, huracán, tifón, tormenta, inclemencia, tromba, turbión, procela, torbellino, tronada, cerrazón, ráfaga, braveza. ➤ *Calma, bonanza.* **2. Riesgo**, contingencia, peligro, escollo, dificultad. ➤ *Seguridad, bienestar, tranquilidad.* **3. Orgía**, bacanal, banquete, desenfreno.

borrascoso, sa *adj.* **1. Tempestuoso**, agitado, tormentoso, inclemente, riguroso, iracundo. ➤ *Apacible, bonancible, calmo.* **2. Desenfrenado**, desordenado, orgiástico, licencioso, crapuloso, libertino. ➤ *Austero, moderado.*

borrego, ga *s. m. y s. f.* **1. Añojo**, ternasco, borro, andasco. **2. Memo**, tonto, bondadoso, manso, dócil, obediente, domesticable. ➤ *Rebelde, indócil, desobediente, indómito.*

borricada *s. f.* Animalada, asnada, burrada, barbaridad, disparate, tontería, bestialidad, majadería, estupidez.

borrico, ca *s. m.* **1. Burro**, jumento, asno, rucio, asnillo, borriquillo, pollino. || *adj.* **2. Corto**, rudo, ignorante, ceporro, zoquete, mentecato, lerdo, zopenco, mostrenco, mastuerzo. ➤ *Lumbrera, genio, luminaria.*

borrina *s. f.* Calina, niebla.

borro *s. m.* Borrego.

borrón *s. m.* **1. Tacha**, tachadura. **2. Mácula**, tara, imperfección. **3. Baldón**, mancha. **4. Boceto**, diseño, bosquejo, esbozo, apunte.

borronear *v. tr.* Garrapatear, emborronar, borrajear, burrajear.

borroso, sa *adj.* Nebuloso, confuso, oscuro, deleble, difuso. ➤ *Visible, nítido, preciso.*

boscoso, sa *adj.* Nemoroso, selvático, selvoso, enselvado, silvoso, carrascoso, silvático. ➤ *Árido.*

bosque *s. m.* Espesura, floresta, selva, boscaje, frondosidad, algaida, catinga, manigua, algaba, sobral. ➤ *Desierto, páramo.*

bosquejar *v. tr.* **1. Esbozar**, abocetar, delinear. **2. Preparar**, proyectar. **3. Esquematizar.** ➤ *Desarrollar.*

bosquejo *s. m.* Esbozo, mancha, apunte, croquis, boceto.

bosta *s. f.* Boñiga, estiércol, frez, majada, moñiga, cagarruta, plasta.

bostear *v. intr.* Defecar, cagar.

bostezo *s. m.* Casmodia, espiración, inspiración.

bota[1] *s. f.* **1. Pellejo. 2. Pipa**, tonel, tina, borracha, bocoy.

bota[2] *s. f.* Botín, boto, borceguí, botito, botina.

botado, da *adj.* Económico, tirado, barato. ➤ *Caro, costoso.*

botadura *s. f.* Bautizo, lanzamiento.

botafuego *s. m.* Lanzafuego, pegafuego.

botana *s. f.* Parche.

botánico, ca *s. m. y s. f.* Botanista, herbario, fitólogo.

botar *v. tr.* **1. Tirar**, lanzar, arrojar, despedir, largar, expulsar. **2. Rebotar**, saltar, resurtir, resaltar, surtir. **3. Cesar**, despedir, echar. || *v. intr.* **4. Brincar**, saltar.

botarate *s. m.* Alborotado, irreflexivo, atolondrado, aturdido, precipitado, ligero, sin juicio. ➤ *Juicioso, reflexivo, grave.*

botavara *s. f.* Botalón.

bote[1] *s. m.* Brinco, rebote, pirueta, rebotadura, encabritamiento, tumbo, impulso.

bote[2] *s. m.* Lancha, batel, chalupa, falúa, lugre, chinchorro, barca, tancal, canoa, balandra, góndola, barquía, almadía, piragua, chalana, esquife, patache, artesa, cimba, cárabo, dorna, urca.

botella *s. f.* Frasco, ampolla, damajuana, redoma, casco, garrafa.

botica *s. f.* Farmacia, droguería, apoteca.

boticario, ria *s. m. y s. f.* Farmacéutico, triaquero, droguero, farmacólogo, herbolario.

botijo *s. m.* Cántaro, vasija, botija, porrón, piporro, cantarillo, alcarraza, pirulo, cantarejo.

botín[1] *s. m.* Borceguí, bota, escarpín, botito.

botín[2] *s. m.* **1. Presa**, captura. **2. Despojos**, trofeo, rapiña.

botiquín *s. m.* Dispensario, enfermería.

botón *s. m.* **1. Brote**, gema, renuevo, pitón, capullo. **2. Botonadura**, chatón, broche, gemelo, hornilla, asilla, punzón. **3. Llamador**, pulsador, interruptor.

bóveda *s. f.* **1. Cúpula**, cópula, embovedado, pabellón, domo, arquería, cascarón, arco, luneto, cubierta. **2. Cripta**, hipogeo, sibil.

bovedilla *s. f.* Revoltón.

bóvido, da *adj.* Rumiante.

bovino, na *adj.* Vacuno, boyal, boyuno, bueyuno, bóvido.

boxeador, ra *s. m. y s. f.* Púgil, luchador, contendiente.

boxeo *s. m.* Pugilato, combate, lucha.

boya *s. f.* Baliza, señal, indicación, bourel, rejera, celima.

boyante *adj.* Acomodado, afortunado, próspero, feliz, poderoso, potentado, rico, fastuoso. ➤ *Infeliz, pobre, desafortunado.*

boyera *s. f.* Boíl, boyeriza, establo.

bozo *s. m.* **1. Pelusa**, pelillo, flojel, vello, bigote. **2. Cabestro**, ramal, brida, dogal, bozal, ronzal.

bragado, da *adj.* **1. Malintencionado**, falso, retorcido, maligno, perverso, taimado. ➤ *Sincero, franco, bondadoso, benévolo, benigno.* **2. Animoso**, valiente, enérgico, firme, entero, resuelto, decidido, echado para adelante. ➤ *Cobarde, blando, indeciso, pusilánime.*

bragadura *s. f.* Ingle, entrepierna.

bragazas *s. m. pl.* Calzonazos, indolente, débil, Juan Lanas, incapaz, pasivo, flojo. ➤ *Valiente, muy hombre.*

bragueta *s. f.* Trampilla, portañuela.

braguetero *adj.* Impúdico, sensual, lúbrico, verde, lascivo, deshonesto, libidinoso, voluptuoso, salaz, lujurioso, carnal, vicioso, incontinente. ➤ *Casto, puro, continente.*

brama *s. f.* Gamitido, celo, gruñido.

bramador, ra *adj.* Rugiente, vociferante. ➤ *Susurrante.*

bramante *s. m.* Guita, cordel, cabuya, tramilla, cordón, cordelejo, cordoncillo, cordeta.

bramar *v. intr.* **1. Mugir**, bufar, gruñir. **2. Vociferar**, chillar, aullar, gritar.

bramido *s. m.* **1. Mugido**, frémito, bufido, aullido, ululato, rugido. **2. Grito**, chillido, vociferación, alarido, berrido. ➤ *Murmullo, susurro.* **3. Fragor**, estruendo, clamor, rumor. ➤ *Silencio, calma.*

bramuras *s. f. pl.* Amenazas, bravatas, fieros.

branquia *s. f.* Agalla, agallón.

braña *s. f.* Prado, pasto.

brasa *s. f.* Ascua, rescoldo, lumbre, chispa, llama, fuego.

brasero *s. m.* Calientapiés, estufa, estufilla, calentador, fuego, hogar, escaleta, tumbilla, salamandra, chufeta, tortuga, chubesqui.

bravata *s. f.* **1. Bravuconada**, bravuconería, fanfarronada, baladronada, chulería, jactancia, guapeza, fanfarro-

nería, alarde, desplante, majeza, fantasmada. ➤ *Humillación, pleitesía, apocamiento.* **2. Amenaza**, reto, desafío, provocación, conminación.

bravear *v. intr.* Amenazar, desafiar, provocar, retar.

braveza *s. f.* Bizarría, temeridad, arrojo. ➤ *Cobardía, timidez.*

bravío, vía *adj.* **1. Montaraz**, indómito, bravo, fiero, indomesticado, salvaje, montés, feroz, indomable, cruel, abestiado. ➤ *Domado, domesticado, manso, dócil, débil.* **2. Silvestre**, inculto. ➤ *Fértil, cultivado.* **3. Cerril**, cimarrón, salvaje, basto. ➤ *Suave, blando, educado, cortés.* **4. Audaz**, esforzado, intrépido, corajudo, bizarro, valiente, valeroso, resoluto. ➤ *Cobarde, tímido, apocado.*

bravo, va *adj.* **1. Valeroso**, animoso, valiente, atrevido, resuelto, osado, intrépido, bizarro, corajudo, resoluto, esforzado, audaz, decidido. ➤ *Cobarde, gallina, tímido, indeciso, irresoluto.* **2. Furioso**, airado, violento, embravecido, alborotado, agitado, bravío. ➤ *Calmado, tranquilo, como una balsa.* **3. Jaque**, majo, chulo, valentón, guaperas, chuleta, matón, chulapo, fachendoso. ➤ *Modesto, humilde, tímido.* **4. Rudo**, áspero, inculto, fragoso, intrincado, escarpado, abrupto, breñoso, montaraz. ➤ *Refinado, educado, gentil, cultivado, fértil, llano.*

bravucón, na *adj.* Valentón, fanfarrón, baladrón, jactancioso, chulo, braveador, guapo, matasiete, perdonavidas, tragahombres, matón, fantasma. ➤ *Prudente, moderado, tímido.*

bravuconada *s. f.* Fanfarronada, baladronada.

bravura *s. f.* **1. Cerrilidad**, braveza, fiereza, ferocidad, salvajismo, indocilidad, bestialidad. ➤ *Domesticidad, docilidad, mansedumbre.* **2. Valor**, ánimo, osadía, coraje, resolución, bizarría, denuedo, audacia, arrojo, atrevimiento. ➤ *Desánimo, flaqueza, cobardía, timidez, irresolución, apocamiento.*

brazal *s. m.* **1. Braceral**, bracil. **2. Bracera**, cauce. **3. Cerreta**, percha, varenga, orenga.

brazalete *s. m.* Pulsera, ajorca, esclava, arete, argolla, brazal, muñequera.

brazo *s. m.* **1. Extremidad**, remo, miembro, apéndice. **2. Fuerza**, ayuda, protección, valor, auxilio, sostén.

brea *s. f.* Alquitrán.

brear *v. tr.* **1. Alquitranar**, embrear. **2. Pegar**, tundir, sacudir, zumbar, cascar, zurrar, golpear, escarmentar, castigar.

brebaje *s. m.* Bebistrajo, pócima, pistraje, potingue, enjuague.

brecha *s. f.* Boquete, abertura, quebradura, agujero, raja, fisura, rotura.

brega *s. f.* **1. Ajetreo**, faena, trajín, afán, trabajo, agitación. ➤ *Holganza, ocio.* **2. Reyerta**, pugna, lucha, riña, pendencia, contienda, lidia, escaramuza, forcejeo.

breñal *s. m.* Fraga, breñar, arborescencia, fragosidad, plantío.

brete *s. m.* **1. Aprieto**, dificultad, apuro, compromiso, conflicto, trance. ➤ *Solución, remedio.* **2. Grillete**, grillo, pihuela, arropea, hierro. **3. Calabozo**, cárcel, mazmorra, celda, toril, prisión, encierro.

breva *s. f.* Albacora.

breve *adj.* **1. Corto**, sucinto, sumario, compendioso, limitado, transitorio, momentáneo, perecedero, caduco, instantáneo, temporal, efímero, precario, pasajero, fugitivo, volandero, pequeño, reducido, lacónico, conciso, deleznable. ➤ *Largo, extenso, duradero, prolongado.* ‖ *s. m.* **2. Buleto**, rescripto pontificio.

brevedad *s. f.* Concisión, laconismo, fugacidad, cortedad, prontitud, abreviamiento, fragilidad, instantaneidad, limitación, caducidad, abreviación, estrechez, ligereza. ➤ *Duración, extensión.*

brevemente *adv. m.* Instantáneamente, rápidamente, prestamente, momentáneamente, fugazmente, de la noche a la mañana, en menos que canta un gallo.

brezo *s. m.* **1. Urce**, brizo. **2. Moisés**, camita, cuna.

brial *s. m.* Guardapiés, tapapiés, tonelete.

bribón, na *adj.* **1. Pillo**, canalla, pícaro, bellaco, malo, tuno, ruin, indigno. ➤ *Honorable, honrado, respetable, digno.* **2. Vago**, holgazán, vagabundo, haragán. ➤ *Trabajador, aplicado.*

bribonada *s. f.* Pillería, canallada, picardía, granujada, bellaquería, tunantada, trastada. ➤ *Ingenuidad.*

bribonería *s. f.* Hampa.

brida *s. f.* Ronza, rienda, dogal, bozo, correa, cucarda, cabestro, guía, ramal, bridón, freno.

brigada *s. f.* **1. Batallón**, tropa. **2. Cuadrilla**, equipo.

brillante *adj.* **1. Resplandeciente**, refulgente, reluciente, lúcido, argénteo, centelleante, corusco, flameante, laqueado, luciente, radiante, brillador, cegador, deslumbrante, esplendoroso, fulgurante, lustroso, lucidor, nítido, coruscante, fúlgido, metalescente, terso, chispeante, luminoso, rutilante. ➤ *Opaco, mate, apagado, deslucido.* **2. Sobresaliente**, admirable, espléndido, aventajado, excelente, superior, prevaleciente. ➤ *Insignificante, adocenado.*

brillantemente *adv. m.* Lúcidamente, lustrosamente, bruñidamente, pulidamente, deslumbrantemente. ➤ *Apagadamente, deslucidamente, anodinamente.*

brillar *v. intr.* **1. Centellear**, refulgir, espejear, relucir, avivar, bruñir, chispear, diamantar, enlucir, fosforear, irradiar, llamear, pulir, calandrar, reflejar, tornasolar, resplandecer, argentar, coruscar, lucir, pulimentar, rielar, alumbrar, alegrar, cintilar, enlustrar, platear, relumbrar, satinar, lustrar, centellear, deslumbrar, iluminar, radiar, rutilar, dorar, refractar, ciclar, fulgurar, titilar, relampaguear. ➤ *Apagarse.* **2. Despuntar**, descollar, figurar, destacar, exceder, distinguirse, señalarse, resaltar, prevalecer. ➤ *Ocultarse, pasar inadvertido.*

brillo *s. m.* **1. Brillantez**, centelleo, corusquez, chispeo, fosforescencia, fulgor, esplendor, lustre, refulgencia, resplandor, tersidad, tersura. ➤ *Opacidad, oscuridad.* **2. Realce**, gloria, notoriedad, lustre, lucimiento, fama. ➤ *Anonimato.*

brincar *v. intr.* **1. Saltar**, botar, triscar, danzar, retozar, cabrear, pingar, chozpar. **2. Saltarse**, silenciar, omitir, pasarse, excluir. ➤ *Detenerse.*

brinco *s. m.* Salto, bote, pirueta, rebote, gambeta, cabriola, volatín, balotada, impulso, tranco, batuda, corcovo, chozpo.

brindar *v. intr.* **1. Invitar**, convidar, ofrecer, prometer. **2. Dedicar**, destinar, consagrar. ‖ *v. prnl.* **3. Prestarse**. ➤ *Negarse, eludir.*

brío *s. m.* **1. Valor**, ánimo, resolución, espíritu, esfuerzo, aliento, arresto, decisión. ➤ *Desánimo, indecisión, desaliento, cansancio.* **2. Gallardía**, bizarría, desenfado, garbo, gentileza, desembarazo. ➤ *Agarrotamiento, envaramiento, embotamiento.* **3. Fuerza**, poder, fortaleza, impulso, potencia, vigor, robustez, pujanza, ímpetu, empuje, arranque. ➤ *Debilidad, extenuación, endeblez.*

briosamente *adv. m.* **1. Animosamente**, decididamente, resueltamente, valerosamente, esforzadamente. ➤ *Cansadamente, fatigadamente.* **2. Impetuosamente**, poderosamente, vigorosamente, pujantemente, potentemente. ➤ *Débilmente, impotentemente.* **3. Garbosamente**, gentilmente, gallardamente, desenfadadamente, bizarramente. ➤ *Agarrotadamente, envaradamente.*

brioso, sa *adj.* Atrevido, resuelto, enérgico, decidido. ➤ *Vacilante, cobarde, débil.*

brisa *s. f.* Aire, aura, céfiro. ➤ *Vendaval, ventarrón.*

brisera *s. f.* Parabrisas, guardabrisa.

brizna *s. f.* **1. Hilo**, paja, hebra, hoja, pavesa. **2. Broza**, ápice, corpúsculo, chispa, ostugo, hilillo, pizca, partícula, pajuela, miaja.

broa *s. f.* Bahía, ensenada.

broca *s. f.* Taladro, fresa, barrena.

brocal *s. m.* **1. Borde**, antepecho, arcén, boca, pozal, arcón. **2. Abertura**, embocadura, orificio, agujero.

brocearse *v. prnl.* Malbaratarse, estropearse, echarse a perder.

broche *s. m.* **1. Cierre**, botón. **2. Hebilla**, pasador, prendedor, hebillón, imperdible, corchete, prendedero, charretera, fíbula, labrada, coscoja, arricés.

broma *s. f.* **1. Jarana**, gresca, cachondeo. **2. Mofa**, guasa, chascarrillo, burla, chanza, chufla, bromazo, zumba, pega, chufleta, inocentada, burleta, chunga, momo, carnavalada, candonga, chasco, chacota, bufonada, camelo, musaraña, camama, jarava, chuflilla. ➤ *Veras, formalidad.*

bromear *v. intr.* Divertirse, jaranear, burlarse, guasearse, chasquear, mofar, chulearse, chacotearse, guasearse, chancearse, coñearse, bufonarse, pitorrearse, ridiculizar, chufletear, cachondearse, regodear, embromar, chunguearse, zumbar, rechiflar, brear, reírse, abuchear, truhanear, juguetear.

bromista *adj.* Burlón, guasón, bufón, chancero, payaso, embromador, jaranero, guasero, chufletero, pajarero, chafalditero, cachondón, zumbón, chacotero, jacarero, mofante. ➤ *Serio, circunspecto, severo, adusto.*

bronca *s. f.* **1. Pendencia**, reyerta, agarrada, trifulca, pelotera, altercado, pelea, gresca, riña, altercado. ➤ *Paz, tranquilidad, armonía.* **2. Regañina**, reprimenda, rociada, reprobación, filípica, reprensión, andanada, repaso, rapapolvo. ➤ *Elogio.* **3. Alboroto**, protesta, tumulto, manifestación.

bronceado, da *adj.* Moreno, tostado, atezado, dorado. ➤ *Pálido, blanco.*

bronceador *s. m.* Protector, filtro.

broncear *v. tr.* Curtir, dorar, asolear, atezar. ➤ *Palidecer.*

bronco, ca *adj.* **1. Áspero**, basto, tosco, brozno, quebradizo, duro. ➤ *Suave, blando, pulido.* **2. Ronco**, destemplado, enronquecido, desafinado.

➤ *Afinado, templado.* **3. Brusco**, indómito, salvaje. ➤ *Dócil, manso.* **4. Intratable**, hosco, grosero, rudo, descortés, desapacible. ➤ *Cortés, afable, educado.*

bronquear *v. tr.* Regañar, amonestar, reprender, reñir. ➤ *Alabar, elogiar, encomiar, loar.*

bronquina *s. f.* Altercado, riña, pendencia, quimera, disputa, agarrada, reyerta, querella. ➤ *Concordia, paz.*

broquel *s. m.* **1. Adarga**, égida, rodela, tarja, pavés, rodancho, luna, clípeo. **2. Protección**, defensa, salvaguarda, socorro, abrigo, resguardo.

broqueta *s. f.* Brocheta, estaquilla, espetera.

brotar *v. intr.* **1. Germinar**, nacer, salir. **2. Retoñar**, apuntar, pimpollecer. **3. Manar**, surtir, aflorar. **4. Surgir**, empezar, comenzar. ➤ *Terminar, finalizar.*

brote *s. m.* **1. Retoño**, renuevo, yema, botón, pimpollo, pezón, ramo, vástago. **2. Eclosión**, aparición.

broza *s. f.* **1. Hojarasca**, desechos, ramas, desperdicios, hojas. **2. Maleza**, breña, barzal, matorral, moheda, maraña, zarzal, jaral, matojos, espesura. **3. Palabrería**, paja, futilidad, ociosidad. ➤ *Sustancia, carne, esencia.*

brozno, na *adj.* **1. Basto**, tosco. ➤ *Suave, fino.* **2. Salvaje**, áspero, indómito. ➤ *Dócil, manso.*

brugo *s. m.* Mida, larva.

bruja *s. f.* Hechicera, maga, nigromántica, encantadora.

brujería *s. f.* Nigromancia, encantamiento, agorería, hechizo, maldición, aquelarre, aruspicina.

brujo *s. m.* Hechicero, mago, nigromántico, adivino, embaucador, encantador, jorquín.

brújula *s. f.* **1. Saeta**, aguja imantada, calamita, declinatorio, estilo, chapitale, compás. **2. Mira**, vista, acecho.

brujulear *v. tr.* **1. Intrigar**, acechar, conjeturar, adivinar, columbrar, inferir. **2. Zascandilear**, bullir, pulular, entremeterse, hormiguear, moverse, gusanear.

bruma *s. f.* **1. Neblina**, niebla, brumazón, brumal. **2. Sombra**, velo, oscuridad, perplejidad. ➤ *Claridad.*

brumoso, sa *adj.* **1. Oscuro**, lóbrego, sombrío, lúgubre, tétrico, umbroso. ➤ *Alegre, iluminado.* **2. Confuso**, incomprensible, vago, difuso, problemático. ➤ *Despejado, comprensible, claro, concreto.* **3. Nebuloso**, neblinoso, brumado, velado, nuboso. ➤ *Despejado, aclarado, limpio.*

bruno, na *adj.* Moreno, aceitunado, oscuro, negro. ➤ *Claro, pálido.*

bruñido, da *adj.* Pulido, pulimentado, lustrado, abrillantado, charolado, esmerilado, frotado.

bruñidor *s. m.* Abrillantador, pulidor.

bruñir *v. tr.* **1. Abrillantar**, pulir, lustrar, enlucir. ➤ *Ensuciar.* **2. Acicalar**, componer, maquillar. ➤ *Descuidar, afear.*

bruscamente *adv. m.* **1. Broncamente**, ásperamente, rudamente, destempladamente, avinagradamente, desapaciblemente, descortésmente, groseramente. ➤ *Suavemente, dulcemente, apaciblemente, cortésmente.* **2. Súbitamente**, repentinamente, de improviso. ➤ *Paulatinamente, pausadamente.*

brusco *s. m.* Jusbarba, rusco.

brusco, ca *adj.* **1. Descortés**, áspero, desapacible, desabrido, bronco, destemplado, rudo, grosero, violento, arisco. ➤ *Suave, apacible, discreto, cortés, afable.* **2. Súbito**, pronto, imprevisto, repentino, rápido. ➤ *Paulatino, pausado, previsto.*

brusquedad *s. f.* Descortesía, grosería, desprecio. ➤ *Finura, deferencia.*

brutal *adj.* Bestial, colosal, formidable, enorme, estupendo, salvaje, bárbaro, intratable, inhumano, irracional, vándalo, inculto, despiadado, déspota, beduino, indoméstico, avinagrado, cafre, insociable, grosero, duro, incivil. ➤ *Cívico, humano, sociable, dulce, suave.*

brutalidad *s. f.* **1. Bestialidad**, ferocidad, grosería, animalidad, irracionalidad, fiereza, incultura, inhumanidad, salvajismo, insociabilidad. ➤ *Huma-nidad, sociabilidad, cultura, educa-ción, civilización.* **2. Barbarie**, bru-teza, rudeza, vandalismo, salvajada, ferocidad, crueldad, barbaridad. ➤ *Amabilidad, cortesía.*

brutalmente *adv. m.* Salvajemente, bárbaramente, bestialmente.

bruto, ta *adj.* **1. Incapaz**, tonto, rudo, tosco, grosero, rústico, cateto, zafio. ➤ *Diligente, avispado, listo, inteli-gente, pulido, suave, educado.* **2. Vi-cioso**, desenfrenado, torpe. ➤ *Justo, equilibrado.* **3. Necio**, mostrenco, es-tólido, incapaz, irracional, insensato. ➤ *Racional, reflexivo, sensato.* ‖ *s. m.* **4. Bestia**, bicho, res, animal.

bu *s. m.* Coco, hombre del saco, fantas-ma, espíritu, aparición.

buba *s. f.* Úlcera, pústula, búa, absceso.

bubón *s. m.* Absceso, llaga, pústula, buba, incordio, búa, purulencia, pos-tilla.

bucanero *s. m.* Corsario, corso, fili-bustero, pirata.

bucear *v. intr.* **1. Investigar**, tantear, indagar, buscar, sondear, pesquisar, escarbar, rebuscar. **2. Sumergirse**, somorgujar, nadar, zambullirse. ➤ *Flotar, emerger.*

bucéfalo *s. m.* Incapaz, torpe, lerdo.

buceo *s. m.* Inmersión, sumersión. ➤ *Flotación.*

buchada *s. f.* Buche, sorbo, trago.

buche *s. m.* **1. Papo. 2. Trago**, bocana-da, tragantada, buchada, sorbo, ingur-gitación. **3. Estómago**, saco, bolsa.

bucle *s. m.* Caracolillo, tirabuzón, sorti-jilla, rizo.

bucólica *s. f.* Égloga, pastoral, campes-tre, campesina.

bucólico, ca *adj.* Eglógico, pastoral, pastoril, agreste, virgiliano, campes-tre, campesino.

budión *s. m.* Baboso, gallito del rey, doncella.

buenamente *adv. m.* **1. Cómoda-mente**, naturalmente, fácilmente, sencillamente, requetebién, bien. ➤ *Difícilmente, incómodamente, mal.* **2. Voluntariamente**, de buen grado,

espontáneamente. ➤ *Obligadamente, a la fuerza.*

buenaventura *s. f.* Auspicio, augurio, predicción, profecía, pronóstico, adi-vinación, vaticinio.

bueno, na *adj.* **1. Bondadoso**, indul-gente, benévolo, caritativo, afable, bienhechor, servicial, excelente, ho-nesto, tierno, decente, humano, com-pasivo, caritativo, piadoso, sensible, justo, comprensivo, virtuoso, honra-do. ➤ *Malo, malévolo, maligno, in-sensible, inhumano, deshonesto, malhechor, injusto.* **2. Útil**, prove-choso, favorable, saludable, ventajo-so, conveniente. ➤ *Inútil, desfavora-ble, inconveniente.* **3. Agradable**, gustoso, sabroso, divertido, óptimo. ➤ *Desagradable, aburrido.* **4. Gran-de**, elevado, considerable, desmedi-do, colosal, monumental. ➤ *Normal, insignificante.* **5. Fuerte**, robusto, fresco, lozano, sano. ➤ *Enfermo, ma-lucho, pocho.* **6. Simple**, inocente, ingenuo, leal, cándido, bonachón, lla-no, crédulo. ➤ *Retorcido, astuto, si-nuoso.* **7. Utilizable**, servible, sano, disponible, aprovechable. ➤ *Inservi-ble, desechable, deteriorado.*

buera *s. f.* Llaga, postilla, grano.

buey *s. m.* Boyazo, cabestro, bozan-cón, cutral, manso, cotral.

bufa *s. f.* Chacota, chanza, broma, chis-te, burla.

bufanda *s. f.* Tapabocas, cubrecuello, pasamontañas.

bufar *v. intr.* **1. Bramar**, gruñir. **2. Re-soplar**, jadear, soplar, resollar. **3. Re-funfuñar**, rezongar, rabiar.

bufete *s. m.* **1. Buró**, escritorio, bar-gueño, mesa. **2. Oficina**, estudio, despacho.

bufido *s. m.* **1. Bramido**, resoplido, gruñido, resuello, rugido, jadeo, aulli-do. **2. Refunfuño**, rebufe, rezongo, regaño, rabieta, sofión, berrinche, destemplanza, cajas destempladas, sofocón.

bufo, fa *adj.* **1. Cómico**, bufón, ani-mador, tonino, payaso, mojiangue-ro, chocarrero, caricato, histrión, chirigotero, burlón, chancero, jocoso, bromista, gracioso, chunguero, jacarero, retozón, chistoso, escarnecedor, chufletero. ➤ *Adusto, seco, severo.* **2. Burlesco**, risible, extravagante, ridículo, gracioso. ➤ *Serio, grave.* ‖ *s. m. y s. f.* **3. Farsante**, coplero, albardán, juglar, trovero.

bufón, na *s. m. y s. f.* Chistoso, juglar, chancero, bromista, cómico, animador, histrión.

bufonada *s. f.* Jocosidad, burla, chocarrería, farsa, extravagancia, momo, mojiganga, toninada.

bufonearse *v. prnl.* Chotearse, chancearse, mofarse.

bugle *s. m.* Tuba, cuerno.

buhardilla *s. f.* Buharda, sotabanco, ático, camaranchón, guardilla, zaquisamí, boarda, gatera, desván. ➤ *Sótano, cueva, bodega, subterráneo.*

buhonería *s. f.* Quincalla, bisutería, fruslería, chuchería, baratija, bagatela, patarata, oropeles, bujería, menudencia.

buhonero, ra *s. m. y s. f.* Gorgotero, mercachifle, baratero, quincallero, feriante, mercader, bisutero, ambulante, ajero.

buitre *s. m.* Zopilote, quebrantahuesos, gallinazo.

buitrear *v. intr.* Devolver, regurgitar.

buitrón *s. m.* Butrino, butrón, carriego.

bujería *s. f.* Baratija, chuchería, fruslería.

bujeta *s. f.* **1. Cofre**, estuche. **2. Perfumador**, esenciero, pomo.

bujía *s. f.* **1. Candela**, cirio, vela. **2. Candelabro**, candelero.

bulevar *s. m.* Ronda, avenida, paseo.

bulla *s. f.* Alboroto, vocería, bullicio, barahúnda, escándalo, guirigay, rebullicio, tremolina, algarabía, bullanga, estrépito, jolgorio, trapatiesta, zarabanda, batahola, escandalera, jaleo, tumulto, vocerío, chillería, desorden, jarana, cisco, estruendo, trulla, algazara, griterío. ➤ *Tranquilidad, calma, silencio, quietud.*

bullanga *s. f.* Asonada, alboroto, tumulto, jaleo, trifulca, rebullicio, chamusquina, gresca, zaragata, motín,

pendencia, alboroto, revuelta, desorden, zipizape, rebujina, bulla.

bullanguero, ra *adj.* Fiestero, juerguista, pendenciero.

bullebulle *s. m.* Inquieto, revoltoso, vivaracho, catasalsas.

bullicio *s. m.* Griterío, vocerío, algarabía, fandango, animación, jolgorio, copleo, bulla, jipíos, tientos, ruido, alboroto, castañuela, bullanga. ➤ *Quietud, paz.*

bullicioso, sa *adj.* **1. Ruidoso**, agitado, estrepitoso, removido, trepidante, bullicioso, alborotador. **2. Jaranero**, juerguista, zaragatero, vivaz, inquieto, desasosegado, revoltoso, alegre, festivo, vivo, juguetón. ➤ *Tranquilo, calmado, sosegado, silencioso.*

bullir *v. intr.* **1. Borbotear**, borbotar, hervir. **2. Burbujear**, hormiguear. ➤ *Inmovilizarse.* **3. Agitarse**, pulular. ➤ *Calmarse.* **4. Removerse**, dar señales de vida.

bulo *s. m.* Mentira, bola, embuste, falsedad, rumor, patraña, chisme, camelo. ➤ *Verdad.*

bulto *s. m.* **1. Volumen**, envergadura, masa, cuerpo, contorno. **2. Busto**, estatua. **3. Abultamiento**, protuberancia, prominencia, saliente, resalte. ➤ *Depresión, hundimiento.*

buñuelo *s. m.* Birria, chapuza, adefesio, disparate, pepla, chapucería.

buque *s. m.* **1. Cabida**, capacidad. **2. Nave**, bajel, embarcación, navío, nao.

burbuja *s. f.* Pompa, ampolla, gorgorito, espumarajo, campanilla, jabonadura, bomba, moño, vejiga, quiste.

burbujear *v. intr.* Gorgotear, espumar, hervir.

burbujeo *s. m.* Gorgor, pompa, gorgoteo, espumarajo, burbuja, espuma.

bureo *s. m.* Jolgorio, solaz, distracción, fiesta, esparcimiento, alegría, baile, entretenimiento, bullanga, broma.

burgo *s. m.* Villa, arrabal, aldea, poblacho, villorrio, pueblo.

burgueño, ña *adj.* Aldeano, burgués, villano. ➤ *Ciudadano.*

burgués, sa *adj.* **1. Aldeano**, pueblerino, villano, arrabalero, vecino. **2.**

Acomodado, pudiente, rico. ‖ *s. m.* **3. Propietario**, burócrata, funcionario, rentista. ➤ *Proletario, obrero.*

burguesía *s. f.* Mesocracia, clase media, burocracia.

buril *s. m.* Cincel, punzón, aguja, mordiente, graneador, cortafrío.

burilar *v. tr.* Cincelar, esculpir, morder, inscribir, tallar, granear, puntear.

burla *s. f.* **1. Mofa**, pitorreo, rechifla, escarnio, sarcasmo. **2. Broma**, chunga, guasa, pulla, chirigota. ➤ *Veras, seriedad, verdad.*

burlador *s. m.* **1. Donjuán**, seductor, disoluto, licencioso. **2. Burlón**, guasón, chufletero, mojiganguero, chanceador, bromista, chafalditero, mofador, embromador, jacarero, zumbón, chancero, chacotero, mofante.

burlar *v. tr.* **1. Chasquear**, desairar, frustrar, defraudar, malograr. **2. Eludir**, driblar, escapar, evitar, zafarse, escabullirse, evadir. **3. Engañar**, camelar, violentar, embaucar, mentir, seducir, timar, engatusar. ‖ *v. prnl.* **4. Reírse**, mofarse, quedarse con alguien, tomar el pelo, zumbar, befar, chulearse, ironizar, ridiculizar, chasquear, cachondearse, bufonearse, embromar, hostigar, pitorrearse, coñearse, chacotear, escarnecer, engaitar, rechiflar, torear, chufletear, chancearse, desairar, mantear, remedar, deshonrar, jugar, marear, pegársela a alguien, poner en solfa, poner o dejar en ridículo, dársela a alguien.

burlesco, ca *adj.* Chancero, jacarero, chistoso, festivo, jocoso, ridículo. ➤ *Serio, grave.*

burlete *s. m.* Ribete, tapadura.

burlón, na *adj.* Guasón, zumbón, bromista, socarrón, irónico, burlador, chancero, sarcástico. ➤ *Serio, seco, adusto.*

burlonamente *adv. m.* Jocosamente, socarronamente. ➤ *Seriamente.*

buró *s. m.* Bufete, escritorio, despacho.

burocrático, ca *adj.* Administrativo, oficinesco, oficial, gubernativo.

burrada *s. f.* Disparate, tontería, desatino, necedad, majadería, mentecata-

da, dislate, despropósito, estupidez. ➤ *Agudeza, gracia.*

burro *s. m.* **1. Mulo**, asno, pollino, borrico, rucho, rucio, jumento, ruche. **2. Corto**, rudo, torpe, necio, ignorante, alcornoque, zopenco, leño, mastuerzo, zoquete, lerdo, gilí, zote, bolonio, tolondro. ➤ *Águila, lince, zorro.*

bus *s. m.* **1. Autobús**, autocar. **2. Autopista**, enlace común, barra común.

busca *s. f.* Batida, exploración, indagación, rastreo, búsqueda, pesquisa, examen, averiguación, escudriñamiento, rebusca, cacheo, demanda, registro, investigación, presunción.

buscador, ra *adj.* Buscón, rebuscador, investigador, registrador, pesquisidor, cacheador, perseguidor, examinador, explorador.

buscar *v. tr.* Instigar, indagar, inquirir, investigar, perseguir, explorar, pesquirir, batir, rastrear, rebuscar, cachear, averiguar, esculcar, pesquisar, registrar, escudriñar, examinar, demandar, rastrear, andar a la caza. ➤ *Desistir, abandonar.*

buscarruidos *s. m. y s. f.* Alborotador, parrandista, pendenciero. ➤ *Formal, sensato.*

buscavidas *s. m. y s. f.* **1. Cotilla**, curioso, entrometido, fisgón. **2. Diligente**, trabajador, hormiga, bullebulle, activo, apañado. ➤ *Perezoso, inactivo.*

busilis *s. m.* Dificultad, toque, quid.

búsqueda *s. f.* Busca, pesquisa.

busto *s. m.* Tórax, torso, pecho, tronco.

butaca *s. f.* **1. Sillón**, butacón, asiento, regazo, dormilona, luneta. **2. Localidad**, ticket.

buten, de *loc.* Excelente, estupendo, de primera, de lo mejor.

buz *s. m.* Ósculo, beso.

buzcorona *s. m.* Chasco, broma, burla, mofa.

buzón *s. m.* **1. Sumidero**, surtidor, canal, desagüe, ranura. **2. Orificio**, boca, agujero, embocadura. **3. Tapa**, tapadera, válvula, obturador.

buzonera *s. f.* Conducto, desagüe, sumidero.

C c

cábala *s. f.* **1. Sortilegio**, conjuro. **2. Intriga**, maquinación, complot, trama, conspiración, confabulación, contubernio, pastel, conjura. **3. Conjetura**, hipótesis, pronóstico, suposición.

cabalgador, ra *s. m. y s. f.* Caballero, jinete, jockey.

cabalgadura *s. f.* Caballería, bestia, montura, caballo, rocín, corcel, potro.

cabalgar *v. intr.* Montar, trotar.

cabalgata *s. f.* Parada, procesión, comitiva, desfile, comparsa, séquito.

caballar *adj.* Equino, ecuestre, hípico, caballuno.

caballería *s. f.* **1. Bestia**, cabalgadura, montura, solípedo, caballo, rocín, trotón, coral, potro, jaca. **2. Arma**, cuerpo, servicio.

caballeriza *s. f.* Cuadra, establo, yuntería, cobertizo, cuadril, estala, presepio, corral.

caballero, ra *adj.* **1. Jockey**, jinete, montado, caballista, cabalgador. ‖ *s. m.* **2. Noble**, hidalgo, aristócrata, señor, noble. ➤ *Villano*. **3. Respetable**, honorable, digno, paladín, quijote, galante. ➤ *Canalla, pícaro, bellaco*.

caballerosidad *s. f.* Civismo, generosidad, magnanimidad. ➤ *Bellaquería, deslealtad, grosería*.

caballeroso, sa *adj.* Altruista, generoso, leal, noble, humanitario, señorial, quijotesco, magnánimo, desinteresado, bondadoso, honrado, filantrópico, pundonoroso, valeroso. ➤ *Grosero, plebeyo, bajo, despreciable, ruin, interesado, desleal*.

caballista *s. m. y s. f.* Jinete.

caballo *s. m.* Corcel, montura, equino, alazán, jaco, palafrén, rocín, percherón, jamelgo, potro, bridón, caballería, rocinante.

cabaña *s. f.* **1. Choza**, bohío, chamizo, barraca, refugio, cabañuela, tugurio,

chabola, casucha. ➤ *Palacio*. **2. Ganado**, hacienda, rancho, recua.

cabecear *v. intr.* **1. Balancearse**, inclinarse. **2. Vacilar**, oscilar.

cabecilla *s. m.* Caudillo, líder, jefe.

cabellera *s. f.* Melena, pelo, lanas, hebras, cabello, rizos.

cabello *s. m.* **1. Pelo**, hebra, vello. ‖ *s. m. pl.* **2. Cabellera**, pelo, mechones, pelambrera, hebras, melena, rizos. **3. Postizo**, peluca, perico, peluquín.

cabelludo, da *adj.* Greñudo, melenudo, peludo. ➤ *Calvo*.

caber *v. intr.* **1. Contener**, entrar, coger, encajar, hacer, pasar, tener lugar. ➤ *Sobrar, sobrepasar, rebosar, exceder*. **2. Tocar**, corresponder.

cabestro *s. m.* **1. Brida**, dogal, bozal, ronzal, ramal, bozo, freno, arreos. **2. Manso**, capado, castrado, cencerro.

cabeza *s. f.* **1. Cráneo**, coco, cachola, cabezota, cabezón, casco, cerebro, chola, sesera, mollera, testa, testera, azotea, testuz, melón, calabaza. **2. Principio**, arranque, umbral, comienzo. **3. Cerebro**, inteligencia. **4. Individuo**. ‖ *s. m.* **5. Superior**, director, cabecilla, amo, jefe, caudillo, dirigente, mandamás, dux, líder.

cabezada *s. f.* **1. Calabazada**, topetada, topetazo, calamorrada, casquetazo, molondrón. **2. Cabezazo**, cabeceo, balanceo. **3. Reverencia**, saludo, inclinación.

cabezazo *s. m.* Calabazada, morrada, testarada, cabezada, topetazo, casquetazo, calamorrada, topetada, molondrón.

cabezo *s. m.* **1. Cima**, cumbre. **2. Cerro**, colina, loma, otero, alcor.

cabezonada *s. f.* Empecinamiento, emperramiento, cabezonería.

cabezota *s. m. y s. f.* **1. Testarudo**, tozudo, terco, obstinado, contumaz, porfiado, renuente, empecinado, mula. ➤ *Dócil, dúctil, flexible.* **2. Cabezón**, cabezudo, cabezorro.

cabida *s. f.* **1. Aforo**, cabimiento, capacidad, volumen, espaciosidad, tonelaje, desplazamiento, porte. **2. Superficie**, extensión.

cabildada *s. f.* Absurdo, alcaldada, arbitrariedad. ➤ *Justicia, razón.*

cabildear *v. intr.* Amañar, arreglar, caciquear, intrigar, trapichear, confabular, trapisondear, manejar, tramar.

cabildeo *s. m.* Conspiración, cacicada, trapicheo, trapisonda, enredo, maniobra, confabulación, trama, enjuague, manejo, componenda.

cabildero *s. m.* Chanchullero, liante.

cabildo *s. m.* **1. Capítulo**. **2. Concejo**. **3. Sesión**. **4. Pleno**, asamblea, consejo, junta.

cabillo *s. m.* Peciolo, pedúnculo.

cabina *s. f.* Cámara, camarote, estancia.

cabizbajo, ja *adj.* Abatido, afligido, melancólico. ➤ *Eufórico, alegre, animado, altivo, deprimido, triste, apesadumbrado, apenado, alicaído, desanimado, chafado, pesaroso.*

cable *s. m.* **1. Cuerda**, soga, jarcia, barloa, cabo, calabrote, sirga. **2. Lazo**, capote, mano, asistencia, apoyo.

cabo *s. m.* **1. Extremo**, punta, terminación, fin, límite, extremidad, remate, borde, orilla. **2. Soga**, andarivel, cordel, cordón, cuerda. **3. Promontorio**, saliente, espolón. **4. Hebra**, hila, fibra, veta, canutillo, hilete.

cabrearse *v. prnl.* Airarse, amoscarse, embravecerse, irritarse, recelarse, disgustarse, enfadarse, escamarse, indignarse, amostazarse, mosquearse, enojarse. ➤ *Tranquilizarse, alegrarse.*

cabreo *s. m.* Exasperación, indignación, irritación, malhumor, enojo, enfado, recelo, disgusto, berrinche, bilis, mosqueo. ➤ *Calma, contento, buen humor, optimismo, alegría.*

cabrería *s. f.* Cabreriza, corral.

cabreriza *s. f.* Cabrería, chivetero, corral, choza, refugio, redil.

cabrero, ra *s. m. y s. f.* Cabrerizo.

cabrestante *s. m.* Cabria, guía, torno.

cabrío, a *adj.* **1. Cabruno**, caprino, cabrerizo, caprario, caprípedo, chotuno. ‖ *s. m.* **2. Grúa**, cabestrante, torno, trucha, molinete.

cabriola *s. f.* Pirueta, salto, rebote, volatín, voltereta, bote, corveta.

cabriolar *v. intr.* Brincar, saltar.

cabrito *s. m.* Ternasco, choto, chivato, cabronzuelo, cegajo.

cabrón *s. m.* **1. Chivo**, buco, cabro, choto, bode, bucardo. **2. Cornudo**, cabrito, consentido, cabronazo, cornúpeta, astado. **3. Chulo**, mamón, canalla, maricón, rufián.

cabronada *s. f.* Deshonra, infidelidad, engaño, faena, judiada, mala pasada, canallada, bribonada, cerdada, guarrada, putada, marranada. ➤ *Favor.*

cabruno, na *adj.* Caprino, cabrío.

caca *s. f.* Porquería, excremento, mierda.

cacaguatal *s. m.* Cacaotal.

cacahuete *s. m.* Maní.

cacao *s. m.* Chocolate.

cacareador, ra *adj.* Alabancioso, cuentero, bocazas, jactancioso, gallito, chulo, postinero, pretencioso, presumido, vanidoso, fantasma. ➤ *Discreto, modesto, humilde.*

cacarear *v. intr.* **1. Cloquear**. ‖ *v. tr.* **2. Exagerar**, ponderar, vanagloriarse, chulearse, presumir, jactarse, pavonearse, alabarse, darse bombo. ➤ *Disimular, rebajar, menospreciar.*

cacareo *s. m.* **1. Cloqueo**. **2. Cotilleo**.

cacera *s. f.* Acequia, canal.

cacerola *s. f.* Pote, cazo, olla, puchero, cacillo, cazuela, marmita, perol.

cachar *v. tr.* **1. Partir**, trocear. **2. Hender**, rajar. **3. Cornear**. **4. Asir**, coger.

cacharse *v. prnl.* Burlarse, ridiculizar.

cacharrero, ra *s. m. y s. f.* Ceramista.

cacharro *s. m.* **1. Artefacto**, cachivache, bártulo, trasto, cachirulo, muerto. **2. Pote**, perol, caldero, tarro.

cachaza *s. f.* Calma, lentitud, apatía, pachorra, parsimonia, flema, premiosidad, morosidad, tranquilidad, indolencia. ➤ *Vehemencia, ímpetu, precipitación, prisa, rapidez, diligencia.*

caché *s. m.* **1. Elegancia**, gusto, distinción. **2. Honorarios**, precio.

106

cacheo s. m. Búsqueda, registro.
cachete s. m. **1. Bofetón**, bofetada, tortazo, guantazo. **2. Moflete**, carrillo, pómulo, mejilla. **3. Nalga**.
cachetear v. tr. Abofetear, pegar.
cachetero s. m. Puntilla, puñal.
cachicán s. m. **1. Mayoral**, administrador, capataz. **2. Astuto**, zorro.
cachifollar v. tr. Humillar, estropear, chasquear, confundir, abatir, chafar, hundir, arrugar, aplastar, apabullar. ➤ *Animar, enaltecer, alegrar.*
cachillada s. f. Ventregada, lechigada.
cachiporra s. f. Porra, estaca, maza, tronco, garrote, tranca, palo.
cachivache s. m. **1. Cacharro**, trasto, bártulo, cachirulo, chisme. **2. Fantoche**, pelele, payaso, monigote, torpe, inútil. ➤ *Capaz, competente, hábil.*
cacho s. m. Pedazo, fragmento, partícula, trozo, porción, tajada, pizca, fracción, sección. ➤ *Total.*
cachondeo s. m. Befa, choteo, chunga, jolgorio, guasa, burla, coña, juerga, chufla, mofa, chanza, broma, rechinfla, pitorreo, chirigota, chacota, tomadura de pelo.
cachondez s. f. Lujuria, lascivia.
cachondo, da adj. **1. Libidinoso**, sensual, salido, caliente, lujurioso, lascivo, concupiscente, incontinente. ➤ *Casto, puro, frío, continente, frígido.* **2. Ingenioso**, burlón, guasón, irónico, zumbón, salado, gracioso, bromista, informal. ➤ *Grave, serio, formal, tristón, aburrido.*
cachorro, rra s. m. y s. f. Cría.
cacique s. m. Déspota, tirano, jefe.
caciquismo s. m. Despotismo, tiranía.
caco s. m. **1. Ladrón**, ratero, arpista, hurtador, desvalijador, rata, ganzúa, chorizo, carterista, caletero, caleta. ➤ *Honrado.* **2. Apocado**, corto, gallina, pusilánime, cobarde, pacato, timorato, irresoluto. ➤ *Atrevido, lanzado, valiente, arrojado.*
cacofonía s. f. Discordia, disonancia, inarmonía, malsonancia. ➤ *Eufonía, armonía.*
cacofónico, ca adj. Discordante, disonante, inarmónico. ➤ *Eufónico.*

cacoquimio, mia s. m. y s. f. Enfermizo, entristecido, melancólico.
cacumen s. m. Ingenio, talento, perspicacia, inteligencia, listeza, chispa, cerebro, seso, fósforo, meollo, magín, agudeza. ➤ *Cortedad.*
cadalso s. m. **1. Estrado**, entarimado, plataforma. **2. Patíbulo**, guillotina, garrote, horca, degolladero, suplicio.
cadáver s. m. Difunto, fiambre, cenizas, finado, fallecido, restos, momia.
cadavérico, ca adj. Demudado, pálido, demacrado, lívido, desfigurado, seco, depauperado, macilento. ➤ *Radiante, fresco, lozano.*
cadena s. f. **1. Esposas**, sarta, eslabones, grilletes. **2. Cautiverio**, sujeción, internamiento, dependencia, servidumbre, esclavitud, supeditación, subordinación, encadenamiento. ➤ *Independencia, libertad.* **3. Serie**, sucesión, continuación, ciclo, hilera, enlazamiento, eslabonamiento.
cadencia s. f. Ritmo, movimiento, compás, medida, armonía, consonancia, acompasamiento. ➤ *Disonancia.*
cadencioso, sa adj. Armonioso, melódico, rítmico, acompasado, mesurado, medido, armónico. ➤ *Inarmónico, desacompasado, arrítmico.*
cadente adj. Decadente, ruinoso.
cadetada s. f. Chiquillada, ligereza, niñada, puerilidad.
cado s. m. Guarida, madriguera.
cadozo s. m. Remanso, olla.
caducante adj. Decadente. ➤ *Boyante.*
caducar v. intr. **1. Envejecer**, agotarse, consumirse, chochear, decaer, deteriorarse, alelarse. ➤ *Rejuvenecerse, avivarse.* **2. Concluir**, prescribir, extinguirse, finiquitar, anularse, terminar, periclitar, acabarse. ➤ *Entrar en vigor, renovarse, crearse, empezar.*
caducidad s. f. **1. Acabamiento**, cumplimiento, extinción, prescripción, anulación, anulación, fin, término, conclusión. ➤ *Nacimiento, principio, establecimiento, renovación.* **2. Decrepitud**, decaimiento.
caduco, ca adj. **1. Viejo**, senil, anciano, decrépido, chocho, agotado, can-

sado, decadente, lelo, impotente, extinto. ➤ *Lozano, joven, pujante*. **2. Fugaz**, perecedero, efímero, momentáneo, pasajero, corto, breve. ➤ *Perenne, duradero, permanente*.

caer *v. intr.* **1. Desplomarse**, derrumbarse, descender, despeñarse, rodar, bajar, hundirse, resbalar, desprenderse, desmoronarse, dar de bruces. ➤ *Levantarse, subir, ascender*. **2. Sobrevenir**, aparecer, surgir, acontecer, acaecer, ocurrir. **3. Debilitarse**, apagarse, aminorarse, minorarse, disminuir, aplacarse, decaer. ➤ *Avivarse, recrudecerse, aumentar*. **4. Comprender**, entender, captar, reparar, percatarse. **5. Arruinarse**, fracasar, hundirse, naufragar. ➤ *Prosperar, subir, medrar*. **6. Equivocarse**, resbalar, tropezar, faltar, fallar, pecar, perderse. ➤ *Rehacerse, superar, salvarse, levantarse*. **7. Brotar**. ‖ *v. prnl.* **8. Desvanecerse**, sucumbir, perecer.

café *s. m.* Cafetería, cafetín, bar, pub, cafetucho, buchinche.

cagado, da *adj.* Medroso, gallina, pusilánime, cobarde, cobardica, achantado, tímido, timorato, cagueta, cagón, apocado. ➤ *Valiente, osado, decidido, arrojado*.

cagar *v. intr.* **1. Defecar**, descomer, ensuciar, hacer de cuerpo, mover el vientre, deponer, vaciar, evacuar. **2. Ensuciar**, ajar, estropear, manchar, deteriorar, dañar, deslucir, desgraciar. ➤ *Perfeccionar, embellecer*. **3. Acobardarse**, amilanarse, amedrentarse, atemorizarse, arredrarse, intimidarse. ➤ *Envalentonarse, crecerse*.

cagón, na *adj.* Asustadizo, timorato, cobarde, cagado. ➤ *Valiente, osado*.

cagueta *s. m. y s. f.* Apocado, pusilánime, timorato, tímido. ➤ *Decidido*.

caído, da *adj.* **1. Débil**, postrado, acobardado. **2. Víctima**, mártir. ‖ *s. f.* **3. Desplome**, desprendimiento, derrumbe, caimiento, despeño, bajada, despeñamiento, descenso, porrazo, batacazo, trastazo. ➤ *Subida, ascensión*. **4. Inclinación**, descenso, decadencia, fracaso, ruina, hundimiento,

desgracia, ocaso. ➤ *Prosperidad, medro, progreso*. **5. Culpa**, flaqueza, pecado, error, desliz, resbalón, equivocación, fallo, metedura de pata.

caja *s. f.* **1. Bote**, embalaje, urna, cajeta, arqueta, cofre, cajón, estuche, arca, arcón. **2. Féretro**, ataúd. **3. Timbal**, bombo. **4. Tesorería**, pagaduría, administración.

cajero, ra *s. m. y s. f.* **1. Tesorero**, pagador, administrador. **2. Baulero**, arquero, cofrero, maletero.

cal *s. f.* Creta, tiza, yeso, pucelana, calcinista, dolomita, caliza, cemento.

cala *s. f.* **1. Perforación**, sondeo, taladro, agujero, tienta, sonda. **2. Caleta**, abra, bahía, ancón, ensenada, abrigo.

calabaza *s. f.* **1. Cucurbitácea**. **2. Suspenso**, cate. **3. Desaire**, rechazo.

calabazada *s. f.* Cabezazo, calabazazo, calamorrada, cabezada, casquetazo.

calabobos *s. m.* Sirimiri, orvallo, garúa, llovizna, mollina, mollizna.

calabozo *s. m.* **1. Cárcel**, prisión, chirona, trena. **2. Celda**, mazmorra.

calafatear *v. tr.* Cerrar, taponar, obstruir, obturar, cegar. ➤ *Abrir*.

calambre *s. m.* Espasmo, sacudida, rampa, convulsión, crispación.

calambur *s. m.* Acertijo, adivinanza, ambigüedad, juego de palabras.

calamidad *s. f.* **1. Azote**, desastre, catástrofe, plaga, tragedia, desgracia, infortunio, desdicha, prueba, estrago, adversidad, epidemia, terremoto, cataclismo. ➤ *Ventura, fortuna, dicha, victoria*. **2. Inepto**, incapaz, incompetente, desastre. ➤ *Hábil, capaz*.

calamitoso, sa *adj.* **1. Desastroso**, funesto, perjudicial, aciago, pernicioso, nocivo, lesivo, azaroso, infausto, nefasto, catastrófico, trágico. ➤ *Beneficioso, favorable, benéfico*. **2. Desgraciado**, infeliz, desdichado, infortunado, desventurado, desafortunado. ➤ *Dichoso, feliz, afortunado*.

calamocano, na *adj.* **1. Borracho**, achispado, alegre. ➤ *Sobrio*. ‖ *s. m.* **2. Decrépito**, chocho.

calandrajo *s. m.* **1. Harapo**, jirón, pingajo. **2. Adefesio**, mequetrefe.

calaña s. f. **1. Jaez. 2. Categoría**, raza, ralea, calidad, índole, especie, natural, fondo, condición. **3. Muestra**, forma, patrón, modelo, ejemplo, pauta.

calar v. tr. **1. Humedecer**, empapar, mojar, filtrarse, ensopar, rezumarse, bañar. **2. Horadar**, perforar, penetrar, traspasar, agujerear, cortar, hender. **3. Adivinar**, descubrir, comprender, percatarse, advertir, entender, penetrar. ➤ *Ignorar.* **4. Sumergir**, zambullir, sumir, chapuzar, hundir. ‖ v. prnl. **5. Mojarse**, impregnarse, humedecerse. ➤ *Secarse.*

calavera s. f. **1. Cráneo**, casco, testa. ‖ s. m. **2. Mujeriego**, parrandero, tarambana, donjuán, libertino, vicioso, crápula, perdido, tronera, disoluto, balarrasa, balaperdida, vividor, jaranero. ➤ *Morigerado, formal.*

calaverada s. f. Trastada, travesura, tarambanada, alboroto, jarana.

calcañar s. m. Talón.

calcar v. tr. **1. Copiar**, reproducir, repetir, trasladar. **2. Remedar**, imitar, plagiar, copiar, fusilar. ➤ *Crear.*

calceta s. f. Punto, tejido, malla, media.

calcificación s. f. Osificación. ➤ *Descalcificación.*

calcificar v. tr. Osificar.

calcinación s. f. Cremación, incineración, calcinamiento, tostadura, cochura, tueste, tostado, torrefacción.

calcinar v. tr. Quemar, carbonizar, incinerar, turrar, socarrar, rustir, requemar, torrar, asar. ➤ *Apagar, enfriar.*

calco s. m. Reproducción, imitación, plagio, copia, facsímil, transcripción, contrahechura, ológrafo. ➤ *Original, tipo, patrón.*

calculable adj. Computable, contable. ➤ *Incalculable.*

calculador, ra adj. Interesado, ambicioso, egoísta. ➤ *Desinteresado.*

calcular v. tr. **1. Computar**, numerar, operar, valorar, contar. **2. Deducir**, inferir. **3. Conjeturar**, creer, premeditar, prever, suponer. **4. Reflexionar**, pensar, meditar. **5. Tasar**, evaluar, valorar, estimar.

caldas s. f. pl. Termas, baños.

caldera s. f. **1. Perola**, tina, caldero, vasija, perol, acetre, taceta, repullo, fondo. **2. Generador**, termosifón, calentador, termo, calorífero.

calderilla s. f. Perras, suelto, monedas, cambio, numerario, chatarra.

caldo s. m. Sopa, cocido, sopicaldo, sustancia, salsa, moje, calducho, caldibaldo, adobo, unto, caldibache, aderezo, consomé, jugo, zumo.

caldoso, sa adj. Jugoso, acuoso, sustancioso. ➤ *Seco.*

calefacción s. f. Chimenea, radiador, chubesqui, calorífero, estufa, brasero, tortuga, horno, chufeta, salamandra, hogar, calentapié, fogón.

calefactor s. m. Radiador, brasero.

calentador, ra s. m. Estufa, radiador, brasero, calientapiés, tumbilla, escalfeta, calorífero, chofeta, calefacción, mundillo, estufilla, escalfador, chufeta.

calentamiento s. m. Caldeamiento, caldeo, recalentamiento, escaldadura, calda, fomento. ➤ *Enfriamiento.*

calentar v. tr. **1. Caldear**, encender, abrigar, templar, abochornar, avaharar, achicharrar, escalecer, afogarar. ➤ *Enfriar, refrigerar.* **2. Animar**, avivar. **3. Azotar**, pegar, golpear, abofetear, flagelar, sacudir, zurrar. ‖ v. prnl. **4. Exaltarse**, excitarse, irritarse, enardecerse, animarse, encenderse, acalorarse, rizarse, encresparse. ➤ *Calmarse, sosegarse, enfriarse, apaciguarse, tranquilizarse.*

calentura s. f. Décimas, destemplanza, hipertermia, fiebre, causón, calor, lipiria, pirexia. ➤ *Hipotermia.*

calenturiento, ta adj. Delirante, febrático.

caleta s. f. Regolfo, cala, ensenada.

caletre s. m. Mollera, agudeza, ingenio, tino, discernimiento, talento, capacidad, cacumen, fósforo, magín.

calibración s. f. Medida, reconocimiento.

calibre s. m. **1. Diámetro**, anchura, dimensión, talla, tamaño, clase, formato. **2. Importancia**, trascendencia, capacidad. **3. Amplitud**, anchura, ancho.

calidad *s. f.* **1. Carácter**, índole, naturaleza, calaña, ralea, genio, pelaje, estofa, metal, laya, jaez. **2. Lustre**, título, realce, casta. **3. Clase**, disposición, cualidad, importancia, aptitud. **4. Perfección**, excelencia, eficacia.

cálido, da *adj.* **1. Afectivo**, ardoroso, vivo, caluroso, entusiasta, acogedor. ➤ *Desabrido, adusto.* **2. Caliente**, caliginoso, sofocante, candente, calinoso, tórrido, ardoroso, canicular, tropical, ardiente. ➤ *Frío, gélido, helado.*

caliente *adj.* **1. Cálido**, caldeado, ardiente, sofocante, canicular, candente, rojo, tórrido, calinoso, caluroso, calentito, ígneo, tropical. ➤ *Frío, helado, fresco.* **2. Exaltado**, vehemente, excitado, fogoso, enardecido, violento, reñido, acalorado. ➤ *Insignificante, suave, ligero.*

calificación *s. f.* **1. Apelativo**, adjetivo, epíteto, cualidad, nota. **2. Puntuación**, apreciación, consideración, particularidad, clasificación, declaración, conceptuación.

calificado, da *adj.* Autorizado, competente, capaz, entendido, perito, preparado, capacitado, válido. ➤ *Descalificado, incompetente.*

calificador, ra *adj.* Calificativo, característico, adjetivo, calificante, atributivo, cualitativo.

calificar *v. tr.* **1. Adjetivar**, apreciar, conceptuar, clasificar, catalogar, reputar, enjuiciar, diputar, considerar, tener por. **2. Puntuar**, evaluar, valorar, justipreciar, valuar, tasar. **3. Tildar**, declarar, atribuir, motejar, tachar, llamar, reputar. **4. Ennoblecer**, realzar, engrandecer, acreditar, dignificar. ➤ *Desacreditar, descalificar.*

caligrafía *s. f.* Calografía, escritura, pluma.

calina *s. f.* Bochorno, bruma, fosca, calima, niebla, calígine, cejo, borrina.

calinoso, sa *adj.* Bochornoso, brumal, canicular, neblinoso, calinoso, brumoso, caliginoso.

cáliz *s. m.* Copa, recipiente, grial.

callado, da *adj.* **1. Discreto**, sigiloso, insonoro, silencioso, sordo, áfono. ➤ *Ruidoso, sonoro.* **2. Mudo**, reservado, silente, silencioso, taciturno, silenciario, introvertido, cazurro, cerrado. ➤ *Hablador, parlanchín, extravertido.* **3. Tácito**, secreto, reservado, guardado, silenciado. ➤ *Hablado, expreso.*

callamiento *s. m.* Enmudecimiento.

callar *v. intr.* **1. Enmudecer**, silenciar, amorugarse, aguantarse, amorrar, no decir esta boca es mía, poner punto en boca, no despegar los labios. ➤ *Hablar, gritar, proferir.* **2. Ocultar**, tapar, sobrentender, reservarse, excluir, omitir, reservar, vigilar, correr un tupido velo, guardar para sí. ➤ *Declarar, descubrir.* **3. Extinguir**, apagar, interrumpirse, desaparecer, detenerse. ➤ *Sonar.* **3. Acallar**, amordazar, enmudecer, arrumbar, atajar, tapar la boca, cerrar la boca.

calle *s. f.* Vía, rúa, camino, travesía, avenida, ronda, vial, arteria, bulevar, corredera, costanilla, coso, rambla, pasaje, angostillo, costana, zacatín, paseo, callejón, carrera.

callejeo *s. m.* Correteo, vagabundeo.

callejón *s. m.* Pasadizo, angostillo, callizo, calleja, congosta.

callo *s. m.* Callosidad, sabañón, grieta, dureza, espolón, ojo de gallo.

calma *s. f.* **1. Bonanza**, escampada, inmovilidad, blandura, quietud, callada. ➤ *Inclemencia, destemplanza, tempestad, marejada.* **2. Suspensión**, jolito, detención, paro. **3. Apatía**, pereza, parsimonia, cachaza, pachorra, flema, sangre fría, impasibilidad, parsimonia, indolencia. ➤ *Energía, ímpetu, diligenia, rapidez.* **4. Reposo**, descanso, tregua. ➤ *Agitación.* **5. Silencio**, sosiego, placidez, tranquilidad, paz, apacibilidad, serenidad. ➤ *Intranquilidad, inquietud, alteración.*

calmante *adj.* Analgésico, tranquilizante, sedante, paliativo, lenitivo, bálsamo, sedativo.

calmar *v. tr.* **1. Sosegar**, templar, adormecer, serenar, aclarar, moderar, ablandar, propiciar, apaciguar, pacificar, aplacar, lenificar, tranquilizar, enfriar, sedar, apagar, suavizar. ➤ *In-*

quietar, excitar, intranquilizar, vivificar. **2. Despejar,** encalmarse, aquietarse, aclarar, serenarse, abonanzar. ➤ *Destemplarse.*

calmo, ma *adj.* **1. Páramo,** erial, yermo. **2. Reposado,** apacible, sosegado, descansado. ➤ *Inquieto.*

calmoso, sa *adj.* Lento, parsimonioso, tardo, flemático, cachazudo, impasible, perezoso, posma, indolente, apático, vilordo. ➤ *Activo, nervioso, rápido, diligente.*

caló *s. m.* Argot, germanía, jerga.

calor *s. m.* **1. Fuego,** irradiación, llama, combustión, ardor, quemazón. ➤ *Frío, frialdad.* ‖ *s. m. y s. f.* **2. Bochorno,** sofocación, calidez. ‖ *s. m.* **3. Pasión,** fervor, entusiasmo, vivacidad, acaloramiento, ardimiento, actividad, vehemencia, encendimiento, animación, viveza, denuedo, energía. ➤ *Frialdad, indolencia, flema, pasividad.* **4. Agasajo,** favor, obsequiosidad, atención, halago, hospitalidad. ➤ *Rechazo, desdén, frialdad.*

calumnia *s. f.* Difamación, falsedad, maledicencia, denigración, suposición, falacia, descrédito, mendacidad, impostura, murmuración, imputación. ➤ *Verdad, veracidad.*

calumniador, ra *adj.* Difamador, infamador, maldiciente, mentiroso, mendaz, murmurador, matavivos, deshonrabuenos, sicofante, maledicente, lengua de víbora, mala lengua.

calumniar *v. tr.* Infamar, difamar, desacreditar, murmurar, imputar, deshonrar, imponer, achacar, malsinar, levantar. ➤ *Encomiar, honrar, afamar.*

calumnioso, sa *adj.* Denigrativo, difamativo, infamatorio, oprobioso, denigrante, infamante. ➤ *Elogioso.*

calva *s. f.* Calvicie, calvatrueno, decalvación, clara, alopecia, entrada.

calvario *s. m.* Suplicio, adversidad, martirio, amarguras, pena, sufrimiento, dolor, penalidad, trabajo.

calvatrueno *s. m.* **1. Calva. 2. Alocado,** calavera, atronado. ➤ *Cuerdo.*

calvero *s. m.* **1. Calvijar,** calvitar, claro, hueco. **2. Arenal,** gredal.

calvicie *s. f.* Calvez, alopecia, pelada, calva, peladera.

calza *s. f.* **1. Media,** calcetín, elástico, calcetán. **2. Braga,** calzón, pantalón. **3. Cuña,** taco, calce.

calzada *s. f.* Carretera, pista, rúa, calle, camino real.

calzar *v. tr.* **1. Colocarse,** ponerse. **2. Trabar,** asegurar, afirmar, consolidar, afianzar. **3. Embotar,** poner, meter, enchancletar. ➤ *Descalzar.* ‖ *v. prnl.* **4. Gobernar,** dirigir, manipular, guiar, conducir. **5. Alcanzar,** lograr, obtener, conquistar.

calzón *s. m.* Calzoncillo, pantalón, calcillas, calzas, butifarras, follosas, taparrabos, leonas, pampanilla, calembé.

calzonazos *s. m.* Cobardica, bragazas, blando, pusilánime, gurrumino, débil, poltrón. ➤ *Duro, inflexible.*

calzoncillos *s. m. pl.* Calzón, zaragüelles, calzas.

cama *s. f.* Tálamo, lecho, catre, litera, yacija, piltra, sobre, hamaca, camón, litera, camastro, tarima, meridiana, petate, triclinio.

camada *s. f.* **1. Banda,** partida, facción, garulla, pandilla, caterva. **2. Hilera,** serie, ringlera, cúmulo, cerro, sarta, montón. **3. Lechigada,** ventregada, cachillada, cría.

camafeo *s. m.* Medalla, medallón.

camandulear *v. intr.* Pelotear, adular.

camandulero, ra *adj.* **Hipócrita,** astuto, embustero. ➤ *Honesto, sincero.*

cámara *s. f.* **1. Aposento,** habitación, cuarto, alcoba, salón, sala, recinto. ‖ *s. m. y s. f.* **2. Cameraman,** operador. **3. Granero,** troj, silo, cilla. **4. Parlamento,** congreso, senado.

camarada *s. m. y s. f.* **1. Compañero,** amigo, colega, compadre, condiscípulo, igual, acompañante. ‖ *s. m.* **2. Cofrade,** correligionario.

camaradería *s. f.* Compadrería, compañerismo, confianza.

camaranchón *s. m.* Buhardilla.

camarera *s. f.* Criada, azafata, muchacha.

camarón *s. m.* Gámbaro, gamba.

camarote *s. m.* Cabina, compartimento.

camastro *s. m.* Yacija, catre, jergón, petate, coy, piltra.

camastrón, na *s. m. y s. f.* Astuto, hipócrita, marrullero, taimado, pícaro, zorro. ➤ *Franco, sincero, noble.*

camastronería *s. f.* Marrullería.

cambalache *s. m.* Prendería, cambio, canje, trapicheo, barata, intercambio.

cambiante *p. a.* Incierto, inestable, mudable, variable, móvil, inconsistente, efímero, proteico, tornadizo, diferente, indeciso, evolutivo, voltario, flotante, desigual. ➤ *Fijo, inmóvil, seguro, estático.*

cambiar *v. tr.* **1. Canjear**, trocar, permutar, conmutar, mudar. **2. Transformar**, alterar, metamorfosear, evolucionar. ‖ *v. prnl.* **3. Mudarse**, trasladarse.

cambio *s. m.* Alteración, mudanza, transformación, trueque, cambiamiento, salto, perturbación, reformación, transformación, cambalache, mudanza, vuelta, revolución, vicisitud, alteración, vaivén, renovación, evolución, permuta, mudamiento, transmutación, reforma, corrección, permutación, cambiazo, conmutación, novedad, variedad, innovación, trastrueque, canje, muda, revuelta, turno, variación, inversión. ➤ *Permanencia.*

cambista *s. m. y s. f.* Bolsista.

cambrón *s. m.* Espino cerval, zarza.

cambujo, ja *adj.* Morcillo.

camelador, ra *adj.* Halagador, adulador, cobista. ➤ *Honesto.*

camelar *v. tr.* **1. Lisonjear**, halagar, engatusar, raposear, embaucar, embelecer, adular. **2. Conquistar**, seducir, enamorar, galantear, piropear, requebrar, echar los tejos, dar coba.

camello *s. m.* Rumiante, ungulado, dromedario.

cameraman *s. m.* Operador, cámara.

camilla *s. f.* Angarillas, andas, hamaca, solio.

caminante *p. a.* Andarín, peatón.

caminar *v. intr.* **1. Peregrinar**, trasladarse. ➤ *Pararse.* **2. Marchar**, deambular, pasear. ➤ *Pararse.* ‖ *v. tr.* **3. Pasar**, circular, moverse. ➤ *Pararse.*

caminata *s. f.* Excursión, marcha.

camino *s. m.* **1. Vía**, calle, senda, sendero, línea, calzada, carril, veril, vereda, atajo, trocha, ronda, pasaje, cruce, carretera, pista, arrastradero, sendero, trillo, atajuelo, trochuela, acceso, galería, meandro, corredera, rúa, rodeo, travesía, cañada, paseo. **2. Manera**, procedimiento, sistema, arbitrio, forma, recurso, método. **3. Trayecto**, espacio, viaje, recorrido, trecho, itinerario, ruta. **4. Dirección**, rumbo, salida, solución, posibilidad, vía, alternativa.

camorra *s. f.* Pelea, pendencia, disputa, riña, trifulca, refriega, marimorena, pelotera, bronca, follón, gresca. ➤ *Concordia, pacificación.*

camorrista *adj.* Camorrero, peleón, pendenciero, matón, bravucón, matachín, provocador, reñidor, chulo, sajabroqueles, matasiete, perdonavidas.

campana *s. f.* **1. Campanilla**, campaneta, campano, sonería, campanillo, carillón, bronce. **2. Esquila**, cencerro, cimbano, esquilón, cascabelillo, changara, sonajero, changarro, sonajas, zumba, cascabel, alambre.

campanada *s. f.* **1. Sorpresa**, escándalo, novedad. **2. Campaneo**, campanillazo, retintín, badajada, timbrazo, toque.

campanear *v. intr.* Doblar, voltear, repicar, campanillear, tintinear, repiquetear, tilintear.

campanillazo *s. m.* Campanada.

campante *adj.* Eufórico, contento, alegre, ufano, radiante, complacido, satisfecho, jubiloso. ➤ *Desalentado, alicaído, triste, abatido, decaído.*

campanudo, da *adj.* **1. Altisonante**, rimbombante, hinchado, retumbante, prosopopéyico, redicho, pomposo. ➤ *Natural, llano.* **2. Acampanado**, cencerril, encampanado.

campaña *s. f.* **1. Campiña**, llanura, campo, planicie, explanada. **2. Misión**, tarea, empresa, plan, expedición, cruzada, cometido. **3. Período**, plazo, duración.

campeador *adj.* Batallador.

campechanía *s. f.* Franqueza, jovialidad, llaneza. ➤ *Artificiosidad.*

campechano, na *adj.* Afable, franco, jovial, llano, natural, despreocupado, simpático, agradable, bromista, sencillo, alegre. ➤ *Taciturno, engreído, adusto, seco, antipático.*

campeón, na *s. m. y s. f.* **1. Vencedor**, ganador. **2. Jefe**, adalid, as, caudillo, paladín. ➤ *Secuaz.* **3. Propagador**, abogado, valedor. ➤ *Detractor.*

campeonato *s. m.* **1. Certamen**, concurso, competencia, emulación, lucha, torneo, juego, justa. **2. Superioridad**, primacía, preponderancia, supremacía. ➤ *Inferioridad.*

campesino, na *adj.* **1. Campestre**, rural, rústico, silvestre. ➤ *Urbano.* **2. Agricultor**, labrador, cultivador, granjero, aperador, cortijero, hacendado, estanciero, labriego. **3. Aldeano**, villano, lugareño, rústico, payés, paisano, destripaterrones, paleto.

campestre *adj.* Silvestre, rústico, bucólico, campesino, agreste.

campiña *s. f.* Tierra, vega, campaña, ejido, verdón, campo, llanura.

campo *s. m.* **1. Campiña**, naturaleza. ➤ *Ciudad.* **2. Sembrado**, labrantío, cultivo, plantación, agro. **3. Ámbito**, esfera, terreno, superficie, área, extensión, dominio, territorio. **4. Campamento**, acampada, vivaque, acantonamiento, alojamiento. **5. Estadio**, cancha, circuito.

camueso *s. m.* Tarugo, bodoque, zopenco, torpe, animal, leño, zoquete, burro, bruto. ➤ *Lumbrera, genio.*

camuflar *v. tr.* Encubrir, ocultar, disfrazar, enmascarar, disimular, encubrir, desfigurar. ➤ *Descubrir, mostrar.*

can *s. m.* **1. Chucho**, perro, tuso, gozque. **2. Percutor**, martillo, percusor.

canal *s. amb.* **1. Acequia**, conducto, caño, canaleta, canalizo, caño, reguera, caz, zanja, cauce, canaleja, cañería, tubo, cacera, acueducto, canalón, reguero, tubería, sangradera, álveo, atarjea, cloaca, gárgola. **2. Estría**, rebajo, corte. **3. Bocana**, canalizo, freo, estrecho, brazo de mar.

canalado, da *adj.* Estriado, rayado.

canaladura *s. f.* Ranura, moldura.

canalizar *v. tr.* Encauzar, dirigir, encanalar, acequiar, sangrar, encanalizar, galguear, encañonar, regar.

canalla *s. f.* **1. Chusma**, populacho, gentuza, vulgacho. || *s. m.* **2. Sinvergüenza**, bandido, infame, ruin, pillo, pícaro, vil, bribón. ➤ *Decente, honrado.*

canallada *s. f.* Bribonada, felonía, infamia, ruindad, vileza. ➤ *Nobleza.*

canana *s. f.* Cartuchera, pistolera.

canapé *s. m.* Tresillo, sofá, diván, confidente, asiento.

canastilla *s. f.* **1. Canasta**, cesto. **2. Ajuar**, equipo.

cancel *s. m.* **1. Antepuerta**, contrapuerta. **2. Biombo**, mampara, persiana.

cancela *s. f.* Verja.

cancelación *s. f.* Abolición, contraorden, nulidad, anulación, derogación, cumplimiento, supresión, liquidación.

cancelar *v. tr.* **1. Abolir**, anular, derogar, archivar, cumplir, invalidar, abrogar, liquidar. ➤ *Promulgar, revalidar.* **2. Suprimir**, deshacer, revocar, eliminar, inutilizar. ➤ *Confirmar, ratificar.*

cancerbero *s. m.* Guardián, portero.

canceroso, sa *adj.* Tumoroso.

canchal *s. m.* Pedregal, peñascal, cantizal, guijarral, lanchal, pedriza, pedrical, pedrera, desgalgadero.

cancho *s. m.* Emolumento, paga.

canción *s. f.* Copla, romanza, tonada, cantinela, melodía, canto, cantar, balada, tono, saloma, coplón, serena, letrilla, tonadilla, aria, trova, cantiga, zorongo, chanzoneta, chacona, trípili.

candado *s. m.* Cerrojo, cierre, cerraja.

cande *adj.* Níveo, albo, blanco.

candela *s. f.* **1. Cirio**, vela, hacha, bujía. **2. Lumbre**, fuego, llama.

candelabro *s. m.* Lámpara, flamero, tenebrario, cornucopia, ceridario, candelero, centellero, almenar, araña.

candelero *s. m.* Cirial, palmatoria, lucerno, almenara, melampo, candelabro, velador, hachero, blandón, antorchero, ambleo, tedero.

candente *adj.* **1. Incandescente**, ardiente, quemante, encendido, rusiente, al rojo. ➤ *Frío.* **2. Apasionante**, actual, controvertido, presente, palpitante. ➤ *Anticuado, olvidado.*

candidato, ta *s. m. y s. f.* Pretendiente, aspirante, solicitante, postulante.

candidez *s. f.* Candor, inexperiencia, ingenuidad, simplicidad, sinceridad, parvulez, inocencia, sencillez. ➤ *Malicia, picardía, suciedad.*

cándido, da *adj.* **1. Albo**, nevado, lechoso, cano, níveo. ➤ *Negro, oscuro, moreno, sucio.* **2. Simplón**, ingenuo, inocente, sencillo, sincero, candoroso, inocentón, bueno, franco, crédulo, engañadizo, párvulo, simple, iluso, asimplado, infantil, inexperto, alma de Dios. ➤ *Malicioso, pícaro.* **3. Primo**, pardillo, incauto, simple, necio, pazguato, panoli, pelele, papanatas, bobo. ➤ *Avispado.*

candil *s. m.* Farolillo, lámpara, quinqué, candilón, capuchina, lamparilla, crisuela, almijara, farol, lampión, mechero, candilejo, mariposa, matula, linternón, candileja, velón, linterna, reverbero, lamparín, fanal.

candileja *s. f.* **1. Candil**, crisuela, lucérnula. ‖ *s. f. pl.* **2. Focos.**

candor *s. m.* **1. Franqueza**, sinceridad, inocencia, candidez, sencillez, ingenuidad, simplicidad. ➤ *Doblez, malicia, picardía.* **2. Albor**, albura, blancor. ➤ *Suciedad, negrura.*

candoroso, sa *adj.* Inexperto, ingenuo, puro, inocente. ➤ *Retorcido.*

canela *s. f.* Exquisitez, delicadeza, finura, primor, excelencia. ➤ *Ordinariez, rusticidad, cursilería, imperfección.*

cangrejo *s. m.* Cangrejuelo, ástaco, taracol, cárabo, jariba.

canguelo *s. m.* Cobardía, medrana, temor, miedo, jindama, pavor, canguis, mieditis, julepe. ➤ *Agallas, valentía.*

caníbal *adj.* Salvaje, cruel, sanguinario, inhumano, feroz, bestial.

canícula *s. f.* Verano, estío. ➤ *Invierno.*

canicular *adj.* Asfixiante, bochornoso, sofocante. ➤ *Invernal, gélido.*

canijo, ja *adj.* Enclenque, encanijado, raquítico, escuchimizado, flaco, enfermizo, débil, enteco, esmirriado. ➤ *Fuerte, robusto, sano.*

canilla *s. f.* **1. Espinilla**, pantorrilla. **2. Espita**, llave, válvula. **3. Bobina**, carrete. **4. Vitalidad**, vigor, fortaleza.

caninez *s. f.* Apetito, carpanta.

canino, na *adj.* Perruno.

canje *s. m.* Permuta, intercambio, transacción, cambio, barata, trueque, permutación, cambalache.

canjeable *adj.* Permutable, intercambiable. ➤ *Intransferible.*

canjear *v. tr.* Permutar, sustituir, trocar, cambiar, cambalachear, baratar.

cano, na *adj.* **1. Blanco**, blanquecino, entrecano, grisáceo, canoso, pelicano, rucio. ➤ *Moreno.* **2. Viejo**, antiguo, anciano, añejo. ➤ *Joven, nuevo.*

canoa *s. f.* Piragua, bote, falúa, embarcación, kayak, batel, trainera.

canon *s. m.* **1. Medida**, pauta, principio, guía. **2. Tasa**, tributo, contribución, censo, renta, estipendio, derecho, impuesto, tarifa, percepción. **3. Regla**, decreto, precepto, decisión, disposición, mandato, norma, criterio. **4. Catálogo**, memoria, inventario, lista, rol. **5. Modelo**, ejemplo, especimen, arquetipo.

canónico, ca *adj.* **1. Adecuado**, conforme, regular, preceptivo. ➤ *Inconforme, irregular.* **2. Doctoral**, lectoral, magistral, concanónigo, pavorde, regular.

canonización *s. f.* Beatificación, santificación. ➤ *Condenación.*

canonizar *v. tr.* **1. Santificar**, glorificar, beatificar, nimbar. ➤ *Excomulgar, anatematizar.* **2. Aprobar**, alabar, aplaudir, encomiar. ➤ *Reprobar, condenar.*

canonjía *s. f.* **1. Provecho**, prebenda, oportunidad, ganga, breva, bicoca, momio, chollo, mina. ➤ *Muerto, cataplasma.* **2. Beneficio**, magistralía, chantría, canonicato.

canoro, ra *adj.* Armonioso, armónico, melodioso. ➤ *Estridente, cacofónico.*

canoso, sa *adj.* Cano, rucio, pelicano.

cansado, da *adj.* **1. Derrotado**, exhausto, lánguido, molido, fatigado, cascado, exánime, transido, roto, despernado, cansino, enervado, jadeante. ➤ *Descansado, fresco.* **2. Molesto,** fatigoso, pesado, causoso, cargante, insoportable, engorroso, latoso. ➤ *Agradable, ameno, entretenido.*

cansancio *s. m.* Fatiga, agotamiento, laxitud, aperreo, molimiento, candinga, molestia, fatigación, agobio, ajetreo, moledura, debilidad, desaliento, jadeo, molienda, saciedad, debilitamiento. ➤ *Energía, fuerza, viveza, aliento, fortaleza.*

cansar *v. tr.* **1. Fatigar,** derrengar, molestar, ajetrear, jadear, tronzar, moler, aperrear, tronchar, dejar molido, ajetrear. ➤ *Descansar, avivar.* **2. Agobiar,** amolar, jeringar, aburrir, incomodar, reventar, incordiar, abrumar, fastidiar, chinchar, jorobar, cargar, encocorar, irritar, enfadar, asediar, perseguir, importunar, hastiar, hartar, estomagar. ➤ *Distraer, entretener, divertir.*

cansino *adj.* Lento, molido, debilitado, fatigado, agotado. ➤ *Descansado, vivo.*

cantador, ra *s. m. y s. f.* Cantante.

cantaletear *v. tr.* Aburrir, fastidiar, incomodar, importunar. ➤ *Agradar.*

cantante *s. m. y s. f.* Cantor, cantautor, soprano, tenor, contralto, barítono, bajo, canzonetista, rapsoda, concertista, divo, entonador, vocalista.

cantar[1] *s. m.* **Copla,** cantilena, canto, tonada, trova, endecha, aire, letrilla, canción, cantiga, balada, chacona.

cantar[2] *v. intr.* **1. Interpretar,** entonar, canturrear, modular, corear, gorjear, tararear, vocalizar, afinar, canturriar, repentizar, gorgoritar, solfear, contrapuntear, salmodiar. **2. Declarar,** revelar, descubrir, desembuchar, avisar, irse de la lengua. **3. Alabar,** encomiar, elogiar, loar, glorificar. ➤ *Denostar, criticar.* **4. Rechinar,** chirriar, crujir.

cántaro *s. m.* Ánfora, botijo, jarro, cántara, alcarraza.

cantear *v. tr.* Desbastar, dolar, falsear, encuartar, escuadrar, cincelar, picar, escodar, asalmerar, dovelar.

cantero, ra *s. m. y s. f.* Cincelador, picapedrero, labrante, apedrador, dolador.

cántico *s. m.* Himno, salmo, motete, antífona, aleluya, canto, salmodia, villancico, saeta.

cantidad *s. f.* **1. Cuantía,** medida, número, contingente. **2. Abundancia,** copiosidad, exageración, exceso, plétora, riqueza, profusión, multitud, exuberancia, demasía, raudal. **3. Tanto,** parte, cuota, porcentaje.

cantimplora *s. f.* Alcarraza, garrafa.

cantilena *s. f.* Balada, canción.

cantina *s. f.* **1. Bodega. 2. Fonda,** taberna, tasca, bar, figón, bodegón.

cantinero *s. m.* Tabernero, bodeguero, figonero.

cantizal *s. m.* Canchal, cantorral.

canto[1] *s. m.* Canción, melodía, tonada, cantar, aire, letrilla, copla, trovo, cantar, trova.

canto[2] *s. m.* Arista, orilla, esquina, borde, lado, reborde, filo, punta, morrillo, margen.

canto[3] *s. m.* Guijarro, cantal, piedrecilla, guija, chinarro, pedrusco.

cantón *s.* **1. Quicio,** canto, quicial, cornijal, ángulo. **2. País,** territorio, demarcación, comarca, región, provincia. **3. Acantonamiento,** posición, campamento, emplazamiento.

cantor, ra *adj.* Cantante, cantador, rapsoda, corista, intérprete.

canturrear *v. intr.* Tararear, salmodiar, mosconear.

canturreo *s. m.* Canto, cantaleta.

caña *s. f.* **1. Tallo,** palo. **2. Bambú,** anea, mimbre, junco, cañuela, cañirla, cañavera, bejuco, cañucela, cañeta, cánula, cálamo, carrizo. **3. Cañaduz.**

cañada *s. f.* **1. Vaguada,** hondonada, desfiladero, quebrada, valle, barranca, cauce, nava, hoya. **2. Senda,** vereda, atajo, camino, sendero, pista, travesía.

cañaveral *s. m.* Cañal, cañedo, cañavera, cañizal, zarzo, cañar, canaliega, zarrizal, cañizal.

cañería *s. f.* Tubería, conducto, tubo, conducción, fístula, fontanería, arcaduz, atanor.

cañero, ra *s. m. y s. f.* Fontanero.

caño *s. m.* **1. Cañaheja,** canuto, conducto, tubería, espita. **2. Albañal,** alcantarilla, vertedero, colector, atarjea, cloaca, desagüe. **3. Surtidor**, fuente, hilo, chisquete. **4. Canalizo**, estrejo, bocana, freo.

cañón *s. m.* **1. Tubo**, túnel, hueco, puntel, canuto, cañuto. **2. Mortero**, obús, bombarda, lombarda, morterete, culebrina, boca de fuego. **3. Garganta**, desfiladero.

cañonazo *s. m.* **1. Bombazo**, descarga, disparo, tiro, chupinazo. **2. Estruendo**, fragor.

cañonear *v. tr.* Bombardear.

cañuto *s. m.* **1. Canuto**, articulación. **2. Caño**, tubo, canuto, cañaheja. **3. Chismoso**, soplón, acusica.

caos *s. m.* **1. Embrollo**, enredo, anarquía, lío, laberinto. **2. Desorganización**, confusión, desorden, revoltijo, incoherencia, desconcierto, perturbación. ➤ *Orden, sistema, coherencia.*

caótico, ca *adj.* Anárquico, incoherente, lioso, turbio, confuso, trastornado, laberíntico, desarreglado, desorganizado, embrollado, desordenado. ➤ *Ordenado, coherente, claro.*

capa *s. f.* **1. Manto**, capeo, manteo, capeja, pañosa, ferreruelo, capuz, coroza, almucia, capilla, capitillo, bernia, alquicel, capeta, capisayo, albornoz, pelosa, jaique. **2. Máscara**, velo, excusa, cobertura, envoltura. **3. Baño**, revestimiento, mano, cubierta, caparazón, sobrecubierta. **4. Faja**, veta, franja, tonga, estrato, sedimento, tongada. **5. Caudal**, bienes, hacienda, patrimonio, fortuna.

capacho *s. m.* Sera, serón, cesto, capacha, canasta, espuerta, cesta, seroncillo.

capacidad *s. f.* **1. Cabida**, aforo, espacio, dimensión, volumen, arqueo, tonelaje, cabimiento, extensión. **2. Inteligencia**, competencia, aptitud, talento, genio, experiencia, disposición, saber, suficiencia. ➤ *Incapacidad, ineptitud.* **3. Potencial**, posibilidad, medio, oportunidad. ➤ *Imposibilidad.*

capacitación *s. f.* Aprendizaje, formación, instrucción. ➤ *Inhabilitación.*

capacitar *v. tr.* Autorizar, instruir, preparar, habilitar, facultar, investir. ➤ *Descalificar, incapacitar, inhabilitar.*

capar *v. tr.* **1. Castrar**, mutilar, esterilizar, emascular. **2. Cortar**, recortar, mutilar, reducir, restringir, acortar, disminuir, cercenar, aminorar. ➤ *Agrandar, aumentar, crecer.*

caparazón *s. m.* **1. Corteza**, defensa, concha, cubierta, carapacho, coraza. **2. Quitina**, esqueleto, armazón, osamenta, armadura, bastidor.

capataz, za *s. m. y s. f.* **1. Encargado**, cabeza, caporal, vigilante, manijero, jefe, mayoral, cachicán, sobrestante, encargado. ➤ *Subalterno, dependiente.* **2. Administrador.**

capaz *adj.* **1. Suficiente**, amplio, vasto, grande, extenso, espacioso, dilatado. ➤ *Pequeño, restringido.* **2. Idóneo**, hábil, competente, apto, conveniente, calificado, digno, perito, avezado, entendido, proporcionado, experimentado, sabio, aparejado, experto, conocedor, práctico. ➤ *Incapaz, inepto.*

capcioso *adj.* Artificioso, falaz, engañoso, embaucador, sofístico, engañador, insidioso. ➤ *Claro, verdadero.*

capea *v. tr.* Lidia, tienta.

capear *v. tr.* **1. Torear**, engañar, lidiar, capotear. **2. Eludir**, soslayar, defenderse, evitar, entretener, engañar, escurrirse.

capellán *s. m.* Clérigo, ordenado, sacerdote, ministro, cura.

capero *s. m.* Perchero.

caperuza *s. f.* Capucha, capirote, capillejo, cachucha, capillo, gorra, capilla, capucho, capuchón.

capialzado *adj.* Alféizar.

capilla *s. f.* **1. Adoratorio**, oratorio, santuario, iglesia, sagrario. **2. Caperuza**, capillo, capucha, capuchón.

capirotazo *s. m.* Capirote, papirotazo, papirote.

capirote *s. m.* **1. Cucurucho**, capirucho, caperuza. **2. Esclavina**, manteleta, talma, muceta.

capisayo *s. m.* Capote, capa.

capital *adj.* **1. Esencial**, básico, primordial, principal, fundamental, central, sustancial, trascendental. ➤ *Insignificante, mínimo, secundario, menor, accidental.* **2. Metrópoli**, ciudad, urbe. ‖ *s. m.* **3. Hacienda**, caudal, fortuna, patrimonio, haber, peculio, dinero, posibles, acervo, heredad, fondos, bienes, tesoro.

capitalista *s. m. y s. f.* Accionista, empresario, financiador.

capitalización *s. f.* Financiación.

capitalizar *v. tr.* Tesorizar, atesorar, disponer, acaudalar.

capitán, na *s. m. y s. f.* **1. Jefe**, dirigente, director, oficial, patrón, arráez, superior. **2. Caudillo**, adalid, paladín, líder. **3. Cabecilla**, cabeza.

capitanear *v. tr.* Acaudillar, comandar, conducir, dirigir, guiar, mandar.

capitel *s. m.* Chapitel, ábaco.

capitolio *s. m.* Palacio, acrópolis.

capitulación *s. f.* **1. Acuerdo**, convenio, tratado, compromiso, pacto, conciliación, concierto, convención. **2. Entrega**, rendición, conclusión, sometimiento, cesión. ➤ *Resistencia.*

capitular *v. intr.* **1. Pactar**, convenir, ceder, ajustar, transigir, concertar. **2. Deponer las armas**, darse, doblegarse, entregarse, someterse. ➤ *Resistir.*

capítulo *s. m.* **1. Apartado**, lección, sección, título. **2. Junta**, asamblea, cabildo, conciliábulo. **3. Determinación**, acuerdo, resolución.

caporal *s. m.* **1. Responsable**, encargado, jefe, capataz, sobrestante, caporalista. **2. Capital**, fundamental, esencial, principal. ➤ *Secundario.*

capota *s. f.* Tapa, cubierta, funda.

capote *s. m.* **1. Anguarina**, tabardo, redingote, capotillo, cabriolé, ruana, gabán, tudesco, albornoz, capisayo, chilaba, poncho. **2. Ceño**, sobrecejo, zumbel, entrecejo. **3. Cargazón**, acumulación, nublado, encapotamiento. ➤ *Despejamiento.*

capotear *v. tr.* **1. Eludir**, entretener, escurrirse, evadirse, evitar, disimular, hacerse el loco. **2. Torear**, capear, lidiar.

caprario, ria *adj.* Cabrío, cabruno.

capricho *s. m.* **1. Arbitrariedad**, exigencia, cabildada, tiranía, improce-

dencia, pretensión, atropello, injusticia, alcaldada, tropelía, absurdo. **2. Fantasía**, extravagancia, humorada, variación, arranque, travesura, bufonada, salida, tontería, ocurrencia. ➤ *Formalidad, severidad.* **3. Antojo**, manía, gusto, obstinación, voluntad.

caprichoso, sa *adj.* **1. Antojadizo**, tornadizo, veleidoso, voluble, raro, cambiante, caprichudo, fantástico, extraño, voluntarioso, temoso, inconstante, irregular, arbitrario. ➤ *Justo, imparcial, constante.* **2. Infundado**, gratuito, improcedente, insostenible, fútil, superficial, injustificado, inconsistente, absurdo, vano, inmotivado, pueril. ➤ *Justificado, formal, necesario.*

cápsula *s. f.* **1. Cartucho**, carga, detonador, cargador. **2. Gragea**, pastilla. **3. Estuche**, vestidura, cobertura, cajita.

captación *s. f.* Adquisición, capción, seducción, atracción, persuación, engatusamiento, halago, incitación, tentación, adulación, congraciamiento, agasajo, señuelo, engaño. ➤ *Repulsión, disconformidad.*

captador *adj.* Engatusador, seductor, atractivo, cautivante, camelador, sugestionador, engolosinador, hechicero, cazador. ➤ *Repelente, repulsivo.*

captar *v. tr.* **1. Percibir**, entender. **2. Conseguir**, persuadir, seducir, conquistar, atraer, ganar, arrastrar, fascinar, sugestionar, enamorar, cautivar, absorber, arrebatar, hechizar, camelar, adular, quillotrar, engaitar, flechar. ➤ *Rechazar, perder.*

captor, ra *adj.* Apresador.

captura *s. f.* Apresamiento, arresto, caza, detención, presa, botín, prendimiento, trofeo, aprehensión, caza. ➤ *Pérdida, liberación.*

capturar *v. tr.* Apresar, detener, arrestar, prender, aprisionar, sujetar, cazar. ➤ *Soltar, liberar, perder.*

capucha *s. f.* Caperuza, capuz, capucha, capillo, capirote, capucho, capuchón, cuculla.

capullo *s. m.* Brote, pimpollo, botón.

caquéctico, ca *adj.* Descarnado, esquelético, consumido. ➤ *Lozano.*

cara *s. f.* **1. Rostro**, faz, efigie, facciones, perfil, aspecto, imagen, fisonomía. **2. Fachada**, frente, delantera, portada, anverso, haz. ➤ *Trasera, reverso, envés, cruz.* **3. Semblante**, talante, gesto, continente, catadura, visaje.

carabina *s. f.* **1. Escopeta**, fusil, mosquete, retaco. **2. Acompañanta**, trotona, señorita de compañía, doncella, dama de honor.

carabinero *s. m.* Vigilante, guardia.

caracol *s. m.* **1. Molusco. 2. Rizo**, sortija, tirabuzón, bucle.

caracolear *v. intr.* Cabriolear, voltear.

carácter *s. m.* **1. Naturaleza**, conducta, personalidad, idiosincrasia, individualidad, índole, temperamento, genio, humor, manera, temple, entraña, natural, calidad, cualidades, condición, talante. **2. Energía**, voluntad, severidad, genio, firmeza, rigidez, entereza. ➤ *Debilidad.* **3. Señal**, signo, seña, nota. **4. Estilo**, tipo, clase.

característica *s. f.* Particularidad, peculiaridad, singularidad.

caracterizar *v. tr.* **1. Calificar. 2. Personalizar**, señalar, significar, estilizar, simplificar, diferenciar. **3. Interpretar**, recitar, declamar, actuar, escenificar. || *v. prnl.* **4. Disfrazarse**, maquillarse, pintarse, ataviarse.

caradura *adj.* Cínico, mantillón, atrevido, insolente. ➤ *Apocado, tímido.*

caramanchel *s. m.* Taberna, tasca.

carambola *s. f.* **1. Chiripa**, suerte, casualidad, chamba. ➤ *Causalidad.* **2. Embuste**, trampa, engaño, enredo, empeño, enjuague, tinglado.

caramelo *s. m.* Golosina, dulce.

caramillo *s. m.* **1. Zampoña**, pipiritaña, flauta. **2. Chisme**, embuste, trampa, embeleco, engaño, cuento, bola.

carantoña *s. f.* **1. Carátula**, carantamaula. || *s. f. pl.* **2. Marrullería**, caricia, cucamonas, zalamería, gatería, lagotería, aspaviento, mimo, embeleco, arrumaco, zalema, monada, patarata, afectación, coba, caricia, terneza. ➤ *Insulto, grosería, brusquedad.*

carantoñero, ra *s. m. y s. f.* Pamplinero, adulador, afectado, zalamero,

obsequioso, extremoso, halagador, roncero, mimoso, empalagoso, lagotero, acariciador, sobón, mimador.

carátula *s. f.* **1. Antifaz**, careta, carantamaula, máscara. **2. Portada**, funda.

caravana *s. f.* **1. Romería**, reata, expedición. **2. Urbanidad**, cortesía.

carbón *s. m.* Antracita, carbonilla, lignito, cisco, tizón, hornaguera, coque, turba, herraj, erraj, morenillo, hulla, lenita, ciscón, picón.

carboncillo *s. m.* Lápiz, grafito.

carbonera *s. f.* Tizonera, horno, bufarda, boliche, foya.

carbonería *s. f.* Carbonera, coquera, cisquera, seraje, emboquera, paniego.

carbonero *s. m.* Piconero, cisquero, fabriquero.

carbonilla *s. f.* Cisco, picón, erraj, orujo, herraj.

carbonizar *v. tr.* Calcinar, chamuscar, quemar, carbonear, carbonar.

carburante *s. m.* Combustible, gasolina, bencina, petróleo, gasoil.

carburar *v. intr.* Funcionar, andar, marchar, ir. ➤ *Estropearse.*

carca *adj.* Ultra, conservador, retrógrado. ➤ *Liberal, progresista, innovador.*

carcajada *s. f.* Risotada, carcajeo, risoteo, jolgorio. ➤ *Suspiro, llanto.*

carcamal *s. f.* Vejestorio, matusalén, chocho, vejancón, anciano, viejo, carrozón. ➤ *Apolo, jovencito.*

cárcava *s. f.* **1. Socavón**, boya, foso, carcavina, zanja, carcavón, barranco, torrentera. **2. Fosa**, osera, sepultura, hoya, sepulcro, tumba.

carcavón *s. m.* Barranco, cárcava, carcavina, torrentera, foso, galocho, zanja, quebrada. ➤ *Promontorio.*

cárcel *s. f.* Prisión, penal, penitenciaría, correccional, calabozo, presidio, celda, encierro, trena, mazmorra, ergástula, galera, chirona.

carcelero *s. f.* Guardián, alcaide, celador, portero, guardia, calabocero, guarda, grillero. ➤ *Preso.*

carcoma *s. f.* Termes, termita.

carcomer *v. tr.* **1. Corroer**, roer, picar, ratear, horadar. **2. Gastarse**, extinguirse, agotarse, acabarse.

carda s. m. Cardón, carducha, rastrillo, escureta, cardencha, escobilla, palmar, diabla, carduza, peine.

cardar v. tr. Carduzar, emprimar, peinar, carmenar, perchar, emborrar, desembrollar.

cardenal s. m. **1. Roncha**, equimosis, moratón, contusión, señal, moradura, moretón, magulladura. **2. Purpurado**, patriarca, príncipe de la Iglesia.

cardenillo s. m. Herrumbre, verdín, moho, orín.

cárdeno, na adj. Violáceo, amoratado, lívido, renegrido, morado, opalino.

cardíaco adj. Cardítico, cardiálgico, precordial, acorazonado, cardiáceo, cordial, cordiforme.

cardialgia s. f. Cardiopatía, miocarditis, exocarditis, asistolia, carditis, endocarditis, pericarditis.

cardinal adj. Fundamental, esencial, capital, básico, principal, absoluto, primordial, sustancial. ➤ *Accesorio, secundario, accidental.*

cardo s. f. Cardón, carlincho, crinje, acantio, tríbulo, cardencha, cardoncillo, abrojo, ajonjo, cardancho, toba.

cardume s. m. Montón, pila, cantidad.

carear v. tr. **1. Enfrentar**, encarar, enfrontar. ➤ *Eludir.* **2. Confrontar**, comparar, verificar, comprobar.

carecer v. intr. Faltar, necesitar, estar desprovisto, marrar, vacar, estar falto, marrear, hacer falta. ➤ *Poseer, tener, sobrar, abundar, disponer.*

carenar v. tr. Arreglar, calafatear.

carencia s. f. Escasez, penuria, privación, defecto, descubierto, insuficiencia, inexistencia, negación, vacío, laguna, ausencia, supresión, remoción, desprevención, merma, menester, marra, déficit, carestía, elipsis. ➤ *Abundancia, sobra, prevención.*

carente adj. Desnudo, desprovisto, falto, privado, incompleto, necesitado, careciente, ayuno, desguarnecido, desacomodado, faltante, privado, desapercibido, desabastecido, improvisto, manivacío, desalhajado, huérfano, despoblado, exhausto. ➤ *Saturado, sobrante, abundante.*

careo s. m. Entrevista, encaramiento.

carero, ra adj. Especulador, estafador.

carestía s. f. **1. Falta**, insuficiencia, penuria, déficit, necesidad, privación, carencia, inexistencia. ➤ *Abundancia, sobra.* **2. Encarecimiento**, inflación, alza, subida. ➤ *Baja, baratura, depreciación.*

careta s. f. Antifaz, disfraz, mascarilla, máscara, cambuj, gambox.

carga s. f. **1. Fardo**, bulto, fardería, fardaje, envoltorio, paquete, embalaje, abarrote. **2. Gravamen**, impuesto, contribución, tributo, gabela, obligación, imposición, servidumbre, hipoteca. ➤ *Desgravación, exención.* **3. Arremetida**, embestida, acometida, asalto, embate, agresión, acometimiento. **4. Lastre**, enjunque, zahorra, sorra. **5. Estiba**, arrumazón, cargo, lastraje, arrumaje, flete, paleaje, pacotilla. ➤ *Descarga, desembarco.* **6. Cargamento**, carretada, lingada, lanchada, barcada, esquifada, galerada, carguío, sobrecarga, viaje, cargazón, carro. **7. Exigencia**, deber, compromiso, atadura, encargo. **8. Peso**, yugo, cruz, molestia, cadena, suplicio, trabajo.

cargadera s. f. Briol, cabo.

cargado s. m. **1. Abarrotado**, colmado, repleto, atestado, completo, atiborrado, henchido. ➤ *Descargado, vacío, desocupado.* **2. Amenazador**, tempestuoso, electrizado, nuboso, cerrado. ➤ *Despejado, apacible.* **3. Fuerte**, concentrado, saturado, condensado, espeso. ➤ *Ligero, claro.* **4. Agobiado**, oprimido, angustiado, abrumado. ➤ *Libre, aliviado.*

cargador s. m. **1. Estibador**, carguero, paleador, lastrador, gabarrero. **2. Peine**, cartucho.

cargante adj. Inoportuno, insoportable, fastidioso, enojoso, molesto, impertinente, pesado, irritante, chinche. ➤ *Soportable, agradable.*

cargar v. tr. **1. Gravitar**, descansar, apoyar, estribar, asentar. ➤ *Descargar.* **2. Abarrotar**, embarcar, meter, llenar, introducir, colmar, cubrir. ➤ *Descargar, vaciar, desocupar.* **3.**

Obligar, imponer, tasar, gravar, asignar. ➤ *Exonerar, desgravar.* **4. Hartar**, fastidiar, importunar, irritar, molestar, enojar, incomodar. ➤ *Divertir, agradar, satisfacer.* **5. Aumentar**, añadir. **6. Atacar**, arremeter, agredir, asaltar, embestir. ➤ *Retroceder, retirarse.* **7. Achacar**, atribuir, colgar, culpar, imputar, tachar. ➤ *Descargarse.* **8. Embarcar**, lastrar, arrumar, estibar. ➤ *Desembarcar, descargar, alijar.* **9. Apechugar**, apechar, pechar, tragar, apencar, aguantar. ➤ *Eludir.*

cargo *s. m.* **1. Carga**, cargamento, estiba, arrumaje, peso. ➤ *Descarga, desembarco.* **2. Dignidad**, destino, plaza, puesto, oficio, función, ocupación. **3. Responsabilidad**, encargo, menester. **4. Salvaguardia**, defensa, dirección, custodia, gobierno, cuidado, obligación. **5. Acusación**, falta, imputación, recriminación, reconvencion, reprobación. ➤ *Descargo.*

cariacontecido, da *adj.* Desconsolado, afligido, apenado, turbado, triste, aturdido, sobresaltado, asustado. ➤ *Alegre, tranquilo.*

cariado, da *adj.* Deteriorado, horadado.

cariar *v. tr.* Horadarse, picarse, ulcerarse, corroerse. ➤ *Empastar.*

caricatura *s. f.* Exageración, parodia, ridiculización, deformación, sátira, remedo.

caricaturizar *v. tr.* Parodiar, retratar, satirizar, ridiculizar, caricaturar, deformar, exagerar, desfigurar.

caricia *s. f.* **1. Ternura**, cariño, mimo, agasajo, zalamería, arrumaco, halago, atención, gentileza, monería, amor, agrado, bondad, lisonja, roncería, cucamonas, galanteo. ➤ *Desatención.* **2. Beso**, roce, ósculo, besuqueo, abrazo, contacto, tacto. ➤ *Golpe.*

caridad *s. f.* **1. Amor**, misericordia, piedad, compasión, bondad, magnanidad, desinterés, liberalidad, humanidad, generosidad, desprendimiento, graciosidad, celo, filantropía, altruismo. ➤ *Odio, envidia, aborrecimiento, egoísmo, inhumanidad.* **2. Donación**, donativo, dádiva, óbolo. **3.**

Socorro, limosna, protección, auxilio. ➤ *Abandono, desamparo.*

caries *s. f.* Ulceración, picadura.

carilla *s. f.* Plana, anverso, revés.

carillón *s. m.* Campanería.

cariño *s. m.* **1. Ternura**, afección, inclinación, amor, afecto, querer, apego, afición, predilección. ➤ *Aversión, malquerencia, desamor, enemistad, odio.* **2. Mimo**, halago, zalamería, caricia, arrumaco. ➤ *Brusquedad.*

cariñosamente *adv. m.* Amorosamente, tiernamente, afectuosamente, entrañablemente, afectivamente, cordialmente, con los brazos abiertos. ➤ *Fríamente, secamente.*

cariñoso, sa *adj.* Afectuoso, amoroso, afectivo, entrañable, tierno, simpático, cordial, mimoso, benévolo. ➤ *Distante, hosco, frío, arisco, seco.*

caritativo, va *adj.* Compasivo, desinteresado, desprendido, generoso, humano, misericordioso, bondadoso, magnánimo, filantrópico, piadoso, altruista. ➤ *Tacaño, egoísta, envidioso.*

cariz *s. m.* Apariencia, perspectiva, traza, pinta, viso, aire.

carlanca *s. f.* **1. Collar**, collera. **2. Picardía**, añagaza, engaño, maula, engañifa, farsa, treta.

carlancón, na *s. m. y s. f.* Astuto, pícaro, taimado, zorro. ➤ *Ingenuo.*

carlinga *s. f.* Cabina.

carlista *adj.* Requeté.

carmesí *adj.* Escarlata, púrpura, bermellón, grana, rojo, encarnado, colorado, encendido, rubí.

carnada *s. f.* **1. Carnaza**, cebo, güeldo. **2. Engaño**, aliciente, artimaña, reclamo, treta, señuelo, ardid, argucia.

carnadura *s. f.* **1. Reciedumbre**, robustez, musculatura, carnaza, fibra. **2. Encarnadura**.

carnal *adj.* **1. Sensual**, voluptuoso, lujurioso, libidinoso, lascivo, lúbrico. ➤ *Puro, casto.* **2. Carnoso**, carniforme, pulposo, carnudo, encarnado. **3. Terrenal**, materialista, epicúreo. ➤ *Espiritual, idealista.*

carnalmente *adv.* **1. Carnudamente**, carnosamente, pulposamente. **2. Lu-**

juriosamente, lascivamente, lúbricamente, sensualmente. ➤ *Castamente, virtuosamente.* **3. Mundanamente**, materialistamente, terrenalmente. ➤ *Espiritualmente.*

carnaval *s. m.* Carnestolendas, antruejo, mascarada, comparsa.

carnavalada *s. m.* Mascarada, bufonada, bromazo, pega, inocentada.

carne *s. f.* **1. Chicha**, magro. **2. Lujuria**, sensualidad. ➤ *Espiritualidad.*

carnear *v. tr.* Sacrificar, desarrollar, descuartizar, deshuesar, descarnar, apuntillar, desosar, jamerdar, curar.

carnero *s. m.* Morueco, mardano, ramiro, musmón, balante, maroto, marón, belloso.

carnestolendas *s. m.* Carnaval, antruejo, antruido. ➤ *Cuaresma.*

carnicería *s. f.* **1. Degollina**, aniquilación, hecatombe, matanza, sarracina, cataclismo, inmolación, destrucción. **2. Tablajería**, casquería, chacinería, chanchería, tripería. **3. Matadero**, degolladero, rastro, tajadero, desolladero, tajo, macelo, tablada.

carnicero, ra *adj.* **1. Carnívoro.** ➤ *Herbívoro.* **2. Cruel**, inhumano, caníbal, sanguinario, atroz, feroz. ➤ *Bondadoso.* ‖ *s. m. y s. f.* **3. Tablajero**, casquero, tripero, cortador, matarife, desollador, matachín, jifero, criojero, destazador, achurador, gatunero, rastreo, fiambrero, mondonguero.

carnosidad *s. m.* **1. Excrecencia**, carnecilla, bulto, verruga. **2. Adiposidad**, obesidad, crasidad. ➤ *Delgadez.*

carnoso *s. m.* **1. Regordete**, gordo, obeso, atocinado, amondongado, rollizo, cebado, tripudo, grueso, rechoncho, gordinflón. ➤ *Delgado, flaco, chupado, magro.* **2. Sustancioso**, suculento, sabroso. ➤ *Insustancial.*

caro, ra *adj.* **1. Costoso**, exorbitante, alto, encarecido, subido, precioso, inapreciable, sobreprecido. ➤ *Barato, económico, bajo.* **2. Estimado**, apreciado, amado, idolatrado, adorado, querido, dilecto. ➤ *Aborrecido, odiado, detestado.*

carosis *s. f.* Anestesia.

carota *adj.* Caradura, descarado.

carpa *s. f.* Pabellón, toldo, tienda de campaña, tenderete, lona, dosel.

carpanta *s. f.* Ansia, voracidad, gazuza, avidez, necesidad, apetito, hambruna. ➤ *Desgana, inapetencia.*

carpeta *s. f.* **1. Cartapacio**, archivador, vademécum, vade, portapapeles, portapliegos. **2. Cubierta**, forro, tapa, funda, cubrimiento. **3. Cortina**, colgadura, visillo, manta, cortinaje.

carpintería *s. f.* Ebanistería, taller, marquetería.

carpintero, ra *s. m. y s. f.* Ebanista, maderero, aladrero, ensamblador, fustero, dolador, listonero, fijador.

carpir *v. tr.* **1. Aturdir**, pasmar, atontar, enajenar, conturbar. **2. Rasgar**, lastimar, desgarrar, arañar.

carraca *s. f.* Armatoste, cachivache, trasto, artefacto, cacharro. ➤ *Útil.*

carraspear *v. intr.* Toser, esgarrar.

carraspeo *s. m.* Tos.

carraspera *s. f.* Ronquera, picor de garganta, tos, aspereza, flema.

carrera *s. f.* **1. Curso**, recorrido, trayecto, trayectoria, circuito, itinerario. **2. Pedestrismo**, prueba, competición. **3. Licenciatura**, estudios. **4. Carretera**, calzada, camino real, pista.

carrero, ra *s. m. y s. f.* Arriero, conductor, carretero.

carretada *s. f.* Cargamento, montón, transporte, carga.

carrete *s. m.* Bobina, rollo.

carretera *s. f.* Autopista, autovía, calzada, ronda.

carril *s. m.* **1. Carrilada**, hendidura, senda, rastro. **2. Raíl**, riel, corredera.

carrillo *s. m.* Moflete, mejilla, cachete.

carro *s. m.* Carruaje, carreta, carromato.

carromato *s. m.* Armatoste, carricoche, carro.

carroña *s. f.* Cadáver, podredumbre, putrefacción, restos.

carroza *s. m. y s. f.* Carca, vejestorio.

carruaje *s. m.* Calesa, landó.

carrusel *s. m.* **1. Espectáculo**, exhibición ecuestre. **2. Tiovivo**, caballitos.

carta *s. f.* **1. Misiva**, epístola, esquela, mensaje, despacho. **2. Ley**, constitución, reglamento, ordenanza. **3. Plano**, mapa, portulano. **4. Naipe.**

cartel[1] *s. m.* Anuncio, publicación, proclama, proclamación.

cartel[2] *s. m.* Monopolio.

cartera *s. f.* Monedero, billetero.

cartilla *s. f.* **1. Silabario**, abecedario, abecé. **2. Cuaderno**, libreta, bloc.

casa *s. f.* **1. Domicilio**, vivienda, hogar, habitación. **2. Estirpe**, solar, cepa, familia, linaje. **3. Firma**, empresa, comercio, establecimiento. **4. Escaque.**

casaca *s. f.* Capote, chaqueta, levita.

casación *s. f.* Anulación, abolición.

casal *s. m.* Granja, alquería, hacienda.

casamiento *s. m.* Matrimonio, nupcias, boda. ➤ *Divorcio.*

casar[1] *v. intr.* **1. Desposarse**, contraer nupcias, enlazarse. **2. Acoplar**, conformarse, cuadrar. ‖ *v. tr.* **3. Encajar**, ajustar. ➤ *Desencajar, desunir.*

casar[2] *v. tr.* Suprimir, anular, abrogar, derogar. ➤ *Ratificar, confirmar.*

cascabel *s. m.* Sonajas, sonajero, cascabillo, cencerro.

cascabelear *v. tr.* Engolosinar.

cascabeleo *s. m.* Cascabelada, tintineo.

cascado, da *adj.* **1. Roto**, quebrado. **2. Caduco**, decrépito, achacoso, desgastado. ➤ *Lozano.* **3. Ronca**, quebrada, bronca, senil. ➤ *Clara.*

cascajar *s. m.* Glera, guijarral, pedregal.

cascajo *s. m.* Cascote, guijo.

cascar *v. tr.* **1. Romper**, agrietar, abrir, rajar. **2. Pegar**, zurrar, golpear. **3. Confesar**, hablar, parlotear, cantar.

cáscara *s. f.* Cubierta, costra, caparazón, piel, monda, peladura.

cascarrabias *s. m. y s. f.* Irascible, pólvora, pulguillas, regañón.

casco *s. m.* Yelmo, morrión, capacete.

cascote *s. m.* Escombro, cascajo.

caseificar *v. tr.* Coagular, cuajar.

casero, ra *adj.* **1. Doméstico.** ‖ *s. m. y s. f.* **2. Arrendador**, propietario.

caseta *s. f.* Barraca, quiosco, puesto.

casino *s. m.* Club, círculo, sociedad, centro, asociación.

caso *s. m.* **1. Incidente**, peripecia, circunstancia, ocasión, suceso. **2. Tema**, asunto, cuestión, punto, materia.

casorio *s. m.* Bodorrio.

casquivano, na *adj.* Alocado, irreflexivo, ligero, voluble, frívolo, veleidoso. ➤ *Formal, sesudo, consciente.*

casta *s. f.* Generación, raza, clase, abolengo, linaje, alcurnia, prosapia.

castaña *s. f.* Plomo, tostón, peñazo.

castañetear *v. intr.* Tiritar, temblequear, entrechocar, chasquear.

castañeteo *s. m.* Tiritona, temblequeo.

castaño, ña *adj.* Zaino, marrón, pardo, trigueño.

castañuela *s. f.* Crótalo, palillos.

castellano *s. m.* Alcalde, alcaide, dueño, gobernador.

casticidad *s. f.* Casticismo, purismo.

casticismo *s. m.* **1. Casticidad**, tipismo. **2. Purismo.**

castidad *s. f.* Continencia, pureza, honestidad, pudor, decencia. ➤ *Lujuria.*

castigador, ra *adj.* **1. Ejecutor**, verdugo. ‖ *s. m. y s. f.* **2. Seductor.**

castigar *v. tr.* Sancionar, penalizar.

castigo *s. m.* Enmienda, pena, sanción, correctivo. ➤ *Perdón, premio.*

castillo *s. m.* Alcázar, alcazaba, fuerte, ciudadela, fortificación.

castizo, za *adj.* Puro, auténtico, típico, natural. ➤ *Foráneo, adulterado.*

casto, ta *adj.* Célibe, puro, virtuoso, púdico. ➤ *Impúdico, lujurioso.*

castrar *v. tr.* Esterilizar. ➤ *Fertilidad.*

castrense *adj.* Militar, guerrero, soldadesco, marcial. ➤ *Civil.*

castro *s. m.* Fortín, fuerte, real.

casual *adj.* Accidental, eventual, fortuito.

casualidad *s. f.* Azar, eventualidad, suerte, chiripa. ➤ *Lógica, certidumbre.*

casulla *s. f.* Manto, túnica.

cata *s. f.* Degustación, prueba.

cataclismo *s. m.* **1. Hecatombe**, catástrofe, calamidad, ruina, desastre, tragedia, infortunio. **2. Conmoción**, agitación, revolución, perturbación.

catador, ra *s. m. y s. f.* Degustador.

catadura *s. f.* Cara, facha, pinta.

catalejo *s. m.* Anteojo, prismáticos.

catalepsia *s. f.* Cataplexia, inmovilidad, insensibilidad, rigidez.

catalogación *s. f.* Clasificación, ordenación, registro.

122

CATALOGADOR - CAZAR

catalogador, ra *s. m. y s. f.* Archivero, ordenador, documentalista.

catalogar *v. tr.* Seriar, clasificar.

catálogo *s. m.* Inventario, lista, repertorio, índice, registro.

cataplasma *s. f.* Emplasto, fomento, emoliente, sinapismo, bizma, parche.

catar *v. tr.* Degustar, probar, saborear.

catarata *s. f.* Cascada, salto.

catarro *s. m.* Constipado, resfriado.

catarsis *s. f.* Purga, expiación.

catastro *s. m.* Padrón, registro, censo.

catástrofe *s. f.* Cataclismo, desastre, hecatombe, calamidad.

catastrófico, ca *adj.* Adverso, aciago, calamitoso. ➤ *Afortunado, dichoso.*

cate *s. m.* Insuficiente, suspenso, calabazas. ➤ *Aprobado.*

catear¹ *v. tr.* Explorar, buscar, investigar, reconocer.

catear² *v. tr.* Eliminar, cargar, suspender.

catecúmeno, na *s. m. y s. f.* Neófito.

cátedra *s. f.* **1. Materia**, asignatura. **2. Asiento**, púlpito.

categoría *s. f.* **1. Posición**, rango, condición. **2. Especie**, clase, apartado.

categórico, ca *adj.* Rotundo, absoluto, terminante, concluyente, inapelable. ➤ *Relativo, vacilante.*

catequizar *v. tr.* Adoctrinar, evangelizar.

catering *s. m.* Aprovisionamiento, provisión, abastecimiento.

caterva *s. f.* Tropel, muchedumbre, multitud, patulea, chusma, turba.

cateto, ta *s. m. y s. f.* Rústico, paleto.

catilinaria *s. f.* Filípica, discurso.

catinga *s. f.* Fetidez, hedor, pestilencia.

catón *s. m.* Cartilla, silabario, abecé.

catre *s. m.* Camastro, yacija, litera.

cauce *s. m.* Lecho, conducto, madre.

caución *s. f.* Fianza, depósito, garantía.

caucionar *v. tr.* Acreditar, garantizar.

caudal *s. m.* Bienes, capital, patrimonio.

caudillo *s. m.* Cabecilla, jefe, cacique, adalid, dirigente. ➤ *Seguidor, gregario.*

causa *s. f.* **1. Origen**, principio, fundamento. **2. Razón**, móvil, finalidad. **3. Proceso**, sumario, litigio, caso.

causar *v. tr.* **1. Engendrar**, producir, originar. **2. Motivar**, provocar. ➤ *Impedir.* **3. Acarrear**, ocasionar.

causear *v. intr.* Picotear, picar.

causticar *v. tr.* Irritar, quemar.

causticidad *s. f.* Acrimonia, sarcasmo.

cáustico, ca *adj.* **1. Corrosivo**, ácido, quemante. **2. Agudo**, incisivo.

cautela *s. f.* **1. Previsión**, recelo, desconfianza. ➤ *Confianza.* **2. Sutileza**, maña, destreza. ➤ *Descuido.*

cauteloso, sa *adj.* Avisado, precavido, prudente. ➤ *Atrevido, imprudente.*

cauterizar *v. tr.* **1. Quemar**, cerrar. **2. Censurar**, increpar, reprender.

cautivador, ra *adj.* Encantador, seductor, atrayente. ➤ *Repulsivo.*

cautivar *v. tr.* **1. Apresar**, aprisionar, capturar, prender. ➤ *Libertar.* **2. Seducir**, fascinar, atraer, captar. ➤ *Repeler.*

cautiverio *s. m.* Cadena, servidumbre, esclavitud. ➤ *Libertad.*

cautivo, va *adj.* Esclavo, prisionero, siervo. ➤ *Libre.*

cauto, ta *adj.* Prudente, precavido, reservado, cauteloso. ➤ *Incauto.*

cavador, ra *s. m. y s. f.* Excavador, labrador.

cavar *v. tr.* **1. Excavar**, perforar, horadar. || *v. intr.* **2. Profundizar**.

caverna *s. f.* **1. Cueva**, gruta, agujero, grieta. **2. Orificio**, boca.

cavernícola *adj.* Troglodita.

cavernosidad *s. f.* Oquedad, profundidad, cavernidad.

cavernoso, sa *adj.* Lúgubre, sordo.

cavidad *s. f.* Abertura, hueco, seno.

cavilar *v. tr.* Rumiar, preocuparse, reflexionar, meditar, ensimismarse.

cavilosidad *s. f.* Especulación.

caviloso, sa *adj.* Suspicaz, temeroso.

cayado *s. m.* Cachava, báculo, cacha.

cayuco, ca *s. m. y s. f.* **1. Dolicocéfalo**. **2. Rudo**, ignorante. ➤ *Listo.*

caza *s. f.* Cinegética, montería, ojeo, batida, cerco, acoso, acorralamiento.

cazador, ra *adj.* **1. Trampero**, montero. || *s. f.* **2. Pelliza**, zamarra.

cazadotes *s. m.* Aventurero, gigoló.

cazar *v. tr.* **1. Perseguir**, buscar, ojear, acosar, acechar, sitiar. ➤ *Abandonar.* **2. Atrapar**, prender, alcanzar, coger, aprisionar, pescar, detener. ➤ *Soltar.* **3. Pillar**, sorprender.

cazo *s. m.* Cucharón.

cazonal *s. m.* Embrollo, enredo.

cazuela *s. f.* Cacerola, puchero, olla.

cazurrería *s. f.* Socarronería, reserva.

cazurro, rra *adj.* Reservado, taimado, socarrón, zorro. ➤ *Charlatán.*

cebadura *s. f.* Cebo, engorde.

cebar *v. tr.* **1. Sobrealimentar**, engordar, atiborrar, saturar. ➤ *Escatimar, tasar.* ‖ *v. prnl.* **2. Encarnizarse**, irritarse, enfurecerse, obcecarse.

cebo *s. m.* **1. Carnada**, alimento, carnaza. **2. Mixto**, cápsula, explotador, detonador. **3. Aliciente**, incentivo, atractivo, fomento. **4. Señuelo**, tentación, gancho, seducción, engaño.

ceceante *adj.* Ceceoso.

cedazo *s. m.* Tamiz, colador.

cedente *adj.* Otorgante.

ceder *v. tr.* **1. Transferir**, traspasar, dar. ➤ *Apropiarse.* ‖ *v. intr.* **2. Someterse**, doblegarse, transigir, replegarse. ➤ *Resistir.* **3. Menguar**, disminuir, mitigarse. ➤ *Arreciar.*

cedoaria *s. f.* Cúrcuma.

cedro *s. m.* Acajú, alerce.

cédula *s. f.* Papel, pergamino, papeleta.

cedulario *s. m.* Archivo.

cefalalgia *s. f.* Cefalea.

cegador, ra *adj.* Deslumbrante, reluciente, refulgente. ➤ *Opaco.*

cegar *v. tr.* **1. Enceguecer. 2. Deslumbrar**, encandilar. **3. Asombrar**, impresionar, perturbar. **4. Taponar**, obstruir, obturar. ➤ *Desatascar.*

ceguedad *s. f.* **1. Ceguera**, invidencia. **2. Extravío**, obcecación, ofuscación.

cejar *v. intr.* Ceder, aflojar, rendirse, transigir, flaquear. ➤ *Resistir.*

celador, ra *s. m. y s. f.* Centinela, guardián, vigilante, cuidador.

celar *v. tr.* Vigilar, atisbar, acechar, observar, espiar, guardar. ➤ *Descuidar.*

celda *s. f.* Mazmorra, calabozo.

celebérrimo, ma *adj. sup.* Egregio, célebre, famoso. ➤ *Desconocido.*

celebración *s. f.* Festividad, efemérides, festejo.

celebrar *v. tr.* **1. Ensalzar**, aplaudir, encomiar. ➤ *Infamar, denigrar.* **2. Festejar**, solemnizar, rememorar.

célebre *adj.* **1. Ilustre**, renombrado, reputado, distinguido. ➤ *Ignorado.* **2. Ingenioso**, chistoso, excéntrico.

celebridad *s. f.* **1. Gloria**, honra, notoriedad. **2. Personaje**, notable.

celeridad *s. f.* Prontitud, rapidez, velocidad. ➤ *Morosidad, lentitud.*

celestial *adj.* **1. Celeste**, divino. **2. Paradisíaco**, maravilloso. ➤ *Pésimo.*

celíaco, ca *adj.* Intestinal, ventral.

celo *s. m.* **1. Cuidado**, esmero, eficacia, preocupación. ➤ *Negligencia, descuido.* **2. Devoción**, entusiasmo. ➤ *Indiferencia, apatía.* ‖ *s. m. pl.* **3. Rivalidad**, recelo, sospecha.

celosía *s. f.* **1. Enrejado**, persiana, rejilla, bastidor. **2. Celos**, celotipia.

celoso, sa *adj.* Envidioso.

célula *s. f.* Cavidad, casilla, hueco.

cembo *s. m.* Atajadero, caballón.

cementerio *s. m.* Camposanto.

cemento *s. m.* Argamasa, hormigón.

cenáculo *s. m.* Círculo, reunión.

cenador *s. m.* Glorieta, emparrado, pérgola, galería.

cenagal *s. m.* Lodazal, barrizal, fangal, ciénaga.

cenagoso, sa *adj.* Fangoso, lodoso.

cenceño, ña *adj.* Enjuto, seco, flaco. ➤ *Gordo, obeso.*

cencerrada *s. f.* Esquilada, bulla, ruido.

cencerro *s. m.* Esquila, campana.

cendal *s. m.* Gasa.

cenefa *s. f.* Franja, festón, remate, orillo.

cenicero *s. m.* Cenizal, escorial.

cénit *s. m.* **1. Mediodía. 2. Culmen.**

ceniza *s. f.* **1. Escoria**, pavesa, favila. **2. Reliquias**, restos, despojos.

cenobita *s. m. y s. f.* Anacoreta, asceta, ermitaño, monje. ➤ *Mundano, laico.*

censar *v. intr.* Empadronar, registrar.

censo *s. m.* **1. Padrón**, registro, empadronamiento, catastro. **2. Tributo**, impuesto, diezmo.

censor, ra *s. m. y s. f.* **1. Interventor**, registrador, corrector. **2. Criticón**, murmurador, descontentadizo, catón.

censura *s. f.* **1. Desaprobación**, impugnación, reprobación, condena. ➤ *Aprobación.* **2. Murmuración**, detracción, crítica. ➤ *Alabanza.*

censurable adj. Criticable, reprensible, reprobable. ➤ *Loable, encomiable.*
censurar v. tr. Controlar, criticar. ➤ *Premiar, galardonar, alabar.*
centavo, va adj. num. part. Centésimo, céntimo.
centella s. f. Relámpago.
centelleante adj. Brillante, flamante, radiante, refulgente. ➤ *Opaco.*
centellear v. intr. Brillar, chispear, fulgurar, relumbrar.
centelleo s. m. Brillo, vislumbre, viso.
centinela s. m. y s. f. Atalayero, vigía.
centonar v. tr. **1. Apilar**, amontonar. **2. Colectar**, seleccionar.
central adj. Céntrico, centrado, medio.
centralizar v. tr. Agrupar, concentrar, reunir, unificar. ➤ *Descentralizar.*
centro s. m. **1. Fondo**, corazón, miga, meollo. **2. Medio**, mitad, núcleo, foco. **3. Sociedad**, casino, círculo, club.
centuria s. f. Centenario.
ceñido, da adj. **1. Angosto**, estrecho, prieto. ➤ *Ablusado, holgado.* ‖ adj. **2. Comprimido**, estrecho, reducido.
ceñidor s. m. Correa, fajín, cinturón.
ceñir v. tr. **1. Ajustar**, estrechar, oprimir, rodear. ➤ *Ablusar, aflojar.* **2. Flanquear**, circundar, comprimir. **3. Moderar**, limitar, reducir. ➤ *Extender.*
ceñudo, da adj. Cejijunto.
cepa s. f. **1. Vid. 2. Casta**, linaje.
cepo s. m. **1. Trampa**, lazo, celada, añagaza. **2. Alcancía**, cepillo, arquilla.
cerámica s. f. **1. Alfarería**, tejería, cocimiento. **2. Porcelana**, loza, arcilla, terracota, menaje, vajilla.
ceramista s. m. y s. f. Alfarero.
cerca[1] s. f. Valla, tapia, empalizada, verja, estacada, seto.
cerca[2] adv. l. y adv. t. Vecino, inmediato, próximo, contiguo. ➤ *Lejos.*
cercanía s. f. **1. Proximidad**, inmediatez. ➤ *Distancia, lejanía.* **2. Aledaños**, alrededores, contorno.
cercano, na adj. Adyacente, aledaño, contiguo. ➤ *Lejano, separado.*
cercar v. tr. **1. Circundar**, vallar, tapiar. **2. Bloquear**, asediar, sitiar.
cercenadura s. f. Mutilación, recorte, supresión. ➤ *Ampliación, aumento.*

cercenar v. tr. **1. Mutilar**, truncar, sajar, segar. ➤ *Unir.* **2. Acortar**, abreviar, suprimir. ➤ *Ampliar, prolongar.*
cerciorar v. tr. Asegurar, confirmar, ratificar, corroborar. ➤ *Omitir.*
cerco s. m. Sitio, asedio, bloqueo.
cerda s. f. Pelo, vello, hebra, fibra.
cerdo, da s. m. **1. Cochino**, marrano, lechón, puerco, gocho. ‖ adj. **2. Repugnante**, mugriento, desaseado.
cerebral adj. Encefálico.
cerebro s. m. **1. Seso**, encéfalo. **2. Inteligencia**, ingenio, talento, intelecto.
ceremonia s. f. Ceremonial, rito.
ceremonial adj. **1. Ritual**, protocolario. ‖ s. m. **2. Protocolo**, culto, rito.
ceremonioso, sa adj. **1. Formalista**, solemne. **2. Afectado**, amanerado.
cerilla s. f. Mixto, misto, fósforo, llama.
cernedor s. m. Cedazo, criba, tamiz.
cerner v. tr. **1. Cribar**, separar. **2. Afinar.** ‖ v. prnl. **3. Amenazar**, pender.
cernícalo s. m. Bruto, mochete, zafio.
cernidillo s. m. Calabobos, llovizna.
cerrado, da adj. **1. Obstruido**, ocluido, cegado. ‖ adj. **2. Hermético**, incomprensible. ➤ *Claro, patente.* **3. Nublado**, encapotado, cubierto, oscuro. ➤ *Descubierto.* **4. Disimulado**, reservado, taciturno. **5. Necio**, negado, zopenco, incapaz. ➤ *Despierto.*
cerradura s. f. Cierre, pasador, pestillo, falleba, picaporte, tranca.
cerramiento s. m. **1. Cierre**, obstrucción. **2. Taponamiento**, tapón.
cerrar v. tr. **1. Tapiar**, obstruir. ➤ *Abrir.* **2. Trancar**, candar, atrancar, condenar, cegar, cubrir. **3. Acordar**, ajustar, sellar, pactar. **4. Vencer**, ultimar. ‖ v. prnl. **5. Curar**, cicatrizarse.
cerril adj. **1. Montaraz**, indómito, bravío. ➤ *Fino, civilizado.* **2. Huraño**, arisco, bruto. ➤ *Sociable, afable.*
cerro s. m. Altozano, collado. ➤ *Valle.*
cerrojo s. m. Candado, pasador, pestillo, falleba, picaporte.
certero, ra adj. **1. Cierto**, seguro. **2. Indudable**, sólido, sabedor, noticioso.
certeza s. f. Seguridad, evidencia, convicción, certidumbre. ➤ *Incertidumbre, duda.*

certificación *s. f.* Atestado, certificado, patente, cédula, garantía.

certificado *s. m.* Acta, diploma.

certificador, ra *adj.* Declarante, testigo, notario.

certificar *v. tr.* **1. Aseverar**, confirmar, probar. **2. Franquear**, garantizar.

cerumen *s. m.* Cera, secreción.

cerval *adj.* Cervino, cervuno.

cerviguillo *s. m.* Pestorejo.

cerviz *s. f.* Cogote, nuca, occipucio, testuz, colodrillo, cuello.

cesación *s. f.* Suspensión.

cesante *adj.* Suspendido, parado.

cesantía *s. f.* Destitución.

cesar *v. intr.* Concluir, acabar, interrumpir, cejar, terminar.

cesarismo *s. m.* Tiranía, despotismo, caudillaje. ➤ *Democracia.*

cese *s. m.* Expulsión, dimisión.

cesión *s. f.* Donación, enajenación, entrega, traspaso, renuncia.

cesionario, ria *s. m. y s. f.* Receptor, recipiendario. ➤ *Cesionista.*

césped *s. m.* Verde, prado, hierba.

cesta *s. f.* Canasto, espuerta.

cestero, ra *s. m. y s. f.* Canastero, mimbrero.

cesto *s. m.* Capacho, espuerta.

cesura *s. f.* Descanso, pausa, silencio.

cetrino, na *adj.* **1. Amarillento**, verdoso. **2. Malhumorado**, hosco.

cetro *s. m.* **1. Vara**. **2. Corona**, trono, monarquía, imperio, mando.

chabacanería *s. f.* Chocarrería, ordinariez, vulgaridad, ramplonería, tosquedad. ➤ *Elegancia, gusto.*

chabacano, na *adj.* Vulgar, ordinario, tosco, ramplón, pedestre, basto, descuidado. ➤ *Fino, delicado, culto.*

chabola *s. f.* Barracón, choza, cobijo, refugio, chamizo. ➤ *Palacio.*

chacarrachaca *s. f.* Bulla, riña.

cháchara *s. f.* **1. Parloteo**, verborrea, palabrería, palique, verbosidad, charloteo. ➤ *Discreción, reserva.* ‖ *s. f. pl.* **2. Baratijas**, menudencias.

chacó *s. m.* Ros, morrión.

chacolotear *v. intr.* Chapear, chapalear.

chacoloteo *s. m.* Traqueteo.

chacota *s. f.* Burla, chanza, mofa, befa.

chacotear *v. intr.* Chancearse, vocear, reírse, divertirse, guasearse.

chacotero, ra *adj.* Chancero, burlón, bromista, guasón, jaranero. ➤ *Serio.*

chacra *s. f.* Alquería, finca, hacienda.

chafaldita *s. f.* Cuchufleta, zumba, burla, pulla, broma.

chafalditero, ra *adj.* Chacotero, bromista, zumbón. ➤ *Serio, grave.*

chafallar *v. tr.* Chapucear, frangollar.

chafallo *s. m.* Chapuza, chapucería, frangollo, pegote, imperfección.

chafallón, na *adj.* Chapucero, charanguero, chanflón, cambón, remendón, frangollón. ➤ *Meticuloso.*

chafandín *s. m.* Fatuo, hinchado, coqueto, quiquiriquí, vanidoso.

chafar *v. tr.* **1. Estrujar**, apisonar, reventar, aplastar, hacer tortilla. **2. Ajar**, deteriorar, chafarrinar, arrugar, deslucir. ➤ *Estirar, planchar.* **3. Apabullar**, cortar, avergonzar.

chafarote *s. m.* Sable, machete, espada, alfanje.

chafarrinada *s. f.* Tiznón, pringón, lámpara, borrón, mancha.

chafarrinar *v. tr.* Deslucir, deslustrar, manchar, emborronar, ensuciar, ajar.

chafarrinón *s. m.* Churrete, mancha.

chaflán *s. m.* Ángulo, esquina, ochava, bisel, borde, arista.

chaflanar *v. tr.* Biselar, ochavar.

chaira *s. f.* Falce, trinchete, lezna, cuchilla.

chal *s. m.* Pañoleta, mantón, serenero.

chalado, da *adj.* **1. Abobado**, alelado, guillado, pasmarote, ido. ➤ *Cuerdo.* **2. Acaramelado**, enamorado.

chalán, na *adj.* Negociante, tratante, traficante, comerciante. ➤ *Cliente.*

chalana *s. f.* Barcaza, chata.

chalanear *v. tr.* Negociar, traficar

chalanería *s. f.* Maña, fullería, astucia.

chalar *v. tr.* Alelar, enloquecer, enamorar, chiflarse, derretirse, acaramelarse, perder la cabeza. ➤ *Ignorar.*

chalé *s. m.* Villa, quinta, finca.

chaleco *s. m.* Almilla, jubón.

chalote *s. m.* Ascalonia, escalona, escaloña, cebolla.

chalupa *s. f.* Canoa, calera.

chamagoso, sa *adj*. Desaseado, desaliñado. ➤ *Aseado, atildado.*

chamar *v. tr*. Comerciar, chalanear.

chamarasca *s. f*. Chasca, chamada, leña, ramiza.

chamarileo *s. m*. Comercio, chalaneo.

chamarilero, ra *s. m. y s. f*. Trapero, prendero, ropavejero.

chamarillón, na *adj*. Chafallón.

chamba *s. f*. Suerte, fortuna, azar, acaso, chiripa. ➤ *Seguridad, certeza.*

chambón, na *adj*. **1. Potroso**, chiripero, suertudo. ➤ *Gafe*. **2. Chapucero**, torpe. ➤ *Cuidadoso, esmerado*. **3. Desaliñado**, desgarbado. ➤ *Elegante.*

chambonada *s. f*. **1. Chafallo**, desacierto. **2. Chamba**, potra, suerte.

chambra *s. f*. Blusa, camisa.

chamizo *s. m*. **1. Choza**, chabola, barracón, refugio. **2. Garito**, tugurio.

chamorro, rra *adj*. Esquilado, trasquilado. ➤ *Lanudo.*

champar *v. tr*. Censurar, vituperar, achacar. ➤ *Alabar.*

chamuscar *v. tr*. Quemar, requemar, socarrar, dorar, torrar.

chamusquina *s. f*. **1. Alboroto**, trapatiesta. **2. Recelo**, desconfianza.

chanada *s. f*. Trampa, fraude, truhanería, charranada, pillada, bribonada.

chancear *v. tr*. Burlar, bromear.

chancero, ra *adj*. Bromista, chacotero.

chanchullero, ra *adj*. Intrigante, liante, tramposo. ➤ *Honrado.*

chanchullo *s. m*. Embrollo, trampa, pastel, manejo, componenda.

chancleta *s. f*. **1. Babucha**, sandalia, chinela. **2. Bobo**, torpe, inepto, inútil.

chanclo *s. m*. Almadreña, zueco.

chanfaina *s. f*. Chollo, ganga, momio.

changuería *s. f*. Broma, payasada.

chantaje *s. m*. Extorsión, amenaza, coacción, presión, intimidación.

chantajear *v. tr*. Amenazar, coaccionar.

chantre *s. m*. Cantor, capiscol.

chanza *s. f*. Chiste, burla, guasa, jocosidad, diversión. ➤ *Seriedad.*

chapa *s. f*. Plancha, lámina, placa.

chapado, da *adj*. Laminado, guarnecido, chapeado.

chapaleo *s. m*. Chapoteo.

chapar *v. tr*. Laminar, guarnecer.

chaparro, rra *s. m*. **1. Encina**, carrasca, chaparra, coscoja. ‖ *s. m. y s. f*. **2. Rollizo**, rechoncho. ➤ *Enteco.*

chaparrón *s. m*. **1. Chubasco**, aguacero, tormenta. **2. Aluvión**, afluencia.

chapatal *s. m*. Barrizal, lodazal, ciénaga.

chapear *v. tr*. Blindar, laminar, enchapar, planchear.

chapeo *s. m*. Chambergo, fieltro.

chapeta *s. f*. Roseta. ➤ *Palidez.*

chapín *s. m*. Chanclo, chancla, zueco, madreña, galocha, chinela, escarpín.

chapodar *v. tr*. Podar, cercenar, cortar.

chapotear *v. intr*. **1. Salpicar**, batir, juguetear. ‖ *v. tr*. **2. Mojar**, regar.

chapucear *v. tr*. Frangollar, guachapear, remendar.

chapucería *s. f*. **1. Remiendo**, basteza, pegote, churro. **2. Imperfección**. **3. Embuste**, engaño, mentira.

chapucero, ra *adj*. Remendón, frangollón, chambón. ➤ *Competente.*

chapurrar *v. tr*. **1. Farfullar**, embarullar, barbotar, barbotear. ➤ *Articular*. **2. Combinar**, merar, mezclar.

chapuzar *v. tr*. Zambullir, bucear, sumergir, chapotear, remojar.

chapuzón *s. m*. Zambullida, buceo, hundimiento, remojón, baño.

chaqueta *s. f*. Cazadora, americana.

chaquetilla *s. f*. Torera.

chaquetón *s. m*. Pelliza, cazadora, zamarra.

charada *s. f*. Enigma, acertijo, adivinanza, rompecabezas, pasatiempo.

charanguero, ra *s. m. y s. f*. **1. Buhonero**. ‖ *adj*. **2. Chafallón**.

charca *s. f*. Lagunajo, poza, depósito.

charco *s. m*. Poza, hoyo, cenagal, ciénaga, barrizal, balsa, laguna.

charla *s. f*. **1. Plática**, conversación, diálogo. **2. Discurso**, conferencia.

charlar *v. intr*. Platicar, charlatanear, parlotear, dialogar. ➤ *Callar.*

charlatán, na *adj*. **1. Cotorra**, parlanchín, locuaz, hablador. ➤ *Callado*. **2. Cotilla**, entrometido, indiscreto. **3. Embaucador**, impostor, farsante, embustero, bribón. ➤ *Formal*. ‖ *s. m. y s. f*. **4. Sacamuelas**, vendedor.

charlatanería *s. f.* Parlería, verborrea, locuacidad, verbosidad, palabreo.

charnela *s. f.* Charneta, bisagra.

charolar *v. tr.* Abrillantar, acharolar, lustrar, barnizar.

charqui *s. m.* Cecina, tasajo.

charrada *s. f.* Abigarramiento, ordinariez, vulgaridad. ➤ *Gusto, exquisitez.*

charrán[1] *adj.* Pícaro, pillo, tunante.

charrán[2] *s. m.* Picardía, canallada.

charretera *s. f.* Galón, hombrera.

charro, rra *adj.* **1. Tosco**, vulgar, ordinario. ➤ *Exquisito.* **2. Chabacano**, churrigueresco, recargado, estridente, estrambótico. ➤ *Sencillo, elegante.*

chasca *s. f.* Chamarasca, leña, ramaje.

chascar *v. intr.* Restallar, crujir, crepitar.

chascarrillo *s. m.* Historieta, cuento, chilindrina, chiste, anécdota, ocurrencia, lance, sucedido.

chasco *s. m.* **1. Desengaño**, desaire, fiasco, desencanto, desilusión, frustración, plancha, decepción. ➤ *Ilusión.* **2. Broma**, burla, chanza. ➤ *Veras.*

chasquear[1] *v. tr.* **1. Embromar**, burlar, chancear. **2. Decepcionar**, desilusionar, engañar, desencantar. ➤ *Corresponder, satisfacer.* ‖ *v. prnl.* **3. Malograrse**, contrariar. ➤ *Responder.*

chasquear[2] *v. intr.* Crujir, estallar, restallar.

chasquido *s. m.* Crujido, restallido.

chato, ta *adj.* **1. Chingo**, nacho, desnarigado. ➤ *Narigón.* **2. Liso**, raso, romo, plano, aplastado. ➤ *Agudo, levantado.* ‖ *s. m.* **3. Vaso**, copa.

chauvinismo *s. m.* Patrioterismo, fanatismo, intolerancia. ➤ *Universalismo, tolerancia.*

chaval, la *s. m. y s. f.* Muchacho, mozo, chico, crío, rapazuelo. ➤ *Viejo.*

chavasca *s. f.* Encendaja, chasca, leña.

chaveta *s. f.* Remache, clavija, pasador.

chepa *s. f.* Giba, promontorio, joroba.

chequear *v. tr.* Comprobar, comparar, examinar, verificar. ➤ *Obviar.*

chequeo *s. m.* Comprobación, control, verificación, examen.

chic *s. m.* Originalidad, distinción, gracia, elegancia. ➤ *Tosquedad, vulgaridad, ordinariez.*

chicana *s. f.* Argucia, treta, artimaña.

chicarrón, na *adj.* Muchachote, zagalón. ➤ *Enclenque, esmirriado.*

chichear *v. intr.* Chistar, susurrar, sisear, murmurar. ➤ *Gritar.*

chichisbeo *s. m.* Enamoramiento, cortejo, galanteo, coqueteo.

chicho *s. m.* Bucle, onda, rizo.

chichón *s. m.* Bollo, hinchazón, inflamación, bulto, bodoque.

chichonera *s. f.* Frentero, gorro.

chico, ca *adj.* **1. Deficiente**, minúsculo, menguado, reducido, pequeño. ➤ *Grande.* **2. Recadero**, criado.

chicolear *v. intr.* Requebrar, piropear, florear, halagar. ➤ *Insultar, denostar.*

chicoleo *s. m.* Piropo, galantería, halago, requiebro, flor. ➤ *Denuesto.*

chicuelo, la *adj.* Rapaz, chico, muchacho. ➤ *Vejete.*

chiflado, da *adj.* Alelado, lelo, sonado, tocado, perturbado, loco, estrafalario, raro, excéntrico. ➤ *Cuerdo.*

chifladura *s. f.* **1. Capricho**, deseo, vehemencia. ➤ *Desinterés.* **2. Apasionamiento**, enamoramiento. ➤ *Indiferencia, frialdad.* **3. Locura.**

chiflar *v. intr.* **1. Pitar**, silbar. ‖ *v. tr.* **2. Mofarse**, desaprobar, ridiculizar, escarnecer. ➤ *Aplaudir.* ‖ *v. prnl.* **3. Enloquecer**, alelarse, chalarse, grillarse, trastornarse. **4. Enamorarse**, acaramelarse, embobarse.

chiflido *s. m.* Silbido, pitido.

chilaba *s. f.* Manto, túnica.

chilindrina *s. f.* **1. Menudencia**, pequeñez, bagatela, insignificancia. **2. Broma**, ocurrencia, chascarrillo, anécdota, equívoco, chiste.

chilindrinero, ra *adj.* Bromista, chirigotero, dicharachero, cuentista, chistoso, ocurrente. ➤ *Serio, grave.*

chillar *v. intr.* Gritar, vociferar, bramar, vocear, desgañitarse, rugir. ➤ *Susurrar, murmurar.*

chillería *s. f.* Griterío, algarabía.

chillido *s. m.* Grito, alarido, rugido, queja, clamor, bramido. ➤ *Susurro.*

chillón, na *adj.* **1. Vocinglero**, alborotador, gritón, berreón. ➤ *Silencioso.* **2. Estentóreo**, fuerte, penetrante. ➤

Bajo. **3. Estridente**, charro, vulgar, recargado, abigarrado, llamativo, chocante, barroco. ➤ *Discreto, sobrio.*

chimenea *s. f.* Hogaril, hogar, fogón.

china *s. f.* Canto, piedra.

chinchar *v. tr.* Importunar, incomodar, fastidiar, molestar. ➤ *Agradar.*

chinche *s. m. y s. f.* Pelmazo, pesado, inoportuno. ➤ *Oportuno.*

chincheta *s. f.* Tachuela.

chinchorrería *s. f.* Molestia, incomodidad, fastidio, impertinencia, pesadez. ➤ *Oportunidad, ligereza.*

chinchorrero, ra *adj.* Chinche, molesto, pesado, cargante, fastidioso, impertinente. ➤ *Agradable, oportuno.*

chinela *s. f.* Chancla, chancleta, pantufla, chapín, babucha, zapatilla.

chinero *s. m.* Aparador, vitrina, alacena, armario.

chingar *v. tr.* **1. Beber**, emborracharse. **2. Importunar**, molestar, fastidiar. ➤ *Agradar.* **3. Errar**, fracasar, frustrarse, fallar. ➤ *Acertar.*

chipén *s. f.* **1. Animación**, alegría, vida, bullicio. ➤ *Calma, aburrimiento.* **2. Superior**, estupendo, fenomenal.

chiquilicuatro *s. m.* Trasto, danzante, chisgarabís, mequetrefe.

chiquillada *s. f.* Niñada, niñería, travesura, chicada, muchachada.

chiquillería *s. f.* Muchachada.

chiquillo, lla *adj.* Rapaz, crío, chaval.

chiribico *s. m.* Chinche, garrapata.

chiribitil *s. m.* Buhardilla, escondrijo, cuchitril, tugurio, desván, rincón.

chirigota *s. f.* Burla, broma, chuscada, guasa, chanza. ➤ *Seriedad.*

chirigotero, ra *adj.* Bromista, burlón, zumbón, gamberro, guasón. ➤ *Serio, circunspecto.*

chirimbolo *s. m.* Cachivache, utensilio, cacharro, trasto, bártulo, chisme.

chirimía *s. f.* Gaita, cornamusa.

chiripa *s. f.* Chamba, suerte, casualidad, azar, fortuna, acierto. ➤ *Seguridad, previsión.*

chiripero, ra *s. m. y s. f.* Afortunado, favorecido. ➤ *Gafe.*

chirlar *v. intr.* Gritar, vocear, vociferar, bramar. ➤ *Callar, susurrar.*

chirle *adj.* Insulso, soso, insustancial. ➤ *Sabroso, sustancioso.*

chirlo *s. m.* Señal, tajo, costurón, navajazo, cicatriz, herida.

chirona *s. f.* Presidio, calabozo, cárcel, prisión.

chirriar *v. intr.* Rechinar, crujir, chasquear, rugir.

chirumen *s. m.* Cacumen, meollo, caletre.

chiscón *s. m.* Cuchitril, antro.

chisgarabís *s. m.* Chiquilicuatro, tarambana, trasto, títere, botarate, muñeco. ➤ *Prudente, discreto.*

chisme *s. m.* **1. Murmuración**, cotilleo, intriga, habladuría, comadreo, bulo, comidilla, patraña, enredo. ➤ *Verdad.* **2. Bártulo**, chirimbolo, cacharro, cachivache, trasto, baratija.

chismear *v. intr.* Enredar, calumniar, malquistar, cotillear, intrigar.

chismorrear *v. intr.* Comadrear, cotillear, murmurar.

chismorreo *s. m.* Comadreo, habladuría, chisme, hablilla.

chismoso, sa *adj.* Lioso, enredador, murmurador, maldiciente, cuentero, cizañero, calumniador.

chispa *s. f.* **1. Chiribita**, centella, chispazo, pavesa, rayo. **2. Miaja**, átomo, partícula, pizca.

chispazo *s. m.* Chisporroteo, centelleo, relampagueo.

chispeante *adj.* **1. Chisposo**, centelleante. **2. Gracioso**, ingenioso, ocurrente, vivo, penetrante. ➤ *Soso.*

chispear *v. intr.* **1. Chisporrotear. 2. Centellear**, relucir, brillar. **3. Lloviznar**, gotear.

chispero *s. m.* **1. Herrero. 2. Chulo**, fanfarrón, majo, guapo.

chispo, pa *adj.* Achispado, beodo, borracho, ebrio. ➤ *Sobrio.*

chisporrotear *v. intr.* Crepitar, chispear. ➤ *Apagarse.*

chisporroteo *s. m.* Chispazo.

chisquero *s. m.* Mechero.

chiste *s. m.* Ocurrencia, ingeniosidad, chanza, broma, sutileza.

chistera *s. f.* **1. Canasto**, cesta. **2. Bimba**, sombrero.

chistoso, sa *adj.* Agudo, gracioso, ocurrente, ingenioso, humorista.

chita *s. f.* **1. Astrágalo**, hueso. **2. Taba. 3. Silenciosamente**, cautelosamente, sin ruido.

chivarse *v. prnl.* Acusar, delatar, denunciar. ➤ *Proteger, encubrir.*

chivatada *s. f.* Denuncia, soplo. ➤ *Encubrimiento.*

chivateo *s. m.* Alboroto, bulla.

chivato, ta *adj.* Confidente, acusón, denunciante, soplón. ➤ *Encubridor.*

chivo, va *s. m. y s. f.* **1. Cabrito**, chivato, chivatero, choto, macho cabrío. **2. Manta**, colcha. **3. Barba.**

choc *s. m.* Trauma, impacto, conmoción.

chocante *adj.* **1. Abordador. 2. Raro**, original, extraño, singular, sorprendente, peregrino. ➤ *Normal.*

chocar *v. intr.* **1. Toparse**, tropezar, besarse, colisionar. **2. Reñir**, disputar, enojarse, enfadarse, pelear, combatir. ➤ *Reconciliarse.* **3. Irritar**, provocar. ➤ *Calmar.* **4. Contrastar**, provocar, arremeter, extrañar, sorprender. ➤ *Concordar.*

chocarrería *s. f.* Bufonada, payasada, chiste, grosería.

chocarrero, ra *adj.* Burlón, chistoso, gracioso, guasón, bufón, payaso.

chocha *s. f.* Gallineta.

chochez *s. f.* Alelamiento, atontamiento, senilidad. ➤ *Plenitud.*

chocho, cha *adj.* **1. Senil**, viejo, decrépito. ➤ *Lozano.* **2. Alelado**, despistado, atolondrado. ➤ *Despejado.*

chófer *s. m.* Automovilista, piloto, cochero, conductor. ➤ *Pasajero.*

chofeta *s. f.* Estufilla, fornelo, escalfeta, braserillo.

chollo *s. m.* Bicoca, ganga, sinecura, ventaja.

choque *s. m.* **1. Encontronazo**, colisión, topetazo. ➤ *Separación.* **2. Roce. 3. Lucha**, disputa, contienda, riña, reyerta. ➤ *Pacificación.*

chorrear *v. intr.* Gotear, pingar, fluir.

chorreo *s. m.* Chorreadura, chorrada.

chorrera *s. f.* Pechera, puntilla.

chorros, a *loc.* Copiosamente, abundantemente, inconteniblemente.

chorroborro *s. m.* Avalancha, aluvión , proliferación, invasión.

chortal *s. m.* Venero, fuente, manantial, lagunilla.

chotacabras *s. amb.* Zumaya, engañapastores.

chotear *v. intr.* Pitorrearse, burlarse, reírse, chancearse, mofarse.

choto, ta *s. m. y s. f.* Chivo, cabrito.

chovinismo *s. m.* Patrioterismo, xenofobia, nacionalismo.

choz *s. f.* Noticia, novedad, extrañeza.

choza *s. f.* Barraca, casucha, chabola, bohío. ➤ *Palacio.*

chozpar *v. intr.* Retozar, brincar.

chubasco *s. m.* **1. Aguacero**, chaparrón, tromba, nubarrada. ➤ *Bonanza.* **2. Contratiempo**, contrariedad.

chubesqui *s. m.* Calentador.

chuchería *s. f.* Fruslería, bagatela, nadería, menudencia, insignificancia.

chufeta *s. f.* Escalfeta, fornelo, rejuela.

chufla *s. f.* Burla, chirigota, chanza, cuchufleta, broma. ➤ *Seriedad.*

chulada *s. f.* Grosería, incorrección. ➤ *Delicadeza, corrección.*

chulear *v. tr.* **1. Burlar**, zumbar, tomar el pelo. **2. Fanfarronear**, jactarse.

chulería *s. f.* Baladronada, jactancia, majeza, bravata. ➤ *Modestia.*

chuleta *s. f.* **1. Costilla. 2. Bofetada.** ‖ *s. m.* **3. Jactancioso**, presumido, chulo, bravucón. ➤ *Modesto.*

chulo, la *adj.* **1. Chulapo**, farolero, valentón, jactancioso, fanfarrón, perdonavidas, majo. **2. Coquetón**, lindo, bonito, gracioso, postinero. ‖ *s. m.* **3. Mantenido**, alcahuete, rufián.

chumbera *s. f.* Higuera, tuna, tunal, tunera, nopal, palera.

chumbo, ba *adj.* Tuno, higo, penca, pala.

chunga *s. f.* Guasa, pitorreo, chacota.

chunguearse *v. prnl.* Canearse, burlarse, tomar el pelo, coger los rizos.

chupacirios *s. m.* Santurrón, meapilas, beato. ➤ *Ateo, incrédulo.*

chupado, da *adj.* **1. Seco.** ➤ *Jugoso.* **2. Consumido**, apergaminado, enjuto, esquelético, extenuado. ➤ *Lozano, rollizo.* **3. Sencillo**, fácil.

chupar *v. tr.* **1. Succionar**, sorber, libar, mamar. **2. Absorber**, empapar, embeber. **3. Consumir**, explotar, gastar. ‖ *v. prnl.* **4. Descarnarse**, desmedrarse, consumirse, enflaquecer, apergaminarse. ➤ *Engordar.*

chupatintas *s. m.* Cagatintas, escribiente, dependiente, oficinista.

chupón, na *adj.* Mamón, succionador.

churre *s. m.* Pringue, churrete, ungüento, grasa, unto, chafarrinón.

churrete *s. m.* Suciedad, chafarrinón.

churretoso, sa *adj.* Pringoso, sucio.

churrigueresco *adj.* Barroco, pomposo, chillón, recargado. ➤ *Sencillo.*

chusco, ca *adj.* **1. Gracioso**, pícaro, burlón, chistoso, bromista, ocurrente. ➤ *Soso, serio.* ‖ *s. m.* **2. Mendrugo**.

chusma *s. f.* Gentuza, populacho, morralla, canalla, hampa, vulgo, masa, plebe. ➤ *Flor y nata, aristocracia.*

chutar *v. intr.* Despejar, lanzar.

chuzo *s. m.* Pica, arcabuz, suizón.

chuzonada *s. f.* Chocarrería, bufonada, payasada, grosería.

ciática *s. f.* Neuritis, neuralgia.

cibal *adj.* Alimenticio, nutricional.

cicatear *v. intr.* Economizar, tacañear. ➤ *Dilapidar, derrochar.*

cicatería *s. f.* Avaricia, mezquindad, ruindad, roñosería. ➤ *Generosidad, desprendimiento.*

cicatriz *s. f.* **1. Herida**, marca. **2. Huella**, señal, impresión.

cicatrización *s. f.* Curación.

cicatrizar *v. tr.* Cerrar, suturar.

ciclar *v. tr.* Lustrar, pulir, bruñir, abrillantar.

cíclico, ca *adj.* Recurrente, periódico, constante, regular. ➤ *Irregular.*

ciclópeo, a *adj.* Colosal, enorme, monumental, gigantesco, inmenso, grandioso. ➤ *Pequeño, minúsculo.*

ciclostilo *s. m.* Multicopista.

ciclotimia *s. f.* Depresión, trastorno, psicosis. ➤ *Equilibrio, cordura.*

ciclotrón *s. m.* Acelerador.

cidro *s. m.* Limonero, toronja.

ciego, ga *adj.* **1. Invidente**. ➤ *Vidente.* **2. Obsesionado**, alucinado, ofuscado. ➤ *Clarividente, razonable.*

cielo *s. m.* **1. Firmamento**, atmósfera, bóveda celeste, infinito. ➤ *Tierra.* **2. Paraíso**, gloria. ➤ *Infierno.*

ciempiés *s. m.* **1. Miriápodo**. **2. Despropósito**, disparate, engendro.

ciénaga *s. f.* Pantano, lodazal, barrizal.

ciencia *s. f.* **1. Sapiencia**, sabiduría, cultura, erudición, conocimientos. ➤ *Ignorancia.* **2. Técnica**, experiencia, habilidad, maestría. ➤ *Inhabilidad.*

cieno *s. m.* Fango, lodo, légamo, limo.

científico, ca *adj.* Investigador.

cierre *s. m.* Candado, pestillo.

cierto, ta *adj.* **1. Indiscutible**, palpable, evidente. ➤ *Dudoso, incierto.* **2. Alguno**, alguien, algo.

ciervo *s. m.* Venado.

cifosis *s. f.* Corcova, chepa, joroba.

cifra *s. f.* **1. Número**, signo, guarismo. **2. Clave**. **2. Monograma**, sigla, abreviatura, emblema.

cifrar *v. tr.* Abreviar, compendiar, resumir, reducir. ➤ *Ampliar.*

cigarra *s. f.* Chicharra.

cigarral *s. m.* Huerto, finca.

cigarrillo *s. m.* Pitillo, pito.

cigüeña *s. f.* Manivela, manubrio.

cilindrada *s. f.* Potencia, capacidad.

cilindro *s. m.* Rollo, rodillo, tubo, caño, tambor.

cilla *s. f.* Silo, granero.

cima *s. f.* **1. Cumbre**, pico, remate, cúspide, ápice, vértice. ➤ *Base, fondo, falda.* **2. Coronamiento**, pináculo, apogeo, término, fin. ➤ *Principio.*

cimarrón, na *adj.* Silvestre, salvaje, montaraz, indómito. ➤ *Doméstico.*

cimbrar *v. tr.* **1. Vibrar**, oscilar, agitar, flexionar, doblar. **2. Azotar**, golpear.

cimbrón *s. m.* **1. Calambre**, sacudida, tirón, punzada. **2. Cintarazo**.

cimentar *v. tr.* Fundamentar, fundar, establecer, asentar, edificar.

cimera *s. f.* Penacho, remate.

cimitarra *s. f.* Alfanje, sable.

cincel *s. m.* Escoplo, buril, gubia, punzón, estilo.

cincelador, ra *s. m. y s. f.* Escultor, grabador.

cincelar *v. tr.* Esculpir, tallar, grabar.

cincha *s. f.* Correa.

cinchar *v. tr.* Ceñir, sujetar, asegurar, fajar. ➤ *Soltar.*

cinegética *s. f.* Montería, cacería.

cíngulo *s. m.* Cinturón, faja, cordón.

cínico, ca *adj.* Sarcástico, satírico, falso, sardónico. ➤ *Respetuoso, claro.*

cinismo *s. m.* Procacidad, desfachatez, descoco, sarcasmo, desvergüenza, procacidad. ➤ *Comedimiento.*

cinta *s. f.* **1. Tira**, faja, orla, banda. **2. Filme**, film, película, vídeo.

cintura *s. f.* Talle.

cinturón *s. m.* Correa, canana, cíngulo, ceñidor, cinto.

ciquiricata *s. f.* Arrumaco, halago, mimo, caricia.

circe *s. f.* Embustera, traidora, astuta, engañosa. ➤ *Ingenua, inocente.*

circo *s. m.* **1. Anfiteatro**, coliseo, arena, hemiciclo. **2. Carpa. 3. Exhibición**, espectáculo, festival.

circuito *s. m.* Recinto.

circulación *s. f.* Tráfico, tránsito.

circular¹ *adj.* **1. Redondo**, orbicular, lenticular, curvo, discoidal. ➤ *Cuadrado, rectangular.* ‖ *s. f.* **2. Octavilla**, folleto, informe, panfleto, notificación, aviso.

circular² *v. intr.* **1. Deambular**, recorrer, marchar, caminar, moverse, transitar, atravesar, trasladarse. ➤ *Pararse, detenerse.* **2. Divulgar**, propagar, extender, expandir, generalizar. ➤ *Ocultar, detener.*

circuncidar *v. tr.* Sajar, seccionar.

circuncisión *s. f.* Mutilación, sección, corte.

circundante *adj.* Envolvente, exterior, externo, periférico.

circundar *v. tr.* Circuir, circunvalar.

circunlocución *s. f.* Perífrasis, rodeo.

circunscribir *v. tr.* **1. Ajustar**, concretar, ceñir. ➤ *Extender.* ‖ *v. prnl.* **2. Limitarse**, reducirse, localizarse, confinarse, ceñirse. ➤ *Ampliarse.*

circunscripción *s. f.* Barrio, demarcación, distrito, zona, jurisdicción, territorio, término.

circunspección *s. f.* Compostura, discreción, mesura, prudencia, sensatez, formalidad. ➤ *Indiscreción.*

circunstancia *s. f.* **1. Casualidad**, coincidencia, condición, eventualidad, coyuntura, ocasión. **2. Ambiente**, ámbito, situación. medio.

circunstanciado, da *adj.* Especificado, pormenorizado. ➤ *Escueto.*

circunstancial *adj.* Accesorio, coyuntural, eventual. ➤ *Esencial, permanente.*

circunstante *adj.* Espectador, asistente, presente. ➤ *Ausente.*

circunvalar *v. tr.* Circundar, rodear, cercar, ceñir.

circunvecino, na *adj.* Contiguo, próximo, cercano, inmediato. ➤ *Remoto, alejado.*

ciscar *v. tr.* **1. Emporcar**, manchar, ensuciar. ‖ *v. prnl.* **2. Defecar**, cagar.

cisco *s. m.* **1. Picón**, carbonilla, polvillo. **2. Confusión**, pelotera, zipizape, altercado, bullicio, reyerta, alboroto.

cisma *s. m.* **1. Desunión**, secesión, escisión, división. ➤ *Unión.* **2. Discordia**, desavenencia. ➤ *Unidad.*

cisterciense *adj.* Benedictino.

cisterna *s. f.* Pozo, aljibe, depósito.

cita *s. f.* **1. Citación**, convocatoria, entrevista, encuentro, reunión. **2. Alusión**, nota, referencia, mención.

citación *s. f.* Convocatoria, emplazamiento, llamamiento, mandato, requerimiento, orden.

citar *v. tr.* **1. Convocar**, emplazar, convidar, llamar, requerir, intimar. **2. Aludir**, invocar, mencionar, nombrar, referirse. ➤ *Silenciar.* ‖ *v. prnl.* **3. Reunirse**, convenir, comprometerse.

ciudad *s. f.* Urbe, metrópoli, población, localidad, capital, emporio. ➤ *Aldea, pueblo.*

ciudadano, na *adj.* Residente, habitante. ➤ *Aldeano, pueblerino.*

civeta *s. f.* Mangosta.

civil *adj.* **1. Político**, cívico, social. **2. Cortés**, afable, considerado, sociable, educado, atento. ➤ *Incivil.* **3. Laico.** ➤ *Clérigo.* **4. Paisano.** ➤ *Militar.*

civilización *s. f.* **1. Cultura**, pueblo. **2. Adelanto**, progreso, desarrollo, prosperidad, evolución. ➤ *Barbarie, incultura.*

civilizar v. tr. Instruir, desarrollar, pulir, cultivar, educar, mejorar, prosperar, perfeccionar. ➤ *Embrutecer.*

cizaña s. f. Discordia, querella, desavenencia, disensión. ➤ *Concordia.*

cizañar v. tr. Enemistar, malmeter.

cizañero, ra adj. Chismoso, maledicente, maldiciente.

clamar v. intr. Dolerse, exclamar, gritar, lamentarse, quejarse, suplicar, gemir, condolerse. ➤ *Callar, aguantar.*

clámide s. f. Manto, toga.

clamor s. m. **1. Estruendo**, fragor. ➤ *Silencio.* **2. Queja**, lamento.

clamoreo s. m. Alarido, clamor.

clandestinamente adv. m. Secretamente. ➤ *Públicamente.*

clandestino, na adj. Encubierto, prohibido, secreto, furtivo, solapado, oculto, ilegal. ➤ *Público, legal.*

claramente adv. m. Abiertamente, notoriamente, visiblemente. ➤ *Ocultamente, furtivamente.*

clarear v. intr. **1. Amanecer**, alborear, nacer. ➤ *Anochecer.* **2. Despejarse**, abrirse, aclarar. ➤ *Encapotarse.* ‖ v. prnl. **3. Translucir**, ralear, transparentarse. ➤ *Oscurecerse.*

clarecer v. intr. Alborear, amanecer. ➤ *Atardecer, anochecer.*

claridad s. f. **1. Diafanidad**, transparencia, limpidez, pureza. ➤ *Turbiedad.* **2. Luminosidad**, luz. ➤ *Oscuridad.* **3. Sinceridad**, llaneza, franqueza, lealtad, confianza, descaro. ➤ *Hipocresía.*

clarificar v. tr. Depurar, purificar.

clarificativo, va adj. Esclarecedor, luminoso, preciso. ➤ *Confuso.*

clarión s. m. Tiza, yeso.

clarividencia s. f. Discernimiento, intuición, sagacidad, perspicacia, penetración, premonición, presentimiento, visión. ➤ *Ceguera, ofuscación.*

clarividente adj. Lúcido, penetrante, perspicaz, sagaz. ➤ *Obcecado, torpe.*

claro, ra adj. **1. Blanco**, albo, diáfano. ➤ *Oscuro.* **2. Limpio**, transparente, traslúcido, cristalino, diáfano, puro, límpido. ➤ *Turbio, opaco.* **3. Disperso**, difuso, ralo, diluido. ➤ *Es-*

peso, tupido. **4. Incontestable**, evidente, manifiesto, meridiano, explícito, palmario, palpable. ➤ *Confuso, incomprensible.* **5. Sereno**, soleado. ➤ *Cubierto, nuboso.* **6. Agudo**, despejado, perspicaz. ➤ *Obtuso, torpe.* **7. Famoso**, insigne, esclarecido, ilustre. ➤ *Desconocido, anónimo.* **8. Sincero**, franco, espontáneo, llano, leal, abierto. ➤ *Hipócrita, taimado.*

claroscuro s. m. Contraste.

clásico, ca adj. **1. Modélico**, canónico, ideal. **2. Renombrado**, reputado, famoso. **3. Antiguo**, tradicional.

clasificación s. f. Catálogo, ordenación, organización. ➤ *Desorden.*

clasificar v. tr. Separar, agrupar, ordenar, dividir, organizar, coordinar, registrar. ➤ *Juntar, desordenar.*

claudicación s. f. Cese, renuncia, resignación, cesión, sometimiento, rendición. ➤ *Rebelión, lucha, insistencia.*

claudicante adj. Flexible, tolerante. ➤ *Intolerante.*

claudicar v. intr. Flaquear, renunciar, retractarse, avenirse. ➤ *Insistir.*

claustro s. m. **1. Corredor**, crujía, galería. **2. Clausura**, monacato. ➤ *Secularidad.* **3. Profesorado**, docentes, cuerpo, junta.

claustrofobia s. f. ➤ *Agorafobia.*

cláusula s. f. **1. Condición**, disposición, artículo, apartado, requisito, reserva. **2. Frase**, oración, proposición.

clausura s. f. Aislamiento, apartamiento, recogimiento, encerramiento.

clausurar v. tr. **1. Finalizar**, terminar, concluir. ➤ *Inaugurar, abrir.* **2. Anular**, suspender, disolver, inhabilitar, cerrar, anular. ➤ *Habilitar.*

clavado, da adj. **1. Sujeto**, empotrado, inmóvil. ➤ *Móvil.* **2. Exacto**, cabal, fijo, puntual, justo. ➤ *Inexacto.* **3. Pintiparado**, adecuado, proporcionado. ➤ *Inadecuado.*

clavar v. tr. Enclavar, pinchar, enterrar, hundir, incrustar, fijar, sujetar, introducir, meter. ➤ *Desclavar, extraer.*

clave s. f. **1. Solución**, respuesta, aclaración, inferencia. ➤ *Enigma.* **2. Quid**, esencia. ➤ *Accesorio.*

clavo *s. m.* **1. Punta**, tachuela, alcayata, escarpia. **2. Perjuicio**, sufrimiento, pena, dolor. **3. Dureza**, callo.

clemencia *s. f.* Benignidad, magnanimidad, misericordia, piedad, indulgencia, bondad, merced, filantropía, benevolencia. ➤ *Crueldad, rigor.*

clemente *adj.* Benigno, indulgente, piadoso, misericordioso, bondadoso, benevolente. ➤ *Cruel, riguroso.*

clérigo *s. m.* Cura, sacerdote.

cliente *s. m. y s. f.* Consumidor, usuario, parroquiano, comprador. ➤ *Vendedor, comerciante.*

clientela *s. f.* Concurrencia, parroquia, público.

clima *s. m.* **1. Ambiente**, atmósfera, temperatura. **2. Estado**, condición, situación. **3. País**, región.

climatizar *v. tr.* Acondicionar.

clínica *s. f.* Sanatorio, hospital, policlínico, dispensario, consultorio.

clip *s. m.* Horquilla, prendedor, broche, sujetapapeles.

cloaca *s. f.* Albañal, sumidero, alcantarilla, desagüe, sentina.

cloroformizar *v. tr.* Anestesiar, adormecer, sedar, narcotizar. ➤ *Despertar.*

club *s. m.* Círculo, peña, sociedad, casino, ateneo, centro.

coacción *s. f.* Coerción, imposición, fuerza, violencia. ➤ *Libertad.*

coactivo, va *adj.* Apremiante, coercitivo, conminatorio. ➤ *Voluntario.*

coadunar *v. tr.* Unir, mezclar.

coadyuvar *v. tr.* Cooperar, colaborar, contribuir, asistir, ayudar. ➤ *Oponer.*

coagular *v. tr. y prnl.* Espesar, condensar, cortarse, cuajar, solidificarse, precipitarse, cristalizarse, apelmazarse, enturbiarse. ➤ *Licuarse, disolverse.*

coágulo *s. m.* Cuajarón, grumo.

coalición *s. f.* Alianza, federación, asociación, unión, liga. ➤ *Ruptura.*

coartación *s. f.* Cohibición, intimidación, restricción. ➤ *Liberación.*

coartada *s. f.* Disculpa, excusa, justificante, eximente, prueba, testimonio.

coartar *v. tr.* Limitar, cohibir, coaccionar. ➤ *Estimular, dar libertad.*

coautor, ra *s. m. y s. f.* Cómplice.

coba *s. f.* Lisonja, jabón, adulación, halago, pelotilla. ➤ *Crítica, sinceridad.*

cobarde *adj.* Apocado, acoquinado, medroso, miedoso, pusilánime, timorato, tímido, asustadizo, gallina. ➤ *Decidido, valiente, valeroso.*

cobardía *s. f.* Amilanamiento, pusilanimidad, temor, acoquinamiento, apocamiento.➤ *Valentía, arrojo.*

cobertizo *s. m.* Marquesina, porche, soportal, techado.

cobertor *s. m.* **1. Cobertura**. **2. Edredón**, frazada.

cobijar *v. tr.* **1. Arropar**, abrigar, tapar, cubrir. ➤ *Destapar.* **2. Guarecer**, amparar, refugiar. ➤ *Desguarecer.*

cobijo *s. m.* Albergue, alojamiento, hospedaje.

cobradero, ra *adj.* Exigible, recaudable, percibible.

cobrador, ra *s. m. y s. f.* Alcabalero, cajero, recaudador.

cobranza *s. f.* **1. Cobro**. ➤ *Pago, abono.* **2. Recaudación**, exacción.

cobrar *v. tr.* **1. Recaudar**, recibir, percibir. ➤ *Pagar.* **2. Embolsar**, adquirir, recuperar. **3. Recoger**, tomar. ➤ *Soltar.* **4. Cazar**, adquirir. ➤ *Liberar.*

cocción *s. f.* Cocedura, cocimiento, guiso.

cóccix *s. m.* Coxis.

cocer *v. tr.* Hervir, escalfar, guisar, escaldar.

cochambre *s. amb.* Suciedad, porquería, inmundicia, basura, mugre, roña, miseria. ➤ *Aseo.*

cochambroso, sa *adj.* Sucio, astroso, mugriento, inmundo. ➤ *Aseado.*

coche *s. m.* Vehículo, carroza, automóvil, auto, carricoche.

cochera *s. f.* Garaje.

cochinillo *s. m.* Lechón.

cochino, na *s. m. y s. f.* **1. Cerdo**, puerco. **2. Desastrado**, gorrino, guarro. ➤ *Aseado, pulcro.*

cochitril *s. m.* Tugurio, cuchitril.

cocido *s. m.* Pote, puchero.

cocimiento *s. m.* Bebedizo, infusión.

cocina *s. f.* Fogón, hogar.

cocinar *v. tr.* Aliñar, condimentar, guisar, estofar, asar.

cocinero, ra *s. m. y s. f.* Guisandero.

coco *s. m.* **1. Tarasca,** camuñas, fantasma, hombre del saco. **2. Arrumaco,** gesto, mueca.

cocodrilo *s. m.* Aligator, caimán.

cócora *s. m. y s. f.* Pelmazo, impertinente, molesto. ➤ *Oportuno.*

codear *v. intr.* **1. Rechazar,** empujar, golpear. ‖ *v. prnl.* **2. Alternar,** frecuentar, relacionarse.

codera *s. f.* Parche, refuerzo.

codicia *s. f.* Avidez, egoísmo, ambición, ansia. ➤ *Desprendimiento.*

codiciar *v. tr.* Ambicionar, anhelar, envidiar, ansiar. ➤ *Desprenderse.*

codicioso, sa *adj.* Ansioso, avaricioso, envidioso. ➤ *Desprendido.*

codificación *s. f.* Inventario, recopilación, sistematización, reglamentación.

codificar *v. tr.* Recopilar, compilar, recoger, legislar, reglamentar.

código *s. m.* Códice, reglamento.

coeficiente *s. m.* Multiplicador, factor.

coercer *v. tr.* Coartar, constreñir, contener, refrenar. ➤ *Dar libertad.*

coerción *s. f.* Coacción, intimidación, restricción, constricción.

coercitivo, va *adj.* Coactivo, contenido, represivo. ➤ *Libre.*

coetáneo, a *adj.* Contemporáneo.

coexistencia *s. f.* Concomitancia, convivencia, cohabitación, avenimiento, entendimiento.

coexistente *adj.* Simultáneo.

coexistir *v. intr.* Convivir, cohabitar.

cofrade *s. m. y s. f.* Hermano, asociado.

cofradía *s. f.* **1. Gremio. 2. Congregación,** hermandad, corporación.

cofre *s. m.* Arca, baúl, joyero, caja.

cogedero *s. m.* Asa, asidero.

coger *v. tr.* **1. Sujetar,** asir, agarrar, tomar. ➤ *Soltar.* **2. Atrapar,** capturar, pillar, pescar, alcanzar. ➤ *Libertar.* **3. Abarcar,** ocupar, extenderse por.

cogitabundo, da *adj.* Meditabundo, reflexivo, pensativo. ➤ *Irreflexivo.*

cognación *s. f.* Consanguinidad, entronque, vínculo, parentesco.

cognomento *s. m.* Fama, renombre.

cogote *s. m.* Occipucio, testuz, nuca, cerviz, cuello.

cogotudo, da *adj.* **1. Altivo,** engreído, prepotente, orgulloso. ‖ *s. m. y s. f.* **2. Poderoso,** potentado.

cohabitación *s. f.* Coexistencia, convivencia, amancebamiento, apaño, abarraganamiento, lío. ➤ *Separación.*

cohechar *v. tr.* Corromper, comprar, untar, sobornar.

cohecho *s. m.* Coacción, corrupción, unto, pago, venalidad, soborno.

coherencia *s. f.* Congruencia, lógica, ilación, sentido. ➤ *Incoherencia.*

coherente *adj.* Acorde, congruente, razonable, lógico. ➤ *Incongruente.*

cohesión *s. f.* Atracción, adhesión, unión, enlace, ligazón. ➤ *Inconsistencia, repulsión.*

cohesivo, va *adj.* Adhesivo, aglutinante, ilativo, unitivo, atractivo.

cohete *s. m.* Aeronave, astronave.

cohibición *s. f.* Coartación, intimidación. ➤ *Atrevimiento, desvergüenza.*

cohibir *v. tr.* Contener, sujetar, refrenar, limitar, restringir, coartar, intimidar, atemorizar. ➤ *Estimular, animar.*

cohonestar *v. tr.* Disimular, encubrir, disfrazar. ➤ *Mostrar, descubrir.*

coincidencia *s. f.* Concurrencia, simultaneidad, casualidad, chiripa.

coincidente *adj.* Compatible, concordante, simultáneo. ➤ *Divergente.*

coincidir *v. intr.* **1. Ajustarse,** convenir. ➤ *Contrastar, divergir.* **2. Coexistir,** corresponder. ➤ *Contrastar, divergir.* **3. Encajar,** ajustarse,

coito *s. m.* Cópula, unión sexual.

cojear *v. intr.* Renquear.

cojijoso, sa *adj.* Quejica, susceptible.

cojonudo, da *adj.* Macanudo, estupendo, sensacional, maravilloso.

cola *s. f.* **1. Rabo,** apéndice. **2. Final,** fin, extremo, terminación, punta. ➤ *Principio.* **3. Fila,** hilera. **4. Pegamento,** adhesivo, goma, aglutinante.

colaboración *s. f.* Contribución, cooperación, ayuda, participación, asistencia, asociación. ➤ *Oposición.*

colaboracionista *s. m. y s. f.* Aliado, vendido, traidor. ➤ *Fiel, leal.*

colaborador, ra *adj.* Adjunto, agregado, asistente. ➤ *Oponente.*

colaborar *v. intr.* Cooperar, contribuir, ayudar, participar. ➤ *Oponerse.*

colación *s. f.* **1. Comparación**, cotejo. **2. Aperitivo**, refrigerio, tentempié, merienda.

colada *s. f.* Paso, desfiladero, garganta.

coladero *s. m.* Desfiladero, pasillo.

coladura *s. f.* **1. Filtración. 2. Indiscreción**, error, desacierto.

colagogo, ga *adj.* Depurativo, purgante.

colapso *s. m.* **1. Ataque**, vahído, síncope. **2. Atasco**, embotellamiento.

colar *v. tr.* **1. Filtrar**, cribar, escurrir, tamizar, depurar, cerner. ‖ *v. intr.* **2. Infiltrarse**, escurrirse, deslizarse. ‖ *v. prnl.* **3. Errar**, equivocarse.

colateral *adj.* Adyacente, lateral. ➤ *Principal.*

colcha *s. f.* Edredón, cobertor, cubrecama.

colchón *s. m.* Colchoneta, jergón.

colear *v. intr.* Rabear.

colección *s. f.* Repertorio, serie, recopilación, compilación, florilegio.

coleccionar *v. tr.* Recopilar, reunir.

colecta *s. f.* Cuestación, postulación, recaudación, suscripción, petición.

colectividad *s. f.* **1. Sociedad**, grupo, clase, esfera, ambiente. **2. Población**, estado, habitantes, conjunto.

colectivo *s. m.* Gremio, sociedad, cuerpo, común. ➤ *Particular, propio.*

colega *s. m. y s. f.* Camarada, compañero, correligionario, consocio.

colegiado, da *adj.* Afiliado, inscrito, sindicado.

colegial *s. m.* Escolar, estudiante.

colegiarse *v. prnl.* Afiliarse, asociarse, sindicarse.

colegio *s. m.* **1. Escuela**, academia, liceo, instituto. **2. Sociedad**, cuerpo, corporación, sindicato, junta.

colegir *v. tr.* Concluir, seguirse, deducir, conjeturar, inferir.

cólera *s. f.* Rabia, irritación, arrebato, furor. ➤ *Ecuanimidad, calma.*

colérico, ca *adj.* **1. Airado**, arrebatado, furibundo, rabioso, airado. ➤ *Calmado, tranquilo.* **2. Enojadizo**, irritable, enfadadizo. ➤ *Apacible.*

coletazo *s. m.* Rabotada.

coletilla *s. f.* Añadidura, adición.

coleto *s. m.* Adentros, interior.

colgadero *s. m.* Percha.

colgador *s. m.* Percha, gancho, garfio, escarpio, asa.

colgadura *s. f.* Cortina, cortinaje.

colgar *v. tr.* **1. Suspender**, pender. **2. Ejecutar**, estrangular, ajusticiar, ahorcar. **3. Imputar**, achacar.

cólico *s. m.* Ataque, retortijón.

colicuación *s. f.* Licuación, licuefacción. ➤ *Condensación.*

colicuante *adj.* Fundente.

coligado, da *adj.* Asociado, federado.

coligar *v. tr. y prnl.* Asociar, confederar, vincular, acordar, pactar.

colimación *s. f.* Alineación, orientación.

colina *s. f.* Alcor, altozano, cerro, collado, otero, loma. ➤ *Montaña.*

colindante *adj.* Aledaño, fronterizo, limítrofe, contiguo. ➤ *Distante.*

colindar *v. intr.* Limitar, rayar, rozar. ➤ *Distar.*

colisión *s. f.* **1. Encontronazo**, topetazo, choque, embate. **2. Conflicto**, enfrentamiento, pugna. ➤ *Acuerdo.*

colitis *s. f.* Enteritis.

collado *s. m.* **1. Cerro**, otero, montículo, colina. **2. Puerto**, paso.

collar *s. m.* **1. Gargantilla. 2. Collarín. 3. Aro**, anillo, argolla.

colmado, da *adj.* Abarrotado, atestado, pleno, saturado. ➤ *Vacío.*

colmar *v. tr.* **1. Atestar**, abarrotar, saturar, llenar, atiborrar. ➤ *Vaciar.* ➤ **2. Satisfacer.** ➤ *Defraudar.*

colmenar *s. m.* Abejera, colmena.

colmillo *s. m.* Canino, diente.

colmo *s. m.* Remate, cima, exceso, abuso. ➤ *Deficiencia, falta.*

colocación *s. f.* Cargo, puesto, plaza.

colocar *v. tr.* **1. Situar**, acomodar, instalar. ➤ *Descolocar, desarreglar.* **2. Destinar**, emplear, ocupar, contratar. ➤ *Despedir.* ‖ *v. prnl.* **3. Trabajar**, situarse, acomodarse. ➤ *Renunciar.*

colocutor, ra *s. m. y s. f.* Interlocutor.

colodrillo *s. m.* Cogote, nuca.

colonialismo *s. m.* Imperialismo.

colonialista *adj.* Imperialista.

colonizador, ra *adj.* Poblador, conquistador, pionero.

coloquio *s. m.* Plática, conversación, charla, parlamento, conferencia, diálogo, debate.

color *s. m.* **1. Pintura**, tintura, pigmento, colorante. **2. Colorido**, tono, matiz, gama, tonalidad, viso.

colorado, da *adj.* Encarnado, grana, rojo, bermellón, carmesí, escarlata. ➤ *Lívido, pálido.*

colorar *v. tr.* Pintar, pigmentar, teñir, tintar. ➤ *Decolorar.*

colorear *v. tr.* **1. Teñir**, pintar, pigmentar, colorar. ➤ *Decolorar.* **2. Disfrazar**, justificar. ➤ *Denunciar.*

colosal *adj.* Ciclópeo, gigantesco, titánico, hercúleo, descomunal, inmenso, monumental. ➤ *Minúsculo, diminuto.* **2. Espléndido**, soberbio, magnífico, maravilloso. ➤ *Horroroso.*

columbrar *v. tr.* **1. Entrever**, divisar, otear, vislumbrar. **2. Barruntar**, deducir, imaginar, suponer, conjeturar.

columna *s. f.* **1. Pilar**, soporte, pilastra. **2. Fila**, línea, hilera. **3. Tropa**, formación, caravana.

columnata *s. f.* Pórtico.

columpiar *v. tr.* Balancear, mecer.

columpio *s. m.* Balancín, mecedora.

coma *s. m.* **1. Letargo**, colapso, sopor. **2. Virgulilla**, trazo, signo, tilde.

comadre *s. f.* **1. Comadrona**, matrona, partera. **2. Confidente**, amiga.

comadrear *v. intr.* Alcahuetear, cotillear, chismorrear, enredar.

comadreo *s. m.* Chismorreo, cuento.

comadrón, na *s. m. y s. f.* Tocólogo, ginecólogo.

comandar *v. tr.* Capitanear, mandar, dirigir, gobernar. ➤ *Obedecer.*

comarca *s. f.* Circunscripción, distrito, partido, región, territorio, zona.

comarcal *adj.* Jurisdiccional, territorial, regional.

comba *s. f.* Alabeo, arqueamiento.

combadura *s. f.* Arqueamiento, borneo, alabeo, pandeo, abarquillado.

combar *v. tr.* Curvar, pandear, ondular, arquear, combar. ➤ *Enderezar.*

combate *s. m.* Ataque, enfrentamiento, lid, lucha, batalla, liza, conflicto, hostilidades, contienda. ➤ *Paz.*

combatible *adj.* Discutible, disputable, rebatible. ➤ *Irrebatible.*

combatiente *s. m.* Guerrero, luchador, contendiente. ➤ *Objetor.*

combatir *v. intr.* **1. Luchar**, guerrear, batallar, lidiar. || *v. tr.* **2. Atacar**, hostilizar, enfrentarse, perseguir. ➤ *Retirarse.* **3. Oponerse**, rechazar, replicar, controvertir. ➤ *Defender.*

combatividad *s. f.* Agresividad, hostilidad. ➤ *Tranquilidad.*

combativo, va *adj.* Agresivo, pendenciero, polemista. ➤ *Pacífico.*

combinación *s. f.* **1. Acoplamiento**, concordancia. **2. Enagua**.

combinar *v. tr.* **1. Mezclar**, componer, agregar. ➤ *Desintegrar.* **2. Planear**, proyectar, maquinar, idear. || *v. prnl.* **3. Concertarse**, acordar.

combustible *adj.* **1. Inflamable**. ➤ *Incombustible.* || *s. m.* **2. Carburante**, hidrocarburo, petróleo, gasolina.

combustión *s. f.* Ignición, incineración, abrasamiento, quema.

comedia *s. f.* **1. Teatro**, drama. **2. Farsa**, sainete, parodia. ➤ *Tragedia.* **3. Payasada**, bufonada. **4. Artificio**, pantomima, disimulo, engaño, ficción, fingimiento, enredo.

comediante, ta *s. m. y s. f.* Farsante, cómico, actor.

comedido, da *adj.* Cortés, prudente, moderado. ➤ *Atrevido, descarado.*

comedimiento *s. m.* Cortesía, moderación, urbanidad, educación, prudencia. ➤ *Atrevimiento, cinismo, descaro.*

comediógrafo, fa *s. m. y s. f.* Dramaturgo, autor, escritor.

comedirse *v. prnl.* Reprimirse, inhibirse, moderarse.

comedor *s. m.* Merendero, restaurante.

comensal *s. m. y s. f.* Huésped, invitado, convidado. ➤ *Anfitrión.*

comentador, ra *s. m. y s. f.* Comentarista, glosador, intérprete.

comentar *v. tr.* Explicar, interpretar.

comentario *s. m.* Paráfrasis, ilustración, aclaración, glosa, crítica.

comenzar *v. tr.y v. intr.* Iniciar, principiar, incoar, inaugurar, preludiar, abrir, estrenar. ➤ *Concluir, finalizar.*

comer *v. intr.* Engullir, tragar, devorar, zampar, ingerir, yantar, alimentarse, sustentarse. ➤ *Ayunar, vomitar.*

comercial *adj.* Mercantil, lucrativo.

comerciante *adj.* Mayorista, mercader, vendedor, tratante, intermediario, especulador, proveedor, negociante.

comerciar *v. intr.* **1. Mercar**, tratar, negociar. **2. Tratarse**, relacionarse.

comercio *s. m.* Negocio, especulación, transacción, tráfico.

comestible *adj.* **1. Alimenticio**, nutritivo, sustancioso. ➤ *Indigesto, incomible.* ‖ *s. m.* **2. Manjar**, alimento, comida, provisión, vitualla.

cometer *v. tr.* Realizar, perpetrar, ejecutar, consumar, cumplir. ➤ *Impedir, abstenerse.*

cometido *adj.* Función, tarea, misión, labor, ocupación, gestión, encargo, deber, quehacer.

comezón *s. f.* **1. Hormiguillo**, picor, desazón, prurito. **2. Afán**, ansia, anhelo, empeño. ➤ *Indiferencia.*

comicidad *s. f.* Jocosidad, gracia, humor, diversión. ➤ *Dramatismo.*

comicios *s. m. pl.* Elecciones, sufragio, votación, plebiscito, referendum.

cómico, ca *adj.* **1. Festivo**, jocoso, chistoso, chusco, gracioso, divertido. ➤ *Serio, trágico.* ‖ *s. m. y s. f.* **2. Actor**, artista, intérprete, comediante.

comidilla *s. f.* **1. Apetencia**, gusto, preferencia. **2. Chismorreo**, cotilleo, habladuría, murmuración.

comida *s. f.* **1. Sustento**, manutención, vianda, comestible. **2. Colación**, tentempié, refrigerio. **3. Desayuno**, almuerzo, merienda, cena, ágape, banquete, festín, convite. ➤ *Ayuno.*

comienzo *s. m.* **1. Inicio**, origen, base, principio, raíz. ➤ *Final, fin, meta.* **2. Prólogo**, preámbulo. ➤ *Conclusión, epílogo.* **3. Inauguración**, apertura. ➤ *Cierre, clausura.*

comilón, na *adj.* **1. Tragaldabas**, zampón, tragón, voraz. ➤ *Inapetente.* ‖ *s. f.* **2. Ágape**, banquete, festín.

cominería *s. f.* Nadería, ñoñería, minucia, nimiedad, insignificancia.

comino *s. m.* Pito, bledo, ardite.

comisión *s. f.* **1. Mensaje**, tarea, mandato, misión, función. **2. Junta**, asamblea, consejo, comité, delegación, embajada. **3. Porcentaje**, prima, participación, derechos, parte, corretaje.

comisionar *v. tr.* Delegar, facultar, habilitar, encargar.

comité *s. m.* Junta, delegación, comisión, consejo.

comitente *s. m. y s. f.* Autor, ejecutor.

comitiva *s. f.* Comparsa, cortejo, séquito, acompañamiento, convoy, escolta, custodia.

comodidad *s. f.* **1. Bienestar**, confort, regalo. ➤ *Incomodidad.* **2. Facilidad**, oportunidad, ventaja, ayuda.

cómodo, da *adj.* **1. Fácil**, oportuno, conveniente, ventajoso. ➤ *Desfavorable, incómodo.* ‖ *s. m. y s. f.* **2. Vago**, perezoso, haragán. ➤ *Trabajador.*

comodón, na *adj.* Apoltronado, sibarita, haragán. ➤ *Austero, sobrio.*

compactar *v. tr.* Apelmazar, espesar.

compactibilidad *s. f.* Densidad, consistencia, solidez.

compacto, ta *adj.* Espeso, denso, macizo, sólido. ➤ *Esponjoso, poroso.*

compadecer *v. tr.* **1. Condolerse**, apiadarse, lamentar, sentir. ➤ *Envidiar, alegrarse.* ‖ *v. prnl.* **2. Armonizarse**, conformarse. ➤ *Discordar.*

compadrazgo *s. m.* **1. Vínculo**, compadraje, camaradería. ➤ *Enemistad.* **2. Enjuague**, chanchullo, componenda.

compaginación *s. f.* Ordenación, ajuste, acoplamiento, combinación.

compaginar *v. tr.* Acoplar, ajustar, combinar.

compañerismo *s. m.* Amistad, camaradería, lealtad. ➤ *Rivalidad.*

compañía *s. f.* **1. Acompañamiento**. **2. Cortejo**, séquito, comitiva. **3. Empresa**, firma, sociedad, casa, entidad.

comparable *adj.* Equiparable, paralelo, parecido, similar.

comparar *v. tr.* Confrontar, compulsar, equiparar, parangonar, cotejar, asimilar. ➤ *Distinguir, diferenciar.*

comparecer *v. intr.* Acudir, personarse. ➤ *Ausentarse, desaparecer.*

comparsa *s. m. y s. f.* Figurante, extra.

compartimentar *v. tr.* Fraccionar, seccionar, dividir.

compartir *v. tr.* Colaborar, cooperar, auxiliar, repartir, participar, distribuir.

compasión *s. f.* Lástima, piedad, condolencia, ternura, misericordia, clemencia, conmiseración. ➤ *Desprecio.*

compasivo, va *adj.* Caritativo, humanitario, piadoso, clemente. ➤ *Cruel.*

compatible *adj.* Coincidente, conforme, compenetrado, avenido. ➤ *Incompatible, opuesto.*

compatriota *s. m. y s. f.* Conciudadano, paisano, coterráneo. ➤ *Extranjero.*

compeler *v. tr.* Apremiar, constreñir, forzar, impeler, impulsar. ➤ *Contener.*

compendiar *v. tr.* Abreviar, extractar, resumir, condensar. ➤ *Ampliar.*

compendio *s. m.* Resumen, compilación, recopilación, extracto.

compendioso, sa *adj.* Abreviado, conciso, concentrado. ➤ *Extenso.*

compenetración *s. f.* Acoplamiento, avenencia, concordancia, identificación, entendimiento, coincidencia. ➤ *Disensión, discrepancia.*

compenetrarse *v. prnl.* Coincidir, entenderse, comprenderse, identificarse, concordar, avenirse, entenderse, coincidir. ➤ *Discrepar, disentir.*

compensable *adj.* Remediable, resarcible, indemnizable. ➤ *Irreparable.*

compensar *v. tr.* **1.** Nivelar, equilibrar, igualar. ➤ *Desnivelar, desequilibrar.* **2.** Indemnizar, resarcir, reparar, desagraviar, remunerar, retribuir.

competencia *s. f.* **1.** Competición, emulación, rivalidad, oposición, antagonismo. ➤ *Asociación, colaboración.* **2.** Atribución, jurisdicción, autoridad, incumbencia. **3.** Disposición, pericia, suficiencia, aptitud, idoneidad, capacidad, talento. ➤ *Incompetencia.*

competer *v. intr.* Atañer, corresponder, incumbir, tocar.

competidor, ra *adj.* Adversario, antagonista, contrincante, contendiente, rival. ➤ *Socio, amigo.*

competir *v. intr.* Rivalizar, pugnar, emular, contender, luchar, porfiar, oponerse. ➤ *Coincidir, transigir.*

compilación *s. f.* Recopilación.

compilar *v. tr.* Compendiar, recopilar, recoger, coleccionar, codificar.

compinche *s. m. y s. f.* Secuaz, seguidor, adepto, socio. ➤ *Enemigo.*

complacencia *s. f.* Agrado, gusto, placer. ➤ *Desagrado, disgusto, hastío.*

complacer *v. tr.* **1.** Satisfacer, consentir, condescender, transigir, conformar, acceder. ➤ *Contrariar.* ǁ *v. prnl.* **2.** Agradar, gustar, deleitarse, seducir. ➤ *Repugnar, desagradar.*

complaciente *adj.* Condescendiente, indulgente, transigente. ➤ *Inflexible.*

complejidad *s. f.* Complicación, rebuscamiento. ➤ *Simplicidad.*

complejo, ja *adj.* **1.** Variado, múltiple, intrincado, complicado, diverso, confuso, problemático. ➤ *Sencillo, simple.* ǁ *s. m.* **2.** Combinación, reunión, suma. **3.** Manía, neurosis, rareza, trastorno. ➤ *Equilibrio, cordura.*

complementar *v. tr.* Añadir, completar, perfeccionar. ➤ *Reducir, restar.*

complementario, ria *adj.* Accesorio, adicional, extra, suplementario. ➤ *Fundamental, principal.*

complemento *s. m.* **1.** Adición, añadido, colmo. **2.** Plenitud, perfección.

completamente *adv. m.* Enteramente, íntegramente. ➤ *Parcialmente.*

completar *v. tr.* **1.** Acabar, añadir, terminar, rematar, concluir. ➤ *Abandonar.* **2.** Perfeccionar, cumplir.

completo, ta *adj.* **1.** Saturado, atiborrado, cuajado, repleto, colmado. ➤ *Incompleto.* **2.** Íntegro, indiviso, acabado, cabal, entero. ➤ *Parcial.*

complexión *s. f.* Constitución, naturaleza, estructura, figura, aspecto.

complicación *s. f.* **1.** Complejidad. ➤ *Simplicidad.* **2.** Enredo, lío, confusión, embrollo. ➤ *Claridad.*

complicado, da *adj.* Complejo, lioso, enrevesado, arduo, espinoso, confuso, enredado. ➤ *Sencillo, claro.*

complicar *v. tr.* **1.** Revolver, mezclar, enmarañar, embrollar. **2.** Entorpecer, obstaculizar, dificultar. ➤ *Simplificar, facilitar.*

cómplice *s. m. y s. f.* Coautor, socio, colaborador, compinche, colega.

complicidad *s. f.* Encubrimiento.

complot *s. m.* **1. Confabulación,** conjura, maquinación, conspiración, contubernio. **2. Trama,** intriga, componenda, conchabanza.

componedor, ra *s. m. y s. f.* Mediador, árbitro. ➤ *Parte, litigante.*

componenda *s. f.* Chanchullo, arreglo, pacto, maniobra. ➤ *Desacuerdo.*

componente *s. m.* Factor, integrante, elemento. ➤ *Totalidad.*

componer *v. tr.* **1. Establecer,** formar, constituir. **2. Aderezar,** hermosear, emperifollar, ataviar, acicalar, adornar. ➤ *Descuidarse.* **3. Restaurar,** corregir, rectificar, enmendar, arreglar, reparar. ➤ *Estropear.*

componible *adj.* Reparable, rectificable, arreglable. ➤ *Irreparable.*

comportamiento *s. m.* Pauta, proceder, conducta, costumbre, actuación.

compositor, ra *s. m. y s. f.* Músico.

compostura *s. f.* **1. Reparación,** restauración, remiendo, rectificación. ➤ *Descompostura.* **2. Arreglo,** aseo, aliño. ➤ *Desaliño.* **3. Decoro,** prudencia, circunspección. ➤ *Descaro.*

compota *s. f.* Mermelada, dulce.

compra *s. f.* Adquisición. ➤ *Venta.*

comprable *adj.* Asequible.

comprador, ra *adj.* Adquisidor, usuario, cliente. ➤ *Vendedor.*

comprar *v. tr.* **1. Mercar,** comerciar. ➤ *Vender, traspasar.* **2. Corromper,** untar, cohechar, sobornar.

comprender *v. tr.* **1. Englobar,** incluir, constar, encerrar. ➤ *Excluir.* **2. Discernir,** interpretar, entender, saber, intuir. ➤ *Ignorar.*

comprensibilidad *s. f.* Facilidad, inteligibilidad, sencillez. ➤ *Dificultad.*

comprensible *adj.* Analizable, claro, evidente, penetrable, sencillo, inteligible, explicable, fácil. ➤ *Impenetrable, incomprensible, difícil.*

comprensión *s. f.* **1. Discernimiento,** entendimiento, inteligencia, alcan-

ce, talento. **2. Tolerancia,** benevolencia, indulgencia, bondad, simpatía.

comprensivo, va *adj.* **1. Inteligente,** perspicaz, agudo. ➤ *Torpe.* **2. Benévolo,** indulgente, tolerante, bondadoso. ➤ *Intolerante.*

compresión *s. f.* Presión, tensión.

compreso, sa *adj.* Apretado, comprimido, prensado, apisonado. ➤ *Suelto.*

comprimido *s. m.* Gragea, pastilla, sello, píldora, tableta.

comprimir *v. tr.* **1. Prensar,** oprimir, estrujar, apretar, estrechar. ➤ *Aflojar.* **2. Moderar,** sujetar, reducir, reprimir, contener, refrenar. ➤ *Desahogar.*

comprobable *adj.* Confirmable, demostrable, verificable, justificable. ➤ *Indemostrable.*

comprobación *s. f.* Balance, constatación, prueba, verificación, control, revisión, cotejo. ➤ *Omisión.*

comprobador, ra *adj.* Controlador, inspector.

comprobante *s. m.* Cupón, justificante, recibo, garantía, vale.

comprobar *v. tr.* Verificar, examinar, revisar, cerciorarse. ➤ *Omitir, pasar.*

comprometer *v. tr.* **1. Arriesgarse,** aventurarse, exponerse. **2. Implicar,** complicar, embrollar, enzarzar, mezclar. ➤ *Librar, exculpar.* **3. Prometerse.** ‖ *v. prnl.* **4. Ofrecerse,** obligarse, responder. ➤ *Excusarse, eludir.*

comprometido, da *adj.* Expuesto, arriesgado, aventurado.

compromiso *s. m.* **1. Pacto,** ajuste, convenio. **2. Deber,** empeño, responsabilidad, obligación. ➤ *Excusa.* **3. Convenio,** pacto, responsabilidad, contrato. **4. Riesgo,** apuro, problema, peligro, dificultad, embarazo, trance, dilema. ➤ *Solución, ayuda.*

compuesto, ta *adj.* **1. Combinado,** complejo. **2. Mesurado,** circunspecto. **3. Arreglado,** aseado, emperejilado, acicalado, engalanado. ‖ *s. m.* **4. Mezcolanza,** mezcla, mixtura, composición, combinado, síntesis, conjunto, complejo. ➤ *Elemento.*

compulsación *s. f.* Cotejo, comprobación, examen, confrontación.

compulsar *v. tr.* Confrontar, cotejar.

compulsión *s. f.* Mandato, orden.

compulsivo, va *adj.* Apremiante, obligatorio, necesario. ➤ *Voluntario.*

compunción *s. f.* **1. Contrición**, arrepentimiento. **2. Pesar**, pena.

compungido, da *adj.* Afligido, pesaroso, arrepentido, atribulado, dolorido. ➤ *Despreocupado, impenitente.*

compungirse *v. prnl.* Apenarse, dolerse, arrepentirse, apesadumbrarse. ➤ *Despreocuparse, alegrarse.*

computar *v. tr.* Medir, operar, valorar, calcular, contar.

común *adj.* **1. General**, universal, público, corriente. ➤ *Propio, específico.* **2. Vulgar**, basto, ordinario. ➤ *Fino.*

comunal *adj.* General, social, público, comunitario, colectivo. ➤ *Privado.*

comunicación *s. f.* **1. Circular**, mensaje, escrito. **2. Circulación**, relación. **3. Información**, notificación.

comunicado *s. m.* Mensaje, circular, notificación, aviso, informe.

comunicar *v. tr.* **1. Impartir**, ofrecer, dar. ➤ *Retener.* **2. Difundir**, propagar, manifestar, informar, anunciar, participar, notificar. ➤ *Callarse, omitir..* **3. Manifestar**, tratarse, conversar, relacionarse, frecuentar.

comunicativo, va *adj.* Expresivo, sociable, tratable, expansivo, locuaz. ➤ *Reservado, huraño, taciturno.*

comunidad *s. f.* **1. Sociedad**, agrupación, colectividad. ➤ *Individuo.* **2. Convento**, monasterio, regla, orden.

comunismo *s. m.* Marxismo.

comunista *adj.* Marxista, rojo. ➤ *Conservador, derechista, liberal.*

comunitario, ria *adj.* Colectivo, social, público. ➤ *Privado.*

conato *s. m.* Proyecto, intento, amago, intentona, tentativa, aborto. ➤ *Éxito.*

concatenación *s. f.* Encadenamiento, sucesión, vinculación.

concatenar *v. tr.* Encadenar, vincular. ➤ *Desenlazar, desencadenar.*

concavidad *s. f.* Hueco, oquedad, seno, cavidad, hoyo. ➤ *Convexidad.*

concebible *adj.* Coherente, posible. ➤ *Imposible, inconcebible.*

concebir *v. intr.* **1. Alcanzar**, comprender, entender, imaginar, crear, inferir, idear. **2. Engendrar**, procrear.

conceder *v. tr.* **1. Asignar**, adjudicar, otorgar. ➤ *Denegar.* **2. Reconocer**, admitir, convenir, asentir. ➤ *Refutar.*

concejal, la *s. m. y s. f.* Edil.

concejo *s. m.* Ayuntamiento, cabildo, junta, municipio, alcaldía, corporación.

concentrar *v. tr.* **1. Agrupar**, centralizar. ➤ *Descentralizar.* **2. Espesar**, condensar, aglomerar. ➤ *Diluir.*

conceptible *adj.* Creíble, imaginable, admisible, pensable. ➤ *Imposible.*

concepto *s. m.* **1. Noción**, juicio, conocimiento, idea. **2. Sentencia**, frase, opinión. **3. Reputación**, crédito, notoriedad, consideración, fama.

conceptuar *v. tr.* Calificar, estimar, juzgar, estimar, reputar, enjuiciar.

conceptuoso, sa *adj.* Difícil, rebuscado, complicado, agudo. ➤ *Llano.*

concernencia *s. f.* Incumbencia, procedencia, correspondencia.

concerniente *adj.* Relativo, tocante.

concernir *v. intr.* Afectar, competer, depender, atañer, relacionarse, referirse, vincularse. ➤ *Desvincularse.*

concertado, da *adj.* Acordado, arreglado, convenido, estipulado.

concertador, ra *adj.* Conciliador, mediador. ➤ *Litigante.*

concertar *v. tr.* **1. Estipular**, establecer, concordar, acordar, componer, arreglar. ➤ *Romper, disentir.* **2. Ajustar**, afinar, pactar. **3. Armonizar**, arreglar, ordenar. ➤ *Desconcertar.*

concertista *s. m. y s. f.* Músico, intérprete, solista.

concesión *s. f.* **1. Adjudicación**, donación, permiso, autorización, aquiescencia. ➤ *Prohibición, denegación.* **2. Privilegio**, cesión, licencia, ventaja, favor. ➤ *Desventaja.*

concesionario *s. m.* Comisionista, intermediario.

concha *s. f.* Caparazón, valva, cáscara, venera, cubierta.

conchabanza *s. f.* **1. Acomodo**, colocación. **2. Confabulación**, connivencia.

conchabo s. m. Trueque, permuta.

conciencia s. f. **1. Discernimiento**, conocimiento, juicio, pensamiento. **2. Atención**, escrúpulo, objeción, delicadeza, miramiento, consideración.

concienzudo, da adj. Aplicado, escrupuloso, meticuloso. ➤ Chapucero.

concierto s. m. **1. Orden**, armonía, concordancia. ➤ Desconcierto. **2. Pacto**, ajuste, acuerdo, convenio. **3. Audición**, recital, función, gala.

conciliábulo s. m. Corrillo, conspiración, conjura, intriga, maquinación.

conciliación s. f. Avenencia, conformidad, acuerdo. ➤ Discordia.

conciliador, ra adj. Concertador, mediador, moderador, árbitro.

conciliar v. tr. **1. Pacificar**, avenir, arreglar, mediar, arbitrar, armonizar. ➤ Malquistar, enemistar. **2. Atraerse**, ganarse, granjearse. ➤ Perder.

concilio s. m. Asamblea, reunión, cónclave, congreso, capítulo.

concino, na adj. Armonioso, elegante, florido, retórico.

concisión s. f. Laconismo, parquedad, sobriedad, precisión. ➤ Prolijidad.

conciso, sa adj. Preciso, sucinto, sintético, condensado, sobrio, sumario, tajante. ➤ Prolijo, extenso, detallado.

concitador, ra adj. Amotinador, instigador, sublevador. ➤ Conciliador.

conciudadano, na s. m. y s. f. **1. Paisano**, coterráneo. **2. Compatriota**.

concluir v. tr. **1. Finalizar**, acabar, completar, rematar, completar. ➤ Empezar. **2. Colegir**, inferir, deducir.

conclusión s. f. **1. Colofón**, remate, fin, término, desenlace, resultado. ➤ Inicio. **2. Decisión**, resolución. **3. Deducción**, consecuencia, inferencia.

concluyente adj. Aplastante, indiscutible, irrebatible, perentorio, terminante, decisivo. ➤ Ambiguo, vacilante.

concomerse v. prnl. Recomerse, repudrirse, consumirse, impacientarse.

concomitancia s. f. Coherencia, simultaneidad. ➤ Separación.

concomitante adj. Concurrente, relacionado, vinculado, análogo, afín, similar. ➤ Diferente, inconexo.

concordancia s. f. Acuerdo, unión, concierto, armonía, relación.

concordante adj. Armónico, coherente, concertado. ➤ Discordante.

concordar v. tr. Convenir, armonizar, avenirse, semejarse. ➤ Discordar.

concorde adj. Conforme, uniforme, acorde. ➤ Discordante.

concretar v. tr. **1. Abreviar**, resumir, precisar, reducir, compendiar. ➤ Ampliar, extender. ‖ v. prnl. **2. Ceñirse**, atenerse, reducirse. ➤ Extenderse.

concreto, ta adj. Reducido, limitado, ceñido, sucinto, determinado, específico, preciso, delimitado. ➤ Impreciso.

concubina s. f. Querida, amante, manceba, barragana. ➤ Esposa.

concubinato s. m. Amontonamiento, amancebamiento. ➤ Matrimonio.

conculcación s. f. Infracción, vulneración, atropello, violación.

conculcador, ra adj. Infractor, violador. ➤ Acatador, observante.

conculcar v. tr. **1. Pisar**, hollar, pisotear. **2. Vulnerar**, atropellar, infringir, oprimir. ➤ Respetar.

concupiscencia s. f. Erotismo, sensualidad, lujuria, lubricidad, voluptuosidad, libídine. ➤ Continencia.

concupiscente adj. Obsceno, sensual, libidinoso, lúbrico, voluptuoso, lujurioso. ➤ Contenido, casto.

concurrencia s. f. **1. Afluencia**, convergencia, concurso, congregación. **2. Ayuda**, asistencia, socorro, auxilio.

concurrido, da adj. Animado, frecuentado, populoso, visitado.

concurrir v. intr. **1. Coincidir**, afluir, converger, agolparse, juntarse. ➤ Divergir, separarse. **2. Participar**, intervenir, concursar, rivalizar.

concursante s. m. y s. f. Aspirante, competidor, participante, rival.

concursar v. tr. Opositar, competir.

concurso s. m. **1. Auditorio**, espectadores, asistencia, público. **2. Gentío**, tropel, muchedumbre. **3. Certamen**, oposición, examen, prueba, selección. **3. Auxilio**, socorro, ayuda.

condecoración s. f. **1. Distinción**. **2. Medalla**.

condecorar *v. tr.* Distinguir, homenajear, honrar. ➤ *Denigrar, degradar.*

condena *s. f.* Sanción, fallo, pena.

condenable *adj.* Punible, deplorable.

condenación *s. f.* Censura, desaprobación, sanción, reprobación. ➤ *Perdón.*

condenar *v. tr.* **1. Sancionar**, sentenciar, penar, castigar. ➤ *Absolver*. **2. Censurar**, culpar, vituperar, reprobar. **3. Tapiar**, tabicar, tapar, cerrar.

condesado, da *adj.* Concentrado, denso, espeso. ➤ *Diluido, extenso.*

condensar *v. tr.* **1. Licuar**, solidificar. ➤ *Evaporar.* **2. Espesar**, aglomerar, concentrar. ➤ *Diluir.* **3. Compendiar**, acortar, reducir, resumir.

condescendencia *s. f.* Beneplácito, complacencia, tolerancia, transigencia, benevolencia, contemporización. ➤ *Intolerancia, intransigencia.*

condescender *v. intr.* Acceder, consentir, dignarse, transigir, avenirse, prestarse. ➤ *Rebelarse, negarse.*

condescendiente *adj.* Benevolente, permisivo, tolerante, transigente, complaciente. ➤ *Intransigente.*

condición *s. f.* **1. Carácter**, particularidad, índole, naturaleza. **2. Temperamento**, genio, natural, personalidad, fondo. **3. Situación**, categoría, clase, posición. **4. Restricción**, reserva, requisito, cortapisa, excepción.

condicionar *v. tr.* **1. Subordinar**, hacer depender. **2. Determinar.**

condigno, na *adj.* Acomodado, proporcionado. ➤ *Indigno.*

condimentar *v. tr.* Aliñar, sazonar, adobar, preparar, cocinar, aderezar.

condimento *s. m.* Aliño, adobo.

condiscípulo, la *s. m. y s. f.* Compañero, camarada, alumno, estudiante.

condolencia *s. f.* Compasión, conmiseración, pésame, duelo, piedad, dolor, lástima. ➤ *Felicitación, pláceme.*

condolerse *v. prnl.* Apiadarse, dolerse, compadecerse. ➤ *Alegrarse.*

condonación *s. f.* Dispensa, perdón, remisión, absolución. ➤ *Condena.*

condonar *v. tr.* Absolver, perdonar, remitir, dispensar. ➤ *Condenar.*

conducción *s. f.* Transporte, guía.

conducir *v. tr.* **1. Transportar**, trasladar, acarrear. **2. Encauzar**, enderezar, encaminar. **3. Mandar**, regir, regular, dirigir, pilotar. ‖ *v. prnl.* **4. Desenvolverse**, orientarse, regirse, portarse, actuar, manejarse, comportarse.

conducta *s. f.* Pauta, comportamiento, proceder, actuación, costumbre.

conducto *s. m.* Caño, tubería, canal.

conductor, ra *s. f. y s. m.* **1. Guía**, jefe, director, dirigente, caudillo. ➤ *Subordinado*. **2. Piloto**, timonel, chófer.

conduplicación *s. f.* Epanástrofe.

conectar *v. tr.* **1. Enlazar**, acoplar, vincular, ensamblar. ➤ *Separar.* **2. Enchufar**, empalmar. ➤ *Desconectar.*

conexión *s. f.* Enlace, sintonización, unión, ligazón, engarce, cohesión, nexo, ensamblaje, articulación.

conexionarse *v. prnl.* Conectarse, tocarse, unirse. ➤ *Desconectarse.*

confabulación *s. f.* Complot, componenda, conjura, conspiración, maquinación, intriga, maniobra, traición.

confabularse *v. prnl.* Maquinar, tramar, intrigar, conspirar, traicionar.

confección *s. f.* Elaboración, hechura, preparación, realización, factura.

confeccionar *v. tr.* Elaborar, fabricar, realizar, ejecutar, preparar, crear, manufacturar.

confederación *s. f.* Federación, coalición, convenio, alianza, unión, liga, mancomunidad, acuerdo. ➤ *Ruptura.*

confederado, da *adj.* Aliado, coaligado, unido. ➤ *Autónomo.*

confederar *v. tr.* Aliar, coaligar, unir.

conferencia *s. f.* **1. Entrevista**, cita, reunión, coloquio. **2. Charla**, lección, discurso, plática, disertación, parlamento. **3. Congreso**, asamblea.

conferenciar *v. intr.* Departir, parlamentar, disertar, hablar.

conferir *v. tr.* **1. Otorgar**, dispensar, dar, proporcionar, asignar, conceder, ceder, entregar. ➤ *Desposeer, privar, negar.* **2. Cotejar**, comparar.

confesable *adj.* Declarable, revelable, admitible. ➤ *Oculto, silenciable.*

confesar *v. tr.* **1. Revelar**, declarar, desahogarse, desembuchar, manifestar, decir. ➤ *Ocultar, negar.* **2. Manifestar**, testimoniar, declarar, testificar.

confiado, da *adj.* Despreocupado, ingenuo, crédulo, simple, cándido, imprevisor, incauto. ➤ *Precavido.*

confianza *s. f.* **1. Seguridad**, fe, tranquilidad, esperanza, convicción, certidumbre, entusiasmo. ➤ *Desconfianza.* **2. Convicción**, presunción, autoestima. ➤ *Timidez.* **3. Intimidad**, cordialidad, compañerismo, familiaridad. ➤ *Embarazo, protocolo, frialdad.*

confianzudo, da *adj.* Campechano, desenvuelto. ➤ *Afectado, protocolario.*

confiar *v. intr.* **1. Fiarse**, ilusionarse, esperar. ➤ *Desconfiar.* ‖ *v. tr.* **2. Encomendar**, entregar, encargar. **confidencial** *adj.* Reservado, secreto, íntimo, personal, privado. ➤ *Público.*

configuración *s. f.* Estructura, forma.

configurar *v. tr.* Conformar, formar.

confín *s. m.* **1. Límite**, frontera, linde, lindero, término. **2. Final**, extremidad, horizonte, línea.

confinamiento *s. m.* Reclusión, destierro, aislamiento. ➤ *Libertad.*

confinar *v. intr.* **1. Lindar**, limitar, rayar, colindar. ‖ *v. tr.* **2. Aislar**, desterrar. ‖ *v. prnl.* **3. Encarcelar**, aprisionar, encerrar, recluir.

confirmación *s. f.* Asentimiento, constatación, corroboración, ratificación. ➤ *Negación, desmentido.*

confirmar *v. tr.* Ratificar, revalidar, asegurar, corroborar. ➤ *Desmentir.*

confirmatorio, ria *adj.* Corroborativo, ratificativo, confirmativo.

confiscación *s. f.* Decomiso, incautación, retención, requisa, embargo.

confiscar *v. tr.* Decomisar, incautarse, usurpar, embargar, requisar, retener, desposeer. ➤ *Restituir, entregar.*

confite *s. m.* Caramelo, golosina, dulce.

confitero, ra *s. m. y s. f.* Dulcero, pastelero, repostero.

conflagración *s. f.* **1. Quema**, siniestro, fuego. **2. Contienda**, hostilidad.

conflicto *s. m.* **1. Atolladero**, trance, brete, embrollo, aprieto, apuro, preocupación. **2. Pugna**, rivalidad, choque, antagonismo. ➤ *Armonía.*

confluir *v. intr.* Desembocar, concentrarse, converger, concurrir, coincidir. ➤ *Dispersarse.*

conformar *v. tr.* **1. Acomodar**, armonizar, ajustar, adaptar. ‖ *v. intr.* **2. Acordar**, satisfacer, convenir, concordar. ➤ *Disentir.* ‖ *v. prnl.* **3. Transigir**, adaptarse, resignarse, amoldarse, avenirse. ➤ *Rebelarse, resistirse.*

conforme *adj.* **1. Acorde**, análogo, afín, proporcionado, correspondiente. **2. Resignado**, paciente

conformidad *s. f.* **1. Afinidad**, analogía. ➤ *Discordancia.* **2. Concordancia**, semejanza. **3. Concordia**, armonía, amistad. ➤ *Antipatía, discordia.* **4. Resignación**, paciencia. ➤ *Rebeldía.*

conformista *adj.* Acomodaticio, complaciente, amoldable. ➤ *Inadaptado.*

confortar *v. tr.* Animar, alentar, fortalecer, esperanzar, tranquilizar. ➤ *Desalentar, enervar, desanimar.*

confraternizar *v. intr.* Avenirse, fraternizar, hermanarse, simpatizar.

confrontar *v. tr.* **1. Cotejar**, parangonar, compulsar, comparar. ‖ *v. intr.* **2. Colindar**, confinar. ➤ *Distar.*

confundir *v. tr.* **1. Desordenar**, embrollar, trabucar, mezclar, revolver, enredar. ➤ *Distinguir, ordenar..* **2. Azorar**, desconcertar, perturbar. ➤ *Halagar, exaltar.* **3. Despistar**, desorientar, aturdir. ➤ *Orientar.*

confusión *s. f.* **1. Desorganización**, desorden. ➤ *Orden.* **2. Aturdimiento**, ofuscamiento, perplejidad, desasosiego, turbación. **3. Abatimiento**, humillación. **4. Afrenta**, ignominia.

confuso, sa *adj.* **1. Mezclado**, revuelto. ➤ *Ordenado, sistemático.* **2. Dudoso**, oscuro. ➤ *Claro, inequívoco.*

confutar *v. tr.* Rebatir, refutar.

congelación *s. f.* Helamiento, aterimiento. ➤ *Calentamiento.*

congelador *s. m.* Nevera, refrigerador, cámara, frigorífico.

congelar *v. tr.* Helar, solidificar, escarchar, enfriar. ➤ *Calentar, fundir.*

congeniar *v. intr.* Simpatizar, entenderse, comprenderse, coincidir, confraternizar. ➤ *Discrepar, disentir.*

congénito, ta *adj.* Innato, natural, original, constitucional, engendrado, connatural. ➤ *Adquirido.*

congestión *s. f.* **1. Acumulación,** saturación. **2. Inflamación,** tumefacción, hinchazón. **3. Apoplejía,** ataque, patatús. **4. Atasco,** embotellamiento.

congestionar *v. tr.* **1. Inflamarse,** hincharse. **2. Embotellarse,** obstruir.

conglomeración *s. f.* Aglutinación.

conglomerar *v. prnl.* Apiñar, reunir, apelotonar, aglutinar. ➤ *Disgregar.*

conglutinación *s. f.* Adhesión, coagulación, pegamiento.

conglutinar *v. tr.* Adherirse, pegar.

congoja *s. f.* Ansiedad, pesar, zozobra, inquietud, angustia, tribulación, desconsuelo. ➤ *Satisfacción, alegría.*

congosto *s. m.* Garganta, desfiladero.

congraciamiento *s. m.* Afinidad, predisposición. ➤ *Antipatía.*

congratulación *s. f.* Enhorabuena, felicitación, parabién. ➤ *Pésame.*

congratular *v. tr.* Felicitar, elogiar, cumplimentar, alegrarse, aplaudir, dar la enhorabuena. ➤ *Arrepentirse.*

congratulatorio, ria *adj.* Agasajador, gratulatorio, elogioso.

congreso *s. m.* **1. Asamblea,** junta, reunión, convención. **2. Cortes,** cámara baja, parlamento. ➤ *Senado.*

conjetura *s. f.* Suposición, presunción, hipótesis, sospecha, creencia, barrunto, interrogante. ➤ *Certeza, seguridad.*

conjeturar *v. tr.* Figurarse, profetizar, augurar, presentir, suponer, sospechar, deducir, barruntar. ➤ *Saber.*

conjugar *v. tr.* **1. Enlazar,** conciliar, armonizar, combinar. ➤ *Desunir.* **2. Exponer,** ordenar, formar, relacionar.

conjunción *s. f.* **1. Unificación,** reunión, compaginación, conciliación. ➤ *Desunión.* **2. Conector,** nexo, enlace.

conjunto *s. m.* **1. Suma,** combinación, agregado, compuesto, totalidad. ➤ *Parte, elemento.* || *adj.* **2. Junto,** unido, contiguo, vecino, anexo. ➤ *Separado, dispar.* **3. Mezclado,** complejo, mixto, heterogéneo. ➤ *Puro.*

conjura *s. f.* Complot, intriga, confabulación, conspiración, maquinación.

conjurar *v. intr.* **1. Confabularse,** maquinar, tramar. || *v. tr.* **2. Rogar,** pedir, suplicar, implorar, instar. **3. Impedir,** alejar, remediar, evitar, eludir.

conjuro *s. m.* Encantamiento, hechizo, sortilegio, exorcismo, magia.

conllevar *v. tr.* Soportar, tolerar, sufrir, aguantar. ➤ *Rebelarse.*

conmemoración *s. f.* Aniversario, festividad, celebración, recuerdo.

conmemorar *v. tr.* Evocar, recordar, rememorar, celebrar, festejar.

conminar *v. tr.* Intimidar, requerir, ordenar, exigir, apremiar, intimar, mandar, obligar. ➤ *Rogar, suplicar*

conminativo, va *adj.* Amenazador, exigente, intimidatorio, apremiante.

conminatorio, ria *adj.* Amenazador, coactivo, perentorio, intimidatorio.

conmiseración *s. f.* Compasión, misericordia, piedad, lástima. ➤ *Rigor.*

conmoción *s. f.* **1. Emoción,** turbación, perturbación, trastorno, agitación. **2. Disturbio,** rebelión, tumulto, levantamiento, motín, sedición. ➤ *Paz, orden.* **3. Temblor,** terremoto.

conmover *v. tr.* **1. Agitar,** alterar, inquietar, preocupar, excitar, perturbar. ➤ *Tranquilizar.* **2. Impresionar,** apenar, emocionar, enternecer, sacudir. ➤ *Despreocupar, aburrir.*

connatural *adj.* Congénito, innato.

connaturalizarse *v. prnl.* Aclimatarse, acomodarse, acostumbrarse.

connivencia *s. f.* Confabulación, complicidad, tolerancia, conchabanza, colaboración. ➤ *Desacuerdo.*

connotación *s. f.* Afinidad, parentesco, relación. ➤ *Denotación.*

conocedor, ra *adj.* Enterado, perito, experto, sabio, sabedor. ➤ *Ignorante.*

conocer *v. tr.* **1. Saber,** enterarse. ➤ *Desconocer.* **2. Percibir,** notar, advertir, averiguar, intuir. ➤ *Ignorar.* **3. Tratar,** frecuentar, alternar, codearse, relacionarse. ➤ *Desconocer.*

conocimiento *s. m.* **1. Erudición,** cultura. **2. Intelección,** comprensión.

conquista *s. f.* **1. Expugnación,** ocupación, invasión, dominación, victoria. **2. Novio,** relación, ligue.

conquistador, ra *adj.* **1. Batallador**, vencedor, invasor, dominador. ➤ *Conquistado.* **2. Donjuán**, casanova, rompecorazones, tenorio.

conquistar *v. tr.* **1. Invadir**, asaltar, despojar, capturar, ocupar, dominar, usurpar. ➤ *Perder.* **2. Persuadir**, seducir, camelar, arrastrar, fascinar.

consagrar *v. tr.* **1. Deificar**, divinizar. **2. Santificar**, bendecir, dedicar. ‖ *v. prnl.* **3. Entregarse**, aplicarse, perseverar, esforzarse. ➤ *Descuidar.*

consanguíneo, a *adj.* Deudo, familiar, pariente. ➤ *Extraño.*

consanguinidad *s. f.* Afinidad, parentesco, familia. ➤ *Desvinculación.*

consciente *adj.* **1. Lúcido.** ➤ *Inconsciente.* **2. Sensato**, juicioso, formal, responsable, cabal, cumplidor, cuerdo, cuidadoso. ➤ *Irresponsable.*

consecuencia *s. f.* Deducción, resultado, producto, derivación, efecto, secuela, desenlace. ➤ *Causa.*

consecutivo, va *adj.* Inmediato, siguiente, próximo, contiguo, sucesivo. ➤ *Anterior, alterno, lejano.*

conseguir *v. tr.* Alcanzar, obtener, adquirir, lograr, ganar, vencer. ➤ *Perder.*

conseja *s. f.* Fábula, chisme, patraña.

consejero, ra *s. m. y s. f.* **1. Orientador**, guía, asesor, mentor, maestro. ➤ *Asesorado.* **2. Socio**, accionista.

consejo *s. m.* **1. Admonición**, advertencia, recomendación, sugerencia, indicación, aviso, idea, indirecta. **2. Asamblea**, junta, reunión, congreso.

consentido, da *adj.* **1. Cornudo.** **2. Malcriado**, mimado, resabiado.

consentidor, ra *adj.* Calzonazos.

consentimiento *s. m.* Aprobación, aquiescencia, beneplácito, permiso, autorización, tolerancia. ➤ *Desautorización, prohibición.*

consentir *v. tr.* **1. Admitir**, acceder, aprobar, permitir, adherirse, transigir, tolerar, conceder, facultar, otorgar. ➤ *Denegar, resistirse, rechazar.* **2. Malcriar**, viciar, resabiar, mimar, maleducar. ➤ *Corregir, educar.*

conserje *s. m.* Bedel, portero, ordenanza, ujier.

conservación *s. f.* Preservación, subsistencia, protección, salvaguarda, defensa, mantenimiento. ➤ *Destrucción.*

conservador, ra *adj.* **1. Encargado**, guardián. **2. Carca**, retrógrado, tradicionalista, reaccionario. ➤ *Progresista.*

conservar *v. tr.* **1. Custodiar**, vigilar, resguardar, mantener, preservar, proteger. ➤ *Deteriorar.* **2. Esterilizar**, congelar, confitar, deshidratar.

considerable *adj.* **1. Importante**, grave. ➤ *Nimio, desdeñable.* **2. Grande**, cuantioso, formidable, enorme, extenso. ➤ *Insignificante, mínimo.*

considerablemente *adv. m.* Ampliamente, gravemente, cuantiosamente. ➤ *Mínimamente.*

consideración *s. f.* Apreciación, atención, miramiento, deferencia, respeto, atención, cortesía. ➤ *Desdén.*

considerado, da *adj.* Educado, deferente, cortés. ➤ *Descortés, grosero.*

considerar *v. tr.* **1. Estudiar**, reflexionar, pensar, meditar, cavilar. **2. Apreciar**, respetar, atender. ➤ *Despreciar.* **3. Juzgar**, estimar, reputar, conceptuar.

consignación *s. f.* Entrega, expedición, envío.

consignar *v. tr.* **1. Expedir**, remitir, enviar, destinar. **2. Afirmar**, declarar, establecer. **3. Registrar**.

consistencia *s. f.* **1. Duración**, estabilidad, solidez, firmeza, fortaleza. ➤ *Inestabilidad.* **2. Trabazón**, resistencia, densidad. ➤ *Fragilidad.*

consistente *adj.* Denso, duro, resistente. ➤ *Blando, débil, inconsistente.*

consistorio *s. m.* Concejo, municipio, ayuntamiento, consejo.

consocio, cia *s. m. y s. f.* Copropietario, socio.

consolación *s. f.* Alivio, consuelo, refugio, remedio, desahogo, alivio, lenitivo, atenuación, apaciguamiento, confortación, bálsamo. ➤ *Amargura.*

consolar *v. tr.* Alentar, calmar, confortar, tranquilizar, aliviar, apaciguar, reanimar, fortalecer. ➤ *Amargar.*

consolidar *v. tr.* Afianzar, robustecer, reafirmar, apuntalar. ➤ *Debilitar.*

consomé *s. m.* Extracto, jugo, caldo.

consonancia *s. f.* **1. Armonía**, concordancia, afinación ➤ *Disonancia*. **2. Rima**. ➤ *Asonancia*.

consonante *adj.* Fonema. ➤ *Vocal*.

consonar *v. intr.* **1. Armonizar**, concordar. ➤ *Disonar*. **2. Semejar**, asimilarse, igualarse, equipararse.

cónsono, na *adj.* Acorde.

consorcio *s. m.* Asociación, compañía, sociedad, grupo, monopolio, corporación, agrupación.

consorte *s. m. y s. f.* Cónyuge, esposo, contrayente, marido, mujer.

conspicuo, cua *adj.* Ilustre, sobresaliente, visible, destacado, sobresaliente, notable, insigne, visible. ➤ *Desconocido, insignificante, oscuro.*

conspiración *s. f.* Trama, conciliábulo, conjura, intriga, complot.

conspirar *v. intr.* Intrigar, tramar, confabularse, maquinar, conjurarse, traicionar, urdir, maniobrar, tramar, planear, conchabarse. ➤ *Colaborar.*

constancia[1] *s. f.* Perseverancia, tenacidad, empeño, paciencia, obstinación, tesón, inflexibilidad, intransigencia. ➤ *Inconstancia, volubilidad.*

constancia[2] *s. f.* Prueba, evidencia, muestra, testimonio.

constante *adj.* Perseverante, persistente, tenaz, tesonero, paciente, obstinado. ➤ *Inconstante, efímero.*

constatación *s. f.* Comprobación, confirmación, cotejo, examen.

constatar *v. tr.* Comprobar, evidenciar, manifestar, verificar.

consternación *s. f.* Horror, tribulación, aflicción, pesadumbre, abatimiento, desconsuelo, desolación, congoja. ➤ *Ánimo, consuelo.*

consternar *v. tr.* Desolar, afligir, abatir, desazonar, angustiar, abrumar, entristecer, turbar. ➤ *Animar, alentar.*

constitución *s. f.* **1. Estructura**, forma. **2. Naturaleza**.

constituir *v. tr.* **1. Crear**, organizar, formar, componer. ➤ *Disolver*. **2. Erigir**, establecer, estatuir, instaurar.

constreñimiento *s. m.* Coerción, apremio, coacción, imposición, compelimiento. ➤ *Libertad.*

constreñir *v. tr.* Apremiar, imponer, obligar, forzar, exigir, apretar. ➤ *Liberar, aflojar, soltar, ayudar.*

constrictor, ra *adj.* Abrumador, opresor, impositivo, exigente.

construcción *s. f.* **1. Montaje**, erección. ➤ *Destrucción*. **2. Edificación**, edificio, fábrica, inmueble. ➤ *Solar.*

constructivo, va *adj.* Creador, edificante, positivo, provechoso.

construir *v. tr.* Fabricar, erigir, edificar, alzar, elevar, crear, montar, confeccionar, fabricar, elaborar. ➤ *Destruir, demoler.*

consubstancial *adj.* Igual, exacto, propio. ➤ *Distinto, diferente.*

consuelo *s. m.* Gozo, júbilo, ánimo, aliento, alivio, confortamiento, sosiego, estímulo. ➤ *Desánimo, tristeza.*

consuetudinario, ria *adj.* Acostumbrado, frecuente, habitual. ➤ *Inusual.*

consulta *s. f.* **1. Dictamen**, opinión, examen. **2. Consultorio**.

consultar *v. tr.* Asesorarse, conferenciar, deliberar, entrevistarse, reunirse.

consultorio *s. m.* Clínica, consulta.

consumación *s. f.* Extinción, acabamiento, agotamiento. ➤ *Inicio, comienzo, principio.*

consumado, da *adj.* **1. Acabado**, completo. ‖ *s. m.* **2. Consomé**, caldo.

consumar *v. tr.* Acabar, agotar, terminar, cumplir, rematar. ➤ *Iniciar.*

consumido, da *adj.* Apagado, extenuado, macilento, flaco. ➤ *Lozano.*

consumidor, ra *adj.* Usuario, cliente.

consumir *v. tr.* Agotar, disipar, derrochar, acabar, gastar. ➤ *Conservar.*

consuntivo, va *adj.* Extenuante, fatigante, agotador. ➤ *Reconstituyente.*

contable *adj.* Enumerable, finito, contabilizable. ➤ *Incontable, infinito.*

contactar *v. tr.* Conectar, comunicar, relacionarse.

contado, da *adj.* **1. Insuficiente**, exiguo, poco, raro. ➤ *Frecuente*. **2. Calculado**, numerado, señalado, comprobado, determinado. ➤ *Indeterminado.*

contagiar *v. tr.* Transmitir, pegar, infectar, contaminar, comunicar, propagar, infestar, inocular, apestar, plagar.

contagio *s. m.* Contaminación, infección, inoculación, infestación.

contagioso, sa *adj.* Infeccioso, contaminante, pestilente. ➤ *Aséptico.*

contaminación *s. f.* Contagio, polución, infección. ➤ *Purificación.*

contaminar *v. tr.* **1. Envenenar**, inficcionar, corromper. ➤ *Purificar.* **2. Malear**, pervertir, viciar. ➤ *Corregir.*

contar *v. tr.* **1. Enumerar**, contabilizar, calcular, computar. **2. Narrar**, relatar, detallar, referir, reseñar, explicar. ➤ *Callar, omitir, silenciar.*

contemplar *v. tr.* **1. Examinar**, observar, atender, ver, mirar, apreciar. **2. Condescender**, considerar, malcriar, mimar.

contemporaneidad *s. f.* Actualidad, sincronía, simultaneidad.

contemporáneo, a *adj.* **1. Coetáneo**, coincidente, simultáneo, coexistente, sincrónico. ➤ *Anacrónico.* **2. Actual**, presente. ➤ *Pasado, futuro.*

contemporización *s. f.* Aceptación, acomodo, confabulación, amoldamiento. ➤ *Rebeldía, enfrentamiento.*

contemporizador, ra *adj.* Flexible, transigente, consentidor, acomodaticio.

contemporizar *v. intr.* Amoldarse, conformarse, transigir, consentir, doblegarse, avenirse. ➤ *Obstinarse.*

contención *s. f.* **1. Contienda**, emulación. **2. Abstención**, autodominio, freno, represión, moderación.

contender *v. intr.* Competir, guerrear, altercar, combatir, rivalizar, luchar.

contendiente *adj.* Adversario, beligerante, litigante, rival, contrario, oponente, luchador. ➤ *Amigo, partidario.*

contener *v. tr.* **1. Abarcar**, poseer, englobar, encerrar, incluir. ➤ *Excluir.* **2. Sujetar**, dominar, aguantar, refrenar. ➤ *Desatar, dar rienda suelta.*

contentadizo, za *adj.* Resignado, satisfecho, conformista, transigente. ➤ *Inconformista, insatisfecho.*

contentar *v. tr.* **1. Complacer**, halagar, transigir, consentir, agradar. ➤ *Disgustar, enfadar.* **2. Alborozarse**, congratularse, regocijarse, holgarse. ➤ *Apenarse, entristecerse.*

contertuliano, na *s. m. y s. f.* Tertuliano, amigo, parroquiano. ➤ *Extraño.*

contestable *adj.* Controvertible, discutible, refutable, rebatible, impugnable. ➤ *Incontestable, irrebatible.*

contestación *s. f.* **1. Respuesta**, réplica, declaración. ➤ *Silencio.* **2. Inconformismo**, rebeldía, oposición.

contestar *v. intr.* Rebatir, replicar, rebelarse, recusar, contradecir.

contestatario, ria *adj.* Descontento, polémico. ➤ *Conformista.*

contienda *s. f.* Combate, guerra, lid, lucha, disputa, riña, altercado, refriega. ➤ *Paz, armisticio.*

contigüidad *s. f.* Cercanía, tangencia, inmediación, proximidad, vecindad. ➤ *Separación, lejanía, distancia.*

contiguo, gua *adj.* Aledaño, anejo, limítrofe, inmediato, junto, adosado, vecino, lindante. ➤ *Separado.*

continencia *s. f.* **1. Templanza**, moderación, austeridad. ➤ *Desenfreno.* **2. Castidad**, celibato, pureza. ➤ *Lascivia, impureza.*

continente *adj.* **1. Austero**, morigerado. **2. Casto**, célibe. ➤ *Lascivo.*

contingencia *s. f.* Eventualidad, casualidad, posibilidad, chiripa, azar. ➤ *Necesidad, seguridad, certeza.*

contingente *adj.* **1. Eventual**, probable, casual. ➤ *Cierto, seguro.* ‖ *s. m.* **2. Tropa**, fuerza, grupo, conjunto.

continuación *s. f.* **1. Continuidad**, .perennidad, permanencia, duración, persistencia. ➤ *Cese.* **2. Prosecución**, .prolongación. ➤ *Fin, interrupción.*

continuamente *adv. m.* Inagotablemente, incesantemente, permanentemente, persistentemente.

continuar *v. tr.* Seguir, prolongarse. ➤ *Finalizar, interrumpirse.*

continuo, nua *adj.* Duradero, prolongado, incesante, perpetuo, repetido, persistente, crónico. ➤ *Discontinuo.*

contonearse *v. prnl.* Menearse, campanear, oscilar, pavonearse.

contoneo *s. m.* Balanceo, campaneo, meneo. ➤ *Enyaramiento.*

contorno *s. m.* **1. Límite**, borde, cerco. **2. Perfil**, silueta, rasgo, esbozo.

contorsionista s. m. y s. f. Histrión, saltimbanqui.

contraatacar v. tr. Reaccionar, responder, rechazar, resistir. ➤ *Retroceder, retirarse, huir.*

contraataque s. m. Contestación, contragolpe, contraofensiva, rechazo.

contracción s. f. **1. Convulsión**, crispación, espasmo, calambre. **2. Encogimiento**, repliegue, reducción. ➤ *Despliegue.* **3. Sinéresis.**

contractual adj. Convenido, estipulado, tratado, acordado, comprometido.

contradecir v. tr. Argüir, denegar, desmentir, objetar, discutir, replicar, argumentar. ➤ *Asentir.*

contradicción s. f. **1. Oposición**, rebatimiento, objeción. ➤ *Asentimiento, acuerdo.* **2. Paradoja**, contrasentido, incoherencia, sinrazón, disparate, discordancia. ➤ *Lógica, coherencia.*

contradictorio, ria adj. **1. Contrario**, enfrentado, opuesto. ➤ *Idéntico, similar, acorde.* **2. Paradógico**, disparatado, incoherente. ➤ *Coherente.*

contraer v. tr. **1. Encoger**, achicar, menguar, apretar, estrechar. ➤ *Dilatar, extender.* **2. Adquirir**, contagiarse, obtener, caer. ➤ *Perder, curar.*

contrafuerte s. m. Arbotante, pilar.

contrahecho, cha adj. Deforme, giboso, jorobado, monstruoso, desproporcionado. ➤ *Perfecto, normal.*

contraindicado, da adj. Desaconsejado, perjudicial, nocivo. ➤ *Aconsejado, indicado.*

contraindicar v. tr. Desautorizar, prohibir, desaconsejar. ➤ *Aconsejar.*

contranatural adj. Anormal, antinatural. ➤ *Natural.*

contraofensiva s. f. Contraataque.

contraorden s. f. Abolición, anulación, revocación. ➤ *Ratificación.*

contrapartida s. f. Compensación, equilibrio, rectificación.

contrapesar v. tr. Equilibrar, nivelar, igualar, compensar. ➤ *Descompensar.*

contraposición s. f. Antagonismo, encaramiento, enfrentamiento.

contraproducente adj. Desfavorable, perjudicial. ➤ *Positivo, ventajoso.*

contrapuntearse v. prnl. Indignarse, ofenderse, picarse, resentirse.

contrariar v. tr. **1. Contradecir**, obstaculizar, oponerse, impedir, entorpecer, estorbar. ➤ *Ayudar, confirmar.* **2. Disgustar**, afligir, fastidiar.

contrariedad s. f. Estorbo, oposición, contratiempo, oposición. ➤ *Ayuda.*

contrario, ria adj. **1. Adverso**, antitético, opuesto. ➤ *Favorable.* **2. Dañino**, perjudicial. ➤ *Beneficioso, positivo.* ‖ s. m. y s. f. **3. Adversario**, enemigo, rival, litigante. ➤ *Amigo.*

contrarréplica s. f. Rebatimiento, réplica, respuesta, contestación.

contrasentido s. m. Contradicción, error, absurdo.

contraseña s. f. Consigna, santo y seña, lema.

contraste s. m. Desemejanza, desigualdad, antítesis, disparidad, diferencia, oposición. ➤ *Semejanza.*

contratar v. tr. Ajustar, estipular, pactar, convenir, acordar. ➤ *Rescindir.*

contratiempo s. m. Accidente, adversidad, percance, contrariedad, obstáculo, engorro, tropiezo. ➤ *Suerte.*

contrato s. m. Compromiso, acuerdo, avenencia, convenio, ajuste, estipulación, trato, arreglo, tratado, transacción. ➤ *Rescisión, cancelación.*

contraveneno s. m. Antitóxico, antídoto, revulsivo, desintoxicante.

contravenir v. intr. Conculcar, incumplir, infringir, violar, quebrantar, transgredir. ➤ *Observar, cumplir.*

contraventor, ra adj. Desobediente, infractor, trangresor. ➤ *Observante.*

contrayente adj. Consorte, desposado, esposo.

contribución s. f. **1. Aportación**, colaboración, cooperación, ayuda, auxilio. **2. Arancel**, impuesto, cuota, canon, subsidio, tasa, gravamen.

contribuir v. tr. **1. Tributar**, cotizar, pechar. **2. Colaborar**, ayudar, subvenir, sufragar, cooperar, favorecer, secundar, concurrir, coadyuvar, asistir, participar. ➤ *Obstaculizar, negar.*

contributivo, va adj. Arancelario, impositivo, tributario.

contrición *s. f.* Arrepentimiento, pesat, dolor, remordimiento, pesadumbre. ➤ *Contumacia, impenitencia.*

contristar *v. tr.* Afligir, entristecer, apesadumbrar. ➤ *Alegrar, contentar.*

contrito, ta *adj.* Acongojado, afligido, arrepentido, apesadumbrado, pesaroso, compungido, consternado, triste. ➤ *Contumaz, impenitente.*

controlar *v. tr.* Dirigir, gobernar, dominar, inspeccionar, comprobar.

controversia *s. f.* Debate, polémica, discusión, polémica, disputa, réplica, porfía, altercado. ➤ *Acuerdo.*

controversista *s. m. y s. f.* Litigante, polemista, disputante.

controvertible *adj.* Debatible, dudoso, polémico. ➤ *Evidente, indudable.*

controvertir *v. intr.* Combatir, cuestionar, debatir, disputar, replicar, porfiar, altercar, polemizar.

contubernio *s. m.* Cohabitación.

contumacia *s. f.* Rebeldía, terquedad, reincidencia, obstinación, recaída, persistencia. ➤ *Obediencia.*

contumaz *adj.* Empeñado, pertinaz, tenaz, obstinado, reincidente, perseverante, persistente. ➤ *Dócil.*

contundencia *s. f.* Convicción, persuasión, energía. ➤ *Blandura, debilidad.*

contundente *adj.* **1. Pesado**, macizo, magullador. ➤ *Liviano, inofensivo.* **2. Concluyente**, convincente, decisivo, incuestionable, definitivo, terminante. ➤ *Dudoso, incierto.*

contusión *s. f.* Magulladura, hematoma, lesión, equimosis, cardenal.

contuso, sa *adj.* Golpeado, lesionado, magullado, herido.

convalecencia *s. f.* Mejoría, recuperación, restablecimiento, alivio, cura. ➤ *Recaída.*

convalecer *v. intr.* Mejorar, recuperarse, restablecerse, sanar. ➤ *Recaer.*

convaleciente *adj.* Paciente, doliente.

convalidación *s. f.* Ratificación, revalidación, validez. ➤ *Anulación.*

convalidar *v. tr.* Ratificar, corroborar, confirmar, revalidar. ➤ *Anular.*

convencer *v. tr.* Persuadir, captar, inclinar, inculcar, imbuir, atraer, demostrar, convertir, seducir, catequizar. ➤ *Disuadir, contradecir, repeler.*

convencimiento *s. m.* Certeza, convicción, evidencia.

convencionalismo *s. m.* Simulación, apariencia, conveniencia, falacia, artificio, afectación. ➤ *Realidad.*

convenible *adj.* Flexible, tratable.

conveniencia *s. f.* Acomodo, acuerdo, convenio, utilidad, provecho, ventaja, comodidad, beneficio, conformidad, adecuación, eficacia, aptitud. ➤ *Perjuicio, desventaja.*

convenir *v. intr.* **1. Admitir**, reconocer, coincidir, acordar, aceptar, quedar, ajustar. ➤ *Disentir, oponerse.* **2. Concurrir**, reunirse, acudir, congregar, agruparse. ➤ *Separarse, disgregarse.* **3. Cuadrar**, encajar, pertenecer, corresponder. ➤ *Discordar.*

convento *s. m.* Abadía, cenobio, monasterio, cartuja, noviciado, claustro.

convergir *v. intr.* Concurrir, confluir, desembocar, congregarse. ➤ *Divergir.*

conversación *s. f.* Plática, diálogo, charla, coloquio, tertulia, entrevista, palique, conferencia.

conversar *v. intr.* Charlar, dialogar, platicar, entrevistarse, departir, charear, comadrear. ➤ *Callar.*

conversión *s. f.* Cambio, mudanza, evolución, mutación. ➤ *Permanencia, mantenimiento.*

convertible *adj.* Cambiable, mutable, transformable, rectificable. ➤ *Fijo.*

convertir *v. tr.* **1. Transformar**, transmutar, alterar, modificar, cambiar, rectificar, metamorfosear, enmendar, corregir. ➤ *Conservar, mantener.* **2. Evangelizar**, cristianizar, reconciliar, propagar, convencer, catequizar. ‖ *v. prnl.* **3. Abjurar**, apostatar, renegar, abrazar. ➤ *Pervertirse.*

convexidad *s. f.* Bombeo, curvatura, pandeo, alabeo, curva, abultamiento, prominencia, saliente. ➤ *Concavidad.*

convicción *s. f.* **1. Creencia**, ideología. **2. Certeza**, certidumbre, seguridad, confianza, firmeza. ➤ *Duda.*

convidar *v. tr.* Invitar, ofrecer, acoger, agasajar, hospedar. ➤ *Desairar.*

convincente *adj.* Persuasivo, concluyente, elocuente.

convite *s. m.* Ágape, convidada, invitación, agasajo, banquete.

convivencia *s. f.* Coexistencia, tolerancia, cohabitación, entendimiento, acuerdo. ➤ *Desacuerdo, antipatía.*

convivir *v. intr.* Coexistir, cohabitar, residir, compenetrarse, avenirse, entenderse. ➤ *Separarse.*

convocar *v. tr.* **1. Emplazar**, reclamar, congregar, citar, requerir, invitar, solicitar, avisar. ➤ *Desconvocar, excluir.* **2. Aclamar**, vocear, vitorear, aplaudir. ➤ *Abuchear, pitar.*

convocatoria *s. f.* Emplazamiento, cita, invitación, aviso, requerimiento.

convoyar *v. tr.* Custodiar, escoltar.

convulsión *s. f.* **1. Crispación**, contracción, espasmo, sacudida, estremecimiento, temblor, síncope. ➤ *Relajamiento.* **2. Disturbio**, conmoción, insurrección, tumulto, algarada. ➤ *Paz, calma, armonía.* **3. Terremoto**, seísmo, temblor, sacudida.

cooperación *s. f.* Colaboración, asistencia, auxilio, contribución, participación, socorro. ➤ *Obstaculización.*

cooperante *adj.* Accionista, contribuyente, colaborador, participante.

cooperar *v. tr.* Colaborar, ayudar, contribuir, coadyuvar, participar, auxiliar, secundar. ➤ *Obstaculizar.*

coordinar *v. tr.* Concertar, combinar, organizar, relacionar, ordenar, conectar. ➤ *Desordenar.*

coparticipación *s. f.* Copropiedad, participación.

copia *s. f.* **1. Calco**, duplicado. ➤ *Original.* **2. Plagio**, remedo, falsificación, imitación, trasunto, transcripción, réplica. ➤ *Original, modelo.* **3. Profusión**, abundancia, plétora, caterva, multitud, plaga. ➤ *Escasez.*

copiar *v. tr.* **1. Reproducir**, transcribir, duplicar, fotocopiar. **2. Plagiar**, fusilar. ➤ *Crear, inventar, idear.*

copiosamente *adv. m.* Ampliamente, cumplidamente, nutridamente.

copiosidad *s. f.* Superabundancia, exuberancia, profusión, plétora.

copioso, sa *adj.* Abundante, numeroso, cuantioso, multidinario, exuberante, nutrido, considerable, profuso, caudaloso, pletórico, repleto. ➤ *Escaso, pobre, falto, parco.*

copón *s. m.* Cáliz, copa.

copropietario, ria *adj.* Condueño, consocio.

cópula *s. f.* Coito, ayuntamiento, apareamiento, fornicación, unión, concúbito. ➤ *Abstinencia.*

copular *v. tr.* Engendrar, gozar, fornicar, ayuntarse, aparearse.

coquetear *v. intr.* Flirtear, presumir, camelar, galantear, seducir, enamorar, jugar, divertirse, conquistar.

coquetería *s. f.* Afectación, vanidad, frivolidad, veleidad, seducción.

coraje *s. m.* **1. Audacia**, ímpetu, agallas, arrojo, valentía, intrepidez, bravura. ➤ *Miedo, cobardía.* **2. Arrebato**, furia, enojo, ira. ➤ *Serenidad.*

corajoso, sa *adj.* Enojado, irritado, furioso. ➤ *Tranquilo, apacible.*

corazón *s. m.* **1. Sensibilidad**, benignidad, bondad, benevolencia. ➤ *Perversidad, maldad.* **2. Cogollo**, núcleo, centro. ➤ *Exterior, periferia.*

corazonada *s. f.* Inspiración, presentimiento, barrunto, presagio, intuición, arranque, ímpetu, augurio.

corbata *s. f.* **1. Lazo**, pajarita, chalina. **2. Chollo**, ganga, sinecura.

corcova *s. f.* Giba, chepa, joroba.

corcovado, da *adj.* Contrahecho, jorobado, giboso, chepudo.

corcovo *s. m.* Brinco, salto, respingo, sacudida, corveta, estremecimiento.

corcusido *s. m.* Remiendo, chapuza.

corcusir *v. tr.* Zurcir, remendar.

cordero *s. m.* Borrego, ternasco, ovino.

cordial *adj.* Abierto, amable, franco, afable, efusivo, franco, expansivo, acogedor, hospitalario, espontáneo, cariñoso. ➤ *Desagradable, reservado, hosco, antipático, huraño.*

cordialidad *s. f.* Afabilidad, amabilidad, amor, hospitalidad, cariño, afecto, franqueza. ➤ *Desapego, aspereza.*

cordillera *s. f.* Sierra, cadena, macizo, barrera, cumbres.

cordura s. f. Moderación, precaución, sensatez, juicio, madurez, discreción, equilibrio, mesura. ➤ *Locura, impremeditación, insensatez, imprudencia.*

corear v. tr. **1. Acompañar**, cantar, entonar. **2. Adular**, lisonjear, hacer coro.

coriáceo, a adj. Córneo, fibroso, rígido, correoso. ➤ *Tierno, flexible.*

corifeo s. m. Jefe, guía, líder, cabecilla, dirigente. ➤ *Seguidor, secuaz.*

corindón s. m. Berilo.

corista s. m. y s. f. Figurante, comparsa, extra, cantante, bailarina. ➤ *Estrella, protagonista.*

corito, ta adj. **1. Apocado**, cobardica, gallina. ➤ *Atrevido.* **2. Desnudo.**

cornalina s. f. Alaqueca, corniola.

cornamenta s. f. Cuerna, astas, defensas, pitones, cuernos.

córneo, a adj. Duro, encallecido.

corneta s. f. Cornetín, trompeta, cuerno, clarín, trompa.

cornisa s. f. Remate, voladizo, friso, saliente, moldura, resalto.

cornudo, da adj. **1. Astado**, cornúpeta. **2. Consentidor.** ➤ *Celoso.*

cornúpeta s. m. y s. f. Astado, cornudo.

coro s. m. **1. Acompañamiento. 2. Coral**, orfeón, escolanía.

corona s. f. **1. Diadema**, tiara, guirnalda. **2. Nimbo**, halo, aureola.

coronación s. f. Proclamación, investidura, entronización, consagración. ➤ *Destronamiento.*

coronado, da adj. **1. Nimbado**, ceñido, aureolado. **2. Laureado**, ungido. **3. Rematado**, acabado.

coronar v. tr. **1. Ungir**, ceñir, aureolar. **2. Rematar**, arribar, concluir, terminar, completar, perfeccionar.

corporación s. f. Asamblea, ateneo, colectividad, organismo, empresa, compañía, firma, cuerpo, junta, asociación, instituto, consejo.

corporal adj. Somático, carnal, corpóreo, anatómico. ➤ *Incorpóreo.*

corporativo, va adj. Colegiado, comunitario, institucional.

corpóreo, a adj. Material, tangible, palpable. ➤ *Inmaterial, espiritual.*

corporificar v. tr. Materializar, realizar. ➤ *Espiritualizar, abstraer.*

corpulencia s. f. Solidez, mole, humanidad, fortaleza, robustez, reciedumbre, volumen. ➤ *Delgadez.*

corpulento, ta adj. Grueso, recio, robusto, fuerte, imponente, voluminoso. ➤ *Enjuto, delgado, enclenque.*

corpúsculo s. m. Nódulo, partícula, elemento, molécula.

corrección s. f. **1. Enmienda**, rectificación, reparación. **2. Retoque**, mejora. **3. Perfección**, exactitud, fidelidad. ➤ *Imperfección.* **4. Urbanidad**, cortesía, educación, compostura, modales. **5. Reprimenda**, amonestación, reprensión, castigo, punición, censura. ➤ *Premio, recompensa, elogio.*

correccional s. m. Penitenciaría, reformatorio, prisión, internado.

correctivo, va adj. Penitencia, condena, escarmiento, castigo, pena, sanción, reprensión. ➤ *Premio, elogio.*

correcto, ta adj. **1. Impecable**, perfecto, fiel, exacto, cabal, puro. ➤ *Defectuoso, inexacto.* **2. Educado**, urbano, comedido, decente, culto, discreto, cortés. ➤ *Descortés, maleducado.*

corredor, ra s. m. y s. f. **1. Atleta**, deportista, velocista. ‖ s. m. **2. Agente**, delegado, representante. **3. Pasillo**, galería, pasadizo, pasaje, crujía.

corregible adj. Enmendable, remediable. ➤ *Incorregible, irremediable.*

corregidor s. m. Regidor, alcalde.

corregir v. tr. **1. Reparar**, retocar, modificar, alterar, enmendar, subsanar, rectificar. ➤ *Mantener, reincidir, empeorar.* **2. Sermonear**, increpar, reñir, castigar, amonestar, reprender, escarmentar. ➤ *Corromper.*

correlación s. f. Correspondencia, reciprocidad, analogía, afinidad, parecido, semejanza.

correlativo, va adj. Correspondiente, siguiente, recíproco, afín.

correntón, na adj. Bromista, chistoso, festivo, chancero. ➤ *Serio.*

correo s. m. **1. Posta**, estafeta. **2. Correspondencia**, cartas. **3. Mensajero**, emisario, enviado, postillón.

correr *v. intr.* **1. Volar**, salir pitando, acelerar, precipitarse, arrancarse. ➤ *Pararse.* **2. Pasar**, transcurrir. **3. Activar**, agilizar, apresurar. ➤ *Detener.*

correspondencia *s. f.* **1. Vinculación**, conexión, relación, reciprocidad. **2. Correo**, epistolario.

corresponder *v. intr.* **1. Compensar**, agradecer, devolver, intercambiar, recompensar, cumplir, retribuir. ➤ *Incumplir.* **2. Atañer**, incumbir, concernir, pertenecer, tocar. **3. Relacionarse**, adecuar, adaptarse, proporcionarse, ajustarse. ‖ *v. prnl.* **4. Cartearse**, escribirse, comunicarse.

corresponsal *s. m. y s. f.* Enviado, periodista, cronista, reportero.

correveidile *s. m. y s. f.* Cuentista, chismoso, entrometido, cotilla, murmurador, enredador. ➤ *Reservado.*

corrido, da *adj.* **1. Avezado**, ducho, veterano, baqueteado, fogueado. ➤ *Novato, inexperto.* **2. Avergonzado**, abochornado, confuso, desconcertado, ruborizado. ➤ *Descarado.*

corriente *adj.* **1. Ordinario**, común, habitual, vulgar, usual, general, popular, frecuente, sabido. ➤ *Desusado, extraordinario, infrecuente.* ‖ *s. f.* **2. Flujo**, torrente, líquido, afluente. **3. Dirección**, orientación, sesgo, tendencia. **4. Fluido**, electricidad.

corrillo *s. m.* Conciliábulo, grupo, tertulia, camarilla, peña, corro.

corro *s. m.* **1. Peña**, reunión, tertulia. **2. Circuito**, círculo, rueda, cerco.

corroboración *s. f.* Confirmación, ratificación, certificación, reconocimiento. ➤ *Desmentido, denegación.*

corroborante *adj.* Confirmador.

corroborar *v. tr.* **1. Reconfortar**, vivificar. **2. Confirmar**, aprobar, asentir, reconocer, ratificar, asentir, reconocer, apoyar. ➤ *Desmentir, negar.*

corroborativo, va *adj.* Confirmatorio, ratificatorio, aprobador.

corroer *v. tr.* Carcomer, roer, consumir, desgastar, desmenuzar.

corromper *v. tr.* **1. Alterar**, pudrir, estropearse, dañarse, ranciarse, averiarse, picarse, descomponerse, infic-

cionar. ➤ *Conservar.* **2. Sobornar**, untar, comprar, cohechar. **3. Enviciar**, dañar, extraviar, depravar, pervertir, seducir, prostituir, malograr. ➤ *Rehabilitar, reeducar.* ‖ *v. intr.* **4. Heder**, apestar. ➤ *Aromatizar.*

corrosivo, va *adj.* **1. Cáustico**, mordiente, corroyente, quemante, ácido, abrasivo. **2. Sarcástico**, irónico, satírico, agresivo. ➤ *Halagador.*

corrupción *s. f.* **1. Descomposición**, putrefacción, infección, podredumbre, deterioro. ➤ *Conservación, mantenimiento.* **2. Depravación**, corruptela, abuso, vicio, estrago, perversión, descarrío, desenfreno. ➤ *Virtud.*

corruptible *adj.* Adulterable, sobornable, viciable. ➤ *Incorruptible.*

corruptivo, va *adj.* Corruptor.

corsé *s. m.* Ajustador, faja, justillo.

corso *s. m.* Saqueo, pirateo.

cortacésped *s. f.* Segadora, cortadora.

cortacorriente *s. m.* Conmutador.

cortada *s. f.* Desfiladero, paso, hoz.

cortadura *s. f.* Incisión, cisión, sección, muesca, hendidura, herida.

cortalápices *s. m.* Sacapuntas, afilapuntas.

cortante *adj.* **1. Tajante**, terminante, drástico, autoritario, violento, descortés. ➤ *Amable, cortés.* **2. Afilado**, agudo, aguzado, acerado. ➤ *Embotado.*

cortapicos *s. m.* Tijereta.

cortar *v. tr.* **1. Seccionar**, separar, dividir, hender, recortar, escindir, amputar, cercenar. ➤ *Pegar, unir, soldar.* **2. Detener**, suspender, atajar, parar, omitir. ➤ *Continuar.* **3. Aguar**, bautizar, rebajar. **4. Mediar**, terciar, arbitrar. ‖ *v. prnl.* **5. Aturdirse**, desconcertarse, titubear, avergonzarse, turbarse, correrse, azararse, bloquearse. **6. Cuajar**, coagularse. ➤ *Licuarse.*

corte *s. m.* **1. Incisión**, tajo, cortadura, cisura, sección, muesca, hendidura. **2. Filo**, hoja, cuchilla. **3. Comitiva**, cortejo, séquito, acompañamiento.

cortedad *s. f.* **1. Brevedad**, concisión. ➤ *Abundancia.* **2. Apocamiento**, timidez, pusilanimidad, vergüenza. ➤ *Atrevimiento, desenvoltura.*

cortejador, ra *adj.* Galanteador, galán, pretendiente, enamorado.

cortejante *adj.* Galanteador, galán, pretendiente, cortejador.

cortejo *s. m.* Séquito, comitiva, escolta, desfile, acompañamiento.

cortejar *v. tr.* Festejar, seducir, enamorar, conquistar, galantear, requebrar.

cortés *adj.* Atento, comedido, afable, educado, amable, obsequioso, galante, fino, correcto, afable, exquisito. ➤ *Descortés, grosero, desagradable.*

cortesía *s. f.* **1. Atención**, cordialidad, corrección, finura, consideración, respeto, gentileza, modales. ➤ *Grosería.* **2. Cumplido**, saludo, reverencia.

cortésmente *adv. m.* Atentamente, respetuosamente, finamente, gentilmente. ➤ *Groseramente.*

corteza *s. f.* **1. Costra**, cubierta, cáscara, envoltura, cápsula, caparazón, vaina. ➤ *Médula, meollo.* **2. Apariencia**, aspecto, exterior. ➤ *Esencia, interior.*

cortijo *s. m.* Hacienda, alquería, granja, rancho, finca.

cortina *s. f.* Colgadura, cortinaje, estor, visillo, velo, pantalla.

corto, ta *adj.* **1. Escaso**, insuficiente, carente, deficiente, exiguo, limitado, reducido, insuficiente. ➤ *Abundante, largo.* **2. Breve**, fugaz, momentáneo, perecedero, efímero, pasajero, conciso, parvo, lacónico. ➤ *Largo.* **3. Bobo**, simple, necio. ➤ *Listo, agudo.* **4. Pusilánime**, apocado, timorato, encogido, pacato, tímido. ➤ *Valiente.*

coruscante *adj.* Brillante, radiante, refulgente.

corveta *s. f.* Cabriola, gambeta, corcovo, salto, brinco, respingo.

corvo, va *adj.* Alabeado, combado, curvo, torcido, sinuoso, pandeado, arqueado, cóncavo, convexo. ➤ *Recto.*

cosa *s. f.* Ente, cuerpo, entidad, ser, elemento, esencia, forma, objeto.

coscorrón *s. m.* Cabezada, cabezazo, golpe, chichón.

cosecha *s. f.* Cobranza, colecta, recolección, vendimia, siega, recogida.

cosechadora *s. f.* Recolectora, segadora.

cosechar *v. intr.* Recolectar, recoger, recolectar, vendimiar, espigar, racimar.

coser *v. tr.* Hilvanar, zurcir, remendar, sobrehilar, rematar, ribetear, pespuntear. ➤ *Descoser.*

cosmético, ca *adj.* Afeite, maquillaje, pomada, tintura, crema, ungüento.

cósmico, ca *adj.* Galáctico, sideral, celeste, astral, universal. ➤ *Terrenal.*

cosmopolita *adj.* Internacional, mundial, universal. ➤ *Pueblerino, local.*

cosquilleo *s. m.* Hormigueo, picor.

costa[1] *s. f.* Costo, precio, gasto, importe, cuantía, monta, desembolso.

costa[2] *s. f.* Litoral, ribera, ribazo, riba, playa, margen, rompiente. ➤ *Interior.*

costado *s. m.* **1. Flanco**, lado, lateral, ala, banda, borde, canto, orilla. ➤ *Centro.* **2. Babor**, estribor.

costalada *s. f.* Batacazo, trastazo, golpe, caída, tumbo.

costalero *s. m.* Cargador, porteador.

costar *v. intr.* Importar, valer, montar, ascender, salir por, totalizar.

coste *s. m.* Importe, precio, cuantía, monta, valor, total, desembolso.

costear[1] *v. tr.* Abonar, subvencionar, sufragar.

costear[2] *v. tr.* Bordear, rodear, orillar.

costeño, ña *adj.* **1. Costero.** ➤ *Interior.* **2. Ribereño.**

costilla *s. f.* Esposa, cónyuge, mujer.

costillar *s. m.* Tórax, pecho.

costoso, sa *adj.* **1. Caro**, gravoso, oneroso, elevado. ➤ *Barato.* **2. Difícil**, trabajoso. ➤ *Fácil, sencillo.*

costumbre *s. f.* **1. Hábito**, uso, práctica, experiencia, rutina, manía, conducta. **2. Tradición**, usanza, moda.

costurera *s. f.* Modista.

costurón *s. m.* Marca, cicatriz, señal.

cota[1] *s. f.* Armadura.

cota[2] *s. f.* **1. Altura**, altitud. **2. Cuota.**

cotana *s. f.* **1. Abertura**, entalladura, muesca. **2. Escoplo**, formón.

cotarrera *s. f.* Cotilla, chismosa, murmuradora, enredadora. ➤ *Discreta.*

cotejar *v. tr.* Confrontar, compulsar, verificar, comprobar, parangonar, equiparar, examinar, cerciorarse, medir, comparar.

cotejo *s. m.* Careo, constatación, parangón, comparación, examen.

cotidiano, na *adj.* Común, habitual, diario, corriente, ordinario, usual, periódico, regular. ➤ *Extraordinario, infrecuente, desacostumbrado.*

cotilla *s. m. y s. f.* Criticón, juzgamundos, maledicente, chismoso, murmurador, comadre. ➤ *Discreto, reservado.*

cotizar *v. tr.* **1. Prorratear**, escotar. ‖ *v. intr.* **2. Abonar**, pagar, recaudar. ➤ *Cobrar.* **3. Evaluar**, tasar, justipreciar. **4. Estimar**, valorar. ➤ *Despreciar.*

cotorra *s. f.* **1. Papagayo**, cacatúa, loro. **2. Parlanchín**, sacamuelas, charlatán. ➤ *Silencioso, taciturno.*

cotorrear *v. intr.* Badajear, camandulear, parlotear, charlotear. ➤ *Callar.*

covacha *s. f.* Antro, chamizo, cuchitril.

coyunda *s. f.* **1. Soga**, cuerda, correa. **2. Matrimonio**, enlace, casamiento. **3. Yugo**, servidumbre, sumisión, sujeción, dominio. ➤ *Liberación.*

coyuntura *s. f.* **1. Unión**, conexión, juego. **2. Circunstancia**, coincidencia, ocasión, momento, situación.

coyuntural *adj.* Circunstancial, favorable, oportuno, ocasional, situacional.

coz *s. f.* Patada.

crac *s. m.* Bancarrota, quiebra.

crápula *s. f.* **1. Embriaguez**, borrachera. ➤ *Sobriedad.* **2. Disolución, libertinaje.** ‖ *s. m.* **3. Vicioso**, disoluto, libertino. ➤ *Virtuoso.*

craso, sa *adj.* Grueso, gordo, espeso, rollizo. ➤ *Fino, delgado.*

creación *s. f.* **1. Generación**, producción, invención. ➤ *Destrucción.* **2. Mundo**, universo, criaturas, cosmos. **3. Producción**, obra, invento, producto, novedad. ➤ *Copia, plagio.*

creador, ra *adj.* **1. Creativo**, productivo. ‖ **2. Dios**, Supremo Hacedor. ➤ *Criatura.* **3. Autor**, fundador, productor, inventor. ➤ *Destructor.*

crear *v. tr.* **1. Instaurar**, establecer, fundar, instituir. **2. Producir**, componer, inventar, idear, hacer, originar, formar, concebir. ➤ *Destruir.*

crecer *v. intr.* **1. Aumentar**, desarrollarse, progresar, proliferar. ➤ *Bajar,*

disminuir. ‖ *v. prnl.* **2. Animarse**, envalentonarse. ➤ *Acobardarse.*

crecido, da *adj.* **1. Grande**, corpulento, desarrollado. ➤ *Pequeño, enano.* **2. Numeroso**, abundante. ➤ *Escaso.* ‖ *s. f.* **3. Inundación**, riada. ➤ *Sequía.*

creciente *adj.* Progresivo. ➤ *Decreciente, menguante.*

crecimiento *s. m.* Desarrollo, progresión, aumento. ➤ *Disminución.*

crédito *s. m.* **1. Renombre**, celebridad, prestigio. ➤ *Descrédito.* **2. Solvencia**, garantía, fianza, respaldo. **3. Préstamo**, empréstito, anticipo.

credulidad *s. f.* Ingenuidad, candor, inocencia, simpleza. ➤ *Desconfianza.*

crédulo, la *adj.* Ingenuo, incauto, confiado, simple, inocente. ➤ *Desconfiado, suspicaz, descreído.*

creencia *s. f.* **1. Confianza**, crédito. **2. Credo**, convicción, idea, religión.

creer *v. tr.* **1. Asentir**, confiar, profesar, seguir, venerar. **2. Pensar**, juzgar, conjeturar, imaginar, suponer, estimar, conceptuar, opinar.

creíble *adj.* Plausible, posible, verosímil. ➤ *Improbable, inverosímil.*

creído, da *adj.* Ensoberbecido, inmodesto, tieso, ufano. ➤ *Modesto.*

crema *s. f.* **1. Nata**, natillas. **2. Puré**, sopa. **3. Loción**, pomada, cosmético.

cremación *s. f.* Calcinación, incineración, abrasamiento, carbonización.

cremento *s. m.* Incremento, aumento, progresión. ➤ *Disminución, merma.*

crepitar *v. intr.* Chisporrotear, crujir, restallar, chasquear.

crepuscular *adj.* Vespertino.

crepúsculo *s. m.* Anochecer, ocaso, oscurecer, atardecer. ➤ *Amanecer.*

creso *s. m.* Acaudalado, opulento, poderoso. ➤ *Pobre, desharrapado.*

cresta *s. f.* **1. Protuberancia**, carnosidad, copete, penacho. **2. Cúspide**, pico, cima, cumbre. ➤ *Base, ladear.*

crestomatía *s. f.* Antología, florilegio.

crianza *s. f.* **1. Amamantamiento**, lactancia. **2. Educación**, modales.

criar *v. tr.* **1. Originar**, producir, engendrar. **2. Nutrir**, amamantar, lactar. **3. Cuidar**, instruir, dirigir, educar.

criatura *s. f.* **1. Ser**, entidad, organismo. **2. Bebé**, rorro, niño, nene.

criba *s. f.* **1. Cernedero**, tamiz, cedazo, filtro. **2. Selección**, clasificación.

cribar *v. tr.* Cerner, separar, tamizar, distinguir, seleccionar, depurar.

crimen *s. m.* Culpa, fechoría, asesinato, homicidio, delito, atentado, robo, falta. ➤ *Expiación, castigo.*

criminal *adj.* Asesino, delincuente, homicida, malhechor, transgresor, culpable, reo. ➤ *Inocente.*

criminalista *adj.* Penalista.

crisis *s. f.* **1. Cambio**, mutación, inestabilidad, transformación, evolución. ➤ *Estabilidad.* **2. Trance**, problema, dificultad, conflicto, apuro.

crisopeya *s. f.* Alquimia.

crispar *v. tr.* Contraer, retorcerse, estremecerse, convulsionarse, sacudirse, temblar. ➤ *Relajar.*

crispatura *s. f.* Contracción, convulsión, espasmo, estremecimiento.

cristalera *s. f.* **1. Vidriera**, vitral. **2. Aparador.**

cristalino, na *adj.* Transparente, claro, diáfano. ➤ *Opaco, turbio.*

cristalizar *v. intr.* **1. Solidificar**, precipitar, condensar. ➤ *Licuar, diluir.* **2. Concretarse**, especificar, precisarse, determinarse. ➤ *Confundirse.*

cristiano, na *adj.* Bautizado, católico, protestante, ortodoxo, fiel, piadoso, practicante, creyente, devoto. ➤ *Infiel, descreído, pagano, impío.*

criterio *s. m.* **1. Pauta**, regla, norma. **2. Sensatez**, cordura. **3. Discernimiento**, creencia, convencimiento.

criticable *adj.* Censurable, reprensible, reprobable. ➤ *Defendible.*

criticar *v. tr.* **1. Examinar**, evaluar, enjuiciar. **2. Reprochar**, reprender, censurar, reprobar. ➤ *Elogiar, alabar.*

criticastro, tra *s. m. y s. f.* Criticón.

crítico, ca *adj.* **1. Culminante**, trascendental, decisivo, grave, serio, delicado. ➤ *Intrascendente.* ‖ *s. m. y s. f.* **2. Censor**, juez, calificador. **3. Detractor**, oponente. ➤ *Partidario.*

criticón, na *adj.* Censurador, reparón, detractor.

cromar *v. tr.* Bañar, niquelar.

crónico, ca *adj.* **1. Permanente**, habitual, repetido, acostumbrado. ➤ *Fugaz, momentáneo, desacostumbrado.* **2. Grave**, serio, enfermo. ➤ *Sano, convaleciente.* ‖ *s. f.* **3. Anales**, memorias, historia, relaciones. **4. Artículo**, relato, reportaje.

cronógrafo *s. m.* Cronómetro.

cronometraje *s. m.* Comprobación, medición.

cronométrico, ca *adj.* Preciso, fijo, puntual. ➤ *Impreciso, inexacto.*

cronómetro *s. m.* Cronógrafo.

croquis *s. m.* Bosquejo, esbozo, boceto, apunte, borrador, esquema.

cruce *s. m.* Bifurcación, confluencia, encrucijada, intersección, empalme.

crucifijo *s. m.* Cruz, cristo, crucificado.

crudeza *s. f.* **1. Dureza**, rigidez. ➤ *Blandura.* **2. Rigor**, aspereza.

crudo, da *adj.* **1. Verde**, tierno, inmaduro. ➤ *Maduro.* **2. Severo**, realista, cruel, áspero, despiadado. ➤ *Tierno.*

cruel *adj.* **1. Violento**, intenso, duro, riguroso. ➤ *Suave.* **2. Bárbaro**, inhumano, desalmado, feroz, sanguinario, encarnizado. ➤ *Compasivo.*

crueldad *s. f.* **1. Dureza**, ferocidad, insensibilidad. **2. Atrocidad**, salvajada.

cruento, ta *adj.* Bárbaro, cruel, sanguinario, encarnizado. ➤ *Incruento.*

crujir *v. intr.* Rechinar, chirriar, crepitar, restallar, chasquear.

cruz *s. f.* **1. Aspa**. **2. Patíbulo**. **3. Galardón**, medalla, distinción. **4. Peso**, carga, trabajo. **5. Tormento**, suplicio.

cruzar *v. tr.* **1. Atravesar**, pasar. **2. Condecorar**, distinguir.

cuácara *s. f.* Levita, blusa, chaqueta.

cuadrar *v. tr.* **1. Cuadricular**. **2. Ajustar**, convenir, concordar. ‖ *v. intr.* **3. Corresponderse**, convenir, concordar, encajar. ➤ *Discordar.* **4. Erguirse**, enderezarse. ‖ *v. tr.* **5. Complacer**, convenir, gustar, sentar.

cuadrilátero *s. m.* **1. Tetrágono**, rectángulo, cuadrado. **2. Ring**.

cuadrilla *s. f.* Brigada, partida, camarilla, grupo, hato, pandilla.

cuadrivio *s. m.* Cruce, bifurcación.

cuadro *s. m.* **1. Lienzo**, tela, tabla, pintura. **2. Acto**, escena, episodio.

cuadrumano, na *adj.* Antropoide, primate.

cuajar *v. tr.* **1. Solidificarse**, condensarse, consolidarse. ➤ *Licuar*. **2. Recargar**, poblarse, cubrirse, henchir, colmar. ‖ *v. intr.* **3. Satisfacer**, agradar, cuadrar. ➤ *Desagradar*. **4. Lograrse**, conseguirse, obtenerse.

cuajarón *s. m.* Grumo, coágulo.

cuajo *s. m.* **1. Coagulante. 2. Calma**, cachaza, pachorra, lentitud.

cualidad *s. f.* **1. Carácter**, condición, índole, jaez, naturaleza, calaña. **2. Característica**, peculiaridad, atributo.

cuantía *s. f.* Importe, cantidad, coste.

cuantioso, sa *adj.* Considerable, copioso, numeroso, abundante, inagotable. ➤ *Escaso, parco, pobre*.

cuartazos *s. m.* Descuidado, perezoso, flojo, desaliñado. ➤ *Atildado*.

cuartear *v. tr.* **1. Dividir**, partir. ‖ *v. prnl.* **2. Abrirse**, desconcharse, resquebrajarse, agrietarse, rajarse.

cuartel *s. m.* **1. División**, parte, sección. **2. Acuartelamiento**, campamento, reducto, acantonamiento.

cuartelada *s. f.* Alzamiento, rebelión, sublevación, motín. ➤ *Sometimiento*.

cuarteo *s. m.* Finta, quiebro.

cuarto *s. m.* Estancia, vivienda, habitación, alcoba, pieza, cámara.

cuartucho *s. m.* Cuchitril, chamizo, antro, leonera. ➤ *Palacio, sala*.

cuatrero, ra *adj.* Bandido, forajido.

cuba *s. f.* Bocoy, pipa, tina, tonel, barrica, candiota, casco.

cubil *s. m.* Cueva, madriguera.

cubiletear *v. intr.* Intrigar, trampear.

cubrimiento *s. m.* Capota, envoltura, revestimiento, funda.

cubrir *v. tr.* Tapar, recubrir, superponer, ocultar. ➤ *Destapar, descubrir*.

cucaracha *s. f.* **1. Cochinilla. 2. Corredera**.

cucharón *s. m.* Cazo, cacillo.

cuchichear *v. intr.* Murmurar, susurrar, farfullar, musitar, bisbisear.

cuchillo *s. m.* Navaja, daga, faca, daga, puñal, machete, estilete.

cuchufleta *s. f.* Broma, burla, chirigota, chanza.

cuchufletero, ra *adj.* Bromista.

cuco, ca *adj.* **1. Bonito**, lindo, agradable. **2. Calculador**, sutil, avisado.

cuello *s. m.* **1. Garganta**, pescuezo, cogote, gollete. **2. Tirilla**, gorguera.

cuenca *s. f.* **1. Valle**, cauce, comarca. **2. Órbita**, hueco, cavidad.

cuenco *s. m.* Escudilla, vasija.

cuenta *s. f.* **1. Cómputo**, cálculo, enumeración, suma, factura, nota. **2. Abalorio**, bolita. **3. Incumbencia**, cuidado, cargo, obligación, deber.

cuentakilómetros *s. m.* Taxímetro, velocímetro.

cuentista *adj.* **1. Chismoso**, cotilla, murmurador. ➤ *Discreto*. ‖ *s. m. y s. f.* **2. Narrador**, cuentacuentos. **3. Embaucador**, exagerado, embustero.

cuento *s. m.* **1. Fábula**, historia, relato, narración. **2. Bulo**, embuste, patraña, chisme, infundio, rumor. ➤ *Verdad*.

cuerda *s. f.* Soga, bramante, maroma, cordel, cabo, cable, amarra, cordón.

cuerdo, da *adj.* **1. Cabal**, equilibrado. ➤ *Loco*. **2. Juicioso**, sensato, prudente, moderado, sabio. ➤ *Insensato*.

cuerno *s. m.* Asta, pitón, defensa.

cuero *s. m.* Piel, pellejo, badana.

cuerpo *s. m.* **1. Organismo**, materia, ser, soma. ➤ *Espíritu, alma*. **2. Configuración**, forma, apariencia, figura, volumen, tamaño. **3. Consistencia**, densidad. **4. Corporación**, organismo, entidad, asociación, grupo.

cuesta *s. f.* Bajada, declive, rampa, pendiente, repecho, desnivel, talud, ladera, subida. ➤ *Llano*.

cuestación *s. f.* Colecta, recaudación, petición, suscripción, postulación. ➤ *Donación, donativo*.

cuestión *s. f.* **1. Problema**, asunto, materia, punto, tema. **2. Disputa**, debate, querella. ➤ *Acuerdo*. **3. Pregunta**, interrogante. ➤ *Respuesta*.

cuestionable *adj.* Controvertible, discutible, dudoso. ➤ *Indiscutible*.

cuestionar *v. tr.* Controvertir, debatir, discutir, polemizar, reñir, disputar.

cuete *s. m.* Filete, loncha, lonja.

cueva *s. f.* **1. Caverna**, gruta, cavidad, oquedad. **2. Sótano**, bodega, cripta, subterráneo.

cuidado *s. m.* **1. Esmero**, solicitud, afán, interés, diligencia, vigilancia, meticulosidad, exactitud, tiento, precución, mimo, primor, celo. ➤ *Negligencia, desgana*. **2. Recelo**, miedo, intranquilidad, temor, inquietud, sobresalto, zozobra. ➤ *Confianza, seguridad*. **3. Precaución**, miramiento, reserva, cautela, prudencia. ➤ *Temeridad, descuido*.

cuidadoso, sa *adj.* Celoso, delicado, escrupuloso, esmerado, solícito, metódico. ➤ *Patoso, negligente*.

cuidar *v. tr.* **1. Aplicarse**, esmerarse, desvelarse, desvivirse. **2. Conservar**, guardar, atender, velar, mimar.

cuita *s. f.* Congoja, desgracia, zozobra, angustia, desdicha, aflicción, desventura. ➤ *Satisfacción, alegría*.

cuitado, da *adj.* Angustiado, azogado, desventurado, afligido, desdichado, desgraciado. ➤ *Afortunado*.

culebra *s. f.* **1. Serpiente**, reptil, ofidio, crótalo. **2. Pelea**, riña, desorden.

culebrear *v. intr.* Serpentear, serpear.

culero, ra *adj.* **1. Rezagado**, perezoso. ➤ *Apresurado*. ‖ *s. m.* **2. Pañal**. ‖ *s. f.* **3. Señal**, marca. **4. Remiendo**.

culminación *s. f.* Apogeo, auge, plenitud, cima, ápice, esplendor, florecimiento, cumbre. ➤ *Decadencia*.

culminar *v. intr.* Elevarse, dominar, descollar, predominar. ➤ *Decaer*.

culo *s. m.* Posaderas, trasero, asentaderas, nalgas, pompis, asiento, ancas.

culpa *s. f.* Delito, desliz, falta, infracción, pecado, caída, incumplimiento, flaqueza, yerro. ➤ *Inocencia*.

culpable *adj.* Incurso, nocente, autor, infractor, ejecutor, reo, acusado, criminal, delincuente ➤ *Inocente*.

culpar *v. tr.* Acusar, achacar, imputar, inculpar, atribuir, denunciar, censurar, procesar, condenar. ➤ *Excusar*.

cultivador, ra *adj.* Agricultor, huertano, jardinero, campesino.

cultivar *v. tr.* **1. Labrar**, laborar, plantar, explotar, arar, trabajar, recolectar.

2. Cuidar, mantener, vigilar, fomentar, desarrollar. ➤ *Perder, descuidar*.

cultivo *s. m.* **1. Laboreo**, labranza, agricultura, explotación, plantación. **2. Huerto**, sembrado, parcela, plantío. ➤ *Páramo, desierto*.

culto, ta *adj.* **1. Educado**, instruido, cultivado, entendido, ilustrado. ➤ *Bárbaro, zafio*. ‖ *s. m.* **2. Adoración**, veneración, devoción. ➤ *Profanación*. **3. Liturgia**, rito, ceremonia.

cultor, ra *adj.* Adorador, santero, venerador, devoto. ➤ *Impío*.

cultual *adj.* Litúrgico, ritual, ceremonial.

cultura *s. f.* Educación, instrucción, erudición, ilustración, sabiduría. ➤ *Barbarie, incultura, ignorancia*.

cuma *s. f.* Comadre, madrina.

cumbre *s. f.* **1. Cúspide**, cresta, punta. **2. Culminación**, apogeo, pináculo, máximo. ➤ *Fondo, llanura*.

cumplido, da *adj.* **1. Lleno**, completo, perfecto. ➤ *Corto, escaso*. **2. Ceremonioso**, cortés, educado, galante, solícito, atento. ➤ *Grosero*. ‖ *s. m.* **3. Halago**, galantería, lisonja, atención.

cumplidor, ra *adj.* Diligente, esforzado, trabajador, disciplinado, honrado, escrupuloso, fiel. ➤ *Informal*.

cumplimentar *v. tr.* **1. Felicitar**, saludar, visitar. **2. Ejecutar**, realizar.

cumplir *v. tr.* **1. Realizar**, ejecutar, efectuar, consumar, hacer. ➤ *Incumplir*. ‖ *v. intr.* **2. Acatar**, obedecer, observar, guardar. ➤ *Desobedecer*. **3. Concluir**, finalizar, caducar, expirar, terminar. ➤ *Aplazar, prorrogarse*.

cúmulo *s. m.* Aglomeración, infinidad, sinnúmero, montón, tropel, multitud, pila, acervo. ➤ *Insignificancia*.

cuna *s. f.* **1. Nación**, procedencia, ascendencia, linaje, familia. **2. Inicio**, principio, origen, comienzo. ➤ *Fin, término*. **3. Moisés**, camita.

cundir *v. intr.* Propagarse, divulgarse, difundirse, desarrollarse, contagiarse. ➤ *Reducirse, limitarse, confinarse*.

cunear *v. tr.* Acunar.

cuña *s. f.* Calza, tarugo, traba, taco.

cuota *s. f.* Asignación, cupo, porción, contribución, mensualidad, cantidad.

158

cupido s. m. Donjuán, mujeriego.

cura s. m. Abate, clérigo, eclesiástico.

curación s. f. Mejora, mejoría, alivio,, recuperación, convalecencia. ➤ Empeoramiento, recaída, enfermedad.

curandero, ra s. m. y s. f. Ensalmador, brujo, hechicero, matasanos.

curar v. intr. **1. Restablecerse**, rehabilitarse, reanimarse, recuperarse, reponerse. ➤ Recaer, enfermar, agravarse. ‖ v. tr. **2. Aliviar**, recetar, vigilar, tratar, medicar, cuidar. **3. Conservar**, acecinar, salar, curtir, secar.

curativo, va adj. Balsámico, cicatrizante, medicinal.

curiosear v. intr. Husmear, indagar.

curioso, sa adj. **1. Indiscreto**, indagador, entrometido, preguntón, fisgón, cotilla, espía. ➤ Indiferente, discreto. **2. Interesado**, atento, aficionado, expectante. ➤ Desinteresado, indiferente. **3. Esmerado**, cuidadoso. ➤ Descuidado. **3. Raro**, notable, extraño, interesante, inusual. ➤ Anodino.

currículum vitae s. m. Antecedentes, historial, expediente.

currutaco, ca adj. Dandi, figurín, gomoso, petimetre.

cursado, da adj. Versado, perito.

cursar v. tr. **1. Estudiar**, asistir, seguir. **2. Expedir**, tramitar, otorgar.

cursi adj. Chabacano, ridículo, afectado, recargado, ñoño, extravagante. ➤ Elegante, sobrio.

cursilería s. f. Afectación, ñoñería, ridiculez. ➤ Elegancia, sobriedad.

curtidor, ra s. m. y s. f. Peletero.

curtiduría s. f. Peletería, tenería.

curtir v. tr. **1. Broncear**, atezar, tostar. **2. Adiestrar**, endurecer, habituar, acostumbrar. **3. Adobar**, aderezar, preparar.

curva s. f. Arco, órbita, elipse, espiral, vuelta, rodeo, parábola. ➤ Recta.

curvar v. tr. Abarquillar, alabear, encorvar. ➤ Endurecer, nivelar.

curvatura s. f. Alabeo, comba, convexidad, concavidad.

curvo, va adj. Arqueado, combado. ➤ Recto.

cusca s. f. **1. Meretriz**, prostituta, ramera. **2. Borrachera**, curda.

cúspide s. f. Cima, pico, cumbre.

custodia s. f. **1. Conservación**, reserva, cuidado. ➤ Desamparo. **2. Vigilancia**, escolta, guardaespaldas. **3. Tabernáculo**, sagrario.

custodiar v. tr. Conservar, escoltar, defender, proteger, vigilar, salvaguardar. ➤ Desamparar, descuidar.

custodio s. m. Depositario, escolta.

cutáneo, a adj. Dérmico.

cutis s. m. Dermis, piel, tez, epidermis.

cutre adj. **1. Agarrado**, cicatero, roñoso, tacaño, miserable. ➤ Desprendido, generoso. **2. Sórdido**, mísero, sucio, nauseabundo, ruin, pobretón, mezquino. ➤ Limpio, rico, lujoso.

D d

dable *adj.* Factible, hacedero. ➤ *Imposible, irrealizable.*

dabuten *adj.* Estupendo, magnífico, excelente, fenomenal. ➤ *Fatal.*

dactilar *adj.* Digital.

dactilografiar *v. tr.* Mecanografiar.

dactilógrafo, fa *s. m. y s. f.* Mecanógrafo.

dádiva *s. f.* Don, donación, regalo.

dadivar *v. tr.* Donar, regalar, dar. ➤ *Quitar, retener.*

dadivoso, sa *adj.* Desprendido, generoso. ➤ *Roñoso, tacaño.*

dado *s. m.* Cubo.

dado, da *adj.* Donado, regalado.

daga *s. f.* Gumía, cuchillo, puñal.

dalla *s. f.* Guadaña, dalle.

dalle *s. m.* Guadaña.

daltonismo *s. m.* Acromatismo.

dama *s. f.* **1. Señora**, mujer, ama, dueña, matrona. **2. Manceba**. **3. Criada**, doncella. **4. Reina**.

damajuana *s. f.* Garrafa, garrafón.

damasquinado *s. m.* Ataujía.

damasquinar *v. tr.* Incrustar.

damería *s. f.* Reparo, escrupulosidad, melindre, delicadeza, remilgo.

damero *s. m.* Tablero.

damisela *s. f.* Señorita, joven, dama.

damnación *s. f.* Condenación, reprobación. ➤ *Salvación.*

damnado, da *adj.* Réprobo.

damnificado, da *adj.* Dañado, perjudicado. ➤ *Beneficiado.*

damnificar *v. tr.* Dañar, perjudicar. ➤ *Mejorar, beneficiar.*

dandi *s. m.* Figurín, currutaco.

dantesco, ca *adj.* Espantoso, infernal, terrible, terrorífico.

danza *s. f.* **1. Baile**, coreografía, ballet, bailoteo, bailable, zapateo. **2. Lío**, embrollo, enredo, altercado, pendencia, discusión, pelea, trifulca, agarrada, intriga, gresca.

danzador, ra *adj.* Bailarín, danzante.

danzante, ta *s. m. y s. f.* **1. Bailarín**, danzarín, danzador. **2. Zascandil. 3. Necio**, ligero, mequetrefe.

danzar *v. intr.* **1. Bailar. 2. Bullir**, zascandilear, enredar.

danzarín, na *s. m. y s. f.* Bailarín, danzante, danzador.

dañado, da *adj.* **1. Malo**, perverso. ➤ *Bueno.* **2. Estropeado**, tocado, podrido. ➤ *Sano.*

dañar *v. tr.* **1. Damnificar**, perjudicar, empeorar, desgraciar, inquietar, pervertir, deteriorar, echar a perder. ➤ *Beneficiar.* **2. Estropear**, malear, menoscabar, lastimar, maltratar. ➤ *Sanar, reparar, curar.*

dañino, na *adj.* Nocivo, perjudicial, pernicioso. ➤ *Inofensivo.*

daño *s. m.* Perjuicio, detrimento, mal. ➤ *Bien, mejora, beneficio.*

dañoso, sa *adj.* Nocivo, perjudicial, pernicioso. ➤ *Beneficioso.*

dar *v. tr.* **1. Donar**, ceder, regalar, traspasar, gratificar, transmitir, entregar, dotar, remitir, pasar, obsequiar. ➤ *Quitar, arrebatar, despojar, conservar, tomar, coger, recoger, retirar.* **2. Proponer**, indicar, señalar, ofrecer, prestar, proporcionar, suministrar. **3. Conferir**, asignar, adjudicar, designar, destinar, nombrar. ➤ *Suspender, cesar.* **4. Ordenar**, aplicar, propinar, administrar, dispensar. **5. Conceder**, facilitar, proveer, otorgar, procurar, aportar, convenir, proporcionar, atender, permitir, escuchar, asentir. ➤ *Negar, denegar, desatender.* **6. Considerar**, estimar, juzgar, tener, declarar, reputar, tratar. **7. Producir**, ocasionar, procurar, rendir, causar, originar, rentar. **8. Exhibir**, echar, poner. **9. Impartir**. ➤ *Recibir.* **10. Repartir**, distribuir. **11. Untar**, bañar. **12. Sol-**

tar, desprender, arrojar, liberar. ➤ *Retener*. **13. Propinar**, golpear, pegar. **14. Causar**, ocasionar, mover. **15. Accionar**, activar, encender. ➤ *Cortar, cerrar, apagar*. **16. Fastidiar**, echar a perder. **17. Intuir**, predecir, suponer. ‖ *v. intr*. **18. Sentir**, sobrevenir, ocurrir. **19. Acertar**. ➤ *Errar, fallar*. **20. Mirar**. **21. Incurrir**, caer, incidir. **22. Bastar**, ser suficiente. ➤ *Faltar*. ‖ *v. prnl*. **23. Suceder**, acontecer, acaecer. **24. Dedicarse**, abandonarse, consagrarse.

dardo *s. m.* **1. Flecha**, azcona, saeta, venablo. **2. Indirecta**, puya, remoquete, zaherimiento.

dársena *s. f.* Ancladero, fondeadero.

data *s. f.* **1. Fecha**. **2. Información**.

datáfono *s. m.* Módem.

datar *v. tr.* Fechar.

dato *s. m.* **1. Hecho**. **2. Documento**, testimonio, fundamento.

dea *s. f.* Diosa, deidad, divinidad.

deambular *v. intr.* Vagar, callejear.

deambulatorio *s. m.* Girola.

deán *s. m.* Canónigo.

debacle *s. f.* Catástrofe, tragedia.

debate *s. m.* **1. Discusión**, disputa, controversia, litigio, altercado. **2. Contienda**, lucha, combate.

debatir *v. tr.* **1. Discutir**, altercar, contender. **2. Combatir**, guerrear.

debatirse *v. prnl.* Agitarse, forcejear, batallar, contender.

debe *s. m.* Adeudo, cargo. ➤ *Haber*.

debelación *s. f.* Vencimiento, sujeción.

debelar *v. tr.* Vencer, ganar. ➤ *Perder*.

deber[1] *s. m.* **1. Obligación**, compromiso, responsabilidad, cometido, trabajo, encargo, labor, deuda, imposición. ➤ *Derecho, prerrogativa*. **2. Deuda**, débito. ➤ *Haber*.

deber[2] *v. tr.* **1. Adeudar**. ➤ *Pagar, cumplir*. **2. Seguirse**, derivarse, deducirse, originarse, inferirse.

débil *adj.* **1. Endeble**, flojo, tenue, flaco, blando, inseguro, frágil, sutil, maleable, blandengue, dejado. ➤ *Fuerte, resistente, duro, firme, tenaz, inquebrantable*. **2. Decaído**, desfallecido, debilitado, delicado, exánime, alicaí-

do, gastado, consumido, enfermo, pachucho, vacilante, escuchimizado, canijo, lánguido. ➤ *Fuerte, enérgico, robusto, sano*.

debilidad *s. f.* **1. Endeblez**, astenia, agotamiento. **2. Decaimiento**, desfallecimiento, flojera, apatía, cobardía, pusilanimidad. ➤ *Fortaleza, energía*. **3. Cariño**, predilección, preferencia.

debilitado, da *adj.* Desfallecido, hundido, débil, decaído, alicaído. ➤ *Fortalecido, tonificado*.

debilitamiento *s. m.* Debilitación, agotamiento, aplanamiento, atonía. ➤ *Tonificación, fortalecimiento*.

debilitar *v. tr.* Desgastar, cansar, agotar, enervar, desvirtuar, marchitar, extenuar, postrar, languidecer, desmejorar, disminuir, desfallecer, agotarse, apagar, caducar, aflojar, atenuar, flojear, decaer, flaquear. ➤ *Fortalecer, reforzar, tonificar, vigorizar*.

débito *s. m.* Deuda.

debut *s. m.* Estreno, primicia, presentación, inaguración. ➤ *Clausura*.

debutar *v. intr.* Estrenarse, presentarse.

decadencia *s. f.* Declive, descenso, decrepitud, declinación, menoscabo, decaimiento, caída, ocaso, destrucción, deterioro, descenso, degeneración, bajón. ➤ *Apogeo, esplendor, ascensión, gloria*.

decadente *adj.* Decaído, decrépito, degenerado, disminuido. ➤ *Poderoso, sano, fuerte, vigoroso*.

decaer *v. intr.* Declinar, debilitarse, flaquear. ➤ *Aumentar, fortalecer, crecer*.

decaído, da *adj.* **1. Decadente**, decrépito. **2. Alicaído**, desanimado, debilitado, abatido. ➤ *Fortalecido*.

decaimiento *s. m.* **1. Decadencia**, menoscabo, declive, degeneración. **2. Abatimiento**, aflojamiento, debilidad, caducidad, depresión.

decalvar *v. tr.* Rasurar, rapar.

decano *s. m.* Presidente, jefe, deán.

decantación *s. f.* Sedimentación, separación, trasvase. ➤ *Fusión, unión*.

decantar[1] *v. tr.* Propalar, ponderar.

decantar[2] *v. tr.* **1. Inclinar**. ‖ *v. prnl.* **2. Decidirse**, inclinarse.

decapitar *v. tr.* Guillotinar, descabezar.

decencia *s. f.* **1. Aseo. 2. Recato**, honestidad, modestia. **3. Dignidad.**

decente *adj.* **1. Casto**, honesto, honrado, recatado, decoroso, púdico, pudoroso. ➤ *Deshonesto, indecoroso, indecente.* **2. Aseado**, limpio, ordenado. ➤ *Sucio, desordenado.* **3. Conveniente**, debido, justo, correspondiente. ➤ *Indebido, injusto.* **4. Digno**, íntegro, honorable, honrado. ➤ *Indigno, vil.*

decepción *s. f.* Desilusión, desengaño, desencanto. ➤ *Ilusión.*

decepcionar *v. tr.* Desilusionar, defraudar, desengañar.

deceso *s. m.* Muerte, óbito, defunción.

dechado *s. m.* Ejemplo, modelo, arquetipo, ideal, prototipo.

decidido, da *adj.* Emprendedor, valiente, resuelto, audaz. ➤ *Tímido, apocado, indeciso.*

decidir *v. tr.* **1. Determinar**, suponer, optar, inclinarse, sentenciar, disponer, adoptar, fallar, establecer, decretar, estatuir, declarar, deliberar. ➤ *Dudar.* **2. Resolver**, acordar. **3. Convencer**, impulsar, instar. ‖ *v. prnl.* **4. Animarse**, arriesgarse, emprender, osar. ➤ *Dudar, vacilar.*

decimonónico, ca *adj.* Anticuado, desfasado, trasnochado. ➤ *Actual.*

decimonoveno, na *adj. num. ord.* Decimonono.

decir[1] *s. m.* Frase, sentencia, aforismo, proverbio, fórmula, refrán, ocurrencia, dicho, palabra.

decir[2] *v. tr.* **1. Hablar**, opinar, comunicar, manifestar, expresar, enunciar, proferir, articular, señalar, observar, explicar, enumerar, apuntar, informar, exponer, indicar, detallar, declarar, mencionar, sugerir. ➤ *Callar, ocultar, silenciar.* **2. Afirmar**, subrayar, recalcar, asegurar, opinar, aseverar, reiterar, repetir, aducir, recalcar, considerar, sostener. **3. Pronunciar**, comunicar. **4. Nombrar**, llamar. **5. Denotar**, representar, mostrar.

decisión *s. f.* **1. Determinación**, resolución, partido. ➤ *Indecisión, vaci-*

lación. **2. Valentía**, audacia, firmeza, osadía, intrepidez, arrojo. ➤ *Debilidad, inseguridad.*

decisivamente *adv. m.* Determinadamente, resolutivamente.

decisivo, va *adj.* Concluyente, terminante, definitivo, decisorio, resolutorio. ➤ *Indiferente.*

declamación *s. f.* **1. Disertación**, oración, discurso. **2. Recitación. 3. Entonación**, pronunciación.

declamar *v. intr.* Disertar, hablar, recitar, interpretar.

declarable *adj.* Confesable, decible. ➤ *Inconfesable.*

declaración *s. f.* Proclamación, explicación, manifestación, revelación, descubrimiento, comunicación, comunicado, enunciado, dictamen, información, exposición, testimonio, expresión, proposición.

declarado, da *adj.* Claro, evidente, obvio, patente, manifiesto. ➤ *Dudoso, incierto.*

declarante *s. m. y s. f.* Certificador, informante, testigo.

declarar *v. tr.* **1. Exponer**, explicar, manifestar, revelar, descubrir, divulgar, esclarecer, expresar. ➤ *Ocultar, callar.* **2. Dictaminar**, fallar, sentenciar. ‖ *v. intr.* **3. Atestiguar**, testificar, confesar, testimoniar, deponer. ➤ *Callar, mentir, perjurar.* ‖ *v. prnl.* **4. Producirse**, manifestarse, brotar, surgir, aparecer.

declinación *s. f.* **1. Caída**, descenso, declive. ➤ *Ascenso, subida.* **2. Decadencia**, menoscabo. **3. Flexión.**

declinar *v. intr.* **1. Inclinarse**, bajar, descender. ➤ *Ascender.* **2. Acabarse.** ➤ *Empezar.* **3. Decrecer**, remitir, decaer, menguar, debilitarse. ‖ *v. tr.* **4. Renunciar**, rechazar, rehusar.

declive *s. m.* **1. Desnivel**, depresión, ladera, vertiente, pendiente, talud, bajada, cuesta, rampa, repecho, inclinación. **2. Decadencia**, declinación, ocaso, caída. ➤ *Auge.*

decocción *s. f.* Cocción, cocimiento.

decolorar *v. tr.* Desteñir, despintar, descolorir. ➤ *Colorar, colorear.*

decomisar *v. tr.* Confiscar, incautar.

decomiso *s. m.* Incautación, confiscación, comiso, expropiación.

decoración *s. f.* **1. Adorno**, ornamentación. **2. Decorado**, ambientación. **3. Interiorismo**.

decorar *v. tr.* Aderezar, engalanar, ornar, ataviar, adornar, enjoyar, enriquecer, hermosear.

decorativo, va *adj.* Embellecedor, ornamental, vistoso.

decoro *s. m.* **1. Respetabilidad**, estimación, pundonor, honra, honor, vergüenza, respeto, honorabilidad, amor propio. ➤ *Indignidad, deshonor.* **2. Compostura**, discreción, gravedad, circunspección, consideración, mesura, formalidad. ➤ *Descaro, indiscreción, informalidad.* **3. Decencia**, pureza, modestia, pudor, honestidad. ➤ *Indecencia, impudor.* **4. Estimación**, honra. **5. Adecuación**, acomodación.

decoroso, sa *adj.* Decente, digno, honesto. ➤ *Indecoroso, deshonesto.*

decrecer *v. intr.* Aminorar, bajar, descender, empequeñecer, decaer, menguar, declinar, debilitarse, disminuir. ➤ *Aumentar, crecer.*

decrecimiento *s. m.* Disminución.

decrepitar *v. intr.* Chisporrotear, crepitar, restallar, crujir.

decrépito, ta *adj.* **1. Vetusto**, senil. ➤ *Joven, lozano.* **2. Acabado**, caduco, ruinoso. ➤ *Vigoroso.*

decrepitud *s. f.* **1. Decadencia**, declive, chochez. **2. Hundimiento**. ➤ *Apogeo, ascenso.*

decretar *v. tr.* Dictar, ordenar, disponer. ➤ *Abolir, derogar.*

decreto *s. m.* Orden, ordenanza.

decúbito *s. m.* Horizontalidad. ➤ *Verticalidad.*

decumbente *adj.* Yacente.

decuplar *v. tr.* Decuplicar.

decurso *s. m.* Transcurso, paso.

dedal *s. m.* Dedil, protector.

dédalo *s. m.* Enredo, maraña, lío, laberinto, embrollo.

dedicación *s. f.* **1. Dedicatoria**, inscripción. **2. Entrega**, entusiasmo, consagración, aplicación, afán.

dedicar *v. tr.* **1. Emplear**, asignar, utilizar, aplicar, disponer. ➤ *Inhibir.* **2. Ofrendar**, consagrar. **3. Brindar**, dar, regalar, ofrecer, entregar.

dedicatoria *s. f.* Ofrecimiento, ofrenda.

deducción *s. f.* **1. Consecuencia**, derivación, conclusión, resultado. **2. Descuento**, rebaja. ➤ *Aumento.*

deducir *v. tr.* **1. Concluir**, derivar, inferir, razonar, suponer, colegir, obtener. **2. Rebajar**, restar, disminuir, substraer, recortar. ➤ *Sumar, añadir, aumentar, incrementar.*

deductivo, va *adj.* Metódico, razonado, lógico. ➤ *Ilógico.*

defecación *s. f.* Deposición, deyección, heces.

defecar *v. intr.* Cagar, descomer, ensuciar, evacuar.

defección *s. f.* Deserción, huida, abandono. ➤ *Lealtad.*

defectivo, va *adj.* Incompleto, defectuoso. ➤ *Perfecto, completo.*

defecto *s. m.* **1. Deficiencia**, tara, carencia, falta, anormalidad, privación, deformidad. ➤ *Normalidad.* **2. Imperfección**, tacha, vicio, inconveniente, deterioro, sombra, desperfecto. ➤ *Perfección, virtud.*

defectuoso, sa *adj.* Deficiente, incompleto, perfectible, imperfecto, falto. ➤ *Perfecto, correcto, completo.*

defender *v. tr.* **1. Amparar**, proteger, librar, resguardar, preservar, asegurar, cubrir, salvar, auxiliar, salvaguardar, escudar, conservar. ➤ *Atacar, abandonar, desamparar.* **2. Apoyar**, abogar, justificar, exculpar. ➤ *Culpar, acusar.* **3. Sustentar**, mantener, conservar, sostener, afirmar, perseverar, reafirmar, ratificar. ➤ *Negar.* **4. Impedir**, embarazar, estorbar. **5. Vedar**, prohibir. ➤ *Permitir, autorizar.*

defendible *adj.* Disculpable, justificable. ➤ *Denunciable, insostenible.*

defendido, da *adj.* Protegido, amparado. ➤ *Desamparado, indefenso.*

defenestración *s. f.* Arrojamiento, caída, destitución.

defenestrar *v. tr.* Destituir, expulsar. ➤ *Mantener.*

defensa *s. f.* **1. Amparo**, resguardo, custodia, ayuda, protección, socorro, auxilio, apoyo, abrigo. ➤ *Ataque, abandono, agresión.* **2. Alegato**, justificación, excusa, disculpa, coartada. **3. Refugio**, resguardo. **4. Parapeto**, muro, bastión, baluarte, muralla, armadura, escudo. **5. Zaga.** ‖ *s. m. y s. f.* **6. Zaguero.** ➤ *Delantero.*

defensión *s. f.* Resguardo, defensa.

defensor, ra *adj.* **1. Adalid**, amparador, garante, protector, valedor. ➤ *Agresor, asaltante.* ‖ *s. m. y s. f.* **2. Abogado.** ➤ *Fiscal, acusador.*

deferencia *s. f.* Consideración, atención, condescendencia, solicitud, adhesión, fervor, miramiento, cortesía, respeto. ➤ *Desatención, grosería, inconsideración.*

deferente *adj.* **1. Complaciente. 2. Considerado**, respetuoso, cortés. ➤ *Desconsiderado, desatento.*

deferir *v. intr.* Admitir, acatar.

deficiencia *s. f.* Defecto, imperfección, tacha, falta. ➤ *Perfección.*

deficiente *adj.* Defectuoso, imperfecto, falto, incompleto. ➤ *Completo.*

déficit *s. m.* Débito, descubierto, falta, escasez. ➤ *Superávit.*

deficitario, ria *adj.* Insuficiente, falto, escaso.

definible *adj.* Determinable. ➤ *Indescriptible.*

definición *s. f.* **1. Explicación**, descripción, delimitación, especificación. ➤ *Imprecisión.* **2. Aserto**, axioma, proposición. **3. Nitidez.**

definido, da *adj.* **1. Delimitado**, concreto. ➤ *Inconcreto.* **2. Nítido.**

definir *v. tr.* **1. Concretar**, especificar, explicar, precisar, mostrar, puntualizar, aclarar. **2. Decidir**, determinar, resolver. **3. Concluir**, rematar.

definitivo, va *adj.* Concluyente, decisivo, terminante. ➤ *Relativo.*

deflagración *s. f.* Reventón, incendio.

deflagrar *v. intr.* Arder.

deflector *s. m.* **1. Cámara de diversión. 2. Desviador.**

deformación *s. f.* Desfiguración, disformación, manipulación.

deformar *v. tr.* **1. Desfigurar**, desvirtuar. ➤ *Preservar.* **2. Tergiversar.**

deforme *adj.* Disforme, desfigurado, desproporcionado, informe, irregular, imperfecto, monstruoso, contrahecho, grotesco, feo. ➤ *Perfecto, proporcionado, conforme.*

deformidad *s. f.* Desproporción, desfiguración, irregularidad.

defraudación *s. f.* Estafa, engaño, robo, timo, distracción.

defraudador, ra *adj.* Estafador. ➤ *Contribuyente, honrado, honesto.*

defraudar *v. tr.* **1. Quitar**, privar. **2. Estafar**, engañar, timar, contrabandear, trampear, birlar, robar, dar el cambiazo. ➤ *Tributar.* **3. Desilusionar**, desencantar, frustrar, desesperanzar. **4. Turbar**, embarazar.

defunción *s. f.* Muerte, fallecimiento, óbito. ➤ *Nacimiento, supervivencia.*

degeneración *s. f.* **1. Corrupción**, podredumbre. **2. Decadencia**, declive.

degenerado, da *adj.* Corrompido, pervertido, depravado, envilecido. ➤ *Puro, recto.*

degenerar *v. intr.* Declinar, perder, empeorar, menguar, desmerecer, decaer, perecer, transformarse, desdecir, ir a menos, desfigurarse. ➤ *Merecer, mejorar, recuperarse.*

deglución *s. f.* Disfagia, ingestión.

deglutir *v. intr.* Engullir, ingerir, tragar, comer, sorber. ➤ *Regurgitar, vomitar.*

degollar *v. tr.* **1. Decapitar**, guillotinar, descabezar. **2. Malograr**, asesinar, destruir, arruinar.

degollina *s. f.* Matanza, mortandad.

degradación *s. f.* Enviciamiento, envilecimiento, humillación, bajeza. ➤ *Ascenso, mejora.*

degradado, da *adj.* Degenerado, humillado. ➤ *Galardonado.*

degradante *adj.* Envilecedor, humillante, infamante. ➤ *Ennoblecedor.*

degradar *v. tr.* **1. Destituir**, postergar, deponer, disminuir, exonerar, rebajar, bajar. ➤ *Ascender, elevar, restituir.* **2. Deshonrar**, corromper, humillar, envilecer. ➤ *Honrar, ensalzar, ennoblecer, dignificar.*

degustación *s. f.* Cata, saboreo.
degustar *v. tr.* **1. Paladear**, saborear, probar, catar. **2. Disfrutar**.
dehesa *s. f.* Redonda, coto.
dehiscencia *s. f.* Apertura, salida.
deidad *s. f.* Divinidad, dios, diosa.
deificar *v. tr.* **1. Divinizar**, endiosar. **2. Ensalzar**, exaltar, enaltecer, engrandecer. ➤ *Humillar, rebajar.*
deífico, ca *adj.* Divino.
dejación *s. f.* Renuncia, desinterés, desvinculación, cesión, dimisión, donación, transmisión, abdicación, desistimiento, abandono. ➤ *Conservación, mantenimiento.*
dejadez *s. f.* Descuido, desidia, incuria, pereza, desgana, negligencia, apatía, desaliño, abandono. ➤ *Laboriosidad, limpieza, esfuerzo, ánimo, gana.*
dejado, da *adj.* **1. Perezoso**, descuidado, indolente, negligente. ➤ *Diligente, laborioso.* **2. Abatido**, decaído, débil, flojo. ➤ *Animado.*
dejar *v. tr.* **1. Soltar**, desprenderse, depositar, desechar, aflojar, separarse. ➤ *Agarrar, tomar.* **2. Desistir**, apartarse, retirarse, excluir, abstenerse, prescindir, suprimir, omitir. ➤ *Realizar, efectuar, cumplir.* **3. Consentir**, permitir, admitir, tolerar, autorizar, acceder. **4. Valer**, producir, proporcionar, rentar, dar, redituar. **5. Desamparar**, abandonar, desasistir, desatender. ➤ *Amparar, socorrer, ayudar.* **6. Encargar**, encomendar, confiar, entregar, delegar, recomendar. **7. Faltar**, ausentarse, marcharse, salir, partir, irse, retirarse. ➤ *Quedarse, permanecer, llegar, venir, aparecer.* **8. Legar**, ceder, prestar, trasmitir. **9. Cesar**, interrumpir, cejar, suspender, detener. ➤ *Continuar, terminar.* ‖ *v. prnl.* **10. Descuidarse**, abandonarse, enajenarse, hundirse. ➤ *Animarse, crecerse.*
deje *s. m.* **1. Acento**, tono, dejo. **2. Sabor**, regusto.
dejillo *s. m.* Dejo, tonillo, acento, deje.
dejo *s. m.* **1. Deje**, dejillo, acento. **2. Sabor**, regusto.
delación *s. f.* Acusación, denuncia, chivatazo, soplo. ➤ *Encubrimiento.*

delantal *s. m.* Mandil.
delantera *s. f.* **1. Fachada**, frente. ➤ *Trasera.* **2. Anticipación.** ➤ *Retraso.*
delantero, ra *adj.* Anterior, primero, principal. ➤ *Posterior, trasero.*
delatador, ra *adj.* Delator, chivato, soplón. ➤ *Encubridor.*
delatar *v. tr.* **1. Acusar**, denunciar, revelar, descubrir. ➤ *Encubrir, ocultar.* ‖ *v. prnl.* **2. Descubrirse.**
delator, ra *adj.* Denunciador, acusador, chivato, soplón. ➤ *Encubridor.*
deleble *adj.* Borroso, inseguro.
delectación *s. f.* Deleitación, deleite, deleitamiento, disfrute. ➤ *Desagrado.*
delegación *s. f.* **1. Agencia**, sucursal, negociado. **2. Mandato**, misión.
delegado, da *adj.* Representante, encargado, comisionado.
delegar *v. tr.* Comisionar, encargar, encomendar, facultar, confiar, transmitir, dejar, conferir, ceder. ➤ *Asumir, apropiarse.*
deleitamiento *s. m.* Deleite.
deleitar *v. tr.* Agradar, gustar, embelesar, regocijar, placer, regalar, contentar, encantar, recrear. ➤ *Desagradar, repugnar, molestar, aburrir.*
deleite *s. m.* Gusto, encanto. ➤ *Aburrimiento, repugnancia.*
deletrear *v. intr.* Silabear, vocalizar.
deletreo *s. m.* Silabeo, vocalización.
deleznable *adj.* **1. Inconsistente**, frágil, desmenuzable. ➤ *Firme, sólido.* **2. Inestable**, pasajero, fugaz. ➤ *Constante, estable.*
delgadez *s. f.* Enjutez, magrez, raquitismo. ➤ *Adiposidad, gordura, obesidad.*
delgado, da *adj.* **1. Flaco**, enjuto, cenceño, débil, esquelético, escuchimizado, chupado, demacrado, magro, enteco, consumido, desmejorado, seco, lamido. ➤ *Gordo, grueso, obeso, rechoncho.* **2. Ingenioso**, agudo, sutil. **3. Tenue**, sutil. **4. Suave**, delicado, vaporoso. **5. Fino**, estrecho, ligero. ➤ *Grueso, espeso, macizo.*
deliberación *s. f.* Discusión, decisión.
deliberado, da *adj.* Voluntario, intencionado, adrede, intencional, premeditado. ➤ *Impensado, involuntario.*

deliberante *adj.* Consultivo, delibera-dor. ➤ *Impensado, involuntario.*

deliberar *v. intr.* Discutir, debatir.

delicadeza *s. f.* **1. Finura**, sutileza. **2. Ternura**, suavidad. **3. Flojedad**, condescendencia. **4. Cortesía**, escrupulosidad, detalle, esmero, primor.

delicado, da *adj.* **1. Atento**, fino, suave, tierno, sensible, cortés, dulce. ➤ *Desatento, áspero, ordinario, tosco.* **2. Débil**, flaco, enfermizo, delgado, enclenque, merengue. ➤ *Robusto, sano, fuerte.* **3. Quebradizo**, endeble, frágil, deleznable. ➤ *Resistente, duro.* **4. Sabroso**, gustoso. **5. Difícil**, dificultoso, espinoso, arduo, peliagudo. ➤ *Fácil, sencillo.* **6. Primoroso**, refinado, exquisito, sutil, perfecto, elegante. ➤ *Rudo, grosero.* **7. Agraciado**, bien parecido. **8. Suspicaz**, quisquilloso, irritable, susceptible, picajoso, sentido, escamón. **9. Sibarita**, melindroso, rebuscado, exigente, displicente.

delicia *s. f.* Goce, deleite, placer.

delicioso, sa *adj.* Deleitable, deleitoso, placentero, ameno. ➤ *Desaborido, desagradable.*

delimitación *s. f.* Acotación, definición, demarcación.

delimitar *v. tr.* Limitar, deslindar, demarcar, definir, concretar.

delincuente *s. m y s. f.* Malhechor, reo, criminal, transgresor, facineroso, agresor, infractor, forajido.

delineante *s. m y s. f.* Dibujante, diseñador, delineador.

delinear *v. tr.* Dibujar, diseñar, apuntar, perfilar.

delinquir *v. intr.* Atentar, incurrir, infringir, transgredir, perpetrar, contravenir, vulnerar.

deliquio *s. m.* Desmayo, desfallecimiento. ➤ *Reanimación.*

delirante *adj.* **1. Apoteósico. 2. Calenturiento**, febril.

delirar *v. intr.* **1. Desvariar**, alucinarse, enajenarse. **2. Desbaratarse**, disparatar, desatinar, desbarrar.

delirio *s. m.* **1. Desvarío**, enajenación, perturbación, alucinación. ➤ *Cordura.* **2. Despropósito**, disparate.

delito *s. m.* Culpa, crimen, infracción, transgresión, vulneración, contravención, quebrantamiento, incumplimiento, pecado, atentado.

deludir *v. tr.* Engañar, burlar.

demacración *s. f.* Depauperación, palidez. ➤ *Lozanía.*

demacrado, da *adj.* Desmejorado, descolorido, depauperado, chupado, consumido. ➤ *Sano, robusto.*

demacrarse *v. prnl.* Desmejorar, desmedrarse, adelgazar, chuparse, consumirse, enflaquecer. ➤ *Engordar, mejorar.*

demanda *s. f.* **1. Solicitud**, petición, súplica, ruego, requerimiento, pretensión, reclamación. ➤ *Concesión.* **2. Pregunta**, cuestión, interrogación, interpelación, consulta. ➤ *Contestación, respuesta, réplica.*

demandante *s. m. y s. f.* Litigante, querellante, denunciante. ➤ *Demandado.*

demandar *v. tr.* **1. Pedir**, rogar, solicitar. **2. Preguntar**, interrogar. ➤ *Responder.* **3. Querellarse**, denunciar.

demarcación *s. f.* **1. Abalizamiento**, acordonamiento. **2. Distrito**, territorio, jurisdicción.

demarcar *v. tr.* Limitar, delimitar, deslindar.

demarrar *v. intr.* Acelerar. ➤ *Frenar.*

demasía *s. f.* **1. Exceso**, plétora, abundancia, colmo, sobrante, sobra. ➤ *Escasez, falta, carencia.* **2. Atrevimiento**, osadía, descaro, insolencia, injuria, desvergüenza. ➤ *Cortesía, decoro.*

demasiado, da *adj.* Excesivo, sobrado. ➤ *Parco, escaso.*

demediar *v. tr.* Promediar, dividir.

demencia *s. f.* Locura, vesania, enajenación mental. ➤ *Cordura, juicio.*

demencial *adj.* Absurdo, desatinado, incomprensible, increíble, caótico. ➤ *Juicioso, lógico.*

demente *adj.* Loco, perturbado, alienado, vesánico. ➤ *Cuerdo, juicioso.*

demeritar *v. tr.* Desprestigiar, desacreditar. ➤ *Prestigiar, ensalzar.*

demérito *s. m.* Desmerecimiento, imperfección. ➤ *Mérito, prestigio.*

democracia *s. f.* Parlamentarismo, constitucionalismo, libertad. ➤ *Dictadura, tiranía.*

demografía *s. f.* Población.

demoledor, ra *adj.* Arrollador, asolador, destructivo, destructor. ➤ *Constructor, edificante.*

demoler *v. tr.* Tirar, derruir, deshacer, arruinar, desmantelar, derribar, arrasar, destruir, desmoronar. ➤ *Construir, edificar, levantar.*

demolición *s. f.* Arrasamiento, derribo, destrucción, ruina.

demoníaco, ca *adj.* Luciferino, demonial, satánico.

demonio *s. m.* Diablo, Luzbel, Satán, Satanás, Belcebú, Lucifer, Mefistófeles, Pedro Botero, demonche, demontre, diantre, ángel caído.

demontre *s. m.* Diablo, demonio.

demora *s. f.* Tardanza, dilación, aplazamiento, atraso, prórroga.

demorar *v. tr.* **1. Retardar,** diferir, dilatar, prorrogar, aplazar, atrasar, rezagar, retrasar. ➤ *Avivar, actualizar, adelantar.* **2. Detenerse,** pararse, entretenerse, eternizarse, tardar.

demostración *s. f.* **1. Comprobación,** prueba, verificación, confirmación, evidencia, testimonio. **2. Muestra,** ostentación, esclarecimiento, explicación, presentación, manifestación, expresión, declaración, indicación, exposición, ilustración. **3. Argumento,** razonamiento.

demostrar *v. tr.* **1. Probar,** establecer, evidenciar, testimoniar, argumentar, razonar, patentizar. **2. Verificar,** corroborar, confirmar. **3. Manifestar,** mostrar, declarar, expresar, presentar, exponer, señalar, explicar, indicar, ostentar, esclarecer, ilustrar.

demostrativo, va *adj.* Apodíctico, probatorio.

demudación *s. f.* Alteración, palidez, trastorno. ➤ *Serenidad, tranquilidad.*

demudar *v. tr.* **1. Mudar,** variar, alterar, disfrazar, desfigurar. ‖ *v. prnl.* **2. Palidecer,** desencajarse. **3. Alterarse,** inmutarse. ➤ *Permanecer impasible.*

demulcente *adj.* Emoliente.

denegación *s. f.* Negativa, rechazo, desestimación. ➤ *Aprobación, cesión.*

denegar *v. tr.* Desestimar, negar.

denegrecer *v. tr.* Ennegrecer, denegrir.

denegrido, da *adj.* Atezado, pardo.

denegrir *v. tr.* Denegrecer, ennegrecer.

dengoso, sa *adj.* Melindroso, remilgado, aprensivo, pamplinero, ñoño.

dengue *s. m.* Melindre, tontería, remilgo.

denigración *s. f.* Agravio, descrédito, desdoro, difamación, deshonra, injuria. ➤ *Alabanza, encomio.*

denigrante *adj.* Envilecedor, humillante, vilipendioso. ➤ *Laudatorio.*

denigrar *v. tr.* Infamar, desacreditar, desprestigiar, vilipendiar, difamar, menoscabar, deshonrar, mancillar, afrentar, deslustrar, injuriar, ultrajar, agraviar, insultar, ofender, zaherir, faltar. ➤ *Alabar, ensalzar, elogiar, honrar, ennoblecer.*

denigrativo, va *adj.* Calumnioso.

denodadamente *adv. m.* Bravamente.

denodado, da *adj.* Valiente, animoso, resuelto, intrépido, atrevido, esforzado, determinado, audaz, bravo, arrojado, valeroso. ➤ *Apocado, pusilánime, cobarde.*

denominación *s. f.* Nombre, título, sobrenombre, distintivo, etiqueta, apodo, mote.

denominar *v. tr.* Nombrar, apellidar, bautizar, designar, señalar, distinguir, apodar, llamar.

denostada *s. f.* Injuria, afrenta.

denostar *v. tr.* Injuriar, insultar, ofender, vilipendiar, ultrajar, infamar. ➤ *Alabar, loar, encomiar.*

denotación *s. f.* ➤ *Connotación.*

denotar *v. tr.* Significar, indicar, apuntar, expresar, advertir, mostrar, anunciar. ➤ *Connotar.*

densidad *s. f.* Consistencia, dureza, viscosidad, cuerpo, condensación, espesor, compactibilidad, trabazón, cohesión. ➤ *Levedad, blandura, fluidez, claridad.*

denso, sa *adj.* **1. Consistente,** concentrado, compacto, apretado, sólido, espeso, amazacotado, comprimido, impenetrable. ➤ *Hueco, flojo, fluido,*

ralo. **2. Tupido**, oscuro, confuso. ➤
Claro. **3. Condensado**, pastoso, espeso, engrosado. ➤ *Diluido.*

dentado, da *adj.* Engranado, mellado.
➤ *Liso.*

dental *adj.* Dentario.

dentar *v. tr.* Endentecer.

dentellada *s. f.* Mordedura, mordisco, dentada.

dentellar *v. intr.* Retemblar, temblequear, castañetear.

dentellear *v. tr.* Mordiscar, morder.

dentera *s. f.* **1. Repulsión. 2. Envidia.
3. Anhelo**, pasión, ansia, deseo.

dentista *s. m. y s. f.* Odontólogo, estomatólogo, sacamuelas.

dentro *adv. l. y adv. t.* Adentro, intramuros. ➤ *Afuera, fuera.*

dentudo, da *adj.* Colmilludo, dentón.
➤ *Desdentado.*

denudar *v. tr.* Desnudar, despojar.

denuedo *s. m.* Audacia, valentía, valor, gallardía, brío, esfuerzo, ánimo, arrojo, coraje, intrepidez, resolución, arrestos. ➤ *Desánimo, indecisión, cobardía, pusilanimidad.*

denuesto *s. m.* Ofensa, improperio, agravio, afrenta, invectiva, diatriba, insulto, vituperio, injuria. ➤ *Alabanza, piropo, desagravio.*

denuncia *s. f.* Delación, soplo, acusación, chivatazo.

denunciable *adj.* Acusable, achacable, atribuible, imputable.

denunciador, ra *adj.* Denunciante.

denunciante *s. m. y s. f.* Denunciador, acusador. ➤ *Acusado.*

denunciar *v. tr.* **1. Delatar**, descubrir, revelar, acusar, soplar. ➤ *Encubrir, tapar, defender.* **2. Manifestar**, anunciar, notificar, avisar, noticiar, indicar. ➤ *Callar, esconder.* **3. Pronosticar**, augurar, predecir, presagiar, agorar, vaticinar. ➤ *Desconocer.*

deontología *s. f.* Ética.

deparar *v. tr.* Suministrar, facilitar, proporcionar, presentar, entregar, dar, conceder. ➤ *Negar.*

departamento *s. m.* **1. Compartimento**, habitación, dependencia. **2. Sector**, sección, parte, división.

departir *v. intr.* Hablar, conversar.

depauperación *s. f.* Debilidad, demacración, flojera, debilitación, enflaquecimiento, extenuación. ➤ *Fortaleza.*

depauperar *v. tr.* **1. Arruinar**, empobrecer. ➤ *Enriquecer.* **2. Enflaquecer**, consumir, debilitar, extenuar. ➤ *Fortalecer.*

dependencia *s. f.* **1. Subordinación**, sujeción, sumisión, vasallaje, inferioridad, obediencia, deferencia, esclavitud, supeditación, adhesión. ➤ *Independencia, superioridad, rebeldía.* **2. Delegación**, sección, agencia, sucursal, negociado, filial. ➤ *Central.*

depender *v. intr.* Subordinar, pender.

dependiente *adj.* **1. Subordinado**.
➤ *Independiente.* || *s. m. y s. f.* **2. Subalterno**, auxiliar, inferior, vasallo, súbdito, tributario. ➤ *Jefe, superior.* **3. Comerciante**, oficinista, tendero, burócrata, vendedor.

depilar *v. tr.* Rasurar, arrancar, pelar.

deplorable *adj.* Lastimoso, penoso, rechazable, reprobable, desventurado, calamitoso, funesto, aciago, fatídico, triste, infausto, lamentable, infeliz.
➤ *Estimable, venturoso, dichoso.*

deplorar *v. tr.* Lamentar, dolerse. ➤
Alegrarse.

deponer *v. tr.* **1. Dejar**, separar, apartar. **2. Destituir**, bajar, quitar, degradar. **3. Evacuar.**

deportación *s. f.* Destierro, exilio, extrañamiento, proscripción.

deportar *v. tr.* Exiliar, proscribir, expulsar, desterrar, extrañar, expatriar, confinar, alejar. ➤ *Repatriar.*

deporte *s. m.* Ejercicio.

deportista *s. m. y s. f.* Atleta, jugador.

deportividad *s. f.* Corrección, deportivismo, nobleza, caballerosidad.

deposición[1] *s. f.* **1. Exposición**, declaración. **2. Degradación.**

deposición[2] *s. f.* Defecación.

depositar *v. tr.* **1. Consignar**, dar, confiar, fiar, encomendar, dejar, poner, situar, guardar, guarecer, colocar.
➤ *Sacar.* **2. Encerrar**, contener. **3. Sedimentar**, precipitar.

depositaría *s. f.* Tesorería.

depósito *s. m.* **1. Almacenamiento**, acumulación, acopio, stock, provisión. **2. Arsenal. 3. Almacén**, recipiente, receptáculo, local, pósito. **4. Sedimento**, precipitado. **5. Entrega**, resguardo, consignación, custodia, conservación.

depravación *s. f.* Envilecimiento, perversión, corrupción, vicio, corruptela, desenfreno, libertinaje. ➤ *Virtud, honestidad, honradez.*

depravado, da *adj.* Encanallado, maligno, pérfido, corrupto, vicioso.

depravar *v. tr.* Malear, pervertir, adulterar, prostituir, envilecer, dañar, viciar, emponzoñar, enviciar, corromper. ➤ *Educar, edificar, sanar, rehabilitar.*

deprecación *s. f.* Ruego, súplica, petición, imprecación.

deprecar *v. tr.* Implorar, instar, solicitar, rogar, pedir, suplicar.

depreciación *s. f.* Abaratamiento, baratura, desmerecimiento, baja, desvaloración. ➤ *Alza, encarecimiento, revalorización.*

depreciar *v. tr.* Abaratar, rebajar, devaluar, bajar, empequeñecer, desvalorar, desvalorizar, disminuir. ➤ *Encarecer, revalorizar, subir.*

depredación *s. f.* Pillaje, robo, devastación, saqueo.

depredador, ra *adj.* Carroñero, saqueador, ladrón.

depredar *v. tr.* Robar, saquear, destrozar, pillar, asolar.

depresión *s. f.* **1. Decaimiento**, abatimiento, melancolía, hundimiento, humillación, desaliento, desánimo, degradación. ➤ *Alegría, euforia.* **2. Hoyo**, fosa, concavidad. ➤ *Elevación.* **3. Recesión.**

depresivo, va *adj.* Deprimente, humillante. ➤ *Exultante, animante.*

deprimente *adj.* Depresivo.

deprimido, da *adj.* Decaído, desanimado, melancólico, pesimista. ➤ *Alegre, optimista.*

deprimir *v. tr.* **1. Comprimir**, hundir, estrujar, abollar, apretar. ➤ *Dilatar, ahuecar, ensanchar.* **2. Abatir**,

desalentar, desanimar, decaer, hundirse. ➤ *Alegrar, animar, superarse, reanimarse.* **3. Arruinar.** ➤ *Enriquecer.* **4. Humillar**, envilecer, rebajar, disminuir, degradar. ➤ *Enaltecer, revalorar.* **5. Empobrecer**, arruinar. ➤ *Enriquecer.* ‖ *v. prnl.* **6. Desanimarse**, entristecerse. ➤ *Animarse.*

deprisa *adv. m.* Rápido, pronto, aceleradamente. ➤ *Despacio.*

depuesto, ta *adj.* Cesado, desautorizado, destituido, derrocado, relevado, degradado, expulsado, destronado, sustituido. ➤ *Repuesto.*

depuración *s. f.* Acendramiento, purga, purificación.

depurado, da *adj.* Acendrado, acrisolado, afinado, pulido, trabajado, elaborado, purificado. ➤ *Bruto.*

depurar *v. tr.* **1. Limpiar**, purificar, filtrar. ➤ *Ensuciar.* **2. Purgar**, expulsar, expedientar.

depurativo, va *adj.* Purgante, purificador, laxante.

derechista *adj.* Tradicional, conservador. ➤ *Socialista, izquierdista.*

derecho, cha *adj.* **1. Recto**, directo, igual, continuo, vertical, tieso, rígido, enhiesto, seguido, plano, erguido, rectilíneo. ➤ *Torcido, doblado, desviado, inclinado.* **2. Diestro.** ➤ *Izquierdo, siniestro.* **3. Justo**, fundado, razonable, legítimo, sensato, legal. ➤ *Injusto, ilegítimo, infundado.* ‖ *s. m.* **4. Facultad**, opción, poder. **5. Justicia**, equidad, razón. **6. Jurisprudencia.** ‖ *s. f.* **7. Diestra.** ➤ *Izquierda, siniestra.* **8. Conservadurismo.** ➤ *Izquierda.* ‖ *s. m. pl.* **9. Tasas**, emolumentos, minuta.

derechura *s. f.* Rectitud.

deriva *s. f.* Desvío.

derivación *s. f.* Descendencia, deducción, consecuencia, estribación.

derivado, da *adj.* Deducido.

derivar *v. intr.* **1. Originarse**, proceder, emanar, seguirse, deducirse, nacer, resultar, engendrarse. **2. Abatir**, derrotarse, desviarse, desencaminarse. ‖ *v. tr.* **3. Encaminar**, llevar, traer, encauzar, ir, conducir.

derogación *s. f.* **1. Abolición**, anulación, revocación, nulidad. ➤ *Implantación, autorización.* **2. Disminución**, deterioración.

derogar *v. tr.* Anular, modificar, suprimir, abolir, destruir, abrogar, invalidar. ➤ *Autorizar, ratificar.*

derrama *s. f.* Prorrateo.

derramamiento *s. m.* Efusión.

derramar *v. tr.* **1. Verter**, esparramar, tirar, dispersar, volcar, evacuar. ➤ *Contener.* **2. Publicar**, extender, divulgar, promulgar, difundir. ‖ *v. prnl.* **3. Dispersarse**, diseminarse, irse, rebosar, cundir, esparcirse, salirse, desbordarse, fluir. ➤ *Concentrarse, contenerse.* **4. Desembocar**, desaguar.

derrame *s. m.* **1. Derramamiento. 2. Declive**, declinación, inclinación.

derrapar *v. intr.* Resbalar, patinar.

derredor *s. m.* Circuito, rededor, alrededores, proximidades, contorno.

derrenegar *v. intr.* Aborrecer, detestar, abominar.

derrengado, da *adj.* **1. Torcido**, encorvado, inclinado. **2. Agotado**, cansado, exhausto, molido. ➤ *Fortalecido, descansado.*

derrengar *v. tr.* **1. Desriñonar**, descaderar. **2. Torcer**, ladear, escorar, inclinar. ➤ *Enderezar.*

derretido, da *adj.* **1. Fundido. 2. Enamorado**, amartelado.

derretimiento *s. m.* Licuación, fusión, fundición.

derretir *v. tr.* **1. Fundir**, deshelar, licuar, disolver, desleír, descoagular, licuefacer. ➤ *Solidificar, congelar.* **2. Consumir**, gastar, disipar. ‖ *v. prnl.* **3. Enamorarse**, deshacerse, amartelarse, encariñarse. **4. Desvivirse**, impacientarse, deshacerse.

derribado, da *adj.* Atropellado, derruido, destruido.

derribar *v. tr.* **1. Tirar**, tumbar, derrumbar, derruir, abatir, volcar, destituir, destruir, demoler, hundir, precipitar, arrasar, derrocar, desplomar, aterrar. ➤ *Construir, edificar, alzar, levantar, reconstruir.* **2. Derrocar**, postrar.

derribo *s. m.* Demolición, derribamiento, destrucción.

derrocadero *s. m.* Despeñadero, precipicio, derrumbadero.

derrocamiento *s. m.* Complot, conjura, destitución, resolución.

derrocar *v. tr.* **1. Derribar**, derrumbar, demoler, despeñar, echar por tierra, deshacer, arruinar. **2. Enervar**, distraer, precipitar. **3. Deponer**, destituir, cesar.

derrochador, ra *adj.* Pródigo, malgastador, despilfarrador. ➤ *Ahorrador, tacaño, agarrado.*

derrochar *v. tr.* **1. Malgastar**, dilapidar, despilfarrar, disipar, malbaratar, quemar, prodigar, destruir, destrozar. ➤ *Guardar, ahorrar, economizar.* **2. Rebosar.** ➤ *Carecer.*

derroche *s. m.* Despilfarro, dilapidación, prodigalidad. ➤ *Ahorro, mesura, tacañería.*

derrota *s. f.* **1. Derrotero**, camino, vereda, senda. **2. Rendición**, fracaso, pérdida, vencimiento, descalabro, revés. ➤ *Victoria, triunfo.*

derrotado, da *adj.* **1. Vencido. 2. Roto**, andrajoso, harapiento.

derrotar *v. tr.* **1. Vencer**, desbaratar, batir, destrozar, superar, someter, dominar, rendir, aniquilar, reducir. ➤ *Perder, ser vencido.* **2. Destruir**, hundir, arruinar, deshacer, disipar, romper.

derrotero *s. m.* Rumbo, ruta, dirección, camino.

derrotismo *s. m.* Desmoralización, pesimismo. ➤ *Triunfalismo.*

derrotista *adj.* Agorero, desmoralizador, pesimista. ➤ *Optimista.*

derruir *v. tr.* Demoler, abatir, derribar, destruir. ➤ *Construir, edificar.*

derrumbadero *s. m.* **1. Despeñadero**, precipicio. **2. Riesgo**, peligro.

derrumbamiento *s. m.* Alud, caída, hundimiento.

derrumbar *v. tr.* **1. Precipitar**, despeñar. **2. Demoler**, derruir, derribar.

derrumbe *s. m.* **1. Derrumbamiento. 2. Despeñadero**, alud.

desabastecer *v. tr.* Desproveer.

desabor s. m. Insipidez, desabrimiento, sinsabor.

desaborido, da adj. **1. Desabrido**, insípido, insulso. ➤ *Sabroso, delicioso.* **2. Aburrido.** ➤ *Saleroso.*

desabotonar v. tr. Soltar, desabrochar. ➤ *Abrochar, abotonar.*

desabridamente adv. m. Acremente, ásperamente.

desabrido, da adj. **1. Insustancial**, insulso, soso, insípido, desaborido. ➤ *Sabroso, sustancioso.* **2. Desagradable**, descortés, arisco, brusco, áspero, avinagrado, hosco, huraño, antipático, seco, desapacible. ➤ *Cortés, afectuoso, atento, simpático.*

desabrigado, da adj. Abandonado, desamparado. ➤ *Amparado, protegido, apoyado.*

desabrigar v. tr. Destapar, desvestir, desnudar, descubrir, desarropar, aligerar de ropa. ➤ *Abrigar.*

desabrigo s. m. Desamparo, abandono. ➤ *Amparo, apoyo, valimiento.*

desabrimiento s. m. **1. Disgusto**, desazón. **2. Despego**, esquivez. ➤ *Afabilidad.*

desabrir v. tr. Desazonar.

desabrochar v. tr. **1. Desabotonar**, desasir. ➤ *Abrochar.* **2. Soltar**, aflojar, desnudar, abrir, descubrir.

desacatar v. tr. Desobedecer, insubordinarse. ➤ *Obedecer.*

desacato s. m. Desobediencia, insumisión, rebeldía, desconsideración, ofensa, ultraje, desacatamiento, desdén, atrevimiento, incorrección, descaro, desprecio, menosprecio, irreverencia, desafío. ➤ *Obediencia, reverencia, acato, respeto.*

desacelerar v. tr. Reducir, disminuir.

desacerbar v. tr. Templar, endulzar.

desacertado, da adj. Equivocado, errado. ➤ *Acertado.*

desacertar v. intr. Errar, equivocarse, marrar. ➤ *Acertar.*

desacierto s. m. Error, yerro, equivocación, desatino, fallo, disparate, descuido, lapsus, dislate, desliz, torpeza, patochada, incorrección. ➤ *Acierto, diana, habilidad.*

desacobardar v. tr. Animar, envalentonar, alentar. ➤ *Acobardar.*

desacomodado, da adj. **1. Desocupado**, parado, desempleado. **2. Incómodo**, molesto.

desacomodar v. tr. Desemplear, desocupar, despedir.

desacomodo s. m. **1. Paro**, cesantía. **2. Incomodidad. 3. Tribulación.**

desaconsejar v. tr. Disuadir, desanimar, desviar, desinflar, desarraigar, desganar. ➤ *Aconsejar.*

desacoplar v. tr. Separar.

desacordar v. tr. **1. Desafinar**, destemplar. **2. Olvidarse.** ➤ *Acordarse.*

desacorde adj. **1. Disconforme**, desavenido. ➤ *Conforme.* **2. Destemplado**, desafinado. ➤ *Afinado.*

desacostumbrado, da adj. Insólito, desusado, inaudito. ➤ *Corriente.*

desacostumbrar v. tr. Desusar, desavezar. ➤ *Acostumbrar.*

desacreditado, da adj. Infame, malmirado. ➤ *Acreditado, apreciado.*

desacreditar v. tr. Criticar, denigrar, difamar, desautorizar, deshonrar, mancillar, descalificar, deslucir, infamar, desprestigiar, detractar, tildar, afrentar, vituperar. ➤ *Elogiar, acreditar, reputar, garantizar.*

desactivar v. tr. **1. Detener**, neutralizar. **2. Desmontar**, inutilizar.

desacuerdo s. m. **1. Desavenencia**, desunión, disconformidad, discordancia, disensión, conflicto, disputa, discrepancia, diferencia, oposición, divergencia, querella, discordia. ➤ *Acuerdo, pacto, concordancia, avenencia.* **2. Desacierto**, error. **3. Olvido. 4. Enajenación.**

desaderezar v. tr. Desaliñar.

desadormecer v. tr. **1. Despertar. 2. Desentorpecer**, desentumecer.

desadvertido, da adj. Inadvertido.

desafección s. f. Desafecto, antipatía, animosidad. ➤ *Afecto, simpatía.*

desafecto, ta adj. **1. Antipático**, desagradable. ‖ s. m. **2. Aversión**, animosidad, desafección, hostilidad, malquerencia. ➤ *Cariño.*

desaferrar v. tr. Desasir, soltar.

desafiar *v. tr.* **1. Rivalizar**, contender, concursar, disputar, competir. **2. Retar**, enfrentarse, provocar. **3. Contradecir**, oponerse. **4. Bravear**, arrostrar, afrontar.

desafinado, da *adj.* Desentonado, disonante. ➤ *Afinado.*

desafinar *v. intr.* Desentonar. ➤ *Entonar, afinar.*

desafío *s. m.* Rivalidad, competencia, reto, provocación. ➤ *Sometimiento.*

desaforado, da *adj.* **1. Brutal**, furioso, frenético. ➤ *Tranquilo.* **2. Desmesurado**, descomunal, grande, desmedido. ➤ *Pequeño.*

desaforarse *v. prnl.* Descomponerse, descomedirse, atreverse.

desafortunado, da *adj.* Desventurado, malaventurado, desdichado, infeliz. ➤ *Feliz.*

desafuero *s. m.* Demasía, desmán, abuso, atropello, tropelía. ➤ *Justicia.*

desagarrar *v. tr.* Soltar, liberar.

desagraciado, da *adj.* Desangelado, deslucido. ➤ *Gracioso, salado.*

desagraciar *v. tr.* Afear.

desagradable *adj.* Fastidioso, penoso, enojoso, irritante, insufrible, molesto, repelente, triste, amargo, ingrato, feo, engorroso, incómodo, asqueroso, pesado, árido, aburrido, inaguantable. ➤ *Agradable, placentero, atractivo, ameno, bello, alegre.*

desagradar *v. intr.* Fastidiar, molestar, disgustar. ➤ *Agradar, gustar.*

desagradecido, da *adj.* Ingrato, desleal, infiel. ➤ *Agradecido, fiel.*

desagradecimiento *s. m.* Ingratitud, egoísmo. ➤ *Gratitud, lealtad.*

desagrado *s. m.* Fastidio, enojo, molestia, disgusto, desazón, asco, tribulación, sinsabor, descontento, dolor, enfado, incomodidad, aflicción. ➤ *Gusto, contento, alegría.*

desagraviar *v. tr.* Reparar, indemnizar, resarcirse, compensar. ➤ *Agraviar, afrentar.*

desagravio *s. m.* Reparación, satisfacción. ➤ *Ofensa, perjuicio.*

desagregar *v. tr.* Disgregar, disociar, dispersar, separar, apartar.

desaguar *v. tr.* **1. Vaciar**, secar, derramar. ➤ *Llenar, anegar.* **2. Disipar**, consumir. ‖ *v. intr.* **3. Verter**, afluir.

desagüe *s. m.* Caño, tubería, desaguadero, desaguador.

desaguisado *s. m.* Desacierto, disparate, barbaridad, agravio, denuesto.

desahogado, da *adj.* **1. Descarado. 2. Holgado**, espacioso. **3. Rico**, adinerado. ➤ *Pobre, necesitado.*

desahogar *v. tr.* **1. Consolar**, aliviar. ‖ *v. prnl.* **2. Recobrarse**, repararse, aliviarse. **3. Desempeñarse. 4. Espontanearse**, confesar, confiar. ➤ *Callarse.*

desahogo *s. m.* **1. Consuelo**, alivio, reposo, descanso, mitigación, bálsamo, aliviamiento, confortación. **2. Esparcimiento**, ensanche, diversión, solaz, distracción, expansión, holgura. **3. Libertad**, desembarazo, desenvoltura, desenfado, tranquilidad.

desahuciar *v. tr.* **1. Desesperanzar**, desengañar. **2. Sentenciar. 3. Desalojar.** ➤ *Alquilar, admitir.*

desahucio *s. m.* Expulsión, despido. ➤ *Admisión.*

desairado, da *adj.* **1. Desgarbado**, desgalichado. **2. Desdeñado**, chasqueado, burlado.

desairar *v. tr.* Desdeñar, despreciar, desatender, desestimar. ➤ *Desagraviar, respetar.*

desaire *s. m.* **1. Desatención**, desestimación, desdén, desprecio, menosprecio, descortesía, tarascada, grosería, burla. ➤ *Cortesía, respeto.* **2. Desgarbo**, desgalichamiento, torpeza, desmadejamiento, pesadez, fachosería, ridiculez. ➤ *Garbo, aire, salero.*

desajustar *v. tr.* **1. Desconectar.** ➤ *Conectar.* ‖ *v. prnl.* **2. Desencajarse**, desconvenirse, desmontarse.

desalabanza *s. f.* Vituperio, menosprecio. ➤ *Elogio.*

desalabar *v. tr.* Vituperar, insultar, denostar, tachar. ➤ *Alabar, elogiar, encomiar.*

desalabear *v. tr.* Enderezar.

desalagar *v. tr.* Desecar, desencharcar.

desalentado, da *adj.* Pesimista, desanimado. ➤ *Optimista, animado.*

desalentar *v. tr.* Desanimar, descorazonar, amedrentar, intimidar, acobardar, desmoralizar, postrar, aplanar, acoquinar, amilanar, desistir, abatir, consternar, atemorizar. ➤ *Envalentonar, animar.*

desaliento *s. m.* Abatimiento, postración, decaimiento.

desalinización *s. f.* Desalación.

desaliñado, da *adj.* Desastrado, descuidado, desaseado, desgalichado, desharrapado, desidioso, sórdido, mugriento, asqueroso, cochino, sucio. ➤ *Pulcro, aseado, limpio, curioso.*

desaliñar *v. tr.* Descuidar, desastrar, abandonarse, descomponer. ➤ *Embellecer, emperifollar.*

desaliño *s. m.* Desidia, dejadez, desaseo, descompostura, negligencia, descuido. ➤ *Embellecimiento, cuidado.*

desalmado, da *adj.* Brutal, bárbaro, salvaje, cruel, sanguinario, perverso, inhumano, bruto, despiadado, sin entrañas, feroz. ➤ *Humanitario, bondadoso, caritativo, piadoso.*

desalojar *v. tr.* Expulsar, echar. ➤ *Alojar, admitir.*

desalojo *s. m.* Deshaucio, desalojamiento, expulsión.

desalquilar *v. tr.* Desalojar, desocupar. ➤ *Alquilar.*

desalterar *v. tr.* Sosegar, apaciguar.

desamar *v. tr.* Abandonar, aborrecer.

desamarrar *v. tr.* **1. Desatar**, soltar, desasir. ➤ *Atar, anudar.* **2. Desviar**, apartar.

desamasado, da *adj.* Desunido, deshecho. ➤ *Amasado, unido.*

desamor *s. m.* **1. Desafecto**, indiferencia. ➤ *Amor, cariño.* **2. Enemistad**, aborrecimiento. ➤ *Aprecio.*

desamparado, da *adj.* Abandonado, indefenso, solo, desvalido, inerme, desatendido, huérfano, perdido, impotente, extraviado. ➤ *Protegido, amparado, acompañado.*

desamparar *v. tr.* Desatender, desasistir, abandonar, dejar. ➤ *Amparar, asistir, atender.*

desamparo *s. m.* Abandono, indigencia, desvalimiento.

desancorar *v. tr.* Zarpar, desanclar.

desandar *v. tr.* Retroceder.

desanandrajado, da *adj.* Andrajoso, desastrado. ➤ *Atildado, elegante.*

desangelado, da *adj.* Insulso.

desangramiento *s. m.* Derramamiento, sangría.

desangrar *v. tr.* **1. Sangrar. 2. Agotar**, desaguar. **3. Empobrecer.** ‖ *v. prnl.* **4. Debilitarse**, extenuarse.

desanimado, da *adj.* Descorazonado, desalentado. ➤ *Alentado, animado.*

desanimar *v. tr.* Desalentar, descorazonar, atemorizar, acobardar, arredrar. ➤ *Animar, alentar.*

desánimo *s. m.* Desaliento, decaimiento, abatimiento, postración. ➤ *Denuedo, esfuerzo.*

desanublar *v. tr.* Despejar, aclarar.

desanudar *v. tr.* Deshacer, desatar.

desapacible *adj.* Destemplado, áspero, duro, enojoso, molesto, ingrato, fastidioso, desabrido. ➤ *Sereno, agradable, apacible, grato.*

desaparear *v. tr.* Desparejar, separar.

desaparecer *v. tr.* **1. Esconder**, tapar, ocultar, disipar, cubrir, velar. ➤ *Destapar, descubrir.* ‖ *v. intr.* **2. Fugarse**, ocultarse, desvanecerse, huir, evaporarse, perderse, disiparse, esfumarse, eclipsarse, volar, gastar. ➤ *Aparecer.*

desaparejar *v. tr.* Desensillar, desalforjar. ➤ *Ensillar.*

desaparición *s. f.* Ausencia, eclipse, fulminación. ➤ *Emersión, aparición.*

desapasionado, da *adj.* **1. Objetivo**, equitativo, justo, imparcial. ➤ *Parcial, injusto.* **2. Frío**, insensible, indiferente, apático. ➤ *Arrebatado.*

desapasionar *v. tr.* Desarraigar.

desapegar *v. tr.* **1. Despegar**, separar. ‖ *v. prnl.* **2. Enemistarse**.

desapego *s. m.* Desafecto, frialdad, distanciamiento, alejamiento, indiferencia, desamor, desabrimiento, indolencia, despego, desvío. ➤ *Apego, interés, afición.*

desapercibido, da *adj.* **1. Desprevenido**, desprovisto. **2. Inadvertido**.

desapestar *v. tr.* Desinfectar.

desapiadado, da *adj.* Cruel, inhumano, despiadado. ➤ *Clemente.*

desaplicado, da *adj.* Desatento, descuidado, distraído. ➤ *Aplicado, atento.*

desapoderado, da *adj.* **1. Atolondrado**, precipitado. **2. Furioso**, violento, desenfrenado.

desapoderamiento *s. m.* Desenfreno, fogosidad, vehemencia. ➤ *Frialdad, moderación.*

desapoderar *v. tr.* Desposeer, quitar.

desapreciar *v. tr.* Desestimar. ➤ *Apreciar.*

desaprensión *s. f.* Despreocupación, desvergüenza, frescura, desenfado, imperturbabilidad, impasibilidad. ➤ *Miramiento, preocupación, vergüenza.*

desaprensivo, va *adj.* Desvergonzado, descarado, sinvergüenza, fresco, caradura. ➤ *Honrado.*

desaprobación *s. f.* Censura, crítica, vituperio.

desaprobar *v. tr.* Vituperar, censurar, condenar, reconvenir, reprobar, reprender, criticar, reprochar, afear, denegar, disentir, desautorizar. ➤ *Aprobar, elogiar, aplaudir, autorizar.*

desapropiarse *v. prnl.* Desposeerse.

desaprovechar *v. tr.* Malgastar, despilfarrar, desperdiciar. ➤ *Aprovechar.*

desarbolado, da *adj.* **1. Desangelado. 2. Escacharrado**, roto.

desarbolar *v. tr.* Destruir, tronchar, derribar, desmantelar.

desarmado, da *adj.* Inerme, desvalido, indefenso. ➤ *Armado, protegido.*

desarmador *s. m.* Disparador.

desarmar *v. tr.* **1. Desposeer**, despojar, privar, arrebatar, tomar, quitar. ➤ *Armar, proveer.* **2. Desarticular**, desbaratar, deshacer, desmontar, desunir, descomponer, desbarajustar. ➤ *Montar, armar, componer.* **3. Templar**, acallar, moderar, aplacar, pacificar, mitigar.

desarme *s. m.* Desarmamiento.

desarraigado, da *adj.* **1. Descuajado**, desenterrado. ➤ *Plantado.* **2. Emigrado**, desterrado, apartado.

desarraigar *v. tr.* **1. Desenterrar**, descepar, extraer, descuajar, arrancar.

➤ *Plantar, arraigar.* **2. Echar**, apartar, desterrar, alejar, expulsar, despedir. ➤ *Acoger, recibir, permanecer.* **3. Extinguir**, extirpar, matar, desvanecer, suprimir, mitigar, aniquilar. ➤ *Permanecer, sobrevivir.*

desarraigo *s. m.* Extirpación, destierro.

desarrancarse *v. prnl.* Desertar.

desarrebujar *v. tr.* Desenvolver, destapar, descubrir, desenmarañar, desarropar. ➤ *Tapar.*

desarreglar *v. tr.* Desajustar, desorganizar, trastornar, desordenar. ➤ *Arreglar, ordenar.*

desarreglo *s. m.* Desconcierto, desorganización, desbarajuste. ➤ *Orden, organización.*

desarrevolver *v. tr.* Desembarazar, desenvolver.

desarrimar *v. tr.* **1. Apartar**, separar. ➤ *Acercar, arrimar.* **2. Disuadir**.

desarrollar *v. tr.* **1. Desenrollar**, desplegar, soltar, extender, desdoblar, tender. ➤ *Enrollar, arrollar.* **2. Fomentar**, aumentar, perfeccionar, acrecentar, amplificar, impulsar, ensanchar, dilatar, expandir, crecer, ampliar, progresar, mejorar. ➤ *Decrecer, menguar, encoger.* **3. Exponer**, esclarecer, explayar, comentar, analizar, explicar. ➤ *Omitir, abreviar, extractar, sintetizar.*

desarrollo *s. m.* **1. Incremento**, aumento, progreso, adelanto, crecimiento, expansión. ➤ *Retraso, retroceso.* **2. Exposición**, explicación.

desarropar *v. tr.* Desabrigar, tapar. ➤ *Arropar, cubrir.*

desarrugar *v. tr.* Alisar, planchar, estirar. ➤ *Aplastar, arrugar.*

desarrumar *v. tr.* Desatorar, desocupar.

desarticular *v. tr.* Separar, descoyuntar, dislocar, desacoplar, desquiciar, desenganchar, desencajar, desvencijar, desengarzar, desengranar, desunir, desmontar. ➤ *Encajar, articular, acoplar, reunir, montar, unir.*

desaseado, da *adj.* Descuidado, sucio, desaliñado, adán, marrano. ➤ *Pulcro, limpio.*

desasear *v. tr.* Descuidarse, ensuciar.

desasentar *v. tr.* **1. Remover. 2. Desagradar**, desazonar. **3. Levantarse**.

desasimiento *s. m.* Generosidad, desprendimiento, desinterés.

desasir *v. tr.* **1. Desatar**, desprender, soltar, separar, desencajar, aflojar, desgajar, desenganchar, despegar, libertar, arrancar, desabrochar, saltar. ➤ *Asir, coger, apretar, aferrar, pegar, agarrar*. || *v. prnl.* **2. Desinteresarse**, desapropiarse. ➤ *Aferrarse, agarrarse*.

desasistir *v. tr.* Abandonar, desatender, desamparar. ➤ *Asistir, ayudar, amparar*.

desasosegar *v. tr.* Inquietar, intranquilizar, desazonar. ➤ *Tranquilizar, sosegar*.

desasosiego *s. m.* Intranquilidad, inquietud, desazón, malestar, disgusto, turbación, incomodidad, alarma, temor, desagrado, sospecha, preocupación, expectación, duda, agitación, perturbación, remordimiento, ansiedad, escrúpulo, tribulación, zozobra, impaciencia. ➤ *Calma, sosiego, tranquilidad, serenidad*.

desastradamente *adv. m.* Desgraciadamente, desaliñadamente.

desastrado, da *adj.* **1. Desgraciado**, infausto, infeliz. ➤ *Feliz*. **2. Desarrapado**, desaliñado, astroso, harapiento, sucio, deshauciado. ➤ *Limpio, aseado, arropado*.

desastre *s. m.* Catástrofe, desgracia, cataclismo, calamidad, devastación, infortunio, pérdida, hundimiento, fracaso, ruina, desolacion, bancarrota. ➤ *Victoria, acierto, triunfo, ganancia, éxito, fortuna*.

desastroso, sa *adj.* **1. Desaseado**, desastrado. ➤ *Pulcro*. **2. Catastrófico**, incompetente, malo.

desatacar *v. tr.* Desabrochar, soltar, desatar, desabotonar. ➤ *Abrochar*.

desatancar *v. tr.* Desatascar, desatrancar, desatrampar, limpiar, desembarazar.

desatar *v. tr.* **1. Desligar**, deshacer, soltar, desanudar, desprender, desenlazar, destrabar. ➤ *Atar, ligar, unir,*

anudar, fundir, soldar, embrollar, liar. || *v. prnl.* **2. Desenfrenarse**, desencadenarse, estallar, explotar. ➤ *Contenerse, sujetarse*. **3. Desleír**, derretir, licuar, disolver. ➤ *Solidificar, cuajar*.

desatascar *v. tr.* **1. Desatollar. 2. Desobstruir**, desatrancar.

desatención *s. f.* **1. Distracción**, despiste. **2. Descortesía**, incorrección, grosería. ➤ *Cortesía, atención, corrección, urbanidad*.

desatender *v. tr.* **1. Descuidar**, abandonar, desasistir, olvidar, incumplir. ➤ *Atender, cuidar, cumplir*. **2. Despreciar**, menospreciar, desdeñar. ➤ *Apreciar, considerar*. **3. Desestimar**, desoír, desadvertir, distraerse. ➤ *Oír, atender, notar, escuchar, prestar atención*.

desatento, ta *adj.* **1. Distraído**, descuidado, pasota. **2. Descortés**, desconsiderado, grosero. ➤ *Considerado, atento, cortés, educado*.

desatiento *s. m.* Desasosiego, inquietud, sobresalto, alteración.

desatinadamente *adv. m.* **1. Inconsideradamente**, con desatino. **2. Desmedidamente**, excesivamente.

desatinado, da *adj.* **1. Desarreglado. 2. Descabellado**, disparatado, desacertado, absurdo.

desatinar *v. intr.* Desacertar.

desatino *s. m.* Disparate, despropósito, desacierto, equivocación, error, locura, necedad. ➤ *Razonamiento, acierto, tino*.

desatollar *v. tr.* Desatrancar.

desatraer *v. tr.* Separar, apartar. ➤ *Juntar, unir, arrimar*.

desatrancar *v. tr.* **1. Abrir.** ➤ *Trancar, cerrar, candar*. **2. Desatascar**, desembarazar, limpiar. ➤ *Obstruir, atascar, atrancar*.

desatufarse *v. prnl.* Aplacarse.

desaturdir *v. tr.* Desatolondrar.

desautorización *s. f.* Desaprobación, descalificación, desmentido.

desautorizado, da *adj.* Desacreditado, desprestigiado. ➤ *Autorizado, prestigioso*.

desautorizar *v. tr.* Desacreditar, desprestigiar. ➤ *Autorizar.*

desavenencia *s. f.* Desunión, desacuerdo, disensión, disconformidad, oposición, discordia, contrariedad, discrepancia, discordancia, diferencia, disentimiento. ➤ *Acuerdo, amistad, entendimiento, avenencia, concordancia, armonía.*

desavenir *v. tr.* Desconcertar, discordar, desconvenir. ➤ *Acordar, amistar.*

desaventajado, da *adj.* Inferior.

desavío *s. m.* Desaliño, desorden, incomodidad.

desayuno *s. m.* **1. Tentempié. 2. Almuerzo.**

desazón *s. f.* **1. Aspereza,** dureza, sinsabor, desabrimiento, insipidez, sosería, insulsez. ➤ *Sazón, sapidez.* **2. Desasosiego,** malestar, inquietud, molestia, descontento, intranquilidad, comezón, incomodidad, congoja, angustia. ➤ *Sosiego, calma, bienestar, tranquilidad.*

desazonado, da *adj.* **1. Soso. 2. Indispuesto,** disgustado.

desazonar *v. tr.* **1. Desabrir. 2. Molestar,** fastidiar, enojar, sacar de sus casillas, disgustar, enfadar. ➤ *Tranquilizar, contentar, atender.*

desbancar *v. tr.* **1. Arruinar,** saltar la banca. ➤ *Perder.* **2. Eliminar,** reemplazar, sustituir, relevar. ➤ *Instaurar.*

desbandada *s. f.* Fuga, estampida, escapada. ➤ *Ataque.*

desbandarse *v. prnl.* **1. Dispersarse,** desperdigarse, huir, desparramarse, escaparse, desertar. ➤ *Quedarse, aguantar, resistir.* **2. Separarse,** alejarse, distanciarse, retraerse, apartarse. ➤ *Unirse.*

desbarajustar *v. tr.* Desordenar, desbaratar, desorganizar. ➤ *Ordenar.*

desbarajuste *s. m.* Desorden, confusión, desconcierto, trastorno, desorganización. ➤ *Orden.*

desbaratamiento *s. m.* Descomposición, desconcierto.

desbaratar *v. tr.* **1. Descomponer,** desorganizar, desbarajustar, desordenar, alterar, deshacer. ➤ *Arreglar,* componer, hacer, organizar. **2. Arruinar,** disipar, derrochar, malbaratar, despilfarrar, malgastar. ➤ *Ahorrar, guardar, economizar.* **3. Confundir,** desconcertar. ‖ *v. intr.* **4. Desatinar,** desbarrar, disparatar, barbarizar, delirar, desvariar. ➤ *Razonar, centrarse.*

desbarbado, da *adj.* Barbilampiño. ➤ *Barbudo.*

desbarrar *v. intr.* **1. Disparatar,** desbaratar, desatinar, errar, desvariar, delirar, equivocarse, barbarizar. ➤ *Centrarse, razonar.* **2. Deslizarse,** patinar, resbalar, rodar, escurrirse.

desbarro *s. m.* Desatino, disparate, error. ➤ *Acierto.*

desbastar *v. tr.* **1. Descortezar. 2. Gastar,** disminuir. **3. Afinar,** desasnar.

desbautizarse *v. prnl.* Encolerizarse, enfadarse, deshacerse, irritarse, impacientarse. ➤ *Aplacarse, calmarse.*

desbloqueo *s. m.* Apertura, liberalización. ➤ *Bloqueo.*

desbocado, da *adj.* Maldiciente, lenguaraz, deslenguado.

desbocarse *v. prnl.* **1. Dispararse,** embravecerse, encabritarse. ➤ *Obedecer.* **2. Desvergonzarse,** descomedirse, insolentarse, desmandarse, descararse, deslenguarse. ➤ *Controlarse.*

desbordamiento *s. m.* Riada, crecida.

desbordante *adj.* Exuberante, excesivo. ➤ *Reducido.*

desbordar *v. intr.* **1. Inundar,** rebosar, anegar. ‖ *v. prnl.* **2. Exaltarse,** desmandarse. ➤ *Contenerse.*

desbragado, da *adj.* Miserable, indigente, descamisado.

desbravador, ra *s. m. y s. f.* Adiestrador, domador, domesticador.

desbravar *v. tr.* Domesticar, domar, amansar, amaestrar. ➤ *Asilvestrar.*

desbravecer *v. intr.* Amansar, desbravar, domar.

desbrozar *v. tr.* Limpiar, desembarazar, despejar. ➤ *Arraigar.*

desbrujar *v. tr.* Desmoronar.

descabalar *v. tr.* Desbaratar, desaparejar, extraviar, mutilar, truncar, estropear, desarticular. ➤ *Completar.*

descabalgar *v. intr.* Desmontar.

descabellado, da *adj.* Desatinado, disparatado, irracional, absurdo, insensato, desacertado, ilógico, alocado, sin pies ni cabeza. ➤ *Sensato, lógico, racional, razonable.*

descabezamiento *s. m.* Decapitación.

descabezar *v. tr.* **1. Decapitar. 2. Superar. 3. Despuntar.**

descabullirse *v. prnl.* **1. Escabullirse. 2. Huir. 3. Eludir.**

descaderar *v. tr.* Derrengar.

descaecimiento *s. m.* Abatimiento, desfallecimiento, postración, desánimo, flaqueza, debilidad. ➤ *Aliento, fortaleza, ánimo.*

descafeinado, da *adj.* Desvirtuado, falso, insulso, adulterado. ➤ *Puro.*

descafeinar *v. tr.* Privar, despojar.

descalabazarse *v. prnl.* Descrismarse.

descalabrar *v. tr.* Escalabrar, dañar, lastimar, desgraciar, maltratar. ➤ *Curar, cuidar.*

descalabro *s. m.* Desgracia, daño, pérdida, derrota, infortunio, percance, desventura, perjuicio, revés, desastre, fracaso, quebranto, contratiempo. ➤ *Triunfo, ganancia.*

descalcificación *s. f.* Reblandecimiento.

descalificación *s. f.* Desautorización, descrédito.

descalificar *v. tr.* Incapacitar, desautorizar, desacreditar, desconceptuar, inhabilitar. ➤ *Autorizar.*

descalzaperros *s. m.* Revuelta, contienda, levantamiento.

descalzar *v. tr.* Despojar, quitar. ➤ *Calzar.*

descalzo, za *adj.* Miserable, pobre.

descamación *s. f.* Exfoliación.

descamar *v. tr.* Escamar.

descambiar *v. tr.* Destrocar, devolver.

descaminado, da *adj.* Equivocado, errado, desacertado, incorrecto, desencaminado. ➤ *Acertado.*

descaminar *v. tr.* Desviar, desencaminar, descarriar, apartar. ➤ *Encaminar, encarrilar.*

descamisado, da *adj.* Desharrapado, harapiento, indigente, pobre. ➤ *Pulcro.*

descampado *s. m.* Planicie, meseta, páramo, llanura. ➤ *Bosque.*

descansado, da *adj.* Tranquilo, sosegado, reposado.

descansar *v. intr.* **1. Reposar,** sosegarse, calmarse. ➤ *Cansarse.* **2. Dormir,** reclinarse, echarse, tenderse. ➤ *Levantarse.* **3. Desahogarse.**

descansillo *s. m.* Rellano, tramo.

descanso *s. m.* **1. Respiro,** reposo, holganza, quietud, sosiego, alivio, calma, tregua, suspensión, alto, desahogo, cesación, detención, pausa. ➤ *Actividad, trabajo, ajetreo, acción.* **2. Descansillo,** tramo, rellano. **3. Apoyo,** asiento, sostén. **4. Intermedio,** entreacto, intervalo. ➤ *Función.*

descapitalización *s. f.* Empobrecimiento. ➤ *Enriquecimiento.*

descapitalizar *v. tr.* Perder, empobrecer, arruinar.

descarado, da *adj.* Descocado, atrevido, insolente, deslenguado, desvergonzado, desenvuelto, petulante, fresco, frescales, cínico, carota, sinvergüenza, procaz, impúdico, osado. ➤ *Respetuoso, cortés, prudente, discreto, vergonzoso.*

descararse *v. prnl.* Atreverse, osar, descocarse. ➤ *Comedirse.*

descarga *s. f.* **1. Disparo,** andanada, cañonazo. **2. Aligeramiento.**

descargadero *s. m.* Muelle, atracadero, dique, plataforma.

descargador, ra *s. m. y s. f.* Estibador, cargador, costalero.

descargar *v. tr.* **1. Sacar,** desembarcar, aligerar. ➤ *Cargar.* **2. Disparar,** ametrallar, fusilar. **3. Eximir,** liberar. **4. Atizar,** golpear, pegar, zurrar. **5. Desahogar,** aliviar.

descargo *s. m.* Respuesta, excusa, satisfacción, disculpa, justificación.

descariño *s. m.* Despego, tibieza.

descarnada *s. f.* Muerte.

descaro *s. m.* Descompostura, descoco, insolencia, osadía, desvergüenza, atrevimiento. ➤ *Mesura, respeto.*

descarriar *v. tr.* **1. Apartar,** separar. ‖ *v. prnl.* **2. Desencaminar,** apartarse, desviar, malograrse. ➤ *Encarrilarse.*

descarrilamiento *s. m.* Siniestro, choque, incidente.

descarrío *s. m.* Desvío, extravío.

descartar *v. tr.* **1. Apartar**, quitar, suprimir, eliminar, separar, desechar, rechazar, excluir, prescindir. ➤ *Coger, adoptar, aceptar, incluir.* ‖ *v. prnl.* **2. Retirarse**, rehuir, eludir, abstenerse. ➤ *Hacer, cumplir.*

descarte *s. m.* Excusa, escape, salida.

descasar *v. tr.* **1. Divorciar**, separar. **2. Desparejar**, desarticular, desajustar, descomponer.

descascarar *v. tr.* Descortezar, pelar, descascar.

descastado, da *adj.* **1. Insensible**, indiferente. **2. Ingrato**, desagradecido. ➤ *Agradecido.*

descendencia *s. f.* **1. Prole**, sucesión, hijos, nietos. ➤ *Antecesor, ascendencia, padres.* **2. Casta**, linaje, estirpe.

descender *v. intr.* **1. Caer**, resbalar, decrecer, bajar, apear, desmontar, saltar, descolgarse, abajar. ➤ *Subir, ascender, aumentar.* **2. Derivar**, seguirse, venir, originarse, dimanar, proceder. **3. Fluir**, correr, manar. ➤ *Detenerse, remansarse.*

descendida *s. f.* Bajada, descenso.

descendiente *s. m. y s. f.* Sucesor, heredero. ➤ *Ascendiente, antepasado.*

descendimiento *s. m.* Bajada.

descensión *s. f.* Descenso, bajada.

descenso *s. m.* **1. Declive**, decadencia, ocaso. ➤ *Apogeo, aumento.* **2. Bajada**, descendimiento. ➤ *Ascenso.*

descentrado, da *adj.* **1. Excéntrico**, desplazado, errado. ➤ *Acertado, centrado.* **2. Inquieto**, desquiciado.

descentralizar *v. tr.* Desconcentrar, dispersar. ➤ *Centralizar, concentrar.*

descentrar *v. tr.* Desplazar, desviar, distanciar.

desceñir *v. tr.* Aflojar, desabrochar, desatar. ➤ *Abrochar, atar, ceñir.*

descerrajar *v. tr.* Forzar, violentar, destrozar.

descerrar *v. tr.* Abrir.

descervigar *v. tr.* Desnucar.

descifrable *adj.* Inteligible, legible. ➤ *Inescrutable, ininteligible.*

descifrar *v. tr.* **1. Traducir**, transcribir. **2. Comprender**, desentrañar, penetrar, dilucidar, desembrollar, interpretar, adivinar, entender. ➤ *Ignorar, desconocer.*

desclavar *v. tr.* Arrancar, separar, quitar, desprender. ➤ *Clavar, fijar.*

descoagular *v. tr.* Licuar, descuajar.

descobijar *v. tr.* Descubrir, destapar, desabrigar, desproteger. ➤ *Abrigar.*

descocado, da *adj.* Impúdico, desvergonzado, descarado. ➤ *Pudoroso, vergonzoso.*

descoco *s. m.* Desfachatez, descaro. ➤ *Pudor, vergüenza.*

descodificador *s. m.* ➤ *Codificador.*

descodificar *v. tr.* ➤ *Codificar.*

descoger *v. tr.* Desplegar, desenrollar, extender, soltar.

descolgar *v. tr.* **1. Bajar**, arriar, descender. ➤ *Alzar, colgar.* ‖ *v. prnl.* **2. Deslizarse**, escurrirse.

descollado, da *adj.* Elevado, prominente, sobresaliente.

descollar *v. intr.* Despuntar, resaltar, distinguirse, sobresalir, predominar, destacar, dominar, diferenciarse, figurar. ➤ *Desaparecer, adocenarse.*

descolmar *v. tr.* Quitar, disminuir.

descolocado, da *adj.* Desplazado, descentrado, desacomodado. ➤ *Colocado, situado.*

descolocar *v. tr.* Desordenar, descentrar, desacomodar, desplazar.

descolorar *v. tr.* Decolorar, desteñir, despintar, descolorir. ➤ *Colorar, colorear, teñir.*

descolorido, da *adj.* Pálido, desvaído, tenue, incoloro, desteñido, lívido, despintado, macilento. ➤ *Coloreado, avivado, fuerte.*

descolorir *v. tr.* Descolorar.

descombrar *v. tr.* Desescombrar, escombrar, desembarazar, despejar.

descomedido, da *adj.* **1. Exagerado**, desmedido, desproporcionado, excesivo. **2. Desatento**, inconsiderado, grosero, descortés.

descomedimiento *s. m.* Desatención, desconsideración, grosería, descortesía. ➤ *Cortesía, consideración.*

descomedirse *v. prnl.* Propasarse, excederse. ➤ *Comedirse.*

descompaginar *v. tr.* Descomponer, desordenar.

descompasado, da *adj.* Anormal, desproporcionado, descomedido, exagerado, desigual. ➤ *Moderado, justo.*

descomponer *v. tr.* **1. Desencajar,** desajustar, separar, desarreglar, descoyuntar, desbaratar, desorganizar, desmontar, desacoplar, destruir, desencuadernar, estropear, averiar, dañar, malograr, indisponer. ➤ *Arreglar, componer, encajar, ajustar, ordenar.* **2. Aislar,** dividir, partir, detallar, analizar, desunir, distinguir. ➤ *Sintetizar, agrupar, reunir.* ‖ *v. prnl.* **3. Pudrirse,** alterarse, estropearse, corromperse, picarse. ➤ *Conservarse.* **4. Indisponerse,** desmejorar. ➤ *Mejorar.* **5. Destemplarse,** desbarrar, desbaratarse, desazonarse, alterarse. ➤ *Controlarse.*

descomposición *s. f.* Diarrea, cagalera. ➤ *Estreñimiento.*

descompostura *s. f.* **1. Diarrea,** descomposición. **2. Desaseo,** desaliño. **3. Descaro,** insolencia.

descompuesto, ta *adj.* **1. Defectuoso,** estropeado, deteriorado, dañado, averiado, desbaratado, desmontado, desencajado, desarreglado, desajustado, desencuadernado. ➤ *Arreglado, compuesto, ordenado.* **2. Podrido,** picado, maloliente, pútrido, infecto, pocho, alterado, purulento, putrefacto, corrupto, pasado. ➤ *Sano.* **3. Indispuesto.** ➤ *Sano.* **4. Alterado,** destemplado, desazonado, descarado, inmodesto, atrevido, descortés. ➤ *Controlado, comedido.*

descomulgar *v. tr.* Excomulgar.

descomunal *adj.* Colosal, gigantesco, extraordinario, desmesurado, monstruoso, enorme, monumental, grandioso, disparatado. ➤ *Minúsculo, normal, común, mínimo.*

desconceptuar *v. tr.* Descalificar, deshonrar, desacreditar.

desconcertante *adj.* Asombroso, inaudito, inesperado. ➤ *Previsto.*

desconcertar *v. tr.* **1. Desordenar,** alterar, confundir, desbaratar, turbar, pervertir, trastocar, confundir, desbarajustar, trastornar, descomponer. ➤ *Orientar, concertar, organizar, componer.* **2. Descoyuntar. 3. Pasmar,** turbar, sorprender.

desconchadura *s. f.* Desconchón, rajadura, agrietamiento.

desconchón *s. m.* Desconchadura, desportilladura.

desconcierto *s. m.* **1. Descomposición,** desorden, desavenencia. **2. Turbación,** confusión, ofuscación. ➤ *Seguridad, calma.*

desconcordia *s. f.* Discordia, desunión, oposición.

desconectar *v. tr.* **1. Cortar.** ➤ *Conectar.* ‖ *v. intr.* **2. Suspender,** interrumpir, detener.

desconexión *s. f.* Desunión, escisión.

desconfiado, da *adj.* Receloso, escamado, suspicaz, escéptico, malicioso, incrédulo, mosqueado, pensado. ➤ *Confiado, creído, crédulo.*

desconfianza *s. f.* Prevención, aprensión, recelo, suspicacia, sospecha, escepticismo. ➤ *Confianza, fe.*

desconfiar *v. intr.* Recelar, sospechar, dudar, maliciar, temer, escamar. ➤ *Confiar, creer.*

desconformar *v. intr.* Disentir, desacordar. ➤ *Concordar.*

descongelación *s. f.* Deshielo.

descongelar *v. tr.* Deshelar.

descongestión *s. f.* Alivio, desahogo.

descongestionar *v. tr.* Desahogar, aliviar. ➤ *Congestionar.*

desconocer *v. tr.* **1. Olvidar.** ➤ *Recordar.* **2. Ignorar.** ➤ *Conocer, aprender, saber.* **3. Repudiar,** rechazar. ➤ *Admitir.*

desconocido, da *adj.* **1. Ignorado,** incógnito, incierto, anónimo, inexplorado, misterioso, ignoto. ➤ *Conocido, sabido.* **2. Cambiado,** disfrazado, irreconocible, alterado, transformado. ➤ *Igual, idéntico.*

desconocimiento *s. m.* **1. Ignorancia.** ➤ *Conocimiento, sabiduría.* **2. Ingratitud.** ➤ *Reconocimiento.*

desconsideración *v. tr.* Descortesía, inadvertencia, inconsideración, precipitación, desatención, atolondramiento, grosería, ligereza, irreflexión. ➤ *Consideración, reflexión, cortesía.*

desconsiderado, da *adj.* Desatento, despreciativo, ingrato, inconsiderado. ➤ *Cortés, atento.*

desconsiderar *v. tr.* Humillar, molestar, ofender. ➤ *Apreciar, considerar.*

desconsolado, da *adj.* Dolorido, angustiado, compungido, melancólico, triste, afligido. ➤ *Contento, animado.*

desconsolar *v. tr.* Acongojar, atormentar, apenar, abatir, desalentar, amargar, apesadumbrar, abrumar, entristecer, apurarse, desolar, afligir, atribular, desesperar, angustiar, contristar. ➤ *Consolar, confortar.*

desconsuelo *s. m.* Pena, pesar, amargura, angustia, aflicción. ➤ *Alegría.*

descontar *v. tr.* **1. Deducir**, disminuir, restar, menguar, detraer, reducir, quitar, rebajar. ➤ *Cargar, sumar, añadir.* **2. Presuponer**, dar por descontado, admitir, suponer, aceptar.

descontentamiento *s. m.* Enemistad, desavenencia.

descontentar *v. tr.* Disgustar, desagradar, contrariar, enojar.

descontento, ta *adj.* **1. Disgustado**, insatisfecho, enfadado. || *s. m.* **2. Queja**, enojo, enfado, irritación, disgusto, despecho, contrariedad, inquietud, desagrado, preocupación, desasosiego, aflicción. ➤ *Contento, conformidad, alegría, agrado.*

descontinuar *v. tr.* Discontinuar.

descontrol *s. m.* Caos, desorden.

desconveniencia *s. f.* Incomodidad, perjuicio, desacomodo.

desconvenir *v. intr.* Desavenirse, disconvenir, disentir, desacordarse.

desconvidar *v. tr.* Anular, revocar.

desconvocar *v. tr.* Anular, suprimir, cancelar. ➤ *Convocar.*

descorazonamiento *s. m.* Desánimo, desaliento, abatimiento, caimiento. ➤ *Ánimo, esperanza.*

descorazonar *v. tr.* Desanimar, acobardar, amilanar.

descorchador *s. m.* Sacacorchos.

descorchar *v. tr.* Destaponar.

descoritar *v. tr.* Desnudar.

descornar *v. tr.* Descalabazarse.

descorrer *v. tr.* **1. Retirar**. ➤ *Correr.* **2. Descubrir**. ➤ *Tapar.* || *v. intr.* **3. Escurrir**.

descortés *adj.* Desatento, desconsiderado, descomedido. ➤ *Cortés, educado.*

descortesía *s. f.* Desatención, descomedimiento, desconsideración, inconveniente, desprecio, ordinariez, incorrección, grosería, descaro. ➤ *Cortesía, aprecio, atención, respeto.*

descortezar *v. tr.* **1. Descascarar**, pelar, mondar. **2. Desasnar**, educar.

descoser *v. tr.* Separar, deshilvanar, desunir, soltar. ➤ *Coser, unir.*

descotar *v. tr.* Escotar.

descoyuntamiento *s. m.* Dislocación, luxación.

descoyuntar *v. tr.* **1. Desarticular**, dislocar, luxar, desquiciar, desencajar, torcer. ➤ *Encajar, unir, colocar.* **2. Molestar**, fastidiar, aburrir.

descrédito *s. m.* Desdoro, deslustre, mancilla, deshonor, deshonra, afrenta, impopularidad, desprestigio, oprobio, demérito. ➤ *Honor, honra.*

descreído, da *adj.* Escéptico, incrédulo. ➤ *Crédulo, creyente.*

descriarse *v. prnl.* **1. Desmejorarse. 2. Estropearse.**

describir *v. tr.* **1. Delinear**, dibujar. **2. Reseñar**, explicar, especificar, detallar, contar, definir.

descripción *s. f.* Resumen, síntesis, inventario.

descriptivo, va *adj.* Detallado, claro. ➤ *Confuso.*

descrismar *v. tr.* **1. Descalabrar.** || *v. prnl.* **2. Enfadarse**, enojarse. **3. Descalabazarse.**

descristianar *v. tr.* Descrismar.

descuadernar *v. tr.* **1. Desencuadernar. 2. Desbaratar**, descomponer.

descuajar *v. tr.* Licuar, diluir.

descuajeringar *v. tr.* **1. Desvencijar**, estropear. || *v. prnl.* **2. Relajarse.**

descuartizar *v. tr.* Desmembrar, partir, dividir, despedazar, trocear.

descubierto, ta *adj.* **1. Destapado**, exento, manifiesto, abierto, desnudo, raso, destocado. ➤ *Cubierto, encubierto*. ‖ *s. m.* **2. Déficit**, deuda.

descubridor, ra *adj.* **1. Inventor**, científico, creador. **2. Explorador**, adelantado, conquistador.

descubrimiento *s. m.* **1. Conquista**, exploración, hallazgo. **2. Invención**, creación, obra.

descubrir *v. tr.* **1. Destapar**, encontrar, mostrar, revelar, exhibir, enseñar, declarar, desenterrar, publicar, patentizar, exhumar, desnudar, manifestar. ➤ *Esconder, ocultar, encubrir, perder*. **2. Inventar**, sacar, atinar, topar, idear. ‖ *v. prnl.* **3. Destocarse**, destaparse, quitarse. ➤ *Cubrirse, taparse*.

descuello *s. m.* **1. Elevación**. **2. Altanería**, altivez, avilantez.

descuento *s. m.* Rebaja, deducción, reducción.

descuidado, da *adj.* **1. Dejado**, desidioso, abandonado, omiso, negligente. ➤ *Cuidadoso, previsor, diligente*. **2. Desaseado**, desaliñado, dejado, incurioso, desastroso, desgalichado, estrafalario, astroso. ➤ *Aseado, curioso, compuesto*. **3. Desprevenido**.

descuidar *v. tr.* **1. Desatender**, abandonar. ➤ *Cuidar*. ‖ *v. intr.* **2. Olvidar**. ➤ *Preocuparse*.

descuido *s. m.* **1. Omisión**, negligencia. ➤ *Cuidado*. **2. Olvido**, inadvertencia, desidia, indiferencia. ➤ *Preocupación*. **3. Error**, desliz, falta.

desdar *v. tr.* Desabrochar, desatar.

desdecir *v. intr.* **1. Denegar**. **2. Deslucir**, decaer. ‖ *v. prnl.* **3. Retractarse**, negar, rectificar, corregir, desmentir. ➤ *Confirmar*.

desdén *s. m.* Desaire, menosprecio, indiferencia, desprecio, desestimación, altivez, arrogancia, despego, orgullo, desinterés. ➤ *Aprecio, interés*.

desdeñable *adj.* Indigno, infame. ➤ *Digno, importante*.

desdeñado, da *adj.* Desairado, arrinconado, despreciado. ➤ *Apreciado*.

desdeñar *v. tr.* Despreciar, menospreciar. ➤ *Apreciar*.

desdeñoso, sa *adj.* Altivo, despectivo, soberbio. ➤ *Atento, interesado*.

desdevanar *v. tr.* Desovillar.

desdibujarse *v. prnl.* Desvanecerse, difuminarse, enturbiarse.

desdicha *s. f.* **1. Desgracia**, adversidad, infortunio, infelicidad, desventura. ➤ *Dicha, fortuna*. **2. Pobreza**, miseria, necesidad.

desdichado, da *adj.* Desafortunado, infausto, mísero, desgraciado, cuitado, pusilánime, infeliz. ➤ *Afortunado, dichoso*.

desdoblamiento *s. m.* **1. Estiramiento**. **2. Fraccionamiento**, fragmentación, separación. **3. Explanación**, interpretación.

desdoblar *v. tr.* Desplegar, desarrollar, desenvolver, desenrollar, extender, tender. ➤ *Plegar, doblar, enrollar*.

desdorar *v. tr.* Deslustrar, deslucir, mancillar, desacreditar.

desdoro *s. m.* Deslustre, descrédito, desprestigio, deshonra, mancilla. ➤ *Honra, prestigio*.

desdoroso, sa *adj.* Deshonroso, humillante.

deseable *adj.* Envidiable, grato.

desear *v. tr.* Codiciar, ambicionar, querer, ansiar, apetecer, anhelar, envidiar, pretender. ➤ *Desdeñar, rechazar, desentenderse, renunciar*.

desecación *s. f.* Deshidratación, secado, secamiento.

desecar *v. tr.* Secar, drenar. ➤ *Aguachinar, enaguazar*.

desechar *v. tr.* **1. Separar**, apartar, excluir, reprobar, recusar, repulsar, despedir, repudiar, relegar, rechazar, dejar. ➤ *Aceptar, acoger*. **2. Desestimar**, menospreciar, abandonar, desatender, despreciar, desairar, desdeñar, arrinconar. ➤ *Considerar, apreciar, estimar*.

desecho *s. m.* **1. Residuo**, escoria, sobras. **2. Desperdicio**, restos, basura. **3. Desprecio**, vilipendio.

desembalar *v. tr.* Desempaquetar, abrir, desempacar, desenfardar, desliar, desatar, desenvolver, deshacer. ➤ *Embalar, empaquetar*.

desembarazado, da *adj.* **1.** Audaz, osado, desenvuelto, atrevido, descarado. ➤ *Apocado, tímido.* **2. Desocupado**, expedito, espacioso, despejado, libre. ➤ *Cerrado.*

desembarazar *v. tr.* **1. Despejar**, separar, limpiar, desocupar, evacuar, apartar, retirar, quitar. ➤ *Atascar, ocupar, embarazar, llenar.* ‖ *v. prnl.* **2. Librarse**, eludir, soslayar, evitar, zafarse. ➤ *Implicarse, comprometerse.*

desembarazo *s. m.* Desenvoltura, soltura, desparpajo, despejo, desenfado. ➤ *Timidez, cortedad.*

desembarcadero *s. m.* Dique, malecón, dársena, atracadero.

desembarcar *v. intr.* Descender, bajar, abandonar. ➤ *Embarcar, subir.*

desembarco *s. m.* Invasión, incursión, ataque. ➤ *Retirada.*

desembarrancar *v. tr.* Desencallar. ➤ *Embarrancar, encallar, varar.*

desembarrancar *v. tr.* Limpiar.

desembaular *v. tr.* **1. Desempaquetar. 2. Desahogarse**, hablar, confesar, revelar. ➤ *Callar.*

desembocadura *s. f.* **1. Estuario**, delta. **2. Confluencia**, cruce. **3. Desembocadero**, boca.

desembocar *v. intr.* **1. Verter**, afluir, desguar. **2. Dar a**, terminar en.

desembolsar *v. tr.* Entregar, pagar, costear, abonar, gastar, sacar, saldar.

desembolso *s. m.* **1. Pago. 2. Coste**, gasto, dispendio.

desemborrachar *v. tr.* Desembriagar.

desembotar *v. tr.* Afilar, activar.

desembravecer *v. tr.* Amansar, domesticar.

desembrollar *v. tr.* Esclarecer, desenmarañar, descubrir, desenredar, aclarar. ➤ *Embrollar, enmarañar.*

desembuchar *v. tr.* Declarar, cantar, descubrir, hablar. ➤ *Ocultar, callar, encubrir.*

desemejante *adj.* Dispar, disímil, desigual, diferente, diverso, desparejo. ➤ *Igual, semejante, similar.*

desemejanza *s. f.* Discrepancia, disparidad, diferencia, diversidad. ➤ *Igualdad, similitud.*

desempacar *v. tr.* Desempaquetar.

desempacarse *v. prnl.* Aplacarse, mitigarse, desenojarse.

desempacho *s. m.* Desenfado, desahogo.

desempaquetar *v. tr.* Desenvolver, desembalar, desenfardar, desempacar. ➤ *Empaquetar.*

desemparejado, da *adj.* Desigualado.

desemparejar *v. tr.* Separar, descabalar, desparejar, desigualar. ➤ *Hermanar, igualar.*

desempeñar *v. tr.* **1. Rescatar**, librar, liberar, libertar, sacar. ➤ *Empeñar.* **2. Desembargar**, redimir. **3. Ejercer**, practicar, cumplir, realizar, ejecutar, hacer. ➤ *Abandonar, incumplir, omitir.* **4. Representar.**

desempleado, da *adj.* Parado, desocupado. ➤ *Trabajador, obrero.*

desempleo *s. m.* Paro, desocupación.

desempolvar *v. tr.* Recordar, reemprender, retomar. ➤ *Olvidar.*

desempotrar *v. tr.* Desacoplar.

desencadenamiento *s. m.* Brote, arranque, estallido, inicio.

desencadenar *v. tr.* **1. Liberar**, redimir, soltar. ➤ *Aprisionar.* **2. Provocar. 3. Romper**, desunir. ‖ *v. prnl.* **4. Desatarse**, desenfrenarse, estallar. ➤ *Escampar, terminar.*

desencajar *v. tr.* **1. Descoyuntar**, dislocar. ➤ *Colocar, encajar.* ‖ *v. prnl.* **2. Demudarse**, palidecer, descomponerse. ➤ *Aliviarse.*

desencantado, da *adj.* Desilusionado, desengañado. ➤ *Ilusionado.*

desencantar *v. tr.* Chasquear, perder la ilusión, desengañar, desilusionar, decepcionar, defraudar. ➤ *Ilusionar.*

desencanto *s. m.* Desilusión, desengaño, chasco, decepción, frustración. ➤ *Ilusión, satisfacción.*

desencapotar *v. tr.* **1. Descubrir**, manifestar. ‖ *v. prnl.* **2. Despejarse.** ➤ *Cubrirse, nublarse.* **3. Desenojarse.**

desencaprichar *v. tr.* Desimpresionar, disuadir, desencantar.

desencarcelar *v. tr.* Excarcelar, liberar, desencerrar. ➤ *Aprisionar.*

desencastillar *v. tr.* Manifestar, aclarar.

desenchufar *v. tr.* Desacoplar, interrumpir. ➤ *Conectar, enchufar.*

desenclavijar *v. tr.* Desasir, desencajar, apartar.

desencoger *v. tr.* **1. Extender**, estirar, dilatar. ‖ *v. prnl.* **2. Esparcirse.**

desencogimiento *s. m.* Desembarazo, desenfado, soltura. ➤ *Cortedad.*

desencolar *v. tr.* Despegar.

desencolerizar *v. tr.* Apaciguar.

desenconar *v. tr.* Mitigar, desahogarse, moderar, suavizar.

desencorvar *v. tr.* Enderezar.

desendiosar *v. tr.* Humillar, rebajar.

desenfadado, da *adj.* **1. Desembarazado**, alegre. **2. Ancho**, espacioso.

desenfadar *v. tr.* Desenojar.

desenfado *s. m.* **1. Desenvoltura**, despejo, desahogo, desparpajo, desembarazo, desempacho, descaro. ➤ *Timidez, cortedad, embarazo.* **2. Descanso**, recreo, diversión, esparcimiento.

desenfrenado, da *adj.* Desaforado, desmedido, inmoral, desordenado. ➤ *Casto, moderado.*

desenfrenarse *v. prnl.* Desatarse, desmandarse, desencadenarse.

desenfreno *s. m.* Abuso, exceso, inmoralidad, incontinencia, desvergüenza, intemperancia, disipación, disolución, libertinaje, deshonestidad. ➤ *Moralidad, castidad, honestidad, continencia, moderación.*

desenfundar *v. tr.* Soltar, desenvainar, extraer. ➤ *Enfundar, meter.*

desenfurruñar *v. tr.* Desenojar, alegrar, desenfadar.

desenganchar *v. tr.* Desunir, desconectar, separar, soltar, desprender. ➤ *Unir, enganchar.*

desengañado, da *adj.* Desilusionado.

desengañar *v. tr.* Decepcionar, desilusionar, desencantar, desesperanzar, desanimar, desalentar, desembelesar, chasquear. ➤ *Animar, ilusionar, engañar, esperanzar.*

desengaño *s. m.* Decepción, chasco.

desenlace *s. m.* Desenredo, solución, resolución. ➤ *Intriga, incógnita.*

desenlazar *v. tr.* **1. Desatar**, soltar. ➤ *Atar, ceñir.* **2. Solucionar**, resolver.

desenmarañar *v. tr.* **1. Desembrollar**, desenredar. **2. Aclarar.**

desenmascarar *v. tr.* **1. Descubrir**, revelar. ➤ *Ocultar.* **2. Mostrar.**

desenredar *v. tr.* **1. Desenmarañar**, desembrollar, aclarar, ordenar, desenzarzar, arreglar. ➤ *Enmarañar, enredar, liar.* ‖ *v. prnl.* **2. Apañarse**, arreglarse, salir del paso, desenvolverse, componérselas. ➤ *Liarse.*

desenredo *s. m.* Desenlace, solución.

desenrollar *v. tr.* Desplegar, desenvolver, estirar. ➤ *Enrollar, plegar.*

desenroscar *v. tr.* **1. Desenrollar**, extender. ➤ *Enroscar.* **2. Desatornillar.** ➤ *Atornillar.*

desenrudecer *v. tr.* Educar, mejorar, pulir, afinar. ➤ *Embrutecer.*

desensamblar *v. tr.* Separar, desunir.

desensartar *v. tr.* Desprender, soltar.

desentenderse *v. prnl.* **1. Disimular**, rehuir, fingir, pasar por alto. **2. Omitir**, zafarse, inhibirse, excusarse, despreocuparse, prescindir, abstenerse. ➤ *Atender, interesarse.*

desenterrar *v. tr.* **1. Exhumar**, sacar. ➤ *Enterrar, ocultar.* **2. Recordar.** ➤ *Olvidar, ignorar.*

desentonar *v. intr.* **1. Desdecir**, deslucir, despegarse, despintar, destacar. ➤ *Entonar.* **2. Desafinar**, destemplar, falsear, discordar, disonar. ➤ *Afinar, entonar.* ‖ *v. prnl.* **3. Descomedirse**, descomponerse, insolentarse, descararse, desaforarse. ➤ *Templarse, moderarse, comedirse.*

desentono *s. m.* Destemple, desentonación, desentonamiento.

desentorpecer *v. tr.* Desentumecer.

desentrampar *v. tr.* Desendeudar, desempeñar. ➤ *Endeudar, empeñar.*

desentrañar *v. tr.* Averiguar, resolver, aclarar, solucionar. ➤ *Embrollar.*

desentronizar *v. tr.* **1. Destronar.** ➤ *Entronizar, coronar.* **2. Destituir**, deponer. ➤ *Rehabilitar, instituir.*

desentumecer *v. tr.* Desadormecer, desentumir. ➤ *Adormecer, anquilosar.*

desenvainar *v. tr.* **1. Desenfundar**, empuñar, desnudar. ➤ *Envainar.* **2. Extraer**, sacar. ➤ *Meter.*

desenvoltura *s. f.* **1. Aplomo**, seguridad. ➤ *Inseguridad.* **2. Desfachatez**, impudor, desvergüenza, deshonestidad. ➤ *Respeto, cortesía.* **3. Desembarazo**, naturalidad, desahogo, facilidad, despejo, desenfado, soltura, desparpajo. ➤ *Torpeza, embarazo, ahogo.*

desenvolver *v. tr.* **1. Descifrar**, solventar, descubrir, desenredar, explicar, averiguar, desentrañar, escudriñar, aclarar. ➤ *Complicar, embrollar.* **2. Desenrollar**, extender, desdoblar, estirar, abrir, desempaquetar, desplegar, desencoger. ➤ *Envolver, encoger, enrollar.* **3. Desarrollar**, acrecentar, ampliar. || *v. prnl.* **4. Desempacharse**, desembarazarse, desenredarse.

desenvuelto, ta *adj.* **1. Impúdico**, descocado, deshonesto. ➤ *Recatado, pudoroso.* **2. Hábil**, desembarazado, expedito. ➤ *Torpe.*

deseo *s. m.* Apetito, codicia, aspiración, anhelo, ansia, afán, ambición, empeño, vehemencia, apetencia, pasión, pretensión. ➤ *Repugnancia, indiferencia, inapetencia, desinterés.*

deseoso, sa *adj.* Ansioso, anhelante, esperanzado. ➤ *Apático.*

desequilibrado, da *adj.* Maniático, chiflado, tocado, ido. ➤ *Cuerdo.*

desequilibrar *v. tr.* **1. Desnivelar**, descompensar. **2. Alterar**, enloquecer.

desequilibrio *s. m.* **1. Oscilación**, vacilación, desigualdad. ➤ *Equilibrio, igualdad.* **2. Trastorno**, perturbación, manía. ➤ *Cordura.*

deserción *s. f.* **1. Evasión**, huida. **2. Desamparo**, defección, abandono.

desertar *v. tr.* **1. Escapar**, huir, marchar. ➤ *Unirse, quedarse.* **2. Traicionar**, renegar, abandonar, desamparar.

desértico, ca *adj.* Árido, desolado, yermo, estéril, desierto, despoblado. ➤ *Fértil, poblado.*

desertor, ra *s. m. y s. f.* **1. Prófugo. 2. Tránsfuga.** ➤ *Fiel.*

desesperación *s. f.* **1. Desaliento**, descorazonamiento, desesperanza, exasperación, desilusión, impotencia, consternación, desespero, despecho, decaimiento, decepción. ➤ *Esperan-* za, ilusión, confianza. **2. Enfado**, irritación, disgusto, enojo. ➤ *Serenidad.*

desesperado, da *adj.* Agobiado, atormentado, desmoralizado.

desesperante *adj.* Insoportable, irritante. ➤ *Calmante, grato.*

desesperanza *s. f.* Desaliento.

desesperanzar *v. tr.* **1. Desalentar.** ➤ *Alentar, animar.* || *v. prnl.* **2. Desmoralizarse**, desesperarse.

desesperar *v. tr.* **1. Desesperanzar**, desconfiar, recelar. ➤ *Confiar.* **2. Impacientar**, exasperar, enfadarse.

desestabilizar *v. tr.* Desequilibrar, debilitar, trastornar. ➤ *Estabilizar.*

desestimación *s. f.* Desestima, menosprecio. ➤ *Aprecio.*

desestimar *v. tr.* **1. Desdeñar**, despreciar, menospreciar. ➤ *Estimar, aceptar, aprobar.* **2. Rechazar**, denegar, desechar. ➤ *Aceptar.*

desfachatez *s. f.* Descaro, desvergüenza, descoco, frescura. ➤ *Respeto.*

desfalcar *v. tr.* Defraudar, estafar, malversar. ➤ *Devolver, reintegrar.*

desfalco *s. m.* Fraude, estafa, malversación, escamoteo.

desfallecer *v. intr.* Decaer, flaquear, flojear, desanimarse, desalentarse, extenuarse, sucumbir, desmejorarse, debilitarse, desmayarse. ➤ *Fortalecer, recuperarse, recobrarse, mejorar.*

desfalleciente *adj.* Agotado, débil. ➤ *Fuerte, lozano.*

desfallecimiento *s. m.* Abatimiento, desaliento, desánimo, mareo, desvanecimiento, debilidad, extenuación, síncope, desmayo, decaimiento. ➤ *Energía, recuperación, vuelta en sí.*

desfasado, da *adj.* Anticuado, arcaico. ➤ *Actual, apropiado.*

desfavorable *adj.* Hostil, dañino, nocivo. ➤ *Favorable, propicio.*

desfavorecer *v. tr.* Perjudicar.

desfiguración *s. f.* Alteración, deformación, desfiguramiento.

desfigurar *v. tr.* **1. Deformar**, herir, estropear, alterar, modificar, cambiar, afear, variar, mudar, ajar. ➤ *Arreglar, curar.* **2. Enmascarar**, falsear, disfrazar, disimular, embozar. ➤ *Revelar.*

desfiladero s. m. Garganta, barranco, angostura. ➤ *Llanura.*

desfilar v. intr. Pasar, marchar.

desfile s. m. Parada, marcha.

desflecar v. tr. Deshilar.

desflemar v. intr. Expectorar.

desfloración s. f. Desfloramiento, desvirgamiento, iniciación, violación.

desfloramiento s. m. Desfloración.

desflorar v. tr. 1. Ajar. 2. Desvirgar, violar, forzar, abusar.

desfogar v. tr. Desahogar.

desfondar v. tr. Destrozar, hundir. ➤ *Reparar, arreglar.*

desforestar v. tr. Deforestar.

desfortalecer v. tr. Desmantelar.

desgaire s. m. Desaliño, desaire.

desgajar v. tr. 1. Quebrar, desprender, desgarrar, arrancar, destrozar, despedazar, desarraigar. ➤ *Unir, injertar.* ‖ v. prnl. 2. Apartarse, desprenderse, separarse.

desgalgar v. tr. Despeñar, precipitar.

desgalichado, da adj. Desgarbado, desaliñado. ➤ *Gallardo.*

desgana s. f. 1. Inapetencia, hartura, anorexia. ➤ *Apetito.* 2. Apatía, tedio, disgusto, indolencia. ➤ *Energía.*

desganar v. tr. 1. Disuadir. ‖ v. prnl. 2. Disgustarse, cansarse.

desgañitarse v. prnl. Bramar, chillar, vociferar, vocear, gritar, enronquecer, despepitarse, desgargantarse, desgaznatarse. ➤ *Callar, enmudecer, murmurar, susurrar.*

desgarbado, da adj. Grotesco, desmedrado, desmañado, desgalichado. ➤ *Apuesto, garboso.*

desgarrado, da adj. 1. Airado, descarado, desvergonzado. ➤ *Comedido.* 2. Crudo, descarnado.

desgarrador, ra adj. Penoso, angustioso, aflictivo, amargo.

desgarramiento s. m. Desgarrón.

desgarrar v. tr. 1. Destrozar, rajar, despedazar, rasgar, romper. ➤ *Coser, unir.* 2. Apenar, afligir.

desgarro s. m. 1. Desgarrón, desgarramiento. 2. Insolencia, arrojo, desvergüenza, descaro, desfachatez, atrevimiento. ➤ *Respeto.*

desgarrón s. m. 1. Rotura, rompimiento, destrozo, rajadura, desgarramiento, descosido, siete, enganchón, desgarro. 2. Guiñapo, jirón.

desgastar v. tr. 1. Ajar, deteriorar, consumir, comer, roer, limar, morder, usar, corroer, gastar. ➤ *Durar, conservar.* 2. Pervertir, viciar. ‖ v. prnl. 3. Debilitarse, extenuarse.

desgaste s. m. Debilitación, frotamiento, raspadura, roce, deterioro.

desglosar v. tr. Separar, segregar.

desgobierno s. m. Desorden, desbarate, desconcierto, desarreglo, desbarajuste. ➤ *Gobierno, orden.*

desgracia s. f. 1. Percance, contratiempo, desastre, accidente, descalabro, tropiezo, peripecia, revés, perjuicio, calamidad, tragedia, fracaso, derrota. ➤ *Suerte, dicha, victoria, triunfo, satisfacción.* 2. Desventura, infortunio, adversidad, infelicidad, fatalidad, desdicha, tribulación. ➤ *Felicidad, suerte, fortuna.*

desgraciado, da adj. 1. Desventurado, desdichado, infeliz, infortunado, miserable, víctima, desafortunado, lamentable, trágico, fatídico, aciago, funesto, desagradable, calamitoso, deplorable, nefasto, catastrófico, fatal, negro, infausto, adverso, desastroso. ➤ *Afortunado, satisfactorio, agradable, placentero, feliz, dichoso.* ‖ s. m. y s. f. 2. Pusilánime, apocado, infeliz. ➤ *Enérgico.*

desgraciar v. tr. 1. Desazonar, disgustar, desagradar. ‖ v. prnl. 2. Frustrarse, estropearse, malograrse. ➤ *Cuidar.* 2. Desavenirse.

desgranarse v. prnl. Desperdigarse, disgregarse.

desgrasar v. tr. Desengrasar.

desgravación s. f. Descarga, rebaja.

desgravar v. tr. Deducir.

desgreñado, da adj. Desmelenado, hirsuto, desastrado, despeinado. ➤ *Peinado, pulcro.*

desgreñar v. tr. Despeinar, desmelenar, despeluznar.

desguace s. m. Desarme, desmonte, despiece. ➤ *Montaje.*

desguarnecer *v. tr.* Desarmar, debilitar. ➤ *Guarnecer, amparar.*

desguazar *v. tr.* **1. Desarmar.** ➤ *Armar.* **2. Deshacer,** inutilizar, desbaratar. ➤ *Montar.*

deshabitado, da *adj.* Inhabitado, desierto. ➤ *Concurrido, habitado.*

deshabitar *v. tr.* Desolar, despoblar. ➤ *Poblar.*

deshabituar *v. tr.* Desacostumbrar. ➤ *Aclimatar, acostumbrar.*

deshacer *v. tr.* **1. Desarmar,** desmontar, destruir, desarticular, desorganizar, despedazar, desordenar, partir, dividir, separar, desmoronar, alterar, descomponer, destrozar, romper, desbaratar. ➤ *Armar, hacer, montar, componer.* **2. Vencer,** derrotar, aniquilar, quebrantar, machacar. **3. Derretir,** licuar, disolver, desleír, liquidar. ➤ *Solidificar, coagular.* || *v. prnl.* **4. Afligirse,** consumirse, inquietarse, impacientarse, afligirse. ➤ *Rehacerse.* **5. Estropearse,** maltratarse.

desharrapado, da *adj.* Harapiento, desarrapado, andrajoso. ➤ *Pulcro.*

deshauciado, da *adj.* Incurable, moribundo, desesperado. ➤ *Curable.*

deshechizar *v. tr.* Desembrujar, desencantar, exorcizar. ➤ *Hechizar, embrujar, aojar, encantar.*

deshecho, cha *adj.* Borrascoso.

deshelar *v. tr.* Fundir, derretir, disolver, licuar. ➤ *Congelar, helar.*

desherbar *v. tr.* Escardar.

desheredado, da *adj.* Indigente, carente, pobre, miserable.

desheredar *v. tr.* Privar, repudiar, excluir. ➤ *Legar, otorgar.*

deshermanar *v. tr.* Desemparejar, diversificar. ➤ *Igualar, nivelar.*

deshidratación *s. f.* Consunción, evaporación, resecación. ➤ *Lozanía.*

deshidratar *v. tr.* Resecar, evaporar, consumir. ➤ *Hidratar, humedecer.*

deshielo *s. m.* Descongelación, licuación, licuefacción.

deshilachar *v. tr.* Deshilar, desflecar.

deshilar *v. tr.* Deshilachar, desflecar.

deshilvanado, da *adj.* Incoherente, inconexo, incongruente. ➤ *Lógico.*

deshilvanar *v. tr.* Descoser, desunir.

deshinchar *v. tr.* **1. Desinflamar.** ➤ *Inflamar.* **2. Desinflar.** ➤ *Inflar, hinchar.* || *v. prnl.* **3. Desanimarse.**

deshojar *v. tr.* Arrancar.

deshollinador, ra *adj.* Limpiachimeneas.

deshonestidad *s. f.* **1. Impudicia,** impudor, torpeza, desvergüenza, indecencia, libertinaje, obscenidad, descoco, concupiscencia, liviandad, lujuria, impureza, vicio, inmoralidad. ➤ *Honestidad, pudor, decencia, moralidad, recato.* **2. Grosería.**

deshonesto, ta *adj.* Desvergonzado, impúdico, indecente, libertino, obsceno, descocado, concupiscente, lujurioso, impuro, vicioso, licencioso, libidinoso, inmoral. ➤ *Casto, honrado, honesto, pudoroso, decente, moral.*

deshonor *s. m.* Agravio, desdoro, oprobio, ultraje, afrenta, deshonra. ➤ *Honra, prestigio, reputación, crédito.*

deshonra *s. f.* Afrenta, ignominia, oprobio, ultraje, deshonor, desprestigio, vilipendio, descrédito. ➤ *Honra, prestigio, reputación, crédito.*

deshonrar *v. tr.* **1. Afrentar,** mancillar. **2. Injuriar. 3. Desflorar,** estuprar.

deshonroso, sa *adj.* Afrentoso, indecoroso. ➤ *Ennoblecedor, honorario.*

deshora *s. f.* Inoportunamente, intempestivamente. ➤ *Oportunamente.*

desiderable *adj.* Deseable, apetecible, codiciable. ➤ *Indeseable.*

desidia *s. f.* Descuido, dejadez, pereza, holgazanería, negligencia, inercia, incuria, abandono. ➤ *Afán, cuidado, diligencia, aplicación, dedicación.*

desidioso, sa *adj.* Indolente, apático, descuidado. ➤ *Diligente, cuidadoso.*

desierto, ta *adj.* **1. Desértico,** solitario, desolado, yermo, despoblado, inhabitado, deshabitado, solo, vacío, abandonado. ➤ *Poblado, fértil, habitado, concurrido, frecuentado.* || *s. m.* **2. Erial,** estepa, baldío, sabana, pampa, llanura, páramo, pedregal. ➤ *Campo, vergel, bosque, selva.*

designación *s. f.* Nombramiento, referencia.

designar *v. tr.* **1. Nombrar,** denominar. **2. Destinar,** dedicar, elegir, investir, escoger. ➤ *Expulsar.*

designio *s. m.* Plan, proyecto, propósito, fin, intención, idea, empresa, decisión, determinación, resolución, pensamiento, intento, objeto, maquinación, mira.

desigual *adj.* **1. Diferente,** distinto, diverso, dispar, incomparable, desemejante. ➤ *Igual, semejante, mismo.* **2. Accidentado,** quebrado, barrancoso, abrupto, escabroso. ➤ *Llano, liso.* **3. Mudable,** caprichoso, voluble, variable, tornadizo, cambiante, inconstante. ➤ *Constante, invarible.* **3. Irregular,** áspero, rugoso, basto, rasposo. ➤ *Suave, regular.* **4. Arduo,** grande, dificultoso. ➤ *Fácil.*

desigualdad *s. f.* **1. Diferencia.** ➤ *Igualdad, similitud.* **2. Desproporción.** **3. Divergencia.**

desilusión *s. f.* **1. Desesperanza,** frustración. ➤ *Ánimo.* **2. Decepción,** desencanto, desengaño. ➤ *Ilusión.*

desilusionar *v. tr.* Decepcionar, defraudar, desengañar, chasquear, desalentar, desesperanzar, desencantar. ➤ *Alentar, ilusionar, esperanzar.*

desincentivar *v. tr.* Disuadir.

desinfección *s. f.* Limpieza, asepsia, purificación, esterilización.

desinfectante *adj.* Antiséptico, esterilizador. ➤ *Contaminante.*

desinfectar *v. tr.* Esterilizar, purificar, higienizar, limpiar, desponzoñar, curar, desapestar, pasteurizar. ➤ *Contaminar, infectar, contagiar, emponzoñar.*

desinflamar *v. tr.* Descongestionar, deshinchar. ➤ *Inflamar, hinchar.*

desinflar *v. tr.* **1. Vaciar,** deshinchar. ➤ *Hinchar, inflar.* **2. Desanimarse.**

desinsectar *v. tr.* Fumigar.

desintegración *s. f.* Descomposición, desunión, disgregación.

desintegrar *v. tr.* Disgregar, disociar, desaparecer, descomponer. ➤ *Reunir, condensar, materializarse.*

desinterés *s. m.* Desapego, desasimiento, despego, desprendimiento, generosidad, larguenza, liberalidad, altruismo, sacrificio, devoción, abnegación. ➤ *Interés, egoísmo, codicia.*

desinteresado, da *adj.* Desprendido, generoso. ➤ *Egoísta.*

desinteresarse *v. prnl.* Desanimarse, descorazonarse, pasar. ➤ *Apasionarse, interesarse, prendarse.*

desistimiento *s. m.* Renuncia.

desistir *v. intr.* Renunciar, cesar, cejar, abandonar, rendirse, substraerse, ceder, abdicar, claudicar, flaquear, darse, entregarse. ➤ *Perseverar, proseguir, insistir, porfiar.*

deslabonar *v. tr.* Separar, desunir.

deslavar *v. tr.* **1. Limpiar,** lavar. **2. Desustanciar,** adulterar.

desleal *adj.* Infiel, pérfido, alevoso, indigno, ingrato, traidor, vil, judas, falso, desertor, felón, fementido, renegado. ➤ *Leal, fiel, insobornable, probo.*

deslealtad *s. f.* Vileza, infidelidad, ingratitud. ➤ *Lealtad, fidelidad.*

desleír *v. tr.* Disolver, aguar, fundir, licuar, derretir. ➤ *Concentrar.*

deslenguado, da *adj.* Lenguaraz, insolente, desvergonzado, atrevido, maledicente, descocado, descarado, procaz, malhablado. ➤ *Educado, prudente, comedido, discreto.*

desliar *v. tr.* Desenmarañar.

desligar *v. tr.* **1. Desanudar,** desatar, soltar, desenmarañar, desenredar. ➤ *Atar.* **2. Independizarse,** liberarse. ➤ *Ligarse, vincularse.*

deslindar *v. tr.* **1. Demarcar,** delimitar, fijar. ➤ *Confundir.* **2. Puntualizar,** determinar, aclarar. ➤ *Embrollar.*

deslinde *s. m.* Delimitación, deslindamiento, definición. ➤ *Indefinición.*

desliñar *v. tr.* Enmondar.

desliz *s. m.* **1. Resbalón,** traspié, tropiezo, costalada, caída. **2. Ligereza,** descuido, error, falta, flaqueza, debilida, omisión. ➤ *Acierto.*

deslizamiento *s. m.* **1. Labilidad. 2. Patinazo,** resbalón.

deslizante *adj.* Resbaladizo, resbaloso.

deslizar *v. intr.* **1. Resbalar,** escurrirse, patinar, desvarar, rodar, esbarar. ➤ *Detenerse.* ‖ *v. tr.* **2. Introducir,** insinuar, encajar, insertar, verter, aludir. ‖ *v. prnl.* **3. Evadirse**, huir, escaparse, marcharse, escabullirse, fugarse, retirarse, esconderse.

deslomar *v. tr.* **1. Moler**, tundir, maltratar, quebrantar. ➤ *Curar.* ‖ *v. prnl.* **2. Agotar**, cansar. ➤ *Descansar.*

deslucir *v. tr.* **1. Gastar**, deslustrar. ➤ *Adornar.* **2. Empañar**, descreditar.

deslumbramiento *s. m.* **1. Enceguecimiento**, ceguera. **2. Fascinación**, ofuscación.

deslumbrante *adj.* **1. Refulgente**, cegador, brillante. ➤ *Opaco, oscuro.* ‖ *adj.* **2. Espléndido**, maravilloso, fastuoso, soberbio. ➤ *Humilde.*

deslumbrar *v. tr.* **1. Cegar**, refulgir, ofuscar, alucinar, enceguecer, encandilar. **2. Maravillar**, fascinar, asombrar, impresionar, confundir, pasmar, atontar, embolar. ➤ *Aburrir.*

deslustrar *v. tr.* **1. Empañar**, enturbiar. **2. Desacreditar**, desprestigiar.

deslustre *s. m.* **1. Turbiedad**, opacidad. ➤ *Brillo.* **2. Desdoro**.

desmadejado, da *adj.* Flojo, decaído, abatido, deslavazado, quebrantado, alicaído, pachucho, caído. ➤ *Erguido, animado, fuerte, en forma.*

desmadre *s. m.* Caos, desbarajuste.

desmamonar *v. tr.* Podar.

desmán[1] *s. m.* **1. Abuso**, tropelía, atropello, exceso, desorden, demasía. ➤ *Compensación.* **2. Desgracia**.

desmán[2] *s. m.* Ratón almizclero.

desmandarse *v. prnl.* Desobedecer, rebelarse, excederse, descomedirse, propasarse. ➤ *Comedirse.*

desmantelar *v. tr.* **1. Desarmar**, destruir, derribar, saquear, arrasar, abatir, deshacer, demoler, arruinar, desmontar. ➤ *Armar, Reparar, construir.* **2. Desarbolar**, desaparejar. ➤ *Aparejar.* **3. Desguarnecer**, desalojar, desabrigar, desamparar, desamueblar. ➤ *Montar, guarnecer, amueblar.*

desmañado, da *adj.* Inhábil, desmanotado, chapucero, torpe, patoso, desgarbado, manazas, inepto, tosco, zote, inútil. ➤ *Hábil, mañoso, manitas.*

desmayado, da *adj.* Desfallecido, desvanecido. ➤ *Entonado.*

desmayar *v. intr.* **1. Desalentarse**, desanimarse, ceder, acobardarse, flaquear, amilanarse, anonadarse. ➤ *Impulsar, animarse, envalentonarse, alentar.* ‖ *v. prnl.* **2. Desvanecerse**, desfallecer, marearse, sincoparse, desplomarse, privarse, perder el sentido. ➤ *Recuperarse, volver en sí, reanimarse, recobrarse.*

desmayo *s. m.* Síncope, desvanecimiento, soponcio, desfallecimiento. ➤ *Recuperación, reanimación.*

desmazalado, da *adj.* Desmadejado, flojo, caído, dejado.

desmedido, da *adj.* Excesivo, desmesurado, desproporcionado, descomunal, inmoderado, enorme, descomedido, monstruoso, exagerado. ➤ *Comedido, ajustado, proporcionado, moderado, mensurado.*

desmedrado, da *adj.* Débil, decaído, escuchimizado, enflaquecido, encanijado, delgado, esmirriado, escuálido, canijo, pequeño, consumido, enclenque. ➤ *Fuerte, crecido, recio, corpulento.*

desmedrar *v. tr.* Debilitar, enflaquecer, decaer, deteriorar. ➤ *Fortalecer.*

desmedro *s. m.* Adelgazamiento, deterioro, desmejoramiento.

desmejora *s. f.* Deterioro, menoscabo.

desmejoramiento *s. m.* Deterioro, debilitamiento. ➤ *Fortalecimiento, mejora.*

desmejorar *v. intr.* Empeorar, debilitarse, agravarse, demacrarse. ➤ *Mejorar, recuperarse.*

desmelenado, da *adj.* Despeinado, greñudo. ➤ *Repeinado.*

desmelenar *v. tr.* **1. Desgreñar**, despeluzar, despeinar, despeluchar. ‖ *v. prnl.* **2. Desinhibirse**.

desmembración *s. f.* Desintegración, división. ➤ *Unión.*

desmembrado, da *adj.* Destrozado.

desmembrar *v. tr.* **1. Descuartizar**, dislocar. ➤ *Integrar.* **2. Dividir**, escindir, desintegrar, disgregar, apartar, desunir, alejar, partir. ➤ *Unir, juntar.*

desmemoriado, da *adj.* **1. Olvidadizo**. ➤ *Memorión.* **2. Despistado**, distraído, aturdido. ➤ *Atento.*

desmemoriarse *v. prnl.* Olvidarse.

desmentido, da *s. m. y s. f.* Desautorización, mentís.

desmentir *v. tr.* **1. Contradecir**, negar, impugnar, denegar, rebatir, refutar. ➤ *Corroborar, confirmar, ratificar.* **2. Debatir**, impugnar. **3. Desmerecer.** ➤ *Honrar.* **4. Disimular**, ocultar.

desmenuzable *adj.* Triturable.

desmenuzar *v. tr.* **1. Triturar**, picar, disgregar, dividir, machacar, partir, deshacer, destrozar, moler, desmigar, rallar. ➤ *Aglomerar, unir.* **2. Estudiar**, investigar, considerar, analizar, descomponer, detallar, examinar.

desmerecer *v. tr.* **1. Criticar**, desprestigiar. ➤ *Ensalzar, alabar.* ‖ *v. intr.* **2. Desvalorizar.**

desmesura *s. f.* Demasía, descomedimiento, exceso. ➤ *Medida, respeto.*

desmesurado, da *adj.* **1. Descomunal**, enorme, gigantesco, excesivo, desmedido, extraordinario, monstruoso. ➤ *Minúsculo, mínimo, pequeño.* **2. Descortés**, insolente, atrevido.

desmesurar *v. tr.* **1. Desarreglar**, descomponer, desordenar. ‖ *v. prnl.* **2. Descomedirse**, excederse.

desmigajar *v. tr.* Desmenuzar.

desmigar *v. tr.* Migar.

desmirriado, da *adj.* Flaco, consumido, esmirriado. ➤ *Fuerte, gordo.*

desmochar *v. tr.* Cercenar, podar.

desmontar *v. tr.* **1. Desarmar**, desbaratar, desmantelar, desunir, separar. ➤ *Armar, montar.* **2. Descabalgar**, apearse, descender. ➤ *Montar, subir.*

desmonte *s. m.* **1. Nivelación**, explanación. **2. Terraplén.**

desmoñar *v. tr.* Despeinar, desmelenar.

desmoralizador, ra *adj.* Desalentador, descorazonador, entristecedor. ➤ *Alentador, animador.*

desmoralizar *v. tr.* **1. Corromper**, enviciar, malear, prostituir, pervertir, dañar, depravar, viciar. **2. Desalentar**, descorazonar, amedrentar, desconcertar, desanimar, abatir, amilanar, desorientar. ➤ *Animar, alentar.*

desmoronamiento *s. m.* Caída, hundimiento, derrumbamiento.

desmoronar *v. tr.* **1. Destruir**, derribar, demoler, derrumbar, caer, arruinar, hundir, derruir, desplomar. ➤ *Construir, levantar.* ‖ *v. tr.* **2. Hundirse**, fracasar. **3. Desplomarse.**

desnarigado, da *adj.* Chato, braco.

desnaturalizado, da *adj.* Cruel.

desnaturalizar *v. tr.* **1. Desterrar**, exiliar. **2. Desfigurar**, falsear.

desnivel *s. m.* **1. Cuesta**, declive, pendiente, rampa, peralte, altibajo, talud. ➤ *Llano, llanura, meseta.* **2. Desproporción**, desemejanza, desigualdad, diferencia. ➤ *Nivel, igualdad.*

desnivelación *s. f.* Desigualdad, diferencia. ➤ *Proporción.*

desnivelar *v. tr.* Desequilibrar, desigualar. ➤ *Nivelar, rasar.*

desnucar *v. tr.* **1. Descalabrar. 2. Malograr**, matar.

desnudar *v. tr.* **1. Desvestir**, descubrir, desabrigar, destapar, desarropar, destocar, descalzar. ➤ *Vestir, cubrir, arropar.* **2. Desposeer**, despojar, robar, desplumar. **3. Destapar**, quitar, abrir, descubrir. ➤ *Tapar.*

desnudo, da *adj.* **1. Desvestido**, descubierto. ➤ *Vestido.* **2. Pobre**, indigente, mísero. ➤ *Provisto, dotado.*

desnutrido, da *adj.* Debilitado, escuálido, esquelético. ➤ *Nutrido.*

desnutrirse *v. prnl.* Adelgazar, enflaquecer, demacrarse. ➤ *Nutrirse.*

desobedecer *v. tr.* Desmandarse, rebelarse, contradecir, infringir, insubordinarse, quebrantar, contravenir, transgredir, indisciplinarse, resistirse. ➤ *Obedecer, acatar, cumplir, seguir.*

desobediencia *s. f.* Desacato, indisciplina, rebeldía, transgresión, insubordinación. ➤ *Obediencia, docilidad.*

desobediente *adj.* Indócil, díscolo, rebelde, indisciplinado, malmandado, irrespetuoso, desmandado, insubordinado. ➤ *Obediente, dócil, sumiso.*

desocupado, da *adj.* **1. Haragán**, inactivo, ocioso. ➤ *Activo.* **2. Libre**, disponible, vacío. ➤ *Ocupado.*

desocupar *v. tr.* **1. Abandonar**, dejar, evacuar, deshabitar. ➤ *Ocupar.* **2. Vaciar**, desaguar, sacar. ➤ *Llenar.*

desoír *v. tr.* Desobedecer, rechazar, desdeñar. ➤ *Atender, escuchar.*

desolación *s. f.* **1. Tristeza**, pena, angustia. ➤ *Alegría, contento.* **2. Ruina**, aniquilación. ➤ *Paz, prosperidad.*

desolador, ra *adj.* Desesperanzador, doloroso, amargo, penoso, aflictivo, angustioso. ➤ *Animador, consolador.*

desolar *v. tr.* **1. Devastar**, arrasar, derruir, asolar, destruir, arruinar, demoler, destrozar. ➤ *Construir, edificar, levantar.* ‖ *v. prnl.* **2. Apenarse**, desconsolarse, angustiarse, entristecerse, apesadumbrarse, compungirse, acongojarse, afligirse. ➤ *Alegrarse, consolarse, aliviarse, animarse.*

desolladero *s. m.* Matadero.

desolladura *s. f.* Despellejadura, herida, rasponazo, rozadura.

desollar *v. tr.* **1. Despellejar**. **2. Criticar**, vituperar. ➤ *Alabar.*

desorden *s. m.* **1. Desarreglo**, desconcierto, desorganización, desbarajuste, anomalía, irregularidad, enredo, confusión, desordenación, caos, trastorno, desordenamiento. ➤ *Orden, sistema, organización, concierto, disciplina, ordenamiento.* **2. Tumulto**, barullo, follón, bullicio, perturbación, batiburrillo, lío, tropel, pandemónium, barahúnda. ➤ *Orden, claridad.*

desordenado, da *adj.* **1. Caótico**, confuso. ➤ *Ordenado, organizado.* **2. Desenfrenado**, libertino.

desordenar *v. tr.* Descomponer, desbarajustar, trastornar. ➤ *Ordenar.*

desorejar *v. tr.* Cercenar, mutilar.

desorganización *s. f.* Desbarajuste, desconcierto, desgobierno, caos. ➤ *Orden, sistematización.*

desorganizar *v. tr.* Descomponer, desordenar, trastornar, revolver, enredar. ➤ *Estructurar, ordenar.*

desorientación *s. f.* Aturdimiento, despiste, desviación.

desorientar *v. tr.* **1. Extraviar**, derivar, desencaminar, despistar, perder. ➤ *Orientar, guiar, empistar, indicar.* **2. Trastornar**, turbar, desconcertar, desmoralizar, confundir, aturdir, ofuscar. ➤ *Aclarar, centrar.*

desovillar *v. tr.* **1. Desdevanar**. **2. Aclarar**, resolver. **3. Animar.**

despabiladeras *s. f. pl.* Tenacillas.

despabilado, da *adj.* **1. Despejado**, insomne. **2. Listo**, ingenioso, vivaz, avispado. ➤ *Torpe.*

despabilar *v. tr.* **1. Instruir**, adoctrinar, adiestrar, iniciar. ‖ *v. prnl.* **2. Espabilarse**, despertarse. ➤ *Atontar.*

despachar *v. tr.* **1. Zanjar**, abreviar, acabar, ventilar. **2. Solucionar**, tramitar, resolver, decidir. **3. Enviar**, remitir, expender, encargar, expedir, remesar, mandar. ➤ *Recibir.* **4. Echar**, destituir, despedir, alejar, largar, licenciar, expulsar. ➤ *Nombrar, acoger, recibir.* **5. Comerciar**, expender, atender, vender. ➤ *Comprar.* **6. Eliminar**, liquidar, matar, asesinar, cargarse. ➤ *Perdonar.*

despacho *s. m.* **1. Estudio**, bufete, oficina, escritorio. **2. Tienda**, establecimiento, bazar, almacén, expenduria, puesto, comercio. **3. Carta**, cable, comunicado, parte, nota, parte, misiva, circular, correspondencia. **4. Telegrama**, cable. **5. Venta**, consumo, salida, entrega.

despachurrar *v. tr.* Despanzurrar, espachurrar, destripar, aplastar, estrujar, reventar, pisotear, apretar.

despacio *adv. m.* **1. Paulatinamente**, pausadamente, lentamente, despaciosamente, remisamente, paso a paso, poco a poco. ➤ *Rápidamente, apresuradamente, deprisa, aceleradamente.* ‖ *adv. t.* **2. Sin prisa**. ‖ *s. m.* **3. Tardanza**, dilación. ➤ *Prontitud, rapidez, agilidad.*

despacioso, sa *adj.* Lento, paulatino, pausado, premioso. ➤ *Rápido.*

despampanante *adj.* Asombroso, sorprendente, increíble, impresionante, estupendo, maravilloso, prodigioso, extraordinario, desconcertante, fenomenal. ➤ *Insignificante, corriente, normal, común.*

despanzurrar *v. tr.* Despachurrar, destripar, aplastar, estrujar, reventar.

desparejado, da *adj.* Descabalado, suelto. ➤ *Completo, emparejado.*

desparejar *v. tr.* Desaparear. ➤ *Emparejar, casar.*

desparejo, ja *adj.* **1. Desapareado**, desparejado. **2. Desigual**, distinto.

desparpajo *s. m.* Descaro, insolencia, desenvoltura, desfachatez, frescura. ➤ *Respeto, timidez.*

desparramar *v. tr.* **1. Diseminar**, dispersar, esparcir, desperdigar, extender. ➤ *Unir, juntar, reunir, agrupar.* **2. Malgastar**, dilapidar, disipar. ➤ *Ahorrar.* ‖ *v. prnl.* **2. Divertirse.** ➤ *Recogerse, moderarse.*

desparramo *s. m.* Desbarajuste, desorden. ➤ *Orden, concierto.*

despartir *v. tr.* Apaciguar, pacificar.

despatarrar *v. tr.* **1. Espatarrar. 2. Atemorizar**, asombrar, asustar.

despavorido, da *adj.* Espantado, aterrado, horrorizado, amedrentado, horripilado, aterrorizado, asustado, atemorizado. ➤ *Sereno, valiente.*

despavorir *v. intr.* Temer, asustarse.

despecho *s. m.* **1. Resentimiento.** ➤ *Agradecimiento.* **2. Desilusión**, desesperación. **3. Rigor**, aspereza.

despechugarse *v. prnl.* Desabotonarse, descubrir, escotarse.

despectivo, va *adj.* Desdeñoso, altivo, soberbio, engreído, despreciativo. ➤ *Apreciativo, atento, solícito.*

despedazamiento *s. m.* Desmembramiento, descuartizamiento, desgarramiento, destrozo.

despedazar *v. tr.* **1. Descuartizar**, desgarrar, deshacer, trocear, tronzar, desmembrar, dividir, partir. ➤ *Unir, juntar.* **2. Destrozar**, maltratar.

despedida *s. f.* **1. Adiós**, despido, separación. ➤ *Bienvenida, recibimiento.* **2. Homenaje**, ceremonia.

despedir *v. tr.* **1. Lanzar**, echar, expulsar, soltar, dejar, desprender, disparar. ➤ *Recibir, tomar, coger.* **2. Destituir**, despachar, licenciar, largar, expulsar, echar. ➤ *Contratar.* **3. Difundir**, esparcir. ‖ *v. prnl.* **4. Saludarse**, abrazarse, acompañar, decir adiós. ➤ *Acoger, recibir.*

despegado, da *adj.* Arisco, huraño, desabrido. ➤ *Afable, cariñoso.*

despegar *v. tr.* **1. Separar**, apartar, desunir, desprender, arrancar, desencolar, desencajar, levantar. ➤ *Pegar, encolar.* ‖ *v. intr.* **2. Levantar el vuelo**, remontarse. ➤ *Aterrizar.* ‖ *v. prnl.* **3. Desentonar**, desdecir.

despegue *s. m.* Ascenso, salida, remontada. ➤ *Aterrizaje.*

despeinar *v. tr.* Desmelenar, despeluzar, desgreñar, encrespar. ➤ *Peinar.*

despejado, da *adj.* **1. Desenvuelto**, listo, despierto. ➤ *Torpe, necio.* **2. Holgado**, amplio. **3. Limpio**, bonancible. ➤ *Tormentoso, nublado.*

despejar *v. tr.* **1. Desocupar. 2. Desembrollar**, desenliar. ➤ *Embrollar, confundir.* ‖ *v. prnl.* **3. Aclararse**, serenarse. ➤ *Confundirse, liarse.*

despejo *s. m.* Viveza, inteligencia.

despellejar *v. tr.* **1. Desollar. 2. Murmurar**, maldecir, criticar. ➤ *Alabar.*

despelotar *v. tr.* **1. Desgreñar**, desmelenar. ‖ *v. prnl.* **2. Desnudarse.**

despeluzar *v. tr.* **1. Desgreñar. 2. Espeluznar**, erizar el pelo.

despeluznante *adj.* Pavoroso, horrible, temible, horroroso.

despensa *s. f.* Alacena, aparador.

despeñadero *s. m.* Derrocadero, derrumbadero, precipicio, barranco.

despeñar *v. tr.* Lanzar. ➤ *Subir, alzar.*

despepitarse *v. prnl.* **1. Desgañitarse**, gritar. **2. Pirrarse**, deshacerse, derretirse. ➤ *Desdeñar, olvidar.*

desperdiciado, da *adj.* Desaprovechado, despilfarrado, malgastado.

desperdiciar *v. tr.* **1. Despilfarrar**, derrochar. **2. Desaprovechar**, malgastar, malbaratar. ➤ *Aprovechar.*

desperdicio *s. m.* **1. Despilfarro**, gasto, derroche. ➤ *Economía, provecho.* **2. Resto**, sobra, desecho, sobrante, broza, residuo, basura.

desperdigar *v. tr.* Dispersar, diseminar, desparramar, esparcir. ➤ *Reunir, condensar.*

desperezarse *v. prnl.* Estirarse, desentumecerse. ➤ *Aletargarse.*

desperfecto *s. m.* **1. Detrimento**, avería, deterioro, daño. ➤ *Reparación, arreglo.* **2. Defecto**, tacha.

despertar *v. tr.* **1. Despabilar**, avivar, reanimar, sacudir, recobrar, desadormecer, espabilar. ➤ *Dormir, acunar, adormecer.* **2. Evocar**, recordar, rememorar, renovar, rememorar. ➤ *Olvidar.* **3. Provocar**, animar, estimular, avivar, mover. ➤ *Calmar.*

despiadado, da *adj.* Cruel, impío, inhumano, desalmado, implacable, inflexible, feroz, bárbaro, malo, perverso, salvaje, brutal. ➤ *Piadoso, caritativo, compasivo, humano.*

despido *s. m.* Expulsión, destitución, suspensión, relevo, cesantía. ➤ *Admisión, rehabilitación.*

despierto, ta *adj.* **1. Despejado**, desvelado, insomne. ➤ *Dormido.* **2. Sagaz**, perspicaz, listo. ➤ *Torpe, necio.*

despilfarrador, ra *adj.* Derrochador, manilargo, manirroto, pródigo. ➤ *Ahorrador, tacaño.*

despilfarrar *v. tr.* **1. Dilapidar**, malbaratar, desperdiciar, prodigar, tirar, malgastar, derrochar, desparramar, disipar. ➤ *Ahorrar, guardar.*

despilfarro *s. m.* Derroche, prodigalidad, desperdicio. ➤ *Ahorro.*

despintar *v. tr.* **1. Desfigurar**, desdecir, degenerar. ‖ *v. prnl.* **2. Decolorarse**, desteñirse. ➤ *Teñirse.*

despistado, da *adj.* Desorientado, perdido, distraído. ➤ *Atento.*

despistar *v. tr.* Desorientar, confundir.

despiste *s. m.* Lapsus, distracción.

desplante *s. m.* Insolencia, desfachatez, descaro, arrogancia. ➤ *Respeto.*

desplazamiento *s. m.* Cabida, tonelaje, volumen.

desplazar *v. tr.* **1. Quitar**, desalojar, apartar, relegar, desviar, desencajar, alejar, derrotar, descentrar, dislocar, declinar, cambiar, descolocar. ➤ *Inmovilizar.* ‖ *v. prnl.* **2. Viajar**, trasladarse, moverse. ➤ *Quedarse.*

desplegar *v. tr.* **1. Desenrollar**, desdoblar, desarrollar, desenvolver, distender, ensanchar, expandir, tender. ➤ *Plegar, enrollar, recoger, doblar, encoger.* **2. Manifestar**, aclarar. ➤ *Disimular.* **3. Activar**, efectuar, llevar a cabo, ejecutar, hacer.

despliegue *s. m.* **1. Evolución**, dilatación, expansión, extensión, separación, dispersión. ➤ *Inmovilidad.* **2. Actividad**, ejercicio, realización, desarrollo, desenvolvimiento. **3. Maniobra**, marcha, exhibición. **4. Desdoblamiento.** ➤ *Plegamiento.*

desplomar *v. tr.* **1. Inclinar.** ➤ *Enderezar.* ‖ *v. prnl.* **2. Derrumbarse**, vencerse, hundirse. ➤ *Levantarse, armarse, alzarse.* **3. Morirse.**

desplome *s. m.* Caída, hundimiento.

desplumar *v. tr.* **1. Pelar. 2. Despojar**, estafar, robar.

despoblado *s. m.* **1. Abandonado**, deshabitado, desolado, ayermado, solitario, inhabitado, inexplorado. ➤ *Habitado, poblado, concurrido.* **2. Páramo**, estepa, erial, descampado, desierto, soledad, paramera, yermo. ➤ *Población, poblado, ciudad.*

despoblar *v. tr.* Abandonar, deshabitar.

despojar *v. tr.* **1. Desposeer**, quitar, robar, saquear, expoliar, confiscar, desplumar, privar, arrancar. ➤ *Dar, entregar, devolver, poner.* ‖ *v. prnl.* **2. Desvestirse**, desnudarse. **3. Privarse**, sacrificarse, desprenderse, renunciar, dar, donar. ➤ *Apropiarse, guardarse, quedarse, retener.*

despojo *s. m.* **1. Presa. 2. Desecho**, sobra, resto. ‖ *s. m. pl.* **3. Cadáver.**

desportilladura *s. f.* Desconchadura, melladura, mella.

desportillar *v. tr.* Mellar, romper.

desposado, da *adj.* Consorte, cónyuge, casado. ➤ *Divorciado, soltero.*

desposarse *v. prnl.* **1. Prometerse. 2. Casarse**, unirse, contraer nupcias. ➤ *Divorciarse, separarse.*

desposeer *v. tr.* **1. Desapropiar**, expropiar, despojar, quitar, privar, arrebatar. ➤ *Devolver.* ‖ *v. prnl.* **2. Desprenderse**, renunciar, privarse.

desposeimiento *s. m.* Despojo, privación. ➤ *Posesión.*

desposorio *s. m.* Esponsales.

déspota *s. m. y s. f.* **1. Dictador**, autócrata, tirano, cacique. ➤ *Liberal, demócrata.* **2. Opresor**, abusador.

despótico, ca *adj.* Arbitrario, abusivo.

despotismo *s. m.* **1. Dictadura**, autocracia, tiranía, autoritarismo, dominio, absolutismo. ➤ *Liberalismo, democracia, libertad.* **2. Opresión**, abuso, injusticia, dominación, arbitrariedad, atropello. ➤ *Justicia, igualdad.*

despotricar *v. intr.* Desvariar, desbarrar, criticar, disparatar. ➤ *Razonar.*

despreciable *adj.* Ruin, infame, miserable, rastrero, innoble, indigno, vil, aborrecible, bajo, abyecto, insignificante, minúsculo, ridículo. ➤ *Apreciable, noble, digno, honorable.*

despreciar *v. tr.* **1. Menospreciar**, subestimar, desestimar, desatender, maltratar, abandonar, relegar, arrinconar, arrumbar. ➤ *Apreciar, valorar.* **2. Denigrar**, desechar, vilipendiar, desairar, desdeñar, reírse, ridiculizar, rebajar, ofender, ultrajar, difamar. ➤ *Atender, honrar, estimar, enaltecer.* ‖ *v. prnl.* **3. Minusvalorarse**, subestimarse, infravalorarse. ➤ *Sobrestimarse, sobrevalorarse.*

despreciativo, va *adj.* Despectivo, altanero, arrogante, altivo, soberbio, orgulloso. ➤ *Afectuoso, respetuoso.*

desprecio *s. m.* **1. Menosprecio**, subestimación. ➤ *Aprecio, estima.* **2. Vilipendio**, ultraje, desaire, desdén.

desprender *v. tr.* **1. Separar**, soltar, desasir, despegar, desenganchar, desencadenar, desarticular, arrancar, desunir, descolgar. ➤ *Juntar, pegar, unir, prender, sujetar.* ‖ *v. prnl.* **2. Librarse**, eludir, despojarse, renunciar, dar, brindar, desposeerse, privarse, quitarse. ➤ *Conservar, guardarse, retener, quedarse.* **3. Seguirse**, concluirse, deducirse, sacarse, derivarse, inferirse, colegirse. ➤ *Inducirse.*

desprendimiento *s. m.* **1. Alud**, desmoronamiento. **2. Abnegación**, generosidad, desapego, desasimiento. ➤ *Interés, apego, egoísmo.*

despreocupación *s. f.* Tranquilidad, calma, indiferencia, frescura, serenidad, apacibilidad, placidez, sosiego. ➤ *Preocupación, disgusto, desasosiego.*

despreocupado, da *adj.* Confiado, descuidado, tranquilo. ➤ *Intranquilo.*

despreocuparse *v. prnl.* Descuidarse, desentenderse, serenarse, tranquilizarse. ➤ *Preocuparse, inquietarse.*

desprestigiar *v. tr.* Desacreditar, denigrar, difamar, calumniar, criticar. ➤ *Rehabilitar, alabar.*

desprevenido, da *adj.* **1. Inadvertido**, despreocupado, incauto, imprevisor, descuidado. ➤ *Preparado, prevenido, precavido.* **2. Desproveído**, desapercibido, desprovisto, impróvido, desarmado, desabastecido, desguarnecido, carente, despojado.

desproporción *s. f.* Diferencia, desigualdad, deformidad, disformidad, desmesura, disconformidad, incongruencia, asimetría, disparidad, discrepancia. ➤ *Similitud, proporción, simetría, conformidad.*

desproporcionado, da *adj.* Asimétrico, deforme, dispar, desmedido. ➤ *Proporcionado.*

despropósito *s. m.* Disparate, dislate, desatino, desacierto, inconveniencia, desbarro, absurdo, necedad, desvarío, locura, incoherencia, paradoja, aberración, inconsecuencia, patochada. ➤ *Conveniencia, sensatez.*

desprovisto, ta *adj.* Privado, carente, falto. ➤ *Dotado.*

después *adv. t. y adv. l.* Luego, más tarde, posteriormente, seguidamente, detrás, a continuación, en seguida, ulteriormente, inmediatamente. ➤ *Antes, delante, anteriormente.*

despuntar *v. tr.* **1. Mellar**, gastar, redondear, embotar. ➤ *Aguzar, afilar.* **2. Descerar**. ‖ *v. intr.* **3. Salir**, aparecer, nacer, brotar, apuntar, asomar. **4. Descollar**, sobresalir, destacarse. ➤ *Estancarse, vegetar.*

desquiciar *v. tr.* **1. Desajustar**, enloquecer, perturbar. ➤ *Serenar.* **2. Alterar**, descomponer. ➤ *Ordenar.*

desquitar *v. tr.* Resarcirse, despicarse.

desquite *s. m.* Resarcimiento, revancha, venganza, represalia. ➤ *Perdón.*

desrizar *v. tr.* Alisar, desenredar. ➤ *Ondular, rizar.*

destacamento *s. m.* Pelotón, patrulla, vanguardia, avanzadilla.

destacar v. tr. **1. Resaltar**, distinguirse, despuntar, sobresalir, descollar, predominar. ➤ *Estancarse, vegetar.* **2. Acentuar**, recalcar, matizar, subrayar, hacer hincapié. ➤ *Atenuar.* **3. Apartar**, desprender, alejar, aislar, despegar. ➤ *Reunir, agrupar.*

destapar v. tr. **1. Destaponar**, abrir, descorchar. ➤ *Taponar, tapar.* **2. Desabrigar**, desarropar. ➤ *Cubrir.*

destartalado, da adj. Desvencijado, desordenado, escacharrado. ➤ *Ordenado, primoroso.*

destazar v. tr. Despedazar, despiezar.

destejer v. tr. Deshilar. ➤ *Tejer.*

destellar v. tr. Brillar, centellear, titilar.

destello s. m. Centelleo, fogonazo, fulgor, resplandor. ➤ *Oscuridad.*

destempladamente adv. m. Bruscamente, desapaciblemente.

destemplado, da adj. **1. Hosco**, arisco, descortés, desabrido, grosero. ➤ *Amable.* **2. Desapacible**, frío, riguroso, desagradable. ➤ *Templado.*

destemplanza s. f. Abuso, exceso, intemperancia. ➤ *Templanza, virtud.*

destemplar v. tr. **1. Desafinar**, desentonar. ➤ *Armonizar.* || v. prnl. **2. Enfriarse**, resfriarse. ➤ *Templarse.*

destemple s. m. Desentono, desafine. ➤ *Afinación.*

desteñir v. tr. Despintar, decolorar, blanquear. ➤ *Teñir, colorar.*

desternillarse v. prnl. Descuajaringarse, escacharrarse, morirse de risa.

desterrado, da adj. Exiliado, refugiado, expatriado, deportado, proscrito.

desterrar v. tr. Deportar, expatriar, exiliar. ➤ *Repatriar.*

desterronar v. tr. Cavar, roturar.

destiempo, a loc. adv. A deshora, intempestivamente. ➤ *Oportunamente.*

destierro s. m. **1. Exilio**, ostracismo, deportación, extrañamiento, proscripción. **2. Confinamiento.**

destilación s. f. Goteo, instilación, volatilización, sublimación.

destilar v. tr. **1. Evaporar**, volatilizar. **2. Purificar**, filtrar.

destinar v. tr. **1. Dedicar**, aplicar, predestinar, señalar, designar, reservar,

consignar, proponer, elegir, distribuir, marcar. **2. Emplear**, ocupar, enviar, mandar, asignar.

destinatario, ria s. m. y s. f. Receptor. ➤ *Remitente, emisor.*

destino s. m. **1. Fortuna**, estrella, azar, hado, suerte, sino, providencia. **2. Finalidad. 3. Puesto**, plaza, colocación, empleo, ocupación. ➤ *Cesantía, suspensión, despido.*

destitución s. f. Cesantía, jubilación, licenciamiento, relevo, cese, expulsión. ➤ *Admisión, institución.*

destituir v. tr. Deponer, cesar, despedir, desposeer, separar, sustituir, expulsar, licenciar, echar, destronar, derrocar, remover, retirar. ➤ *Poner, nombrar, colocar, instituir, encargar.*

destocarse v. prnl. Saludar, descubrirse.

destorcer v. tr. Desenrollar, enderezar.

destorlongado, da adj. Pródigo, manilargo. ➤ *Ahorrador, comedido.*

destornillar v. tr. **1. Desatornillar**, desenroscar. || v. prnl. **2. Atolondrarse**, precipitarse, alocarse, desconcertarse. ➤ *Meditar, sopesar.*

destoserse v. prnl. Carraspear.

destrenzar v. tr. Despeinar.

destreza s. f. Agilidad, soltura, maña, maestría, pericia, aptitud, arte. ➤ *Torpeza, impericia, ignorancia.*

destripar v. tr. Despanzurrar, despachurrar, aplastar, reventar.

destripaterrones s. m. y s. f. Labrantín, campesino, labrador.

destrizar v. tr. Desmenuzar, despiezar, hacer trizas.

destrocar v. tr. Descambiar.

destrón s. m. Guía, lazarillo.

destronamiento s. m. Derrocamiento, desposeimiento, deposición. ➤ *Entronización, coronación.*

destronar v. tr. **1. Desentronizar**, derrocar, deponer. ➤ *Entronizar.* **2. Relegar**, desplazar, postergar.

destronque s. m. Arrancadura, truncamiento, tronchamiento.

destrozar v. tr. **1. Despedazar**, desmembrar, desunir, despiezar, destruir, trocear, romper, tronchar, matar, descuartizar, escacharrar, desgarrar, fracturar, quebrar, deteriorar. ➤ *Arreglar, componer, reparar, cuidar.* **2. Arrasar**, desbaratar, arrollar, aniquilar, vencer, derrotar.

destrozo *s. m.* **1. Despedazamiento**, destrucción, deterioro. ➤ *Reparación.* **2. Masacre**, escabechina.

destrucción *s. f.* Estrago, devastación, ruina. ➤ *Reparación, construcción.*

destructivo, va *adj.* Demoledor, devastador, ruinoso, aniquilador.

destructor, ra *adj.* Demoledor, devastador, mortífero, catastrófico.

destruir *v. tr.* Devastar, destrozar, asolar, desbaratar, demoler, desmantelar, desolar, desintegrar, descomponer, arrasar, desmoronar, arruinar, aniquilar, romper, desgastar, derribar, volar, exterminar. ➤ *Construir, hacer, organizar, reparar, levantar, erigir, reconstruir.*

desuncir *v. tr.* Desyugar. ➤ *Uncir.*

desunión *s. f.* **1. Desconexión**, desvinculación, división. ➤ *Cohesión, unidad.* **2. Desacuerdo**, discordia, desavenencia. ➤ *Unión, avenencia.*

desunir *v. tr.* **1. Separar**, alejar, disgregar, desarticular, apartar, disociar, dividir, descomponer, aislar, divorciar, desglosar, desensamblar, desmembrar, deshacer, desasir, desconectar. ➤ *Unir, juntar, conectar.* **2. Enemistar**, encizañar, enfrentar, indisponer, desavenir, malmeter, malquistar. ➤ *Amistar, hermanar, avenir, relacionar.*

desusado, da *adj.* **1. Inusitado**, insólito, infrecuente, desacostumbrado. ➤ *Normal, corriente.* **2. Obsoleto**, trasnochado. ➤ *Actual, moderno.*

desuso *s. m.* Olvido. ➤ *Uso, moda.*

desustanciar *v. tr.* Deslavar, deslavazar.

desvaído, da *adj.* **1. Pálido**, descolorido, desteñido. **2. Borroso**, desdibujado. **3. Impreciso.** ➤ *Definido.*

desvalido, da *adj.* Inerme, desamparado, indefenso. ➤ *Amparado, fuerte.*

desvalijador, ra *adj.* Saqueador, ladrón, atracador.

desvalijamiento *s. m.* Saqueo, robo.

desvalijar *v. tr.* Hurtar, sustraer, atracar, saquear, robar. ➤ *Restituir.*

desvalimiento *s. m.* Abandono, orfandad. ➤ *Amparo, custodia.*

desvalorizar *v. tr.* **1. Infravalorar**, infraestimar. ➤ *Valorar.* **2. Abaratar**, rebajar, devaluar. ➤ *Encarecer.*

desván *s. m.* Buharda, buhardilla, sobrado, altillo, tabanco.

desvanecer *v. tr.* **1. Disipar**, evaporarse. **2. Suprimir**, anular. ‖ *v. prnl.* **3. Esfumarse**, desaparecer, disiparse. ➤ *Aparecer.* **4. Desmayarse**, marearse, desplomarse, perder el conocimiento. ➤ *Volver en sí, recuperarse.*

desvanecimiento *s. m.* Vahído, mareo, desmayo, síncope, vértigo, patatús. ➤ *Recuperación.*

desvariar *v. intr.* Alucinar, delirar, desquiciarse, perturbarse.

desvarío *s. m.* **1. Perturbación**, enajenación, locura, delirio, extravío, ensueño, fantasía, chifladura. ➤ *Sensatez, razón, cordura, coherencia.* **2. Barbaridad**, aberración, desatino, despropósito, inconveniencia, disparate, insensatez, sinrazón.

desvedar *v. tr.* Permitir, consentir, autorizar. ➤ *Prohibir, vetar.*

desvelar *v. tr.* **1. Despabilar.** ➤ *Dormir.* ‖ *v. prnl.* **2. Inquietarse**, esmerarse, desvivirse. ➤ *Descuidarse.*

desvelo *s. m.* **1. Insomnio**, vigilia. ➤ *Sueño, sopor.* **2. Cuidado**, celo, atención, esmero. ➤ *Despreocupación.*

desvencijar *v. tr.* Deteriorar, destartalar, estropear. ➤ *Arreglar.*

desventaja *s. f.* Inferioridad, menoscabo, inconveniente. ➤ *Ventaja.*

desventura *s. f.* Desdicha, infortunio, adversidad, desgracia. ➤ *Suerte.*

desvergonzado, da *adj.* Sinvergüenza, descarado, procaz, fresco.

desvergüenza *s. f.* Sinvergonzonería, procacidad. ➤ *Vergüenza, respeto.*

desvestir *v. tr.* Descubrir, destapar, desabrigar, desnudar. ➤ *Vestir.*

desviación *s. f.* **1. Alejamiento**, apartamiento, separación. ➤ *Acercamiento.* **2. Bifurcación**, cruce, desvío. **3. Luxación**, torcedura.

desviar *v. tr.* **1. Descaminar**, separar, distraer, descarrilar, desorientar, extraviar, alejar, despistar, desencaminar, desalinear, apartar, torcer. ➤ *Encarrilar, dirigir, orientar, centrar.* **2. Desaconsejar**, desarrimar.

desvincular *v. tr.* Desligar, desprender, desunir, separar, romper. ➤ *Vincular, someter, unir.*

desvío *s. m.* **1. Despego**, desagrado. **2. Bifurcación**, desviación.

desvirgar *v. tr.* Desflorar.

desvirtuar *v. tr.* Transformar, deformar, alterar, falsear. ➤ *Legalizar.*

desvivirse *v. prnl.* Pirrarse, chalarse, ansiar, anhelar, perecerse, despepitarse, derretirse, morirse, deshacerse, no parar. ➤ *Despreocuparse.*

desyerbar *v. tr.* Escardar, desherbar.

detallado, da *adj.* Preciso, minucioso, cuidadoso, prolijo, dilatado, amplio, pormenorizado, nimio. ➤ *Abreviado, conciso, lacónico, sintetizado.*

detallar *v. tr.* Analizar, especificar, pormenorizar, precisar. ➤ *Resumir.*

detalle *s. m.* **1. Enumeración**, explicación, particularidad. ➤ *Conjunto.* **2. Fragmento**, parte, porción.

detallista *adj.* **1. Esmerado**, delicado, minucioso. ➤ *Chapucero, descuidado.* **2. Minorista.** ➤ *Mayorista.*

detectar *v. tr.* **1. Descubrir**, localizar. ➤ *Perder.* **2. Señalar**, indicar, revelar.

detective *s. m. y s. f.* Agente, investigador, policía.

detención *s. f.* **1. Parada**, alto. **2. Tardanza**, demora, retraso, dilación. **3. Arresto**, aprisionamiento, apresamiento, prendimiento. ➤ *Liberación.*

detener *v. tr.* **1. Parar**, atajar, suspender, impedir, contener, inmovilizar, estorbar, frenar, represar, fijar. ➤ *Continuar, impulsar, dejar.* **2. Aprisionar**, prender, arrestar, aprehender, encarcelar, encerrar, enchironar, recluir. ➤ *Liberar, soltar, excarcelar, libertar.* || *v. prnl.* **3. Demorarse**, retrasarse, tardar, retardarse, quedarse. ➤ *Seguir, acelerarse.*

detenido, da *adj.* Preso, condenado, encarcelado, arrestado. ➤ *Libre.*

detentación *s. f.* Apropiación. ➤ *Devolución, restitución.*

detentar *v. tr.* Usurpar, apropiarse. ➤ *Restituir, devolver.*

detergente *s. m.* Limpiador, jabón.

deteriorar *v. tr.* Averiar, romper, malograr, desmedrar, menoscabar, estropear, deslustrar, deslucir, desgastar, empeorar, maltratar, deformar, desfigurar, echar a perder. ➤ *Arreglar, mejorar, medrar, embellecer, reparar.*

deterioro *s. m.* Desperfecto, daño, detrimento, avería. ➤ *Reparación.*

determinable *adj.* Definible, identificable. ➤ *Confuso, ambiguo.*

determinación *s. f.* **1. Resolución**, decisión. ➤ *Indecisión.* **2. Audacia**, arrojo, denuedo, osadía, valor.

determinado, da *adj.* Decidido, intrépido, resuelto. ➤ *Indeciso, tímido.*

determinar *v. tr.* **1. Delimitar**, señalar, precisar, establecer, designar, señalar, distinguir. ➤ *Indeterminar.* **2. Resolver**, decidir, reglar, regular, prescribir, disponer. **3. Motivar**, ocasionar, provocar, causar. ➤ *Detener.*

detersión *s. f.* Higienización, limpieza. ➤ *Suciedad.*

detersivo, va *adj.* Detergente.

detestable *adj.* Abominable, execrable, aborrecible. ➤ *Adorable, amable.*

detestación *s. f.* Aversión, odio, inquina, aborrecimiento. ➤ *Amor, cariño.*

detestar *v. tr.* **1. Condenar**, maldecir, execrar. **2. Aborrecer**, odiar, abominar, detestar. ➤ *Amar, querer.*

detonación *s. f.* Estampido, estallido, explosión, descarga, disparo.

detonador, ra *s. m.* Espoleta, gatillo.

detonar *v. intr.* Estallar, tronar.

detorsión *s. f.* Torsión, distensión.

detracción *s. f.* Crítica, censura.

detractar *v. tr.* Detraer, difamar. ➤ *Alabar, loar, encomiar.*

detractor, ra *adj.* Calumniador, acusador, denigrador. ➤ *Defensor.*

detrás *adv. l.* Atrás, después, posteriormente. ➤ *Delante.*

detrimento *s. m.* **1. Deterioro**, menoscabo, avería. **2. Daño**, perjuicio, pérdida, quebranto. ➤ *Beneficio.*

detrito *s. m.* Residuos, restos, desperdicios, sobras, despojos.

deuda *s. f.* Débito, adeudo, compromiso, carga, deber. ➤ *Haber, derecho.*

deudo, da *s. m. y s. f.* Allegado, familiar, pariente. ➤ *Desconocido.*

deudor, ra *adj.* Entrampado, moroso. ➤ *Acreedor.*

devaluación *s. f.* Desvalorización.

devaluar *v. tr.* Desvalorizar, depreciar. ➤ *Encarecer, valorizar.*

devanadera *s. f.* **1. Bobina. 2. Argadillo**, argadijo.

devaneo *s. m.* **1. Dislate**, disparate. **2. Amorío**, aventura, flirteo, coqueteo.

devastación *s. f.* Desastre, ruina, asolación, destrucción, aniquilación.

devastador, ra *adj.* Destructor, aniquilador, ruinoso. ➤ *Benéfico.*

devastar *v. tr.* **1. Asolar**, desolar. **2. Destrozar**, destruir. ➤ *Reparar.*

devengar *v. tr.* Percibir, cobrar.

devengo *s. m.* Ganancia, beneficio.

devenir *v. intr.* Acontecer, ocurrir, suceder, sobrevenir, acaecer.

devoción *s. f.* **1. Recogimiento**, misticismo, fe, veneración, piedad, celo, unción, religiosidad, fervor. ➤ *Irreligiosidad, ateísmo, impiedad.* **2. Cariño**, apego, interés, inclinación, afición, simpatía, propensión, tendencia, entusiasmo, afecto, amor. ➤ *Desinterés, antipatía, aversión.*

devocionario *s. m.* Misal, breviario.

devolución *s. f.* Rechazo, reembolso, reintegro, reposición.

devolutivo, va *adj.* Restituible.

devolver *v. tr.* **1. Reintegrar**, retornar, reembolsar, tornar. ➤ *Quitar, retener.* **2. Vomitar**, nausear, regurgitar, basquear. ➤ *Comer, tragar.* **3. Reemplazar**, restituir. || *v. prnl.* **4. Retornar**, volver, regresar.

devorador, ra *adj.* Hambriento, insaciable, voraz, ávido, ansioso. ➤ *Ahíto, saciado, harto.*

devorar *v. tr.* **1. Engullir**, zampar. ➤ *Vomitar.* **2. Agotar**, desvanecer.

devotamente *adv. m.* Religiosamente, reverentemente, piadosamente.

devotería *s. f.* Beatería, santurronería.

devoto, ta *adj.* **1. Piadoso**, religioso, creyente, fiel, fervoroso, practicante, pío, beato. ➤ *Incrédulo, ateo, impío, irreligioso.* || *s. m.* **2. Aficionado**, seguidor, admirador, entusiasta, partidario, afecto, leal, adicto. ➤ *Contrario, opuesto, desapegado, desleal.*

devuelto, ta *adj.* Restituido, repuesto, reintegrado, restablecido. ➤ *Retenido.*

día *s. m.* **1. Jornada**. ➤ *Noche.* **2. Santo**, aniversario, conmemoración. || *s. m. pl.* **3. Existencia**, vida.

diablo *s. m.* **1. Belcebú**, Demonio, Lucifer, Luzbel, Mefistófeles, Satanás, Satán, angel caído, Pedro Botero. ➤ *Ángel, Dios.* **2. Monstruo**, demonio, feo, malcarado, repulsivo, horroroso, deforme, horrible. ➤ *Bello, guapo.* **3. Astuto**, mañoso, avispado, taimado, sagaz, artero, ladino, lince, sutil. ➤ *Bobo, simple.* **4. Travieso**, temerario, enredador, juguetón, barrabás, vivaracho, inquieto, enrevesado, aventurero, audaz, atrevido, osado. ➤ *Tranquilo, reposado, santurrón.*

diablura *s. f.* Picardía, trastada, chiquillada, travesura.

diabólico, ca *adj.* **1. Infernal**, demoníaco, satánico, luciferino. **2. Perverso**, maligno. ➤ *Inocente, angelical.*

diácono *s. m.* Eclesiástico, religioso, ministro. ➤ *Lego, seglar.*

diadema *s. f.* Aderezo, joya.

diafanidad *s. f.* Claridad, luminosidad, transparencia, limpidez. ➤ *Opacidad.*

diáfano, na *adj.* Traslúcido, límpido, puro, cristalino. ➤ *Opaco, oscuro.*

diagnosticar *v. tr.* Establecer, definir, prescribir, analizar.

diagnóstico *s. m.* Diagnosis, prescripción, análisis, parecer, opinión.

diagonal *adj.* **1. Oblicuo**, sesgado. **2. Transversal**. ➤ *Vertical, horizontal.*

diagrama *s. m.* Gráfico, esquema, croquis, bosquejo, esbozo, plano.

dial *s. m.* Cuadrante, indicador.

dialéctica *s. f.* Razonamiento, raciocinio, lógica, oratoria.

dialogar *v. intr.* Platicar, conversar.

diálogo *s. m.* Coloquio, plática, charla, conversación, parlamento, discusión, razonamiento, entrevista, palique, interlocución. ➤ *Monólogo, soliloquio.*

diamante *s. m.* Brillante, gema.

diámetro *s. m.* **1. Eje. 2. Recta,** línea.

diana *s. f.* **1. Llamada,** aviso, señal, toque. **2. Blanco,** centro.

diario, ria *adj.* **1. Cotidiano,** corriente, habitual. ➤ *Irregular.* ‖ *s. m.* **2. Memoria. 3. Periódico,** rotativo.

diarrea *s. f.* Descomposición, cagalera, flojedad de vientre. ➤ *Estreñimiento.*

diáspora *s. f.* **1. Éxodo. 2. Diseminación,** dispersión. ➤ *Unión, reunión.*

diástole *s. f.* ➤ *Sístole.*

diatriba *s. f.* Crítica, invectiva, perorata. ➤ *Alabanza.*

dibujante *s. m. y s. f.* Artista, diseñador, delineante, proyectista.

dibujar *v. tr.* Pintar, delinear, bosquejar, perfilar, diseñar, ilustrar.

dibujo *s. m.* **1. Ilustración,** lámina, apunte, silueta, trazo, retrato, figura, pintura, perfil, caricatura. **2. Proyecto,** diseño, croquis, trazado, delineamiento, esquema.

dicción *s. f.* **1. Voz,** vocablo, término. **2. Articulación,** elocución.

diccionario *s. m.* Léxico, vocabulario, glosario, repertorio, enciclopedia.

dicha *s. f.* Fortuna, prosperidad, ventura, bienestar. ➤ *Infelicidad, desventura, desencanto, desgracia.*

dicharachero, ra *adj.* Chistoso, ocurrente, bromista. ➤ *Hosco, serio.*

dicho *s. m.* **1. Proverbio,** refrán, máxima, sentencia, adagio, aforismo, apotegma. **2. Chiste,** agudeza, salida, gracia. **3. Mencionado,** citado, referido, precitado, susodicho, antedicho. ➤ *Omitido, silenciado.*

dichoso, sa *adj.* Venturoso, afortunado, bienhadado. ➤ *Desgraciado.*

dicotomía *s. f.* Binarismo.

dictador, ra *s. m. y s. f.* Autócrata, déspota, tirano. ➤ *Demócrata.*

dictadura *s. f.* Autarquía, cesarismo, tiranía, despotismo, autocracia. ➤ *Democracia, liberalismo.*

dictamen *s. m.* Informe, parecer, juicio, decisión, ponencia, sentencia, voto, veredicto, opinión.

dictaminar *v. intr.* Informar, enjuiciar, sentenciar.

díctamo *s. m.* Fresnillo.

dictar *v. tr.* **1. Leer,** pronunciar. **2. Promulgar,** ordenar, expedir.

dictatorial *adj.* Totalitario, absoluto, arbitrario. ➤ *Democrático.*

dicterio *s. m.* Insulto, improperio, denuesto. ➤ *Alabanza, elogio.*

didáctica *s. f.* Pedagogía, enseñanza.

didáctico, ca *adj.* Educacional, educativo, formativo.

dieléctrico, ca *adj.* Aislante.

diente *s. m.* **1. Colmillo,** canino, incisivo. **2. Resalte,** prominencia.

diestro, tra *adj.* **1. Mañoso,** perito. ➤ *Inepto, torpe.* ‖ *s. m.* **2. Torero.**

dieta *s. f.* Régimen, privación, ayuno.

dietas *s. m. pl.* Honorarios, paga.

dietario *s. m.* Agenda, memorándum.

diezmar *v. tr.* Aniquilar, exterminar, arrasar, asolar. ➤ *Proteger.*

diezmo *s. m.* Tributo, impuesto, carga.

difamación *s. f.* Denigración, infamación, injuria, vilipendio, calumnia, murmuración. ➤ *Alabanza, elogio.*

difamado, da *adj.* Acusado, desprestigiado, vituperado. ➤ *Ensalzado.*

difamador, ra *adj.* Calumniador, libelista, vituperador. ➤ *Encomiástico.*

difamar *v. tr.* Denigrar, infamar, deshonrar, injuriar, calumniar, menospreciar, desacreditar, afrentar. ➤ *Honrar, acreditar, alabar.*

difamatorio, ria *adj.* Vituperador, denigratorio, humillante, deshonroso, infamante. ➤ *Encomiástico.*

diferencia *s. f.* **1. Desigualdad,** desemejanza, disimilitud, distinción, diferenciación, disparidad, disconformidad. ➤ *Igualdad, semejanza, similitud.* **2. Disgusto,** disputa, disentimiento, desavenencia, discrepancia, divergencia, disensión. ➤ *Acuerdo, avenencia.*

diferenciación *s. f.* Diversificación

diferenciar *v. tr.* **1. Distinguir,** separar, determinar, calificar. ➤ *Asemejar.* ‖ *v. intr.* **2. Diferir,** discrepar, distar.

diferente *adj.* Distinto, diverso, desigual, desemejante. ➤ *Igual, semejante.*

diferido, da *adj.* Pospuesto, retrasado, aplazado. ➤ *Adelantado.*

diferir *v. tr.* **1. Demorar**, aplazar, retrasar, dilatar, suspender, posponer, postergar, retardar, atrasar, prorrogar. ➤ *Adelantar, cumplir.* ‖ *v. intr.* **2. Diferenciarse**, desemejar, discrepar, distar, discordar, distinguirse. ➤ *Parecerse, asemejarse.*

difícil *adj.* **1. Dificultoso**, arduo, trabajoso, penoso, complicado, embarazoso, enrevesado, imposible, intrincado, embrollado, enredado, espinoso, laborioso, peliagudo, inaccesible, inextricable. ➤ *Fácil, comprensible, accesible, sencillo.* **2. Descontentadizo**, áspero, desabrido. ➤ *Tratable.*

dificultad *s. f.* **1. Entorpecimiento**, estorbo, inconveniente, traba, embarazo, obstáculo, óbice, problema, conflicto, trance, escollo, aprieto, apuro, impedimento, engorro, brete, atolladero, tropiezo, embrollo. ➤ *Solución, facilidad, comodidad, sencillez.* **2. Reparo**, objeción, oposición.

dificultar *v. tr.* Contrariar, estorbar, oponerse, complicar, empecer, entorpecer. ➤ *Facilitar, ayudar.*

dificultoso, sa *adj.* Arduo, difícil, penoso, complicado, problemático.

difidente *adj.* Desconfiado, receloso.

difteria *s. f.* Garrotillo.

difumar *v. tr.* Difuminar, disfumar.

difuminar *v. tr.* Esfuminar, disfumar.

difumino *s. m.* Esfumino.

difundir *v. tr.* **1. Extender**, esparcir, diseminar, propalar, circular, cundir, derramar. ➤ *Juntar.* **2. Emitir**, publicar, divulgar, transmitir, trascender, propagar. ➤ *Reservar, callar, ocultar, encubrir.*

difunto, ta *adj.* **1. Muerto.** ➤ *Resucitado.* ‖ *s. m.* **2. Fallecido**, víctima, cadáver. ➤ *Vivo.*

difusión *s. f.* **1. Divulgación**, propagación. ➤ *Concentración.* **2. Farragosidad**, verbosidad, hinchazón.

difuso, sa *adj.* **1. Farragoso.** ➤ *Conciso.* **2. Borroso**, confuso. ➤ *Claro.*

digerir *v. tr.* **1. Nutrirse**, alimentarse, aprovechar. ➤ *Eliminar.* **2. Asimilar.**

digestión *s. f.* Asimilación, eupepsia.

digestivo, va *adj.* Estomacal, eupéptico, nutritivo. ➤ *Excretor.*

digesto *s. m.* Resumen, recopilación.

digital *adj.* **1. Dactilar.** ‖ *s. f.* **2. Dedalera**, guantelete.

dígito *s. m.* Número, guarismo, bit.

dignarse *v. prnl.* Servirse, tener la bondad, tener a bien. ➤ *Negarse.*

dignatario *s. m.* Personalidad, mandatario, personaje.

dignidad *s. f.* **1. Honradez**, decoro, decencia, compostura, seriedad, gravedad, mesura. ➤ *Vileza, ruindad.* **2. Puesto**, título, honor, tratamiento, distinción, prebenda, prerrogativa, preeminencia. **3. Excelencia**, nobleza, superioridad, honorabilidad, circunspección, realce, lustre, majestad. ➤ *Medianía, mediocridad.*

dignificante *adj.* Ennoblecedor. ➤ *Humillante, denigrante.*

dignificar *v. tr.* Enaltecer, honrar. ➤ *Rebajar, humillar.*

digno, na *adj.* **1. Merecedor**, acreedor. **2. Apropiado**, proporcionado.

digresión *s. f.* Divagación, rodeo, vaguedad, observación.

dije *s. m.* Colgante, joya, baratija.

dilación *s. f.* Demora, tardanza, retraso, retardación, aplazamiento, prórroga, detención, moratoria, dilatoria. ➤ *Prisa, adelanto, cumplimiento.*

dilapidar *v. tr.* Malbaratar, despilfarrar, malversar, disipar, derrochar, tirar, comerse. ➤ *Ahorrar, guardar.*

dilatación *s. f.* Extensión, distensión.

dilatadamente *adv. m.* Latamente.

dilatador, ra *adj.* Extensor.

dilatar *v. tr.* **1. Agrandar**, alargar, ensanchar, abultar, expandir, prolongar, extender, aumentar, hinchar. ➤ *Acortar, abreviar, contraer, encoger, estrechar.* **2. Diferir**, retardar, prorrogar, aplazar, demorar. ➤ *Activar, apresurar, adelantar.* **3. Propagar**, divulgar, esparcir, dispersar, difundir.

dilección *s. f.* Adoración, benevolencia, predilección, preferencia.

dilecto, ta *adj.* Preferido, querido, selecto. ➤ *Desdeñado, odiado.*

dilema *s. m.* **1. Alternativa**, opción. **2. Problema**, dificultad. ➤ *Solución.*

diligencia *s. f.* **1. Esmero**, atención, aplicación. ➤ *Desinterés.* **2. Rapidez**, presteza, dinamismo. ➤ *Lentitud.* **3. Carruaje**, carroza, carromato. **4. Trámite**, mandado, cometido.

diligenciar *v. tr.* Gestionar, cursar, despachar, tramitar.

diligente *adj.* **1. Abandonado**, descuidado. ➤ *Abúlico, pasivo, cachazudo.* **2. Veloz**, rápido.

dilucidación *s. f.* Elucidación, aclaración, esclarecimiento.

dilucidador, ra *adj.* Esclarecedor.

dilucidar *v. tr.* Aclarar, elucidar, esclarecer, determinar. ➤ *Embrollar.*

diluir *v. tr.* Disolver, desleír, licuar.

diluviar *v. intr.* Llover, chaparrear.

diluvio *s. m.* Aguacero, temporal, chaparrón, chubasco. ➤ *Sequía.*

dimanar *v. intr.* Originarse, nacer, emanar, provenir, salir, proceder.

dimensión *s. f.* Magnitud, medida, tamaño, capacidad, superficie, cuerpo, corpulencia, anchura, grosor.

diminuto, ta *adj.* Minúsculo, mínimo, microscópico, ínfimo. ➤ *Enorme.*

dimisión *s. f.* Abdicación, cesión, renuncia. ➤ *Aceptación, admisión.*

dimisionario, ria *adj.* Cesante, renunciante, saliente. ➤ *Vigente.*

dimitir *v. tr.* Declinar, rehusar, renunciar, abandonar, cesar, dejar, rescindir, abdicar. ➤ *Admitir, aceptar, tomar, persistir.*

dinámico, ca *adj.* **1. Móvil.** ➤ *Estático.* **2. Solícito**, laborioso, activo, diligente, afanoso. ➤ *Lento.*

dinamismo *s. m.* Eficacia, movilidad, rapidez, actividad, afán, diligencia, solicitud. ➤ *Abulia, inactividad.*

dinamitar *v. tr.* Explosionar, explotar.

dinamo *s. f.* Generador, transformador.

dinastía *s. f.* **1. Sucesión**, familia. **2. Estirpe**, linaje, casa, progenie.

dinástico, ca *adj.* **1. Hereditario**, sucesorio. **2. Monárquico.** ➤ *Antidinástico, republicano.*

dineral *s. m.* Fortuna, caudal, capital, millonada. ➤ *Miseria.*

dinero *s. m.* **1. Billete**, moneda, plata, guita, oro, cuartos, perras, tela, pasta, parné, numerario, metálico. **2. Capital**, bienes, hacienda, peculio, caudal, fortuna, patrimonio, fondos, riqueza.

dingo *s. m.* Perro australiano.

dintel *s. m.* Cargadero, lintel.

diócesis *s. f.* Obispado, mitra, sede.

dionisíaco, ca *adj.* Báquico.

diorita *s. f.* Diabasa.

Dios *n. p.* **1. Hacedor**, Todopoderoso, Señor, Altísimo, Salvador, Jehová, Pastor, Creador. ‖ *s. m.* **2. Divinidad**, héroe, semidiós, deidad.

diosa *s. f.* Dea, divinidad, deidad.

diploma *s. m.* **1. Nombramiento**, despacho. **2. Certificado**, título.

diplomacia *s. f.* **1. Embajada**, consulado, cancillería. **2. Tacto**, sagacidad, circunspección. ➤ *Rudeza.*

diplomado, da *s. m. y s. f.* Graduado, titulado, licenciado.

diplomar *v. tr.* Graduar, licenciar.

diplomático, ca *adj.* **1. Embajador**, plenipotenciario, enviado, cónsul. **2. Hábil**, político, cortés. ➤ *Rudo.*

dipsomanía *s. f.* Alcoholismo.

dipsomaníaco, ca *adj.* Alcohólico.

diputación *s. f.* Junta, consejo, organismo, corporación.

diputado, da *s. m. y s. f.* Representante, parlamentario, congresista.

diputar *v. tr.* **1. Designar**, elegir. **2. Juzgar**, reputar, conceptuar.

dique *s. m.* Malecón, espigón, rompeolas, muelle, presa, espolón, escollera.

dirección *s. f.* **1. Gobierno**, gestión, administración, mando. **2. Sentido**, derrotero, trayectoria, ruta, itinerario, curso, rumbo, orientación. **3. Jefatura**, mando, guía, gobierno. **4. Señas**, remite, domicilio, destinatario. **5. Consejo**, enseñanza, orientación, educación, doctrina.

directamente *adv. m.* Rectamente, derechamente. ➤ *Sinuosamente.*

directo, ta *adj.* **1. Recto**, continuo, derecho. ➤ *Desviado, torcido, inexacto.* **2. Ininterrumpido.** ➤ *Sinuoso, oblicuo.* **3. Claro**, franco, rotundo, natural, abierto. ➤ *Disimulado.*

director, ra adj. **1. Rector**, autoridad, administrador. ➤ *Subordinado*. ‖ s. m. y s. f. **2. Directivo**, dirigente, jefe.

directorio s. m. **1. Jefatura**, presidencia, comité, consejo, junta directiva. **2. Guía telefónica**, listín.

dirigente adj. Administrador, directivo, jefe, gobernante. ➤ *Subordinado*.

dirigir v. tr. **1. Encaminar**, converger, trasladar, ir, guiar, enderezar, encarrilar, conducir, ordenar, encauzar. ➤ *Volver, regresar*. **2. Regir**, gobernar, administrar, regentar, adiestrar, manejar. **3. Orientar**, tutelar, aconsejar. ➤ *Desorientar, confundir*.

dirimente adj. Concluyente, decisivo. ➤ *Transitorio*.

dirimir v. tr. Resolver, fallar, decidir, solventar, zanjar. ➤ *Complicar*.

discernimiento s. m. Perspicacia, lucidez, clarividencia. ➤ *Torpeza*.

discernir v. tr. **1. Distinguir**, discriminar, diferenciar, apreciar, percibir, comprender, juzgar, enjuiciar. ➤ *Confundir*. **2. Otorgar**, adjudicar, premiar, conceder. ➤ *Negar*.

disciplina s. f. **1. Materia**, asignatura. **2. Obediencia**, orden, rigor, severidad. ➤ *Desorden, indisciplina*.

disciplinado, da adj. **1. Correcto**, cumplidor, sumiso. ➤ *Indisciplinado, rebelde*. **2. Jaspeado**, matizado.

disciplinar v. tr. **1. Educar**. **2. Azotar**.

disciplinazo s. m. Azote, latigazo.

discípulo, la s. m. y s. f. **1. Alumno**, estudiante, colegial, educando, escolar. ➤ *Maestro, profesor*. **2. Seguidor**, partidario, adepto. ➤ *Oponente*.

disco s. m. **1. Rodaja**, chapa. **2. Círculo**, circunferencia, redondel, rueda. **3. Disquete**.

discoidal adj. Circular, esférico.

díscolo, la adj. Desobediente, indisciplinado, rebelde, revoltoso, indócil, inobediente, reacio, perturbador, travieso, enredador. ➤ *Obediente*.

disconforme adj. Contrario, discrepante, discorde, opuesto, malavenido, disonante, discrepante, diferente, desavenido, antagónico, divergente. ➤ *Conforme, seguidor*.

disconformidad s. f. Desacuerdo, incompatibilidad, antagonismo, oposición, desunión. ➤ *Conformidad*.

discontinuidad s. f. Incoherencia, intermitencia. ➤ *Continuidad*.

discontinuo, nua adj. **1. Intermitente**, interrumpido. ➤ *Continuo*. **2. Desigual**.

discordancia s. f. Cacofonía, desajuste, desarmonía, contrariedad. ➤ *Armonía, concordia, conformidad*.

discordante adj. Opuesto, contrario, disonante. ➤ *Conforme, concordante*.

discordar v. intr. **1. Disentir**. ➤ *Concordar*. **2. Desafinar**. ➤ *Armonizar*.

discordia s. f. Disconformidad, desacuerdo, disentimiento, desavenencia, disensión, desunión, oposición, diferencia, discrepancia, conflicto, querella, divergencia, ruptura. ➤ *Concordia, avenencia, concierto, acuerdo*.

discreción s. f. Prudencia, tacto, moderación, cordura, mesura, circunspección, tino, recato, discernimiento, acierto, reflexión, equilibrio, ponderación. ➤ *Insensatez, indiscreción, imprudencia*.

discrecional adj. Potestativo, prudencial, voluntario, libre. ➤ *Obligado*.

discrepancia s. f. **1. Divergencia**, diferencia. **2. Disentimiento**, disconformidad, desacuerdo. ➤ *Acuerdo*.

discrepante adj. Antagónico, disconforme. ➤ *Conforme*.

discrepar v. intr. Divergir, discordar, discutir, disputar, diferenciarse. ➤ *Coincidir, consentir, convenir*.

discretear v. intr. Rumorear, cuchichear, secretear, murmurar.

discreteo s. m. Confidencia, cuchicheo, secreteo. ➤ *Discreción*.

discreto, ta adj. Juicioso, prudente, mesurado, sensato, reservado, recatado, circunspecto, moderado, cuerdo, reflexivo, ponderado. ➤ *Imprudente, indiscreto, insensato*.

discriminación s. f. Apartamiento, diferencia, exclusión. ➤ *Igualdad*.

discriminar v. tr. **1. Distinguir**, discernir, especificar, diferenciar. **2. Excluir**, separar, segregar. ➤ *Integrar*.

disculpa *s. f.* Descargo, excusa, pretexto, justificación, alegato, exculpación, subterfugio, evasiva. ➤ *Inculpación, acusación, confesión.*

disculpable *adj.* Perdonable, excusable, justificable. ➤ *Imperdonable.*

disculpar *v. tr.* **1. Defender**, excusar, justificar. ➤ *Acusar.* **2. Perdonar**, absolver, exculpar. ➤ *Condenar.*

discurrir *v. intr.* **1. Transitar**, pasear, caminar, andar. ➤ *Detenerse.* **2. Transcurrir**, pasar, avanzar. **3. Pensar**, reflexionar, cavilar, inventar.

discurso *s. m.* **1. Raciocinio**, reflexión. **2. Conferencia**, disertación, arenga, sermón, alocución, peroración, prédica, plática, homilía, alegato, charla. **3. Curso**, paso, transcurso, espacio. **4. Disciplina**, ideología.

discusión *s. f.* Debate, disputa, controversia, polémica. ➤ *Acuerdo.*

discutible *adj.* Dudoso, cuestionable, problemático. ➤ *Indiscutible, cierto.*

discutidor, ra *adj.* Controversista.

discutir *v. tr.* **1. Deliberar**, debatir, tratar, argüir, argumentar, razonar. **2. Polemizar**, impugnar, porfiar, cuestionar, acalorarse, disputar, litigar, batallar, controvertir, altercar, contender, debatir. ➤ *Acordar.*

disecador, ra *adj.* Embalsamador, taxidermista.

disección *s. f.* Taxidermia.

diseminación *s. f.* Propagación, dispersión. ➤ *Concentración.*

diseminar *v. tr.* Desparramar, desperdigar, dispersar. ➤ *Juntar, reunir.*

disensión *s. f.* **1. Disconformidad**, desacuerdo, disentimiento, desaveniencia, divergencia. ➤ *Avenencia.* **2. Discordia**, disputa, riña, contienda, querella, altercado, discusión, controversia, litigio, bronca, pleito, agarrada, polémica, porfía. ➤ *Acuerdo, concordia, paz.*

disentimiento *s. m.* Desavenencia, diferencia, disensión. ➤ *Acuerdo.*

disentir *v. intr.* Discrepar, discordar, diferir. ➤ *Concordar.*

diseñar *v. tr.* Delinear, plantear, trazar.

diseño *s. m.* Croquis, boceto, plano.

disertación *s. f.* Conferencia, discurso, razonamiento, exposición.

disertador, ra *adj.* Comentarista, orador, conferenciante.

disertar *v. intr.* Explicar, exponer.

disforme *adj.* **1. Deforme**, irregular, desproporcionado. **2. Desfigurado**, monstruoso, horroroso.

disfraz *s. m.* **1. Atuendo**, embozo, máscara. **2. Fingimiento**, tapujo, disimulo, velo, artificio. ➤ *Verdad.*

disfrazar *v. tr.* **1. Embozar**, ocultar, enmascarar. **2. Simular**, encubrir, fingir, disimular. ➤ *Descubrir.*

disfrutar *v. tr.* **1. Gozar**, percibir, utilizar, emplear, servirse, beneficiarse, aprovechar, usufructuar, disponer, ostentar, detentar. ➤ *Desaprovechar, carecer.* ‖ *v. intr.* **2. Poseer**, deleitarse, saborear, recrearse. **3. Alegrarse**, complacerse, gozar, regocijarse, divertirse, disfrutar. ➤ *Padecer, sufrir.*

disfrute *s. m.* **1. Goce**, recreo, placer, diversión. **2. Posesión**, usufructo.

disgregación *s. f.* Desintegración, desmenuzamiento, pulverización.

disgregar *v. tr.* Disociar, dispersar, desintegrar, pulverizar. ➤ *Unir.*

disgustar *v. tr.* **1. Desagradar**, desazonar, incomodar, molestar. ➤ *Agradar, alegrar.* ‖ *v. prnl.* **2. Apenarse**, afligirse, apesadumbrarse. ➤ *Alegrarse.*

disgusto *s. m.* **1. Desazón**, repugnancia, asco, hastío. **2. Pena**, contrariedad, pesadumbre, malestar, aflicción, inquietud, amargura, preocupación, desagrado, enfado, fastidio, enojo. ➤ *Alegría, agrado.* **3. Desavenencia**, contienda, diferencia. ➤ *Acuerdo.*

disidencia *s. f.* Escisión, ruptura, cisma, discrepancia. ➤ *Acuerdo.*

disidente *adj.* Oponente, contrario, discrepante. ➤ *Partidario.*

disidir *v. intr.* Disentir, discordar.

disimetría *s. f.* Asimetría. ➤ *Simetría.*

disimulado, da *adj.* Engañoso, falso, hipócrita, fingido. ➤ *Franco, directo.*

disimular *v. tr.* **1. Ocultar**, tapar, encubrir, esconder, callar. ➤ *Revelar.* **2. Tolerar**, permitir, perdonar. ➤ *Oponerse.* **3. Disfrazar**, desfigurar.

disimulo *s. m.* Fingimiento, engaño, hipocresía, astucia, ocultación, malicia, diplomacia, paliación, enmascaramiento, argucia. ➤ *Franqueza, verdad, descubrimiento.*

disipación *s. f.* **1. Desaparición**, evaporación. ➤ *Materialización.* **2. Depravación**, licencia, desenfreno, inmoralidad. ➤ *Honestidad, sobriedad.*

disipado, da *adj.* Disoluto, licencioso.

disipador, ra *adj.* Gastador, manilargo, derrochador, manirroto, despilfarrador. ➤ *Ahorrador, tacaño.*

disipar *v. tr.* **1. Despilfarrar**, derrochar, dilapidar. ➤ *Ahorrar.* ‖ *v. prnl.* **2. Desvanecerse**, desaparecer, borrarse, evaporarse. ➤ *Materializarse.*

dislate *s. m.* Desatino, despropósito, absurdo, barbaridad. ➤ *Sensatez.*

dislocación *s. f.* Desencajamiento, desviación, torcedura, luxación.

dislocar *v. tr.* Desconcertar, descoyuntar, desencajar, desarticular, luxar, torcer. ➤ *Encajar, unir.*

disminución *s. f.* Decrecimiento, mengua, degradación, decadencia, empobrecimiento, menoscabo, reducción, descenso, deterioro, aminoración, sustracción, rebaja, depreciación, descuento, baja. ➤ *Aumento, incremento, alza.*

disminuir *v. tr.* Aminorar, menguar, reducir, acortar, atenuar, menoscabar, circunscribir, depreciar, escatimar, minorar, abreviar, debilitar, aplacar, rebajar, descargar, descontar, estrechar, moderar, tasar, mutilar, empobrecer, deducir, sustraer, restar, cortar, sisar, restringir. ➤ *Aumentar, mejorar, acrecentar, agrandar, sumar, ensanchar, dilatar.*

disnea *s. f.* Fatiga, asma.

disociación *s. f.* Separación, desunión, desmembración, desintegración. ➤ *Agrupamiento, reunión.*

disociar *v. tr.* Desunir, disgregar, dividir, desmembrar. ➤ *Agrupar.*

disolución *s. f.* **1. Solución**, mezcla. **2. Libertinaje**, vicio, depravación.

disoluto, ta *adj.* Vicioso, depravado, disipado. ➤ *Abstinente, casto.*

disolver *v. tr.* Desleír, licuar, disgregar, diluir, aguar, derretir, descomponer, fundir. ➤ *Solidificar, concentrar.*

disonancia *s. f.* **1. Desafinación.** ➤ *Armonía, afinación.* **2. Cacofonía.** ➤ *Cadencia, consonancia.*

disonante *adj.* Desentonado, desafinado, discordante. ➤ *Armonioso.*

disonar *v. intr.* **1. Malsonar**, discordar, desentonar. ➤ *Armonizar.* **2. Discrepar**, disentir. **3. Chocar**, extrañar.

dispar *adj.* Desparejo, disímil, diverso, desigual. ➤ *Coincidente, similar.*

disparada *s. f.* Fuga, carrera.

disparador *s. m.* Gatillo.

disparar *v. tr.* **1. Arrojar**, lanzar, tirar, despedir, emitir, echar. **2. Descargar**, proyectar, tirar, hacer fuego. ‖ *v. prnl.* **3. Desbocarse**, precipitarse, desmandarse. ➤ *Refrenar, contener.*

disparatado, da *adj.* Absurdo, desatinado, descabellado, ilógico.

disparatar *v. intr.* Desbarrar, desatinar, desvariar, delirar. ➤ *Atinar.*

disparate *s. m.* Desatino, dislate, absurdo, despropósito, barbaridad, desvarío, delirio. ➤ *Cordura, sensatez.*

disparidad *s. f.* Diferencia, desproporción, desigualdad. ➤ *Igualdad.*

disparo *s. m.* Tiro, descarga, balazo, salva, estampido, emisión, estallido, detonación, andanada.

dispendio *s. m.* Derroche, despilfarro, dilapidación. ➤ *Economía.*

dispendioso, sa *adj.* Valioso, exagerado, lujoso. ➤ *Económico, barato.*

dispensa *s. f.* Libertad, prerrogativa, exención, privilegio, excepción.

dispensable *adj.* Perdonable, disculpable, excusable. ➤ *Indefectible.*

dispensar *v. tr.* **1. Conceder**, ofrecer, otorgar, adjudicar, dar. **2. Eximir**, descargar, librar. **3. Excusar**, perdonar, disculpar. ➤ *Obligar, condenar.*

dispensario *s. m.* Clínica, consultorio.

dispepsia *s. f.* Indigestión. ➤ *Eupepsia.*

dispersar *v. tr.* **1. Esparcir**, extender, derramar, separar, desparramar, desperdigar, disgregar, difundir, sembrar. ➤ *Reunir, agrupar, unir.* **2. Vencer**, aniquilar, desbaratar. ➤ *Proteger.*

dispersión *s. f.* Desbandada, diáspora, lanzamiento, diseminación. ➤ *Concentración, unión.*

disperso, sa *adj.* Desperdigado, desparramado. ➤ *Reunido, concentrado.*

displicencia *s. f.* **1. Desabrimiento**, aspereza, grosería. ➤ *Atención.* **2. Dejadez**, apatía, indolencia, indiferencia.

displicente *adj.* Desdeñoso, despreciativo, descontentadizo, desabrido, apático. ➤ *Afable, atento.*

disponer *v. tr.* **1. Arreglar**, colocar, ordenar, aderezar, distribuir, instalar. ➤ *Desordenar, quitar.* **2. Determinar**, resolver, decidir, deliberar, preceptuar, mandar. ‖ *v. prnl.* **3. Aprestarse**, prepararse, prevenirse, aparejarse.

disponibilidades *s. f. pl.* Existencias, recursos, haberes, posibilidades.

disponible *adj.* Vacante, libre, apto, desocupado. ➤ *Ocupado, inútil.*

disposición *s. f.* **1. Colocación**, ordenación, arreglo, distribución. ➤ *Desorden.* **2. Ingenio**, talento, idoneidad. **3. Decisión**, resolución, precepto, mandato. ➤ *Revocación.*

dispositivo *s. m.* Ingenio, artefacto.

dispuesto, ta *adj.* **1. Apto**, despierto, habilidoso. ➤ *Incompetente.* **2. Listo**, preparado, a punto. ➤ *Desprevenido.*

disputa *s. f.* Discusión, debate, altercado, contienda, desavenencia, discrepancia, disidencia, lucha, reyerta, conflicto, controversia, discordia, trifulca, disensión, agarrada, emulación, pelotera, querella. ➤ *Acuerdo, reconciliación, avenencia, concordia.*

disputable *adj.* Combatible, debatible, problemático, discutible.

disputar *v. tr.* Discutir, cuestionar, altercar, porfiar, debatir.

distal *adj.* ➤ *Proximal.*

distancia *s. f.* **1. Trecho**, espacio, camino, intervalo, longitud, recorrido, laguna, hueco. **2. Alejamiento**, desvío, separación. ➤ *Proximidad.*

distanciar *v. tr.* Alejar, desunir, separar, apartar. ➤ *Acercar, unir.*

distante *adj.* Lejano, separado, apartado, remoto. ➤ *Cercano, próximo.*

distar *v. intr.* Discrepar, diferenciarse.

distender *v. tr.* **1. Aflojar**, relajar. ➤ *Tensar.* **2. Luxar**, torcer.

distensión *s. f.* Desviación, laxitud. ➤ *Agarrotamiento, tirantez.*

dístico *s. m.* Pareado.

distinción *s. f.* **1. Deferencia**, honra, privilegio, prerrogativa, exención, preeminencia, excepción, honor. ➤ *Desaire.* **2. Elegancia**, finura, estilo, cortesía, refinamiento, educación, buen tono. ➤ *Chabacanería, vulgaridad, rudeza.* **3. Claridad**, caracterización, exactitud, precisión. ➤ *Desorden, imprecisión.* **4. Miramiento**, discriminación, atención, cuidado, deferencia, preferencia. ➤ *Desconsideración, desatención.* **5. Diferencia**, desemejanza, disimilitud, singularidad, diferenciación, desigualdad, particularidad. ➤ *Igualdad, semejanza.*

distingo *s. m.* Sutileza, reparo.

distinguido, da *adj.* **1. Elegante**, selecto, notable, ilustre. ➤ *Vulgar, burdo.* **2. Sobresaliente**, descollante.

distinguir *v. tr.* **1. Diferenciar**, separar, especificar, discriminar, reconocer, diversificar, discernir. ➤ *Confundir.* **2. Divisar**, vislumbrar, avizorar. **3. Honrar**, premiar, reconocer. ➤ *Humillar.* **4. Preferir**, discriminar, seleccionar, honrar. ➤ *Indiscriminar.* ‖ *v. prnl.* **5. Resaltar**, despuntar, descollar, sobresalir, señalar, predominar. ➤ *Estancarse, vegetar, igualar.*

distintivo, va *adj.* **1. Característico**, particular, peculiar. ‖ *s. m.* **2. Emblema**, divisa, insignia, marca, señal.

distinto, ta *adj.* **1. Diverso**, diferente, dispar, desemejante. ➤ *Igual.* **2. Preciso**, claro, inteligible. ➤ *Confuso.*

distorsión *s. f.* **1. Esguince**, luxación, torcedura. **2. Deformación.**

distorsionar *v. tr.* Deformar, desfigurar, retorcer.

distracción *s. f.* **1. Descuido**, olvido, omisión, desapercibimiento, imprevisión, desatención, inadvertencia, ligereza, distraimiento. ➤ *Atención, cuidado, aplicación.* **2. Pasatiempo**, diversión, entretenimiento, recreo, esparcimiento, espectáculo, juego.

distraer *v. tr.* **1. Engañar**, despistar. **2. Entretener**, divertir, animar, solazar. ➤ *Aburrir.* **3. Apartar**, desviar. **4. Descuidar**, abandonar, desatender. ➤ *Atender, cuidar.*

distraído, da *adj.* **1. Descuidado**, olvidadizo, abstraído. ➤ *Atento.* **2. Entretenido**, agradable. ➤ *Aburrido.*

distribución *s. f.* Reparto, partición, división, repartición. ➤ *Retención.*

distribuidor, ra *s. m. y s. f.* Repartidor.

distribuir *v. tr.* **1. Repartir**, partir, dosificar, asignar, impartir, adjudicar, racionar, adjudicar. ➤ *Retener.* **2. Ordenar**, colocar, disponer, arreglar, instalar, encasillar. ➤ *Desordenar.*

distributivo, va *adj.* Equitativo, proporcional. ➤ *Desigual.*

distrito *s. m.* Jurisdicción, división, demarcación, circunscripción.

disturbio *s. m.* Perturbación, alboroto, tumulto, revuelta, alteración, escándalo, trastorno, asonada, desorden, motín, levantamiento, sublevación. ➤ *Orden, paz, calma.*

disuadir *v. tr.* Desaconsejar, desanimar, desalentar, desganar, desviar, retraer, inducir, persuadir, convencer. ➤ *Animar, secundar.*

disuasión *s. f.* ➤ *Persuasión.*

disuasivo, va *adj.* ➤ *Persuasivo.*

disuelto, ta *adj.* Deshecho, diluido, diseminado. ➤ *Concentrado.*

disyuntiva *s. f.* Dilema, problema, alternativa, conflicto, dualidad, opción. ➤ *Solución.*

ditirambo *s. m.* Elogio, lisonja, alabanza. ➤ *Crítica, vituperio.*

diuturno, na *adj.* Duradero, longevo. ➤ *Fugaz, transitorio.*

divagación *s. f.* Vaguedad, digresión, confusión, ambigüedad. ➤ *Precisión.*

divagar *v. intr.* **1. Desviarse**, desorientarse, enredarse, alejarse, andarse por las ramas. ➤ *Concretar.* **2. Errar**, vagar, corretear, zascandilear, vagabundear. ➤ *Pararse, fijarse, radicar.*

diván *s. m.* Canapé, sofá.

divergencia *s. f.* **1. Disparidad**, discrepancia, disconformidad. **2. Separación**, bifurcación. ➤ *Convergencia.*

divergir *v. intr.* **1. Bifurcarse**, separarse. ➤ *Converger.* **2. Oponerse**, discrepar, discordar. ➤ *Coincidir.*

diversidad *s. f.* **1. Variedad**, desemejanza, diferencia. ➤ *Unicidad.* **2. Abundancia**, copia. ➤ *Escasez, pobreza, parquedad.*

diversificar *v. tr.* Diferenciar, variar, distinguir. ➤ *Unificar.*

diversión *s. f.* Distracción, entretenimiento, pasatiempo, solaz, divertimento, placer, risa, distracción, alegría, regocijo, esparcimiento, recreo, espectáculo, juerga, jolgorio, jarana. ➤ *Aburrimiento, hastío, tedio.*

diverso, sa *adj.* Distinto, diferente, dispar, otro, vario, desemejante. ➤ *Uniforme, igual, semejante, mismo.*

divertido, da *adj.* **1. Jovial**, jocoso, regocijado. ➤ *Triste.* **2. Entretenido**, placentero, agradable. ➤ *Aburrido.*

divertir *v. tr.* **1. Distraer**, solazar, entretener. **2. Apartar**, alejar, desviar.

dividendo *s. m.* Interés, renta, rédito.

dividir *v. tr.* **1. Fraccionar**, fragmentar, partir, seccionar, escindir, trocear, despedazar, cortar, rajar. ➤ *Unir, pegar, juntar.* **2. Repartir**, asignar, compartir, impartir, adjudicar, distribuir. **3. Enemistar**, separar, indisponer, desunir, malquistar, desavenir, encizañar. ➤ *Amigar, avenir, conciliar.* || *v. prnl.* **4. Indisponerse**, enemistarse. ➤ *Reconciliarse.*

divieso *s. m.* Forúnculo, grano, bulto.

divinidad *s. f.* **1. Deidad**, semidiós, héroe. **2. Primor**, preciosidad, belleza, hermosura. ➤ *Fealdad.*

divinización *s. f.* Deificación, endiosamiento, mitificación.

divinizar *v. tr.* Deificar, endiosar.

divino, na *adj.* **1. Celestial**. ➤ *Terreno, infernal.* **2. Maravilloso**, soberbio, excelente. ➤ *Horrible, horroroso.*

divisa *s. f.* Distintivo, marca, insignia.

divisar *v. tr.* Distinguir, vislumbrar, atisbar, ver, entrever, avistar, columbrar, percibir. ➤ *Confundir.*

división *s. f.* **1. Partición**, repartición, reparto, distribución. ➤ *Reunión, concentración.* **2. Discordia**, desavenencia. ➤ *Unión.* **3. Cuenta**, razón, cómputo. ➤ *Multiplicación.* **4. Sección**, grupo. ➤ *Conjunto.*

divisorio, ria *adj.* Medianero, lindante, fronterizo, limítrofe. ➤ *Central.*

divorciado, da *adj.* Descasado, separado. ➤ *Casado.*

divorciar *v. tr.* **1. Descasar**, separar. ➤ *Casar.* **2. Disociar.** ➤ *Reunir.*

divorcio *s. m.* Ruptura, disolución, desunión, descasamiento, separación, desavenencia, desacuerdo. ➤ *Unión, casamiento, boda, matrimonio.*

divulgación *s. f.* Anuncio, difusión, propagación, publicidad.

divulgar *v. tr.* Propagar, difundir, publicar, propalar, mostrar, extender, informar, descubrir, revelar, pregonar, esparcir. ➤ *Silenciar, callar, encubrir, ocultar.*

dobladillo *s. m.* Doblez, pliegue.

dobladura *s. f.* Arruga, pliegue.

doblaje *s. m.* Traducción, versión.

doblar *v. tr.* **1. Duplicar**, multiplicar, redoblar, sumar, acrecentar, reproducir. ➤ *Dividir, partir, mediar.* **2. Flexionar**, plegar. ➤ *Desplegar.* **3. Arquear**, encorvar, flexionar, fruncir, retorcer, plisar, encoger. ➤ *Enderezar, desdoblar.* **4. Girar**, virar, voltear. **5. Matar**, abalear. **6. Traducir.** ‖ *v. intr.* **7. Tañer**, repicar, voltear, tocar. ‖ *v. prnl.* **8. Doblegarse**, someterse, inclinarse, acatar, ceder, supeditarse, entregarse. ➤ *Resistirse, rebelarse.*

doblegar *v. tr.* Someter, domar, dominar, reducir, inclinar, vencer, humillar, sojuzgar, doblar, sujetar. ➤ *Rebelarse.*

doblez *s. m.* **1. Pliegue**, repliegue. ‖ *s. amb.* **2. Hipocresía**, fingimiento, simulación. ➤ *Franqueza, sinceridad.*

dócil *adj.* **1. Manso**, sumiso, dúctil, obediente, disciplinado, bienamado, fácil, manejable, suave. ➤ *Indisciplinado, desobediente.* **2. Maleable.**

docilidad *s. f.* Bondad, dulzura, mansedumbre, obediencia, sumisión. ➤ *Contumacia, resistencia.*

docilitar *v. tr.* Domar, someter.

docto, ta *adj.* Instruido, entendido, ilustrado, sabio, culto. ➤ *Ignorante.*

doctorarse *v. prnl.* Titularse, graduarse.

doctrina *s. f.* **1. Teoría**, sistema. **2. Creencia**, religión, credo, fe.

doctrinal *adj.* Científico, teórico.

doctrinar *v. tr.* Aleccionar, instruir, enseñar, adoctrinar.

documentación *s. f.* Expediente, informe, acreditación.

documentado, da *adj.* **1. Acreditado. 2. Informado**, ilustrado.

documentar *v. tr.* **1. Certificar**, legitimar, probar, evidenciar, patentizar, legalizar, acreditar. **2. Informar**, enterar, adoctrinar, ilustrar, aleccionar, adiestrar, enseñar, advertir.

documento *s. m.* **1. Original**, registro, comprobante, título. **2. Credencial**, cédula, carné.

dogal *s. m.* Cabestro, correa, soga.

dogma *s. m.* **1. Verdad**, axioma. ➤ *Hipótesis.* **2. Credo**, doctrina, fe. **3. Base**, fundamento. ➤ *Corolario.*

dogmático, ca *adj.* **1. Doctrinal. 2. Imperioso**, tajante, intolerante. ➤ *Dialogante, tolerante, respetuoso.*

dogmatizar *v. tr.* Afirmar, asegurar.

dolencia *s. f.* Afección, padecimiento, malestar, enfermedad, achaque, indisposición. ➤ *Salud, mejoría.*

doler *v. intr.* **1. Sufrir**, padecer. ➤ *Sanar.* ‖ *v. prnl.* **2. Quejarse**, lamentarse, arrepentirse. **3. Apiadarse**, condolerse, compadecerse. ➤ *Endurecerse.*

dolido, da *adj.* Afligido, amargado, resentido, quejoso, sentido, dolorido, herido. ➤ *Insensible, indiferente.*

doliente *adj.* **1. Indispuesto**, afectado, enfermizo, enfermo, paciente. ➤ *Sano.* **2. Desconsolado**, apenado, afligido. ➤ *Alegre, animado.*

dolor *s. m.* **1. Mal**, sufrimiento, tormento, malestar, daño, suplicio. ➤ *Bienestar.* **2. Desconsuelo**, angustia, pesar, pena, desolación, aflicción, congoja. ➤ *Placer, alegría, gozo, felicidad.* **3. Arrepentimiento**, pesadumbre, compunción, contrición. ➤ *Contumacia, reincidencia.*

dolorido, da *adj.* **1. Maltratado**, descoyuntado, molido. **2. Agobiado**, desconsolado. ➤ *Insensible.*

doloroso, sa *adj.* **1. Penoso**, lastimero. ➤ *Alegre.* **2. Punzante**, penetrante, torturante. ➤ *Placentero.*

doloso, sa *adj.* Falso, engañoso, fraudulento. ➤ *Verdadero, honrado.*

doma *s. f.* Domesticación.

domar *v. tr.* **1. Domesticar**, amaestrar, desembravecer, amansar, desbravar, adiestrar. ➤ *Asilvestrar.* **2. Sujetar**, someter, dominar, rendir, vencer, domeñar, subyugar. ➤ *Enardecer.*

domesticar *v. tr.* Amansar, domar, desembravecer, desbravar, amaestrar.

doméstico, ca *adj.* **1. Hogareño**, casero, familiar. ‖ *s. m. y s. f.* **2. Sirviente**, criado, servidor.

domiciliarse *v. prnl.* Avecindarse, establecerse, instalarse. ➤ *Mudarse.*

domicilio *s. m.* Casa, residencia.

dominación *s. f.* Dominio, opresión, prepotencia, abuso.

dominante *adj.* **1. Avasallador**, imperioso, intransigente, dictatorial. ➤ *Benévolo, dócil.* **2. Preponderante**, predominante, sobresaliente.

dominar *v. tr.* **1. Sojuzgar**, someter, supeditar, subyugar, oprimir. ➤ *Respetar.* ‖ *v. intr.* **2. Destacar**, descollar, sobresalir. ‖ *v. prnl.* **3. Contenerse**, refrenarse. ➤ *Desahogarse.*

domingo *s. m.* Festividad, descanso.

dominio *s. m.* **1. Propiedad**, pertenencia, posesión, potestad. **2. Autoridad**, predominio, poder, mando. ➤ *Inferioridad, supeditación.* **3. Soberanía**, imperio, señorío. ➤ *Vasallaje.*

don *s. m.* **1. Ofrenda**, merced, dádiva, presente, regalo. **2. Cualidad**, prenda, dote, excelencia. ➤ *Defecto.* **3. Talento**, aptitud, habilidad, facultad.

donación *s. f.* Cesión, don, regalo.

donaire *s. m.* Garbo, galanura, gallardía, gentileza, soltura. ➤ *Torpeza.*

donar *v. tr.* Legar, ofrendar, entregar, dar, ceder, traspasar, dispensar, regalar, obsequiar, ofrecer, conferir. ➤ *Arrebatar, quitar, negar, tomar.*

donatario *s. m.* Beneficiario, receptor. ➤ *Donante.*

donativo *s. m.* Donación, óbolo, dádiva, ofrenda, regalo. ➤ *Petición.*

doncel *s. m.* Adolescente, muchacho, imberbe, efebo, mancebo, joven. ➤ *Adulto, anciano.*

doncella *s. f.* **1. Joven**, virgen, muchacha. **2. Criada.**

dondequiera *adv. l.* Doquier, doquiera, en cualquier parte.

donjuán *s. m.* Tenorio, conquistador, mujeriego, seductor, burlador, galán. ➤ *Misógino.*

donoso, sa *adj.* Ocurrente, gracioso, chistoso, salado. ➤ *Soso.*

donosura *s. f.* Garbo, salero, donaire.

dorado, da *adj.* **1. Chapado**, bruñido, refulgente. ➤ *Opaco.* **2. Venturoso**, radiante, feliz. ➤ *Infausto.*

dorar *v. tr.* **1. Sobredorar. 2. Paliar**, suavizar, endulzar. ➤ *Recrudecer.*

dormilón, na *adj.* Gandul, lirón, haragán, poltrón. ➤ *Insomne, activo.*

dormir *v. intr.* **1. Adormecerse**, adormilarse, reposarse, descansar, dormitar, cabecear, amodorrarse, soñar. ➤ *Velar, despertar, despabilar.* **2. Descuidarse**, negligir, desatender, olvidar, abandonarse, confiarse. ➤ *Cuidar, diligenciar.* **3. Pernoctar.**

dormitorio *s. m.* Alcoba, cuarto, habitación, aposento, cámara.

dorso *s. m.* Reverso, revés, lomo, envés, cruz, vuelta, espalda. ➤ *Anverso, cara, haz.*

dosel *s. m.* Palio, toldo, baldaquino, cortina, tapiz, baldaquín, colgadura.

dosificar *v. tr.* **1. Administrar**, graduar. **2. Repartir**, dividir.

dosis *s. f.* Medida, toma, porción.

dossier *s. m.* Expediente, carpeta, legajo, documentación.

dotación *s. f.* **1. Asignación. 2. Tripulación**, marinería. **3. Personal**, equipo, servicio.

dotar *v. tr.* Asignar, dar, conceder, proporcionar. ➤ *Quitar, negar.*

dote *s. f.* **1. Patrimonio**, caudal, bienes, fondos. ‖ *s. f. pl.* **2. Prendas**, cualidades, dones. ➤ *Defectos.*

dragomán *s. m.* Traductor, truchimán.

drama *s. m.* **1. Melodrama**, tragedia. ➤ *Comedia.* **2. Desgracia**, infortunio, calamidad, fatalidad.

dramático, ca *adj.* Aparatoso, espectacular, sobrecogedor, emocionante.

dramatizar *v. tr.* Exagerar, hinchar.

dramaturgo, ga *s. m. y s. f.* Comediógrafo, escritor.

drástico, ca *adj.* Radical, eficaz, concluyente, enérgico, decisivo, contundente, violento. ➤ *Suave, progresivo.*

drenar *v. tr.* Desecar, desaguar.

droga *s. f.* **1. Medicina**, preparado, remedio, medicamento. **2. Narcótico**, alucinógeno, estimulante.

drogadicto, ta *adj.* Toxicómano.

drogar *v. tr.* Dopar, intoxicar.

dualidad *s. f.* **1. Dualismo**, duplicidad. ➤ *Unicidad.* **2. Dimorfismo**.

dubitativo, va *adj.* Vacilante, indeciso, confuso. ➤ *Decidido, resuelto.*

ducho, cha *adj.* Experto, capaz, competente, avezado. ➤ *Inexperto.*

dúctil *adj.* **1. Flexible**, adaptable. ➤ *Rígido.* **2. Blando**, maleable. ➤ *Duro.* **3. Condescendiente**, transigente, conformista. ➤ *Intransigente.*

ductilidad *s. f.* Adaptabilidad, docilidad, flexibilidad, maleabilidad. ➤ *Rigidez, rebeldía.*

duda *s. f.* **1. Escrúpulo**, sospecha, recelo, aprensión, reparo. ➤ *Confianza.* **2. Incertidumbre**, irresolución, indecisión, indeterminación, vacilación, titubeo, dilema. ➤ *Seguridad.* **3. Problema**, cuestión, pregunta.

dudar *v. intr.* **1. Vacilar**, fluctuar, titubear, hesitar. ➤ *Decidir, afirmar.* **2. Recelar**, sospechar. ➤ *Confiar.*

dudoso, sa *adj.* **1. Equívoco**, ambiguo. ➤ *Cierto, preciso.* **2. Incierto**, inseguro, problemático. ➤ *Seguro.*

duelo¹ *s. m.* Lance, enfrentamiento, desafío, reto. ➤ *Reconciliación.*

duelo² *s. m.* **1. Aflicción**, pesar, lástima. ➤ G*ozo, alegría, contento.* **2. Luto**, dolor, pésame. ‖ *s. m. pl.* **3. Fatiga**, cansancio, agotamiento. ➤ *Descanso.*

duende *s. m.* Genio, trasgo, gnomo.

dueña *s. f.* **1. Ama**, patrona, señora. **2. Acompañante**, dama de compañía.

dueño *s. m.* **1. Propietario**, amo, poseedor, titular. **2. Señor**, patrón. ➤ *Vasallo, empleado, subordinado.*

dulce *adj.* **1. Suave**, agradable, deleitable, placentero, gustoso, deleitoso, grato, azucarado. ➤ *Amargo, desagradable, áspero, salado.* **2. Pacífico**, manso, tierno, dócil, sumiso, bondadoso, blando, complaciente, cariñoso, afectuoso. ➤ *Arisco, duro, frío.* ‖ *s. m.* **3. Golosina**, caramelo, confite.

dulcificar *v. tr.* **1. Endulzar**, edulcorar, azucarar. ➤ *Amargar.* **2. Suavizar**, atenuar, calmar. ➤ *Exacerbar.*

dulzura *s. f.* **1. Dulzor**, melosidad. **2. Benevolencia**, ternura, afecto, cariño, afabilidad, bondad. ➤ *Aspereza.*

duna *s. f.* Médano, medaño, mégano.

duplicado *s. m.* Copia, réplica.

duplicar *v. tr.* **1. Doblar**, geminar. ➤ *Dividir.* **2. Copiar**, reproducir, repetir.

duplicidad *s. f.* Fingimiento, hipocresía, doblez, falsedad. ➤ *Franqueza.*

duración *s. f.* **1. Permanencia**, estabilidad, persistencia. ➤ *Fugacidad.* **2. Lapso**, plazo, tiempo, espacio.

duradero, ra *adj.* Estable, perdurable, permanente, persistente, perenne, prolongado, perpetuo, crónico, largo, inextinguible, constante, vitalicio, ilimitado. ➤ *Breve, pasajero, efímero.*

durar *v. intr.* Resistir, perdurar, permanecer, eternizarse, mantenerse. ➤ *Caducar, cesar.*

dureza *s. f.* **1. Solidez**, consistencia, resistencia. ➤ *Blandura.* **2. Aspereza**, callosidad.

duro, ra *adj.* **1. Firme**, recio, sólido, consistente, pétreo, resistente. ➤ *Blando, endeble, quebradizo, maleable.* **2. Consistente**, compacto, fuerte, resistente. ➤ *Tierno, blando.* **3. Inflexible**, rígido, despiadado, severo, áspero, violento, terco, rudo, cruel, insensible. ➤ *Benévolo, sensible, cariñoso, amable, suave, dulce.* **4. Ofensivo**, intolerable. **5. Terco**, obstinado, porfiado, sufrido, estoico. ➤ *Razonable, blando.* **6. Mezquino**, miserable. **7. Áspero**, desabrido. **8. Difícil**, trabajoso, penoso, intolerable, insoportable, cansado, dificultoso. ➤ *Fácil, cómodo, aceptable.* **9. Rígido**, premioso. ➤ *Fluido.*

E

ebanista *s. m. y s. f.* Carpintero, mueblista.

eborario, ria *adj.* Ebúrneo, marfileño.

ebrio, bria *adj.* **1. Beodo**, embriagado, borracho, bebido, achispado, cocido, mamado. ➤ *Sobrio.* **2. Exaltado**, loco, ofuscado. ➤ *Sereno.*

ebullición *s. f.* **1. Borboteo**, burbujeo, efervescencia, hervor, cocción. **2. Revuelo**, alboroto. ➤ *Tranquilidad, calma.*

ebulloscopio *s. m.* Ebullómetro.

ebúrneo, a *adj.* Eborario, marfileño.

echacantos *s. m.* Rufián, ruin.

echacorvería *s. f.* Alcahuetería, tercería.

echado, da *adj.* **1. Tendido**, tumbado, acostado. ➤ *Erguido, levantado.* ‖ *s. m.* **2. Haragán**, vago, remolón. ➤ *Diligente, trabajador.*

echar *v. tr.* **1. Arrojar**, tirar, tender, lanzar. ➤ *Recibir.* **2. Expulsar**, expeler, repeler, rechazar. ➤ *Retener, acoger.* **3. Cesar**, expulsar, destituir, despedir. ➤ *Nombrar.* **4. Brotar**, salir. **5. Trancar**, cerrar. **6. Cargar,** imponer. ➤ *Descargar.* **7. Competir**, apostar. **8. Representar**, poner, reponer, estrenar. ➤ *Retirar.* ‖ *v. prnl.* **9. Abalanzarse**, precipitarse, dispararse, acometer, tirarse. ➤ *Detenerse, contenerse.* **10. Tumbarse**, acostarse, arrellanarse, encamarse, descansar. ➤ *Levantarse, auparse.*

echarpe *s. m.* Chal, mantón.

eclampsia *s. f.* Convulsión, espasmo.

eclecticismo *s. m.* **1. Conciliación**, armonía. ➤ *Parcialidad, extremismo.* **2. Moderación.**

eclesiástico, ca *adj.* **1. Religioso**, clerical. **2. Eclesial.** ‖ *s. m.* **3. Cura**, sacerdote, fraile, religioso.

eclipsar *v. tr.* **1. Ocultar**, interponerse, esconder, cubrir. **2. Oscurecer**, deslucir, estropear. ➤ *Realzar.* ‖ *v. prnl.*

3. Escabullirse, largarse, esfumarse, ocultarse. ➤ *Aparecer, presentarse.* **4. Decaer**, declinar. ➤ *Sobresalir, despuntar.*

eclipse *s. m.* **1. Huida**, ocultación, desaparición, fuga, desvanecimiento. ➤ *Aparición, presentación.* **2. Oscurecimiento**, ensombrecimiento, decadencia. ➤ *Encumbramiento., auge.*

eclosión *s. f.* **1. Brote**, nacimiento. **2. Aparición**, surgimiento, inicio. ➤ *Derrumbamiento.* **3. Dilatación**, salida, apertura. ➤ *Cerramiento.*

eco *s. m.* **1. Resonancia**, retumbo. **2. Rumor**, murmullo. **3. Repetición**, imitación, reproducción. **4. Repercusión**, resonancia. **5. Influjo**, influencia.

economía *s. f.* **1. Ahorro**, previsión. ➤ *Derroche.* **2. Producción**, distribución. **3. Frugalidad**, miseria, restricción, escasez. ➤ *Derroche.*

económico, ca *adj.* **1. Ahorrador**, frugal. ➤ *Derrochador, despilfarrador.* **2. Barato**, asequible, módico. ➤ *Caro, costoso.*

economizar *v. tr.* Ahorrar, guardar, reservar, restringir. ➤ *Gastar, dilapidar.*

ectasia *s. f.* Expansión. ➤ *Contracción.*

ecuánime *adj.* Imparcial, juicioso, objetivo. ➤ *Subjetivo, parcial.*

ecuanimidad *s. f.* **1. Serenidad**, inalterabilidad, estoicismo, impasividad, impavidez, paciencia. ➤ *Versatilidad, variabilidad, impaciencia.* **2. Objetividad**, neutralidad, equidad, rectitud, justicia. ➤ *Parcialidad, injusticia, desigualdad.*

ecuestre *adj.* Hípico, caballar, equino.

ecuménico, ca *adj.* Universal, mundial, general.

eczema *s. f.* Erupción, sarpullido.

edad *s. f.* **1. Años**, vida, tiempo, existencia. **2. Etapa**, época, era, período, lapso. **3. Ancianidad**, vejez.

edecán *s. m.* Auxiliar, acompañante, adjunto, ayudante de campo.

edema *s. m.* Abultamiento, hinchazón, inflamación.

edén *s. m.* **1. Paraíso.** ➤ *Infierno, averno.* **2. Vergel.** ➤ *Desierto.*

edénico, ca *adj.* Paradisíaco.

edición *s. f.* **1. Impresión,** reimpresión, estampación. **2. Tirada.**

edicto *s. m.* **1. Decreto,** ley, orden, disposición. **2. Bando,** aviso, proclama.

edificación *s. f.* **1. Construcción,** fábrica. **2. Edificio,** bloque, inmueble.

edificador, ra *adj.* **1. Constructor,** arquitecto. **2. Edificante.**

edificante *adj.* Ejemplar, modélico. ➤ *Depravante.*

edificar *v. tr.* **1. Construir,** levantar, elevar, erigir, fabricar. ➤ *Derribar, destruir, echar abajo, derruir.* **2. Crear,** fundar, instituir. ➤ *Disolver.* **3. Ejemplarizar,** ejemplificar, educar, servir de modelo. ➤ *Pervertir, escandalizar, malear, viciar.*

edificio *s. m.* Bloque, construcción, inmueble, edificación, obra.

editar *v. tr.* Imprimir, lanzar, publicar, tirar, estampar.

editor, ra *s. m. y s. f.* Impresor.

educación *s. f.* **1. Adiestramiento,** enseñanza, formación, instrucción. ➤ *Incultura, analfabetismo, embrutecimiento.* **2. Corrección,** finura, modales. ➤ *Grosería, rusticidad.*

educacional *adj.* Didáctico, educativo, formativo. ➤ *Embrutecedor.*

educado, da *adj.* Cortés, correcto, fino, instruido, considerado, atento, urbano. ➤ *Grosero, inculto, descortés.*

educador, ra *adj.* Instructor, maestro, profesor, tutor.

educando, da *adj.* Alumno, colegial, discípulo, estudiante.

educar *v. tr.* **1. Instruir,** formar, cultivar, dirigir, encaminar, adoctrinar, iniciar, disciplinar, catequizar, enseñar, entrenar, guiar. ➤ *Torcer, maleducar, malcriar, mimar.* **2. Ejercitar,** desarrollar, perfeccionar. ➤ *Atrofiar.* **3. Urbanizar,** pulir, refinar, afinar, perfeccionar, adiestrar. ➤ *Embrutecer,*

entorpecer. **4. Amaestrar,** domar, adiestrar, entrenar.

educativo, va *adj.* Didáctico, formativo, pedagógico.

educir *v. tr.* Deducir, extraer, inferir.

edulcorar *v. tr.* Azucarar, endulzar. ➤ *Amargar.*

efebo *s. m.* Doncel, joven, adolescente.

efectismo *s. m.* Aparatosidad, sensacionalismo, artificiosidad. ➤ *Sobriedad.*

efectista *adj.* Artificioso, sensacionalista, aparatoso, espectacular. ➤ *Sobrio, discreto.*

efectivamente *adv. m.* Ciertamente, evidentemente, realmente.

efectividad *s. f.* Existencia, realidad, verdad. ➤ *Virtualidad.*

efectivo, va *adj.* **1. Real,** verdadero, auténtico, cierto. ➤ *Virtual, hipotético, aparente.* **2. Eficaz,** operante, eficiente. ➤ *Ineficaz, inoperante.* ‖ *s. m.* **3. Metálico,** líquido.

efecto *s. m.* **1. Resultado,** producto, consecuencia, fruto. ➤ *Origen, causa, fuente.* **2. Fin,** finalidad, propósito, objetivo. ➤ *Causa, fuente, motivo.* **3. Sorpresa,** emoción, sensación. ➤ *Indiferencia.* **4. Letra,** libranza, talón. **5. Mercancía,** artículo, género. ‖ *s. m. pl.* **6. Objetos,** enseres, bienes.

efectuar *v. tr.* **1. Ejecutar,** hacer, perpetrar, practicar, verificar, realizar. ➤ *Deshacer, anular, abstenerse.* ‖ *v. prnl.* **2. Consumarse,** verificarse, sucederse, producirse. ➤ *Incumplirse.*

efeméride *s. f.* **1. Acontecimiento,** evento. ‖ *s. f. pl.* **2. Almanaque,** crónica, calendario, diario.

efervescencia *s. f.* **1. Borboteo,** burbujeo, ebullición. **2. Agitación,** entusiasmo, pasión, acaloramiento, excitación, agitación. ➤ *Tranquilidad, calma.*

efervescente *adj.* Agitado, ardoroso, bullente, entusiástico, acalorado. ➤ *Sosegado, frío.*

eficacia *s. f.* **1. Eficiencia,** actividad, energía, aptitud. ➤ *Ineficacia, inutilidad.* **2. Efectividad,** garantía, validez.

eficaz *adj.* **1. Activo,** efectivo, capaz, dispuesto, enérgico. ➤ *Inactivo, inú-*

til, incapaz. **2. Competente**, eficiente. ➤ *Ineficaz.*

eficiencia *s. f.* Eficacia, competencia. ➤ *Ineficacia, incompetencia.*

eficiente *adj.* Activo, eficaz, enérgico, competente. ➤ *Inactivo, incompetente.*

efigie *s. f.* Estatua, grabado, pintura, imagen, imitación, figura, retrato, estampa, figura.

efímero, ra *adj.* Breve, fugaz, momentáneo, pasajero, perecedero, provisional, precario, huidizo, corto. ➤ *Duradero, eterno, perdurable, perenne, permanente, perpetuo.*

efluvio *s. m.* Emanación, irradiación, exhalación.

efugio *s. m.* Evasiva, excusa, pretexto, rodeo, salida, recurso.

efusión *s. f.* **1. Afabilidad**, afecto, cordialidad, entusiasmo. ➤ *Dureza, contención, frialdad.* **2. Derrame**, flujo. **3. Emanación**.

efusivo, va *adj.* Afable, cordial, tierno, vehemente, afectuoso, expresivo, expansivo, entusiasta. ➤ *Frío, cerrado, inexpresivo, contenido, áspero.*

egida *s. f.* Protección, defensa, amparo. ➤ *Desprotección.*

égloga *s. f.* Bucólica, pastoral.

ego *s. m.* **1. Yo**. **2. Engreimiento**, orgullo, altivez, soberbia. ➤ *Humildad, modestia.*

egocentrismo *s. m.* Egotismo, egoísmo, narcisismo.

egoísmo *s. m.* Egocentrismo, individualismo, ingratitud, egolatría, egotismo, narcisismo, personalismo, codicia, interés. ➤ *Abnegación, altruismo, filantropía, generosidad.*

egoísta *adj.* Ambicioso, egocéntrico, individualista. ➤ *Abnegado, altruista.*

ególatra *adj.* Egocéntrico, egoísta.

egolatría *s. f.* Egocentrismo, egoísmo, narcisismo. ➤ *Altruismo, humildad.*

egregio, gia *adj.* Afamado, celebérrimo, famoso, ilustre, insigne, eminente, distinguido, excelso, ínclito. ➤ *Ignorado, desconocido, vulgar.*

eje *s. m.* **1. Barra**, cigüeñal, árbol, palanca, vara. **2. Núcleo**, centro. **2. Fundamento**, esencia, base.

ejecución *s. f.* **1. Realización**, práctica. **2. Ajusticiamiento**.

ejecutable *adj.* Posible, realizable, practicable. ➤ *Imposible, impracticable.*

ejecutante *adj.* **1. Ejecutor**, efectuador, actuante. ‖ *s. m. y s. f.* **2. Intérprete**, músico.

ejecutar *v. tr.* **1. Hacer**, realizar, obrar, efectuar. **2. Ajusticiar**. **3. Cumplir**. **4. Tocar**, interpretar.

ejecutivo, va *adj.* **1. Ejecutor**. ‖ *s. m. y s. f.* **2. Directivo**. ‖ *s. f.* **3. Junta directiva**.

ejecutor, ra *adj.* Actuante, artífice, ejecutante.

ejemplar *adj.* **1. Modélico**, arquetípico, aleccionador. ‖ *s. m.* **2. Reproducción**, copia, muestra. **3. Espécimen**.

ejemplarizar *v. tr.* Aleccionar, edificar. ➤ *Corromper.*

ejemplo *s. m.* **1. Patrón**, molde, paradigma, norma, pauta, modelo, tipo. **2. Prototipo**, dechado. **3. Anécdota**, parábola, lección, demostración.

ejercer *v. tr.* **1. Practicar**, ejercitar, profesar, desempeñar, actuar, cultivar, desplegar. ➤ *Parar, permanecer inactivo.* **2. Ejercitar**.

ejercicio *s. m.* **1. Uso**. **2. Adiestramiento**, entrenamiento, deporte. **3. Examen**, prueba. **4. Tarea**. ‖ *s. m. pl.* **5. Maniobras**.

ejercitar *v. tr.* **1. Adiestrar**, entrenar, formar, practicar. **2. Ejercer**, profesar.

ejército *s. m.* **1. Tropa**, hueste, milicia. **2. Multitud**, masa.

elaboración *s. f.* Confección, fabricación, preparación, realización.

elaborado, da *adj.* **1. Fabricado**, manufacturado. **2. Retocado**, detallado, minucioso. ➤ *Descuidado.*

elaborar *v. tr.* **1. Confeccionar**, fabricar, producir, hacer, forjar, trabajar, acondicionar, manufacturar, amasar. **2. Trazar**, idear, diseñar.

elasticidad *s. f.* Flexibilidad, ductilidad, compresibilidad. ➤ *Rigidez.*

elástico, ca *adj.* **1. Extensible**, flexible, moldeable. ➤ *Rígido, firme.* **2. Adaptable**, acomodaticio, flexible. ➤ *Inflexible.* **3. Relativo**, variable.

elección *s. f.* **1. Opción**, selección, alternativa, preferencia. **2. Nombramiento**, designación. ‖ *s. f. pl.* **3. Comicios**, sufragio.

electo, ta *s. m.* Escogido, seleccionado, votado. ➤ *Rechazado, repudiado.*

elector, ra *s. m. y s. f.* Votante. ➤ *Aspirante, candidato.*

electoral *adj.* Plebiscitario.

electrizar *v. tr.* **1. Electrificar. 2. Exaltar**, avivar, animar, entusiasmar. ➤ *Tranquilizar.*

electrodo *s. m.* Polo, terminal.

electrólisis *s. f.* Disgregación, disociación, descomposición.

elefancía *s. f.* Elefantiasis, acromegalia.

elegancia *s. f.* Finura, gentileza, distinción, delicadeza, atractivo, gusto, originalidad, selección. ➤ *Cursilería, ordinariez, desaliño, desgarbo.*

elegante *adj.* **1. Fino**, distinguido, gentil, delicado, atractivo, selecto, refinado, airoso, gallardo. ➤ *Cursi, ordinario, feo, destartalado, desaliñado.* **2. Dandi**, petimetre, figurín, modelo. ➤ *Modesto, discreto.*

elegíaco, ca *adj.* **1. Poético. 2. Plañidero**, lamentable, lastimero, pesaroso. ➤ *Festivo, gozoso, alegre.*

elegido, da *adj.* **1. Electo**, selecto, predilecto. ‖ *s. m.* **2. Predestinado**, escogido.

elegir *v. tr.* **1. Seleccionar**, distinguir, escoger, optar, entresacar, inclinarse por, adoptar, acotar, decidirse por. ➤ *Descartar.* **2. Nombrar**, proclamar.

elemental *adj.* **1. Fundamental**, primordial, básico, esencial, cardinal, radical. ➤ *Secundario, accesorio, accidental.* **2. Obvio**, evidente, claro, sencillo, simple, de cajón, palmario. ➤ *Difícil, oscuro, complicado.*

elementalidad *s. f.* Simplicidad, sencillez. ➤ *Complejidad.*

elemento *s. m.* **1. Componente**, átomo, molécula, parte, pieza, integrante. ➤ *Totalidad.* **2. Hábitat**, ambiente, medio. **3. Factor**, aspecto, elemento. ‖ *s. m. pl.* **4. Medios**, recursos, instrumentos. **5. Fundamentos**, principios, rudimentos.

elenco *s. m.* **1. Catálogo**, índice, lista, repertorio, nómina. **2. Reparto.**

elepé *s. m.* Long play. ➤ *Single, sencillo.*

elevación *s. f.* **1. Ascenso**, aumento, subida, alza. ➤ *Descenso.* **2. Mejora**, progreso. ➤ *Declinación, decrecimiento.* **3. Saliente**, prominencia. ➤ *Hondonada.* **4. Éxtasis**, suspensión.

elevado, da *adj.* **1. Sublime.** ➤ *Vil.* **2. Alto**, levantado, eminente, prominente, saliente. ➤ *Bajo, hundido.*

elevar *v. tr.* **1. Izar**, encumbrar, subir, alzar, levantar, aupar, empinar, encaramar. ➤ *Bajar, hundir, descender.* **2. Aumentar**, incrementar. ➤ *Abaratar, bajar, disminuir.* **3. Encumbrar**, ennoblecer, enaltecer, engrandecer. ➤ *Humillar.* **4. Promocionar**, promover, ascender, subir. ➤ *Rebajar, descender, postergar, degradar.* **5. Dirigir**, presentar. ‖ *v. prnl.* **6. Ensoberbecerse**, vanagloriarse, envanecerse, engreírse. ➤ *Humillarse, rebajarse.* **7. Extasiarse**, transportarse, enajenarse. ➤ *Volver en sí.*

elidir *v. tr.* Suprimir, eliminar.

eliminación *s. f.* Exclusión, expulsión, supresión, aniquilación. ➤ *Añadidura, admisión.*

eliminar *v. tr.* **1. Quitar**, separar, descartar, excluir, alejar, suprimir, desechar, dejar, echar, anular. ➤ *Conservar, poner, incluir, admitir, producir.* **2. Matar**, aniquilar, asesinar, liquidar. **3. Expulsar**, expeler, echar. ➤ *Absorber.*

elisión *s. f.* Aféresis, apócope.

elite *s. f.* Crema, minoría selecta. ➤ *Chusma, plebe, gentuza.*

elixir *s. m.* **1. Licor. 2. Pócima**, brebaje, remedio, medicina, bálsamo.

elocuencia *s. f.* **1. Fluidez**, oratoria, labia, facundia. **2. Persuasión**, sugestión, seducción, convicción.

elocuente *adj.* Expresivo, florido, vívido, convincente, conmovedor. ➤ *Inexpresivo.*

elogiable *adj.* Loable, alabable, ponderable. ➤ *Denostable, vituperable.*

elogiar *v. tr.* Adular, alabar, piropear, loar, ponderar, lisonjear, glorificar, celebrar, enaltecer, ensalzar, encomiar, encarecer. ➤ *Insultar, denostar, humillar, denigrar, censurar, injuriar.*

elogio *s. m.* Adulación, panegírico, apología, loa, ensalzamiento, encomio. ➤ *Vituperio, censura, crítica, reproche.*

elogioso, sa *adj.* Laudatorio, encomiástico. ➤ *Peyorativo.*

elucidación *s. f.* Deslinde, especificación, esclarecimiento. ➤ *Confusión.*

elucidar *v. tr.* Aclarar, dilucidar, deslindar, explicar, esclarecer. ➤ *Confundir, oscurecer.*

eluctable *adj.* Salvable, vencible. ➤ *Inevitable.*

elucubrar *v. tr.* **1. Divagar. 2. Meditar,** reflexionar, pensar, tramar.

eludir *v. tr.* Escaquearse, sortear, evitar, sustraerse, esquivar, soslayar, capear, huir, torear, evadir, escurrir el bulto, dar esquinazo. ➤ *Aceptar, afrontar, arrostrar, desafiar, enfrentarse, acometer.*

emanación *s. f.* Difusión, irradiación, exhalación.

emanar *v. intr.* **1. Provenir,** dimanar, derivarse, proceder, salir, originarse, nacer, venir. **2. Emitir,** difundir, irradiar, exhalar, fluir, salir.

emancipación *s. f.* Independización, liberación. ➤ *Dependencia, esclavitud.*

emancipador, ra *adj.* Libertador. ➤ *Dominador, opresor.*

emancipar *v. tr.* Manumitir, libertar, independizar, desatar, soltar, redimir. ➤ *Esclavizar, someter, depender.*

emascular *v. tr.* Castrar, capar, extirpar.

embadurnar *v. tr.* Untar, embarrar, pintarrajear, manchar, engrasar, tiznar, pringar. ➤ *Limpiar, desengrasar.*

embaír *v. tr.* Engañar, timar, embaucar.

embajador, ra *s. m. y s. f.* **1. Legado,** nuncio. **2. Emisario,** mensajero.

embalar[1] *v. tr.* Envasar, envolver, empaquetar, empapelar, enfardar, empacar. ➤ *Desembalar, desenvolver, desempaquetar.*

embalar[2] *v. tr.* **1. Acelerar.** ➤ *Frenar.* || *v. prnl.* **2. Apresurarse,** correr. ➤ *Calmarse.*

embaldosado *s. m.* Pavimento, alicatado.

embaldosar *v. tr.* Alicatar, pavimentar, solar.

embalsamar *v. tr.* **1. Momificar,** conservar. **2. Aromatizar,** perfumar. ➤ *Apestar, atufar.*

embalse *s. m.* **1. Estancamiento. 2. Estanque,** laguna, pantano, presa.

embanastar *v. tr.* **1. Encestar. 2. Apiñar,** comprimir, amontonar, hacinar.

embarazada *adj.* Encinta, preñada, gestante, grávida, parturienta.

embarazar *v. tr.* **1. Estorbar,** retardar, dificultar, molestar, incomodar, entorpecer, incordiar, impedir, obstruir, trabar, obstaculizar. ➤ *Desembarazar, facilitar, ayudar.* **2. Preñar,** engendrar, fecundar, dejar en estado. || *v. prnl.* **3. Aturdirse,** desconcertarse, cohibirse, azorarse, aturullarse. ➤ *Serenarse.*

embarazo *s. m.* **1. Impedimento,** dificultad, estorbo, obstáculo. ➤ *Ayuda.* **2. Turbación,** vergüenza, apocamiento, cortedad, apuro. ➤ *Resolución, desenvoltura, desparpajo.* **3. Gestación,** gravidez.

embarazoso, sa *adj.* Difícil, incómodo, comprometido. ➤ *Llevadero.*

embarbascarse *v. prnl.* Embarazarse, enredarse, confundirse. ➤ *Aclararse.*

embarcación *s. m.* **1. Barco,** nave, nao, lancha, bote, buque, navío, lanchón, barca, barcaza. **2. Embarque.**

embarcar *v. tr.* **1. Subir,** cargar, estibar, entrar. ➤ *Desembarcar, descargar.* **2. Comprometer,** incluir, exponer, aventurar, arriesgar. ➤ *Eludir.*

embargar *v. tr.* **1. Impedir,** detener, embarazar, estorbar, dificultar. **2. Suspender,** paralizar, cautivar, embelesar. **3. Decomisar,** confiscar, requisar, secuestrar, incautar, retener. ➤ *Devolver.*

embargo *s. m.* **1. Confiscación,** incautación, requisa. ➤ *Devolución, resitución.* **2. Bloqueo,** secuestro.

embarrada *s. f.* Desacierto, disparate, patanería, fallo, pifia, estropicio. ➤ *Acierto.*

embarrancar *v. intr.* **1. Encallar**, varar, zozobrar. ‖ *v. prnl.* **2. Atollarse**, atascarse, estancarse.

embarrar *v. tr.* **1. Enlodar. 2. Embadurnar**, pringar, untar. ➤ *Limpiar.* **3. Fallar**, estropear. ➤ *Atinar.*

embarullador, ra *adj.* Liante, lioso, chapucero, enredador, embrollador.

embarullar *v. tr.* **1. Embrollar**, enmarañar, confundir, revolver, enredar, alterar, desordenar, desbarajustar, complicar, hacer un taco. ➤ *Aclarar, ordenar, desenredar, componer.* **2. Aturullar**, desconcertar.

embate *s. m.* Agresión, ataque, embestida, acometida. ➤ *Retroceso, huida.*

embaucador, ra *adj.* Camandulero, cuentista, farsante, impostor, timador.

embaucar *v. tr.* Engatusar, engañar, embelesar, alucinar, estafar, timar, enredar, seducir, liar, burlar, camelar, jugársela a alguien, dar gato por liebre, dar el pego. ➤ *Desencantarse, desinteresarse.*

embaular *v. tr.* Engullir, devorar, zampar, tragar. ➤ *Ayunar.*

embebecer *v. tr.* **1. Entretener**, divertir, embelesar, fascinar, cautivar. ➤ *Aburrir.* ‖ *v. prnl.* **2. Ensimismarse**, abismarse, maravillarse.

embebecimiento *s. m.* Abstracción, embeleso, enajenamiento, embelesamiento.

embebedor, ra *adj.* Absorbente, atrayente, seductor. ➤ *Repelente, repulsivo.*

embeber *v. tr.* **1. Absorber. 2. Impregnar**, empapar, rezumar. **3. Reducir**, recoger, meter. ➤ *Alargar.* **4. Encajar**, introducir, embutir, incrustar. ➤ *Sacar.* **5. Consumir**, agotar, chupar. ‖ *v.intr.* **6. Encoger**, tupirse, apelmazarse. ➤ *Darse.* ‖ *v. prnl.* **7. Empaparse**, instruirse. **8. Concentrarse**, sumergirse, abstraerse. ➤ *Distraerse.*

embelecador, ra *adj.* Adulador, embustero, enredador.

embelecar *v. tr.* Engatusar, adular, embaucar, engañar.

embeleco *s. m.* Falacia, engaño, artimaña, embuste.

embeleñar *v. tr.* **1. Adormecer**, aletargar. **2. Embelesar.**

embelesar *v. tr.* Abstraer, arrebatar, arrobar, enajenar, extasiar, encantar, cautivar, seducir, hechizar, pasmar, embrujar, embobar. ➤ *Desencantar, desinteresar, despabilar.*

embeleso *s. m.* Admiración, arrebato, enajenación, estupor, fascinación.

embellecer *v. tr.* Adornar, hermosear, acicalar. ➤ *Afear, desarreglar.*

embellecimiento *s. m.* Acicalamiento, hermoseamiento, ornato. ➤ *Afeamiento, desaliño.*

emberrincharse *v. prnl.* Airarse, enfurecerse, cabrearse, enfadarse, encolerizarse. ➤ *Calmarse, sosegarse, tranquilizarse.*

embestida *s. f.* Acometida, agresión, arremetida, carga, asalto. ➤ *Retroceso, huida.*

embestir *v. tr.* Arremeter, atacar, abalanzarse, lanzarse, agredir, acometer. ➤ *Esquivar, huir, eludir.*

embetunar *v. tr.* Charolar, embadurnar, untar.

emblandecer *v. tr.* **1. Ablandar**, reblandecer. ➤ *Endurecer.* ‖ *v. prnl.* **2. Compadecerse**, enternecerse, apiadarse, conmoverse. ➤ *Endurecerse.*

emblanquecer *v. tr.* Blanquear. ➤ *Ennegrecer, oscurecer.*

emblema *s. m.* **1. Símbolo**, distintivo, lema, escudo, divisa, insignia, empresa. **2. Figura**, alegoría, atributo.

emblemático, ca *adj.* Alegórico.

embobamiento *s. m.* Suspensión, embeleso, arrobo, pasmo.

embobar *v. tr.* **1. Admirar**, entretener, seducir, embaucar, pasmar, embelecer, sorprender, atontar, maravillar, embelesar, asombrar, enajenar, extasiar, entontecer, hechizar. ➤ *Desencantar.* ‖ *v. prnl.* **2. Embelesarse**, suspenderse, absorberse.

embocar *v. tr.* **1. Engullir**, tragar. **2. Embutir.**

embolado *s. m.* **1. Problema**, dificultad, papeleta. **2. Mentira**, trola, engaño, embuste. ➤ *Verdad.*

émbolo *s. m.* Pistón.

embolsar *v. tr.* Recibir, meter, reembolsarse, cobrar, guardarse, recaudar, recoger, percibir. ➤ *Gastar, desembolsar, expender, perder.*

emborrachar *v. tr.* **1. Embriagar. 2. Atontar**, aturdir, adormecer. ‖ *v. prnl.* **3. Alumbrarse**, embriagarse, ajumarse, mamarse. ➤ *Abstenerse.*

emborronar *v. tr.* Garrapatear, garabatear. ➤ *Borrar.*

emboscada *s. f.* **1. Encerrona**, celada, estratagema, celada. **2. Asechanza**, insidia, maquinación, ardid.

emboscar *v. tr.* Apostar.

embotar *v. tr.* **1. Despuntar**, enromar, desgastar, mellar. ➤ *Afilar.* **2. Aplanar**, entumecer, entorpecer, adormecer, debilitar. ➤ *Aguzar, avivar.*

embotellar *v. tr.* **1. Envasar**, dosificar, fraccionar, llenar. ➤ *Vaciar.* **2. Atascar**, obstruir. ➤ *Circular.*

embotijarse *v. prnl.* **1. Enojarse**, indignarse. **2. Inflarse**, hincharse.

embozadamente *adv. m.* Artificiosamente, recatadamente, arrebujadamente. ➤ *Descubiertamente.*

embozar *v. tr.* **1. Cubrir**, tapar, ocultar, enmascarar. ➤ *Destapar, mostrar.* **2. Disfrazar**, encubrir, disimular. **3. Obstruir**, atorar, cegar, obturar. ➤ *Desatascar.*

embozo *s. m.* **1. Rebozo. 2. Doblez.**

embragar *v. tr.* Transmitir, conectar. ➤ *Desembragar.*

embravecer *v. tr.* Irritar, enfurecer, encolerizar, excitar, agitar. ➤ *Aplacar.*

embrazar *v. tr.* Abrazar, agarrar, sostener. ➤ *Liberar, soltar.*

embrear *v. tr.* Calafatear, embadurnar.

embregarse *v. prnl.* Contender, disputar. ➤ *Amistar, pacificar.*

embriagador, ra *adj.* Enloquecedor, enajenante, fascinante.

embriagar *v. tr.* **1. Emborrachar. 2. Enajenar**, transportar, aturdir, extasiar. ‖ *v. prnl.* **3. Marearse**, aturdirse, achisparse, emborracharse.

embriaguez *s. f.* **1. Borrachera**, cogorza, melocotón, pedal, moña, tranca, curda, tajada. ➤ *Sobriedad.* **2. Arrebato**, éxtasis, enajenación.

embrión *s. m.* **1. Germen**, feto. **2. Inicio**, rudimento, principio.

embrionario, ria *adj.* Básico, elemental, fetal, rudimentario. ➤ *Perfeccionado, evolucionado, desarrollado.*

embrocar *v. tr.* Trasvasar, vaciar.

embrollar *v. tr.* Enredar, confundir, liar, desorientar, mezclar.➤ *Clarificar.*

embrollo *s. m.* **1. Enredo**, confusión, maraña, lío, jaleo. ➤ *Orden.* **2. Embuste**, mentira, trápala. ➤ *Verdad.*

embrujar *v. tr.* **1. Conjurar**, hechizar, encantar, endemoniar. ➤ *Exorcizar.* **2. Embelesar**, cautivar, fascinar, seducir, extasiar. ➤ *Repeler.*

embrujo *s. m.* **1. Sortilegio**, maleficio, embrujamiento, conjuro. ➤ *Desencantamiento.* **2. Fascinación**, embeleso, encanto. ➤ *Repulsión.*

embrutecer *v. tr.* Atontar, idiotizar, retrasar, animalizar. ➤ *Educar.*

embuchado *s. m.* **1. Fraude. 2. Pucherazo. 3. Improvisación**, morcilla.

embuchar *v. tr.* Embutir, engullir, embocar.

embuste *s. m.* Engaño, mentira, cuento, invención, embrollo, enredo, macana, falacia, embustería, patraña, bola, gazapo. ➤ *Verdad, realidad.*

embustero, ra *adj.* Mentiroso, farsante, patrañero, falso, lioso. ➤ *Sincero.*

embutir *v. tr.* **1. Comprimir**, apretar, incrustar, llenar, meter. **2. Incluir**, encajar. **3. Condensar**, reducir. **4. Engullir**, atracarse, atiborrarse.

emergencia *s. f.* Ocurrencia, accidente, acontecimiento, peripecia, apremio, evento, suceso. ➤ *Normalidad.*

emerger *v. intr.* Brotar, germinar, manar, surgir. ➤ *Hundir, soterrar.*

emersión *s. f.* Aparición, manifestación, salida. ➤ *Ocultación, eclipse.*

emético, ca *adj.* Vomitivo.

emigración *s. f.* Éxodo, expatriación, trashumancia, partida, migración. ➤ *Permanencia, asentamiento.*

emigrado, da *s. m. y s. f.* Exiliado.

emigrante *s. m. y s. f.* Emigrado, inmigrante, expatriado. ➤ *Repatriado.*

emigrar *v. intr.* Expatriarse, migrar. ➤ *Inmigrar, repatriarse.*

eminencia *s. f.* **1. Altura**, elevación, montículo, cerro, loma. ➤ *Depresión.* **2. Excelencia**, superioridad, grandeza, sublimidad. ➤ *Insignificancia.* **3. Personalidad**, lumbrera, notabilidad, personaje. ➤ *Medianía.*

eminente *adj.* **1. Alto**, elevado, prominente, sobresaliente. ➤ *Bajo.* **2. Célebre**, distinguido, insigne. ➤ *Ínfimo.*

emisario, ria *s. m. y s. f.* Mensajero, correo, embajador, legado, delegado.

emitir *v. tr.* **1. Lanzar**, arrojar, despedir, exhalar. ➤ *Absorber.* **2. Manifestar**, expresar, transmitir. ➤ *Reservarse.*

emoción *s. f.* Turbación, agitación, angustia, exaltación. ➤ *Sosiego, frialdad.*

emocional *adj.* Sensible, impresionable, emotivo, tierno. ➤ *Cerebral, duro, insensible.*

emocionante *adj.* Apasionante, escalofriante, impresionante, conmovedor.

emocionar *v. tr.* Afectar, agitar, conmocionar, conmover, estremecer, sacudir. ➤ *Despreocupar, aburrir.*

emolir *v. tr.* Ablandar, reblandecer, suavizar. ➤ *Endurecer, fortalecer.*

emolumentos *s. m. pl.* Haberes, honorarios, nómina, sueldo, gajes.

emotivo, va *adj.* Sensiblero, tierno, impresionable, emocionante, conmovedor, inquietante. ➤ *Indiferente.*

empacar *v. tr.* Empaquetar, encajonar, embalar, liar, envolver. ➤ *Desempacar, desempaquetar, desembalar.*

empacarse *v. prnl.* **1. Emperrarse**, obstinarse, empecinarse. ➤ *Ceder.* **2. Turbarse**, inhibirse, azorarse.

empachar *v. tr.* **1. Estorbar**, embarazar. ➤ *Aliviar.* **2. Ahitar**, hartar, empalagar, atiborrarse, indigestar. ➤ *Ayunar.* ‖ *v. prnl.* **3. Avergonzarse**, cortarse, turbarse. ➤ *Descomedirse.*

empacho *s. m.* **1. Cortedad**, turbación. **2. Indigestión**, ahíto. **3. Estorbo**, embarazo.

empadronamiento *s. m.* Censo, padrón, lista, registro.

empadronar *v. tr.* Asentar, domiciliar, avecindar, radicar.

empalagar *v. intr.* **1. Estomagar**, empachar, asquear, repugnar, ahitar, hastiar, hartar. ➤ *Deleitar, gustar.* **2. Cansar**, aburrir, hastiar, enfadar, fastidiar, molestar, cargar, incordiar, hastiar. ➤ *Complacer, divertir, entretener.*

empalagoso, sa *adj.* **1. Dulzón**, indigesto. **2. Fastidioso**, meloso, sobón, cargante. ➤ *Despegado, arisco.*

empalizada *s. f.* Estacada, barrera, seto, tapia, valla, vallado, verja, cerca.

empalmar *v. tr.* **1. Unir**, ligar, entrelazar, articular, conectar, ensamblar, ajustar. ➤ *Desconectar.* ‖ *v. intr.* **2. Seguir**, proseguir. ➤ *Interrumpir.*

empalme *s. m.* Acople, combinación, ensamble, conexión. ➤ *Separación.*

empalomado *s. m.* Muro, represa, presa.

empamparse *v. prnl.* Perderse, distraerse, extraviarse. ➤ *Orientarse.*

empanada *s. f.* Confusión, embrollo, follón, enredo.

empantanar *v. tr.* **1. Inundar**, embalsar, estancar, anegar. ➤ *Desecar.* ‖ *v. prnl.* **2. Detener**, embarazar, paralizar, atascar. ➤ *Agilizar.*

empañar *v. tr.* **1. Deslucir**, manchar, oscurecer, enturbiar. ➤ *Pulir, limpiar, clarificar.* **2. Desacreditar**, arruinar, deslucir, manchar. ➤ *Realzar.*

empapar *v. tr.* **1. Impregnar**, humedecer, rociar, remojar, bañar, sumergir, calar, mojar, ensopar, regar. ➤ *Exprimir, secar, desecar, resecar, enjugar.* **2. Absorber.** ‖ *v. prnl.* **3. Aprenderse**, apasionarse, embeberse, imponerse. **4. Empacharse.**

empapelar *v. tr.* **1. Envolver**, forrar, revestir. **2. Procesar**, encausar.

empapuzar *v. tr.* Atiborrar, hinchar, saciar, ahitar, hartar.

empaque *s. m.* **1. Catadura**, porte, figura, presencia, continente. **2. Orgullo**, amaneramiento, tiesura. ➤ *Llaneza.*

empaquetar *v. tr.* Embalar, liar, atar, envolver, empapelar, empacar, enfardar. ➤ *Desenvolver, desempaquetar.*

emparedado *s. m.* Bocadillo, medianoche, sandwich, panecillo.

emparedar *v. tr.* **1. Encerrar**, tapiar, recluir. ➤ *Liberar, salir.* **2. Esconder**, ocultar. ➤ *Mostrar, enseñar.*

emparejadura *s. f.* Emparejamiento, acomodo, igualación, acomodación. ➤ *Desemparejamiento, desigualdad.*

emparejamiento *s. m.* Ayuntamiento, emparejadura, igualación. ➤ *Desunión, separación, desigualdad.*

emparejar *v. tr.* **1. Nivelar**, igualar, conformar, equilibrar, alisar. ➤ *Desnivelar.* ‖ *v. intr.* **2. Equipararse**, conformarse. ➤ *Diferenciarse.*

emparentar *v. intr.* **1. Entroncar. 2. Relacionarse**, vincularse, unirse.

empatar *v. tr.* Igualar, nivelar, equilibrar, compensar. ➤ *Desempatar.*

empate *s. m.* Equilibrio, igualdad.

empavesar *v. tr.* Atrincherar, defender, fortificar. ➤ *Desguarnecer.*

empecer *v. tr.* **1. Perjudicar**, dañar. ➤ *Beneficiar.* ‖ *v. intr.* **2. Dificultar**, estorbar, obstaculizar, impedir, obstar. ➤ *Facilitar, posibilitar.*

empecinado, da *adj.* Obstinado, terco, pertinaz, recalcitrante, tozudo, testarudo, incorregible. ➤ *Razonable.*

empecinamiento *s. m.* Cerrazón, porfía, terquedad, testadurez.

empecinarse *v. prnl.* Obstinarse, aferrarse, porfiar. ➤ *Condescender, razonar.*

empedernido, da *adj.* **1. Tenaz**, incorregible. **2. Cruel**, despiadado, implacable, duro. ➤ *Blando, humano.*

empedrado *s. m.* Calzada, embaldosado, pavimento, adoquinado.

empedrar *v. tr.* Adoquinar, enlosar, pavimentar. ➤ *Desempedrar.*

empegar *v. tr.* Empecinar, embrear.

empelazgarse *v. prnl.* Contender, disputar, enfrentarse.

empellón *s. m.* Envite, impulso, empujón, atropello, golpe.

empenachar *v. tr.* Emplumar, engalanar, ornar, adornar. ➤ *Desaliñar.*

empeñado, da *adj.* **1. Entrampado**, endeudado. ➤ *Solvente.* **2. Obstinado**, terco, empecinado. ➤ *Razonable.* **3. Reñido**, acalorado, encarnizado. ➤ *Tranquilo.*

empeñarse *v. prnl.* **1. Endeudarse. 2. Afanarse**, cegarse, empecinarse, obstinarse, encapricharse, porfiar.

empeño *s. m.* **1. Anhelo**, ansia, deseo, vehemencia. ➤ *Abulia.* **2. Tesón**, constancia, afán, obstinación, porfía. ➤ *Inconstancia.*

empeoramiento *s. m.* Agravamiento, complicación, desmejoramiento.

empeorar *v. tr.* **1. Deteriorar**, afear, disminuir, agravar, degradar, envilecer, dañar, depravar, recaer. ➤ *Mejorar, sanar, aliviar, curar, reparar.* ‖ *v. intr.* **2. Agravarse**, declinar, desmejorar. ➤ *Mejorar.* **3. Nublarse**, encapotarse, cubrirse. ➤ *Despejar.*

empequeñecer *v. tr.* **1. Reducir**, limitar. ➤ *Agrandar.* **2. Menguar**, disminuir, mermar, reducir. ➤ *Aumentar.* ‖ *v. prnl.* **3. Depreciarse**, rebajarse, humillarse, desvalorizarse. ➤ *Crecerse.*

empequeñecimiento *s. m.* Contracción, disminución, merma. ➤ *Aumento, engrandecimiento.*

emperador *s. m.* César, zar, kaiser.

emperejilar *v. tr.* Adornar, acicalar, ataviar, atildar, emperifollar. ➤ *Desaliñar, afear.*

emperifollar *v. tr.* Acicalar, engalanar, endomingar, emperejilar.

emperramiento *s. m.* Terquedad, cabezonería, ceguera, obstinación. ➤ *Razonamiento.*

emperrarse *v. prnl.* Obstinarse, porfiar, empeñarse, encapricharse, cerrarse. ➤ *Condescender, allanarse.*

empezar *v. tr.* Comenzar, iniciar, preludiar, emprender. ➤ *Terminar.*

empinado, da *adj.* **1. Elevado**, levantado, prominente, alto. ➤ *Bajo.* **2. Estirado**, orgulloso, tieso, soberbio. ➤ *Humilde, modesto.*

empinamiento *s. m.* Elevación, encumbramiento, levantamiento.

empinar *v. tr.* **1. Elevar**, alzar, enderezar, erguir, levantar. ➤ *Bajar.* **2. Beber**, trincar. ‖ *v. prnl.* **3. Auparse**, encaramarse, estirarse, alzarse, pinarse, encabritarse. ➤ *Agacharse.*

empingorotado, da *adj.* Engreído, orgulloso, encopetado, ensoberbecido. ➤ *Humilde, modesto.*

empírico, ca *adj.* Experimental, práctico, positivo. ➤ *Especulativo, teórico.*

empitonar *v. tr.* Cornear, encornar.

emplasto *s. m.* **1. Cataplasma**, parche. **2. Parche**, pegote, componenda.

emplazamiento *s. m.* **1. Citación**, convocatoria. **2. Colocación**, situación, ubicación.

emplazar[1] *v. tr.* Convocar, citar, requerir.

emplazar[2] *v. tr.* Situar, instalar, colocar.

emplear *v. tr.* **1. Colocar**, contratar, destinar, consignar, designar. ➤ *Despedir, quitar, desemplear.* **2. Aplicar**, utilizar, servirse, valerse, usar, aprovechar. ➤ *Desaprovechar, tirar, dejar.* **3. Gastar**, consumir.

empleo *s. m.* Cargo, puesto, plaza, categoría, colocación. ➤ *Desocupación.*

empobrecer *v. tr.* Arruinar, depauperar, endeudar, decaer. ➤ *Enriquecer.*

empobrecimiento *s. m.* Depauperación, depresión, disminución, decadencia. ➤ *Auge, acrecentamiento.*

empollar *v. tr.* **1. Incubar**, criar. **2. Estudiar**, memorizar, aplicarse.

emponzoñar *v. tr.* Envenenar.

emporcar *v. tr.* Manchar, ensuciar. ➤ *Limpiar.*

empotrar *v. tr.* Encajar, hincar, incrustar. ➤ *Extraer.*

emprendedor, ra *adj.* Activo, atrevido, audaz, resuelto. ➤ *Apocado.*

emprender *v. tr.* Acometer, atacar, iniciar, intentar, abordar. ➤ *Finalizar.*

empresa *s. f.* **1. Proyecto**, obra, cometido. **2. Compañía**, firma, casa, razón social, industria.

empresario, ria *s. m. y s. f.* **1. Patrono**, jefe, propietario, gerente. ➤ *Empleado.* **2. Capitalista**, financiero.

empujar *v. tr.* **1. Impulsar**, impeler, apretar, arremeter, embestir, atropellar, dar empellones, chocar. **2. Influir**, forzar, incitar, instigar, presionar, coaccionar. ➤ *Contener, dejar a su aire.* **3. Echar**, expulsar, despedir, tirar, alejar, quitar, sacar. ➤ *Meter, dejar, colocar.*

empuje *s. m.* **1. Brío**, decisión, coraje, ímpetu, impulso. ➤ *Indolencia.* **2. Energía**, vigor. ➤ *Debilidad.*

empujón *s. m.* Empellón, topetazo.

empuñar *v. tr.* **1. Coger**, blandir, aferrar. ➤ *Soltar.* **2. Alcanzar**, lograr.

emputecer *v. tr.* Pervertir, prostituir.

emulación *s. f.* Rivalidad, competición, pugna.

emular *v. tr.* Comparar, remedar, competir, imitar, reproducir, rivalizar.

émulo, la *adj.* Adversario, antagonista, opositor, rival.

emulsión *s. f.* Disolución, solución.

emulsionar *v. tr.* Deshacer, desleír, disolver. ➤ *Mezclar, unir.*

emunción *s. f.* Excreción, secreción.

emuntorio *s. m.* Evacuador, excretor, secretorio.

enagua *s. f.* Combinación, saya, refajo.

enaguachar *v. tr.* Aguachinar, encharcar, inundar, anegar. ➤ *Secar.*

enaguazar *v. tr.* Empantanar, inundar.

enajenable *adj.* Vendible. ➤ *Inalienable.*

enajenación *s. f.* **1. Venta**, pignoración, cesión. ➤ *Compra, adquisición.* **2. Arrobo**, atontamiento, pasmo, desvarío, desatino.

enajenado, da *adj.* Alelado, arrobado, estupefacto, extasiado, embelesado.

enajenamiento *s. m.* Abstracción, ofuscación, enajenación.

enajenar *v. tr.* **1. Vender**, transferir. ➤ *Comprar, adquirir.* **2. Arrebatar**, extasiar, arrobar. || *v. prnl.* **3. Enloquecer**, desvariar, trastornarse.

enaltecer *v. tr.* Ensalzar, alabar, encomiar, elogiar. ➤ *Rebajar, vituperar.*

enaltecimiento *s. m.* Acrecentamiento, elogio, glorificación. ➤ *Vituperio.*

enamorado, da *adj.* **1. Rendido**, seducido, prendado. ➤ *Indiferente.* || *s. m. y s. f.* **2. Adorador**, cortejador, galán, pretendiente.

enamoramiento *s. m.* Afecto, amor, flechazo. ➤ *Aversión, hostilidad.*

enamorar *v. tr.* **1. Conquistar**, seducir, querer, flechar, cortejar, encandilar, hechizar, camelar, engatusar, prendar. ➤ *Desenamorar, desengañar, desencantar.* **2. Galantear**, piropear, requebrar. || *v. prnl.* **3. Encariñarse**, pirrarse, prendarse, interesarse, simpatizar, emborricarse, engolosinarse, derretirse. ➤ *Aburrirse, cansarse, hastiarse, desinteresarse.*

enano, na *adj.* **1. Ínfimo**, microscópico, menudo, pequeño, chico, raquítico, minuto, corto, bajo, pigmeo, liliputiense. ➤ *Enorme, gigante, grande, colosal.* ‖ *s. m. y s. f.* **2. Gnomo.**

enarbolar *v. tr.* Blandir, izar, alzar, levantar, ondear. ➤ *Arriar, bajar.*

enardecedor, ra *adj.* Estimulante, excitante, incitante. ➤ *Tranquilizante.*

enardecer *v. tr.* Avivar, electrizar, arrebatar, entusiasmar, fanatizar, animar, exaltar, provocar, atizar, enzarzar, irritar, exasperar, exacerbar, soliviantar, estimular. ➤ *Calmar, enfriar, serenar, desanimar, apaciguar.*

enardecimiento *s. m.* Entusiasmo.

enartrosis *s. f.* Enlace, juego, junta.

enastado, da *adj.* Astado, cornúpeta.

encabalgar *v. intr.* Apoyar, encaballar, descansar.

encabestrar *v. tr.* Conducir, enredar, atraer, seducir.

encabezamiento *s. m.* **1. Censo,** padrón. **2. Exordio,** inicio, preámbulo.

encabezar *v. tr.* **1. Preceder,** iniciar. **2. Introducir,** titular, prologar. **3. Capitanear,** dirigir, conducir.

encadenamiento *s. m.* Concatenación, enlace, relación.

encadenar *v. tr.* **1. Aherrojar,** esposar. **2. Relacionar,** trabar, conectar. **3. Inmovilizar,** atar, amarrar, esclavizar. ‖ *v. prnl.* **4. Esclavizarse,** atarse. ➤ *Desligarse, liberarse.*

encajadura *s. f.* Escopleadura.

encajar *v. tr.* **1. Incrustar,** empalmar, empotrar. ➤ *Desencajar.* **2. Conectar,** acoplar, enlazar, ajustar, alojar, ensamblar, engranar, enchufar. ➤ *Desencajar, sacar, desajustar.*

encaje *s. m.* **1. Conexión,** ajuste, empalme. **2. Puntilla,** blonda, bordado, calado. **3. Marquetería,** taracea.

encajonar *v. tr.* **1. Empaquetar,** embalar, empacar, encerrar. ➤ *Desencajonar.* **2. Apretar,** embutir, prensar. ➤ *Expandir.*

encalabozar *v. tr.* Encerrar, encarcelar.

encalador, ra *adj.* Blanqueador.

encaladura *s. f.* Encalado, estucado, revoco, enlucido, blanqueado.

encalamocar *v. tr.* Aturdir, confundir, turbar, alelar.

encalar *v. tr.* Blanquear, enlucir, enjalbegar, revocar, pintar.

encallar *v. intr.* **1. Embarrancar,** zozobrar, varar, empantanarse, abarrancar, chocar, enarenarse. ➤ *Desencallar, zarpar, navegar.* **2. Atascarse,** atollarse. ➤ *Desatascarse.*

encamar *v. tr.* **1. Acostar,** tumbar. ‖ *v. prnl.* **2. Tenderse,** tumbarse. ➤ *Levantarse.*

encaminar *v. tr.* **1. Orientar,** dirigir, trasladar. ➤ *Desorientar.* **2. Encauzar,** conducir, encarrilar, enfocar. ➤ *Desencaminar.*

encampanar *v. tr.* Exaltar.

encanallamiento *s. m.* Degradación, envilecimiento. ➤ *Dignificación.*

encanallar *v. tr.* Abellacar, degenerar, contaminar, envilecer. ➤ *Dignificar.*

encandilado, da *adj.* Deslumbrado, ilusionado, ofuscado, fascinado.

encandilar *v. tr.* **1. Cegar,** deslumbrar. **2. Fascinar,** impresionar, embaucar. ➤ *Desilusionar.*

encanecer *v. intr.* **1. Blanquear,** platear. **2. Avejentarse.** ➤ *Rejuvenecer.*

encanijamiento *s. m.* Adelgazamiento, desmedro, enflaquecimiento, desmejoramiento. ➤ *Fuerza, vigor.*

encanijar *v. tr.* Desmedrar, adelgazar, desmejorar. ➤ *Engordar, fortalecerse.*

encanillar *v. tr.* Enrollar.

encantado, da *adj.* Absorto, arrobado.

encantar *v. tr.* **1. Hechizar,** embrujar, hipnotizar, conjurar, aojar, maleficiar, brujear, exorcizar, hacer mal de ojo. **2. Extasiar,** sugestionar, seducir, impresiona, atraer, gustar, complacer, deleitar, prender, embelesar, entretener. ➤ *Desencantar, asquear, aburrir, repeler.*

encanto *s. m.* **1. Gracia,** belleza, deleite, hermosura, preciosidad. ➤ *Repulsión, fealdad.* **2. Hechizo,** sortilegio. ➤ *Desencantamiento.*

encapotadura *s. f.* Enfurruñamiento, encapotamiento.

encapotarse *v. prnl.* **1. Aborrascarse**, nublarse, oscurecerse, cerrarse. ➤ *Aclararse, abrirse.* **2. Enfurruñarse.**

encapricharse *v. prnl.* Emperrarse, porfiar, empeñarse, empecinarse, insistir. ➤ *Aborrecer, cejar, desistir.*

encapuchado, da *adj.* Disciplinante, penitente, papón, cofrade.

encaramar *v. tr.* **1. Aupar**, trepar, empinar. ➤ *Bajar, descolgar.* **2. Encumbrar**, trepar, escalar.

encaramiento *s. m.* Descubrimiento, desembozo, revelación. ➤ *Ocultación.*

encarar *v. tr.* **1. Encañonar**, apuntar. **2. Enfrentar**, arrostrar, plantarse, hacer frente. ➤ *Eludir.*

encarcelación *s. f.* Aprisionamiento, detención, encierro, reclusión. ➤ *Excarcelación, liberación.*

encarcelamiento *s. m.* Aprehensión, arresto, encierro, internamiento. ➤ *Excarcelación, libertad.*

encarcelar *v. tr.* Apresar, arrestar, encerrar. ➤ *Excarcelar, libertar.*

encarecer *v. tr.* **1. Alzar**, incrementar, subir, gravar. ➤ *Rebajar.* **2. Enaltecer**, alabar. ➤ *Vituperar, desprestigiar.* **3. Rogar**, suplicar, recomendar.

encarecimiento *s. m.* Alza, elogio, ponderación. ➤ *Desdén, baja.*

encargado, da *s. m. y s. f.* Apoderado, gestor, representante, responsable.

encargar *v. tr.* **1. Encomendar**, delegar, comisionar, facultar, confiar, endosar, poner en manos de, dejar, entregar, remitir, responsabilizar, delegar. ➤ *Desaconsejar, eximir, excusar, relevar.* **2. Solicitar**, ordenar. ➤ *Servir.*

encargo *s. m.* **1. Mandato**, pedido. **2. Cometido**, misión.

encariñar *v. tr.* Amartelarse, enamorarse, encapricharse, prendarse. ➤ *Desentenderse, aborrecer.*

encarnación *s. f.* Materialización, humanización, personificación.

encarnado, da *adj.* Carmesí, rojo, bermellón, bermejo, escarlata.

encarnar *v. tr.* Representar, personificar, reproducir, significar.

encarnativo, va *adj.* Cicatrizante.

encarnecer *v. intr.* Engordar, engrosar. ➤ *Enflaquecer, enmagrecer.*

encarnizado, da *adj.* Cruento, intenso, sangriento. ➤ *Benévolo, incruento.*

encarnizamiento *s. m.* Dureza, ensañamiento, ferocidad, crueldad, salvajismo. ➤ *Blandura, suavidad.*

encarnizarse *v. prnl.* Ensañarse.

encarpetar *v. tr.* Archivar.

encarrilar *v. tr.* Dirigir, encauzar, enderezar, guiar. ➤ *Descarriar.*

encartar *v. tr.* Encausar, convocar, citar, llamar, emplazar, procesar.

encasillar *v. tr.* Clasificar, catalogar, encuadrar, archivar, circunscribir.

encasquetar *v. tr.* Endilgar, endosar.

encasquillar *v. prnl.* **1. Atascarse**, engancharse. **2. Obstruirse**, obturarse. **3. Balbucear**, azararse.

encastar *v. intr.* Generar, producir, engendrar.

encausar *v. tr.* Acusar, procesar, empapelar. ➤ *Absolver.*

encauzamiento *s. m.* Estabilización, normalización. ➤ *Extravío, desorden.*

encauzar *v. tr.* Encarrilar, encaminar, regenerar, orientar. ➤ *Desencaminar.*

encefálico, ca *adj.* Cerebral, craneal.

encéfalo *s. m.* Cerebro, seso.

encelado, da *adj.* Enamorado, amoroso, encariñado. ➤ *Indiferente*

encelajarse *v. prnl.* Encapotarse, nublarse, cubrirse. ➤ *Despejarse.*

enceldar *v. tr.* Enclaustrar, encerrar.

encendedor, ra *s. m.* Chisquero, mechero.

encender *v. tr.* **1. Incendiar**, quemar, abrasar, chamuscar, prender. ➤ *Apagar.* **2. Enardecer**, provocar, exaltar, inflamar. ➤ *Aplacar, contener.* ‖ *v. prnl.* **3. Ruborizarse.** ➤ *Palidecer.*

encendido, da *adj.* Arrebatado, arrebolado, inflamado. ➤ *Apagado.*

encerado *s. m.* Pizarra.

encerar *v. tr.* Lustrar, pulir.

encerrado, da *adj.* Confinado, prisionero, enclaustrado.

encerrar *v. tr.* **1. Internar**, enclaustrar, enjaular, encarcelar, aprisionar, guardar, enceldar, esconder, ocultar, emparedar. ➤ *Libertar, sacar.* **2. In-**

cluir, entrañar. ➤ *Excluir.* ‖ *v. prnl.*
3. Recluirse, enclaustrarse. ➤
Salirse.

encerrona *s. f.* Celada, trampa, emboscada, añagaza, ardid, engaño.

encharcar *v. tr.* Anegar, empantanar, inundar, enfangar, enlodar. ➤ *Secar.*

enchilar *v. tr.* Chasquear, burlar.

enchiquerar *v. tr.* Enchironar, enjaular, recluir. ➤ *Libertar.*

enchironar *v. tr.* Arrestar, encerrar.

enchivarse *v. prnl.* Enfadarse, enojarse, airarse. ➤ *Contentarse, calmarse.*

enchufado, da *s. m. y s. f.* Recomendado, protegido, apadrinado.

enchufar *v. tr.* **1. Acoplar**, encajar, ajustar, ensamblar. **2. Conectar**. ➤ *Desenchufar.* **3. Apadrinar**, recomendar, favorecer, proteger.

enchufe *s. m.* Prebenda, sinecura.

enchufismo *s. m.* Favoritismo.

encíclica *s. f.* Comunicado, mensaje, pastoral, carta.

encierro *s. m.* **1. Reclusión**, retiro, clausura, recogimiento. **2. Celda**.

encinta *adj.* Preñada, grávida, gestante, embarazada.

enclaustrar *v. tr.* Enceldar, recluir.

enclave *s. m.* **1. Territorio**, zona, emplazamiento. **2. Colonia**, población.

enclenque *adj.* Enfermizo, canijo, raquítico, endeble, merengue. ➤ *Sano, fuerte, lozano.*

encobar *v. intr.* Incubar.

encocorar *v. tr.* Irritar, molestar, fastidiar. ➤ *Agradar, complacer.*

encofrado, da *s. m.* Tablazón, armazón, revestimiento.

encoger *v. tr.* **1. Arrugar**, contraer, retraer, acalambrarse, doblar, agazaparse, agacharse, acurrucarse. ➤ *Estirarse, desencogerse.* ‖ *v. intr.* **2. Estrechar**, acortar, mermar, menguar, achicar, arremangar, fruncir, plegar, meter. ➤ *Dilatar, estirar, alargar, sacar, agrandar, dar de sí.* ‖ *v. prnl.* **3. Acobardarse**, asustarse, amilanarse. ➤ *Envalentonarse.*

encogido, da *adj.* Vergonzoso, tímido, acobardado, amilanado. ➤ *Valiente, animoso.*

encogimiento *s. m.* **1. Acortamiento**, estrechamiento, merma. **2. Acobardamiento**, amilanamiento.

encolar *v. tr.* Adherir, aglutinar, engomar, pegar. ➤ *Despegar.*

encolerizar *v. tr.* Enfurecer, enojar, exacerbar, provocar. ➤ *Aplacar.*

encomendar *v. tr.* **1. Comisionar**, delegar, encargar. ‖ *v. prnl.* **2. Abandonarse**, confiarse. ➤ *Desconfiar.*

encomiar *v. tr.* Elogiar, encarecer, ponderar. ➤ *Denostar, desdeñar.*

encomiástico, ca *adj.* Laudatorio, panegírico, elogioso, ponderativo. ➤ *Hiriente, injurioso, ofensivo.*

encomio *s. m.* Apología, elogio, enaltecimiento, panegírico. ➤ *Vituperio.*

encono *s. m.* Ensañamiento, malquerencia, furia, odio, rencor. ➤ *Amistad.*

encontrado, da *adj.* Adverso, rival, contrario. ➤ *Avenido.*

encontrar *v. tr.* **1. Hallar**, topar, descubrir, acertar, atinar, sacar, ver. ➤ *Perder, extraviar.* ‖ *v. prnl.* **2. Enemistarse**, rivalizar. ➤ *Avenirse.* **3. Discrepar**, disentir. ➤ *Convenir.*

encontronazo *s. m.* Choque, topetazo, trompazo, colisión, empellón.

encopetado, da *adj.* **1. Ilustre**, linajudo, aristocrático, distinguido. ➤ *Plebeyo.* **2. Soberbio**, vanidoso, vano, ostentoso, engreído. ➤ *Humilde.*

encorajinarse *v. prnl.* Enrabietarse, sulfurarse, irritarse. ➤ *Calmarse, sosegarse.*

encordelar *v. tr.* Amarrar, liar, atar, ligar. ➤ *Desatar.*

encorsetar *v. tr.* Ajustar, apretar, ceñir, fajar. ➤ *Aflojar, soltar.*

encorvadura *s. f.* Alabeo, torcedura.

encorvar *v. tr.* Curvar, arquear, doblar, combar, inclinar, pandear, torcer, flexionar, alabear, plegar, retozar. ➤ *Enderezar, estirar.*

encrespado, da *adj.* Furibundo, furioso, retorcido. ➤ *Apacible.*

encrespamiento *s. m.* **1. Rizo. 2. Erizamiento**, irritación.

encrespar *v. tr.* **1. Enmarañar**, ensortijar, rizar. ➤ *Alisar.* **2. Agitar**, sulfurar, irritar. ➤ *Calmar.*

encrestado, da *adj.* Altivo, ensoberbecido. ➤ *Modesto, humilde.*

encrucijada *s. f.* **1. Intersección,** bifurcación, cruce. **2. Disyuntiva,** dilema, alternativa.

encuadernar *v. tr.* Coser, encartonar, enlomar. ➤ *Desencuadernar.*

encuadramiento *s. m.* Delimitación.

encuadrar *v. tr.* **1. Incluir,** insertar, encajar, enmarcar. **2. Delimitar,** determinar, encasillar, circunscribir.

encuartar *v. prnl.* Atascarse, empantanarse, enredarse. ➤ *Movilizar.*

encubierto, ta *adj.* Clandestino, oculto, simulado, solapado. ➤ *Evidente.*

encubridor, ra *s. m. y s. f.* Cómplice, pantalla, compinche. ➤ *Delator, soplón, denunciante.*

encubrir *v. tr.* Tapar, esconder, disimular, omitir, callar, silenciar, fingir, velar, encerrar, sigilar, recatar, soterrar, echar tierra, correr un tupido velo. ➤ *Revelar, descubrir, delatar, manifestar, publicar.*

encuentro *s. m.* **1. Reunión,** concurrencia, coincidencia. **2. Reyerta,** escaramuza, pelea. ➤ *Pacto, amistad.*

encuesta *s. f.* **1. Pesquisa,** indagación, averiguación, examen. **2. Escrutinio,** sondeo, exploración, informe.

encumbrado, da *adj.* Copetudo, eminente, levantado. ➤ *Humillado.*

encumbramiento *s. m.* Elogio, ponderación, alabanza. ➤ *Vilipendio.*

encumbrar *v. tr.* **1. Encaramar,** alzar, elevar. ➤ *Bajar.* **2. Enaltecer,** elogiar. ➤ *Humillar, despreciar.* || *v. prnl.* **3. Envanecerse.** ➤ *Humillarse.*

encurtir *v. tr.* Envinagrar, conservar.

endeble *adj.* Débil, flojo, enclenque. ➤ *Fuerte, resistente.*

endeblez *s. f.* Debilidad, delicadeza, fragilidad. ➤ *Fortaleza, resistencia.*

endémico, ca *adj.* Habitual, permanente, constante. ➤ *Ocasional.*

endemoniado, da *adj.* Endiablado, poseso, poseído. ➤ *Exorcizado.*

enderezar *v. tr.* **1. Rectificar.** ➤*Curvar, torcer.* **2. Erguir,** levantar, alzar. ➤ *Bajar.* **3. Enmendar,** rectificar, rehabilitar, encarrilar, corregir. ➤ *Torcer.*

endeudarse *v. prnl.* Empeñarse, adeudar, entramparse. ➤ *Pagar.*

endilgar *v. tr.* Endosar, soltar, largar, encajar, encasquetar, espetar, enjaretar, lanzar. ➤ *Asumir, responsabilizarse, realizar.*

endiosamiento *s. m.* Orgullo, soberbia. ➤ *Humildad, modestia, recato.*

endiosar *v. prnl.* **1. Envanecerse,** ensoberbecerse. ➤ *Humillarse.* **2. Abismarse,** ensimismarse, abstraerse.

endocrino, na *adj.* Hormonal, secretorio.

endomingarse *v. prnl.* Emperifollarse, emperejilarse, acicalarse, engalanarse. ➤ *Descuidarse.*

endosable *adj.* Achacable, aplicable.

endosar *v. tr.* **1. Transferir,** traspasar. **2. Endilgar,** encajar, cargar. ➤ *Retirar, quitar.*

endoso *s. m.* Cesión, traspaso.

endulzar *v. tr.* **1. Azucarar,** enmelar. ➤ *Amargar, acibarar.* **2. Mitigar,** suavizar, dulcificar. ➤ *Exacerbar.*

endurecer *v. tr.* **1. Solidificar.** ➤ *Ablandar.* **2. Fortalecer,** vigorizar, fortificar, acerar. ➤ *Debilitar.* || *v. prnl.* **3. Curtirse,** acostumbrarse, avezarse. **4. Insensibilizarse,** encallecerse, embrutecerse. ➤ *Sensibilizarse, apiadarse, ablandarse.*

enemigo, ga *adj.* **1. Hostil.** || *s. m. y s. f.* **2. Adversario,** contrincante, antagonista. ➤ *Amigo.* || *s. f.* **4. Inquina,** tirria, antipatía, odio. ➤ *Simpatía.*

enemistad *s. f.* Antagonismo, desafección, hostilidad, rivalidad, antipatía, odio, inquina. ➤ *Afecto, amistad.*

enemistar *v. tr.* Malquistar, desavenir, dividir, reñir, pelearse, disgustarse, indisponerse, enzarzarse, tarifar, disputar, contender. ➤ *Reconciliar, amistarse, amigarse, avenirse.*

energético, ca *adj.* Fortalecedor, nutritivo, vigorizante.

energía *s. f.* **1. Poder,** eficacia. ➤ *Flaqueza.* **2. Vigor,** empuje, nervio, tesón. ➤ *Negligencia.*

enérgico, ca *adj.* Activo, decidido, tenaz, vigoroso, brioso, resuelto, firme, autoritario. ➤ *Débil, indeciso.*

energúmeno, na *s. m. y s. f.* **1. Endemoniado**, endiablado, poseso. **2. Exaltado**, frenético, enloquecido.

enervación *s. f.* Agotamiento, aflojamiento, flacidez. ➤ *Excitación.*

enervar *v. tr.* Debilitar, postrar, agotar. ➤ *Excitar.*

enfadadizo, za *adj.* Enojadizo, susceptible, chinche, gruñón, suspicaz.

enfadar *v. tr.* Amoscar, amostazar, cabrear, calentar, disgustar, irritar, enojar, desagradar, fastidiar, aburrir, hastiar, enfurecer, encrespar, abroncar, cansar. ➤ *Contentar, avenir, agradar, deleitar, gustar, entretener.*

enfado *s. m.* Fastidio, disgusto, irritación, contrariedad, enojo, furia, ira. ➤ *Satisfacción, agrado.*

enfadoso, sa *adj.* Desagradable, estomagante, insoportable. ➤ *Grato.*

enfaenado, da *adj.* Atareado, ocupado, afanado, activo. ➤ *Desocupado.*

enfangar *v. tr.* **1. Embarrar**, enlodar, encenagar. ‖ *v. prnl.* **2. Enredarse**, embarrarse, mancharse.

enfardar *v. tr.* Embalar.

énfasis *s. amb.* **1. Expresividad**, intensidad, vehemencia. ‖ *s. m.* **2. Pedantería**, pomposidad, prosopopeya, afectación. ➤ *Sencillez.* **3. Intención.**

enfatizar *v. tr.* Acentuar, destacar, resaltar, intensificar.

enfebrecido, da *adj.* Vehemente, exaltado. ➤ *Flemático, frío.*

enfermar *v. intr.* Indisponerse, padecer. ➤ *Sanar, reponerse.*

enfermedad *s. f.* Afección, dolencia, malestar, trastorno, padecimiento, mal, indisposición, perturbación, achaque, molestia, sufrimiento, morbo. ➤ *Salud, bienestar.*

enfermería *s. f.* Botiquín, clínica, dispensario.

enfermizo, za *adj.* Achacoso, delicado, frágil. ➤ *Robusto, sano.*

enfermo, ma *adj.* Contagiado, malo, afectado, indispuesto, paciente, doliente, aquejado. ➤ *Sano.*

enfervorizar *v. tr.* Alentar, animar, edificar, entusiasmar. ➤ *Desinteresar, desanimar.*

enflaquecer *v. tr.* **1. Adelgazar**, chuparse, apergaminarse, afilarse. ➤ *Engordar.* **2. Decaer**, desmejorar, demacrar. ‖ *v. intr.* **3. Desanimarse**, desmayar. ➤ *Animarse.*

enflaquecimiento *s. m.* Agotamiento, consunción, raquitismo. ➤ *Fortalecimiento.*

enflautada *s. f.* **1. Hinchado**, retumbante. **2. Despropósito**, patochada, salida de tono, disparate.

enfocar *v. tr.* Encauzar, encaminar, enfilar, orientar, dirigir.

enfoque *s. m.* Enfocamiento, orientación.

enfoscar *v. tr.* **1. Revocar**. ‖ *v. prnl.* **2. Nublarse**, oscurecerse. ➤ *Abonanzarse, despejarse.*

enfrascado, da *adj.* Aplicado, atareado, sumido, embebido, absorbido. ➤ *Despreocupado, distraído.*

enfrascamiento *s. m.* Abstracción, ensimismamiento. ➤ *Distracción.*

enfrascarse *v. prnl.* Dedicarse, ocuparse, abstraerse, sumergirse, verterse, engolfarse, aplicarse, atarearse, no quitar ojo, meterse de lleno, enzarzarse, concentrarse, ensimismarse, absorberse. ➤ *Abandonar, desinteresarse, distraerse, desatender.*

enfrentamiento *s. m.* Oposición, reto, rivalidad. ➤ *Avenencia.*

enfrentar *v. tr.* **1. Carear**, encarar. **2. Oponer**, desafiar, retar, afrontar, arrostrar. ➤ *Rehuir, eludir.* ‖ *v. prnl.* **3. Luchar**, contender, guerrear. ➤ *Huir.*

enfriamiento *s. m.* **1. Refrescamiento**, refrigeración. ➤ *Calentamiento.* **2. Catarro**, constipado.

enfriar *v. tr.* **1. Refrigerar**, refrescar. ➤ *Calentar, caldear.* ‖ *v. prnl.* **2. Resfriarse**, acatarrarse, constiparse.

enfundar *v. tr.* Embutirse, vestirse, revestir, forrar, meter. ➤ *Sacar.*

enfurecer *v. tr.* **1. Irritar**, enfadar, encolerizar, enojar, sublevar. ➤ *Aplacar.* ‖ *v. prnl.* **2. Encresparse**, exasperarse, crisparse. ➤ *Calmarse, sosegarse.*

enfurecimiento *s. m.* Arrebato, crispación, furia, irritación. ➤ *Moderación, sosiego.*

enfurruñamiento *s. m.* Cabreo, disgusto, enfado. ➤ *Alegría.*

enfurruñarse *v. prnl.* Enfoscarse, amostazarse, disgustarse. ➤ *Calmarse, alegrarse.*

engaitar *v. tr.* Burlar, engolosinar, engañar, halagar, adular.

engalanar *v. tr.* **1. Ornar**, adornar. ➤ *Afear.* ‖ *v. prnl.* **2. Emperifollarse**, atildarse, componerse, arreglarse.

enganchar *v. tr.* **1. Colgar**, suspender, prender. ➤ *Descolgar, soltar.* **2. Acoplar**, uncir. ➤ *Desenganchar.* **3. Alistar**, reclutar. ➤ *Licenciar.*

enganchón *s. m.* Desgarrón, deterioro, siete.

engañador, ra *adj.* **1. Burlador**, liante. **2. Embelesador.**

engañar *v. tr.* **1. Falsear**, falsificar, timar, estafar. **2. Fingir**, inventar, burlar, mentir, engatusar. ➤ *Desengañar, abrir los ojos.* **3. Equivocar**, distraer. **4. Embaucar**, camelar. ‖ *v. prnl.* **5. Hacerse ilusiones**. ➤ *Estar en lo cierto.* **6. Errar**, confundirse ➤ *Acertar.*

engañifa *s. f.* Embeleco, superchería.

engaño *s. m.* Truco, picardía, trampa, falsedad, chasco, timo, embaucamiento, embeleco, fraude. ➤ *Verdad.*

engañoso, sa *adj.* Doloso, fraudulento, ilusorio, irreal. ➤ *Verdadero.*

engarabitar *v. intr.* **1. Escalar**, trepar. ➤ *Bajar.* ‖ *v. prnl.* **2. Entumecerse.**

engarbarse *v. prnl.* Engarabitarse.

engarce *s. m.* Vínculo, enlace, engaste.

engarzar *v. tr.* Eslabonar, trabar, encadenar, encajar, engastar, incrustar, ajustar. ➤ *Desengarzar, aflojar.*

engastar *v. tr.* Montar, encajar.

engaste *s. m.* Montura, sujeción.

engatusador, ra *adj.* Adulador, embelecador, embaucador.

engatusar *v. tr.* Burlar, camelar, embelecar.

engendramiento *s. m.* Generación, maternidad, fecundación, procreación, generación. ➤ *Esterilidad.*

engendrar *v. tr.* **1. Procrear**, reproducir, criar, crear, fecundar. ➤ *Abortar.* **2. Originar**, formar, ocasionar, motivar, causar, generar. ➤ *Terminar.*

engendro *s. m.* **1. Monstruo**, horror, feto, fenómeno. **2. Barbaridad**, aberración, disparate. ➤ *Perfección.*

engibacaire *s. m.* Proxeneta.

englobar *v. tr.* **1. Comprehender**, encerrar, incluir. ➤ *Excluir.* **2. Abrazar**, rodear, envolver, abarcar.

engolado, da *adj.* Ampuloso, pedante, vano, pomposo, hinchado, pretencioso, pedante. ➤ *Sencillo, modesto.*

engolamiento *s. m.* Envanecimiento, pedantería, solemnidad, pomposidad. ➤ *Llaneza, campechanía.*

engolfar *v. prnl.* Sumergirse, abstraerse, abismarse, enfrascarse, aplicarse, ensimismarse. ➤ *Distraerse.*

engolillado, da *adj.* Anticuado, carca, rancio. ➤ *Nuevo, moderno.*

engolosinador, ra *adj.* Agradable.

engolosinar *v. tr.* **1. Atraer**, deslumbrar, seducir. ➤ *Repeler.* ‖ *v. prnl.* **2. Apasionarse**, enviciarse, aficionarse.

engordar *v. tr.* **1. Cebar**. ➤ *Desnutrir.* ‖ *v. intr.* **2. Ensanchar**, inflarse, echar carnes, engrosar. ➤ *Adelgazar.*

engorde *s. m.* Ceba, cebadura, nutrición.

engorro *s. m.* Dificultad, embarazo, estorbo, molestia, complicación, problema, apuro. ➤ *Facilidad.*

engorroso, sa *adj.* Molesto, difícil, incómodo. ➤ *Fácil, claro, cómodo.*

engranaje *s. m.* Acoplamiento, juego, ensamblaje.

engrandecer *v. tr.* **1. Agrandar**, incrementar, extender, aumentar, dilatar. ➤ *Disminuir, empequeñecer, aminorar.* **2. Enaltecer**, encumbrar, ennoblecer. ➤ *Rebajar, humillar.*

engrandecimiento *s. m.* Acrecentamiento, agrandamiento, enaltecimiento. ➤ *Decrecimiento, disminución.*

engrapar *v. tr.* Grapar, juntar, coser.

engrasar *v. tr.* **1. Lubrificar**, aceitar. ➤ *Desengrasar.* **2. Pringarse**, untarse, embadurnarse. ➤ *Desengrasar.*

engrase *s. m.* Grasa, unto, pringue.

engravecer *v. tr.* Agravar.

engreimiento *s. m.* Altivez, importancia, jactancia, presunción, envanecimiento. ➤ *Sencillez, modestia.*

engreír v. tr. **1. Ahuecar**, endiosar, ensoberbecer. ➤ *Humillar.* **2. Aficionar**, encariñar. ➤ *Despreciar.*

engrescar v. tr. Encizañar, enzarzar.

engrosar v. tr. **1. Incrementar**, ampliar, acrecentar, ensanchar. ➤ *Disminuir.* ‖ v. intr. **2. Engordar**, ensanchar. ➤ *Enflaquecer, adelgazar.*

engrudar v. tr. **1. Encolar**. ‖ v. prnl. **2. Espesarse**. ➤ *Diluirse.*

engrudo s. m. Encoladura, cola, gacheta, goma, adhesivo, mucílago.

engrumecerse v. prnl. Coagularse.

engualdrapar v. tr. Enjaezar.

enguantar v. tr. Enfundar.

enguatar v. tr. Acojinar, acolchonar, guatear.

engullir v. tr. Tragar, atracarse, devorar, atiborrarse, zampar. ➤ *Vomitar.*

enharinar v. tr. Rebozar.

enhebrar v. tr. Enfilar, enhilar, ensartar, engarzar. ➤ *Desenhebrar.*

enhestar v. tr. Enarbolar.

enhiesto, ta adj. Erecto, erguido, tieso, derecho. ➤ *Tumbado, acostado.*

enhorabuena s. f. Congratulación, felicitación, pláceme, parabién. ➤ *Enhoramala, pésame, crítica.*

enigma s. m. **1. Jeroglífico**, adivinanza. ➤ *Clave.* **2. Secreto**, arcano, incógnita, misterio. ➤ *Evidencia.*

enigmático, ca adj. Arcano, incomprensible, inexplicable, secreto, esotérico, anfibológico, inescrutable, indescifrable, ininteligible, misterioso, abstruso. ➤ *Comprensible, claro, sencillo, evidente.*

enjabonar v. tr. Halagar, pelotear.

enjaezar v. tr. Engualdrapar.

enjalbegador, ra adj. Blanqueador, calero.

enjalbegar v. tr. Encalar, enlucir, blanquear.

enjambre s. m. Hervidero, hormiguero, profusión, multitud.

enjaular v. tr. **1. Encerrar**. ➤ *Soltar.* **2. Encarcelar**, aprisionar, enchironar. ➤ *Liberar.*

enjoyar v. tr. Alhajar.

enjuagadientes s. m. Enjuagatorio, colutorio.

enjuague s. m. Conchabanza, pasteleo, chanchullo.

enjugar v. tr. **1. Secar**. ➤ *Mojar.* ‖ v. prnl. **2. Liquidar**, cancelar. ➤ *Deber.*

enjuiciar v. tr. **1. Juzgar**, calificar, valorar, justipreciar, sentenciar. **2. Encausar**, procesar. ➤ *Absolver.*

enjundia s. f. **1. Sustancia**, contenido. **2. Fuerza**, vigor. ➤ *Debilidad.*

enjundioso, sa adj. Sustancioso, importante, sólido, principal. ➤ *Banal.*

enjuto, ta adj. Seco, flaco, chupado, consumido, enteco. ➤ *Rollizo.*

enlace s. m. **1. Boda**, nupcias. ➤ *Divorcio.* **2. Mediador**, intermediario. **3. Ligazón**, nexo. ➤ *Separación.*

enlazar v. tr. **1. Ligar**, trabar, entrelazar. ➤ *Separar.* **2. Conectar**, conexionar, empalmar, acoplar. ➤ *Desenlazar, desunir, disociar.* ‖ v. prnl. **3. Unirse**, vincularse. **4. Emparentar.**

enloquecedor, ra adj. Embriagador, espeluznante, impresionante, terrible.

enloquecer v. tr. **1. Trastornar**, enajenar. ‖ v. intr. **2. Trastornarse**, perder la razón, chiflarse, chalarse.

enloquecimiento s. m. Chifladura, frenesí, chaladura, trastorno. ➤ *Cordura, sensatez.*

enlosado, da s. m. Pavimento, acera.

enlosar v. tr. Pavimentar, losar.

enlucido, da s. m. Revoque.

enlucir v. tr. **1. Estucar**, enyesar. **2. Bruñir**, limpiar, pulir. **3. Encalar.**

enlustrecer v. tr. Abrillantar, pulir.

enmalecer v. tr. Deteriorar, estropear.

enmantar v. tr. **1. Arropar**, abrigar. ‖ v. prnl. **2. Angustiarse**, afligirse.

enmarañamiento s. m. Encrespamiento, tergiversación, lío, enredo.

enmarañar v. tr. Embrollar, liar, embarullar, tergiversar. ➤ *Desenredar, aclarar, facilitar.*

enmaromar v. tr. Amarrar, ligar, atar.

enmascaramiento s. m. Disfraz, disimulación, encubrimiento, camuflaje, ocultación. ➤ *Manifestación.*

enmascarar v. tr. **1. Encubrir**, tapar. ➤ *Desenmascarar.* **2. Disfrazar**, ocultar, desfigurar. ➤ *Desenmascarar, descubrir, manifestar.*

enmendar *v. tr.* **1. Reformar**, rectificar, corregir, revisar, enderezar, censurar, remendar, retocar, perfeccionar, mejorar, limar, rehacer. ➤ *Ratificar, perseverar.* **2. Remediar**, resarcir, subsanar, reparar. ➤ *Reincidir, estropear, empeorar,*

enmienda *s. f.* **1. Corrección**, rectificación. ➤ *Ratificación.* **2. Reparación**, abono. ➤ *Reincidencia.*

enmudecer *v. intr.* Callar, silenciarse. ➤ *Hablar, parlotear.*

enmudecimiento *s. m.* Callamiento, mudez, silencio. ➤ *Locuacidad.*

ennegrecer *v. tr.* **Sombrear**, atezar, renegrear. ➤ *Blanquear.*

ennoblecedor, ra *adj.* Dignificante, engrandecedor, glorificante. ➤ *Degradante, deshonroso, denigrante.*

ennoblecer *v. tr.* **1. Honrar**, exaltar, elevar, glorificar, enaltecer, encumbrar. ➤ *Humillar, envilecer, denigrar.* **2. Enriquecer**, adornar. ➤ *Despojar.*

enojadizo, za *adj.* Enfadadizo, iracundo, gruñón. ➤ *Calmoso, sereno.*

enojar *v. tr.* **1. Enfadar**, cabrear. ➤ *Contentar.* **2. Molestar**, desazonar.

enojo *s. m.* **1. Enfado**, irritación, coraje, furia, cabreo. ➤ *Contento.* **2. Disgusto**, desagrado. ➤ *Agrado, placer.*

enojoso, sa *adj.* Desagradable, mortificante, fastidioso, molesto. ➤ *Agradable, atractivo.*

enorgullecer *v. tr.* Envanecerse, pavonearse, presumir. ➤ *Avergonzarse.*

enorme *adj.* **1. Inmenso**, excesivo, desmedido, importante. ➤ *Pequeño, mínimo.* **2. Descomunal**, gigantesco, colosal, desmesurado, exorbitante, exagerado, desproporcionado, monstruoso. ➤ *Minúsculo, diminuto, comedido, equilibrado.*

enormidad *s. f.* Barbaridad, disparate.

enquiciar *v. tr.* Arreglar, componer, encajar. ➤ *Estropear, desencajar.*

enraizar *v. intr.* Arraigar, establecer, aclimatar, fijar. ➤ *Desarraigar.*

enralecer *v. intr.* Aclararse, espaciarse. ➤ *Tupirse, poblarse.*

enranciar *v. tr.* Podrir, ranciar, estropear. ➤ *Conservar.*

enrasar *v. tr.* **1. Nivelar**, igualar. ➤ *Desnivelar.* **2. Rasar**, alisar, aplanar.

enrase *s. m.* Aplanamiento, nivelación.

enredador, ra *adj.* Liante, trapisondista, intrigante. ➤ *Directo, franco.*

enredar *v. tr.* Liar, embrollar, intrigar, mezclar, intrincar, enmarañar, armar líos, embarullar, involucrar, enzarzar, dificultar, complicar. ➤ *Desenredar, aclarar, facilitar, desembrollar.*

enredo *s. m.* Trama, trampa, embuste.

enriquecer *v. tr.* **1. Lucrar**, ganar. ➤ *Empobrecer.* **2. Adornar**, engrandecer. ➤ *Despojar.* ‖ *v. intr.* **3. Medrar**, mejorar, progresar. ➤ *Empobrecerse.*

enriquecimiento *s. m.* Bienestar, desarrollo, riqueza. ➤ *Pérdida, pobreza.*

enriscado, da *adj.* Abrupto, áspero, montuoso, peñascoso. ➤ *Llano.*

enrojecimiento *s. m.* Azoramiento, rojez, rubor. ➤ *Palidez, lividez.*

enrolamiento *s. m.* Alistamiento, inscripción. ➤ *Baja, licencia.*

enrolarse *v. prnl.* Engancharse, alistarse. ➤ *Licenciarse.*

enrollar *v. tr.* **1. Envolver**, liar. ➤ *Desenrollar.* ‖ *v. prnl.* **2. Ligar**, flirtear.

enromar *v. tr.* Achaflanar, despuntar. ➤ *Afilar.*

enronquecer *v. tr.* Desgañitarse.

enroscar *v. tr.* **1. Atornillar**. **2. Envolver**, liar.

enruinecer *v. intr.* Envilecerse.

ensalada *s. f.* Mezcolanza, mezcla, barullo, revoltijo, maraña. ➤ *Claridad.*

ensalivar *v. tr.* Babar, babear.

ensalmador, ra *s. m. y s. f.* Hechicero, curandero, brujo, nigromante.

ensalmo *s. m.* Hechizo, conjuro.

ensalzamiento *s. m.* Elogio, encomio, glorificación, loa, ponderación. ➤ *Degradación, humillación.*

ensalzar *v. tr.* **1. Exaltar**, engrandecer, glorificar. ➤ *Rebajar.* **2. Ponderar**, encomiar, elogiar, loar, aplaudir. ➤ *Vituperar, denigrar.*

ensamblado, da *p. p.* Engranado.

ensambladura *s. f.* Acoplamiento, ensamblaje.

ensamblar *v. tr.* Acoplar, unir, empalmar. ➤ *Separar, desacoplar.*

ensanchamiento *s. m.* Ampliación, anchura, dilatación, extensión. ➤ *Encogimiento, estrechamiento.*

ensanchar *v. tr.* **1. Dilatar**, estirar, ampliar, agrandar, extender, aumentar, prolongar, engordar. ➤ *Estrechar, encoger, disminuir, adelgazar.* ‖ *v. prnl.* **2. Hincharse**, pavonearse. ➤ *Comedirse, humillarse.*

ensañamiento *s. m.* Crueldad, encarnización, saña. ➤ *Clemencia.*

ensañar *v. tr.* **1. Irritar**. ‖ *v. prnl.* **2. Cebarse**, encarnizarse, enconarse.

ensayar *v. tr.* **1. Experimentar**, reconocer, catar, examinar, tantear, pulsar, sondear, tentar, poner a prueba, probar. ➤ *Improvisar, repentizar.* **2. Ejercitar**, amaestrar, adiestrar.

ensayo *s. m.* Experimento, intento, tentativa, prueba, sondeo.

enseguida *adv. m.* Inmediatamente.

enselvado, da *adj.* Boscoso, frondoso, selvático. ➤ *Yermo, pelado.*

ensenada *s. f.* Bahía, cala, caleta, abrigo, rada, fondeadero, golfo, ría.

enseña *s. f.* Bandera, pendón, divisa.

enseñado, da *adj.* Advertido, instruido, educado. ➤ *Ignorante.*

enseñanza *s. f.* Docencia, instrucción.

enseñar *v. tr.* **1. Educar**, iniciar, aleccionar, instruir, doctrinar, ilustrar, disciplinar, documentar, adoctrinar, catequizar, explicar. ➤ *Aprender, recibir, callar.* **2. Señalar**, indicar. **3. Exhibir**, revelar, destapar, exponer, lucir, descubrir, ofrecer, exteriorizar, evidenciar, hacer ver, presentar. ➤ *Ocultar, encubrir, tapar, disimular.*

enseñorarse *v. prnl.* Adueñarse, apoderarse, posesionarse.

enseres *s. m. pl.* Bártulos, útiles, trastos, utensilios, efectos, bienes.

ensimismamiento *s. m.* Concentración, abstracción. ➤ *Dispersión.*

ensimismarse *v. prnl.* Absorberse, embelesarse, enfrascarse. ➤ *Distraerse.*

ensoberbecer *v. tr.* Endiosar, engreírse, enorgullecerse. ➤ *Humillar.*

ensoberbecimiento *s. m.* Fatuidad, presunción, pretensión. ➤ *Modestia.*

ensogar *v. tr.* Atar, amarrar, ligar, unir.

ensombrecer *v. tr.* **1. Nublarse**, encapotarse, cerrarse. ➤ *Iluminar, despejar.* ‖ *v. prnl.* **2. Afligirse**, consternarse, atormentarse. ➤ *Aliviarse.*

ensoñación *s. f.* Ilusión, fantasía, quimera, ficción. ➤ *Realidad, verdad.*

ensoñador, ra *s. m.* Soñador, fantasioso, imaginativo. ➤ *Realista.*

ensoñar *v. tr.* Imaginar, fantasear.

ensopar *v. tr.* Mojar.

ensordecedor, ra *adj.* Estentóreo, estrepitoso, estridente. ➤ *Suave.*

ensordecer *v. tr.* Atronar.

ensuciar *v. tr.* **1. Manchar**, tiznar, untar, salpicar, contaminar, emporcar, macular, emborronar, embadurnar. ➤ *Limpiar, acicalar, asear.* ‖ *v. intr.* **2. Defecar**, cagar.

entablado *s. m.* Entarimado, tarima.

entabladura *s. f.* Tablazón.

entablar *v. tr.* **1. Disponer**, preparar, comenzar. ➤ *Concluir.* ‖ *v. prnl.* **2. Igualar**, empatar. ➤ *Ganar, perder.*

entablillar *v. tr.* Escayolar, vendar.

entalegar *v. tr.* Ahorrar, economizar. ➤ *Gastar, despilfarrar.*

entalladura *s. f.* Muesca, tajo.

entarimado *s. m.* Parqué, tablazón.

entarimar *v. tr.* Entablar.

entarugar *v. tr.* Empedrar, enlosar.

entecarse *v. prnl.* Empecinarse, empeñarse, obcecarse. ➤ *Desistir.*

enteco, ca *adj.* **Enfermizo**, flaco, débil, enclenque. ➤ *Fuerte, vigoroso.*

entelerido, da *adj.* Aterido, helado.

entender *v. tr.* **1. Discernir**, penetrar, percibir, comprender, discurrir, alcanzar, interpretar, percatarse. **2. Conocer**, dominar. ➤ *Ignorar, desconocer.* ‖ *v. prnl.* **3. Liarse**, amancebarse.

entendido, da *adj.* **Sabio**, docto, perito, diestro. ➤ *Inexperto, novel.*

entendimiento *s. m.* Intelecto, inteligencia, talento, raciocinio.

entenebrecer *v. tr.* Ensombrecer, anochecer, oscurecer. ➤ *Clarear.*

enteramente *adv. m.* Íntegramente, absolutamente, totalmente. ➤ *Parcialmente.*

enterar *v. prnl.* Averiguar, percatarse, instruir, iniciar, decir, avisar, advertir, revelar, comunicar, contar, explicar, poner sobre aviso, participar. ➤ *Callar, ocultar, ignorar, desconocer.*

entereza *s. f.* Aguante, integridad, firmeza, perfección, fortaleza, ecuanimidad, determinación, rectitud, hombría, equidad, justicia, constancia, energía. ➤ *Blandura, pusilanimidad, debilidad, quebranto, desaliento, flojedad, flaqueza.*

enternecedor, ra *adj.* Conmovedor, patético, emotivo. ➤ *Endurecedor.*

enternecer *v. tr.* Conmover, emocionar, impresionar, turbar, afectar, compadecerse. ➤ *Endurecer.*

entero, ra *adj.* **1. Completo**, intacto, íntegro, total, absoluto, indiviso, uno. ➤ *Incompleto, fragmentario.* **2. Recto**, honrado, honesto, íntegro, leal. ➤ *Desleal, deshonesto.*

enterrar *v. tr.* **1. Soterrar**, sepultar, esconder. ➤ *Desenterrar.* **2. Inhumar.** ➤ *Exhumar.* ‖ *v. prnl.* **3. Enclaustrarse**, retirarse. ➤ *Salir.*

entesar *v. tr.* **1. Avivar**, intensificar. **2. Atirantar**, tensar. ➤ *Aflojar.*

entibiar *v. tr.* Templar, caldear.

entidad *s. f.* **1. Ser**, carácter, rasgo, forma, naturaleza. **2. Trascendencia**, valor. **3. Firma**, compañía, sociedad.

entierro *s. m.* Inhumación, sepelio.

entoldado, da *s. m.* Cobertizo, palio, toldo.

entoldar *v. tr.* Revestir, recubrir.

entonar *v. tr.* **1. Modular**, afinar. ➤ *Desentonar, desafinar.* **2. Vigorizarse**, fortalecerse. ➤ *Enervar, decaer.*

entonelar *v. tr.* Encubar, envasar.

entongar *v. tr.* Amontonar, apilar.

entono *s. m.* **1. Entonación. 2. Arrogancia**, presunción, altivez, orgullo, engreimiento, jactancia. ➤ *Humildad.*

entontecerse *v. prnl.* Abotargarse, entontecerse. ➤ *Espabilarse.*

entontecimiento *s. m.* Atontamiento, incultura, imbecilidad. ➤ *Cordura, inteligencia.*

entorchado, da *s. m.* **1. Fleco. 2. Galón.**

entornar *v. tr.* **1. Entreabrir**, entrecerrar. **2. Volcar**, ladear, inclinar.

entorno *s. m.* Ambiente, dominio, ámbito, medio, condición.

entorpecedor, ra *adj.* Dificultoso, molesto. ➤ *Facilitador.*

entorpecer *v. tr.* **1. Turbar**, atontar, estorbar, embarazar, obstaculizar, retardar, trabar. ➤ *Facilitar, ayudar.* **2. Impedir**, dificultar, paralizar, obstruir. ➤ *Facilitar.* **3. Entumecer**, agarrotar, embotar, engarabitar, anquilosar, envarar. ➤ *Agilizar.*

entorpecimiento *s. m.* Estorbo, retardo, embarazo. ➤ *Facilidad.*

entrada *s. f.* **1. Ingreso**, intrusión, allanamiento, invasión, introducción, irrupción, paso, deslizamiento, llegada. ➤ *Salida, partida, escape, marcha.* **2. Paso**, puerta, acceso, pórtico, embocadura, bocar, abertura, umbral, vestíbulo. ➤ *Salida, salidero, desembocadura.* **3. Boleto**, papeleta, vale.

entrador, ra *adj.* Animoso, atrevido, brioso, valiente. ➤ *Apocado, cobarde.*

entramado *s. m.* Estructura, armazón.

entrampar *v. tr.* Endeudar, empeñarse, gravar. ➤ *Pagar, abonar.*

entrampillar *v. tr.* Agarrar, apresar, prender, atrapar, acosar. ➤ *Soltar.*

entraña *s. f.* **1. Víscera**, órgano, bofe. ‖ *s. f. pl.* **2. Esencia**, núcleo, alma. **3. Carácter**, condición, genio.

entrañable *adj.* Próximo, íntimo, afectuoso, cordial, estimado, caro, dilecto. ➤ *Extraño, ajeno, odiado.*

entrañablemente *adv. m.* Amorosamente, cordialmente. ➤ *Fríamente.*

entrañar *v. tr.* Implicar, contener.

entrar *v. intr.* **1. Introducirse**, meterse, penetrar, colarse, acceder, irrumpir, embocar. ➤ *Salir, marcharse, partir.* ‖ *v. prnl.* **2. Ingresar**, afiliarse, inscribirse. ➤ *Borrarse, abandonar.*

entreabierto, ta *p. p. irreg.* Entornado, entrecerrado.

entreabrir *v. tr.* Entornar.

entreacto *s. m.* Interludio, pausa, intervalo, intermedio, descanso.

entrechocar *v. tr.* Castañetear, batir, golpear, percutir.

entrecoger *v. tr.* Apresar, sujetar, atrapar, prender, aprisionar. ➤ *Soltar.*

entrecomillar *v. tr.* Entrecomar, resaltar, destacar.

entrecortado, da *adj.* Intermitente, irregular, vacilante. ➤ *Continuo.*

entrecruzar *v. tr.* Entretejer, trabar. ➤ *Destrabar.*

entredicho, cha *s. m.* **1. Reprobación**, veto, prohibición. ➤ *Autorización.* **2. Sospecha**, prevención, desconfianza, recelo. ➤ *Confianza.*

entredós *s. m.* Cómoda, armario.

entrega *s. f.* Donación, pago, transmisión, cesión, transferencia, traspaso. ➤ *Recepción, recibo.*

entregado, da *p. p.* Dado, depositado, ofrendado. ➤ *Aceptado, recibido.*

entregar *v. tr.* **1. Proporcionar**, distribuir, conceder, transferir. ➤ *Arrebatar, quitar.* ‖ *v. prnl.* **2. Rendirse**, capitular, humillarse. ➤ *Resistir.* **3. Enfrascarse**, engolfarse, aplicarse. ➤ *Desentenderse, distraerse.* **3. Abandonarse**, dejarse. ➤ *Dominarse.*

entremés *s. m.* **1. Aperitivo**, tapa. **2. Sainete**, paso.

entremeterse *v. prnl.* **1. Atravesarse. 2. Entrometerse**, cotillear, curiosear.

entremetido, da *adj.* Criticón, buscavidas, indiscreto, fisgón, curioso, descarado. ➤ *Serio, discreto.*

entrenador, ra *s. m. y s. f.* Instructor, preparador.

entrenamiento *s. m.* Ejercicio, adiestramiento, preparación. ➤ *Desentreno.*

entrenar *v. tr.* Ejercitar, preparar, adiestrar, instruir. ➤ *Desentrenar.*

entrepiso *s. m.* Entreplanta.

entresacar *v. tr.* Elegir, escoger, seleccionar, extraer, espigar.

entresijo *s. m.* Misterio, secreto, interioridad, entretelas. ➤ *Exterior.*

entretener *v. tr.* **1. Entorpecer**, detener. **2. Divertir**, amenizar, solazar, distraer. ➤ *Aburrir.* **3. Demorar**, dar largas, postergar. ➤ *Despachar, urgir.*

entretenido, da *adj.* Recreativo, burlesco, ameno, divertido. ➤ *Aburrido, triste, plomífero.*

entretenimiento *s. m.* Distracción, esparcimiento, diversión, recreo, solaz, pasatiempo. ➤ *Aburrimiento.*

entrever *v. tr.* **1. Vislumbrar**, columbrar, otear. **2. Imaginar**, presentir, conjeturar, sospechar, adivinar.

entreverar *v. tr.* Insertar, intercalar.

entrevista *s. f.* Conversación, visita, audiencia, encuentro, cita.

entriparse *v. prnl.* Irritar, enfadar.

entristecedor, ra *adj.* Acongojante, desmoralizador, desconsolador, consternante, angustiante. ➤ *Consolador.*

entristecer *v. tr.* **1. Consternar**, afligir, desconsolar, apenar. ➤ *Alegrar.* ‖ *v. prnl.* **2. Afligirse**, abatirse, atribularse, angustiarse. ➤ *Alegrarse.*

entristecimiento *s. m.* Abatimiento, amargura, lamentación, melancolía, aflicción. ➤ *Consuelo, júbilo.*

entroncamiento *s. m.* Entronque, parentesco, enlace. ➤ *Desvinculación.*

entroncar *v. intr.* Relacionarse, vincularse, aliarse. ➤ *Desvincularse.*

entronización *s. f.* Instauración, designación, implantación, coronación. ➤ *Destitución, destronamiento.*

entronizar *v. tr.* **1. Coronar**, ungir. ➤ *Destronar.* **2. Ensalzar**, elogiar.

entronque *s. m.* Consanguinidad, filiación, lazo, vínculo, relación.

entruchado, da *s. f.* Complot.

entuerto *s. m.* Ofensa, ultraje, agravio, injuria, baldón. ➤ *Beneficio, favor.*

entumecer *v. tr.* Agarrotarse, engarrotarse, entorpecer, paralizar, adormecer. ➤ *Desentumecerse.*

entumecimiento *s. m.* Insensibilidad, letargo, parálisis, agarrotamiento. ➤ *Vigor, movimiento.*

entumirse *v. prnl.* Engarabitarse, anquilosarse, paralizarse. ➤ *Agilizarse.*

enturbiar *v. tr.* **1. Revolver**, ensuciar, agitar, empañar. ➤ *Clarificar.* **2. Trastornar**, alterar, turbar. ➤ *Calmar.*

entusiasmar *v. tr.* Apasionar, conmover, enardecer, enfervorizar, arrebatar, encantar, arrobar, embriagar, emocionar. ➤ *Enfriar, desencantar, desapasionar, apagar.*

entusiasmo *s. m.* **1. Exaltación**, satisfacción, alegría, contento, emoción, enardecimiento, frenesí, delirio, arrebato. ➤ *Indiferencia, desinterés, de-*

sencanto, frialdad. **2. Inspiración,** transporte. **3. Admiración,** adhesión. ➤ *Indiferencia.*

entusiasta *adj.* Apasionado, devoto, fanático, incondicional. ➤ *Desinteresado, apático.*

entusiástico, ca *adj.* Fogoso, vehemente, exaltado. ➤ *Apático, frío.*

enumeración *s. f.* Cómputo, inventario, recuento, relación.

enumerar *v. tr.* Contar, numerar, listar, relacionar, detallar. ➤ *Omitir.*

enunciación *s. f.* Explicación, exposición, afirmación, declaración.

enunciar *v. tr.* Exponer, manifestar, formular, mencionar, decir, citar, presentar. ➤ *Callar, omitir.*

envalentonarse *v. prnl.* **1. Atreverse,** resolverse, animarse. ➤ *Acobardarse.* **2. Fanfarronear,** baladronar, fardar, bravuconear. ➤ *Achicarse.*

envanecer *v. tr.* Engreírse, ensoberbecerse. ➤ *Humillarse, rebajarse.*

envanecimiento *s. m.* Insolencia, presunción, arrogancia, fanfarronería, engreimiento. ➤ *Humildad, timidez.*

envaramiento *s. m.* Entumecimiento, rigidez. ➤ *Agilidad, movilidad.*

envarar *v. tr.* Entumecer, entorpecer.

envasar *v. tr.* Embotellar, enlatar.

envase *s. m.* Bote, botella, lata, caja.

envejecer *v. tr.* **1. Avejentar,** deteriorar, declinar. ‖ *v. intr.* **2. Avejentarse,** encanecer, chochear, ajarse, gastarse, marchitarse. ➤ *Rejuvenecer.*

envejecido, da *p. p.* Acabado, ajado, deteriorado. ➤ *Nuevo, flamante.*

envejecimiento *s. m.* Agotamiento, ancianidad, antigüedad, desgaste. ➤ *Rejuvenecimiento, juventud.*

envenenamiento *s. m.* Contaminación, inoculación, intoxicación. ➤ *Desintoxicación.*

envenenar *v. tr.* Contaminar, infectar, intoxicar, emponzoñar, enviciar, pervertir. ➤ *Desintoxicar.*

envés *s. m.* Dorso, reverso, revés, espalda. ➤ *Cara, anverso, haz.*

enviado, da *s. m. y s. f.* Embajador, emisario, recadero, delegado, representante, mensajero.

enviar *v. tr.* Expedir, mandar, recibir, despachar, remitir, dirigir, encargar, exportar, consignar, facturar, remesar, largar, delegar. ➤ *Recibir, retener, quedarse con, guardar.*

enviciamiento *s. m.* Degradación.

enviciar *v. tr.* Malear, pervertir, degradar, corromper, depravar. ➤ *Corregir.*

envidada *s. f.* Apuesta.

envidia *s. f.* Celos, pelusa, resentimiento, rivalidad, tirria. ➤ *Nobleza.*

envidioso, sa *adj.* Celoso, resentido.

envigado *s. m.* Maderamen, estructura, armazón.

envilecedor, ra *adj.* Degradante, denigrante. ➤ *Dignificador.*

envilecer *v. tr.* **1. Denigrar,** dañar, depravar. ➤ *Dignificar.* ‖ *v. prnl.* **2. Degradar,** humillar. ➤ *Ennoblecer.*

envilecimiento *s. m.* Degeneración, degradación, indignidad, perversión, depravación. ➤ *Virtud, honradez.*

envinagrar *v. tr.* Encurtir, avinagrar.

envío *s. m.* Encargo, pedido, remesa.

envirotado, da *adj.* Altanero, estirado, orgulloso. ➤ *Campechano.*

envoltura *s. f.* Cubierta, embalaje, estuche, recubrimiento, funda, forro.

envolver *v. tr.* **1. Liar,** empaquetar, atar, vendar, arropar, rebujar, embalar, enrollar, tapar, rollar. ➤ *Desenvolver, desempaquetar, desliar.* **2. Comprometer,** involucrar, complicar.

envuelto, ta *p. p. irreg.* Arrebujado, enrollado, recubierto. ➤ *Desenvuelto.*

enyesar *v. tr.* Escayolar.

enzarzar *v. tr.* Encizañar, engrescarse, pelear, azuzar, espolear, enardecer, reñir, liar, aguijonear, malquistar, malcorar. ➤ *Apaciguar, suavizar, separar, reconciliar, amistar.*

enzurizar *v. tr.* Indisponer, malquistar, encizañar. ➤ *Amigar, reconciliar.*

epicureísmo *s. m.* Sibaritismo.

epidemia *s. f.* **1. Infección,** enfermedad, peste. ➤ *Salubridad.* **2. Calamidad,** azote.

epidémico, ca *adj.* Contagioso, infeccioso, pestífero.

epidérmico, ca *adj.* Cutáneo, dérmico.

epígono *s. m.* Discípulo, seguidor.

epígrafe *s. m.* Encabezamiento, rótulo, título, lema, cita.

epílogo *s. m.* Compendio, conclusión, recapitulación, resumen, colofón.

episodio *s. m.* **1. Capítulo**, entrega, parte. **2. Hecho**, incidente, caso.

epitafio *s. m.* Dedicatoria, leyenda, inscripción.

epopeya *s. f.* Leyenda, saga, épica.

equidad *s. f.* Ecuanimidad, imparcialidad, rectitud, honradez. ➤ *Injusticia.*

equidistancia *s. f.* Paralelismo.

equidistar *v. intr.* Mediar.

equilibrado, da *adj.* Mesurado, ponderado, sensato, proporcionado. ➤ *Desequilibrado, insensato.*

equilibrar *v. tr.* **1. Nivelar**, contrapesar. **2. Compensar**, igualar, proporcionar. ➤ *Desequilibrar.*

equilibrio *s. m.* **1. Nivelación**, estabilidad. ➤ *Desequilibrio.* **2. Prudencia**, sensatez, moderación. ➤ *Desmesura.*

equimosis *s. f.* Cardenal, magulladura, moradura, roncha.

equino, na *adj.* Caballar, hípico.

equipaje *s. m.* Bultos, maletas, bagaje.

equipar *v. tr.* Abastecer, surtir, avituallar, aprovisionar, suministrar, abastar, dotar, proporcionar, guarnecer, aviar. ➤ *Desabastecer, desproveer, quitar.*

equiparable *adj.* Comparable, parangonable, cotejable. ➤ *Único, singular.*

equiparar *v. tr.* Asimilar, confrontar, cotejar, parangonar. ➤ *Diferenciar.*

equipo *s. m.* **1. Ajuar**, vestuario. **2. Conjunto**, grupo. **3. Indumentaria**, instrumental, pertrechos.

equitación *s. f.* Hípica.

equitativo, va *adj.* Imparcial, recto, ecuánime, justo. ➤ *Injusto, arbitrario.*

equivalencia *s. f.* Correspondencia, paralelismo, semejanza, paridad, igualdad. ➤ *Desigualdad.*

equivalente *adj.* Parecido, parejo, semejante, igual. ➤ *Distinto, desigual.*

equivocación *s. f.* Desacierto, desvío, gazapo, error, desliz. ➤ *Acierto.*

equivocar *v. tr.* **1. Errar**, distraerse, confundir, engañarse, fallar, marrar, confundir, desacertar, colarse, desatinar. ➤ *Acertar, atinar, dar en el clavo.* || *v. intr.* **2. Disparatar**, desbarrar, falsear, deformar.

equívoco, ca *adj.* **1. Ambigüedad**, imprecisión, tergiversación. ➤ *Inequívoco.* || *s. m.* **2. Anfibología**. **3. Confusión**. ➤ *Claridad, precisión.*

era *s. f.* Época, edad, período, fase.

eral *s. m.* Becerro, ternero, torillo.

erario *s. m.* Fisco, Tesoro, Hacienda.

erección *s. f.* **1. Elevación**, alzamiento. ➤ *Lasitud, encorvamiento.* **2. Institución**, fundación. ➤ *Clausura.*

erecto, ta *adj.* Tieso, erguido, levantado. ➤ *Agachado, flácido, tumbado.*

eremita *s. m.* Anacoreta, asceta, cenobita. ➤ *Mundano.*

ergástulo *s. m.* Mazmorra, calabozo.

erguimiento *s. m.* Enderezamiento, alzamiento. ➤ *Encorvamiento.*

erguir *v. tr.* Alzar, elevar, empinar, subir, enderezar. ➤ *Abajar, inclinar.*

erial *adj.* Páramo, yermo, descampado, estepa. ➤ *Vergel, pradera.*

erigir *v. tr.* Fundar, construir, crear, levantar, instituir. ➤ *Demoler, destruir.*

erizado, da *adj.* **1. Puntiagudo**, punzante, espinoso. ➤ *Suave, romo.* **2. Difícil**, duro, arduo. ➤ *Fácil.*

erizar *v. tr.* Encrespar.

ermitaño, ña *s. m. y s. f.* Anacoreta, eremita, cenobita, asceta.

erogación *s. f.* Donativo, limosna.

erosión *s. f.* **1. Roce**, desgaste, fricción. **2. Corrosión**, consunción.

erosionar *v. tr.* Desgastar, deteriorar, estropear. ➤ *Reparar, construir.*

erótico, ca *adj.* Amoroso, sensual.

erradicación *s. f.* Aniquilación, exterminación. ➤ *Arraigo, resistencia.*

erradicar *v. tr.* Extirpar, eliminar, suprimir. ➤ *Arraigar, permanecer.*

errante *adj.* Trashumante, nómada, vagabundo. ➤ *Sedentario.*

errar *v. tr.* Equivocarse, fallar, fracasar, confundirse, marrar. ➤ *Acertar.*

errata *s. f.* Error, gazapo, desliz, inexactitud, omisión, yerro, falta, defecto, pifia. ➤ *Acierto, corrección.*

errátil *adj.* Errante, incierto, variable. ➤ *Fijo, permanente.*

erróneo, a *adj.* Equivocado, errado, inexacto. ➤ *Correcto, cierto.*

error *s. m.* Descuido, desliz, disparate, yerro, distracción, falsedad, incorrección, falta, equivocación, mentira, desacierto, engaño, aberración. ➤ *Acierto, tino, exactitud, verdad.*

eructar *v. intr.* Regoldar.

erudición *s. f.* Ilustración, sabiduría. ➤ *Ignorancia, desconocimiento.*

erudito, ta *adj.* Docto, ilustrado, sabio, culto. ➤ *Ignorante, inculto.*

erupción *s. f.* **1. Explosión**, estallido. **2. Inflamación**, eritema, irritación.

eruptivo, va *adj.* **1. Volcánico. 2. Eritematoso**.

esbelto, ta *adj.* Grácil, fino, espigado, delgado, garboso. ➤ *Achaparrado.*

esbirro, rra *s. m.* Sicario, secuaz.

escabel *s. m.* Escaño, taburete.

escabroso, sa *adj.* **1. Escarpado**, quebrado, difícil, fragoso, áspero, intrincado, abrupto, tortuoso. ➤ *Llano, fácil, liso, igual.* **2. Impúdico**, licencioso, deshonesto, inconveniente, obsceno, picante, malicioso. ➤ *Ingenuo, inocente, puro, limpio.*

escabuche *s. f.* Almocafre, azadilla.

escabullimiento *s. m.* Huida, fuga, evasión. ➤ *Encaramiento.*

escabullir *v. tr.* **1. Escapar**. ➤ *Comparecer.* ‖ *v. prnl.* **2. Esfumarse**, desaparecer. **3. Escurrirse**, deslizarse.

escala *s. f.* **1. Escalerilla**, escalera de mano. **2. Gradación**, sucesión, escalafón. **3. Parada**, descanso.

escalado, da *p. p.* Ascenso, encaramamiento, escalo, progreso. ➤ *Descenso, bajada.*

escalafón *s. m.* Gradación.

escalamiento *s. m.* Escalada, subida.

escalar *v. tr.* **1. Trepar**, ascender, encaramarse. ➤ *Descender.* **2. Progresar**, subir. ➤ *Fracasar, hundirse.*

escaldar *v. tr.* Abrasar, escalfar, quemar, cocer, hervir. ➤ *Enfriar, helar.*

escalofriante *adj.* Espantoso, horrible, inquietante, temible, estremecedor, espeluznante, aterrador, impresionante. ➤ *Tranquilizador.*

escalofrío *s. m.* Estremecimiento.

escamar *v. tr.* Amoscar, recelar, sospechar, temer, maliciarse. ➤ *Confiar.*

escamón, na *adj.* Suspicaz, receloso, desconfiado. ➤ *Confiado.*

escamondar *v. tr.* Podar.

escamoteador, ra *adj.* Fullero, tramposo, ladrón. ➤ *Honrado.*

escamotear *v. tr.* Hurtar, birlar, esconder, robar. ➤ *Mostrar, devolver.*

escampado, da *adj.* Claro, raso, despejado. ➤ *Nublado, encapotado.*

escampar *v. intr.* Clarear, despejarse. ➤ *Arreciar, nublarse.*

escamujar *v. tr.* Escamondar, podar.

escanciador, ra *adj.* Copero, escanciano.

escandalera *s. f.* Bulla, bullicio, griterío, alboroto. ➤ *Silencio, calma.*

escándalo *s. m.* **1. Inmoralidad**, impudicia. ➤ *Edificación.* **2. Tumulto**, desorden, vocerío, algarabía, alboroto, estrépito. ➤ *Silencio, orden, calma.*

escandaloso, sa *adj.* Explosivo, inaudito, bochornoso, sensacionalista, inmoral. ➤ *Edificante.*

escapada *s. f.* **1. Fuga**, huida. ➤ *Estancia.* **2. Delantera**. ➤ *Zaga, pelotón.*

escapar *v. intr.* **1. Huir**, fugarse, evadirse, zafarse, escurrirse, largarse, irse por pies, pirarse, tomar las de Villadiego. ➤ *Acudir, quedarse, presentarse.* **2. Esfumarse**, escabullirse, pirarse. ➤ *Afrontar, aguantar.*

escaparate *s. m.* Vitrina, vitral.

escapatoria *s. f.* **1. Huida**, fuga, evasión. ➤ *Permanencia.* **2. Evasiva**, subterfugio. ➤ *Argumento, realidad.*

escape *s. m.* **1. Huida**, evasión. ➤ *Permanencia.* **1. Fuga**, derrame, pérdida. ➤ *Taponamiento, obstrucción.*

escapulario *s. m.* Insignia, medalla.

escara *s. f.* Postilla, pústula, llaga.

escaramuza *s. f.* **1. Choque**, enfrentamiento. **2. Riña**, reyerta, encuentro.

escarcha *s. f.* Helada.

escardar *v. tr.* Desherbar, desyerbar, escardillar, limpiar.

escariador *s. m.* Fresadora, taladro.

escarmentar *v. tr.* **1. Corregir**, castigar, sancionar. ➤ *Perdonar.* **2. Doler**, escocer, desengañarse. ➤ *Reincidir.*

escarmiento *s. m.* Castigo, pena, correctivo. ➤ *Premio, reconocimiento.*

escarnecedor, ra *adj.* Afrentoso, vejatorio, vilipendioso. ➤ *Respetuoso.*

escarnecer *v. tr.* Zaherir, mofarse, afrentar, ridiculizar, humillar, vilipendiar, vejar. ➤ *Halagar, alabar.*

escarnio *s. m.* Afrenta, agravio, befa, mofa, injuria, burla, insulto, menosprecio, humillación, tomadura de pelo, vilipendio, zaherimiento. ➤ *Alabanza, elogio, loa, cumplido, lisonja.*

escarpado, da *adj.* Abrupto, montuoso, peñascoso, quebrado. ➤ *Llano.*

escarpadura *s. f.* Acantilado.

escarpia *s. f.* Alcayata, gancho.

escarpidor *s. m.* Batidor.

escarramanado, da *adj.* Valentón, fanfarrón, jactancioso, bravucón. ➤ *Tímido, pusilánime.*

escasez *s. f.* **1. Roñosería**, tacañería. ➤ *Largueza, abundancia.* **2. Exigüidad**, insuficiencia, falta, carencia. ➤ *Abundancia, suficiencia.* **3. Penuria**, pobreza, miseria. ➤ *Riqueza.*

escaso, sa *adj.* Exiguo, insuficiente, falto. ➤ *Abundante, rico, suficiente.*

escatimar *v. tr.* Amenguar, rebajar, reducir, tacañear. ➤ *Aumentar.*

escayolar *v. tr.* Entablillar, enyesar, inmovilizar.

escena *s. f.* **1. Escenario**, proscenio. **2. Acto**, cuadro. **3. Ambiente**, panorama. **4. Espectáculo**, farándula.

escenario *s. m.* Escena, tablas.

escenificar *v. tr.* Presentar, representar, teatralizar.

escepticismo *s. m.* Incredulidad, desinterés, desconfianza. ➤ *Credulidad.*

escéptico, ca *adj.* Incrédulo, desconfiado, descreído. ➤ *Crédulo.*

escisión *s. f.* Ruptura, corte, disección, separación, segmentación. ➤ *Unión.*

esclarecedor, ra *adj.* Aclaratorio, dilucidador, explicativo. ➤ *Oscurecedor.*

esclarecer *v. tr.* **1. Iluminar**, evidenciar, aclarar. ➤ *Confundir, liar.* **2. Ensalzar**, alabar, loar. ➤ *Envilecer.*

esclarecido, da *adj.* Destacado, excelso, preclaro, insigne, ilustre, ínclito, célebre, eximio. ➤ *Desconocido.*

esclarecimiento *s. m.* Demostración, explicación, aclaración, puntualización. ➤ *Complicación, confusión.*

esclavitud *s. f.* **1. Servidumbre**, yugo. ➤ *Manumisión.* **2. Sometimiento**, dominio, tiranía. ➤ *Liberación.*

esclavo, va *s. m. y s. f.* **1. Siervo**, prisionero, cautivo. ➤ *Liberto.* **2. Subyugado**, oprimido, tiranizado. ➤ *Libre.* **3. Enamorado**, rendido, apasionado.

escocer *v. intr.* **1. Picar**, resquemar, irritarse. ‖ *v. prnl.* **2. Dolerse**, atormentarse, mortificarse. ➤ *Aliviarse.*

escoger *v. tr.* Elegir, optar, seleccionar, preferir, entresacar, decidir, separar, quedarse con, acotar. ➤ *Mezclar.*

escolanía *s. f.* Coro, coral.

escolapio, pia *adj.* Calasancio.

escolar *s. m.* Colegial, discípulo, educando, estudiante, párvulo. ➤ *Maestro, profesor, instructor.*

escoliador, ra *s. m. y s. f.* Glosador, comentarista, anotador, escoliasta.

escolio *s. m.* Glosa, explicación, acotación, comentario.

escollera *s. f.* Rompeolas, dique.

escollo *s. m.* **1. Roca**, rompiente, arrecife, barra, bajo, peñedo, bajío. ➤ *Playa.* **2. Peligro**, riesgo, obstáculo, tropiezo, problema, barrera, dificultad, embarazo, inconveniente.

escolta *s. f.* **1. Acompañamiento**, séquito, comitiva, cortejo, corte. ‖ *s. m. y s. f.* **2. Guardaespaldas.**

escoltar *v. tr.* Custodiar, guardar, vigilar, proteger, acompañar.

escombro *s. m.* Ruinas, cascotes.

esconder *v. tr.* **1. Encerrar**, encubrir, tapar, disimular, ocultar, guardar, celar, aportar, solapar, cubrir. ➤ *Exhibir, enseñar, mostrar, descubrir, destapar.* **2. Incluir**, contener, entrañar, encerrar, englobar. ➤ *Excluir.*

escondido, da *p. p.* Abismado, apartado, enterrado, oculto, disimulado, guardado, callado. ➤ *Patente, visible.*

escondrijo *s. m.* Cubil, escondite, secreto, guarida, madriguera.

escopeta *s. f.* Carabina.

escopladura *s. f.* Escopleadura, muesca.

escopleadura *s. f.* Encajadura, muesca, escopladura.

escoplo *s. m.* Barrena, cincel, gubia. formón, buril, cortafrío.

escorar *v. tr.* **1. Sostener**, apuntalar. **2. Ladearse**, torcerse. ➤ *Nivelarse.*

escorbuto *s. m.* Beriberi.

escorchar *v. tr.* Desollar, despellejar.

escoria *s. f.* Hez, desecho, residuo.

escoriación *s. f.* Despellejadura, erosión, excreción.

escotado, da *p. p.* Descotado, abierto.

escotar[1] *v. tr.* Descotar.

escotar[2] *v. tr.* Ratear.

escote[1] *s. m.* Abertura, busto, cuello.

escote[2] *s. m.* Prorrateo.

escotilla *s. f.* Trampa, trampilla.

escozor *s. m.* **1. Quemazón**, ardor, picor. ➤ *Alivio.* **2. Resquemor**, disgusto, resentimiento. ➤ *Contento.*

escriba *s. m.* Escribano, copista.

escribano, na *s. m. y s. f.* Escriba, notario, escribiente.

escribiente *s. m. y s. f.* Calígrafo, copista, mecanógrafo, pasante, secretario, amanuense, chupatintas.

escribir *v. tr.* Caligrafiar, redactar, copiar, trazar, garrapatear, apuntar, transcribir, componer, manuscribir, mecanografiar. ➤ *Borrar, tachar.*

escrito, ta *s. m.* Documento, libro, texto, nota, acta, apunte, escritura.

escritorio *s. m.* Buró, escribanía, pupitre, mesa de despacho.

escrúpulo *s. m.* Miramiento, reconcomio, reparo, remilgo. ➤ *Desfachatez.*

escrupulosidad *s. f.* Esmero, pulcritud, formalidad. ➤ *Despreocupación.*

escrutar *v. tr.* Comprobar, explorar, investigar, indagar, reconocer, averiguar, verificar, examinar, buscar, inspeccionar, observar. ➤ *Ignorar.*

escrutinio *s. m.* Cómputo, recuento.

escuadra *s. f.* Patrulla, destacamento, flota, armada, flotilla, marina.

escualidez *s. f.* Delgadez, extenuación.

escuálido, da *adj.* **1. Sucio**, asqueroso, repugnante, repelente, indeseable, desagradable. ➤ *Limpio, atrayente, agradable.* **2. Enclenque**, esmirriado, macilento, demacrado,

delgado, flaco, extenuado, escuchimizado. ➤ *Rollizo, robusto, gordo, grueso, voluminoso, abultado.*

escucha *s. f.* **1. Audición**, percepción. ➤ *Sordera.* **2. Vigía**, centinela.

escuchimizado, da *adj.* Canijo, debilucho, enfermizo, flacucho, esmirriado, enclenque. ➤ *Robusto, fuerte.*

escudar *v. tr.* **1. Abroquelar**, proteger. ➤ *Desproteger.* **2. Amparar**, defender. ➤ *Desamparar.*

escudilla *s. f.* Cazuela, fuente.

escudo *s. m.* Adarga, broquel, rueda.

escudriñador, ra *adj.* Inquisidor, averiguador, investigador.

escudriñamiento *s. m.* Averiguación, búsqueda, exploración.

escudriñar *v. tr.* Buscar, inquirir, investigar, explorar. ➤ *Ignorar.*

escuela *s. f.* **1. Liceo**, colegio, academia, instituto, universidad, taller, facultad, conservatorio, estudio, laboratorio. **2. Doctrina**, enseñanza. **3. Estilo**, gusto, sistema, método.

escueto, ta *adj.* Conciso, desnudo, sucinto, parco, estricto. ➤ *Ampuloso.*

esculcar *v. tr.* Cachear, buscar, registrar, espiar, averiguar.

esculpir *v. tr.* Tallar, grabar, cincelar.

escultor, ra *s. m. y s. f.* Grabador, imaginero, tallista, artífice, creador.

escultura *s. f.* **1. Busto**, estatua, imagen, talla, figura, maniquí, torso, bulto, tanagra, monumento. **2. Modelado**, imaginería, talla, iconografía, estatuaria, vaciado.

escupir *v. intr.* **1. Esputar**, expectorar. ‖ *v. tr.* **2. Lanzar**, arrojar, echar.

escupitajo *s. m.* Gallo, pollo, esputo.

escurreplatos *s. m.* Escurridera, escurridor.

escurridizo, za *adj.* **1. Resbaladizo**, resbaloso, deslizante. **2. Ligero**, ágil, taimado, astuto. ➤ *Torpe, lento.*

escurriduras *s. f. pl.* Residuos, sobras, gotas, restos.

escurrir *v. intr.* **1. Exprimir**, destilar. **2. Patinar**, deslizarse. ‖ *v. prnl.* **3. Escabullirse**, eludir. ➤ *Afrontar.*

esencia *s. f.* **1. Ser**, materia, alma, fondo, meollo, constitución, identidad. **2.**

Carácter, naturaleza. ➤ *Accidente, incidente, forma.* **3. Perfume**, aroma.

esencial *adj.* Sustancial, principal. ➤ *Accidental, secundario.*

esencialidad *s. f.* Fundamento, sustancia. ➤ *Superficialidad, trivialidad.*

esenciero *s. m.* Aromatizador, balsamera.

esfera *s. f.* **1. Globo**, bola. **2. Ámbito**, círculo, clase, ambiente, nivel.

esférico, ca *adj.* Esferoidal, globoso, globular.

esforzado, da *adj.* Bravo, brioso, valiente. ➤ *Cobarde, pusilánime.*

esforzar *v. tr.* **1. Entonar**, animar, vivificar. **2. Pugnar**, intentar, luchar, batallar, procurar, agotarse, echar el resto. ‖ *v. prnl.* **3. Afanarse**, desvelarse. ➤ *Desistir, abandonar.*

esfuerzo *s. m.* **1. Aliento**, celo, voluntad, afán. **2. Valor**, brío, denuedo.

esfumar *v. tr.* **1. Difuminar**, diluir. ➤ *Concentrar.* ‖ *v. prnl.* **2. Desaparecer**, disiparse, marcharse. ➤ *Aparecer.*

esgrafiar *v. tr.* Estofar.

esgrimir *v. tr.* **1. Blandir**. **2. Manejar**, servirse, usar, utilizar.

esguince *s. m.* **1. Quiebro**, regate. **2. Lesión**, torcedura.

eslabón *s. m.* Anillo.

eslabonamiento *s. m.* Concatenación, encadenamiento.

eslabonar *v. tr.* Encadenar, relacionar.

eslogan *s. m.* Lema, consigna.

esmerado, da *adj.* Minucioso, primoroso, metódico, celoso, detallista. ➤ *Abandonado, chapucero.*

esmeralda *s. f.* Corindón.

esmerarse *v. prnl.* Afanarse, aplicarse, preocuparse. ➤ *Desentenderse.*

esmerilar *v. tr.* Frotar, pulimentar.

esmero *s. m.* Atención, celo, escrupulosidad, dedicación. ➤ *Descuido.*

esnob *adj.* Cursi, afectado. ➤ *Sencillo.*

esotérico, ca *adj.* Enigmático, incomprensible, misterioso, oculto, reservado. ➤ *Exotérico, divulgativo.*

espacial *adj.* Celeste, cósmico, sideral. ➤ *Terrenal.*

espaciar *v. tr.* **1. Separar**, alejar, dilatar. ➤ *Juntar.* **2. Difundir**, divulgar.

espacioso, sa *adj.* **1. Amplio**, vasto, desahogado. ➤ *Estrecho, reducido.* **2. Lento**, pausado. ➤ *Rápido, raudo.*

espada *s. f.* Estoque, tizona, colada, hoja, hierro, sable.

espadachín *s. m.* Bravucón, pendenciero, valentón.

espalda *s. f.* **1. Dorso**, lomo, espinazo, espaldar. ➤ *Pecho.* ‖ *s. f. pl.* **2. Reverso**, envés. ➤ *Cara, anverso.*

espantada *s. f.* Fuga, huida, estampida.

espantajo *s. m.* Fantoche, pelele.

espantar *v. tr.* **1. Acobardar**, asustar, aterrar, atemorizar, aterrorizar, horrorizar, asustar, horripilar. ➤ *Tranquilizar, calmar.* **2. Ahuyentar**, ojear, arrojar, expulsar, alejar, despedir, desterrar, desalojar. ➤ *Acoger, recibir.* ‖ *v. prnl.* **3. Pasmarse**, asombrarse.

espanto *s. m.* Horror, pánico, terror, sobresalto, susto, miedo, cobardía.

espantoso, sa *adj.* **1. Horroroso**, pavoroso, terrible, horrible, terrorífico, aterrador. ➤ *Agradable.* **2. Maravilloso**, asombroso, increíble, apocalíptico, inimaginable, formidable, pasmoso. ➤ *Anodino, insignificante.*

esparadrapo *s. m.* Adhesivo, tirita.

esparcimiento *s. m.* Diversión, recreo, pasatiempo. ➤ *Aburrimiento.*

esparcir *v. tr.* **1. Desparramar**, dispersar, desperdigar, diseminar. ➤ *Concentrarse, juntar.* **2. Difundir**, propagar, propalar. ➤ *Ocultar, silenciar.* ‖ *v. prnl.* **3. Recrearse**, distraerse, solazarse, divertirse. ➤ *Aburrirse.*

espasmo *s. m.* Convulsión, sacudida, contracción, crispación. ➤ *Relajación.*

espasmódico, ca *adj.* Convulsivo, estremecido, crispado. ➤ *Relajado.*

especial *adj.* **1. Notable**, único. ➤ *Vulgar.* **2. Específico**, singular, particular, propio, raro, característico, privativo, extraordinario. ➤ *Normal, corriente, cotidiano, general.*

especialista *adj.* Perito, experto.

especificación *s. f.* Definición, explicación, determinación, concreción, precisión. ➤ *Generalización.*

especificar *v. tr.* Detallar, concretar, pormenorizar. ➤ *Compendiar.*

específico, ca adj. **1. Típico,** esencial, propio. ➤ *General.* || s. m. **2. Fármaco,** medicina, droga, remedio.

espectacular adj. Aparatoso, dramático, fastuoso, pomposo. ➤ *Discreto.*

espectáculo s. m. **1. Representación,** exhibición, distracción, demostración. **2. Panorama,** escena, paisaje.

espectador, ra adj. Asistente, público, presente, auditorio, televidente.

espectro s. m. Aparición, fantasma, visión, íncubo, duende, aparecido, espíritu, sombra, estantigua. ➤ *Realidad.*

especulación s. f. **1. Inducción,** meditación, reflexión. **2. Lucro,** negocio.

especular v. tr. **1. Teorizar,** pensar. || v. intr. **2. Lucrarse,** negociar, monopolizar. ➤ *Abaratar, beneficiar.*

espejado, da adj. Brillante, refulgente, reflectante. ➤ *Opaco.*

espejo s. m. **1. Luna. 2. Ejemplo,** paradigma, modelo.

espeluznante p. a. Aterrador, enloquecedor, horroroso, imponente.

espeluznar v. tr. Horripilar, horrorizar, estremecer. ➤ *Fascinar.*

espera s. f. **1. Demora,** plantón, dilación. ➤ *Puntualidad.* **2. Paciencia,** calma. ➤ *Impaciencia.* **3. Acecho.**

esperanza s. f. Confianza, expectación, perspectiva. ➤ *Desconfianza.*

esperar v. tr. **1. Confiar,** ilusionarse, alentarse. ➤ *Desconfiar.* **2. Aguardar,** atender, persistir. ➤ *Desesperar.*

esperpento s. m. Adefesio, espantajo, birria, estantigua. ➤ *Hermosura.*

espesar v. tr. Condensar, coagular.

espeso, sa adj. **1. Denso,** concentrado, tupido, pastoso, sólido, amazacotado, consistente, apretado, trabado. ➤ *Fluido, ligero, pavoroso, esponjoso.* **2. Compacto,** apelmazado, amazacotado. ➤ *Ralo.* **3. Pegajoso,** grasiento. **4. Abundante,** frondoso, exuberante, profuso, abigarrado. ➤ *Ralo, espaciado, disperso.*

espesor s. m. Anchura, grosor.

espesura s. f. Boscosidad, fronda, vergel, ramaje, follaje. ➤ *Claro.*

espetado, da adj. Tieso, estirado, orgulloso. ➤ *Humilde, modesto.*

espetar v. tr. **1. Atravesar,** clavar. **2. Endosar,** encajar, largar, soltar.

espiar v. tr. Atisbar, fisgar, vigilar, acechar, ojear, inspeccionar, observar.

espigón s. m. Dique, malecón, muelle, rompeolas, desembarcadero.

espina s. f. **1. Pincho,** aguijón. **2. Pesar,** resquemor, pena. ➤ *Consuelo.*

espinilla s. f. Comedón.

espinoso, sa adj. **1. Agudo,** puntiagudo, punzante, aguzado. ➤ *Romo.* **2. Difícil,** arduo. ➤ *Fácil, sencillo.*

espionaje s. m. Fisgoneo, vigilancia.

espiración s. f. Exhalación, expulsión, suspiro. ➤ *Inspiración.*

espiral s. f. Progresión, aumento.

espirar v. intr. Exhalar. ➤ *Inspirar.*

espiritismo s. m. Ocultismo.

espiritista adj. Médium, visionario.

espíritu s. m. **1. Ánima,** alma. ➤ *Materia.* **2. Carácter,** agudeza, brío. ➤ *Debilidad.* **3. Fantasma,** trasgo.

espiritual adj. Anímico, inmaterial, invisible, mental. ➤ *Material, corpóreo.*

esplendente p. a. Brillante, esplendoroso, reluciente. ➤ *Apagado, opaco.*

esplendidez s. f. Generosidad, largueza. ➤ *Mezquindad, tacañería.*

espléndido, da adj. Rumboso, suntuoso, generoso. ➤ *Tacaño.*

esplendor s. m. Gloria, importancia, dignidad, lustre, brillo. ➤ *Decadencia.*

esplendoroso, sa adj. Brillante, esplendente, refulgente. ➤ *Opaco.*

espliego s. m. Lavanda.

esplín s. m. Hastío, tedio, fastidio.

espolear v. tr. Pinchar, incitar, animar, talonear, aguijonear. ➤ *Frenar.*

espoleta s. f. Detonador.

espolique s. m. Lacayo.

esponjado, da p. p. Ahuecado.

esponjar v. tr. **1. Ahuecar.** || v. prnl. **2. Ufanarse,** engreírse, pavonearse, enorgullecerse. ➤ *Avergonzarse.*

esponjoso, sa adj. Blando, fofo, ligero, poroso, hueco. ➤ *Macizo.*

esponsales s. m. pl. Boda, compromiso, desposorio, nupcias. ➤ *Divorcio, separación.*

espontanearse v. prnl. Revelar, desahogarse. ➤ *Esconder, ocultar.*

espontaneidad *s. f.* Naturalidad, sinceridad, sencillez. ➤ *Afectación.*

espontáneo, a *adj.* Automático, inconsciente, indeliberado. ➤ *Forzado.*

esporádico, ca *adj.* Ocasional, eventual, circunstancial. ➤ *Constante.*

esposar *v. tr.* Encadenar, aprisionar, aherrojar. ➤ *Liberar, desatar.*

esposo, sa *s. m. y s. f.* Cónyuge, contrayente, consorte, pareja, marido.

espuerta *s. f.* Capazo, cesto, canasta, cesta, esportilla, serón, capacho.

esputo *s. m.* Gargajo, flema, salivazo, expectoración, escupitajo.

esqueje *s. m.* Tallo, vástago, injerto, acodo, plantón.

esquela *s. f.* Misiva, billete, nota.

esquelético, ca *adj.* Amojamado, caquéctico, huesudo. ➤ *Gordo, lozano.*

esqueleto *s. m.* **1. Croquis**, esbozo. **2. Osamenta. 3. Armazón**, bastidor.

esquema *s. m.* Sinopsis, resumen, compendio, síntesis. ➤ *Desarrollo.*

esquemático, ca *adj.* Abreviado, simplificado, sintético, resumido. ➤ *Detallado, pormenorizado.*

esquife *s. m.* Bote, lancha, canoa.

esquilar *v. tr.* Pelar, afeitar.

esquilmar *v. tr.* Explotar, arruinar, empobrecer, agotar, chupar, apurar. ➤ *Enriquecer, aumentar, acrecentar.*

esquina *s. f.* Ángulo, recodo, cantón, chaflán, costado. ➤ *Centro.*

esquinado, da *adj.* Áspero, intratable. ➤ *Afable, sociable.*

esquirla *s. f.* Fracción, fragmento, astilla.

esquirol *s. m.* Rompehuelgas. ➤ *Huelguista, piquete.*

esquivar *v. tr.* Evitar, eludir, soslayar, sortear, rechazar. ➤ *Afrontar.*

esquivez *s. f.* Desapego, aspereza, desagrado. ➤ *Franqueza, simpatía.*

esquivo, va *adj.* Áspero, huraño, intratable. ➤ *Sociable, afable.*

estabilidad *s. f.* Permanencia, duración, equilibrio, fijeza, inalterabilidad. ➤ *Inestabilidad, fragilidad.*

estabilizar *v. tr.* Afianzar, arraigar, consolidar, fijar. ➤ *Inestabilizar.*

estable *adj.* Permanente, constante, arraigado, duradero, invariable, inalterable, definitivo, firme, durable, sólido, inconmovible, inmutable. ➤ *Inestable, perecedero, variable.*

establecer *v. tr.* **1. Instituir**, instaurar, levantar. ǁ *v. prnl.* **2. Instalarse**, afincarse, domiciliarse. ➤ *Mudarse.*

establecimiento *s. m.* Tienda, industria, comercio, entidad, firma.

establo *s. m.* Caballeriza, cuadra, cubil, pocilga, corral, pesebre, cobertizo.

estacada *s. f.* Empalizada, valla, mojón.

estacazo *s. m.* Varapalo, garrotazo, trancazo, golpe.

estación *s. f.* **1. Época**, temporada. **2. Parada**, apeadero, terminal.

estacionamiento *s. m.* Parking, aparcamiento.

estacionar *v. prnl.* Pararse, inmovilizarse, aparcar. ➤ *Moverse, cambiar.*

estadio *s. m.* Campo, terreno, circuito.

estadista *s. m.* Político, gobernante.

estadizo, za *adj.* Detenido, estacionario, estancado. ➤ *Móvil.*

estado *s. m.* **1. Fase**, punto, situación. **2. Nación**, país, territorio, pueblo. **3. Administración**, poder.

estafa *s. f.* Engañifa, engaño, fraude, petardo, robo, trampa, timo. ➤ *Honestidad, honradez.*

estafador, ra *s. m. y s. f.* Buscón, camandulero, fullero. ➤ *Honrado.*

estafar *v. tr.* Timar, birlar, embaucar, defraudar, engañar, sablear, socaliñar, trampear, truhanear. ➤ *Justipreciar.*

estallar *v. intr.* **1. Reventar**, romper, desintegrar, detonar, deflagrar, abrirse, volar, explosionar, crepitar, crujir. **2. Originar**, prorrumpir, sobrevenir.

estallido *s. m.* Detonación, estampido, explosión, descarga.

estamento *s. m.* Brazo, clase, nivel.

estampar *v. tr.* Imprimir, timbrar, grabar, marcar, señalar, inscribir, sellar, reproducir. ➤ *Borrar.*

estampida *s. f.* Huida, galope, carrera.

estampido *s. m.* Detonación, estallido, explosión, descarga.

estancar *v. tr.* Paralizar, atascar, suspender, detener, obstruir, empantanar, parar, embozar. ➤ *Mover, estimular, correr.*

estancia *s. f.* **1. Cuarto**, habitación, alcoba. **2. Hacienda**, quinta, rancho.

estanciero *s. m.* Hacendado, ranchero.

estandarizar *v. tr.* Homogeneizar, igualar, uniformar. ➤ *Diferenciar.*

estandarte *s. m.* Bandera, divisa, pendón, enseña.

estanque *s. m.* Alberca, embalse, piscina, depósito, marjal.

estantería *s. f.* Anaquel, aparador, repisa, ménsula, librería.

estantigua *s. f.* **1. Fantasma**, espectro, trasgo. **2. Mamarracho**, espantajo, adefesio, hazmerreír. ➤ *Galán.*

estar *v. intr.* **1. Existir**, vivir, permanecer, encontrarse, quedar, residir, ser. ➤ *Inexistir, faltar, ausentarse.* **2. Conversar**, tratar. **3. Sentirse**, andar, marchar, ir, encontrarse.

estatal *adj.* Gubernamental, gubernativo, oficial. ➤ *Privado.*

estatalizar *v. tr.* Nacionalizar, estatificar. ➤ *Privatizar.*

estático, ca *adj.* Inmóvil, fijo, invariable, quieto, inalterable. ➤ *Dinámico.*

estatua *s. f.* Efigie, escultura, imagen, talla, figura.

estatuir *v. tr.* **1. Decretar**, instituir, establecer, ordenar. ➤ *Desobedecer.* **2. Probar**, demostrar, asentar. ➤ *Negar.*

estatura *s. f.* Alzada, talla, altura.

estatuto *s. m.* Decreto, ordenanza, reglamento, código, norma, precepto.

estay *s. m.* Obenque.

estentóreo, a *adj.* Estrepitoso, estridente, estruendoso. ➤ *Silencioso.*

estepario, ria *adj.* Desértico, yermo, estéril, árido. ➤ *Fecundo.*

estercolar *v. tr.* Abonar.

estercolero, ra *s. m.* Muladar, basurero, vertedero, albañal, sentina.

estereotipado, da *adj.* Calcado, fijo, invariable, estandarizado. ➤ *Original.*

estéril *adj.* Impotente, infructuoso, improductivo, infértil, inútil, árido, ineficaz, infecundo, desértico, agotado, pobre, vano, inculto. ➤ *Fecundo, fértil, productivo, rico.*

esterilidad *s. f.* Improductividad, aridez, infertilidad, infructuosidad, agotamiento. ➤ *Fecundidad.*

esterilización *s. f.* Antisepsia, fumigación. ➤ *Inoculación, contagio.*

esterilizar *v. tr.* **1. Castrar**, capar. **2. Desinfectar**, pasteurizar. ➤ *Infectar.*

estero *s. m.* Charca, laguna, albufera.

estético, ca *adj.* **1. Decorativo**, artístico, bello, fino, hermoso, de buen gusto. ➤ *Feo, repelente, antiestético.* || *s. f.* **2. Calología**.

estetoscopio *s. m.* Fonendoscopio.

estevado, da *adj.* Zambo.

estiaje *s. m.* Sequía, disminución. ➤ *Crecida, aumento.*

estibador *s. m.* Cargador, mozo.

estiércol *s. m.* Abono.

estigma *s. m.* **1. Señal**, marca. **2. Tara**. **3. Afrenta**, baldón. ➤ *Honra.*

estilista *s. m. y s. f.* Clásico, purista.

estilizar *v. tr.* Afinar, sutilizar.

estilo *s. m.* **1. Estilete**, punzón. **2. Personalidad**, peculiaridad, modo. **3. Moda**, uso, costumbre, práctica.

estima *s. f.* Aprecio, estimación, honor, consideración. ➤ *Menosprecio.*

estimable *adj.* **1. Apreciable**, recomendable. ➤ *Despreciable.* **2. Supremo**, valioso. ➤ *Ínfimo, vulgar.*

estimación *s. f.* **1. Evaluación**, peritaje, valoración, tasación, apreciación. ➤ *Desprecio, desvaloración, desestima.* **2. Aprecio**, consideración, afecto, respeto, fama, crédito, mérito, honra. ➤ *Desconsideración, descrédito.*

estimar *v. tr.* **1. Apreciar**, considerar, respetar. ➤ *Despreciar.* **2. Pensar**, juzgar, creer. **3. Evaluar**, tasar, valorar.

estimativa *s. f.* Apreciación.

estimulante *p. a.* Excitante, afrodisíaco, estimulador. ➤ *Calmante.*

estimular *v. tr.* Excitar, espolear, pinchar, provocar, alentar. ➤ *Contener.*

estímulo *s. m.* Apremio, espoleamiento, incentivo, instigación, provocación, inducción, acuciamiento, acicate, incitación. ➤ *Disuasión.*

estío *s. m.* Canícula, verano. ➤ *Invierno.*

estipendiar *v. tr.* Pagar, retribuir.

estipendio *s. m.* Dieta, honorarios, asignación, soldada, sueldo.

estíptico, ca *adj.* **1. Estreñido**. **2. Avaro**, mezquino. ➤ *Generoso.*

estipulación *s. f.* Pacto, acuerdo.

estipular *v. tr.* Pactar, convenir, acordar.

estirado, da *adj.* Ensoberbecido, tieso, orgulloso. ➤ *Campechano.*

estiramiento *s. m.* **1. Alargamiento.** ➤ *Encogimiento.* **2. Orgullo,** arrogancia, pedantería. ➤ *Llaneza.*

estirar *v. tr.* **1. Extender,** dilatar, tensar, distender. ➤ *Encoger.* ‖ *v. prnl.* **2. Desentumecerse,** desperezarse.

estirpe *s. f.* **1. Alcurnia,** ascendencia, origen, nacimiento, tronco, abolengo, prosapia. **2. Linaje,** raza, progenie.

estofa *s. f.* Ralea, calidad, clase.

estoicismo *s. m.* Imperturbabilidad, indiferencia, dominio, paciencia. ➤ *Inconformidad, nerviosismo.*

estoico, ca *adj.* Impasible, imperturbable, insensible. ➤ *Sensible.*

estola *s. f.* Chal, echarpe, piel.

estolidez *s. f.* Estupidez, estulticia.

estomacal *adj.* Gástrico.

estomagante *p. a.* Indigesto, fastidioso, molesto, cargante, empachoso. ➤ *Ameno, oportuno.*

estomagar *v. tr.* Aburrir, molestar, fastidiar, cargar. ➤ *Divertir, agradar.*

estorbar *v. tr.* **1. Impedir,** entorpecer, dificultar, obstaculizar, embarazar, perturbar, interrumpir, frenar. ➤ *Permitir, desentorpecer.* **2. Enredar,** trabar, molestar. ➤ *Facilitar, ayudar.*

estorbo *s. m.* Entorpecimiento, impedimento, dificultad. ➤ *Ayuda.*

estrábico, ca *adj.* Bisojo, bizco.

estrado *s. m.* Entarimado, tarima.

estrafalario, ria *adj.* **1. Desaliñado,** adefesio, grotesco. ➤ *Pulcro, atildado.* **2. Estrambótico,** extravagante, excéntrico, raro. ➤ *Normal.*

estrago *s. m.* Daño, ruina, devastación, catástrofe, desgracia, desolación. ➤ *Reconstrucción, beneficio, fortuna.*

estrambótico, ca *adj.* Estrafalario, raro, singular, extravagante. ➤ *Normal.*

estrangulación *s. f.* Ahogamiento, asfixia, sofocación.

estrangular *v. tr.* **1. Asfixiar,** ahorcar. **2. Sofocar,** ahogar. ➤ *Fomentar.*

estraperlear *v. intr.* Especular, contrabandear, negociar.

estraperlista *adj.* Acaparador.

estratagema *s. f.* Asechanza, celada, artimaña, ardid, astucia, treta.

estrategia *s. f.* Táctica, maniobra.

estratificación *s. f.* Gradación.

estrato *s. m.* Capa, sedimento.

estraza *s. f.* Andrajo, harapo, trapo.

estrechamiento *s. m.* Acosamiento, encogimiento, reducción. ➤ *Ensanchamiento, dilatación.*

estrechar *v. tr.* **1. Apretar,** angostar. ➤ *Aflojar.* **2. Comprimir,** encoger. ➤ *Dilatar, ensanchar.* **3. Obligar,** apremiar, acosar. ➤ *Permitir.*

estrechez *s. f.* Penuria, miseria, pobreza. ➤ *Riqueza, abundancia.*

estrecho, cha *adj.* **1. Angosto.** ➤ *Ancho, amplio.* **2. Apretado,** ceñido. ➤ *Holgado.* **3. Canal,** lengua, paso.

estregar *v. tr.* Refregar, friccionar.

estrella *s. f.* **1. Astro,** lucero, luminaria. **2. Destino,** fortuna, hado.

estrellar *v. tr.* **1. Quebrar,** romper. ‖ *v. prnl.* **2. Frustrarse,** malograrse.

estremecedor, ra *adj.* Alarmante, aterrador, escalofriante, inquietante.

estremecer *v. tr.* **1. Sacudir,** menear, zarandear. ➤ *Inmovilizar.* ‖ *v. prnl.* **2. Perturbarse,** alterarse, impresionarse, conmoverse, sobresaltarse, turbarse, tiritar. ➤ *Tranquilizarse.*

estremecimiento *s. m.* Pálpito, temblor, tiritona, sacudida.

estrenar *v. tr.* **1. Inaugurar,** comenzar, abrir. ➤ *Clausurar, cerrar.* ‖ *v. prnl.* **2. Debutar,** iniciarse. ➤ *Culminar.*

estreno *s. m.* Apertura, debut, inauguración.

estreñimiento *s. m.* Estiptiquez. ➤ *Diarrea.*

estrépito *s. m.* Fragor, ruido, estruendo, tumulto, alboroto. ➤ *Silencio.*

estrepitoso, sa *adj.* Estruendoso, fragoroso, ruidoso. ➤ *Silencioso.*

estría *s. f.* Muesca, ranura, surco, canal.

estriado, da *adj.* Acanalado, ranurado, rayado. ➤ *Liso.*

estribación *s. f.* Derivación, ramal.

estribar *v. intr.* Apoyar, basar, descansar, asentarse, consistir, radicar, gravitar. ➤ *Caerse, desmoronarse.*

estribillo *s. m.* **1. Cantinela**, bordón. **2. Muletilla**, tranquillo, ritornelo.

estricto, ta *adj.* **1. Exacto**, preciso, ajustado. ➤ *Aproximado.* **2. Severo**, riguroso, rígido. ➤ *Comprensivo.*

estridencia *s. f.* Disonancia, destemplanza, discordancia. ➤ *Armonía.*

estridente *adj.* Desapacible, destemplado, estrepitoso, rechinante, desentonado. ➤ *Armonioso, melodioso.*

estro *s. m.* Inspiración, musa, arrebato.

estropear *v. tr.* **1. Tullir**, baldar, lastimar. ➤ *Curar, rehabilitar.* **2. Inutilizar**, dañar, deteriorar, descomponer. ➤ *Reparar, arreglar.* **3. Malbaratar**, malograr, perjudicar. ➤ *Beneficiar.*

estructura *s. f.* Organización, armazón, sistema, esqueleto, soporte.

estructurar *v. tr.* Agrupar, organizar, distribuir, ordenar. ➤ *Desordenar.*

estruendo *s. m.* **1. Estrépito**, fragor, estampido, explosión. ➤ *Silencio.* **2. Bulla**, confusión, algarabía. **3. Ostentación**, aparato. ➤ *Discreción.*

estruendoso, sa *adj.* Ensordecedor, estridente, tonante. ➤ *Silencioso.*

estrujadura *s. f.* Apretón.

estrujar *v. tr.* **1. Prensar**, exprimir. ➤ *Hinchar.* **2. Estrechar**, abrazar, ahogar, asfixiar. ➤ *Soltar.* **3. Agotar**, exprimir, esquilmar. ➤ *Enriquecer.*

estrujón *s. m.* Apretón.

estucar *v. tr.* Enjalbegar, enlucir.

estudiado, da *adj.* Afectado, fingido, amanerado. ➤ *Natural, sencillo.*

estudiante *s. m. y s. f.* Alumno, colegial, discípulo, escolar. ➤ *Maestro.*

estudiantina *s. f.* Tuna, rondalla.

estudiar *v. tr.* **1. Memorizar**, aprender, empollar, repasar. **2. Observar**, buscar, investigar, examinar. **3. Instruirse**, aplicarse, formarse.

estudio *s. m.* **1. Aprendizaje**, cultivo, asimilación, instrucción. **2. Ensayo**, tesis, artículo, tratado. **3. Bufete**, oficina, taller. **4. Boceto**, esbozo.

estudioso, sa *adj.* Aplicado, empollón, trabajador. ➤ *Vago, perezoso.*

estufa *s. f.* Brasero, calentador, radiador.

estupefacción *s. f.* Desconcierto, turbación, sorpresa. ➤ *Impasibilidad.*

estupefaciente *s. m.* Alucinógeno, anestésico, narcótico, soporífero.

estupefacto, ta *adj.* Atónito, pasmado, admirado, turulato, maravillado, asombrado, enajenado, sorprendido, extasiado. ➤ *Impertérrito, impasible.*

estupendo, da *adj.* **1. Increíble**, pasmoso, asombroso, sorprendente. **2. Magnífico**, soberbio, excelente, extraordinario, admirable, fantástico, maravilloso, portentoso, prodigioso. ➤ *Horrible, horroroso, espantoso.*

estupidez *s. f.* **1. Necedad**, torpeza. ➤ *Inteligencia.* **2. Bobería**, asnada, sandez, simpleza. ➤ *Agudeza.*

estúpido, da *adj.* Memo, tonto, lerdo, obtuso, zopenco. ➤ *Listo, avispado.*

estuprar *v. tr.* Violar, forzar, abusar.

etapa *s. f.* **1. Alto**, detención. **2. Fase.**

etéreo, a *adj.* **1. Elevado**, sublime. ➤ *Terreno, imperfecto.* **2. Abstracto**, sutil, vago, impreciso, impalpable, vaporoso, incorpóreo, volátil, tenue, delgado, fino, puro, perfecto, delicioso. ➤ *Palpable, corpóreo.*

eterizar *v. tr.* Anestesiar.

eternizar *v. tr.* Alargar, prolongar, perpetuar, demorar, diferir. ➤ *Acortar.*

eterno, na *adj.* Infinito, inacabable, interminable, sempiterno, perdurable, inmortal, perpetuo, imperecedero, indestructible, perenne. ➤ *Finito, efímero, perecedero, mortal.*

etimología *s. f.* Origen, principio, raíz.

etiqueta *s. f.* Fasto, pompa, protocolo.

etnia *s. f.* Clan, tribu, pueblo, raza.

eufemismo *s. m.* Disimulo, sugerencia, rodeo, tapujo, indirecta. ➤ *Rudeza.*

eufonía *s. f.* Armonía, melodía.

euforia *s. f.* **1. Resistencia.** ➤ *Postración.* **2. Exaltación**, optimismo, vehemencia, entusiasmo. ➤ *Desánimo.*

eufórico, ca *adj.* Exultante, rebosante, vehemente, optimista, entusiasmado. ➤ *Alicaído, desalentado.*

evacuación *s. f.* **1. Abandono**, desocupación, destierro. **2. Defecación.**

evacuar *v. tr.* **1. Desalojar**, trasladarse, desocupar, retirarse, salir, abandonar, dejar, verter. ➤ *Ocupar, meter, llenar.* **2. Defecar**, excretar, orinar, deyectar, deponer, excrementar, cagar, descomer.

evadir *v. tr.* **1. Eludir**, sortear, esquivar, rehuir, sustraerse, capear, escapar, regatear. ➤ *Afrontar, encarar, enfrentar.* ‖ *v. prnl.* **2. Escabullirse**, librarse, fugarse, escaparse, largarse, zafarse. ➤ *Permanecer, quedarse.*

evaluar *v. tr.* Tasar, apreciar, estimar, tantear, ajustar, justipreciar.

evanescencia *s. f.* Desaparición, disolución, volatilización. ➤ *Aparición.*

evangelización *s. f.* Apostolado, divulgación, predicación.

evangelizar *v. tr.* Apostolizar, catequizar, misionar, predicar.

evaporación *s. f.* Volatilización, gasificación. ➤ *Condensación.*

evaporar *v. tr.* **1. Vaporizar**, volatilizar, gasificar. ‖ *v. prnl.* **2. Desaparecer**, escabullirse, huir. ➤ *Reaparecer.*

evasivo, va *adj.* **1. Confuso**, ambiguo, reticente. ➤ *Claro.* ‖ *s. f.* **2. Disculpa**, excusa, pretexto.

evento *s. m.* Lance, suceso, hecho.

eventual *adj.* Fortuito, accidental, provisional, imprevisto, inseguro, incierto, incidental, contingente, posible, casual. ➤ *Seguro, esencial, fijo.*

eventualidad *s. f.* Posibilidad, contingencia, hecho, suceso. ➤ *Realidad.*

evidencia *s. f.* Certeza, certidumbre, prueba, convencimiento. ➤ *Duda.*

evidenciar *v. tr.* Aclarar, constatar, descubrir, manifestar. ➤ *Ocultar.*

evidente *adj.* Claro, incuestionable, indiscutible, indubitable, indudable, cierto, patente, manifiesto, incontrovertible, innegable, irrebatible, palmario, claro. ➤ *Dudoso, falso, latente, discutible, confuso, cuestionable, oscuro, incierto.*

evitable *adj.* Excusable, remediable, eludible, sorteable. ➤ *Inevitable.*

evitación *s. f.* Ausencia, cautela, evasión, prudencia. ➤ *Imprevisión.*

evitar *v. tr.* Eludir, esquivar, sortear, soslayar, rehuir. ➤ *Afrontar.*

eviterno, na *adj.* Eterno, imperecedero, perdurable, perpetuo, perenne. ➤ *Limitado, perecedero.*

evocación *s. f.* Añoranza, memoria, recuerdo, reminiscencia. ➤ *Olvido.*

evocar *v. tr.* Rememorar, repasar, desenterrar, revivir, recordar. ➤ *Olvidar.*

evolucionar *v. intr.* **1. Progresar**, desarrollarse, modificarse, metamorfosearse. ➤ *Estancarse.* **2. Maniobrar**, desplegarse. ➤ *Inmovilizarse.*

exabrupto *s. m.* Destemplanza, grosería, inconveniencia. ➤ *Fineza.*

exacerbación *s. f.* Exasperación, fanatismo, excitación. ➤ *Calma.*

exacerbar *v. tr.* **1. Exasperar**, avinagrar, cabrear, encolerizar. ➤ *Calmar, contentar.* **2. Recrudecer.** ➤ *Paliar.*

exactitud *s. f.* Fidelidad, precisión, rigor, minuciosidad. ➤ *Descuido.*

exacto, ta *adj.* Cierto, correcto, esmerado, preciso, puntual, fiel, cabal, justo, estricto, verdadero, riguroso, textual. ➤ *Inexacto, impreciso, ambiguo.*

exactor *s. m.* Recaudador, requisador.

exagerado, da *adj.* Hiperbólico, desorbitado, abultado. ➤ *Minimizado.*

exagerar *v. tr.* Abultar, ponderar, hinchar, desorbitar, recargar, exceder, extremar, cacarear, aumentar, amplificar, encarecer, dar bombo. ➤ *Atenuar, minimizar, quitar importancia.*

exaltado, da *adj.* Apasionado, vehemente, fanático. ➤ *Apático, abúlico.*

exaltar *v. tr.* **1. Encumbrar**, honrar. ➤ *Rebajar.* **2. Enaltecer**, ensalzar, glorificar, encomiar, realzar. ➤ *Humillar, designar, rebajar, menospreciar, desprestigiar.* ‖ *v. prnl.* **3. Excitarse**, enardecerse, acalorarse, exacerbarse, irritarse, entusiasmarse, arrebatarse, inflamarse, desatarse. ➤ *Serenarse, calmarse, tranquilizarse, contenerse, moderarse.*

examen *s. m.* **1. Indagación**, análisis, investigación, reconocimiento, inspección, exploración, averiguación. **2. Prueba**, oposición, ejercicio.

exangüe *adj.* Desfallecido, desmayado, agotado, débil. ➤ *Fuerte.*

exasperación *s. f.* Irritación, cabreo, indignación, furia. ➤ *Calma.*

exasperar *v. tr.* Irritar, desesperar, enfurecer, sulfurar. ➤ *Aplacar.*

excavar *v. tr.* Cavar, socavar, excavar, escarbar, ahondar, abrir, minar, zapar, penetrar, profundizar, zanjar.

excedente *adj.* **1. Remanente**, resto, sobrante, superávit. ➤ *Déficit.* **2. Supernumerario.**

exceder *v. tr.* **1. Aventajar**, rebasar, desbordar, superar, pasar, sobresalir, abundar, sobrepasar, superabundar, sobrar. ➤ *Faltar, rebajar.* ‖ *v. intr.* **2. Propasarse**, extralimitarse, desmandarse, pasarse, desmadrarse, descomedirse, desaforarse, desatarse. ➤ *Contenerse, moderarse, limitarse.*

excelencia *s. f.* **1. Notabilidad**, grandeza, excelsitud, magnificencia. ➤ *Inferioridad.* **2. Ilustrísimo**, excelentísimo, eminencia.

excelente *adj.* Brillante, selecto, sublime, óptimo, sobresaliente, buenísimo, ideal, excelso, superior, maravilloso, magnífico, soberbio, exquisito, insuperable, extraordinario. ➤ *Pésimo, inferior, malísimo.*

excelsitud *s. f.* Alteza, elevación, excelencia, eminencia. ➤ *Vileza.*

excelso, sa *adj.* Eminente. ➤ *Ínfimo.*

excéntrico, ca *adj.* **1. Original**, estrafalario, maniático. ➤ *Normal.* **2. Desviado**, descentrado. ➤ *Centrado.*

excepcional *adj.* Inaudito, insólito, inusual. ➤ *Normal, corriente, vulgar.*

exceptuar *v. tr.* Perdonar, prescindir.

excesivo, va *adj.* Descomunal, exorbitante, formidable. ➤ *Escaso, pequeño.*

exceso *s. m.* **1. Sobra**, superabundancia. ➤ *Carencia.* **2. Abuso**, demasía, vicio. ➤ *Sobriedad, moderación.*

excitación *s. f.* Ardor, efervescencia, entusiasmo, agitación. ➤ *Calma.*

excitante *p. a.* Estimulante, incitante.

excitar *v. tr.* **1. Entusiasmar**, enardecer, exasperar, estimular, provocar, animar, exaltar, impulsar, instigar, activar, exacerbar. ➤ *Calmar.* **2. Apasionar.** ➤ *Enfriar.* ‖ *v. prnl.* **3. Acalorarse**, apasionarse. ➤ *Calmarse.*

exclamación *s. f.* Grito, imprecación, interjección.

exclamar *v. intr.* Clamar, gritar, proferir, apostrofar, imprecar. ➤ *Callar.*

excluir *v. tr.* **1. Echar**, apartar, relegar, arrinconar, expulsar, expeler, desterrar, repudiar, eliminar. ➤ *Dejar, acoger, recibir, incluir.* **2. Eliminar**, desechar, descartar, prescindir, desechar, suprimir, negar, rechazar, exceptuar. ➤ *Incluir, admitir.*

exclusión *s. f.* Descarte, exceptuación, rechazo. ➤ *Admisión, inclusión.*

exclusivo, va *adj.* **1. Especial**, peculiar. ‖ *s. f.* **2. Prerrogativa**, ventaja.

excomulgar *v. tr.* Anatematizar, repudiar, condenar. ➤ *Aprobar, perdonar.*

excoriación *s. f.* Rasponazo, arañazo.

excremento *s. m.* Deposición, deyección, heces, mierda, detrito.

excretar *v. intr.* Evacuar, expeler, defecar, deponer, deyectar, excrementar.

exculpación *s. f.* Coartada, justificación, disculpa. ➤ *Inculpación.*

exculpar *v. tr.* Absolver, defender, justificar, perdonar. ➤ *Imputar.*

excursión *s. f.* Caminata, paseo.

excusa *s. f.* Coartada, disculpa, pretexto, evasiva, subterfugio, motivo.

excusable *adj.* Comprensible, justificable, perdonable. ➤ *Inexcusable.*

excusar *v. tr.* Disculpar, justificar, defender. ➤ *Acusar, eximir, exculpar.*

execrable *adj.* Abominable, nefando, aborrecible, detestable. ➤ *Admirable.*

execración *s. f.* Imprecación, anatema, vituperio, condena. ➤ *Aprobación.*

execrar *v. tr.* **1. Odiar**, aborrecer, abominar, detestar, desamar. ➤ *Elogiar, amar, querer, apreciar, estimar.* **2. Imprecar**, vituperar, reprobar, censurar, desaprobar, condenar, maldecir, insultar, reprochar, regañar. ➤ *Alabar, bendecir, loar.*

exégesis *s. f.* Comentario, glosa.

exención *s. f.* Descargo, dispensa, exoneración, privilegio.

exhalar *v. tr.* Desprender, emanar, despedir, emitir. ➤ *Absorber.*

exhaustivo, va *adj.* Completo, total, detallado, minucioso. ➤ *Parcial.*

exhausto, ta *adj.* Cansado, consumido, derrengado. ➤ *Fuerte.*

exhibición *s. f.* **1. Exposición**, muestra. **2. Ostentación**, divulgación.

exhibir *v. tr.* Exponer, enseñar, mostrar, ostentar. ➤ *Esconder.*

exhortación *s. f.* Admonición, advertencia, amonestación, consejo.

exhortar *v. tr.* **1. Alentar**, animar, excitar, persuadir, convencer, mover, incitar. ➤ *Disuadir, desanimar, desalentar.* **2. Amonestar**, aconsejar, sermonear, advertir, reprender.

exhumación *s. f.* Desenterramiento, extracción. ➤ *Inhumación.*

exigencia *s. f.* Abuso, imposición, arbitrariedad, reclamación, petición.

exigir *v. tr.* Reclamar, reivindicar, conminar, ordenar. ➤ *Renunciar.*

exigüidad *s. f.* Escasez, parvedad.

exiguo, gua *adj.* Poco, pequeño, reducido, falto, insuficiente, escaso, reducido, mínimo, corto, mezquino, insignificante, pequeño, limitado, pobre, irrisorio. ➤ *Abundante, suficiente, generoso, copioso.*

exiliar *v. tr.* Deportar, expatriar, proscribir, desterrar. ➤ *Repatriar.*

eximio, mia *adj.* Destacado, egregio, insigne, sobresaliente, excelente, eminente. ➤ *Insignificante, nulo.*

eximir *v. tr.* Dispensar, exonerar, relevar, desligar, excusar, indultar, exculpar, perdonar, licenciar, librar. ➤ *Obligar, condenar, culpar, acusar.*

existente *p. a.* Efectivo, positivo, real, palpable. ➤ *Inexistente, virtual.*

existir *v. intr.* **1. Ser**, vivir, preexistir, coexistir. ➤ *Inexistir, morir.* **2. Haber**, hallarse, encontrarse. ➤ *Faltar.*

éxito *s. m.* **1. Final**, resultado. ➤ *Inicio.* **2. Triunfo**, victoria. ➤ *Fracaso.*

éxodo *s. m.* Huida, expatriación, abandono, peregrinación. ➤ *Repatriación.*

exoneración *s. f.* Desvinculación, inmunidad, exención.

exonerar *v. tr.* **1. Eximir**, librar. **2. Degradar**, relevar. ➤ *Rehabilitar.*

exorbitante *adj.* Exagerado, abusivo, extremado, desmesurado.

exordio *s. m.* Prefacio, proemio, prólogo. ➤ *Conclusión, epílogo.*

exótico, ca *adj.* **1. Foráneo**, forastero. ➤ *Castizo.* **2. Raro**, desusado, extraño, insólito. ➤ *Habitual, usual.*

exotismo *s. m.* Rareza, originalidad, singularidad. ➤ *Normalidad.*

expansión *s. f.* **1. Crecimiento**, dilatación, extensión, desarrollo. ➤ *Regresión.* **2. Entretenimiento**, distracción, esparcimiento. ➤ *Contención.*

expansivo, va *adj.* Cordial, abierto, comunicativo. ➤ *Retraído, hosco.*

expatriación *s. f.* Exilio, destierro.

expatriarse *v. prnl.* Exiliarse, emigrar. ➤ *Repatriar.*

expectación *s. f.* Ilusión, interés, curiosidad, atención. ➤ *Desinterés.*

expectante *adj.* Atento, interesado. ➤ *Descuidado, desinteresado.*

expectoración *s. f.* Esputo, gargajo, flema, salivajo, escupitajo.

expedientar *v. tr.* Castigar, censurar, sancionar, empapelar. ➤ *Premiar.*

expedir *v. tr.* **1. Diligenciar**, instruir, tramitar, cursar. **2. Mandar**, enviar.

expeditivo, va *adj.* Tajante, enérgico, dinámico. ➤ *Moroso, lento, calmoso.*

expedito, ta *adj.* Desocupado, libre.

expeler *v. tr.* Despedir, emitir, exhalar.

expendedor, ra *s. m. y s. f.* Vendedor, comerciante.

expender *v. tr.* Despachar, comerciar, detallar, vender. ➤ *Comprar.*

experiencia *s. f.* Ensayo, prueba, comprobación, conocimiento, costumbres, práctica, pericia, hábito, empirismo, lección, habilidad. ➤ *Inexperiencia, inhabilidad.*

experimentado, da *adj.* Avezado, curtido, diestro, ducho. ➤ *Novato.*

experimental *adj.* Empírico.

experimentar *v. tr.* **1. Ensayar**, probar. **2. Sentir**, sufrir, padecer.

experimento *s. m.* Investigación, prueba, experiencia, práctica.

experto, ta *adj.* Avezado, diestro, ducho, perito. ➤ *Inexperto, novato.*

expiación *s. f.* Castigo, pena, purgación, reparación, pago. ➤ *Agravio.*

expiar *v. tr.* **1. Reparar**, purgar, borrar, pagar, cumplir, satisfacer, compensar, purificar. **2. Penar**, padecer.

expiración *s. f.* **1. Acabamiento**, conclusión, final. ➤ *Inicio.* **2. Defunción**, fallecimiento, óbito. ➤ *Nacimiento.*

expirar *v. intr.* **1. Fallecer**, fenecer, morir. ➤ *Nacer.* **2. Concluir**, finalizar, terminar. ➤ *Comenzar, iniciar.*

explanar *v. tr.* **1. Igualar**, nivelar. **2. Desarrollar**, exponer. ➤ *Resumir.*

explayar *v. tr.* **1. Ampliar**, extender. ‖ *v. prnl.* **2. Distraerse**, expansionarse. ➤ *Aburrirse.* **3. Desahogarse**, franquearse. ➤ *Reprimirse, contenerse.*

explicable *adj.* Comprobable, demostrable, justificable. ➤ *Inexplicable.*

explicación *s. f.* **1. Excusa**, justificación. **2. Aclaración**, interpretación.

explicar *v. tr.* **1. Aclarar**, anunciar, declarar, descifrar, interpretar, esclarecer, glosar, traducir, especificar, desarrollar. **2. Comentar**, exponer, manifestar, revelar, definir. ➤ *Callar, silenciar.* **3. Excusar**, disculpar.

explícito, ta *adj.* Claro, determinado, expreso, manifiesto. ➤ *Implícito.*

exploración *s. f.* Batida, indagación, investigación, reconocimiento.

explorador, ra *s. m. y s. f.* Expedicionario, rastreador, descubridor.

explorar *v. tr.* Reconocer, inspeccionar, sondear, investigar, registrar, averiguar, rastrar, recorrer, batir, tantear, examinar, estudiar, indagar, auscultar.

explosión *s. f.* Bombazo, detonación, estallido, voladura, estampido.

explotar *v. tr.* **1. Aprovechar**, utilizar. **2. Reventar**, explosionar.

expoliar *v. tr.* Robar, explotar, chantajear, atropellar, despojar. ➤ *Proveer.*

exponer *v. tr.* **1. Describir**, manifestar. ➤ *Callar.* **2. Exhibir**, mostrar, ostentar, enseñar. ➤ *Ocultar.* ‖ *v. prnl.* **3. Aventurarse**, atreverse.

exportar *v. tr.* Enviar. ➤ *Importar.*

exposición *s. f.* **1. Declaración**, enunciación. **2. Muestra**, exhibición.

expósito, ta *adj.* Huérfano, hospiciano, echadillo, enechado, inclusero.

expositor, ra *s. m. y s. f.* **1. Feriante**, participante. ‖ *s. m.* **2. Vitrina**, escaparate, mostrador, stand.

expresar *v. tr.* **1. Decir**, hablar, declarar, exponer, articular, significar, proferir, contar, pronunciar, comunicar, formular. ➤ *Callar, silenciar.* **2. Ma-** nifestar, simbolizar. ‖ *v. prnl.* **3. Hablar**, manifestarse. ➤ *Callar.*

expresión *s. f.* **1. Enunciado**, explicación. **2. Locución**, palabra, vocablo.

expreso, sa *adj.* Explícito, especificado, patente, precisado. ➤ *Tácito.*

exprimir *v. tr.* Prensar, retorcer, comprimir, presionar, aprovechar, estrujar.

expropiación *s. f.* Apropiación, confiscación, embargo, expolio.

expropiar *v. tr.* Desposeer, privar.

expuesto, ta *adj.* Aventurado, comprometido, arriesgado. ➤ *Seguro.*

expugnación *s. f.* Conquista, apoderamiento, arremetida, asalto, ataque. ➤ *Rechazo, resistencia.*

expulsar *v. tr.* Arrojar, lanzar, desterrar, desalojar, expeler, eliminar, alejar, apartar, despedir, aventar. ➤ *Admitir, recibir, acoger, dejar.*

expulsión *s. f.* Apartamiento, arrojamiento, cese, despido, desalojo. ➤ *Admisión, aceptación, inclusión.*

exquisitez *s. f.* Finura, nata, primor.

exquisito, ta *adj.* Primoroso, cortés, atento, fino, delicioso. ➤ *Tosco.*

extasiarse *v. prnl.* Embelesarse, pasmarse, arrobarse, embriagarse, transportarse, ensimismarse, abstraerse, elevarse, exaltarse.

éxtasis *s. m.* **1. Arrobo**, rapto. **2. Admiración**, embeleso, delirio.

extender *v. tr.* **1. Expandir**, dilatar, desparramar. ➤ *Reducir.* **2. Desplegar**, desenrollar, desarrollar. ➤ *Plegar, doblar, recoger.* ‖ *v. prnl.* **3. Explayarse.** ➤ *Contenerse.* **4. Difundir**, divulgar, propalar. ➤ *Ocultar.*

extensible *adj.* Desenrollable, desplegable, dilatable. ➤ *Plegable.*

extensión *s. f.* **1. Difusión**, divulgación. **2. Superficie,** envergadura, longitud. **3. Generalización.**

extenso, sa *adj.* Dilatado, vasto, espacioso. ➤ *Reducido, exiguo, breve.*

extenuar *v. tr.* Abatir, aplanar, derrengar, cansar, fatigar. ➤ *Vigorizar.*

exterior *adj.* **1. Superficial**, externo, extrínseco. ➤ *Interno.* ‖ *s. m.* **2. Superficie**, periferia. **3. Aspecto**, fachada, porte, apariencia. ➤ *Interior.*

exteriorizar *v. tr.* Descubrir, manifestar, revelar. ➤ *Ocultar, callar.*

exterminar *v. tr.* Aniquilar, suprimir, extinguir, destruir, demoler, asolar, destruir. ➤ *Crear, reconstruir.*

exterminio *s. m.* Destrucción, aniquilación, fulminación, masacre.

externo, na *adj.* Exterior, superficial, visible. ➤ *Interno, interior.*

extinción *s. f.* Acabamiento, apagamiento, cese. ➤ *Comienzo, inicio.*

extinguir *v. tr.* Liquidar, concluir, terminar, finalizar, apagar. ➤ *Reavivar.*

extirpación *s. f.* Ablación, amputación, supresión. ➤ *Implantación.*

extirpar *v. tr.* **1. Descuajar**, desarraigar, extraer, erradicar. **2. Extinguir**, suprimir, eliminar. ➤ *Iniciar.*

extorsionar *v. tr.* **1. Confiscar**, despojar. ➤ *Restituir.* **2. Perturbar**, malograr, menoscabar. ➤ *Beneficiar.*

extra *adj.* **1. Óptimo**, muy bueno, superior, espléndido. ➤ *Inferior.* ‖ *s. m.* **2. Complemento**, suplemento. **3. Figurante**, comparsa. ➤ *Protagonista.*

extractar *v. tr.* Compendiar, acortar, simplificar, abreviar. ➤ *Ampliar.*

extracto *s. m.* Compendio, sumario.

extradición *s. f.* Deportación.

extraer *v. tr.* **1. Quitar**, privar, arrancar, sacar, desclavar, separar, desembolsar, desenvainar. ➤ *Introducir, meter, clavar.* **2. Exprimir**, vaciar. ➤ *Introducir.* **3. Raro**, singular, original, diferente, especial, insólito, curioso, exótico, desusado, extravagante, irregular. ➤ *Común, usual, normal.*

extralimitación *s. f.* Abuso, exceso, irregularidad. ➤ *Comedimiento.*

extralimitarse *v. prnl.* Propasarse, descomedirse, excederse. ➤ *Limitarse.*

extranjero, ra *adj.* Foráneo, forastero, advenedizo. ➤ *Indígena, natural.*

extrañar *v. tr.* **1. Exiliar**, deportar, expatriar. **2. Sorprender**, pasmar, admirar. **3. Añorar**, rememorar.

extrañeza *s. f.* Rareza, singularidad. ➤ *Normalidad.* .

extraño, ña *adj.* **1. Ajeno**, exótico, extranjero. ➤ *Normal, común.* **2. Sorprendente**, misterioso, insólito.

extraordinario, ria *adj.* Excepcional, fabuloso, insólito, maravilloso, extraño. ➤ *Normal, común.*

extraterrestre *adj.* **1. Celeste**, cósmico, planetario. **2. Alienígena**.

extraterritorialidad *s. f.* Inmunidad, prerrogativa.

extravagancia *s. f.* **1. Anomalía**, originalidad, rareza. ➤ *Normalidad.* **2. Bufonada**, disparate, incongruencia.

extravagante *adj.* Extraño, raro, estrambótico. ➤ *Normal, común.*

extraversión *s. f.* Sociabilidad, accesibilidad, efusión. ➤ *Introversión.*

extravertido, da *adj.* Sociable, abierto, tratable. ➤ *Insociable, introvertido.*

extraviado, da *adj.* **1. Corrompido**, depravado, inmoral. ➤ *Virtuoso.* **2. Perdido**, apartado. ➤ *Frecuentado.*

extraviar *v. tr.* **1. Desorientar**, desviar. ➤ *Encaminar, orientar.* ‖ *v. prnl.* **2. Perderse.** ➤ *Encontrar.* **3. Relajarse**, descarriarse. ➤ *Enderezarse.*

extremado, da *adj.* Exagerado, excesivo. ➤ *Mesurado, comedido.*

extremidad *s. f.* **1. Extremo**, final, cabo, término, punta, borde, orilla, límite, fin. **2. Miembro**, brazo, pierna, cola, pata, rabo, mano, pie.

extremista *adj.* Fanático, radical, exaltado. ➤ *Objetivo, tolerante.*

extremo, ma *adj.* **1. Lejano**, apartado. ➤ *Próximo.* **2. Excesivo**, exagerado. ➤ *Moderado.* ‖ *s. m. pl.* **3. Aspavientos**, cruces.

extremoso, sa *adj.* Exagerado, extremista, radical, exaltado. ➤ *Comedido, mesurado.*

extrínseco, ca *adj.* Accesorio, accidental, exterior. ➤ *Intrínseco.*

exuberancia *s. f.* Abundancia, plenitud, profusión, plétora, exceso. ➤ *Escasez, parquedad, falta, carestía.*

exuberante *adj.* Frondoso, profuso, rico, copioso, fértil. ➤ *Escaso, pobre.*

exudación *s. f.* Filtración, secreción, rezumamiento, sudor. ➤ *Absorción*

exudar *v. intr.* Destilar, rezumar.

exvoto *s. m.* Ofrenda, presente.

eyacular *v. tr.* **1. Secretar**, excretar, arrojar. **2. Correrse.**

F f

fábrica *s. f.* **1. Fabricación**, manufactura. **2. Factoría**, industria, taller. **3. Construcción**, edificación, nave.

fabricación *s. f.* Elaboración, industria, producción.

fabricar *v. tr.* **1. Manufacturar**, elaborar, producir. **2. Edificar**, obrar, construir. ➤ *Destruir, demoler.* **3. Imaginar**, inventar, forjar.

fábula *s. f.* **1. Bulo**, chisme, hablilla, rumor, mentira. ➤ *Verdad.* **2. Ficción**, cuento. **3. Apólogo**, mito. **4. Mitología**, leyenda, quimera.

fabulación *s. f.* Invención, maquinación, ficción.

fabular *v. tr.* Idear, crear, fantasear, inventar, maquinar.

fabuloso, sa *adj.* **1. Mítico**, legendario, imaginario, inventado, maravilloso, fantástico, ficticio, irreal. ➤ *Histórico, real, verdadero.* **2. Excelente**, extraordinario, increíble, exagerado, fantástico, prodigioso, quimérico, inverosímil, excesivo. ➤ *Mediocre, normal, corriente, vulgar.*

faca *s. f.* Daga, puñal, cuchillo, facón.

facción *s. f.* **1. Parcialidad**, bando, camarilla, partida, banda, guerrilla, panda. **2. Ala**, grupo. ∥ *s. f. pl.* **3. Rasgos**, fisonomía, perfil, apariencia, semblante, líneas.

faccionario, ria *adj.* Partidario, partidista, adepto.

faccioso, sa *adj.* **1. Rebelde**, insurrecto, sedicioso, sublevado, amotinado. **2. Agitador**, perturbador.

facecia *s. f.* Agudeza, chiste, chascarrillo.

faceta *s. f.* **1. Lado**, canto, cara. **2. Dimensión**, vertiente, apariencia, circunstancia, aspecto.

facha *s. f.* **1. Apariencia**, presencia, pinta, estampa, figura, porte, catadura. **2. Birria**, esperpento, espantajo. ➤ *Belleza, hermosura.*

fachada *s. f.* **1. Frente**, frontispicio. **2. Aspecto**, facha. **3. Portada**, cubierta.

fachenda *s. f.* **1. Presunción**, empaque, altanería, engreimiento. ➤ *Modestia, humildad.* ∥ *s. m. y s. f.* **2. Fachendoso**, jactancioso. ➤ *Modesto, humilde.*

fachendear *v. intr.* Jactarse, vanagloriarse, alardear. ➤ *Humillarse.*

fachendista *adj.* Jactancioso, vanidoso, soberbio. ➤ *Modesto, sencillo.*

fachinal *s. m.* Aguazal, charca, estero.

fachoso, sa *adj.* Arrogante, jactancioso, vanidoso. ➤ *Tímido.*

fácil *adj.* **1. Sencillo**, hacedero, cómodo, elemental, factible, llano, corriente, obvio, claro, accesible, asequible. ➤ *Difícil, duro, complicado, delicado, dificultoso, trabajoso, intrincado.* **2. Probable**, posible, previsible. ➤ *Difícil, improbable.* **3. Tratable**, manejable, sociable, sumiso, dócil. ➤ *Difícil, intratable, rebelde.*

facilidad *s. f.* **1. Comodidad**, sencillez, simplicidad, factibilidad. ➤ *Complicación, dificultad, gravedad.* **2. Aptitud**, capacidad, habilidad, desenvoltura. ➤ *Incapacidad.* **3. Ocasión**, oportunidad, posibilidad. ➤ *Imposibilidad.* **4. Liviandad**, ligereza, condescendencia. ∥ *s. f. pl.* **5. Ventajas**.

facilitar *v. tr.* **1. Favorecer**, posibilitar, permitir, simplificar, allanar, desenderezar, destrabar, preparar, endulzar, suavizar, aclarar. ➤ *Dificultar, enredar, imposibilitar, complicar.* **2. Proveer**, suministrar, dar, entregar, proporcionar. ➤ *Negar, quitar.*

facineroso, sa *adj.* **1. Malhechor**, bandido, forajido. ➤ *Honrado.* ∥ *s. m. y s. f.* **2. Canalla**, criminal, malvado.

facistol *s. m.* **1. Atril**. **2. Engreído**, pedante, vanidoso, petulante. ➤ *Humilde, discreto.*

facsímil *s. m.* Reproducción, imitación, duplicado, copia. ➤ *Original.*

factible *adj.* Realizable, hacedero, posible, viable, practicable. ➤ *Imposible, irrealizable.*

facticio, cia *adj.* Artificial, artificioso. ➤ *Natural.*

fáctico, ca *adj.* Real, comprobable, constatable. ➤ *Teórico, imaginario.*

factor *s. m.* **1. Agente**, elemento, causa, principio. **2. Multiplicador**, número, coeficiente, cifra. **3. Representante**, delegado, apoderado.

factoría *s. f.* Taller, industria, fábrica.

factótum *s. m.* **1. Recadero. 2. Agente**, representante.

factura *s. f.* **1. Ejecución**, hechura. **2. Nota**, resumen, extracto, detalle, suma.

facturación *s. f.* Entrega, envío, expedición. ➤ *Recepción.*

facturar *v. tr.* Cargar, apuntar, cobrar.

facultad *s. f.* **1. Capacidad**, aptitud. ➤ *Incapacidad.* **2. Potestad**, derecho, atribuciones. **3. Autorización**, consentimiento, licencia, permiso. ➤ *Prohibición.* **4. Universidad**, escuela, colegio, cátedra, seminario.

facultar *v. tr.* Autorizar, comisionar, delegar. ➤ *Desautorizar.*

facultativo, va *adj.* **1. Prudencial**, discrecional, potestativo, voluntario. ‖ *s. m. y s. f.* **2. Médico**, cirujano.

facundia *s. f.* Charlatanería, labia, locuacidad. ➤ *Reserva, parquedad.*

facundo, da *adj.* Locuaz, verboso, gárrulo. ➤ *Parco, callado.*

faena *s. f.* **1. Quehacer**, tarea, labor, estudio. ➤ *Ocio, descanso.* **2. Jugarreta**, trastada, mala pasada. ➤ *Ayuda.* **3. Lidia**, toreo.

faenero, ra *s. m. y s. f.* Jornalero, labrador, peón, operario. ➤ *Patrón.*

faino, na *adj.* Rudo, tosco, rústico, ingenuo. ➤ *Urbano.*

faja *s. f.* **1. Banda**, cinta, tira. **2. Ceñidor**, corsé, justillo. **3. Franja**, sector.

fajar *v. tr.* **1. Ajustar**, envolver, ceñir. **2. Castigar**, golpear, pegar.

fajo *s. m.* Manojo, puñado, montón, haz.

falacia *s. f.* Ficción, falsedad, fraude, engaño. ➤ *Verdad, honestidad.*

falange *s. f.* Tropa, cohorte, batallón.

falárica *s. f.* Lanza, dardo.

falaz *adj.* **1. Engañoso**, mentiroso, fingido, ficticio, falso. ➤ *Real, verdadero.* **2. Artero**, embustero, embaucador. ➤ *Sincero, natural.*

falazmente *adv. m.* Engañosamente. ➤ *Sinceramente.*

falcar *v. tr.* Calzar.

falciforme *adj.* Curvo. ➤ *Recto.*

falda *s. f.* **1. Saya**, pollera, faldilla, basquiña, campana, combinación, miriñaque, guardainfante, enaguas, halda. **2. Ladera**, vertiente.

falencia *s. f.* **1. Inexactitud**, equivocación, error. ➤ *Acierto.* **2. Insolvencia**, ruina, quiebra. ➤ *Solvencia.*

falibilidad *s. f.* Desacierto, inexactitud, fallo. ➤ *Acierto.*

falible *adj.* **1. Engañoso. 2. Equívoco**, erróneo, inexacto. ➤ *Infalible, exacto.*

falla *s. f.* **1. Imperfección**, falta, defecto. ➤ *Perfección.* **2. Brecha**, grieta.

fallar[1] *v. tr.* Sentenciar, resolver, decretar, dictaminar.

fallar[2] *v. intr.* Fracasar, faltar, malograr, marrar, errar. ➤ *Acertar.*

falleba *s. f.* Cerrojo, cierre, pestillo.

fallecer *v. intr.* Morir, perecer, expirar, fenecer, finar. ➤ *Nacer, vivir, existir.*

fallecimiento *s. m.* Defunción, muerte, óbito. ➤ *Nacimiento, alumbramiento.*

fallido, da *adj.* Marrado, quebrado, frustrado, sin efecto. ➤ *Logrado.*

fallo[1] *s. m.* **1. Veredicto**, sentencia, dictamen. **2. Decisión**, resolución.

fallo[2] *s. m.* Defecto, error, falta, tacha. ➤ *Perfección.*

falo *s. m.* Pene.

falsabraga *s. f.* Contramuro, contramuralla.

falsario, ria *adj.* **1. Falsificador**, adulterador, falseador. **2. Mentiroso**, farsante. ➤ *Sincero.*

falseamiento *s. m.* Adulteración, falsificación, impostura. ➤ *Sinceridad, veracidad.*

falsear *v. tr.* **1. Falsificar**, desnaturalizar, deformar, desvirtuar, adulterar, pervertir, mentir, suplantar, imitar, disfrazar. ‖ *v. intr.* **2. Ceder**, flojear, debilitarse. ➤ *Resistir.*

falsedad *s. f.* **1. Mentira**, engaño, impostura, disimulo, calumnia, perjurio, inexactitud. ➤ *Verdad, lealtad, legitimidad.* **2. Hipocresía**, doblez, embuste, chanchullo. ➤ *Autenticidad.*

falsía *s. f.* Falsedad, doblez, hipocresía, fingimiento. ➤ *Veracidad, honradez, sinceridad, franqueza.*

falsificación *s. f.* Adulteración, fraude. ➤ *Original, auténtico.*

falsificar *v. tr.* Adulterar, mixtificar, falsear, contrahacer.

falso, sa *adj.* **1. Ficticio**, artificial, imitado, engañoso, simulado, fingido, apócrifo, incierto, aparente, ilegítimo, falsificado, postizo. ➤ *Genuino, auténtico, verdadero, legítimo, natural, real.* **2. Hipócrita**, impostor, mentiroso, traidor, infiel, desleal, falaz, embustero. ➤ *Sincero, veraz, leal, fiel.*

falta *s. f.* **1. Imperfección**, tacha, deficiencia, carencia, tara, anomalía, desperfecto. ➤ *Perfección.* **2. Error**, yerro, fallo, desacierto, equivocación, confusión. ➤ *Acierto.* **3. Carencia**, déficit, escasez, necesidad, carestía, insuficiencia. ➤ *Sobra, abundancia, copia, cantidad.* **4. Ausencia**, inasistencia. ➤ *Asistencia, presencia.* **5. Culpa**, delito, pecado. ➤ *Virtud, buena acción.* **6. Penalización.** ➤ *Gratificación, premio.*

faltar *v. intr.* **1. Ausentarse**, no asistir, desaparecer. ➤ *Asistir, presentarse.* **2. Carecer**, necesitar, escasear, hacer falta. ➤ *Sobrar, abundar, tener.* **3. Acabarse**, consumirse, fallecer. ‖ *v. tr.* **4. Insultar**, humillar, ofender, injuriar. ➤ *Respetar, disculparse.* **5. Infringir**, incumplir. ➤ *Cumplir, acatar.*

falto, ta *adj.* Carente, escaso, desprovisto. ➤ *Sobrado, lleno.*

faltón, na *adj.* Frívolo, inconstante. ➤ *Atento.*

faltoso, sa *adj.* Trastornado. ➤ *Juicioso.*

fama *s. f.* **1. Renombre**, notoriedad, popularidad, reputación. ➤ *Impopularidad.* **2. Triunfo**, éxito, celebridad, gloria. ➤ *Anonimato, modestia.*

famélico, ca *adj.* Ansioso, hambriento, ávido, necesitado, flaco. ➤ *Harto.*

familia *s. f.* **1. Parentela**, parientes, familiares, ascendientes, descendientes. **2. Linaje**, casta, dinastía, parentesco.

familiar *adj.* **1. Consanguíneo. 2. Conocido**, ordinario, habitual. ➤ *Raro.* **3. Corriente**, natural, casero, íntimo, informal. ➤ *Protocolario, ceremonioso.* **4. Sencillo**, natural, coloquial. ➤ *Literario, culto.* ‖ *s. m.* **5. Pariente**, allegado, deudo.

familiaridad *s. f.* Confianza, intimidad. ➤ *Desconfianza, protocolo.*

familiarizarse *v. prnl.* Habituarse, hacerse, adaptarse, acostumbrarse.

famoso, sa *adj.* **1. Renombrado**, célebre, popular, conocido, señalado, memorable, inolvidable, inmortal, celebérrimo. ➤ *Desconocido, anónimo.* **2. Excelso**, glorioso, bueno, perfecto, excelente, acreditado, magno, insigne, ilustre, ínclito. ➤ *Infame, innoble, despreciable, indigno, corriente.* **3. Notable**, distinguido, insigne. ➤ *Corriente, vulgar.*

fámula *s. f.* Doméstica, sirvienta, asistenta, criada.

fanático, ca *adj.* **1. Exaltado**, apasionado, intransigente, intolerante. ➤ *Moderado.* **2. Obcecado**, ferviente, entusiasmado. ➤ *Razonable.*

fanatismo *s. m.* Exaltación, intransigencia, intolerancia. ➤ *Tolerancia, ecuanimidad.*

fandanguero, ra *adj.* Juerguista, parrandero. ➤ *Formal, serio.*

fané *adj.* **1. Antiguo**, demodé. ➤ *Moderno, actual.* **2. Lacio**, marchito, ajado, mustio. ➤ *Lozano.* **3. Débil**, descolorido, lánguido. ➤ *Vivo.*

fanfarria *s. f.* Desplante, chulería, jactancia. ➤ *Humildad, modestia.*

fanfarrón, na *adj.* Bravucón, valentón, matasiete, ostentoso, vanidoso, orgulloso. ➤ *Modesto, tímido.*

fanfarronada *s. f.* Jactancia, presunción, petulancia. ➤ *Humildad.*

fanfarronería *s. f.* Majeza, vanagloria.

fango *s. m.* Barro, lodo, limo.

fangoso, sa *adj.* Lodoso, cenagoso.

fantasear *v. intr.* Imaginar, inventar, soñar, crear, fingir. ➤ *Constatar.*

fantasía *s. f.* **1. Imaginación**, inventiva, ficción. ➤ *Realismo, objetividad.* **2. Invención**, entelequia, sueño, visión, espejismo. ➤ *Realidad.* **3. Fábula**, leyenda, quimera. ➤ *Historia.*

fantasioso, sa *adj.* **1. Presumido**, ostentoso, vanidoso, fanfarrón. ➤ *Modesto.* **2. Soñador**, imaginativo. ➤ *Realista.*

fantasma *s. m.* **1. Aparición**, espectro, sombra, trasgo, espíritu. ‖ *adj.* **2. Vanidoso**, orgulloso, fanfarrón. ➤ *Tímido, modesto, sencillo.* **3. Inexistente**, quimérico. ➤ *Real.* **4. Deshabitado**, desierto. ➤ *Habitado.*

fantasmagórico, ca *adj.* Aterrador, espectral, sobrecogedor.

fantasmal *adj.* Espectral, soñado.

fantasmón, na *adj.* **1. Fantasioso**, fanfarrón. ➤ *Sencillo, humilde.* ‖ *s. m. y s. f.* **2. Estantigua**, fantoche.

fantástico, ca *adj.* **1. Imaginario**, fantasmal. ➤ *Real, realista.* **2. Sobrenatural**, fabuloso. ➤ *Real.* **3. Soberbio**, magnífico, extraordinario.

fantochada *s. f.* Tontería, fanfarronada.

fantoche *s. m.* **1. Marioneta**, polichinela, títere. **2. Fanfarrón**, fantasioso.

farallón *s. m.* Acantilado, arrecife, roca.

farándula *s. f.* **1. Teatro**, espectáculo. **2. Cómicos**, actores, compañía.

faraónico, ca *adj.* Titánico, colosal, grandioso. ➤ *Modesto, normal.*

fardar *v. tr.* **1. Aprovisionar**, equipar, proveer, surtir, abastecer. ‖ *v. intr.* **2. Jactarse**, gloriarse, ufanarse.

fardo *s. m.* Bulto, paquete, saco, talego, bolsa, atadijo, envoltorio, bala, peso, rebujo.

farfallón, na *adj.* Embrollador, liante, farfullero, chapucero.

farfantón, na *s. m. y s. f.* Baladrón, bravucón, fantoche.

farfantonada *s. f.* Baladronada, bravata.

farfullador, ra *adj.* Embarullador, embrollador, farfullero.

farfullar *v. tr.* **1. Barbotar**, mascullar, barbullar, chapurrear, balbucir. ➤ *Vocalizar, deletrear.* **2. Atropellar**, embrollar, embarullar, chapucear, enredar. ➤ *Esmerarse, afanarse.*

fariseo *s. m.* **1. Hipócrita**, astuto, simulador. ➤ *Franco, veraz.* **2. Malicioso**, solapado.

farmacia *s. f.* Botica, laboratorio, droguería.

farmacopea *s. f.* Recetario.

farol *s. m.* **1. Fanal**, linterna, lámpara, foco, reflector. **2. Lance**, jugada, trampa, truco.

farolear *v. intr.* Presumir, jactarse, darse tono.

farolón, na *adj.* Fantoche, figurón, fachendoso, farolero.

farotón, na *adj.* Descarado, desvergonzado.

farra *s. f.* Parranda, juerga, jarana.

fárrago *s. m.* Maremágnum, caos, barullo. ➤ *Orden.*

farragoso, sa *adj.* Desordenado, confuso, enmarañado, incomprensible. ➤ *Claro.*

farrear *v. intr.* Divertirse, parrandear.

farsa *s. f.* **1. Sainete**, comedia, pantomima, parodia. **2. Engaño**, simulación, disimulo, enredo. ➤ *Sinceridad.*

farsante, ta *adj.* **1. Engañoso**, simulador, embaucador, embustero. ➤ *Sincero, franco.* ‖ *s. m. y s. f.* **2. Comediante**, actor, cómico.

fascinación *s. f.* **1. Embrujo**, hechizo, aojo. ➤ *Desencantamiento.* **2. Embeleso**, engaño, alucinación, espejismo. **3. Encanto**, seducción, atracción. ➤ *Repulsión.*

fascinador, ra *adj.* Atractivo, deslumbrador, encantador, atrayente. ➤ *Repulsivo.*

fascinante *adj.* Atrayente, deslumbrante.

fascinar *v. tr.* **1. Atraer**, gustar, encantar. ➤ *Repeler.* **2. Seducir**, deslumbrar, alucinar, embelesar. ➤ *Desencantar.* **3. Aojar**, hechizar, embrujar.

fascismo *s. m.* Autoritarismo, totalitarismo. ➤ *Democracia.*

fase *s. f.* Período, estado, parte, ciclo, curso, aspecto.

fastidiado, da *adj.* Enfermo, pachucho, tocado. ➤ *Sano, lozano.*

fastidiar *v. tr.* **1. Hastiar**, cansar, aburrir, estomagar, hartar, empalagar. ➤ *Divertir, gustar, entretener.* **2. Molestar**, enojar, disgustar, enfadar, importunar. ➤ *Agradar.* **3. Perjudicar.** ➤ *Beneficiar.* ‖ *v. prnl.* **4. Aguantarse**, conformarse. ➤ *Rebelarse.*

fastidio *s. m.* **1. Incomodidad**, molestia. **2. Disgusto**, asco, enojo, cansancio, hastío. ➤ *Agrado.*

fastidioso, sa *adj.* Tedioso, cargante, latoso, importuno, enfadoso.

fasto, ta *adj.* **Memorable**, venturoso. ➤ *Nefasto.*

fastos *s. m. pl.* Anales, cronología, calendario.

fastuosidad *s. f.* Boato, lujo, esplendor. ➤ *Moderación, humildad, modestia.*

fastuoso, sa *adj.* Suntuoso, espléndido, lujoso, magnífico. ➤ *Humilde, modesto.*

fatal *adj.* **1. Inevitable**, ineludible, forzoso, inexcusable, inexorable, predestinado, irrevocable, necesario, preciso. ➤ *Evitable, innecesario, eludible.* **2. Malo**, infeliz, desgraciado, adverso, funesto, nefasto, aciago, deplorable, fatídico. ➤ *Afortunado, bueno, feliz, favorable, saludable.*

fatalidad *s. f.* Desdicha, calamidad, infortunio, desgracia. ➤ *Fortuna.*

fatalismo *s. m.* Pesimismo, desesperanza, desilusión. ➤ *Ánimo.*

fatídico, ca *adj.* Funesto, aciago, nefasto. ➤ *Propicio.*

fatiga *s. f.* **1. Desfallecimiento**, agotamiento, cansancio, debilitamiento, ajetreo, agobio, debilidad. ➤ *Recuperación, descanso, aliento.* **2. Sofoco**, ahogo, sofocación, agitación, jadeo, asma. **3. Sufrimiento**, molestia, penalidad, daño, disgusto, penuria. ➤ *Comodidad.* **4. Náuseas.** ‖ *s. f. pl.* **5. Penuria**, pesadumbre. ➤ *Alegría.*

fatigar *v. tr.* **1. Cansar**, agotar, extenuar, rendir, reventar, ajetrear, desalentar, deslomar, moler, abatir. ➤ *Descansar, reposar, holgar.* **2. Molestar**, incomodar, acosar, fastidiar, incordiar, enojar, irritar, disgustar, hartar. ➤ *Agradar, distraer, divertir.*

fatigoso, sa *adj.* **1. Cansado**, fatigado. ➤ *Descansado.* **2. Extenuante**, agotador. ➤ *Reconfortante, relajante.*

fatuidad *s. f.* **1. Necedad**, tontería, bobada. **2. Petulancia**, ufanía, vanidad, presunción.

fatuo, tua *adj.* **1. Necio**, estúpido, insensato. ➤ *Inteligente, prudente, cabal.* **2. Vano**, presuntuoso, presumido, engreído, petulante. ➤ *Humilde, modesto, sencillo.*

fausto *s. m.* Ostentación, suntuosidad, magnificencia, lujo. ➤ *Modestia.*

fausto, ta *adj.* Venturoso, dichoso, feliz, afortunado. ➤ *Triste, desgraciado.*

favor *s. m.* **1. Socorro**, patrocinio, amparo, ayuda, auxilio. ➤ *Faena, fechoría, perjuicio, daño.* **2. Servicio**, gracia, merced, distinción, concesión.

favorable *adj.* Dispuesto, inclinado, oportuno, conveniente. ➤ *Desfavorable.*

favorecedor, ra *adj.* **1. Bienhechor**, benefactor, protector. ➤ *Perjudicial.* **2. Embellecedor.**

favorecer *v. tr.* **1. Ayudar**, amparar, proteger, auxiliar, defender, socorrer. ➤ *Desamparar, desasistir, abandonar.* **2. Secundar**, auspiciar, patrocinar, proteger, apoyar. ➤ *Perjudicar, dañar.* **3. Dispensar**, beneficiar, otorgar, conceder. ➤ *Denegar.* **4. Embellecer**, sentar bien. ➤ *Afear, sentar mal.*

favoritismo *s. m.* Predilección, parcialidad, favor, preferencia. ➤ *Igualdad, equidad.*

favorito, ta *adj.* **1. Preferido**, predilecto, privilegiado. ➤ *Relegado, despreciado.* ‖ *s. m. y s. f.* **2. Valido**, privado.

faz *s. f.* Fisonomía, semblante, efigie, facciones, rostro, cara.

fe *s. f.* **1. Dogma**, creencia, religión, ideología ➤ *Incredulidad.* **2. Confianza**, crédito, seguridad, certeza. ➤ *Desconfianza.* **3. Prueba**, testimonio, evidencia. ➤ *Duda.* **4. Certificado**, certificación, testimonio, atestación. **5. Fidelidad**, rectitud, lealtad, honradez. ➤ *Deslealtad, infidelidad.*

fealdad *s. f.* Deformidad, imperfección, irregularidad, desproporción. ➤ *Belleza, hermosura.*

febrera *s. f.* Canal, acequia, zanja.

febricitante *adj.* Calenturiento, febril.

febrícula *s. f.* Ardor, calor, fiebre, hipertermia.

febrífugo, ga *adj.* Antipirético, antitérmico. ➤ *Febril.*

febril *adj.* **1. Calenturiento**, ardiente, afiebrado. ➤ *Sano, hipotérmico.* **2. Nervioso**, ansioso, inquieto. ➤ *Tranquilo.*

fecha *s. f.* **1. Data**, día. **2. Hoy**, ahora, ya. **3. Plazo**, vencimiento, término, período.

fechar *v. tr.* Registrar, datar, registrar, encabezar.

fechoría *s. f.* Trastada, felonía, faena. ➤ *Favor, ayuda.*

fécula *s. f.* Almidón, harina, albumen, hidrato de carbono.

fecundación *s. f.* Inseminación, fertilización, procreación, cópula, unión, polinización.

fecundar *v. tr.* **1. Fecundizar**, fertilizar, polinizar. ➤ *Esterilizar.* **2. Procrear**, preñar, copular.

fecundidad *s. f.* Fertilidad, feracidad. ➤ *Esterilidad, impotencia.*

fecundizar *v. tr.* Abonar, enriquecer, fertilizar, fecundar. ➤ *Esterilizar.*

fecundo, da *adj.* **1. Prolífico**, fértil, fructuoso. ➤ *Infecundo, estéril.* **2. Productivo**, rico, feraz, ubérrimo. ➤ *Pobre, baldío.*

federación *s. f.* **1. Alianza**, pacto, tratado, convenio. **2. Confederación**, coalición, liga, agrupación. ➤ *Separación, desunión.*

federar *v. tr.* Asociar, agrupar, coaligar. ➤ *Disgregar, separar.*

fehaciente *adj.* Evidente, indiscutible, fidedigno, palmario. ➤ *Dudoso.*

felicidad *s. f.* **1. Dicha**, ventura, bienestar. ➤ *Infelicidad.* **2. Contento**, satisfacción, gusto. ➤ *Desencanto, dolor, frustración.* **3. Fortuna**, buena suerte.

felicitación *s. f.* Enhorabuena, parabién, congratulación, pláceme. ➤ *Crítica, pésame.*

felicitar *v. tr.* Congratular, cumplimentar, agasajar. ➤ *Criticar.*

feligrés, sa *s. m. y s. f.* Devoto, piadoso, congregante, fiel.

feliz *adj.* Dichoso, venturoso, afortunado, fausto, risueño, satisfecho. ➤ *Desdichado, desafortunado, infeliz.*

felizmente *adv. m.* Afortunadamente, dichosamente, venturosamente, satisfactoriamente. ➤ *Desgraciadamente.*

felón, na *adj.* Desleal, bellaco, infame, pérfido. ➤ *Leal, fiable.*

felonía *s. f.* Infamia, alevosía, perfidia, deslealtad. ➤ *Lealtad, fiabilidad.*

felpa *s. f.* **1. Terciopelo**, dacha. **2. Paliza**, tunda, zurra, solfa. **3. Regañina**, reprimenda, rapapolvo.

femenil *adj.* Femenino, femíneo, mujeril. ➤ *Viril, masculino.*

femenino, na *adj.* **1. Femenil**, femíneo. ➤ *Masculino, viril.* **2. Afeminado**.

fementido, da *adj.* Pérfido, desleal, infiel. ➤ *Leal, fiel.*

feminoide *adj.* Afeminado. ➤ *Hombruno, viril.*

femoral *adj.* Crural.

fenecer *v. intr.* **1. Fallecer**, morir. ➤ *Vivir, sobrevivir.* **2. Acabarse**, terminarse. ➤ *Empezar, continuar.*

fenecimiento *s. m.* Fallecimiento, óbito, fin, muerte. ➤ *Nacimiento.*

fenicio, cia *adj.* Sidonio, fenice.

fenomenal *adj.* **1. Fenoménico**. **2. Desmesurado**, descomunal. ➤ *Minúsculo.* **3. Extraordinario**, estupendo, fantástico, genial, maravilloso. ➤ *Desagradable.*

fenómeno *s. m.* **1. Prodigio**, portento, rareza, maravilla. **2. Engendro**, espantajo, monstruo. ➤ *Perfección, belleza.*

feo, a *adj.* **1. Antiestético**, espantoso, monstruoso, horrible, atroz, deforme, desagradable, repulsivo. ➤ *Hermoso, bello, atractivo, agradable.* ‖ *s. m.* **2. Grosería**, descortesía, menosprecio, afrenta, desatención, incorrección, inconveniencia. ➤ *Aprecio, atención, cortesía.*

feracidad *s. f.* Fecundidad, fertilidad, riqueza, productividad. ➤ *Esterilidad.*

feraz *adj.* Fecundo, productivo, fructuoso. ➤ *Estéril, yermo.*

féretro *s. m.* Ataúd, caja mortuoria, sarcófago.

feria *s. f.* **1. Atracciones**, caballitos, barracas. **2. Mercado. 3. Asueto**, fiesta, festejo. ➤ *Día laborable.*

feriante *adj.* Tratante, vendedor.

fermentar *v. intr.* **1. Agriarse**, pudrirse, descomponerse. **2. Agitarse**, inquietarse, alterarse. ➤ *Calmarse.*

fermento *s. m.* Levadura.

ferocidad *s. f.* Fiereza, crueldad, atrocidad, salvajismo, brutalidad, barbarie, encarnizamiento, violencia, inhumanidad, salvajada, bestialidad. ➤ *Humanidad, piedad, dulzura, afabilidad.*

feroz *adj.* Fiero, cruel, despiadado, inhumano, salvaje, violento, atroz, bárbaro, implacable, sanguinario. ➤ *Humanitario, bondadoso, inofensivo, dulce, pacífico.*

ferozmente *adv. m.* Bárbaramente, fieramente, salvajemente, bestialmente, brutalmente, violentamente. ➤ *Piadosamente, dulcemente.*

ferre *s. m.* Alforre, azor, rapaz.

férreo, a *adj.* **1. Resistente**, inflexible. ➤ *Blando, flexible.* **2. Implacable**, duro, tenaz, feroz. ➤ *Benévolo.*

ferrería *s. f.* Forja, herrería.

ferrón, na *s. m. y s. f.* Herrero.

ferry *s. m.* Transbordador.

fértil *adj.* Feraz, fructífero, fecundo, rico, productivo, fructuoso, prolífico, copioso, ubérrimo, generoso, óptimo, pingüe. ➤ *Infecundo, estéril, yermo, improductivo.*

fertilidad *s. f.* Fecundidad, feracidad, productividad, riqueza. ➤ *Esterilidad, escasez.*

fertilizante *s. m.* Abono, guano.

fertilizar *v. tr.* Fecundizar, abonar, enriquecer. ➤ *Esterilizar.*

férvido, da *adj.* Ardiente, ardoroso, urente, hirviente. ➤ *Gélido, helado.*

ferviente *adj.* **1. Fanático**, apasionado, entusiasta, ardoroso, vehemente, arrebatado, efusivo, caluroso, impetuoso, fogoso. ➤ *Apático, frío, indo-* lente, indiferente. **2. Devoto**, piadoso, fervoroso. ➤ *Irreligioso.*

fervor *s. m.* **1. Devoción**, piedad, misticismo, ascetismo, exaltación. ➤ *Frialdad, irreligiosidad.* **2. Celo**, ardor, entusiasmo, intensidad, vehemencia, impetuosidad, pasión, fogosidad, excitación, arrebato, efusión. ➤ *Apatía, indolencia, indiferencia.*

fervorosamente *adv. m.* Apasionadamente, vehementemente, exaltadamente, intensamente. ➤ *Apáticamente, indolentemente, fríamente, tibiamente.*

fervoroso, sa *adj.* **1. Devoto**, piadoso, místico. ➤ *Irreligioso, tibio.* **2. Entusiasta**, ardiente, férvido, cálido. ➤ *Indiferente, apático.*

festejante *adj.* Cortejador, galanteador, pretendiente, enamorado.

festejar *v. tr.* **1. Celebrar**, obsequiar, agasajar. ➤ *Ofender.* **2. Cortejar**, enamorar, rondar, camelar, requerir. ➤ *Desdeñar.*

festejos *s. m. pl.* Celebración, conmemoración, fiestas.

festín *s. m.* Convite, banquete, comilona, ágape.

festinación *s. f.* Celeridad, prisa, velocidad. ➤ *Tardanza, lentitud, morosidad.*

festival *s. m.* **1. Festejo**, función, verbena, espectáculo, fiesta. **2. Certamen**.

festividad *s. f.* Conmemoración, solemnidad, fiesta, celebración.

festivo, va *adj.* **1. Jovial**, jocoso, bromista. ➤ *Triste, serio.* **2. Descanso**, vacación. ➤ *Laborable, de diario.*

festón *s. m.* **1. Ribete**, orla. **2. Franja**, cenefa, faja, tira.

fetal *adj.* Embrionario.

fetiche *s. m.* Amuleto, talismán, tótem, ídolo, estatuilla.

fetichismo *s. m.* Idolatría, superstición.

fetidez *s. f.* Peste, pestilencia, hedor, hediondez, tufo. ➤ *Perfume, aroma, fragancia, esencia.*

fétido, da *adj.* Maloliente, pestilente, apestoso. ➤ *Aromático.*

feto *s. m.* **1. Germen. 2. Aborto. 3. Engendro**, horror, monstruo.

feudal *adj.* **1. Solariego**, señorial, medieval. **2. Tiránico**, dominante. ➤ *Tolerante, democrático.*

feudatario, ria *adj.* Tributario, vasallo. ➤ *Señor.*

feudo *s. m.* **1. Sujeción**, vasallaje. ➤ *Libertad.* **2. Heredad**, dominio, comarca. **3. Tributo.**

fiable *adj.* Honrado, íntegro, confiable, seguro. ➤ *Inseguro.*

fiado, da *adj.* A crédito, prestado.

fiador, ra *s. m. y s. f.* Garante, garantizador.

fiambrera *s. f.* Tartera.

fianza *s. f.* **1. Garantía**, caución, depósito. **2. Aval**, prenda. **3. Garante**, fiador.

fiar *v. tr.* **1. Garantizar**, responder, asegurar. **2. Prestar**, dejar, ceder, entregar. ‖ *v. intr.* **3. Confiar**, tener confianza, tener fe. ➤ *Desconfiar.*

fiasco *s. m.* Decepción, fracaso, chasco. ➤ *Éxito.*

fibra *s. f.* **1. Hebra**, filamento, hilo. **2. Vigor**, nervio, energía. ➤ *Debilidad.*

fibrocemento *s. m.* Uralita.

fíbula *s. f.* Alfiler, broche, hebilla.

ficción *s. f.* **1. Fingimiento**, apariencia, simulación, fantasía. ➤ *Realidad.* **2. Fábula**, novela, cuento. ➤ *Historia.*

ficha *s. f.* **1. Tarjeta. 2. Tunante**, pillo.

fichar *v. tr.* Desconfiar, sospechar, dudar. ➤ *Confiar.*

ficticio, cia *adj.* Falso, imaginado, inventado, aparente, fingido, soñado, fantasioso, supuesto, apócrifo, fantástico, novelesco, fabuloso. ➤ *Auténtico, real, verdadero, cierto, existente.*

fidedigno, na *adj.* Auténtico, cierto, verdadero, fehaciente, indiscutible. ➤ *Incierto, inseguro.*

fidelidad *s. f.* **1. Lealtad**, apego, devoción. ➤ *Infidelidad, deslealtad.* **2. Exactitud**, constancia, escrupulosidad. ➤ *Inexactitud.*

fiduciario, ria *adj.* Albacea, legatario.

fiebre *s. f.* **1. Temperatura**, hipertermia, calentura. **2. Destemplanza.**

fiel *adj.* **1. Leal**, firme, constante, noble. ➤ *Desleal.* **2. Verdadero**, verídico. **3. Creyente**, feligrés. ➤ *Pagano,*

infiel. **4. Exacto**, fiable, fidedigno. ➤ *Inexacto.*

fielato *s. m.* Aduana, fielazgo.

fiera *s. f.* **1. Bestia**, animal salvaje. ➤ *Animal doméstico.* **2. Bruto**, salvaje, cruel, violento. ➤ *Bondadoso.*

fieramente *adv. m.* Ásperamente, bravamente. ➤ *Mansamente.*

fiereza *s. f.* Ferocidad, crueldad, violencia. ➤ *Suavidad, dulzura.*

fiero, ra *adj.* **1. Cruel**, sanguinario, feroz, brutal, bravío, salvaje, montaraz, sanguinario, indomable, indomesticable, cerril. ➤ *Manso, domesticable, doméstico, amaestrado.* **2. Duro**, arisco, agreste, intratable, violento, arrogante, altanero, altivo, díscolo, orgulloso, audaz. ➤ *Afable, sencillo, blando, tierno.* **3. Horroroso**, terrible. **4. Grande**, excesivo.

fiesta *s. f.* **1. Diversión**, alegría, regocijo, placer, desahogo, bullicio, esparcimiento, distracción, recreo, festejo, juego, espectáculo, verbena, función, certamen, zambra, recepción, convite. **2. Festividad**, solemnidad, conmemoración, vacación, domingo, asueto, descanso. ➤ *Día laborable.* **3. Feria**. **4. Chanza**, broma. **5. Agasajo**, caricia. ‖ *s. f. pl.* **6. Navidad**, Pascua.

fiestero, ra *adj.* Juerguista, parrandero, jaranero. ➤ *Formal.*

figón *s. m.* Bodegón, tasca, fonda, taberna, fonducho.

figonero, ra *s. m. y s. f.* Tabernero, mesonero.

figura *s. f.* **1. Configuración**, aspecto, forma. **2. Efigie**, imagen, estampa, estatua. **3. Silueta**, tipo. **4. Tropo**, símbolo, metáfora. **5. Gesto**, mueca.

figuración *s. f.* Creencia, imaginación. ➤ *Realidad.*

figurado, da *adj.* Metafórico, simbólico.

figurar *v. intr.* **1. Concurrir**, asistir, participar. ➤ *Ausentarse.* **2. Aparentar**, suponer, fingir. ➤ *Ser.* ‖ *v. prnl.* **3. Sospechar**, creer, imaginarse, fantasear, suponer. ➤ *Tener certeza.*

figurativo, va *adj.* Alegórico, representativo.

figurilla *s. f.* Baratija, estatuilla.

figurín *s. m.* **1. Patrón**, modelo. **2. Petimetre**, pisaverde, lechuguino.

figurón *s. m.* Fatuo, romo.

fijador *s. m.* Gomina, pomada.

fijamente *adv. m.* Firmemente, sólidamente.

fijar *v. tr.* **1. Hincar**, consolidar, sujetar, incrustar, inmovilizar, clavar, introducir, empotrar. ➤ *Soltar, desclavar.* **2. Encolar**, pegar, adherir. ➤ *Despegar.* **3. Afincar**, establecer, residir. ➤ *Mudarse, marcharse.* **4. Señalar**, establecer, designar, precisar, reglar, determinar, limitar, citar. ➤ *Indeterminar.* ‖ *v. prnl.* **5. Atender**, reparar, notar, observar, percatarse, mirar, advertir, apercibir. ➤ *Inadvertir, desapercibir, omitir.*

fijeza *s. f.* Firmeza, seguridad. ➤ *Inestabilidad, inseguridad.*

fijo, ja *adj.* **1. Sujeto**, firme, asegurado. ➤ *Móvil.* **2. Estable**, inalterable, inmóvil. ➤ *Inestable, vacilante.*

fila *s. f.* **1. Hilera**, ringla, ringlera, línea, columna, ristra, sarta, retahíla, sucesión, serie, cadena, recua, cola. ➤ *Montón, pila, rimero.* **2. Animadversión**, antipatía, odio. ➤ *Atracción.*

filantropía *s. f.* Altruismo, abnegación, idealismo, humanidad, desinterés, desprendimiento, generosidad, liberalidad. ➤ *Egoísmo, misantropía, interés.*

filántropo, pa *s. m. y s. f.* Benefactor, protector, altruista, caritativo. ➤ *Egoísta.*

filete *s. m.* **1. Bisté**, tajada, chuleta. **2. Franja**, orla, banda, faja.

filfa *s. f.* Engaño, patraña, embuste, mentira, falsedad. ➤ *Verdad.*

filiación *s. f.* Entronque, generación, procedencia, parentesco, dependencia, enlace.

filial *adj.* **1. Familiar**, consanguíneo. ➤ *Extraño.* ‖ *s. f.* **2. Sucursal**, agencia, delegación. ➤ *Central.*

filialmente *adv. m.* Amorosamente, piadosamente.

filibustero *s. m.* Bucanero, pirata, corsario, contrabandista, aventurero.

filigrana *s. f.* **1. Adorno**, ribete. **2. Exquisitez**, sutileza, delicadeza.

filípica *s. f.* Reprimenda, sermón, reprensión, invectiva, regaño. ➤ *Elogio.*

filmación *s. f.* Rodaje.

filmar *v. tr.* Captar, impresionar, fotografiar.

filme *s. m.* Cinta, rollo, película.

filo *s. m.* Corte, tajo, borde.

filón *s. m.* **1. Veta**, vena, yacimiento. **2. Breva**, mina, chollo. ➤ *Ruina.*

filosofar *v. intr.* Analizar, razonar, especular, meditar, discurrir, rumiar.

filosóficamente *adv. m.* Agudamente, razonadamente, especulativamente.

filósofo, fa *s. m. y s. f.* **1. Sabio**, estudioso. **2. Eremita**, asceta.

filtración *s. f.* Absorción, coladura, exudación.

filtrar *v. tr.* **1. Refinar**, colar, pasar, purificar. ‖ *v. intr.* **2. Rezumar**, exudar, transpirar.

filtro[1] *s. m.* Colador, tamiz, manga.

filtro[2] *s. m.* Bebedizo, encantamiento.

fin *s. m.* **1. Conclusión**, límite, término, final, desenlace, ocaso, remate, ultimación, perecimiento, fenecimiento. ➤ *Comienzo, principio, origen, nacimiento.* **2. Intención**, propósito, designio, meta, finalidad, objetivo, móvil, motivo.

finado, da *s. m. y s. f.* Difunto, muerto, fallecido. ➤ *Vivo, resucitado.*

final *s. m.* Conclusión, término, acabamiento. ➤ *Comienzo, principio.*

finalidad *s. f.* Objeto, motivo, objetivo, propósito, intención, mira.

finalista *s. m. y s. f.* **1. Teleológico. 2. Contendiente**, rival, participante, oponente.

finalizar *v. tr.* **1. Acabar**, terminar, rematar, concluir. ➤ *Empezar, originar.* ‖ *v. intr.* **2. Cumplir**, prescribir, fallecer, extinguirse. ➤ *Empezar, nacer.*

financiación *s. f.* Capitalización, subvención.

financiar *v. tr.* Subvencionar, sufragar, fomentar, costear.

financiero, ra *s. m. y s. f.* Negociante, banquero, capitalista, especulador.

finca *s. f.* Heredad, hacienda, vivienda, edificio, solar, inmueble, propiedad, posesión.

fineza *s. f.* **1. Exquisitez**, suavidad. **2. Cortesía**, atención, delicadeza, miramiento, cumplido. ➤ *Grosería, tosquedad.* **3. Obsequio**, presente.

fingido, da *adj.* Simulado, supuesto, solapado, falseado. ➤ *Sincero, honesto.*

fingidor, ra *adj.* Farsante, mentiroso.

fingimiento *s. m.* Ficción, doblez, hipocresía, simulación. ➤ *Verdad, realidad, sinceridad.*

fingir *v. tr.* Simular, aparentar, disimular, afectar, representar, disfrazar, contrahacer, encubrir. ➤ *Sincerarse, descubrirse, desnudarse.*

finiquitar *v. tr.* Cancelar, terminar, saldar, concluir, rematar.

finiquito *s. m.* Liquidación.

finito, ta *adj.* Limitado. ➤ *Infinito, ilimitado.*

finlandés, sa *adj.* Finés.

fino, na *adj.* **1. Refinado**, exquisito, delicado, selecto, puro, elegante, delicioso, atractivo. ➤ *Tosco, basto, ordinario, vulgar.* **2. Tenue**, suave, sutil. **3. Delgado**, estrecho, ligero, esbelto. ➤ *Grueso.* **4. Cumplido**, atento, amable, educado, correcto, cortés, refinado, comedido, considerado, urbano. ➤ *Grosero, descortés, impertinente, desatento.* **5. Astuto**, sagaz.

finolis *adj.* Cursi, ridículo, redicho, pedante, presumido.

finura *s. f.* **1. Delicadeza**, primor. ➤ *Tosquedad.* **2. Amabilidad**, exquisitez, urbanidad, cortesía. ➤ *Dureza, aspereza, torpeza.*

finústico, ca *adj.* Finolis, cursi.

fiofío *s. m.* Chiflete, torito.

firma *s. f.* **1. Autógrafo**, signatura, rúbrica. **2. Compañía**, sociedad, corporación, industria, entidad.

firmamento *s. m.* Cielo, espacio, éter, cosmos, bóveda celeste.

firmante *adj.* Signatario, infrascrito.

firmar *v. tr.* Signar, suscribir, rubricar, sancionar, certificar.

firme *adj.* **1. Seguro**, fijo, resistente, estable, fuerte, denso, duro, compacto, sólido, consistente, macizo. ➤ *Inestable, inconsistente, móvil, vacilante, frágil.* **2. Invariable**, entero,

imperturbable, inflexible, impávido, inconmovible, indeleble, constante, incorruptible, intransigente. ➤ *Inseguro, inconstante, débil, maleable, lábil.* ‖ *s. m.* **3. Calzada**, pavimento.

firmemente *adv. m.* Fijamente.

firmeza *s. f.* **1. Seguridad**, solidez, estabilidad, fortaleza. ➤ *Inestabilidad, inseguridad, indecisión.* **2. Constancia**, tesón, entereza. ➤ *Inconstancia.*

firulete *s. m.* Voluta, dibujo, adorno.

fiscalización *s. f.* Inspección, vigilancia.

fiscalizar *v. tr.* Inspeccionar, investigar, criticar.

fisco *s. m.* Tesoro público, erario, Hacienda.

fisgador, ra *adj.* Fisgón, cotilla, espía.

fisgar *v. tr.* Curiosear, atisbar, husmear, fisgonear, huronear, indagar, entrometerse, rastrear, espiar, acechar, observar, vigilar.

fisgón, na *adj.* Entrometido, cotilla.

fisgonear *v. tr.* Husmear, investigar, fisgar.

fisgoneo *s. m.* Cotilleo, curiosidad, husmeo, espionaje.

físico, ca *adj.* **1. Real**, material, corporal, orgánico. ➤ *Psíquico, espiritual.* ‖ *s. m.* **2. Cuerpo**, apariencia, presencia. ➤ *Alma.*

fisiológico, ca *adj.* Orgánico, corporal. ➤ *Psicológico.*

fisión *s. f.* Escisión, partición.

fisonomía *s. f.* **1. Semblante**, cara, faz, facciones, rostro, expresión. **2. Apariencia**, figura.

fisura *s. f.* Raja, rendija, hendidura, grieta.

flabeliforme *adj.* Flabelado.

flacidez *s. f.* Decaimiento, flojera, laxitud, relajación. ➤ *Rigidez.*

flácido, da *adj.* Lacio, blando, laxo, flojo, débil, inconsistente. ➤ *Tieso, rígido, fuerte, consistente, duro.*

flaco, ca *adj.* **1. Delgado**, enjuto, seco. ➤ *Gordo, rollizo, abundante.* **2. Consumido**, esquelético, demacrado, flojo, endeble. ➤ *Saludable.*

flagelación *s. f.* **1. Azotamiento**, fustigamiento, vapuleo. ➤ *Caricia.* **2. Censura.** ➤ *Elogio.*

flagelar *v. tr.* **1. Azotar**, pegar, sacudir, zurrar, disciplinar, apalear, vapulear, palmear. ➤ *Acariciar.* **2. Fustigar**, maltratar, vituperar, hostigar, reprender, reprobar. ➤ *Aprobar, elogiar.*

flagelo *s. m.* **1. Látigo**, vergajo, vara, fusta. **2. Plaga**, epidemia, catástrofe, tragedia. ➤ *Bonanza, fortuna.*

flagrante *adj.* Claro, manifiesto, obvio, evidente. ➤ *Incierto, dudoso.*

flamante *adj.* Fresco, nuevo, reciente, inmaculado. ➤ *Usado, ajado.*

flamear *v. intr.* **1. Llamear. 2. Ondular**, flotar, tremolar.

flamenco, ca *adj.* Presumido, chulo insolente. ➤ *Modesto.*

flamígero, ra *adj.* Flameante, abrasador, llameante.

flanco *s. m.* **1. Extremo**, costado, lado, borde, orilla, límite. ➤ *Centro.* **2. Grupa**, cadera, anca, cuadril.

flaquear *v. intr.* Aflojar, ceder, desanimarse, desalentar, debilitarse, claudicar, doblegarse, rendirse. ➤ *Insistir, perseverar, resistir, persistir, reanimar.*

flaqueza *s. f.* **1. Debilidad**, fragilidad. ➤ *Energía.* **2. Tentación**, claudicación. ➤ *Logro, vencimiento.*

flato *s. m.* Flatulencia, aires, gases, ventosidad.

flautín *s. m.* Octavín.

flebotomía *s. f.* Sangría.

flecha *s. f.* Saeta, dardo, venablo.

flechar *v. tr.* **1. Asaetear. 2. Atraer**, enamorar. ➤ *Repugnar, desagradar.*

flechaste *s. m.* Nigola.

flechazo *s. m.* Enamoramiento, seducción, amor, atracción.

fleco *s. m.* Adorno, flequillo, galoncillo, trencilla.

flema *s. f.* **1. Esputo**, escupitajo, gargajo, expectoración. **2. Parsimonia**, cuajo, tranquilidad, pachorra, cachaza. ➤ *Excitación, nerviosidad.*

flemático, ca *adj.* Apático, imperturbable, calmoso, impasible. ➤ *Nervioso, apasionado.*

fleme *s. m.* Ballestilla.

flemón *s. m.* Absceso, inflamación.

flequillo *s. m.* Tupé, vellón, mechón, rizo, cerneja, guedeja.

fleta *s. f.* Friega, zurra, azotaina.

fletamento *s. m.* Embarque.

flete *s. m.* **1. Importe**, coste, precio, suma. **2. Mercancía**, cargamento.

flexibilidad *s. f.* **1. Elasticidad**, plasticidad. ➤ *Rigidez.* **2. Tolerancia**, transigencia. ➤ *Intolerancia, intransigencia.*

flexible *adj.* **1. Elástico**, dúctil, mimbreante, manejable, cimbreño, cimbreante, plástico, correoso, maleable, blando, tierno, plegadizo. ➤ *Rígido, duro.* **2. Dócil**, tolerante, complaciente. ➤ *Severo, inflexible.*

flexionar *v. tr.* Arquear, cimbrear, combar, doblar. ➤ *Enderezar.*

flexuoso, sa *adj.* **1. Undoso**, ondulante. **2. Condescendiente**, blando.

flirtear *v. intr.* Cortejar, camelar, conquistar, coquetear, galantear.

flojedad *s. f.* **1. Desaliento**, decaimiento, flaqueza, debilidad. ➤ *Fortaleza, ánimo.* **2. Indolencia**, incuria, laxitud, pereza, negligencia, descuido. ➤ *Diligencia, actividad.*

flojo, ja *adj.* **1. Suelto**, laxo, flácido, blando, fofo. ➤ *Firme.* **2. Débil**, desanimado, desalentado, apático. ➤ *Animado.* **3. Descuidado**, indolente, dejado. ➤ *Diligente, activo.*

flor *s. f.* **1. Crema**, selección. **2. Ternura**, galantería, piropo, requiebro.

flora *s. f.* Vegetación.

florecer *v. intr.* **1. Brotar**, romper, abrirse. ➤ *Marchitar, mustiar.* **2. Progresar**, prosperar, aumentar, avanzar. ➤ *Decaer.*

floreciente *adj.* Boyante, pujante, próspero. ➤ *Decadente.*

florecimiento *s. m.* Auge, crecimiento, progreso. ➤ *Decadencia, languidez.*

florero *s. m.* Jarrón, búcaro, cántaro.

florescencia *s. f.* Floración.

floresta *s. f.* Fronda, espesura, boscaje.

floricultor, ra *s. m. y s. f.* Florista, jardinero.

florido, da *adj.* **1. Floreciente**, poblado. **2. Hermoso**, escogido, lucido. **3. Adornado**, profuso. ➤ *Sobrio, parco.*

florilegio *s. m.* Antología, crestomatía, selección, colección.

floripondio *s. m.* Pomposidad, florón.

flota *s. f.* **1. Escuadra**, armada, marina. **2. Flotilla**, convoy, expedición.

flotante *adj.* Emergente, insumergible.

flotar *v. intr.* **1. Navegar**, emerger, nadar, sobrenadar, boyar, fluctuar, sostenerse. ➤ *Hundirse, sumergirse.* **2. Agitarse**, ondular, flamear, tremolar, enarbolar.

fluctuación *s. f.* Vacilación, irresolución, duda. ➤ *Decisión, resolución.*

fluctuante *adj.* Indeciso, pendular, tremolante, titubeante. ➤ *Fijo.*

fluctuar *v. intr.* **1. Ondular**, oscilar. **2. Titubear**, dudar, vacilar. **3. Cambiar**, variar, oscilar. ➤ *Permanecer.*

fluctuoso, sa *adj.* Fluctuante, oscilante.

fluidez *s. f.* Facilidad, liquidez, naturalidad, verbosidad.

fluidificar *v. tr.* Derretir, diluir, licuar. ➤ *Solidificar, endurecer.*

fluido, da *adj.* **1. Gaseoso**, líquido, gas, vapor. ➤ *Sólido.* **2. Natural**, sencillo, fácil. ➤ *Difícil.*

fluir *v. intr.* Manar, circular, rezumar, salir, brotar, discurrir, derramarse, chorrear, gotear. ➤ *Detenerse, solidificarse, espesarse, estancarse.*

flujo *s. m.* **1. Corriente**, circulación, marea. **2. Excreción**, supuración, evacuación.

fluorescencia *s. f.* Irradiación, luminiscencia. ➤ *Opacidad, oscuridad.*

fluorescente *adj.* Fosforescente, refulgente, luminiscente, luminoso, brillante. ➤ *Opaco.*

fluxión *s. f.* Resfriado, constipado.

fobia *s. f.* **1. Antipatía**, aborrecimiento, odio, repugnancia. ➤ *Simpatía.* **2. Manía**, aversión.

foco *s. m.* **1. Farol**, linterna, reflector. **2. Núcleo. 3. Meollo**, base. ➤ *Periferia.* **4. Centro**, medio. ➤ *Extremo.*

fofo, fa *adj.* Esponjoso, flácido, inconsistente, blando, muelle. ➤ *Duro, consistente, enjuto, macizo.*

fogata *s. f.* Hoguera, lumbre, fuego.

fogón *s. m.* Hogar, cocina, horno.

fogonazo *s. m.* Chispazo, resplandor, fulgor, chisporroteo, llamarada. ➤ *Oscuridad.*

fogosidad *s. f.* Impetuosidad, vehemencia, viveza, ardor, exaltación. ➤ *Inactividad, pasividad.*

fogoso, sa *adj.* Acalorado, impetuoso, exaltado, efusivo, ardiente, apasionado. ➤ *Apático.*

foguear *v. tr.* **1. Adiestrar**, habituar, entrenar, curtir, acostumbrar, avezar, encallecer. **2. Cauterizar.**

folclor *s. m.* **1. Folclore**, folklore. **2. Pintoresquismo**, costumbrismo, tradición.

folclórico, ca *adj.* Tradicional, popular, pintoresco, costumbrista. ➤ *Cosmopolita, universal.*

foliación *s. f.* Ordenación, correlación, numeración.

foliar *v. tr.* Numerar.

folio *s. m.* Lámina, página, pliego, hoja.

follaje *s. m.* Espesura, fronda, ramaje, hojarasca, broza. ➤ *Claro, páramo.*

follar *v. tr.* **1. Copular. 2. Incordiar.**

folletín *s. m.* Serial, drama, novela.

folleto *s. m.* **1. Librillo**, cuaderno, impreso, opúsculo, fascículo. **2. Panfleto**, prospecto.

follón *s. m.* Alboroto, enredo, lío.

fomentar *v. tr.* **1. Respaldar**, proteger. ➤ *Descuidar.* **2. Desarrollar**, apoyar, impulsar.

fomento *s. m.* **1. Cataplasma**, emplasto, sinapismo. **2. Estímulo**, favor, ayuda, auxilio, protección.

fonda *s. f.* **1. Posada**, mesón, venta, hostal. **2. Bodega**, bodegón, figón.

fondeadero *s. m.* Ensenada, cala, dársena, rada.

fondeado, da *adj.* Rico, acaudalado, adinerado, creso. ➤ *Pobre, mísero.*

fondear *v. tr.* Anclar.

fondeo *s. m.* Amarre, anclaje.

fondo *s. m.* **1. Base**, apoyo. ➤ *Superficie.* **2. Asiento**, raíz. **3. Riqueza**, caudal, dinero, bienes.

fonendoscopio *s. m.* Estetoscopio.

fonje *adj.* Fofo, muelle, blando, mollar, esponjoso. ➤ *Duro, rígido.*

fonógrafo *s. m.* Gramófono, gramola.

fontanero, ra *s. m. y s. f.* Lampista, pocero.

forado *s. m.* Gruta, boquete.

forajido, da *adj.* Malhechor, bandido, bandolero, delincuente, facineroso, salteador.

forastero, ra *adj.* Extranjero, foráneo, inmigrante, extraño, ajeno, advenedizo, intruso, nuevo, exótico, alienígeno. ➤ *Ciudadano, natural, nativo, indígena, vecino, aborigen.*

forcejear *v. intr.* Pugnar, bregar, luchar, debatirse, resistir. ➤ *Someterse.*

forcejeo *s. m.* Brega, lucha, resistencia.

forcejudo, da *adj.* Forzudo. ➤ *Debilucho.*

forero, ra *s. m. y s. f.* Aforador.

forestación *s. f.* Repoblación, reforestación. ➤ *Deforestación.*

forestal *adj.* Selvático, boscoso.

forestar *v. tr.* Poblar. ➤ *Deforestar.*

forjar *v. tr.* **1. Fraguar**, moldear, percutir. **2. Crear**, inventar, formar. **3. Tramar**, urdir, fingir.

forma *s. f.* **1. Configuración**, figura, conformación, formato, imagen, silueta, perfil, efigie, aspecto. ➤ *Fondo, esencia, naturaleza, entidad.* **2. Manera**, medio, sistema, método, estilo, modo, proceder, carácter, tenor, guisa, disposición, modo.

formación *s. f.* **1. Alineación. 2. Educación**, adiestramiento.

formal *adj.* Serio, juicioso, puntual, sensato. ➤ *Informal, tarambana.*

formalidad *s. f.* **1. Exactitud**, puntualidad, consecuencia. ➤ *Inexactitud, informalidad.* **2. Rectitud**, compostura. **3. Sensatez**, seriedad.

formalista *adj.* Legalista, ordenancista.

formalización *s. f.* Enunciación.

formalizar *v. tr.* **1. Fijar. 2. Determinar**, señalar, establecer, concretar, precisar.

formar *v. tr.* **1. Moldear**, fabricar, hacer, modelar, configurar. ➤ *Destruir, desfigurar.* **2. Constituir**, componer. ➤ *Disolver.* **3. Aleccionar**, iniciar, educar, adiestrar. ➤ *Descarriar.* ‖ *v. prnl.* **4. Desarrollarse**, crecer.

formativo, va *adj.* Educativo, pedagógico.

formato *s. m.* Dimensión, forma, tamaño.

formidable *adj.* **1. Espantoso**, tremendo, terrible, terrorífico, asombroso, tremebundo, horrible, horroroso. ➤ *Inofensivo, admirable, maravilloso.* **2. Enorme**, grande, colosal, gigantesco, excesivo, desmesurado, tremendo. ➤ *Pequeño, mínimo, minúsculo.* **3. Magnífico**, estupendo, admirable, extraordinario. ➤ *Desagradable.*

fórmula *s. f.* **1. Norma**, pauta, regla, modelo. **2. Prescripción**, receta. **3. Enunciado. 4. Representación**, expresión.

formulación *s. f.* Enunciación.

fornecer *v. tr.* Aprovisionar, abastecer, proveer. ➤ *Desproveer, desabastecer.*

fornecino, na *adj.* Bastardo, natural.

fornicación *s. f.* Coito, cópula, ayuntamiento, cohabitación. ➤ *Castidad.*

fornicar *v. intr.* Copular, yacer, amancebarse, cohabitar, liarse, enredarse, juntarse.

fornido, da *adj.* Corpulento, recio, fuerte, robusto. ➤ *Enclenque, débil.*

fornitura *s. f.* Guarnición, aderezo.

foro *s. m.* Tribunal, sala.

forofo, fa *s. m. y s. f.* Fan, partidario, hincha, incondicional.

forrar *v. tr.* Cubrir, recubrir, chapar, revestir, tapizar, envolver.

forro *s. m.* Funda, revestimiento, tapizado, protección, envoltura, cubierta.

fortalecedor, ra *adj.* Energético, fortificante, tónico. ➤ *Debilitador.*

fortalecer *v. tr.* Robustecer, vigorizar, tonificar, reforzar, consolidar, reanimar, remozar, endurecer, acerar, entonar, fortificar. ➤ *Debilitar, ablandar, flaquear.*

fortalecimiento *s. m.* Analepsia, tonificación. ➤ *Debilitamiento, desgaste.*

fortaleza *s. f.* **1. Robustez**, resistencia, firmeza, solidez. ➤ *Debilidad.* **2. Fuerte**, fortificación, fortín, baluarte.

fortificación *s. f.* Atrincheramiento, baluarte, fortín.

fortificar *v. tr.* **1. Fortalecer**, vigorizar, entonar, vivificar, robustecer, reanimar, tonificar, avivar. ➤ *Debilitar, desanimar.* **2. Amurallar**, parapetar, reforzar, defender, blindar, guarnecer, encastillar, acorzar, consolidar, atrincherar, afianzar, empalizar, armar. ➤ *Desguarnecer, desarmar, desmantelar.*

fortín *s. m.* Parapeto, fuerte, atrincheramiento.

fortuito, ta *adj.* Impensado, imprevisto, ocasional, aleatorio, inesperado, accidental, inopinado, incidental, eventual, casual, esporádico. ➤ *Pensado, previsto, esencial, premeditado, necesario.*

fortuna *s. f.* **1. Azar**, casualidad, destino, sino, estrella. ➤ *Desgracia, adversidad, infortunio.* **2. Riqueza**, patrimonio, bienes. ➤ *Pobreza.* **3. Tormenta**, tempestad, borrasca.

forúnculo *s. m.* Divieso, grano, absceso.

forzado *s. m.* Galeote.

forzar *v. tr.* **1. Violentar. 2. Violar**, desflorar, desvirgar, abusar. **3. Dominar**, imponer, invadir, asaltar. **4. Constreñir**, compeler, apremiar, obligar, mandar, imponer. ➤ *Suplicar.*

forzoso, sa *adj.* Obligatorio, necesario, preciso, imprescindible, ineludible, inexcusable. ➤ *Voluntario.*

forzudo, da *adj.* Robusto, hercúleo, vigoroso. ➤ *Débil.*

fosa *s. f.* **1. Tumba**, sepulcro, sepultura. **2. Hueco**, cavidad, hoyo, socavón.

fosca *s. f.* Calígine, calima.

fosco, ca *adj.* Nublado, tenebroso, oscuro. ➤ *Claro, diáfano.*

fosforescencia *s. f.* Brillo, radiación, luminiscencia, fulgor.

fosforescente *adj.* Fluorescente, fulgurante, luminiscente, luminoso, reluciente, brillante. ➤ *Oscuro.*

fosforescer *v. intr.* Brillar, centellear, refulgir, fulgurar.

fosilizarse *v. prnl.* **1. Petrificarse. 2. Anquilosarse.** ➤ *Evolucionar.*

foso *s. m.* Zanja, hoyo, cavidad, excavación, pozo, socavón.

fotocopiar *v. tr.* Reproducir, xerocopiar.

fotografía *s. f.* Foto, imagen, instantánea, reproducción, clisé.

fotografiar *v. tr.* Retratar, reproducir.

fotómetro *s. m.* Exposímetro.

frac *s. m.* Chaqué.

fracasar *v. intr.* **1. Frustrarse**, malograrse, fallar, estrellarse, torcerse, abortar, hundir, naufragar. ➤ *Triunfar, vencer, lograrse, conseguirse, salir bien.* **2. Arruinarse.**

fracaso *s. m.* **1. Decepción**, desastre. **2. Frustración**, fiasco. ➤ *Triunfo.*

fracción *s. f.* **1. Fraccionamiento**, división. **2. Fragmento**, trozo, porción, pedazo, división, parte, ración, parcela, lote, triza, cacho, cuota, proporción, partícula. ➤ *Todo, conjunto, total.* **3. Decimal**, cociente, quebrado. ➤ *Número entero.*

fraccionamiento *s. m.* Desintegración, parcelación, partición. ➤ *Reunión.*

fraccionar *v. tr.* Partir, fragmentar, romper. ➤ *Unirse, sumar, componerse.*

fracturar *v. tr.* Fragmentar, romper, partir, quebrar. ➤ *Soldar, unir.*

fragancia *s. f.* Aroma, perfume.

fragante *adj.* Oloroso, aromático, perfumado. ➤ *Hediondo, maloliente.*

frágil *adj.* **1. Endeble**, quebradizo, inconsistente. ➤ *Firme, recio.* **2. Débil**, enfermizo. ➤ *Robusto.*

fragilidad *s. f.* Endeblez, flaqueza. ➤ *Consistencia, dureza, firmeza.*

fragmentación *s. f.* Desintegración, fraccionamiento. ➤ *Reunión.*

fragmentar *v. tr.* **1. Partir**, quebrar, romper. ➤ *Recomponer.* **2. Dividir**, fraccionar, cortar, trocear. ➤ *Reunir.*

fragmentario, ria *adj.* Defectuoso, incompleto, insuficiente. ➤ *Total, completo.*

fragmento *s. m.* **1. Trozo**, fracción, porción. ➤ *Totalidad, suma.* **2. Sección**, parte. ➤ *Todo.*

fragor *s. m.* Estrépito, clamor. ➤ *Silencio.*

fragoroso, sa *adj.* Resonante, estrepitoso. ➤ *Silencioso.*

fragoso, sa *adj.* Abrupto, escabroso, accidentado.

fragua *s. f.* **1. Horno**, hornillo, brasero, fogón. **2. Forja.**

fraguar *v. tr.* **1. Forjar**, moldear. **2. Planear**, proyectar, tramar, idear.

fraile *s. m.* Religioso, monje, hermano.

frailillos *s. m. pl.* Arísaro, rasura.

frambuesa *s. f.* Sangüesa.
frambueso *s. m.* Chordón, sangüeso.
francachela *s. f.* Cuchipanda, banquete, comilona, parranda, jarana, jolgorio.
francalete *s. m.* Zambarco, correa.
francamente *adv. m.* Abiertamente, sinceramente, espontáneamente. ➤ *Hipócritamente, taimadamente.*
francés, sa *adj.* Galo, franco.
francesilla *s. f.* Marimoña.
francmasonería *s. f.* Masonería.
franco, ca *adj.* **1. Sencillo**, sincero, leal, abierto, natural, cordial, llano. ➤ *Sinuoso, cerrado, hosco.* **2. Libre**, exento, dispensado, privilegiado, limpio, desembarazado, exceptuado. ➤ *Obligado, cargado, impedido.* **3. Dadivoso**, liberal, bizarro, espléndido, noble, generoso, desinteresado, desprendido. ➤ *Innoble, interesado, egoísta.* **4. Francés.**
francófilo, la *adj.* Afrancesado.
francotirador, ra *s. m. y s. f.* Emboscado, guerrillero.
frangente *s. m.* Desgracia, infortunio.
frangollar *v. tr.* Chapucear, chafallar.
frangollón, na *adj.* Chapucero.
franja *s. f.* **1. Cinta**, ribete. **2. Faja**, banda, lista, tira. **3. Sector**, zona, área.
franqueable *adj.* Salvable, vadeable, traspasable. ➤ *Infranqueable.*
franquear *v. tr.* **1. Desembarazar**, desatascar, limpiar. ➤ *Atascar.* **2. Cruzar**, vadear, traspasar, atravesar. ➤ *Rodear.* **3. Manumitir**, liberar. ➤ *Esclavizar.* ‖ *v. prnl.* **4. Explayarse**, revelar, descubrirse.
franqueo *s. m.* Manumisión, liberación.
franqueza *s. f.* **1. Desprendimiento**, largueza, generosidad. ➤ *Roñosería, tacañería.* **2. Sencillez**, llaneza, sinceridad. ➤ *Hipocresía, doblez.*
franquicia *s. f.* Gratuidad, privilegio, exención. ➤ *Tasa.*
frasco *s. m.* Botella, casco, envase, recipiente.
frase *s. f.* **1. Expresión**, locución. **2. Enunciado**, párrafo.
fraseología *s. f.* Verborrea, verbosidad, locuacidad. ➤ *Parquedad.*
fratás *s. m.* Llana.

fratasar *v. tr.* Alisar.
fraternidad *s. f.* Hermandad, igualdad, solidaridad. ➤ *Enemistad.*
fraterno, na *adj.* Amistoso, solidario. ➤ *Enemigo.*
fraude *s. m.* **1. Estafa**, falsificación, timo, robo, engaño, trampa, simulación, falacia. ➤ *Verdad.* **2. Desfalco**, malversación.
fraudulento, ta *adj.* Mentiroso, falsificado, engañoso, falaz. ➤ *Verdadero.*
frazada *s. f.* Cobertor, cobija, manta.
frecuencia *s. f.* Asiduidad, reiteración, periodicidad, insistencia.
frecuentación *s. f.* Concurrencia, convivencia, menudeo.
frecuentar *v. tr.* **1. Soler**. **2. Concurrir**, menudear, alternar. ➤ *Faltar.*
frecuente *adj.* Usual, corriente, acostumbrado, reiterado, habitual, común, ordinario, diario, natural. ➤ *Infrecuente, desusado, insólito, extraordinario.*
fregadero *s. m.* Barreño, pila, pilón.
fregado *s. m.* **1. Lío**, embrollo, enredo. **2. Pelea**, riña, batalla, discusión.
fregar *v. tr.* **1. Frotar**, restregar, rascar, rozar. **2. Lavar**, bañar, enjuagar, limpiar, jabonar. ➤ *Ensuciar.* **3. Fastidiar**, molestar, jorobar.
freír *v. tr.* Dorar, pasar, asar.
frenar *v. tr.* **1. Refrenar**, enfrenar, reprimir, sofrenar. ➤ *Soltar.* **2. Detener**, inmovilizar. ➤ *Acelerar.* **3. Aquietar**, moderar. ➤ *Azuzar.*
frenazo *s. m.* Detención, parada.
frenesí *s. m.* **1. Exaltación**, enardecimiento, apasionamiento, ímpetu, arrebato. ➤ *Serenidad.* **2. Locura**, furia, enajenación, extravío. ➤ *Calma.*
frenético, ca *adj.* **1. Loco**, enajenado, delirante. ➤ *Calmado.* **2. Exaltado**, arrebatado. ➤ *Sereno.*
freno *s. m.* **1. Pedal**, palanca, mecanismo. ➤ *Acelerador.* **2. Contención**, moderación, obstáculo, impedimento. ➤ *Libertad, acicate.*
frente *s. f.* **1. Testa**, testuz. **2. Delantera**, cara, anverso. ➤ *Trasera, reverso.* ‖ *s. m.* **3. Avanzada**, primera línea. ➤ *Retaguardia.* ‖ *s. amb.* **4. Fachada**, portada. ➤ *Trasera.*

fresado *s. m.* Perforación.

frescales *adj.* Cínico, fresco, desvergonzado, sinvergüenza. ➤ *Decente.*

fresco, ca *adj.* **1. Templado**, agradable. ➤ *Caluroso.* **2. Nuevo**, verde, joven, flamante, reciente, lozano, moderno. ➤ *Marchito.* **3. Frescales**, atrevido, desvergonzado, descarado. ➤ *Tímido, honrado.*

frescura *s. f.* **1. Lozanía**, pureza, juventud. ➤ *Vejez.* **2. Descaro**, atrevimiento, insolencia. ➤ *Timidez, respeto.*

fresquera *s. f.* Alacena, despensa.

friable *adj.* Desmenuzable.

frialdad *s. f.* **1. Frío.** ➤ *Calor.* **2. Frigidez.** ➤ *Pasión.* **3. Indiferencia**, desafecto. ➤ *Afecto, interés.*

fricación *s. f.* Fregamiento, fricción, rozamiento.

fricción *s. f.* **1. Frotación. 2. Estregadura**, frote. **3. Desavenencia**, roce.

friccionar *v. tr.* Frotar, restregar.

friega *s. f.* Paliza, tunda, regaño, soba.

frigidez *s. f.* Impotencia, frialdad. ➤ *Ardor, fogosidad.*

frígido, da *adj.* Impotente, frío.

frigorífico *s. m.* Congelador, nevera, cámara, refrigerador, heladera.

frío, a *adj.* **1. Congelado**, helado, gélido, álgido, glacial, fresco, aterido. ➤ *Caliente, cálido, caluroso, ardiente, candente, tórrido.* **2. Frígido.** **3. Indiferente**, desafectado, despegado, reservado, impasible, insensible, flemático, imperturbable, impávido. ➤ *Afectuoso, sensible, cariñoso, interesado.* **4. Soso.** ➤ *Gracioso.* ‖ *s. m.* **5. Frialdad**, frescura, frescor, fresco. ➤ *Calor, ardor, calidez, bochorno.*

friolera *s. f.* **1. Fruslería**, bagatela, nadería. **2. Abundancia.**

friolero, ra *adj.* Friático.

friso *s. m.* **1. Moldura. 2. Rodapié**, zócalo, orla, ribete.

frisuelo *s. m.* Buñuelo.

fritada *s. f.* Pisto, revoltillo.

frito *s. m.* Fritanga, fritura.

frivolidad *s. f.* Intrascendencia, ligereza, liviandad. ➤ *Gravedad, seriedad.*

frívolo, la *adj.* **1. Ligero**, veleidoso, voluble, inconstante, inconsecuente,

insustancial. ➤ *Grave, reflexivo.* **2. Fútil**, vano, liviano, insustancial, baladí, trivial. ➤ *Importante, profundo.*

fronda *s. f.* Frondosidad, espesura, floresta, follaje. ➤ *Claro.*

frondío, a *adj.* Sucio, desaseado, cochino, guarro. ➤ *Limpio, aseado.*

frondosidad *s. f.* Espesura, lozanía.

frondoso, sa *adj.* Denso, espeso, selvático. ➤ *Desértico, baldío.*

frontera *s. f.* Límite, borde, confín, linde, divisoria, término.

fronterizo, za *adj.* **1. Rayano**, confinante, limítrofe. **2. Frontero.**

frontón *s. m.* Fastigio.

frotación *s. f.* Frotamiento, rozamiento, roce, frote.

frotamiento *s. m.* Estregón, fricción, frote, rozamiento.

frotar *v. tr.* Fregar, restregar, rozar, rascar, raer, desgastar, raspar, pulir, lijar, estregar, frisar, fricar.

fructífero, ra *adj.* Fructuoso, productivo, provechoso, lucrativo, fértil, fecundo, feraz. ➤ *Infructuoso, estéril.*

fructificación *s. f.* Granazón, maduración.

fructificar *v. intr.* **1. Madurar**, granar. ➤ *Malograr.* **2. Rendir**, rentar, producir.

frugal *adj.* **1. Comedido**, mesurado. ➤ *Glotón, inmoderado.* **2. Sobrio**, parco. ➤ *Excesivo.*

frugalidad *s. f.* Moderación, morigeración, sobriedad, mesura, parquedad. ➤ *Destemplanza, gula.*

frugalmente *adv. m.* Moderadamente, sobriamente. ➤ *Excesivamente.*

fruición *s. f.* Placer, deleite, regodeo, delicia, satisfacción, gusto. ➤ *Sufrimiento, aburrimiento.*

frumentario, ria *adj.* Triguero, cerealista, frumenticio.

frunce *s. m.* Arruga, pliegue, plisado.

fruncir *v. tr.* Doblar, plegar, plisar.

fruslería *s. f.* Pequeñez, nimiedad, bagatela, nadería.

frustración *s. f.* Desengaño, fallo, malogro, chasco. ➤ *Éxito.*

frustrar *v. tr.* **1. Fracasar**, malograr, defraudar, desgraciar, estropear, fallar, abortar, venirse a tierra. ➤ *Lograr, realizar, conseguir, vencer.* **2. Burlar**, chasquear, eludir, evitar. ➤ *Satisfacer, gratificar.*

frutilla *s. f.* Fresa, fresón.

fruto *s. m.* **1. Fruta. 2. Cosecha**, recolección. **3. Producto**, beneficio, ganancia, provecho, lucro, rendimiento, interés, renta. ➤ *Pérdida.*

fucsia *adj.* Carmesí, encarnado, rosa.

fuego *s. m.* **1. Llamarada. 2. Lumbre**, hoguera, fogata. **3. Pasión**, vehemencia, vivacidad, ardor, delirio, ímpetu. ➤ *Indiferencia, apatía.*

fuente *s. f.* **1. Manantial**, fontanar, venero, oasis, arroyo. **2. Caño**, surtidor. **3. Bandeja**, patena, dulcera. **4. Origen**, germen, principio. ➤ *Fin.*

fuera *adv. l.* Afuera, externamente, superficialmente, exteriormente. ➤ *Dentro, interiormente.*

fuero *s. m.* **1. Privilegio**, ley. **2. Jurisdicción**, poder, gobierno. **3. Concesión**, prerrogativa, exención.

fuerte *adj.* **1. Firme**, forzudo, vigoroso, recio, duro. **2. Fornido**, hercúleo, robusto, corpulento, coloso. ➤ *Débil.* **3. Enérgico**, tenaz, animoso. ➤ *Tímido.*

fuerza *s. f.* **1. Energía. 2. Robustez**, vigor, vitalidad, fortaleza, resistencia, dureza, firmeza, poder, pujanza, reciedumbre, brío, aliento. ➤ *Debilidad, blandura, pasividad, desaliento.* **3. Presión. 4. Pugna**, lucha, forcejeo.

fuga *s. f.* **1. Evasión**, escapada, huída, retirada, deserción. ➤ *Regreso, permanencia.* **2. Derrame**, filtración, escape, pérdida, salida.

fugacidad *s. f.* Brevedad, caducidad, rapidez, transitoriedad. ➤ *Lentitud, duración, tardanza.*

fugaz *adj.* **1. Huidizo. 2. Efímero**, pasajero, transitorio, breve. ➤ *Duradero, prolongado.*

fugazmente *adv. m.* Brevemente, pasajeramente. ➤ *Prolongadamente.*

fugitivo, va *adj.* **1. Prófugo**, desertor, evadido, tránsfuga. **2. Fugaz**, breve, efímero, pasajero. ➤ *Permanente, duradero.*

fulano, na *s. m. y s. f.* **1. Tipo**, individuo, sujeto. **2. Mengano**, zutano, perengano.

fulero, ra *adj.* Imperfecto, chapucero.

fulgente *adj.* Fúlgido, brillante, resplandeciente, fulgurante. ➤ *Apagado, opaco, oscuro.*

fulgor *s. m.* Centelleo, destello, luz, resplandor, brillo. ➤ *Oscuridad.*

fulgurante *adj.* **1. Brillante**, resplandeciente. **2. Intenso**, punzante.

fulgurar *v. intr.* Resplandecer, centellear, brillar. ➤ *Oscurecer, apagar.*

fúlica *s. f.* Gallina de río, gallineta, polla de agua.

fuliginoso, sa *adj.* Tiznado, denegrino, oscurecido.

fullero, ra *adj.* Tramposo, tahúr.

fulminación *s. f.* Eliminación, exterminio, extinción. ➤ *Existencia, vida.*

fulminante *adj.* **1. Súbito**, repentino. ➤ *Gradual.* **2. Radical**, galopante. **3. Detonante**, explosivo.

fulminar *v. tr.* Matar, eliminar, exterminar, aniquilar. ➤ *Proteger.*

fumarada *s. f.* Bocanada, vaharada, fumada.

fumaria *s. f.* Palomilla.

fumigación *s. f.* Desinfección, esterilización, limpieza.

fumigar *v. tr.* Desinsectar.

fumosidad *s. f.* Humareda, humo.

fumoso, sa *adj.* Humoso, humeante.

funambulesco, ca *adj.* Extravagante, estrafalario, estrambótico. ➤ *Normal, discreto.*

funámbulo, la *s. m. y s. f.* Equilibrista, volatinero.

función *s. f.* **1. Misión**, cargo, ocupación, actividad, puesto, cometido, empleo. **2. Espectáculo**, diversión, fiesta, gala, representación.

funcional *adj.* Práctico, útil, cómodo. ➤ *Disfuncional.*

funcionamiento *s. m.* Marcha, mecánica.

funcionar *v. intr.* Trabajar, realizar, desarrollar, activar, realizar, ejecutar.

funcionariado *s. m.* Burocracia.

funcionario, ria *s. m. y s. f.* Burócrata, empleado, oficinista.

funda *s. f.* Envoltura, forro, recubrimiento, estuche, vaina, capa.

fundación *s. f.* **1. Creación**, principio, erección. **2. Institución.**

fundador, ra *s. m. y s. f.* Creador.

fundamental *adj.* Básico, primordial, esencial. ➤ *Accesorio, secundario.*

fundamentar *v. tr.* Apoyar, basar, estribar, cimentar.

fundamento *s. m.* **1. Cimiento**, apoyo, sostén. **2. Origen**, antecedente, raíz, arranque, rudimento.

fundar *v. tr.* **1. Construir**, edificar, erigir, formar, alzar. ➤ *Destruir, derruir.* **2. Asentar**, cimentar. **3. Inaugurar**, erigir, instituir. ➤ *Abolir.* **4. Establecer**, crear, instaurar, levantar, organizar, instalar, colocar. ➤ *Deshacer, anular.* **5. Fundamentar**, basar, apoyar, sostener, justificar.

fundición *s. f.* Fusión, derretimiento, licuefacción, disolución, deshielo.

fundir *v. tr.* **1. Fusionar**, disolver, derretir, licuar. ‖ *v. prnl.* **2. Juntarse**, fusionarse, amalgamarse, mezclarse.

fúnebre *adj.* **1. Funerario**, mortuorio, sepulcral. **2. Lúgubre**, sombrío, tétrico, macabro. ➤ *Alegre, divertido.*

funeral *adj.* **1. Funerario**, mortuorio. ‖ *s. m.* **2. Exequias**, honras, réquiem.

funerario, ria *adj.* Funeral, mortuorio.

funesto, ta *adj.* **1. Infortunado**, fatal, nefasto, aciago. ➤ *Afortunado.* **2. Desgraciado**, doloroso, desastroso, triste.

fungosidad *s. f.* Absceso, excrecencia.

funicular *adj.* Teleférico.

fuñique *adj.* **1. Desmañado**, torpe, envarado. **2. Meticuloso**, chinche.

furgoneta *s. f.* Furgón, camioneta.

furia *s. f.* **1. Furor**, cólera, rabia, saña, ira, frenesí, indignación, enfado, coraje, enojo. ➤ *Serenidad, paz, paciencia.* **2. Impetuosidad**, exacerbación, violencia. ➤ *Tranquilidad, mansedumbre.* **3. Prisa**, vehemencia. **4. Auge**, apogeo. ➤ *Decadencia.*

furibundo, da *adj.* **1. Airado**, colérico, furioso, rabioso, irascible. ➤ *Tranquilo, sereno.* **2. Violento**, impetuoso. ➤ *Pacífico, calmo.*

furioso, sa *adj.* Airado, colérico, iracundo, furibundo. ➤ *Plácido, sereno.*

furnia *s. f.* Acantilado, despeñadero, sima.

furo, ra *adj.* Áspero, hosco, agrio, huraño. ➤ *Amable, sociable.*

furtivamente *adv. m.* Ocultamente, a hurtadillas. ➤ *Abiertamente.*

furtivo, va *adj.* Cauteloso, sigiloso, solapado, oculto. ➤ *Abierto, manifiesto, claro.*

fuselaje *s. m.* Estructura, cuerpo.

fusible *s. m.* Plomo.

fusiforme *adj.* Ahusado.

fusil *s. m.* Rifle, carabina, escopeta, mosquete.

fusilamiento *s. m.* Ajusticiamiento, ejecución.

fusilar *v. tr.* **1. Ajusticiar**, ejecutar, disparar, ametrallar. **2. Plagiar**, calcar.

fusión *s. f.* **1. Licuación**, liquidación, derretimiento, disolución. ➤ *Solidificación.* **2. Agrupación**, unificación, combinación. ➤ *Disgregación.*

fusionar *v. tr.* Unir, juntar, compenetrar. ➤ *Separar, escindir.*

fusta *s. f.* Vergajo, tralla, correa, azote, flagelo.

fuste *s. m.* **1. Vara. 2. Base**, fundamento. **3. Entidad**, importancia, sustancia, nervio, carácter.

fustigación *s. f.* **1. Censura**, vituperio, crítica. **2. Flagelación**, hostigamiento.

fustigar *v. tr.* **1. Flagelar**, hostigar, vapulear, sacudir. **2. Vituperar**, criticar, recriminar.

futesa *s. f.* Bagatela, futilidad, pequeñez, nadería, insignificancia.

fútil *adj.* Frívolo, nimio, insustancial, despreciable, insignificante, trivial, baladí, anodino, vacío, vano. ➤ *Trascendental, importante, valioso, fundamental, sustancial.*

futilidad *s. f.* Fruslería, minucia, zarandajas, bagatela, nadería. ➤ *Importancia, gravedad.*

futuro, ra *adj.* **1. Venidero**, ulterior. ➤ *Pretérito.* ‖ *s. m.* **2. Porvenir**, mañana, posteridad. ➤ *Pasado.* ‖ *s. m. y s. f.* **3. Prometido**, novio.

G g

gabacho, cha *adj.* Galo, franchute.

gabán *s. m.* Trinchera, chambergo.

gabardina *s. f.* Chubasquero, impermeable, trinchera.

gabarra *s. f.* Barcaza.

gaceta *s. f.* Periódico, noticiario, diario.

gacetero, ra *s. m. y s. f.* Articulista, periodista, reportero.

gacetilla *s. f.* Correveidile, charlatán, cotilla, chismoso.

gacetillero, ra *s. m. y s. f.* Articulista, periodista.

gachas *s. f. pl.* Farinetas.

gacho, cha *adj.* Agachado, inclinado.

gachón, na *adj.* Gracioso, salado.

gafa *s. f.* Antiparras, lentes.

gafar *v. tr.* Desgraciar.

gafe *s. m.* Cenizo. ➤ *Afortunado, suertudo.*

gafedad *s. f.* Malatía.

gafo, fa *adj.* Leproso.

gag *s. m.* Anécdota, chiste.

gaita *s. f.* Incordio, molestia, pejiguera, lata.

gala *s. f.* Celebración, ceremonia, solemnidad.

galáctico, ca *adj.* Cósmico.

galactita *s. f.* Greda.

galán *s. m.* **1. Adonis**, guapo. **2. Cortejador**, galanteador, enamorado. **3. Protagonista**.

galano, na *adj.* Elegante, fino.

galante *adj.* **1. Amable**, cortés. ➤ *Grosero, descortés.* **2. Sensual**.

galanteador *adj.* Cortejador, galán.

galantear *v. tr.* Cortejar, enamorar, requebrar, piropear, flirtear, coquetear, rondar, conquistar, camelar, festejar, amartelar, florear.

galantería *s. f.* **1. Piropo**, cortesía, flor, requiebro. ➤ *Grosería, descortesía.* **2. Donaire**, delicadeza.

galanura *s. f.* Estilo, prestancia. ➤ *Vulgaridad.*

galardón *s. m.* Premio, retribución, honor. ➤ *Baldón.*

galardonar *v. tr.* Honrar, laurear, recompensar, retribuir. ➤ *Censurar, degradar.*

galbana *s. f.* Ociosidad, flojera, haraganería. ➤ *Diligencia.*

galbanoso, sa *adj.* Desidioso, perezoso. ➤ *Diligente, laborioso.*

galeote *s. m.* Forzado, penado, remero.

galera *s. f.* Presidio, prisión.

galería *s. f.* **1. Pasillo**, corredor, terraza, balcón, claustro, pórtico, soportal, triforio, pasaje. **2. Pinacoteca**, museo. **3. Túnel**.

galerna *s. f.* Borrasca, temporal, vendaval. ➤ *Calma.*

galfarro *s. m.* Calavera, haragán, crápula. ➤ *Diligente, responsable.*

galicado, da *adj.* Afrancesado.

galicismo *s. m.* Extranjerismo, barbarismo. ➤ *Casticismo.*

gallardía *s. f.* Apostura, elegancia, garbo, bizarría, donaire, galanura, distinción, esbeltez, donosura, gentileza, desenvoltura, salero, airosidad, plante. ➤ *Desgarbo, cobardía, timidez, desaire, inhabilidad.*

gallardo, da *adj.* Apuesto, atrevido, donairoso, saleroso. ➤ *Desgarbado, tímido, soso.*

gallear *v. intr.* **1. Bravuconear**, jactar. **2. Descollar**, sobresalir, destacarse.

galleta *s. f.* Barquillo.

gallina *s. m. y s. f.* Amedrentado, cagado, medroso. ➤ *Valiente, arrojado.*

gallinaza *s. f.* Desecho, abono.

gallinazo *s. m.* Gallinaza.

gallito *s. m.* Fanfarrón, matón.

gallo *s. m.* **1. Pollo**. **2. Fanfarrón**, gallito, jactancioso. ➤ *Apocado, tímido.*

gallofa *s. f.* Comadreo, cotilleo.

gallofear *v. intr.* Callejear, mendigar. ➤ *Trabajar.*

gallofero, ra *adj.* Holgazán, pobretón, indigente. ➤ *Rico, opulento.*

gallote, ta *adj.* Atrevido, osado, chulo. ➤ *Tímido, apocado, cortado.*

galo, la *adj.* Francés, franchute, gabacho.

galopada *s. f.* Trote.

galopante *adj.* Brusco, vertiginoso. ➤ *Lento, pausado.*

galopillo *s. m.* Pinche, marmitón.

galopín *s. m.* Truhán, pícaro.

galopinada *s. f.* Bribonada, truhanería, pillería.

galpón *s. m.* Barracón.

galvánico, ca *adj.* Eléctrico.

galvanómetro *s. m.* Reómetro, voltímetro.

galvanoplastia *s. f.* Galvanización, recubrimiento.

gama *s. f.* Matiz, tonalidad.

gamberrada *s. f.* Abuso, broma, animalada.

gamberrismo *s. m.* Vandalismo.

gamberro, rra *adj.* Maleducado, sinvergüenza, vándalo. ➤ *Civilizado, educado.*

gambeta *s. f.* **1.** Regate. **2.** Pirueta. **3.** Corveta.

gambetear *v. intr.* Regatear.

gamella *s. f.* Pila, pesebre.

gamón *s. m.* Asfódelo, gamonita.

gamopétalo, la *adj.* Monopétalo.

gamuza *s. f.* Bayeta, trapo.

gana *s. f.* Afán, gusto, ansia, apetencia, deseo, apetito, hambre, avidez, anhelo, afición, voluntad, ambición. ➤ *Desgana, inapetencia.*

ganadero, ra *adj.* **1.** Pecuario. ‖ *s. m. y s. f.* **2.** Hacendado, estanciero. **3.** Vaquero, pastor.

ganado *s. m.* Rebaño, manada.

ganador, ra *adj.* Campeón, vencedor, triunfador. ➤ *Perdedor, fracasado.*

ganancia *s. f.* Provecho, beneficio, dividendo, utilidad, producto, ingreso, comisión, remuneración, fruto, rendimiento, logro, botín , interés, gratificación. ➤ *Pérdida, gasto, merma, ruina.*

ganancioso, sa *adj.* **1.** Sustancioso, provechoso. ➤ *Gravoso.* **2.** Beneficiado, ganador. ➤ *Perjudicado.*

ganapán *s. m.* **1.** Bracero, costalero, mandadero. **2.** Paleto.

ganar *v. tr.* **1.** Beneficiar, obtener, recibir, cobrar, percibir, devengar, cosechar, beneficiarse, enriquecerse, embolsar, sacar, lucrarse. ➤ *Malgastar, derrochar, desperdiciar.* **2.** Triunfar, superar, aventajar, adelantar. ➤ *Perder, ser derrotado.* **3.** Conquistar, apoderarse, ocupar. **4.** Lograr, alcanzar, conseguir. ➤ *Malograr, frustar.* **5.** Granjearse, atraerse. ‖ *v. intr.* **6.** Mejorar, medrar, prosperar. ➤ *Empeorar.*

ganchillo *s. m.* Croché, encaje.

gancho *s. m.* **1.** Anzuelo, garfio. **2.** Cebo. **3.** Gracia, ángel, aquel.

ganchudo, da *adj.* Arqueado, curvado. ➤ *Recto.*

gándara *s. f.* Erial. ➤ *Sembrado.*

gandido, da *adj.* **1.** Hambrón, voraz. ➤ *Ahíto, lleno.* **2.** Cansado, molido.

gandul, la *adj.* Perezoso, indolente, poltrón. ➤ *Trabajador.*

gandulear *v. intr.* Haraganear, vaguear. ➤ *Trabajar, rendir.*

gandulería *s. f.* Holganza, inacción, indolencia. ➤ *Diligencia, laboriosidad.*

gandumbas *adj.* Vago, perezoso, haragán. ➤ *Trabajador.*

ganga *s. f.* **1.** Escoria, residuo. **2.** Momio, breva, ocasión, mina, ventaja, prebenda, provecho, chollo.

gangarilla *s. f.* Bojiganga.

ganglio *s. m.* Bulto, nudo.

gangosidad *s. f.* Nasalidad.

gangoso, sa *adj.* Nasal.

gangrenarse *v. prnl.* Corromperse, infectarse, pudrirse. ➤ *Sanar.*

gángster *s. m.* Bandido, pistolero.

ganguear *v. intr.* Farfullar.

gangueo *s. m.* Gangosidad.

ganguero, ra *adj.* Aprovechado.

ganoso, sa *adj.* Acuciado, anhelante, ansioso, ávido. ➤ *Desinteresado, generoso.*

gansada *s. f.* Tontería, memez.

ganso, sa *s. m. y s. f.* **1.** Ansar. **2.** Tonto, zafio. **2.** Torpe, patoso.

ganzuar *v. tr.* Forzar, violentar.

gañán *s. m.* **1.** Arriero, bracero, mozo. **2.** Patán, paleto.

gañir *v. intr.* Aullar, quejarse.

garabatear *v. intr.* Garrapatear, caligrafiar, emborronar.

garabato *s. m.* **1. Borrón**, trazo, línea. **2. Apostura**, gracia.

garabito *s. m.* Taburete.

garaje *s. m.* **1. Aparcamiento**, parking. **2. Taller.**

garante *adj.* Fiador, garantizador.

garantía *s. f.* **1. Caución**, aval. **2. Seguro**, protección, afianzamiento.

garantizar *v. tr.* Asegurar, avalar, responder, afianzar, endosar, proteger, fiar, abonar. ➤ *Desamparar.*

garapullo *s. m.* Banderilla, rehilete.

garata *s. f.* Alboroto, trifulca. ➤ *Calma, sosiego.*

garatero, ra *adj.* Pendenciero, alborotador. ➤ *Pacífico.*

garba *s. f.* Manojo, hato, gavilla.

garbear *v. intr.* Presumir, gallardear.

garbillar *v. tr.* Cribar.

garbillo *s. m.* Cedazo, criba.

garbo *s. m.* **1. Aire**, donaire, buen porte. **2. Generosidad**, largueza.

garboso, sa *adj.* **1. Elegante**, gallardo. **2. Desinteresado**, generoso, desprendido, liberal. ➤ *Agarrado, tacaño.*

gardenia *s. f.* Jazmín.

garfio *s. m.* Anzuelo, gancho, bichero.

gargajear *v. intr.* Escupir, esputar.

gargajo *s. m.* Escupitajo, gallo, esputo.

garganta *s. f.* **1. Gaznate**, gañote, pescuezo, cuello, campanilla, tráquea, nuez, glotis, laringe, gola, agalla, amígdala, garguero, tragadero. **2. Desfiladero**, quebrada, cañón, puerto, angostura, estrechez, paso.

gargantada *s. f.* Trago.

gárgara *s. f.* Enjuagatorio.

gargarismo *s. m.* **1. Gárgara. 2. Enjuague.**

gargarizar *v. intr.* Enjuagar.

gárgola *s. f.* Canalón, desagüe, caño.

garitero, ra *s. m. y s. f.* Tahur, fullero.

garito *s. m.* Antro, timba, tugurio.

garla *s. f.* Charla, palique.

garlar *v. intr.* Cascar, cotorrear, rajar. ➤ *Callar.*

garlito *s. m.* Trampa.

garlopa *s. f.* Lija, lima, cepillo.

garnacha *s. f.* Toga.

garoso, sa *adj.* Glotón, tragaldabas. ➤ *Desganado, inapetente.*

garra *s. f.* Zarpa.

garrafa *s. f.* Bombona, garrafón.

garrafal *adj.* Desastroso, disparatado, inconcebible, tremendo. ➤ *Mínimo.*

garrafiñar *v. tr.* Arrebatar, arrancar. ➤ *Restituir, devolver.*

garranchada *s. f.* Arañazo, rasguño.

garranchazo *s. m.* Arañazo, rasguño.

garrapatear *v. intr.* Emborronar, garabatear.

garrapatón *s. m.* Dislate, disparate.

garrido, da *adj.* Apuesto, arrogante, bizarro, galano. ➤ *Deslucido, apocado, soso.*

garrocha *s. f.* Garfio, puya, sacaliña.

garrochar *v. tr.* Pinchar, varear, picar.

garrotazo *s. m.* Bastonazo, cachiporrazo, estacazo, porrazo, trancazo.

garrote *s. m.* **1. Bastón**, cayado. **2. Palo**, vara.

garrulería *s. f.* Locuacidad, charlatanería, facundia.

gárrulo, la *adj.* Facundo, locuaz, parlero, charlatán. ➤ *Callado.*

garujo *s. m.* Mortero.

garzo, za *adj.* Azulado, azulenco, azulino.

garzón *s. m.* Adolescente, doncel, paje, efebo.

gas *s. m.* Fluido, vapor.

gasa *s. f.* **1. Muselina**, tul. **2. Apósito**, venda.

gaseosa *s. f.* Soda.

gasificar *v. tr.* Sublimar, volatilizar, evaporar, gasear, vaporizar, evaporizar, vaporar, vahar.

gasoducto *s. m.* Gaseoducto, tubería.

gasolina *s. f.* Carburante, combustible.

gasolinera *s. f.* Depósito, surtidor, estación de servicio.

gastado, da *adj.* **1. Agotado**, usado, disminuido. ➤ *Nuevo, entero.* **2. Cascado**, decrépito. ➤ *Lozano.*

gastador, ra *adj.* **1. Derrochador**, despilfarrador. ➤ *Ahorrador.* ‖ *s. m.* **2. Zapador.**

gastamiento *s. m.* Desgaste.

gastar *v. tr.* **1. Comprar,** desembolsar, costear, derrochar, expender, menguar, disipar, invertir, emplear, pagar, usar, desperdiciar. ➤ *Aborrar, guardar, aumentar, acrecentar, economizar.* **2. Desgastar,** deslucir, ajar, deteriorar, consumir, agotar, terminar, acabar, carcomer, disminuir, apurar, arrebañar. ➤ *Guardar, mantener, arreglar.*

gasto *s. m.* Dispendio, desembolso. ➤ *Aborro.*

gastoso, sa *adj.* Gastador. ➤ *Aborrador, economizador.*

gástrico, ca *adj.* Estomacal, digestivo.

gastrónomo, ma *s. m. y s. f.* Cocinero, gourmet.

gatada *s. f.* Añagaza, faena, picardía, putada.

gatazo *s. m.* Timo, trampa.

gatear *v. intr.* **1. Encaramarse,** trepar. **2. Deslizarse,** arrastrar.

gatillo *s. m.* Detonador, percutor.

gato *s. m.* **1. Michino,** minino, micifuz. **2. Palanca. 3. Taimado,** zorro.

gatuña *s. f.* Arnacho, asnacho.

gatuperio *s. m.* Revoltillo, maraña.

gauchada *s. f.* Artimaña, treta.

gaudeamus *s. m.* Banquete, comilona, francachela.

gavilla *s. f.* **1. Manojo,** fajo, haz, mazo, gavillero, brazada, ramo, paquete, atado. **2. Pandilla,** banda, cuadrilla, hatajo, panda, manada, patulea, hato, gazapina, reunión.

gavillero *s. m.* Bracero, jornalero.

gaviota *s. f.* Gavina.

gazapo *s. m.* **1. Embuste,** bola, trola. **2. Error,** yerro, lapsus.

gazmoñería *s. f.* Beatería, mojigatería, santurronería. ➤ *Honestidad.*

gazmoño, ña *adj.* Hipócrita, misticón, fariseo, mojigato, ñoño, melindroso. ➤ *Sincero.*

gaznápiro, ra *adj.* Ceporro, zoquete, memo. ➤ *Avispado, listo.*

gazuza *s. f.* Hambre, voracidad, apetito. ➤ *Inapetencia.*

gedeonada *s. f.* Perogrullada, bobería.

gelatinoso, sa *adj.* Mucilaginoso, viscoso, blando. ➤ *Duro, trabado.*

gélido, da *adj.* Glacial, congelado. ➤ *Ardiente, abrasador, cálido.*

gema *s. f.* **1. Joya,** piedra, diamante. **2. Brote,** renuevo, yema, botón.

gemebundo, da *adj.* Llorón, quejica.

gemelo, la *adj.* Mellizo.

gemido *s. m.* Lamento, quejido, sollozo, suspiro, zollipo. ➤ *Carcajada, risa.*

gemidor, ra *adj.* Gimiente.

gemir *v. intr.* **1. Sollozar,** suspirar, gimotear, plañir, llorar, clamar, jeremiar, quejarse, dolerse, lamentarse, implorar, hipar. ➤ *Reír, sonreír, alegrarse.* **2. Aullar,** gañir.

gemólogo, ga *s. m. y s. f.* Joyero.

gemonías *s. f. pl.* Correctivo, castigo.

gendarme *s. m.* Policía, guardia.

genealogía *s. f.* Abolengo, alcurnia, estirpe.

generación *s. f.* **1. Concepción,** creación. **2. Familia,** progenie. **3. Quinta,** promoción.

generador *s. m.* Alternador, dinamo, turbina.

general *adj.* Global, colectivo. ➤ *Particular, inusual, extraño.*

generalidad *s. f.* Colectividad, mayoría. ➤ *Concreción, minoría.*

generalización *s. f.* Divulgación, pluralización, universalización. ➤ *Delimitación, particularidad.*

generalizar *v. tr.* Divulgar, publicar.

generar *v. tr.* **1. Procrear,** engendrar, reproducir, multiplicar, poblar, fecundar. **2. Causar,** ocasionar, originar, producir, hacer, motivar, promover.

genérico, ca *adj.* General, global. ➤ *Particular, individual.*

género *s. m.* Familia, clase, tipo.

generosamente *adv. m.* Altruistamente, noblemente. ➤ *Egoístamente.*

generosidad *s. f.* **1. Caballerosidad,** nobleza. **2. Esplendidez,** larguza, liberalidad, desinterés, magnanimidad, magnificencia, desprendimiento, altruismo, abundancia, rumbo, dadivosidad, munificencia, derroche, caridad. ➤ *Tacañería, mezquindad.*

generoso, sa *adj.* **1. Humano,** noble, misericordioso, altruista. **2. Desprendido,** desinteresado. ➤ *Avaro.*

genésico, ca *adj.* Carnal, erótico, genital.

génesis *s. f.* **1. Comienzo**, arranque. **2. Germen**, cimientos, embrión, raíz.

genial *adj.* ➤ Magnífico, soberbio, maravilloso. ➤ *Común, desagradable.*

genio *s. m.* **1. Naturaleza**, talante, disposición. **2. Talento**, condición.

genital *adj.* **1. Sexual**, genésico, venéreo. ‖ *s. m. pl.* **2. Sexo**, partes.

genitor *s. m.* Progenitor, padre.

genocidio *s. m.* Matanza, exterminio, holocausto.

gente *s. f.* Masa, muchedumbre, público.

gentil *adj.* **1. Pagano**, infiel, ateo, politeísta, descreído, irreligioso, fetichista. ➤ *Creyente, bautizado, cristiano.* **2. Apuesto**, bizarro, garrido, brioso, galán, gracioso, agradable, guapo, garboso, bello, donoso, educado, airoso. ➤ *Grosero, desgarbado, soso, patoso.*

gentileza *s. f.* **1. Educación**, finura. ➤ *Grosería, descortesía.* **2. Gallardía**, soltura.

gentilicio, cia *adj.* Originario, oriundo.

gentilidad *s. f.* Paganismo, idolatría, politeísmo.

gentío *s. m.* Aglomeración, masa, legión, muchedumbre. ➤ *Individuo.*

gentuza *s. f.* Canalla, morralla, patulea, chusma. ➤ *Aristocracia, nobleza.*

genuflexión *s. f.* Reverencia, saludo, acatamiento.

genuino, na *adj.* Verdadero, original. ➤ *Adulterado, falso, postizo.*

gerencia *s. f.* Administración, gobierno.

gerente *s. m. y s. f.* Administrador, gestor, agente.

geriatría *s. f.* Gerontología.

geriátrico, ca *adj.* Gerontológico.

gerifalte *s. m.* Cabecilla, mandamás.

germanía *s. f.* Argot, dialecto, habla.

germano, na *adj.* Ario, teutón, alemán.

germen *s. m.* **1. Embrión**, semilla, huevo. **2. Fuente**, causa. ➤ *Fin, destino.*

germinar *v. intr.* **1. Brotar**, florecer. ➤ *Agostarse, marchitarse.* **2. Gestarse**, iniciar, nacer, surgir, principiar. ➤ *Terminar, concluir.*

gerontología *s. f.* Geriatría.

gerontólogo, ga *s. m. y s. f.* Geriatra.

gerundiano, na *adj.* Ampuloso, recargado.

gesta *s. f.* Proeza, aventura, heroicidad.

gestación *s. f.* **1. Embarazo**. **2. Elaboración**, preparación.

gestarse *v. prnl.* Generarse, desarrollarse, madurar, germinar.

gestear *v. intr.* Gesticular.

gestero, ra *adj.* Exagerado, gesticulador. ➤ *Comedido, correcto.*

gesticulación *s. f.* Gesto, mímica, aspaviento, mueca.

gesticular *v. intr.* Gestear, accionar, chistar, guiñar, bracear, manotear, moverse.

gesticuloso, sa *adj.* Gesticulador, aspaventero.

gestión *s. f.* Negocio, trámite, diligencia, procedimiento.

gestionar *v. tr.* Administrar, diligenciar, negociar, visitar, resolver, procurar, encargar, recomendar, resolver, intentar, demandar.

gesto *s. m.* **1. Expresión**, actitud, ademán, seña, mueca, mohín, tic, visaje, guiño. **2. Aspecto**, semblante, catadura, aire, actitud, cara, rostro, postura. **3. Detalle**.

gestor, ra *s. m. y s. f.* Administrador, apoderado, gerente.

giba *s. f.* Chepa, joroba.

gibar *v. tr.* Fastidiar, molestar, vejar, chinchorrear. ➤ *Agradar.*

giboso, sa *adj.* Contrahecho, corcovado, chepudo, jorobado. ➤ *Erguido.*

gigante *s. m.* Titán, superhombre. ➤ *Enano.*

gigantesco, ca *adj.* **1. Hercúleo**, ciclópeo. **2. Colosal**, imponente, enorme. ➤ *Diminuto, minúsculo.*

gigantez *s. f.* Altura, tamaño.

gigantismo *s. m.* Acromegalia. ➤ *Enanismo.*

gigoló *s. m.* Mantenido, chulo.

gimnasia *s. f.* Atletismo.

gimnasta *s. m. y s. f.* Atleta, deportista.

gimotear *v. intr.* Sollozar, lamentarse, hipar. ➤ *Reír, sonreír.*

gimoteo *s. m.* Gemiqueo, lamento, sollozo. ➤ *Risa.*

ginebra *s. f.* Bulla, algarabía.

ginecocracia *s. f.* Matriarcado.
ginecólogo, ga *s. m. y s. f.* Tocólogo.
gingivitis *s. f.* Piorrea.
gira *s. f.* Tourné, excursión.
girar *v. intr.* Rotar, rondar, rodear, rodar, visar, circular, voltear, desviar, torcer, contornear, volver, rolar, versar, revolotear. ➤ *Fijar, permanecer.*
girasol *s. m.* Mirabel, mirasol.
giro *s. m.* **1. Rotación**, rodeo, viraje, cambio. **2. Modismo.**
girola *s. f.* Ábside, deambulatorio.
gitano, na *adj.* **1. Romaní**, cíngaro. **2. Mimoso**, zalamero.
glabro, bra *adj.* Mondo, pelado, pelón. ➤ *Piloso, peludo, barbudo.*
glacial *adj.* **1. Frío**, gélido. ➤ *Cálido, caliente.* **2. Despegado**, indiferente, antipático. ➤ *Grato, afectuoso.*
glaciar *s. m.* Nevero.
glacis *s. m.* Ladera, pendiente, falda.
gladiador *s. m.* Luchador, atleta.
gladíolo *s. m.* Espadaña.
glamour *s. m.* Encanto, magia, atractivo.
glande *s. m.* Bálano.
glauco, ca *adj.* Verdemar, verdoso.
glera *s. f.* Cantal, desgalgadero, pedregal.
glíptica *s. f.* Grabado.
global *adj.* Completo, íntegro. ➤ *Parcial.*
globo *s. m.* Esfera, bola.
globoso, sa *adj.* Esférico, globular.
globular *adj.* Esférico, globoso, redondo. ➤ *Plano.*
glóbulo *s. m.* **1. Bolita. 2. Hematíe**, leucocito.
globuloso, sa *adj.* Esférico, globular, redondo.
gloria *s. f.* **1. Paraíso**, cielo, bienaventuranza, salvación, inmortalidad, edén, beatitud, santidad. ➤ *Infierno, condenación, averno.* **2. Honor**, celebridad, éxito, notoriedad, crédito, fama, prez, renombre, loor, palma, alabanza, brillo, esplendor, magnificencia, majestad, grandeza. ➤ *Vulgaridad, generalidad, anonimato, oscuridad.* **3. Delicia**, agrado, gusto, encanto, deleite, maravilla, felicidad. ➤ *Dolor, disgusto, displacer, malestar.*
gloriarse *v. prnl.* Alabarse, jactarse, vanagloriarse. ➤ *Humillarse.*

glorieta *s. f.* Plaza, rotonda.
glorificable *adj.* Loable, alabable. ➤ *Denostable, condenable.*
glorificación *s. f.* Aclamación, aplauso, encomio, loa. ➤ *Humillación, ofensa.*
glorificador, ra *adj.* Ensalzador. ➤ *Denostador.*
glorificar *v. tr.* Alabar, aplaudir, loar, honrar, celebrar, exaltar, enaltecer, ponderar, gloriar. ➤ *Denostar, vituperar, deshonrar, degradar.*
glorioso, sa *adj.* Eminente, ilustre, insigne.
glosa *s. f.* Apostilla, exégesis.
glosador, ra *adj.* Intérprete, exégeta.
glosar *v. tr.* **1. Aclarar**, apostillar. **2. Censurar**, comentar.
glosario *s. m.* **Diccionario**, vocabulario, lexicón.
glotón, na *adj.* Tragón, voraz, insaciable. ➤ *Inapetente, ahíto.*
glotonear *v. intr.* Zampar, tragar, devorar. ➤ *Ayunar.*
glotonería *s. f.* Hambronería, tragonería. ➤ *Templanza, moderación.*
glúcido *s. m.* Hidrato de carbono.
glucosa *s. f.* Azúcar.
glutinosidad *s. f.* Pegajosidad, adherencia.
glutinoso, sa *adj.* Viscoso, adherente.
gnómico, ca *adj.* Aforístico, moralista, sentencioso.
gnomo *s. m.* Elfo, enanito, duende.
gnoseología *s. f.* Epistemología.
gnoseológico, ca *adj.* Epistemológico.
gobernador, ra *adj.* Administrador, jefe, gobernante.
gobernante *s. m.* Gobernador, jefe, dirigente.
gobernar *v. tr.* **1. Administrar**, presidir, regentar. **2. Conducir**, tutelar.
gobierno *s. m.* **1. Administración**, dirección. **2. Gobernación.**
goce *s. m.* **1. Deleite**, disfrute, satisfacción, placer, agrado, delectación, gloria, complacencia, solaz, bienestar, felicidad, gusto, contento, delicia, gozo, alegría. ➤ *Malestar, disgusto, desdicha, dolor.* **2. Posesión**, disfrute, uso, usufructo. ➤ *Carencia, falta.*

godesco, ca *adj.* Alegre, placentero. ➤ *Desagradable, triste.*

gofrar *v. tr.* Grabar, estampar.

gol *s. m.* Acierto, punto, tanto, diana.

goldre *s. m.* Aljaba, carcaj.

golear *v. intr.* Derrotar, apabullar.

golfante *s. m.* Chulo, bribón.

golfear *v. intr.* Callejear, encanallarse, vagabundear.

golfería *s. f.* Hampa, picaresca.

golfo, fa *s. m. y s. f.* Pícaro, pillo.

goliardo, da *adj.* Jarandero, libertino, parrandero.

gollería *s. f.* Golosina, pastel.

golosina *s. f.* Caramelo, dulce, confite, pastel.

golosinar *v. intr.* Gulusmear.

goloso, sa *adj.* **1.** Glotón. **2.** Ávido, ansioso.

golpazo *s. m.* Porrazo, testarazo, topetazo.

golpe *s. m.* **1.** Colisión, encuentro, porrazo, topetazo, encontronazo, coscorrón, cachete, zambombazo, empellón, guantazo, puñetazo, palo, toque, empujón, tiento, revés, codazo, patada, rabotada, trastazo, coscorrón, azote, coz, pedrada, leñazo. **2.** Moretón, cardenal, contusión. **3.** Masa, multitud, abundancia, copia, muchedumbre, caudal, plaga, nube. ➤ *Escasez.* **4.** Tribulación, revés, contrariedad, infortunio, desgracia, pérdida. ➤ *Suerte, fortuna.* **5.** Latido, pálpito. **6.** Chiste, salida, agudeza, gracia, ocurrencia, ingenio, rasgo, chispa.

golpeadura *s. f.* Apaleamiento, paliza, tunda.

golpear *v. tr.* Apalear, atizar, pegar, sacudir, zurrar, asestar, fustigar, flagelar, herir, propinar, percutir, bastonear, abofetear, calentar, varear, machacar, zumbar, patear, magullar, sobar, tundir, majar, golpetear, sacudir, asestar, batir. ➤ *Acariciar.*

golpetear *v. tr.* Tabletear, repicar.

golpeteo *s. m.* Repiqueteo, tableteo.

goma *s. f.* Adhesivo, aglutinante, resina, pegamento.

gomosería *s. f.* Afectación, amaneramiento.

gomoso *s. m.* Figurín, petimetre, currutaco, pisaverde, lechuguino.

gonete *s. m.* Refajo.

gonfalón *s. m.* Enseña, estandarte, pendón.

gongorino, na *adj.* Culterano, barroco.

gonococia *s. f.* Gonorrea, purgaciones.

gonorrea *s. f.* Gonococia, uretritis.

gordiflón, na *adj.* Atocinado, fofo.

gordo, da *adj.* **1.** Atocinado, obeso, rollizo, cebado, regordete, carnoso, gordinflón, rechoncho, voluminoso, orondo, inflado, grueso, pesado, mofletudo, repolludo. ➤ *Delgado, seco, flaco, enteco, fino, ligero.* **2.** Voluminoso, hinchado. ➤ *Pequeño.* ‖ *s. m.* **3.** Grasa, sebo.

gordolobo *s. m.* Verbasco.

gordura *s. f.* **1.** Grasa, adiposidad. **2.** Corpulencia, obesidad. ➤ *Delgadez.*

gorgojo *s. m.* Enano. ➤ *Gigante.*

gorgorito *s. m.* Gorjeo, trino, modulación, quiebro.

gorgotear *v. intr.* Burbujear.

gorgoteo *s. m.* Burbujeo, gorgor.

gorjear *v. intr.* Trinar, silbar.

gorjeo *s. m.* **1.** Gorgorito, modulación. **2.** Trino.

gorra *s. f.* Boina, birrete, bonete.

gorrada *s. f.* Saludo, sombrerazo.

gorrear *v. intr.* Sablear, gorronear.

gorrino, na *s. m. y s. f.* **1.** Cerdo, lechón. **2.** Sucio, puerco, cochino, guarro. ➤ *Limpio, aseado.*

gorrión *s. m.* Pardal.

gorrista *adj.* Gorrón, sablista.

gorro *s. m.* Gorra, casco, sombrero.

gorrón, na *adj.* Parásito, vividor, chupón, sablista.

gorronear *v. intr.* Chupar, abusar, sablear, estafar.

gorullo *s. m.* Apelotonamiento.

gota *s. f.* **1.** Pizca, ápice. **2.** Podagra, quiragra.

gotear *v. intr.* **1.** Destilar, chorrear, pingar. **2.** Chispear, lloviznar. ➤ *Escampar.*

goteo *s. m.* Destilación, filtración.

gourmet *s. m. y s. f.* Gastrónomo.

gozar *v. tr.* **1.** Utilizar, aprovecharse. ➤ *Carecer.* **2.** Recrearse, regocijarse,

disfrutar, alegrarse, complacerse, deleitarse, saborear, contentarse. ➤ *Padecer, sufrir, penar, dolerse.* **3. Poseer.**

gozne *s. m.* Bisagra, charnela.

gozo *s. m.* Deleite, goce, satisfacción.
➤ *Padecimiento, pena, dolor.*

gozoso, sa *adj.* Complacido, encantado,
jovial, radiante. ➤ *Disgustado, triste.*

grabación *s. f.* Impresión, reproducción.

grabar *v. tr.* **1. Labrar**, tallar, cincelar,
imprimir, esculpir, inscribir, cortar,
puntear, entallar, burilar. ➤ *Pulir,
alisar, limar.* **2. Inculcar**, imprimir,
fijar, aprender, recordar, rememorar,
evocar. ➤ *Borrar, olvidar.*

gracejo *s. m.* Agudeza, ingeniosidad,
simpatía. ➤ *Antipatía, sosez.*

gracia *s. f.* **1. Humor**, ingenio. ➤ *Aspereza, antipatía.* **2. Chiste**, agudeza,
ocurrencia. **3. Atractivo**, simpatía, encanto, cordialidad. ➤ *Pesadez, incordio.* **4. Salero**, desparpajo, soltura. ➤
Sosería. **5. Garbo**, elegancia, donaire,
soltura. ➤ *Desgarbo.* **6. Disposición**,
maña, habilidad. **7. Amparo**, protección. **8. Favor**, don, concesión, dádiva, merced. **9. Indulto**, perdón, amnistía. ➤ *Condena.*

grácil *adj.* Ligero, tenue, delgado, delicado, menudo, esbelto, sutil. ➤ *Pesado, tosco.*

gracilidad *s. f.* Ligereza, sutilidad.

graciosidad *s. f.* Belleza, beldad. ➤
Fealdad, tosquedad.

gracioso, sa *adj.* **1. Agudo**, chistoso,
ocurrente, saleroso. ➤ *Soso.* **2. Bonito**, encantador, grácil. ➤ *Desagradable.* **3. Simpático**, agradable. ➤ *Molesto, pesado.*

gradación *s. f.* Escala, graduación, serie, gama.

gradería *s. f.* Graderío.

grado¹ *s. m.* **1. Nivel. 2. Intensidad**,
medida, valor. **3. Curso**, nivel, ciclo.
4. Rango, puesto, categoría.

grado² *s. m.* Gusto, voluntad.

graduable *adj.* Ajustable, regulable. ➤
Fijo.

graduación *s. f.* **1. Regulación**, división, ordenación. **2. Proporción. 3.
Grado**, jerarquía.

graduado, da *adj.* Diplomado, licenciado, doctorado, titulado.

gradual *adj.* Escalonado, paulatino,
progresivo. ➤ *Repentino, rápido.*

graduar *v. tr.* **1. Regular**, ajustar, nivelar. **2. Medir. 3. Escalonar**, clasificar,
dividir. **4. Diplomar**, licenciar, titular, doctorar.

gradullón, na *adj.* Crecido, robusto.
➤ *Enclenque, esmirriado.*

gráfico, ca *adj.* **1. Expresivo**, elocuente, claro, ilustrativo. ‖ *s. m. y s. f.*
2. Esquema, plano, boceto, representación, croquis.

grafioles *s. m. pl.* Golosinas.

grafismo *s. m.* **1. Diseño gráfico. 2.
Expresividad**, elocuencia.

grafito *s. m.* Carboncillo, mina.

gragea *s. f.* Comprimido, pastilla, tableta, píldora.

gramalla *s. f.* Loriga.

gramatical *adj.* Lingüístico. ➤ *Agra-
matical, incorrecto.*

gramático, ca *s. m. y s. f.* Filólogo,
lingüista.

gramófono *s. m.* Fonógrafo, gramola,
tocadiscos.

grana *s. f.* Carmesí, granate, rojo.

granada *s. f.* Obús, bomba.

granado, da *adj.* **1. Selecto**, escogido, notable, principal, ilustre. ➤ *Corriente, vulgar.* **2. Avisado**, avezado,
ducho. ➤ *Inexperto, novato.* **3. Alto**,
espigado, crecido.

granate *s. m.* Carmesí, grana, rojo.

granazón *s. f.* Desarrollo, florecimiento, grana.

grande *adj.* **1. Considerable**, magno,
amplio, enorme, exagerado, colosal,
vasto, espacioso, ingente, desmesurado, extraordinario, monumental, extenso, mayúsculo, desmedido, superla-
tivo, grandioso. ➤ *Pequeño, mínimo,
corto, minúsculo, menudo.* **2. Importante**, sobresaliente, notable, destacado. ➤ *Insignificante.* **3.** *fam.* **Adulto**,
mayor. ➤ *Niño, joven.*

grandemente *adv. m.* Ampliamente,
enormemente. ➤ *Mínimamente.*

grandevo, va *adj.* Viejo, senil, anciano. ➤ *Joven, mozo.*

grandeza *s. f.* **1. Grandor**, magnitud, grandiosidad, inmensidad. ➤ *Insignificancia.* **2. Magnanimidad**, nobleza, bondad, generosidad. ➤ *Mezquindad.*

grandilocuencia *s. f.* Pomposidad, ampulosidad, énfasis, prosopopeya. ➤ *Sencillez.*

grandilocuente *adj.* Altisonante, pomposo, retórico. ➤ *Llano, natural.*

grandiosidad *s. f.* Excelencia, magnificencia, grandeza. ➤ *Insignificancia.*

grandioso, sa *adj.* Colosal, majestuoso, desmedido, exorbitante, enorme, magnífico, sobresaliente. ➤ *Pequeño, nimio, insignificante.*

grandisonar *v. intr.* Resonar, retumbar.

grandor *s. m.* Grandeza, tamaño.

graneado, da *adj.* Moteado, manchado.

granel, a *loc. adv.* Abundantemente, copiosamente, sobradamente.

granero *s. m.* Hórreo, silo, troj.

granítico, ca *adj.* Duro, pétreo, tenaz. ➤ *Blando, frágil.*

granizada *s. f.* **1. Granizo**, pedrea, pedrisco. **2. Montón**, abundancia, chaparrón.

granizo *s. m.* Pedrea, pedrisco.

granja *s. f.* Cortijo, rancho, quinta.

granjearse *v. prnl.* Conseguir, ganar, lograr, adquirir, captar. ➤ *Perder.*

granjero, ra *s. m. y s. f.* Estanciero, ganadero.

grano *s. m.* **1. Semilla. 2. Pizca**, migaja. **3. Absceso**, pústula, barrillo.

granoso, sa *adj.* Granuloso.

granuja *s. m.* Tunante, canalla, golfo, bribón, estafador, pillo.

granujada *s. f.* Pillería, rufianería.

granujería *s. f.* **1. Granujada. 2. Patulea.**

granujiento, ta *adj.* Áspero, granuloso.

granuloso, sa *adj.* Áspero, granoso, granujiento. ➤ *Liso, pulido.*

grao *s. m.* Cala, ensenada, puerto.

grapar *v. tr.* Coser, sujetar, unir.

grasa *s. f.* **1. Lípido. 2. Gordo**, manteca, sebo, unto. **3. Margarina**, cera, parafina, aceite, pomada. **4. Lubricante**. ➤ *Desengrasante.* **5. Mugre**, suciedad, pringue, porquería.

graso *adj.* Untuoso, pingüe, grasiento.

grasoso, sa *adj.* Graso, pringoso.

gratificación *s. f.* Prima, sobrepaga, aguinaldo.

gratificar *v. tr.* **1. Pagar**, premiar, retribuir, recompensar. **2. Agradar**, gustar, complacer. ➤ *Desagradar.*

gratinar *v. tr.* Dorar, tostar.

gratis *adv. m.* **1. Gratuitamente.** ‖ *adj.* **2. Gratuito.**

gratitud *s. f.* Agradecimiento, reconocimiento. ➤ *Ingratitud, soberbia.*

grato, ta *adj.* Agradable, apetecible. ➤ *Desagradable, repugnante, ingrato.*

gratuitamente *adv. m.* Gratis.

gratuito, ta *adj.* **1. Gratis**, regalado. **2. Caprichoso**, infundado, inmotivado, injustificado. ➤ *Fundado.*

gratular *v. tr.* **1. Felicitar. 2. Alegrarse**, complacerse.

grava *s. f.* **1. Cascajo**, guijarros, guijo. **2. Gravilla**, balasto.

gravamen *s. m.* Impuesto, tributo, contribución, carga.

gravar *v. tr.* Cargar. ➤ *Desgravar.*

grave *adj.* **1. Considerable**, importante, capital, trascendental, serio. ➤ *Baladí, leve, intrascendente.* **2. Complicado**, engorroso, difícil, arduo. ➤ *Fácil.* **3. Enfermo. 4. Formal**, severo, serio, circunspecto, reservado, consecuente, riguroso, rígido. ➤ *Informal, frívolo, abierto, alegre.* **5. Pesado**, oneroso, macizo, pesante, ponderoso. ➤ *Ligero, leve, vaporoso.*

gravedad *s. f.* **1. Gravitación. 2. Trascendencia**, importancia. ➤ *Frivolidad.* **3. Seriedad**, formalidad, solemnidad. ➤ *Ligereza, informalidad.*

grávido, da *adj.* **1. Pletórico**, colmado, lleno, repleto. ➤ *Falto, escaso.* **2. Encinta**, preñada, embarazada.

gravitación *s. f.* Atracción, gravedad.

gravitar *v. intr.* **1. Basarse**, cimentarse, estribar, descansar, cargar, apoyar, pesar, sustentarse, fundamentarse, reclinarse. ➤ *Levitar.* **2. Recaer**, pesar. **3. Abrumar**, agobiar, amenazar.

gravoso, sa *adj.* **1. Caro**, costoso, oneroso. ➤ *Barato.* **2. Inaguantable**, insufrible, cargante, molesto. ➤ *Soportable.*

greca *s. f.* Cenefa, ribete, orla, banda.

gredal *adj.* Arenal.

gredoso, sa *adj.* Arcilloso, terroso.

gregario, ria *adj.* Adocenado, aborregado, mediocre.

gregarismo *s. m.* Adocenamiento, docilidad, mediocridad. ➤ *Carácter, rebeldía.*

greguería *s. f.* **1. Vocerío**, griterío. **2. Metáfora**, figura.

grelo *s. m.* Nabo.

gremial *adj.* **1. Cooperativo**, corporativo, laboral. ‖ *s. m.* **2. Sindicado**.

gremio *s. m.* Hermandad, cofradía.

grenchudo, da *adj.* Greñudo.

grengué *s. m.* Gringuele.

greña *s. f.* **1. Pelambrera. 2. Maraña.**

greñudo, da *adj.* Desmelenado, despeinado, encrespado.

gresca *s. f.* **1. Reyerta**, disputa, pelea, quimera. **2. Bulla**, jaleo, alboroto.

grey *s. f.* **1. Rebaño**, hato, manada. **2. Feligresía**, comunidad.

griego, ga *adj.* **1. Heleno. 2. Helénico.**

grieta *s. f.* **1. Ranura**, resquebrajadura, brecha, hendidura, fisura, rendija, resquicio, intersticio, separación. **2. Problema**, dificultad.

grietado, da *adj.* Agrietado, hendido.

grietarse *v. prnl.* Resquebrajarse.

grifo *s. m.* Espita, válvula.

grill *s. m.* Parrilla.

grillado, da *adj.* Enloquecido, tarado, ido, guillado, pirado. ➤ *Cuerdo.*

grillarse *v. prnl.* Enloquecer.

grillete *s. m.* Esposas, grillos.

grillotalpa *s. m.* Alacrán cebollero, grillo real.

grima *s. f.* **1. Disgusto**, repugnancia, lástima. ➤ *Agrado.* **2. Dentera**.

gringo, ga *adj.* Yanqui, estadounidense.

gringuele *s. m.* Grengué.

gripar *v. tr.* Agarrotarse.

gripe *s. f.* Trancazo.

griposo, sa *adj.* Acatarrado.

gris *adj.* **1. Ceniciento**, plomizo. **2. Borroso**, difuso. ➤ *Nítido.* **3. Irrelevante**, vulgar, mediocre. **4. Melancólico**, triste, apagado. ➤ *Vivo, alegre.*

grisáceo, a *adj.* Agrisado, gríseo, plomizo.

gríseo, a *adj.* Agrisado, grisáceo.

grisgrís *s. m.* Fetiche, amuleto.

grita *s. f.* **1. Griterío**, clamor, vocerío. ➤ *Silencio.* **2. Abucheo**, pita. ➤ *Aplauso, aclamación, ovación.*

gritar *v. intr.* **1. Vocear**, bramar, chillar, desgañitarse, vociferar, alborotar. ➤ *Murmurar, musitar, susurrar.* **2. Abuchear**, patear, silbar. ➤ *Aplaudir, ovacionar.* **3. Abroncar**, regañar, reñir.

gritería *s. f.* Algazara.

griterío *s. m.* Clamor, chillería, estrépito.

grito *s. m.* Alarido, aullido, chillido.

gritón, na *adj.* Chillón, escandaloso, vocinglero. ➤ *Discreto, silencioso.*

grogui *adj.* **1. KO**, tambaleante, aturdido. **2. Atontado**, zombi.

groseramente *adv. m.* Bruscamente, rudamente, insolentemente. ➤ *Caballerosamente.*

grosería *s. f.* Desatención, incorrección, zafiedad. ➤ *Elegancia, cortesía.*

grosero, ra *adj.* **1. Maleducado**, desatento, incorrecto, ordinario, soez, inculto, vulgar, bajo, patán, adocenado, descortés, insolente, impertinente, descarado, montaraz. ➤ *Educado, cortés, atento, correcto.* **2. Tosco**, áspero, burdo, basto, ordinario. ➤ *Fino.*

grosor *s. m.* Corpulencia, espesor, grueso, volumen.

grosso modo *loc. adv.* Aproximadamente, en general.

grotesco, ca *adj.* **1. Caricaturesco**, irrisorio, estrafalario, estrambótico. ➤ *Serio, elegante.* **2. Basto**, grosero.

grueso, sa *adj.* **1. Obeso**, gordo, corpulento, abultado, voluminoso, orondo, rechoncho, rollizo, regordete, gordinflón. ➤ *Delgado, flaco, ligero, liviano.* **2. Tardo**, lento, embotado. ‖ *s. m.* **3. Volumen**, anchura, grosor, corpulencia, dimensión.

grumo *s. m.* Cuajarón.

grumoso, sa *adj.* Cuajado, endurecido, espesado. ➤ *Fluido, suelto.*

gruñido *s. m.* Aullido, ronquido.

gruñir *v. intr.* Murmurar, refunfuñar.

gruñón, na *adj.* Malhumorado, protestón, rezongador.

grupa *s. f.* Anca, cuadril, nalga.

grupo *s. m.* Equipo, conjunto, colección, agrupación. ➤ *Individuo.*

gruta *s. f.* Caverna, cueva.

guaca *s. f.* Tumba.

guacamayo *s. m.* Papagayo.

guachapear *v. tr.* Chapotear.

guache *s. m.* Villano, canalla.

guacho, cha *adj.* Desvalido, desamparado.

guadal *s. m.* Ciénaga, pantano.

guadamecí *s. m.* Brocado.

guadaña *s. f.* Falce, segadora, hoz, rozón, cimbara, podón, segur, segadera.

guadañador, ra *adj.* **1. Segador.** ‖ *s. f.* **2. Segadora.**

guadañar *v. tr.* Cortar, cercenar.

guagua *s. f.* Autobús, góndola.

guaina *adj.* Adolescente, mancebo.

guaita *s. f.* Vigilante, centinela.

gualdo, da *adj.* Dorado, amarillo.

gualdrapero, ra *s. m. y s. f.* Andrajoso, harapiento.

guano *s. m.* Estiércol.

guantada *s. f.* Bofetón, bofetada, tortazo. ➤ *Caricia.*

guantazo *s. m.* Bofetón, torta, bollo. ➤ *Caricia.*

guante *s. m.* **1. Manopla**, mitón, guantelete. ‖ *s. m. pl.* **2. Látigo**, azote.

guapear *v. intr.* Baladronar, jactarse, fardar.

guapeza *s. f.* **1. Hermosura**, belleza. ➤ *Fealdad.* **2. Donaire**, plante, valor, ánimo. ➤ *Cobardía.*

guapo, pa *adj.* **1. Apuesto**, hermoso, agraciado. ➤ *Feo.* **2. Valiente**, arrojado. ‖ *s. m.* **3. Fanfarrón**, bravucón.

guapura *s. f.* Belleza, guapeza.

guaragua *s. f.* Perífrasis, circunloquio.

guarda *s. m. y s. f.* Conserje, guardián, vigilante.

guardacantón *s. m.* Guardarruedas.

guardaespaldas *s. m. y s. f.* Escolta, protector, matón.

guardagujas *s. m. y s. f.* Cambiador, cambiavía, cambiavías.

guardainfante *s. m.* Miriñaque.

guardameta *s. m. y s. f.* Portero.

guardapolvo 1. Funda. 2. Bata, delantal.

guardar *v. tr.* **1. Cuidar**, defender, custodiar, velar, vigilar, proteger, atender, asegurar. ➤ *Desamparar, descuidar, desatender.* **2. Meter**, colocar, almacenar. **3. Reservar. 4. Retener**, conservar. **5. Sentir. 6. Obedecer**, acatar, cumplir, respetar. ➤ *Infringir, desobedecer, dejar de lado.* **7. Ahorrar**, escatimar, economizar. ➤ *Despilfarrar, derrochar, tirar.* ‖ *v. prnl.* **8. Desconfiar**, recelar, precaverse. **9. Evitar**, eludir. ➤ *Exponerse.*

guardarropa *s. m.* **1. Ropero. 2. Vestuario.**

guardavía *s. m. y s. f.* Guardagujas.

guardería *s. f.* Parvulario, jardín de infancia.

guardia *s. f.* **1. Vigilancia**, protección, custodia. **2. Escolta.** ‖ *s. m. y s. f.* **3. Policía**, agente.

guardián, na *s. m. y s. f.* Celador, cuidador, guarda.

guarecer *v. tr.* **1. Amparar**, acoger, proteger, socorrer. **2. Esconder**, ocultar. ‖ *v. prnl.* **3. Resguardarse**, parapetarse, cobijarse.

guarida *s. f.* **1. Madriguera**, nido, cubil. **2. Refugio**, asilo.

guarismo *s. m.* Número, cifra.

guarnecer *v. tr.* **1. Abastecer**, surtir, proveer, equipar, dotar. ➤ *Desposeer.* **2. Adornar**, ornamentar.

guarnición *s. f.* **1. Aderezo**, ornato, accesorio, adorno. **2. Verduras**, legumbres. **3. Destacamento**, guardia, tropa. ‖ *s. f. pl.* **4. Arnés**, arreos, jaeces.

guarrada *s. f.* **1. Porquería**, inmundicia, suciedad. ➤ *Aseo, limpieza, pulcritud.* **2. Trastada**, putada, faena. ➤ *Nobleza.*

guarrazo *s. m.* Morrada, trastazo, costalada.

guarrear *v. tr.* Ensuciar, manchar. ➤ *Limpiar, asear.*

guarrería *s. f.* Guarrada, putada.

guarro, rra *s. m. y s. f.* **1. Cerdo. 2. Sucio**, marrano. ➤ *Limpio, aseado.* **3. Vil**, traidor, despreciable. ➤ *Digno, decente.*

guasa *s. f.* Pitorreo, choteo, sorna, ironía. ➤ *Seriedad.*

guasería *s. f.* Encogimiento, cortedad.

guasón, na *adj.* Bromista, desenfadado, divertido.

guataca *s. m. y s. f.* Lisonjero, pelota, cobista.

guatear *v. tr.* Enguatar, acolchar, acojinar, rellenar.

guayabera *s. f.* Torera, chaquetilla.

gubernamental *adj.* Gubernativo, estatal.

gubernativo, va *adj.* Gubernamental, estatal.

guedeja *s. f.* **1. Melena,** mechón. **2. Pelambrera,** melena.

guerra *s. f.* **1. Desaveniencia,** hostilidad, beligerancia, pugna, pleito, conflicto, oposición, diferencia, disidencia, debate. ➤ *Aveniencia, acuerdo, paz, concordia, reconciliación.* **2. Batalla,** pelea, combate, lidia, torneo, choque, refriega, escaramuza, lid. ➤ *Paz, armisticio, pacto, tregua, convenio.*

guerrear *v. intr.* Batallar, luchar, contender. ➤ *Pacificar.*

guerrero, ra *adj.* **1. Bélico,** militar. **2. Belicoso,** luchador. **3. Travieso,** enredador. ‖ *s. m. y s. f.* **4. Soldado,** combatiente. ➤ *Civil.*

guía *s. m. y s. f.* **1. Guiador,** conductor, orientador, lazarillo, cicerone, timonel. ➤ *Seguidor.* **2. Consejero,** maestro, precepto, mentor, dirigente, educador, monitor. ➤ *Discípulo.* ‖ *s. f.* **3. Faro,** norte, pauta, indicador, hito, mira, blanco. **4. Manual,** prontuario, folleto.

guiar *v. tr.* **1. Orientar,** encaminar, dirigir, llevar, conducir, encauzar, encarrilar, pilotar. ➤ *Desorientar, desencaminar.* **2. Dirigir,** disciplinar, mandar, adiestrar, gobernar, enseñar, regir, educar. ➤ *Obedecer.*

guija *s. f.* Canto, china, piedra.

guijarral *s. m.* Pedregal.

guijarreño, ña *adj.* Robusto, macizo. ➤ *Débil, endeble.*

guijarro *s. m.* Pedrusco, piedra, china, canto, guijo.

guijarroso, sa *adj.* Pedregoso.

guilladura *s. f.* Chaladura, locura. ➤ *Cordura.*

guillotinar *v. tr.* Ajusticiar, cortar, cercenar.

guinchar *v. tr.* Pinchar.

guindar *v. tr.* Robar, birlar.

guiñada *s. f.* Guiño.

guiñapo *s. m.* Harapo.

guiño *s. m.* Guiñada.

guiñol *s. m.* Títere.

guión *s. m.* **1. Pendón,** enseña, divisa. **2. Esquema,** sinopsis, resumen. **2. Argumento,** libreto, trama.

guirigay *s. m.* **1. Galimatías. 2. Bulla,** batahola, griterío, confusión.

guisa *s. f.* Procedimiento, estilo, modalidad, modo, manera.

guisar *v. tr.* **1. Cocinar,** aderezar, preparar, sazonar, freír, cocer, adobar, aliñar, rehogar, estofar, rebozar, dorar, escalfar. **2. Componer,** preparar, arreglar, organizar, cuidar. ➤ *Descomponer, desaguisar.*

guiso *s. m.* Estofado, cocido, guisado.

guisote *s. m.* Bazofia, bodrio, comistrajo. ➤ *Manjar, delicia.*

guitarrón *s. m.* Astuto, zorro. ➤ *Inocente, ingenuo.*

guitonear *v. intr.* Vagabundear, holgazanear.

guitonería *s. f.* Vagabundeo, holganza.

guizgar *v. tr.* Engrescar.

gula *s. f.* Glotonería, insaciabilidad, avidez. ➤ *Temperancia, moderación.*

gusano *s. m.* **1. Lombriz,** oruga, larva, gusarapo. ‖ *s. m.* **2. Indeseable,** infame, rata. **3. Insignificante,** infeliz. ➤ *Altivo, orgulloso, figura.*

gustación *s. f.* Cata, prueba, probadura.

gustar *v. tr.* **1. Paladear,** degustar, catar. ‖ *v. intr.* **2. Complacer,** agradar, deleitar. ➤ *Desagradar.*

gustazo *s. m.* Capricho, satisfacción.

gustillo *s. m.* Regusto, sabor, dejo.

gusto *s. m.* **1. Paladar. 2. Placer,** agrado, deleite. ➤ *Desagrado.* **3. Albedrío,** arbitrio, propia voluntad. **4. Distinción,** sensibilidad, estilo, delicadeza. ➤ *Chabacanería.*

H h

haber[1] *s. m.* **1. Capital**, bienes, riqueza, rentas, hacienda, caudal. ‖ *s. m. pl.* **2. Sueldo**, paga, emolumentos, honorarios, nómina, factura, pensión, retribución.

haber[2] *v. aux.* **1. Deber**, tener, necesitarse, precisarse. ‖ *v. impers.* **2. Acaecer**, ocurrir, sobrevenir, acontecer, suceder. **3. Verificarse**, efectuarse. **4. Hallarse**, existir. **5. Estar presente**, asistir, acudir. ➤ *Ausentarse, faltar.* ‖ *v. prnl.* **6. Entendérselas**, verse las caras, reñir, pelear, disputar, contender. ‖ *v. tr.* **7. Poseer**, gozar, disfrutar, detentar, tener. ➤ *Carecer, faltar.* **8. Alcanzar**, coger, apresar, tomar.

hábil *adj.* **1. Diestro**, docto, ducho, experto, competente, inteligente, dispuesto, apto, útil, ejercitado, mañoso, diligente, entendido, listo, astuto, sagaz, idóneo, apañado, habilidoso. ➤ *Torpe, incompetente, inhábil, inexperto, patoso.* **2. Apto**, disponible. ➤ *Inhábil.* **3. Conveniente**, útil, indicado, adecuado, propio. ➤ *Inadecuado, inconveniente, impropio.*

habilidad *s. f.* Capacidad, disposición, competencia, destreza, aptitud, pericia, inteligencia, ingenio, maña, tacto, mano, amaño, arte, saber, industria, práctica, gracia, don, soltura, desenvoltura, diplomacia, política, picardía. ➤ *Torpeza, incompetencia, inhabilidad.*

habilidoso, sa *adj.* Hábil, diestro, experto, mañoso. ➤ *Torpe, incapaz.*

habilitado, da *adj.* **1. Capacitado**, competente. **2. Equipado**, preparado. **3. Adecuado**, idóneo. ‖ *s. m. y s. f.* **4. Cobrador**, recaudador.

habilitar *v. tr.* **1. Facultar**, preparar, capacitar, investir. ➤ *Inhabilitar, incapacitar.* **2. Aprovisionar**, abastecer, proveer, preparar, avituallar, pertrechar, equipar. **3. Adecuar**, adaptar.

habitación *s. f.* **1. Pieza**, cuarto, dependencia, sala, aposento, cámara, estancia, salón, dormitorio, alcoba. **2. Edificio**, vivienda, morada, mansión, casa, domicilio, alojamiento, residencia. **3. Presencia**, convivencia, estancia, asistencia, residencia.

habitante *s. m.* Avecindado, ciudadano, morador, paisano, residente, poblador, vecino, domiciliado, inquilino, lugareño.

habitar *v. tr.* Ocupar, residir, vivir, morar, parar, estar, alojarse, domiciliarse, establecerse, aposentarse, avecindarse. ➤ *Deshabitar, desalojar, vagar.*

hábitat *s. m.* Habitáculo, medio, ambiente, entorno, elemento.

hábito *s. m.* **1. Uniforme**, traje, vestido, sotana, vestidura. **2. Costumbre**, uso, rutina, manía, estilo, usanza. ➤ *Hecho aislado.* **3. Práctica**, destreza, habilidad, pericia. ➤ *Torpeza.*

habitual *adj.* Acostumbrado, usual, maquinal, común, frecuente, familiar, ordinario, corriente, tradicional, rutinario. ➤ *Inusual, raro, inhabitual, inaudito, infrecuente, desusado.*

habituar *v. tr.* Aclimatar, aceptar, curtir, familiarizar, acostumbrar, aguerrir, enseñar, avezar, preparar. ➤ *Desacostumbrar, extrañarse.*

habla *s. f.* **1. Lenguaje**, palabra. **2. Discurso**, expresión, arenga, sermón. **3. Idioma**, dialecto, jerga.

hablador, ra *adj.* **1. Lenguaraz**, parlanchín, charlatán, charlador, parlanchín, locuaz, cotorra. ➤ *Callado, mudo, silencioso, reservado.* **2. Bocazas**, boceras. ➤ *Discreto, prudente.*

habladuría *s. f.* Cotilleo, chisme, murmuración, hablilla, rumor.

hablanchín, na *adj.* Lenguaraz, bocazas. ➤ *Discreto.*

hablante *adj.* Emisor. ➤ *Receptor.*

hablar *v. intr.* **1. Decir**, expresar, manifestar, exteriorizar, comunicar, exclamar, vociferar, conversar, razonar, opinar, criticar, cuchichear, charlar, parlar. ➤ *Callar, enmudecer, silenciar.* **2. Perorar**, pronunciar, arengar, declamar, discursear, hacer uso de la palabra, dirigirse a, conferenciar, recitar, predicar. ➤ *Callar.* **3. Dialogar**, conversar, charlar, departir. ➤ *Callar, enmudecer.* **4. Murmurar**, criticar. **5. Rogar**, interceder, recomendar. **6. Revelar**, confesar, cantar. ➤ *Silenciar, suprimir, omitir.* **7. Acordar**, convenir, concertar. ‖ *v. prnl.* **8. Tratarse**, hacerse, hacer buenas migas, entenderse, entrevistarse. ➤ *Ignorarse, llevarse mal.*

hablilla *s. f.* Cotilleo, habladuría, murmuración, chisme, rumor.

habón *s. m.* Roncha, erupción, grano, picadura, sarpullido.

hacedero, ra *adj.* Posible, practicable, realizable, factible, asequible, fácil. ➤ *Imposible, irrealizable, difícil.*

hacendado, da *adj.* Potentado, pudiente, terrateniente, latifundista.

hacendoso, sa *adj.* Diligente, laborioso, trabajador, cuidadoso, solícito, preocupado. ➤ *Vago, perezoso, indolente, despreocupado.*

hacer *v. tr.* **1. Fabricar**, construir, elaborar, manufacturar, formar, producir, pergeñar, forjar, fundar. ➤ *Deshacer, destruir, aniquilar.* **2. Crear**, concebir, confeccionar, engendrar, inventar. ➤ *Destruir.* **3. Realizar**, cometer, efectuar, ejecutar, obrar, operar, practicar, desarrollar, cumplir, perpetuar, trabajar. ➤ *Omitir, descuidar.* **4. Causar**, ocasionar, provocar, originar, producir, motivar, determinar. ➤ *Inhibir, impedir.* **5. Preparar**, arreglar, disponer, aderezar. **6. Mejorar**, perfeccionar, depurar, afinar. **7. Habituar**, acostumbrar, acomodar, adaptar, avezar. ➤ *Desacostumbrar.* **8. Convenir**, ajustar, venir bien, corresponder, concordar, pegar. ➤ *Reñir, darse de patadas.* **9. Conseguir**, lograr, obtener, alcanzar. ➤ *Perder.* **10.**

Obligar, precisar, forzar. **11. Contener**, caber. **12. Ejercer**, representar, desempeñar. **13. Simular**, aparentar. **14. Interpretar**, representar. **15. Concebir**, idear, imaginar, urdir, tramar. **16. Reducir**, convertir. **17. Suponer**, creer. **18. Defecar**, evacuar, expeler. **19. Englobar**, incluir, contener. ‖ *v. intr.* **20. Actuar**, proceder. **21. Apropiarse**, ganar, conseguir, lograr. **22. Referirse**, atañer, concernir. **23. Gustar**, apetecer. ‖ *v. prnl.* **24. Aparentar**, actuar, simular, imitar, afectar, fingir. **25. Desarrollarse**, crecer, aumentar, formarse. ➤ *Disminuir, parar.* **26. Cuajarse**, cocerse, freírse, fermentar. **27. Tranformarse**, volverse, evolucionar, convertirse. ➤ *Permanecer, mantenerse.*

hacha¹ *s. f.* **1. Vela**, candela, cirio. **2. Antorcha**, hachón, tea, mecha.

hacha² *s. f.* Destral, segur, macheta, doladera, azuela, hachote.

hachazo *s. m.* Tajo, corte, sección.

hachís *s. m.* Marihuana, chocolate, costo.

hacienda *s. f.* **1. Finca**, granja, cortijo, heredad, propiedad, predio. **2. Bienes**, caudal, fortuna, dinero, propiedades, capital, patrimonio. **3. Quehacer**, ocupación, obligación, labor. ‖ *n. p.* **4. Fisco**, tesoro público, erario.

hacinamiento *s. m.* Acumulación, aglomeración, amontonamiento, mezcolanza, apilamiento. ➤ *Dispersión, desparrame, disgregación.*

hacinar *v. tr.* Aglomerar, agolpar, apilar, mezclar, amontonar, juntar, acumular, acopiar. ➤ *Aislar, espaciar, separar, ordenar.*

hada *s. f.* Maga, encantadora, hechicera.

hadado, da *adj.* Prodigioso, mágico, sobrenatural, maravilloso, encantado. ➤ *Natural, normal.*

hadar *v. tr.* Augurar, vaticinar, pronosticar, predecir, prever, agorar.

hado *s. m.* Estrella, azar, sino, destino, fatalidad, signo, suerte, fortuna, providencia.

halagador, ra *adj.* Halagüeño, adulador, lisonjero, zalamero, complaciente, empalagoso, mimoso, pegajoso. ➤ *Seco, arisco, adusto.*

halagar *v. tr.* **1. Adular,** lisonjear, engatusar, mimar, enjabonar, dar coba, hacer la pelota. ➤ *Desdeñar, ofender.* **2. Agradar,** deleitar, gustar, festejar, agasajar, obsequiar, acariciar, regalar. ➤ *Molestar, ofender, humillar.* **3. Enorgullecer,** honrar. ➤ *Avergonzar, humillar.*

halago *s. m.* Agasajo, alabanza, carantoña, caricia, lisonja, adulación, mimo, marrullería, zalamería, obsequio, coba, arrumaco, galanteo, regalo. ➤ *Insulto, impertinencia, grosería.*

halagüeño, ña *adj.* **1. Agradable,** atrayente, halagador, atractivo, encomiástico, complaciente, satisfactorio, lisonjero, risueño, cariñoso, agradable. ➤ *Desagradable, molesto, desalentador.* **2. Favorable,** prometedor. ➤ *Desalentador, pesimista.*

halconería *s. f.* Cetrería.

halieto *s. m.* Águila pescadora.

hálito *s. m.* **1. Aliento,** soplo, vaho, vapor, respiración, resuello, soplido. **2. Brisa,** soplo, aura, airecillo, viento.

hall *s. m.* Zaguán, recibidor, entrada, vestíbulo, acceso.

hallado, da *adj.* Descubierto, encontrado. ➤ *Perdido.*

hallar *v. tr.* **1. Encontrar,** topar, localizar, tropezar. ➤ *Perder, olvidar, no dar con, extraviar.* **2. Descubrir,** inventar. **3. Averiguar,** desenterrar, sacar. **4. Observar,** notar, ver, advertir, fijarse, reparar. ➤ *Descuidar, pasar por alto.* ‖ *v. prnl.* **4. Encontrarse,** radicar, sentirse, notarse, experimentar.

hallazgo *s. m.* Descubrimiento, creación, encuentro, solución, respuesta, invención, acierto, averiguación.

halo *s. m.* **1. Aureola,** cerco, fulgor. **2. Corona,** aro, círculo, nimbo. **3. Prestigio,** fama. ➤ *Oscuridad, modestia.*

hamaca *s. f.* **1. Red,** balancín, camilla, maca, cama, catre, coy. **2. Tumbona.**

hambre *s. f.* **1. Apetito,** apetencia, gazuza, gusa, gana, carpanta, necesidad, hambruna, voracidad, gula, avidez, glotonería, insaciabilidad. ➤ *Inape-* tencia, hartura, desgana, hartazgo, saciedad. **2. Penuria,** carestía, pobreza, miseria, escasez, indigencia. ➤ *Opulencia, riqueza, abundancia.* **3. Deseo,** afán, codicia, ansia, anhelo, sed, apetencia, empeño, vehemencia. ➤ *Satisfacción, indiferencia.*

hambrear *v. intr.* **1. Malcomer,** estar a dieta, comerse los codos, hacerse la boca agua. ➤ *Hartarse, saciarse, comer.* **2. Mendigar,** pedir, pordiosear, limosnear. ➤ *Bastarse, dar.*

hambriento, ta *adj.* **1. Famélico,** pobre, indigente, menesteroso. ➤ *Ahíto, desganado.* **2. Ansioso,** anhelante, anheloso, ávido, deseoso. ➤ *Harto, satisfecho.*

hambrón, na *adj.* Glotón, tragaldabas, tragón, comilón.

hampa *s. f.* Canalla, chusma, tuna, delincuencia, bajos fondos, granujería, picaresca, pillería, hez, patulea.

hampón *adj.* **1. Delincuente,** malhechor, golfo, canalla, pillo, bribón. ➤ *Honrado, decente, honorable, honesto.* **2. Chulo,** perdonavidas, bravucón, matón.

hándicap *s. m.* Obstáculo, inconveniente, dificultad. ➤ *Ventaja.*

haragán, na *adj.* Holgazán, perezoso, gandul, vago, desocupado, maula, ocioso, tumbón, flojo, galbanoso. ➤ *Trabajador, diligente, laborioso, activo.*

haraganear *v. intr.* Gandulear, holgar, holgazanear, vaguear, flojear, galbanear. ➤ *Trabajar, laborar, actuar.*

harapiento, ta *adj.* Andrajoso, haraposo, guiñaposo, pingajoso, desastroso, astroso, roto, zarrapastroso. ➤ *Elegante, nuevo, reluciente, flamante.*

harapo *s. m.* Jirón, guiñapo, pingajo, andrajo, piltrafa, pingo, colgajo, trapo. ➤ *Gala.*

haraposo, sa *adj.* Andrajoso, astroso. ➤ *Aseado, pulido, atildado.*

haraquiri *s. m.* Sacrificio, suicidio.

harén *s. m.* Serrallo, gineceo.

harnero *s. m.* Cedazo, criba.

haronía *s. f.* Poltronería, pereza.

hartar *v. tr.* **1. Cebar,** empachar, empalagar, satisfacer, llenar, atripar, atracar, ahitar, saturar, atestar, atiborrar, llenar, saciar. ➤ *Malcomer, hambrear, ayunar.* **2. Satisfacer**, ahitar, llenar, saciar. ➤ *Necesitar, apetecer.* **3. Fastidiar**, cansar, molestar, importunar, enojar, hastiar, incordiar. ➤ *Agradar.*

hartazgo *s. m.* **1. Empacho**, hartura, hastío, panzada, saciedad, tripada, atracón. ➤ *Hambre, vacío.* **2. Saciedad**, fastidio, abuso, saturación, exceso, demasía. ➤ *Necesidad, deseo, defecto, falta.*

harto, ta *adj.* **1. Saciado**, lleno, repleto, pleno, cebado, satisfecho, reharto, ahíto, sobrado, atiborrado. ➤ *Hambriento, insatisfecho, ávido, necesitado, escaso.* **2. Cansado**, aburrido, hastiado, fastidiado. ➤ *Contento, deseoso, entretenido, encantado.* ‖ *adv. c.* **3. Asaz**, bastante, muy. ➤ *Poco, apenas.*

hastiado, da *adj.* Fastidiado, aburrido, cansado, harto, estomagado, hasta la coronilla, hasta el cogote, hasta las narices. ➤ *Contento, satisfecho, entretenido, divertido.*

hastial *s. m.* **1. Frontispicio. 2. Costero. 3. Grosero**, zafio, rústico.

hastiar *v. tr.* Agobiar, amolar, desencantar, fastidiar, cansar, repugnar, aburrir, empalagar, molestar, estomagar. ➤ *Divertir, agradar, satisfacer.*

hastío *s. m.* **1. Repugnancia**, disgusto, desgana, asco. ➤ *Apetito, ganas.* **2. Tedio**, fastidio, indiferencia, aburrimiento, cansancio. ➤ *Agrado, entretenimiento, contento, satisfacción.*

hatajo *s. m.* **1. Hato**, hatillo. **2. Conjunto**, muchedumbre, multitud, masa, público, cúmulo, abundancia, cuadrilla, pandilla, panda.

hato *s. m.* **1. Fardel**, hatillo, bulto, lío, equipaje, ajuar, ropa, fardo, impedimenta, víveres, provisiones. **2. Rebaño**, manada, piara, yeguada, torada. **3. Pandilla**, cuadrilla, junta, corrillo, banda, sarta, hatajo, compaña, panda, partida.

haz[1] *s. m.* Gavilla, manojo, fajo, brazada, atado, hazuelo, garba, paquete, ramo, mazo, mogote, legajo.

haz[2] *s. f.* **1. Cara.** ➤ *Revés.* **2. Faz**, semblante, rostro, cara. ➤ *Nuca, occipucio.*

hazaña *s. f.* Gesta, proeza, empresa, heroicidad, hecho, acción, temeridad. ➤ *Fechoría, felonía.*

hazañería *s. f.* Aspaviento, remilgo.

hazañero, ra *adj.* Melindroso.

hazañoso, sa *adj.* **1. Temerario**, valiente. ➤ *Cobarde, pusilánime.* **2. Heroico**, épico. ➤ *Prosaico.*

hazmerreír *s. m.* Mamarracho, tipejo, bufón, payaso, adefesio, esperpento, birria, monigote, desastre, zarrapastro.

hebilla *s. f.* Broche, pasador, fíbula, imperdible, prendedor, corchete, charretera, macho, brochadura.

hebreo, a *adj.* Circunciso, israelita, judío, semita.

hecatombe *s. f.* **1. Matanza**, carnicería, holocausto, degollina, inmolación, masacre, horror, sarracina. **2. Desgracia**, catástrofe, tragedia, desastre.

hechicería *s. f.* **1. Brujería**, magia. **2. Conjuro**, ensalmo, filtro, hechizo, encantamiento.

hechicero, ra *adj.* **1. Brujo**, nigromante, mago, agorero, taumaturgo, ensalmado, santón, santiguador, espiritista, cabalista. **2. Fascinador**, encantador, seductor, sugestivo, atrayente, embelesador, cautivador, atractivo. ➤ *Desagradable, feo, repulsivo.*

hechizar *v. tr.* **1. Embrujar**, encantar, ensalmar, subyugar, maleficiar, hadar, aojar. ➤ *Desencantar.* **2. Maravillar**, fascinar, embelesar, seducir, cautivar, atraer, enamorar. ➤ *Repeler, repugnar.*

hechizo *s. m.* **1. Encantamiento**, maleficio, embrujo, ensalmo, fascinación, embrujamiento, prodigio, conjuro, pacto, sortilegio. **2. Filtro**, ensalmo, bebedizo, conjuro. **3. Fascinación**, encanto, embeleso, seducción, imán. ➤ *Fealdad, desgarbo.*

hecho, cha *adj.* **1. Maduro**, desarrollado, completo, perfecto, acabado. ➤ *Inmaduro, crudo, incompleto.* **2. Habituado**, formado, avezado, familiarizado, acostumbrado. ➤ *Desacostumbrado, inhabituado.* ‖ *s. m.* **3. Suceso**, acaecimiento, evento, accidente. **4. Materia**, caso, asunto. ‖ *interj.* **5. Conforme**, de acuerdo, vamos, sea.

hechor *s. m.* Garañón, semental.

hechura *s. f.* **1. Elaboración**, fabricación. **2. Obra**, creación, producto, fruto, criatura. **3. Estructura**, contextura, composición, forma, formación, acabado, organización, complexión, figura. **4. Confección**, formato.

hedentina *s. f.* Fetidez, pestilencia, hedor, tufo. ➤ *Aroma, perfume.*

heder *v. intr.* **1. Apestar**, atufar, contaminar, oler. ➤ *Aromatizar, aromar, perfumar.* **2. Fastidiar**, cargar, aburrir, cansar, hastiar, molestar. ➤ *Atraer, gustar.*

hediondo, da *adj.* **1. Pestilente**, pestífero, maloliente, fétido, nauseabundo, repugnante, apestoso, carroñoso, oloroso. ➤ *Perfumado, aromático, fragante.* **2. Molesto**, enfadoso, insufrible, cargante, enojoso, insoportable, incordiante, estomagante. ➤ *Atractivo, simpático, ameno.* **3. Repugnante**, asqueroso, sucio, obsceno. ➤ *Limpio, sano, decoroso.*

hedor *s. m.* Fetidez, pestilencia, tufo, hediondez, peste, sentina, hedentina, cochambre, mal olor. ➤ *Aroma, perfume.*

hegemonía *s. f.* Predominio, superioridad, preponderancia, supremacía, preminencia, primacía, dirección, gobierno, mando, jefatura, poder, dominio, influencia. ➤ *Sometimiento, inferioridad, dependencia, sumisión, acatamiento, obediencia.*

helada *s. f.* Escarcha, blanca, hielos, fríos, congelamiento, helamiento. ➤ *Deshielo, descongelación.*

helado, da *adj.* **1. Atónito**, pasmado, suspenso, turulato, sobrecogido, aturdido, estupefacto, admirado, enajenado. **2. Esquivo**, desdeñoso, impávido, desabrido, huraño, despegado. **3. Gélido**, yerto, tieso, glacial. ➤ *Caliente, hirviente.* ‖ *s. m.* **4. Refresco**, sorbete, mantecado, cucurucho, polo, granizado.

helador, ra *adj.* **1. Congelante**, refrescante. ‖ *s. f.* **2. Refrigerador**.

helamiento *s. m.* Aterimiento, congelación, enfriamiento. ➤ *Deshielo, calentamiento.*

helar *v. tr.* **1. Congelar**, enfriar, escarchar, refrescar. ➤ *Calentar, fundir, deshelar.* ‖ *v. intr.* **2. Paralizar**, pasmar, sobrecoger, anonadar. **3. Acobardar**, arredrar, desalentar. ➤ *Envalentonar, alentar.* ‖ *v. prnl.* **4. Congelarse**, amoratarse, aterirse, inmovilizarse. **5. Solidificarse**, coagularse. **6. Quemarse**, secarse, congelarse.

helecho *s. m.* Polipodio, fronda, nito, culandrillo, doradilla, felequera.

heleno, na *adj.* Griego, adriático.

helero *s. m.* Glaciar, nevero, ventisquero.

helgadura *s. f.* Holgura, separación.

helicóptero *s. m.* Autogiro.

helor *s. m.* Frialdad. ➤ *Calor.*

helvético, ca *adj.* Helvecio, suizo.

hematoma *s. m.* Moradura, morado, cardenal, moratón, chichón, equimosis, contusión.

hembra *s. f.* **1. Mujer**, fémina, doncella, dama, señora. ➤ *Hombre, varón, macho, caballero, señor.* **2. Molde**, rosca, encaje. ➤ *Macho.*

hembrilla *s. f.* Armella, cáncamo.

hemipléjico, ca *adj.* Paralítico.

hemisferio *s. m.* **1. Semiesfera**, mitad. **2. Lóbulo**.

hemorroide *s. f.* Almorrana.

henchidura *s. f.* Atestamiento, hinchazón, inflamiento, plenitud. ➤ *Vaciamiento, desinflamiento.*

henchir *v. tr.* **1. Atestar**, colmar, llenar, inundar, meter, apretar, comprimir, inflar, hinchar, embutir, cargar, introducir, invadir. ➤ *Vaciar, desocupar.* ‖ *v. prnl.* **2. Inflarse**, hartarse, atiborrarse, hincharse, atarugarse. ➤ *Ayunar, abstenerse, hambrear.*

hender *v. tr.* **1. Agrietar**, resquebrajar, rajar, cortar, partir, separar, romper. ➤ *Juntar, unir.* **2. Cortar**, surcar, rasgar.

hendidura *s. f.* Hendedura, grieta, fisura, intersticio, ranura, entrada, surco, muesca, zanja, falla, corte, resquebrajadura, raja, abertura, rendija, quiebra, resquicio. ➤ *Juntura.*

henil *s. m.* Almiar.

heno *s. m.* Hierba seca, forraje.

heráldica *s. f.* Genealogía.

heraldo *s. m.* Emisario, enviado, mensajero, rey de armas.

herbajero, ra *s. m. y s. f.* Arrendador.

herbazal *s. m.* Pastizal, prado, pradera.

herboristería *s. f.* Herbario, herbolario.

hercúleo, a *adj.* Ciclópeo, gigantesco, potente, fuerte, musculoso, vigoroso, enérgico, robusto, forzudo, fornido, corpulento. ➤ *Débil, endeble, blandengue, flojo.*

heredad *s. f.* Finca, predio, cortijo, hacienda, propiedad, bienes.

heredar *v. tr.* **1. Recibir**, percibir, beneficiarse, suceder, entrar en posesión. ➤ *Donar.* **2. Testar**, testamentar, legar, mandar. **3. Sacar**, parecerse, semejarse. ➤ *Desemejar.*

heredero, ra *adj.* **1. Sucesor**, beneficiario, legatario, descendiente, legitimario, fiduciario, sustituto, asignatario. **2. Continuador**, seguidor. ➤ *Precursor.* **3. Descendiente.** ➤ *Antecesor.*

hereditario, ria *adj.* **1. Patrimonial**, testamentario, atávico, troncal, sucesorio, sucesible, testado. **2. Genético**, transmitido, congénito.

hereje *adj.* **1. Heresiarca**, sectario, apóstata, herético, cismático, incrédulo, impío, infiel. ➤ *Creyente, fiel, ortodoxo.* **2. Blasfemo**, irreverente, descarado, procaz, desvergonzado, atrevido, deslenguado. ➤ *Recatado, moderado, prudente.*

herejía *s. f.* **1. Apostasía**, cisma, sacrilegio, impiedad, heterodoxia, sectarismo. ➤ *Ortodoxia.* **2. Disparate**, dislate, despropósito. **3. Injuria**, insulto, ofensa, afrenta, agravio, denuesto, vituperio, improperio, blasfemia. ➤ *Alabanza, piropo, loa, lindeza.* **4. Daño**, tormento, diablura, maldad. ➤ *Bien.*

herencia *s. f.* **1. Sucesión**, transmisión, beneficio. **2. Legado**, bienes, patrimonio, legítima. **3. Atavismo**, sangre, casta.

heresiarca *s. m.* Apóstata, cismático, hereje, impío, renegado, heterodoxo.

herético, ca *adj.* Cismático, impío.

herida *s. f.* **1. Lesión**, contusión, desgarradura, rozadura, llaga, magullamiento, erosión, excoriación, morde-

dura, descalabradura, traumatismo, fractura, desgarrón, desolladura, quemadura, corte, punzadura. **2. Pena**, dolor, duelo, sufrimiento, pesar, aflicción, tortura. ➤ *Consuelo, lenitivo, alivio, calmante.* **3. Ofensa**, agravio, afrenta, ultraje.

herido, da *adj.* **1. Lesionado**, llagado, magullado, tocado. ➤ *Sano, ileso, indemne.* **2. Grave.** ➤ *Leve.*

herir *v. tr.* **1. Lesionar**, lastimar, vulnerar, señalar, traumatizar, inferir, punzar, cortar, rajar, golpear, malherir, descalabrar, acuchillar, apuñalar, disparar, acribillar, picar, lisiar. ➤ *Curar, restañar.* **2. Ofender**, agraviar, injuriar, insultar. ➤ *Alabar, loar, aplaudir.* **3. Apenar**, doler, afligir, mover, conmover, zaherir, pungir, tocar. **4. Irritar**, atacar, impresionar. **5. Tañer. 6. Golpear**, batir. **7. Surcar**, cruzar.

hermafrodita *adj.* Andrógino, bisexual. ➤ *Unisexual.*

hermanable *adj.* Comparable, parecido, semejante, equiparable.

hermanado, da *adj.* Semejante, igual. ➤ *Dispar, distinto.*

hermanar *v. tr.* **1. Unir**, uniformar, juntar, armonizar, conciliar. ➤ *Separar, desunir.* **2. Fraternizar**, armonizar, confraternizar. ➤ *Enemistar, separar, enfrentar.*

hermandad *s. f.* **1. Consanguinidad**, hermanazgo, fraternidad, confraternidad. **2. Armonía**, compenetración, unión, simpatía, avenencia, comunión. **3. Semejanza**, correspondencia. **4. Cofradía**, congregación. **5. Comunidad**, liga, confederación, gremio, sociedad, corporación.

hermano, na *s. m. y s. f.* **1. Consanguíneo**, coláctco, mano. **2. Cofrade**, monje, lego, oblato, padre, religioso, fraile. ➤ *Seglar, laico.* **3. Fray**, sor. **4. Correligionario**, camarada, socio.

hermenéutica *s. f.* Interpretación, exégesis.

hermético, ca *adj.* **1. Estanco**, sellado, impermeable, impenetrable. ➤ *Abierto, poroso, permeable.* **2. Reservado**, introvertido, impenetrable, cerrado. ➤ *Abierto, comunicativo*. **3. Incomprensible**, oculto, oscuro, inaccesible, inescrutable. ➤ *Accesible*.

hermetismo *s. m.* **1. Oscuridad**, impenetrabilidad. ➤ *Claridad*. **2. Silencio**, reserva. ➤ *Locuacidad*.

hermoseamiento *s. m.* Acicalamiento, embellecimiento, realzamiento.

hermosear *v. tr.* Atusar, arreglar, embellecer, aderezar, adornar, realzar, agraciar, ornar, perfeccionar. ➤ *Estropear, ajar, deslucir, afear*.

hermoso, sa *adj.* **1. Bello**, apuesto, bonito, lindo, agraciado, guapo, magnífico, divino, ideal, fastuoso. ➤ *Feo, horrible, antiestético*. **2. Grandioso**, excelente, perfecto, espléndido, estupendo. **3. Sano**, fuerte, robusto, lozano. ➤ *Enclenque, débil, raquítico*. **4. Despejado**, apacible, soleado, resplandeciente, radiante. ➤ *Desapacible, encapotado, nublado, tormentoso*. **5. Digno**, noble. ➤ *Indigno*.

hermosura *s. f.* **1. Belleza**, encanto, excelencia, atractivo. ➤ *Fealdad, espanto, monstruosidad*. **2. Gracia**, proporción, perfección, equilibrio.

hernia *s. f.* Quebradura, relajación, potra.

herniarse *v. prnl.* **1. Quebrarse**, relajarse. **2. Deslomarse**, derrengarse, molerse, esforzarse.

héroe *s. m.* **1. Ídolo**, figura, quijote, as, campeón. ➤ *Rufián, villano, cobarde, malhechor*. **2. Protagonista**, estrella, figura. ➤ *Antagonista, antihéroe*. **3. Semidiós**. ➤ *Humano*.

heroicidad *s. f.* **1. Valentía**, arrojo, heroísmo, valor. ➤ *Cobardía, villanía*. **2. Hazaña**, gesta, proeza. ➤ *Fechoría, vileza, cobardía*.

heroico, ca *adj.* **1. Valiente**, intrépido, bravo, audaz, bizarro, osado, aguerrido, fiero, invencible. ➤ *Cobarde, vil, despreciable, infame*. **2. Épico**.

herradero *s. m.* Hierra.

herramienta *s. f.* Aparato, instrumento, utensilio, útil, apero, artefacto, trasto, máquina, instrumental.

herrería *s. f.* **1. Fragua**. **2. Fundición**. **3. Jaleo**, ruido, desconcierto, guirigay, confusión, desorden, caos.

herrero, ra *s. m. y s. f.* Forjador, herrador.

herrete *s. m.* Cabete.

herrón *s. m.* Tejo.

herrumbre *s. m.* **1. Orín**, pátina, verdín, herrín, óxido, cardenillo, verdete, oxidación. **2. Roya**, moho, roña.

herrumbroso, sa *adj.* Mohoso, oxidado, roñoso.

hervidero *s. m.* **1. Burbujeo**, borboteo, efervescencia. **2. Multitud**, hormiguero, enjambre, muchedumbre, masa, copia, agolpamiento, torrente, remolino, oleada.

hervir *v. intr.* **1. Borbotear**, burbujear, fermentar, borbollar, cocer. **2. Bullir**, cocer, escaldar. **3. Alborotarse**, agitarse, encresparse, levantarse, picarse. ➤ *Amainar, amansar, calmarse*. **4. Excitarse**, soliviantarse, arder. ➤ *Aplacarse, calmarse*. **5. Rebosar**, abundar. ➤ *Escasear*. ‖ *v. tr.* **6. Cocer**, escaldar, escalfar.

hervor *s. m.* **1. Hervido**, ebullición, cocción, efervescencia, borbollón, burbuja. **2. Ardor**, entusiasmo, excitación, viveza, intensidad, ímpetu, vehemencia, celo. ➤ *Pasividad, parsimonia, apatía, abulia*.

hervoroso, sa *adj.* **1. Ardoroso**, fogoso, impetuoso, vehemente, acalorado, animoso, inquieto. ➤ *Apagado, abúlico, apático*. **2. Hirviente**, bullente, efervescente, burbujeante. ➤ *Helado, frío*.

hesitación *s. f.* Indecisión, irresolución, titubeo, indeterminación. ➤ *Firmeza, seguridad, certidumbre, resolución, decisión*.

hesitar *v. intr.* Dudar, vacilar, fluctuar, titubear. ➤ *Decidir*.

heteróclito, ta *adj.* Irregular, heterogéneo. ➤ *Homogéneo*.

heterodoxia *s. f.* Herejía, discrepancia, disensión, perjurio, irreligiosidad. ➤ *Ortodoxia, creencia, fe, fidelidad*.

heterodoxo, sa *adj.* Hereje, disconforme, sectario, disidente. ➤ *Ortodoxo*.

heterogeneidad *s. f.* Diversidad, multiplicidad, pluralidad, variedad, mezcla. ➤ *Unidad, homogeneidad*.

heterogéneo, a *adj.* Mezclado, variado, múltiple, diverso, abigarrado, híbrido, vario, surtido, variopinto. ➤ *Homogéneo, similar, parecido.*

hético, ca *adj.* **1. Tísico**, tuberculoso. **2. Flaco**, débil, extenuado, escuálido. ➤ *Fuerte, robusto, gordo.*

hetiquez *s. f.* Tuberculosis.

heurística *s. f.* Invención, investigación, documentación.

hez *s. f.* **1. Poso**, sedimento, depósito, residuo, precipitado, madre. **2. Escoria**, basura, deshecho, piltrafa, chusma, plebe. ➤ *Elite, crema.* ‖ *s. f. pl.* **3. Excrementos**, deposiciones.

hialino, na *adj.* Diáfano, transparente, vítreo. ➤ *Opaco.*

hiato *s. m.* Separación, ruptura, fisura. ➤ *Unión, diptongo.*

hibernación *s. f.* Invernación. ➤ *Estivación.*

hibridación *s. f.* Bastardía, combinación, cruce, mestizaje. ➤ *Pureza.*

híbrido, da *adj.* **1. Cruzado**, mestizo, bastardo, cruce. ➤ *Puro.* **2. Mixto**, combinado, mezclado, heterogéneo. ➤ *Puro, depurado, neto.*

hidalgamente *adv. m.* Caballerosamente, señorialmente. ➤ *Vilmente.*

hidalgo, ga *s. m. y s. f.* **1. Aristócrata**, infanzón, tagarote, señor, noble, prócer, linajudo. ➤ *Plebeyo.* ‖ *adj.* **2. Ilustre**, aristocrático. ➤ *Plebeyo.* **3. Generoso**, noble, magnánimo, caballeroso. ➤ *Innoble, mezquino, vil, bajo.*

hidalguía *s. f.* Generosidad, nobleza, altruismo, caballerosidad, magnanimidad, filantropía, bondad, señorío. ➤ *Vileza, ruindad.*

hidratante *s. f.* Pomada, crema.

hidratar *v. tr.* Humedecer, nutrir. ➤ *Deshidratar, secar.*

hidria *s. f.* Ánfora, cántaro, vasija.

hidroavión *s. m.* Hidroplano.

hidrofobia *s. f.* Rabia.

hidrófobo, ba *adj.* Rabioso.

hidromiel *s. m.* Aguamiel.

hidropesía *s. f.* Hidrocefalia, comalia.

hiedra *s. f.* Cazuz, yedra.

hiel *s. f.* **1. Bilis. 2. Amargura**, aspereza, cólera, desabrimiento, pesadumbre, disgusto, melancolía, tristeza. ➤ *Afecto, alegría.* **3. Resentimiento**, rencor, odio, acritud, encono. ➤ *Afabilidad, simpatía.* ‖ *s. f. pl.* **4. Adversidades**, disgustos. ➤ *Mieles.*

hielo *s. m.* **1. Helero**, escarcha, iceberg, nieve, glaciar. **2. Helada. 3. Frialdad**, indiferencia, sequedad, desabrimiento, desapego, desamor. ➤ *Amabilidad, afectuosidad, cordialidad, calor, fuego.* **4. Pasmo**, asombro, extrañeza.

hierático, ca *adj.* **1. Impasible**, serio, inalterable, solemne, estirado. ➤ *Expresivo.* **2. Inexpresivo**, rígido. ➤ *Expresivo.* **3. Sacro**, sacerdotal. **4. Afectado**, rimbombante. ➤ *Natural.*

hieratismo *s. m.* Majestad, pomposidad, solemnidad. ➤ *Naturalidad.*

hierba *s. f.* **1. Césped**, verde, prado, pastizal. **2. Forraje**, heno, pasto, pienso, paja. **3. Hachís**, marihuana. ‖ *s. f. pl.* **3. Veneno**, filtro, bebedizo.

hierro *s. m.* **1. Acero**, espada, rejo. **2. Hoja**, punta.

higa *s. f.* Higo, comino, pimiento.

hígados *s. m. pl.* **1. Ánimo**, valentía, valor, redaños, narices. ➤ *Cobardía.* **2. Tragaderas**, estómago. ➤ *Escrúpulos.*

higiene *s. f.* **1. Profilaxis**, sanidad, prevención, desinfección. ➤ *Infección.* **2. Aseo**, pulcritud, arreglo, lavado, limpieza. ➤ *Suciedad.*

higiénico, ca *adj.* Puro, sano, limpio, desinfectado. ➤ *Antihigiénico, sucio.*

higienización *s. f.* Detersión.

higienizar *v. tr.* Asear, limpiar, purificar, desinfectar. ➤ *Ensuciar, infectar.*

higuera *s. f.* Chumbera.

higuereta *s. f.* Ricino, higuerilla, higuera del diablo, infernal o del infierno.

hijastro, tra *s. m. y s. f.* Alnado, entenado.

hijo, ja *s. m. y s. f.* **1. Vástago**, sucesor, heredero, descendiente. ➤ *Padre, antecesor.* **2. Natural**, originario, nativo, oriundo, nacido, indígena. ➤ *Foráneo.* **3. Resultado**, producto, fruto, idea, consecuencia, creación. ‖ *s. m.* **4. Brote**, botón, yema, retoño. ‖ *s. m. pl.* **5. Descendientes**, familia, prole.

hijuela *s. f.* **1. Herencia**, repartición, reparto. **2. Atajo**, camino.

hijuelo *s. m.* Brote, renuevo.

hilacha *s. f.* **1. Fleco**, hebra. **2. Resto**, residuo.

hilada *s. f.* Hilera, fila.

hiladillo *s. m.* Cinta, rehiladillo.

hilarante *adj.* Divertido, cómico, festivo, risible, regocijante. ➤ *Serio, triste, grave.*

hilaridad *s. f.* Risa, algazara, alboroto, bulla, jovialidad, regocijo, jocosidad, cachondeo. ➤ *Llanto, mal humor, enfado, enojo, aburrimiento.*

hilatura *s. f.* Hilandería.

hilaza *s. f.* Hilo.

hilera *s. f.* Fila, hilada, procesión, línea, sucesión, ristra, sarta, cola, recua, desfile, cadena, lista, serie, rosario, letanía, curso, retahíla. ➤ *Lío, maraña, enredo.*

hilo *s. m.* **1. Filamento**, fibra, hilacha, alambre, cabo, hilaza, veta, bramante, canutillo, cordel. **2. Continuidad**, secuencia, encadenamiento, trama, cadena, sucesión, progresión, encadenamiento. ➤ *Interrupción, suspensión.*

hilvanar *v. tr.* **1. Embastar**, pespuntear, preparar, puntear. ➤ *Descoser, deshilvanar.* **2. Coordinar**, enlazar, engarzar, relacionar, asociar, organizar. ➤ *Desligar, disociar.*

himen *s. m.* Virgo, membrana, telilla.

himno *s. m.* Cántico, balada, poema, romanza, marcha, loor, oda.

hincar *v. tr.* **1. Clavar**, atravesar, hundir, meter, embutir, insertar, engastar, injertar. ➤ *Desclavar, sacar, extraer, arrancar.* **2. Fijar**, apoyar, asentar, afirmar.

hincha *adj.* **1. Forofo**, seguidor, fanático, fan, entusiasta. ➤ *Detractor, enemigo.* ‖ *s. f.* **2. Antipatía**, manía, tirria, encono, odio, enemistad, animadversión. ➤ *Simpatía, afecto, apego.*

hinchado, da *adj.* **1. Abultado**, saliente, tumefacto, inflamado. ➤ *Escuálido.* **2. Grandilocuente**, altisonante, enfático, pomposo, ampuloso, retórico, redundante, rimbombante. ➤ *Llano, natural, conciso.* **3. Presumido**, vano, soberbio, pretencioso,

petulante, presuntuoso. ➤ *Sencillo, humilde.* ‖ *s. f.* **4. Afición**, peña.

hinchar *v. tr.* **1. Inflar**, abultar, henchir, ahuecar, soplar. ➤ *Vaciar, desinflar, deshinchar.* **2. Exagerar**, inflar, aumentar, recargar, hiperbolizar. ➤ *Deshinchar.* ‖ *v. prnl.* **3. Inflamarse.** ➤ *Deshincharse, desinflamarse, bajar.* **4. Envanecerse**, ensoberbecerse, engreírse, vanagloriarse, presumir. ➤ *Humillarse, avergonzarse.* **5. Atiborrarse**, atracarse, hartarse, saciarse.

hinchazón *s. m.* **1. Inflamación**, bulto, tumor, grano, chichón, absceso, abultamiento, turgencia, tumefacción. **2. Vanidad**, fatuidad, presunción, vanagloria, engreimiento, envanecimiento. ➤ *Modestia, humildad.*

hiniesta *s. f.* Retama, ginesta.

hipar *v. intr.* **1. Gimotear**, llorar. **2. Ambicionar**, anhelar, ansiar.

hipérbaton *s. m.* Inversión, alteración, trasposición, trastorno.

hipérbole *s. f.* Exageración.

hiperbólico, ca *adj.* Hinchado, exagerado. ➤ *Moderado.*

hiperbolizar *v. intr.* Exagerar, agigantar, hinchar.

hiperbóreo, a *adj.* Ártico, septentrional. ➤ *Antártico, meridional.*

hiperclorhidria *s. f.* Acidez.

hiperestesia *s. f.* Hipersensibilidad. ➤ *Insensibilidad.*

hiperhidrosis *s. f.* Sudoración.

hipersensible *adj.* **1. Hiperestésico. 2. Emocionable**, susceptible, delicado. ➤ *Insensible.*

hipertensión *s. f.* Tensión alta. ➤ *Hipotensión.*

hipertermia *s. f.* Pirexia, calentura, fiebre. ➤ *Hipotermia.*

hipertrofia *s. f.* Abultamiento, incremento. ➤ *Atrofia.*

hípico, ca *adj.* **1. Ecuestre**, caballar, equino, caballuno. ‖ *s. f.* **2. Equitación.**

hipnótico *s. m.* Somnífero, calmante.

hipnotismo *s. m.* Magnetismo, sugestión, trance.

hipnotizar *v. tr.* Sugestionar, magnetizar, dormir, seducir, fascinar, hechizar, embrujar. ➤ *Despertar.*

hipocondría *s. f.* Neurastenia, melancolía. ➤ *Optimismo, vitalidad.*

hipocondríaco, ca *adj.* Pesimista, depresivo. ➤ *Optimista.*

hipocresía *s. f.* Simulación, falsedad, doblez, fingimiento, comedia, engaño, disimulo, fariseísmo. ➤ *Sinceridad, lealtad, franqueza, nobleza.*

hipócrita *adj.* Farsante, santurrón, falso, fariseo, artificioso, engañoso, impostor, simulador, fingidor, artificial, teatral. ➤ *Sincero, claro, transparente, franco, leal.*

hipodérmico, ca *adj.* Subcutáneo.

hipófisis *s. f.* Pituitaria.

hipogeo *s. m.* Cueva, túnel, caverna.

hipotaxis *s. f.* Subordinación. ➤ *Parataxis, coordinación.*

hipoteca *s. f.* Gravamen, carga, obligación, compromiso, fianza, deuda.

hipotermia *s. f.* ➤ *Hipertermia, pirexia, fiebre.*

hipótesis *s. f.* Conjetura, suposición, presunción, creencia, deducción, supuesto. ➤ *Certidumbre, tesis, certeza, confirmación.*

hipotético, ca *adj.* Presunto, supuesto, teórico, posible, infundado, aventurado, gratuito. ➤ *Demostrado, real, cierto, veraz, comprobado.*

hiriente *adj.* Humillante, insultante, ofensivo. ➤ *Encomiástico, lisonjero.*

hirsuto, ta *adj.* **1. Enmarañado**, erizado, espinoso, despeinado, tieso. ➤ *Suave.* **2. Intratable**, hosco, huraño, rudo. ➤ *Afable, amable.*

hirviente *adj.* Efervescente, espumoso, burbujeante, agitado. ➤ *Apagado, frío.*

hisopear *v. tr.* Salpicar, regar, rociar, asperger.

híspido, da *adj.* Erizado, hirsuto, espinoso. ➤ *Suave.*

histérico, ca *adj.* **1. Nervioso**, excitado, intranquilo. ➤ *Tranquilo, calmado, flemático.* **2. Uterino.**

histerismo *s. m.* Nerviosismo, excitación. ➤ *Tranquilidad.*

historia *s. f.* **1. Crónica**, anales, memorias, relato, testimonio, documentos, semblanza. **2. Fábula**, leyenda. **3.**

Anécdota, episodio, suceso, incidente, acontecimiento, caso, aventura. **4. Cuento**, relato, narración, novela. **5. Cotilleo**, hablilla, habladuría, enredo, chisme, patraña, murmuración. **6. Lío**, problema, asunto, negocio.

historiador, ra *s. m. y s. f.* Cronista, historiógrafo, investigador, genealogo, biógrafo.

historial *s. m.* Informe, referencia, expediente, currículum, reseña.

historiar *v. tr.* Narrar, contar.

histórico, ca *adj.* **1. Tradicional**, cronístico, biográfico. ➤ *Falso, fabuloso, mítico, legendario.* **2. Auténtico**, cierto, real, verdadero, positivo, seguro, comprobado. ➤ *Falso, dudoso, incierto, imaginario, ficticio.* **3. Importante**, significativo, trascendente, crucial, grandioso, épico, memorable. ➤ *Insignificante, intrascendente, trivial.*

historieta *s. f.* **1. Fábula**, anécdota, chascarrillo. **2. Cómic**, tebeo.

histrión *s. m.* **1. Actor**, comediante, titiritero, cómico. **2. Bufón**, payaso.

histrionisa *s. f.* Titiritera, actriz.

histrionismo *s. m.* Aparatosidad, teatralidad, afectación, ampulosidad. ➤ *Sencillez, sobriedad.*

hito, ta *adj.* **1. Unido**, inmediato. **2. Fijo**, firme. ‖ *s. m.* **3. Mojón**, pilar, poste, testigo, jalón, señal, marca. **4. Blanco**, diana, objetivo.

hobachonería *s. f.* Pereza, flojedad. ➤ *Diligencia, laboriosidad.*

hobby *s. m.* Afición, pasatiempo, distracción.

hocicar *v. tr.* **1. Hozar**, escarbar. **2. Tropezar**, topar. **3. Besuquear. 4. Husmear**, curiosear.

hocico *s. m.* **1. Morro**, jeta. **2. Boca**, morros. **3. Cara**, jeta, rostro. **4. Gesto**, puchero, mohín.

hocicudo, da *adj.* Jetudo, bocón, morrudo.

hocinos *s. m. pl.* Garganta, desfiladero, hoz.

hodierno, na *adj.* Contemporáneo, actual, corriente. ➤ *Pasado, pretérito.*

hogaño *adv. t.* Actualmente, ahora, hoy. ➤ *Antaño, ayer.*

hogar *s. m.* **1. Fogón**, lar, fuego, cocina, brasero, lumbre, chimenea, fuego, llama. **2. Morada**, casa, domicilio, vivienda, techo, cobijo. **3. Familia**, parentela, prole. **4. Intimidad**.

hogareño, ña *adj.* **1. Doméstico**. **2. Familiar**, íntimo, casero, sencillo, llano, natural. ➤ *Artificial, protocolario*.

hogaza *s. f.* Pieza, libreta, pan.

hoguera *s. f.* Fogata, pira, lumbre, fuego, tea, hogar.

hoja *s. f.* **1. Hojuela**, pétalo, fronda, follaje. **2. Página**, pliego, cuartilla, folio, papel. **3. Plancha**, lámina, placa, plana. **4. Cuchilla**, acero, filo, hierro. ➤ *Mango, cacha*. **5. Impreso**, diario, periódico, gaceta, escrito.

hojalata *s. f.* Chapa, lata, latón.

hojarasca *s. f.* **1. Broza**, maleza, espesura, fronda, follaje, zarza. ➤ *Claro*. **2. Palabrería**, paja, relleno. ➤ *Meollo, esencia, sustancia, enjundia*.

holding *s. m.* Trust.

holgado, da *adj.* **1. Ocioso**, desocupado, inactivo, parado. ➤ *Ocupado, atareado*. **2. Amplio**, abierto, abundante, dilatado, espacioso, ancho. ➤ *Estrecho, ceñido*. **3. Desahogado**, acomodado. ➤ *Necesitado, falto*.

holganza *s. f.* **1. Ociosidad**, indolencia, apatía, gandulería, inactividad. ➤ *Actividad, dinamismo, diligencia, trabajo*. **2. Descanso**, respiro, asueto, reposo, vacación, alto. ➤ *Ajetreamiento*. **3. Ocio**, diversión, recreo, entretenimiento, distracción, placer. ➤ *Fastidio, aburrimiento, tristeza*.

holgar *v. intr.* **1. Descansar**, reposar, hacer un alto, hacer una pausa, darse un respiro, desahogarse, respirar. ➤ *Bregar, ajetrearse, agobiarse*. **2. Holgazanear**, gandulear, haraganear, vaguear, descuidarse, matar el tiempo. ➤ *Trabajar, aplicarse*. **3. Alegrarse**, regocijarse, congratularse, recrearse. ➤ *Entristecerse, condolerse, aburrirse*.

holgazán, na *adj.* Gandul, haragán, perezoso, vago, indolente, ocioso, tumbón, inactivo, pasivo, contemplativo. ➤ *Trabajador, laborioso, diligente, activo*.

holgazanear *v. intr.* Gandulear, haraganear, holgar, vaguear, remolonear. ➤ *Trabajar, laborar, bregar*.

holgazanería *s. f.* Galbana, holganza, ociosidad, pereza, desidia, haraganería, gandulería, vagancia, poltronería. ➤ *Laboriosidad, diligencia, presteza*.

holgón, na *adj.* Regalón, sibarita.

holgorio *s. m.* Algazara, bacanal.

holgura *s. f.* **1. Amplitud**, anchura, suficiencia, espacio, espaciosidad. ➤ *Estrechez, escasez, limitación*. **2. Bienestar**, desahogo, abundancia, comodidad, riqueza. ➤ *Pobreza, escasez*.

holladura *s. f.* Aplastamiento, desprecio, profanación, ultraje. ➤ *Acatamiento, aprecio*.

hollar *v. tr.* **1. Pisar**, pisotear, señalar, imprimir, marcar. **2. Abatir**, humillar, manchar, mancillar, agraviar.

hollejo *s. m.* Pellejo.

hollín *s. m.* Jollín, ceniza, tizne.

holocausto *s. m.* **1. Altruismo**, sacrificio. **2. Exterminio**, matanza.

hológrafo, fa *adj.* Ológrafo, autógrafo, manuscrito.

hombrada *s. f.* Empeño, heroicidad, proeza. ➤ *Cobardía, ruindad*.

hombradía *s. f.* Esfuerzo, entereza, valor, valentía. ➤ *Ruindad*.

hombre *s. m.* **1. Individuo**, mortal, semejante, persona, ser humano. ➤ *Animal, vegetal, mineral*. **2. Varón**, macho, señor, caballero. ➤ *Mujer, hembra, señora*. **3. Adulto**, persona mayor. ➤ *Niño, joven*.

hombrera *s. f.* Charretera.

hombría *s. f.* Esfuerzo, arrojo, intrepidez, valor, honradez, decencia, firmeza. ➤ *Cobardía, pusilanimidad, indecencia, deshonestidad*.

homeless *s. m.* Vagabundo.

homenaje *s. m.* **1. Juramento**, jura, promesa. **2. Ofrenda**, testimonio, demostración, dedicatoria, recompensa, estímulo, fiesta, celebración. ➤ *Olvido*. **3. Respeto**, sumisión, reverencia, dedicación, acatamiento, devoción. ➤ *Desacato, desprecio*.

homenajear *v. tr.* Honrar, ofrendar, venerar, rendir homenaje.

homicida *adj.* Asesino, criminal, reo.

homicidio *s. m.* Asesinato, crimen.

homilía *s. f.* Sermón, exégesis.

homogeneidad *s. f.* Homologación, uniformidad. ➤ *Heterogeneidad.*

homogeneizar *v. tr.* Asemejar, igualar. ➤ *Distinguir, separar.*

homogéneo, a *adj.* Uniforme, parejo, similar, semejante, parecido. ➤ *Heterogéneo, variopinto, irregular, diferente.*

homologar *v. tr.* **1. Nivelar**, ajustar. **2. Conformar**. **3. Convalidar**.

homólogo, ga *adj.* Igual, análogo, equivalente, parecido, paralelo, concordante, parejo. ➤ *Distinto, diferente, heterogéneo.*

homónimo, ma *adj.* Tocayo, homógrafo, homófono.

honda *s. f.* Tirador, catapulta, tirachinas.

hondamente *adv. m.* Profundamente, elevadamente. ➤ *Superficialmente.*

hondazo *s. m.* Cantazo, pedrada.

hondo, da *adj.* **1. Profundo**, abismal, recóndito, deprimido, hundido, bajo. ➤ *Superficial, elevado, alto.* **2. Intenso**, extremado, penetrante, vivo, profundo. ➤ *Frívolo, superficial.* **3. Recóndito**, oculto, profundo, secreto, insondable.

hondonada *s. f.* Barranco, depresión, valle, angostura, quebrada, cañón. ➤ *Llano, loma, otero.*

hondura *s. f.* Profundidad, amplitud, calado, abismo, sima, fosa, cuenca.

honestamente *adv. m.* Rectamente, honradamente. ➤ *Deshonestamente.*

honestidad *s. f.* Recato, pudor, urbanidad, compostura, modestia, decencia, decoro, vergüenza, miramiento, castidad, honra, virtud, honor, pureza. ➤ *Descoco, deshonra, descaro, deshonestidad, desvergüenza.*

honesto, ta *adj.* **1. Honrado**, íntegro, razonable, justo. ➤ *Injusto, deshonesto.* **2. Decente**, decoroso, recatado, pudoroso, púdico, virtuoso. ➤ *Deshonesto, descocado.*

hongo *s. m.* Bombín.

hongoso, sa *adj.* Esponjoso.

honor *s. m.* **1. Virtud**, probidad, respetabilidad. **2. Gloria**, fama, renombre, celebridad, aplauso, consideración. ➤ *Anonimato, descrédito.* **3. Dignidad**, galardón. ➤ *Deshonor.* **4. Honra**, decencia, prez, pundonor. ➤ *Deshonra.* **5. Orgullo**, placer, satisfacción. || **6. Homenaje**, reconocimiento.

honorable *adj.* Digno, distinguido, estimable, insigne, respetable, benemérito, venerable, afamado. ➤ *Indigno, despreciable, repudiable.*

honorablemente *adv. m.* Rectamente, honradamente. ➤ *Indignamente.*

honorario, ria *adj.* **1. Honorífico**, simbólico. ➤ *Efectivo.* || *s. m. pl.* **2. Sueldo**, emolumentos, paga, salario, remuneración, estipendio, retribución, gratificación, comisión.

honorífico, ca *adj.* Honorario, representativo, honroso. ➤ *Ignomioso, desacreditativo, vejatorio.*

honra *s. f.* **1. Estima**, respeto, dignidad. ➤ *Deshonor, deshonra.* **2. Fama**, reputación, respeto, prestigio, estimación, consideración, gloria, crédito. ➤ *Deshonra, desprestigio.* **3. Honestidad**, pudor, decencia.

honradez *s. f.* Honra, probidad, virtud, pulcritud, desinterés, honorabilidad, hombría, moralidad, integridad, dignidad. ➤ *Indignidad, vileza, deshonra, deshonestidad, inmoralidad.*

honrado, da *adj.* **1. Honesto**, recto, decente, íntegro, probo, digno, leal, virtuoso, incorruptible. ➤ *Corrompido, deshonesto, sucio, vil.* **2. Enaltecido**, realzado, reconocido, proclamado, favorecido, condecorado, venerado, respetado, apreciado. ➤ *Deshonrado, envilecido, rebajado, degradado.*

honrar *v. tr.* **1. Respetar**. ➤ *Agraviar.* **2. Enaltecer**, condecorar, ensalzar, galardonar, homenajear, ennoblecer, encomiar, encumbrar. ➤ *Degradar, rebajar.* || *v. prnl.* **3. Enorgullecerse**, preciarse, hacer gala, presumir. ➤ *Avergonzarse, abochornarse.*

honrilla *s. f.* Amor propio, pundonor, vergüenza. ➤ *Desdoro, desvergüenza.*

honroso, sa *adj.* **1. Honorífico**, honorario. ➤ *Vejatorio, humillante, deshonroso.* **2. Decente**, decoroso, honesto, estimable, digno, apreciable. ➤ *Ignominioso, vergonzoso, indigno, despreciable.*

hontanar *s. m.* Fontanal, venero, fuente, manantial.

hora *s. f.* Instante, ocasión, momento.

horadar *v. tr.* Taladrar, perforar, atravesar, calar, ahondar.

horario, *s. m.* Guía, programa, itinerario.

horca *s. f.* **1. Cadalso**, patíbulo, dogal, tablado. **2. Bieldo. 3. Horquilla**, horqueta, horcón, tridente.

horda *s. f.* **1. Tribu**, clan. **2. Turba**, tropel, caterva, cáfila, pandilla.

horizontal *adj.* Extendido, apaisado, acostado, yacente. ➤ *Vertical.*

horizonte *s. m.* Límite, confín, lejanía, lontananza, distancia.

horma *s. f.* Molde, plantilla, módulo, diseño, troquel.

hormigón *s. m.* Mortero, cemento, cascajo, argamasa, mezcla.

hormiguear *v. intr.* Pulular, agitarse.

hormigueo *s. m.* **1. Cosquilleo**, picazón, comezón, hormiguillo. **2. Desasosiego**, desazón, reconcomio.

hormiguero *s. m.* Hervidero, gentío, multitud, enjambre.

hormonal *adj.* Endocrino.

hornacina *s. f.* Hueco, nicho.

hornada *s. f.* Promoción, reemplazo, quinta.

hornear *v. intr.* Asar, gratinar, tostar.

hornero, ra *s. m. y s. f.* Panadero, pastelero, cocinero.

hornillo *s. m.* **1. Horno**, infiernillo, brasero, cocinilla. **2. Mina.**

horno *s. m.* **1. Hornera**, caldera, mufla, crisol, hornaza, parrilla. **2. Hogar**, cocina, lar, fogón. **3. Tahona**, panadería.

horóscopo *s. m.* Vaticinio, augurio, oráculo, pronóstico, predicción, profecía, adivinación.

horqueta *s. f.* Horca, horcón, horquilla.

horrendo, da *adj.* **1. Horroroso**, aterrador, espantoso, horripilante. ➤ *Agradable.* **2. Feo**, malo. ➤ *Bonito, bueno.* **3. Enorme**, grande, intenso.

hórreo *s. m.* Granero, silo, troj.

horrible *adj.* **1. Espantoso**, espeluznante, pavoroso, horrendo. **2. Feo**, desagradable, malo. ➤ *Bonito, bueno.* **3. Enorme**, grande, intenso.

horripilación *s. f.* Escalofrío.

horripilante *adj.* Aterrador, atroz, horrible, espantoso. ➤ *Agradable.*

horripilar *v. tr.* Espeluznar, aterrar, atemorizar, horrorizar, espantar, aterrorizar, arredrar, estremecer, alarmar, repeler. ➤ *Tranquilizar, sosegar, calmar, envalentonarse, crecerse.*

horrísono, na *adj.* Atronador, ensordecedor, retumbante.

horro, rra *adj.* **1. Liberto**, manumiso. **2. Exento**, carente, desprovisto.

horror *s. m.* **1. Espanto**, miedo, terror, susto, pánico, estremecimiento, angustia, sobresalto. ➤ *Tranquilidad, sosiego, calma, confianza.* **2. Repulsión**, aprensión, odio, fobia, aversión, manía. **3. Impresión**, alarma. **4. Aborrecimiento**, repugnancia, manía. ➤ *Afición.* **5. Bodrio**, porquería. ➤ *Maravilla, delicia.* **6. Enormidad**, barbaridad. ➤ *Nada.*

horrorizar *v. tr.* Horripilar, aterrar, espantar. ➤ *Calmar, tranquilizar.*

horroroso, sa *adj.* **1. Aterrador**, alucinante, espantoso, monstruoso, pavoroso. ➤ *Agradable.* **2. Feo**, malo, repulsivo. ➤ *Bonito, bueno, estupendo.* **3. Enorme**, grande, intenso.

hortaliza *s. f.* Verdura, legumbre.

hortelano, na *adj.* **1. Hortícola**, hortense. ‖ *s. m. y s. f.* **2. Horticultor**, huertano, labrador.

hortera *adj.* Zafio, ordinario, chabacano, vulgar. ➤ *Elegante, distinguido.*

horterada *s. f.* Ordinariez, vulgaridad, chabacanería, zafiedad, bastez.

horticultor, ra *s. m. y s. f.* Hortelano, huertano, labrador.

hosco, ca *adj.* **1. Aceitunado**, moreno. ➤ *Claro, pálido.* **2. Ceñudo**, áspero, intratable, adusto, desabrido, torvo, huraño, arisco, antipático, seco. ➤ *Simpático, afable, apacible, agradable, abierto.* **3. Desapacible**, inhóspito. ➤ *Apacible, acogedor.*

hospedaje *s. m.* Alojamiento, albergue, cobijo, refugio, acomodo, residencia, aposentamiento.

hospedar *v. tr.* **1. Alojar**, acoger, albergar, aposentar, cobijar, meter. ➤ *Desalojar, echar, tirar, rechazar.* ‖ *v. prnl.* **2. Habitar**, alojarse, parar, pernoctar, residir, vivir. ➤ *Marcharse, dejar, salir.*

hospedería *s. f.* Hospedaje, posada, hostería, hostal, pensión.

hospiciano, na *adj.* Expósito, huérfano, inclusero, asilado.

hospicio *s. m.* **1. Inclusa**, orfanato, orfelinato, casa cuna. **2. Asilo**, albergue, refugio, residencia.

hospital *s. m.* **1. Clínica**, sanatorio, dispensario, ambulatorio, policlínica. **2. Albergue**, refugio, asilo.

hospitalario, ria *adj.* Acogedor, generoso, espléndido, caritativo, protector. ➤ *Hostil, bosco, inhospitalario, inhóspito.*

hospitalidad *s. f.* **1. Amparo**, asilo, acogida, protección, bienvenida, recibimiento. **2. Amabilidad**, afabilidad, benevolencia, solicitud. ➤ *Hostilidad.*

hosquedad *s. f.* Antipatía, aspereza, rudeza. ➤ *Simpatía, afabilidad.*

hostal *s. m.* Hospedería, posada, hostería, fonda, albergue, hospedaje.

hostelero, ra *s. m. y s. f.* Mesonero, ventero, posadero.

hostería *s. f.* Albergue, mesón, parador, hostal, residencia, venta, fonda.

hostia *s. f.* **1. Ofrenda**, víctima. **2. Eucaristía**, pan eucarístico, comunión, sagrada forma. **3. Oblea**, pan ácimo. **4. Golpe**, bofetón.

hostigador, ra *adj.* Acosador, instigador, fustigador. ➤ *Tranquilizador.*

hostigar *v. tr.* **1. Fustigar**, aguijar, azotar, flagelar, aguijonear. **2. Acosar**, incordiar, molestar, fastidiar, insistir, atormentar, perseguir. ➤ *Defender, tranquilizar, calmar, alegrar.*

hostil *adj.* Adverso, desfavorable, opuesto, contrario, rival, enemigo, tirante, discrepante. ➤ *Afín, amigo, simpatizante, pacífico, favorable.*

hostilidad *s. f.* **1. Enemistad**, rivalidad, oposición, aversión. ➤ *Amistad, concordia.* **2. Contienda**, guerra, lucha, batalla, guerrilla, ataque.

hostilizar *v. tr.* **1. Agredir**, atacar, acometer, arremeter. **2. Incordiar**, molestar, incomodar, mortificar.

hotel *s. m.* **1. Parador**, hostería, residencia, albergue. **2. Quinta**, villa, chalé.

hoy *adv. t.* **1. Actualmente**, ahora. ➤ *Ayer, mañana.* **2. Hogaño**, en nuestros días, en la actualidad. ➤ *Antaño.*

hoya *s. f.* **1. Foso**, vaguada, ahondamiento, hondura. **2. Depresión**, llanura. **3. Sepultura**, sepulcro, fosa.

hoyo *s. m.* **1. Concavidad**, bache, foso, pozo, socavón, zanja, caverna, surco, agujero, hundimiento. ➤ *Prominencia, elevación.* **2. Sepultura.**

hoz¹ *s. f.* Segur, falce, segadera, guadaña.

hoz² *s. f.* Desfiladero, garganta.

hozar *v. tr.* Escarbar, remover.

hucha *s. f.* **1. Alcancía**, caja. **2. Ahorros**, economías, reservas.

huchear *v. intr.* **1. Llamar**, gritar. **2. Azuzar**, instigar. ➤ *Refrenar.*

hueco, ca *adj.* **1. Vacío**, ahuecado, cóncavo. ➤ *Lleno.* **2. Mullido**, esponjoso, abultado, fofo. ➤ *Duro, macizo, compacto, apelmazado.* **3. Afectado**, pomposo, rimbombante. ➤ *Sencillo.* **4. Vanidoso**, presumido, orgulloso, engreído, presentuoso. ➤ *Modesto.* **5. Retumbante**, profundo, grave. ‖ *s. m.* **6. Cavidad**, hoyo, oquedad, agujero. **7. Vano**, hendidura, abertura.

huelga *s. f.* Paro, suspensión, interrupción, inacción, alto, detención.

huelgo *s. m.* **1. Aliento**, resuello, respiración. **2. Holgura**, desahogo.

huella *s. f.* **1. Pisada**, marca, holladura, rodada, impresión. **2. Señal**, vestigio, marca, rastro, signo, resto.

huérfano, na *adj.* **1. Expósito**, inclusero, solo, abandonado, desamparado. **2. Falto**, carente, desprovisto, necesitado, privado. ➤ *Apoyado, asistido, amparado, provisto.*

huero, ra *adj.* **1. Vacío**, hueco. ➤ *Lleno.* **2. Vano**, insustancial, insulso, anodino, trivial, superficial, vacuo. ➤ *Interesante, profundo.* **3. Podrido.**

huerta *s. f.* Vergel, jardín, regadío, huerto, cercado. ➤ *Páramo.*

huerto *s. m.* Plantación, vergel, huerta.

huesa *s. f.* Sepultura, hoya, fosa.

hueso *s. m.* **1. Pepita**, semilla, pipa, grano. **2. Marfil**, concha. **3. Lío**, rollo, trabajo, cruz, martirio, incomodidad. ➤ *Bombón, caramelo, ganga.* **4. Roca**, palo. ➤ *Ángel, padrazo.* ‖ *s. m. pl.* **5. Despojos**, restos mortales.

huésped, da *s. m. y s. f.* **1. Alojado**, convidado, invitado, comensal, pupilo, pensionista. **2. Posadero**, mesonero, hotelero, anfitrión, hospedador.

hueste *s. f.* **1. Tropa**, fuerza, ejército, mesnada, partida, horda, cáfila. **2. Adeptos**, partidarios, seguidores. ➤ *Rivales, contrarios, oponentes.*

huesudo, da *adj.* Esquelético, delgado, escuálido, descarnado. ➤ *Rollizo.*

huevo *s. m.* **1. Embrión**, óvulo, germen. **2. Testículo**, cojón.

hugonote, ta *adj.* Calvinista.

huida *s. f.* Escape, evasión, fuga, abandono, deserción, escapatoria, escabullimiento, estampida, éxodo, desbandada. ➤ *Detención, permanencia.*

huidizo, za *adj.* **1. Escurridizo**, fugaz, breve, evasivo. **2. Esquivo**, temeroso, receloso. ➤ *Confiado, osado, atrevido.*

huir *v. intr.* Abandonar, sortear, zafar, rehuir, escapar, desertar, esquivar, evitar, fugarse, obviar, escurrirse, pirarse, desbandarse, evaporarse, evadirse. ➤ *Permanecer, afrontar.*

hule *s. m.* Linóleo.

humanidad *s. f.* **1. Ser humano**, género humano. **2. Bondad**, caridad, piedad, misericordia, compasión, benignidad, sensibilidad, piedad. ➤ *Brutalidad, crueldad, fiereza, inhumanidad, dureza.* **3. Flaqueza**, fragilidad. ➤ *Rigidez, austeridad, fortaleza, resistencia.* **4. Corpulencia**, gordura, obesidad, hermosura. ➤ *Delgadez.* ‖ *s. f. pl.* **5. Letras**, historia, literatura.

humanitario, ria *adj.* Benigno, caritativo, compasivo, altruista, bondadoso, sensible. ➤ *Cruel, inhumano.*

humanizarse *v. prnl.* Apiadarse, aplacarse, dulcificarse, compadecerse. ➤ *Endurecerse, enojarse.*

humano, na *adj.* **1. Racional**, hominal, humanal. ➤ *Animal.* **2. Compasivo**, sensible, considerado, caritativo, humanitario, piadoso, indulgente, bueno, benévolo, misericordioso, benigno. ➤ *Inhumano, cruel, insensible.* ‖ *s. m.* **3. Persona.** ‖ *s. m. pl.* **4. Humanidad**, género humano.

humeante *adj.* Humoso, fuliginoso, vaporoso.

humear *v. intr.* **1. Ahumar**, humar, sahumar, fumigar. **2. Presumir**, jactarse, pavonearse, enorgullecerse, hacer gala de. ➤ *Avergonzarse.*

humectación *s. f.* Impregnación, baño, riego, rociada. ➤ *Desecación.*

humectar *v. tr.* Humedecer, rociar, impregnar, bañar. ➤ *Secar, desecar.*

humedecer *v. tr.* Mojar, impregnar, humectar, empapar, embeber, regar, rociar, sumergir, calar, bañar, regar. ➤ *Secar, desecar, deshumedecer.*

húmedo, da *adj.* Mojado, acuoso, empapado, rociado, impregnado, chorreante, calado. ➤ *Seco.*

humidificación *s. f.* Impregnación, humectación. ➤ *Desecación.*

humidificador *s. m.* Humectador.

humildad *s. f.* **1. Modestia**, sencillez, reserva, llaneza. ➤ *Soberbia, orgullo, vanagloria.* **2. Plebeyez**, villanía, pobreza. ➤ *Alcurnia, nobleza, grandeza.* **3. Sumisión**, acatamiento, obediencia, sometimiento. ➤ *Rebeldía.*

humilde *adj.* **1. Modesto**, sencillo, dulce, afable, llano. ➤ *Orgulloso, soberbio, vanidoso.* **2. Proletario**, plebeyo. ➤ *Noble, rico.* **3. Sumiso**, obediente, manso, dócil, fiel. ➤ *Arrogante, rebelde.*

humillación *s. f.* Abatimiento, degradación, indignidad, vejación, arrastramiento, zaherimiento, ofensa, burla, vileza, deshonra, afrenta. ➤ *Dignificación, glorificación, exaltación, enaltecimiento, enfrentamiento.*

humillante *adj.* Denigrante, vergonzoso, degradante, injurioso, zahiriente, afrentoso. ➤ *Glorificante, honroso.*

humillar *v. tr.* **1. Postrar**, doblegar, rebajar, apocar, someter, ofender, lastimar, herir, insultar, injuriar, afrentar, oprimir, pisotear. ➤ *Enaltecer, ensalzar, alabar*. ‖ *v. prnl.* **2. Rebajarse**, degradarse, arrastrarse, doblegarse, postrarse, retraerse, ceder, anularse. ➤ *Ensalzarse, endiosarse, ensoberbecerse, engreírse*.

humo *s. m.* **1. Gas**, vapor, humazo. ‖ *s. m. pl.* **2. Soberbia**, altanería, arrogancia, vanidad. ➤ *Sencillez, modestia*.

humor *s. m.* **1. Serosidad**, acuosidad, aguaza, supuración. **2. Talante**, genio, disposición. **3. Gracia**, ingenio, chispa, ocurrencia, salero. ➤ *Sosería*.

humorada *s. f.* Jocosidad, ironía, socarronería, gansada, broma.

humoral *adj.* Humoroso, seroso.

humorismo *s. m.* Humor, sátira, causticidad, donaire, ingenio, sarcasmo, mordacidad. ➤ *Gravedad, seriedad*.

humorista *adj.* Cómico, caricato.

humorístico, ca *adj.* **1. Irónico**, mordaz, satírico, socarrón. **2. Gracioso**, divertido, risible. ➤ *Serio, grave*.

humoso, sa *adj.* Humeante.

hundido, da *adj.* Deprimido, entristecido, abatido, afligido, apesadumbrado, agobiado. ➤ *Alegre, animado*.

hundimiento *s. m.* **1. Derrumbamiento**, desmoronamiento, desplome, caída, ruina, cataclismo, postración, debilitamiento, decaimiento. ➤ *Auge, alzamiento, emersión, surgimiento, resurgimiento*. **2. Socavón**, hondonada, declive, hoyo, depresión. ➤ *Elevación, prominencia*.

hundir *v. tr.* **1. Sumergir**, sumir, naufragar, zozobrar, irse a pique. ➤ *Emerger, flotar*. **2. Abrumar**, abatir, confundir, oprimir, aplastar, vencer, destruir. ➤ *Animar, levantar, consolar*. **3. Deformar**, abollar, aplastar. **4. Derrumbar**, destruir. ➤ *Levantar*.

huracán *s. m.* **1. Tifón**, tornado, ciclón. **2. Vendaval**, tromba, torbellino.

huracanado, da *adj.* Borrascoso, tormentoso, violento. ➤ *Bonancible*.

hurañía *s. f.* Insociabilidad, misantropía. ➤ *Sociabilidad*.

huraño, ña *adj.* Hosco, arisco, misántropo, esquivo, retraído, áspero, intratable. ➤ *Sociable, afable, tratable*.

hurgador *s. m.* Badil, badila, hurgón.

hurgamandera *s. f.* Prostituta, ramera, puta, buscona, meretriz, fulana, zorra.

hurgar *v. tr.* **1. Excavar**, revolver, mover, remover, escarbar. **2. Manosear**, sobar, palpar, tentar. **3. Curiosear**, fisgar, cotillear. **4. Inquietar**, desazonar, pinchar, incitar, roer.

hurgón *s. m.* Badil, atizador.

hurgonear *v. tr.* Atizar.

hurgonero *s. m.* Hurgón, hurgador, atizador, badila.

hurguete *s. m.* Escudriñado, rebuscador, fisgón, hurgón.

hurón *s. m.* Fisgón, cotilla, curioso.

huronear *v. intr.* **1. Cazar**. **2. Husmear**, fisgonear, curiosear, cotillear.

hurtadillas, a *loc. adv.* Sigilosamente, secretamente, furtivamente, a escondidas. ➤ *Abiertamente*.

hurtadineros *s. m.* Hucha, alcancía.

hurtador, ra *adj.* Caco, ladrón, ratero, mangante, timador.

hurtar *v. tr.* **1. Robar**, quitar, sisar, sustraer, limpiar, despojar, saquear. ➤ *Devolver, restituir*. **2. Plagiar**, apropiarse, usurpar. **3. Desviar**, apartar, retirar. ➤ *Acercar*. ‖ *v. prnl.* **4. Esconderse**, ocultarse, retirarse, rehuir. ➤ *Mostrarse*.

hurto *s. m.* **1. Robo**, latrocinio, ratería, despojo, sustracción, sisa, timo, pillaje. ➤ *Devolución, restitución*. **2. Botín**.

husera *s. f.* Bonetero, evónimo.

husmeador, ra *adj.* Fisgón, cotilla.

husmear *v. tr.* **1. Rastrear**, olfatear, oler, percibir. **2. Fisgonear**, indagar, curiosear, escudriñar, oliscar, barruntar, huronear.

husmeo *s. m.* Fisgoneo, olisqueo, rastreo, olfateo.

I i

ibérico *adj.* **1. Ibero. 2. Hispánico.**

íbice *s. m.* Gamuza, rebeco.

icnografía *s. f.* Ignografía, delineación.

icono *s. m.* Efigie, imagen, cuadro, pintura.

iconología *s. f.* Alegoría, representación, símbolo.

icor *s. m.* Sanie, sanies.

ictericia *s. f.* Aliacán.

ictérico, ca *adj.* Bilioso, hepático.

ictiófago, ga *adj.* Piscívoro.

ida *s. f.* **1. Marcha**, partida, acercamiento, desplazamiento. ➤ *Vuelta, regreso, llegada.* **2. Ímpetu**, impulso, arrebato, arranque. **3. Rastro**, huella.

idea *s. f.* **1. Concepto**, noción, representación, imagen, impresión, percepción, vislumbre. **2. Opinión**, juicio, criterio, parecer, creencia, sentir. **3. Razonamiento. 4. Proyecto**, plan, diseño, bosquejo, croquis, programa. **5. Propósito**, intención, empeño, deseo, pensamiento, voluntad. **6. Habilidad**, ingenio, aptitud, inventiva, imaginación. **7. Ocurrencia**, golpe, salida. **8. Asunto**, tema. **9. Manía**, obsesión, capricho. ‖ *s. f. pl.* **10. Ideario**, credo, ideología.

ideal *adj.* **1. Conceptual**, abstracto. ➤ *Material.* **2. Imaginario**, inmaterial, irreal, ilusorio, fantástico, especulativo, inmaterial. ➤ *Real, físico, verdadero.* **3. Excelente**, sublime, estupendo, ejemplar, supremo, elevado. ‖ *s. m.* **4. Prototipo**, modelo, paradigma, arquetipo. **5. Deseo**, ambición, aspiración, ilusión, sueño, anhelo. ‖ *s. m. pl.* **6. Doctrina**, ideario, creencias, ideología.

idealismo *s. m.* Altruismo, desinterés. ➤ *Materialismo, realismo.*

idealista *adj.* Altruista, espiritual, elevado. ➤ *Materialista, práctico.*

idealización *s. f.* Ensoñación, ilusión, imaginación, exaltación.

idealizar *v. tr.* **1. Embellecer**, ensalzar. **2. Ensoñar**, fantasear.

idear *v. tr.* Pensar, concebir, discurrir, maquinar, inventar, ingeniar, imaginar, proyectar, trazar, disponer, urdir.

ideario *s. m.* Ideología, doctrina, credo.

idéntico, ca *adj.* Igual, equivalente, exacto, similar, parejo, análogo, semejante, gemelo. ➤ *Diferente, desigual, distinto, diverso.*

identidad *s. f.* Igualdad, equivalencia, autenticidad, coincidencia, semejanza, conformidad, concordancia, paralelismo, exactitud. ➤ *Desigualdad, diferencia, inexactitud.*

identificación *s. f.* Reconocimiento.

identificar *v. tr.* **1. Hermanar**, unificar, igualar, asemejar, homogeneizar. **2. Reconocer**, señalar, verificar, confirmar. ➤ *Desconocer, ignorar.* **3. Relacionar**, asociar. ➤ *Oponer.* ‖ *v. prnl.* **4. Solidarizarse**, coincidir, simpatizar. ➤ *Discrepar.*

ideográfico, ca *adj.* Gráfico, pictórico, simbólico.

ideograma *s. m.* Signo, símbolo, pictograma.

ideología *s. f.* Ideario, ideas, credo.

ideólogo, ga *s. m. y s. f.* Teórico.

idílico, ca *adj.* Apacible, bucólico, deleitoso, sentimental, agradable, placentero, grato. ➤ *Desagradable.*

idilio *s. m.* Amartelamiento, enamoramiento, romance, amorío, ligue.

idioma *s. m.* Lenguaje, lengua.

idiosincrasia *s. f.* Carácter, individualidad, personalidad, temperamento, peculiaridad.

idiota *adj.* **1. Tonto**, imbécil, estúpido, torpe, inepto, memo, bruto, zopenco, mostrenco, alcornoque. ➤ *Listo, avispado, inteligente.* **2. Engreído**, necio, estúpido, fatuo, creído. ➤ *Modesto, sencillo.* **3. Inculto**, zote, ignorante, incompetente, nesciente, analfabeto. ➤ *Culto, instruido.* **4. Retrasado**, oligofrénico, subnormal. ➤ *Superdotado.*

idiotez *s. f.* **1. Ineptitud**, torpeza, insuficiencia, abobamiento, estulticia. ➤ *Capacidad, ingenio, sabiduría.* **3. Necedad**, parida, sandez, tontería, estupidez, imbecilidad, bobada. ➤ *Agudeza.*

ido, da *adj.* **1. Loco**, chalado, chiflado, majareta, pirado. ➤ *Cuerdo.* **2. Distraído**, lelo, despistado. ➤ *Atento.*

idólatra *adj.* **1. Fanático**, pagano. **2. Amante**, amador, adorador.

idolatrar *v. tr.* **1. Adorar. 2. Amar**, admirar. ➤ *Odiar, detestar.*

idolatría *s. f.* **1. Fetichismo**, paganismo, politeísmo. **2. Adoración**, veneración, culto. ➤ *Odio, repugnancia.*

ídolo *s. m.* Efigie, fetiche, icono, tótem, imagen, emblema, amuleto, deidad.

idoneidad *s. f.* Aptitud, capacidad, suficiencia, conveniencia, adecuación. ➤ *Inadecuación, incompetencia.*

idóneo, a *adj.* Apropiado, adecuado, apto, capaz, dispuesto, competente, conveniente, oportuno, útil. ➤ *Inadecuado, inconveniente.*

iglesia *s. f.* **1. Comunidad**, asamblea, congregación, rebaño, grey. **2. Templo**, basílica, capilla, catedral, ermita, parroquia. **3. Confesión**, secta.

ígneo, a *adj.* **1. Candente**, abrasador, quemante, incandescente. ➤ *Frío, apagado.* **2. Eruptivo**, volcánico.

ignición *s. f.* Combustión, incandescencia, quema. ➤ *Apagamiento.*

ignito, ta *adj.* Encendido, incandescente. ➤ *Frío, helado.*

ignominia *s. f.* **1. Afrenta**, oprobio, deshonra, deshonor. ➤ *Gloria.* **2. Infamia**, afrenta, bajeza. ➤ *Honra.*

ignominioso, sa *adj.* Afrentoso, deshonroso, vergonzante, abyecto, infamante. ➤ *Elogioso, glorioso.*

ignorado, da *adj.* Desconocido, oculto, secreto, inexplorado, escondido, incierto, ignoto, recóndito. ➤ *Conocido, sabido, ilustre.*

ignorancia *s. f.* **1. Desconocimiento**. ➤ *Conocimiento.* **2. Incultura**, analfabetismo. ➤ *Sabiduría, saber, ciencia.*

ignorante *adj.* **1. Desconocedor.** ➤ *Conocedor, informado.* **2. Inculto**, indocto, lego, iletrado, analfabeto. ➤ *Culto, sabio, letrado.*

ignorar *v. tr.* **1. Desconocer**, estar pez, estar in albis, estar en blanco. ➤ *Saber, conocer.* **2. Desatender**, desentenderse, desoír, desdeñar. ➤ *Atender, oír, prestar atención.*

ignoto, ta *adj.* Desconocido, ignorado, incógnito, inexplorado. ➤ *Conocido, sabido, explorado.*

igual *adj.* **1. Uniforme**, equivalente, sinónimo, par, parejo, idéntico, exacto, gemelo. ➤ *Distinto, diferente, desigual.* **2. Similar**, semejante, parecido. ➤ *Distinto, diferente.* **3. Indiferente**, indistinto. **4. Liso**, llano, plano, regular, uniforme, homogéneo, raso. ➤ *Irregular, discontinuo, heterogéneo.* **5. Invariable**, constante, continuo, regular, inmutable. ➤ *Irregular, variable.* ǁ *adv. m.* **6. Posiblemente**, tal vez.

igualar *v. tr.* **1. Equiparar**, uniformar. aparejar, equilibrar. ➤ *Desigualar desequilibrar.* **2. Allanar**, nivelar, alisar, aplanar, rasar, explanar, rellena➤ *Desnivelar.* **3. Acordar**, conveni pactar, ajustar. **4. Empatar**. ➤ *De sempatar.* ǁ *v. intr.* **5. Parecerse**, ase mejarse. ➤ *Oponerse, contrastar.*

igualdad *s. f.* **1. Identidad**, paridad, equivalencia, exactitud, uniformidad. ➤ *Desigualdad, diferencia, inexactitud.* **2. Equilibrio**, consonancia. **3. Equidad**, imparcialidad. **3. Llanura**, uniformidad. ➤ *Desnivel.* **5. Ecuación**, identidad. ➤ *Desigualdad.*

igualmente *adv. m.* **1. Indistintamente**, por igual. **2. Asimismo**, también.

ijada *s. f.* Ijar, hipocondrio.

ilación *s. f.* **1. Inferencia**, deducción. **2. Relación**, trabazón, nexo, enlace, unión. ➤ *Desenlace, desconexión.*

ilativo, va *adj.* Derivado, lógico, correspondiente, inferido. ➤ *Ilógico.*

ilegal *adj.* Ilícito, ilegítimo, prohibido, indebido, censurado, prohibido, fraudulento. ➤ *Legal, legítimo, lícito.*

ilegalidad *s. f.* **1. Ilegitimidad**, injusticia, inmoralidad, ilicitud. ➤ *Legali-*

dad, justicia, legitimidad, imparciali-dad. **2. Delito**, desafuero, infracción, injusticia, arbitrariedad, atentado, trampa, tropelía, falta, fraude.

ilegible *adj.* Indescifrable, ininteligible, incomprensible, embrollado, lioso, enrevesado, oscuro, difícil. ➤ *Legible, comprensible, claro, fácil.*

ilegitimar *v. tr.* Ilegalizar, desheredar, excluir, repudiar. ➤ *Legitimar, legalizar, acoger, incluir.*

ilegitimidad *s. f.* Ilegalidad, injusticia, inmoralidad, ilicitud. ➤ *Legitimidad, legalidad.*

ilegítimo, ma *adj.* **1. Ilegal**, ilícito, fraudulento, prohibido, censurado, inmoral, injusto. ➤ *Legal, lícito, moral, justo, admitido.* **2. Bastardo**, natural, espurio. ➤ *Legítimo.* **3. Falso**, falsificado, postizo, supuesto, mentido, incierto. ➤ *Verdadero, auténtico.*

íleo *s. m.* Volvo, vólvulo.

ileso, sa *adj.* Indemne, incólume, intacto, sano, exento, salvo, incorrupto, inatacado. ➤ *Tocado, dañado, herido.*

iletrado, da *adj.* Inculto, ignorante, indocto, analfabeto. ➤ *Sabio, docto, culto.*

ilicíneo, a *adj.* Aquifoliáceo.

ilícito, ta *adj.* Ilegal, ilegítimo, indebido, inmoral, prohibido, delictivo. ➤ *Legal, lícito, permitido, debido.*

ilimitado, da *adj.* Indefinido, indeterminado, incalculable, infinito, interminable, inagotable, imperecedero, inacabable. ➤ *Limitado, finito.*

ilógico, ca *adj.* Absurdo, desatinado, descabellado, inverosímil, incoherente. ➤ *Lógico, verosímil, razonable.*

iota *s. m. y s. f.* Esclavo, siervo.

iluminación *s. f.* **1. Alumbrado**, luz, luminosidad, resplandor, claridad, lustre, brillo. **2. Inspiración**, musa.

iluminado, da *adj.* Visionario, vidente.

iluminar *v. tr.* **1. Alumbrar**, dar luz, encender, clarear, destellar, irradiar, esforecer, centellear, lucir, fulgurar, esplandecer. ➤ *Apagar, oscurecer, entenebrecer.* **2. Colorear**, pintar, teñir, colorir. ➤ *Palidecer, difuminar, decolorar.* **3. Aclarar**, esclarecer, ilus-

trar. ➤ *Confundir, embrollar.* **4. Instruir**, enseñar, educar, informar. **5. Inspirar**, infundir, revelar, clarificar.

ilusión *s. f.* **1. Alucinación**, deslumbramiento, desvarío, delirio, confusión, imagen, sueño, engaño, espejismo, visión. **2. Quimera**, sueño, utopía. ➤ *Desilusión, desesperanza.* **3. Satisfacción**, confianza, alegría. ➤ *Desilusión, tristeza.* **4. Deseo**, afán, anhelo, empeño. ➤ *Desgana, apatía.*

ilusionar *v. tr.* **1. Encandilar**, esperanzar, alimentar, animar, entusiasmar. ➤ *Desilusionar, decepcionar, defraudar.* **2. Alegrar**, satisfacer, encantar. ➤ *Entristecer, desilusionar.* ‖ *v. prnl.* **3. Creer**, esperar, confiar, soñar, anhelar, desear. ➤ *Desanimar.*

ilusionismo *s. m.* Prestidigitación, magia.

ilusionista *adj.* Prestidigitador, mago.

iluso, sa *adj.* **1. Cándido**, ingenuo, crédulo, seducido. ➤ *Avispado, listo.* **2. Quimerista**, soñador. ➤ *Realista.*

ilusorio, ria *adj.* Engañoso, irreal, aparente, soñado, ficticio, falso, quimérico. ➤ *Real, verdadero.*

ilustración *s. f.* **1. Esclarecimiento**, aclaración, explicación. **2. Cultura**, instrucción, preparación, educación, aleccionamiento, erudición. **3. Imagen**, estampa, lámina, grabado, dibujo, figura. **4. Enciclopedismo**, despotismo ilustrado, racionalismo.

ilustrado, da *adj.* **1. Instruido**, culto, erudito, sabio, letrado. ➤ *Ignorante, indocto, inculto.* **2. Enciclopedista**.

ilustrador, ra *adj.* Dibujante.

ilustrar *v. tr.* **1. Aclarar**, explicar, comentar, glosar, ejemplificar, esclarecer. ➤ *Oscurecer, liar, embrollar.* **2. Educar**, formar, instruir, civilizar, enseñar, adoctrinar. ➤ *Descarriar.*

ilustrativo, va *adj.* Aclaratorio, esclarecedor. ➤ *Confuso.*

ilustre *adj.* **1. Noble**, blasonado, esclarecido, linajudo. ➤ *Plebeyo.* **2. Insigne**, célebre, egregio, prestigioso, renombrado, afamado, reputado, renombrado, famoso, brillante. ➤ *Desconocido, vulgar, anónimo, mediocre, gris.*

imagen *s. f.* **1. Reproducción**, representación, figura, apariencia, aspecto. **2. Idea**, figuración, símbolo, reproducción, simulacro. **3. Icono**, efigie, estatua, estampa. **4. Evocación**, recuerdo. **5. Tropo**, símbolo, metáfora.

imaginable *adj.* Concebible, comprensible, razonable, lógico. ➤ *Inimaginable, ilógico, inconcebible.*

imaginación *s. f.* **1. Fantasía**, inventiva, talento, idea, creatividad, imaginativa. **2. Ensueño**, espejismo, ilusión, idea, visión, entelequia, delirio. ➤ *Realidad.* ‖ *s. f. pl.* **3. Conjeturas**, suposiciones, sospechas. ➤ *Hechos.*

imaginar *v. tr.* **1. Fantasear**, evocar, soñar, recordar. ➤ *Ver, estar con los pies en la tierra.* **2. Crear**, inventar, concebir, forjar. ➤ *Imitar.* **3. Suponer**, conjeturar, presumir, sospechar, antojarse. ➤ *Comprobar, saber.*

imaginario, ria *adj.* Irreal, ficticio, inventado, fabuloso, supuesto, fantástico, prodigioso, utópico, quimérico, figurado, ideal. ➤ *Real, verdadero, material, concreto.*

imaginativo, va *adj.* Iluso, soñador.

imaginero, ra *s. m. y s. f.* Escultor, tallista.

imán *s. m.* **1. Calamita**, caramida, magnetita. **2. Atractivo**.

imantar *v. tr.* Magnetizar, imanar.

imbécil *adj.* **1. Idiota**, tonto, estúpido, estulto, bobo, alelado, torpe, necio, lerdo. ➤ *Inteligente, listo, avispado.* **2. Molesto**, pelmazo, insoportable.

imbecilidad *s. f.* Alelamiento, idiotez, estulticia, estupidez, tontería, bobería, necedad, cretinismo, memez. ➤ *Inteligencia, agudeza, listeza.*

imberbe *adj.* **1. Lampiño**, barbilampiño. ➤ *Barbudo, peludo.* **2. Joven**.

imbibición *s. f.* Absorción.

imbornal *s. m.* Desagüe, alcantarilla.

imborrable *adj.* **1. Indeleble**, durable, fijo, permanente, inalterable. ➤ *Borrable, inestable.* **2. Inolvidable**, indestructible. ➤ *Perecedero.*

imbricar *v. tr.* Solapar, encaballar, montar, superponer, pisar.

imbuir *v. tr.* Infundir, persuadir, inculcar.

imitación *s. f.* Falsificación, plagio, remedo, copia, simulacro. ➤ *Original.*

imitado, da *adj.* Artificial, adulterado, simulado. ➤ *Natural, originario.*

imitar *v. tr.* **1. Copiar**, plagiar, emular, remedar, calcar, reproducir, fusilar. ➤ *Inventar, crear.* **2. Inspirarse**, seguir. **3. Asemejar**, parecer.

imitativo, va *adj.* Mimético, plagiario. ➤ *Original.*

impaciencia *s. f.* **1. Ansiedad**, desasosiego, inquietud, intranquilidad, agitación, excitación, desazón, nerviosismo. ➤ *Paciencia, sosiego.* **2. Deseo**, gana, anhelo. ➤ *Apatía.*

impacientar *v. tr.* Desasosegar, inquietar, intranquilizar, irritar, quemar, desesperar, reconcomerse, consumirse. ➤ *Calmar, sosegar, tranquilizar.*

impaciente *adj.* Malsufrido, inquieto, desasosegado, nervioso, irritable, desesperado, excitado. ➤ *Flemático, tranquilo, sosegado, paciente, impasible.*

impacto *s. m.* **1. Choque**, colisión. **2. Huella**, señal. **3. Conmoción**, efecto.

impagable *adj.* Valioso, inestimable.

impago *s. m.* Deuda.

impalpable *adj.* **1. Intangible**, incorpóreo, inmaterial. ➤ *Corpóreo, tangible.* **2. Ligero**, sutil, etéreo. **3. Menudo**, microscópico, minúsculo.

impar *adj.* **1. Non**. ➤ *Par.* **2. Único**, solo. ➤ *Normal, habitual.*

imparcial *adj.* **1. Recto**, justo, equitativo, ecuánime, honrado, insobornable, íntegro. ➤ *Arbitrario, parcial, injusto.* **2. Neutral**. ➤ *Partidista.*

imparcialidad *s. f.* **1. Equidad**, igualdad, justicia, rectitud, incorruptibilidad, ecuanimidad. ➤ *Arbitrariedad, injusticia, favoritismo.* **2. Neutralidad**. ➤ *Partidismo.*

impartir *v. tr.* Repartir, comunicar, compartir, dar, asignar, adjudicar.

impasibilidad *s. f.* Apatía, estoicismo, pasividad, imperturbabilidad, insensibilidad, indiferencia. ➤ *Asombro, nerviosismo, sensibilidad.*

impasible *adj.* **1. Insensible**, frío. ➤ *Sensible.* **2. Imperturbable**, indiferente. ➤ *Afectado, influenciable.*

impavidez s. f. Denuedo, valor, ánimo, valentía. ➤ *Cortedad, poquedad.*

impávido, da adj. **1. Valiente**, osado, intrépido, audaz. ➤ *Miedoso, cobarde.* **2. Imperturbable**, impertérrito, sereno, inalterable, indiferente. ➤ *Inquieto, intranquilo, turbado.*

impecable adj. Correcto, intachable, irreprochable, cabal. ➤ *Sucio, imperfecto, defectuoso, reprochable.*

impedido, da adj. Inválido, imposibilitado, paralítico, baldado, incapacitado.

impedimento s. m. Dificultad, traba, obstáculo, embarazo, estorbo, engorro, pega, obstrucción, apuro, entorpecimiento. ➤ *Ayuda, favor.*

impedir v. tr. Estorbar, imposibilitar, dificultar, obstaculizar, entorpecer, obstruir, atascar. ➤ *Facilitar, ayudar.*

impelente adj. Impulsor, motor.

impeler v. tr. **1. Empujar**, impulsar. ➤ *Frenar.* **2. Espolear**, aguijonear.

impenetrable adj. Indescifrable, ininteligible, incomprensible, callado, secreto, cerrado, hermético, misterioso, inaccesible, insondable, impermeable, inabordable, inescrutable. ➤ *Accesible, abordable, comprensible.*

impenitencia s. f. Contumacia, reincidencia. ➤ *Arrepentimiento.*

impenitente adj. Contumaz, empedernido, recalcitrante, reincidente, obstinado. ➤ *Arrepentido, contrito.*

impensable adj. Inimaginable.

impensado, da adj. Inesperado, imprevisto, fortuito, casual, inopinado, imprevisible, espontáneo, repentino, insospechado. ➤ *Preparado, conocido, previsible, esperado, supuesto.*

impepinable adj. Cierto, indefectible.

imperar v. intr. **1. Gobernar**, regir, tiranizar. ➤ *Obedecer.* **2. Predominar**, prevalecer. ➤ *Supeditar.*

imperativo, va adj. Imperioso, perentorio, dominante, autoritario.

imperceptible adj. Insensible, indiscernible, inapreciable, impalpable. ➤ *Sensible, perceptible, tangible.*

imperdible s. m. Broche, pasador.

imperdonable adj. Garrafal, indisculpable, inexcusable. ➤ *Justificable.*

imperecedero, ra adj. **1. Perdurable**, perenne, inmutable, durable, inacabable, infinito. ➤ *Perecedero, temporal, caduco.* **2. Perpetuo**, inmortal, sempiterno, eterno. ➤ *Fugaz, mortal.*

imperfección s. f. **1. Deficiencia**, irregularidad, deformidad, tara, tacha, defecto, desacierto, incorrección, lacra, mota, borrón, sombra, pero, fallo. ➤ *Corrección, acierto.* **2. Defecto**, tacha, vicio, falta. ➤ *Perfección.*

imperfecto, ta adj. Incompleto, defectuoso, inacabado, reprochable, tosco, malo, mediano, mediocre, rústico, corregible, mejorable, erróneo, incorrecto, chapucero. ➤ *Perfecto, completo, entero, redondo, inmejorable, acabado.*

imperialismo s. m. Colonialismo, colonización, dominio, opresión. ➤ *Emancipación, liberación.*

imperialista adj. **1. Opresor**, totalitario, déspota. ➤ *Demócrata, liberador.* **2. Colonizador**, dominador, subyugador. ➤ *Emancipador.*

impericia s. f. Inhabilidad, insuficiencia, inexperiencia, ineptitud, incompetencia, ineficacia. ➤ *Habilidad, capacidad, experiencia.*

imperio s. m. Dominio, autoridad, poderío, señorío, caudillaje, mando. ➤ *Obediencia, vasallaje.*

imperioso, sa adj. **1. Imperativo**, autoritario, dominador, despótico.➤ *Democrático.* **2. Indispensable**, urgente, necesario, vital. ➤ *Secundario.*

imperito adj. Inepto, incapaz, inexperto, incompetente. ➤ *Capaz, experto.*

impermeabilizar v. tr. Alquitranar, calafatear, embrear, aislar.

impermeable s. m. **1. Impenetrable**, estanco, cerrado, aislado. ➤ *Permeable.* **2. Chubasquero**, gabardina.

impersonal adj. **1. Común.** ➤ *Personal.* **2. Vulgar**, adocenado, corriente.

impertérrito, ta adj. Imperturbable, impávido, impasible, sereno, valeroso. ➤ *Afectado, medroso.*

impertinencia s. f. **1. Disparate**, inconveniencia, despropósito, desatino, tabarra, necedad, molestia, indiscreción. ➤ *Pertinencia, conveniencia.* **2. Pesadez**, inoportunidad, susceptibilidad, chinchorrería, pejiguería, indiscreción. ➤ *Discreción, oportunidad.*

impertinente *adj.* **1. Inoportuno**, inconveniente, improcedente, molesto, engorroso, desatinado, inadecuado, indiscreto. ➤ *Conveniente, oportuno, pertinente, adecuado.* **2. Molesto**, fastidioso, cargante, pesado, chinche, chinchorrero. ➤ *Paciente, discreto.*

imperturbabilidad *s. f.* Inalterabilidad, tranquilidad, aplomo, estoicismo, impavidez, equilibrio, serenidad, indiferencia, impasibilidad, calma. ➤ *Intranquilidad, desasosiego, alterabilidad, nerviosismo, desequilibrio.*

imperturbable *adj.* Impasible, impávido, impertérrito, sereno, inalterable, estoico, tranquilo, inflexible, inmutable. ➤ *Desasosegado, alterable.*

impetración *s. f.* Petición, súplica.

impetrar *v. tr.* Rogar, solicitar, pedir.

ímpetu *s. m.* Impulso, impetuosidad, resolución, valor, arranque, furia, brusquedad, frenesí, arrebato, fogosidad, resolución, prontitud, hervor, viveza, ardor, energía, vehemencia. ➤ *Pasividad, irresolución, flema, calma.*

impetuoso, sa *adj.* **1. Violento**, precipitado, vehemente, fogoso, arrebatado, fuerte. ➤ *Tranquilo, plácido.* **2. Irreflexivo**, apasionado, enérgico, febril, resuelto. ➤ *Pasivo, lento.*

impiedad *s. f.* Agnosticismo, incredulidad, irreligiosidad, irreverencia, ateísmo, herejía, libertinaje. ➤ *Religiosidad, piedad, credulidad.*

impío, a *adj.* Incrédulo, descreído, irreligioso, irreverente, profano, laico, ateo, infiel, anticlerical. ➤ *Religioso, creyente, practicante, devoto.*

implacable *adj.* Inexorable, inflexible, cruel, duro, despiadado, despótico, brutal. ➤ *Suave, tolerante.*

implantar *v. tr.* **1. Plantar**, injertar, encajar. **2. Establecer**, instaurar, instituir, fundar, crear, construir. ➤ *Derogar, destruir, eliminar, abolir.*

implicación *s. f.* Consecuencia, secuela, repercusión, eco.

implicar *v. tr.* **1. Encerrar**, suponer, seguirse, significar. **2. Complicar**, comprometer, liar. ➤ *Eludir.*

implícito, ta *adj.* Sobreentendido, entendido, callado, tácito, supuesto, contenido, virtual. ➤ *Explícito, expreso, excluido, ignorado, evidente.*

implorar *v. tr.* Rogar, suplicar, invocar, impetrar, pedir, clamar, exhortar. ➤ *Exigir, ordenar, mandar.*

impolítico, ca *adj.* Descortés, grosero, incivil, rústico. ➤ *Educado, cortés.*

impoluto, ta *adj.* Inmaculado, aseado, intachable. ➤ *Sucio, impuro.*

imponderable *s. m.* Contingencia, eventualidad, riesgo, imprevisto.

imponente *adj.* Grandioso, majestuoso, venerable, soberbio, considerable, magnífico, solemne, descomunal, maravilloso, inmenso, temible, formidable, respetable, alarmante, espantoso, pavoroso, aterrador, terrorífico. ➤ *Nimio, insignificante, ridículo, mezquino, miserable.*

imponer *v. tr.* **1. Gravar**, cargar, infligir, aplicar, asignar, atribuir, exigir, obligar, colocar. ➤ *Librar, liberar.* **2. Imputar**, acusar, endosar, incriminar, calumniar, colgar el sambenito. **3. Instruir**, enseñar, ilustrar, iniciar, formar, adiestrar. **4. Amedrentar**, acobardar, aterrar, asustar, atemorizar. ➤ *Tranquilizar, sosegar.* **5. Depositar**, ingresar, meter. ➤ *Retirar, extraer.*

impopular *adj.* Desprestigiado, odioso, antipático. ➤ *Popular, querido.*

impopularidad *s. f.* Descrédito, desprestigio, disfavor, mala reputación, odio, antipatía, desautorización, desafecto, desgracia. ➤ *Popularidad, fama, simpatía.*

importación *s. f.* Adquisición, compra, entrada, introducción, transacción. ➤ *Exportación, salida, venta.*

importancia *s. f.* Valor, alcance, significación, consideración, interés, crédito, entidad, peso, categoría, cuantía, monte, trascendencia, enjundia, gravedad, seriedad, estimación, influencia, poder. ➤ *Intrascendencia, superfluidad, insignificancia, pequeñez.*

importante *adj.* Valioso, sustancial, señalado, significativo, considerable, trascendente, notable, serio, grave, trascendental, vital, esencial, capital, primordial, fundamental, principal, interesante, cardinal, primario, urgente, preponderante. ➤ *Insignificante, accesorio, superfluo, nimio, ridículo.*

importar *v. intr.* **1. Interesar**, atañer, significar, pintar, contar, pesar, venir a cuento, figurar, concernir, convenir. ➤ *Desinteresar, desmerecer.* ‖ *v. tr.* **2. Valer**, sumar, costar, montar, subir, elevarse, ascender. **3. Traer**, entrar, comprar, adoptar. ➤ *Exportar.*

importe *s. m.* Precio, valor, valía, coste, cuenta, suma, montante.

importunar *v. tr.* Molestar, fastidiar, cansar, cargar, enfadar, incordiar, jorobar, jeringar, aburrir, chinchar, perseguir, machacar, porfiar, asediar, dar la murga, dar la lata. ➤ *Agradar, complacer, ayudar, alegrar, tranquilizar, ser discreto.*

importunidad *s. f.* Asedio, acoso, agobio, instancia, porfía, insistencia.

importuno, na *adj.* **1. Intempestivo**, inoportuno. ➤ *Oportuno.* **2. Molesto**, enfadoso, cargante, fastidioso, latoso, pesado, impertinente, indiscreto, metepatas. ➤ *Agradable, simpático.*

imposibilidad *s. f.* Impracticabilidad, improbabilidad, impotencia, inviabilidad, incapacidad, ineptitud. ➤ *Probabilidad, viabilidad, capacidad.*

imposibilitado, da *adj.* Inválido, atrofiado, impedido, paralítico, tullido, baldado, inútil, incapacitado, lisiado. ➤ *Sano, hábil, capaz, normal.*

imposibilitar *v. tr.* Impedir, incapacitar, anular, inutilizar, inhabilitar, invalidar, estorbar, obstaculizar. ➤ *Capacitar, habilitar, facilitar, posibilitar.*

imposible *adj.* **1. Irrealizable**, impracticable, absurdo, quimérico, utópico, inviable. ➤ *Posible, factible, realizable.* **2. Inaguantable**, intratable, pesado, insufrible, insoportable. ➤ *Soportable, sufrible, ameno, agradable.* **3. Difícil**, insoluble, irrealizable, impracticable. ➤ *Sencillo, fácil.*

imposición *s. f.* **1. Coacción**, coerción, mandato, exigencia, orden. **2. Tributo**, carga, impuesto, gravamen.

impostor, ra *adj.* **1. Difamador**, infamador, calumniador, murmurador, mentiroso, víbora. ➤ *Leal, honesto.* **2. Embaucador**, falsario, hipócrita, engañador, charlatán. ➤ *Sincero, veraz.* ‖ *s. m. y s. f.* **3. Suplantador**, farsante.

impostura *s. f.* **1. Calumnia**, difamación. **2. Mentira**, falsedad, farsa.

impotencia *s. f.* **1. Incapacitación**, ineptitud, incapacidad, insuficiencia, imposibilidad, inutilidad, ineficacia, incompetencia, nulidad, invalidez. ➤ *Aptitud, autoridad, potencia, capacidad, poder.* **2. Infecundidad**, esterilidad. ➤ *Fecundidad.*

impracticable *adj.* **1. Irrealizable**, imposible, inviable. ➤ *Posible, factible.* **2. Intransitable**, inaccesible. ➤ *Transitable, practicable.*

imprecación *s. f.* Maldición, execración, anatema. ➤ *Alabanza, elogio.*

imprecar *v. tr.* Maldecir, condenar, vituperar, denostar. ➤ *Elogiar, alabar.*

imprecisión *s. f.* Vaguedad, ambigüedad. ➤ *Precisión, concreción.*

impreciso, sa *adj.* Ambiguo, confuso, equívoco, indefinido, indeterminado, vago, aproximado, incierto. ➤ *Concreto, inequívoco, preciso, determinado, taxativo, inconfundible.*

impregnar *v. tr.* Embeber, mojar, humedecer, empapar, rociar, calar, salpicar, sumergir, untar, bañar. ➤ *Secar.*

impremeditación *s. f.* Irreflexión, imprevisión, espontaneidad. ➤ *Premeditación, reflexión, meditación.*

impremeditado, da *adj.* Espontáneo, imprevisto, improvisado. ➤ *Premeditado, reflexionado, madurado.*

imprenta *s. f.* **1. Tipografía. 2. Rotativa.**

imprescindible *adj.* Necesario, obligatorio, indispensable, insustituible, esencial, irremplazable, vital, urgente, imperioso, forzoso, preciso, sustancial, ineludible. ➤ *Accesorio, superficial, accidental, prescindible, sustituible, inoperante, fútil, superfluo.*

impresentable *adj.* Desastrado, descuidado, roto. ➤ *Arreglado, limpio.*

impresión *s. f.* **1. Edición**, tirada, publicación, impreso, estampación, composición. **2. Huella**, impronta, señal, estampa, sello, muesca, rastro, contraste. **3. Efecto**, sensación, emoción, sentimiento, excitación.

impresionabilidad *s. f.* Excitabilidad, sensibilidad, sensiblería, emotividad. ➤ *Imperturbabilidad, impavidez.*

impresionable *adj.* Sensible, excitable, emotivo, sentimental, sensiblero, sensitivo, delicado, afectivo, nervioso, susceptible, tierno, delicado. ➤ *Impávido, imperturbable, indiferente, insensible, duro, fuerte.*

impresionante *adj.* Deslumbrante, despampanante, llamativo, espectacular, emocionante. ➤ *Vulgar, común.*

impresionar *v. tr.* **1. Afectar**, conmover, emocionar, alterar, excitar, sobrecoger, sobresaltar, suspender, conturbar. ➤ *Serenar, dejar frío, dejar insensible, desinteresar.* **2. Reproducir**, fijar, registrar. ➤ *Borrar, velar.*

impreso *s. m.* **1. Libro**, folleto, edición, papel, hoja, panfleto, cuaderno, ejemplar, diario, revista. **2. Formulario**, modelo

impresor, ra *s. m. y s. f.* **1. Tipógrafo**. ǁ *s. f.* **2. Linotipia**.

imprevisión *s. f.* Impremeditación, improvisación, imprudencia, descuido, negligencia, ligereza, inadvertencia, irreflexión, indeliberación, despreocupación, distracción. ➤ *Reflexión, previsión, conjetura, prudencia, cuidado.*

imprevisor, ra *adj.* Confiado, negligente, descuidado, desprevenido, imprudente. ➤ *Previsor, cauteloso.*

imprevisto, ta *adj.* Impensado, desprevenido, inesperado, inopinado, insospechado, súbito, improvisado, repentino, casual, fortuito, accidental. ➤ *Forzoso, sospechoso, previsto.*

imprimir *v. tr.* **1. Estampar**, tirar. **2. Fijar**, marcar, grabar, guardar, retener, recordar. ➤ *Borrar, olvidar.* **3. Transmitir**, dar, inculcar, conferir, suministrar. ➤ *Quitar, despojar, eliminar.*

improbabilidad *s. f.* Imposibilidad, rareza, impracticabilidad, inverosimilitud. ➤ *Posibilidad, realidad.*

improbable *adj.* **1. Remoto**, lejano, imposible, raro, irrealizable, inviable. ➤ *Probable, posible, verosímil.* **2. Inverosímil**, absurdo, ilógico, increíble, irracional. ➤ *Verosímil.*

improbidad *s. f.* Iniquidad, perversidad, maldad. ➤ *Probidad, honradez.*

ímprobo, ba *adj.* Trabajoso, penoso, fatigoso, abrumador, pesado, difícil, incómodo, laborioso, ingrato, afanoso, costoso, agotador, ingrato, rudo. ➤ *Fácil, llevadero, ameno, ligero, grato.*

improcedencia *s. f.* Inconveniencia, arbitrariedad. ➤ *Oportunidad.*

improcedente *adj.* Inoportuno, impertinente, inadecuado, extemporáneo. ➤ *Adecuado, oportuno.*

improductivo, va *adj.* Infecundo, infructífero, infructuoso, estéril, baldío. ➤ *Fértil, productivo, fecundo.*

impronta *s. f.* Marca, reproducción, huella, fósil.

improperio *s. m.* Insulto, denuesto, injuria, invectiva, afrenta, dicterio, grosería. ➤ *Alabanza, elogio, piropo.*

impropio, pia *adj.* Inadecuado, inconveniente, improcedente, incorrecto, discordante, disonante, indigno, inoportuno, extemporáneo, intempestivo, indebido. ➤ *Conveniente, adecuado, idóneo, propio, correcto.*

improrrogable *adj.* Inaplazable, impostergable, perentorio, urgente. ➤ *Prorrogable, aplazable.*

improvisación *s. f.* Repente, in promptu.

improvisador, ra *adj.* Repentista.

improvisamente *adv. m.* In promptu.

improvisar *v. tr.* Repentizar, crear, inventar, hacer sobre la marcha. ➤ *Reflexionar, preparar, madurar.*

imprudencia *s. f.* Imprevisión, irreflexión, impremeditación, ligereza, descuido, temeridad, atolondramiento, despreocupación, precipitación, aturdimiento, alocamiento, atrevimiento ➤ *Cautela, prudencia, cuidado, reflexión, previsión.*

imprudente *adj.* Irreflexivo, precipitado, atolondrado, confiado, temerario, imprevisor, osado, atrevido, aturdido, audaz, insensato, desatinado, descarado, arriesgado, aventurado, arrojado. ➤ *Prudente, reflexivo, cauto, discreto, sensato, conveniente, temeroso.*

impudencia *s. f.* Atrevimiento, descoco, desfachatez, impudor, cinismo, desvergüenza. ➤ *Pudor, vergüenza.*

impudicia *s. f.* Deshonestidad, descaro, desvergüenza, libertinaje, obscenidad. ➤ *Pureza, pudor, vergüenza.*

impúdico, ca *adj.* Desvergonzado, cínico, libidinoso, libertino, impuro, sucio, obsceno, lujurioso, deshonesto, ligero, descocado, verde, licencioso. ➤ *Pudoroso, recatado, puro, púdico.*

impudor *s. m.* **1.** Libertinaje, lujuria. **2. Desvergüenza**, descoco, desfachatez. ➤ *Pudor, comedimiento, recato.*

impuesto *s. m.* Tributo, carga, contribución, arbitrio, derechos, obligación, tasa, arancel. ➤ *Desgravación, exención.*

impugnable *adj.* Combatible, contestable, refutable. ➤ *Respaldable.*

impugnar *v. tr.* Contradecir, rebatir, censurar, criticar, refutar. ➤ *Aprobar.*

impulsar *v. tr.* **1. Empujar**, propulsar, lanzar, arrojar, impeler, mover, empellar. ➤ *Frenar, contener.* **2. Incitar**, animar, estimular, azuzar, aguijonear, pinchar. ➤ *Desanimar, desinflar.*

impulsivo, va *adj.* **1. Propulsor**, impelente, empujador, incitador, estimulador, movilizador, impulsor. **2. Arrebatado**, fogoso, imprudente, irreflexivo, apasionado, vehemente, ardiente, fanático, impetuoso, nervioso, brusco. ➤ *Flemático, apático, reflexivo, prudente.*

impulso *s. m.* **1. Fuerza**, ímpetu, movimiento, propulsión, presión, empujón, impulsión, empuje, envite. ➤ *Inercia, freno.* **2. Instigación**, sugestión, incitación, estímulo, aliento, ánimo, acicate, estimulación. ➤ *Desaliento, desánimo.*

impulsor, ra *adj.* Activista, promotor.

impunidad *s. f.* Indemnidad, irresponsabilidad. ➤ *Castigo.*

impureza *s. f.* **1. Contaminación**, adulteración, corrupción. ➤ *Pureza.* **2. Mancha**, residuo, suciedad, mota, tara. ➤ *Limpieza.* **3. Impudicia**, libertinaje, deshonestidad, descoco, licenciosidad, lujuria, indecencia. ➤ *Pudor, decencia, castidad.*

impuro, ra *adj.* **1. Adulterado**, turbio, sucio, mezclado, manchado, viciado, infectado, revuelto. ➤ *Puro, limpio.* **2. Impúdico**, deshonesto, vicioso, obsceno, lujurioso, indecente, inmoral. ➤ *Puro, casto, decente.*

imputable *adj.* Achacable, atribuible.

imputación *s. f.* Cargo, acusación, calumnia, inculpación. ➤ *Exculpación.*

imputar *v. tr.* Achacar, acusar, incriminar, inculpar, tachar. ➤ *Disculpar.*

inabordable *adj.* Inaccesible, difícil, intrincado. ➤ *Accesible, abordable.*

inacabable *adj.* **1. Interminable**, inagotable, inextinguible, infinito, sin fin, eterno, perpetuo, perenne. ➤ *Finito, limitado, efímero, corto.* **2. Fastidioso**, molesto, aburrido, pesado, plúmbeo, latoso. ➤ *Agradable, ameno.*

inaccesible *adj.* Inalcanzable, inasequible, intransitable, inabordable, difícil, imposible, incomprensible, impenetrable, impracticable, abrupto, escabroso, intrincado, laberíntico. ➤ *Posible, accesible, practicable, comprensible, fácil.*

inacción *s. f.* Inactividad, inercia, inmovilidad, pasividad, ociosidad. ➤ *Acción, actividad, potencia.*

inacentuado, da *adj.* Átono. ➤ *Tónico.*

inaceptable *adj.* Inadmisible, injustificable, rechazable, reprobable, inexcusable. ➤ *Aceptable, admisible.*

inactividad *s. f.* Apatía, inacción, ocio, paro, inmovilidad, ociosidad, descanso, reposo, desidia, pereza, indolencia, desocupación. ➤ *Actividad, acción, ocupación.*

inactivo, va *adj.* Ocioso, parado, inerte. ➤ *Trabajador, activo.*

inadaptable *adj.* Descontento, incompatible, refractario, intransigente. ➤ *Conformista, transigente.*

inadaptación s. f. Indisciplina, rebeldía. ➤ *Sumisión, acatamiento.*

inadaptado, da adj. Desambientado, desavenido, descentrado, incómodo. ➤ *Compatible, sumiso, dócil.*

inadecuación s. f. Incongruencia, inoportunidad. ➤ *Idoneidad.*

inadecuado, da adj. Impropio, inapropiado, inconveniente, indebido. ➤ *Adecuado, conveniente.*

inadmisible adj. Inaceptable. ➤ *Admisible, aceptable, soportable.*

inadvertencia s. f. Distracción, descuido. ➤ *Atención, cuidado.*

inadvertido, da adj. **1. Imprudente**, irreflexivo, distraído. ➤ *Atento.* **2. Inesperado**, impensado. **3. Ignorado**, olvidado, oculto. ➤ *Notorio.*

inagotable adj. Inacabable, interminable, inextinguible, perpetuo, eterno, infinito. ➤ *Pasajero, perecedero.*

inaguantable adj. Insoportable, intolerable, insufrible. ➤ *Tolerable, soportable, grato.*

in albis loc. adv. En blanco.

inalcanzable adj. Inasequible, lejano, impracticable, imposible. ➤ *Asequible.*

inalienable adj. Individual, intransferible, personal. ➤ *Ajeno, enajenable.*

inalterable adj. Permanente, invariable, indestructible, imperturbable, impasible, impertérrito, constante. ➤ *Perecedero, caduco, variable.*

inamovible adj. Fijo. ➤ *Móvil.*

inanición s. f. Depauperación, desfallecimiento, hambruna. ➤ *Energía.*

inanimado, da adj. Insensible, muerto, inánime. ➤ *Vivo, animado.*

inapagable adj. Inextinguible.

inapelable adj. Definitivo, irrevocable, incuestionable. ➤ *Apelable.*

inapetencia s. f. Desgana, anorexia. ➤ *Hambre, ansia, glotonería.*

inapetente adj. Desganado, apático, anoréxico. ➤ *Glotón, famélico.*

inaplazable adj. Improrrogable, inminente. ➤ *Prorrogable, diferible.*

inapreciable adj. Inestimable, imperceptible, indiscernible, insensible.

inaprensible adj. Impalpable, intangible, inasible. ➤ *Asible, palpable.*

inarmónico, ca adj. Destemplado, disonante. ➤ *Armonioso, afinado.*

inarticulado, da adj. Inconexo, incongruente. ➤ *Articulado.*

inasequible adj. Inalcanzable, incomprensible. ➤ *Barato, asequible.*

inasible adj. Inaprensible, impalpable.

inatacable adj. Inmune, seguro.

inaudito, ta adj. **1. Extraño**, raro, sorprendente. ➤ *Manido, vulgar.* **2. Atroz**, escandaloso, increíble.

inauguración s. f. Apertura, estreno, comienzo, principio, debut. ➤ *Clausura, cierre.*

inaugural adj. Inicial. ➤ *Póstumo, último, final.*

inaugurar v. tr. **1. Estrenar**, abrir, fundar, promover. ➤ *Cerrar, clausurar.* **2. Principiar**, iniciar.

incalculable adj. Ilimitado, inconmensurable, inmenso, innumerable, inapreciable, indefinido, descomunal, enorme, infinito, incontable. ➤ *Finito, calculado, limitado, exiguo.*

incalificable adj. **1. Indefinido**, indeterminado, inconcebible. ➤ *Determinado, definido, concreto.* **2. Vergonzoso**, indigno, inconveniente, inconfesable, censurable, innoble, reprobable. ➤ *Elogiable, plausible.*

incandescencia s. f. Ignición, combustión. ➤ *Apagamiento.*

incandescente adj. Candente, encendido, al rojo, resplandeciente, inflamado, ardiente. ➤ *Apagado, frío.*

incansable adj. Infatigable, invencible, celoso, inagotable, obstinado, activo, fuerte, voluntarioso, tenaz, resistente, laborioso, persistente, constante, trabajador, incesante. ➤ *Desganado, perezoso, cansado, inconstante.*

incapacidad s. f. **1. Inhabilidad**, torpeza, ineptitud, incompetencia, nulidad, ignorancia, inexperiencia, insuficiencia, impericia. ➤ *Capacidad, habilidad, aptitud, competencia, conocimiento, experiencia.* **2. Rudeza**, torpeza, necedad. ➤ *Listeza, viveza.*

incapacitación s. f. Anulación, exclusión, invalidación, inhabilitación. ➤ *Capacitación, permiso, habilitación.*

incapacitado, da *adj.* Descalificado, inhabilitado, invalidado. ➤ *Calificado.*

incapacitar *v. tr.* **1. Impedir**, desarmar, obstaculizar, inutilizar, invalidar. ➤ *Preparar, armar.* **2. Inhabilitar**, recusar, anular, descalificar, exonerar, invalidar. ➤ *Capacitar, habilitar.*

incapaz *adj.* **1. Insuficiente**, pequeño. ➤ *Capaz.* **2. Inepto**, torpe, incompetente, nulo, inútil, débil, negado, inexperto, ignorante. ➤ *Hábil, listo, competente.* **3. Inhábil**, incapacitado, descalificado, invalidado. ➤ *Hábil, capacitado, calificado.*

incautación *s. f.* Apropiación, confiscación, embargo, decomiso. ➤ *Devolución, restitución.*

incautarse *v. prnl.* Confiscar, decomisar, requisar, secuestrar. ➤ *Restituir.*

incauto, ta *adj.* Crédulo, cándido, ingenuo, inocente, simple, primo, imprudente, inocentón, sencillo. ➤ *Precavido, previsor, prudente, cauto.*

incendiar *v. tr.* Prender, encender, inflamar, conflagrar, quemar, abrasar. ➤ *Apagar, sofocar, extinguir.*

incendiario, ria *adj.* **1. Pirómano**, quemador. ➤ *Extintor, bombero.* **2. Escandaloso**, subversivo, violento, agresivo, apasionado, sedicioso. ➤ *Pacífico, pacifista.*

incendio *s. m.* **1. Quema**, siniestro, ignición, inflamación, desastre. **2. Entusiasmo**, vehemencia, pasión.

incensación *s. f.* Lisonja, adulación, zalamería. ➤ *Vituperio, crítica.*

incensar *v. tr.* Halagar, adular, elogiar, lisonjear. ➤ *Vituperar.*

incensario *s. m.* Botafumeiro, turíbulo, turífero.

incentivo, va *adj.* **1. Incitativo**, atractivo. ➤ *Disuasivo.* ‖ *s. m.* **2. Cebo**, estímulo, acicate, aguijón.

incertidumbre *s. f.* Perplejidad, irresolución, indecisión, inseguridad, titubeo, duda, vacilación, fragilidad. ➤ *Seguridad, certeza, decisión.*

incesable *adj.* Incesante, continuo, persistente, perpetuo. ➤ *Cesable.*

incesante *adj.* Continuo, constante, persistente, seguido, perpetuo, perenne, inacabable, incesable. ➤ *Ocasional, intermitente, pasajero, efímero.*

incidencia *s. f.* Acontecimiento, advenimiento, suceso.

incidental *adj.* **1. Accidental**. ➤ *Esencial.* **2. Anecdótico**, supletorio, accesorio. ➤ *Central, sustancial.*

incidente *s. m.* **1. Eventualidad**, lance, suceso, trance. **2. Contratiempo**, percance, peripecia. **3. Riña**, discusión, pelea, enfrentamiento.

incierto, ta *adj.* **1. Falso**, inexacto, engañoso, ficticio, mentido, postizo, inexistente, ilusorio, falsificado, equívoco. ➤ *Cierto, verdadero.* **2. Vacilante**, inconstante, inseguro, eventual, mudable, aleatorio, titubeante, vago, impreciso, variable, perplejo, fortuito, indeciso, confuso, oscuro, nebuloso, dudoso, contestable. ➤ *Seguro, preciso, fijo, claro.* **3. Ignorado**, desconocido, ignoto, secreto, inexplorado. ➤ *Conocido, sabido.*

incineración *s. f.* Calcinación, cremación, quema.

incinerador *s. m.* Horno, crematorio.

incinerar *v. tr.* Quemar, calcinar, abrasar, carbonizar. ➤ *Apagar.*

incipiente *adj.* Auroral, primerizo, naciente, inicial, primitivo. ➤ *Veterano.*

incisión *s. f.* Corte, cortadura, tajo, hendidura, herida.

incisivo, va *adj.* **1. Cortante**. **2. Satírico**, cáustico, punzante, mordaz.

inciso *s. m.* Aparte, paréntesis.

incitación *s. f.* Acicate, aliciente, estímulo, inducción, instigación, impulso, halago, atractivo, incitamiento, incentivo, captación, seducción, provocación, excitación, persuasión, azuzamiento. ➤ *Desaliento, disuasión.*

incitante *adj.* Provocante, sugerente, tentador, estimulante, excitante. ➤ *Desagradable, desalentador.*

incitar *v. tr.* Instigar, inducir, provocar, animar, pinchar, picar, alentar, azuzar, engrescar, estimular, empujar, excitar, apremiar, impeler, hurgar, persuadir, sugerir, inspirar, tentar, acuciar, soliviantar, seducir. ➤ *Disuadir, desalentar, tranquilizar.*

incivil *adj.* Grosero, incorrecto, zafio, insolente, descortés, maleducado, impertinente, malcriado, desatento, incivilizado, rudo, salvaje, bruto. ➤ *Cortés, galante, correcto, educado.*

incivilidad *s. f.* Incorrección, incultura, insolencia, zafiedad, grosería, rudeza. ➤ *Cortesía, delicadeza, cultura.*

inclasificable *adj.* Confuso, indefinible, incatalogable, fuera de lo común. ➤ *Definido, determinado, clasificable.*

inclemencia *s. f.* **1. Crueldad. 2. Dureza,** rigor. ➤ *Bonanza.*

inclemente *adj.* Riguroso, borrascoso, tempestuoso. ➤ *Bonancible.*

inclinación *s. f.* **1. Declinación,** oblicuidad, sesgo, reclinación, sesgadura, pendiente, declive, ángulo, divergencia, desviación, torcimiento, rampa. **2. Reverencia,** cabezada, saludo. **3. Tendencia,** predisposición, preferencia, propensión, afición, vocación, afecto, cariño, apego, amor. ➤ *Desafecto, repelencia, odio.*

inclinado, da *adj.* **1. Escorado,** terciado, torcido, diagonal, oblicuo, caído, transversal, cruzado, sesgado, ladeado. ➤ *Recto, erecto, derecho, enderezado, perpendicular.* **2. Propenso,** afecto, tendente, proclive, encariñado, apegado, aficionado, amigo. ➤ *Desafecto, enemigo.*

inclinar *v. tr.* **1. Desviar,** derivar, torcer, declinar, desnivelar, ladear, sesgar, reclinar, atravesar, tumbar, agachar, apartar, oblicuar, doblar. ➤ *Enderezar, erguir.* **2. Persuadir,** incitar, mover, impulsar, convencer, excitar. ➤ *Disuadir.* || *v. intr.* **3. Asemejarse.** || *v. prnl.* **4. Tender,** optar, decidirse, aficionarse. ➤ *Dudar, desistir.*

ínclito, ta *adj.* Renombrado, famoso, célebre. ➤ *Desconocido, ignorado.*

incluir *v. tr.* **1. Encerrar,** introducir, meter, embutir, internar. ➤ *Sacar, extraer.* **2. Englobar,** comprender, encerrar, implicar, abarcar, reunir, circunscribir, entrañar. ➤ *Excluir, salirse.*

inclusa *s. f.* Asilo, hospicio, orfanato.

inclusero, ra *adj.* Expósito, echadizo, enechado, huerfano, hospiciano.

inclusivo, va *adj.* Continente, incluyente. ➤ *Excluyente.*

incoación *s. f.* Comienzo, encausamiento, inicio, principio. ➤ *Cierre.*

incoar *v. tr.* Iniciar, empezar, comenzar, principiar. ➤ *Terminar, concluir.*

incoativo, va *adj.* Ingresivo.

incógnita *s. f.* Enigma, misterio, secreto, problema. ➤ *Hallazgo.*

incógnito, ta *adj.* Desconocido, ignorado, ignoto, encubierto, oculto, anónimo, inexplorado. ➤ *Conocido, sabido, público, patente.*

incognoscible *adj.* Impenetrable, inescrutable, insondable.

incoherencia *s. f.* Absurdo, desatino, despropósito, embrollo. ➤ *Lógica.*

incoherente *adj.* **1. Discontinuo,** disperso, disgregado, desordenado. ➤ *Conexo.* **2. Incongruente,** inconexo, ininteligible, incomprensible, embrollado, confuso. ➤ *Comprensible, inteligible, coherente, lógico.*

incoloro, ra *adj.* Transparente, descolorido, desteñido, apagado, desvaído, claro, deslucido. ➤ *Coloreado.*

incólume *adj.* Indemne, ileso, intacto, sano, salvo. ➤ *Accidentado, lesionado.*

incombustible *adj.* **1. Calorífugo. 2. Inconmovible,** desapasionado.

incomible *adj.* Incomestible, indigestible, repugnante, intragable, indigerible. ➤ *Delicioso, comestible, digerible.*

incomodar *v. tr.* Desagradar, disgustar, molestar, enfadar, irritar, enojar, fastidiar, estorbar, embarazar. ➤ *Agradar, complacer, gustar, acomodar, ayudar.*

incomodidad *s. f.* Molestia, desagrado, enojo, fastidio, disgusto, estorbo, enfado, malestar, inconveniente, perturbación, fatiga, extorsión, mortificación. ➤ *Agrado, confort.*

incómodo, da *adj.* Embarazoso, desagradable, molesto, fastidioso, penoso, irritante, difícil, dificultoso, mortificador, irritable, enfadoso, pesado, arduo, inconfortable. ➤ *Agradable, cómodo, placentero, confortable, ameno.*

incomparable *adj.* Espléndido, excelente, inmejorable, inconmensurable, imparangonable, inigualable. ➤ *Comparable, parangonable, equiparable.*

incompatibilidad *s. f.* **1. Repugnancia**, antipatía, contradicción, oposición, antítesis, disconformidad, repulsión, discordancia. ➤ *Atracción, conformidad.* **2. Imposibilidad**, obstáculo, impedimento, incapacidad. ➤ *Compatibilidad, posibilidad.*

incompatible *adj.* Contradictorio, contrario, irreconciliable, opuesto, disconforme, desacorde, antitético. ➤ *Concordable, acorde, conforme.*

incompetencia *s. f.* Impericia, incapacidad, insuficiencia, ineptitud, desconocimiento, nulidad, ineficacia. ➤ *Idoneidad, aptitud, capacidad.*

incompetente *adj.* Incapaz, inexperto, inepto. ➤ *Capaz, apto.*

incompleto, ta *adj.* **1. Inacabado**, imperfecto, defectuoso, falto, insuficiente, defectuoso, deficiente, carente, escaso. ➤ *Perfecto, completo, acabado.* **2. Desunido**, descabalado, truncado, fragmentario. ➤ *Unido, trabado.*

incomprensible *adj.* Ininteligible, inexplicable, oscuro, misterioso, embrollado, inalcanzable, impenetrable, imperceptible, indescifrable, difícil, incognoscible, inaveriguable, recóndito, secreto, profundo, cerrado, turbio, denso, insondable, ambiguo, extraño, enigmático, pasmoso, embrollado. ➤ *Comprensible, inteligible, claro, asequible, accesible, evidente.*

incomprensión *s. f.* Desacuerdo, ofuscación, desunión, desavenencia, ignorancia, indeterminación, desapego, desafecto, desinterés. ➤ *Interés, afecto, comprensión, acuerdo, avenencia.*

incompresible *adj.* Duro, firme, comprimible. ➤ *Muelle, blando.*

incomunicación *s. f.* Aislamiento, soledad. ➤ *Comunicación, sociabilidad.*

incomunicar *v. tr.* Aislar, retirar, apartar, bloquear, confinar, separar, relegar, encerrar. ➤ *Comunicar, conectar, contactar, relacionar.*

inconcebible *adj.* Inimaginable, increíble, incomprensible, extraordinario, sorprendente, extraño.

inconcreto, ta *adj.* Vago, impreciso.

inconcuso, sa *adj.* Indudable, innegable, incontrovertible, seguro, cierto, certero. ➤ *Dudoso, incierto.*

incondicional *adj.* **1. Absoluto.** ➤ *Relativo.* ‖ *s. m. y s. f.* **2. Adicto**, leal, prosélito, partidario. ➤ *Desleal.*

inconexo, xa *adj.* Incoherente, incongruente. ➤ *Coherente, razonado.*

inconfesable *adj.* Vergonzoso, indecible, nefando. ➤ *Pregonable.*

inconformismo *s. m.* Contestación, rebeldía. ➤ *Conformismo, gregarismo.*

inconfundible *adj.* Característico, peculiar, distinto, claro, personal, típico, propio, distintivo, singular. ➤ *General, anodino, vulgar, ambiguo, normal, confundible, impersonal.*

incongruencia *s. f.* Extravagancia, incoherencia, confusión. ➤ *Lógica.*

incongruente *adj.* Incoherente, inconexo, impropio, inadecuado, ininteligible, inoportuno, inconveniente. ➤ *Coherente, lógico, adecuado, oportuno.*

inconmensurable *adj.* Inmenso, infinito, inmensurable. ➤ *Finito, medible.*

inconmovible *adj.* **1. Firme**, estable, perenne, enraizado, fijo, permanente, seguro. ➤ *Variable, alterable, inestable, inseguro.* **2. Insensible**, inmutable, impasible, impertérrito, frío, inalterable, impávido, imperturbable. ➤ *Conmovido, sensible, cálido, emotivo.*

inconquistable *adj.* **1. Inexpugnable**, invencible, inaccesible, inquebrantable. ➤ *Vulnerable, conquistable, fácil, accesible.* **2. Inflexible**, íntegro, insobornable, incorruptible. ➤ *Débil, sobornable, corruptible.*

inconsciencia *s. f.* Aturdimiento, subconsciencia. ➤ *Consciencia.*

inconsciente *adj.* **1. Automático**, instintivo, maquinal, subconsciente, indeliberado, reflejo, instintivo, irreflexivo, ligero, alocado, inconsecuente. ➤ *Voluntario, deliberado, consciente.* **2. Desmayado**, en coma, sin sentido, desvanecido, desfallecido. ➤ *Consciente, despierto, lúcido.* **3. Irresponsable**, atolondrado, ligero, irreflexivo, aturdido. ➤ *Sensato.*

inconsecuencia *s. f.* Irracionalidad, inconstancia, absurdo. ➤ *Razón.*

inconsecuente *adj.* **1. Ilógico**, impensado, casual, fortuito, inconsiguiente. ➤ *Consiguiente, lógico, consecuente.* **2. Inconstante**, voluble, ligero, veleta, informal, aturdido, irreflexivo. ➤ *Razonable, lógico, reflexivo, formal, cabal.*

inconsiderado, da *adj.* **1. Imprudente**, temerario, precipitado. ➤ *Premeditado.* **2. Irreflexivo**, atolondrado, imprudente, irrespetuoso, descortés. ➤ *Reflexivo, comedido.*

inconsistencia *s. f.* Endeblez, inseguridad, fragilidad. ➤ *Cohesión, dureza.*

inconsistente *adj.* Débil, flojo, frágil, quebradizo, blando. ➤ *Fuerte, duro.*

inconsolable *adj.* Afligido, angustiado, apenado. ➤ *Calmado, sosegado.*

inconstancia *s. f.* **1. Inestabilidad**, mudanza, levedad, ligereza. ➤ *Estabilidad, permanencia.* **2. Versatilidad**, volubilidad, veleidad, inconsecuencia. ➤ *Firmeza, lealtad.*

inconstante *adj.* **1. Inestable**, mudable, variable. ➤ *Firme, permanente, seguro.* **2. Veleidoso**, inconsecuente, caprichoso, liviano, voluble, versátil, infiel, alocado, frívolo. ➤ *Firme, leal.*

incontable *adj.* Innumerable, incalculable, ilimitado, infinito, numerosísimo, inconmensurable. ➤ *Limitado, finito, escaso, poco numeroso, contable.*

incontaminado, da *adj.* Limpio. ➤ *Sucio, contaminado, polucionado.*

incontenible *adj.* Irresistible.

incontestable *adj.* Indudable, innegable, incontrovertible, irrefutable, incuestionable. ➤ *Contestable, refutable.*

incontinencia *s. f.* Deshonestidad, lascivia, lujuria, desenfreno. ➤ *Continencia, moderación, castidad, virtud.*

incontinente *adj.* Concupiscente, libidinoso. ➤ *Honesto, casto, moderado.*

incontrastable *adj.* **1. Invencible**, inconquistable, inexpugnable, irresistible. ➤ *Vulnerable.* **2. Irrebatible**, irrefutable. **3. Irreductible**, pertinaz.

incontrolado, da *adj.* Indisciplinado, insumiso, rebelde. ➤ *Sometido.*

incontrovertible *adj.* Irrebatible, indiscutible, incuestionable, indisputable. ➤ *Cuestionable, dudoso.*

inconveniencia *s. f.* **1. Despropósito**, incorrección. **2. Grosería**, descortesía. ➤ *Cortesía, finura.*

inconveniente *adj.* **1. Improcedente**, incongruente, inoportuno, inadecuado, incorrecto, perjudicial. ➤ *Procedente, adecuado.* **2. Descortés**, grosero. ➤ *Cortés, galante.* ‖ *s. m.* **3. Estorbo**, traba, obstáculo, dificultad, impedimento, óbice, problema. ➤ *Ayuda, apoyo, facilidad.* **4. Perjuicio**, desventaja, daño, complicación, conflicto, pega. ➤ *Ventaja, bien.*

incordiar *v. tr.* Importunar, fastidiar, molestar. ➤ *Agradar, complacer.*

incordio *s. m.* Molestia, fastidio, impertinencia, aburrimiento. ➤ *Placer.*

incorporación *s. f.* Agregación, anexión, unión. ➤ *Separación, exclusión.* **2. Enderezamiento.**

incorporar *v. tr.* **1. Juntar**, reunir, mezclar, adjuntar, fusionar, anejar, concentrar, agregar, añadir. ➤ *Separar, excluir.* **2. Levantar**, erguir, enderezar, poner en pie, alzar, inclinar. ➤ *Echar, tender, tumbar.* ‖ *v. prnl.* **3. Afiliarse**, asociarse, ingresar, asimilarse, adherirse, reincorporarse, agremiarse, sumarse. ➤ *Borrarse, quitarse, apartarse, darse de baja.*

incorpóreo, a *adj.* Inmaterial, espiritual, abstracto, intangible, ideal, etéreo. ➤ *Material, corpóreo, real.*

incorrección *s. f.* **1. Falta**, defecto, error, tacha, tara, equivocación. ➤ *Perfección, corrección.* **2. Grosería**, inconveniencia, descortesía, desatención, descomedimiento, inurbanidad, descaro. ➤ *Educación, cortesía, urbanidad, atención, acatamiento.*

incorrecto, ta *adj.* Defectuoso, imperfecto, erróneo, descortés, grosero, irregular, inconveniente, incivil, indelicado, indiscreto, inurbano, impolítico, descomedido. ➤ *Correcto, corregido, perfecto, conforme, acabado.*

incorregible *adj.* Empecinado, recalcitrante, testarudo, tenaz, terco, cabezota, pertinaz, obstinado, reincidente, impenitente, empecatado, contumaz, empedernido, incontrito, rebelde, irrecuperable, incurable. ➤ *Dúctil, dócil, enmendable, corregible.*

incorruptible *adj.* Íntegro, recto, puro, virtuoso. ➤ *Pervertido, corrupto.*

incredulidad *s. f.* **1. Desconfianza**, prevención, vacilación, recelo, escepticismo, suspicacia. ➤ *Credulidad, fe, confianza.* **2. Impiedad**, ateísmo, agnosticismo, irreligión, irreligiosidad, duda, descreencia, nihilismo. ➤ *Piedad, religiosidad, fe.*

incrédulo, la *adj.* **1. Impío**, descreído, ateo, agnóstico, irreligioso, nihilista. ➤ *Piadoso, religioso.* **2. Desconfiado**, receloso, malicioso, suspicaz, escéptico. ➤ *Crédulo, confiado.*

increíble *adj.* Inconcebible, inverosímil, inimaginable, singular, inaudito, extraño, fantástico, insólito, raro, absurdo, asombroso, curioso, extraordinario, imposible, extravagante, ilógico, incomprensible, inadmisible, sorprendente, excesivo. ➤ *Verosímil, posible, cierto, seguro, evidente, creíble.*

incrementar *v. tr.* Adicionar, adjuntar, agregar, engrosar, añadir. ➤ *Disminuir, empequeñecer, mitigar.*

incremento *s. m.* Auge, desarrollo, ampliación, dilatación, crecimiento, aumento, ensanchamiento, extensión. ➤ *Disminución, detrimento.*

increpación *s. f.* Filípica, reprimenda, riña, amonestación, represión.

increpar *v. tr.* Amonestar, corregir, sermonear, regañar. ➤ *Alabar, elogiar.*

incriminar *v. tr.* Imputar, acusar.

incrustación *s. f.* Taracea, marquetería, embutido, engarce.

incrustar *v. tr.* Damasquinar, filetear, taracear, encajar, acoplar. ➤ *Extraer.*

incuestionable *adj.* Indiscutible, indudable, irrebatible, innegable, incontestable. ➤ *Discutible, dudoso.*

inculcar *v. tr.* Imbuir, repetir, insistir, impulsar, persuadir, catequizar.

inculpabilidad *s. f.* Inocencia.

inculpado, da *adj.* Acusado, encausado, procesado, reo. ➤ *Absuelto.*

inculpar *v. tr.* Imputar, achacar, atribuir, acusar. ➤ *Absolver, perdonar.*

incultivable *adj.* Árido, estéril, infecundo, yermo, baldío. ➤ *Feraz, fértil.*

inculto, ta *adj.* **1. Yermo**, abandonado, baldío, salvaje, estéril. ➤ *Feraz, fértil, cultivado.* **2. Ignorante**, rústico, grosero, ineducado, rudo, zafio, iletrado, analfabeto, patán, cateto, bruto, estulto, necio. ➤ *Culto, leído, letrado, docto, preparado.*

incultura *s. f.* Analfabetismo, ignorancia, rusticidad. ➤ *Cultura, formación.*

incumbencia *s. f.* Competencia, jurisdicción, obligación. ➤ *Incompetencia.*

incumbir *v. intr.* Competer, concernir, atañer, interesar. ➤ *Desinteresar.*

incumplir *v. tr.* Quebrantar, vulnerar, conculcar, pisar. ➤ *Cumplir, acatar.*

incurable *adj.* **1. Insanable**, inmedicable, desahuciado, crónico, irrecuperable, irremediable. ➤ *Curable, recuperable.* **2. Incorregible**, rebelde, pertinaz, contumaz, empedernido, recalcitrante, tenaz, terco, testarudo, obstinado, reincidente, impenitente. ➤ *Corregible, enmendable.*

incuria *s. f.* Apatía, indolencia, desidia, dejadez. ➤ *Laboriosidad, aplicación.*

incurioso, sa *adj.* Dejado, desidioso. ➤ *Diligente, cuidadoso, detallista.*

incurrir *v. intr.* **1. Cometer**, contravenir, infringir. **2. Caer**, tropezar.

incursión *s. f.* Correría, invasión, irrupción, penetración, aventura, exploración, batida, ocupación, ataque. ➤ *Regreso, repliegue, abandono.*

indagación *s. f.* Análisis, búsqueda, averiguación, información, investigación, pesquisa, inspección, encuesta, inquisición, sondeo, rastreo.

indagar *v. tr.* Inquirir, averiguar, investigar, buscar, analizar, inspeccionar, husmear, oliscar, perseguir, seguir.

indebido, da *adj.* Ilegal, injusto, ilegítimo, prohibido, negado, ilícito, vedado. ➤ *Permitido, autorizado, legal.*

indecencia *s. f.* **1. Deshonestidad**, obscenidad, liviandad. ➤ *Decencia, modestia.* **2. Indecoro**, grosería, insolencia. ➤ *Fineza, galantería.*

indecente *adj.* Atrevido, deshonesto, obsceno. ➤ *Educado, honesto.*

indecible *adj.* Inefable, inenarrable, indescriptible, inexplicable.

indecisión *s. f.* Duda, perplejidad, vacilación, hesitación, veleidad, titubeo, incertidumbre, irresolución, fluctuación, dubitación, dilema, indeterminación. ➤ *Seguridad, firmeza, certidumbre, determinación, resolución.*

indeciso, sa *adj.* Irresoluto, dudoso, perplejo. ➤ *Decidido, firme, seguro.*

indeclinable *adj.* Ineludible, irrenunciable, inevitable. ➤ *Evitable.*

indecoroso, sa *adj.* Indecente, grosero, obsceno, indigno, deshonesto, incorrecto. ➤ *Pudoroso, recatado.*

indefectible *adj.* Forzoso, imprescindible, inevitable, necesario. ➤ *Incierto.*

indefendible *adj.* Injustificable, insostenible. ➤ *Disculpable, excusable.*

indefensión *s. f.* Desamparo, abandono. ➤ *Amparo, protección.*

indefenso, sa *adj.* Inerme, desarmado, desguarnecido, desvalido, desamparado, abandonado, débil, solo, descubierto, perdido, impotente. ➤ *Guarnecido, apoyado, amparado, protegido.*

indefinido, da *adj.* **1. Indeterminado**, confuso, vago, indefinible, inconcreto, inespecífico. ➤ *Definido, preciso.* **2. Ilimitado**, inagotable. ➤ *Limitado.*

indeleble *adj.* Imborrable, inalterable, inextinguible.

indeliberación *s. f.* Imprevisión, irreflexión. ➤ *Previsión, premeditación.*

indeliberado, da *adj.* Irreflexivo, involuntario, instintivo, espontáneo, maquinal. ➤ *Pensado, premeditado.*

indelicado, da *adj.* Basto, grosero, descortés. ➤ *Fino, delicado, suave.*

indemne *adj.* Incólume, intacto, ileso, sano, exento, libre, inmune, salvo, sin mengua. ➤ *Tocado, afectado, corrompido, dañado, perjudicado.*

indemnidad *s. f.* Impunidad, inmunidad, exención. ➤ *Vulnerabilidad.*

indemnización *s. f.* Compensación, reparación, satisfacción, retribución.

indemnizar *v. tr.* Reparar, compensar, resarcir, satisfacer, retribuir.

independencia *s. f.* **1. Autodeterminación**, emancipación. ➤ *Sometimiento, colonialismo.* **2. Firmeza**, entereza, resolución, integridad, fortaleza. ➤ *Parcialidad, debilidad.*

independiente *adj.* **1. Inconexo**, desunido, desenlazado, desconexo, aislado, desarticulado. ➤ *Dependiente, conexo, enlace.* **2. Soberano**, autónomo, emancipado, manumitido, liberto, libre. ➤ *Esclavo, sometido.* **3. Neutral**, imparcial, firme, entero, íntegro, fuerte. ➤ *Débil, parcial.*

independizar *v. tr.* Emancipar, liberar. ➤ *Someter, colonizar.*

indescifrable *adj.* Ilegible, incomprensible, ininteligible, impenetrable, insondable, oscuro, misterioso, sibilino, inexplicable, embrollado, enrevesado, indescifrable, nebuloso. ➤ *Claro, inteligible, diáfano, comprensible.*

indescriptible *adj.* Inenarrable, inexplicable, indefinible, inexpresable, inefable, indecible. ➤ *Definible, explicable, descriptible.*

indeseable *adj.* Indigno, desagradable, peligroso, perjudicial, antipático, bribón, granuja, tunante, vago, mal visto, maleante. ➤ *Deseable, conveniente, agradable, recomendable, sano.*

indestructible *adj.* Inalterable, permanente, fijo, indeleble, eterno, inatacable, inmutable, imperecedero, inconmovible, invulnerable, irrompible, firme, fuerte. ➤ *Vulnerable, frágil, delicado, rompible, destructible.*

indeterminación *s. f.* Imprecisión, indecisión, irresolución, incertidumbre. ➤ *Determinación, firmeza.*

indeterminado, da *adj.* **1. Abstracto**, impreciso, dudoso. ➤ *Firme, definido.* **2. Indeciso**, irresoluto, perplejo. ➤ *Decidido.* **3. Indefinido**, ilimitado, vago. ➤ *Concreto, preciso.*

indiano, na *adj.* Potentado, adinerado, ricachón. ➤ *Pobretón, indigente.*

indicación *s. f.* Aclaración, advertencia, observación, corrección, señal, orientación, aviso, asomo, pista, llamada, citación, premisa, predicción, conjetura, manifestación, denotación, indicio, índice, asterisco, nota, cruz, rótulo, letrero, insignia, signo, reclamo, marca, sello, contraste, referencia, registro, inscripción, muesca, mojón, hito, pilar, huella, poste, toque, alarma, síntoma, sospecha, rastro, límite.

indicar *v. tr.* Mostrar, señalar, denotar, significar, enseñar, avisar, decir, remitir, guiar, aconsejar, advertir, apuntar, aconsejar, subrayar, marcar, predecir.

índice *s. m.* **1. Indicio**, señal, muestra, rastro, pista, síntoma, marca. **2. Repertorio**, lista, catálogo, tabla, inventario. **3. Sagita**, minutero, horario, saetilla.

indiciar *v. tr.* **1. Recelar**, presentir, sospechar, barruntar. ➤ *Ignorar.* **2. Indicar**, señalar, marcar. ➤ *Ocultar.*

indicio *s. m.* Asomo, señal, manifestación, rastro, pista, síntoma, conjetura, sospecha, barrunto, huella, indicación, vislumbre, atisbo, ribete, marca.

indiferencia *s. f.* Frialdad, insensibilidad, despreocupación, indolencia, descuido, desamor, impasibilidad, inacción, inapetencia, inercia, despego, desafección, desasimiento, desestimación, desdén, desabrimiento, displicencia, asco, aburrimiento, fastidio, saciedad, neutralidad, tibieza, apatía, desánimo, desinterés, desgana.

indiferenciado, da *adj.* Indistinto, monocorde, monótono, uniforme, unificado. ➤ *Diferenciado.*

indiferente *adj.* **1. Apático**, desdeñoso, displicente, estoico, frío, impasible, inalterable, inconmovible, insensible, neutral, desapasionado, tibio, descastado, sordo, escéptico, desabrido, indolente, flemático. ➤ *Apasionado, temperamental, sensible, interesado, aficionado.* **2. Igual**, indistinto, gris, neutro. ➤ *Original, diferente.*

indígena *adj.* Aborigen, natural, nativo, autóctono, originario, lugareño, oriundo. ➤ *Foráneo, extraño, extranjero.*

indigencia *s. f.* Pobreza, miseria, necesidad, estrechez, indigencia. ➤ *Riqueza, opulencia, abundancia.*

indigente *adj.* Pobre, necesitado, menesteroso, miserable, mendigo, paria. ➤ *Rico, opulento, adinerado.*

indigestarse *v. prnl.* **1. Ahitarse**, empacharse, hacer daño, sentar mal. ➤ *Digerir, asimilar, sentar bien.* **2. Caer mal**, hacerse antipático, atravesarse. ➤ *Caer bien, simpatizar.*

indigestión *s. f.* Empacho, hartura, saciedad, estragamiento, cargazón, entripado. ➤ *Digestión.*

indigesto *adj.* **1. Pesado**, dañino, fuerte, sazonado, grasoso, picante. ➤ *Ligero, saludable, suave.* **2. Hosco**, rudo, difícil, cerrado, áspero. ➤ *Amable, abierto, afable.* **3. Confuso**, desordenado, revuelto, embrollado, enmarañado, enredado. ➤ *Ordenado, claro.*

indignación *s. f.* Irritación, cólera, enojo, excitación, ira, rabia, enfado, furia. ➤ *Contento, complacencia.*

indignar *v. tr.* Enojar, encolerizar, enfurecer, irritar, arrebatarse, agitarse, exasperar, cabrear, incomodar, protestar, encrespar, encorajinar, acalorar. ➤ *Alegrar, contentar, complacer, calmar, tranquilizar, aceptar.*

indignidad *s. f.* **1. Inferioridad**, desmerecimiento, inadecuación, impropiedad, imperfección. ➤ *Dignidad, adecuación, mérito, bondad.* **2. Ignominia**, injusticia, descrédito, oprobio, vileza, villanía, felonía, canallada, perversión, humillación, ruindad, inmoralidad, deshonor, bajeza, desvergüenza. ➤ *Heroicidad, proeza, hazaña.*

indigno, na *adj.* **1. Impropio**, inadecuado, incorrecto, inmerecedor. ➤ *Digno, propio, adecuado.* **2. Ignominioso**, injusto, degradante, humillante, vergonzoso, oprobioso, rebajante. ➤ *Enaltecedor, honorífico.* **3. Innoble**, repugnante, despreciable, indeseable, infame, rastrero, abyecto, odioso, canalla, pérfido, bellaco, mezquino, inicuo. ➤ *Noble, estimable.*

indino, na *adj.* Bribón, pillo.

indio, dia *adj.* **1. Indo**, indostánico, hindú. **2. Amerindio**.

indirecta *s. f.* Insinuación, rodeo, sugerencia, alusión, circunloquio, puntada, puya, doblez, eufemismo.

indirecto, ta *adj.* Oblicuo, transversal, desviado. ➤ *Directo, recto.*

indisciplina *s. f.* Desobediencia, indocilidad, insumisión, insubordinación, rebeldía, inobediencia, rebelión, insurrección, desacato. ➤ *Acatamiento, obediencia, disciplina, docilidad, sumisión, subordinación.*

indisciplinado, da *adj.* Desobediente, rebelde, insumiso, díscolo, indócil, salvaje, arisco, intratable, sedicioso, recalcitrante, reacio, indomable, insurrecto, insurgente, incorregible. ➤ *Obediente, disciplinado, sumiso, dócil, dúctil, conformista, manejable.*

indisciplinarse *v. prnl.* Rebelarse, amotinarse, insubordinarse, resistirse. ➤ *Acatar, someterse, obedecer.*

indiscreción *s. f.* Imprudencia, indelicadeza, patinazo, planchazo, inoportunidad, intromisión, impertinencia, irreflexión, curiosidad, descuido, fisgonería, precipitación, despreocupación, temeridad. ➤ *Discreción, prudencia, formalidad, delicadeza.*

indiscreto, ta *adj.* Voceras, charlatán, hablador, parlanchín, fisgón, curioso, entrometido, intruso, husmeador, boquirroto, incauto, necio, temerario, impertinente, imprudente, descarado, cotilla. ➤ *Discreto, prudente, oportuno, diplomático, reservado.*

indiscutible *adj.* Cierto, seguro, innegable, irrebatible, indisputable, evidente, irrefutable, incontrovertible, incuestionable, axiomático, indudable. ➤ *Dudoso, incierto, discutible, cuestionable, rebatible, inseguro.*

indisoluble *adj.* Estable, sólido, invariable, firme. ➤ *Inestable, débil.*

indispensable *adj.* Necesario, preciso, imprescindible, obligatorio, insustituible, irremplazable, indefectible, inevitable, forzoso, principal, fundamental, vital, esencial, perentorio, ineludible. ➤ *Prescindible, accidental, innecesario, accesorio, sustituible.*

indisponer *v. tr.* **1. Estropear**, desarreglar, descomponer, desorganizar. ➤ *Disponer, preparar.* **2. Enemistar**, encizañar, cizañar, concitar, desunir, desavenir, azuzar, espolear, aguijonear, malquistar, reñir, discrepar, oponer,

discutir. ➤ *Reconciliar, amistar, unir.* **3. Enfermar**, caer malo, adolecer, quebrantarse. ➤ *Sanar, curarse.*

indisposición *s. f.* **1. Pereza**, ineptitud, inmadurez, incompetencia, desmaña. ➤ *Facilidad, aptitud, idoneidad.* **2. Enfermedad**, dolencia, mal, achaque, padecimiento, afección, desazón, malestar. ➤ *Salud, bienestar.*

indispuesto, ta *adj.* **1. Enfermo**, maldispuesto, destemplado, desazonado, quebrantado, deshecho, delicado, doliente, descompuesto, fatigoso, achacoso, malo, afectado, desmejorado. ➤ *Sano, lozano.* **2. Inepto**, incompetente, ineficaz, desmañado. ➤ *Preparado, competente.* **3. Molesto**, descontento. ➤ *Contento, amistoso.*

indisputable *adj.* Indiscutible, innegable, irrebatible, incontestable, indudable. ➤ *Rebatible, discutible.*

indistinción *s. f.* Indeterminación, confusión, abstracción. ➤ *Concreción.*

indistinto, ta *adj.* Indiferenciado, indistinguible, oscuro, imperceptible, confuso, esfumado, indiscernible, difuso. ➤ *Claro, perceptible, distinguible.*

individual *adj.* Singular, propio, inalienable, particular, personal, exclusivista. ➤ *General, común, colectivo.*

individualismo *s. m.* Particularismo, aislamiento, misantropía, egoísmo. ➤ *Altruismo, generosidad, colectivismo.*

individuo, dua *adj.* **1. Indiviso**, indivisible, unitario, uno. ➤ *Fraccionable, divisible.* **2. Individual**, particular, singular. ‖ *s. m.* **3. Ente**, tipo, ejemplar, espécimen. ➤ *Especie, grupo.* **4. Miembro**, elemento, socio, participante, asociado. ➤ *Sociedad, corporación.* ‖ *s. m. y s. f.* **5. fam. Sujeto**, tipejo, tipo, uno, alguno.

indivisible *adj.* Completo, unitario, único, infraccionable, entero, indiviso. ➤ *Fraccionable, divisible.*

indivisión *s. f.* Colectivismo, comunidad, condominio. ➤ *Separación.*

indiviso, sa *adj.* Completo, indivisible, íntegro. ➤ *Fraccionado.*

indoblegable *adj.* Indómito, rebelde, indomable. ➤ *Sumiso, humilde.*

indócil *adj.* Desobediente, díscolo, indisciplinado, rebelde, indómito. ➤ *Obediente, humilde, sumiso.*

indocilidad *s. f.* Indisciplina, rebeldía. ➤ *Docilidad, obediencia.*

indocto, ta *adj.* Ignorante, inculto, lego. ➤ *Sabio, docto, instruido.*

índole *s. f.* Temple, genio, carácter, condición, natural, naturaleza, calidad, propensión, personalidad.

indolencia *s. f.* Apatía, negligencia, dejadez, flojera, pereza, desidia, desgana. ➤ *Diligencia, laboriosidad.*

indomable *adj.* Indómito, cerril, indoblegable, arisco, rebelde, ingobernable. ➤ *Flexible, disciplinado, dócil.*

indómito, ta *adj.* **1.** **Indomable**, fiero, arisco. ➤ *Manso.* **2.** **Bravío**, salvaje, cerril. ➤ *Dócil, flexible.*

inducción *s. f.* **1.** **Instigación**, incitación, aliento, estímulo. ➤ *Disuasión.* **2.** **Inferencia**. ➤ *Deducción.*

inducir *v. tr.* **1.** **Persuadir**, atraer, instigar, azuzar, alentar, incitar, estimular. ➤ *Desanimar.* **2.** **Inferir**. ➤ *Deducir.*

indudable *adj.* **1.** **Indubitable**, innegable, indiscutible, incuestionable, seguro, evidente, cierto, positivo, manifiesto, lógico, irrebatible. ➤ *Dudoso, incierto, refutable, discutible.* **2.** **Evidente**, patente, claro. ➤ *Dudoso.*

indulgencia *s. f.* Benevolencia, benignidad, tolerancia, perdón, remisión. ➤ *Incomprensión, intolerancia.*

indulgente *adj.* Benévolo, benigno, compasivo, tolerante, condescendiente, comprensivo, misericordioso, clemente, paciente, transigente. ➤ *Intolerante, inflexible, despiadado.*

indultar *v. tr.* Absolver, amnistiar, eximir, perdonar, liberar. ➤ *Condenar.*

indulto *s. m.* **1.** **Venia**, gracia, merced. **2.** **Perdón**, remisión, amnistía.

indumentaria *s. f.* Ropaje, vestimenta, ropa, vestido, prenda, traje, vestidura.

industria *s. f.* **1.** **Maña**, habilidad, destreza, maestría, arte, artificio, pericia. ➤ *Torpeza.* **2.** **Fabricación**, elaboración, manufactura, producción, construcción, explotación. **3.** **Fábrica**, factoría, planta, empresa, firma, taller.

industrial *adj.* **1.** **Fabril**, empresarial. ‖ *s. m. y s. f.* **2.** **Productor**, manufacturero, técnico, fabricante, empresario.

industrioso, sa *adj.* **1.** **Diestro**, hábil, mañoso. ➤ *Inútil, incapaz.* **2.** **Laborioso**, trabajador. ➤ *Perezoso, vago.*

inedia *s. f.* Abstinencia, ayuno.

inédito, ta *adj.* Original, desconocido, reciente, nuevo. ➤ *Conocido, viejo.*

ineducado, da *adj.* Grosero, zafio, incivil, inculto. ➤ *Fino, educado.*

inefable *adj.* Impronunciable, indecible, inenarrable, indescriptible.

ineficacia *s. f.* Desmaña, incapacidad, ineptitud, incompetencia.

ineficaz *adj.* Improductivo, incapaz, nulo, inactivo, inepto, estéril, inútil, vano, infructuoso, infructífero. ➤ *Capaz, apto, eficaz, fructuoso, provechoso.*

inelegante *adj.* Chabacano, charro, kitsch, hortera, vulgar. ➤ *Fino.*

ineluctable *adj.* Inevitable, ineludible, irremediable. ➤ *Evitable.*

ineludible *adj.* Inexcusable, inevitable, obligatorio, forzoso. ➤ *Evitable.*

ineptitud *s. f.* Incapacidad, incompetencia, nulidad, desmaña, impotencia, impericia, insuficiencia, inexperiencia, inutilidad, ignorancia, torpeza, necedad, inhabilidad. ➤ *Capacidad, competencia, habilidad, aptitud.*

inepto, ta *adj.* Necio, incapaz, inútil, torpe, débil, incompetente, desmañado, tonto, inerme, incapacitado, ineficaz, inhábil, inexperto, estúpido. ➤ *Capaz, hábil, competente, apto, útil.*

inequívoco, ca *adj.* Indudable, indiscutible, evidente. ➤ *Incierto, dudoso.*

inercia *s. f.* Apatía, desgana, flojedad.

inerme *adj.* Desarmado, indefenso, desprotegido. ➤ *Protegido, armado.*

inescrutable *adj.* Inaveriguable, incomprensible, arcano, recóndito, difícil. ➤ *Claro, sencillo, patente.*

inesperado, da *adj.* Imprevisto, impensado, inopinado, sorprendente, accidental, casual, inadvertido, espontáneo, brusco, repentino, insospechado, fortuito, súbito, de improviso, de sopetón, de golpe y porrazo. ➤ *Previsto, sabido, esperado, sospechado.*

inestabilidad *s. f.* Inseguridad, desequilibrio. ➤ *Seguridad, firmeza.*

inestable *adj.* Inconstante, mudable, veleidoso, versátil, movedizo, deleznable, cojo, vacilante, inseguro, precario, frágil, sobrepuesto, cambiante, móvil, débil, perecedero, variable, pasajero, lábil, veleta. ➤ *Estable, fijo, inmutable, equilibrado, permanente.*

inestimable *adj.* Inapreciable, preciable, valioso, útil, perfecto, único. ➤ *Imperfecto, desdeñable, inútil.*

inevitable *adj.* Ineludible, inexcusable, forzoso, fatal, obligatorio, necesario, inapelable, irrevocable, ineluctable, insoslayable, irremediable. ➤ *Evitable, eludible, revocable, soslayable.*

inexactitud *s. f.* Falibilidad, error, falsedad, equivocación, mentira, infidelidad, incorrección, desacierto. ➤ *Rigor, verdad, fidelidad, precisión.*

inexacto, ta *adj.* Erróneo, equivocado, falso, equívoco, imperfecto. ➤ *Correcto, exacto, preciso, estricto.*

inexcusable *adj.* **1. Ineludible**, obligatorio, apremiante, insoslayable, inevitable, requeridor, perentorio. ➤ *Evitable, innecesario.* **2. Injustificable**, imperdonable, indisculpable, inaceptable, inadmisible, rechazable. ➤ *Justificado, permitido, disculpable.*

inexistencia *s. f.* Ausencia, carencia, vacío. ➤ *Realidad, existencia.*

inexistente *adj.* Ilusorio, irreal, supuesto, fantástico, hipotético, imaginario, falso, utópico, quimérico, simulado, virtual, ideal. ➤ *Real, existente.*

inexorable *adj.* Inflexible, implacable, duro, cruel, brutal, intolerante. ➤ *Blando, flexible, tolerante.*

inexperiencia *s. f.* Desconocimiento, impericia. ➤ *Veteranía, experiencia.*

inexperto, ta *adj.* Ingenuo, candoroso, principiante, novicio, novato, ignorante, joven, inhábil, inexperimentado, torpe, incapaz, bisoño, neófito, novel, aprendiz. ➤ *Veterano, experto, avezado, ducho, experimentado.*

inexplicable *adj.* Incomprensible, extraño, misterioso, indescifrable, raro, enigmático, inconcebible, oscuro. ➤ *Creíble, concebible, racional, explicable, descriptible.*

inexplorado, da *adj.* Desconocido, ignoto, solitario, yermo, virgen, deshabitado. ➤ *Trillado, conocido, explorado.*

inexpugnable *adj.* Inconquistable, invencible, inabordable. ➤ *Vulnerable.*

inextinguible *adj.* **1. Inapagable. 2. Inagotable**, inacabable, duradero, indeleble. ➤ *Finito, perecedero, limitado.*

inextricable *adj.* Enmarañado, enredado, revuelto, embrollado. ➤ *Claro.*

infalibilidad *s. f.* Certeza, certidumbre, evidencia. ➤ *Inseguridad.*

infalible *adj.* Cierto, seguro, incontestable, verdadero, indefectible, positivo, auténtico. ➤ *Dudoso, engañoso.*

infamante *adj.* Afrentoso, degradante, denigrante, ignominioso, ofensivo, inconfesable, deshonroso, ultrajante, difamatorio, oprobioso, repugnante. ➤ *Prestigioso, honroso, honorable.*

infamar *v. tr.* Difamar, desacreditar, deshonrar, afrentar, avergonzar, envilecer, ofender, descalificar, anular, deprimir, denostrar, ultrajar, maldecir, empañar, oscurecer, denigrar, deslucir, degradar, pringar, oprobiar, menospreciar, injuriar. ➤ *Alabar, honrar, encomiar, afamar, estimar.*

infame *adj.* **1. Deshonrado**, desacreditado, innoble, indigno. ➤ *Prestigioso, noble.* **2. Malvado**, despreciable, perverso, ruin. ➤ *Bondadoso, generoso.* **3. Ignominioso**, infamatorio, afrentoso. ➤ *Honroso, honorable.*

infamia *s. f.* **1. Ignominia**, oprobio, descrédito, deshonra. ➤ *Honra, crédito.* **2. Abyección**, depravación, iniquidad, bajeza, ruindad, indecencia, perversidad, desprestigio, vileza. ➤ *Bondad, honradez, generosidad.*

infancia *s. f.* Niñez. ➤ *Madurez, vejez.*

infando, da *adj.* Impronunciable, vergonzoso, indigno, nefando. ➤ *Digno.*

infante, ta *s. m. y s. f.* **1. Crío**, nene, mocoso, pituso, churumbel. ➤ *Anciano, viejo, maduro.* **2. Príncipe**, alteza. ‖ *s. m.* **3. Soldado.**

infanzón, na *s. m. y s. f.* Noble, hidalgo, hijodalgo. ➤ *Plebeyo.*

infatigable *adj.* Invencible, celoso, tenaz, inagotable, laborioso, resistente, persistente, trabajador, activo, fuerte, voluntarioso, obstinado, constante, incesante, incansable, terco, eterno, vigoroso. ➤ *Cansino, perezoso.*

infatuación *s. f.* Engreimiento, envanecimiento. ➤ *Humildad.*

infatuar *v. tr.* Envanecer, hinchar, ahuecar, engreír. ➤ *Humillar.*

infausto, ta *adj.* Aciago, desdichado, infortunado, funesto, desgraciado, infeliz. ➤ *Feliz, dichoso, afortunado.*

infección *s. f.* Contagio, contaminación, propagación, corrupción, inoculación, epidemia, ataque. ➤ *Desinfección, higiene, limpieza, curación, salud.*

infeccioso, sa *adj.* Contagioso, contaminante, inoculante. ➤ *Esterilizado.*

infectar *v. tr.* **1. Contagiar**, corromper, propagar, contaminar, infestar, inocular, inficionar, envenenar. ➤ *Desinfectar, purificar, sanar.* **2. Pervertir**, corromper, viciar, malear, depravar. ➤ *Perfeccionar, mejorar.*

infecto, ta *adj.* Repugnante, asqueroso, pestilente, nauseabundo.

infecundidad *s. f.* Esterilidad, improductividad, aridez, desolación, agotamiento, impotencia. ➤ *Feracidad, fecundidad, fertilidad.*

infecundo, da *adj.* Estéril, improductivo, infructuoso, baldío, árido, desolado, agotado. ➤ *Fecundo, fértil, feraz.*

infelicidad *s. f.* Adversidad, fatalidad, infortunio, desgracia, desdicha, desventura, infortuna, calamidad, mala sombra, mala suerte. ➤ *Fortuna, suerte, dicha, ventura, felicidad, prosperidad, bienaventuranza.*

infeliz *adj.* **1. Desdichado**, desventurado, infortunado, desgraciado, mísero, miserable, calamitoso. ➤ *Feliz, afortunado, dichoso, contento, satisfecho.* **2. Cuitado**, apocado, pusilánime, pobre hombre, pobrecito. ➤ *Espabilado, avispado, ambicioso.*

inferencia *s. f.* Ilación, consecuencia, deducción.

inferior *adj.* **1. Bajo**, bajero, bajete. ➤ *Superior, alto.* **2. Malo**, peor, menor, bajo, ínfimo, menguado, restado, disminuido. ➤ *Superior, mejor, bueno.* **3. Subordinado**, subalterno, dependiente, sujeto. ➤ *Superior, jefe.*

inferioridad *s. f.* Dependencia, subordinación, pequeñez, insignificancia, minoría, desventaja, limitación, mengua. ➤ *Superioridad, ventaja.*

inferir *v. tr.* **1. Deducir**, colegir. **2. Causar**, infligir, producir.

infernal *adj.* **1. Satánico**, diabólico, endiablado, endemoniado, demoníaco, mefistofélico, avernal. ➤ *Celestial, paradisíaco.* **2. Nocivo**, perjudicial, dañino, maléfico, malévolo, maligno. ➤ *Beneficioso, bueno, benéfico.* **3. Excesivo**, horroroso, atroz, espantoso, monstruoso. ➤ *Corriente.*

infestación *s. f.* Contagio, infección.

infestar *v. tr.* **1. Contaminar**, contagiar, corromper. ➤ *Purificar.* **2. Devastar**, pillar, saquear, arrasar.

inficionar *v. tr.* **1. Infestar**, contaminar. **2. Enviciar**, pervertir. ➤ *Formar.*

infidelidad *s. f.* **1. Deslealtad**, ingratitud, perfidia, vileza, doblez. ➤ *Fidelidad, lealtad.* **2. Impiedad**, incredulidad, irreverencia. ➤ *Piedad, devoción, fe.* **3. Adulterio**, lío, traición.

infiel *adj.* **1. Desleal**, traidor, pérfido, alevoso, infame. ➤ *Fiel, leal, adepto.* **2. Pagano**, gentil, idólatra, impío. ➤ *Fiel, creyente.* **3. Adúltero.*

infiernillo *s. m.* Anafe, estufa.

infierno *s. m.* Averno, Orco, Érebo, abismo, tártaro. ➤ *Cielo, gloria.*

infiltración *s. f.* Contagio, introducción, invasión, sugestión, impregnación. ➤ *Expulsión, salida.*

infiltrar *v. tr.* **1. Filtrar**, embeber, calar, trasminar, traspasar. ➤ *Rezumar, exudar.* **2. Inspirar**, imbuir, inculcar, sugerir, inducir. ➤ *Disuadir, desanimar.* ‖ *v. prnl.* **3. Introducirse**, entrometerse, colarse. ➤ *Salir, expulsar.*

ínfimo, ma *adj.* **1. Inferior**, mínimo, último, bajo. ➤ *Superior, alto, máximo.* **2. Insignificante**, irrisorio, minúsculo. ➤ *Grande.* **3. Miserable**, vil, ruin, infame, aborrecible, ignominioso. ➤ *Notable, admirable.*

infinidad *s. f.* **1. Inmensidad**, sinfín, infinitud, ilimitación, vastedad, grandeza, eternidad. ➤ *Pequeñez, brevedad, limitación.* **2. Multitud**, sinnúmero, abundancia, montón, cúmulo, cantidad. ➤ *Escasez, carencia.*

infinito, ta *adj.* **1. Ilimitado**, eterno, inagotable, inextinguible, interminable, inconmensurable, inacabable, incalculable, indefinido, imperecedero. ➤ *Finito, perecedero, limitado, extinguible, calculable.* **2. Inmenso**, excesivo, extraordinario, enorme, fenomenal, disparatado, inmoderado. ➤ *Reducido, moderado, pequeño.*

infinitud *s. f.* Inmensidad, vastedad, multitud, sinnúmero, eternidad.

inflación *s. f.* **1. Hinchazón**, inflamiento. ➤ *Desinflamiento.* **2. Ensoberbecimiento**, infatuación, vanagloria. ➤ *Humildad, modestia.*

inflacionista *adj.* Especulador.

inflamación *s. f.* Congestión, hinchazón, tumefacción, enrojecimiento.

inflamar *v. tr.* **1. Incendiar**, prender, quemar, abrasar. ➤ *Apagar, sofocar, extinguir.* **2. Acalorar**, avivar, excitar, animar, apasionar, exaltar. ➤ *Tranquilizar, apaciguar, serenar, calmar.* || *v. prnl.* **3. Hincharse.**

inflar *v. tr.* **1. Abultar**, henchir, rellenar. ➤ *Vaciar.* **2. Farolear**, exagerar. ➤ *Minimizar.* **3. Infatuar**, engreír.

inflexibilidad *s. f.* Carácter, firmeza, severidad. ➤ *Compasión, tolerancia.*

inflexible *adj.* **1. Rígido**, indeformable, sólido, refractario, duro, infrangible, irrompible. ➤ *Blando, flexible.* **2. Firme**, inconmovible, inconquistable, recto, implacable, inexorable, severo, íntegro, entero, insobornable, inquebrantable, incorruptible, tenaz, pétreo. ➤ *Benévolo, generoso, voluble.*

inflexión *s. f.* **1. Alabeo**, comba, torcimiento. **2. Modulación**, tono.

infligir *v. tr.* **1. Aplicar**, imponer. **2. Causar**, producir. ➤ *Cesar.*

influencia *s. f.* **1. Influjo. 2. Poder**, peso, efecto, valía, dominio, crédito, prestigio, autoridad, pujanza, predominio. **3. Valimiento**, favor, mano.

influir *v. intr.* **1. Actuar**, ejercer, poder, ayudar, intervenir, contribuir, accionar. ➤ *Desentenderse.* **2. Valer**, tener ascendencia, apoyar, pesar, tener mano con. **3. Cooperar**, colaborar, asistir, ayudar. ➤ *Inhibirse, eximirse.*

influyente *adj.* Prestigioso, poderoso.

información *s. f.* **1. Aclaración**, advertencia. **2. Indagación**, pesquisa.

informador, ra *s. m. y s. f.* Confidente, informante, periodista, testigo.

informal *adj.* Malqueda, incumplidor, irresponsable. ➤ *Cumplidor, formal.*

informar *v. tr.* Aclarar, anunciar, documentar, enterar, notificar, contar, comunicar, participar, prevenir, reseñar, avisar, revelar, publicar, advertir, indicar, dar razón, poner al corriente.

informativo, va *adj.* **1. Esclarecedor. 2. Dictaminador**, consultivo.

informe[1] *s. m.* **1. Información**, dato, razón, reseña, testimonio, referencia, advertencia, nueva, novedad, mensaje, carta, parte, averiguación. **2. Dictamen**, decisión, acuerdo, sentencia, discurso, exposición, declaración.

informe[2] *adj.* **1. Deforme**, disforme. ➤ *Regular.* **2. Confuso**, vago, indeterminado, impreciso, indefinido. ➤ *Delineado, acabado, concreto.*

infortunado, da *adj.* Desgraciado, desventurado, infeliz, desdichado, mísero. ➤ *Feliz, venturoso, dichoso.*

infortunio *s. m.* **1. Desventura**, infelicidad, desdicha. ➤ *Felicidad.* **2. Desastre**, desgracia. ➤ *Fortuna.*

infracción *s. f.* Transgresión, quebrantamiento, vulneración.

infractor, ra *adj.* Conculcador, contraventor, transgresor. ➤ *Acatador.*

infrangible *adj.* Inquebrantable.

infranqueable *adj.* Impracticable, inabordable, inaccesible, intransitable, cerrado, hermético, intrincado, laberíntico, cabalístico, incómodo, difícil, abrupto, imposible, insalvable, escarpado. ➤ *Posible, practicable, transitable, franco, abierto.*

infrascrito, ta *adj.* Signatario, firmante.

infravalorar *v. tr.* Minimizar, minusvalorar. ➤ *Valorar, revalorar.*

infrecuente *adj.* Desusado, excepcional, insólito. ➤ *Normal, común.*

infringir *v. tr.* Vulnerar, transgredir, violar, desobedecer, quebrantar, traspasar, faltar, romper, incurrir, delinquir, cometer, contravenir, lesionar, atropellar, pisar, pisotear, atentar. ➤ *Acatar, obedecer, respetar, seguir.*

infructífero, ra *adj.* **1. Estéril,** improductivo. **2. Inútil,** ineficaz.

infructuoso, sa *adj.* Improductivo, ineficaz. ➤ *Fructífero, eficaz.*

ínfulas *s. f. pl.* Orgullo, soberbia, humos. ➤ *Humildad, sencillez, modestia.*

infumable *adj.* Malo, inaceptable.

infundado, da *adj.* Insubsistente, falso. ➤ *Fundado, verídico, real.*

infundio *s. m.* Bulo, rumor. ➤ *Verdad.*

infundir *v. tr.* Imbuir, infiltrar, inspirar.

infusión *s. f.* Tisana, extracto, cocción, brebaje, bebida, disolución.

infuso, sa *adj.* Divino, inspirado, revelado, infundido. ➤ *Natural.*

ingeniar *v. tr.* **1. Inventar,** idear, planear, planificar, discurrir, imaginar, maquinar, trazar, tramar, urdir. || *v. prnl.* **2. Componérselas,** arreglárselas, aplicarse, darse maña.

ingenio *s. m.* **1. Inventiva,** iniciativa, talento, inteligencia, imaginación, sagacidad. ➤ *Torpeza.* **2. Destreza,** traza, habilidad, maña, astucia. ➤ *Torpeza.* **3. Gracia,** agudeza. **4. Aparato,** mecanismo, instrumento, máquina, chisme, utensilio, herramienta.

ingenioso, sa *adj.* Hábil, mañoso, diestro, industrioso, inventivo, sagaz, agudo, astuto, vivaz, chistoso, simpático, chispeante, vivaracho, genial, sutil, profundo. ➤ *Torpe, tonto, obtuso.*

ingénito, ta *adj.* Congénito, innato, nativo. ➤ *Aprendido, adquirido.*

ingente *adj.* Abrumador, inmenso, enorme. ➤ *Diminuto, ínfimo.*

ingenuidad *s. f.* Franqueza, sencillez, candidez, candor, inocencia, sinceridad, credulidad, pureza, naturalidad, simplicidad, llaneza. ➤ *Retorcimiento, perversidad, astucia, sinuosidad.*

ingenuo, nua *adj.* Cándido, franco, sencillo, inocente, candoroso, puro, llano, crédulo, sincero, natural, simple, bobo. ➤ *Malvado, retorcido, astuto, ladino.*

ingerir *v. tr.* Incluir, meter, tragar, engullir. ➤ *Vomitar, devolver, expeler.*

ingestión *s. f.* Absorción, deglución. ➤ *Vómito.*

ingobernable *adj.* Indómito. ➤ *Dócil.*

ingratitud *s. f.* Desagradecimiento, deslealtad, infidelidad, desafección, egoísmo. ➤ *Gratitud, lealtad, fidelidad, reconocimiento.*

ingrato, ta *adj.* **1. Desagradecido,** desafecto, desleal, infiel, egoísta. ➤ *Leal, agradecido, fiel.* **2. Desagradable,** áspero, desabrido, molesto, fastidioso, duro. ➤ *Grato, agradable.*

ingravidez *s. f.* Agilidad, levedad, ligereza. ➤ *Pesadez, gravedad.*

ingrávido, da *adj.* Liviano. ➤ *Pesado.*

ingrediente *s. m.* Material, componente, constituyente, compuesto.

ingresar *v. intr.* **1. Entrar,** asociarse, afiliarse, adherirse. ➤ *Salir.* **2. Ahorrar,** guardar, incluir. ➤ *Sacar.*

ingreso *s. m.* **1. Entrada,** alta. ➤ *Baja, salida.* **2. Imposición,** ahorro, depósito, entrada, caudal, beneficio. ➤ *Extracción.* || *s. m. pl.* **3. Ganancia,** renta.

íngrimo, ma *adj.* Aislado, solitario, abandonado. ➤ *Acompañado.*

ingurgitación *s. f.* Trago, sorbo. ➤ *Regurgitación.*

ingurgitar *v. tr.* Tragar. ➤ *Regurgitar.*

ingustable *adj.* Desabrido, repugnante, nauseabundo. ➤ *Gustoso, sabroso.*

inhábil *adj.* **1. Incapaz,** incompetente, inepto. **2. Chapucero,** torpe.

inhabilidad *s. f.* Impericia, incapacidad, ineptitud. ➤ *Aptitud, capacidad.*

inhabilitar *v. tr.* **1. Imposibilitar.** ➤ *Habilitar, permitir.* **2. Incapacitar.**

inhabitable *adj.* Ruinoso, inhóspito, insano, incómodo, desordenado, desarreglado, sucio, destartalado. ➤ *Acogedor, cómodo, hospitalario, confortable.*

inhabitado, da *adj.* Deshabitado, despoblado, yermo, solitario, desierto, vacío, abandonado, desértico. ➤ *Habitado, ocupado.*

inhalar *v. tr.* Inspirar. ➤ *Espirar.*

inherente *adj.* Consustancial, unitario, inmanente. ➤ *Accidental.*

inhibición *s. f.* Abstención, retraimiento, contención. ➤ *Participación.*

inhibir *v. tr.* **1. Eliminar**, borrar, reprimir, contener. ➤ *Incitar.* ‖ *v. prnl.* **2. Desentenderse**, retraerse, alejarse, apartarse, eximirse, lavarse las manos. ➤ *Intervenir, meterse, pringarse.*

inhonestidad *s. f.* Deshonestidad, indecencia. ➤ *Decencia, honradez.*

inhonesto, ta *adj.* **1. Deshonesto.** ➤ *Honesto, honrado, íntegro.* **2. Indecente**, indecoroso, vicioso. ➤ *Puro, decente, decoroso.*

inhospitalario, ria *adj.* **1. Inhumano**, bárbaro, cruel, áspero, grosero, inabordable, antipático, rudo, arisco, seco. ➤ *Acogedor, afable, simpático.* **2. Inhabitable**, desabrigado, desapacible, inclemente, incómodo, desarreglado, triste, frío, lóbrego, sucio. ➤ *Hospitalario, alegre, cómodo, confortable.* **3. Inhóspito**, yermo, desierto, agreste, salvaje, selvático, malsano, insano.

inhumación *s. f.* Enterramiento, sepultamiento. ➤ *Exhumación.*

inhumanidad *s. f.* Ferocidad, barbaridad. ➤ *Caridad, humanitarismo.*

inhumano, na *adj.* Despiadado, desalmado, inhospitalario, feroz, perverso, malo, cruel, violento, atroz, monstruoso, sanguinario, fiero, bárbaro, bestial, brutal, inclemente, implacable. ➤ *Caritativo, humano, generoso, comprensivo, clemente, acogedor.*

inhumar *v. tr.* Sepultar, soterrar, enterrar. ➤ *Exhumar.*

iniciación *s. f.* Aprendizaje, comienzo, inicio, preparación, instrucción, principio, admisión. ➤ *Final, fin, conclusión, terminación.*

iniciado, da *s. m. y s. f.* Adepto, afiliado, sectario, adicto, incondicional.

inicial *adj.* Inaugural, preliminar, augural, original. ➤ *Final, concluyente.*

iniciar *v. tr.* **1. Principiar**, empezar, suscitar, comenzar, promover, inaugurar, incoar, preludiar. ➤ *Acabar, terminar, concluir, continuar.* **2. Instruir**, enterar, enseñar, formar.

iniciativa *s. f.* **1. Delantera. 2. Dinamismo**, diligencia, capacidad.

inicio *s. m.* Principio, iniciación, comienzo. ➤ *Final, conclusión.*

inicuo, cua *adj.* Malo, perverso, ignominioso. ➤ *Bueno, bondadoso.*

inimaginable *adj.* Infigurable, irrepresentable, raro, extraño, sorprendente, estrambótico, inconcebible, extraordinario, extravagante. ➤ *Concreto, representable, imaginable.*

inimitable *adj.* Excepcional, inconfundible, peculiar. ➤ *Común.*

ininflamable *adj.* Incombustible. ➤ *Combustible, inflamable.*

ininteligible *adj.* Incomprensible, incognoscible, indescifrable, oscuro, cabalístico, jeroglífico, ambiguo, misterioso, embrollado, enigmático, confuso, incoherente, difícil, inconcebible, absurdo, ilógico, nebuloso, impenetrable. ➤ *Comprensible, descifrable, claro, transparente, diáfano, inteligible.*

ininterrumpido, da *adj.* Incesante, constante. ➤ *Esporádico, alterno.*

iniquidad *s. f.* Infamia, vileza, ignominia, perversidad. ➤ *Bondad.*

injerencia *s. f.* Entrometimiento, intrusión, intervención.

injerir *v. tr.* **1. Intercalar**, meter, interponer. **2. Interpolar.** ‖ *v. prnl.* **3. Inmiscuirse**, intervenir. ➤ *Abstenerse.*

injuria *s. f.* **1. Insulto**, agravio, ofensa, afrenta, denuesto, baldón, desprecio, oprobio, improperio, descortesía, feo. ➤ *Loa, elogio, halago, alabanza, encomio.* **2. Perjuicio**, deterioro, menoscabo, mal, incomodidad. ➤ *Bien.*

injuriar *v. tr.* **1. Denigrar**, agraviar, ofender, insultar, denostar, deshonrar, infamar, afrentar, zaherir, herir, vilipendiar, molestar, faltar, lastimar. ➤ *Elogiar, alabar, encomiar, defender, honrar, ensalzar.* **2. Perjudicar**, deteriorar, dañar, menoscabar, lacerar, vulnerar. ➤ *Beneficiar, favorecer.*

injurioso, sa *adj.* Afrentoso, ofensivo, humillante. ➤ *Encomiástico, elogioso.*

injusticia *s. f.* **1. Ilegalidad**, iniquidad, ilicitud, abuso, inmoralidad, componenda, tiranía. ➤ *Equidad, probidad,* *legalidad.* **2. Desafuero**, atropello, sinrazón, favoritismo, tendenciosidad. ➤ *Imparcialidad, justicia.*

injustificable *adj.* Ilícito, improcedente, inaceptable, injusto, indebido, inexcusable, indisculpable, injusto, inicuo, inmoral. ➤ *Equitativo, justo.*

injusto, ta *adj.* **1. Arbitrario**, abusivo, improcedente, ilícito. ➤ *Justo, ecuánime.* **2. Desaforado**, indebido, ilegal, inmoral. ➤ *Legal, legítimo, justo.*

inllevable *adj.* Insufrible, intolerable, inaguantable. ➤ *Soportable, pasable.*

inmaculado, da *adj.* Impoluto, limpio, puro, límpido, intachable. ➤ *Mancillado, manchado, sucio.*

inmaduro, ra *adj.* Adelantado, precoz, verde. ➤ *Maduro, pasado.*

inmanente *adj.* Consustancial, inherente, inseparable, propio. ➤ *Externo.*

inmarcesible *adj.* Inmarchitable, eterno, imperecedero, inextinguible. ➤ *Perecedero, limitado, finito.*

inmaterial *adj.* Abstracto, espiritual, ideal, intangible, incorpóreo, impalpable, invisible, intelectual, imaginario, mental, etéreo, metafísico, suprasensible, inextenso. ➤ *Real, tangible, material, corpóreo, palpable.*

inmediaciones *s. f. pl.* Alrededores, afueras, cercanías, aledaños, vecindad.

inmediato, ta *adj.* **1. Próximo**, vecino, contiguo, anejo, pegado, tocante, junto, consecutivo, adjunto, seguido, yuxtapuesto. ➤ *Lejano, alejado, distante, remoto, retirado.* **2. Inminente**, cercano, pronto, inaplazable. ➤ *Lejano, pasado, venidero, antiguo.*

inmejorable *adj.* Insuperable, óptimo, superior, notable, excelente, perfecto, imponderable, sin par. ➤ *Ínfimo, pésimo, mediocre, insuficiente.*

inmemorial *adj.* Antiquísimo, rancio, remoto, arcaico. ➤ *Actual, nuevo.*

inmensidad *s. f.* **1. Infinidad**, infinitud, innumerabilidad, ilimitación, grandeza. ➤ *Limitación.* **2. Vastedad**, grandiosidad, enormidad, magnitud, numerosidad. ➤ *Pequeñez, escasez.*

inmenso, sa *adj.* **1. Inconmensurable**, infinito, incontable, ilimitado, incalculable, innumerable. ➤ *Finito, limitado, calculable, mensurable.* **2. Vasto**, grandioso, enorme, magnífico, colosal, numerosísimo, indefinido, gigantesco, exorbitante, descomunal, considerable, desmedido, extraordinario, fenomenal, desmesurado, extenso, monstruoso. ➤ *Pequeño, escaso.*

inmerecido, da *adj.* Injusto, arbitrario, improcedente. ➤ *Merecido.*

inmersión *s. f.* Sumersión, zambullida, hundimiento, chapuzón, mojadura, baño, sumergimiento, buceo. ➤ *Emersión, flotación.*

inmerso, sa *adj.* Sumergido, abismado, enfrascado, ensimismado, hundido, sumido, zambullido. ➤ *Emergente, flotante.*

inmigración *s. f.* Afluencia, llegada, migración, traslado, éxodo, desplazamiento. ➤ *Emigración.*

inmigrante *adj.* ➤ *Emigrante.*

inminencia *s. f.* Apremio, perentoriedad, vecindad, proximidad, urgencia. ➤ *Lentitud, tardanza, lejanía.*

inminente *adj.* Apremiante, imperioso, inaplazable, próximo, inmediato, pronto, cercano, predecible, urgente, perentorio, vecino. ➤ *Remoto, lejano, tardío, venidero, antiguo, futuro.*

inmiscuir *v. tr.* **1. Mezclar.** ‖ *v. prnl.* **2. Mezclarse**, injerirse, entrometerse.

inmoderado, da *adj.* Desenfrenado, desmedido, exagerado, desaforado, incontenido. ➤ *Moderado, contenido.*

inmodestia *s. f.* Soberbia, vanidad, orgullo, petulancia, ostentación, altanería, presunción, fatuidad, jactancia, arrogancia, altivez, pedantería, engreimiento, alarde, vanagloria. ➤ *Modestia, humildad, sencillez, decoro.*

inmodesto, ta *adj.* Altanero, arrogante, fatuo, vano, orgulloso, altivo, engreído, vanidoso, insolente, impertinente, pedante, petulante, presuntuoso, ostentoso, jactancioso. ➤ *Humilde, modesto, apocado, sencillo.*

inmolación *s. f.* Sacrificio, suicidio.

inmolar *v. tr.* **1. Ofrecer**, ofrendar, matar, sacrificar. ‖ *v. prnl.* **2. Sacrificarse**, dedicarse, consagrarse, privarse.

inmoral *adj.* Impúdico, indecoroso, licencioso, deshonesto, indecente, sinvergüenza, desvergonzado, pornográfico, escandaloso, obsceno, injusto, indigno, indebido, disoluto, lujurioso, vicioso. ➤ *Decente, pudoroso, honesto, decoroso, moral, ético.*

inmoralidad *s. f.* Depravación, indignidad, deshonestidad, impudicia, obscenidad, desvergüenza, injusticia, indecencia, desorden, desenfreno, cinismo, libertinaje, liviandad, depravación, venalidad, indecorosidad, corrupción, lujuria, vicio. ➤ *Honestidad, honradez, pureza, vergüenza, dignidad, moralidad, ética.*

inmortal *adj.* Imperecedero, eterno, sempiterno, perpetuo, perdurable, sin fin, perenne. ➤ *Mortal, finito, limitado, perecedero, imperdurable.*

inortalidad *s. f.* Fama, gloria.

inortalizar *v. tr.* Perpetuar, eterni-·. ➤ *Borrar, abismar.*

inotivado, da *adj.* Infundado, inificado. ➤ *Fundado, justificado.*

inovil *adj.* Estático, fijo, firme, para-·o, quieto, fijado, anclado, inactivo, arraigado, quedo, invariable, petrificado, clavado, inconmovible, inamovible, estable, detenido, pasivo, inanimado, inerte, fijo, firme, de una pieza. ➤ *Móvil, movible, variable, activo.*

inmovilidad *s. f.* Acinesia, inacción, quietud, reposo, invariabilidad, calma, inactividad, pasividad, tranquilidad, estabilidad, fijeza, estatismo, parálisis. ➤ *Movilidad, movimiento, acción.*

inmovilismo *s. m.* Conservadurismo. ➤ *Revolución, progresismo.*

inmovilista *adj.* Conservador. ➤ *Revolucionario.*

inmovilización *s. f.* Paralización, pasividad, retención. ➤ *Movilización.*

inmovilizar *v. tr.* **1. Aquietar**, detener, paralizar, estancar, parar, fijar, afirmar, clavar, asegurar, plantar, consolidar, calmar, equilibrar, tranquilizar, atajar, anquilosar, entumecer, estabilizar. ➤ *Dejar, movilizar, mover, animar.* **2. Embargar**, retener.

inmueble *s. m.* Bloque, edificación, finca, casa, edificio.

inmundicia *s. f.* **1. Suciedad**, basura, roña, mugre, mierda. ➤ *Limpieza, higiene, pulcritud.* **2. Deshonestidad**, impureza, impudicia, indecoro, inmoralidad, indecencia, depravación. ➤ *Pureza, honestidad, pudor, decoro.*

inmundo, da *adj.* **1. Nauseabundo**, repugnante, asqueroso, puerco, cochambroso, mugriento, poluto, sucio. ➤ *Limpio, pulcro, higiénico.* **2. Impuro**, deshonesto, impúdico, indecoroso, vicioso, indecente, depravado. ➤ *Puro, pudoroso, decente.*

inmune *adj.* **1. Libre**, exceptuado, privilegiado, dispensado. ➤ *Comprometido, obligado, gravado.* **2. Inmunizado**, intacable, vacunado, preservado. ➤ *Propenso, vulnerable, atacable.*

inmunidad *s. f.* **1. Inviolabilidad**, protección. **2. Exención**, privilegio, prerrogativa. ➤ *Igualdad.*

inmunización *s. f.* Defensa, prevención, vacuna. ➤ *Contagio.*

inmunizar *v. tr.* Proteger, eximir, privilegiar, dispensar, descargar, librar, exceptuar, preservar, vacunar. ➤ *Cargar, gravar, obligar, exponerse.*

inmutable *adj.* Invariable, inalterable, constante, inconmovible, firme, estable, inmudable, estático, crónico, inquebrantable, incurable, inmanente, irreformable, inmodificable, imborrable, imperecedero, irrevocable, permanente, persistente, indisoluble, intangible, indeleble, fijo, impasible, imperturbable, impávido, sereno, tranquilo, impertérrito, flemático. ➤ *Mudable, voluble, inconstante, cambiante, alterable, mutable.*

inmutarse *v. prnl.* Alterarse, conmoverse, turbarse, desconcertarse.

innato, ta *adj.* Congénito, nativo, ingénito, natural, personal, peculiar, particular, propio, connatural, de nacimiento. ➤ *Aprendido, adquirido.*

innatural *adj.* Artificial, fingido, afectado. ➤ *Natural.*

innecesario, ria *adj.* Superfluo, sobrado, inútil, infundado, fútil, far so, accesorio, accidental. ➤ *Esencial, importante, necesario, primordial.*

innegable *adj.* Indiscutible, irrefutable, indudable, cierto, evidente. ➤ *Refutable, discutible.*

innoble *adj.* Despreciable, bajo, infame, vil, abyecto, indigno, desleal, mezquino, artero, ruin, traidor, rastrero. ➤ *Noble, digno, honesto, leal.*

innovador, ra *adj.* Novedoso, revolucionario, original, creador, inventor, introductor, descubridor, reformador, padre, iniciador, renovador. ➤ *Tradicional, reaccionario, tradicionalista, conservador, imitador, continuador.*

innovar *v. tr.* Inventar, renovar, alterar, trastornar, modificar, corregir, revolucionar, variar, crear, reformar, descubrir, desvelar, instaurar, iniciar. ➤ *Imitar, conservar, continuar.*

innumerable *adj.* Incontable, incalculable. ➤ *Escaso, ralo, parco.*

inobservancia *s. f.* Infracción, violación. ➤ *Observancia, acatamiento.*

inobservante *adj.* Informal, infractor, negligente. ➤ *Acatador, respetuoso.*

inocencia *s. f.* **1. Pureza**, honradez, honestidad. ➤ *Impureza, deshonestidad.* **2. Absolución**, exculpación, inculpabilidad. ➤ *Acusación, inculpación, culpabilidad, responsabilidad.* **3. Ingenuidad**, candor, candidez, simplicidad. ➤ *Malicia, doblez.*

inocentada *s. f.* **1. Broma**, burla, chasco, trampa, engaño, enredo. **2. Candidez**, simpleza, primada, tontada.

inocente *adj.* **1. Exculpado**, absuelto, libre, rehabilitado. ➤ *Culpable, responsable.* **2. Puro**, honesto, honrado. ➤ *Impuro, deshonesto.* **3. Inocuo**, inofensivo, anodino. ➤ *Nocivo, perjudicial.* **4. Candoroso**, ingenuo, cándido, simple, sencillo, bobo ➤ *Malvado, pérfido, malicioso, artero.*

inoculación *s. f.* Contagio, contaminación, infiltración, transmisión.

inocular *v. tr.* **1. Vacunar**, contagiar. **2. Contaminar**, pervertir.

inodoro *s. m.* Escusado, váter, lavabo.

inofensivo, va *adj.* **1. Pacífico**, desarmado, tranquilo, inerme. ➤ *Hostil, belicoso, beligerante.* **2. Inocuo**, inocente, anodino, ingenuo, candoroso. ➤ *Nocivo, peligroso, dañino, perjudicial.*

inolvidable *adj.* Imborrable, imperecedero, inmortal, famoso, célebre, histórico, inmemorial, ilustre, trascendental, importante, eterno. ➤ *Trivial, casual, intrascendente, pasajero.*

inoperante *adj.* Ineficaz, inactivo, inservible, inepto. ➤ *Eficaz.*

inopia *s. f.* Necesidad, pobreza, escasez. ➤ *Riqueza, opulencia.*

inopinado, da *adj.* Imprevisto, impensado, súbito, repentino, inesperado. ➤ *Premeditado, esperado.*

inoportunidad *s. f.* Despropósito, improcedencia, inconveniencia.

inoportuno, na *adj.* Intempestivo, importuno, inconveniente, impertinente, inadecuado, incorrecto, impropio, disparatado, indiscreto, incongruente, prematuro, irrelevante, extemporáneo, tardío, fuera de lugar, a destiempo. ➤ *Oportuno, conveniente, adecuado, diplomático.*

inorgánico, ca *adj.* **1. Inanimado. 2. Inconexo**, embrollado.

inquebrantable *adj.* Infrangible, inalterable, inexorable, irrompible, indestructible. ➤ *Quebradizo, frágil.*

inquietante *adj.* Alarmante, amenazador, turbador, amenazante, espantoso, peliagudo, difícil, grave, conmovedor, estremecedor, preocupante. ➤ *Tranquilizador, tranquilizante, calmante.*

inquietar *v. tr.* Desasosegar, turbar, alarmar, molestar, impacientar, fastidiar, excitar, mortificar, perturbar, agitar, atormentar, intranquilizar, importunar, enfadar, soliviantar, desvelar, afligir, desazonar. ➤ *Tranquilizar, calmar, sosegar, apaciguar.*

inquieto, ta *adj.* **1. Travieso**, activo, vivaracho, impaciente, bullicioso, dinámico. ➤ *Pacífico, tranquilo.* **2. Agitado**, intranquilo, alarmado, alterado, nervioso. ➤ *Sosegado, tranquilo.*

inquietud *s. f.* Intranquilidad, congoja, zozobra, agitación, turbación, alarma, confusión, alboroto, alteración, impaciencia, excitación, ansiedad, tormento, desasosiego, desazón, nerviosismo, malestar, anhelo, ansia. ➤ *Paz, tranquilidad, calma, sosiego.*

inquilino, na *s. m. y s. f.* Alquilador, ocupante, arrendatario. ➤ *Patrón.*

inquina *s. f.* Antipatía, ojeriza, tirria, aversión, enemistad, odio, aborrecimiento. ➤ *Simpatía, amor, amistad.*

inquirir *v. tr.* Investigar, pesquisar, averiguar, indagar, preguntar, sondear.

inquisición *s. f.* **1. Pesquisa**, averiguación, indagación, investigación, búsqueda. **2. Santo Oficio.**

insaciabilidad *s. f.* Avidez, ansia.

insaciable *adj.* Ansioso, ávido, voraz, ambicioso, insatisfecho, glotón, comilón, ansioso, tragón, hambriento. ➤ *Ahíto, satisfecho, contentadizo.*

insalubre *adj.* Morboso, insano, dañino, pernicioso, malsano, perjudicial. ➤ *Saludable, beneficioso.*

insalubridad *s. f.* Infección, nocividad. ➤ *Higiene, salubridad.*

insalvable *adj.* Insuperable, infranqueable, inaccesible. ➤ *Accesible.*

insatisfecho, cha *adj.* Descontento, inquieto. ➤ *Satisfecho, contento.*

inscribir *v. tr.* **1. Grabar**, esgrafiar, trazar, labrar, tallar, esculpir. **2. Registrar**, alistar, matricular, sentar, enrolar, adherir, anotar, asociar. ➤ *Salir, borrar.* **3. Delimitar**, circunscribir.

inscripción *s. f.* **1. Alta**, adhesión, suscripción, abonamiento, apuntamiento, asiento, matrícula. **2. Epitafio**, epígrafe, leyenda, placa, rótulo, cartel, escrito, lema, marca, lápida, emblema.

inscrito, ta *adj.* Abonado, suscrito, adherido, afiliado, asociado, anotado, incorporado, matriculado, dado de alta. ➤ *Dado de baja, borrado.*

inseguridad *s. f.* Debilidad, riesgo, peligro, incertidumbre, duda, vacilación, perplejidad, asombro, estupefacción, indecisión, inestabilidad, inconstancia, desequilibrio, agitación, exposición. ➤ *Seguridad, firmeza, estabilidad, decisión, previsión.*

inseguro, ra *adj.* Inestable, incierto, dudoso, indeciso, pusilánime, lábil, vacilante, oscilante, veleta, cambiante,

inconstante, deleznable, perplejo, variable, peligroso, móvil, movedizo. ➤ *Cierto, seguro, firme, resoluto, resuelto, decidido, comprobado, ratificado.*

inseminación *s. f.* Fecundación.

insensatez *s. f.* **1. Irracionalidad**, locura, necedad, estupidez, sandez, simpleza, imprudencia, impertinencia, imbecilidad. ➤ *Sensatez, cordura, juicio.* **2. Desatino**, tontería, disparate, parida, despropósito, patochada, niñería, majadería, locura. ➤ *Acierto.*

insensato, ta *adj.* Irreflexivo, necio, imprudente, terco, porfiado, estúpido, loco, disparatado, mentecato, bobo, tonto, imprudente, inconsciente. ➤ *Juicioso, cauto, prudente, sensato.*

insensibilidad *s. f.* Crueldad, indiferencia. ➤ *Emoción, sentimiento.*

insensibilizar *v. tr.* Adormecer, anestesiar, embotar. ➤ *Avivar, despertar.*

insensible *adj.* **1. Torpe**, aturdido, cerrado, obtuso, tardo, bruto. ➤ *Lúcido, despierto.* **2. Inanimado**, desmayado, inconsciente, paralítico, comatoso, inerte, exánime, adormecido. ➤ *Consciente, animado, reanimado.* **3. Imperceptible**, indiscernible, inapreciable, invisible. ➤ *Perceptible, visible, notorio.* **4. Indiferente**, duro, frío, impasible, impávido, tranquilo, flemático. ➤ *Sensible, emotivo.*

inseparable *adj.* **1. Unido**, junto, adjunto, vinculado, ligado, fijado, inherente. ➤ *Separable.* **2. Íntimo**, leal, fiel, entrañable, adicto.

insepulto, ta *adj.* ➤ *Inhumado, enterrado, sepultado.*

insertar *v. tr.* Intercalar, introducir, incluir, implantar, encajar, engastar. ➤ *Sacar, excluir, extraer.*

inserto, ta *adj.* Incluido, adherido, incrustado, engastado.

inservible *adj.* Inútil, deteriorado, estropeado. ➤ *Servible, útil.*

insidia *s. f.* Asechanza, engaño, cautela, intriga, estratagema, maquinación.

insidioso, sa *adj.* **1. Acechante**, cauteloso. **2. Malicioso**, dañino, capcioso.

insigne *adj.* Ilustre, señalado, egregio, preclaro, famoso, célebre.

insignia *s. f.* **1. Enseña**, divisa, distintivo, emblema. **2. Bandera**, pabellón.

insignificancia *s. f.* Nadería, tontería, fruslería, trivialidad, pequeñez, insuficiencia, inutilidad. ➤ *Enormidad.*

insignificante *adj.* Mínimo, exiguo, mezquino, miserable, baladí, pequeño, despreciable, ridículo, trivial, ordinario, inapreciable, minúsculo, irrisorio, escaso, insustancial, anodino, superficial, corto, venial, liviano, pueril, vanal, desdeñable, de tres al cuarto, de mala muerte. ➤ *Importante, grande, grave, trascendental, básico.*

insinceridad *s. f.* Hipocresía, disimulo, mentira. ➤ *Sinceridad, veracidad.*

insincero, ra *adj.* Simulado, doble, reticente, falaz, hipócrita. ➤ *Veraz.*

insinuación *s. f.* Sugerencia, alusión, indicación, indirecta. ➤ *Orden.*

insinuante *adj.* Sugerente, alusivo, sugestivo, evocador. ➤ *Manifiesto.*

insinuar *v. tr.* **1. Sugerir**, indicar, apuntar, aludir. ➤ *Ordenar.* ‖ *v. prnl.* **2. Manifestarse**, introducirse, infiltrarse, iniciarse, adivinarse.

insipidez *s. f.* Sosería, sinsabor, desabrimiento. ➤ *Sabor, gracia.*

insípido, da *adj.* **1. Desaborido**, soso, desabrido. ➤ *Sabroso, suculento.* **2. Insustancial**, inexpresivo, frío, insulso, simple, soso. ➤ *Interesante.*

insistencia *s. f.* Empecinamiento, porfía, terquedad, testarudez, obstinación, pesadez, pertinacia, reincidencia, machaconeo, instancia, tabarra, lata, plomo, perseverancia, persistencia. ➤ *Desistimiento, cesación, renuncia, desistencia, inconstancia.*

insistente *adj.* Pertinaz, recalcitrante, tenaz, pesado, plomo, inaguantable, testarudo, obstinado, terco, porfiado, machacón, latoso, perseverante, constante, persistente, empecinado. ➤ *Claudicante, inconstante, mudable.*

insistir *v. intr.* Persistir, porfiar, machacar, obstinarse, perseverar, reclamar, importunar, machaconear, empeñarse, emperrarse, reiterar, hacer hincapié, dar la tabarra. ➤ *Abandonar, dejar, desistir, cejar, renunciar, ceder.*

insobornable *adj.* **1. Incorruptible**, íntegro. ➤ *Corruptible, sobornable.* **2. Auténtico**, arraigado. ➤ *Advenedizo.*

insociabilidad *s. f.* Aislamiento, esquivez, hosquedad. ➤ *Sociabilidad, trato.*

insociable *adj.* Arisco, misántropo, huraño, antipático, intratable, hosco, retraído, esquivo, huidizo. ➤ *Sociable, tratable, simpático, agradable.*

insolencia *s. f.* **1. Desvergüenza**, desfachatez, osadía, audacia, temeridad, imprudencia. ➤ *Comedimiento, prudencia.* **2. Arrojo**, atrevimiento, descaro, desfachatez, descoco, desvergüenza, petulancia, frescura, impudicia. ➤ *Respeto, decoro, vergüenza, temor.* **3. Procacidad**, sinvergonzonería, atrevimiento, canallada, bellaquería, maldad.

insolentarse *v. prnl.* Atreverse, propasarse, descararse, deslenguarse, osar, insultar, desmandarse, enfrentarse, amenazar, retar, descocarse, desbocarse, levantar la voz. ➤ *Comedirse, cortarse, respetar, ser correcto.*

insolente *adj.* **1. Descarado**, atrevido, irrespetuoso, ofensivo, insultante, impertinente, soberbio, desvergonzado, fresco, arrogante, altivo, atrevido, grosero, altanero, injurioso, agravante, procaz. ➤ *Comedido, respetuoso, correcto, prudente, discreto.* **2. Raro**, desusado, extraño.

insolidario, ria *adj.* ➤ *Solidario.*

insólito, ta *adj.* Desusado, inusitado, infrecuente, raro, extraño, inaudito, desacostumbrado, asombroso, extraordinario, excepcional, inhabitual. ➤ *Común, vulgar, ordinario, corriente, habitual, frecuente.*

insolvencia *s. f.* Quiebra, ruina, bancarrota. ➤ *Crédito, garantía.*

insolvente *adj.* Arruinado, empobrecido. ➤ *Rico, crediticio.*

insomne *adj.* Despierto, desvelado.

insomnio *s. m.* Vigilia, desvelo, vela. ➤ *Sueño, sopor.*

insondable *adj.* Profundo, impenetrable, inaveriguable, inescrutable, incomprensible. ➤ *Superficial, comprensible, penetrable.*

insonoro, ra *adj.* Callado, silencioso, mudo. ➤ *Ruidoso, sonoro.*

insoportable *adj.* Inaguantable, cargante, fastidioso, irritante, insufrible, incómodo, molesto, pesado, desagradable, enojoso, latoso, pelmazo, intolerable. ➤ *Agradable, grato, tolerable, ameno, distraído, soportable.*

insoslayable *adj.* Ineludible, inevitable. ➤ *Soslayable, evitable.*

insostenible *adj.* **1. Inestable**, insoportable. ➤ *Sostenible, soportable.* **2. Indefendible**, rebatible, refutable, ilógico, incongruente. ➤ *Irrefutable.*

inspección *s. f.* Examen, reconocimiento, supervisión, revisión, visita, control, verificación, vigilancia, registro, revista, observación.

inspeccionar *v. tr.* Comprobar, registrar, intervenir, examinar, reconocer, revisar, explorar, investigar, verificar, controlar. ➤ *Descuidar, omitir.*

inspector, ra *s. m. y s. f.* Supervisor, visitador, controlador, interventor, vigilante, intendente, revisor.

inspiración *s. f.* **1. Inhalación**, aspiración. ➤ *Espiración, exhalación.* **2. Iluminación**, arrebato, intuición, entusiasmo. **3. Numen**, musa, vena.

inspirar *v. tr.* **1. Aspirar**, inhalar. ➤ *Espirar, exhalar.* **2. Inculcar**, imbuir, infundir, sugerir, dictar.

instable *adj.* Inestable, variable, precario, perecedero, transitorio, móvil, voluble. ➤ *Permanente, fijo.*

instalación *s. f.* Emplazamiento, inclusión, disposición, colocación.

instalar *v. tr.* **1. Alojar**, establecer, albergar, aposentar, acomodar. **2. Montar**, poner, armar, preparar, colocar.

instancia *s. f.* **1. Ruego**, súplica, petición. **2. Solicitud**, memorial, impreso.

instantaneidad *s. f.* Brevedad, rapidez, subitaneidad. ➤ *Demora.*

instantáneo, a *adj.* Breve, rápido, fugaz, momentáneo, súbito, inmediato. ➤ *Duradero, largo, eterno, lento.*

instante *s. m.* Momento, periquete, santiamén, segundo. ➤ *Eternidad.*

instar *v. tr.* **1. Rogar**, suplicar, insistir. ‖ *v. intr.* **2. Urgir**, apurar, apremiar.

instauración *s. f.* Entronización, fundación, implantación, establecimiento.

instaurar *v. tr.* **1. Establecer**, fundar, instituir, implantar, erigir. ➤ *Suprimir, derrocar.* **2. Restablecer**, renovar, restaurar. ➤ *Derrocar, deponer.*

instigación *s. f.* Inducción, insinuación, provocación, acicate, incitación.

instigador, ra *adj.* Agitador, inductor, provocador, alentador, promovedor.

instigar *v. tr.* Incitar, inducir, provocar, excitar, mover, aguijonear, impulsar, alentar, estimular. ➤ *Disuadir.*

instilación *s. f.* Destilación.

instilar *v. tr.* **1. Infiltrar**. **2. Infundir**, introducir, inspirar, inculcar, suscitar.

instintivo, va *adj.* Indeliberado, involuntario, irreflexivo, visceral, inconsciente. ➤ *Deliberado, reflexivo.*

instinto *s. m.* **1. Naturaleza**, reflejo, inclinación. **2. Corazonada**, intuición.

institución *s. f.* **1. Fundación**, establecimiento, creación, instauración, organización, implantación, constitución. ➤ *Destrucción, disolución, abolición, supresión.* **2. Centro**, instituto, corporación, organismo, entidad.

institucionalizar *v. tr.* **1. Oficializar**. **2. Legalizar**. ➤ *Deslegalizar.*

instituir *v. tr.* Fundar, establecer, crear, erigir, instaurar, iniciar, principiar, implantar, constituir. ➤ *Suprimir, destruir, invalidar, derrocar, abolir.*

instituto *s. m.* **1. Reglamento**, ordenanza, estatuto, constitución. **2. Academia**, centro, sociedad, organización, entidad, orden, organismo, establecimiento, patronato, fundación.

institutriz *s. f.* Nurse, instructora, educadora, aya, profesora, pedagoga.

instrucción *s. f.* **1. Enseñanza**, educación, aprendizaje, adiestramiento. **2. Cultura**, saber, formación, ilustración, erudición. ➤ *Desconocimiento, incultura, ignorancia.* **3. Tramitación**, curso, procedimiento, diligencia, gestión. ‖ *s. f. pl.* **4. Normas**, preceptos, directrices, disposiciones, reglas, reglamento, ordenanza, estatuto.

instructivo, va *adj.* Edificante, educativo, ilustrativo, moralizante, formativo, ejemplar, modelo. ➤ *Destructivo, demoledor, corruptivo.*

instructor, ra *adj.* Maestro, profesor, monitor, tutor, pedagogo, preceptor, educador, enseñante, guía, ayo. ➤ *Alumno, estudiante, discípulo.*

instruido, da *adj.* Culto, ilustrado, erudito, aleccionado, docto, sabio, científico, leído, cultivado. ➤ *Inculto, analfabeto, ignorante, incompetente.*

instruir *v. tr.* **1.** **Enseñar,** aleccionar, adoctrinar, formar, cultivar, ilustrar, adiestrar, preparar. ➤ *Aprender, educarse, formarse, estudiar.* **2.** **Informar,** avisar, advertir, enterar, divulgar. **3.** **Formalizar,** enjuiciar.

instrumentar *v. tr.* **1.** **Orquestar.** **2.** **Organizar,** estructurar, ordenar.

instrumento *s. m.* **1.** **Herramienta,** útil, apero, utensilio. **2.** **Mecanismo,** aparato, máquina, artefacto. **3.** **Medio,** mediación, intervención, conducto.

insubordinación *s. f.* Desobediencia, indisciplina, rebeldía, sublevación, desacato, rebelión, motín, insurrección, insumisión, levantamiento, alzamiento, resistencia. ➤ *Acatamiento, obediencia, sumisión.*

insubordinado, da *adj.* Indisciplinado, indócil, sedicioso, desobediente, rebelde, insumiso, díscolo, insurrecto, insurgente, reacio, recalcitrante, indomable, intratable, incorregible. ➤ *Obediente, dócil, sumiso, disciplinado.*

insubordinar *v. tr.* **1.** **Indisciplinar,** insurgir, levantar, sublevar, amotinar. ➤ *Acallar, sofocar.* ‖ *v. prnl.* **2.** **Sublevarse,** alzarse, amotinarse, insurreccionarse, indisciplinarse, rebelarse, levantarse, desobedecer, desafiar, resistirse. ➤ *Rendirse, acatar.*

insuficiencia *s. f.* **1.** **Incapacidad,** ineptitud, ignorancia, incompetencia. ➤ *Suficiencia, capacidad.* **2.** **Falta,** penuria, escasez. ➤ *Abundancia.*

insuficiente *adj.* **1.** **Escaso,** poco, pequeño, defectuoso. ➤ *Bastante, copioso, abundante.* ‖ *s. m.* **2.** **Suspenso.** ➤ *Aprobado, suficiente.*

insuflación *s. f.* Inhalación, inspiración, comunicación.

insuflar *v. tr.* **1.** **Hinchar.** **2.** **Inculcar,** inspirar, comunicar, transmitir.

insufrible *adj.* Insoportable, inaguantable, intolerable. ➤ *Soportable, aguantable, sufrible.*

insulsez *s. f.* **1.** **Sosería,** sosera, insipidez, zoncería, desabrimiento. **2.** **Simpleza,** necedad, estupidez, tontería.

insulso, sa *adj.* **1.** **Desabrido,** soso, insípido, zonzo. **2.** **Inexpresivo,** simple, necio, soso, tonto, estúpido.

insultante *adj.* Ofensivo, afrentoso, injurioso, ultrajante, hiriente. ➤ *Elogioso, laudatorio, encomiástico.*

insultar *v. tr.* Agraviar, injuriar, afrentar, ultrajar, lastimar, denigrar, humillar, irritar, herir, zaherir, faltar, infamar, atropellar, deshonrar, maltratar, vilipendiar, provocar, denostar, baldonar. ➤ *Loar, elogiar, alabar, piropear.*

insulto *s. m.* Agravio, ofensa, ultraje, injuria, afrenta, insolencia, improperio, denuesto, baldón, oprobio, vituperio. ➤ *Piropo, elogio, halago.*

insumable *adj.* Exorbitante, desmesurado, enorme. ➤ *Pequeño, ínfimo.*

insumergible *adj.* Boyante, flotante.

insumisión *s. f.* Rebeldía, sublevación. ➤ *Sumisión, sometimiento.*

insumiso, sa *adj.* Rebelde, desobediente, insubordinado. ➤ *Sumiso.*

insuperable *adj.* **1.** **Inmejorable,** imponderable, perfecto, magnífico, excelente, bonísimo, óptimo, sin par. ➤ *Pésimo, malo, mediocre, mejorable, perfeccionable.* **2.** **Invencible,** insalvable, arduo, dificultoso, impracticable, infranqueable, imposible. ➤ *Superable, vencible, franqueable.*

insurrección *s. f.* Rebelión, sublevación, levantamiento, alzamiento, sedición, motín, tumulto. ➤ *Sumisión, acatamiento, capitulación, entrega.*

insurreccionar *v. tr.* **1.** **Rebelar,** sublevar. ➤ *Apaciguar.* ‖ *v. prnl.* **2.** **Sublevarse,** alzarse, rebelarse, amotinarse, insubordinarse. ➤ *Someterse.*

insurrecto, ta *adj.* Amotinado, faccioso, revolucionario, sedicioso, rebelde, sublevado, insurgente. ➤ *Obediente, sumiso, sometido.*

insustancial *adj.* **1. Desabrido**, soso, insípido, insulso. ➤ *Sustancioso, sabroso.* **2. Trivial**, superficial, liviano, frívolo. ➤ *Importante, sustancial.*

insustancialidad *s. f.* Frivolidad, trivialidad, ligereza, superficialidad.

insustituible *adj.* Irreemplazable, indispensable. ➤ *Innecesario, accesorio.*

intachable *adj.* Irreprochable, íntegro, probo, respetable, recto, impecable, honesto, inmaculado. ➤ *Desvergonzado, deshonesto, despreciable.*

intacto, ta *adj.* **1. Íntegro**, entero, completo, virgen, indemne, ileso, incólume, salvo, impoluto. ➤ *Roto, tocado, estropeado, dañado, falto, incompleto, mancillado.* **2. Puro**, mero, neto, simple, mondo. ➤ *Mixtificado, impuro, compuesto.*

intangible *adj.* **1. Intocable**, impalpable, inviolable. ➤ *Tangible.* **2. Inmaterial**, incorpóreo, irreal, etéreo, ideal, sagrado. ➤ *Tangible, material.*

integral *adj.* Global, total, completo, absoluto, cabal, pleno, consumado, cumplido. ➤ *Parcial, incompleto.*

integrante *adj.* **1. Completivo**, suplementario, adicional. **2. Componente**, miembro.

integrar *v. tr.* **1. Constituir**, componer, completar, totalizar, colmar. **2. Incorporar**, asociar, adscribir, afiliar.

integridad *s. f.* **1. Honradez**, rectitud, probidad, totalidad. ➤ *Parcialidad, deshonestidad.* **2. Virginidad.**

íntegro, gra *adj.* **1. Entero**, completo, total, lleno, cabal. ➤ *Incompleto, truncado, partido, falto.* **2. Honrado**, recto, intachable, irreprochable, incorruptible, justo, decente, probo. ➤ *Deshonesto, corrupto, inmoral.*

intelectia *s. f.* Intelecto, inteligencia.

intelectivo, va *adj.* Intelectual.

intelecto *s. m.* Inteligencia, pensamiento, espíritu, mente, raciocinio.

intelectual *adj.* **1. Intelectivo**, mental, especulativo, teorético, espiritual. ➤ *Práctico, empírico, experimental.* **2. Docto**, erudito, filósofo, pensador, sabio, estudioso, ilustrado, instruido, entendido. ➤ *Iletrado, analfabeto,*

ignorante. **3. Espiritual**, psicológico, anímico, psíquico, mental, inmaterial. ➤ *Material, corporal, físico.*

inteligencia *s. f.* **1. Intelecto**, mente, intelectiva, razón, cerebro, entendederas, juicio, sentido, instinto, imaginación, ingenio. **2. Comprensión**, intelección, entendimiento, conocimiento, razonamiento, discernimiento, percepción. ➤ *Necedad, desconocimiento.* **3. Habilidad**, maña, capacidad, talento, penetración, destreza, arte, experiencia, aptitud, competencia. ➤ *Ineptitud, incapacidad.* **4. Acuerdo**, comunicación, entendimiento, comprensión. ➤ *Desacuerdo, incomunicación.*

inteligente *adj.* **1. Sabio**, instruido, docto, entendido, listo, enterado, experimentado, capaz, versado. ➤ *Iletrado, inculto, ignorante.* **2. Ingenioso**, sagaz, listo, despierto, perspicaz, ingenioso, lúcido. ➤ *Lerdo, ingenuo.*

inteligible *adj.* Comprensible, claro, descifrable, legible, asequible, evidente, penetrable, transparente, lícido, diáfano. ➤ *Ininteligible, oscuro, incomprensible, ilegible, difícil.*

intemperado, da *adj.* Inmoderado, excesivo, vehemente, apasionado. ➤ *Frío, moderado.*

intemperancia *s. f.* Exceso, desenfreno. ➤ *Moderación, templanza.*

intemperante *adj.* Apasionado, inmoderado, libertino, desenfrenado. ➤ *Moderado, templado.*

intempestivo, va *adj.* Importuno, inoportuno, extemporáneo, inconveniente, inesperado, imprevisto. ➤ *Oportuno, adecuado, indicado.*

intención *s. f.* Intento, propósito, designio, proyecto, resolución, voluntad, idea, determinación, fin, objeto, meta, empeño, deseo, ánimo, decisión. ➤ *Casualidad, irresolución.*

intencionadamente *adv. m.* Adrede, aposta, ex profeso, voluntariamente.

intencionado, da *adj.* Premeditado, preparado, deliberado, consciente. ➤ *Impensado, inconsciente, casual.*

intendencia *s. f.* Administración, gobierno, cuidado, dirección.

intensamente *adv. m.* Estrechamente, hondamente, enérgicamente, vigorosamente. ➤ *Superficialmente.*

intensidad *s. f.* **1. Fuerza**, energía, poder. **2. Entusiasmo**, exaltación, apasionamiento, vehemencia.

intensificación *s. f.* Crecimiento, recrudecimiento. ➤ *Disminución.*

intensificar *v. tr.* Aumentar, enconar, reduplicar, acrecentar, incrementar. ➤ *Mitigar, rebajar, debilitar.*

intenso, sa *adj.* **1. Fuerte**, enérgico, violento, extremado, agudo, virulento, grande, hondo. ➤ *Apagado, suave, débil, tenue, imperceptible.* **2. Vivo**, vehemente, apasionado, ardiente, rabioso. ➤ *Moderado, tranquilo.*

intentar *v. tr.* Pretender, procurar, probar, ensayar, tantear, perseguir, iniciar, acometer, emprender, proyectar, aspirar, querer, empezar, comenzar, embarcarse, abordar. ➤ *Renunciar, abandonar, desistir, dejar.*

intento *s. m.* Ensayo, prueba, tanteo, intentona, tentativa, fin, designio, proyecto, plan, diligencia, gestión, demanda, empresa, impulso, afán, anhelo, empeño, propuesta, propósito. ➤ *Renuncia, abandono.*

intentona *s. f.* Tentativa, chasco, fracaso, malogro. ➤ *Logro, éxito.*

intercadencia *s. f.* Desigualdad, irregularidad, inconstancia.

intercadente *adj.* Desigual, irregular.

intercalación *s. f.* Superposición, interpolación, inserción. ➤ *Exclusión.*

intercalar *v. tr.* Interponer, interpolar, insertar, entreverar, alternar.

intercambiar *v. tr.* Canjear, permutar, trocar, cambiar.

intercambio *s. m.* Trueque, cambio, suplencia, canje, permuta.

interceder *v. intr.* Mediar, abogar, terciar, rogar, suplicar, defender. ➤ *Atacar, acusar, enemistar.*

interceptar *v. tr.* **1. Interrumpir**, detener, incomunicar, parar, cortar. **2. Estorbar**, obstaculizar, obstruir, entorpecer. ➤ *Facilitar, despejar.*

intercesión *s. f.* Mediación, arbitraje, conciliación, tercería, intervención.

intercesor, ra *adj.* Mediador, medianero, abogado, protector, conciliador, árbitro, tercero, intermediario.

interdecir *v. tr.* Proscribir, impedir, vedar, prohibir. ➤ *Permitir, autorizar.*

interdependencia *s. f.* Reciprocidad, interrelación. ➤ *Independencia.*

interés *s. m.* **1. Provecho**, utilidad, producto, ventaja. **2. Rédito**, renta, beneficio, ganancia. ➤ *Pérdida.* **3. Importancia**, peso, trascendencia, significación, significado, fuerza. ➤ *Intrascendencia.* **4. Atracción**, curiosidad, atención, afecto, atractivo, inclinación. ➤ *Desinterés, indiferencia, desapego.* **5. Empeño**, esfuerzo, afán, atención. **6. Egoísmo**. ➤ *Generosidad.* ‖ *s. m. pl.* **7. Capital**, patrimonio, bienes, hacienda, posesiones, ganancias, negocios, propiedades.

interesado, da *adj.* **1. Afectado**, asociado. **2. Seducido**, atento, curioso, sugestionado, empeñado, atraído. **3. Ambicioso**, codicioso, egoísta, pesetero, usurero, avaro. ➤ *Desinteresado, altruista, filántropo, generoso.* **4. Solicitante**, compareciente, parte.

interesante *adj.* Atrayente, cautivador, sugestivo, atractivo, curioso, importante, encantador, notable, original, seductor, fascinante. ➤ *Vulgar, indiferente, mediocre, adocenado.*

interesar *v. intr.* **1. Atañer**, afectar, concernir, importar, incumbir. **2. Cautivar**, seducir, atraer, conmover, impresionar, sugestionar. ➤ *Hartar, hastiar.* ‖ *v. prnl.* **3. Preocuparse**, empeñarse, encariñarse, enamorarse.

interfecto, ta *adj.* **1. Víctima**, difunto, muerto. **2. Tipo**, sujeto, fulano.

interferencia *s. f.* Estorbo, interrupción, cruce, intromisión.

interferir *v. tr.* **1. Estorbar**, interrumpir, entorpecer. ‖ *v. intr.* **2. Entrometerse**, inmiscuirse. ➤ *Estar al margen.*

interfoliar *v. tr.* Interpaginar.

ínterin *s. m.* **1. Intervalo**, interinidad. ‖ *adv. t.* **2. Entretanto**, mientras, provisionalmente, entremedias.

interinidad *s. f.* Temporalidad, transitoriedad. ➤ *Continuidad.*

interino, na *adj.* Eventual, provisional, transitorio, pasajero, suplente, accidental. ➤ *Numerario, titular, fijo.*

interior *adj.* **1. Interno,** nuclear. ➤ *Exterior, superficial.* **2. Espiritual,** anímico, psíquico, psicológico. ➤ *Físico, corporal.* **3. Íntimo,** profundo, privado, hondo. ‖ *s. m.* **4. Centro.** ➤ *Periferia, extrarradio.* **5. Espíritu,** ánimo, conciencia, corazón, seno. ➤ *Apariencia, exterior, superficie.* ‖ *s. m. pl.* **6. Entrañas,** vísceras.

interioridad *s. f.* **1. Intimidad,** profundidad, hondura, alma. ➤ *Exterioridad.* ‖ *s. f. pl.* **2. Peculiaridades,** singularidades, particularidades.

interlocutor, ra *s. m. y s. f.* Dialogador, platicador, conversador.

intérlope *adj.* Contrabando, estraperlo.

interludio *s. m.* Intermedio, intermezzo.

intermediar *v. intr.* Mediar, interceder, intervenir, mezclarse, interponerse, arbitrar, terciar, reconciliar. ➤ *Desentenderse, encogerse de hombros.*

intermediario, ria *adj.* **1. Árbitro,** mediador, intercesor, embajador, medianero, conciliador, negociador, tercero. ➤ *Parte.* **2. Agente,** proveedor, mayorista, negociante, comisionista.

intermedio *s. m.* **1. Intervalo. 2. Entreacto,** descanso, interrupción. **3. Interludio,** intermezzo.

interminable *adj.* Inacabable, inagotable, infinito, perenne, eterno. ➤ *Finito, limitado, perecedero, breve.*

intermisión *s. f.* Inciso, intervalo, paréntesis, interrupción.

intermitencia *s. f.* **1. Discontinuidad,** suspensión, cesación, alternación. ➤ *Continuidad.* **2. Arritmia.**

intermitente *adj.* Discontinuo, interrumpido, irregular, entrecortado, esporádico, alterno. ➤ *Continuo, regular.*

intermitir *v. tr.* Detener, parar.

internacional *adj.* Mundial, universal, cosmopolita, general. ➤ *Nacional.*

internado *s. m.* Pupilaje, pensionado.

internamiento *s. m.* Encierro, internación, reclusión. ➤ *Liberación.*

internar *v. tr.* **1. Recluir,** confinar, retener. ➤ *Liberar.* **2. Hospitalizar,** in-

gresar. ➤ *Dar el alta.* ‖ *v. prnl.* **3. Meterse,** introducirse, profundizar, penetrar, avanzar, adentrarse, guarecerse, ocultarse. ➤ *Sacar, salir.*

interno, na *adj.* **1. Interior,** oculto, escondido, profundo, íntimo, recóndito, intestino. ➤ *Exterior, externo.* **2. Residente,** pensionista. ➤ *Externo.* ‖ *s. m. y s. f.* **3. Recluso,** preso.

interpelación *s. f.* Interrogación, requerimiento, petición, ruego, súplica, solicitud, demanda, pregunta.

interpelar *v. tr.* Requerir, preguntar, interrogar, demandar, solicitar, instar.

interpolar *v. tr.* Intercalar, interponer, insertar, alternar, superponer.

interponer *v. tr.* **1. Intercalar,** entreverar. ‖ *v. prnl.* **2. Entrometerse,** interferirse, obstaculizar.

interposición *s. f.* **1. Intercalación,** interpolación. **2. Entrometimiento,** mediación, interrupción.

interpretación *s. f.* **1. Explicación,** comentario, exégesis, glosa, paráfrasis, aclaración, análisis, sentido. **2. Actuación,** representación, creación, ejecución, encarnación, plasmación.

interpretar *v. tr.* **1. Comentar,** glosar, parafrasear, descifrar, aclarar, exponer, esclarecer. **2. Entender,** comprender, captar. **3. Actuar,** declamar, representar. **4. Recrear,** plasmar, representar, reflejar, encarnar, recrear. **5. Traducir,** verter, trasladar.

intérprete *s. m. y s. f.* **1. Comentarista,** exégeta, hermeneuta. **2. Traductor,** guía. **3. Actor,** artista, ejecutante.

interregno *s. m.* Intervalo, ínterin. ➤ *Reinado, legislatura.*

interrogación *s. f.* **1. Pregunta,** indagación, interpelación, cuestión, consulta. ➤ *Respuesta, contestación.* **2. Interrogante,** enigma, incógnita.

interrogar *v. tr.* Inquirir, interpelar, sondear, preguntar, consultar, cuestionar. ➤ *Contestar, responder.*

interrogatorio *s. m.* Cuestionario, sondeo, interpelación, inquisitoria, examen. ➤ *Respuesta, contestación.*

interrumpir *v. tr.* **1. Parar,** detener, atajar, suspender, truncar, quebrar. ➤

Continuar, proseguir. **2. Obstaculizar**, estorbar, interceptar. **3. Cortar.**

interrupción *s. f.* Intermisión, suspensión, detención, pausa, atasco, parada, alto, inciso, paréntesis, tregua, compás, digresión, intervalo, intermitencia, omisión, cesación. ➤ *Continuación, reanudación, prosecución.*

interruptor *s. m.* Clavija, llave.

intersección *s. f.* Encuentro, cruce.

intersticio *s. m.* **1. Hendidura**, grieta, resquicio, fisura, rendija. **2. Intervalo**, interludio, intermedio, pausa.

intervalo *s. m.* Intermedio, pausa, ínterin, interludio, vacío, hueco, tregua, interrupción, claro, inciso, lapso.

intervención *s. f.* **1. Intromisión**, interposición, mediación, participación, actuación. ➤ *Ausencia, abstención.* **2. Inspección**, arbitraje, control, fiscalización. **3. Operación.**

intervenir *v. intr.* **1. Participar**, envolverse, mojarse, mezclarse, jugar, meter baza. ➤ *Abstenerse, retraerse, salirse, inhibirse.* **2. Interceder**, mediar, interponerse, abogar, ayudar, apoyar. ➤ *Atacar, acusar.* **3. Conciliar**, terciar, mediar, poner paz, reconciliar. ➤ *Azuzar, enfrentar.* **4. Influir.** ‖ *v. tr.* **5. Operar**, abrir. **6. Fiscalizar**, inquirir, investigar. **7. Bloquear**, inmovilizar, aislar. **8. Interceptar**, escuchar. **9. Limitar**, restringir. **10. Dirigir.**

interventor, ra *s. m. y s. f.* **1. Inspector**, fiscal. **2. Supervisor.**

interviú *s. f.* Entrevista.

intestino, na *adj.* **1. Interno**, interior, civil, familiar, doméstico. ‖ *s. m.* **2. Entraña**, tripa.

intimación *s. f.* Emplazamiento, requerimiento, notificación, advertencia, aviso.

intimar *v. tr.* **1. Conminar**, requerir, declarar, notificar, ordenar, prescribir. ‖ *v. intr.* **2. Fraternizar**, congeniar, avenirse. ➤ *Enemistarse.*

intimidación *s. f.* Desafío, provocación, amenaza, reto, acorralamiento.

intimidad *s. f.* Confianza, familiaridad, amistad. ➤ *Enemistad, desconfianza.*

intimidar *v. tr.* **1. Asustar**, amedrentar, atemorizar, acobardar. ➤ *Tranquilizar, sosegar.* **2. Amenazar**, conminar, coaccionar, obligar.

íntimo, ma *adj.* **1. Profundo**, hondo, interno, recóndito. ➤ *Externo, superficial.* **2. Entrañable**, fraterno, inseparable, afecto, fiel, adicto. ➤ *Extraño, enemigo, desafecto.* **3. Particular**, personal, privado, reservado, secreto, familiar. ➤ *Público, conocido, general.* **4. Estrecho**, cercano, fuerte, inseparable. ➤ *Superficial, lejano, trivial.*

intitular *v. tr.* Titular, llamar, nombrar.

intocable *adj.* **1. Intangible**, impalpable. ➤ *Tangible.* ‖ *s. m. y s. f.* **2. Paria.**

intolerable *adj.* Inaguantable, insoportable, insufrible, abusivo, inaceptable. ➤ *Tolerable, soportable.*

intolerancia *s. f.* Intransigencia, fanatismo. ➤ *Tolerancia, transigencia.*

intoxicar *v. tr.* Envenenar, emponzoñar, contaminar, corromper.

intranquilidad *s. f.* Azoramiento, desasosiego, inquietud, turbación, impaciencia, ansiedad, zozobra, angustia, alarma, congoja, agitación, conmoción, tormento, desazón. ➤ *Tranquilidad, sosiego, serenidad.*

intranquilizador, ra *adj.* Acongojante, alarmante, conturbador. ➤ *Calmante, tranquilizador.*

intranquilizar *v. tr.* Perturbar, alterar, acongojar, atormentar, alarmar, agitar, inquietar, acuciar, conturbar, sobresaltar, turbar, soliviantar, angustiar, desazonar. ➤ *Apaciguar, aplacar, calmar, tranquilizar, sosegar.*

intranquilo, la *adj.* Agitado, inquieto, desasosegado, perturbado, ansioso, desazonado, atormentado, impaciente, conmovido, soliviantado, turbado, nervioso, angustiado, preocupado, excitado. ➤ *Tranquilo, sosegado.*

intransigente *adj.* Intolerante, fanático, inflexible. ➤ *Dialogante.*

intransitable *adj.* Impracticable, infranqueable, inutilizable, inabordable, imposible, inaccesible, difícil. ➤ *Vadeable, practicable, fácil, franqueable, transitable.*

intrascendencia *s. f.* Frivolidad, superficialidad, irrelevancia, banalidad, trivialidad. ➤ *Importancia, gravedad.*

intratable *adj.* Huraño, arisco, desagradable, insociable. ➤ *Sociable, afable.*

intrepidez *s. f.* **1. Ánimo**, valentía, redaños, osadía, coraje, bravura, esfuerzo, temeridad, atrevimiento, decisión, arrestos, agallas. ➤ *Cobardía, temor, miedo, indecisión.* **2. Irreflexión**, alocamiento, irresponsabilidad, inconsciencia, imprudencia, insensatez. ➤ *Sensatez, prudencia, responsabilidad.*

intrépido, da *adj.* **1. Valiente**, resuelto, arrojado, atrevido, bravo, animoso, audaz, osado, impávido, valeroso. ➤ *Cobarde, pusilánime, apocado, temeroso.* **2. Insensato**, irreflexivo, temerario, inconsciente, alocado, loco, imprudente. ➤ *Sensato, prudente.*

intriga *s. f.* **1. Confabulación**, complot, maquinación, manejo, artimaña, treta, maniobra, emboscada, chanchullo, trapisonda, trampa, enredo, traición. **2. Curiosidad**, expectación, interés, incertidumbre. ➤ *Desinterés.*

intrigante *adj.* Chanchullero, liante, maniobrero, maquinador.

intrigar *v. intr.* Confabular, maquinar, tramar, conspirar.

intrincado, da *adj.* Enrevesado, escabroso, liado, oscuro, confuso, enredado, complicado, laberíntico, embrollado, complejo, desordenado, enmarañado, enredoso, indescifrable, espeso, espinoso, inescrutable, inextricable. ➤ *Claro, sencillo, transparente, obvio, fácil, evidente.*

intrincar *v. tr.* Tergiversar, confundir, enredar, enmarañar.

intríngulis *s. m.* Complicación, dificultad, meollo, busilis.

intrínseco, ca *adj.* Propio, interno, interior, íntimo, esencial, sustancial. ➤ *Accidental, superficial, accesorio.*

introducción *s. f.* **1. Entrada**, presentación, penetración, infiltración, inyección, inserción, implantación, incorporación. ➤ *Salida, extracción.* **2. Prólogo**, preámbulo, prefacio, introito, principio, presentación, exor-

dio, prolegómeno. ➤ *Epílogo, conclusión.* **3. Preludio.**

introducir *v. tr.* **1. Entrar**, pasar, meter, llevar, presentar, avalar. ➤ *Retirar, separar.* **2. Encajar**, embutir, ensartar, meter, deslizar, empotrar, infiltrar, hincar, incluir, incorporar, clavar, insertar. ➤ *Sacar, extraer.* **3. Relacionar**, presentar, incluir. ➤ *Expulsar.* **4. Ocasionar**, causar, provocar. ‖ *v. prnl.* **5. Inmiscuirse**, entrometerse.

introito *s. m.* Introducción, prólogo, preliminar. ➤ *Epílogo.*

intromisión *s. f.* Entrometimiento, injerencia, intrusión, fisgoneo. ➤ *Desentendimiento, inhibición.*

introspección *s. f.* Reflexión, conciencia, análisis, meditación.

introversión *s. f.* Abstracción, ensimismamiento, reconcentración.

introvertido, da *adj.* Retraído, reservado, tímido, callado. ➤ *Extravertido.*

intrusión *s. f.* Injerencia, intromisión.

intruso, sa *adj.* Entrometido, indiscreto, extraño, curioso, metomentodo, polizón, advenedizo.

intuición *s. f.* **1. Percepción**, visión, conocimiento, penetración. ➤ *Ceguera.* **2. Clarividencia**, presentimiento.

intuir *v. tr.* **1. Percibir**, notar, sentir, captar, discernir. **2. Presentir**, adivinar, sospechar, entrever, vislumbrar.

intuitivo, va *adj.* Instintivo, inconsciente, irreflexivo. ➤ *Reflexivo.*

inundación *s. f.* **1. Riada**, avenida, aluvión, diluvio, crecida, desbordamiento, arroyada, torrente, caudal. ➤ *Sequía.* **2. Abundancia**, avalancha, plaga, invasión, copia, peste, cantidad, sobra. ➤ *Escasez, limitación.*

inundado, da *adj.* Empapado, anegado, desbordado. ➤ *Seco.*

inundar *v. tr.* **1. Anegar**, sumergir, encharcar, desbordarse. ➤ *Achicar.* **2. Colmar**, llenar, atestar, abrumar.

inurbano, na *adj.* Descortés, incivil, ordinario, grosero, basto, maleducado. ➤ *Cortés, gentil, educado.*

inusitado, da *adj.* Inusual, desacostumbrado, insólito, raro, extraño. ➤ *Normal, común, corriente, habitual.*

inusual *adj.* Infrecuente, inusitado, inhabitual, raro. ➤ *Corriente, vulgar.*

inútil *adj.* **1. Ineficaz**, improductivo, incapaz, incompetente, infecundo, nulo, inservible, infecundo, vano, estéril, inválido, infructuoso, estéril, superfluo, caduco, inexperto, torpe. ➤ *Válido, productivo.* **2. Lisiado**, tullido, imposibilitado, inválido. ➤ *Apto, útil.*

inutilidad *s. f.* Improductividad, ineptitud, nulidad, futilidad, ineficacia, incapacidad, invalidez, insignificancia, inhabilitación, infructuosidad, incompetencia. ➤ *Utilidad, productividad, eficacia, validez, capacidad.*

inutilización *s. f.* Anulación, incapacitación, invalidación. ➤ *Capacitación.*

inutilizar *v. tr.* Incapacitar, inhabilitar, invalidar, anular, estropear, averiar, desautorizar, malograr, desguazar, desmontar, descomponer, destruir, arrinconar, jubilar. ➤ *Habilitar, arreglar, componer, reparar.*

invadir *v. tr.* **1. Irrumpir**, asaltar, atacar, acometer, violentar, penetrar. ➤ *Retirar, salir, abandonar.* **2. Abarrotar**, saturar, colmar, avasallar. **3. Apoderarse**, adueñarse, embargar, asaltar, dominar, obsesionar. ➤ *Abandonar.* **4. Inmiscuirse**, incordiar, entrometerse, pegarse, fisgonear, usurpar. ➤ *Separarse, mantenerse al margen.*

invalidación *s. f.* Anulación, nulidad, rescisión. ➤ *Autorización, validación.*

invalidar *v. tr.* Anular, inutilizar, inhabilitar. ➤ *Permitir, ratificar, capacitar.*

invalidez *s. f.* Atrofia, incapacitación, nulidad, inutilidad. ➤ *Rehabilitación.*

inválido, da *adj.* **1. Minusválido**, mutilado, incapacitado. ➤ *Válido.* **2. Nulo**, abolido, inutilizado, inhabilitado, incapacitado, anulado. ➤ *Vigente.*

invariable *adj.* Inalterable, inmutable, constante, firme, inconmovible, irreformable, permanente. ➤ *Variable, mudable, inestable, alterable.*

invasión *s. f.* **1. Incursión**, irrupción, intrusión, entrada, acometimiento, asalto, correría, ocupación, conquista. ➤ *Rechazo.* **2. Intromisión**, entrometimiento, injerencia, fisgoneo.

invectiva *s. f.* Sátira, sarcasmo, mordacidad, diatriba. ➤ *Alabanza, elogio.*

invencible *adj.* Invulnerable, imbatible, indomable, insometible, inatacable, inquebrantable, insuperable, duro. ➤ *Vulnerable, atacable, débil.*

invención *s. f.* **1. Invento**, descubrimiento, hallazgo, creación, novedad, improvisación. ➤ *Imitación, plagio, copia, remedo.* **2. Mentira**, fábula, engaño, embuste, trola, bola, artificio, ficción. ➤ *Realidad, verdad.*

inventar *v. tr.* **1. Hallar**, descubrir, encontrar. **2. Imaginar**, idear, concebir, discurrir, forjar, planear. **3. Mentir**, fingir, fabular, trolear, falsificar.

inventariar *v. tr.* Listar, catalogar, registrar, compilar, relacionar.

inventario *s. m.* Descripción, lista, relación, registro.

inventiva *s. f.* Ingenio, imaginación, fantasía, idea, creatividad, luces, talento, maña, arte, inspiración, agudeza. ➤ *Torpeza, ineptitud.*

invento *s. m.* Novedad, patente, invención, hallazgo, descubrimiento, creación, innovación. ➤ *Imitación, plagio, copia, remedo.*

inventor, ra *adj.* Descubridor, autor, creador, innovador, autor, genio.

inverecundo, da *adj.* Desvergonzado. ➤ *Pudoroso, vergonzoso.*

invernáculo *s. m.* Estufa, invernadero.

invernal *adj.* Hibernal. ➤ *Veraniego.*

invernar *v. intr.* Hibernar.

inverosímil *adj.* Increíble, inconcebible, inimaginable, imposible, inadmisible, fantástico, sorprendente, improbable, asombroso, extraño, raro, maravilloso, absurdo, anormal. ➤ *Verosímil, posible, creíble, evidente, real.*

inverosimilitud *s. f.* Absurdo, imposibilidad, incongruencia. ➤ *Posibilidad.*

inversión *s. f.* **1. Alteración**, cambio, trueque, vuelco, revés. **2. Imposición**, gasto, aplicación, dedicación.

inversionista *adj.* Financiero, inversor, negociante.

invertir *v. tr.* **1. Alterar**, cambiar, volver, trastocar, volcar, tumbar. ➤ *Colocar, ordenar, restablecer.* **2. Dedicar**, ocupar, emplear. ➤ *Tirar, desaprovechar.* **3. Gastar**, destinar, poner, colocar. ➤ *Perder, desaprovechar.*

investidura *s. f.* Proclamación, toma de posesión. ➤ *Cese.*

investigación *s. f.* Averiguación, búsqueda, indagación, pesquisa..

investigador, ra *adj.* **1. Averiguador**, descubridor. ‖ *s. m. y s. f.* **2. Científico**, sabio, estudioso.

investigar *v. tr.* Averiguar, indagar, inquirir, buscar, curiosear, tantear, rastrear, pesquisar, inspeccionar, brujulear, husmear, olfatear, acechar, sondear, explorar, rebuscar.

investir *v. tr.* Conceder, conferir.

inveterado, da *adj.* Antiguo, arraigado, envejecido. ➤ *Nuevo.*

invicto, ta *adj.* Triunfador, victorioso, vencedor, triunfante, ganador, invencible. ➤ *Vencido, derrotado.*

inviolable *adj.* Inmune, intangible, sagrado, seguro, protegido, venerable.

inviolado, da *adj.* Íntegro, intacto, puro, incólume. ➤ *Hollado, mancillado.*

invisible *adj.* Oculto, impalpable, recóndito, inapreciable, incorpóreo, escondido, encubierto, disimulado, camuflado. ➤ *Patente, manifiesto.*

invitación *s. f.* **1. Convocatoria**, ofrecimiento, llamada, convite. **2. Incitación**, estímulo, ruego, súplica. **3. Tarjeta**, pase, ticket, entrada, vale.

invitado, da *s. m. y s. f.* Asistente, comensal, contertulio, convidado.

invitar *v. tr.* **1. Convidar**, brindar, ofrecer, convocar. **2. Instigar**, mover, inducir, incitar, atraer, instar, animar, rogar. ➤ *Desanimar, desinteresar.*

invocación *s. f.* Llamada, petición, ruego, súplica, oración, plegaria, imploración, evocación, solicitación.

invocar *v. tr.* **1. Implorar**, rogar, suplicar. **2. Alegar**, aducir, fundarse, apoyarse, fundamentarse, basarse. **3. Apelar**, recurrir, llamar, recordar.

involución *s. f.* Atrofia, regresión. ➤ *Progreso, progresión.*

involucrar *v. tr.* **1. Implicar**, envolver, mezclar, comprometer. ➤ *Marginar.* **2. Abarcar**, incluir. ➤ *Excluir.*

involuntario, ria *adj.* Impensado, irreflexivo, instintivo, maquinal, inconsciente, espontáneo, indeliberado, impremeditado, reflejo, automático. ➤ *Consciente, deliberado, voluntario, premeditado.*

invulnerabilidad *s. f.* Inmunidad, robustez. ➤ *Debilidad, vulnerabilidad.*

invulnerable *adj.* Ileso, inmune, invencible, indestructible, inexpugnable. ➤ *Vulnerable, destructible.*

inyección *s. f.* Transfusión, dosis.

ipecacuana *s. f.* Bejuquillo.

ir *v. intr.* **1. Desplazarse**, encaminarse, transitar, dirigirse, conducir, trasladarse, seguir, mudarse, asistir, remover, correr, acudir, recorrer, marchar. ➤ *Regresar, volver.* **2. Ajustarse**, acomodarse, adaptarse, acoplarse, convenir, concordar, adecuarse, avenirse. ‖ *v. prnl.* **3. Derramarse**, desbordarse.

ira *s. f.* Molestia, enfado, indignación, irritación, coraje, cólera, rabia, furia, furor, arrebato, enojo, exasperación, repente, despecho, saña, fiereza, frenesí. ➤ *Placidez, calma, paciencia.*

iracundo, da *adj.* Irascible, irritable, colérico, fiero. ➤ *Pacífico, sereno.*

irascibilidad *s. f.* Cólera, ira, rabia.

irascible *adj.* Colérico, iracundo.

iridiscente *adj.* Brillante, irisado, tornasolado. ➤ *Apagado, mate.*

irisación *s. f.* Brillo, reflejo, tornasol. ➤ *Opacidad.*

irisado, da *adj.* Iridiscente, nacarado, polícromo, perlado, tornasolado.

irisar *v. tr.* Brillar, resplandecer, refulgir. ➤ *Enturbiarse, velarse.*

ironía *s. f.* Causticidad, mordacidad, sarcasmo, mofa, burla, chanza, humor, sátira, ingenio, broma. ➤ *Seriedad.*

irónico, ca *adj.* Burlón, punzante, cáustico, mordaz, burlesco, sarcástico, agudo, guasón, socarrón. ➤ *Serio.*

ironizar *v. intr.* Burlar, satirizar, chancear, zumbar. ➤ *Alabar, elogiar.*

irracional *adj.* **1. Bruto**, bestia, animal. ➤ *Humano, racional.* **2. Absurdo**, insensato, extraviado, descabellado, extravagante, disparatado, paradójico, irrazonable, ilógico, inverosímil, inconveniente, impertinente, infundado, contradictorio. ➤ *Racional, sensato, razonable.*

irracionalidad *s. f.* Extravagancia, inconexión, insensatez, sinrazón, disparate, locura. ➤ *Cordura, sensatez.*

irradiación *s. f.* Difusión, efluvio, emanación, emisión, proyección.

irradiar *v. tr.* Radiar, difundir, esparcir.

irrazonable *adj.* Absurdo, disparatado, ilógico. ➤ *Justo, razonable.*

irreal *adj.* Aparente, engañoso, ideal, ilusorio, virtual, inexistente, vano, quimérico, falso, utópico, hipotético, imaginario, soñado, falaz, inconcebible. ➤ *Material, real, verdadero, posible.*

irrealidad *s. f.* Ilusión, quimera, sueño, imposible, espejismo. ➤ *Realidad.*

irrealizable *adj.* Impracticable, imposible, quimérico. ➤ *Material, posible.*

irrebatible *adj.* Indiscutible, incuestionable, incontrovertible, indisputable, irrefutable. ➤ *Rebatible, refutable.*

irreconciliable *adj.* Adversario, enemigo, enfrentado, hostil. ➤ *Amistoso.*

irrecuperable *adj.* Abandonado, incurable, irreparable. ➤ *Servible, útil.*

irreemplazable *adj.* Insustituible, necesario, imprescindible, forzoso.

irreflexión *s. f.* Aturdimiento, imprudencia, intrepidez, temeridad, ofuscación, ligereza, precipitación, distracción, espontaneidad, atolondramiento, imprevisión, inconsciencia. ➤ *Precaución, prudencia, premeditación, previsión, meditación, reflexión.*

irreflexivo, va *adj.* **1. Precipitado**, imprudente, aturdido, indeliberado, instintivo, atolondrado, arrebatado, inconsiderado, insensato, inconsecuente, impulsivo, travieso, alocado, descabellado, espontáneo. ➤ *Preconcebido, deliberado, cauto, sensato.* **2. Involuntario**, automático, maquinal. ➤ *Meditado, pensado, reflexivo.*

irrefutable *adj.* Fehaciente, incontestable, incontrovertible, evidente. ➤ *Contestable, rectificable, refutable.*

irregular *adj.* **1. Anómalo**, desigual, estrambótico, desordenado, caprichoso, inconstante, intermitente, informal,

arbitrario, singular, desvariado, especial, inverosímil, particular, deforme, monstruoso, informe. ➤ *Regular, justo, exacto, matemático.* **2. Discontinuo**, infrecuente, raro, extraño, insólito. ➤ *Normal, ordinario, frecuente.*

irregularidad *s. f.* **1. Anomalía**, anormalidad. ➤ *Normalidad, regularidad.* **2. Fraude**, filtración, ilegalidad.

irreligiosidad *s. f.* Herejía, impiedad, paganismo, ateísmo, descreimiento. ➤ *Fe, religión, religiosidad, creencia.*

irreligioso, sa *adj.* Impío, descreído, incrédulo, ateo. ➤ *Piadoso, religioso.*

irremediable *adj.* Irreparable, incurable, perdido, irresoluble, irremisible, fatal. ➤ *Reparable, curable.*

irremisible *adj.* Imperdonable, inexcusable. ➤ *Excusable, disculpable.*

irreparable *adj.* Incomponible, irremediable. ➤ *Compensable, renovable.*

irreprochable *adj.* Correcto, impecable, intachable, íntegro, perfecto, inmaculado. ➤ *Reprochable, sucio.*

irresistible *adj.* Apasionado, arrollador, incontenible. ➤ *Débil, flojo.*

irresolución *s. f.* Perplejidad, vacilación, indecisión, duda, incertidumbre, inseguridad. ➤ *Certeza, firmeza.*

irresoluto, ta *adj.* Indeciso, perplejo, vacilante, dudoso, indeterminado, blando, débil, incierto, fluctuante, titubeante, irresoluble, remiso, oscilante, zozobrante, móvil, flotante, tímido, inseguro, voluble, escrupuloso, turbado, confuso, vago. ➤ *Firme, resuelto, decidido, seguro, determinado.*

irrespetuosidad *s. f.* Descaro, insolencia, desvergüenza, atrevimiento.

irrespetuoso, sa *adj.* Desatento, irreverente, grosero, injurioso, atrevido, faltón, desconsiderado, desatento, ineducado. ➤ *Atento, galante, respetuoso, cortés, educado, deferente.*

irrespirable *adj.* Asfixiante, opresivo.

irresponsabilidad *s. f.* Incapacidad, ligereza. ➤ *Formalidad, sensatez.*

irresponsable *adj.* **1. Infantil**, menor, loco, fuera de sí. ➤ *Responsable, sensato, cuerdo.* **2. Insensato**, inepto, incompetente. ➤ *Competente.*

irreverencia *s. f.* Blasfemia, descortesía, grosería, inconveniencia, impertinencia, ofensa, menosprecio, desdén, profanación, burla, ultraje, desacato, indelicadeza. ➤ *Respeto, cortesía, consideración, reverencia.*

irreverente *adj.* **1. Sacrílego**, blasfemo, irrespetuoso. ➤ *Piadoso.* **2. Descortés**, ultrajante, desconsiderado, impropio, ineducado, grosero, irrespetuoso, impertinente. ➤ *Mirado, cortés, considerado, respetuoso.*

irreversible *adj.* Definitivo, invariable. ➤ *Mudable, reversible.*

irrigación *s. f.* Aspersión, riego.

irrigar *v. tr.* **1. Bañar. 2. Regar.**

irrisión *s. f.* Desprecio, ridiculez.

irrisorio, ria *adj.* **1. Ridículo**, risible, grotesco, absurdo. ➤ *Grave, serio.* **2. Insignificante**, minúsculo, irrelevante. ➤ *Representativo, relevante.*

irritabilidad *s. f.* Irritación, irascibilidad.

irritable *adj.* Irascible, colérico, iracundo, violento, impaciente, susceptible, enojadizo, frenético, alterable, airado, cascarrabias, furioso, rencoroso, gruñón, puntilloso, quisquilloso. ➤ *Calmoso, ecuánime, tranquilo.*

irritación *s. f.* **1. Ira**, enfado, enojo, cólera, rabia, arrebato, agitación, saña, excitación, indignación, furor, hincha, ferocidad, rebeldía, ensañamiento, berrinche. ➤ *Calma, tranquilidad, paz.* **2. Picazón**, comezón, picor, hinchazón, congestión, sarpullido, prurito.

irritante *adj.* Excitante, indignante, sofocante, exasperante. ➤ *Calmante.*

irritar *v. tr.* **1. Enojar**, encolerizar, enfadar, enfurecer, exasperar, indignar, sulfurar, incomodar, endemoniar, enervar, crispar, sublevar, disgustar, cabrear. ➤ *Calmar, apaciguar, tranquilizar.* **2. Excitar**, acalorar, encender, enardecer. ➤ *Apagar, mitigar, aplacar.*

irrompible *adj.* Indestructible, resistente, inquebrantable. ➤ *Endeble.*

irrumpir *v. intr.* Acometer, invadir, penetrar, entrar, asaltar. ➤ *Salir.*

irrupción *s. f.* Acometida, incursión.

isla *s. f.* **1. Atolón**, ínsula, islote. **2. Manzana**, bloque, cuadra.

islámico, ca *adj.* Mahometano, musulmán.

isleño, ña *adj.* Insular, insulano. ➤ *Continental.*

isócrono, na *adj.* Acompasado, sincrónico. ➤ *Descompuesto, irregular.*

isomorfo, fa *adj.* Semejante, similar.

itálica *adj.* Cursiva, bastardilla.

iteración *s. f.* Repetición.

itinerario *s. m.* Camino, trayecto, ruta, recorrido, tránsito, ruta, marcha.

izar *v. tr.* Levantar, elevar, alzar, enarbolar, subir. ➤ *Arriar, bajar.*

izquierdo, da *adj.* Siniestro, zurdo. ➤ *Derecho, diestro.*

J j

jabalina *s. f.* Alabarda, lanza, venablo, pica, rejón, arma arrojadiza.

jabardillo *s. m.* Remolino, bullicio.

jabato, ta *adj.* Bravo, valiente, arrojado. ➤ *Cobarde, pusilánime.*

jabeque *s. m.* Cicatriz, tajo, cuchillada.

jabonadura *s. f.* Enjabonado, enjabonadura, fregado, colada.

jabonera *s. f.* Lanaria, saponaria.

jabonoso, sa *adj.* Saponáceo.

jácara *s. f.* Atelana, paso, entremés.

jacarandoso, sa *adj.* Gracioso, garboso, saleroso, desenfadado. ➤ *Mohíno, soso, desangelado, aburrido.*

jacarear *v. intr.* Alborotar, bullanguear, rondar.

jacarero, ra *s. m. y s. f.* Bromista, bufón.

jácaro *s. m.* Majo, matón, chulo.

jaco *s. m.* Jamelgo, matalón, penco, rocín.

jactancia *s. f.* Vanidad, pedantería, chulería, altanería, farol, boato, vanagloria, suficiencia, inmodestia, fatuidad, orgullo, petulancia, presunción, arrogancia, ostentación, faroleo, afectación, pavoneo, insolencia. ➤ *Humildad, modestia, discreción.*

jactancioso, sa *adj.* Arrogante, engreído, fanfarrón, farolero, presumido, chulo, ufano, insolente, vanidoso, petulante, ostentoso, pedante, vano, altanero, orgulloso, fatuo, fantasma, fantasmón, inmodesto. ➤ *Humilde, modesto, sencillo, discreto.*

jactarse *v. prnl.* Vanagloriarse, pavonearse, preciarse, farolear, gallardear, alardear, engreírse, alabarse, envanecerse, chulear, hacer gala, darse tono. ➤ *Humillarse, avergonzarse.*

jadear *v. intr.* Ahogarse, sofocarse, bufar, resollar, cansarse, fatigarse, asfixiarse. ➤ *Descansar, recuperar el resuello.*

jadeo *s. m.* Acezo, ahogo.

jaez *s. m.* **1. Aderezo**, guarnición, arreos. **2. Índole**, clase, estofa, raza, calaña.

jaiba *adj.* Astuto, avispado, ladino, listo, espabilado. ➤ *Inocente, torpe.*

jalar¹ *v. tr.* Arrastrar, tirar, halar.

jalar² *v. tr.* Engullir, manducar, zampar, glotonear. ➤ *Ayunar.*

jalear *v. tr.* Alabar, alentar, aplaudir, animar. ➤ *Abuchear.*

jaleo *s. m.* **1. Diversión**, alegría, fiesta, jarana, alboroto, bullicio, bulla, barullo, juerga, parranda. ➤ *Quietud, calma, silencio, trabajo.* **2. Pelea**, riña, pendencia, enfrentamiento, altercado, bronca, pelotera. ➤ *Paz, armonía.*

jalón *s. m.* **1. Mojón**, señal, marca. **2. Hito**, etapa, época.

jamás *adv. m.* Nunca, en ningún caso, en la vida, en ningún modo. ➤ *Siempre, de cualquier forma, en todo momento.*

jamelgo *s. m.* Jaco, matalón, penco.

jamón *s. m.* **1. Pernil. 2. Anca**, muslo.

jamugas *s. f. pl.* Angarillas, sillín.

jamurar *v. tr.* Baldear, secar, achicar.

jangada *s. f.* Balsa, almadía, tablazón.

jaqueca *s. f.* Migraña, neuralgia.

jaquetón *s. m.* Valentón, fanfarrón. ➤ *Cobarde, gallina.*

jáquima *s. f.* Brida, correa, ronzal.

jaquimazo *s. m.* Burla, chanza.

jara *s. f.* Flecha, saeta, venablo.

jarabe *s. m.* Jarope, medicina, sirope.

jaramago *s. m.* Balsamita, sisimbrio.

jarana *s. f.* **1. Juerga**, bullicio, alboroto, parranda, jaleo, diversión, regocijo, farra, jolgorio, fiesta, bulla. ➤ *Quietud, silencio.* **2. Trifulca**, desorden, escándalo, confusión, pelea, altercado, riña, pendencia, pelotera, follón, lío, bronca. ➤ *Calma, armonía, paz.*

jaranear *v. intr.* Bromear, retozar, alborotar. ➤ *Mitigar, sosegar.*

jaranero, ra *adj.* Alborotador, juerguista, parrandero. ➤ *Silencioso, tranquilo.*

jarcha *s. f.* Estribillo, letrilla.

jarcia *s. f.* Arboladura, cordaje.

jardín s. m. Vergel, parque, edén, rosaleda, oasis. ➤ *Desierto.*

jarifo, fa adj. Acicalado, enjoyado, peripuesto, arreglado. ➤ *Desastrado.*

jarra s. f. Aguamanil, jarro, pichel, tinaja, jarrón, cántara, cántaro, ánfora.

jarrear v. intr. Llover, chaparronear, diluviar, descargar. ➤ *Escampar.*

jarro s. m. Aguamanil, búcaro, cántaro, jarra.

jarrón s. m. Búcaro, florero, vasija, vaso, tibor.

jaspe s. m. Mármol.

jaspeado, da adj. Espolvoreado, manchado, veteado, pinteado, salpicado.

jaspear v. tr. Salpicar, vetear, pintear.

jaula s. f. Cárcel, mazmorra, prisión.

jauría s. f. Manada, traílla.

jayán, na s. m. y s. f. Gigante, hercúleo, hombrón. ➤ *Enano.*

jefatura s. f. Dirección, mando, autoridad, soberanía, regencia, poder, gobierno, jurisdicción, dirección, superioridad. ➤ *Vasallaje, subordinación.*

jefe, fa s. m. y s. f. Director, dueño, patrón, líder, superior, cabeza, mayor, amo, jeque, guía, principal, caudillo, capitán, presidente, regente, conductor, soberano, cabecilla, tirano, dictador, gobernador, adalid, cacique, mandamás. ➤ *Inferior, súbdito, vasallo, esclavo, subalterno.*

jerapellina s. f. Andrajo, harapo.

jerarca s. m. Dignatario, jefe, caudillo.

jerarquía s. f. Categoría, clase, clasificación, rango, escalafón.

jerarquizar v. tr. Clasificar, organizar, subordinar, graduar, ordenar.

jeremías s. m. y s. f. Llorón, quejicoso, quejumbroso, llorica.

jerga s. f. 1. **Argot**, germanía. 2. **Jerigonza**, galimatías, algarabía.

jergón s. m. Camastro, somier, colchón.

jerigonza s. f. 1. **Argot**, germanía. 2. **Galimatías**, chino, griego, latín.

jeringa s. f. Cánula, mangueta.

jeringar v. tr. Importunar, jorobar, cargar, fastidiar, incordiar. ➤ *Agradar.*

jeroglífico s. m. 1. **Acertijo**, pasatiempo, charada. 2. **Laberinto**.

jet s. m. Reactor.

jeta s. f. Morro, hocico, rostro, cara.

jetón, na adj. Bocudo, hocicudo.

jibia s. f. Sepia.

jícara s. f. Pocillo, tacita, taza.

jicarazo s. m. Envenenamiento, emponzoñamiento. ➤ *Antídoto.*

jifero s. m. Matarife.

jinete s. m. Caballero, caballista, cabalgador, jockey, amazona, montador.

jinetear v. intr. Cabalgar, montar.

jinglar v. intr. Balancearse, mecerse.

jingoísmo s. m. Fanatismo, patriotería, xenofobia. ➤ *Cosmopolitismo.*

jingoísta adj. Fanático, xenófobo, patriotero. ➤ *Cosmopolita.*

jiñar v. intr. Cagar, defecar.

jira s. f. Merienda, merendola.

jirón s. m. Harapo, desgarrón, andrajo.

jocoso, sa adj. Salado, cómico, divertido, burlesco. ➤ *Mohíno, triste, serio.*

joder v. intr. 1. **Fornicar**, hacer el amor. 2. **Molestar**, fastidiar, jorobar. 3. **Destrozar**, arruinar, echar a perder.

jofaina s. f. Aguamanil, lavamanos, palangana.

jolgorio s. m. Bullicio, algazara, jarana, juerga, bulla. ➤ *Tranquilidad.*

jollín s. m. Pendencia, pelotera, gresca.

jornada s. f. 1. **Caminata**, marcha, excursión, camino, viaje, ruta, trayecto, trecho, expedición. 2. **Jornal**, día.

jornal s. m. 1. **Salario**, emolumento, retribución, sueldo, ganancia, soldada, estipendio, paga, gratificación. 2. **Jornada**, peonada, día.

jornalero, ra s. m. y s. f. Asalariado, bracero, empleado, obrero, peón.

joroba s. f. 1. **Córcova**, giba, chepa, abultamiento, deformidad, gibosidad 2. **Fastidio**, pesadez, lata.

jorobado, da adj. 1. **Corcovado**, che poso, contrahecho, deforme, gibos‹ 2. **Molesto**, jeringado, fastidiado.

jorobar v. tr. Incordiar, jeringar, in portunar, fastidiar, molestar, irrita enojar. ➤ *Agradar, complacer.*

joven adj. 1. **Nuevo**, verde, tierno, r‹ ciente, actual, fresco. ➤ *Antiguo, a* ticuado, vetusto. ‖ s. m. y s. f. 2. **M‹** **chacho**, adolescente, manceb‹ chico, chaval. ➤ *Viejo, anciano.*

jovial *adj.* Jocundo, optimista, bullicioso, comunicativo, alborozado, animado, agradable, contento, chistoso, gracioso, ruidoso, divertido, ufano, radiante, vivaracho, risueño, bromista. ➤ *Triste, arisco, amargado, aburrido, seco, desagradable, agrio.*

jovialidad *s. f.* Animación, entusiasmo.

joya *s. f.* Alhaja, tesoro, aderezo, gala.

joyería *s. f.* Bisutería, platería.

joyero, ra *s. m.* **1. Cofre**, cofrecillo. ‖ *s. m. y s. f.* **2. Gemólogo**, orfebre, platero.

jubilación *s. f.* **1. Destitución**, licenciamiento, retiro. **2. Pensión**, renta.

jubilar *v. tr.* **1. Licenciar**, retirar, pensionar, eximir, apartar, cesar, dar de baja. ➤ *Alistar, dar de alta.* **2. Apartar**, rechazar, desestimar, arrinconar. ➤ *Utilizar, servirse de.*

jubileo *s. m.* Bullicio, jaleo.

júbilo *s. m.* Alborozo, entusiasmo, gozo, alegría, jolgorio, algazara, diversión, entusiasmo, hilaridad, animación, regocijo, contento. ➤ *Tristeza, pesar, pena, decaimiento, congoja.*

jubiloso, sa *adj.* Alborozado, gozoso, radiante, alegre, contento, regocijado, ufano, animado, entusiasmado, feliz. ➤ *Pesaroso, triste, anonadado, apenado, malhumorado, cabizbajo.*

jubón *s. m.* Almilla, chaquetilla.

judas *s. m.* Desleal, infiel, falso, traidor, alevoso. ➤ *Leal, franco.*

judería *s. f.* Aljama, gueto.

judía *s. f.* Alubia, habichuela, frijol.

judicial *adj.* Jurídico, legal.

judío, a *adj.* Israelita, semita, israelí, hebreo, sionista, mosaico.

juego *s. m.* **1. Entretenimiento**, esparcimiento, pasatiempo, recreación, recreo, descanso, deporte, placer, regocijo, broma, apuesta, competición, diversión, distracción. **2. Serie**, conjunto, colección, surtido, combinación. **3. Movilidad**, movimiento, articulación, coyuntura. **4. Habilidad**, maniobra. **5. Reflejos**, aguas, cambiantes, reverberaciones, visos.

juerga *s. f.* Farra, cachondeo, parranda, jarana, jolgorio, alboroto, bullicio, fiesta, bulla. ➤ *Silencio, calma, trabajo.*

juerguista *adj.* Jaranero, parrandero.

juez *s. m. y s. f.* **1. Magistrado**, togado. ➤ *Acusado, reo.* **2. Árbitro**, mediador, sentenciador. ➤ *Parte.*

jugada *s. f.* **1. Lance**, mano, envite, pasada, tirada, partida, turno, tiro, vez. **2. Jugarreta**, treta, mala pasada, trampa, ardid. ➤ *Beneficio, favor, gracia.*

jugador, ra *adj.* **1. Deportista**, atleta, concursante. **2. Tahúr**, apostador

jugar *v. intr.* **1. Recrearse**, distraerse, esparcirse, divertirse. **2. Competir**. **3. Intervenir**. **4. Burlarse**. ‖ **5. Arriesgar**, aventurar, apostar, exponer, poner en juego. ➤ *Conservar, guardar.*

jugarreta *s. f.* Faena, trastada, marranería, bribonada, picardía. ➤ *Seriedad.*

juglar *s. m.* Bardo, poeta, rapsoda, trovador, cantor.

jugo *s. m.* **1. Zumo**, néctar, extracto, sustancia, esencia. ➤ *Relleno, pulpa, fibra.* **2. Provecho**, beneficio, lucro, ventaja, utilidad. ➤ *Paja, broza, desecho.*

jugoso, sa *adj.* Suculento, gustoso, acuoso, sustancioso, esponjoso. ➤ *Insulso, seco, reseco.*

juguetear *v. intr.* Jugar, retozar.

juguete *s. m.* Juego, muñeco.

jugueteo *s. m.* Desahogo, diversión. ➤ *Seriedad.*

juguetón, na *adj.* Bullicioso, inquieto, trasto, vivaracho, saltarín, revoltoso, travieso, alocado. ➤ *Tranquilo, quieto, sosegado, apático.*

juicio *s. m.* **1. Entendimiento**, discernimiento, apreciación, razón, sentido común, criterio, cordura, tiento, tino, reflexión, prudencia, sensatez, asiento, seso. ➤ *Locura, irreflexión, imprudencia, sinrazón.* **2. Cordura**, madurez. ➤ *Insensatez.* **3. Opinión**, dictamen, parecer, sentencia, veredicto, decisión. **4. Pleito**, litigio, querella, caso, sumario, proceso.

juicioso, sa *adj.* Prudente, reflexivo, sensato, sentencioso, sesudo, grave, maduro, cuerdo, recto, lógico, cabal, consecuente. ➤ *Insensato, irreflexivo, imprudente, atolondrado, alocado.*

jumento *s. m.* Asno, burro, pollino.

juncal *adj.* Apuesto, bizarro, gallardo.

júnior *adj.* Juvenil, joven. ➤ *Sénior.*

junta *s. f.* **1. Asamblea**, comité, corporación, grupo, conjunto, consejo, sociedad, cónclave, corro, sesión. **2. Asociación**, agrupación. **3. Juntura**, articulación, unión.

juntar *v. tr.* **1. Unir**, ligar, acoplar, combinar, conectar, agregar, reunir, atar, encolar, soldar, apretar, fusionar, enlazar, casar, trabar, pegar, coser. ➤ *Deshacer, desunir, separar, despegar, desmontar.* **2. Amontonar**, apiñar, apilar, acumular, acopiar, reunir, coleccionar, recolectar, cosechar, congregar, aglomerar, adicionar, añadir, yuxtaponer, sumar, mezclar, combinar, anexionar, agrupar. ➤ *Esparcir, desunir, disgregar.* ‖ *v. prnl.* **3. Arrimarse**, acercarse. ➤ *Alejarse.* **4. Asociarse**, entenderse, acompañarse. ➤ *Enemistarse, enfrentarse.*

junto, ta *adj.* **1. Contiguo**, vecino, pegado, cercano, próximo, inmediato, inseparable, anexo, adjunto, solidario, inherente, conexo. ➤ *Separado, aparte, apartado, distante.* ‖ *adv. m.* **2. Juntamente**, solidariamente, a la vez, a la par, al unísono, a un tiempo. ➤ *Por separado, por turnos.*

juntura *s. f.* Articulación, gozne, empalme, unión, junta, trabazón, reunión, costura, coyuntura, ensambladura.

jura *s. f.* Compromiso, promesa, juramento, voto, ofrecimiento.

jurado *s. m.* Tribunal, jueces.

juramentarse *v. prnl.* Conjurarse, confabularse, conspirar, maquinar, tramar, rebelarse. ➤ *Desligarse.*

juramento *s. m.* **1. Voto**, promesa, compromiso, jura. **2. Taco**, blasfemia, palabrota, maldición, reniego.

jurar *v. tr.* **1. Asegurar**, prometer, afirmar, certificar, reconocer, dar palabra. ➤ *Inhibirse.* ‖ *v. intr.* **2. Blasfemar**, perjurar, imprecar, maldecir, echar pestes. ➤ *Bendecir, alabar.*

jurel *s. m.* Chicharro.

jurídico, ca *adj.* Legal, judicial.

jurisconsulto, ta *s. m. y s. f.* Letrado, abogado, jurista, asesor, legalista, jurisperito, jurisprudente.

jurisdicción *s. f.* **1. Autoridad**, poder, fuero, gobierno, atribución. **2. Circunscripción**, demarcación, distrito. **3. Mando**, competencia.

jurisprudencia *s. f.* Abogacía.

jurista *s. m. y s. f.* Abogado, jurisconsulto, letrado, jurisperito.

justicia *s. f.* **1. Equidad**, igualdad, ecuanimidad, severidad, moralidad, razón, imparcialidad, neutralidad, honradez, conciencia. ➤ *Arbitrariedad, sinrazón, injusticia, parcialidad.* **2. Derecho**, legalidad.

justiciero, ra *adj.* Vengador.

justificación *s. f.* Excusa, defensa, testimonio, coartada, prueba, argumento, alegato, motivo, razón.

justificante *s. m.* Comprobante, factura, recibo, resguardo.

justificar *v. tr.* **1. Acreditar**, alegar, demostrar, aducir, razonar, evidenciar, verificar, documentar. **2. Excusar**, defender, disculpar, exculpar, paliar. ➤ *Acusar, achacar.*

justificativo, va *adj.* Probatorio.

justillo *s. m.* Ajustador.

justipreciar *v. tr.* Tasar, valorar.

justiprecio *s. m.* Tasación, valoración.

justo, ta *adj.* **1. Ecuánime**, imparcial, íntegro, equitativo, honrado, correcto, insobornable, incorruptible, neutral, recto, escrupuloso, honesto, razonado, fundado, razonable, racional, lícito, legítimo, legal. ➤ *Injusto, parcial, dudoso, arbitrario.* **2. Preciso**, cabal, puntual, ajustado, procedente, idóneo, perfecto. ➤ *Inexacto, equivocado, erróneo.* **3. Estrecho**, ajustado, apretado, insuficiente. ➤ *Holgado, abundante.*

juvenil *adj.* Joven, bisoño, inexperto, novicio, imberbe. ➤ *Viejo, adulto.*

juventud *s. f.* Adolescencia, mocedad, pubertad, inexperiencia, lozanía. ➤ *Senectud, vejez.*

juzgar *v. tr.* **1. Dictaminar**, fallar, decidir, enjuiciar, sentenciar, resolver, pronunciar, decretar. ➤ *Abstenerse.* **2. Opinar**, conceptuar, considerar, calificar, creer, conjeturar, reflexionar, discernir. ➤ *Inhibirse, desentenderse.*

L l

lábaro *s. m.* Crismón, monograma.

laberíntico, ca *adj.* Complicado, intrincado, tortuoso, confuso, enredado, difícil, enmarañado, sinuoso, caótico. ➤ *Llano, claro, evidente, sencillo, fácil.*

laberinto *s. m.* **1. Dédalo. 2. Enredo**, maraña, lío, complicación, confusión, caos. ➤ *Sencillez, simplicidad.*

labia *s. f.* Verborrea, parlería, verbosidad, elocuencia, oratoria, palique, facundia. ➤ *Taciturnidad, circunspección.*

lábil *adj.* Escurridizo, movedizo, resbaladizo, frágil, débil. ➤ *Firme, fuerte.*

labilidad *s. f.* Caducidad, debilidad, fragilidad. ➤ *Firmeza.*

labio *s. m.* Befo, belfo, morro, hocico.

labor *s. f.* **1. Trabajo**, faena, tarea, quehacer, ocupación, obra. ➤ *Holganza, pasividad, descanso.* **2. Costura**, bordado, encaje, punto. **3. Laboreo**, cultivo, labranza.

laborable *adj.* Hábil, lectivo. ➤ *Festivo.*

laborante *adj.* Obrero, productor, trabajador, empleado.

laborar *v. tr.* Trabajar, laborear, trajinar, faenar. ➤ *Holgar, holgazanear.*

laboreo *s. m.* Labranza, agricultura.

laborero *s. m.* Capataz.

laboriosidad *s. f.* Afán, celo, diligencia.

laborioso, sa *adj.* **1. Trabajador**, aplicado, diligente, celoso, estudioso, activo, asiduo, constante. ➤ *Holgazán, perezoso, pasivo, vago, comodón.* **2. Trabajoso**, difícil, delicado, complicado, penoso. ➤ *Fácil, simple.*

laborismo *s. m.* Socialismo.

labrado, da *adj.* Adornado, bordado, recamado, repujado.

labrador, ra *adj.* Agricultor, cultivador, campesino, labriego, labrantín.

labrantín, na *s. m. y s. f.* Labrador, pegujalero, pelantrín. ➤ *Hacendado.*

labranza *s. f.* Cultivo, labor, laboreo, agricultura, labrantío, granjería.

labrar *v. tr.* **1. Cultivar**, laborar, arar, remover, surcar, barbechar, cardar, trabajar, escardar. **2. Tallar**, esculpir, laborar, hacer, formar, elaborar. **3. Coser**, bordar, hacer punto, hacer media, hacer encaje, recamar. **4. Provocar**, originar, causar, motivar, hacer.

labriego, ga *s. m. y s. f.* Labrador, agricultor, labrantín, campesino.

labrusca *s. f.* Parriza, parrón, vid.

laca *s. f.* **1. Gomorresina. 2. Barniz**, esmalte, maque.

lacar *v. tr.* Laquear, barnizar.

lacayo *s. m.* Sirviente, palafrenero.

laceración *s. f.* Lastimadura, magulladura, herida, golpe, llaga, rozadura.

lacerante *adj.* Doloroso, hiriente.

lacerar *v. tr.* Dañar, vulnerar, perjudicar, lesionar, herir, desollar, rozar, arañar.

lacero, ra *s. m. y s. f.* Apresador, trampero.

lacho *s. m.* Chulo, amante, mantenido.

lacio, cia *adj.* **1. Marchito**, ajado, mustio. ➤ *Fuerte, vigoroso.* **2. Flojo**, flácido, laxo, suelto, flojo. ➤ *Duro, tieso.* **3. Liso.** ➤ *Rizado, ondulado.*

lacónicamente *adv. m.* Brevemente, sucintamente, escuetamente.

lacónico, ca *adj.* **1. Breve**, conciso, corto, sumario, abreviado, sobrio, sucinto, compendioso, telegráfico, condensado. ➤ *Pormenorizado, detallado, complicado, prolijo, florido, retórico, barroco.* **2. Taciturno**, callado, silencioso, reservado. ➤ *Locuaz.*

laconismo *s. m.* Concisión, brevedad, condensación, síntesis, abreviación, sobriedad, sequedad. ➤ *Verbosidad, retoricismo, prolijidad.*

lacra *s. f.* **1. Señal**, marca, reliquia, cicatriz. **2. Vicio**, achaque, tara, defecto, perjuicio, daño, contagio, borrón.

lacrar *v. tr.* Sellar, cerrar.

lacrimar *v. intr.* Llorar, gimotear.

lacrimógeno, na adj. Irritante, picante. ➤ Calmante, aliviante.

lacrimoso, sa adj. **1.** Lloroso. **2.** Lastimoso, lastimero, lagrimoso, plañidero, triste, afligido, compungido. ➤ Alegre, sonriente, feliz, contento.

lactante adj. Bebé, rorro, nene.

lactar v. tr. **1.** Mamar. **2.** Amamantar.

lácteo, a adj. Lechoso, lacticíneo, lechero, láctico.

lactescente adj. Blanco, blanquecino.

láctico adj. Lácteo, lechoso.

lactífero, ra adj. Galactóforo.

ládano s. m. Resina.

ladeado, da adj. Inclinado, torcido, oblicuo, sesgado, soslayado, perfilado. ➤ Derecho, vertical, enhiesto, eréctil.

ladear v. tr. Perfilar, inclinar, torcer, soslayar, flanquear, sesgar. ➤ Enderezar, erguir, rectificar.

ladeo s. m. Quiebro, sesgo.

ladera s. f. Falda, pendiente, declive, cuesta, talud, declinación. ➤ Cumbre.

ladero, ra adj. Adyacente, aledaño.

ladinamente adv. m. Taimadamente, astutamente. ➤ Inocentemente.

ladino, na adj. Hábil, sagaz, taimado, zorro, pícaro, astuto, marrullero. ➤ Inocente, tonto, inhábil, cándido.

lado s. m. **1.** Costado, ala, canto, chaflán, flanco, borde, perfil, orilla, acera, sentido, ribera, mano, babor, estribor, izquierda, derecha. ➤ Frente, espalda, centro, medio, mitad. **2.** Cara, revés, anverso, reverso. **3.** Sitio, lugar, paraje, parte, punto, localidad. **4.** Aspecto, faceta. **5.** Arista. ➤ Foco, eje. **6.** Bando, partido. **7.** Favor, ayuda, protección, defensa, amparo. ➤ Oposición.

ladrador, ra adj. Aullador, gruñidor.

ladrar v. intr. **1.** Aullar, gruñir. **2.** Amenazar, vociferar, chillar, gritar. ➤ Callar.

ladrido s. m. **1.** Aullido, gruñido, grito, chillido. **2.** Burla, crítica, censura, calumnia, murmuración.

ladrillo s. m. Adobe, baldosa, teja, baldosín, tocho, azulejo.

ladrón, na adj. Caco, ratero, carterista, bandolero, bandido, salteador, estafador, timador, rata, cleptómano, hurtador, desvalijador, atracador, chorizo, cuatrero.

ladronzuelo, la s. m. y s. f. Maletero.

lagar s. m. **1.** Jaraíz, tina. **2.** Llagar.

lagarto s. m. **1.** Fardacho, reptil. **2.** Astuto, sagaz, taimado, pícaro.

lago s. m. Albufera, estanque, laguna, pantano, charca, marisma, embalse.

lagotear v. intr. Adular, halagar. ➤ Maldecir, difamar, insultar.

lagotería s. f. Garatusa, halago, zalamería, adulación, zanguanga.

lágrima s. f. Lloro, lagrimón, puchero, sollozo, suspiro, gota.

lagrimear v. intr. Llorar.

lagrimoso, sa adj. Triste, pesaroso, gimoteante, quejoso. ➤ Alegre.

laguna s. f. **1.** Charca, estanque, alberca, embalse, acequia, balsa. **2.** Olvido, omisión, supresión, defecto, falta, hueco, vacío, espacio. ➤ Recuerdo.

lagunajo s. m. Poza, charca.

laicización s. f. Secularización.

laico, ca adj. Secular, seglar, profano, lego, secularizado, irreligioso, terrenal, mundano. ➤ Clerical, religioso.

lama s. f. Cieno, légamo.

lamaísmo s. m. Budismo.

lamedal s. m. Barrizal, cenagal.

lamedura s. f. Lenguarada, lengüetada.

lamentable adj. **1.** Lastimoso, lloroso, trágico, dramático, triste, apesadumbrado, desazonado, desolador. ➤ Alegre, jubiloso, gozoso. **2.** Desastroso, penoso, deplorable, horrible, impresentable, lastimoso. ➤ Inmejorable, admirable.

lamentación s. f. Queja, gemido, clamor, lamento, quejido, plañido, llanto. ➤ Alegría, canto, jolgorio.

lamentar v. tr. **1.** Llorar, lloriquear, gemir, clamar, plañir. ➤ Loar, cantar. || v. prnl. **2.** Dolerse, quejarse, sentir, gemir, deplorar, condolerse. ➤ Alegrarse, regocijarse.

lamento s. m. Llanto, queja, gemido, duelo, lloro, plañido, clamor, lamentación. ➤ Risa, carcajada, sonrisa.

lamentoso, sa adj. Llorón, arrepentido.

lamer v. tr. Relamer, lamiscar, chupar, rechupar, lengüetear, laminar.

lamido, da *adj.* **1. Pedante**, estirado, afectado. **2. Rozado**, gastado.
lámina *s. f.* **1. Chapa**, placa, hoja, tabla, plano, loncha, rodaja, viruta, contrachapado, chapado. **2. Imagen**, estampa, efigie, grabado, ilustración, litografía, cromo, pintura, reproducción. **3. Aspecto**, estampa, figura, apariencia.
laminar *v. tr.* Enchapar, chapar.
lamparse *v. prnl.* Ansiar, desvivirse.
lámpara *s. f.* **1. Candil**, quinqué, farol, bombilla, luz, faro, reflector, linterna, candileja. **2. Araña**, candelabro.
lámparo, ra *adj.* Arruinado, pelón.
lamparón *s. m.* Mancha, lámpara.
lampazo *s. m.* Bardana, lapa, purpúrea.
lampear *v. tr.* Desbastar, remover.
lampiño, ña *adj.* Imberbe, afeitado. ➤ *Barbudo, velludo.*
lampo *s. m.* Destello, fulgor, brillo.
lana *s. f.* Vellón, borra, churra, vedija.
lanar *adj.* Ovino.
lance *s. m.* **1. Accidente**, percance, acontecimiento, suceso, episodio, página, trance, situación, ocurrencia, caso, incidente, aventura, caso. **2. Encuentro**, querella, riña, contienda, pelea, disputa. **3. Jugada**, suerte, tiro.
lancero, ra *s. m. y s. f.* Alabardero, astero, picador.
lanceta *s. f.* Bisturí, sangradera, aguijón.
lancha *s. f.* **1. Lanchón**, gasolinera. **2. Chalupa**, bote, barca, barcaza, gabarra, trainera, canoa, piragua, góndola, junco, batel, chinchorro, falúa.
lanchero, ra *s. m. y s. f.* Barquero, batelero, remero.
lanchón *s. m.* Barcaza.
lancinar *v. tr.* Alancear, herir, punzar.
landa *s. f.* Páramo, estepa, erial, altiplano, meseta, pedregal. ➤ *Vergel.*
landó *s. m.* Carruaje, coche de caballos.
landrilla *s. f.* Lita, larva.
lángara *adj.* Taimado, astuto, falso, zorro. ➤ *Inocente, cándido.*
langosta *s. f.* Cigarra, saltamontes.
languidecer *v. intr.* Debilitarse, decaer, fatigarse, abatirse, extenuarse. ➤ *Animarse, incrementarse, fortalecerse.*
languidez *s. f.* Abatimiento, desaliento, desánimo. ➤ *Vigor, energía.*

lánguido, da *adj.* Cansado, desalentado, débil, flojo, fatigado, postrado, extenuado, enflaquecido, abatido, desmayado, decaído, debilitado, desanimado. ➤ *Fuerte, animoso, vigoroso, enérgico, fuerte.*
lanoso, sa *adj.* Afelpado, lanudo, algodonoso, velloso.
lanudo, da *adj.* Grosero, zafio.
lanza *s. f.* **1. Pica**, venablo, asta, alabarda, vara, garrocha. **2. Timón**, pértiga, vara.
lanzamiento *s. m.* Botadura, botamiento, proyección, tiro, tirada, salida, impulsión, expulsión, emisión, efluvio, emanación, dispersión, irradiación. ➤ *Recogida, recogimiento.*
lanzar *v. tr.* **1. Arrojar**, precipitar, echar, enviar, descargar, disparar, volar, batir, verter, fulminar, derramar, despedir, sacudir, emitir, dispersar, rociar, tirar, despeñar, abalanzar, botar, salpicar, librar, propalar, difundir, extender, divulgar, liberar, soltar, prorrumpir, exhalar, proyectar. ➤ *Permanecer, mantener, retener, sujetar.* **2. Vomitar**, escupir, expulsar.
lañador, ra *s. m. y s. f.* Alfarero.
lápida *s. f.* **1. Estela**, inscripción. **2. Losa**, tumba, mármol.
lapidario, ria *s. m. y s. f.* Joyero, tallista.
lapidificar *v. tr.* Petrificar.
lapislázuli *s. m.* Lazurita, cianea.
lápiz *s. m.* **1. Grafito**, carboncillo, mina. **2. Lapicero.**
lapo *s. m.* Manotazo, bofetada.
lapso *s. m.* Trecho, tramo, período.
lapsus *s. m.* Olvido, omisión, desliz, error, falta, equivocación. ➤ *Acierto.*
lar *s. m.* Fuego, fogón, chimenea.
largamente *adv. m.* **1. Ampliamente**, holgadamente. **2. Generosamente.**
largar *v. tr.* **1. Soltar**, desplegar, aflojar. ➤ *Tensar, tirar.* **2. Liberar**, espantar. ‖ *v. prnl.* **3. Marcharse**, escurrirse, irse, evaporarse, esfumarse, partir, ausentarse, escabullirse.
largo, ga *adj.* **1. Extenso**, longo, dilatado, amplio, continuado, difuso. ➤ *Corto, breve.* **2. Generoso**, dadivoso,

liberal, dispendioso, derrochador, manirroto. ➤ *Tacaño, avaro, agarrado,
egoísta.* **3. Dilatado**, extenso, continuado, prolongado. ➤ *Efímero, fugaz.* **4. Copioso**, abundante, excesivo. ➤ *Poco, escaso, exiguo.*

largometraje *s. m.* Película, filme, su-
perproducción. ➤ *Cortometraje.*

largueado, da *adj.* Listado, rayado.

larguero, ra *s. m.* **1. Barrote. 2. Travesaño**, cabezal, almohada.

largueza *s. f.* Esplendidez, generosidad, largura, desprendimiento, liberalidad, nobleza, caridad. ➤ *Tacañería,
mezquindad, ruindad.*

larguirucho, cha *adj.* Desgalichado.

laringe *s. f.* Epiglotis, glotis, nuez.

larvado, da *adj.* Disfrazado, encubierto, latente, velado. ➤ *Manifiesto.*

lasca *s. f.* Guijarro, piedra.

lascadura *s. f.* Lesión, herida.

lascivamente *adv. m.* Lúbricamente,
impúdicamente. ➤ *Honestamente.*

lascivia *s. f.* Lujuria, incontinencia,
sensualidad, libidinosidad, erotismo,
impureza, deshonestidad, obscenidad, liviandad, corrupción, vicio, libertinaje. ➤ *Pureza, continencia, honestidad, castidad.*

lascivo, va *adj.* Obsceno, sensual, lujurioso. ➤ *Puro, casto, frígido.*

lasitud *s. f.* Decaimiento, languidez, fatiga, agobio, desaliento, cansancio,
postración, sinsabor, tedio, flojedad,
agotamiento, desfallecimiento. ➤ *Vigor, vitalidad, ánimo, viveza.*

laso, sa *adj.* Decaído, caído.

lástima *s. f.* **1. Piedad**, caridad, compasión, conmiseración, pena, misericor-
dia. ➤ *Insensibilidad.* **2. Queja**, pesar, lloro, lamento, suspiro, gemido.

lastimado, da *adj.* Agraviado, dañado, leso, perjudicado, ofendido, ultra-
jado, malparado.

lastimadura *s. f.* Herida, lesión.

lastimar *v. tr.* **1. Dañar**, perjudicar,
herir, vulnerar, lesionar, damnificar.
➤ *Beneficiar, favorecer.* **2. Injuriar**,
insultar, agraviar, despreciar. ➤ *Honrar, alabar.* **3. Compadecer**, apiadarse, lamentarse, quejarse, condoler-

se. ➤ *Alegrarse, gozar.* ‖ *v. prnl.* **4.
Herirse**, magullarse.

lastimero, ra *adj.* **1. Lastimoso**, apenado, lúgubre, plañidero, triste, dolorido, quejumbroso. ➤ *Alegre, gozoso.*
2. Hiriente, lacerante. ➤ *Amable.*

lastimoso, sa *adj.* Lamentable, deplorable, sensible, triste. ➤ *Gozoso.*

lastrar *v. tr.* Aplomar, afirmar.

lastre *s. m.* **1. Contrapeso**, zahorra. **2.
Sobrecarga**, rémora, obstáculo, impedimento, estorbo, freno. ➤ *Facilidad.*

lata *s. f.* **1. Bote**, envase. **2. Chapa**, lámina, latón. **3. Tabla**, tablero, rollizo,
redondo, vigueta. **4. Tostón**, monserga, tabarra, fastidio, latazo, rollo, pesadez, aburrimiento. ➤ *Diversión.*

latamente *adv. m.* Extensamente, ampliamente. ➤ *Brevemente.*

latear *v. tr.* Aburrir, fastidiar, dar la lata.

latente *adj.* Potencial, disimulado, subrepticio, solapado, escondido, oculto,
secreto, recóndito, implícito, subyacente. ➤ *Evidente, manifiesto, patente.*

lateral *adj.* **1. Próximo**, adyacente, colateral, tangente, contiguo, vecino, limítrofe, pegado. ➤ *Frontal, separado,
central.* **2. Secundario**. ➤ *Principal.*

látex *s. m.* Resina, caucho, goma.

latido *s. m.* Palpitación, pulso, pulsación, tic-tac.

latifundio *s. m.* Feudo, heredad.

latifundista *s. m. y s. f.* Terrateniente.

latigazo *s. m.* **1. Trallazo**, zurriagazo,
varazo, fustazo, vergajazo. **2. Ser-
món**, reprensión, reprimenda, rapapolvo, regañina. ➤ *Alabanza, loa.*

látigo *s. m.* Fusta, vara, correa, cuerda,
tralla, zurriaga, vergajo.

latiguillo *s. m.* Muletilla, estribillo.

latinismo *s. m.* Cultismo.

latinización *s. f.* Romanización.

latino, na *adj.* Románico, romance,
mediterráneo.

latinoamericano, na *adj.* Hispanoamericano, iberoamericano.

latir *v. intr.* **1. Ladrar**, gañir. **2. Palpitar**, pulsar.

latitud *s. f.* **1. Anchura**, amplitud, extensión, vastedad. **2. Situación**, posición. ➤ *Longitud.*

lato, ta *adj.* Extenso, amplio, vasto, holgado. ➤ *Estrecho, breve.*

latón *s. m.* Azófar.

latoso, sa *adj.* Fastidioso, molesto, pesado, cargante, aburrido, chinche, pelma, rollo, cansino. ➤ *Agradable, simpático, atrayente, ameno, divertido.*

latrocinio *s. m.* Robo, estafa, timo, hurto, atraco.

lauca *s. f.* Calvicie, alopecia, peladura.

laudable *adj.* Plausible, encomiable, loable, meritorio, admirable, ejemplar. ➤ *Execrable, despreciable.*

laudar *v. tr.* Arbitrar.

laudatorio, ria *adj.* Apologético, encomiástico, lisonjero. ➤ *Reprobatorio.*

laudo *s. m.* Decisión, sentencia.

laureado, da *adj.* Coronado, premiado, condecorado, reconocido, honrado.

lauredal *s. m.* Lloredo.

lauro *s. m.* Palma, corona, recompensa.

lauroceraso *s. m.* Laurel, cerezo, loro.

lava *s. f.* Magma.

lavabo *s. m.* Aseo, baño, tocador, servicio, retrete, toilette.

lavacaras *s. m. y s. f.* Pelotillero.

lavadero *s. m.* Fregadero, tina, pila.

lavajo *s. m.* Navajo, navazo.

lavaplatos *s. m.* Lavavajillas.

lavar *v. tr.* **1. Limpiar**, bañar, aclarar, enjabonar, fregar, blanquear, enjuagar, hacer la colada. ➤ *Ensuciar, manchar.* **2. Purificar.** ➤ *Mancillar.*

lavativa *s. f.* Irrigador, jeringa, gaita, enema.

laxante *s. m.* Solutivo, purga, laxativo, depurativo. ➤ *Astringente.*

laxar *v. tr.* Ablandar, suavizar, relajar.

laxitud *s. f.* Flojera, atonía, distensión, relajación. ➤ *Nerviosismo, concentración, firmeza.*

laxo, xa *adj.* Distendido, relajado.

lazar *v. tr.* Enlazar, apresar.

lazareto *s. m.* Leprosería, malatería.

lazarillo *s. m.* Destrón, guía.

lazo *s. m.* **1. Nudo**, lazada, ligamento, ligadura, cordón, cuerda. **2. Ardid**, asechanza, red, trampa, emboscada. **3. Conexión**, dependencia, alianza, unión, obligación, afinidad, vínculo, atadura. ➤ *Independencia, libertad.*

lazulita *s. f.* Lapislázuli, cianea.

leal *adj.* **1. Fiel**, franco, honrado, confiable, adepto, amigo, veraz, sincero, noble. ➤ *Desleal, infiel, traidor.* **2. Fidedigno**, verídico, cierto, legal, verdadero, recto. ➤ *Engañoso, falso.*

lealmente *adv. m.* Caballerosamente, fielmente. ➤ *Alevosamente.*

lealtad *s. f.* **1. Fidelidad**, rectitud, nobleza, observancia, franqueza, adhesión, honradez, homenaje, vasallaje, amistad. ➤ *Deslealtad, traición, desobediencia, infidelidad.* **2. Veracidad**, sinceridad, realidad, seguridad, legalidad. ➤ *Engaño, ilegalidad.*

lebrato *s. m.* Lebroncillo, liebre.

lebrillo *s. m.* Terrizo, librillo, barreño.

lebrón *s. m.* Gallina, pusilánime, cobarde. ➤ *Valeroso, arrojado.*

lebruno, na *adj.* Leporino.

lección *s. f.* **1. Clase**, enseñanza, conferencia, disertación, discurso, explicación. **2. Título**, parte, capítulo. **3. Interpretación**, comprensión, significado, moraleja. **4. Ejemplo**, enseñanza, aviso, consejo, amonestación, advertencia, escarmiento.

lechal *adj.* Mamón.

lechería *s. f.* Vaquería, granja.

lechero, ra *s. m. y s. f.* **1. Granjero**, vaquero, cabrero. ‖ *adj.* **2. Avaro**, cicatero, taimado. ➤ *Generoso.*

lechetrezna *s. f.* Ésula, titímalo.

lechigada *s. f.* Camada, nidada.

lecho *s. m.* **1. Cama**, catre, tálamo, piltra, camastro, litera. **2. Triclinio**, escaño. **3. Cauce**, madre, fondo, cuenca.

lechoso, sa *adj.* Lácteo, lactescente.

lechuguino *s. m.* Pisaverde, petimetre, dandy, gomoso, figurín, snob.

lechuza *s. f.* **1. Coruja**, bruja, curuca, estrige. **2. Noctámbulo**, trasnochador.

lector, ra *s. m. y s. f.* **1. Intérprete**, descifrador, deletreador. **2. Profesor**, monitor, maestro.

lectura *s. f.* Lección, recitación, repaso.

leer *v. tr.* **1. Estudiar**, releer, descifrar, hojear, repasar, ojear, silabear, deletrear, pasar la vista por. **2. Explicar**, interpretar, dictar. ➤ *Ignorar, confundir.* **3. Pronunciar**, discursear.

legado *s. m.* Herencia, sucesión.

legajo *s. m.* Dossier.

legal *adj.* **1. Legítimo**, lícito, permitido, justo, reglamentario, constitucional, legislativo, promulgado. ➤ *Ilegal, ilícito, ilegítimo.* **2. Verídico**, puntual, fiel, justo, recto, exacto, veraz. ➤ *Inexacto, impuntual, injusto, desleal.*

legalidad *s. f.* Licitud, legitimidad, derecho, moralidad, justicia, ley. ➤ *Ilegalidad, arbitrariedad.*

legalista *adj.* Formalista. ➤ *Anárquico.*

legalización *s. f.* Aprobación, confirmación, legitimación, autorización. ➤ *Desaprobación, prohibición.*

legalizar *v. tr.* **1. Autorizar**, ratificar, legislar, legitimar, promulgar, refrendar, firmar, formalizar, certificar. ➤ *Prohibir, desautorizar, anular, invalidar.* **2. Autentificar**, avalar, corroborar, autorizar. ➤ *Ilegitimar.*

légamo *s. m.* Limo, fango, barro.

legamoso, sa *adj.* Cenagoso, lodoso.

leganal *s. m.* Barrizal, cenagal.

legaña *s. f.* Pitarra, pitaña.

legañoso, sa *adj.* Pitarroso, pitañoso.

legar *v. tr.* Testar, donar, transmitir, transferir, mandar. ➤ *Desheredar.*

legendario, ria *adj.* Tradicional, quimérico, fabuloso, proverbial, antiguo, rancio, vetusto, imposible, mítico. ➤ *Ordinario, cotidiano, real, común.*

legible *adj.* Leíble, descifrable, fácil. ➤ *Ilegible, indescifrable, críptico.*

legión *s. f.* **1. Ejército**, cohorte. **2. Muchedumbre**, masa, tropel, multitud.

legislación *s. f.* Código, fuero, reglamento, régimen, costumbre.

legislar *v. intr.* Estatuir, promulgar, sancionar, codificar, dictar, derogar, abrogar, interpretar, aplicar, proclamar, disponer, regular, legalizar, firmar, decretar, refrendar, formalizar.

legislativo, va *adj.* Legal, parlamentario, constitucional.

legista *s. m. y s. f.* Letrado, jurisconsulto, abogado.

legitimación *s. f.* Certificación, legalización.

legitimidad *s. f.* Legalidad, autenticidad. ➤ *Ilegitimidad, ilegalidad.*

legítimo, ma *adj.* **1. Lícito**, legal. ➤ *Ilegítimo, ilegal.* **2. Equitativo**, justo, razonable. ➤ *Injusto.* **3. Puro**, auténtico, probado, fundado. ➤ *Falso.*

lego, ga *adj.* **1. Seglar**, laico. ➤ *Clerical.* **2. Ignorante**, profano. ➤ *Sabio.*

legrar *v. tr.* Raspar, raer.

leguleyo, ya *s. m. y s. f.* Picapleitos, abogaducho.

leída *s. f.* Vistazo, ojeada, repaso.

leíble *adj.* Legible, comprensible, inteligible, descifrable, fácil, sencillo. ➤ *Ilegible, difícil, indescifrable.*

leído, da *adj.* Culto, instruido, ilustrado. ➤ *Inculto, torpe.*

lejanía *s. f.* Distancia, lontananza, ultramar, retiro, destierro, ausencia, separación, pasado, antigüedad. ➤ *Proximidad, cercanía.*

lejano, na *adj.* Alejado, remoto, distante, retirado, apartado, extremo, último, ultramontano, ultramarino, pasado, antiguo, venidero. ➤ *Próximo, presente, actual, cercano.*

lejos *adv. l. y adv. t.* Remotamente, remoto, lejanísimo, allá. ➤ *Cerca.*

lelo, la *adj.* Embobado, bobo, mentecato, memo, idiota, papanatas, fatuo, pasmado, simple, simplón, tonto, atontado, torpe, zoquete, loco, abobado. ➤ *Avispado, listo, cuerdo.*

lema *s. m.* **1. Título**, encabezamiento, denominación, epígrafe, letrero, nombre. **2. Símbolo**, emblema, inscripción, divisa, mote. **3. Contraseña**, marca, consigna, contramarca.

lendroso, sa *adj.* Piojoso.

lengua *s. f.* **1. Sinhueso. 2. Lenguaje**, idioma, dialecto, jerga. **3. Traductor**.

lenguado *s. m.* Suela.

lenguaje *s. m.* **1. Habla**, idioma, dialecto. **2. Código**, sistema.

lenguaraz *adj.* Malhablado, maldiciente, insolente, deslenguado, descarado, desvergonzado, procaz, atrevido, frescales, impertinente. ➤ *Tímido, comedido, discreto, apocado.*

lenguaz *adj.* Insolente, impertinente. ➤ *Comedido.*

lengüetada *s. f.* Lamedura, lametón, lamida, chupada.

lengüetear *v. intr.* Chismorrear, parlotear, charlatanear, rajar. ➤ *Callar.*

lengüicorto, ta *adj.* Callado, cortado, reservado. ➤ *Lenguaraz, charlatán.*

lenidad *s. f.* Benevolencia, flexibilidad, tolerancia. ➤ *Severidad, dureza.*

lenificación *s. f.* Reblandecimiento.

lenitivo, va *s. m.* Calmante, alivio, consuelo.

lentamente *adv. m.* Poco a poco, paulatinamente, despacio, pausadamente, gradualmente, paso a paso, tranquilamente. ➤ *Rápidamente, apresuradamente, precipitadamente.*

lente *s. f.* **1. Cristal**, lupa, luna, luneta, objetivo, ocular. ‖ *s. f. pl.* **2. Gafas**, anteojos, binóculos, quevedos, catalejos, prismáticos, antiparras.

lentecer *v. intr.* Ablandar, revenir.

lentificar *v. tr.* Ralentizar. ➤ *Apresurar.*

lentilla *s. f.* Lente de contacto, microlentilla.

lentisco *s. m.* Almácigo, charneca, mata.

lentitud *s. f.* Tardanza, premiosidad, retención, calma, pachorra, pesadez, pausa, remanso, apatía, morosidad, pereza, dilación, rodeo, flema, cachaza, tranquilidad, sosiego. ➤ *Rapidez, ligereza, prisa, diligencia.*

lento, ta *adj.* **1. Calmo**, cachazudo, flemático, tardo, tardío, pausado, acompasado, soñoliento, perezoso, calmoso, torpe, pánfilo, lánguido, indolente, moroso, remiso, paciente, flojo, débil, ineficaz, insuficiente. **2. Glutinoso**, pegajoso.

leñador, ra *s. m. y s. f.* Talador.

leño *s. m.* Tronco, madero, poste.

leonado, da *adj.* Bermejo, rubio.

leonera *s. f.* **1. Garito**, timba. **2. Covacha**, cuartucho, trastero.

leonino, na *adj.* Abusivo, desmesurado, arbitrario, inmoderado, injusto, oprimente, exagerado. ➤ *Justo, equitativo, ponderado.*

leotardo *s. m.* Calzas, medias.

leporino, na *adj.* Lebruno.

lepra *s. f.* Malatía.

leprosería *s. f.* Malatería.

leproso, sa *adj.* Lazarino, malato. ➤ *Sano.*

lerdear *v. intr.* Remolonear, tardar.

lerdo, da *adj.* **1. Tardo**, flemático. **2. Obtuso**, tarugo. ➤ *Avispado.*

leridano, na *adj.* Ilerdense.

lesión *s. f.* **1. Herida**, lisiadura, daño, perjuicio, tullimiento, dislocación, esguince, moradura, contusión, cardenal, traumatismo, magulladura, fractura, desgarrro, punzadura, mutilación. **2. Perjuicio**, menoscabo, daño, pérdida. ➤ *Bien, beneficio, favor.*

lesionar *v. tr.* Herir, lastimar, lisiar, dañar, perjudicar, lacerar, mutilar, baldar, torcer, castrar, morder, arañar, desgraciar, vulnerar, dislocar, menoscabar. ➤ *Beneficiar, favorecer, mejorar.*

lesivo, va *adj.* Dañoso, ofensivo, perjudicial. ➤ *Favorable, positivo.*

letal *adj.* Mortal.

letanía *s. f.* Sarta, ristra, retahíla, recua.

letárgico, ca *adj.* Aletargado, letargoso.

letargo *s. m.* **1. Modorra**, sopor, torpor, torpeza, abstracción, parálisis, aturdimiento, pesadez, lasitud, coma, aletargamiento, embotamiento, somnolencia, insensibilidad, enajenamiento, entorpecimiento. ➤ *Viveza, ánimo, actividad.* **2. Hibernación.**

letra *s. f.* **1. Carácter**, signo, grafema, perfil, monograma, abreviatura, garabato, rasgo. **2. Caligrafía**, escritura, grafismo, grafología. **3. Pagaré**, giro. ‖ *s. f. pl.* **4. Humanidades.**

letrado, da *s. m. y s. f.* Jurisconsulto.

letrero *s. m.* Anuncio, pasquín, pancarta, rótulo, cartel, epígrafe, titular, muestra, inscripción, tarjeta, lema.

letrina *s. f.* Retrete, excusado, baño.

leucocito *s. m.* Glóbulo blanco.

leva *s. f.* Reclutamiento, enganche.

levadura *s. f.* Fermento.

levantado, da *adj.* Sublime, alto, elevado, noble, excelente, eminente, excelso, superior. ➤ *Bajo, rastrero.*

levantamiento *s. m.* **1. Sublevación**, rebelión, motín, alzamiento, insurrección, revuelta, pronunciamiento, sedición. ➤ *Represión, apaciguamiento.* **2. Sublimidad**, excelencia, elevación, grandeza. ➤ *Inferioridad, imperfección.*

levantar *v. tr.* **1. Elevar**, alzar, enderezar, erguir, aupar, izar, subir, encaramar. ➤ *Caer, desplomarse, derrumbar, bajar, descender, abatir.* **2. Encumbrar**, enaltecer, elevar, exaltar, ensalzar, elogiar, ponderar, encopetar, loar. ➤ *Rebajar, ofender, envilecer, insultar.* **3. Enderezar**, enarbolar, incorporar, enhestar, arbolar. ➤ *Echar, recostar, inclinar, reclinar.* **4. Desprender**, despegar, desasir, quitar, arrancar, recoger, retirar, apartar, arrebatar, separar. ➤ *Pegar, unir, adherir, descansar, apoyar.* **5. Construir**, fabricar, edificar, erigir, obrar. ➤ *Destruir, desplomar, derribar.* **6. Trazar**, dibujar, diseñar, proyectar. **7. Animar**, inflar, hinchar, alentar, esforzar. ➤ *Desanimar, desalentar, desinflar.* **8. Fundar**, instaurar, establecer, instituir. ➤ *Derrocar, destituir, deponer.* **9. Perdonar**, remitir, absolver, eximir, indultar. ➤ *Condenar, castigar.* **10. Sublevar**, revelar, amotinar, alzar. ➤ *Apaciguar, mantenerse fiel.* **11. Alistar**, enganchar, reclutar, matricular. ➤ *Licenciar, despedir.* **12. Calumniar**, imponer, imputar, suscitar, achacar, motivar, ocasionar. **13. Resaltar**, sobresalir, elevarse, destacar. || *v. prnl.* **14. Encresparse**, irritarse, alborotarse, alterarse, enojarse, sulfurarse. ➤ *Calmarse, tranquilizarse, apaciguarse.* **15. Saltar**, abandonar la cama. ➤ *Echarse, tenderse, acostarse.*

Levante *n. p.* Oriente, Este, Naciente. ➤ *Poniente, Oeste, Occidente.*

levantisco, ca *adj.* Indócil, alborotador.

levar *v. tr.* Zarpar.

leve *adj.* **1. Liviano**, tenue, ligero, sutil, aéreo, vaporoso, ingrávido. ➤ *Pesado, macizo, intenso, amazacotado.* **2. Insignificante**, nimio, trivial, venial, insustancial, frívolo, intrascendente. ➤ *Importante, grave.*

levedad *s. f.* **1. Ingravidez**, ligereza, liviandad, sutilidad, suavidad, vaporosidad, insignificancia, insustancialidad. ➤ *Pesadez, gravedad, intensidad.* **2. Frivolidad**, futilidad, trivialidad, volubilidad, mudanza, versatilidad. ➤

Constancia, seriedad, firmeza, perseverancia.

levita *s. f.* Chaqué, frac, chaqueta.

levitar *v. intr.* Ascender, flotar.

levítico, ca *adj.* Sacerdotal, clerical, beato.

léxico *s. m.* Diccionario, vocabulario, glosario, repertorio.

ley *s. f.* **1. Norma**, regla, reglamento, costumbre, uso, tradición, precepto, ordenanza, prescripción, estatuto, carta, constitución, código, mandato, legislación, decreto, establecimiento, pragmática, edicto. **2. Lealtad**, fidelidad, amor, cariño, amistad, veneración. **3. Condición**, calidad, clase, casta, índole, raza, estofa, calaña, jaez.

leyenda *s. f.* **1. Tradición**, fábula, mito, ficción, epopeya, historieta. ➤ *Historia.* **2. Fantasía**, ficción, patraña, cuento, mentira, invención. ➤ *Realidad.* **3. Lema**, divisa, letrero, rótulo, inscripción. **4. Lectura**, lección, leída.

lezna *s. f.* Lesna, alesna, subilla.

lía *s. f.* Poso, sedimento.

liana *s. f.* Bejuco.

liar *v. tr.* **1. Amarrar**, atar ➤ *Desatar.* **2. Empaquetar**, encordelar, embalar, atar, ligar. ➤ *Desembalar.* **3. Burlar**, engañar, engatusar, enredar, embaucar, embrollar. || *v. prnl.* **4. Enzarzarse**, complicarse. ➤ *Simplificarse.*

liara *s. f.* Cuerna, aliara.

libar *v. tr.* Catar, beber, probar, saborear.

libelista *s. m. y s. f.* Difamador, panfletista.

libelo *s. m.* **1. Panfleto. 2. Certificado.**

liberación *s. f.* Escape, fuga, manumisión, rescate, rendición, emancipación, evasión, huida, libertad, licencia, salvación, seguridad, libramiento, independencia, cancelación. ➤ *Esclavitud, dependencia, sumisión.*

liberado, da *adj.* Libre, suelto, emancipado. ➤ *Oprimido, supeditado.*

liberal *adj.* **1. Generoso**, desprendido, desinteresado, dadivoso, humanitario, pródigo, caritativo, espléndido, altruista. ➤ *Tacaño.* **2. Desenvuelto**, expedito, pronto. **3. Progresista**, independiente. ➤ *Conservador.*

liberalidad *s. f.* Desinterés, generosidad, largueza, dadivosidad, desprendimiento, magnificencia, magnanimidad, abnegación, franqueza, altruismo, rumbo, garbo, derroche, fausto, esplendidez, lujo, abundancia. ➤ *Tacañería, avaricia, mezquindad, ruindad.*

liberalismo *s. m.* Progresismo, reformismo, socialdemocracia.

liberar *v. tr.* **1. Librar**, soltar, desatar, redimir, rescatar, emancipar, manumitir. ➤ *Condenar, encarcelar.* **2. Dispensar**, descargar, relevar, eximir, disculpar. ➤ *Cargar.*

libertad *s. f.* **1. Autodeterminación**, autonomía, emancipación, independencia. ➤ *Dependencia, subordinación, supeditación, esclavitud, sometimiento, sumisión, servidumbre.* **2. Licencia**, inmunidad, exención, dispensa, privilegio, prerrogativa, facultad, poder. ➤ *Esclavitud, sometimiento.* **3. Soltura**, atrevimiento, osadía, desembarazo, holgura, despejo, familiaridad, franqueza, espontaneidad, facilidad, descaro. ➤ *Limitación, respeto, inhibición.* **4. Rescate**, liberación, excarcelamiento, libramiento, desencarcelación, rendición. ➤ *Encarcelamiento, apresamiento.* **5. Desenfreno**, osadía, inmoralidad, desorden. ➤ *Moralidad, orden.*

libertador, ra *adj.* Manumisor, redentor. ➤ *Opresor, dictador.*

libertar *v. tr.* Liberar, soltar, emancipar, licenciar, rescatar, poner en libertad, descuidar, redimir, desencarcelar, desencerrar, dispensar, desatar, aflojar, desencadenar, eximir, manumitir, relevar, exonerar. ➤ *Apresar, encarcelar, capturar, recluir, encerrar, atar, sujetar, obligar.*

libertario, ria *adj.* Ácrata, anarquista.

libertinaje *s. m.* Licencia, desenfreno, indecencia, inmoralidad. ➤ *Moralidad, honestidad, decencia.*

libertino, na *adj.* Licencioso, desenfrenado, disoluto, vicioso, depravado, perverso, perdido, liviano, libre, escandaloso, juerguista, jaranero, gamberro, obsceno, disipador, sensual, lascivo, inmoral, lujurioso, desvergonzado, relajado. ➤ *Discreto, ordenado, púdico, recatado, casto, honesto.*

librador, ra *s. m. y s. f.* **1. Dador**, expedidor. ‖ *s. m.* **2. Cogedor**, vertedor.

librar *v. tr.* **1. Sacar**, salvar, eximir, dispensar. ➤ *Cargar, imponer.* **2. Confiar**, entregar, dar, depositar, ceder, abandonar, fiar. ➤ *Quitar, desconfiar.* **3. Expedir**, enviar, despachar, facturar, cursar. ➤ *Recibir.*

libre *adj.* **1. Independiente**, emancipado, autónomo. ➤ *Dependiente, sujeto.* **2. Liberto**, liberado, manumiso, libertado. ➤ *Esclavo, sumiso, preso.* **3. Franco**, desembarazado, llano, espontáneo. ➤ *Cerrado, inhibido.* **4. Ileso**, inmune, indemne. ➤ *Perjudicado, dañado.* **5. Suelto**, desligado, destrabado, desembarazado. ➤ *Atado, sujeto.* **6. Privilegiado**, dispensado, exento, licenciado, permitido, limpio, saneado. ➤ *Obligado, limitado, gravado.* **7. Salvaje**, silvestre, asilvestrado. ➤ *Doméstico, domesticado, domado.* **8. Atrevido**, montaraz, audaz. ➤ *Apocado, tímido.* **9. Inocente**, absuelto. ➤ *Convicto, reo.*

librea *s. f.* Casaca, levitón.

librería *s. f.* **1. Papelería. 2. Biblioteca**, estantería, repisa, anaquel.

libreta *s. f.* Bloc, cuaderno, cuadernillo, cartilla, cartapacio.

libretista *s. m. y s. f.* Comediógrafo, guionista, argumentista, autor.

libro *s. m.* Tomo, ejemplar, obra, cuerpo, manual, tratado, compendio, novela.

licencia *s. f.* **1. Autorización**, consentimiento, venia. ➤ *Prohibición, desautorización.* **2. Atrevimiento**, osadía, desenfreno, libertinaje. ➤ *Honorabilidad, continencia.*

licenciatura *s. f.* Carrera, graduación.

licitación *s. f.* Almoneda, subasta.

licitador, ra *s. m. y s. f.* Postor.

licitante *adj.* Licitador, participante.

licitar *v. tr.* Pujar.

lícito, ta *adj.* Legítimo, legal, autorizado, permitido, justo, fundado, razonable. ➤ *Ilícito, ilegal, improcedente, ilegítimo.*

licor *s. m.* **1. Líquido**, fluido. ➤ *Sólido, gas.* **2. Alcohol**, aguardiente, elixir, néctar, bebida.

licuadora *s. f.* Exprimidor.

licuar *v. tr.* Licuefacer, fluidificar.

licuefacción *s. f.* Fusión, licuación.

lid *s. f.* **1. Lucha**, batalla, contienda, combate. **2. Polémica**, debate.

lidiador, ra *s. m. y s. f.* Torero, maestro, diestro, matador, espada.

lidiar *v. intr.* **1. Polemizar**, pugnar. ➤ *Pacificar.* ‖ *v. tr.* **2. Torear.**

lienzo *s. m.* **1. Tela**, paño, trapo, tejido. **2. Pintura**, cuadro. **3. Pared**, muro, tabique, paramento.

liga *s. f.* Confederación, coalición, asociación. ➤ *Secesión, separación.*

ligadura *s. f.* Atadura, sujeción, traba, ceñimiento, ensambladura, acoplamiento, trabazón. ➤ *Desunión, soltura.*

ligamento *s. m.* Tendón.

ligar *v. tr.* **1. Atar**, amarrar, liar, encadenar, aprisionar, trabar, sujetar, encordelar, anular, enlazar. ➤ *Desatar, desencadenar.* **2. Mezclar**, alear, pegar, soldar, conectar. ➤ *Desunir, separar.* ‖ *v. intr.* **3. Emparejarse**, enamorarse. ‖ *v. prnl.* **4. Coligarse**, aliarse, confederarse, agruparse. ➤ *Desmembrarse, disgregarse.*

ligazón *s. f.* Enlace, conexión, ligadura, trabazón. ➤ *Desligamiento.*

ligereza *s. f.* **1. Rapidez**, viveza, celeridad, prontitud. ➤ *Lentitud.* **2. Irreflexión**, imprudencia. ➤ *Prudencia.*

ligero, ra *adj.* **1. Leve**, liviano, ingrávido, vaporoso. ➤ *Pesado, macizo.* **2. Trivial**, frívolo, venial, baladí, anodino, somero, banal, fútil, insignificante, insustancial, intrascendente. ➤ *Grave, importante, trascendente.* **3. Ágil**, listo, activo, resuelto, alado, presto, vivo, diligente, vivaz, raudo, rápido, veloz, suelto, vertiginoso, presuroso. ➤ *Tardo, inamovible, lento.* **4. Digerible**, asimilable, digestivo. ➤ *Indigesto, empachoso.* **5. Tenue**, menudo, grácil, delgado, portátil, etéreo, pequeño, impalpable. ➤ *Pesado, voluminoso.* **6. Variable**, inconstante, versátil, tarambana, voluble, irreflexi-

vo. ➤ *Constante, perseverante.* **7. Frágil**, delgado, quebradizo, rompible. ➤ *Resistente, duro, fuerte.*

ligue *s. m.* Aventura, flirteo, amorío, idilio, devaneo, coqueteo, galanteo.

lija *s. f.* Melgacho, pintarroja.

lijar *v. tr.* Pulimentar, suavizar.

lila *s. f.* Malva.

lilao *s. m.* Vanidad, engreimiento, orgullo. ➤ *Discreción, sencillez.*

liliputiense *adj.* Enano. ➤ *Gigante.*

lima *s. f.* Garlopa.

limadura *s. f.* Ralladura.

limar *v. tr.* **1. Desgastar**, pulir, raspar, fresar, rapar, raer, frotar. **2. Perfeccionar**, corregir, enmendar, retocar. **3. Atenuar**, suavizar. ➤ *Agravar.*

limbo *s. m.* Halo, aureola, corona.

limeta *s. f.* Ampolla, frasco, botella.

liminar *adj.* Inicial, preliminar, prologar. ➤ *Final, epilogar, conclusivo.*

limitación *s. f.* Restricción, límite, acotamiento, tasa, prohibición, cortapisa, óbice, barrera, divisoria, demarcación, circunscripción. ➤ *Indeterminación, permiso, libertad.*

limitado, da *adj.* **1. Finito**, definido, restringido, circunscrito, condicionado, restricto. ➤ *Infinito, ilimitado.* **2. Ignorante**, corto, incapaz, apocado, tonto. ➤ *Inteligente, listo.*

limitar *v. tr.* **1. Acotar**, demarcar, delimitar, fijar, señalar, cercar. ➤ *Indeterminar.* **2. Restringir**, concretar, delimitar, señalar, reducir, acortar, ceñir, abreviar, condicionar. ➤ *Amplificar, permitir, desarrollar, extender.* ‖ *v. intr.* **3. Colindar**, lindar.

límite *s. m.* **1. Linde**, frontera, confín, término, borde, orilla, barrera, contorno, periferia, extremidad, coto. **2. Final**, acabamiento, término, fin, meta, máximo, mínimo, colmo, cumbre. ➤ *Principio, origen.*

limítrofe *adj.* Contiguo, rayano, colindante, lindante, fronterizo.

limo *s. m.* Cieno, fango, barro, lodo.

limonero *s. m.* Cidro, toronjo.

limosna *s. f.* Caridad, auxilio, donación, beneficencia, providencia, misericordia, liberalidad, beneficio, dádiva.

limoso, sa *adj.* Cenagoso, lodoso.

limpiabarros *s. m.* Estera, felpudo.

limpiar *v. tr.* **1. Asear**, lavar, acicalar, purificar, desempolvar, pulir, abrillantar, cepillar, frotar, fregar, enjuagar, enlucir. ➤ *Ensuciar, manchar.* **2. Depurar**, purgar, sanear, espantar, desterrar, expulsar. **3. Podar. 4. Escamotear**, sustraer, saquear.

limpidez *s. f.* Diafanidad, claridad, tersura. ➤ *Turbiedad.*

límpido, da *adj.* Claro, cristalino, impoluto. ➤ *Impuro, turbio.*

limpieza *s. f.* **1. Aseo**, pulcritud, lavado, fregado, pureza, higiene. ➤ *Suciedad, basura, impureza.* **2. Honradez**, rectitud, desinterés, honestidad. ➤ *Deshonestidad.* **3. Precisión**, destreza, agilidad, meticulosidad. ➤ *Imperfección, imprecisión.*

limpio, pia *adj.* **1. Pulcro**, aseado, lavado, curioso, neto, depurado, claro, terso, nítido. ➤ *Sucio, desaseado.* **2. Puro**, intacto, acendrado, inviolado, virginal, incólume, límpido, libre, indemne. ➤ *Contaminado, impuro.*

linaje *s. m.* **1. Raza**, estirpe, solar, familia, sangre, blasón, alcurnia, cepa, prosapia, casta, casa. **2. Calidad**, tipo, especie, clase, género, categoría, índole, ralea, calaña, estofa.

lince *s. m.* Perspicaz, agudo, sagaz.

linchamiento *s. m.* Ejecución, ajusticiamiento. ➤ *Perdón, indulto.*

linchar *v. tr.* Ajusticiar, ejecutar. ➤ *Indultar, perdonar.*

lindante *adj.* Adyacente, aledaño, rayano, fronterizo, confinante.

lindar *v. intr.* Limitar, colindar.

linde *s. amb.* **1. Lindero. 2. Frontera.**

lindero, ra *adj.* **1. Lindante**, colindante, limítrofe, rayano. ‖ *s. m.* **2. Límite**, raya, confín, linde.

lindeza *s. f.* Hermosura, belleza.

lindo, da *adj.* **1. Bonito**, agraciado, bello, perfecto, pulcro, gracioso, delicado, pulido, exquisito, hermoso, preciso. ➤ *Feo, antiestético, desagradable.* **2. Perfecto**, delicado, bueno, cabal, primoroso. ➤ *Imperfecto, defectuoso.* **3. Presumido**, afectado.

línea *s. f.* **1. Raya**, trazo, rasgo, estría, barra, veta, lista, surco, tilde, palo. **2. Fila**, hilera, renglón. **3. Servicio**, dirección, itinerario. **4. Clase**, género, especie, categoría. **5. Ascendencia.**

linear *v. tr.* Rayar, subrayar.

lingüista *s. m. y s. f.* Filólogo, dialectólogo, fonetista, gramático, semantista.

lingüístico, ca *adj.* Filológico.

linóleo *s. m.* Hule.

linotipia *s. f.* Impresora.

linterna *s. f.* Farol, lámpara, faro.

lío *s. m.* **1. Envoltorio**, fardo, atadijo, bala, bulto, paquete, rebujo, hato. **2. Enredo**, confusión, desorden, embrollo, barullo, conflicto. ➤ *Concierto.*

liorna *s. f.* Barullo, bulla, alboroto, escándalo. ➤ *Silencio, quietud.*

lioso, sa *adj.* **1. Difícil**, complicado, embrollado. ➤ *Simple, sencillo.* **2. Embrollador**, quisquilloso, enredador, liante. ➤ *Ordenado.*

lipegüe *s. m.* Achichinque, pegote.

lipoideo, a *adj.* Grasoso, aceitoso, mantecoso. ➤ *Seco, enjuto.*

lipotimia *s. f.* Desmayo, desvanecimiento.

liquidación *s. f.* Saldo, ganga, rebaja.

liquidar *v. tr.* **1. Licuar**, fundir, derretir, destilar, brotar, manar. ➤ *Solidificar, manar.* **2. Saldar**, pagar, ajustar, finiquitar. ➤ *Demorar, impagar.* **3. Terminar**, acabar, romper, rematar, extinguir, concluir, ultimar. ➤ *Empezar, iniciar, principiar.* **4. Asesinar.**

líquido *s. m.* Fluido, humor, acuosidad, bebida, licor. ➤ *Sólido, gas.*

lira *s. f.* Numen, musa, vena, estro.

lírica *s. f.* Poesía. ➤ *Prosa, teatro, épica.*

lirón *s. m.* Dormilón, perezoso.

lisiado, da *adj.* Impedido, mutilado, inválido, imposibilitado, herido, dañado. ➤ *Sano, idemne, ileso.*

lisiar *v. tr.* Lesionar, lastimar, herir, estropear, mutilar, baldar, dañar, torcer. ➤ *Curar, sanar, salir ileso, resultar indemne, respetar.*

liso, sa *adj.* **1. Pulido**, plano, llano, suave, parejo, fino, igual, raso, pulimentado. ➤ *Áspero, desigual, arrugado, abultado.* **2. Sencillo**, llano, afable, natural, ingenuo, campechano, franco. ➤ *Afectado, retorcido, sinuoso.* **3. Lacio.** ➤ *Crespo, rizado.*

lisonja *s. f.* Adulación, incienso, zalamería, coba, halago. ➤ *Crítica.*

lisonjear *v. tr.* **1. Halagar,** incensar, dar coba o jabón, hacer coro. ➤ *Denostar.* **2. Satisfacer,** regalar, agradar.

lisonjero, ra *adj.* **1. Adulador,** halagador, cobista, pelotillero. ➤ *Sincero, veraz.* **2. Grato,** satisfactorio, agradable. ➤ *Desagradable, antipático.*

lista *s. f.* **1. Cinta,** banda, tira. **2. Franja. 3. Catálogo,** enumeración, inventario, registro, repertorio, índice, serie, estado, estadillo, minuta, menú, letanía, cuadro, tabla, relación, factura, detalle, censo, programa, cuenta, tarifa, memoria, catastro, listín, anuario.

listar *v. tr.* Enumerar, alistar, relacionar.

listeza *s. f.* Agilidad, ingenio. ➤ *Torpeza.*

listo, ta *adj.* Vivo, activo, espabilado, ingenioso. ➤ *Tonto, ingenuo, simple.*

listón *s. m.* **1. Cinta,** faja, franja. **2. Larguero,** barrote, filete, tapajuntas.

litar *v. tr.* Ofrendar, sacrificar.

litera *s. f.* **1. Angarillas,** andas, palanquín, parihuelas, silla de mano. **2. Catre,** jergón, camastro, hamaca.

literal *adj.* Textual, fiel, exacto, propio, completo, recto. ➤ *Inexacto, figurado, impropio, incompleto.*

literalmente *adv. m.* Fielmente, exactamente, textualmente, de pe a pa, al pie de la letra, palabra por palabra.

literario, ria *adj.* Poético, retórico.

literato, ta *adj.* Escritor, autor, ensayista, prosista, estilista, dramaturgo, novelista, poeta, comentarista.

litigante *adj.* Demandante, pleiteante. ➤ *Demandado, denunciado.*

litigioso, sa *adj.* Querellante.

litografiar *v. tr.* Grabar.

litología *s. f.* Petrografía.

litoral *adj.* **1. Costero,** ribereño, playero. ➤ *Continental, interior.* ‖ *s. m.* **2. Ribera,** playa, acantilado, rompiente, costa. ➤ *Interior.*

liturgia *s. f.* Rito, ritual, ceremonial.

livianamente *adv. m.* Superficialmente, frívolamente. ➤ *Profundamente.*

liviano, na *adj.* **1. Ligero,** leve, sutil, vaporoso. ➤ *Pesado, macizo.* **2. Insustancial,** superficial, insignificante, anodino, somero, baladí, frívolo. ➤ *Importante, grave, trascendental.* **3. Voluble,** fácil, versátil, inconstante, tornadizo, inseguro, cambiante. ➤ *Constante, firme.*

lividecer *v. intr.* Amoratarse, marchitar.

lívido, da *adj.* **1. Amoratado,** morado, lila. **2. Apagado,** demacrado, marchito, pálido, cadavérico, pasado, descolorido. ➤ *Sano, sonrosado.*

living *s. m.* Sala, salón.

llaga *s. f.* **1. Úlcera,** herida, roce, rozadura, erosión, carnosidad, fístula. **2. Dolor,** aflicción, pesar, tristeza, daño, infortunio. ➤ *Alegría, gozo, felicidad.*

llagar *v. tr.* Ulcerar.

llama *s. f.* **1. Llamarada,** fogonazo, tea, candela. ➤ *Rescoldo, brasa, ceniza.* **2. Ardor,** emoción, pasión, abrasamiento. ➤ *Frialdad, indiferencia.* **3. Luz,** claridad, resplandor, fulgor. ➤ *Oscuridad, tenebrosidad, tiniebla.*

llamada *s. f.* **1. Llamamiento,** convocatoria, cita, emplazamiento. **2. Aviso,** advertencia, indicación. **3. Seña.**

llamamiento *s. m.* Llamada, apelación, toque, señal, reclamo, cita, citación, aviso, edicto, convocatoria, evocación, bando, convite, voz, grito, aldabonazo, indicación, invocación, advertencia.

llamar *v. tr.* **1. Avisar,** nombrar, evocar, gritar, vocear, dar voces, hacer señas, advertir. ➤ *Callar, silenciar.* **2. Clamar,** invocar, implorar. **3. Golpear,** tocar, picar, aldabear. **4. Congregar,** emplazar, reunir, convocar, invitar, atraer. ➤ *Dispersar, despedir, licenciar, disolver.* **5. Apodar,** bautizar, denominar, apellidar, designar, nombrar, intitular. **6. Cautivar,** hechizar, fascinar, seducir. ➤ *Repugnar.*

llamarada *s. f.* **1. Fogonazo. 2. Rubor,** sonrojo. **3. Arrebato,** ataque.

llamativo, va *adj.* Espectacular, estridente, vistoso, excitante, provocativo, atractivo, sugestivo, excéntrico, exagerado, extravagante, chillón, intere sante. ➤ *Inadvertido, inexpresivo, vulgar, sencillo.*

llamazar *s. m.* Cenagal, lodazal.

llameante *adj.* Brillante, centelleante, rutilante, flamígero, flameante, ardiente, chispeante. ➤ *Apagado, marchito, muerto, mortecino, opaco.*

llamear *v. intr.* Centellear, resplandecer, arder, avivar, brillar, flamear, relucir, rutilar, quemar, chispear.

llaneza *s. f.* **1. Llanura**, llano. **2. Afabilidad**, simpatía, confianza, espontaneidad, campechanía, naturalidad, modestia, franqueza, familiaridad. ➤ *Soberbia, inmodestia, presunción, engreimiento, protocolo, cumplidos.* **3. Sinceridad**, ingenuidad, buena fe, franqueza. ➤ *Hipocresía, cautela, doblez, simulación.*

llano, na *adj.* **1. Liso**, plano, regular, uniforme, raso, igual, allanado, chato, aplastado. ➤ *Accidentado, desigual, montañoso, tortuoso.* **2. Espontáneo**, familiar, natural, accesible, afable, campechano, franco, tratable. ➤ *Ceremonioso, solemne, afectado, relamido.* **3. Evidente**, claro, palpable, cierto, patente. ➤ *Oscuro, confuso, embrollado, ininteligible.* **4. Fácil**, obvio, sencillo, practicable. ➤ *Impracticable, difícil.* **5. Paroxítono**, grave. ➤ *Agudo, esdrújulo.* ‖ *s. m.* **6. Llanura**, llanada, llaneza. ➤ *Montaña, sierra, loma.*

llanto *s. m.* Lloro, lloriqueo, sollozo, gimoteo, plañido, lamentación, queja, pena, rabieta, gemido, llorera, suspiro, lágrima. ➤ *Risa, alegría, júbilo, gozo, sonrisa.*

llanura *s. f.* Planicie, pradera, llano, explanada, páramo, prado, valle, campiña, vega, altiplanicie, estepa, sabana, meseta, terraza. ➤ *Montaña, sierra, prominencia, promontorio.*

llave *s. f.* **1. Interruptor. 2. Clavija. 3. Pista**, clave. **4. Grifo**, válvula.

llavero *s. m.* Portallaves.

lleco, ca *adj.* Barbecho.

llegada *s. f.* Arribo, advenimiento, acceso, aparición, bienvenida, arribada, alcance, presencia, venida. ➤ *Marcha, ida, partida, salida.*

llegar *v. intr.* **1. Venir**, acercarse, atracar, amarrar, aterrizar, regresar, abordar. ➤ *Partir, salir, zarpar, marchar.* **2. Suceder**, ocurrir, sobrevenir. **3. Conservarse**, resistir, extenderse, abarcar, prolongarse. **4. Bastar.** ➤ *Faltar.* **5. Calar**, conmover, impresionar. **6. Obtener**, alcanzar, salir con, lograr. ➤ *Quedarse.* **7. Importar**, montar, salir por, valer, costar, subir. **8. Acopiar**, reunir, acumular. ➤ *Disgregar, dispersar.* ‖ *v. prnl.* **9. Unirse**, adherirse. ➤ *Separarse, despegarse.* **10. Acudir**, acercarse, encaminarse, marchar, dirigirse, presentarse, comparecer. ➤ *Quedarse, ausentarse.*

llenar *v. tr.* **1. Saturar**, invadir, abarrotar, atiborrar, inundar, poblar, cuajarse, inflar, empapar, cargar, embutir, atestar, colmar, impregnar. ➤ *Vaciar, sacar, quitar, desocupar.* **2. Cumplir**, desempeñar, efectuar, realizar, ejecutar. ➤ *Faltar, fallar.* **3. Cumplimentar**, rellenar. **4. Gastar**, invertir. **5. Gustar**, agradar, satisfacer, contentar. ➤ *Desagradar, insatisfacer.* ‖ *v. prnl.* **6. Atiborrarse**, hincharse, saciarse. ➤ *Ayunar, privarse, abstenerse.*

lleno, na *adj.* **1. Abarrotado**, atestado, colmado, pleno, ocupado, henchido, completo, repleto, saturado, relleno, rebosante, saciado, harto, abarrotado, de bote en bote. ➤ *Desierto, despejado, vacío, desocupado, hueco.* **2. Regordete.** ➤ *Flaco, enjuto.* **3. Harto**, ahíto. ➤ *Ansioso, hambriento.* **4. Abundante**, colmado, copioso, excesivo. ➤ *Escaso, falto.*

llevadero, ra *adj.* Tolerable, soportable, sufrible, aguantable. ➤ *Pesado, insoportable, insufrible.*

llevar *v. tr.* **1. Trasladar**, transportar. ➤ *Abandonar, dejar.* **2. Encaminar**, guiar, conducir, dirigir. **3. Causar. 4. Lucir**, vestir, ponerse. **5. Gobernar**, regir. **6. Convencer**, persuadir. **7. Soportar**, padecer, tolerar. **8. Amputar**, seccionar, cortar. **9. Tener**, poseer. **10. Mantener**, seguir. **11. Hacerse**, forjarse, lograr. **12. Cuidar**, trabajar. **13. Aventajar**, exceder, sacar. ‖ *v. prnl.*

14. Afanar, apoderarse, apropiarse.
15. Lograr, obtener, ganar.
llorar *v. intr.* **1. Plañir**, lloriquear, sollozar, lagrimear, lamentarse. ➤ *Reír, carcajear.* **2. Quejarse**, pedir, deplorar, dolerse, condolerse, lamentar. ➤ *Celebrar, alegrarse, festejar.* || *v. tr.* **3. Lamentar**, implorar, suplicar, rogar.
llorica *s. m. y s. f.* Jeremías, plañidero.
llorón, na *adj.* **1. Lloroso.** ➤ *Risueño.* **2. Llorica**, quejica. ➤ *Alegre.*
llover *v. intr.* **1. Lloviznar**, diluviar, rociar. ➤ *Escampar, despejarse.* **2. Abundar**, manar, venir, agolparse. ➤ *Escasear, faltar, carecer.*
llovizna *s. f.* Calabobos, orvallo, sirimiri.
lloviznar *v. intr.* Llover, gotear.
lluvia *s. f.* **1. Aguacero**, chaparrón, chubasco, precipitación, tromba, tormenta, temporal, borrasca. ➤ *Sequía.* **2. Afluencia**, abundancia, copia, profusión, muchedumbre, río. ➤ *Escasez, falta, carencia, pobreza.*
lluvioso, sa *adj.* Húmedo, pluvioso, borrascoso. ➤ *Despejado, claro*
loa *s. f.* Alabanza, elogio, enaltecimiento, encomio, loor. ➤ *Insulto, denuesto.*
loable *adj.* Plausible, meritorio.
loar *v. tr.* Elogiar, celebrar, ensalzar, enaltecer, encomiar, glorificar, aplaudir, encarecer, realzar, engrandecer. ➤ *Denostar, atacar, criticar, reprobar.*
lóbrego, ga *adj.* **1. Oscuro**, tenebroso, sombrío. ➤ *Luminoso, claro.* **2. Triste**, melancólico. ➤ *Alegre.*
lobulado, da *adj.* Escotado, ondulado, redondeado.
lóbulo *s. m.* Escotadura, onda.
localidad *s. f.* **1. Situación**, posición, emplazamiento. **2. Lugar**, punto, paraje, sitio, territorio, espacio, pueblo, comarca, aldea, ciudad, villa, provincia, departamento. **3. Asiento**, puesto, butaca, plaza, número.
localizar *v. tr.* **1. Fijar**, situar, emplazar, ubicar, determinar, limitar. ➤ *Desplazar, indeterminar.* **2. Descubrir**, hallar, encontrar. ➤ *Perder.*
loco, ca *adj.* **1. Alocado**, demente, insensato, enajenado, venático, delirante, desvariado, frenético, maniático,

enloquecido, tocado, barrenado, chalado, ido, lunático, orate, perturbado, chiflado, grillado. ➤ *Cuerdo, juicioso.* **2. Imprudente**, atolondrado, insensato, aturdido, inconsciente, disparatado, extravagante, inmoderado, excesivo. ➤ *Moderado, prudente, sensato.*
locomoción *s. f.* Traslación, traslado, transporte, desplazamiento. ➤ *Permanencia.*
locomotor, ra *adj.* Locomotriz, motriz.
locuacidad *s. f.* Verbosidad, labia, verborrea, charlatanería. ➤ *Taciturnidad.*
locuaz *adj.* Charlatán, parlanchín, facundo, hablador. ➤ *Callado.*
locución *s. f.* Modismo, expresión.
locura *s. f.* **1. Demencia**, enajenación, vesania, alienación, manía, paranoia, chifladura, desvarío, frenesí, delirio, sinrazón, enloquecimiento. ➤ *Cordura, razón, sensatez, juicio.* **2. Insensatez**, imprudencia, dislate, extravagancia, disparate, absurdo. ➤ *Prudencia, sensatez.*
locutor, ra *s. m. y s. f.* Comentarista, presentador.
locutorio *s. m.* **1. Parlatorio**, libratorio. **2. Cabina**.
lodo *s. m.* Limo, fango, légamo, barro, cieno.
lodoso, sa *adj.* Cenagoso, pantanoso, leganoso.
logia *s. f.* Sesión, reunión, asamblea.
lógico, ca *adj.* Racional, razonable.
lograr *v. tr.* Obtener, alcanzar, ganar, conseguir, captar, granjear, disfrutar, poder, merecer, sacar, conquistar, tomar, atrapar, gozar, procurarse. ➤ *Perder, fracasar.*
logrero, ra *s. m. y s. f.* **1. Usurero**, prestamista. **2. Especulador**. **3. Acaparador**.
loma *s. f.* Altozano, cerro, montículo, meseta, otero, collado. ➤ *Llano.*
lombriz *s. f.* Lambrija, miñosa, verme.
lomo *s. m.* **1. Dorso**, espinazo, costillar, respaldo, costillas, espaldillas, envés, joroba. **2. Magro**.
lona *s. f.* **1. Cotoncillo**, lienzo, loneta. **2. Toldo**, cubierta.
loncha *s. f.* Rodaja, tajada, rebanada.

longanimidad *s. f.* Magnanimidad, generosidad, nobleza. ➤ *Tacañería.*

longaniza *s. f.* Butifarra, salchicha, salchichón.

longevidad *s. f.* Ancianidad, vejez.

longevo, va *adj.* Vetusto, viejo.

longitud *s. f.* Largo, largor, largueza, largura, alcance, distancia. ➤ *Latitud, ancho, amplitud, anchura.*

lonja[1] *s. f.* Loncha, raja, tajada, rodaja, sección, rebanada, filete.

lonja[2] *s. f.* **1. Mercado**, feria, emporio. **2. Galería**, porticada, atrio, pórtico.

loor *s. m.* Elogio, loa, encomio, enaltecimiento. ➤ *Denuesto, crítica.*

lordosis *s. f.* Corcova, joroba.

loriga *s. f.* Armadura, coraza.

losa *s. f.* **1. Adoquín**, baldosa. **2. Lápida**, piedra, loseta, estela. **3. Sepulcro**, osera, tumba, fosa.

loseta *s. f.* Baldosín, baldosa.

lote *s. m.* **1. Porción**, parte, partición, división, parcela. ➤ *Todo, suma, total.* **2. Pack**, combinación, kit.

lotería *s. f.* Tómbola, rifa, juego.

loza *s. f.* Cerámica, porcelana, mayólica, caolín, terracota.

lozanía *s. f.* **1. Frescura**, verdor, verdura, vigor, vivacidad, amenidad. ➤ *Languidez, agostamiento, sequedad.* **2. Fuerza**, salud, robustez, ánimo, jovialidad. ➤ *Extenuación, flojedad, debilidad.* **3. Orgullo**, altivez, ufanía, petulancia, altanería, engreimiento. ➤ *Humildad, modestia.*

lozano, na *adj.* **1. Frondoso**, verde, fresco. ➤ *Agostado, seco, mustio.* **2. Sano**, saludable, vigoroso, airoso, gallardo, garrido, robusto, jovial, animoso. ➤ *Extenuado, débil.* **3. Altivo**, ufano, altanero, arrogante, orgulloso, engreído. ➤ *Modesto, humilde.*

luan *adj.* Ceniciento, grisáceo.

lubricante *s. m.* Grasa, aceite, emulsión.

lubricar *v. tr.* Lubrificar, engrasar.

lubricidad *s. f.* Impudicia, lascivia.

lúbrico, ca *adj.* Impúdico, lujurioso, lascivo, obsceno. ➤ *Casto, púdico.*

lubrificación *s. f.* Lubricación, engrase.

lubrificar *v. tr.* Engrasar.

lucerna *s. f.* Claraboya, tragaluz.

lucero *s. m.* **1. Estrella**, Sol, planeta Venus. **2. Brillo**, esplendor, resplandor, refulgencia, destello. ➤ *Opacidad.*

lucha *s. f.* Conflicto, revuelta, guerra, fregado, querella, discusión, rivalidad, debate, desaveniencia, contienda, pelea, disputa, altercado, pugilato, reyerta, pendencia, riña, pugna, torneo, acometimiento, batalla, controversia, polémica, pelotera, refriega, lid. ➤ *Concordia, paz, acuerdo.*

luchador, ra *s. m. y s. f.* Púgil, combatiente, contendiente, lidiador, batallador, contrincante, adversario, competidor, gladiador, boxeador.

luchar *v. intr.* Lidiar, batallar, pelear, altercar, pugnar, reñir, combatir, querellarse, rivalizar, discutir, disputar, debatir, guerrear, hostigar. ➤ *Pacificarse, concordar, coincidir.*

lucidez *s. f.* Clarividencia, penetración, sagacidad, claridad, perspicacia, inteligencia, sutilidad, limpidez. ➤ *Simplicidad, tontería, ofuscación, confusión.*

lucido, da *adj.* Vistoso, airoso.

lúcido, da *adj.* Perspicaz, sutil, penetrante, sagaz, sobresaliente, clarividente, inteligente, perspicaz, agudo. ➤ *Obtuso, simple, torpe, confuso.*

lucidor, ra *adj.* Brillante, resplandeciente, reluciente, destellante.

luciérnaga *s. f.* Gusano de luz, noctiluca.

Lucifer *n. p.* Leviatán, Luzbel, Satanás.

lucir *v. intr.* **1. Brillar**, iluminar, resplandecer, alumbrar, rutilar, destellar, refulgir. ➤ *Apagarse.* **2. Sobresalir**, descollar, aventajar, resaltar. ➤ *Disminuirse, confundirse.* **3. Ostentar**, presumir, parecer, mostrar. ➤ *Disminuir, esconder.* || *v. prnl.* **4. Adornarse**, embellecerse, acicalarse, hermosearse.

lucrarse *v. prnl.* Beneficiarse, aprovecharse, sacar tajada, hacer su agosto.

lucrativo, va *adj.* Productivo, fructífero, beneficioso, provechoso. ➤ *Ruinoso, perjudicial.*

lucro *s. m.* Provecho, logro, beneficio, remuneración, producto, utilidad, dividendo, emolumento, ingresos, interés, gratificación, botín. ➤ *Pérdida, déficit, merma.*

luctuoso, sa *adj.* Deplorable, fúnebre, funesto, lamentable. ➤ *Alegre.*

lucubración *s. f.* Creación, plan, urdimbre, vigilia, aprendizaje.

ludibrio *s. m.* Burla, befa, mofa, escarnio, pulla, chanza. ➤ *Respeto.*

luego *adv. t.* **1.** Enseguida, inmediatamente, pronto, seguidamente, al momento, al punto, al instante. ➤ *Después, más tarde.* ‖ *conj.* **2. Pues**, por consiguiente, por tanto, por lo tanto.

lugar *s. m.* **1. Sitio**, ubicación, puesto, colocación, emplazamiento, posición, punto, parte, medio, ámbito, recinto, local, rincón, andurrial, situación. **2. Aldea**, villa, ciudad, pueblo, población, urbe. **3. Tiempo**, ocasión, oportunidad.

lugareño, ña *adj.* Pueblerino, aldeano, rústico, campesino, paisano.

lugarteniente *s. m.* Comisionado, delegado, sustituto.

lúgubre *adj.* Fúnebre, tétrico, funesto, mustio, melancólico, taciturno, triste, sombrío, luctuoso, tenebroso. ➤ *Alegre, claro, gozoso, festivo.*

lujo *s. m.* Opulencia, suntuosidad, fausto, magnificencia, riqueza, ostentación, exceso, esplendor, profusión, demasía, abundancia, rumbo, boato. ➤ *Pobreza, sencillez, sobriedad.*

lujoso, sa *adj.* Opulento, suntuoso, ostentoso, espléndido, fastuoso, rico, magnífico, pomposo, profuso. ➤ *Pobre, sobrio, austero.*

lujuria *s. f.* Lascivia, liviandad, lubricidad, libídine, concupiscencia, incontinencia. ➤ *Castidad, contención.*

lujurioso, sa *adj.* Lascivo, liviano, lúbrico, libidinoso, rijoso, sensual, obsceno. ➤ *Recatado, puro, casto.*

lumbago *s. m.* Reúma, lumbalgia.

lumbar *adj.* Dorsal.

lumbre *s. f.* **1. Luz**, fuego, llama, claridad, resplandor, destello. **2. Fuego**, candela.

lumbrera *s. f.* **1. Abertura**, baharda, ventana, hendidura, tronera, hueco,

ojo, escotilla, lucerna, tragaluz, claraboya. **2. Genio**, sabio, doctor, técnico, perito. ➤ *Ignorante, asno, profano, lego.*

luminiscencia *s. f.* Luminosidad, fulgor, irradiación, brillo.

luminoso, sa *adj.* Brillante, radiante, refulgente, esplendoroso, fosforescente, claro, rutilante, resplandeciente, lumínico, fulguroso, lúcido, centelleante, parpadeante, crepuscular. ➤ *Opaco, oscuro, apagado, extinto.*

luminotecnia *s. f.* Alumbrado.

luna *s. f.* Espejo, luneta, vidriera, cristal, escaparate.

lunar *adj.* **1. Lunario**, sublunar, plenilunar, interlunar, novilunar. ‖ *s. m.* **2. Peca**, mota, efélide, verruga. **3. Defecto**, falta, tacha, lacra. ➤ *Perfección.*

lunático, ca *adj.* Maniático, chalado, caprichoso, raro, loco, venático, extraño, extravagante. ➤ *Sensato, cuerdo, ecuánime, razonable, reflexivo.*

luneta *s. f.* Cristal, vidriera, luna.

lunfardo *s. m.* Argot, jerga, germanía.

lupanar *s. m.* Burdel, mancebía, prostíbulo, casa de lenocidio, casa de citas.

lupia *s. f.* Quiste, lobanillo, tumor.

lustrar *v. tr.* Alustrar, abrillantar, pulir, frotar, restregar. ➤ *Deslucir, empañar.*

lustre *v. tr.* **1. Barniz**, tersura, pulimento, cera, esmalte, pulido, pátina. ➤ *Paño, velo, sombra.* **2. Fama**, realce, gloria, esplendor.

lustroso, sa *adj.* Reluciente, brillante, resplandeciente, rutilante, terso, radiante, nítido, flamante, fúlgido. ➤ *Opaco, mate, deslucido, empañado.*

lútea *s. f.* Oropéndola, oriol, papafigo.

luto *s. m.* Duelo, pena, llanto, aflicción, dolor, tristeza. ➤ *Alegría.*

luz *s. f.* **1. Resplandor**, fulgor, brillo, luminiscencia, fluorescencia, albor, esplendor, llama, claridad, luminosidad. ➤ *Tinieblas, oscuridad, lobreguez, sombra.* **2. Vela**, candela, bombilla, lámpara, foco, antorcha. **3. Diámetro**, sección, abertura, arco.

Luzbel *n. p.* Satanás, diablo, demonio, Lucifer, Mefistófeles, Leviatán.

M m

maca *s. f.* Defecto, deficiencia, imperfección, mácula, tacha.

macabro, bra *adj.* Fúnebre, lúgubre, siniestro, mortuorio, sepulcral, triste, tétrico. ➤ *Vital, vivificante, alegre.*

macanudo, da *adj.* Genial, portentoso, soberbio, excelente. ➤ *Horrible.*

macarra *adj.* **1. Cursi,** kitsch, chabacano. ➤ *Fino, elegante.* **2. Navajero,** chulo. ‖ *s. m.* **3. Proxeneta,** chulo.

macarrónico, ca *adj.* Impuro, mezclado, vulgar. ➤ *Clásico, puro.*

macedonia *s. f.* Ensalada de frutas, compota, mezcla.

macerar *v. tr.* **1. Adobar,** marinar. **2. Ablandar,** ajar, estrujar, prensar, machacar. **3. Humillar,** flagelar, maltratar, lacerar. ➤ *Confortar, consolar.*

macero *s. m.* Escolta, heraldo, paje.

maceta *s. f.* **1. Jardinera,** macetero, tiesto. **2. Garrote,** porra, cachiporra.

machacar *v. tr.* **1. Majar,** aporrear, desmoronar, triturar, aplastar, desmenuzar. **2. Pulverizar,** quebrar. **3. Moler,** hacer daño, destrozar. **4. Destruir,** derrotar, vencer, pulverizar. ‖ *v. intr.* **5. Importunar,** reiterar, insistir, cansar, repetir, porfiar. ➤ *Desistir.* **6. Estudiar,** chapar, empollar. **7. Agotarse,** fatigarse, reventarse.

machacón, na *adj.* Plomo, repetitivo, cargante, porfiado, pesado, tenaz, fastidioso, tozudo, plasta. ➤ *Oportuno, discreto, moderado.*

machaconería *s. f.* Prolijidad, reiteración, insistencia. ➤ *Comedimiento.*

macho *adj.* **1. Arrogante,** atrevido, valiente. ➤ *Cobarde, apocado.* **2. Fuerte,** robusto, vigoroso, valiente, firme, resistente. ➤ *Débil, enclenque, blando.* **3. Masculino,** varón, semental, garañón, verraco. ➤ *Hembra.*

machote *s. m.* Fuerte, valiente, viril, varonil. ➤ *Flojo, cobarde, afeminado.*

machucho, cha *adj.* Sosegado, juicioso, prudente, reflexivo, sensato, ecuánime. ➤ *Irreflexivo, imprudente.*

machuelo *s. m.* Embrión, germen.

macilento, ta *adj.* Flaco, descolorido, débil, demacrado, decaído, mustio, triste. ➤ *Lozano, vivo, vivaz.*

macillo *s. m.* Martinete.

macizo, za *adj.* **1. Compacto,** lleno, grueso, relleno, amazacotado. ➤ *Hueco, vacío.* **2. Fundado,** sólido, argumentado. ➤ *Inconsistente, flojo.* **3. Musculoso,** cachas, duro, fuerte. ➤ *Fofo.* **4. Atractivo.** ‖ *s. m.* **5. Parterre.**

macrogameto *s. m.* Óvulo.

mácula *s. f.* **1. Defecto,** tacha, mancha, tara. ➤ *Perfección.* **2. Engaño,** trampa, embuste, mentira, engañifa.

macular *v. tr.* Deshonrar, mancillar, ensuciar, enturbiar. ➤ *Limpiar, honrar.*

macuto *s. m.* Zurrón, bolsa, petate, morral, mochila.

madeja *s. f.* Ovillo, bobina, carrete.

madera *s. f.* Tabla, listón, tablón, viga.

maderamen *s. m.* Envigado, armazón.

madero *s. m.* **1. Tablón,** plancha, tablero, tabla, viga, vigueta, palo, poste, ensamblaje, traviesa, puntal. **2. Necio,** insensible, tarugo. **3. Policía.**

madre *s. f.* **1. Hermana,** monja, sor. **2. Matriz. 3. Causa,** principio, origen, raíz, fundamento. **4. Cauce,** álveo, lecho. **5. Heces,** sedimento, solera. **6. Viga maestra,** durmiente.

madrigal *s. m.* Canción, poema.

madriguera *s. f.* **1. Guarida,** cueva, abrigo, topera, nido. **2. Escondrijo,** refugio, agujero.

madrina *s. f.* **1. Protectora,** amparadora, comadre. **2. Cabestro,** correa.

madroño *s. m.* Madroñera, marojo.

madrugada *s. f.* Amanecer, aurora, alba, alborada, albores, amanecida, mañana. ➤ *Atardecer, anochecer, ocaso.*

madrugador, ra *adj.* Mañanero, temprano. ➤ *Dormilón, perezoso.*

madrugar *v. intr.* **1. Mañanear**, alborear, alborecer. ➤ *Trasnochar, pernoctar, nocturnear.* **2. Anticiparse**, prever, adelantarse, aventajar, tomar la delantera. ➤ *Retrasarse, tardar.*

maduración *s. f.* Madurez, sazón, desarrollo. ➤ *Precocidad.*

madurar *v. tr.* **1. Sazonar**, medrar, desarrollarse. ➤ *Verdear.* **2. Meditar**, desarrollar, perfeccionar. ➤ *Obviar.* **3. Curtirse**, endurecerse, avezarse, encallecerse. ➤ *Empeorar.*

madurez *s. f.* **1. Sazón**. **2. Prudencia**, juicio, conciencia, cordura, sensatez. ➤ *Imprudencia, irreflexión, insensatez.*

maduro, ra *adj.* **1. Sazonado**, desarrollado, formado, pletórico, lleno, henchido, floreciente ➤ *Verde, agrio.* **2. Sensato**, sesudo, reflexivo, prudente, juicioso, veterano. ➤ *Imprudente, irreflexivo.* **3. Adulto.** ➤ *Niño.*

maestresala *s. m.* Mayordomo.

maestría *s. f.* Habilidad, pericia, superioridad, destreza. ➤ *Inhabilidad, torpeza, incultura, inferioridad.*

maestro, tra *adj.* **1. Magistral**, ejemplar, modélico. ➤ *Corriente, ordinario, vulgar.* **2. Principal**, básico. ➤ *Secundario.* ‖ *s. m. y s. f.* **3. Profesor**, pedagogo, instructor. **4. Perito**, ducho, avezado. ‖ *s. m.* **5. Diestro.**

magia *s. f.* **1. Ocultismo**, hechicería, encantamiento, taumaturgia, brujería. ➤ *Exorcismo.* **2. Prestidigitación**, ilusionismo. **3. Encanto**, atractivo, hechizo, fascinación, seducción. ➤ *Repulsión.*

mágico, ca *adj.* **1. Fantástico**, maravilloso, estupendo, fabuloso, fascinante, seductor, sorprendente, misterioso, pasmoso, asombroso, portentoso. ➤ *Natural, común, corriente, habitual, normal.* **2. Maléfico**, oculto, cabalístico, embrujado, encantado, sobrenatural. ‖ *s. m. y s. f.* **3. Hechicero**, mago, nigromante, brujo, ocultista, vidente.

magín *s. m.* Ingenio, entendimiento, inteligencia, imaginación, cabeza.

magisterio *s. m.* **1. Enseñanza**, instrucción. **2. Profesorado. 3. Influen-**

cia. **4. Afectación**, gravedad, pomposidad. ➤ *Sencillez, naturalidad.*

magistrado, da *s. m. y s. f.* Togado.

magistral *adj.* Perfecto, superior, estupendo, genial, soberbio, magnífico, importante, bello, noble, ejemplar, solemne. ➤ *Imperfecto, vulgar, inferior, pequeño, defectuoso, malo, infame.*

magma *s. m.* Lava.

magnanimidad *s. f.* Generosidad, nobleza, longanimidad, elevación, magnificencia, grandeza. ➤ *Tacañería, bajeza, envidia, pusilanimidad.*

magnánimo, ma *adj.* Benévolo, benigno, caballeroso, noble, grande, generoso, liberal. ➤ *Vil, rastrero, ruin.*

magnate *s. m. y s. f.* Prócer, grande, poderoso, potentado, personaje, personalidad. ➤ *Pobre diablo, pelado.*

magnetismo *s. m.* Atractivo, seducción, sugestión, influencia, encanto.

magnetita *s. f.* Calamita, caramida, piedra imán.

magnetizador, ra *s. m. y s. f.* Hipnotizador, imanador.

magnetizar *v. tr.* **1. Imanar**, imantar. ➤ *Desimantar.* **2. Hipnotizar**, sugestionar. ➤ *Despertar.* **3. Fascinar**, deslumbrar, seducir. ➤ *Repeler, repugnar.*

magneto *s. f.* Inductor, motor.

magnetófono *s. m.* Magnetofón, casete, grabadora, dictáfono.

magnicidio *s. m.* Atentado, regicidio.

magnificar *v. tr.* **1. Alabar**, elogiar, ensalzar. ➤ *Humillar, despreciar.* **2. Exagerar**, hiperbolizar, agrandar, hinchar, desorbitar. ➤ *Disminuir.*

magnificencia *s. f.* **1. Pompa**, esplendor, suntuosidad, opulencia, fastuosidad, ostentación, grandeza, aparato, lujo, boato, derroche, gala, brillo. ➤ *Modestia, sencillez, carencia, austeridad.* **2. Generosidad**, esplendidez, liberalidad, magnanimidad. ➤ *Tacañería, roñosería, avaricia.*

magnífico, ca *adj.* **1. Ostentoso**, esplendoroso, espléndido, suntuoso, fastuoso, soberbio, opulento, grandioso, pomposo, regio, vistoso, rumboso, aparatoso, excelso. ➤ *Mezquino, pobre, miserable.* **2. Excelente,**

admirable, notable, soberbio, estupendo, extraordinario, valioso. ➤ *Malo, precario, insignificante.*

magnitud *s. f.* **1. Importancia**, alcance, trascendencia, importancia. ➤ *Inoperancia.* **2. Cantidad**, medida, dimensión, tamaño, capacidad.

mago, ga *adj.* Hechicero, taumaturgo, encantador, prestidigitador, ilusionista, ocultista, brujo, nigromante.

magrear *v. tr.* Palpar, toquetear, sobar.

magro, gra *adj.* Delgado, flaco, enjuto, descarnado. ➤ *Grasiento, gordo.*

magulladura *s. f.* Contusión, moradura, equimosis, lesión, roce, hematoma, golpe, moretón, cardenal.

magullar *v. tr.* Contusionar, herir, lastimar, señalar, maltratar, lesionar, pegar, moler, zurrar. ➤ *Curar, sanar.*

mahometano, na *adj.* Musulmán, islamista, sarraceno, agareno, islámico.

mainel *s. m.* Parteluz.

majada *s. f.* Apero, aprisco, redil.

majadería *s. f.* Sandez, pazguatería, necedad. ➤ *Agudeza, salida.*

majadero, ra *adj.* Pesado, fastidioso, pelmazo, necio, inoportuno, mentecato. ➤ *Ingenioso, discreto, prudente.*

majadura *s. f.* Paliza, trituración.

majamama *s. f.* Embuste, trampa.

majar *v. tr.* **1. Triturar**, machacar. **2. Cansar**, fastidiar, incordiar, aburrir.

majareta *adj.* Desequilibrado, alienado, perturbado, loco, chiflado. ➤ *Cuerdo, sano, juicioso.*

majestad *s. f.* Sublimidad, magnificencia, majestuosidad, dignidad, grandeza, soberanía, pompa, esplendor, prestigio, señorío, solemnidad. ➤ *Vulgaridad, sencillez.*

majestuoso, sa *adj.* Augusto, solemne, imponente, sublime, regio. ➤ *Modesto, humilde, sencillo, vulgar.*

majeza *s. f.* Chulería, guapeza. ➤ *Discreción, modestia, humildad.*

majo, ja *adj.* **1. Chulo**, matón, valentón. ➤ *Gallina, apocado.* **2. Lindo**, hermoso, guapo, gallardo, bien parecido. ➤ *Feo, antiestético, desagradable.* **3. Ataviado**, compuesto, lujoso, acicalado. ➤ *Dejado, desaseado, adán.*

majuelo *s. m.* Pirlitero, marzoleto.

mal *adj.* **1. Malo.** ➤ *Buen, bueno.* ‖ *s. m.* **2. Vicio**, tara, imperfección, insuficiencia, deshonestidad, inmoralidad. ➤ *Bien, bondad, perfección.* **3. Ofensa**, lesión, perjuicio. **4. Calamidad**, desgracia, pena, amargura, tormento, dolor, desolación. **5. Padecimiento**, achaque, enfermedad, dolencia, indisposición. ➤ *Salud, lozanía.* ‖ *adv. m.* **6. Indebidamente**, incorrectamente, insuficientemente. ➤ *Correctamente, perfectamente, debidamente.*

malabarista *s. m. y s. f.* Equilibrista, trapecista, volatinero, prestidigitador, mago, acróbata.

malacostumbrado, da *adj.* **1. Viciado**, mal inclinado. **2. Malcriado**, regalado. ➤ *Educado.*

malacostumbrar *v. tr.* **1. Viciar**, pervertir. **2. Malcriar**, mimar.

malagradecido, da *adj.* Desagradecido, ingrato. ➤ *Agradecido.*

malagueño, ña *adj.* Malacitano.

malandanza *s. f.* Infortunio, desventura, desgracia. ➤ *Ventura, fortuna.*

malandrín, na *adj.* Bellaco, granuja, malvado, sinvergüenza, maligno, truhán, tunante. ➤ *Honrado, recto.*

malapata *s. m. y s. f.* **1. Gafe.** ➤ *Afortunado.* **2. Patoso**, torpe, desgarbado. ➤ *Garboso, donairoso.*

malaquita *s. f.* Azurita.

malaria *s. f.* Paludismo.

malasombra *adj.* Inoportuno, patoso.

malatería *s. f.* Lazareto, leprosería.

malaventura *s. f.* Desdicha, desgracia, infortunio. ➤ *Ventura, fortuna.*

malaventurado, da *adj.* Desafortunado. ➤ *Afortunado, agraciado.*

malaventuranza *s. f.* Desdicha, desgracia, infortunio. ➤ *Suerte, fortuna.*

malbaratador, ra *adj.* Gastador, manirroto. ➤ *Aborrador, tacaño.*

malbaratar *v. tr.* **1. Malvender. 2. Derrochar**, dilapidar, despilfarrar, disipar. ➤ *Administrar, aborrar.*

malcarado, da *adj.* **1. Malhumorado. 2.** Feo.

malcomer *v. tr.* Abstenerse, ayunar, hambrear. ➤ *Saciarse, hartarse.*

malcontento, ta *adj.* **1. Insatisfecho,** disgustado, quejoso, descontento. ➤ *Contento, satisfecho, dichoso.* **2. Rebelde,** indócil. ➤ *Sumiso, dócil.*

malcriado, da *adj.* Maleducado, incivil, grosero, consentido, mimado, caprichoso, descortés, desatento, descomedido, incorrecto. ➤ *Educado, cortés, correcto, atento, comedido.*

malcriar *v. tr.* Consentir, malacostumbrar, maleducar, mimar, condescender. ➤ *Educar, dirigir, encaminar.*

maldad *s. f.* Malicia, perversidad, mal, vicio, tara, abuso, pecado, vileza, inmoralidad, crueldad, corrupción, malevolencia, malignidad, villanía, ruindad, depravación. ➤ *Bondad, perfección, benignidad, benevolencia.*

maldecir *v. tr.* **1. Renegar,** condenar, imprecar, execrar, blasfemar, abominar, jurar, execrar. ➤ *Bendecir, loar, alabar, ensalzar.* ǁ *v. intr.* **2. Denigrar,** murmurar, detractar, calumniar, ofender. ➤ *Alabar, elogiar, adular.*

maldiciente *adj.* Murmurador, mala lengua, denigrador.

maldito, ta *adj.* **1. Malvado,** depravado, perverso, execrable, detestable, ruin, miserable, aborrecible, malintencionado, pervertido, endemoniado. ➤ *Estimable, benévolo, bienintencionado, amable.* **2. Réprobo,** descomulgado, condenado, excomulgado. ➤ *Bendito, bienaventurado, santo.*

maleable *adj.* Dúctil, elástico, flexible. ➤ *Rígido, duro.*

malear *v. tr.* **1. Deteriorar,** ensuciar, estropear, dañar. ➤ *Arreglar, componer.* **2. Viciar,** pervertir, corromper.

malecón *s. m.* Dique.

maledicencia *s. f.* Murmuración, cotilleo, chismorreo, infamación.

maleducado, da *adj.* Gamberro, incivil, grosero, tosco, descarado, insolente. ➤ *Cortés, educado, cumplido.*

maleficio *s. m.* Encantamiento, sortilegio, embrujamiento, hechizo, magia, ensalmo. ➤ *Bendición, exorcismo.*

maléfico, ca *adj.* Dañino, nocivo, perjudicial, pernicioso, maligno, maldito, perverso. ➤ *Beneficioso, benéfico.*

malestar *s. m.* Desasosiego, inquietud, ansiedad, indisposición, desazón, incomodidad, modestia, comodidad, angustia, sinsabor, disgusto, fastidio, estrechez, tormento, tedio, penas, pesadumbre, descontento. ➤ *Bienestar, contento, salud, comodidad, ventura.*

maleta *s. f.* Valija, maletín, bolsa.

maletero, ra *s. m. y s. f.* **1. Mozo.** ǁ *s. m.* **2. Portaequipajes.**

malevolencia *s. f.* Enemistad, resentimiento, rencor. ➤ *Amor, amistad.*

malevolente *adj.* Malévolo.

malévolo, la *adj.* Malvado, pérfido, perverso, malicioso. ➤ *Bondadoso.*

malgastar *v. tr.* Disipar, malbaratar, despilfarrar, desperdiciar, derrochar, dilapidar, tirar, derretir, perder, desparramar, desbaratar. ➤ *Ahorrar, administrar, guardar, economizar.*

malhablado, da *adj.* Deslenguado, murmurador, procaz, lenguaraz, grosero. ➤ *Bienhablado, comedido.*

malhadado, da *adj.* Infortunado, desgraciado, desdichado, desafortunado. ➤ *Afortunado, suertudo.*

malhechor, ra *adj.* Criminal, delincuente, rufián, maleante, facineroso. ➤ *Bienhechor, auxiliador, benefactor.*

malhumorado, da *adj.* Arisco, desabrido, disgustado. ➤ *Amable, cariñoso.*

malicia *s. f.* **1. Perversidad,** malignidad, maldad. ➤ *Bondad, benignidad, benevolencia.* **2. Sagacidad,** sutilidad, penetración. ➤ *Candidez, ingenuidad, bobería.* **3. Estratagema,** sospecha, recelo, cautela, picardía, astucia, maña, treta. ➤ *Buena fe.*

maliciar *v. tr.* Recelar, barruntar, desconfiar, sospechar, olerse. ➤ *Confiar.*

malicioso, sa *adj.* **1. Desconfiado,** escamado, receloso, socarrón, malintencionado, malpensado, picajoso. ➤ *Confiado, crédulo.* **2. Astuto,** taimado, desconfiado, ladino, bellaco, solapado, zorro, sagaz, artero. ➤ *Cándido, ingenuo, inocente, simplón.*

malignidad *s. f.* Perversidad, vileza, maldad. ➤ *Bondad, benignidad.*

maligno, na *adj.* **1. Malicioso,** receloso, suspicaz, perverso, taimado. ➤

Bondadoso, ingenuo. **2. Nocivo,** pernicioso, dañino. ➤ *Beneficioso.*

malintencionado, da *adj.* Enconoso, siniestro, torcido, perverso, avieso. ➤ *Bienintencionado.*

malinterpretar *v. tr.* Retorcer, tergiversar.

malla *s. f.* Maillot.

malmandado, da *adj.* Desobediente, indócil, rebelde. ➤ *Dócil, sumiso.*

malmeter *v. tr.* **1. Derrochar,** malgastar, malbaratar, despilfarrar. **2. Malquistar,** indisponer. ➤ *Reconciliar.*

malmirado, da *adj.* **1. Malquisto,** desconceptuado. ➤ *Acreditado, honorable.* **2. Descortés,** inconsiderado, maleducado. ➤ *Cortés.*

malo, la *adj.* **1. Malicioso,** diabólico, detestable, infernal, perverso, ruin, bellaco, ingrato, vicioso, malvado, pésimo, pérfido, execrable, maligno, infame. ➤ *Bueno, magnánimo, bondadoso, angélico.* **2. Nefasto,** funesto, pernicioso, peligroso, nocivo, dañino, aciago, infausto. ➤ *Bueno, beneficioso.* **3. Travieso,** revoltoso, inquieto, enredador. ➤ *Bueno, obediente, sosegado, tranquilo.* **4. Enfermo,** indispuesto, paciente, postrado, achacoso, doliente, aquejado. ➤ *Sano, saludable, fresco, lozano.* **5. Difícil,** dificultoso, penoso, trabajoso, fastidioso, molesto, repelente, desagradable. ➤ *Fácil, grato, ameno, agradable.* **6. Deteriorado,** deslucido, estropeado, viejo, usado, gastado. ➤ *Nuevo, lucido, flamante, fresco.* **7. Ilegítimo,** sedicioso, ilegal. ➤ *Legal, legítimo.*

malograr *v. tr.* **1. Desaprovechar,** perder, desperdiciar, frustrar, defraudar, desvanecer, desgraciar, estropear. ‖ *v. prnl.* **2. Perderse,** fallar, fracasar.

malogro *s. m.* Aborto, frustración, plancha, fracaso, fallo, desastre.

maloliente *adj.* Apestoso, hediondo, fétido, enrarecido. ➤ *Perfumado.*

malparado, da *adj.* Maltratado, maltrecho, menoscabado. ➤ *Entero, ileso.*

malqueda *s. m. y s. f.* Informal.

malquerencia *s. f.* Antipatía, ojeriza, inquina, enemistad, tirria, odio, aversión, desamor. ➤ *Amistad, amor, simpatía, cariño, bienquerencia.*

malquerer *v. tr.* Aborrecer, odiar. ➤ *Amar, querer, apreciar.*

malquistar *v. tr.* Indisponer, enemistar, malmeter, meter cizaña. ➤ *Avenir, unir, pacificar, reconciliar.*

malrotar *v. tr.* Despilfarrar, malbaratar. ➤ *Ahorrar, administrar.*

malsano, na *adj.* **1. Insalubre,** insano, nocivo, perjudicial, dañino. ➤ *Beneficioso, sano, salubre, favorable.* **2. Enfermizo,** delicado, endeble, débil. ➤ *Sano, fuerte, saludable, lozano.*

malsonante *adj.* Disonante, ofensivo, grosero, insolente, ordinario, vulgar.

malsufrido, da *adj.* Impaciente, inquieto, desasosegado. ➤ *Sufrido.*

maltraído, da *adj.* Desaliñado, descuidado, desastrado. ➤ *Aseado.*

maltratar *v. tr.* **1. Injuriar,** ofender, denostar, zaherir, vejar, ultrajar, despreciar, atropellar. ➤ *Atender, regalar, alabar.* **2. Herir,** lisiar, apalear, pegar, zurrar, moler, dañar. ➤ *Acariciar.* **3. Estropear,** deteriorar. ➤ *Cuidar.*

maltrato *s. m.* Vejación, insulto, ofensa, injuria, ultraje. ➤ *Elogio, piropo.*

maltrecho, cha *adj.* Dañado, perjudicado, estropeado, deslomado, zurrado. ➤ *Sano, intocado, entero.*

malvado, da *adj.* Malo, malintencionado, perverso, cruel, infame, inicuo, bribón, criminal, depravado, injusto, ignominioso, vil, diabólico, maldito, maligno, malévolo, pérfido. ➤ *Bondadoso, bueno, excelente, benévolo.*

malvavisco *s. m.* Altea.

malvender *v. tr.* Baratear, abaratar, saldar, malbaratar. ➤ *Encarecer.*

malversación *s. f.* Depredación, robo, fraude, estafa, timo, desfalco.

malversador, ra *adj.* Defraudador.

malversar *v. tr.* Defraudar, desfalcar.

malvís *s. m.* Tordo alirrojo, malviz.

mama *s. f.* Seno, ubre, pecho.

mamada *s. f.* Succión, chupada.

mamado, da *adj.* Ebrio, borracho, bebido. ➤ *Sobrio, abstemio.*

mamandurria *s. f.* Chollo, enchufe, poltrona, momio, breva, canonjía.

mamar *v. tr.* Succionar, extraer.

mamarrachada *s. f.* Payasada, tontería, bobería.

mamarracho *s. m.* **1. Adefesio**, facha. **2. Memo**, mentecato, necio.

mambla *s. f.* Túmulo, colina.

mamotreto *s. m.* Libraco, armatroste.

mampara *s. f.* Bastidor, biombo.

mamporro *s. m.* Empujón, golpe.

mampostería *s. f.* Calicanto.

maná *s. m.* Alimento, comida.

manada *s. f.* Bandada, rebaño, hato, piara, torada, yeguada, cuadrilla.

manantial *adj.* **1. Fuente**, fontana, venero, pozo, pila, surtidor. **2. Germen**, semillero, principio, nacimiento.

manar *v. intr.* Salir, nacer, surgir, surtir.

manatí *s. m.* Pez mujer, rosmaro.

mancebía *s. f.* Burdel, lupanar.

mancebo *s. m.* Dependiente, empleado.

mancha *s. f.* **1. Lamparón**, borrón, defecto, sombra, manchón, pinta, señal, huella, peca, suciedad, lámpara, mácula, churrete. **2. Boceto. 3. Deshonra**, desdoro, mancilla, tacha, pero, deshonor, estigma, afrenta. ➤ *Honra, reputación, honor, fama.*

manchado, da *adj.* **1. Mugriento**, churretoso, sucio, pringoso. ➤ *Limpio, inmaculado.* **2. Jaspeado**, pinto, veteado, salpicado. ➤ *Liso, uniforme.*

manchar *v. tr.* **1. Ensuciar**, emporcar, salpicar, motear, pringar, enlodar, entintar, tiznar, emborronar. ➤ *Limpiar, lavar, asear, lustrar.* **2. Deshonrar**, mancillar, afrentar, estigmatizar, violar, profanar, envilecer. ➤ *Purificar, honrar, ponderar, respetar.*

mancillar *v. tr.* Deshonrar, deslucir, enviciar, ultrajar, agraviar, ofender, infamar. ➤ *Enaltecer, honrar.*

mancomunar *v. tr.* Asociar, agruparse, federarse. ➤ *Escindir, separar.*

mancornar *v. tr.* **1. Sujetar**, inmovilizar. ➤ *Soltar.* **2. Emparejar**, uncir.

mancuerna *s. f.* Yunta.

mandado, da *s. m.* **1. Embajada**, recado, encargo. ‖ *s. m. y s. f.* **2. Comisionado**, encargado, enviado.

mandamás *s. m. y s. f.* Gerifalte, patrono, jefazo, amo, pez gordo.

mandamiento *s. m.* Instrucción, mandato, prescripción, precepto, ley, regla, edicto, bando, decreto, ordenanza, ordenamiento, despacho, orden. ➤ *Acatamiento, sometimiento.*

mandanga *s. f.* **1. Flema**, indolencia, pachorra, calma, lentitud. ➤ *Diligencia, prontitud, rapidez.* ‖ *s. f. pl.* **2. Tonterías**, cuentos, bobadas.

mandar *v. tr.* **1. Decretar**, preceptuar, ordenar, conminar, disponer, prescribir, dictar, establecer. **2. Dejar. 3. Remitir**, enviar. **4. Disponer**, encomendar, ordenar, encargar. ‖ *v. tr.* **5. Regir**, gobernar, dirigir, regentar, conducir, llevar, dominar.

mandatario *s. m.* **1. Apoderado**, negociador, agente. **2. Gobernante**.

mandato *s. m.* Disposición, prescripción, poder, delegación, comisión, encargo, orden, precepto, mandamiento. ➤ *Acatamiento, sometimiento.*

mandíbula *s. f.* Quijada, maxilar.

mandil *s. m.* Delantal.

mandilete *s. m.* Guante, guantelete.

mandinga *s. m.* Demonio, pillo, revoltoso, travieso.

mando *s. m.* Dominio, superioridad, poder, gobierno, dirección, caudillaje, señorío, imperio, presidencia.

mandoble *s. m.* Tajo, sablazo.

mandón, na *adj.* Autoritario, imperioso, sargento, despótico, abusón, dominante. ➤ *Respetuoso.*

mandorla *s. f.* Almendra.

mandracho *s. m.* Timba.

mandria *adj.* Pusilánime, inútil, apocado. ➤ *Atrevido, listo, agudo.*

manecilla *s. f.* Saeta, aguja, minutero, segundero.

manejable *adj.* Transportable, portátil.

manejar *v. tr.* **1. Manipular**, emplear, utilizar, maniobrar, operar, usar, tocar, asir, disponer, traer, esgrimir, empuñar, tratar. ➤ *Soltar, dejar.* **2. Regir**, administrar, mangonear, dirigir, guiar, conducir, gobernar. ➤ *Obedecer.*

manejo *s. m.* **1. Uso**, empleo, maniobra, práctica, utilización, manipulación. **2. Artimaña**, cambalache, ardid, intriga, maquinación, amaño.

manera *s. f.* **1. Forma**, procedimiento, estilo, factura, modo, método, sistema, guisa, medio, proceder. **2. Estilo**, educación. **3. Formación**, crianza, porte, talante, modales, son, aire, tono.

manga *s. f.* **1. Manguera**, goma, tubo. **2. Tifón**, tromba, remolino.

manganesa *s. f.* Pirolusita.

mangante *s. m. y s. f.* Estafador, pillo, granuja, bribón, truhán, sinvergüenza.

mangar *v. tr.* **1. Hurtar**, ratear, limpiar, robar, sablear. ➤ *Reponer, restituir.* **2. Mofarse**, reírse, burlarse.

mango *s. m.* Asa, agarradero, puño, empuñadura, asidero, manija.

mangoneador, ra *adj.* Intrigante, entrometido, metomentodo. ➤ *Discreto.*

mangonear *v. intr.* **1. Mandar**, dirigir, entrometerse, mandonear. ‖ *v. tr.* **2. Gobernar**, manipular, dominar.

mangoneo *s. m.* Intromisión, intrusión, fiscalización. ➤ *Abstención.*

mangorrero, ra *adj.* Despreciable, vil.

mangote *s. m.* Manguito.

manía *s. f.* **1. Locura**, arrebato, chifladura, obsesión. ➤ *Sensatez, lógica.* **2. Obsesión**, monomanía, antojo, extravío, extravagancia, rareza, desatino, furor, capricho, delirio, arrebato, agitación. ➤ *Reflexión.* **3. Ojeriza**, antipatía, tirria. ➤ *Simpatía, amistad.*

maníaco, ca *adj.* Loco, chiflado, chalado, maniático, lunático, enajenado, raro, caprichoso, extraviado, desatinado, antojadizo, original, excéntrico. ➤ *Cuerdo, sensato, juicioso, razonable.*

maniatar *v. tr.* Inmovilizar, ligar, sujetar, aherrojar. ➤ *Soltar, liberar.*

maniático, ca *adj.* Antojadizo, caprichoso, obseso, maníaco. ➤ *Cuerdo.*

manicomio *s. m.* Psiquiátrico.

manicorto, ta *adj.* Avaro, tacaño, roñoso, usurero. ➤ *Generoso, rumboso.*

manida *s. f.* Albergue, mansión, refugio, vivienda, guarida.

manido, da *adj.* **1. Sobado**, ajado. ➤ *Intacto.* **2. Habitual**, trasnochado, trillado. ➤ *Novedoso, insólito.*

manifestación *s. f.* **1. Aparición**, brote, eclosión, presencia, revelación. **2. Sentada**, protesta, concentración.

manifestar *v. tr.* **1. Declarar**, exponer, decir, anunciar, revelar. ➤ *Callar, silenciar.* **2. Exhibir**, descubrir, exponer, presentar, mostrar, desplegar, desenterrar, exteriorizar, sacar a la luz. ➤ *Ocultar, tapar, esconder.*

manifiestamente *adv. m.* Abiertamente, ostensiblemente.

manifiesto, ta *adj.* **1. Patente**, ostensible, claro, palmario, notorio, indudable. ➤ *Oculto, oscuro, dudoso.* ‖ *s. m.* **2. Proclama**, declaración.

manija *s. f.* **1. Mango**, puño, manubrio, manilla. **2. Picaporte**, pomo.

manilargo, ga *adj.* Pródigo, despilfarrador, manirroto, disipador, derrochador. ➤ *Ahorrador, tacaño.*

manillar *s. m.* Guía.

maniobra *s. f.* **1. Manipulación**, operación, actuación. **2. Estrategia**, maquinación, artificio, manejo, treta, amaño, ardid, trama, intriga, estratagema. ‖ *s. f. pl.* **3. Ejercicios**, prácticas, operación.

maniota *s. f.* Traba, cuerda, cadena.

manipulación *s. f.* Deformación, manejo, manoseo, mangoneo.

manipular *v. tr.* **1. Manejar**, operar, emplear, proceder, utilizar. **2. Manosear**, ajar. **3. Mangonear**, deformar

manirroto, ta *adj.* Malgastador, derrochador, despilfarrador. ➤ *Ahorrador, avaro, tacaño, acaparador.*

manjar *s. m.* **1. Alimento**, comida, sustento. **2. Exquisitez**, vianda, delicia.

mano *s. f.* **1. Extremidad**, palma, pata, muñeca. **2. Baño**, capa, pintura, recubrimiento. **3. Vuelta**, tanda. **4. Poder**, influencia, confianza, amistad. **5. Juego**, lance, tirada, jugada, turno.

manojo *s. m.* Fajo, gavilla, haz, puñado, mazo, ramillete, brazado, ramo.

manolo, la *s. m. y s. f.* Majo, chulo.

manopla *s. f.* Guantelete.

manosear *v. tr.* Sobar, ajar, manipular, palpar, tentar, acariciar, desgastar.

manoseo *s. m.* Ajamiento, manoteo, palpación, sobo, caricia, desgaste.

manotada *s. f.* Guantada, manotón, manotazo, bofetón.

manotear *v. intr.* Gesticular, accionar.

mansedumbre *s. f.* Afabilidad, benevolencia, suavidad, apacibilidad, domesticidad, docilidad, sumisión, tranquilidad, benignidad, dulzura. ➤ *Rebeldía, indocilidad, intemperancia, orgullo, ira, irritación, cólera.*

mansión *s. f.* Palacio, residencia, morada, albergue, vivienda, habitación, casa, domicilio, habitáculo. ➤ *Choza.*

manso, sa *adj.* **1. Dócil,** doméstico, amaestrado, domable, sumiso, domesticable. ➤ *Bravío, salvaje, feroz, montaraz, indómito.* **2. Tranquilo,** quieto, afable, dulce, benigno, suave, dócil, reposado, sosegado. ➤ *Impaciente, inquieto, nervioso, irritable.*

manta *s. f.* **1. Edredón,** frazada, cobertor. **2. Somanta,** paliza, tunda.

mantear *v. tr.* Levantar, vapulear.

manteca *s. f.* **1. Mantequilla,** adiposidad, sebo, grasa. **2. Nata,** grasa.

mantecada *s. f.* Bollo, magdalena.

mantecoso, sa *adj.* Lipoideo, seboso.

manteleta *s. f.* Chal, toquilla, mantón, estola, esclavina.

mantener *v. tr.* **1. Nutrir,** alimentar, sustentar, proveer, cebar, avituallar, suministrar, aprovisionar. ➤ *Desnutrir, privar.* **2. Aguantar,** tener, sujetar, sostener, soportar, sustentar, apuntalar. **3. Conservar,** entretener, proseguir, consolidar, cultivar. **4. Persistir,** perseverar, porfiar, obstinarse, empeñarse, resistir. **5. Amparar,** apoyar, defender, sostener, abrigar, auxiliar, proteger. ‖ *v. prnl.* **6. Afirmarse,** ratificarse. ➤ *Rectificar, variar.*

mantenido, da *s. f.* **1. Querida,** concubina. ‖ *s. m.* **2. Chulo,** gigoló.

mantenimiento *s. m.* **1. Conservación,** sustentación, soporte, apoyo, sostén. ➤ *Abandono.* **2. Sustento,** manjar, víveres, comida, comestibles.

manteo *s. m.* Manto, capa.

mantilla *s. f.* Velo, rebozo, toca.

mantillo *s. m.* Humus.

manto *s. m.* Capa, clámide.

mantón *s. m.* **1. Chal,** capa, estola, chal, rebozo. **2. Pañolón.**

manual *adj.* **1. Manejable,** manuable. ‖ *s. m.* **2. Sumario,** breviario.

manubrio *s. m.* Cigüeña, manivela.

manufactura *s. f.* Producto.

manufacturar *v. tr.* Producir, industrializar, fabricar, elaborar.

manumisión *s. f.* Liberación, independencia. ➤ *Esclavitud.*

manumiso, sa *adj.* Horro, libre.

manumisor, ra *s. m. y s. f.* Emancipador, libertador. ➤ *Esclavizador.*

manumitir *v. tr.* Liberar, libertar. ➤ *Esclavizar, someter.*

manuscrito *s. m.* Códice, original, pergamino, escrito. ➤ *Impreso.*

manutención *s. f.* **1. Sustento,** mantenimiento, sostenimiento, alimentación, conservación, alimento. ➤ *Abandono, descuido.* **2. Conservación,** amparo. ➤ *Desamparo.*

manzana *s. f.* Bloque, cuadra.

manzanar *s. m.* Pomar, pomarada.

maña *s. f.* **1. Destreza,** maestría, arte, buena mano, pericia, habilidad, ingenio, aptitud. ➤ *Torpeza, inhabilidad, desmaña, impericia, ineptitud.* **2. Artificio,** astucia, industria, arte, destreza, picardía, triquiñuela, sagacidad, resabio, marrullería. ➤ *Ingenuidad, buena fe, candidez, credulidad.*

mañana *adv. t.* **1. En el futuro,** en el porvenir. ➤ *Ayer.* ‖ *s. f.* **2.** ➤ *Tarde.*

mañoso, sa *adj.* Hábil, diestro, habilidoso, capaz, industrioso, apañado. ➤ *Torpe, manazas, inhábil, incapaz.*

mapa *s. m.* Carta, plano, planisferio.

maquear *v. tr.* Barnizar, lacar, charolar.

maquiavelismo *s. m.* Astucia, doblez, intriga. ➤ *Ingenuidad, nobleza.*

maquillar *v. tr.* Pintar, decorar, caracterizar, retocar, embellecer, disfrazar.

máquina *s. f.* Aparato, ingenio, motor, artefacto, mecanismo, armatoste, locomotora, herramienta, utensilio.

maquinación *s. f.* Trama, intriga, ardid, maniobra, conspiración, enredo, complot, artimaña, astucia, treta, amaño, conjura, engaño, manejo, asechanza, confabulación.

maquinal *adj.* Automático, espontáneo, inconsciente, involuntario, instintivo, habitual, reflejo, irreflexivo, indeliberado, inconsciente, mecánico, natural. ➤ *Reflexivo, voluntario, deliberado, consciente.*

maquinar *v. tr.* Intrigar, tramar, conspirar, enredar, engañar, confabular.

maquinista *s. m. y s. f.* Conductor, operario, técnico, mecánico, perito.

maquis *s. m.* **1. Partisano**, guerrillero. **2. Guerrilla**, resistencia, incursión.

mar *s. amb.* **1. Océano**, piélago, charco, lago, profundo. **2. Abundancia**, copia, sinfín, sinnúmero, cantidad, infinidad, multitud, lluvia, inmensidad, torrente, plaga. ➤ *Escasez, poquedad, falta, carencia, insuficiencia.*

maraña *s. f.* Embrollo, enredo, lío.

marañón *s. m.* Merey.

marasmo *s. m.* Apatía, atonía, pasividad. ➤ *Actividad, movimiento.*

maravilla *s. f.* **1. Portento**, prodigio, fenómeno, milagro. **2. Asombro**, pasmo, extrañeza, admiración, estupefacción, alucine. ➤ *Horror, espanto.*

maravillar *v. tr.* **1. Sorprender**, asombrar, fascinar, deslumbrar, aturdir. ‖ *v. prnl.* **2. Admirarse**, pasmarse, sorprenderse, asombrarse, extrañarse, extasiarse, entusiasmarse, deslumbrarse, aturdirse, alucinar. ➤ *Horrorizarse.*

maravilloso, sa *adj.* Fantástico, genial, estupendo, prodigioso, extraordinario, excelente, admirable, sorprendente, grandioso, impresionante, asombroso, mágico, pasmoso, chocante, sobrenatural, inusitado, portentoso, milagroso, sobrehumano, raro, quimérico, inesperado. ➤ *Corriente, normal, habitual.*

marbete *s. m.* **1. Etiqueta**, rótulo, vitola. **2. Filete**, ribete, perfil, franja.

marca *s. f.* **1. Provincia**, territorio, departamento. **2. Nota**, signatura, indicación, reseña, rúbrica, contraseña, cruz, raya, signo, insignia, atributo, distintivo, lema, filigrana, cuño, contraste, timbre, estampilla, vitola, precinto, etiqueta, marchamo, sello, muesca. **3. Huella**, rastro. **4. Récord**.

marcado, da *adj.* Destacado, evidente, señalado, distinguido, notado. ➤ *Inadvertido, oculto, no marcado.*

marcador *s. m.* Tanteador, tablero.

marcar *v. tr.* **1. Distinguir**, subrayar, notar, caracterizar, sellar, numerar, puntear. **2. Indicar**, señalar. **3. Remarcar**, acentuar, resaltar. **4. Anotar**.

marcha *s. f.* **1. Partida**, ida, viaje, evacuación, éxodo, huida, retirada, traslación, salida, abandono. ➤ *Permanencia, regreso, llegada.* **2. Velocidad**, aceleración, paso, tren. **3. Procedimiento**, curso, sistema, funcionamiento, método, camino, proceso.

marchar *v. intr.* **1. Desplazarse**, andar, caminar, circular, desfilar, moverse, ir, trasladarse, avanzar, recorrer. ➤ *Quedarse, permanecer.* **2. Abandonar**, dejar, salir, desalojar, pirarse. ➤ *Regresar, volver.* **3. Desenvolverse**, funcionar, accionar, actuar, progresar, volver. **4. Desfilar**.

marchitamiento *s. m.* Ajamiento, lividez, marchitez, agostamiento, consunción. ➤ *Lozanía, crecimiento.*

marchitar *v. tr.* **1. Enmustiar**, deslucir, ajar, asolar, apergaminar, agostar. ➤ *Reverdecer, florecer, rebrotar.* **2. Debilitar**, envejecer, enflaquecer, adelgazar. ➤ *Fortalecer, rejuvenecer.*

marchito, ta *adj.* Agostado, ajado, mustio, seco, lacio, deslucido. ➤ *Lozano, verde, vigoroso, fresco, airoso.*

marcial *adj.* Bélico, militar, castrense, guerrero. ➤ *Cobarde, apocado.*

marea *s. f.* Pleamar, bajamar.

mareado, da *adj.* Aturdido, indispuesto, desmayado. ➤ *Restablecido.*

mareante *adj.* Cargante, molesto.

marear *v. tr.* **1. Tripular**, navegar, gobernar, dirigir. **2. Abrumar**, aturdir, aturullar, molestar, cansar, aburrir, enfadar, fastidiar, jorobar. ➤ *Agradar.* ‖ *v. prnl.* **3. Desfallecer**, atontarse, aturdirse, accidentarse, perder el conocimiento, caerse redondo. **4. Achisparse**, emborracharse.

mareo *s. m.* **1. Vahído**, vértigo, desmayo, síncope, letargo, lipotimia, desfallecimiento. **2. Molestia**, fastidio, pesadez, disgusto, incomodidad, ajetreo, enfado. ➤ *Agrado, comodidad.*

mareta *s. f.* **1. Marullo**. **2. Alboroto**.

marfileño, ña *adj.* Ebúrneo.

margen s. amb. **1. Borde**, orilla, límite, canto, perfil, ribera, orla, labio, arcén, filete. ➤ Centro. ‖ s. m. **2. Oportunidad**, motivo, pretexto, ocasión, coyuntura. **3. Beneficio**, ganancia, dividendo, rendimiento. ➤ Pérdida.

marginal adj. **1. Accesorio**, superficial. **2. Discriminado.** ➤ Integrado.

marginar v. tr. **1. Apartar**, dejar de lado. **2. Excluir**, separar, segregar.

marica s. m. Invertido, sodomita.

maricón s. m. Mariposón.

maridaje s. m. **1. Armonía**, consorcio. **2. Correspondencia**, conformidad. ➤ Discrepancia, desunión.

maridar v. tr. Desposar, unir, enlazar, casar. ➤ Divorciar, separar.

marido s. m. Esposo, cónyuge, consorte, contrayente. ➤ Esposa, mujer.

mariguanza s. f. Volatín, equilibrismo.

marihuana s. f. Grifa.

marimandona s. f. Autoritaria, mandona, tirana, dominante, sargento.

marimorena s. f. Camorra, bronca, pendencia, contienda, pelea, riña.

marina s. f. **1. Armada**, flota, escuadra. **2. Navegación**, náutica, marinería. **3. Costa**, litoral, playa, orilla, rompiente.

marinería s. f. Dotación, tripulación.

marino, na adj. **1. Marítimo**, náutico, naval, pelágico, neptúneo. ➤ Terrestre, aéreo. ‖ s. m. **2. Marinero**, navegante, nauta, tripulante, lobo de mar.

marioneta s. f. **1. Muñeco**, títere, figurilla, monigote, polichinela. **2. Fantoche**, pelele, infeliz.

mariposear v. intr. **1. Dudar**, vacilar. **2. Revolotear.**

mariposón s. m. **1. Faldero**, galante, frívolo. **2. Afeminado**, homosexual.

marisabidilla s. f. Sabionda, enterada.

marisma s. f. Ciénaga, marjal, pantano, charca, laguna.

marital adj. Matrimonial, conyugal, nupcial.

marítimo, ma adj. Marino, náutico.

maritornes s. f. Asistenta, moza.

marjal s. m. Marisma, almarjal, charca.

marmita s. f. Cacerola, cazuela, pote.

marmitón, na s. m. y s. f. Pinche.

marmota s. f. Dormilón, perezoso.

marmotear v. intr. Refunfuñar, barbotar, murmurar, cuchichear. ➤ Gritar.

maro s. m. Bácaris, esclarea.

maroma s. f. Cable, sirga, soga, cuerda.

maromear v. intr. Contemporizar, bascular, chaquetear. ➤ Mantenerse.

maromero, ra adj. Ladino, taimado.

maromo s. m. **1. Fulano**, individuo. **2. Novio**, pretendiente, amante.

marquesina s. f. Tejadillo, cubierta.

marra s. f. Almádena, mazo.

marrajo, ja adj. Taimado, malicioso, malintencionado, hipócrita, astuto.

marranada s. f. Injuria, infamia.

marrano, na s. m. y s. f. **1. Puerco**, cerdo. **2. Desaseado**, sucio. ➤ Limpio.

marrar v. intr. Equivocarse, desacertar, faltar, errar. ➤ Acertar, atinar.

marrazo s. m. Macheta, hacha.

marro s. m. **1. Regate**, finta, quiebro. **2. Error**, falta, yerro. ➤ Acierto.

marrullería s. f. Engañifa, ardid, artimaña, truhanería. ➤ Sinceridad.

marrullero, ra adj. Innoble, artero, astuto, zorro, ladino, truhán.

marta s. f. Nutria.

martillo s. m. Mazo.

martingala s. f. Trampa, astucia.

martirio s. m. **1. Tortura**, tormento, suplicio, padecimiento, sufrimiento, sacrificio, muerte. ➤ Apostasía. **2. Aflicción**, fastidio, angustia, agobio, fatigas, molestias, penas. ➤ Diversión, entretenimiento, placer.

martirizador, ra adj. Doloroso, torturador, agobiante, angustiante.

martirizar v. tr. **1. Torturar**, sacrificar, atormentar, matar. **2. Afligir**, molestar, atormentar, importunar, inquietar. ➤ Agradar, divertir.

marxismo s. m. Comunismo, socialismo, leninismo. ➤ Capitalismo, liberalismo.

masa s. f. **1. Pasta**, masilla, argamasa, papilla, magma, pella, barro, barrillo, aglutinante, engrudo, mazacote. **2. Suma**, cantidad, volumen, conjunto, materia, todo, cuerpo, junta, acopio, apiñadura. **3. Muchedumbre**, multitud, aglomeración, gentío, hormiguero. ➤ Individuo, particular.

masacre *s. f.* Aniquilamiento, exterminio, matanza, degollina, carnicería, escabechina, holocausto. ➤ *Perdón.*

masada *s. f.* Alquería, cortijo, masía.

masaje *s. m.* Fricción, friega, frote.

mascar *v. tr.* Masticar, morder, triturar, roer, comer, rumiar, desmenuzar.

máscara *s. f.* **1. Careta,** antifaz, mascarilla. **2. Disfraz.** ‖ *s. m. y s. f.* **3. Enmascarado.**

mascarada *s. f.* **1. Carnaval,** fiesta de disfraces. **2. Engaño,** engañifa.

mascota *s. f.* Talismán, amuleto, fetiche.

masculinidad *s. f.* Virilidad, varonía, hombría. ➤ *Feminidad.*

masculino, na *adj.* Varonil, viril, hombruno, macho. ➤ *Femenino, mujeril.*

mascullar *v. tr.* Barbotar, musitar, farfullar, susurrar, bisbisear. ➤ *Vocear.*

masía *s. f.* Masa, masada, finca, quinta.

masilla *s. f.* Engrudo, mástique, masa.

masita *s. f.* **1. Deducción,** descuento, retención. **2. Pastelillo,** dulce, pasta.

masivo, va *adj.* **1. Máximo,** extremo. **2. Multitudinario,** mayoritario.

masoquismo *s. m.* ➤ *Sadismo.*

masticar *v. tr.* **1. Mascar,** rumiar, triturar, morder, roer, desmenuzar. **2. Meditar,** reflexionar, pensar, barruntar, rumiar. ➤ *Improvisar, improntar.*

masticatorio *s. m.* Chicle, masticable.

mástil *s. m.* **1. Mesana,** árbol, asta, espiga, berlinga, percha, arboladura, bauprés, maestro, trinquete. **2. Apoyo,** tronco, fuste, tallo, poste, percha.

mastodonte *s. m.* Gigante. ➤ *Enano.*

mastranzo *s. m.* Matapulgas, mentastro.

mastuerzo *s. m.* Tarugo, zoquete.

masturbación *s. f.* Onanismo.

mata *s. f.* Arbusto, matojo, matorral, maleza, espino, monte bajo, floresta.

matacandelas *s. m.* Apagavelas, apagador.

matadero *s. m.* Degolladero, desolladero, rastro, tajo, tablada.

matador, ra *adj.* **1. Asesino,** criminal, homicida, verdugo. ‖ *s. m.* **2. Diestro,** espada, torero.

matafuego *s. m.* Extintor.

matalón, na *adj.* Jamelgo, penco.

matamoscas *s. m.* Insecticida.

matanza *s. f.* Carnicería, degollina, hecatombe, exterminio, destrozo, mortandad, masacre, escabechina.

matar *v. tr.* **1. Ejecutar,** asesinar, acuchillar, degollar. **2. Extinguir,** aniquilar, suprimir, destruir. **3. Torturar. 4. Fatigar,** fastidiar. **5. Atenuar,** apagar. ‖ *v. prnl.* **6. Aperrearse,** afanarse.

matarife *s. m. y s. f.* Jifero, matachín.

matarratas *s. m.* Raticida.

matasanos *s. m.* Curandero, cirujano, mediquillo, barbero, sangrador.

matasiete *s. m.* Bravucón, jaque, valentón, fanfarrón.

match *s. m.* Combate, partida, partido.

mate[1] *adj.* Opaco, apagado, tenue, deslustrado, deslucido. ➤ *Brillante, vivo, lustroso, satinado.*

mate[2] *s. m.* Hierba del Paraguay, té de los jesuitas.

matemática *s. f.* Ciencias exactas, álgebra, aritmética, cálculo, analítica, geometría, trigonometría, cuentas.

matemático, ca *adj.* Justo, cabal, exacto, preciso, riguroso, clavado, puntual, cronométrico. ➤ *Erróneo, falso, inexacto, impuntual, impreciso.*

materia *s. f.* **1. Sustancia,** material, cuerpo, fomento, alimento, elemento, principio. **2. Esencia,** asunto, motivo, sujeto, tema, punto, cosa, objeto.

material *adj.* Tangible, sensible.

materialidad *s. f.* Aspecto, corporeidad, apariencia. ➤ *Espiritualidad.*

materialismo *s. m.* Realismo, pragmatismo. ➤ *Idealismo, espiritualismo.*

materialización *s. f.* Concreción, encarnación, realización, plasmación. ➤ *Imaginación, teoría.*

materializar *v. tr.* Plasmar, concretar, corporeizar, encarnar. ➤ *Teorizar.*

materno, na *adj.* Afectuoso, maternal, solícito. ➤ *Filial, paterno.*

matinal *adj.* Matutino. ➤ *Vespertino.*

matiz *s. m.* **1. Viso,** tono, grado, mancha, fondo, juego, colorido, tornasol, tinte. **2. Carácter,** peculiaridad.

matizar *v. tr.* **1. Realzar,** colorear, irisar, teñir, jaspear, tornasolar. **2. Destacar,** puntualizar, distinguir.

matojo *s. m.* Tamojo, matorral.

matonismo *s. m.* Bravuconería, intimidación, prepotencia. ➤ *Victimismo.*

matorral *s. m.* Monte bajo, soto, brezal, breñal, arbusto, matojo.

matraca *s. f.* Porfía, incordio, pesadez.

matraquear *v. intr.* Fastidiar, jorobar.

matriarcado *s. m.* Ginecocracia.

matricaria *s. f.* Arugas, magarza.

matrícula *s. f.* Inscripción, registro, censo, relación, catastro, padrón, catálogo, patente, alistamiento.

matricular *v. tr.* Inscribir, apuntar.

matrimonial *adj.* Conyugal, marital, nupcial.

matrimoniar *v. intr.* Unirse, casarse, desposarse. ➤ *Separarse, divorciarse.*

matrimonio *s. m.* **1. Enlace**, nupcias, casamiento, vínculo, boda, esponsales, unión, desposorio, alianza. ➤ *Divorcio, soltería, viudez, celibato.* **2. Pareja**, esposos, consortes, cónyuges.

matriz *s. f.* **1. Molde**, cuño, troquel. **2. Útero**, seno, claustro materno.

matrona *s. f.* **1. Partera**, comadre, comadrona. **2. Señora**, dama, ama.

matusalén *s. m.* Viejo, anciano, senil. ➤ *Joven, niño.*

matute *s. m.* Estraperlo, contrabando.

matutear *v. intr.* Contrabandear.

matutero, ra *s. m. y s. f.* Contrabandista, estraperlista.

matutino, na *adj.* Matinal. ➤ *Nocturno, vespertino.*

maula *s. f.* **1. Dolo**, ardid, engaño, trampa. ‖ *s. m. y s. f.* **2. Haragán**, vago.

maulería *s. f.* Astucia, marrullería.

maulero, ra *s. m. y s. f.* Artero, embaucador, embustero. ➤ *Honrado.*

maullar *v. intr.* Mayar, miar.

maullido *s. m.* Maúllo, miau, mayido.

máuser *s. m.* Fusil, rifle.

mausoleo *s. m.* Panteón, tumba, túmulo, sepulcro, cenotafio, sepultura.

máxima *s. f.* Apotegma, aforismo.

máxime *adv. m.* Máximamente, mayormente, principalmente, ante todo, sobre todo, primeramente.

máximo, ma *adj.* Superior, supremo, mayúsculo, fenomenal. ➤ *Mínimo.*

máximum *s. m.* Máximo, límite, extremo, tope. ➤ *Mínimo, diminutivo.*

maya *s. f.* Margarita, vellorita.

mayestático, ca *adj.* Majestuoso, solemne, grandioso, pomposo.

mayólica *s. f.* Cerámica, porcelana.

mayor *adj.* **1. Superior.** ➤ *Menor, inferior.* **2. Anciano**, viejo. ➤ *Joven, niño.* **3. Importante**, considerable, valioso, preponderante, trascendental. ➤ *Insignificante, intrascendente.* ‖ *s. m. pl.* **4. Ascendientes**, antecesores, progenitores. ➤ *Descendientes.*

mayordomía *s. f.* Administración.

mayordomo, ma *s. m. y s. f.* Maestresala.

mayoría *s. f.* Quórum, consenso.

mayormente *adv. m.* Especialmente.

mayúsculo, la *adj.* Máximo, inmenso, enorme, descomunal, gigante, considerable, desmedido, fenomenal, grandioso, colosal, desmesurado. ➤ *Minúsculo, diminuto, mínimo.*

maza *s. f.* **1. Mazo**, porra, cachiporra, garrote. **2. Pelma**, plomo, pesado.

mazazo *s. m.* **1. Porrazo**, garrotazo. **2. Impacto**, sensación. ➤ *Indiferencia.*

mazdeísmo *s. m.* Parsismo.

mazmorra *s. f.* Calabozo, cárcel, celda, subterráneo, chirona, trena.

mazo *s. m.* **1. Maza**, porra, mazuelo, batán, martinete. **2. Fajo**, haz, manojo, hatajo, garba, gavilla, brazado.

mazorca *s. f.* **1. Husada**, rocada. **2. Panoja**, panocha, espigón.

mazorral *adj.* Grosero, rudo, basto, asilvestrado. ➤ *Fino, educado.*

meada *s. f.* Micción, pis.

meadero *s. m.* Excusado, letrina, mingitorio, urinario, servicio.

meandro *s. m.* Revuelta, sinuosidad, curva, recoveco. ➤ *Recta.*

meato *s. m.* Agujero, conducto, orificio.

mecánica *s. f.* Dinámica.

mecánico, ca *adj.* **1. Maquinal**, automático. **2. Involuntario**, instintivo, inconsciente. ➤ *Voluntario.* ‖ *s. m.* **3. Técnico**, operario, obrero, experto.

mecanismo *s. m.* **1. Maquinaria**, artificio, engranaje, armazón, artefacto, tramoya, ingenio, armatoste, artilugio, dispositivo. **2. Articulación**, composición. **3. Procedimiento**, método.

mecanizar *v. tr.* Automatizar, motorizar.

mecanografía *s. f.* Dactilografía.

mecanógrafo, fa *s. m. y s. f.* Dactilógrafo, taquimecanógrafo.

mecatazo *s. m.* Azote, latigazo.

mecenas *s. m.* Protector, patrocinador, favorecedor, benefactor, filántropo.

mecenazgo *s. m.* Ayuda, apadrinamiento, patrocinio, protección.

mecer *v. tr.* **1. Agitar**, revolver, sacudir, blandir, remover. ➤ *Aquietar.* **2. Balancear**, columpiar, oscilar, acunar, cunear. ➤ *Aquietar, inmovilizar.*

mecha *s. f.* **1. Pabilo**, pajuela, serpentín, torcida, mechón, despabiladura. **2. Gasa**, algodón.

mechero *s. m.* Chisquero, encendedor.

mechón *s. m.* Pelluzgón, guedeja, bucle, rizo, tirabuzón, caracolillo.

meconio *s. m.* Excremento, alhorre.

medalla *s. f.* **1. Insignia**, medallón. **2. Condecoración**, premio, distinción.

medallón *s. m.* Camafeo.

media¹ *s. f.* **1. Mitad.** ➤ *Entero.* **2. Promedio.**

media² *s. f.* Calza, calcetín, panty.

mediación *s. f.* Acuerdo, arbitraje, intercesión, tercería, intervención, entendimiento, concordia, recomendación, diplomacia, conciliación.

mediado, da *adj.* Incompleto, incluso. ➤ *Total, completo.*

mediador, ra *adj.* Árbitro, intercesor, intermediario, negociador, medianero, conciliador, compromisario, juez, agente. ➤ *Parte, litigante.*

medianamente *adv. m.* Regularmente. ➤ *Perfectamente.*

medianero, ra *adj.* **1. Central**, medio. ➤ *Extremo.* **2. Árbitro**, mediador, tercero, intermediario. ➤ *Parte.*

medianía *s. f.* Mediocridad, vulgaridad, moderación, normalidad. ➤ *Excelencia, insignificancia.*

mediano, na *adj.* **1. Intermedio**, regular, moderado, mesurado. **2. Mediocre**, vulgar, pasable. ➤ *Excelente.*

mediar *v. intr.* **1. Recomendar**, interceder. **2. Amigar**, conciliar, reconciliar, abogar, intervenir, terciar, componer. ➤ *Enemistar, enconar.*

mediatización *s. f.* Intervención, mangoneo. ➤ *Inhibición.*

mediatizar *v. tr.* Intervenir.

mediato, ta *adj.* Anexo, cercano, próximo, contiguo, adyacente. ➤ *Lejano.*

medicación *s. f.* Tratamiento, prescripción, cura, régimen, medicamento, indicación, dosificación.

medicamento *s. m.* Medicina, fármaco, remedio, medicación, preparado, antídoto, sustancia, elixir, panacea, brebaje, mejunje, potingue, pócima, poción, droga, específico.

medicastro, tra *s. m. y s. f.* Medicucho, mediquillo, matasanos.

médico, ca *s. m. y s. f.* Cirujano, doctor, facultativo, galeno, terapeuta.

medida *s. f.* **1. Medición**, mensuración, vareaje, remedición. **2. Proporción**, escala, regla, marca, patrón, graduación, sistema, módulo, unidad, tasa, cantidad, correspondencia, magnitud. **3. Precaución**, arreglo, providencia, prevención, disposición. **4. Cordura**, prudencia, moderación, mesura, circunspección, temperancia, discreción, ponderación, sensatez. ➤ *Abuso, indiscreción, imprudencia.*

medio, dia *adj.* **1. Central.** ➤ *Extremo.* **2. Moderado**, mediano, intermedio, mediocre, ordinario, vulgar, adocenado. ‖ *s. m.* **3. Centro**, corazón, interior, núcleo, yema, foco, eje. **4. Recurso. 5. Vía**, camino. **6. Diligencia**, procedimiento, forma, manera, recurso, arbitrio, expediente, facultad, método, mediación, poder. **7. Clima**, ambiente, esfera, lugar, espacio. ‖ *s. m. pl.* **8. Posibles**, riqueza, caudal.

mediocre *adj.* Mediano, vulgar, anodino, insignificante, común, mezquino, gris, regular, imperfecto, insuficiente, adocenado. ➤ *Excelente, magnífico, superior, soberbio, extraordinario.*

mediocridad *s. f.* Adocenamiento, medianía, vulgaridad, insuficiencia, pequeñez, medianía, pobreza, imperfección, insignificancia, mezquindad.

medir *v. tr.* **1. Calcular**, calibrar, evaluar, mensurar, tasar, apreciar, graduar, regular, tantear. **2. Confrontar**, contrastar, rivalizar, contender. ‖ *v. prnl.* **3. Comedirse**, refrenarse, moderarse. ➤ *Liberarse, desinhibirse.*

meditabundo, da *adj.* Absorto, caviloso, pensativo, cabizbajo, cogitabundo, contemplativo, reflexivo. ➤ *Irreflexivo, alocado, distraído, activo.*

meditación *s. f.* Abstracción, cogitación, introspección, pensamiento.

meditar *v. tr.* Abstraerse, abismarse, concentrarse, reflexionar, recapacitar, discurrir, filosofar, rumiar, imaginar, proyectar, sopesar, profundizar, cavilar, pensar, considerar, ensimismarse, especular, reconcentrarse, preocuparse. ➤ *Improvisar, despreocuparse*

médium *s. m. y s. f.* Espiritista, ocultista, vidente.

medra *s. f.* Crecimiento, desarrollo, ascenso, mejora. ➤ *Empeoramiento.*

medrar *v. intr.* Ascender, progresar, mejorar. ➤ *Empeorar.*

medro *s. m.* Desarrollo, progreso.

medroso, sa *adj.* Temeroso, pusilánime. ➤ *Valiente, decidido.*

médula *s. f.* **1. Cañada**, tuétano, caña. **2. Esencia**, fundamento, meollo, núcleo, sustancia, base. ➤ *Complemento.*

medusa *s. f.* Aguamala, aguamar.

mefistofélico, ca *adj.* Infernal.

mefítico, ca *adj.* Fétido, insalubre, pestilente. ➤ *Aromático, beneficioso.*

megáfono *s. m.* Altavoz, altoparlante.

mejor *adj.* **1. Superior**, preferible, perfeccionado. ➤ *Peor, inferior, último.* ‖ *adv. m.* **2. De manera superior**, en forma superior. ➤ *Peor, en forma inferior, de manera inferior.*

mejora *s. f.* Mejoría, progreso, perfeccionamiento, aumento, adelanto, medra, ascenso, desarrollo. ➤ *Menoscabo, imperfección, deterioro, mengua.*

mejorable *adj.* Corregible, superable, perfeccionable. ➤ *Insuperable.*

mejoramiento *s. m.* Mejora, aumento.

mejorana *s. f.* Tomillo blanco.

mejorar *v. tr.* **1. Adelantar**, aumentar, depurar, desarrollar, enriquecer, embellecer, hermosear, reformar, corregir, enmendar, perfeccionar, prosperar, aventajar, acrecentar, aliviar, adornar,

renovar. ➤ *Deteriorar, pervertir.* **2. Sanar.** ➤ *Agravarse.* ‖ *v. intr.* **3. Restablecerse**, recuperarse. ➤ *Recaer, empeorar.* **4. Serenarse**, escampar. **5. Ascender**, situarse, medrar.

mejoría *s. f.* Curación, mejora, restablecimiento, alivio, adelanto, perfeccionamiento, superioridad. ➤ *Recaída, empeoramiento, desmejoramiento.*

mejunje *s. m.* Pócima, potingue.

meladura *s. f.* Jarabe, melaza.

melancolía *s. f.* Añoranza, depresión, nostalgia, aflicción, pena, languidez, pesadumbre, evocación, ansia, desconsuelo, cuita, apetencia, postración, morriña, soledad, desplacer, sinsabor. ➤ *Contento, alegría, humor, ilusión, esfuerzo, dicha, júbilo.*

melancólico, ca *adj.* Afligido, apesadumbrado, lánguido, nostálgico, triste, mohíno, mustio, tristón, sombrío, cuitado, desilusionado, patético, taciturno, pesaroso, alicaído, decaído, apenado, aliquebrado, adusto, doliente. ➤ *Alegre, ilusionado, enfervorizado, contento, jubiloso, gozoso.*

melena *s. f.* Mata, cabellera, pelambrera, pelo, guedeja, cabello. ➤ *Calva.*

melenudo, da *adj.* Guedejudo, greñudo, peludo. ➤ *Rapado, calvo.*

melifluo, flua *adj.* **1. Meloso**, dulce. ➤ *Amargo, ácido.* **2. Delicado**, suave. ➤ *Arisco, duro, hosco.*

meliloto *s. m.* Trébol oloroso.

melindre *s. m.* Remilgo, dengue, repulgo, ñoñez. ➤ *Naturalidad.*

melindroso, sa *adj.* Dengoso, remilgado, quisquilloso, vidrioso, tierno, blandengue, rebuscado, pelilloso, afectado, mimoso, ñoño, cursi, amanerado. ➤ *Sincero, natural, desenvuelto.*

melisa *s. f.* Abejera, torongil.

mella *s. f.* **1. Hendidura**, rotura. **2. Merma**, pérdida, menoscabo.

mellado, da *adj.* Deteriorado, menoscabado, desgastado, roto. ➤ *Entero.*

mellizo, za *adj.* Gemelo, hermano.

melocotón *s. m.* Albérchigo, durazno.

melodioso, sa *adj.* Melódico, dulce, suave, armonioso, musical, armónico, afinado. ➤ *Cacofónico, discordante.*

melojo *s. m.* Roble borne, marojo.

melomanía *s. f.* Musicomanía.

melón[1] *s. m.* Memo, mentecato, bobo.

melón[2] *s. m.* Tejón, tasugo, meloncillo.

melosa *s. f.* Madia.

meloso, sa *adj.* **1. Melifluo. 2. Empalagoso**, dulzón, almibarado, remilgado, melindroso. ➤ *Seco, arisco.*

membrana *s. f.* **1. Tela**, piel. **2. Mucosa**, tegumento, película.

membrete *s. m.* Brevete.

membrudo, da *adj.* Corpulento, musculoso, vigoroso, fornido, robusto, fuerte. ➤ *Débil, escuchimizado.*

memez *s. f.* Tontería, bobería, sosería.

memo, ma *adj.* Bobo, sandio, idiota, necio, tonto, simple, mentecato, majadero, imbécil, estúpido, lelo. ➤ *Listo, inteligente, ingenioso, despierto, sagaz, avispado, astuto.*

memorable *adj.* Recordable, famoso, célebre, inolvidable, renombrado. ➤ *Ignorado, olvidado, anónimo.*

memorándum *s. m.* Agenda.

memorar *v. tr.* Rememorar, tener presente, recordar. ➤ *Olvidar, ignorar.*

memoria *s. f.* **1. Retentiva. 2. Recuerdo**, reminiscencia, mención, evocación, presencia, remembranza, rememoración. **3. Informe**, relación, relato, escrito. ‖ *s. f. pl.* **4. Recuerdos**, saludos. **5. Autobiografía.**

memorial *s. m.* Solicitud, instancia.

memorioso, sa *adj.* Retentivo, memorión. ➤ *Olvidadizo.*

memorismo *s. m.* Psitacismo.

memorizar *v. tr.* Grabar, retener. ➤ *Olvidar.*

ménade *s. f.* Bacante.

menaje *s. m.* Ajuar, equipo, mobiliario.

mención *s. f.* Cita, evocación, llamada, referencia, alusión. ➤ *Omisión.*

mencionar *v. tr.* **1. Aludir**, mentar, citar, nombrar, llamar, indicar. ➤ *Omitir, olvidar, silenciar.* **2. Contar**, referir, recordar, memorar, narrar. ➤ *Omitir, callar.*

menda *pron. pers.* **1. Yo.** ‖ *pron. indef.* **2. Individuo**, sujeto.

mendacidad *s. f.* Calumnia, mentira. ➤ *Veracidad, sinceridad.*

mendaz *adj.* Falso, mentiroso, fingido, falaz, embustero. ➤ *Veraz, sincero.*

mendicante *adj.* Pordiosero, pobre, mendigo, indigente, necesitado, menesteroso. ➤ *Rico, opulento, creso.*

mendicidad *s. f.* **1. Indigencia**, pobreza, miseria. ➤ *Riqueza, opulencia.* **2. Pordiosería**, limosneo.

mendigar *v. tr.* Pordiosear, pedir, limosnear, mendiguear, pedir limosna. ➤ *Dar, entregar, regalar.*

mendigo, ga *s. m. y s. f.* Pordiosero, pobre, mendicante, mísero, indigente, desvalido, vagabundo. ➤ *Rico.*

mendoso, sa *adj.* Falible, erróneo, dudoso. ➤ *Certero, cierto.*

mendrugo *s. m.* **1. Corrusco**, cacho de pan. **2. Torpe**, patán, zoquete.

menear *v. tr.* **1. Remover**, sacudir, zarandear, revolver, agitar, tambalear, bullir, rebullir, accionar, debatirse. ➤ *Inmovilizar, aquietar.* **2. Manejar**, dirigir, regir, regentar, administrar, conducir, manipular, cuidar.

meneo *s. m.* **1. Balanceo**, convulsión, oscilación, vibración, agitación. ➤ *Inmovilidad.* **2. Tunda**, vapuleo, zurra.

menester *s. m.* **1. Carencia**, escasez, falta, necesidad. **2. Tarea**, trabajo, función, ejercicio, ocupación, cargo. ‖ *s. m. pl.* **3. Herramientas**, equipo.

menesteroso, sa *adj.* Pobre, indigente, mendigo. ➤ *Rico, creso.*

menestral, la *s. m. y s. f.* Artesano.

mengua *s. f.* **1. Disminución**, menoscabo. ➤ *Perfección.* **2. Falta**, carencia.

menguado, da *adj.* **1. Cobarde**, pusilánime. ➤ *Valiente, arrojado.* **2. Tonto**, lelo. **3. Miserable**, mezquino, ruin, tacaño. ➤ *Generoso, dadivoso.*

menguante *s. f.* **1. Estiaje**, sequía. ➤ *Crecida.* **2. Bajamar.** ➤ *Pleamar.*

menguar *v. intr.* Decrecer, mermar, consumirse. ➤ *Aumentar, crecer.*

menino *s. m.* Paje.

menor *adj.* Joven, pequeño. ➤ *Mayor.*

menorragia *s. f.* Hemorragia, menstruación. ➤ *Amenorrea.*

menos *adv. m.* Excepto, salvo.

menoscabar *v. tr.* Deteriorar, mancillar, mermar, reducir. ➤ *Ensalzar.*

menoscabo *s. m.* Mengua, merma, deterioro, daño, disminución.

menospreciar *v. tr.* Desestimar, desdeñar, degradar, despreciar, humillar, reírse de, ultrajar, vilipendiar, desairar, rebajar, hacer ascos, dar la espalda, mirar de arriba abajo. ➤ *Apreciar, valorar, estimar, considerar.*

menosprecio *s. m.* **1. Subestimación**, rebajamiento. ➤ *Sobrestimación, aprecio.* **2. Deshonra**, ultraje, vilipendio. ➤ *Honra.*

mensaje *s. m.* Comunicado, misiva, aviso, recado, comisión, nota, comunicación, embajada, encargo.

mensajero, ra *s. m. y s. f.* Comisionado, correo, legado, nuncio, recadero, comisionario, delegado, avisador, correveidile, heraldo, enviado.

menstruación *s. f.* Período, regla, menstruo, mes.

mensualidad *s. f.* **1. Paga**, emolumento, estipendio, haber, sueldo, honorarios, mes. **2. Mesada**, renta.

ménsula *s. f.* Anaquel, balda, repisa.

mensurable *adj.* Ponderable, medible. ➤ *Inconmensurable.*

mentado, da *adj.* Renombrado, conocido. ➤ *Desconocido, ignorado.*

mental *adj.* Cerebral, intelectual, especulativo, espiritual. ➤ *Corporal.*

mentalidad *s. f.* Creencia, ideología.

mentar *v. tr.* Aludir, citar, nombrar.

mente *s. f.* Inteligencia, entendimiento, espíritu, cerebro, intelecto, cabeza.

mentecatada *s. f.* Tontería, necedad.

mentecatería *s. f.* Estupidez.

mentecatez *s. f.* Necedad, insensatez, simpleza, majadería, idiotez, memez.

mentecato, ta *adj.* **1. Botarate**, sandio, majadero, insensato. ➤ *Sensato.* **2. Imbécil**, idiota, bobo, estúpido, necio, memo, simple. ➤ *Listo.*

mentir *v. intr.* Engañar, fingir, embaucar, falsear, inventar, urdir, zurcir, aparentar, falsificar, faltar a la verdad.

mentira *s. f.* **1. Bola**, trola, engaño, falsedad, paparrucha, patraña, invención, falacia, bulo, cuento, calumnia, chisme, engaño, embrollo, ficción, enredo, embuste, disimulo. ➤ *Ver-*

dad, realidad, evidencia. **2. Gazapo**, error, equivocación. ➤ *Exactitud.*

mentiroso, sa *adj.* Embustero, mendaz, farsante, artificioso, falso, inventor, lioso, infundioso, patrañero, trolero, burlón, chismoso, chapucero, exagerado, fabulista, cuentista, aparente, engañoso. ➤ *Sincero, veraz, verdadero, cierto.*

mentís *s. m.* Desmentido.

mentor *s. m.* Maestro, preceptor, consejero, guía. ➤ *Discípulo, pupilo.*

menudear *v. tr.* **1. Acostumbrar**, soler. ‖ *v. intr.* **2. Reiterarse**, repetir.

menudencia *s. f.* **1. Minucia**, bagatela, nimiedad, insignificancia, nadería, pequeñez. **2. Esmero**, escrupulosidad, exactitud, perfección, detallismo. ➤ *Inexactitud, imperfección.*

menudeo *s. m.* Detalle.

menudo, da *adj.* **1. Pequeño**, chico, delgado, diminuto, bajo, corto, minúsculo. ➤ *Grande, considerable, enorme, sobresaliente.* **2. Despreciable**, desdeñable, ínfimo, baladí, ridículo. ➤ *Importante, apreciable, valioso, sustancial.* ‖ *s. m. pl.* **3. Calderilla.**

meollar *s. m.* Pasadera.

meollo *s. m.* **1. Encéfalo**, sesos, médula, tuétano, caña. **2. Esencia**, fundamento, base, sustancia, núcleo, corazón, intríngulis. ➤ *Añadido.* **3. Cordura**, juicio, discernimiento, entendimiento, sensatez. ➤ *Insensatez.*

mequetrefe *s. m. y s. f.* Chisgarabís, danzante, zascandil, chiquilicuatro.

meramente *adv. m.* Puramente, únicamente, solamente.

merar *v. tr.* Aguar, bautizar.

merca *s. f.* Compra. ➤ *Venta.*

mercader, ra *s. m. y s. f.* Comerciante, traficante, negociante, mayorista, minorista, almacenista, detallista, importador, exportador, especulador, tratante, mercante. ➤ *Cliente.*

mercadería *s. f.* Género, artículo.

mercadillo *s. m.* Rastro, rastrillo.

mercado *s. m.* **1. Bazar**, zoco, rastro, mercadillo, feria, plaza, ágora, lonja, baratillo, zacatín. **2. Tráfico**, movimiento, comercio, negociación.

mercancía *s. f.* Artículo, mercadería, existencias, género.

mercantil *adj.* Comercial, mercante, marchante.

merced *s. f.* **1. Don**, regalo, galardón, premio, gracia, recompensa, dádiva, beneficio, servicio, favor. ➤ *Castigo, punición, sanción.* **2. Voluntad**, arbitrio, capricho. **3. Misericordia**, piedad, indulgencia, condescendencia. ➤ *Impiedad, inmisericordia.*

mercurial *s. f.* Malcoraje.

mercurio *s. m.* Azogue, hidrargirio.

merdoso, sa *adj.* Inmundo, desaseado, sucio. ➤ *Limpio, aseado, puro.*

merecedor, ra *adj.* Digno, acreedor. ➤ *Indigno, indebido, inmerecido.*

merecer *v. tr.* Ganar, lograr, obtener, cosechar, alcanzar, conseguir. ➤ *Desmerecer, perder, malograr.*

merecimiento *s. m.* Virtud, justicia, derecho, mérito. ➤ *Vicio, injusticia, ilegalidad.*

merendar *v. intr.* **1. Tomar**, comer, almorzar. ‖ *v. prnl.* **2. Dominar**, ganar, vencer, tragar.

merengue *s. m.* Alfeñique, débil, flojo. ➤ *Robusto, membrudo.*

meridiano, na *adj.* Evidente, obvio.

meridional *adj.* Austral, antártico. ➤ *Septentrional, boreal, ártico.*

mérito *s. m.* Merecimiento, virtud, estima, servicio, derecho. ➤ *Desmérito.*

meritorio, ria *adj.* **1. Bueno**, digno, alabable, encomiable, laudable, valioso, loable, justo, apropiado, debido. ➤ *Malo, reprensible, execrable.* ‖ *s. m. y s. f.* **2. Aprendiz**, principiante.

merluza *s. f.* **1. Pescada**, pescadilla. **2. Borrachera**, embriaguez, curda, tajada, tablón, cogorza, moña. ➤ *Sobriedad, abstinencia, templanza.*

merma *s. f.* Disminución, pérdida, menoscabo, decrecimiento, reducción. ➤ *Aumento, acrecentamiento.*

mermar *v. intr.* **1. Menguar**, decrecer. ‖ *v. tr.* **2. Reducir**, menoscabar, quitar. ➤ *Aumentar, poner, producir.*

mermelada *s. f.* Confitura, compota, jalea, guayaba, dulce.

mero, ra *adj.* Insignificante.

merodeador, ra *adj.* Rondador.

merodear *v. intr.* Rondar, vagabundear, revolotear, deambular, vigilar, acechar.

mes *s. m.* **1. Remuneración**, paga, mensualidad. **2. Menstruación**.

mesa *s. f.* **1. Presidencia**. **2. Meseta**. **3. Mesilla**, tablón, bufete, velador, camilla, ménsula, tablero, tocador, banco, mostrador, escritorio, consola.

mesada *s. f.* Mensualidad, retribución, sueldo, paga.

mesenterio *s. m.* Entresijo.

meseta *s. f.* **1. Rellano**, descansillo, descanso. **2. Altiplanicie**, mesa, altiplano, alcarria.

Mesías *n. p.* Jesucristo, Cristo, Niño Jesús, Verbo, Redentor.

mesilla *s. f.* **1. Mesa de noche**. **2. Meseta**, rellano, descansillo.

mesnada *s. f.* **1. Hueste**, tropa. **2. Panda**, banda, grupo.

mesón *s. m.* Venta, parador, figón, hostal, posada, albergue, hostería, fonda.

mesonero, ra *s. m. y s. f.* Posadero, ventero, hostelero, tabernero.

mestizaje *s. m.* Mezcla, combinación, mixtura, cruce, hibridación. ➤ *Pureza.*

mestizo, za *adj.* **1. Zambo**, mulato. **2. Cruzado**, híbrido. ➤ *Puro.* **3. Mixto**.

mesura *s. f.* **1. Circunspección**, moderación, seriedad. ➤ *Frivolidad.* **2. Reverencia**, cortesía. ➤ *Descortesía, descomedimiento.* **3. Prudencia**, moderación. ➤ *Imprudencia, exceso.*

mesurado, da *adj.* **1. Moderado**, modesto, circunspecto. ➤ *Frívolo, extremado, extenuado.* **2. Reglado**, templado, parco. ➤ *Excesivo, desaforado.*

mesurar *v. tr.* **1. Serenarse**. ‖ *v. prnl.* **2. Contenerse**, moderarse, reprimirse, comedirse. ➤ *Exaltarse.*

meta¹ *s. f.* **1. Final**, término, desenlace, conclusión, remate. ➤ *Origen, principio, causa, procedencia, nacimiento, arranque, germen, raíz.* **2. Propósito**, objetivo, finalidad.

meta² *s. f.* Metra, mayueta.

metáfora *s. f.* Traslación, alegoría, símbolo, imagen, figura. ➤ *Realidad.*

metafórico, ca *adj.* Figurado, simbólico, alegórico. ➤ *Real.*

metal *s. m.* Sonido, timbre, calidad, condición.

metamorfosis *s. f.* Transmutación, cambio, mudanza, permuta, transfiguración, mutación, conversión, reforma, transformación. ➤ *Permanencia, inmutabilidad, constancia, invariabilidad, persistencia, inalterabilidad.*

metano *s. m.* Gas de los pantanos.

metapsíquica *s. f.* Parapsicología.

metátesis *s. f.* Transposición.

meter *v. tr.* **1. Incluir**, encajar, insertar. ➤ *Sacar, extraer.* **2. Coger**, remeter **3. Depositar**, ingresar. ➤ *Retirar.* **4. Dar**, largar, asestar, sacudir. **5. Imbuir**, sugerir. **6. Embutir.** ‖ *v. prnl.* **7. Introducirse**, penetrar, ingresar, entrar. ➤ *Salirse.* **8. Inmiscuirse**, mezclarse, introducirse, entrometerse.

meticuloso, sa *adj.* Escrupuloso, nimio, concienzudo, minucioso, puntilloso, cuidadoso, esmerado, atento, aplicado. ➤ *Descuidado, negligente, desidioso, dejado.*

metido, da *adj.* Cotilla, meticón.

metijón, na *adj.* Meticón, fisgón, cotilla, entrometido, metomentodo.

metódico, ca *adj.* Arreglado, ordenado, cuidadoso. ➤ *Desordenado, caótico.*

metodizar *v. tr.* Ordenar, arreglar, regularizar, normalizar. ➤ *Desordenar.*

método *s. m.* **1. Procedimiento**, norma, regla. **2. Sistema**. **3. Manual**.

metomentodo *s. m. y s. f.* Intruso, refitolero, entrometido. ➤ *Discreto.*

metoposcopia *s. f.* Adivinación.

metralla *s. f.* Balín, cascote.

métrica *s. f.* Versificación.

metro *s. m.* **1. Modelo**, patrón, norma, tipo, módulo, prototipo. ➤ *Reproducción.* **2. Metropolitano**, subterráneo.

metrópoli *s. f.* Urbe, capital. ➤ *Aldea.*

metropolitano *s. m.* **1. Urbano**, ciudadano. ➤ *Rural.* **2. Arzobispal.** **3. Metro**, suburbano, subterráneo.

metrorragia *s. f.* Pérdida.

mezcla *s. f.* **1. Mixtión**, mixtura, agregado, amasijo. **2. Mortero**, argamasa.

mezclable *adj.* Miscible.

mezclado, da *adj.* Abigarrado, mixto, vario. ➤ *Acrisolado, puro.*

mezcladora *s. f.* Batidora.

mezclar *v. tr.* **1. Unir**, agregar, ligar, juntar, emulsionar, revolver, agitar, diluir. ➤ *Separar, desunir, dividir, desglosar, descomponer, esparcir, disgregar, dispersar.* **2. Confundir**, embarullar, enredar. ➤ *Ordenar, separar.* **3. Complicar**, implicar. ‖ *v. prnl.* **4. Inmiscuirse**, meterse, introducirse, fisgonear, mangonear, injerirse.

mezcolanza *s. f.* Batiburrillo, ensalada, fárrago, revoltijo, amasijo, mixtura.

mezquindad *s. f.* Pobreza, miseria, estrechez, avaricia, tacañería, escasez. ➤ *Largueza, generosidad.*

mezquino, na *adj.* **1. Menesteroso**, necesitado, pobre, miserable, indigente, carente, escaso, falto. ➤ *Rico, opulento, copioso, acaudalado, adinerado.* **2. Tacaño**, avaro, miserable, ahorrativo, ruin, roñoso, tiñoso, parco, egoísta, usurero, interesado. ➤ *Generoso, magnánimo, desprendido, dadivoso, desinteresado.* **3. Vil**, despreciable, ruin, miserable. ➤ *Noble.* **4. Pequeño**, diminuto, nimio, insuficiente, raquítico, minúsculo, escaso, deficiente. ➤ *Grande, grandioso, enorme, descomunal, desmedido.*

miaja *s. f.* Cacho, pedazo, porción.

miar *v. intr.* Maullar, mayar.

miasma *s. m.* Emanación, hedor.

micción *s. f.* Meada, orina, pis.

michelín *s. m.* Rollo.

microbio *s. m.* Microorganismo, virus, bacilo, bacteria, micrococo.

microbiología *s. f.* Bacteriología.

microgameto *s. m.* Espermatozoario, espermatozoide, espermatozoo.

microscópico, ca *adj.* Diminuto, imperceptible, inapreciable, invisible, minúsculo, escasísimo. ➤ *Enorme, gigantesco, inmenso, descomunal.*

miedo *s. m.* **1. Temor**, terror, pavor, pánico, desasosiego, pavidez, horror, alarma, sobresalto, susto, aprensión, espanto. ➤ *Valor, audacia, tranquilidad, valentía.* **2. Aprensión**, recelo ➤ *Confianza.*

miedoso, sa *adj.* Medroso, pusilánime, temeroso, cobarde, apocado, receloso, tímido, espantadizo, aprensivo, asustadizo. ➤ *Valiente, decidido, arrojado, atrevido, osado, valeroso.*

miel *s. f.* **1. Melaza**, arrope, aguamiel, melcocha, almíbar. **2. Pegajosería**, melosería, obsequiosidad, afectuosidad, afabilidad. ➤ *Aversión, inquina.*

miembro *s. m.* **1. Extremidad**, parte, órgano. **2. Pene. 3. Integrante**, componente. **4. Fragmento**, segmento, fracción, sector, trozo, tramo, porción, pedazo, cacho, pieza, lote.

mientras *adv. t.* Entretanto, en tanto, al mismo tiempo. ➤ *Antes, después.*

mierda *s. f.* **1. Suciedad**, pringue, porquería, inmundicia, basura, impureza, mugre, desperdicio, estiércol, asco, despojo. **2. Excremento**, detrito, defecación, cagada. **3. Bodrio**, basura.

miga *s. f.* **1. Migaja**, pedazo, partícula, trozo, pizca, ápice, chispa, grano, gota. **2. Meollo**, enjundia, quid, sustancia, alma, médula. ➤ *Añadido.*

migaja *s. f.* **1. Pizca**, triza, partícula, ápice, miga, gota. ‖ *s. f. pl.* **2. Restos**, desperdicios, desechos, sobras.

migajón *s. m.* Meollo, quid, médula.

migar *v. tr.* **1. Trocear**, deshacer, desmigajar. **2. Empapar**, remojar.

migración *s. f.* Éxodo, traslado.

migraña *s. f.* Jaqueca, neuralgia.

migratorio, ria *adj.* Emigratorio, inmigratorio.

milagro *s. m.* Prodigio, portento, maravilla, fenómeno, quimera, pasmo.

milagroso, sa *adj.* **1. Sobrenatural**, prodigioso, sobrehumano. ➤ *Natural, ordinario.* **2. Asombroso**, portentoso, pasmoso, increíble, extraordinario. ➤ *Común, corriente.*

milano *s. m.* Esmerejón.

milenario, ria *adj.* Arcaico, antiguo. ➤ *Reciente, moderno.*

milenrama *s. f.* Altarreina, aquilea, milhojas.

mili *s. f.* Ejército, milicia, servicio militar.

milicia *s. f.* Ejército.

miliciano, na *s. m. y s. f.* Soldado.

milimétrico, ca *adj.* Preciso, exacto.

militante *adj.* Afiliado, combatiente, participante, miembro.

militar[1] *adj.* **1. Castrense.** ‖ *s. m.* **2. Soldado**, combatiente, guerrero, oficial, estratega. ➤ *Civil, paisano.*

militar[2] *v. intr.* Afiliarse, inscribirse, alistarse, engancharse, servir, movilizarse. ➤ *Licenciarse, desengancharse.*

militarada *s. f.* Sublevación, alzamiento, golpe, rebelión.

militarismo *s. m.* Belicismo.

militarizar *v. tr.* Movilizar.

millonario, ria *adj.* Potentado, rico, creso, acaudalado. ➤ *Pobre, indigente.*

mimado, da *adj.* Consentido, malcriado, malacostumbrado. ➤ *Educado.*

mimar *v. tr.* **1. Halagar**, acariciar. ➤ *Vapulear, castigar.* **2. Consentir**, malacostumbrar, malcriar, enviciar.

mimbrero, ra *s. m. y s. f.* Cestero.

mímesis *s. f.* **1. Burla**, imitación. **2. Remedo**, plagio, copia, reproducción.

mimético, ca *adj.* Imitativo.

mimetismo *s. m.* Adaptación, imitación, reproducción.

mímica *s. f.* Gesticulación, ademanes.

mimo *s. m.* **1. Halago**, caricia, carantoña. **2. Consentimiento.** ➤ *Severidad.*

mimoso, sa *adj.* Consentido, melindroso, malcriado. ➤ *Recio.*

mina *s. f.* **1. Filón**, veta, yacimiento, criadero, túnel, galería, bocamina, excavación. **2. Ganga**, chollo, negocio, filón. **3. Bomba**, granada, explosivo.

minar *v. tr.* **1. Socavar**, horadar, excavar, cavar, penetrar, profundizar, ahondar. **2. Desgastar**, consumir, arruinar, abatir, debilitar, agotar, apagar, disminuir, languidecer, decaer, flaquear. ➤ *Crecer, espolear, vivificar.*

miniar *v. tr.* Iluminar, ilustrar.

minimizar *v. tr.* Subestimar, empequeñecer, tener en poco. ➤ *Sobrestimar.*

mínimo, ma *adj.* Ínfimo, minúsculo.

ministerial *adj.* Gubernamental.

ministerio *s. m.* **1. Gabinete**, dirección, mando, secretaría, consejo, autoridad. **2. Empleo**, función, oficio, ocupación, ejercicio, profesión.

ministril *s. m.* Alguacil, corchete.

ministro *s. m.* **1. Mensajero**, enviado **2. Legado**, embajador, representante, comisionado. **3. Consejero.**

minoración *s. f.* Disminución, reducción. ➤ *Acrecentamiento, subida.*

minorar *v. tr.* Disminuir, reducir, acortar. ➤ *Aumentar, ampliar, alargar.*

minoría *s. f.* Minoridad. ➤ *Mayoría.*

minorista *adj.* Detallista.

minucia *s. f.* Pequeñez, nimiedad, bagatela, insignificancia, menudencia, detalle. ➤ *Importancia, esencia.*

minucioso, sa *adj.* Escrupuloso, meticuloso, nimio, exacto, puntilloso, quisquilloso, concienzudo, cuidadoso, esmerado, exagerado, detallista. ➤ *Superficial, irreflexivo, negligente, dejado, descuidado, desidioso.*

minuendo *s. m.* ➤ *Sustraendo.*

minúsculo, la *adj.* Ínfimo, pequeño, insignificante, mínimo, enano, microscópico, liliputiense, diminuto. ➤ *Enorme, grande, gigantesco, mayúsculo.*

minusvalía *s. f.* Incapacidad, lesión.

minusválido, da *adj.* Inválido, incapacitado, disminuido, lisiado.

minusvalorar *v. tr.* Despreciar, infravalorar, menospreciar, subestimar. ➤ *Justipreciar, valorar, supravalorar.*

minuta *s. f.* **1. Factura**, honorarios, cuenta, extracto, nota. **2. Menú.**

minutero *s. m.* Saeta, aguja.

miope *adj.* Corto de vista, cegato. ➤ *Hipermétrope.*

mira *s. f.* **1. Cuidado**, atención. ➤ *Descuido.* **2. Fin**, designio, intención.

mirabel *s. m.* Ayuga, perantón, pinillo.

mirado, da *adj.* Remirado, prudente, cauto. ➤ *Irreflexivo, imprudente.*

mirador *s. m.* **1. Azotea**, terraza. **2. Galería**, corredor. **3. Atalaya.**

miramiento *s. m.* **1. Mirada**, atención, consideración. **2. Cuidado**, cautela, precaución, atención, consideración, prudencia. ➤ *Desatención, desconsideración, descuido.*

mirar *v. tr.* **1. Contemplar**, observar. **2. Buscar. 3. Revisar. 4. Indagar.** ‖ *v. intr.* **5. Amparar**, auxiliar.

mirífico, ca *adj.* Portentoso, sorprendente, admirable. ➤ *Vulgar.*

miriñaque *s. m.* Ahuecador, armazón.

mirón, na *adj.* **1. Cotilla**, curioso. ➤ *Discreto.* **2. Espectador**, observador.

misal *adj.* Breviario, leccionario.

misantropía *s. f.* Insociabilidad, retraimiento. ➤ *Sociabilidad, afabilidad.*

miscelánea *s. f.* **1. Variedad**, mezcla, revoltillo, combinación, amasijo. ➤ *Unidad.* **2. Recopilación**, colección.

miserable *adj.* **1. Desgraciado**, mísero, desdichado, infeliz, desventurado, necesitado. ➤ *Feliz, afortunado, rico, dichoso.* **2. Tacaño**, agarrado, roñoso, avaro, mezquino. ➤ *Generoso, dadivoso, desinteresado.* **3. Perverso**, infame, pérfido, canalla, criminal, vil, malvado. ➤ *Honrado, decente, honesto.*

miseria *s. f.* **1. Desgracia**, trabajo, infortunio, desdicha, desventura, infelicidad. ➤ *Fortuna, ventura, suerte, felicidad.* **2. Pobreza**, necesidad, ruina, escasez, indigencia, penuria, carencia. ➤ *Riqueza, opulencia.* **3. Roñosería**, cicatería, tacañería, avaricia, ruindad. ➤ *Generosidad, larqueza.*

misericordia *s. f.* **1. Conmiseración**, compasión, lástima, piedad, ternura, perdón, condolencia. ➤ *Inflexibilidad, inclemencia, dureza, impiedad, condena.* **2. Caridad**, óbolo, limosna.

misericordioso, sa *adj.* Compasivo, piadoso, caritativo, humano, clemente, sensible. ➤ *Inflexible, inclemente.*

mísero, ra *adj.* **1. Desafortunado**, abatido, infeliz. ➤ *Feliz, afortunado, venturoso.* **2. Roñoso**, cicatero, agarrado. ➤ *Generoso, dadivoso.* **3. Exiguo**, escaso, nimio. ➤ *Abundante.*

misión *s. f.* **1. Embajada**, encargo, comisión, gestión, delegación, poderes, credenciales, facultad, cometido. **2. Predicación**, evangelización, apostolado, propagación, divulgación.

misionero, ra *s. m. y s. f.* Apóstol, predicador, evangelizador.

misiva *s. f.* Epístola, esquela, mensaje.

mismamente *adv. m.* Así.

mismo, ma *adj.* **1. Idéntico**, igual, exacto, equivalente, homogéneo. ➤ *Desigual, diferente.* **2. Semejante**, parecido, similar. ➤ *Distinto.*

misterio *s. m.* Secreto, ocultación, reserva, entresijo, arcano, sigilo, incógnita. ➤ *Revelación, desvelación.*

misterioso, sa *adj.* Oculto, recóndito, oscuro. ➤ *Exotérico, manifiesto.*

misticismo *s. m.* **1. Arrebato**, éxtasis, contemplación. **2. Mística.**

misticón, na *adj.* Santurrón, gazmoño, beatón, mojigato.

mistificación *s. f.* Embaucamiento, farsa, burla, engaño, falsificación.

mitad *s. f.* Centro, medio, yema, promedio, dicotomía, bifurcación, bisección, división, medianía. ➤ *Extremo.*

mítico, ca *adj.* Legendario. ➤ *Real.*

mitigación *s. f.* Alivio, aplacamiento, moderación, suavización, disminución. ➤ *Aumento, exacerbación.*

mitigador, ra *adj.* Aplacador, aliviante, suavizador. ➤ *Excitante.*

mitigar *v. tr.* Aplacar, templar, amortiguar, calmar. ➤ *Incrementar, excitar.*

mitin *s. m.* Asamblea, concentración.

mito *s. m.* Leyenda, saga, fábula, tradición, símbolo, alegoría, superstición, quimera. ➤ *Historia, suceso, episodio.*

mitológico, ca *adj.* Fabuloso, legendario, tradicional. ➤ *Real, auténtico.*

mitosis *s. f.* Cariocinesis.

mitra *s. f.* Diócesis, obispado, sede.

mitrado, da *adj.* Prelado, obispo.

mixto, ta *adj.* **1. Compuesto**, complejo. ➤ *Simple.* **2. Heterogéneo.** ➤ *Homogéneo.* **3. Híbrido.** ➤ *Puro.*

mixtura *s. f.* Mezcolanza, mezcla.

mobiliario *s. m.* Ajuar, equipo.

mocárabe *s. m.* Almozárabe.

mocarra *s. m. y s. f.* Mocoso, atrevido, malmandado, desvergonzado.

mocedad *s. f.* Adolescencia, juventud.

mocerío *s. m.* Muchachada, juventud.

mochales *adj.* Perturbado, ido, locuelo, alocado, chiflado. ➤ *Cuerdo.*

mochila *s. f.* Macuto, zurrón, alforja.

mocho, cha *adj.* Romo, trunco.

moción *s. f.* Propuesta, proposición.

moco *s. m.* Flema, mucosidad, secreción, humor.

mocococa *s. f.* Tristeza, melancolía, nostalgia. ➤ *Alegría, alborozo.*

mocoso, sa *adj.* Arrapiezo, rapazuelo.

moda *s. f.* Uso, boga, actualidad, novedad, costumbre, estilo, hábito, actualidad. ➤ *Desuso, antigüedad.*

modado, da *adj.* Educado, criado.

modales *s. m. pl.* Maneras, formas, modos, crianza, conducta.

modalidad *s. f.* Forma, manera, particularidad, peculiaridad, tipo, clase.

modelar *v. tr.* Delinear, esculpir, tallar, crear, cincelar, formar, crear.

modélico, ca *adj.* Edificante, ejemplar, prototípico, ejemplificante.

modelo *s. m.* **1. Ejemplo**, patrón, tipo, prototipo, arquetipo, paradigma, pauta, dechado, espécimen, muestra. **2. Molde**, horma, plantilla. ➤ *Copia, reproducción, imitación, falsificación.* ‖ *s. m. y s. f.* **3. Maniquí**, figurín.

moderación *s. f.* **1. Sobriedad**, frugalidad, continencia, freno, represión, mitigación, atenuación, comedimiento, templanza. ➤ *Exageración, desmesura, intemperancia.* **2. Cordura**, mesura, medida, compostura, discreción, circunspección, modestia, decencia, virtud, juicio, sensatez. ➤ *Descomedimiento, indecencia.*

moderado, da *adj.* Módico, razonable, sobrio, rebajado, suavizado. ➤ *Extremado, inmoderado.*

moderador, ra *s. m. y s. f.* Conciliador, mediador, árbitro. ➤ *Parte.*

moderar *v. tr.* Atemperar, ajustar, suavizar, mitigar, templar, atenuar, aplacar, refrenar, contener, calmar, comedir, reprimir, frenar, aligerar, enfriar, ablandar. ➤ *Excitar, exagerar, incitar, irritar, avivar, atizar.*

modernizar *v. tr.* Actualizar, remozar, renovar, rejuvenecer. ➤ *Envejecer.*

moderno, na *adj.* **1. Actual**, nuevo, contemporáneo. ➤ *Viejo, caduco, pasado.* **2. Reciente**, último, fresco, calentito. ➤ *Antiguo, veterano, viejo.*

modestia *s. f.* **1. Decencia**, humildad, moderación, comedimiento. ➤ *Inmodestia, orgullo.* **2. Decoro**, sencillez, reserva, recato, vergüenza. ➤ *Ostentación, presunción, vanidad.* **3. Recato**, pudor, decencia, honestidad. ➤ *Indecencia, deshonestidad, impudor.*

modesto, ta *adj.* Humilde, recatado, decente, decoroso, moderado. ➤ *Impúdico, indecoroso, indecente.*

módico, ca *adj.* **1. Moderado**, escaso, limitado, reducido, pequeño, insignificante. ➤ *Inmoderado, extralimitado.* **2. Barato**, económico, asequible. ➤ *Caro, prohibitivo, inasequible.*

modificación *s. f.* Corrección, enmienda, reforma, rectificación.

modificar *v. tr.* Enmendar, moderar, templar, rectificar, variar, corregir, reformar, limitar, restringir, cambiar, limitar, determinar, transformar, alterar. ➤ *Conservar, permanecer, ratificar, persistir, mantener, perdurar.*

modismo *s. m.* Giro, locución, dicho.

modo *s. m.* **1. Moderación**, sensatez, prudencia. ➤ *Desenfreno.* **2. Cortesía**, urbanidad, crianza. **3. Manera**, procedimiento, técnica, sistema, método, orden, estilo, lado, regla, derrotero, rumbo, régimen, corte, vía, sesgo, salida, fórmula, táctica, costumbre, suerte, estilo, condición, género, guisa.

modorra *s. f.* **1. Amodorramiento**, sopor, somnolencia, laxitud, flojera, pesadez, letargo. ➤ *Vigilia, insomnio, viveza.* **2. Nebladura**, torneo.

modoso, sa *adj.* Cortés, urbano, bien criado. ➤ *Maleducado, descortés.*

modular *v. intr.* Articular, vocalizar.

módulo *s. m.* Canon, patrón.

mofa *s. f.* Befa, chanza, ludibrio, burla.

mofar *v. intr.* Afrentar, befar, burlarse, chancearse, escarnecer, ofender, guasearse, chunguearse. ➤ *Respetar.*

mofletudo, da *adj.* Molletudo, gordinflón, carrilludo, cachetudo.

mohatra *s. f.* Timo, dolo, fraude.

mohín *s. m.* Guiño, tic, visaje, gesto.

mohína *s. f.* Descontento, rencor, resquemor, enfado. ➤ *Contento, alegría.*

mohíno, na *adj.* Enfadado, melancólico, sombrío. ➤ *Contento, dichoso.*

moho[1] *s. m.* **1. Óxido**, verdín, cardenillo, pátina, hongo, roña, orín, herrumbre. **2. Desidia**, pereza, ociosidad, haraganería, holgazanería. ➤ *Práctica, continuidad, actividad.*

moho[2] *s. m.* Discontinuidad de Mohorovichic.

mohoso, sa *adj.* Enmohecido, corroído, oxidado, roñoso, rancio.

moisés *s. m.* Capazo, cesto.

mojadura *s. f.* Remojón, chupa, baño.

mojar *v. tr.* **1. Humedecer**, bañar, empapar, ensopar, calar, rociar, sumergir, salpicar, pringar, remojar, regar, macerar. ➤ *Secar, enjugar, resecar, desecar, deshumedecer.* ‖ *v. prnl.* **2. Implicarse**, meterse. ➤ *Desentenderse.*

mojicón *s. m.* Cachete, soplamocos, torta, puñada. ➤ *Caricia.*

mojiganga *s. f.* **1. Mascarada**, carnaval. **2. Farsa**, sainete, paso, entremés.

mojigatería *s. f.* Camandulería, gazmoñería, ñoñería, cursilería.

mojigato, ta *adj.* Hazañero, timorato, gazmoño, cursi, ñoño, afectado.

mojón *s. m.* Hito, muga, señal, jalón.

mojonera *s. f.* Clavera.

molde *s. m.* **1. Matriz**, modelo, forma, módulo, cubilete. **2. Forma**, horma, troquel, cuño, tipo, hembra. **3. Paradigma**, regla, norma, esquema.

moldeable *adj.* Dúctil, flexible, sugestionable, influenciable. ➤ *Rígido.*

moldeado *s. m.* Permanente.

moldear *v. tr.* **1. Forjar**, moldurar, vaciar. **2. Ondular**, rizar, encrespar.

mole *s. f.* Masa, bulto, volumen, forma.

molejón *s. m.* Farallón.

moler *v. tr.* **1. Pulverizar**, triturar, machacar, picar, desmenuzar, prensar, mascar, destrozar, aplastar. **2. Incordiar**, chinchorrear, fastidiar, cansar, fatigar, maltratar, incordiar. **3. Destruir**, asolar, abatir, aniquilar, derribar.

molestar *v. tr.* Incomodar, estorbar, fastidiar, enojar, mortificar, aburrir, cansar, importunar, incordiar, mortificar, perseguir, roer, moler, aspar, quebrantar, descoyuntar, jeringar, acosar, estorbar, abrumar, agobiar, apurar, irritar, atormentar, enfadar, asediar, desagradar, contrariar, consumir la paciencia, traer a mal traer. ➤ *Aliviar, tranquilizar, deleitar, encantar, alegrar, agradar, contentar.*

molestia *s. f.* **1. Fastidio**, engorro, lata, extorsión, fatiga, fastidio, extravío, contrariedad, tabarra, monserga, mareo, gaita, pesadez, lata, engorro, estorbo, hueso, trabajo, dificultad, asedio, tormento, hostigamiento. ➤ *Agrado, deleite, goce, regalo, tranquilidad, comodidad, alegría, conveniencia.* **2. Dolor,** trastorno, síntoma, incomodidad, indisposición. ➤ *Salud.*

molesto, ta *adj.* Incómodo, fastidioso, pesado. ➤ *Cómodo, agradable.*

molicie *s. f.* Comodidad, pereza, haraganería, holgazanería. ➤ *Trabajo.*

molido, da *adj.* Cansado, derrengado, fatigado, agotado. ➤ *Descansado.*

molienda *s. f.* **1. Moledura. 2. Tabarra,** fatiga, fastidio, incordio, lata.

molificar *v. tr.* Blandear, reblandear.

molimiento *s. m.* Cansancio, fatiga, extenuación. ➤ *Descanso.*

molinero, ra *s. m. y s. f.* Maquilero, moledor.

molinete *s. m.* Rehilandera, ventolera.

molla *s. f.* Pulpa, carne, meollo.

mollera *s. f.* **1. Inteligencia,** coco, pesquis, cacumen, caletre, seso, juicio, entendederas, luces. **2. Cráneo,** morra, cabeza.

momentáneo, a *adj.* Instantáneo, fugaz, rápido, breve, transitorio, pasajero, efímero, circunstancial, precario, corto, temporal, provisional, accidental, caduco. ➤ *Duradero, permanente, eterno, perdurable, persistente, durable, crónico.*

momento *s. m.* **1. Instante,** punto, segundo, minuto, soplo, tris, santiamén. ➤ *Eternidad.* **2. Ocasión,** tiempo, circunstancia, coyuntura, hora, fecha, oportunidad.

momificación *s. f.* Taxidermia.

momio, mia *s. m.* Chollo, mina.

monacal *adj.* Monástico, cenobítico.

monada *s. f.* **1. Monería. 2. Hermosura,** preciosidad, belleza. ➤ *Monstruo.*

mónada *s. f.* **1. Microcosmos. 2. Mónera.**

monaguillo *s. m.* Acólito.

monarca *s. m. y s. f.* Rey, soberano, emperador, sultán, zar. ➤ *Súbdito.*

monarquía *s. f.* Reino, corona.

monárquico, ca *adj.* Realista, tradicionalista. ➤ *Republicano.*

monasterio *s. m.* Convento, cenobio, abadía, claustro, cartuja, priorato.

monástico, ca *adj.* Monacal, conventual, claustral.

monda *s. f.* Cáscara, piel, corteza.

mondadientes *s. m.* Palillo, escarbadientes, limpiadientes.

mondadura *s. f.* Monda, cáscara, mondaraja, peladura, corteza.

mondar *v. tr.* **1. Descortezar,** descascarillar, pelar, descascarar, descamisar, escombrar, desvainar, descortezar. **2. Rapar,** trasquilar, pelar.

moneda *s. f.* Dinero, metálico, fondos, parné, blanca, divisas, pecunio, oro, plata, billete, efectivo, numerario.

mondongo *s. m.* Entrañas, tripas.

monedero *s. m.* Portamonedas, billetero, cartera.

monería *s. f.* Gracia, monada.

monetario, ria *adj.* Económico, pecuniario, financiero.

mongolismo *s. m.* Síndrome de Down.

monigote *s. m.* **1. Pelele,** calzonazos. ➤ *Enérgico.* **2. Fantoche,** marioneta.

monitor, ra *s. m. y s. f.* **1. Educador,** instructor, profesor. ➤ *Alumno, estudiante, pupilo, discípulo, colegial.* ‖ *s. m.* **2. Pantalla. 3. Supervisor.**

monja *s. f.* Novicia, hermana, sor.

monje *s. m.* Fraile, religioso, anacoreta, ermitaño, eremita, cenobita, asceta, penitente. ➤ *Seglar, laico.*

mono, na *adj.* **1. Primoroso,** hermoso, gracioso, bonito, lindo, atractivo, delicado, pulido. ➤ *Feo, grotesco.* ‖ *s. m.* **2. Simio,** macaco, antropoide, chimpancé, gorila, mico. **3. Funda.**

monocorde *adj.* Igual, indiferenciado, monótono. ➤ *Variado.*

monocordio *s. m.* Sonómetro.

monocromo, ma *adj.* Unicolor, uniforme. ➤ *Polícromo.*

monofisismo *s. m.* Eutiquianismo, jacobitismo.

monógamo, ma *adj.* ➤ *Polígamo, bígamo.*

monoico, ca *adj.* Hermafrodita.

monolito *s. m.* Megalito, monumento, menhir.

monomanía *s. f.* Manía, idea fija, paranoia, obsesión.

monopétalo, la *adj.* Gamopétalo.

monopolio *s. m.* Acaparamiento, exclusiva, concesión, privilegio, centralización, monopolización.

monopolista *s. m. y s. f.* Acaparador.

monopolizar *v. tr.* Acaparar. ➤ *Repartir, descentralizar.*

monosabio *s. m.* Ayudante, mozo.

monosépalo, la *adj.* Gamosépalo.

monotonía *s. f.* Igualdad, invariabilidad, uniformidad, regularidad, pesadez, enojo, cansancio, insistencia, aburrimiento. ➤ *Diferencia, variedad, variación, diversidad, diversión.*

monótono, na *adj.* Uniforme, igual, aburrido. ➤ *Variado, diferente.*

monotrema *adj.* Ornitodelfo.

monserga *s. f.* **1. Galimatías,** embrollo. **2. Tabarra,** pesadez, tostón.

monstruo *s. m.* **1. Aberración,** engendro, espantajo, aborto. **2. Portento,** genio, fenómeno, prodigio.

monstruosidad *s. f.* Amorfia.

monstruoso, sa *adj.* **1. Antinatural,** teratológico. ➤ *Natural.* **2. Enorme,** colosal, fenomenal, prodigioso, excesivo, desproporcionado, extraordinario. ➤ *Proporcionado, conforme.* **3. Aborrecible,** nefando, execrable, vituperable, inhumano, cruel, brutal, atroz, despiadado, aberrante, desalmado. ➤ *Humano, compasivo, benévolo, bondadoso.* **4. Feo,** horrible, horripilante, horroroso, malhecho, deforme, grotesco. ➤ *Hermoso, bello.*

monta *s. f.* Total, monto, suma, importe.

montaje *s. m.* **1. Acoplamiento,** articulación. **2. Evento,** engaño, trampa.

montanera *s. f.* Bellotera.

montantear *v. intr.* Jactarse, vanagloriarse, entrometerse, alardear.

montaña *s. f.* **1. Altozano,** cerro, collado, peñasco, picacho, pico, monte, risco, loma, cumbre, cresta, cima, punta, elevación, colina, montículo. ➤ *Llano, valle, depresión, sima, vaguada, hondonada, cavidad, cuenca, barranco, abismo, llanura, meseta.* **2. Cordillera,** sierra, cadena, serranía, sistema, macizo, estribo, estribación, promontorio, monte.

montañero, ra *s. m. y s. f.* Escalador, montañista, alpinista, excursionista.

montañés, sa *adj.* Lugareño, rústico.

montañoso, sa *adj.* Montuoso, abrupto, áspero, escarpado, alpino, salvaje, rocoso, desigual, serrano, montañés, silvestre, montano. ➤ *Llano, liso, raso, plano, aplastado.*

montar *v. intr.* **1. Trepar,** auparse, alzarse, subirse, encaramarse. ➤ *Bajar, descender, desmontar.* **2. Sumar,** importar, ascender, elevarse, totalizar **3. Amartillar,** armar, disponer, ajustar, preparar. ➤ *Desarmar.* ǁ *v. tr.* **4. Cabalgar.** ➤ *Apearse.* **5. Cubrir,** fecundar. **6. Articular,** componer, armar.

montaraz *adj.* **1. Agreste,** bravío. ➤ *Doméstico.* **2. Indómito,** salvaje.

monte *s. m.* **1. Altozano,** cerro, montaña, peñasco, sierra, estribación, promontorio, montículo, macizo, prominencia, otero, loma. ➤ *Valle, llano.* **2. Oquedad,** lobera, soto, sotillo, calvero, carrascal, moheda. **3. Montepío.**

montera *s. f.* Birreta, bonete, gorra.

montería *s. f.* Cacería, cinegética.

montés *adj.* Bravío, montaraz, silvestre, agreste, salvaje. ➤ *Doméstico.*

montículo *s. m.* Alcor, collado, loma.

montón *s. m.* **1. Montículo,** pila, tropel, rimero, columna. **2. Serie,** cúmulo, acervo, conjunto, arsenal, porción, infinidad, porrada. ➤ *Escasez.*

montonero *s. m.* Camorrista, pendenciero, bravucón. ➤ *Tímido.*

montuoso, sa *adj.* Montañoso, escabroso, enriscado. ➤ *Llano.*

montura *s. f.* **1. Caballería,** cabalgadura, cuadrúpedo, corcel, bruto, bestia, animal. **2. Guarniciones,** arreos, aperos, aparejos, arnés, aderezos, atalajes, jaeces. **3. Montaje,** montadura, acoplamiento, armazón, disposición, ajuste, engaste, engarce.

monumental *adj.* **1. Magnífico,** grandioso. ➤ *Corriente.* **2. Descomunal,** gigantesco. ➤ *Pequeño, mínimo.*

monumento *s. m.* **1. Edificio,** inscripción, sepultura, pilón, obelisco, altar, mausoleo, estatua, túmulo, sepulcro, esfinge, estela, trofeo, monolito, memoria, altar. **2. Documento**, composición, obra

moña *s. f.* Ebriedad, borrachera, curda.

moquero *s. m.* Pañuelo, mocador.

moquete *s. m.* Bofetada, puñada.

mora[1] *s. f.* Demora, retraso, retardo.

mora[2] *s. f.* Zarza, mora.

morabito *s. m.* Marabuto, morabuto.

morada *s. f.* **1. Domicilio**, hogar, residencia, casa, finca, vivienda, habitación, estancia, piso, mansión. **2. Estadía**, permanencia, estancia.

morado, da *adj.* **1. Cárdeno**, lila, moráceo, renegrido, púrpura. ‖ *s. m.* **2. Cardenal**, moretón, señal, hematoma, golpe, contusión, palo, chichón, moradura, equimosis, cicatriz.

moraga *s. f.* Brazada, gavilla.

moral[1] *s. f.* **1. Ética**, filosofía moral. ‖ *adj.* **2. Inmaterial**, espiritual, religioso, ético, intelectual. **3. Ético**, honesto, honrado, estricto, juicioso, severo. ➤ *Deshonesto, amoral, inmoral.*

moral[2] *s. m.* Morera, zarzamora.

moraleja *s. f.* Lección.

moralidad *s. f.* Decencia, honradez, virtud, honestidad, pureza. ➤ *Amoralidad, inmoralidad, libertinaje.*

moralizar *v. intr.* Aconsejar, amonestar, enseñar, aleccionar. ➤ *Pervertir.*

morar *v. intr.* Habitar, vivir, residir, avecindarse, permanecer, animar.

moratoria *s. f.* Aplazamiento, prórroga, plazo, demora, retrasamiento.

mórbido, da *adj.* Morboso, malsano, enfermizo. ➤ *Sano, duro, áspero.*

morbo *s. m.* Padecimiento, afección, enfermedad, mal. ➤ *Salud.*

morboso, sa *adj.* **1. Malsano**, insalubre, nocivo. ➤ *Saludable.* **2. Retorcido**, perverso, enfermizo. ➤ *Puro.*

morcajo *s. m.* Tranquillón.

morcilla *s. f.* Improvisación.

mordacidad *s. f.* Causticidad, ironía, acritud. ➤ *Suavidad, alabanza.*

mordaz *adj.* **1. Acre**, punzante, incisivo, satírico. **2. Sarcástico**, cáustico.

mordente *s. m.* **1. Mordiente**. **2. Quiebro**.

morder *v. tr.* **1. Mordisquear**, mascar, mordiscar, triturar, masticar, roer,

dentellear, roer. **2. Desgastar**, apolillar, corroer, gastar. ➤ *Cuidar.* **3. Difamar**, criticar, murmurar, satirizar, censurar, vituperar, motejar. ➤ *Alabar, elogiar, encomiar, ensalzar.*

morena[1] *s. f.* Murena.

morena[2] *s. f.* Canil.

moreno, na *adj.* Atezado, bronceado, tostado, cetrino, quemado, atezado, aceitunado. ➤ *Pálido, blanco.*

morera *s. f.* Moreda, zarzamora.

moretón *s. m.* Cardenal, morado, magulladura, contusión, verdugón.

morfina *s. f.* Narcótico, sedante, soporífero, somnífero, droga.

morfinómano, na *adj.* Drogadicto.

morganita *s. f.* Berilo rosa.

moribundo, da *adj.* Agonizante, deshauciado. ➤ *Sano, vigoroso.*

morigerado, da *adj.* Templado, moderado, sobrio, comedido.

morigerar *v. tr.* Comedirse, moderarse, contenerse. ➤ *Excederse.*

morillero *s. m.* Mochil.

morir *v. intr.* **1. Fallecer**, fenecer, finar, expirar, espichar, palmar, estirar la pata, diñarla, exhalar el último suspiro, entregar el alma, agonizar. ➤ *Nacer, comenzar, venir al mundo.* **2. Perecer**, sucumbir, acabar, extinguirse. ➤ *Comenzar, iniciar.* **3. Desvivirse**, pirrarse, encapricharse.

morisqueta *s. f.* Burla, mofa, timo.

moro, ra *adj.* Mahometano, islamita, musulmán, mauritano, árabe, marroquí, moruno, morisco, berberisco.

morocho, cha *adj.* Corpulento, fuerte, saludable, vigoroso. ➤ *Flojucho.*

morolo, la *adj.* Ingenuo, inocente, sencillo, simple. ➤ *Avispado.*

morondo, da *adj.* Limpio.

morosidad *s. f.* Demora, dilación.

moroso, sa *adj.* **1. Lento**, tardío, premioso. ➤ *Rápido, raudo.* **2. Deudor**, informal. ➤ *Pagador, formal.*

morrada *s. f.* Cabezazo, testarazo.

morral *s. m.* Talego, alforja, mochila.

morralla *s. f.* **1. Chusma**, populacho. **2. Desechos**, desperdicios, sobras.

morriña *s. f.* Añoranza, saudade.

morro *s. m.* Hocico, jeta, labios, boca.

morrocotudo, da *adj.* Importante, grande, formidable, fenomenal.

morrudo, da *adj.* Bocón, hocicudo.

mortaja *s. f.* Sudario.

mortal *adj.* **1. Perecedero**, caduco, efímero. ➤ *Eterno, inmortal.* **2. Ser humano**, hombre. **3. Letal**, mortífero, irreparable, irremediable, terminal, fatal. ➤ *Vital, vivificador, tónico, vivificante.* **4. Decisivo**, concluyente, seguro, cierto, resuelto, definitivo. ➤ *Dudoso, discutible, inseguro.*

mortandad *s. f.* Hecatombe, matanza, carnicería, mortalidad, catástrofe, cataclismo, peste, guerra, escabechina, destrozo, degollina, desastre, destrucción. ➤ *Vida, permanencia.*

mortecino, na *adj.* Tenue, débil, vago, apagado, vacilante. ➤ *Fuerte.*

mortero *s. m.* Almirez.

mortífero, ra *adj.* Mortal, letal, funesto, deletéreo. ➤ *Sano, ventajoso.*

mortificación *s. f.* Penitencia, vejación, austeridad, tormento. ➤ *Placer.*

mortificar *v. tr.* **1. Doler**, dañar, lastimar. **2. Azotar**, castigar, disciplinarse. ➤ *Vivificar, ayudar, animar, regalar, mimar.* **3. Contrariar**, incomodar, molestar, jeringar, jorobar, desazonar. ➤ *Agradar, complacer.*

mortuorio, ria *adj.* Fúnebre, luctuoso, lúgubre. ➤ *Vital, alegre.*

morueco *s. m.* Marón, murueco.

mosaico, ca *adj.* Azulejo, alicatado, baldosa, mayólica, cerámica.

mosca *s. f.* **1. Moscón**, pelma, impertinente. **2. Moscardón**, moscarda, avispón, abejón, moscón.

moscardón *s. m.* Latoso, moscón.

moscareta *s. f.* Muscaria, muscicapa.

mosconear *v. tr.* **1. Chinchorrear**, fastidiar, incordiar. ➤ *Agradar, deleitar.* ‖ *v. intr.* **2. Insistir**, machacar.

mosén *s. m.* Clérigo, eclesiástico, párroco, sacerdote.

mosqueado, da *adj.* **1. Escamado**, receloso, desconfiado. ➤ *Confiado.* ‖ *adj.* **2. Moteado**, manchado. ➤ *Liso.*

mosquear *v. tr.* Sentirse, amoscarse.

mosquetón *s. m.* Fusil, rifle, trabuco.

mostacilla *s. f.* Perdigón.

mostrado, da *adj.* Acostumbrado, avezado, curtido. ➤ *Inexperto.*

mostrar *v. tr.* **1. Indicar**, designar, señalar. ➤ *Esconder, ocultar.* **2. Enseñar**, exponer, presentar, exhibir, publicar, expresar, decir, exteriorizar, sacar, desempolvar, dejar ver, revelar, manifestar, evidenciar. ➤ *Celar, disimular, omitir, ocultar, esconder.*

mostrenco, ca *adj.* Torpe, zoquete, bruto, bestia, zote, necio. ➤ *Listo.*

mota *s. f.* Mancha, tara, brizna, pinta.

mote *s. m.* **1. Sobrenombre**, apodo, alias, mal nombre, motete, inri. **2. Lema**, divisa, empresa, emblema. **3. Tema**, lema, título, encabezamiento.

motear *v. tr.* Jaspear, salpicar.

motejador, ra *adj.* Criticón.

motejar *v. tr.* Zaherir, mortificar, satirizar, criticar. ➤ *Alabar, ensalzar.*

motel *s. m.* Albergue, parador, hotel.

motilón, na *adj.* Calvo, pelón. ➤ *Melenudo, peludo.*

motín *s. m.* Alboroto, alzamiento, insurrección, revuelta, tumulto, sedición, pronunciamiento, jarana, levantamiento, desorden, sublevación, algarada. ➤ *Acatamiento, obediencia.*

motivar *v. tr.* Causar, determinar, influir, producir, mover, impulsar.

motivo, va *s. m.* **1. Móvil**, razón, causa, motivación, origen, principio, intento, finalidad, presuposición, atribución, título, pretexto, objeto, intríngulis, presupuesto, elemento, casualidad, génesis, objetivo, impulso. ➤ *Consecuencia, efecto, secuela, resultado, derivación.* **2. Asunto**, tema, trama, argumento, materia.

motor, ra *adj.* Causante, incitador.

motora *s. f.* Lancha, embarcación , motonave, fueraborda.

motorista *s. m. y s. f.* Motociclista.

motorizar *v. tr.* Mecanizar.

motril *s. m.* Mochil.

motriz *adj.* Motor, propulsor.

motu proprio *loc. lat.* Espontáneamente, por propia iniciativa, con motor propio. ➤ *Inducidamente.*

movedizo, za *adj.* **1. Movible**, portátil, mueble, móvil, volandero, mudable. ➤ *Inamovible.* **2. Inestable,** inseguro, incierto, vacilante dudoso. ➤ *Estable, seguro, cierto, firme.* **3. Frívolo,** inconstante, voluble, variable, tornadizo, versátil. ➤ *Constante, firme, perseverante, tenaz, invariable.*

mover *v. tr.* **1. Trasladar,** mudar, desplazar, transportar, cambiar, correr, quitar. ➤ *Dejar.* **2. Inclinar,** inducir, estimular, soliviantar, persuadir, incitar, empujar, excitar. ➤ *Disuadir, desviar, desanimar.* **3. Menear,** tambalear, bullir, rebullir, hurgar, revolver, jugar, impulsar, manejarse, funcionar, animar, empujar, remover. ➤ *Inmovilizar, fijar, parar, detener, aquietar.* **4. Causar,** originar, producir, motivar, ocasionar. ➤ *Detener.*

movible *adj.* Portátil, móvil, desplazable. ➤ *Inmóvil, inamovible, quieto, parado, invariable, fijo.*

movida *s. f.* Lío, follón, barullo.

móvil *adj.* **1. Inestable,** inseguro, variable, cambiante, inconstante, voluble, versátil, cambiable. ➤ *Invariable, constante, fiel, continuo.* || *s. m.* **2. Fundamento,** motivo, impulso, razón, causa, inspiración. ➤ *Consecuencia, efecto, derivación.* **3. Movible,** mueble, locomovible, movedizo. ➤ *Inmóvil, inamovible.*

movilidad *s. f.* Dinamismo, variación, vibración. ➤ *Inmovilidad.*

movilizar *v. tr.* Militarizar, reclutar.

movimiento *s. m.* **1. Evolución,** marcha, movilidad, actividad, circulación, moción, alteración, cambio, variación, meneo, maniobra, inquietud, conmoción. ➤ *Inmovilidad, quietud, sosiego, inacción, detención, descanso.* **2. Perturbación,** variedad, juego, alteración, animación, conmoción, novedad. ➤ *Tranquilidad, rutina, hábito, costumbre.* **3. Motín,** pronunciamiento, sublevación, rebelión.

moza *s. f.* Maritornes, sirvienta.

mozalbete *s. m.* Mocito, mozuelo.

mozo *s. m.* **1. Criado,** sirviente, camarero, aprendiz, paje, lacayo, recadero. ➤ *Amo, mayoral, patrón, jefe, señor.* **2. Quinto,** recluta, soldado. **3. Céli-**

be, soltero, joven, adolescente, muchacho, doncel, mancebo, mozuelo, mocito, mozalbete. ➤ *Viejo, casado, maduro, adulto.* **4. Perchero.**

mucepo *s. m.* Morriña, nostalgia, tristeza. ➤ *Alborozo, alegría.*

muceta *s. f.* Capelo, esclavina.

muchachada *s. f.* **1. Chiquillería,** niñada, niñería, puerilidad. **2. Rapacería,** rapazada, mocerío, juventud.

muchacho, cha *s. m. y s. f.* **1. Chico,** chiquillo, rapaz, mozuelo, adolescente, mozalbete, mancebo, joven, púber, niño, mozo, pollito, galopín, alevín. ➤ *Hombre, adulto, maduro.* **2. Criado,** mozo, paje. ➤ *Señor, jefe.*

muchedumbre *s. f.* **1. Infinidad,** sinnúmero, abundancia. ➤ *Escasez.* **2. Gentío,** vulgo, masa. ➤ *Individuo.*

mucho, cha *adj.* **1. Abundante,** numeroso, bastante, exagerado, extremado, demasiado. ➤ *Escaso, poco, limitado, contado, insuficiente, parco, exiguo, irrisorio.* **2. Cúmulo,** profusión, montón, exceso. ➤ *Falta, carencia, defecto.* || *adv.* **3. En extremo,** sumamente, copiosamente, ampliamente, hasta la saciedad, considerablemente, de lo lindo, largamente, abundantemente. ➤ *Poco.*

mucilaginoso, sa *adj.* Gomoso, pegajoso, viscoso. ➤ *Seco.*

mucílago *s. m.* Goma, viscosidad.

mucosidad *s. f.* Moco, moquillo, secreción.

mucoso, sa *adj.* Viscoso.

muda *s. f.* Cambio, mudanza, variación.

mudable *adj.* Inestable, variable, inconstante, veleidoso, voluble, caprichoso. ➤ *Constante, inalterable.*

mudadizo, za *adj.* Cambiante, caprichoso. ➤ *Constante, firme, formal.*

mudamente *adv. m.* Calladamente, tácitamente, silenciosamente.

mudanza *s. f.* **1. Mutación,** alteración, cambio, variación. ➤ *Estabilidad.* **2. Traslado.** ➤ *Permanencia.*

mudar *v. tr.* **1. Cambiar,** variar, alterar, diferenciar, modificar, invertir, trasponer, tornar, trastocar, disfrazar, alterar, voltear, ponerse, trocarse, virar, resolverse, salir, tergiversar, pasar a, parar en, permutar. ➤ *Mantener, permanecer, ratificarse, inmovilizar, fijar, afirmar.* || *v. prnl.* **2. Trasladarse. 3. Arreglarse,** cambiarse.

mudo, da *adj.* **1. Taciturno,** silencioso, callado, tácito, sigiloso, reservado, insonoro. ➤ *Charlatán, parlanchín, locuaz, expresivo, hablador.* **2. Sordomudo,** áfono, afónico. ➤ *Hablante.*

mueblería *s. f.* Carpintería.

mueca *s. f.* Visaje, gesto, contorsión, monería, mohín, dengue, ademán.

muecín *s. m.* Almuecín, almuédano.

muela *s. f.* Rueda de molino, volandera.

muelle *s. m.* **1. Resorte,** elástico. **2. Delicado,** suave, blando, mollicio. ➤ *Duro, áspero, recio.* **3. Mórbido,** voluptuoso, regalón. **4. Andén,** dique, escollera, avanzadilla, quebrantaolas.

muellemente *adv. m.* Blandamente.

muergo *s. m.* Navaja, mango de cuchillo.

muerte *s. f.* **1. Defunción,** fallecimiento, óbito, perecimiento, tránsito, acabamiento, expiración, hora suprema, sueño eterno, parca. ➤ *Alumbramiento, nacimiento, vida, existencia.* **2. Asesinato,** crimen, homicidio. **3. Fin,** término. ➤ *Comienzo.* **4. Destrucción,** aniquilamiento, ruina, término, eliminación, liquidación, final. ➤ *Construcción, vida, subsistencia.*

muerto, ta *adj.* **1. Difunto,** finado, cadaver, fallecido. **2. Destruido,** asolado, marchito. ➤ *Activo, vivo, nuevo.*

muestra *s. f.* **1. Muestrario,** selección. **2. Rótulo,** señal, letrero. **3. Porción,** trozo, espécimen, ejemplar, modelo, unidad, prototipo. **4. Señal,** indicio, prueba, demostración, testimonio.

muestreo *s. m.* Sondeo, encuesta.

mufla *s. f.* Crisol, horno.

muga *s. f.* Hito, mojón, señal, límite.

mugir *v. intr.* Berrear, bramar.

mugre *s. f.* Porquería, pringue.

mugriento, ta *adj.* Desastrado, manchado, sucio, asqueroso, pringado, sobado. ➤ *Impoluto, inmaculado.*

mugrón *s. m.* Provena, rastro.

muguete *s. m.* Lirio de los valles.

mujer *s. f.* **1. Hembra,** señora, dama, matrona, fémina. ➤ *Hombre, macho, varón, señor.* **2. Cónyuge,** esposa, consorte, costilla. ➤ *Esposo, marido.*

mujeriego, ga *adj.* Faldero, ligón, tenorio, donjuán, conquistador.

mujeril *adj.* Femenino, femenil.

mujerzuela *s. f.* Meretriz, ramera, puta, fulana, prostituta.

mújol *s. m.* Cabezudo, liza, múgil.

muladar *s. m.* Estercolero, basurero.

mulato, ta *adj.* Mestizo, cruzado.

muleta *s. f.* Apoyo, sostén, bastón.

muletilla *s. f.* Bordón, estribillo.

muletón *s. m.* Franela, felpa.

mullido, da *adj.* Acolchado, ahuecado, esponjado. ➤ *Amazacotado.*

mullir *v. tr.* Ablandar, ahuecar, acolchar, esponjar. ➤ *Compactar.*

mulo *s. m.* Macho, acémila, burdégano.

multa *s. f.* Impuesto, sanción, pena, castigo, recargo, gravamen.

multar *v. tr.* Castigar, penar, sancionar.

multicolor *adj.* Polícromo, colorido, cromático. ➤ *Monocromo, unicolor.*

multicopista *adj.* Policopia, copiadora, impresora, xerocopiadora.

multiforme *adj.* Distinto, diverso, heterogéneo, polimorfo. ➤ *Uniforme.*

multimillonario, ria *adj.* Archimillonario, magnate, potentado, rico.

múltiple *adj.* **1. Complejo,** compuesto, diverso, vario, variado, heterogéneo, pluriforme. ➤ *Simple, único, singular, impar.* **2. Múltiplo,** multíplice.

multiplicación *s. f.* Acrecentamiento, proliferación, propagación.

multiplicar *v. tr.* **1. Acrecentar,** propagar, reproducir. ➤ *Dividir.* || *v. prnl.* **2. Propagarse.** ➤ *Extinguirse.*

multiplicidad *s. f.* Diversidad, heterogeneidad, polimorfismo. ➤ *Simplicidad, unicidad, uniformidad.*

multitud *s. f.* **1. Abundancia,** infinidad, sinnúmero, aluvión, hervidero, hormigueron. ➤ *Escasez, parquedad.* **2. Muchedumbre,** gentío, masa, pueblo, vulgo, plebe, público, gente.

mundanal *adj.* Terrenal. ➤ *Celestial.*

mundial *adj.* Universal, general. ➤ *Nacional, regional, particular.*

mundicia *s. f.* Aseo, pulcritud, limpieza. ➤ *Desaseo, suciedad, inmundicia.*

mundillo *s. m.* Sauquillo, bola, mundo.

mundo *s. m.* **1. Cosmos**, creación, universo, orbe, tierra, globo, universo, naturaleza, macrocosmos. **2. Humanidad**, género humano. **3. Mundología**, habilidad, trato social, cortesía, diplomacia, tacto. ➤ *Inexperiencia, impericia, descortesía.*

mundología *s. f.* Diplomacia, tacto.

mundonuevo *s. m.* Cosmorama, totilimundi.

munición *s. f.* Provisión, pertrecho, avituallamiento, carga, abastecimiento.

municipal *s. m.* **1. Concejil**, consistorial, corporativo. **2. Guardia**, policía.

municipio *s. m.* **1. Ciudadanos**, vecinos. **2. Consistorio**, concejo.

munido, da *adj.* Armado, prevenido.

munificencia *s. f.* Liberalidad, esplendidez, magnificencia, larguez, dádiva, dadivosidad. ➤ *Tacañería, avaricia, roñosería, avidez, codicia.*

muñeca *s. f.* Moña, pepona.

muñeco *s. m.* **1. Mequetrefe**, calzonazos. **2. Fantoche**, marioneta, pelele.

muñidor, ra *s. m. y s. f.* Entrometido, intrigante, enredador.

muñir *v. tr.* Amañar, manejar, enredar, fraguar, concertar, disponer.

muralla *s. f.* Muro.

murga *s. f.* Charanga, comparsa.

murmullo *s. m.* Rumor, susurro, bisbiseo, cuchicheo. ➤ *Grito, chillido.*

murmuración *s. f.* Censura, comidilla, habladuría, maledicencia, cotilleo, chismorreo. ➤ *Alabanza, elogio.*

murmurador, ra *adj.* Calumniador, criticón, lenguaraz, chismoso, intrigante, cotilla, meticón, metomentodo.

murmurar *v. intr.* **1. Susurrar**, mascullar. **2. Refunfuñar**, rezongar, hablar quedo, hablar entre dientes, musitar. ➤ *Gritar, chillar.* **3. Criticar**, despellejar, censurar, desacreditar, maldecir, imputar, atribuir, comentar, zaherir, achacar, meterse en vidas ajenas. ➤ *Alabar, ensalzar, loar, elogiar.*

muro *s. m.* Murete, pared, muralla, paredón, tabique, cercado, lienzo, medianera, barrera, baluarte, espolón, paramento, tapia, tapial, defensa.

murria *s. f.* Abatimiento, malhumor, melancolía, decaimiento, pesadumbre, tristeza. ➤ *Alegría, ilusión.*

musa *s. f.* **1. Helicónides. 2. Vena**, numen, inspiración, estímulo.

muscular *adj.* Musculoso, ligamentoso.

musculoso, sa *adj.* Fornido, membrudo, vigoroso. ➤ *Débil, enclenque.*

muselina *s. f.* Gasa.

música *s. f.* Melodía, concierto, armonía, filarmonía, solfa, canto. ➤ *Ruido.*

musical *adj.* Armónico, armonioso, melódico, rítmico. ➤ *Estridente.*

músico, ca *s. m. y s. f.* **1. Melómano. 2. Concertista**, intérprete.

musitar *v. intr.* Mascullar, mistar, susurrar, cuchichear, murmurar, rezongar, bisbisear, hablar entre dientes. ➤ *Gritar, vocear, chillar, vociferar.*

muslo *s. m.* Pospierna, pernil.

mustiar *v. tr.* Agostar, ajar, marchitar, secar. ➤ *Reverdecer, renovarse.*

mustio, tia *adj.* **1. Mohíno**, apesadumbrado, nostálgico. ➤ *Alegre, contento.* **2. Apagado**, decaído, marchito, desgastado. ➤ *Lozano, vigoroso.*

musulmán, na *adj.* Islamita, mahometano, árabe, mozárabe, sarraceno, islámico, morisco, muladí.

mutación *s. f.* Metamorfosis, cambio, variación. ➤ *Permanencia.*

mutilado, da *adj.* **1. Deteriorado**, estropeado, incompleto. ➤ *Completo, intacto* **2. Lisiado**, tullido, disminuido, minusválido, impedido. ➤ *Sano.*

mutilar *v. tr.* **1. Amputar**, cercenar, quitar, seccionar. ➤ *Implantar, injertar.* **2. Romper**, fragmentar, cortar, deteriorar, estropear. ➤ *Conservar, mantener.* **3. Lisiar**, tullir. ➤ *Sanar.*

mutis *s. m.* Desaparición, retirada, salida. ➤ *Aparición, entrada.*

mutualista *s. m. y s. f.* Asegurado, socio, asociado.

mutuo, tua *adj.* Recíproco, bilateral, correlativo. ➤ *Singular, personal.*

muy *adv.* Bastante, harto, sobrado, asaz, excesivo, mucho, demasiado, en demasía. ➤ *Poco, escasamente.*

N n

naba *s. f.* Nava, rapo.

nabab *s. m.* **1. Gobernador**, ministro. **2. Rico**, acaudalado. ➤ *Pobre.*

nabicol *s. m.* Berza, nabo.

nabiza *s. f.* Grelo.

nacarado, da *adj.* Anacarado, irisado, tornasolado, brillante. ➤ *Opaco.*

nacencia *s. f.* **1. Apostema**, tumor, bulto. **2. Nacido**, camada.

nacer *v. intr.* **1. Originarse**, surgir, provenir, sobrevenir, aparecer, despuntar, empezar, descender, emanar, proceder, dimanar, manar, prorrumpir. ➤ *Morir, expirar, perecer, sucumbir, acabar, terminar, finalizar.* **2. Germinar**, brotar, encarnarse, ver la luz, venir al mundo. ➤ *Sucumbir, marchitar, morir, finar, fallecer, fenecer.* **3. Deducirse**, proceder, inferirse, derivarse.

nacido, da *adj.* Natural, originario.

naciente *n. p.* Este, Levante, Oriente. ➤ *Occidente, Poniente, Oeste.*

nacimiento *s. m.* **1. Natalicio**, natividad. ➤ *Muerte, defunción.* **2. Navidad**, nadal. ➤ *Pasión, cruz.* **3. Alcurnia**, estirpe, linaje, familia, cuna. **4. Origen**, principio. ➤ *Final.* **5. Belén.**

nación *s. f.* **1. Pueblo**, nacionalidad. **2. Ciudadanía. 3. País**, patria.

nacional *adj.* Indígena, aborigen, autóctono, natural, vernáculo. ➤ *Extranjero, extraño, foráneo, forastero.*

nacionalismo *s. m.* Chauvinismo, patriotismo, xenofobia, patrioterismo.

nacionalista *adj.* **1. Patriota**, regionalista. **2. Fanático**, xenofobo.

nacionalizar *v. tr.* **1. Naturalizarse. 2. Estatalizar**, socializar. ➤ *Privatizar.*

nacra *s. f.* Nácar.

nada *s. f.* **1. No ser**, cero, inexistencia. ➤ *Todo, existencia.* **2. Nadería**, insignificancia, bagatela, fruslería, nonada. **3. Carencia**, falta, ➤ *Todo, plenitud,* totalidad. || *adv.* **4. Ni pensarlo**, ni hablar, de ninguna manera. ➤ *De todas formas, enteramente, totalmente.*

nadar *v. intr.* **1. Flotar**, sobrenadar, mantenerse a flote, emerger, bracear, bañarse, bucear. ➤ *Hundirse, sumergirse, ahogarse.* **2. Abundar**, rebosar, exceder, pulular. ➤ *Escasear, faltar.*

nadería *s. f.* Insignificancia, nonada, bagatela, fruslería, nimiedad.

nadie *pron. indef.* **1. Ninguno.** ➤ *Alguno.* || *adj.* **2. Insignificante**, don nadie. ➤ *Alguien, personaje.*

naipe *s. m.* Baraja, carta.

naire *s. m.* Cornaca, cornac.

nalga *s. f.* Asentaderas, posaderas, posas, ancas, grupa, trasero, culo.

nalgada *s. f.* Azote, culada.

nalgudo, da *adj.* Culón, nalgón.

nana *s. f.* Nanaya, canción de cuna, arrullo.

nao *s. f.* Navío, nave, barco, bajel.

napelo *s. m.* Acónito.

naranjada *s. f.* **1. Zumo**, agua de naranja. **2. Ordinariez**, bastez, grosería.

narcisismo *s. m.* Egolatría, presunción, egocentrismo, vanidad.

narcisista *s. m. y s. f.* Egocéntrico, presumido, vanidoso. ➤ *Modesto.*

narciso *s. m.* **1. Trompón. 2. Atildado**, presumido. ➤ *Descuidado.*

narcoanálisis *s. m.* Narcoterapia.

narcosis *s. f.* Anestesia, sopor, sueño.

narcótico, ca *adj.* Estupefaciente, soporífero, sedante. ➤ *Estimulante.*

narcotismo *s. m.* Narcosis, sopor, letargo, hipnosis, sueño.

narcotizar *v. tr.* Anestesiar, aletargar, dormir, drogar, sedar. ➤ *Despertar.*

nardo *s. m.* Tuberosa, vara de Jesé.

naricear *v. tr.* Oler, husmear, oliscar.

narigudo, da *adj.* Narigón, narizotas, narizón. ➤ *Chato.*

nariguera *s. f.* Arete.

narración *s. f.* Relato, cuento, exposición, historia. ➤ *Poesía, diálogo.*

narrador, ra *adj.* Cronista, relator.

narrar *v. tr.* Relatar, contar, explicar, referir, exponer, recitar, historiar, decir, novelar, detallar, extenderse, puntualizar, mencionar. ➤ *Callar, enmudecer, sobreentender, silenciar.*

narrativa *s. f.* Novela, historia, ensayo, cuento, épica. ➤ *Lírica, teatro.*

narria *s. f.* Mierra, rastra.

narval *s. m.* Ballena, unicornio de mar.

nasa *s. f.* Nansa, cesta, panera.

nasalidad *s. f.* Gangosidad.

natal *s. m.* Nacimiento, natividad. ➤ *Muerte, defunción, óbito.*

natalicio, cia *adj.* Aniversario, cumpleaños.

natalidad *s. f.* ➤ *Mortalidad.*

nativo, va *s. m. y s. f.* Aborigen, originario, oriundo, indígena, natural, nativo, natal. ➤ *Foráneo, extranjero, extraño, forastero.*

natural *adj.* **1. Nativo**, nacido, oriundo, originario, indígena, propio, aborigen, hijo. ➤ *Extranjero, extraño, forastero, foráneo.* **2. Sencillo**, franco, llano, ingenuo, cándido, crédulo, inocente. ➤ *Complicado, complejo, enrevesado, desacostumbrado, hipócrita, inhabitual, extraño, inaudito, ilógico.* **3. Común**, normal, regular, habitual, acostumbrado, corriente, lógico, regular. ➤ *Irregular, inusual, raro, extraño, inaudito, desacostumbrado, ilógico, inhabitual.* **4. Corriente**, habitual, normal. ➤ *Milagroso, sobrenatural.* ‖ *s. m.* **5. Condición**, carácter, temperamento, índole, genio, complexión, naturaleza, constitución. **6. Puro**, propio, espontáneo, legítimo, verdadero, innato, real, auténtico. ➤ *Artificial, innatural, fingido, ilusorio, ficticio.*

naturaleza *s. f.* **1. Carácter**, índole, temperamento, genio, natural, constitución, virtud, condición. **2. Natura**, universo, creación, cosmos, elementos. **3. Calidad**, virtualidad, esencia, orden, disposición, sustancia. **4. Propensión**, tendencia, instinto, sexo.

naturalidad *s. f.* Franqueza, llaneza, sinceridad. ➤ *Desconfianza, afectación, extravagancia, ampulosidad.*

naturalizar *v. tr.* **1. Nacionalizar. 2. Adaptar.** ‖ *v. prnl.* **3. Residir. 4. Nacionalizarse**, aclimatarse, adaptarse.

naturismo *s. m.* Homeopatía, vegetarianismo.

naturista *adj.* Vegetariano.

naufragar *v. intr.* **1. Hundirse**, zozobrar, perderse, sumergirse, anegarse, hacer agua, irse a pique. ➤ *Salvarse, flotar, salir a flote.* **2. Perderse**, estropearse, malograrse, fallar, fracasar. ➤ *Lograr, obtener, conseguir.*

naufragio *s. m.* **1. Hundimiento. 2. Desastre**, fracaso, ruina. ➤ *Éxito.*

náusea *s. f.* **1. Arcada**, repugnancia, basca, nausiosis, amago, ansia, regurgitación. **2. Aversión**, fastidio, asco, disgusto, repulsión. ➤ *Atracción, simpatía, fascinación, encanto.*

nauseabundo, da *adj.* Asqueroso, inmundo, repugnante. ➤ *Grato.*

nausear *v. tr. y v. intr.* Arquear, basquear, regurgitar.

nauta *s. m.* Marinero, navegante.

náutico, ca *adj.* **1. Naval.** ‖ *s. f.* **2. Navegación**, marina.

navaja *s. f.* Cortaplumas, faca, puñal.

navajada *s. f.* Cuchillada, puñalada.

navajero, ra *s. m. y s. f.* Delincuente, malhechor, maleante. ➤ *Honrado.*

naval *adj.* Náutico, naviero.

navarca *s. m.* Nearca, armador, patrón.

nave *s. f.* **1. Navío**, buque, bajel, ambarcación, barco, nao. **2. Almacén**, edificio, pabellón, recinto, salón.

navegante *adj.* Marino, nauta.

navegar *v. intr.* Embarcar, surcar, hender, viajar, pilotar. ➤ *Anclar, fondear.*

naveta *s. f.* Navecilla

naviero, ra *adj.* **1. Naval**, náutico. ‖ *s. m.* **2. Armador**, patrón.

navío *s. m.* Bajel, buque, barco, nao.

neblí *s. m.* Halcón gentil, nebí.

neblina *s. f.* Bruma, niebla, vaho.

neblinoso, sa *adj.* Brumoso, nebuloso, vaporoso. ➤ *Despejado, claro.*

nebulosa *s. f.* Galaxia, constelación.

nebulosidad *s. f.* Calígine, niebla.

nebuloso, sa *adj.* **1. Nublado**, nuboso, nublo, nubloso, brumoso. ➤ *Luminoso, despejado.* **2. Borroso**, incierto. ➤ *Nítido, definido.* **3. Oscuro**, confuso, difícil. ➤ *Claro, inteligible.*

necedad *s. f.* Inepcia, estupidez, simpleza, tontería, majadería, disparate, estulticia, desatino, sandez. ➤ *Sabiduría, ingenio, capacidad, aptitud.*

necesario, ria *adj.* **1. Inevitable**, fatal, forzoso, ineludible, imperioso, esencial, vital, preciso, obligatorio, inapelable, infalible, irremediable, urgente. ➤ *Accidental, casual, prescindible.* **2. Forzoso**, inexcusable. ➤ *Voluntario.* **3. Indispensable**, imprescindible, forzoso, preciso, provechoso, útil, conveniente, beneficioso. ➤ *Evitable, superfluo, innecesario, sobrante.* ǁ *s. f.* **4. Servicio**, baño.

necesidad *s. f.* **1. Fatalidad**, sino. **2. Obligación**, precisión. ➤ *Libertad.* **3. Pobreza**, miseria, escasez, penuria. ➤ *Abundancia, hartura.* **4. Apuro**, ahogo, aprieto. ➤ *Holgura, desahogo.*

necesitado, da *adj.* Indigente, menesteroso, miserable, mendigo, pobre. ➤ *Rico, harto, holgado, millonario.*

necesitar *v. tr. y v. intr.* Precisar, requerir, hacer falta, carecer, malpasar, arruinarse, no tener un cuarto, estar sin blanca, haber menester, vivir de milagro, andar muerto de hambre. ➤ *Prescindir, tener, abundar, rebosar.*

necio, cia *adj.* **1. Ignorante**, simple, tonto. ➤ *Inteligente, listo, sabio.* **2. Obstinado**, tozudo. ➤ *Prudente.*

necrología *s. f.* Obituario.

necrópolis *s. f.* Camposanto.

néctar *s. m.* Ambrosía.

nefandario, ria *adj.* Sodomita.

nefando, da *adj.* Abominable, execrable, infame, perverso, ominoso, despreciable. ➤ *Honorable, loable.*

nefasto, ta *adj.* Aciago, desastroso, infausto. ➤ *Afortunado, propicio.*

nefelibata *adj.* Soñador.

nefrítico, ca *adj.* Renal.

negación *s. f.* Denegación, negativa, repulsa, incredulidad, refutación. ➤ *Afirmación, aseveración, sí.*

negado, da *adj.* Torpe, inútil, incapaz, inepto. ➤ *Capaz, hábil, listo.*

negar *v. tr.* **1. Desmentir**, rebatir, contradecir, refutar, contradecir, objetar. ➤ *Afirmar, aseverar, confirmar, asegurar, asentir, ratificar.* **2. Denegar**, rechazar, excluir, rehusar, declinar. ➤ *Acceder, conceder, aceptar.* **3. Rechazar**, abominar, apostatar, retractarse, desdecirse, renegar, desechar. ➤ *Aceptar, admitir, mantener, reconocer.* **4. Vedar**, ocultar, disimular, prohibir, proscribir, estorbar, vetar, oponerse, condenar. ➤ *Tolerar, autorizar, permitir, consentir, admitir.* **5. Rehusar**, esquivar, ocultar, disimular, esconder, tapar, solapar, encubrir, desdeñar. ➤ *Aceptar, manifestar, exponer, mostrar, desplegar, ostentar, exhibir, evidenciar, patentizar.*

negativo, va *adj.* ➤ *Afirmativo.* ǁ *s. f.* Denegación, rechazo. ➤ *Afirmación.*

negligencia *s. f.* Desidia, incuria, dejadez, abandono, indolencia, descuido. ➤ *Cuidado, atención, aplicación, actividad, preocupación.*

negligente *adj.* Abandonado, dejado, desidioso, descuidado, indolente.

negociable *adj.* Vendible, acordable.

negociación *s. f.* Trato, convenio, concierto, negocio, pacto. ➤ *Ruptura.*

negociado *s. m.* Departamento, despacho, oficina, secretaría.

negociador, ra *adj.* Gestor, intermediario, comisionado, mandatario.

negociar *v. intr.* **1. Comerciar**, tratar, traficar, traspasar, ceder, mercar. ǁ *v. tr.* **2. Discutir**, parlamentar. **3. Tratar**, usar, gestionar, trajinar, procurar.

negocio *s. m.* **1. Comercio**, tráfico, negociación, tratado, agencia, asunto, convenio, acuerdo, cambio. **2. Utilidad**, interés, filón, provecho. **3. Ocupación**, actividad, tarea, labor, trabajo, quehacer, profesión, ejercicio, oficio, empleo, cargo, carrera, menester, ministerio, faena, afán, cuidado, diligencia.

negral *s. m.* Cardenal, moretón.

negrillo *s. m.* Olmo.

negrita *s. f.* Negrilla. ➤ *Redonda.*

negro, gra *adj.* **1. Obscuro,** obscurecido, tostado, denegrido, renegrido, atezado, bruno, prieto, negruzco, ennegrecido, negruno, retinto, azabachado, ahumado, quemado. ➤ *Blanco, claro, albo, níveo, argentino.* **2. Infeliz,** infausto, desventurado, sombrío, triste, melancólico, aciago, apurado. ➤ *Alegre, fausto, venturoso.*

neguijón *s. m.* Guijón.

neguilla *s. f.* Candileja, candilejo, lucérnula, neguillón.

nemoroso, sa *adj.* Boscoso, selvático.

nene, na *s. m. y s. f.* Bebé, rorro.

nenúfar *s. m.* Ninfea, escudete, golfán.

neófito, ta *s. m. y s. f.* Converso, novicio, prosélito. ➤ *Veterano, iniciado.*

neolatino, na *adj.* Romance, románico.

neoplasia *s. f.* Cáncer, tumor.

nepalés, sa *adj.* Nepalí.

nepotismo *s. m.* Predilección, privanza, sobrinazgo, enchufismo.

nereida *s. f.* Sirena.

nervio *s. m.* **1. Vena,** nerviación. **2. Energía,** vigor, fuerza. ➤ *Debilidad, flaqueza.* **3. Lucidez.** ➤ *Chochera.*

nerviosidad *s. f.* Desazón, intranquilidad, nerviosismo, agitación, excitación. ➤ *Serenidad, tranquilidad.*

nerviosismo *s. m.* Alarma, desasosiego, reconcomio, histeria, perturbación. ➤ *Impasibilidad, tranquilidad.*

nervioso, sa *adj.* **1. Excitable,** impresionable, inquieto, irritable, histérico, neurótico ➤ *Tranquilo, impasible, calmo, flemático.* **2. Enérgico,** vivo, fuerte, vigoroso, nervudo. ➤ *Blando, apático, mortecino.* **3. Neurálgico,** nérveo, nervoso, histérico.

nervudo, da *adj.* Fuerte, robusto, vigoroso, musculoso. ➤ *Débil, endeble.*

nesciencia *s. f.* Desconocimiento, incultura, ineptitud, ignorancia, necedad. ➤ *Aptitud, sabiduría, cultura.*

nesciente *adj.* Ignorante, inepto, necio. ➤ *Apto, sabio, culto.*

nesga *s. f.* Sesga.

nesgado, da *adj.* Oblicuo, sesgado.

neto, ta *adj.* **1. Claro,** transparente, puro. **2. Líquido,** efectivo. ➤ *Bruto.*

neumoconiosis *s. f.* Silicosis, tisis.

neura *s. f.* **1. Manía,** neurosis. ‖ *adj.* **2. Histérico,** frenético, neurótico. ➤ *Equilibrado, cuerdo, tranquilo.*

neuralgia *s. f.* Ciática.

neurastenia *s. f.* Hipocondria, neurosis. ➤ *Equilibrio, cordura.*

neurasténico, ca *adj.* Neurótico.

neurita *s. f.* Cilindroeje.

neuroléptico, ca *adj.* Calmante, sedante, tranquilizante. ➤ *Estimulante.*

neurosis *s. f.* Neurastenia.

neurótico, ca *adj.* Neurasténico.

neutral *adj.* Imparcial, ecuánime, equitativo. ➤ *Parcial, interesado.*

neutralidad *s. f.* Abstención, apartamiento, indiferencia. ➤ *Beligerancia, partidismo, parcialidad, sectarismo.*

neutralización *s. f.* Anulación, compensación, equilibrio. ➤ *Fomento.*

neutro, tra *adj.* Imparcial, indeciso, ambiguo, indefinido, impreciso, indeterminado, neutral. ➤ *Definido.*

nevada *s. f.* Cellisca, ventisca, nevazo.

nevadilla *s. f.* Sanguinaria menor.

nevatilla *s. f.* Pizpita, caudatrémula, nevereta.

nevazo *s. m.* Cellisca, ventisca, nevada.

nevera *s. f.* Cámara, congelador, frigorífico, refrigerador, fresquera.

nevereta *s. f.* Pizpita, caudatrémula.

nevero *s. m.* **1. Glaciar,** helero. **2. Heladero.**

nexo *s. m.* Conjunción, lazo, ligadura, vínculo, enlace. ➤ *Desvinculación.*

nicho *s. m.* Hornacina.

nicotismo *s. m.* Tabaquismo.

nidada *s. f.* Pollada.

nidal *s. m.* Nido.

nidificar *v. intr.* Anidar.

nido *s. m.* **1. Gallinero,** palomar. **2. Avispera,** colmena. **3. Germen,** origen, principio. **4. Casa,** hogar.

niebla *s. f.* **1. Bruma,** neblina, calima, fosca, boira, nube, vapor, añublo, cejo, brizna, borrina. ➤ *Claridad.* **2. Obscuridad,** confusión, vaguedad, tinieblas, tenebrosidad, sombra. ➤ *Claridad, orden, concreción, luz.*

night club *s. m.* Boite, discoteca, pub.

nigromancia *s. f.* Brujería, hechicería, necromancia, taumaturgia, magia.

nigromante *s. m. y s. f.* Brujo, hechicero, mago, taumaturgo, adivino.

nihilismo *s. m.* Anarquismo, escepticismo.

nihilista *adj.* Ácrata.

nimbar *v. tr.* Coronar, aureolar.

nimbo *s. m.* **1. Halo**, aureola, resplandor. **2. Corona**, laureola, diadema.

nimiedad *s. f.* **1. Nonada**, niñería, insignificancia, menudencia, frivolidad. **2. Prolijidad**, minuciosidad, detallismo. **3. Exageración**, ampulosidad.

nimio, mia *adj.* **1. Insignificante**, baladí, frívolo. **2. Prolijo**, minucioso. **3. Exagerado**, excesivo, ampuloso.

ninfa *s. f.* **1. Dríade**, náyade, nereida, sílfide. **2. Crisálida**, palomilla.

ninfomanía *s. f.* Andromanía, cliteromanía, uteromanía. ➤ *Frigidez.*

ninguno, na *adj. indef.* Nadie.

niñada *s. f.* Chiquillada, puerilidad, niñería, infantilada.

niñato, ta *s. m. y s. f.* **1. Chaval**, mocoso. **2. Petulante**, presuntuoso.

niñear *v. intr.* Trastear, travesear.

niñera *s. f.* Rollona, rolla, orzaya, chacha, tata, nodriza, aya, institutriz.

niñería *s. f.* **1. Puerilidad**, niñada, chiquillada, muchachada. **2. Insignificancia**, nadería, nonada, pequeñez.

niñez *s. f.* Infancia, puericia. ➤ *Vejez.*

niño, ña *s. m. y s. f.* **1. Chaval**, chavea, zagal, chiquillo, crío, bebé, angelito, peque, pequeño, mocoso, chico, muchacho, pollito, párvulo, criatura, galopín, infante. ➤ *Adulto, mayor, viejo, crecido.* **2. Impulsivo**, irreflexivo, travieso, precipitado, inconsiderado. ➤ *Reflexivo, considerado.* **3. Novato**, inexperto, inexperimentado, bisoño, aprendiz. ➤ *Experto, veterano.*

nipón, na *adj.* Japonés.

niquelar *v. tr.* Cromar.

niqui *s. m.* Camiseta, polo.

nirvana *s. m.* Éxtasis, abulia.

níscalo *s. m.* Mízcalo.

nitidez *s. f.* Claridad, pureza, transparencia. ➤ *Turbiedad, confusión.*

nítido, da *adj.* Neto, transparente, resplandeciente. ➤ *Impuro, opaco.*

nitral *s. m.* Salitral, salitrera.

nitrato *s. m.* Azoato.

nitro *s. m.* Salitre.

nitrogenado, da *adj.* Azoado.

nitrógeno *s. m.* Ázoe.

nivel *s. m.* **1. Ras**, altitud, altura, cota, elevación. ➤ *Desnivel.* **2. Horizontalidad**, paralelismo, superficie, rasante, llanura, plomo. ➤ *Desnivel, depresión, rampa, pendiente, altibajo.*

nivelar *v. tr.* **1. Igualar**, proporcionar, equilibrar. ➤ *Desequilibrar.* **2. Allanar**, alisar, aplanar. ➤ *Desnivelar.*

no *adv. neg.* Nunca, de ninguna manera, ni hablar, ni por asomo, en absoluto, por nada del mundo, ca, quiá. ➤ *Sí, ya lo creo, desde luego, por supuesto.*

noble *adj.* **1. Excelente**, honrado, ilustre, leal, caballeroso, generoso, estimble, superior, elevado, alto, digno, sublime. ➤ *Indigno, deshonroso, bajo, despreciable, vil, ruin, miserable.* **2. Aristócrata**, ilustre, linajudo, patricio, hidalgo, señorial, distinguido, encopetado, de alto copete. ➤ *Plebeyo, villano, bajo, advenedizo, vulgar.*

noblemente *adv. m.* Caballerosamente, generosamente. ➤ *Villanamente.*

nobleza *s. f.* **1. Altruismo**, benevolencia, caballerosidad. ➤ *Ruindad.* **2. Aristocracia**. ➤ *Burguesía, vulgo.*

noca *s. f.* Meya.

noche *s. f.* **1. Oscuridad**, confusión, tristeza, incertidumbre, tenebrosidad, sombra. ➤ *Claridad, orden, alegría, certeza, luminosidad.* **2. Tinieblas**, sombras, crepúsculo, anochecer, caída de la tarde, vela, vigilia; anochecida. ➤ *Día, luz, amanecer.*

nocherniego, ga *adj.* Noctámbulo, trasnochador. ➤ *Madrugador.*

noción *s. f.* Rudimento, noticia, idea.

nocivo, va *adj.* Dañoso, pernicioso, perjudicial, ofensivo, dañino, malo, maléfico, negativo, insalubre, lesivo, agresivo, ponzoñoso, tóxico, pecaminoso. ➤ *Inofensivo, bueno, saludable.*

noctámbulo, la *adj.* Trasnochador.

nodo *s. m.* **1. Nódulo**, tumor. **2. Documental**, noticiario.

nogalina *s. f.* Barniz, tinte.

nogueral *s. m.* Noceda, nocedal.

nómada *adj.* Transeúnte, ave de paso, errante, viajero, trashumante, vagabundo. ➤ *Sedentario, estable.*

nomadismo *s. m.* Emigración, trashumancia, tránsito. ➤ *Sedentarismo.*

nombradía *s. f.* Fama, celebridad, renombre, notoriedad. ➤ *Anonimato.*

nombramiento *s. m.* Designación, nominación, elección, investidura, proclamación. ➤ *Destitución.*

nombrar *v. tr.* **1. Aludir,** mencionar, citar, mentar, denominar, designar. ➤ *Omitir, silenciar.* **2. Designar,** nominar, investir, proclamar. ➤ *Destituir.*

nombre *s. m.* **1. Apelativo. 2. Designación,** denominación. **3. Notoriedad,** nombradía. ➤ *Anonimato, desconocimiento, desapercibimiento.* **4. Apodo,** mote, sobrenombre. **5. Título,** autorización, poder, delegación, facultad. **6. Sustantivo. 7. Contraseña. 8. Fama,** reputación, crédito, renombre. ➤ *Olvido, descrédito.*

nomenclátor *s. m.* Catálogo, índice, lista, nomenclador, nomenclatura.

nomeolvides *s. f.* Nomedejes, raspilla.

nómina *s. f.* **1. Plantilla,** registro. **2. Paga,** emolumentos, sueldo.

nominación *s. f.* Nombramiento.

nominal *adj.* **1. Formal,** legal, oficial. **2. Irreal,** inexistente, teórico.

nominar *v. tr.* Nombrar, designar, denominar.

nonada *s. f.* Insignificancia, pequeñez, poquedad, menudencia, nadería.

nonagenario, ria *adj.* Noventón.

nonágono, na *adj.* Eneágono.

nonio *s. m.* Vernier.

non plus ultra *expr. lat.* Máximo, sumo, supremo, extremo. ➤ *Plus ultra.*

non sancta *expr. lat.* Maleante, perdulario, malhechor, delincuente.

nopal *s. m.* Chumbera, tunal, tunera, higuera de Indias, de pala o de tuna.

nopaleda *s. f.* Tunal.

noradrenalina *s. f.* Norepinefrina.

nórdico, ca *adj.* Norteño, septentrional. ➤ *Meridional, sureño.*

noria *s. f.* Azud, azuda, cenia.

norma *s. f.* Criterio, método, pauta, precepto, principio, sistema, guía, modelo, canon, conducta, procedimiento, medida. ➤ *Caos, irregularidad.*

normal *adj.* **1. Común,** habitual, ordinario, regular, sistemático, diario, corriente, común, vulgar. ➤ *Inusual, irregular, inhabitual, anormal.* ➤ *Paralelo.* **2. Natural,** acostumbrado, habitual, común, usual, regular, frecuente. ➤ *Anormal, irregular, inusual, infrecuente.* **3. Sistemático,** regulado, ritual. ➤ *Anormal, irregular.*

normalidad *s. f.* Regularidad, naturalidad, cotidianeidad, equilibrio, mesura. ➤ *Anormalidad, perturbación, anomalía, trastorno, irregularidad.*

normalización *s. f.* Estabilización, regularización. ➤ *Perturbación.*

normalizar *v. tr.* Regularizar, regular, ordenar, sistematizar. ➤ *Irregularizar.*

normativa *s. f.* Código, leyes, normas.

nornoroeste *s. m.* Maestral, cauro, coro, regañón.

norte *n. p.* **1. Septentrión,** Polo Ártico. ➤ *Sur, Polo Antártico.* ‖ *s. m.* **2. Bóreas,** cierzo, matacabras, tramontana, aquilón. **3. Fin,** objetivo, finalidad, guía, meta, rumbo, propósito.

norteamericano, na *adj.* Angloamericano, estadounidense, yanqui, gringo. ➤ *Hispanoamericano.*

norteño, ña *adj.* Ártico, germánico, nórdico. ➤ *Austral, meridional.*

noseana *s. f.* Noselita.

nosocomio *s. m.* Clínica, sanatorio, residencia, dispensario, hospital.

nostalgia *s. f.* Añoranza, morriña, soledad, evocación, recuerdo, mal de la tierra. ➤ *Olvido, alegría, serenidad.*

nostálgico, ca *adj.* Añorante, melancólico, morriñoso. ➤ *Indiferente.*

nota *s. f.* **1. Característica,** señal, marca, contraseña. **2. Llamada,** anotación, apunte, observación, notación, asterisco, advertencia, explicación, dato, apostilla. **3. Reproche,** comentario, resultado. **4. Puntuación,** calificación. **5. Misiva,** noticia, comunicación. **6. Notoriedad,** nombradía.

notabilidad *s. f.* Lumbrera, personalidad, eminencia, figura, personaje, notable. ➤ *Nulidad.*

notable *adj.* **1. Importante**, grande, valioso, considerable, estimable, relevante, cardinal. ➤ *Insignificante.* **2. Admirable**, chocante, extraordinario. ➤ *Vulgar, corriente.* ‖ *s. m. pl.* **3. Personalidades**, autoridades.

notación *s. f.* Alfabeto, clave.

notar *v. tr.* **1. Apuntar**, subrayar, señalar, escribir, apostillar, citar, acotar. **2. Amonestar**, advertir. **3. Percibir**, reparar, observar, ver, distinguir, apreciar, darse cuenta. **3. Tachar**, tildar. **4. Marcar**, señalar, denotar.

notario, ria *s. m. y s. f.* Fedatario, certificador, escribano, actuario.

noticia *s. f.* **1. Nueva**, suceso, anuncio, notificación, comunicación, informe, información. **2. Noción**, idea. ➤ *Ignorancia.* **3. Rumor**, hablilla, bulo.

noticiar *v. tr.* Anunciar, avisar, advertir, comunicar, reseñar, hacer saber.

noticioso, sa *adj.* Sabedor, conocedor, informado. ➤ *Ignorante.*

notificación *s. f.* Comunicación, comunicado, aviso, información.

notificado, da *adj.* Avisado, enterado, advertido. ➤ *Sorprendido.*

notificar *v. tr.* Hacer saber, participar, comunicar, avisar, informar, anunciar, revelar, declarar, manifestar, significar, prevenir, advertir, reseñar, dar razón. ➤ *Ocultar, esconder, silenciar.*

notoriamente *adv. m.* Claramente, evidentemente, manifiestamente.

notoriedad *s. f.* Celebridad, renombre, fama, reputación. ➤ *Anonimato.*

notorio, ria *adj.* Conocido, manifiesto, evidente, claro, público, palpable. ➤ *Incierto, privado, desconocido.*

noúmeno *s. m.* Ente, esencia.

novato, ta *adj.* Nuevo, inexperto, principiante, novel, novicio, neófito, bisoño. ➤ *Maestro, experto, viejo.*

novedad *s. f.* **1. Noticia**, nueva. **2. Mudanza**, innovación, variación, alteración, modificación, cambio, mutación, variación. ➤ *Permanencia, estabilidad.* **3. Primicia**, suceso. **4. Sorpresa**, admiración, asombro.

novel *adj.* Bisoño, inexperto, principiante, novato, neófito. ➤ *Veterano.*

novela *s. f.* **1. Narración**, romance, historia, asunto, fantasía, cuento, fábula, ficción, folletín. **2. Patraña**, mentira, cuento. ➤ *Verdad, realidad.*

novelar *v. intr.* Narrar, contar, describir, componer, escribir, redactar.

novelería *s. f.* Chisme, quimera, cuento, patraña, imaginación. ➤ *Realidad.*

novelero, ra *adj.* **1. Fantasioso**, soñador, imaginativo. **2. Voluble**, caprichoso, versátil. ➤ *Constante.*

novelesco, ca *adj.* Ficticio, inverosímil, imaginado, fantástico. ➤ *Real.*

novelista *s. m. y s. f.* Autor, narrador, escritor. ➤ *Poeta, dramaturgo.*

novelón *s. m.* Folletín, mamotreto.

novena *s. f.* Ofrenda, promesa, rezo.

noveno, na *adj. num. ord.* Nono.

noviazgo *s. m.* Relaciones, idilio, amorío, devaneo, flirteo. ➤ *Ruptura.*

novicio, cia *s. m. y s. f.* **1. Monje**, monja. ➤ *Profeso.* **2. Nuevo**, principiante, inexperto, novato. ➤ *Veterano.*

novillada *s. f.* Becerrada, corrida, capea.

novillero, ra *s. m. y s. f.* Torero.

novillo, lla *s. m. y s. f.* **1. Magüeto**, eral, becerro. ‖ *s. m.* **2. Cornudo**.

novilunio *s. m.* Luna nueva.

novio, via *s. m. y s. f.* Prometido, pretendiente, futuro, desposado, esposado, cortejante.

novísimo *s. m.* Postrimería.

novocaína *s. f.* Anestésico, calmante.

nubada *s. f.* Aguacero, chubasco.

nube *s. f.* Celaje, velo, capa.

nublado, da *adj.* Nublo, nubloso, nuboso, nebuloso, encapotado, plomizo, gris, cubierto. ➤ *Despejado.*

nuca *s. f.* Cogote, pescuezo, cerviz, testuz, cuello, morrillo.

nuclear *adj.* Central, principal. ➤ *Accesorio, secundario, superficial.*

núcleo *s. m.* Corazón, meollo, centro, foco, médula, interior. ➤ *Periferia.*

nucleón *s. m.* Neutrón, protón.

nudillo *s. m.* Artejo.

nudo *s. m.* **1. Unión**, vínculo, lazo, ligadura, ligazón, ligamento, trabazón, trabadura, atadura, enlace, conexión. ➤ *Desligamiento.* **2. Intriga**, enredo, trama, argumento. ➤ *Desenlace.*

nueva *s. f.* Novedad, suceso, albricias, noticia, acaecimiento.

nuevo, va *adj.* **1. Flamante**, reciente, intacto, fresco, moderno, original, actual, calentito, naciente, desconocido, inédito. ➤ *Antiguo, usado, viejo, gastado, vetusto, pasado, conocido.* **2. Original**, genuino. ➤ *Antiguo, repetido.* **3. Novato**, novicio, principiante, novel, bisoño, neófito, inexperto. ➤ *Experimentado, veterano, perito.*

nulidad *s. f.* **1. Anulación**, cancelación, derogación. **2. Inepto**, inútil.

nulo, la *adj.* **1. Abolido**, derogado, revocado, inválido, cancelado, anulado, rescindido, inexistente. ➤ *Válido, legal, autorizado, legítimo.* **2. Inepto**, inútil, torpe, ineficaz, incapaz, ignorante. ➤ *Hábil, útil, capaz, apto.*

numen *s. m.* Estro, musa, inspiración.

numerable *adj.* Contable, contabilizable, computable. ➤ *Incontable.*

numeral *adj.* Numérico.

numerario, ria *s. m.* **1. Efectivo**, líquido. ‖ *s. m. y s. f.* **2. Titular.**

numérico, ca *adj.* Matemático, numeral.

número *s. m.* **1. Cifra**, guarismo, signo, letra numeral. **2. Cantidad**, conjunto. **3. Acto**, actuación, ejercicio.

numeroso, sa *adj.* Copioso, cuantioso, nutrido, innumerable, múltiple, inagotable, excesivo, abundante, infinito, rico. ➤ *Escaso, nulo.*

nunca *adv. t.* Jamás, no, en la vida, de ningún modo. ➤ *Siempre, perpetuamente, constantemente, continuamente, alguna vez.*

nunciatura *s. f.* Curia.

nuncio *s. m.* Embajador, legado, representante, diplomático.

nupcial *adj.* Conyugal, marital, matrimonial, esponsal.

nupcias *s. f. pl.* Matrimonio, boda, casamiento. ➤ *Separación, divorcio.*

nurse *s. f.* Institutriz.

nutria *s. f.* Marta.

nutrición *s. f.* Alimentación, subsistencia, nutrimiento, asimilación, mantenimiento, sustentación, sostenimiento, manutención. ➤ *Anemia, desnutrición, depauperación.*

nutrido, da *adj.* Atestado, atiborrado, completo ➤ *Vacío, falto, escaso.*

nutrir *v. tr.* **1. Alimentar**, fomentar, vigorizar, fortalecer. ➤ *Desnutrirse, ayunar, desmejorarse.* **2. Atiborrar**, abarrotar, atestar, sobrealimentar, cebar, rellenar. **2. Reforzar**, aumentar, acrecer, fortalecer, robustecer, sostener. ➤ *Debilitar, atenuar, disminuir.*

nutritivo, va *adj.* Alimenticio, nutricio, sustancioso, suculento, vigorizante, reconstituyente. ➤ *Insustancial.*

O

oasis *s. m.* **1. Jardín**, vergel, paraíso. ➤ *Infierno, desierto.* **2. Descanso**, remanso, tregua. ➤ *Tráfago, agitación.*

obcecación *s. f.* Ceguera, obnubilación, ofuscamiento, terquedad. ➤ *Reflexión, prudencia, clarividencia.*

obcecar *v. tr.* **1. Ofuscar**, obsesionar. ➤ *Despreocupar.* **2. Cegar**, obnubilar, confundir, aturdir. ➤ *Aclarar.* || *v. prnl.* **3. Empeñarse**, obstinarse, ofuscarse, emperrarse. ➤ *Ceder.*

obedecer *v. tr.* **1. Acatar**, ejecutar, inclinarse, seguir, asentir, cumplir, respetar, escuchar, observar, conformarse, prestarse, someterse, ceder, bajar la cabeza, agachar la cabeza. ➤ *Rebelarse, desobedecer, desacatar, incumplir, infringir, transgredir.* || *v. intr.* **2. Proceder**, dimanar, deberse a, ocasionar. **3. Responder**, reaccionar.

obediencia *s. f.* Docilidad, sumisión, acatamiento, cumplimiento, subordinación, sujeción, observancia, dependencia, disciplina, respeto, adhesión, servilismo. ➤ *Rebeldía, desacato, incumplimiento, desobediencia, insubordinación.*

obediente *adj.* Dócil, sumiso, manejable, disciplinado, rendido, servil, manso. ➤ *Indómito, insumiso, desobediente, irrespetuoso, insubordinado.*

obenque *s. m.* Estay.

obertura *s. f.* Preludio, introducción, prólogo. ➤ *Final, epílogo, desenlace.*

obesidad *s. f.* Corpulencia, gordura, grasa, adiposidad. ➤ *Delgadez.*

obeso, sa *adj.* Gordo, grueso, orondo, pesado, fofo, rollizo, rechoncho. ➤ *Delgado, flaco, escuálido, fino, enjuto.*

óbice *s. m.* Obstáculo, estorbo, impedimento, inconveniente, tropiezo, rémora, dificultad. ➤ *Apoyo, ayuda.*

obispado *s. m.* **1. Episcopado**, mitra, sede, silla. **2. Diócesis**, prelatura.

óbito *s. m.* Fallecimiento, muerte, defunción, fin. ➤ *Nacimiento, principio.*

objeción *s. f.* Reparo, inconveniente, restricción, observación, contestación, pero, crítica. ➤ *Asentimiento, aprobación, aplauso, avenencia.*

objetar *v. tr.* Replicar, oponer, contestar, refutar, contradecir, desmentir, repeler, argüir, impugnar, resistir, rebatir, rechazar, censurar, reprochar. ➤ *Aceptar, asentir, avenirse, aprobar, aplaudir, admitir, alabar, acceder.*

objetivar *v. tr.* Materializar, especificar, concretar. ➤ *Subjetivar.*

objetividad *s. f.* Imparcialidad, objetivismo. ➤ *Parcialidad, imparcialidad.*

objetivo, va *adj.* **1. Desinteresado**, desapasionado, imparcial, neutral. ➤ *Tendencioso, subjetivo, personal.* **2. Obvio**, evidente. ➤ *Subjetivo.* || *s. m.* **3. Meta**, objeto, designio, fin, intento, finalidad, sentido, hito, blanco, intención, ideal, eje, causa, destino, centro, resultado, propósito, punto de mira.

objeto *s. m.* **1. Cosa**, cuerpo, elemento, ente. ➤ *Sujeto.* **2. Asunto**, materia, tema, sustancia, esencia. **3. Finalidad**, intención, propósito, fin.

oblación *s. f.* Ofrenda, dádiva, regalo, presente, obsequio.

oblicuamente *adv. m.* De refilón, al sesgo, al soslayo, al bies. ➤ *Rectamente, directamente, abiertamente.*

oblicuidad *s. f.* Inclinación, sesgo.

oblicuo, cua *adj.* Inclinado, sesgado, diagonal, transversal, soslayado, torcido, desviado, caído. ➤ *Recto, derecho, en pie, perpendicular.*

obligación *s. f.* **1. Deber**, compromiso, incumbencia, imposición, exigencia, vínculo, empeño. ➤ *Derecho, poder, libertad, privilegio, facultad, licencia.* **2. Necesidad.** ➤ *Libertad.* **3. Tarea**, faena, quehacer, responsabilidad. **4. Documento**, contrato, convenio. **5. Título**, deuda.

obligado, da *adj.* **1. Forzoso**, obligatorio. ➤ *Voluntario.* **2. Agradecido.**

obligar *v. tr.* **1. Forzar**, constreñir, compeler, exigir, imponer, presionar, coaccionar. ➤ *Liberar, librar, permitir, eximir, dispensar.* **2. Afectar.** ➤ *Dispensar.* **3. Obsequiar**, servir, favorecer, beneficiar, ayudar. ➤ *Desdeñar, menospreciar, desestimar.* **4. Presionar**, empujar, forzar. ➤ *Soltar.* ‖ *v. prnl.* **5. Comprometerse**, responsabilizarse, encargarse. ➤ *Zafarse, apartarse, desvincularse.*

obligatorio, ria *adj.* Forzoso, imperioso, preceptivo, impuesto, inexcusable, preciso. ➤ *Voluntario, espontáneo, potestativo, arbitrario, libre.*

obliteración *s. f.* Obstrucción.

obliterar *v. tr.* **1. Anular**, borrar, tachar. **2. Obstruir**, cerrar, taponar, obturar. ➤ *Abrir, desbloquear, desatascar.*

oblongo, ga *adj.* Alargado, longitudinal, prolongado. ➤ *Ancho, ensanchado, apaisado.*

obnubilación *s. f.* Ofuscación, ceguera, obcecación, ofuscamiento. ➤ *Reflexión, prudencia, clarividencia.*

obnubilar *v. tr.* Oscurecer, ofuscar, confundir, obcecar. ➤ *Comprender, despejar.*

óbolo *s. m.* Caridad, dádiva, donativo, limosna, ayuda, donación.

obra *s. f.* **1. Producto**, creación, cosa. **2. Acción**, acto, hecho. **3. Manufactura**, trabajo, faena, labor, tarea. **4. Resultado**, efecto, consecuencia. **5. Libro**, volumen, tomo, ejemplar, tratado, composición. **6. Construcción**. **7. Reforma**, arreglo, reparo, innovación. **8. Medio**, virtud, poder, intervención, intercesión, mediación.

obrador *s. m.* Taller.

obrar *v. tr.* **1. Operar**, gestionar, trabajar, maniobrar, manipular, proceder, portarse, comportarse, actuar, conducirse, realizar, elaborar, hacer, efectuar. ➤ *Deshacer, abstenerse, descansar.* **2. Causar**, hacer efecto, producir. **3. Construir**, edificar, fabricar. ➤

Destruir, derribar. ‖ *v. intr.* **4. Defecar**, evacuar. ➤ *Estreñir.* **5. Estar**, hallarse, encontrarse. ➤ *Vagar.*

obrepción *s. f.* Mentira, falsedad, engaño, timo, falacia. ➤ *Verdad.*

obrero, ra *s. m. y s. f.* Jornalero, operario, artesano, asalariado, proletario.

obscenidad *s. f.* **Lascivia**, lubricidad, lujuria, impudicia. ➤ *Pureza, pudor.*

obsceno, na *adj.* Indecente, deshonesto, lascivo, libidinoso, pornográfico. ➤ *Honesto, decente, púdico.*

obsecuencia *s. f.* Obediencia, docilidad, mansedumbre. ➤ *Desobediencia, rebelión, desacato, indocilidad.*

obsecuente *adj.* Amable, manso, dócil. ➤ *Rebelde, díscolo, indócil.*

obsequiar *v. tr.* **1. Agasajar**, regalar, festejar, dar, conceder, homenajear, lisonjear. ➤ *Desdeñar, desatender, descuidar, recibir, retener.* **2. Galantear**, enamorar, cortejar, coquetear.

obsequio *s. m.* **1. Regalo**, agasajo, presente, don, atención. ➤ *Desprecio.* **2. Rendimiento**, deferencia, afabilidad, fineza, galanteo, obsequiosidad, galantería, cortesía, lisonja. ➤ *Descortesía, grosería, ruindad, desatención, desaire.*

obsequiosidad *s. f.* Amabilidad, galantería, cortesía, halago, afabilidad. ➤ *Descortesía, desdén, grosería.*

obsequioso, sa *adj.* Rendido, cortés, condescendiente, atento, afectuoso, galante, zalamero. ➤ *Descortés.*

observable *adj.* Perceptible, apreciable. ➤ *Invisible, imperceptible.*

observación *s. f.* **1. Examen**, análisis, estudio, contemplación, escrutinio, percepción. **2. Anotación**, nota. **3. Objeción**, advertencia, indicación, comentario, consideración, opinión.

observador, ra *adj.* **1. Curioso**, espectador, mirón. ‖ *s. m. y s. f.* **2. Enviado**, delegado, comisionado.

observancia *s. f.* **1. Obediencia**, acatamiento, respeto. ➤ *Inobservancia, incumplimiento, desobediencia, desacato.* **2. Reverencia**, honor.

observar *v. tr.* **1. Examinar**, mirar, analizar, estudiar, contemplar, atender, ver. ➤ *Desatender.* **2. Advertir**, reparar, percatarse, notar, atisbar, curiosear, acechar, vigilar. **3. Cumplir**, guardar, acatar, respetar, obedecer, seguir, ejecutar. ➤ *Desobedecer, violar, rebelarse, incumplir.*

obsesión *s. f.* Fijación, manía, obcecación, preocupación, pesadilla, desvelo, inquietud, monomanía, ofuscación. ➤ *Serenidad, ecuanimidad, despreocupación, liberación.*

obsesionar *v. tr.* Preocupar, angustiar, obcecar, perturbar, ofuscar. ➤ *Sosegar, despreocupar, serenar.*

obseso, sa *adj.* Maníaco, neurótico, ofuscado, poseso. ➤ *Despreocupado.*

obsoleto, ta *adj.* Anticuado, desusado, pasado, desfasado, caduco, inútil. ➤ *Vigente, actual, novedoso, útil.*

obstaculizar *v. tr.* Estorbar, impedir, obstruir, dificultar. ➤ *Facilitar, ayudar.*

obstáculo *s. m.* Estorbo, dificultad, rémora, óbice, traba, impedimento, inconveniente, barrera, oposición, engorro, nudo, freno, tope, tropiezo, incompatibilidad. ➤ *Ayuda, apoyo, facilidad, conveniencia, oportunidad.*

obstar *v. intr.* **1. Impedir**, estorbar, entorpecer, dificultar, oponer, contrariar. ➤ *Facilitar, promover, apoyar, empujar.* || *v. impers.* **2. Oponerse.**

obstetricia *s. f.* Ginecología, tocología.

obstinación *s. f.* Testarudez, tenacidad, ofuscación, insistencia, pertinacia, porfía, terquedad, resistencia, contumacia, tozudez, cabezonería, cabezonada, empeño, pesadez, fanatismo, sectarismo, intransigencia, tesón, intemperancia. ➤ *Transigencia, desistimiento, reflexión, docilidad.*

obstinado, da *adj.* Testarudo, insistente, pertinaz, tozudo, porfiado, perseverante, tenaz, contumaz, pesado, intransigente, terco, duro, inapelable, incansable, incorregible, impertinente, recalcitrante, tieso, rebelde, cabezón, cabezota, reacio. ➤ *Transigente, reflexivo, despreocupado, dócil, flexible.*

obstinarse *v. prnl.* Aferrarse, porfiar, empeñarse, emperrarse, insistir, empecinarse, negarse, encapricharse, obcecarse, no dar el brazo a torcer. ➤ *Desistir, despreocuparse, ceder, transigir, dar el brazo a torcer.*

obstrucción *s. f.* Atasco, atascamiento, atranco, obturación, tapón, obstáculo, impedimento, taponamiento, traba.

obstruir *v. tr.* **1. Obturar**, cerrar, atascar, taponar, ocluir, atrancar. ➤ *Abrir, destapar, desatascar.* **2. Dificultar**, impedir, estorbar, entorpecer. ➤ *Facilitar.*

obtención *s. f.* Logro, consecución, conquista, adquisición, ganancia.

obtener *v. tr.* **1. Alcanzar**, conseguir, lograr, adquirir. ➤ *Perder, desperdiciar, carecer, disipar.* **2. Guardar**, tener, conservar, mantener. ➤ *Perder.* **3. Fabricar**, extraer, producir, sacar.

obturador *s. m.* Cierre, tapón, válvula.

obturar *v. tr.* Obstruir, atascar, taponar, cerrar, impedir, tapar. ➤ *Abrir, desatascar, desatrancar, destapar.*

obtuso, sa *adj.* **1. Romo**, despuntado. ➤ *Puntiagudo, punzante, afilado.* **2. Torpe**, tardo, lerdo, rudo, tonto. ➤ *Agudo, listo, inteligente, ágil.*

obvención *s. f.* Emolumento, remuneración, gratificación, gaje. ➤ *Retención, castigo.*

obviar *v. tr.* Eludir, evitar, sortear, apartar, rodear, remover, prevenir, rehuir. ➤ *Situar, colocar, instalar, poner, acomodar.*

obvio, via *adj.* **1. Evidente**, manifiesto, patente, visible, claro, notorio, indiscutible, palmario. ➤ *Oscuro, invisible, oculto, impreciso, discutible.* **2. Fácil**, sencillo, elemental. ➤ *Difícil.*

ocasión *s. f.* **1. Oportunidad**, caso, coyuntura, conveniencia, sazón, tiempo, margen, pie, asidero, pretexto, vez, hora, plazo, urgencia, tris, casualidad, suceso, caso, lance, trance, término, hora, ocurrencia, circunstancia, causa, motivo. ➤ *Tarascada, inoportunidad, inconveniencia, anacronismo.* **2. Peligro**, riesgo, exposición.

ocasional *adj.* **1. Eventual**, esporádico, irregular, contingente. ➤ *Permanente, fijo, habitual.* **2. Accidental**, casual. ➤ *Provocado, intencionado.*

ocasionar *v. tr.* Causar, originar, provocar, producir, motivar, mover, procurar, excitar, promover, dar pie. ➤ *Sobrevenir, acarrear, suceder, ocurrir.*

ocaso *s. m.* **1. Crepúsculo**, puesta, oscurecer, atardecer, anochecer. ➤ *Amanecer, alborada, alba, aurora, albor.* **2. Poniente**, Oeste, Occidente. ➤ *Este, Oriente, Levante.* **3. Decadencia**, declinación, acabamiento, caída, declive, final, postrimería. ➤ *Principio, auge, esplendor, brillo.*

Occidente *n. p.* Ocaso, Poniente, Oeste. ➤ *Oriente, Levante, Este.*

occipucio *s. m.* Colodrillo, cogote, nuca.

océano *s. m.* **1. Mar**, piélago. **2. Inmensidad**, grandeza, vastedad, infinidad, infinitud, abismo.

ociar *v. intr.* Holgazanear. ➤ *Trabajar.*

ocio *s. m.* **1. Descanso**, recreo, asueto, vacación, holganza, fiesta. ➤ *Ocupación.* **2. Ociosidad**, inacción, inactividad, pausa, desocupación. ➤ *Trabajo, acción, actividad, ocupación.*

ociosidad *s. f.* Inactividad, pereza, gandulería, holgazanería, descanso, comodidad. ➤ *Ocupación, diligencia, laboriosidad, actividad, eficiencia.*

ocioso, sa *adj.* **1. Desocupado**, inactivo, parado. ➤ *Ocupado, atareado, aplicado.* **2. Gandul**, vago, perezoso, holgazán. ➤ *Laborioso, trabajador.* **3. Inútil**, vano, innecesario, infructuoso. ➤ *Útil, provechoso, beneficioso.*

ocluir *v. tr.* Cerrar, tapar, atascar, obstruir, congestionar. ➤ *Abrir, destapar, desbloquear, descongestionar.*

oclusión *s. f.* Obturación, obstrucción, congestión, atasco. ➤ *Desobstrucción, desatasco.*

octavilla *s. f.* Panfleto, pasquín, propaganda, folleto.

ocular *adj.* **1. Oftálmico**, visual. ‖ *s. m.* **2. Cristal**, vidrio, lente.

oculista *s. m. y s. f.* Oftalmólogo.

ocultamente *adv. m.* Furtivamente, encubiertamente, disimuladamente, en secreto, a escondidas. ➤ *Abiertamente, sinceramente, a la luz, a la vista.*

ocultar *v. tr.* **1. Esconder**, tapar, solapar, disimular, cubrir, disfrazar, fingir, enterrar, sepultar, velar, camuflar. ➤ *Mostrar, descubrir, destapar, desenterrar.* **2. Callar**, omitir, silenciar, encubrir. ➤ *Revelar, desvelar.*

ocultismo *s. m.* Brujería, hechicería, teosofía, espiritismo, magia.

ocultista *s. m. y s. f.* Medium, mago.

oculto, ta *adj.* Secreto, escondido, tapado, encubierto, desconocido, retirado, recóndito, arcano, reservado, confidencial, esotérico, clandestino, anónimo, velado, disfrazado, misterioso, subrepticio, furtivo, sinuoso, invisible, incógnito. ➤ *Manifiesto, descubierto, desvelado, visible, público, observable, perceptible, evidente.*

ocupación *s. f.* **1. Toma**, posesión, apoderamiento, dominio, detentación. **2. Labor**, ejercicio, afán, asunto, faena, negocio, tarea, diligencia, dependencia, causa, cuidado, quehacer, función. ➤ *Desocupación, ociosidad, inactividad, descanso, vacación.* **3. Empleo**, oficio, trabajo, profesión.

ocupado, da *adj.* **1. Atareado**, indispuesto. ➤ *Ocioso, libre, desocupado, dispuesto.* **2. Reservado.** ➤ *Libre, desocupado.* **3. Lleno**, completo, rebosante. ➤ *Vacío.* **4. Conquistado**, invadido, vencido, tomado. ➤ *Libre.*

ocupante *s. m. y s. f.* Tripulante, viajero.

ocupar *v. tr.* **1. Adueñarse**, apropiarse, posesionarse, apoderarse, invadir. ➤ *Dejar, desocupar, abandonar.* **2. Llenar**, colmar, atestar, atiborrar. ➤ *Desocupar, vaciar.* **3. Habitar**, vivir, poseer, morar, estar, establecerse. ➤ *Desocupar, desalojar.* **4. Desempeñar**, ejercer. ➤ *Cesar.* **5. Dedicar.** **6. Emplear**, encargar, destinar, atarear, consagrar, trabajar, poner, dedicar. ➤ *Desemplear, aliviar, aligerar, descargar.* **7. Estorbar**, embarazar. ‖ *v. prnl.* **8. Preocuparse**, atender, cuidar. ➤ *Despreocuparse.* **9. Encargarse**, hacerse cargo. ➤ *Desentenderse.*

ocurrencia *s. f.* **1. Encuentro**, ocasión, coyuntura, caso, contingencia. **2. Agudeza**, pronto, salida, gracia, golpe.

ocurrente *adj.* Agudo, gracioso, ingenioso, chistoso, original, sutil. ➤ *Aburrido, retardado, retrasado, lento.*

ocurrir *v. intr.* Suceder, sobrevenir, pasar, acontecer, acaecer, producirse.

odiar *v. tr.* Abominar, aborrecer, detestar, execrar, mirar mal, no poder ver a alguien, no poder tragar a alguien, tener ojeriza. ➤ *Amar, querer, desear, apreciar, estimar, simpatizar.*

odio *s. m.* Antipatía, aversión, repulsión, rencor, saña, abominación, rabia, ira, tirria, fobia, enemistad, inquina, acrimonia, ojeriza, encono, resentimiento, hincha. ➤ *Amor, estima, cariño, benevolencia, simpatía.*

odioso, sa *adj.* **1. Aborrecible**, abominable, detestable, execrable. ➤ *Adorable.* **2. Desagradable**, repelente, repulsivo. ➤ *Encantador, simpático.*

odisea *s. f.* Aventura, drama, éxodo.

odómetro *s. m.* Taxímetro, podómetro.

odontólogo, ga *s. m. y s. f.* Dentista.

odorífero, ra *adj.* Oloroso, aromático, fragante, perfumado, odorífico. ➤ *Pestilente, hediondo, fétido, apestoso.*

odre *s. m.* Barquino, cuero, pellejo, corambre, zaque, cantimplora.

Oeste *n. p.* Poniente, Ocaso, Occidente. ➤ *Este, Oriente, Levante.*

ofender *v. tr.* **1. Herir**, dañar, maltratar, lastimar, atropellar. ➤ *Curar.* **2. Agraviar**, insultar, faltar, humillar, zaherir, denostar, difamar, afrentar, escarnecer, ultrajar, vilipendiar, recriminar. ➤ *Elogiar, adular, loar, ensalzar, alabar.* **3. Molestar**, fastidiar, asquear, desagradar. ➤ *Agradar.* || *v. prnl.* **4. Molestarse**, picarse, mosquearse, saltar, irritarse, enemistarse. ➤ *Soportar, tolerar, sobrellevar, digerir, tragarse.*

ofendido, da *adj.* Humillado, vejado, afrentado, escarnecido. ➤ *Adulado.*

ofensa *s. f.* Insulto, agravio, injuria, afrenta, ultraje, difamación, burla, denuesto, insolencia, escarnio, desaire, vituperio. ➤ *Halago, requiebro, alabanza, panegírico, lisonja, elogio, loa.*

ofensiva *s. f.* Acometida, ataque, embestida, avance, asalto. ➤ *Defensa.*

ofensivo, va *adj.* **1. Injurioso**, ofensor, insultante, ultrajante, faltoso. ➤ *Halagador, elogioso, lisonjero, obsequioso.* **2. Atacante**. ➤ *Defensivo.*

ofensor, ra *adj.* Injurioso, insultante, ultrajante, faltoso. ➤ *Halagador, adulador, lisonjero, obsequioso.*

oferente *adj.* Donante, ofreciente.

oferta *s. f.* **1. Proposición**, promesa, ofrecimiento. ➤ *Rechazo, repudio, denegación.* **2. Don**, regalo, donativo, dádiva. **3. Propuesta**, invitación. ➤ *Solicitud, requerimiento, demanda, petición.* **4. Ocasión**, chollo, ganga.

ofertar *v. tr.* Presentar, proponer, regalar, ofrecer, sugerir. ➤ *Demandar, requerir, solicitar, aceptar, pedir.*

offset *s. m.* Litografía.

oficial *adj.* **1. Público**, legal, gubernativo, formal, autorizado, de ley. ➤ *Oficioso, ilegal, desautorizado, extraoficial.* || *s. m. y s. f.* **2. Capataz**, encargado. || *s. m.* **3. Alférez**, teniente, capitán. ➤ *Soldado.*

oficiante *s. m.* Celebrante, preste, sacerdote.

oficina *s. f.* Agencia, bufete, despacho, gabinete, negociado, estudio.

oficinesco, ca *adj.* Burocrático, engorroso, administrativo.

oficinista *s. m. y s. f.* Funcionario, burócrata, chupatintas, escribiente.

oficio *s. m.* **1. Trabajo**, empleo, ocupación, tarea, labor, quehacer. ➤ *Desempleo, desocupación.* **2. Cargo**, ministerio, destino. **3. Función**, cometido, incumbencia, finalidad, papel. **4. Aviso**, comunicación. **5. Oficina**, despacho.

oficiosidad *s. f.* **1. Diligencia**, aplicación, solicitud. ➤ *Descuido, pasividad.* **2. Entrometimiento**, importunidad. ➤ *Discreción, oportunidad.*

oficioso, sa *adj.* **1. Diligente**, solícito, hacendoso, servicial. ➤ *Pasivo, descuidado.* **2. Útil**, agradable. **3. Entrometido**, importuno. ➤ *Oportuno, discreto.* **4. Provechoso**, eficaz. ➤ *Inútil.* **5. Extraoficial.** ➤ *Oficial.*

ofrecer *v. tr.* **1. Ofertar**, prometer, ofrendar, presentar, proponer, brindar, donar. ➤ *Demandar, requerir, solicitar, rechazar.* **2. Regalar.** ➤ *Aceptar, pedir.* **3. Demostrar**, manifestar, enseñar, mostrar. ➤ *Esconder, guardar.* **4. Dedicar**, consagrar, ofrendar. **5. Celebrar**. ‖ *v. prnl.* **6. Presentarse**, entregarse. **7. Ocurrirse**. **8. Sobrevenir**, suceder, ocurrir.

ofrecimiento *s. m.* Don, regalo, propuesta, proposición, promesa, oferta, presentación. ➤ *Demanda, solicitud, aceptación, requerimiento, petición.*

ofrenda *s. f.* **1. Promesa**, sacrificio, voto. **2. Regalo**, dádiva, don, obsequio. **3. Proposición**, propuesta, ofrecimiento, oferta. ➤ *Demanda, solicitud, petición.*

ofrendar *v. tr.* **1. Ofertar**, presentar, proponer, ofrecer, prometer. ➤ *Demandar, requerir, solicitar, aceptar.* **2. Regalar**, entregar, donar. ➤ *Pedir.*

oftálmico, ca *adj.* Ocular.

oftalmólogo, ga *s. m. y s. f.* Oculista.

ofuscamiento *s. m.* **1. Confusión**, ceguera. **2. Alucinación**, enajenación, preocupación. ➤ *Lucidez, sagacidad, clarividencia, intuición, agudeza.*

ofuscar *v. tr.* **1. Cegar**, deslumbrar, turbar. ➤ *Aclarar, despejar.* **2. Oscurecer**, obnubilar. ➤ *Aclarar, clarificar.* **3. Trastornar**, alucinar, fascinar, turbar. ➤ *Intuir, vislumbrar.*

ogro *s. m.* **1. Coco**, fantasma, monstruo, gigante. **2. Irascible**, iracundo, malhumorado, bárbaro. ➤ *Bondadoso.*

oíble *adj.* Audible. ➤ *Inaudible.*

oír *v. tr.* **1. Escuchar**, enterarse, sentir, entender, auscultar. **2. Atender**, acoger, ocuparse. ➤ *Desoír, desatender.*

ojaranzo *s. m.* Carpe, hojaranzo, adelfa.

ojeada *s. f.* Vistazo, vista, mirada, atisbo.

ojear[1] *v. tr.* Echar un vistazo, mirar, ver, atisbar. ➤ *Examinar, estudiar.*

ojear[2] *v. tr.* Ahuyentar, batir, acosar, espantar, perseguir.

ojeo *s. m.* Acoso, batida, persecución.

ojera *s. f.* Cerco, círculo.

ojeriza *s. f.* Antipatía, manía, odio, inquina, tirria, rencor, aversión. ➤ *Simpatía, afecto, aprecio, amistad, agrado.*

ojeroso, sa *adj.* Trasojado, ojerudo.

ojete *s. m.* Ano, culo.

ojituerto, ta *adj.* Tuerto, bizco.

ojo *s. m.* **1. Vista**, visión. **2. Hueco**, orificio, abertura, cavidad. **3. Aviso**, alerta, atención, cuidado, precaución.

ola *s. f.* Onda, golpe de mar, oleada, embate, batiente, rompiente, cresta.

oleada *s. f.* **1. Embate**. **2. Tropel**, gentío, torbellino, multitud, caterva.

oleaginoso, sa *adj.* Oleoso, pringoso, grasiento, aceitoso.

olear *v. tr.* Aliñar, arreglar.

oleastro *s. m.* Acebuche.

oledor, ra *adj.* Odorífero, oloroso.

óleo *s. m.* **1. Aceite**, olio. **2. Extremaunción**.

oleorresina *s. f.* Bálsamo.

oler *v. tr.* **1. Olfatear**, oliscar. **2. Barruntar**, indagar, buscar, averiguar, inquirir, pesquisar, adivinar. **3. Husmear**, curiosear, cotillear, fisgar. ‖ *v. intr.* **4. Desprender**, trascender, exhalar. **5. Parecer**, tener visos.

olfacción *s. f.* Olisqueo, olfateo.

olfatear *v. tr.* **1. Oler**, olisquear. **2. Husmear**, inquirir, indagar, cotillear, curiosear, fisgar. ➤ *Desinteresarse.*

olfato *s. m.* Sagacidad, ingenio, intuición, instinto.

oligarca *s. m.* Cacique.

oligofrenia *s. f.* Idiocia, infantilismo. ➤ *Inteligencia.*

olimpiada *s. f.* Juego, prueba.

olimpo *s. m.* Paraíso.

oliscar *v. tr.* Olisquear.

oliscoso, sa *adj.* Receloso, husmeador.

olisquear *v. tr.* **1. Oler**, olfatear. **2. Curiosear**, fisgar, curiosear, indagar.

oliva *s. f.* Aceituna.

olivino *s. m.* Peridoto.

olla *s. f.* **1. Cacerola**, cazuela, marmita. **2. Cocido**, puchero, cadozo, pote.

ollero, ra *s. m. y s. f.* Alfarero, ceramista, locero.

ológrafo, fa *adj.* Autógrafo, manuscrito.

olor *s. m.* **1. Aroma**, fragancia, hedor, tufo, fetidez, perfume, peste, emanación, efluvio. **2. Esperanza**, indicio, oferta, asomo. **3. Fama**, reputación.

oloroso, sa *adj.* Fragante, aromático, perfumado, odorífero. ➤ *Fétido, hediondo, pestilente, nauseabundo.*

olvidadizo, za *adj.* **1. Desmemoriado**, amnésico, distraído, atolondrado. ➤ *Atento, memorión.* **2. Desagradecido**, ingrato. ➤ *Agradecido.*

olvidar *v. tr.* Omitir, descuidar, desatender, postergar, preterir, arrinconar, enterrar, abandonar. ➤ *Recordar, acordarse, rememorar, tener presente.*

olvido *s. m.* **1. Descuido**, omisión, preterición, postergación, relegación, amnesia, desmemoria, inadvertencia, desatención, imprevisión, indolencia, pereza, dejadez, desidia, distracción. ➤ *Memoria, recuerdo, evocación, remembranza, cuidado.* **2. Ingratitud,** desagradecimiento, deslealtad. ➤ *Agradecimiento, reconocimiento, gratitud.*

omento *s. m.* Redaño, mesenterio, epiplón.

ominoso, sa *adj.* Aciago, desgraciado, funesto, abominable, nefasto, azaroso. ➤ *Afortunado, agraciado.*

omisión *s. f.* Olvido, descuido, supresión, laguna. ➤ *Atención, advertencia, recuerdo, mención, alusión.*

omitir *v. tr.* Callar, olvidar, silenciar, prescindir, soslayar, eludir. ➤ *Mencionar, decir, aludir, referir, mentar.*

ómnibus *s. m.* Autobús, microbús.

omnímodamente *adv. m.* Absolutamente, totalmente, completamente.

omnímodo, da *adj.* Absoluto, total, completo, universal. ➤ *Parcial.*

omnipotente *adj.* Todopoderoso, omnímodo. ➤ *Impotente.*

omnipresencia *s. f.* Ubicuidad. ➤ *Desaparición, aniquilación.*

omnisciente *adj.* Omnisapiente, sabelotodo, sabio. ➤ *Ignorante.*

onda *s. f.* **1. Ondulación**, bucle, rizo. **2. Ola**. **3. Festón**.

ondeado, da *adj.* Ondulado, rizoso, crespo, encrespado. ➤ *Liso, alisado.*

ondear *v. intr.* Ondular, flamear.

ondoso, sa *adj.* Undoso, ondulante.

ondulación *s. f.* Vibración, onda, ola, rizo, bucle.

ondulado, da *adj.* Ondeado, rizoso, crespo, encrespado. ➤ *Liso, alisado.*

ondulante *adj.* **1. Sinuoso**, serpenteante. ➤ *Rectilíneo.* **2. Curvo**, curvilíneo. ➤ *Recto.*

ondular *v. intr.* **1. Ondear**, flamear, mecerse, columpiarse. ‖ *v. tr.* **2. Rizar**, ensortijar. ➤ *Alisar.*

oneroso, sa *adj.* **1. Dispendioso**, pesado, molesto, gravoso, enojoso. ➤ *Ligero, leve, desinteresado.* **2. Costoso**, caro, elevado. ➤ *Gratuito.*

onfálico, ca *adj.* Umbilical.

ónice *s. m.* Ónix, ónique.

onoquiles *s. f.* Palomilla.

ontología *s. f.* Filosofía, metefísica.

opacidad *s. f.* Catarata, deslustre, oscuridad. ➤ *Brillo, diafanidad, nitidez.*

opaco, ca *adj.* **1. Oscuro**, esmerilado. ➤ *Transparente, diáfano, traslúcido.* **2. Sombrío**, velado, mate, turbio, nebuloso. ➤ *Brillante.* **3. Triste**, melancólico, apagado, lúgubre. ➤ *Alegre, luminoso.* **4. Insignificante**, mediocre. ➤ *Importante, brillante.*

opado, da *adj.* Hinchado, afectado, hiperbólico. ➤ *Natural, desafectado.*

opción *s. f.* **1. Elección**, preferencia, disyuntiva, alternativa. **2. Acceso**.

opcional *adj.* Optativo, potestativo, voluntario, electivo. ➤ *Obligatorio.*

operación *s. f.* **1. Ejecución**, acción, actuación, manipulación, trabajo, realización, tratamiento, efectuación. **2. Intervención**, extirpación, amputación, injerto. **3. Negociación**, convenio, negocio, trato, especulación. **4. Ejercicio**, maniobra, marcha, combate, lucha.

operante *adj.* Activo, eficaz.

operar *v. tr.* **1. Realizar**, producir, provocar. **2. Intervenir**, extirpar, injertar, amputar. ‖ *v. intr.* **3. Trabajar**, laborar, obrar, actuar. **4. Negociar**, traficar, comerciar, tratar, pactar.

operario, ria *s. m. y s. f.* Artesano, operador, obrero, oficial, trabajador.

opilación *s. f.* Amenorrea.

opilar *v. tr.* Obstruir. ➤ *Desobstruir.*

opimo, ma *adj.* Rico, fértil, abundante, copioso, cuantioso. ➤ *Escaso, pobre, estéril, desdeñable, parco.*

opinable *adj.* Debatible, discutible.

opinar *v. intr.* **1. Pensar**, considerar, estimar. **2. Declarar**, manifestar. ➤ *Callar.* **3. Juzgar**, reputar, valorar.

opinión *s. f.* **1. Concepto**, criterio, juicio, parecer, idea, suposición, creencia, dictamen, pensamiento. **2. Fama**, prestigio, crédito, reputación.

opio *s. m.* Alcaloide, estupefaciente.

opíparo, ra *adj.* Copioso, espléndido, sabroso, suculento, sustancioso, apetitoso, abundante. ➤ *Escaso, desabrido.*

oponer *v. tr.* **1. Enfrentar**, contrastar, encarar, contrarrestar, estorbar. ➤ *Juntar, apoyar, facilitar, ayudar.* **2. Objetar**, obstar, censurar, impugnar, criticar, opugnar, contrariar. ➤ *Aceptar, aprobar, estar de acuerdo.* || *v. prnl.* **3. Rechazar**, rehusar, resistir, contradecir. **4. Contraponerse**, combatir.

oportunidad *s. f.* **1. Ocasión**, coyuntura, pertinencia, conveniencia. ➤ *Improcedencia, impertinencia, retraso, adelanto, inexactitud.* **2. Rebaja**, saldo.

oportunista *adj.* Aprovechado.

oportuno, na *adj.* **1. Conveniente**, pertinente, adecuado, provechoso, preciso, puntual, apropiado, correcto. ➤ *Impertinente, inoportuno, improcedente, inadecuado.* **2. Gracioso**, chistoso, ingenioso, agudo, sutil, ocurrente. ➤ *Inoportuno, patoso, cargante, soso, aburrido, pesado.*

oposición *s. f.* **1. Enfrentamiento**, resistencia. **2. Contraste**, antagonismo, rivalidad, antítesis, disconformidad, discrepancia. ➤ *Conformidad, aprobación, unidad, acuerdo.* **3. Resistencia**, rechazo. ➤ *Adhesión.* **4. Examen**, prueba, ejercicio. **5. Impedimento**, obstáculo, obstrucción, traba, dificultad, estorbo. ➤ *Facilidad.*

opositor, ra *s. m. y s. f.* Concursante, examinando, aspirante, candidato.

opresión *s. f.* **1. Avasallamiento**, dominación, subyugación, vejación, sumisión, hegemonía, predominio, supremacía, dictadura, despotismo, absolutismo, intolerancia, superioridad, feudalismo, abuso. ➤ *Liberación, emancipación, autodeterminación, rescate.* **2. Presión**, apertura, ahogo, asfixia, comprensión. ➤ *Ensanchamiento, dilatación, holgura.*

opresivo, va *adj.* Angustioso, sofocante, tiránico, asfixiante. ➤ *Liberador.*

opresor, ra *adj.* Tirano, déspota, avasallador, dictador, carcelero. ➤ *Liberador, rescatador, emancipador.*

oprimir *v. tr.* **1. Apretar**, presionar, comprimir, apretujar, estrujar, aplastar. ➤ *Aflojar, soltar, descomprimir.* **2. Agobiar**, esclavizar, subyugar, tiranizar, dominar, aplastar, reprimir, sujetar, avasallar, ahogar, señorear, abusar, domeñar, sojuzgar, supeditar, vejar, imperar. ➤ *Libertar, liberar.*

oprobio *s. m.* Ignominia, vilipendio, afrenta, deshonra, deshonor, baldón. ➤ *Honor, honra, lisonja, alabanza.*

oprobioso, sa *adj.* Calumnioso, ignominioso, infamante. ➤ *Honorable.*

optar *v. tr.* Elegir, escoger, preferir, opositar. ➤ *Abstenerse, renunciar.*

optativo, va *adj.* Opcional, potestativo, voluntario. ➤ *Obligatorio.*

optimar *v. tr.* Optimizar.

optimismo *s. m.* Alegría, jovialidad, entusiasmo, confianza, seguridad, tranquilidad, ánimo, ilusión, aliento. ➤ *Pesimismo, tristeza, desesperanza.*

optimista *adj.* Alegre, jovial, seguro, confiado, feliz, entusiasta, ilusionado. ➤ *Pesimista, triste, desesperanzado.*

óptimo, ma *adj. sup.* Buenísimo, inmejorable, perfecto, adecuado. ➤ *Pésimo, chapucero, imperfecto.*

optoacoplador *s. m.* Optoaislador, acoplador óptico.

opuesto, ta *adj.* **1. Antagonista**, adversario, enemigo, rival, antípoda, contrincante. ➤ *Partidario, amigo, compañero, camarada.* **2. Contrario**, antagónico, adverso, antitético, divergente, distinto, inverso, incompatible. ➤ *Igual, favorable.*

opugnar *v. tr.* Asaltar, atacar, impugnar, llevar la contraria. ➤ *Admitir, convenir, facilitar, ayudar, apoyar.*

opulencia *s. f.* Riqueza, abundancia, copiosidad, suntuosidad, exuberancia, demasía, fortuna, profusión. ➤ *Pobreza, escasez, parquedad, modestia, falta, carencia, necesidad.*

opulento, ta *adj.* Rico, abundante, copioso, ubérrimo, suntuoso. ➤ *Escaso, pobre, modesto, insignificante.*

oquedad *s. f.* **1. Cavidad**, hueco, vacío, hoyo. **2. Vacuidad**, insustancialidad. ➤ *Importancia, gravedad.*

oración *s. f.* **1. Discurso**, alocución, declamación, disertación. **2. Ruego**, prez, plegaria, rezo. ➤ *Imprecación*. **3. Frase**, proposición, cláusula.

oráculo *s. m.* Augurio, vaticinio, auspicio, agüero, profecía, predicción.

orador, ra *s. m. y s. f.* Disertador, predicador, conferenciante, pregonero, recitador, arengador, panegirista, demagogo, charlatán, pico de oro. ➤ *Oyente*.

oral *adj.* **1. Verbal**, hablado. ➤ *Mímico, gestual, tácito, escrito*. **2. Bucal**.

orangután *s. m.* Jocó, mono.

orar *v. intr.* Rezar, suplicar, alabar.

orario *s. m.* Fimbria, estola.

orate *s. m. y s. f.* **1. Loco**, demente. ➤ *Lúcido, inteligente*. **2. Temerario**, imprudente. ➤ *Juicioso, prudente*.

oratoria *s. f.* Elocuencia, facundia, verbosidad, dialéctica, labia, retórica.

oratorio *s. m.* Capilla, santuario, templo.

orbe *s. m.* Mundo, creación, universo, cosmos, esfera, globo, planeta.

órbita *s. f.* **1. Trayectoria**, recorrido, curva, elipse, circunferencia. **2. Cuenca**, concavidad, hueco. **3. Ámbito**, área, zona de influencia.

orco *s. m.* Infierno, abismo, averno.

orden *s. m.* **1. Disposición**, colocación, distribución. ➤ *Descolocación*. **2. Concierto**, estructura, jerarquía, proporción, coordinación, ordenación, equilibrio, armonía, ritmo. ➤ *Desorden, caos, desconcierto, desbarajuste, inarmonía*. **3. Regla**, método, sistema. ➤ *Confusión*. **4. Normalidad**. **5. Género**, tipo, clase. **6. Estamento**, grupo. ‖ *s. f.* **7. Comunidad**, congregación, regla, instituto, cofradía, hermandad, hábito. **8. Precepto**, decreto, disposición, ordenanza, bando, prescripción, mandamiento, edicto, ley, exigencia, imposición.

ordenación *s. f.* **1. Disposición**, prevención. **2. Clasificación**, orden, organización, sistematización. **3. Mandato**, orden, precepto, imposición.

ordenado, da *adj.* Compuesto, organizado, clasificado, coordinado, arreglado, situado, alineado. ➤ *Desordenado, desorganizado, caótico*.

ordenador *s. m.* Computador, computadora, procesador de datos.

ordenamiento *s. m.* **1. Ordenación**, orden. **2. Reglamento**, ordenanza, ley, pragmática.

ordenanza *s. f.* **1. Estatuto**, reglamento, ordenamiento. **2. Mandato**, voluntad. ‖ *s. m.* **3. Ayudante**, asistente. **4. Subalterno**, conserje, bedel.

ordenar *v. tr.* **1. Arreglar**, organizar, preparar, coordinar, regularizar, armonizar, combinar, adecuar. ➤ *Desordenar, desorganizar, desequilibrar, descomponer*. **2. Mandar**, disponer, decretar, decidir, establecer, preceptuar, prescribir. ➤ *Cumplir, obedecer*. **3. Guiar**, encaminar, orientar, dirigir.

ordeñar *v. tr.* Esquilmar, exprimir, explotar, aprovecharse. ➤ *Enriquecer*.

ordinariamente *adv. m.* **1. Frecuentemente**, comúnmente, regularmente. **2. Groseramente**.

ordinariez *s. f.* Vulgaridad, plebeyez, tontería, grosería, chabacanería, tosquedad, zafiedad. ➤ *Cortesía, educación, urbanidad, delicadeza*.

ordinario, ria *adj.* **1. Usual**, habitual, corriente, común, regular, frecuente, diario, rutinario, cotidiano, familiar, acostumbrado, normal. ➤ *Inusual, infrecuente, irregular, anormal, extraordinario, fuera de lo común*. **2. Plebeyo**, villano. ➤ *Noble, aristócrata*. **3. Vulgar**, grosero, maleducado, soez, inculto, descortés, rudo, patán. ➤ *Cortés, educado, distinguido, culto*. **4. Tosco**, basto, rústico, simple, mediocre. ➤ *Fino, selecto*.

ordinograma *s. m.* Organigrama.

orear *v. tr.* Airear, ventilar. ➤ *Enrarecer*.

orejear *v. intr.* Recelar, remolonear.

orenga *s. f.* Varenga, brazal.

orensano, na *adj.* Auriense.

oreo *s. m.* Aireación, ventilación.

orespe *s. m.* Orífice, orfebre, oribe, platero, joyero.

orfanato *s. m.* Orfelinato, hospicio, albergue, casa cuna, inclusa, asilo.

orfandad *s. f.* Desamparo, desvalimiento, abandono, aislamiento, soledad. ➤ *Amparo, familia, fortuna*.

orfebre *s. m. y s. f.* Orífice, oribe, joyero, platero.

orfebrería *s. f.* Joyería, platería.

orfeón *s. m.* Coro, coral. ➤ *Solista.*

orgánico, ca *adj.* **1. Viviente**, vivo. ➤ *Inorgánico, muerto, inerte.* **2. Organizado**, armónico, proporcionado, sistemático. ➤ *Desorganizado.*

organismo *s. m.* **1. Ser vivo**, criatura. **2. Cuerpo**, configuración, estructura, sistema. **3. Corporación**, entidad, institución, sociedad, colectividad, junta.

organización *s. f.* **1. Coordinación**, orden, ordenación, disposición, distribución, estructuración. ➤ *Desorganización, desorden, desunión.* **2. Institución**, organismo, sociedad, órgano, grupo, representación, fundación.

organizador, ra *adj.* Coordinador, gerente, planificador.

organizar *v. tr.* **1. Estructurar**, armonizar, combinar, disponer, coordinar, preparar, ordenar, concertar. ➤ *Desorganizar, desarreglar, desordenar.* **2. Agrupar**, reunir, unir. ➤ *Disolver.* **3. Arreglar**, ordenar. ➤ *Desordenar, desorganizar.* **4. Organizar**, montar, preparar, armar. ➤ *Parar.*

órgano *s. m.* **1. Armonio. 2. Conducto**, portavoz. **3. Víscera.** ➤ *Cuerpo.*

organografía *s. f.* Anatomía.

orgía *s. f.* **1. Festín**, bacanal, juerga, saturnal. **2. Desenfreno**, exceso, escándalo. ➤ *Contención, moderación.*

orgiástico, ca *adj.* Báquico, inmoral, libertino. ➤ *Contenido, moderado.*

orgullo *s. m.* **1. Soberbia**, presunción, engreimiento, arrogancia, vanidad, altivez, altanería, ufanía, hinchazón, endiosamiento, insolencia, copete, jactancia, postín, humo, aires, suficiencia, vanagloria, pretensión. ➤ *Humildad, modestia, comedimiento, sencillez.* **2. Pundonor**, amor propio, autoestima.

orgulloso, sa *adj.* Arrogante, endiosado, ufano. ➤ *Humilde, modesto.*

orientación *s. f.* **1. Encauzamiento**, situación, encarrilamiento. ➤ *Desorientación.* **2. Dirección**, rumbo.

orientar *v. tr.* **1. Colocar**, situar, emplazar. **2. Guiar**, dirigir, encaminar.

➤ *Desorientar.* **3. Instruir**, adiestrar, explicar. ➤ *Desinformar.* **4. Encarrilar**, encauzar, guiar, encaminar.

Oriente *n. p.* Este, Levante, Naciente, Orto. ➤ *Oeste, Occidente, Poniente.*

orífice *s. m.* Orespe, orfebre, oribe.

orificio *s. m.* Boca, abertura, boquete, resquicio, hueco, agujero, ojo, brecha. ➤ *Tapón, taponadura, cubierta.*

oriflama *s. f.* Estandarte, bandera, pendón, banderola.

origen *s. m.* **1. Principio**, nacimiento, comienzo, inicio. ➤ *Fin, muerte, término.* **2. Causa**, germen, raíz, motivo, fuente, semilla, fundamento. ➤ *Efecto, resultado, consecuencia, destino, meta.* **3. Patria**, país, nación. **4. Ascendencia**, procedencia, estirpe, cuna, linaje, familia. ➤*Descendencia.*

original *adj.* **1. Inicial**, primitivo, originario. ➤ *Final, reciente.* **2. Inusitado**, inusual, novedoso, extraño, singular, peculiar, insólito, curioso, peculiar. ➤ *Corriente, usual, normal, común, vulgar.* **3. Genuino**, nuevo, personal, propio, singular. ➤ *Copiado, antiguo.* **4.** ➤ *Doblado.* ‖ *s. m.* **5. Manuscrito**, borrador. ➤ *Copia.* **6. Modelo**, natural, patrón, muestra.

originalidad *s. f.* Innovación, novedad, rareza, extrañeza, peculiaridad. ➤ *Imitación, plagio, antigüedad.*

originar *v. tr.* **1. Causar**, motivar, suscitar, provocar, ocasionar, acarrear. ➤ *Padecer, conseguir, terminar, resolver.* ‖ *v. prnl.* **2. Comenzar**, empezar, arrancar, iniciar, tener principio. ➤ *Terminarse, acabarse, concluirse.*

originario, ria *adj.* Primigenio, congénito, innato, natural, oriundo.

orilla *s. f.* **1. Extremo**, borde, margen, término, remate, canto, límite, arista, reborde, fleco, orla, perfil. ➤ *Centro.* **2. Ribera**, margen, litoral. ➤ *Interior.*

orillar *v. tr.* **1. Arreglar**, solventar, concluir, resolver, desenredar, zanjar, liquidar. ‖ *v. intr.* **2. Bordear**, ribetear.

orillo *s. m.* Hirma, vendo.

orín[1] *s. m.* Verdín, herrumbre, moho, robín, óxido.

orín[2] *s. m.* Orina, pis.

orina *s. f.* Meada, orín, aguas menores, pipí, pis.

orinal *s. m.* Bacín, servicio, bacinilla.

orinar *v. intr.* Mear, desbeber, hacer aguas, hacer pipí.

oriundo, da *adj.* Procedente, descendiente, originario. ➤ *Extranjero.*

orive *s. m.* Orífice, orespe, oribe.

orla *s. f.* **1. Borde**, orilla, franja. **2. Filete.**

orladura *s. f.* Borde, tira, orla, orilla.

orlar *v. tr.* Bordear, ribetear.

ornamentación *s. f.* Adorno, decorado, ornato, decoración, aderezo.

ornamental *adj.* Decorativo. ➤ *Útil.*

ornamentar *v. tr.* Acicalar, embellecer, ornar, adornar, engalanar.

ornamento *s. m.* Aderezo, gala, adorno, compostura, atavío, decoración.

ornar *v. tr.* Adornar, decorar, ataviar, componer, aderezar, engalanar, emperifollar, embellecer, acicalar. ➤ *Afear, desfigurar.*

ornato *s. m.* Adorno, decoración, ornamento. ➤ *Desnudez.*

ornitodelfo, fa *adj.* Monotrema.

oro *s. m.* **1. Alhajas**, joyas. **2. Caudal**, riqueza, dinero. **3. Dorado**, amarillo.

orondo, da *adj.* **1. Hueco**, esponjado, hinchado, cóncavo, fofo, ahuecado. ➤ *Enjuto, macizo.* **2. Presumido**, satisfecho, engreído, presuntuoso. ➤ *Humilde, sencillo.* **3. Grueso**, gordo, obeso, rollizo. ➤ *Delgado, famélico.*

oropel *s. m.* **1. Bisutería**, quincalla, baratija, chuchería. **2. Adorno**, relumbre, relumbrón, apariencia.

oropéndola *s. f.* Lútea, oriol, papafigo, virio.

orozuz *s. m.* Regaliz.

orquesta *s. f.* Banda, conjunto, grupo.

orquestar *v. tr.* **1. Instrumentar. 2. Estructurar**, organizar, coordinar.

ortega *s. f.* Corteza, churra.

orto *s. m.* Levante, saliente, nacimiento, aparición. ➤ *Muerte, desaparición, poniente.*

ortodoxia *s. f.* Fidelidad, lealtad, pureza. ➤ *Falsedad, heterodoxia, rebeldía.*

ortodoxo, xa *adj.* Fiel, dogmático, adicto, conforme, adecuado. ➤ *Heterodoxo, discrepante.*

ortología *s. f.* Fonética, ortofonía, prosodia, pronunciación.

oruga *s. f.* **1. Ruqueta. 2. Larva.**

orujo *s. m.* **1. Hollejo**, brisa, casca. **2. Terrón.**

orzaga *s. f.* Álimo, armuelle, marismo, salgada, salgadera.

orzar *v. intr.* Embicar.

orzuelo[1] *s. m.* Divieso, bulto.

orzuelo[2] *s. m.* Cepo, trampa.

osadamente *adv. m.* Audazmente. ➤ *Tímidamente, temerosamente.*

osadía *s. f.* **1. Arrojo**, imprudencia, temeridad, audacia, intrepidez, decisión, resolución, valentía, ánimo. ➤ *Timidez, cobardía, prudencia, indecisión.* **2. Insolencia**, descaro, desfachatez, atrevimiento, desvergüenza, irreverencia. ➤ *Vergüenza, decoro.*

osado, da *adj.* **1. Atrevido**, audaz, lanzado, arriesgado, temerario, resuelto, emprendedor, intrépido. ➤ *Cobarde, indeciso, prudente.* **2. Insolente**, descarado, desvergonzado, atrevido. ➤ *Apocado, vergonzoso, tímido.*

osamenta *s. f.* Osambre, esqueleto.

osar *v. intr.* Atreverse, arriesgarse, aventurarse, lanzarse, afrontar, decidirse, emprender. ➤ *Avergonzarse, retraerse, temer, tener miedo.*

osario *s. m.* Sepulcro, calavernario.

oscilación *s. f.* **1. Fluctuación**, titubeo, temblor. **2. Vibración**, fluctuación, balanceo, vaivén, vacilación.

oscilante *adj.* Pendular, vacilante, basculante, bamboleante. ➤ *Fijo.*

oscilar *v. intr.* **1. Balancearse**, mecerse, columpiarse, bambolearse. ➤ *Aquietarse, pararse, permanecer.* **2. Temblar**, vibrar. ➤ *Inmovilizarse.* **3. Fluctuar**, variar. ➤ *Estabilizarse.* **4. Dudar**, vacilar, titubear. ➤ *Decidirse.*

oscitancia *s. f.* Descuido, distracción, inadvertencia, negligencia.

oscurantismo *s. m.* Ignorancia, incultura, reaccionarismo, ultramontanismo. ➤ *Ilustración, instrucción, perfeccionamiento, progreso, transparencia.*

oscurantista *adj.* Retrógado, inculto, reaccionario. ➤ *Civilizado, vanguardista, progresista, adelantado.*

oscurecer *v. tr.* **1. Ensombrecer**, apagar, velar. ➤ *Aclarar, arrojar luz, alumbrar, iluminar.* **2. Desacreditar**, deslucir, eclipsar. ➤ *Resaltar, destacar.* **3. Dificultar**, complicar, embrollar, liar. ➤ *Aclarar.* **4. Obcecar**, aturdir, cegar, obnubilar. ➤ *Despejar.* **5. Anochecer**, atardecer. ➤ *Amanecer.* || *v. prnl.* **6. Nublarse**, cubrirse, encapotarse. ➤ *Despejarse, aclararse.*

oscuridad *s. f.* **1. Lobreguez**, sombra, tinieblas, tenebrosidad. ➤ *Luz, claridad, visibilidad.* **2. Complicación**, confusión, complejidad. ➤ *Sencillez, facilidad.* **3. Anonimato.** ➤ *Fama, éxito.* **4. Ignorancia**, incultura. ➤ *Cultura, educación, instrucción.* **5. Incertidumbre**, inseguridad, vacilación. ➤ *Certidumbre, certeza.* **6. Misterio**, secreto. ➤ *Divulgación.*

oscuro, ra *adj.* **1. Sombrío**, lóbrego. ➤ *Claro, diáfano.* **2. Nublado**, encapotado. ➤ *Claro, radiante, despejado.* **3. Sencillo**, corriente, discreto. ➤ *Llamativo, exagerado, espectacular.* **4. Confuso**, complicado, ininteligible, incomprensible, borroso. ➤ *Comprensible, inequívoco, inteligible.* **5. Incierto**, dudoso, desconocido, inseguro. ➤ *Seguro, cierto.* **6. Sospechoso**, misterioso, peligroso, extraño, raro, enigmático. ➤ *Corriente, normal, inofensivo, inocente.* **7. Oculto**, camuflado, disimulado, encubierto. ➤ *Patente, manifiesto, visible.* **8. Humilde**, bajo, plebeyo. ➤ *Ilustre.*

óseo, a *adj.* Huesoso, ososo.

osificarse *v. prnl.* Calcificarse.

ostensible *adj.* Público, visible, palpable, patente, evidente. ➤ *Confuso, oculto, privado, imperceptible.*

ostentación *s. f.* **1. Petulancia**, vanagloria, jactancia, alarde, afectación. ➤ *Modestia.* **2. Boato**, fausto, ufanía, postín, pompa, suntuosidad, aparato, exhibición. ➤ *Sencillez, sobriedad.*

ostentar *v. tr.* **1. Alardear**, lucir, gallardear, cacarear, pavonear, farolear, pompear, hacer gala. ➤ *Ser discreto, pasar desapercibido.* **2. Manifestar**, mostrar, exhibir, enseñar, patentizar,

exteriorizar, dar a conocer. ➤ *Ocultar, encubrir, disfrazar.* **3. Poseer**, tener, ocupar, ejercer, desempeñar.

ostentosamente *adv. m.* **1. Pomposamente**, solemnemente. ➤ *Discretamente.* **2. Manifiestamente**, patentemente. ➤ *Encubiertamente.*

ostentoso, sa *adj.* **1. Magnífico**, suntuoso, pomposo, espléndido, fastuoso, rimbombante. ➤ *Humilde, modesto, sobrio.* **2. Ostensible**, evidente, espectacular, alardoso, ufano, cacareador. ➤ *Imperceptible, discreto.*

ostracismo *s. m.* **1. Destierro**, expatriación, exilio. **2. Aislamiento**, alejamiento, relegación, proscripción.

otalgia *s. f.* Otitis.

otear *v. tr.* **1. Atalayar**, atisbar, divisar, observar, columbrar, distinguir. **2. Escudriñar**, registrar, espiar, avizorar.

otero *s. m.* Altozano, colina, loma, cerro, montículo, collado. ➤ *Llano.*

otomano, na *adj.* **1. Turco**, osmanlí. || *s. f.* **2. Diván**, sofá, cama turca.

otorgar *v. tr.* **1. Dar**, conceder, conferir, consentir, ceder. ➤ *Prohibir, quitar.* **2. Disponer**, establecer, estipular, prometer. **3. Promulgar.**

otro, tra *adj.* Distinto, diferente, tercero, demás, ajeno, nuevo. ➤ *Mismo, igual, idéntico, semejante.*

ovación *s. f.* Aplauso, clamor, vivas, griterío, hurras, palmas, alabanza, felicitación. ➤ *Abucheo, indiferencia, silbidos, pitada.*

ovillarse *v. prnl.* Acurrucarse, arrebujarse. ➤ *Estirarse*

ovillo *s. m.* **1. Bola.** **2. Lío**, maraña, enredo. **3. Confusión**, montón, multitud, aglomeración.

ovino, na *adj.* Lanar, óvido.

óvulo *s. m.* Embrión, huevo.

oxidar *v. tr.* Aherrumbrar, enmohecer.

óxido *s. m.* Herrumbre, orín, verdete, verdín, cardenillo, moho.

oxigenado, da *adj.* Aireado, respirable.

oxigenar *v. tr.* **1. Airear**, orear, ventilar. ➤ *Enrarecer, enturbiar.* || *v. prnl.* **2. Despejarse**, relajarse.

oxítono, na *adj.* Agudo.

ozostomía *s. f.* Halitosis.

P

pabellón *s. m.* **1. Carpa**, tienda. **2. Dosel**, palio, colgadura. **3. Estandarte**, bandera. **4. Nave**, quinta, edificio.

pábulo *s. m.* Fomento, ocasión, motivo, estímulo, oportunidad.

paca[1] *s. f.* **1. Capa**, tepeizcuinte. **2. Pacarana**, macaz.

paca[2] *s. f.* Bulto, paquete, fardo, bala.

pacato, ta *adj.* Tímido, timorato, pacífico, tranquilo, moderado, manso, pusilánime, encogido, apocado. ➤ *Atrevido, osado, arrojado, audaz.*

pacer *v. intr.* **1. Pastar**, ramonear, hozar, tascar, repacer, campear, repastar, herbajar. **2. Rumiar**, comer, roer, gastar, consumir, desgastar, corroer. ‖ *v. tr.* **3. Apacentar**, pastorear.

pacha *s. f.* Petaca, cantimplora.

pachanga *s. f.* Fiesta, diversión, juerga.

pachorra *s. f.* Apatía, calma, cachaza, flema. ➤ *Nervio, inquietud, prisa.*

pachorrudo, da *adj.* Cachazudo, tranquilo, flemático, indolente, parsimonioso. ➤ *Nervioso, rápido, vivo.*

paciencia *s. f.* **1. Calma**, tranquilidad, serenidad, pasividad. ➤ *Impaciencia.* **2. Conformidad**, transigencia, resignación, aguante, tolerancia. ➤ *Desesperación.* **3. Minuciosidad**, esmero.

paciente *adj.* **1. Tolerante**, sufrido, manso, resignado. ➤ *Impaciente, nervioso.* ‖ *s. m. y s. f.* **2. Enfermo**, doliente, convaleciente. ➤ *Sano.*

pacificación *s. f.* **1. Apaciguamiento**, reconciliación. ➤ *Soliviantar.* **2. Convenio**, tratado. ➤ *Sublevación.*

pacificador, ra *adj.* **1. Pacifista.** ➤ *Belicista.* **2. Conciliador.** ➤ *Agresor.*

pacificar *v. tr.* **1. Apaciguar**, calmar, aplacar, reconciliar, aquietar. ➤ *Soliviantar.* ‖ *v. prnl.* **2. Calmarse**, tranquilizarse, sosegarse. ➤ *Alterarse.*

pacífico, ca *adj.* **1. Manso**, reposado, tranquilo, calmado, sosegado, plácido, dócil. ➤ *Violento, irritable.* **2. Pacifista.** ➤ *Belicista, belicoso.*

pacifismo *s. m.* Antimilitarismo. ➤ *Guerra, belicismo, militarismo.*

pack *s. m.* Paquete, lote.

pacotillero, ra *adj.* Buhonero.

pactar *v. tr.* **1. Estipular**, concertar, acordar, estipular, tratar. ➤ *Incumplir.* **2. Transigir**, ceder. ➤ *Negar.*

pacto *s. m.* **1. Estipulación**, trato, convenio, ajuste. **2. Alianza**, tratado.

pacú *s. m.* Palometa.

padecer *v. tr.* Aguantar, soportar, sufrir, tolerar, resistir. ➤ *Disfrutar.*

padecimiento *s. m.* Enfermedad, dolencia, achaque, mal, daño. ➤ *Placer.*

padre *s. m.* **1. Progenitor**, procreador, papá. ➤ *Madre.* **2. Fraile**, clérigo. **3. Autor**, inventor, creador. ‖ *s. m. pl.* **4. Progenitores**, antepasados, ascendientes. ➤ *Descendientes.* ‖ *adj.* **5. Grande**, importante, intenso.

padrear *v. intr.* Engendrar, generar, procrear, fecundar, preñar.

padrinazgo *s. m.* **1. Apadrinamiento**, compadrazgo. **2. Patrocinio**, apoyo, mecenazgo, protección.

padrino *s. m.* **1. Compadre.** ➤ *Ahijado.* **2. Protector**, valedor, patrocinador, favorecedor. ➤ *Protegido.*

padrón *s. m.* Empadronamiento, registro, censo, catastro.

paga *s. f.* **1. Pagamiento**, pago, remuneración, retribución, satisfacción. **2. Sueldo**, mensualidad, salario, jornal.. **3. Recompensa**, correspondencia.

pagador, ra *adj.* Administrador, tesorero. ➤ *Pagado.*

pagaduría *s. f.* Caja.

pagano, na *adj.* Gentil, idólatra, infiel, ateo, irreligioso. ➤ *Bautizado, fiel.*

pagar *v. tr.* **1. Abonar**, retribuir, remunerar. ➤ *Cobrar, deber, adeudar.* **2. Recompensar**, gratificar, corresponder. **3. Expiar**, purgar. **4. Sufrir**, soportar. || *v. prnl.* **5. Alardear**, jactarse, enorgullecerse. ➤ *Avergonzarse.*

pagel *s. m.* Besuguete, sama.

página *s. f.* **1. Carilla**, llana, plana. **2. Episodio**, suceso, caso.

pago *s. m.* Reintegro, pagamento, paga. ➤ *Cobranza, cobro.*

pairar *v. intr.* Trincar, ponerse al pairo.

país *s. m.* **1. Tierra**, patria, región. **2. Estado**, nación.

paisaje *s. m.* **1. Vista**, panorama. **2. Pintura**, fotografía, dibujo, cuadro.

paisano, na *adj.* **1. Compatriota**, conciudadano, coterráneo. || *s. m. y s. f.* **2. Aldeano**, labriego, campesino.

paja *s. f.* **1. Broza**, hojarasca, brizna, rastrojo, forraje. **2. Pajilla**, pajita.

pajar *s. m.* Almiar, granero, henil, cija.

pajarear *v. intr.* Remolonear, vaguear.

pajarel *s. m.* Pardal, pechirrojo, pechicolorado.

pajarero, ra *adj.* Bromista, alegre.

pájaro *s. m.* **1. Ave**, volátil. **2. Cuco**, astuto, taimado, zorro. ➤ *Ingenuo.*

pajarota *s. f.* Paparrucha, mentira, falsedad, bulo, bola, falacia. ➤ *Verdad.*

paje *s. m.* Escudero, criado. ➤ *Señor.*

pajizo, za *adj.* Amarillo, dorado.

pajuela *s. f.* Luquete, cerilla, fósforo.

pala *s. f.* **1. Raqueta. 2. Empella.**

palabra *s. f.* **1. Voz**, vocablo, término. **2. Lenguaje. 3. Vez**, derecho, uso, turno. **4. Promesa**, oferta, compromiso, ofrecimiento, voto, juramento.

palabrería *s. f.* Locuacidad, charlatanería, labia, palabreo, cháchara. ➤ *Silencio, discreción, laconismo.*

palabrero, ra *adj.* Lenguaraz, parlanchín, locuaz. ➤ *Silencioso, callado.*

palabrota *s. f.* Taco, maldición, juramento, blasfemia. ➤ *Elogio, piropo.*

palaciego, ga *adj.* Cortesano, palatino, palaciego.

palacio *s. m.* Quinta, mansión, villa.

paladar *s. m.* **1. Cielo de la boca. 2. Sabor**, gusto.

paladín *s. m.* Defensor, campeón, sostenedor, adalid. ➤ *Atacante.*

paladino, na *adj.* Manifiesto. ➤ *Secreto, oculto.*

palangana *s. f.* Lavamanos, lavabo, aguamanil, jofaina, barreño, cubeta.

palanganero *s. m.* Pajecillo.

palanquín *s. m.* Camilla, litera, andas.

palatino, na *adj.* Palaciego, cortesano.

palazo *s. m.* Cachiporrazo, porrazo.

palco *s. m.* Platea, compartimento.

palenque *s. m.* **1. Ruedo**, arena, plaza, coso, palestra, escenario, plataforma. **2. Cerca**, valla, cercado, vallado, empalizada, alambrada, tapial.

paleta *s. f.* Palustre, espátula, llana.

paletear *v. intr.* Bogar.

paletilla *s. f.* Paleta, espaldilla.

paletó *s. m.* Abrigo, gabán.

paleto, ta *s. m. y s. f.* Palurdo, labriego, tosco. ➤ *Elegante, fino, culto.*

paliación *s. f.* Atenuación, suavizamiento, alivio. ➤ *Agravamiento.*

paliar *v. tr.* Suavizar, calmar, atenuar, aliviar. ➤ *Agravar, sublevar, incitar.*

paliativo, va *adj.* Calmante, remedio.

palidecer *v. intr.* Demudarse, empalidecer, decolorar, desvaír, blanquear, amarillear. ➤ *Ruborizarse, colorear.*

pálido, da *adj.* Demudado, descolorido, macilento. ➤ *Ruboroso, moreno.*

palillo *s. m.* Limpiadientes.

palinodia *s. f.* Retractación, rectificación. ➤ *Ratificación, aseveración.*

palio *s. m.* **1. Pabellón**, tienda. **2. Dosel**, varal.

palique *s. m.* Charla, parloteo, cháchara, habladuría, cotilleo, conversación.

paliza *s. f.* **1. Tunda**, vapuleo, zurra, azotaina. **2. Latazo**, sermón, rollo.

palizada *s. f.* Valla, vallado, cerca.

palma *s. f.* **1. Palmera**, datilera. **2. Gloria**, triunfo, laurel.

palmada *s. f.* **1. Bofetada**, manotazo, guantada, tortazo, cachete, sopapo. ➤ *Caricia.* **2. Aplauso.** ➤ *Abucheo.*

palmar[1] *s. m.* Palmeral.

palmar[2] *v. intr.* Fenecer, fallecer, morir.

palmario, ria *adj.* Notorio, visible, evidente, palpable. ➤ *Latente, oculto.*

palmear *v. intr.* Aplaudir. ➤ *Abuchear.*

palmera *s. f.* Palma, cocotero.

palmito *s. m.* Figura, tipo, talle.

palmotear *v. intr.* Aplaudir, ovacionar, aclamar. ➤ *Abuchear, patear.*

palmoteo *s. m.* Aplauso, ovación.

palo *s. m.* **1. Vara**, cayado, bastón, tranca, garrote, estaca. **2. Mástil**, antena, puntal, poste, asta. **3. Golpe**, estacazo, garrotazo. ➤ *Caricia.*

paloduz *s. m.* Regaliz, duz.

palomar *s. m.* Nido, criadero, refugio.

palomero, ra *s. m. y s. f.* Colombófilo.

palote *s. m.* Rasgo, trazo, garabato.

palpable *adj.* Palmario, manifiesto, ostensible, tangible. ➤ *Latente, oculto.*

palpar *v. tr.* Tentar, toquetear, sobar, manosear, acariciar, magrear, tantear.

palpitación *s. f.* **1. Latido**, pulsación, pulso. **2. Estremecimiento**, tic, temblor, escalofrío, convulsión, ahogo.

palpitar *v. intr.* **1. Latir. 2. Estremecerse**, tiritar, temblar.

palpo *s. m.* Tentáculo.

palurdo, da *adj.* Rústico, zafio, paleto, tosco, grosero, rudo, basto. ➤ *Exquisito, educado, refinado, elegante.*

pamema *s. f.* Paripé, ficción, melindre.

pamplina *s. f.* Tontería, bagatela, nadería, pamema, paparrucha, patraña.

pamporcino *s. m.* Artanica, ciclamino.

pan *s. m.* Barra, hogaza, panecillo.

panacea *s. f.* Curalotodo, remedio.

panadería *s. f.* Tahona, horno.

panadizo *s. m.* Uñero, forúnculo, absceso, inflamación.

pancho *s. m.* Vientre, barriga, tripa.

pancista *adj.* Contemporizador, oportunista, utilitarista. ➤ *Fiel, leal.*

panda *s. m.* Oso gato, oso de los bambúes.

pandear *v. intr.* Encorvarse, combarse, alabearse. ➤ *Enderezarse.*

pandemonium *s. m.* Babel, infierno.

pandeo *s. m.* Alabeo, bombeo.

pandilla *s. f.* Banda, cuadrilla, grupo.

pandorga *s. f.* Sargentona.

panecillo *s. m.* Bollo, chusco.

panegírico, ca *adj.* Apología, elogio, encomio, enaltecimiento. ➤ *Diatriba.*

panegirista *s. m. y s. f.* Adulador, elogiador, apologista. ➤ *Detractor.*

pánfilo, la *adj.* **1. Lento.** ➤ *Rápido, nervioso.* **2. Panoli**, soso. ➤ *Espabilado.* **3. Ingenuo**, cándido. ➤ *Astuto.*

panfleto *s. m.* Octavilla, pasquín.

paniaguado *s. m.* Enchufado, predilecto, protegido, favorito. ➤ *Desdeñado.*

pánico, ca *adj.* Terror, espanto, pavor, miedo, susto, horror. ➤ *Tranquilidad, serenidad, valor.*

panificadora *s. f.* Panadería, horno, tahona.

panoli *adj.* Memo, lelo, ingenuo, necio, cándido, tonto. ➤ *Avispado.*

panormitano, na *adj.* Palermitano.

pantagruélico, ca *adj.* Desmesurado, exagerado. ➤ *Parco, escaso.*

pantalla *s. f.* **1. Mampara**, lámina. **2. Tapadera**, encubrimiento, distracción. **3. Monitor. 4. Abanico.**

pantano *s. m.* **1. Embalse**, laguna, depósito, presa. **2. Atolladero**, atasco, embarazo, dificultad, óbice.

pantanoso, sa *adj.* **1. Encharcado**, empantanado, cenagoso. ➤ *Seco.* **2. Enojoso**, embarazoso. ➤ *Fácil.*

panteón *s. m.* Mausoleo, túmulo, sepulcro, tumba, cripta.

pantomima *s. f.* Imitación, mimo.

pantuflo *s. m.* Babucha, zapatilla.

panul *s. m.* Apio.

panza *s. f.* Tripa, barriga, vientre.

panzada *s. f.* Atracón, tripada, festín.

panzudo, da *adj.* Panzón, barrigón, barrigudo.

pañol *s. m.* Polvorín.

pañoleta *s. f.* Chal, toquilla, echarpe.

pañuelo *s. m.* Moquero, sonador.

papada *s. f.* Papo, sobarba, sotabarba.

papado *s. m.* Pontificado, papazgo.

papafigo *s. m.* Papahigo, becafigo, picafigo.

papagayo *s. m.* Cotorra, loro.

papal *adj.* Pontificio.

papanatas *s. m. y s. f.* Papamoscas, bobalicón, pazguato, sansirolé, simple, papahuevos. ➤ *Zorro, águila.*

paparrucha *s. f.* Bulo, mentira, patraña, chisme, cuento, rumor, bola.

papeleta *s. f.* Atolladero, dificultad.

papelón, na *adj.* **1. Fantoche**, hinchado, presumido. ‖ *s. m.* **2. Papeleta**, embarazo, dificultad. ➤ *Facilidad.*

papelonear *v. intr.* Farolear, jactarse.

papera *s. f.* Parotiditis.

papilla *s. f.* Gachas, papa.

papiro *s. m.* Pergamino, hoja, lámina.

paquete *s. m.* Atado, atadijo, lio, bulto, fardo, envío, envoltorio, embalaje.

par *adj.* **1. Idéntico**, igual, parecido, simétrico, doble. ➤ *Desigual, asimétrico.* **2.** ➤ *Impar, non.* ‖ *s. m.* **3. Pareja**, duplo, dúo, dueto. ➤ *Uno, unidad.* **4. Yunta.**

parabién *s. m.* Enhorabuena, pláceme, felicitación, cortesía, congratulación, cumplido. ➤ *Maldición.*

parábola *s. f.* Alegoría, ejemplo, moralidad, fábula, enseñanza, metáfora.

parada *s. f.* **1. Detención**, alto, descanso, espera, pausa. ➤ *Marcha, oscilación, partida, encaminamiento.* **2. Estación**, estacionamiento, apeadero, escala. **3. Meta**, llegada, fin. ➤ *Salida.* **4. Desfile**, formación.

paradero *s. m.* **1. Término**, fin. **2. Estación**, apeadero.

paradigma *s. m.* Arquetipo, modelo.

paradisíaco, ca *adj.* Celestial.

parado, da *adj.* **1. Desempleado**, cesante. ➤ *Ocupado, empleado, activo.* **2. Quieto**, detenido, inmóvil, estático. ➤ *En marcha, en movimiento.* **3. Timorato**, corto, indeciso. ➤ *Osado.*

paradójico, ca *adj.* Contradictorio, sorprendente, extraño. ➤ *Normal.*

parador *s. m.* Posada, hostal, hospedería, fonda, hotel, hostería.

parafrasear *v. tr.* Comentar, explicar, glosar, amplificar, interpretar. ➤ *Resumir, compendiar, esquematizar.*

paráfrasis *s. f.* Amplificación, glosa, comentario, explicación, exégesis.

paraguas *s. m.* Quitasol, sombrilla.

paraguay *s. m.* Loro del Brasil.

paraguaya *s. f.* Fresquilla.

paragüero *s. m.* Bastonero.

parahúso *s. m.* Trincaesquinas.

paraíso *s. m.* **1. Edén**, cielo, gloria, nirvana, olimpo, elíseo, gloria. ➤ *Infierno.* **2. Gallinero**, anfiteatro, cazuela. ➤ *Patio de butacas.*

paraje *s. m.* **1. Territorio**, lugar. **2. Posición**, situación, emplazamiento.

parajismo *s. m.* Gesto, ademán, mueca.

paralelar *v. tr.* Equivaler, semejar, equiparar. ➤ *Diferenciarse.*

paralelismo *s. m.* Correspondencia, semejanza, analogía. ➤ *Diferencia.*

paralelo, la *adj.* **1. Equidistante**, equivalente. ➤ *Diferente.* ‖ *s. m.* **2. Cotejo**, parangón, comparación.

parálisis *s. f.* Entumecimiento, inmovilización, agarrotamiento. ➤ *Movilidad.*

paralítico, ca *adj.* Impedido, tullido, imposibilitado, parapléjico, inválido, minusválido, atrofiado. ➤ *Sano, ágil.*

paralización *s. f.* Inmovilización, truncamiento, detención.

paralizar *v. tr.* **1. Tullir**, imposibilitar. **2. Atajar**, inmovilizar, detener, impedir. ➤ *Mover, movilizar, facilitar.*

paramentar *v. tr.* Ornar, guarnecer.

paramento *s. m.* Ornamento, adorno.

páramo *s. m.* Desierto, erial, estepa, sabana. ➤ *Vergel, oasis, jardín.*

parangón *s. m.* Cotejo, comparación.

parangonar *v. tr.* Comparar, cotejar, confrontar, relacionar, equivaler, asemejar, asimilar, poner en paralelo. ➤ *Diferenciar, distinguir.*

paraninfo *s. m.* Aula magna.

paranoia *s. f.* Chaladura, locura.

paranoico, ca *adj.* Monomaníaco, maníaco, loco. ➤ *Cuerdo, sensato.*

parapetarse *v. prnl.* **1. Atrincherarse**, fortificarse. **2. Guarecerse**, protegerse, resguardarse. ➤ *Arriesgarse.*

parapeto *s. m.* Trinchera, barricada, baranda, resguardo, antepecho, defensa, valladar, fortín. ➤ *Brecha.*

parapoco *adj.* Pusilánime, corto, tímido. ➤ *Atrevido, animoso, osado.*

parapsicología *s. f.* Metapsíquica.

parar *v. intr.* **1. Detener**, suspender, estacionar, paralizar, impedir, frenar, sujetar, inmovilizar, contener, retener. ➤ *Marchar, movilizar, mover.* **2. Convertirse en. 3. Acabar**, terminar, concluir, finalizar. ➤ *Empezar, incitar.* **4. Alojarse**, residir, habitar, vivir, hospedarse. ➤ *Errar, vagabundear.*

parásito, ta *s. m. y s. f.* Gorrón, chupón, aprovechado.

parasol *s. m.* Quitasol, sombrilla.

parcela *s. f.* Solar, terreno, superficie.

parcelación *s. f.* Fraccionamiento, partición, segmentación. ➤ *Unión.*

404

parcelar *v. tr.* Fraccionar, separar.

parche *s. m.* **1. Emplasto**, bizma. **2. Remiendo**, retoque, pieza, pegote.

parcial *adj.* **1. Incompleto**, fragmentario, fraccionario, divisionario, diviso. ➤ *Total, completo, integral, global.* **2. Arbitrario**, injusto, subjetivo. ➤ *Imparcial, justo, objetivo, neutral.* **3. Partidario**, secuaz, allegado.

parcialidad *s. f.* **1. Bando**, partido. **2. Preferencia**, inclinación, injusticia, arbitrariedad, partidismo. ➤ *Justicia, igualdad, imparcialidad.*

parco, ca *adj.* **1. Escaso**, insuficiente. ➤ *Sobrado, generoso.* **2. Mesurado**, frugal, sobrio. ➤ *Abundante, opíparo.*

pardillo *s. m.* Pajarel, pardal, pechicolorado, pechirrojo.

pardo, da *adj.* Castaño, marrón, terroso, ceniciento, plomizo.

pardusco, ca *adj.* Oscuro. ➤ *Claro.*

parecer *v. intr.* **1. Presentarse**, comparecer. ➤ *Ausentarse.* **2. Aparecer**, mostrarse, surgir, asomar. ➤ *Desaparecer.* **3. Opinar**, considerar, sentir, creer, juzgar, reputar, enjuiciar, pensar. ‖ *s. m.* **4. Opinión**, juicio, dictamen, consideración, sentimiento, sentir, creencia, idea, concepto. ‖ *v. prnl.* **5. Asemejarse**, equipararse, asimilarse, parangonarse. ➤ *Diferenciarse.*

parecido, da *adj.* **1. Semejante**, similar, análogo, parejo, afín. ➤ *Distinto, diferente, desparejo.* ‖ *s. m.* **2. Similitud**, analogía, semejanza, aire. ➤ *Diferencia, desigualdad, distinción.*

pared *s. f.* Muro, tapia, albarrada, horma, hormaza, tabique, paredón, muralla, panel, medianera, lienzo.

paredaño, ña *adj.* Contiguo, limítrofe, vecino, adosado. ➤ *Lejano.*

pareja *s. f.* **1. Enamorados**, matrimonio. **2. Par**, dúo, yunta. ➤ *Unidad.*

parejero, ra *adj.* Pedante, presumido, vanidoso. ➤ *Modesto.*

parejo, ja *adj.* Par, parigual, igual, semejante. ➤ *Desparejo, distinto.*

paremiología *s. f.* Refranero.

parentela *s. f.* Familia. ➤ *Extraños.*

parentesco *s. m.* **1. Consanguinidad**, afinidad, conexión, vínculo, filiación, apellido, entronque, lazo, enlace. **2. Analogía**, proximidad, relación.

paréntesis *s. m.* **1. Acotación**, inciso, aparte. **2. Pausa**, descanso, interrupción, suspensión. ➤ *Continuación.*

parhilera *s. f.* Cumbrera.

paria *adj.* Marginado, apestado, discriminado. ➤ *Integrado, valorado.*

pariambo *s. m.* Baquio.

paridad *s. f.* **1. Paralelismo**, similitud, equiparación. ➤ *Diversidad, desigualdad.* **2. Afinidad**, analogía, equivalencia, semejanza. ➤ *Desemejanza.*

parida *s. f.* Estupidez, idiotez, necedad, chorrada, tontería, bobada.

pariente, ta *adj.* Familiar, allegado, deudo, consanguineo. ➤ *Extraño.*

parietaria *s. f.* Cañarroya, albahaquilla de río.

parigual *adj.* Parejo, parecido, par.

parir *v. intr.* **1. Alumbrar**, dar a luz. ➤ *Abortar.* **2. Producir**, engendrar, crear, hacer, causar, procrear.

parisiense *adj.* Parisién, parisino.

parla *s. f.* Cháchara, parleta, palique.

parlamentar *v. intr.* **1. Dialogar**, departir, conversar, platicar, discutir. **2. Conferenciar**, entrevistarse, pactar, capitular, tratar, concretar, ajustar.

parlamento *s. m.* **1. Cortes**, cámara, congreso. ‖ *s. m.* **2. Razonamiento**, discurso, alocución, arenga, proclama.

parlanchín *adj.* Hablador, charlatán, boceras, bocazas, cotorra, picotero. ➤ *Discreto, lacónico, prudente.*

parlero, ra *adj.* **1. Parlanchín**, charlatán, locuaz, cotorra. ➤ *Callado, taciturno.* **2. Chismoso**, criticón, cotilla.

paro *s. m.* **1. Descanso**, pausa, interrupción, detención, cesación, huelga. ➤ *Movimiento, acción.* **2. Desempleo**, desocupación. ➤ *Trabajo.*

parodia *s. f.* **1. Caricatura**, simulacro, copia. **2. Remedo**, imitación.

parodiar *v. tr.* Emular, ridiculizar.

paronomasia *s. f.* Agnominación, aliteración.

parótida *s. f.* Papera.

paroxismo *s. m.* Exacerbación, efervescencia, exaltación. ➤ *Frialdad.*

paroxítono, na *adj.* Llano, grave.

párpado *s. m.* Pálpebra.

parque *s. m.* **1. Bosque**, jardín, arboleda. **2. Depósito**, almacén.

parquedad *s. f.* **1. Sobriedad**, moderación. ➤ *Derroche, exceso.* **2. Parsimonia**, circunspección. ➤ *Prisa.*

parrafada *s. f.* **1. Conversación**, charla. **2. Discurso**, conferencia.

párrafo *s. m.* Parágrafo, pasaje, apartado, enunciado, oración, texto.

parral *s. m.* Emparrado.

parranda *s. f.* Fiesta, jarana, juerga, jolgorio, jaleo, diversión, trulla.

parrandero, ra *adj.* Juerguista, jaranero, vividor. ➤ *Serio, aburrido.*

parrilla *s. f.* Asador, grill.

parriza *s. f.* Labrusca, parra silvestre.

parroquia *s. f.* **1. Templo**, feligresía, demarcación. **2. Clientela**, público.

parroquiano, na *adj.* **1. Feligrés**, fiel. || *s. m. y s. f.* **2. Cliente.**

parsimonia *s. f.* **1. Sobriedad**, ahorro, economía, frugalidad, mezquindad. ➤ *Derroche, dilapidación.* **2. Moderación**, parquedad, mesura, prudencia. ➤ *Imprudencia, inmoderación.* **3. Calma**, pachorra, cachaza, cuajo, meticulosidad. ➤ *Rapidez, atropello.*

parsimonioso, sa *adj.* **1. Cachazudo**, calmoso, tranquilo, lento. ➤ *Nervioso, azorado, dinámico.* **2. Moderado**, frugal, sobrio. ➤ *Inmoderado.*

parte *s. f.* **1. Fracción** pedazo, trozo, fragmento, retazo, miembro, segmento, tramo, pieza, cacho, lote, ración, porción. ➤ *Todo, conjunto, totalidad.* **2. Punto**, dirección, lado, sitio, lugar. **3. Capítulo**, sección. **4. Partido**, bando. || *s. m.* **5. Telegrama**, aviso, noticia, comunicado, orden. || *s. f.* **6. Raja**, tajada, rebanada, loncha, rueda, mordisco, bocado, rodaja, lonja, gajo. || *s. f. pl.* **7. Genitales.**

parteluz *s. m.* Mainel.

partero, ra *s. m. y s.* Ginecólogo, tocólogo, matrona, comadrona.

parterre *s. m.* Macizo.

partible *adj.* Distribuible, divisible, fraccionable. ➤ *Indivisible.*

partición *s. f.* Partija, distribución, repartición, reparto. ➤ *Total, conjunto.*

participación *s. f.* **1. Colaboración**, intervención. **2. Boleto**, billete.

participante *adj.* Concurrente, integrante, partícipe, interviniente.

participar *v. tr.* **1. Informar**, avisar, hacer saber, notificar, comunicar, advertir, anunciar, prevenir. ➤ *Callar, guardarse.* || *v. intr.* **2. Colaborar**, contribuir, cooperar, tomar parte, interesarse, compartir, intervenir, suscribirse, jugar, terciar. ➤ *Abstenerse, negarse a.*

partícula *s. f.* **1. Átomo**, gota, miga, triza. **2. Preposición**, conjunción.

particular *adj.* **1. Peculiar**, personal, privativo, específico, original, propio, singular, exclusivo. ➤ *Impersonal, general.* **2. Extraño**, especial, extraordinario, singular, distinto, único. ➤ *Ordinario, común, vulgar, corriente.*

particularidad *s. f.* **1. Peculiaridad**, característica. **2. Pormenor**, detalle.

partida *s. f.* **1. Salida**, marcha, arrancada, arranque. ➤ *Llegada, término, meta.* **2. Cuadrilla**, pandilla, banda.

partidario, ria *adj.* **1. Secuaz**, adicto, parcial, prosélito, afiliado, adepto, aficionado, socio, simpatizante, admirador. ➤ *Contrario, antagonista, enemigo.* || *s. m.* **2. Aparcero**, arrendador.

partidismo *s. m.* Beligerancia, fanatismo, parcialidad. ➤ *Imparcialidad.*

partido *s. m.* **1. Bando**, bandería, banda, camarilla, clan, grupo, equipo, cotarro, secta. **2. Ventaja**, conveniencia, utilidad, provecho, interés, aplicación. ➤ *Perjuicio, desventaja.* **3. Resolución**, determinación, decisión. **4. Dividido**, diviso, fragmentado, roto, despedazado, descuartizado, cuarteado, troceado, fraccionado, cortado, seccionado. ➤ *Entero, completo, íntegro.*

partir *v. tr.* **1. Abrir**, cortar, romper, separar, fragmentar, trocear, distribuir, compartir, repartir, fraccionar, quebrar, fracturar, cascar, seccionar. ➤ *Unir, juntar, pegar, sumar.* || *v. intr.* **2. Salir**, marcharse, ausentarse, largarse, irse, pirarse, alejarse, tomar el portante, liar los bártulos. ➤ *Llegar, permanecer.*

partitura *s. f.* Composición, particela.

parto *s. m.* Alumbramiento. ➤ *Aborto.*

parvedad *s. f.* Escasez, cortedad, parvidad, exigüedad. ➤ *Importancia.*

parvo *adj.* Pequeño, escaso, insignificante, tenue, corto, exiguo, menudo. ➤ *Grande, importante, amplio.*

párvulo, la *adj.* Infante, rapaz, niño.

pasable *adj.* Soportable, tolerable, admisible. ➤ *Inadmisible, insufrible.*

pasadizo *s. m.* **1. Pasillo**, corredor, pasaje, callejón, travesía, portillo, recoveco, coladero, abertura. ➤ *Avenida, calle, bulevar.* **2. Garganta**, desfiladero, puerto, cañón, angostura, vado, túnel.

pasado, da *adj.* **1. Lejano**, remoto, antiguo, rancio, anticuado, gastado, caduco, viejo, usado. ➤ *Actual, moderno.* ‖ *s. m.* **2. Ayer**, antigüedad, pretérito. ➤ *Futuro, presente.*

pasador, ra *s. m.* **1. Pestillo**, cerrojo. **2. Broche**, prendedor, imperdible. **3. Filtro**, colador, tamiz, cedazo.

pasaje *s. m.* **1. Peaje**, impuesto. **2. Texto**, fragmento. **3. Paso**, tránsito, comunicación, paseo. **4. Billete**, boleto. **5. Travesía**, camino, recoveco, pasadizo, calle, túnel, vado, paso.

pasajero, ra *adj.* **1. Transitorio**, momentáneo, fugaz, efímero, breve, corto, perecedero. ➤ *Permanente, fijo, estable, largo, duradero, imperecedero.* **2. Transitable**, franqueable, pasadero, vadeable, concurrido, transitado, frecuentado. ‖ *s. m. y s. f.* **3. Viajero**, transeúnte, peatón.

pasamanería *s. f.* Bordado.

pasamano *s. m.* **1. Balaustrada**, barandal, barandilla. **2. Crujía**.

pasante *s. m. y s. f.* Ayudante, auxiliar, asistente, aprendiz, secretario. ➤ *Jefe.*

pasantía *s. f.* Aprendizaje, ayudantía.

pasaportar *v. tr.* Despedir, echar, visar, largar. ➤ *Recibir, acoger.*

pasaporte *s. m.* Salvoconducto, visado, pase, permiso, carnet, licencia.

pasar *v. tr.* **1. Transitar**, trasladar, traspasar, atravesar, penetrar, entrar, salir, franquear, recorrer, circular, vadear, trasmontar. ➤ *Quedarse, per-*

manecer. **2. Cruzar**. **3. Padecer**, soportar. **4. Perdonar**, dispensar. ‖ *v. intr.* **5. Suceder**, acaecer, ocurrir, acontecer. **6. Transcurrir**. ‖ *v. prnl.* **7. Marchitarse**, ajarse, estropearse.

pasatiempo *s. m.* **1. Solaz**, distracción, entretenimiento, diversión, recreo, esparcimiento, juego, devaneo. **2. Crucigrama**, jeroglífico.

pasavante *s. m.* Pasaporte, permiso.

pase *s. m.* Entrada, billete, localidad.

pasear *v. intr.* Deambular, vagar, andar, estirar las piernas, dar una vuelta, callejear, airearse, salir. ➤ *Correr.*

paseíllo *s. m.* Exhibición, desfile.

paseo *s. m.* **1. Caminata**, excursión, salida. **2. Rambla**, ronda, avenida.

pasillo *s. m.* Corredor, pasadizo, paso.

pasión *s. f.* **1. Sufrimiento**, padecimiento. ➤ *Gozo, alegría.* **2. Vehemencia**, ardor, entusiasmo, amor, calor, emoción, delirio. ➤ *Frialdad, apatía, desapego, indiferencia.*

pasionaria *s. f.* Pasiflora, murucuyá.

pasividad *s. f.* Indiferencia, impasibilidad, inacción. ➤ *Actividad, inquietud.*

pasivo, va *adj.* Inactivo, indiferente, paciente, inmóvil, quieto, impasible, parado, inerte. ➤ *Activo, agente.*

pasmado, da *adj.* **1. Necio**, lelo, papanatas. ➤ *Vivo, despierto, avispado.* **2. Alelado**, aturdido. ➤ *Espabilado.*

pasmar *v. tr.* **1. Helar**, aterir, congelar, enfriar. ➤ *Calentar.* **2. Tullir**, inmovilizar. ➤ *Rehabilitar.* **3. Maravillar**, aturdir, encantar, embelesar, extasiar, enajenar, admirar, fascinar, espantar, sorprender. ➤ *Dejar frío, dar igual.* **4. Desfallecer**, aturdir, desmayar, confundir, azarar, turbar, desconcertar, atolondrar, conturbar, trastornar. ➤ *Animar, espabilar.*

pasmarote *s. m. y s. f.* Alelado, aturdido, embobado, atontado. ➤ *Despierto.*

pasmo *s. m.* **1. Espasmo**, aterimiento. **2. Asombro**, maravilla, aturdimiento.

pasmoso, sa *adj.* Asombroso, increíble, extraordinario, sorprendente, admirable, prodigioso, portentoso, estupendo, maravilloso, fenomenal. ➤ *Común, ordinario, vulgar, manido.*

paso *s. m.* **1. Zancada**, tranco. **2. Vereda**, senda, camino, desfiladero. **3. Acceso**, comunicación. **4. Pase**, visado. **5. Aventura**, suceso, lance.

pasotismo *s. m.* Descuido, desgana.

pasquín *s. m.* Cartel, folleto.

pasquinada *s. f.* Crítica, sátira.

pastar *v. tr.* **1. Pastorear**, apacentar, pacer. ‖ *v. intr.* **2. Ramonear**, campear, rozar, rumiar, herbajar.

pastel *s. m.* **1. Complot**, chanchullo. **2. Bollo**, pastelillo, torta, tarta, dulce, hojaldre, panecillo, empanada.

pasteleo *s. m.* Amaño, chanchullo.

pastelería *s. f.* **1. Bollería**, repostería. **2. Confitería**, dulcería.

pasteurizar *v. tr.* Higienizar, purificar.

pastilla *s. f.* Píldora, tableta, gragea, medicina, comprimido.

pastizal *s. m.* Herbazal, pradera, prado.

pasto *s. m.* **1. Pastura**, pastizal, forraje, herbaje. **2. Alimento**, sustento, comida. **3. Pábulo**, incentivo, fomento.

pastor, ra *s. m. y s. f.* **1. Cabrero**, vaquero, boyero, mayoral, albarrán, zagal, porquerizo, ovejero, cabrerizo. **2. Sacerdote**, cura, prelado, párroco.

pastoral *s. f.* Égloga, bucólica.

pastorear *v. tr.* Apacentar.

pastoril *adj.* Bucólico, campestre, idílico, pastoral, rural. ➤ *Urbano.*

pastoso, sa *adj.* Denso, espeso, viscoso, cremoso, suave, blando.

pastura *s. f.* Pienso, pasto, forraje.

pata *s. f.* Remo, zanca, extremidad.

patada *s. f.* Puntapié, coz, pateo.

patalear *v. intr.* **1. Cocear.** ➤ *Acariciar.* **2. Patear**, abuchear. ➤ *Aplaudir.*

pataleo *s. m.* Taconeo, protesta.

pataleta *s. fam.* Rabieta, perra, ataque, berrinche, pataleo, capricho.

patán *s. m.* **1. Paleto**, palurdo, campesino, pueblerino, aldeano, rústico. ➤ *Urbano, ciudadano.* **2. Basto**, cateto, soez, zafio, tosco, grosero, ordinario, ignorante, inculto, descortés. ➤ *Educado, fino, culto, elegante.*

patarata *s. f.* **1. Nadería**, nonada, fruslería. **2. Mimo**, zalema, carantoña.

patatús *s. m.* Ataque, convulsión, desmayo, soponcio, síncope, lipotimia.

patear *v. tr.* **1. Criticar**, reprobar. ‖ *v. intr.* **2. Patalear**, silbar, abuchear.

patena *s. f.* Bandeja, plato.

patentar *v. tr.* Inscribir, legalizar, registrar, licenciar, certificar.

patente *adj.* **1. Palpable**, notorio, manifiesto, visible, palmario, evidente, claro, perceptible, indiscutible, comprensible. ➤ *Incomprensible, latente, complicada, oscuro.* ‖ *s. m.* **2. Licencia**, invento, concesión, exclusiva.

patentizar *v. tr.* Mostrar, significar, evidenciar, manifestar. ➤ *Ocultar.*

paternal *adj.* Benévolo, bondadoso, condescendiente. ➤ *Inflexible.*

patetismo *s. m.* Dramatismo, emotividad, angustia, tragedia. ➤ *Frialdad.*

patinazo *s. m.* Desacierto, resbalón, error, desliz, equivocación. ➤ *Acierto.*

patio *s. m.* **1. Corral**, claustro. **2. Platea.**

patitieso, sa *adj.* Atónito, estupefacto, pasmado, alucinado. ➤ *Indiferente.*

pato *s. m.* Ánade, ánsar, palmípedo.

patochada *s. f.* Desatino, despropósito, majadería. ➤ *Gracia, agudeza.*

patógeno, na *adj.* Infeccioso, pernicioso, dañino. ➤ *Benéfico, sano.*

patojo, ja *adj.* Cojo.

patológico, ca *adj.* Enfermizo, morboso. ➤ *Saludable.*

patoso, sa *adj.* Desangelado, desmañado, cargante, sosaina. ➤ *Gracioso.*

patraña *s. f.* Bulo, embuste, bola.

patrañero, ra *adj.* Embustero, mentiroso, embaucador. ➤ *Veraz, sincero.*

patria *s. f.* Nación, tierra, pueblo.

patriarcado *s. m.* ➤ *Matriarcado.*

patriciado *s. m.* Aristocracia, nobleza. ➤ *Plebeyez, vulgo.*

patricida *s. m. y s. f.* Parricida.

patricio *s. m.* Aristócrata, noble, prócer, personaje. ➤ *Plebeyo.*

patrimonial *adj.* Propio. ➤ *Ajeno.*

patrimonio *s. m.* **1. Herencia**, sucesión. **2. Propiedad**, hacienda, fortuna.

patrio, tria *adj.* Vernáculo, nacional, autóctono. ➤ *Extranjero, foráneo.*

patriota *s. m. y s. f.* Devoto, fiel. ➤ *Desleal, traidor.*

patriotero, ra *adj.* Nacionalista, chauvinista, xenófobo. ➤ *Abierto.*

patrística *s. f.* Patrología.

patrocinador, ra *adj.* Amparador, protector, mecenas, padrino.

patrocinar *v. tr.* Apadrinar, auspiciar.

patrocinio *s. m.* Protección, ayuda, respaldo. ➤ *Desamparo, abandono.*

patrón, na *s. m. y s. f.* **1. Señor**, jefe. || *s. m.* **2. Figurín**, horma, modelo.

patronato *s. m.* Sociedad, corporación.

patronímico, ca *adj.* Apelativo.

patrono, na *s. m. y s. f.* **1. Amo**, dueño, propietario. **2. Jefe**, director.

patrulla *s. f.* Escuadra, escuadrón, pelotón, batería, destacamento, ronda.

patulea *s. f.* Granujería, hampa.

patuleco, ca *adj.* Patuco, patojo, patituerto.

paular *s. m.* Cenagal, lodazal, pantano.

paulatino, na *adj.* Pausado, lento, calmoso, gradual, progresivo. ➤ *Rápido.*

paulina *s. f.* **1. Excomunión**. **2. Reprimenda.**, represión. ➤ *Elogio.*

pausa *s. f.* **1. Detención**, parada, alto, descanso, interrupción. **2. Silencio.**

pausado, da *adj.* Calmoso, flemático, tardo, lento, paulatino, despacioso. ➤ *Raudo, rápido, vivaz, atropellado.*

pauta *s. f.* Patrón, guía, modelo, horma.

pautar *v. tr.* **1. Rayar**. **2. Reglar.**

pavada *s. f.* Estupidez, memez, necedad, tontería. ➤ *Gracia, agudeza.*

pavés *s. m.* Broquel, escudo.

pavesa *s. f.* Brasa, chispa, ascua.

pávido, da *adj.* Asustadizo, temeroso, apocado. ➤ *Valiente, arrojado.*

pavimentar *v. tr.* Solar, asfaltar, adoquinar, enlosar, empedrar, losar.

pavimento *s. m.* Suelo, piso, firme, embaldosado, adoquinado, calzada.

pavo *s. m.* **1. Pavisoso**, memo, necio. **2. Timidez**, cortedad, rubor.

pavonearse *v. prnl.* Presumir, blasonar, vanagloriarse, jactarse, ufanarse.

pavoneo *s. m.* Lucimiento, presunción, vanidad. ➤ *Humildad, discreción.*

pavor *s. m.* Miedo, terror, pánico, espanto, canguelo. ➤ *Audacia, valor.*

pavoroso, sa *adj.* Espantoso, terrorífico, aterrador. ➤ *Confortador.*

payasada *s. f.* Bufonada, mamarrachada, gansada, ridiculez. ➤ *Seriedad.*

payaso, sa *s. m. y s. f.* Clown, bufón, gracioso, mimo.

payés, sa *s. m. y s. f.* Agricultor, aldeano, labrador, campesino.

paz *s. f.* **1. Sosiego**, calma, quietud. ➤ *Intranquilidad, desasosiego.* **2. Armonía**, concordia, acuerdo. ➤ *Guerra.*

pazguatería *s. f.* Majadería, memez, ñoñería, remilgo. ➤ *Audacia, ingenio.*

pazguato, ta *adj.* Imbécil, memo, necio, inocente. ➤ *Inteligente, avispado.*

pazote *s. m.* Hierba de Santa María.

peaje *s. m.* Pasaje, impuesto.

peana *s. f.* Pedestal, peaña, pie, basa.

peatón *s. m. y s. f.* Transeúnte, viandante, caminante. ➤ *Automovilista.*

pecado *s. m.* Culpa, falta, yerro, infracción, caída, vicio, desliz. ➤ *Virtud.*

pecador, ra *adj.* Transgresor, culpable, infractor, vicioso. ➤ *Virtuoso.*

pecaminoso, sa *adj.* Censurable, inmoral, obsceno. ➤ *Limpio, virtuoso.*

pecar *v. intr.* Errar, caer, faltar, corromperse. ➤ *Arrepentirse, expiar.*

pecarí *s. m.* Saíno común.

pecera *s. f.* Acuario.

pechar *v. tr.* **1. Tributar**, cotizar. **2. Abonar**, saldar. **3. Arrostrar**, asumir.

pechera *s. f.* Peto, delantera.

pecho[1] *s. m.* **1. Tórax**. **2. Seno**, teta.

pecho[2] *s. m.* Tributo, impuesto, gabela.

pecina *s. f.* Fango, barro, lodo, cieno.

pecinal *s. m.* Cenagal, lodazal.

pecíolo *s. m.* Rabo, pezón, rabillo.

pecuario, ria *adj.* Ganadero.

peculiar *adj.* Distintivo, característico, particular, propio. ➤ *General, común.*

peculiaridad *s. f.* Cualidad, propiedad, característica, particularidad, distinción, singularidad. ➤ *Generalidad.*

peculio *s. m.* Bienes, hacienda, capital.

pecuniario, ria *adj.* Monetario.

pedagógico, ca *adj.* Cultural, formativo, educativo, didáctico.

pedagogo, ga *s. m. y s. f.* Instructor, profesor, maestro, mentor, educador.

pedanía *s. f.* Arrabal, barrio.

pedante *adj.* Engolado, lamido, repulido, afectado. ➤ *Sencillo, humilde.*

pedantería *s. f.* Afectación, jactancia, estiramiento. ➤ *Naturalidad, sencillez.*

pedazo *s. m.* Trozo, fracción, fragmento, cacho, añico, pizca. ➤ *Totalidad.*

pedernal *s. m.* Piedra de chispa, sílex.

pedestal *s. m.* **1. Contrabase**, peana. **2. Apoyo**, cimiento, base, plataforma.

pedigüeño, ña *adj.* Mendigo, pordiosero, sacacuartos. ➤ *Dadivoso.*

pedir *v. tr.* **1. Suplicar**, solicitar, implorar. ➤ *Dar, prestar, exigir.* **2. Reivindicar**, demandar. ➤ *Conceder.*

pedrada *s. f.* Cantazo, guijarrazo.

pedrea *s. f.* **1. Granizada**, pedrisco. **2. Reintegro**, premio.

pedregal *s. m.* Pedriscal, pedroche.

pedregoso, sa *adj.* Pétreo, rocoso.

pedrera *s. f.* Guijarral, pedregal.

pedrisco *s. m.* Granizada.

pega *s. f.* **1. Estorbo**, inconveniente, dificultad. ➤ *Facilidad.* **2. Empega.**

pegadizo, za *adj.* **1. Pegajoso**, gorrón. **2. Añadido**, artificial. ➤ *Genuino.*

pegado, da *adj.* Adherido, adjunto.

pegajoso, sa *adj.* **1. Pegadizo**, viscoso. **2. Glutinoso. 3. Irresistible. 4. Corruptible. 5. Contagioso.**

pegamento *s. m.* Cola, adhesivo, aglutinante.

pegar *v. tr.* **1. Juntar**, adherir, aglutinar. **2. Atar**, sujetar. **3. Adosar. 4. Contagiar**, transmitir, infectar, contaminar. **5. Zurrar**, golpear. ‖ *v. intr.* **6. Adecuar**, caer bien. **7. Lindar.** ‖ *v. prnl.* **8. Inmiscuirse**, entrometerse.

pegote *s. m.* Apósito, emplasto.

peguero, ra *s. m. y s. f.* Empecinado.

pegujalero, ra *s. m. y s. f.* Labrantín, pelantrín. ➤ *Hacendado.*

peguntar *v. tr.* Empegar, empeguntar.

peinado, da *s. m.* Tocado.

peinar *v. tr.* **1. Rastrear**, batir. **2. Atusar**, desenredar, cardar. ➤ *Despeinar.*

peineta *s. f.* Recogeabuelos.

pejepalo *s. m.* Pezpalo, estocafís.

pejesapo *s. m.* Alacrán marino, rape, sapo marino.

pejiguera *s. f.* Incomodidad, molestia, pesadez, incordio, fastidio.

peladera *s. f.* Calvicie, alopecia.

peladillo *s. m.* Violeto, pérsico.

peladura *s. f.* Despellejadura, trasquiladura, mondadura.

pelafustán, na *s. m. y s. f.* Pelagatos, pelanas, pobretón. ➤ *Personaje.*

pelagra *s. f.* Mal de la rosa.

pelaje *s. m.* Ralea, traza, condición.

pelambrera *s. f.* Cabellera, melena.

pelanas *s. m. y s. f.* Despreciable, inútil, pelagatos, pelafustán.

pelar *v. tr.* **1. Rapar**, recortar. **2. Descortezar**, mondar. **3. Descascarar**, descascarillar. **4. Robar**, desplumar.

peldaño *s. m.* Escalón, grada, travesaño.

peleador, ra *adj.* Luchador, peleante, combatiente. ➤ *Pacífico.*

pelear *v. intr.* **1. Batirse**, enzarzarse, lidiar. **2. Combatir.** ‖ *v. prnl.* **3. Enzarzarse**, batirse. **4. Indisponerse.**

pelele *s. m.* **1. Espantajo**, monigote, mamarracho. **2. Apocado**, parapoco.

peletería *s. f.* Curtiduría.

peletero, ra *s. m. y s. f.* Curtidor, guarnicionero.

peliagudo, da *adj.* Dificultoso, difícil, arduo, enrevesado, intrincado.

película *s. f.* **1. Cutícula**, membrana. **2. Filme**, cinta, celuloide.

peligrar *v. intr.* Arriesgar, aventurar.

peligro *s. m.* Riesgo, amenaza, alarma.

peligroso, sa *adj.* Expuesto, aventurado, arriesgado, amenazado. ➤ *Seguro.*

pelirrojo, ja *adj.* Taheño.

pelirrubio, bia *adj.* Rubio, trigueño.

pella *s. f.* Amalgama, amasijo, masa.

pellejería *s. f.* Peletería, curtiduría.

pellejo *s. m.* Pelleja, piel, cuero.

pelliza *s. f.* Tabardo, zamarra, pellica.

pellizcar *v. tr.* Pizcar.

pellizco *s. m.* **1. Torniscón**, pizco. **2. Pizca**, poquito, gota, miaja.

pelma *s. m. y s. f.* Cargante, pesado, molesto, fastidioso, latoso. ➤ *Agradable.*

pelo *s. m.* **1. Cabello. 2. Brizna**, pizca.

pelón, na *adj.* **1. Calvo**, pelado. **2. Menesteroso**, necesitado. ➤ *Rico.*

peloso, sa *adj.* Velloso, melenudo, piloso, lanudo. ➤ *Calvo, lampiño.*

pelota *s. f.* **1. Balón**, bola. **2. Adulador**, pelotillero, cobista. ➤ *Sincero.*

pelotera *s. f.* Camorra, pelea, pendencia, discusión. ➤ *Armonía, paz.*

pelotilleo *s. m.* Halago, adulación, servilismo, peloteo, coba. ➤ *Veracidad.*

pelotillero, ra adj. Pelota, chivato.

pelotón s. m. Destacamento, patrulla.

peluca s. f. **1. Bisoñé**, peluquín, postizo. **2. Reprimenda**, regañina, filípica.

peludo, da adj. Lanudo, piloso, velloso, melenudo. ➤ Calvo, lampiño.

peluquería s. f. Barbería.

peluquín s. m. Bisoñé.

pelusa s. f. **1. Borra. 2. Celos**, envidia.

pena s. f. **1. Corrección**, correctivo, castigo. **2. Congoja**, pesar, tristeza, angustia. **3. Fatiga**, penalidad.

penachera s. f. Copete, cresta, moño.

penado, da s. m. y s. f. Presidiario, recluso, prisionero.➤ Indultado, libre.

penal s. m. Presidio, penitenciaría, correccional, cárcel.

penalidad s. f. **1. Trabajo**, molestia, incomodidad. **2. Pena**, castigo, sanción.

penalista s. m. y s. f. Criminalista.

penar v. tr. **1. Sancionar**, castigar. **2. Padecer**, sufrir, acongojarse.

pendejo, ja s. m. y s. f. **1. Pendón**, pingo, juerguista. ‖ s. m. **2. Calzonazos**, infeliz. ➤ Audaz, valiente.

pendencia s. f. Trifulca, querella, altercado, pelotera, pelea, discusión, contienda. ➤ Amistad, acuerdo.

pendenciero, ra adj. Camorrista, peleón. ➤ Pacífico, tranquilo.

pender v. intr. Colgar, suspender.

pendiente adj. **1. Aplazado**, diferido, suspendido. ‖ s. m. **2. Arracada**. ‖ s. f. **3. Inclinación**, subida, repecho.

pendolista s. m. y s. f. Escribano, amanuense, calígrafo, pendolario.

pendón s. m. Enseña, bandera.

pendonear v. intr. Callejear, holgar, zanganear, zascandilear. ➤ Trabajar.

pendular adj. Fluctuante, oscilante, variable, alternativo. ➤ Firme, fijo.

pene s. m. Falo, miembro viril.

penetración s. f. Sutileza, inteligencia, perpicacia, agudeza. ➤ Necedad.

penetrante adj. **1. Profundo**, hondo. **2. Agudo**, estridente. ➤ Grave.

penetrar v. tr. **1. Meterse**, entrar. **2. Entender**, enterarse, empaparse.

penitencia s. f. Castigo, disciplina.

penitenciaría s. f. Penal, presidio, correccional, prisión, cárcel.

penoso, sa adj. **1. Laborioso**, fatigoso, difícil. **2. Aflictivo**, doloroso, triste.

pensado, da adj. Meditado, preconcebido, reflexionado. ➤ Inconsciente.

pensador, ra s. m. y s. f. Intelectual, filósofo, estudioso.

pensamiento s. m. **1. Entendimiento**, intelecto. **2. Dicho**, máxima, sentencia. **3. Plan**, proyecto, intención.

pensar v. tr. **1. Razonar**, cavilar, meditar. ➤ Ofuscarse. **2. Intentar**, proyectar, idear, planear, proponerse. **3. Sospechar**, recelar, creer. ➤ Confirmar.

pensativo, va adj. Cogitabundo, meditabundo, reflexivo. ➤ Irreflexivo.

pensión s. f. **1. Renta**, asignación, subsidio, retiro. **2. Beca**, subvención. **3. Hostal**, fonda, alojamiento.

pensionado s. m. Internado, residencia, pupilaje, colegio.

pensionista s. m. y s. f. **1. Retirado**, jubilado. **2. Huésped**, interno.

penuria s. f. Carestía, necesidad, escasez, pobreza. ➤ Copia, abundancia.

peña s. f. **1. Roca**, risco, peñasco. **2. Tertulia**, grupo, círculo, pandilla.

peñascal s. m. Pedregal, roquedal.

peñascoso, sa adj. Riscoso, rocoso, enriscado, montañoso. ➤ Llano, liso.

peón s. m. **1. Peatón. 2. Bracero**, jornalero, obrero. **3. Trompo**, peonza.

peonza s. f. Trompo.

pepita¹ s. f. Gabarro, moquillo.

pepita² s. f. Pipa.

pepitoria s. f. Embrollo, mezcla, barullo, mezcolanza. ➤ Orden.

peplo s. m. Ropón, túnica.

pequeñez s. f. Nimiedad, bagatela, menudencia, minucia, pamplina.

pequeño, ña adj. **1. Parvo**, escaso, reducido. ➤ Grande, inmenso. **2. Niño**, chico, párvulo. ➤ Adulto, mayor.

pera s. f. **1. Perilla. 2. Interruptor**, pulsador, llamador, conmutador.

peraleda s. f. Pereda.

peralte s. m. Desnivel.

percalina s. f. Lustrina, percal.

percance s. m. Accidente, contrariedad, contratiempo. ➤ Solución.

percatar v. intr. Percibir, notar, apreciar, observar. ➤ Ignorar, desconocer.

percebe *s. m.* Escaramujo, pie de cabra.

percepción *s. f.* Conciencia.

perceptible *adj.* Comprensible, apreciable, sensible. ➤ *Imperceptible.*

percibir *v. tr.* **1. Advertir,** distinguir, sentir, ver. ➤ *Omitir.* **2. Entender,** penetrar, comprender. ➤ *Ignorar.*

percudir *v. tr.* Manosear, estropear.

percutir *v. tr.* Golpear, chocar, herir.

percutor *s. m.* Gatillo, percusor.

perdedor, ra *adj.* Fracasado, arruinado. ➤ *Ganador, triunfador.*

perder *v. tr.* **1. Malograr,** corromper, estropear. **2. Caer,** desvirtuar. **3. Desbordarse,** desperdiciarse. ‖ *v. prnl.* **4. Desorientarse,** confundirse. **5. Corromperse,** viciarse, pervertirse.

pérdida *s. f.* **1. Extravío.** ➤ *Localización.* **2. Merma,** perjuicio, quebranto.

perdido *s. m.* Vicioso, calavera, descarriado, perdulario, tarambana.

perdón *s. m.* Absolución, gracia, indulto, clemencia. ➤ *Condena.*

perdonable *adj.* Disculpable, dispensable, excusable. ➤ *Imperdonable.*

perdonar *v. tr.* **1. Disculpar,** excusar, dispensar, eximir, indultar, amnistiar, condonar, absolver. ➤ *Condenar, inculpar.* **2. Excluir,** eximir, exceptuar.

perdonavidas *s. m. y s. f.* Matasiete, chulo, baladrón, bravucón, fanfarrón.

perdulario, ria *adj.* Calavera, tarambana, tronera, perdido. ➤ *Juicioso.*

perdurable *adj.* **1. Eterno,** inmortal, imperecedero. ➤ *Fugaz.* **2. Duradero,** permanente. ➤ *Transitorio.*

perduración *s. f.* Perpetuación, subsistencia, permanencia. ➤ *Fugacidad.*

perdurar *v. intr.* Permanecer.

perecedero, ra *adj.* Pasajero, caduco, transitorio, breve, efímero.

perecer *v. intr.* **1. Extinguirse,** sucumbir, morir. ➤ *Nacer, empezar.* ‖ *v. prnl.* **2. Ansiar,** anhelar, desvivirse.

peregrinación *s. f.* Romería.

peregrinar *v. intr.* Caminar, viajar.

peregrino, na *adj.* **1. Singular,** insólito, raro. ‖ *s. m. y s. f.* **2. Romero.**

perejil *s. m.* Hinojo.

perendengue *s. m.* Baratija, pendiente, arete, chuchería. ➤ *Joya, alhaja.*

perengano, na *s. m. y s. f.* Fulano, mengano, zutano, uno.

perenne *adj.* Eterno, imperecedero, permanente. ➤ *Caduco, efímero.*

perennidad *s. f.* Duración, perpetuación, permanencia. ➤ *Transitoriedad.*

perentoriedad *s. f.* Apremio, inminencia, indispensabilidad, urgencia.

perentorio, ria *adj.* Apremiante, definitivo, terminante. ➤ *Lento, pasivo.*

pereza *s. f.* Galbana, gandulería, remolonería, holgazanería, desidia. ➤ *Diligencia, acción, aplicación, actividad.*

perezoso, sa *adj.* **1. Holgazán,** gandul, haragán, vago. ➤ *Diligente, activo.* ‖ *s. m.* **2. Calípedes,** perico ligero.

perfección *s. f.* Colmo, pureza, sazón.

perfeccionamiento *s. m.* Mejora, reforma, superación. ➤ *Empeoramiento.*

perfeccionar *v. tr.* Acrisolar, afinar, depurar, limar, ampliar. ➤ *Empeorar.*

perfectibilidad *s. f.* Carencia, deficiencia. ➤ *Suficiencia, perfección.*

perfectible *adj.* Carente, defectuoso, incorrecto, mejorable. ➤ *Perfecto.*

perfecto, ta *adj.* **1. Acabado,** completo, cumplido, cabal, entero. ➤ *Imperfecto, inacabado, a medias.* **2. Excelente,** insuperable. ➤ *Imperfecto.*

perfidia *s. f.* Alevosía, asechanza, perversidad, insidia. ➤ *Bondad, lealtad.*

pérfido, da *adj.* Infiel, traidor, fementido, felón, alevoso. ➤ *Leal, sincero.*

perfil *s. m.* Silueta, contorno. ➤ *Fondo.*

perfilar *v. tr.* **1. Esbozar,** abocetar. **2. Afinar,** rematar. **3. Arreglarse,** acicalarse, aderezarse, componerse.

perforación *s. f.* Cala, hueco.

perforar *v. tr.* Taladrar, agujerear, penetrar, cavar, horadar. ➤ *Obturar.*

perfumador *s. m.* Aromatizador, balsamera, bujeta.

perfume *s. m.* Aroma, fragancia, efluvio, esencia, bálsamo. ➤ *Peste, hedor.*

pergeñar *v. tr.* Confeccionar, disponer, preparar, componer, arreglar.

periambo *s. m.* Baquio, pirriquio.

periantio *s. m.* Corola.

pericia *s. f.* Destreza, conocimiento, maña, arte. ➤ *Inhabilidad, impericia.*

perico *s. m.* Mariquita, periquito.

peridoto *s. m.* Olivino.

periferia *s. f.* Aledaño, contorno, perímetro, afueras, suburbios. ➤ *Centro.*

periférico, ca *adj.* Circundante, exterior, limítrofe. ➤ *Central, nuclear.*

perifonear *v. tr.* Divulgar, propagar.

perífrasis *s. f.* Circunloquio, rodeo.

perigeo *s. m.* ➤ *Apogeo.*

perillán, na *s. m. y s. f.* Tuno, taimado, pícaro, astuto, zorro. ➤ *Ingenuo.*

perímetro *s. m.* Alrededores, cerco, periferia, ámbito, contorno.

perineo *s. m.* Periné.

periodicidad *s. f.* Alternación, regularidad. ➤ *Irregularidad.*

periódico, ca *adj.* **1. Regular,** cíclico, recurrente. **2. Diario,** semanario.

periodista *s. m. y s. f.* Articulista, corresponsal, redactor, reportero.

período *s. m.* **1. Fase,** etapa, ciclo, lapso. **2. Regla,** menstruación, menorragia. **3. Cláusula,** oración compuesta.

peripecia *s. f.* Andanza, caso, suceso, incidente, aventura, lance, trance.

peripuesto, ta *adj.* Repulido, acicalado, emperejilado. ➤ *Desarrapado.*

periquete *s. m.* Instante, rato, santiamén, momento, segundo, minuto.

peristilo *s. m.* Propileo, columnata.

peritación *s. f.* Informe, evaluación, valoración, estudio.

perito, ta *adj.* Hábil, diestro, conocedor, experto, práctico, competente, técnico, ducho. ➤ *Inexperto, inútil.*

perjudicado, da *adj.* Lastimado, menoscabado, afectado, dañado, quebrantado. ➤ *Beneficiado, agraciado.*

perjudicar *v. tr.* Dañar, damnificar, menoscabar. ➤ *Favorecer, perdonar.*

perjudicial *adj.* Dañino, nocivo, pernicioso. ➤ *Beneficioso, favorable.*

perjuicio *s. m.* Daño, detrimento, menoscabo, deterioro, molestia, mal. ➤ *Favor, bien, ventaja.*

perla *s. f.* Margarita, aljófar.

perlar *v. tr.* Mojar, humedecer.

perlino, na *adj.* Blanco, blanquecino, nacarado, perlado. ➤ *Oscuro.*

permanecer *v. intr.* Estar, persistir, subsistir, quedarse, residir, perseverar. ➤ *Ausentarse, pasar, rendirse.*

permanencia *s. f.* Constancia, perseverancia, estabilidad, inmutabilidad.

permanente *adj.* **1. Estable,** fijo, firme, inalterable, invariable, inmutable, constante, duradero. ➤ *Mudable, inestable, variable.* **2. Moldeado.**

permeabilidad *s. f.* Absorción, exósmosis. ➤ *Impermeabilidad.*

permisible *adj.* Tolerable, admisible, autorizable, otorgable. ➤ *Intolerable.*

permisivo, va *adj.* Condescendiente.

permiso *s. m.* Autorización, venia, beneplácito, aquiescencia, gracia, consentimiento. ➤ *Prohibición, veto.*

permitido, da *adj.* Autorizado, admitido, tolerado. ➤ *Prohibido, vetado.*

permitir *v. tr.* **1. Aprobar,** acceder, consentir. ➤ *Prohibir, desautorizar.* **2. Aguantar,** sufrir, tolerar. ➤ *Rebelarse.*

permuta *s. f.* Cambio, trueque, canje.

permutable *adj.* Canjeable, intercambiable, trocable. ➤ *Intransferible.*

permutar *v. tr.* Canjear, conmutar, trocar, intercambiar, chalanear.

pernicioso, sa *adj.* Maligno, dañino, nocivo, perjudicial. ➤ *Benigno, sano.*

pernil *s. m.* **1. Jamón,** anca, muslo, nalgada. **2. Pernera.**

pernio *s. m.* Bisagra, charnela, gozne.

perniosis *s. f.* Sabañón.

pernoctar *v. intr.* Trasnochar, dormir, alojarse, pasar la noche, hospedarse.

pero *conj. advers.* **1. Mas,** empero, sino, aunque. ‖ *s. m.* **2. Estorbo,** tacha. ➤ *Perfección, facilidad.*

perogrullada *s. f.* Obviedad, evidencia.

perogrullesco, ca *adj.* Evidente, notorio, obvio. ➤ *Intrincado, oculto.*

perol *s. m.* Caldera, caldero, cazo.

peroración *s. f.* Epílogo, conclusión.

perorar *v. intr.* Discursear, disertar.

perorata *s. f.* Soflama, prédica, arenga.

perpendicular *adj.* ➤ *Paralelo.*

perpetración *s. f.* Comisión, intervención, realización. ➤ *Abstención.*

perpetua *s. f.* Sempiterna, siempreviva.

perpetuación *s. f.* Perennidad, perduración, persistencia, continuación, dilatación. ➤ *Acabamiento, olvido.*

perpetuar *v. tr.* **1. Inmortalizar,** eternizar. **2. Continuar,** alargar.

perpetuo, tua *adj.* Continuo, incesante, imperecedero, perenne, perdurable, inmortal, eterno, permanente, sempiterno. ➤ *Caduco, perecedero.*

perplejidad *s. f.* Hesitación, incertidumbre, indeterminación. ➤ *Decisión, resolución, fe, despreocupación.*

perplejo, ja *adj.* Dudoso. ➤ *Decidido.*

perquirir *v. tr.* Averiguar, inquirir.

perrería *s. f.* **1. Insulto**, improperio, denuesto, dicterio. **2. Vileza**, trastada.

perro, rra *s. m. y s. f.* **1. Can**, chucho, gozque. **2. Traidor**, villano, pérfido. ‖ *s. f.* **3. Pataleta**, berrinche, rabieta. ‖ *s. f. pl.* **4. Dinero**, monedas.

perruno, na *adj.* Canino.

persecución *s. f.* Acosamiento, batida, caza, hostigamiento. ➤ *Abandono.*

perseguidor, ra *adj.* Hostigador.

perseguir *v. tr.* **1. Acorralar**, buscar. **2. Estrechar**, acosar, rodear. **3. Vejar**, dañar. **4. Apremiar,** fastidiar.

perseverancia *s. f.* Tesón, persistencia, tenacidad, firmeza. ➤ *Inconstancia, indecisión, incumplimiento.*

perseverante *adj.* Constante, firme, tenaz. ➤ *Inconstante, veleidoso.*

perseverar *v. intr.* **1. Persistir**, insistir, reanudar. ➤ *Desistir, renunciar, ceder.* **2. Perdurar**, permanecer, mantener. ➤ *Acabar, morir, decaer.*

pérsico *s. m.* Melocotonero, alpérsico, pérsigo, albérchigo.

persistir *v. intr.* **1. Insistir**, perseverar, obstinarse, empeñarse. ➤ *Desistir, renunciar.* **2. Perdurar**, permanecer. ➤ *Decaer, acabar, terminar.*

personaje *s. m.* Figura, personalidad.

personal *adj.* **1. Particular**, privativo, individual. ➤ *General, común.* ‖ *s. m.* **2. Plantilla**, empleados, plantel.

personalidad *s. f.* Carisma, idiosincrasia, carácter, temperamento, sello.

personalismo *s. m.* Egoísmo, egocentrismo, vanidad. ➤ *Altruismo.*

personalizar *v. tr.* Aludir, ofender.

personarse *v. prnl.* Aparecer, comparecer, presentarse. ➤ *Faltar.*

perspicacia *s. f.* Sutilidad, sutileza, sagacidad, agudeza, vista, penetración, ingenio. ➤ *Tontería, necedad.*

perspicaz *adj.* **1. Penetrante**, agudo. **2. Sutil**, lúcido, sagaz. ➤ *Torpe.*

perspicuidad *s. f.* Claridad, transparencia, tersura. ➤ *Oscuridad.*

persuadir *v. tr.* Convencer, decidir, seducir. ➤ *Dudar, desistir, disuadir.*

persuasión *s. f.* Convencimiento, convicción, sugestión. ➤ *Disuasión.*

persuasivo, va *adj.* Convincente, sugestivo, suasorio. ➤ *Disuasor.*

pertenecer *v. intr.* **1. Corresponder**, competer, incumbir, atañer, concernir. ➤ *Desligarse.* **2. Ser de**, depender, supeditarse. ➤ *Librarse.*

perteneciente *p. a.* Relativo.

pertenencia *s. f.* Propiedad, dominio, posesión, goce, bienes. ➤ *Carencia.*

pértica *s. f.* Tornadura.

pértiga *s. f.* Garrocha, lanza, palanca.

pértigo *s. m.* Timón.

pertinacia *s. f.* Empecinamiento, insistencia, tozudez, terquedad.

pertinaz *adj.* Tenaz, testarudo, recalcitrante, insistente, contumaz, obstinado. ➤ *Resignado, razonable.*

pertinencia *s. f.* Oportunidad, procedencia, adecuación. ➤ *Improcedencia.*

pertinente *adj.* **1. Relativo,** referente, concerniente. **2. Oportuno**, adecuado, indicado, conveniente, propio, apto. ➤ *Inoportuno, inconveniente.*

pertrechar *v. tr.* Abastecer, guarnecer, aviar, proveer. ➤ *Desatender.*

pertrechos *s. m. pl.* Aparejos, útiles.

perturbación *s. f.* Alteración, desorden, trastorno, desarreglo, agitación. ➤ *Organización, orden, sosiego.*

perturbado, da *adj.* **1. Alterado**, desordenado, trastornado, alborotado. ➤ *Ordenado.* ‖ *adj.* **2. Enajenado**, loco, chalado, majareta. ➤ *Cuerdo.*

perturbador, ra *adj.* Agitador, alarmante, aterrador, inquietante, amenazante, turbador. ➤ *Tranquilizador.*

perturbar *v. tr.* Desordenar, desarreglar, turbar, trastornar, trastocar, alborotar. ➤ *Tranquilizar, aquietarse.*

peruétano *s. m.* Piruétano.

perversidad *s. f.* Maldad, perfidia, perversión, malignidad. ➤ *Bondad, benignidad, santidad.*

perversión *s. f.* Depravación, inmoralidad, corrupción, degeneración.

perverso, sa *adj.* Maligno, corrupto, protervo. ➤ *Bueno, virtuoso.*

pervertir *v. tr.* Viciar, malear, enviciar, depravar. ➤ *Perfeccionar, purificar.*

pesadez *s. f.* **1. Pesadumbre**, gravedad. ➤ *Ligereza.* **2. Lata**, fastidio.

pesadilla *s. f.* **1. Alucinación**, delirio. **2. Angustia**, zozobra, temor.

pesado, da *adj.* **1. Grave**, ponderoso. ➤ *Ligero, leve.* **2. Calmoso**, cachazudo. ➤ *Rápido, veloz.* **3. Enojoso**, cargante, fastidioso, latoso, tedioso. **4. Duro**, áspero, desabrido. ➤ *Grato.*

pesadumbre *s. f.* **1. Pena**, pesar, dolor. **2. Querella**, quimera, cuestión.

pésame *s. m.* Condolencia. ➤ *Pláceme.*

pesar¹ *s. m.* **1. Pena**, aflicción, pesadumbre, tristeza, dolor. ➤ *Alegría.* **2. Arrepentimiento**, remordimiento.

pesar² *v. intr.* **1. Arrepentirse.** ‖ *v. tr.* **2. Cargar**, gravitar, lastrar. **3. Considerar**, reflexionar, sopesar, pensar.

pesaroso, sa *adj.* Afligido, entristecido, apenado. ➤ *Alegre, contento.*

pescar *v. tr.* Atrapar, coger, pillar, lograr, sorprender, apresar. ➤ *Soltar.*

pescozón *s. m.* Mojicón, sopapo. ➤ *Caricia.*

pescuezo *s. m.* Cogote, cerviz, cuello.

pesebre *s. m.* **1. Comedero. 2. Establo**, cuadra.

pésete *s. m.* Blasfemia, reniego.

pesetero, ra *adj.* Avaro, agarrado, roñoso, miserable, tacaño, usurero. ➤ *Generoso, dadivoso, espléndido.*

pesimismo *s. m.* Desilusión, melancolía, escepticismo. ➤ *Optimismo.*

pesimista *adj.* Desilusionado, desesperado, melancólico. ➤ *Optimista.*

pésimo, ma *adj. sup.* Deleznable, abyecto, malísimo, rematado, atroz. ➤ *Óptimo, brillante, admirable.*

peso *s. m.* **1. Gravedad**, pesadez, carga, tara, lastre. **2. Influencia**, trascendencia, fuerza. ➤ *Intrascendencia.*

pesquis *s. m.* Caletre, chirumen, mollera, cacumen, inteligencia, agudeza.

pesquisa *s. f.* Averiguación, indagación, búsqueda, examen, rastreo.

pesquisar *v. tr.* Averiguar, indagar, investigar, buscar, explorar, rastrear.

pesquisidor, ra *adj.* Detective.

pestaña *s. f. pl.* Cilio.

pestañear *v. intr.* Parpadear.

pestañeo *s. m.* Parpadeo.

peste *s. f.* **1. Epidemia**, plaga. **2. Hedor**, hediondez, fetidez, pestilencia.

pestífero, ra *adj.* **1. Infeccioso**, contagioso. ➤ *Aséptico, salubre.* **2. Pestilente**, hediondo, fétido, apestoso. ➤ *Odorífero, aromático, perfumado.*

pesuño *s. m.* Carnicol.

petaca *s. f.* Pitillera, tabaquera.

petardear *v. tr.* Sablear, trampear.

petardista *s. m. y s. f.* Sablista, tramposo, truhán, estafador.

petardo *s. m.* **1. Cohete. 2. Sablazo**, engaño. **3. Muermo**, latazo.

petate *s. m.* **1. Camastro**, jergón, estera. **2. Lío**, equipaje.

petición *s. f.* Demanda, solicitud, súplica, ruego. ➤ *Concesión, mandato.*

petimetre, tra *s. m. y s. f.* Lechuguino, gomoso, pisaverde, currutaco.

petiso, sa *adj.* Petizo, pequeño, bajo.

petraria *s. f.* Balista.

petrel *s. m.* Ave de las tempestades.

pétreo, a *adj.* Rocoso, pedregoso.

petrificación *s. f.* Lapidificación, fosilización.

petrificar *v. tr.* Fosilizar.

petrografía *s. f.* Litología.

petrolífero, ra *adj.* Bituminoso.

petulancia *s. f.* Engreimiento, vanidad, fatuidad, pedantería, insolencia. ➤ *Modestia, corrección, recato.*

petulante *adj.* Creído, fatuo, insolente, engreído. ➤ *Comedido, humilde.*

peyorativo, va *adj.* Despectivo, despreciativo. ➤ *Elogioso, laudatorio.*

pezón *s. m.* Pedúnculo, pedículo.

pezuña *s. f.* Uña, casco, zarpa.

piadoso, sa *adj.* **1. Compasivo**, misericordioso, bondadoso. ➤ *Cruel.* **2. Religioso**, devoto, pío. ➤ *Impío.*

pialar *v. tr.* Manear, apealar, manganear.

piano *adv. m.* Suave, débil. ➤ *Forte.*

piar *v. intr.* Piular.

pibe, ba *s. m. y s. f.* Chaval, rapaz.

pica¹ *s. f.* **1. Alabarda**, puya. **2. Vara**.

pica[2] *s. f.* Malacia.

picacho *s. m.* Aguja, pico. ➤ *Ladera.*

picada *s. f.* Pinchazo, picadura.

picador, ra *s. m.* Garrochista, lancero.

picadura *s. f.* Picada, punzada.

picaflor *s. m.* Colibrí.

picajoso, sa *adj.* Quisquilloso, susceptible, puntilloso. ➤ *Confiado.*

picante *adj.* **1. Mordaz,** satírico, cáustico. ➤ *Inocente.* **2. Acerbo,** acre.

picaporte *s. m.* Aldabón, llave, aldaba.

picar *v. tr.* **1. Pinchar,** punzar. **2. Agarrochar,** garrochear, varear. **3. Trinchar. 4. Picotear. 5. Espolear,** aguijar. **6. Machacar,** triturar. ‖ *v. prnl.* **7. Excitarse. 8. Sentirse,** resentirse. **9. Vanagloriarse,** alabarse, repicarse.

picardía *s. f.* **1. Habilidad,** pillería, astucia. **2. Jugarreta,** jugada, travesura.

picaresca *s. f.* Golfería, truhanería, rufianería, granujería. ➤ *Caballerosidad.*

pícaro *s. m.* Granuja, desvergonzado, vil, tuno, taimado, tunante. ➤ *Señor.*

picazón *s. f.* Comezón, cosquilleo, hormigueo, escozor. ➤ *Alivio.*

pichel *s. m.* Jarra, botella, vaso.

pichincha *s. f.* Chollo, ganga, ocasión.

pico[1] *s. m.* **1. Cresta,** cima, punta. ➤ *Llano.* **2. Locuacidad,** verbosidad.

picón *s. m.* Burla, broma.

picor *s. m.* Comezón, cosquilleo, hormigueo, urticaria, escozor. ➤ *Alivio.*

picotazo *s. m.* Pinchazo, picada.

pictograma *s. m.* Ideograma.

pictórico, ca *adj.* Iconográfico.

pie *s. m.* **1. Pata,** casco, pezuña, garra. **2. Cimiento,** fundamento, basa.

piedad *s. f.* **1. Lástima,** misericordia, compasión. ➤ *Crueldad, saña.* **2. Religiosidad,** devoción. ➤ *Impiedad.*

piedra *s. f.* **1. Canto,** roca. **2. Cálculo. 3. Pedrisco,** granizo. **4. Pedernal.**

piel *s. f.* **1. Cutis. 2. Pellejo,** pelleja, cuero, badana. **3. Monda,** peladura.

piélago *s. m.* Mar, océano.

pierna *s. f.* Pata, zanca, extremidad.

pieza *s. f.* **1. Trozo,** porción. **2. Elemento. 3. Estancia,** cuarto, habitación.

piezgo *s. m.* **1. Pielgo,** cuero. **2. Odre.**

pifia *s. f.* Equivocación, desacierto, error, descuido. ➤ *Acierto, diana.*

pigargo *s. m.* **1. Halieto. 2. Melión.**

pigmentación *s. f.* Cromatismo.

pigmento *s. m.* Tinte, colorante.

pigre *adj.* Perezoso, calmoso, negligente. ➤ *Laborioso, diligente.*

pigricia *s. f.* Pereza, ociosidad, negligencia. ➤ *Laboriosidad, diligencia.*

pijotero, ra *adj.* Fastidioso, latoso, pesado, cargante, molesto. ➤ *Grato.*

pila *s. f.* **1. Fuente,** abrevadero. **2. Montón,** cúmulo, acopio. **3. Acumulador.**

pilada *s. f.* Argamasa.

pilar *s. m.* Columna, contrafuerte.

pilastra *s. f.* Apoyo, pilar, columna.

pilatero, ra *s. m. y s. f.* Batanero.

pilcha *s. f.* Harapo, andrajo.

píldora *s. f.* **1. Comprimido,** gragea, tableta, pastilla. **2. Anticonceptivo.**

pilero, ra *s. m. y s. f.* Alfarero.

pilífero, ra *adj.* Capilar.

pillar *v. tr.* **1. Rapiñar,** saquear. **2. Tomar,** asir, coger, agarrar, prender. ➤ *Soltar, dejar.* **3. Pescar,** cazar. ➤ *Liberar.* **4. Comprender,** entender.

pillo, lla *adj.* Pillastre, pícaro, tuno, taimado, golfo, truhán, bribón.

piloriza *s. f.* Cofia.

píloro *s. m.* Portanario.

piloto *s. m.* **1. Comandante,** timonel. **2. Aviador. 3. Conductor,** corredor.

piltra *s. f.* Lecho, camastro, catre.

piltrafas *s. f. pl.* Desechos, despojos.

pimienta *s. f.* Pebre.

pimpante *adj.* Flamante, orondo, saludable, rozagante. ➤ *Triste, decaído.*

pimpido *s. m.* Colayo.

pimpinela *s. f.* Sanguisorba.

pimpollecer *v. intr.* Retoñar, reverdecer, brotar. ➤ *Agostarse, secarse.*

pimpollo *s. m.* Brote, renuevo, vástago, capullo.

pina *s. f.* Cama.

pináculo *s. m.* Altura, cima, cumbre.

pinar *s. m.* Pineda.

pinchar *v. tr.* **1. Azuzar,** incitar, excitar. ➤ *Calmar, tranquilizar.* **2. Instigar,** zaherir, provocar, molestar.

pinchaúvas *s. m. y s. f.* Mequetrefe.

pinchazo *s. m.* **1. Picadura,** punzada. **2. Reventón. 3. Provocación.**

pinche *s. m.* Ayudante, aprendiz.

pincho[1] *adj.* Elegante, garrido.

pincho[2] *s. m.* **1. Aguijón**, punta, púa, aguja. **2. Tapa**, tentempié, ración.

pinciano, na *adj.* Pucelano, vallisoletano.

pindonga *s. f.* Vagabunda, paseandera, callejera. ➤ *Casera.*

pineda *s. f.* Cinta manchega.

pingajo *s. m.* Pingo, andrajo, guiñapo.

pingüe *adj.* **1. Gordo**, craso. ➤ *Delgado.* **2. Copioso**, cuantioso, espléndido, abundante. ➤ *Escaso, pobre.*

pinillo *s. m.* **1. Hierba artética. 2. Ayuga**, perantón.

pinito *s. m.* Ensayo, progreso, tanteo.

pino, na *adj.* Empinado, escarpado.

pinta *s. f.* **1. Peca**, lunar, marca. **2. Facha**, aire, apariencia, aspecto, traza.

pintacilgo *s. m.* Cardelina, sietecolores, pintadillo.

pintadera *s. f.* Carretilla.

pintado, da *adj.* Coloreado, teñido.

pintalabios *s. m.* Carmín, barra.

pintar *v. tr.* **1. Abocetar**, retratar. **2. Teñir**, colorear. **3. Describir**, narrar. ‖ *v. intr.* **4. Importar**, significar.

pintiparado, da *adj.* **1. Clavado**, calcado, parejo. ➤ *Distinto, diferente.* **2. Justo**, ajustado, medido, exacto.

pintojo, ja *adj.* Manchado, pintado.

pintor, ra *s. m. y s. f.* Acuarelista, fresquista, miniaturista, paisajista.

pintoresco, ca *adj.* Animado, expresivo, vivo. ➤ *Aburrido, apagado.*

pintura *s. f.* Boceto, bosquejo, retrato, paisaje, marina, fresco, lienzo, tela.

pínula *s. f.* Dioptra.

pinza *s. f.* Tenazas, tenacillas.

piña *s. f.* **1. Ananás. 2. Aglomeración**, apiñamiento, agolpamiento.

pío, a *adj.* **1. Devoto**, fervoroso, piadoso. ➤ *Ateo.* **2. Benigno**, compasivo.

piojo *s. m.* Cáncano.

pipa *s. f.* **1. Tonel**, cuba, bota, candiota, barrica. **2. Cachimba**, calumet.

pipería *s. f.* Botamen, botería.

pipí *s. m.* Pis, orina.

pipiolo *s. m.* Bisoño, novato, principiante, novel. ➤ *Experto, veterano.*

pipirigallo *s. m.* Esparceta.

pipirijaina *s. f.* Bojiganga.

pipiritaña *s. f.* Pipa, zampoña, pipitaña.

pipote *s. m.* Barril, tonel, pipa, cuba.

pique *s. m.* Enfado, enojo, disgusto.

pira *s. f.* Fuego, fogata, hoguera.

pirarse *v. prnl.* **1. Escaparse**, esfumarse, huir, fugarse. **2. Faltar**, fumarse.

pirata *s. m.* Corsario, filibustero, bucanero, corso, forajido, contrabandista.

piratería *s. f.* Botín, saqueo, presa.

pirausta *s. f.* Piragón, piral.

pirexia *s. f.* Hipertermia, fiebre.

pirgüín *s. m.* Sanguijuela borriquera.

pirita *s. f.* Piedra inga, marcasita, margajita, marquesita.

pirómano, na *adj.* Incendiario.

piropear *v. tr.* Galantear, requebrar, lisonjear, adular. ➤ *Insultar, denostar.*

piropo *s. m.* Flor, requiebro, galantería, terneza. ➤ *Insulto, improperio.*

pirosis *s. f.* Rescoldera.

pirotécnico, ca *s. m. y s. f.* Cohetero, artificiero, polvorista, polvorero.

pirrarse *v. prnl.* Anhelar, desvivirse, beber los vientos. ➤ *Ignorar.*

pirriquio *s. m.* Periambo.

piruetear *v. intr.* Brincar, contorsionarse, voltearse.

pisada *s. f.* Holladura, huella, rastro.

pisar *v. tr.* **1. Hollar. 2. Aplastar**, pisotear. **3. Quebrantar**, atropellar.

pisaverde *s. m.* Gomoso, lechuguino, petimetre, figurín, pollo.

piscolabis *s. m.* Aperitivo, refrigerio, tentempié, colación. ➤ *Banquete.*

piso *s. m.* **1. Pavimento**, suelo. **2. Planta**, apartamento, vivienda.

pisotear *v. tr.* **1. Aplastar**, estrujar. **2. Escarnecer**, mancillar. ➤ *Enaltecer.*

pista *s. f.* Indicio, vestigio, huella, rastro.

pistar *v. tr.* Prensar, exprimir, machacar, comprimir. ➤ *Expandir.*

pisto *s. m.* **1. Caldo. 2. Mezcolanza**, amalgama. **3. Importancia**, jactancia.

pistola *s. f.* Revólver.

pistolera *s. f.* Funda, canana.

pistoletazo *s. m.* Detonación, estampido, tiro, disparo.

pita *s. f.* Cabuya, henequén, pitera.

pitada *s. f.* Abucheo, silba, pita.

pitanza *s. f.* Manduca, condumio, comida, alimento, comida.

pitar *v. intr.* **1. Silbar**, chuflar. **2. Abuchear**, protestar, patear. ➤ *Aplaudir.*

pitecántropo *s. m.* Antropopiteco.

pítima *s. f.* Curda, embriaguez, melopea, tajada, borrachera.

pitoflero, ra *s. m. y s. f.* Cotilla.

pitonisa *s. f.* Pitia, adivina, sacerdotisa.

pitorrearse *v. prnl.* Mofarse, chotearse, chunguearse, burlarse, guasearse.

pitorreo *s. m.* Burla, guasa, mofa, choteo, chacota, befa, chanza, chunga.

pitpit *s. m.* Pipi, bisbita.

pituitario, ria *adj.* Mucoso, viscoso.

pivotar *v. intr.* Oscilar, balancearse.

pivote *s. m.* Eje, soporte.

pizarra *s. f.* **1. Esquisto. 2. Encerado.**

pizca *s. f.* Miaja, partícula, triza. ➤ *Total.*

pizcar *v. tr.* Picar, picotear.

pizpireta *adj.* Expresiva, coqueta, vivaracha. ➤ *Seria, circunspecta.*

placa *s. f.* **1. Hoja**, lámina, plancha, chapa. **2. Rótulo**, cartel, inscripción.

pláceme *s. m.* Enhorabuena, parabién.

placentero, ra *adj.* Agradable, ameno. ➤ *Desagradable, fastidioso.*

placer[1] *v. tr.* Gustar, caer en gracia, deleitar, satisfacer, agradar, complacer, alegrar. ➤ *Desagradar, molestar.*

placer[2] *s. m.* **1. Goce**, gusto, satisfacción, agrado, deleite. **2. Orgasmo.**

placero, ra *adj.* Callejero.

placidez *s. f.* Sosiego, tranquilidad, quietud, serenidad, paz, agrado. ➤ *Intranquilidad, pena, desasosiego.*

plácido, da *adj.* Tranquilo, calmoso, sereno. ➤ *Inquieto, turbulento.*

plaga *s. f.* **1. Catástrofe**, desastre. **2. Infortunio**, azote. **3. Peste**, epidemia.

plagado, da *adj.* Atestado, cargado, atiborrado, repleto. ➤ *Escaso, vacío.*

plagiar *v. tr.* Reproducir, imitar, copiar, remedar, fusilar. ➤ *Crear.*

plagiario, ria *adj.* Imitativo.

plagio *s. m.* Imitación, copia, reproducción, remedo. ➤ *Original.*

plan *s. m.* **1. Bosquejo**, esquema, idea. **2. Croquis**, mapa, plano. **3. Proyecto**, programa. ➤ *Realización.*

plana *s. f.* Carilla, página.

plancha *s. f.* **1. Chapa**, tabla. **2. Yerro**, equivocación, pifia. ➤ *Acierto.*

planchar *v. tr.* Desarrugar, alisar, prensar. ➤ *Arrugar, doblar.*

planchazo *s. m.* Yerro, pifia, torpeza, error. ➤ *Agudeza, gracia.*

planear *v. tr.* Bosquejar, proyectar, concebir, proponer, sugerir, idear.

planga *s. f.* Planco, dango, pulla.

planicie *s. f.* Extensión, planada, llano.

planificar *v. tr.* Plantear, proyectar.

planisferio *s. m.* Mapa, carta.

planning *s. m.* Planificación, plan.

plano, na *adj.* **1. Raso**, liso, llano. ➤ *Abrupto.* ‖ *s. m.* **2. Mapa**, croquis, carta. **3. Superficie**, cara. **4. Toma.**

plantar *v. tr.* **1. Cultivar**, sembrar. **2. Asentar**, colocar. **3. Implantar**, fundar, establecer. **4. Burlar**, chasquear.

plante *s. m.* Paro, huelga.

plantear *v. tr.* **1. Proponer**, sugerir, exponer. ➤ *Reservarse.* **2. Planear**, idear, pensar.

plantel *s. m.* **1. Vivero. 2. Plantilla.**

plantilla *s. f.* **1. Suela. 2. Personal.**

plantillero, ra *adj.* Insolente, bravucón, fanfarrón. ➤ *Humilde, tímido.*

plantista *s. m. y s. f.* Fanfarrón, bravucón, baladrón. ➤ *Humilde, tímido.*

plañidera *s. f.* Llorona, endechadera.

plañidero, ra *adj.* Llorica, quejumbroso, lastimero. ➤ *Alegre, risueño.*

plañido, da *s. m.* Gemido, gimoteo, sollozo. ➤ *Risa, sonrisa, carcajada.*

plañir *v. intr.* Gimotear, hipar, lamentar, sollozar, llorar. ➤ *Reír, sonreír.*

plaqué *s. m.* Chapeado.

plasmar *v. tr.* Concretar, manifestar, evidenciar, moldear, definir, formar.

plasta *adj.* **1. Masa. 2. Pesado**, aburrido, pasmarote, parado.

plastia *s. f.* Cirugía estética.

plasticidad *s. f.* **1. Flexibilidad.** ➤ *Dureza, rigidez.* **2. Expresividad.**

plástico, ca *adj.* **1. Maleable**, moldeable. ➤ *Rígido.* **2. Pintoresco**, colorista, vivo. ➤ *Apagado, mortecino.*

plasto *s. m.* Plastidio.

plata *s. f.* Bienes, hacienda, dinero.

plataforma *s. f.* Palenque, tablado, entarimado, estrado, grada, tarima.

plátano *s. m.* Banana.

platear *v. tr.* Argentar.

platel *s. m.* Fuente, bandeja.

platería *s. f.* Argentería, bisutería, joyería, orfebrería.

platero, ra *s. m. y s. f.* Joyero, orfebre.

plática *s. f.* **1. Charla**, coloquio, conversación. **2. Homilía**, prédica.

platicar *v. tr.* Charlar, departir, conversar, dialogar. ➤ *Callarse.*

platija *s. f.* Acedia, platuja.

platillo *s. m. pl.* **1. Címbalo**. **2. Ovni**.

plato *s. m.* Bandeja, escudilla, fuente.

plató *s. m.* Escenario, estudio.

platonismo *s. m.* Espiritualismo, idealismo. ➤ *Materialismo.*

platudo, da *adj.* Acaudalado, rico, adinerado, forrado. ➤ *Pobre, indigente.*

plausible *adj.* Laudable, loable, meritorio, encomiable. ➤ *Reprobable.*

playboy *s. m.* Conquistador, donjuán, tenorio, mujeriego. ➤ *Misógino.*

plaza *s. f.* **1. Plazoleta**, ronda. **2. Zoco**, mercado. **3. Castillo**, fortaleza. **4. Enclave**, lugar. **5. Cargo**, puesto.

plazo *s. m.* Vencimiento, prescripción.

plazoleta *s. f.* Glorieta, plaza, ronda.

ple *s. m.* Ble.

plebe *s. f.* Vulgo, pueblo, populacho.

plebeyez *s. f.* Humildad, ramplonería.

plebeyo, ya *adj.* **1. Villano**, pueblerino. ➤ *Aristocrático.* **2. Soez**, grosero, vulgar, innoble. ➤ *Noble, educado.*

plebiscitario, ria *adj.* Electoral.

plebiscito *s. m.* Referéndum, sufragio, votación.

plegable *adj.* Flexible, dúctil, maleable, desmontable. ➤ *Rígido.*

plegadera *s. f.* Cortapapeles.

plegar *v. tr.* **1. Doblar**, fruncir. ➤ *Estirar.* **2. Montar**. ➤ *Desplegar.* ‖ *v. prnl.* **3. Ceder**, doblegarse. ➤ *Rebelarse.*

plegaria *s. f.* Oración, rezo, súplica.

pleitear *v. tr.* Querellarse, litigar, demandar, procesar, encausar.

pleitesía *s. f.* Acatamiento, sumisión.

pleitista *adj.* Litigante, picapleitos.

pleito *s. m.* **1. Querella**, litigio, juicio. **2. Pendencia**, disputa. ➤ *Avenencia.*

plenamente *adv. m.* Absolutamente, completamente, íntegramente.

plenipotenciario, ria *adj.* Diplomático, embajador, vicario, delegado.

plenitud *s. f.* **1. Colmo**, totalidad, integridad. **2. Plétora**, abundancia. **3. Apogeo**, auge, culminación. ➤ *Ocaso.*

pleno, na *adj.* **1. Lleno**, henchido, colmado, entero. ➤ *Vacío, hueco.* ‖ *s. m.* **2. Asamblea**, junta general.

pleonasmo *s. m.* Redundancia.

plétora *s. f.* Sobreabundancia, superabundancia, demasía. ➤ *Escasez.*

pletórico, ca *adj.* **1. Lleno**, repleto. ➤ *Vacío, vacuo.* **2. Eufórico**, satisfecho.

pleuresía *s. f.* Pleuritis.

plexo *s. m.* Ramificación, retículo.

Pléyades *n. p.* Hespérides.

pliego *s. m.* Folio, hoja.

pliegue *s. m.* **1. Plegadura**, doblez. **2. Frunce**, lorza, alforza, dobladillo.

plinto *s. m.* Latastro, orlo.

plomada *s. f.* Plomo.

plomífero, ra *s. m. y s. f.* **1. Plúmbeo**, plomizo. **2. Soporífero**, aburrido, pesado. ➤ *Ameno, entretenido.*

plomizo, za *adj.* Grisáceo, oscuro, turbio. ➤ *Blanquecino, plateado.*

pluma *s. f.* **1. Cálamo**. **2. Péndola**, peñola. **3. Estilográfica**. **4. Escritor**.

plumazo *s. m.* Rasgo, raya, trazo.

plúmbeo, a *adj.* Pesado, plomizo.

plumear *v. tr.* Dibujar, caligrafiar.

plumero *s. m.* **1. Escobilla**, escoba. **2. Estuche**, plumier. **3. Penacho**.

plumier *s. m.* Plumero, estuche.

plumista *s. m. y s. f.* Calígrafo.

plumón *s. m.* Pelusa.

plural *adj.* Múltiple. ➤ *Singular.*

pluralidad *s. f.* Diversidad, variedad.

pluralizar *v. tr.* Generalizar, extender. ➤ *Particularizar, concretar.*

plurilingüe *adj.* Políglota.

plus *s. m.* Propina, gratificación.

plusmarca *s. f.* Récord.

plutonismo *s. m.* Vulcanismo.

pluviómetro *s. m.* Pluvímetro, udómetro.

poblacho *s. m.* Aldehuela, villorrio.

población *s. f.* **1. Vecindario**, habitantes, censo. **2. Ciudad**, pueblo.

poblador, ra *adj.* **1. Colonizador**. ‖ *s. m. y s. f.* **2. Ciudadano**, vecino.

poblar *v. tr.* Establecerse, asentarse, ocupar, habitar, colonizar. ➤ *Emigrar.*

pobre *adj.* **1. Indigente**, necesitado, menesteroso, miserable. ➤ *Rico, opulento.* **2. Corto**, falto, escaso. ➤ *Largo, abundante, sobrado.* ‖ *s. m.* **3. Pordiosero**, pedigüeño, mendigo.

pobreza *s. f.* Necesidad, indigencia, estrechez, penuria, miseria, carencia. ➤ *Riqueza, generosidad, hartura.*

pocho, cha *adj.* **1. Apagado**, desmejorado, enfermizo, descolorido. ➤ *Lozano, sano.* **2. Podrido.** ➤ *Fresco.*

pocilga *s. f.* Zahurda, cuchitril, chiquero, cochiquera, porqueriza.

pocillo *s. m.* **1. Pozal**, pozuelo. **2. Taza.**

pócima *s. f.* Poción, brebaje, potingue.

poco, ca *adj.* Corto, parvo, escaso, exiguo. ➤ *Mucho, suficiente, bastante.*

poda *s. f.* Desmoche, monda, tala.

podadera *s. f.* Podón, segur, hoz.

podar *v. tr.* Mondar, escamondar.

poder *s. m.* **1. Imperio**, potestad, facultad, autoridad. ➤ *Obediencia, sumisión.* **2. Gobierno**, estado. ➤ *Pueblo.* **3. Atribución**, autorización.

poderhabiente *adj.* Apoderado, representante, administrador.

poderío *s. m.* **1. Potestad**, dominio, mando. **2. Energía**, vigor, potencia.

poderoso, sa *adj.* **1. Potente**, fuerte, enérgico, eficaz, activo. ➤ *Débil, pasivo, pachucho.* **2. Acaudalado**, pudiente, adinerado. ➤ *Pobre, mísero.*

podio *s. m.* Base, tarima, pedestal.

podómetro *s. m.* Cuentapasos, odómetro, hodómetro.

podredumbre *s. f.* Carroña, podre, pus, putrefacción. ➤ *Incorrupción.*

podrido, da *adj.* Pasado, pocho, putrefacto, descompuesto. ➤ *Fresco.*

poema *s. m.* Composición, poesía, oda.

poesía *s. f.* Lírica.

poeta *s. m.* Vate, trovador, bardo, rapsoda, juglar, coplista, rimador.

poética *s. f.* Estilística, teoría literaria.

poético, ca *adj.* **1. Lírico. 2. Bello**, bucólico, sensible. ➤ *Prosaico.*

poetizar *v. tr.* Idealizar, embellecer.

polacada *s. f.* Desafuero, alcaldada, arbitrariedad, despotismo.

polaco, ca *adj.* Polonés.

polaina *s. f.* Sobrecalza.

polarización *s. f.* Concentración.

polarizarse *v. prnl.* Condensarse.

polea *s. f.* Garrucha, rodillo, carrillo, trocla, trócala, cabrestante, polipasto.

polémica *s. f.* Disputa, controversia, disensión. ➤ *Paz, acuerdo, consenso.*

polémico, ca *adj.* Controvertido, debatido, discutido. ➤ *Indiscutible.*

polemista *s. m. y s. f.* Controversista, dialéctico, litigante, disputante.

polemizar *v. intr.* Argüir, debatir, discutir, altercar. ➤ *Concordar.*

polenta *s. f.* Gachas, papilla.

polichinela *s. m.* Marioneta, títere.

policía *s. f.* **1. Autoridad**, orden. **2. Limpieza**, aseo. ‖ *s. m. y s. f.* **2. Poli**, pasma, gris, madero. ➤ *Delincuente.*

policiaco, ca *adj.* Autoritario, policial.

policopia *s. f.* Multicopista.

policroísmo *s. m.* Pleocroísmo.

polícromo, ma *adj.* Coloreado, multicolor, variado. ➤ *Monocromático.*

polifacético, ca *adj.* Múltiple, variado, vario. ➤ *Único, monótono.*

polifonía *s. f.* Sinfonía.

poligenismo *s. m.* ➤ *Monogenismo.*

políglota, ta *adj.* Bilingüe, polilingüe.

polígrafo, fa *s. m. y s. f.* Erudito, sabio, docto, ilustrado. ➤ *Ignorante.*

polinización *s. f.* Fecundación, fertilización, propagación.

poliomielitis *s. f.* Parálisis infantil.

pólipo *s. m.* Medusa.

polis *s. f.* Ciudad, núcleo, urbe.

polisemia *s. f.* ➤ *Univocidad.*

polisílabo, ba *adj.* Bisílabo, trisílabo, tetrasílabo. ➤ *Monosílabo.*

polisíndeton *s. m.* Repetición, reiteración. ➤ *Asíndeton.*

politeísmo *s. m.* Gentilismo, paganismo. ➤ *Monoteísmo.*

política *s. f.* **1. Estrategia**, método. **2. Tacto**, circunspección, táctica, diplomacia, sagacidad, habilidad.

político, ca *adj.* **1. Mandatario**, gobernante, estadista. **2. Atento**, fino, cumplido. ➤ *Torpe, zafio.* **3. Gubernativo**, oficial, público. ➤ *Privado.*

politiqueo *s. m.* Chanchullo, intriga.

póliza *s. f.* **1. Libranza**, documento. **2. Folleto**, pasquín, papel.

polizón s. m. Desocupado, ocioso, holgazán. ➤ *Laborioso, diligente.*

pollada s. f. Parvada, pollazón, nidada.

pollera s. f. **1. Andador**, tacatá. **2. Falda**, saya, refajo.

pollino, na s. m. y s. f. **1. Borrico**, burro, asno. **2. Rozno**, ruche.

pollito, ta s. m. y s. f. Muchacho.

polo s. m. Borne, terminal, extremo.

pololo s. m. Galán, pretendiente.

poltrón, na adj. **1. Holgazán**, gandul, vago, tumbón. ➤ *Trabajador.* ‖ s. f. **2. Butacón**, sillón, hamaca. **3. Posición**, empleo, sinecura.

poltronería s. f. Gandulería, vagancia. ➤ *Laboriosidad, diligencia.*

polvera s. f. Caja, estuche.

polvo s. m. Polvareda, suciedad.

polvorín s. m. Santabárbara, almacén, depósito, pañol.

polvorón s. m. Mantecado, bizcocho.

poma s. f. **1. Manzana**, fruta. **2. Perfumador**, pomo, bujeta.

pomo s. m. **1. Agarrador**, manilla. **2. Perfumador**, bujeta.

pompa s. f. Suntuosidad, magnificencia, ostentación, aparato. ➤ *Sencillez.*

pompear v. intr. Jactarse, vanagloriarse, pavonearse, ostentar.

pompo, pa adj. Embotado, chato, romo. ➤ *Agudo, afilado.*

pomposidad s. f. Barroquismo, grandilocuencia, suntuosidad. ➤ *Discreción.*

pomposo, sa adj. Suntuoso, aparatoso, rimbombante, barroco, fastuoso, ostentoso. ➤ *Llano, sencillo, natural.*

pómulo s. m. Malar.

ponchera s. f. Bol.

poncho s. m. Tabardo, capote.

ponderable adj. **1. Medible**, mensurable. ➤ *Inmensurable.* **2. Loable**, plausible, elogiable. ➤ *Execrable.*

ponderación s. f. Reflexión, circunspección. ➤ *Irreflexión, insensatez.*

ponderar v. tr. **1. Pesar. 2. Analizar**, considerar, evaluar, examinar. **3. Encarecer**, exagerar, abultar. ➤ *Denigrar.* **4. Contrapesar**, equilibrar.

ponderoso, sa adj. **1. Plúmbeo**, oneroso, pesado. ➤ *Liviano.* **2. Serio**, grave, circunspecto. ➤ *Frívolo.*

ponedero s. m. Nido.

ponedor s. m. Licitante, postor.

ponencia s. f. Informe, conferencia.

ponente adj. Comunicante, conferenciante.

poner v. tr. **1. Situar**, acomodar, meter. ➤ *Descolocar, quitar, sacar.* **2. Arreglar**, aviar, disponer. **3. Apostar**, jugar, arriesgar. **4. Anotar**, trasladar. ‖ v. prnl. **5. Empezar**, comenzar. **6. Enfundarse**, colocarse, vestirse. **7. Colocarse**, plantarse, situarse.

poniente s. m. **1. Oeste**, ocaso, occidente. **2. Céfiro.**

pontevedrés, sa adj. Lerense.

pontificado s. m. Papado.

pontífice s. m. Papa, Santo Padre.

ponzoña s. f. Veneno, tósigo, tóxico.

ponzoñoso, sa adj. **1. Venenoso**, tóxico. ➤ *Saludable.* **2. Dañino**, perjudicial, nocivo. ➤ *Beneficioso.*

populachero, ra adj. Plebeyo, vulgar. ➤ *Noble, aristocrático.*

populacho s. m. Vulgo, chusma.

población s. f. Demografía.

popular adj. **1. Estimado**, respetado, famoso. **2. Público.** ➤ *Secreto.*

popularidad s. f. Crédito, estimación, notoriedad. ➤ *Impopularidad.*

popularizar v. tr. **1. Acreditar**, afamar. ➤ *Desacreditar.* **2. Divulgar**, difundir, vulgarizar. ➤ *Restringir.*

populoso, sa adj. Concurrido, frecuentado, poblado. ➤ *Despoblado.*

popurrí s. m. Miscelánea, batiburrillo, revoltijo, mezcolanza.

poquedad s. f. **1. Parvedad**, escasez. **2. Pusilanimidad**, timidez, cobardía. **3. Nimiedad**, bagatela, fruslería.

porcelana s. f. Cerámica, loza.

porcentaje s. m. Comisión, proporción, tanto por ciento.

porción s. f. **1. Pedazo**, trozo, fragmento. **2. Montón**, muchedumbre, multitud. **3. Escote**, parte, ración.

pordiosear v. intr. Limosnear, pedir.

pordiosero, ra adj. Mendicante, mendigo, pobre, pedigüeño.

porfía s. f. **1. Discusión**, disputa, contienda. **2. Tesón**, terquedad, obstinación, pertinacia. ➤ *Inconstancia.*

porfiado, da *adj.* Contumaz, empecinado, cabezota, terco. ➤ *Razonable.*

porfiar *v. intr.* **1. Disputar**, contender. **2. Insistir**, machacar, importunar, perseverar. ➤ *Desistir, ceder.*

pormenor *s. m.* Detalle, particularidad, menudencia. ➤ *Generalidad.*

pormenorizar *v. tr.* Detallar, especificar, concretar. ➤ *Generalizar.*

pornografía *s. f.* Indecencia, lascivia, lubricidad, lujuria, sicalipsis, escabrosidad, inmoralidad. ➤ *Pureza, castidad.*

poro *s. m.* Orificio, agujero, oquedad.

poroso, sa *adj.* Esponjoso, absorbente, permeable. ➤ *Compacto, denso.*

poroto *s. m.* Judía, alubia.

porque *conj. caus.* Pues.

porqué *s. m.* Quid, razón, causa.

porquería *s. f.* **1. Inmundicia**, roña, suciedad, basura. ➤ *Limpieza.* **2. Descortesía**, indecencia. ➤ *Cortesía.*

porqueriza *s. f.* Cochiquera, pocilga.

porquerizo, za *s. m. y s. f.* Porquero.

porra *s. f.* **1. Clava**, bastón, cachiporra. **2. Macana**, martillo.

porrada *s. f.* **1. Batacazo. 2. Chorrada**, tontería. **3. Pila**, montón, oleada.

porrazo *s. m.* Trastazo, golpe, topetazo.

porta *s. f.* Portillo, puerta.

portada *s. f.* **1. Frontis**, fachada, frente, cara. ➤ *Trasera.* **2. Anteportada**, cubierta, tapa. ➤ *Contraportada.*

portadilla *adj.* **1. Portaleña.** ‖ *s. f.* **2. Anteporta**, anteportada.

portaequipaje *s. m.* Baca, maletero.

portaestandarte *s. m.* Abanderado.

portal *s. m.* **1. Entrada**, zaguán, atrio. **2. Porche**, pórtico, soportal.

portalada *s. f.* Pórtico, atrio.

portamonedas *s. m.* Monedero.

portañuela *s. f.* Trampa, trampilla.

portar *v. tr.* Acarrear, trasportar, llevar.

portátil *adj.* Movible, transportable, desarmable, manejable. ➤ *Fijo.*

portavoz *s. m.* **1. Órgano**, publicación, periódico. ‖ *s. m. y s. f.* **2. Representante**, vocal, delegado.

porte *s. m.* **1. Transporte**, acarreo. **2. Apariencia**, presencia, aire, aspecto, maneras. **3. Suma**, pago, precio.

portear *v. tr.* Acarrear, transportar.

portento *s. m.* Prodigio, milagro, maravilla, asombro, singularidad.

portentoso, sa *adj.* Singular, asombroso, extraordinario, prodigioso, admirable, pasmoso. ➤ *Vulgar, manido.*

portería *s. f.* **1. Conserjería. 2. Meta.**

portero, ra *s. m. y s. f.* **1. Conserje**, bedel, ujier, ordenanza. **2. Guardameta**, cancerbero.

pórtico *s. m.* Atrio, porche, soportal.

portilla *s. f.* Cancilla, portillera.

portillo *s. m.* **1. Postigo**, cancela, poterna, vano, puerta. **2. Mella**, muesca.

portón *s. m.* Contrapuerta.

portorriqueño, ña *adj.* Borinqueño.

portugués, sa *adj.* Lusitano, luso.

porvenir *s. m.* Futuro, mañana, destino. ➤ *Pasado, ayer, presente.*

posas *s. f. pl.* Posaderas.

posada *s. f.* **1. Fonda**, hospedería, hostería. **2. Hospedaje**, albergue.

posaderas *s. f. pl.* Asentaderas, culo.

posadero, ra *s. m. y s. f.* Mesonero, hostelero.

posar *v. intr.* **1. Habitar**, instalarse, hospedarse. ➤ *Inquietarse, marchar.* ‖ *v. prnl.* **2. Sedimentarse**, reposarse. ➤ *Removerse.* **3. Aterrizar.**

posdata *s. f.* Añadido.

pose *s. f.* Gesto, actitud, postura.

poseedor, ra *adj.* Amo, dueño, propietario, titular. ➤ *Desposeído.*

poseer *v. tr.* Gozar, disfrutar, haber, detentar. ➤ *Carecer, deber.*

poseído, da *adj.* **1. Poseso**, endemoniado. **2. Furioso**, airado, rabioso.

posesión *s. f.* Tenencia, goce, disfrute, propiedad, titularidad, usufructo.

posesionar *v. tr. y v. prnl.* Adjudicarse, enseñorearse, investirse.

poseso, sa *adj.* Endemoniado, poseído, hechizado. ➤ *Exorcizado.*

posibilidad *s. f.* **1. Eventualidad**, probabilidad. **2. Potencia.** ‖ *s. f. pl.* **3. Medios**, hacienda, bienes, caudal.

posibilitar *v. tr.* Propiciar, facilitar, hacer posible. ➤ *Obstaculizar.*

posible *adj.* **1. Potencial**, factible. ➤ *Actual, virtual, irrealizable.* ‖ *s. m. pl.* **2. Recursos**, medios, bienes.

posición *s. f.* **1. Actitud. 2. Categoría.**

positivismo *s. m.* Utilitarismo.

positivista *adj.* Realista, práctico.

positivo, va *adj.* **1. Indudable**, innegable. ➤ *Negativo, inseguro, dudoso.* **2. Práctico**, utilitario, pragmático.

pósito *s. m.* Almacén, granero.

posma *s. m. y s. f.* Pesado, flemático, calmoso, tranquilo. ➤ *Nervioso.*

poso *s. m.* Sedimento, suelo, heces.

posponer *v. tr.* **1. Aplazar**, diferir. ➤ *Anteponer.* ‖ *v. intr.* **2. Postergar**, arrinconar, desdeñar. ➤ *Ensalzar.*

pospuesto, ta *adj.* Atrasado, diferido. ➤ *Adelantado, anterior.*

poste *s. m.* Pilar, estaca, mástil, asta.

postema *s. f.* **1. Supuración**, pus, apostema, absceso. **2. Pesado.**

póster *s. m.* Mural, cartel.

postergación *s. f.* Aplazamiento, degradación. ➤ *Anteposición.*

postergar *v. tr.* Aplazar, diferir, posponer. ➤ *Anteponer, elevar, ascender.*

posteridad *s. f.* Gloria, fama póstuma.

posterior *adj.* Siguiente, subsiguiente, ulterior. ➤ *Anterior, primero.*

postigo *s. m.* **1. Cuarterón. 2. Portillo.**

postilla[1] *s. f.* Pupa, pústula, costra.

postilla[2] *s. f.* Apostilla, acotación, glosa.

postillón *s. m.* Conductor, lacayo, mozo, guía.

postín *s. m.* Boato, lujo, tono, pisto.

postinero, ra *adj.* Creído, pretencioso, jactancioso. ➤ *Humilde.*

postizo, za *adj.* Pegadizo, superpuesto, falso, artificial. ➤ *Natural.*

postración *s. f.* **1. Humillación. 2. Desfallecimiento**, aplanamiento, extenuación. ➤ *Energía, vigor, fuerza.*

postrar *v. tr.* **1. Abatir**, aplanar, extenuar. ➤ *Levantar, fortalecer.* ‖ *v. prnl.* **2. Prosternarse**, arrodillarse, humillarse. ➤ *Levantarse, ensalzarse.*

postrero, ra *adj.* Postrimero, postremo, último, zaguero. ➤ *Primero.*

postrimería *s. f.* Decadencia, final, ocaso, agonía. ➤ *Nacimiento.*

postrimero, ra *adj.* Póstumo.

postulación *s. f.* Colecta.

postulado, ta *s. m.* **1. Axioma**, premisa, principio. **2. Hipótesis**, supuesto.

postulante *adj.* Cuestor, implorante.

postular *v. tr.* **1. Recolectar**, pedir. **2. Pretender**, solicitar, aspirar, reclamar.

postura *s. f.* **1. Posición**, colocación. **2. Siembra. 3. Puesta.**

potable *adj.* Bebible, bebedizo. ➤ *Inaceptable, intragable.*

potala *s. f.* Ancla.

pote *s. m.* **1. Tarro**, bote. **2. Maceta.**

potencia *s. f.* **1. Vigor**, fortaleza, fuerza, energía, pujanza. ➤ *Debilidad, flaqueza.* **2. Posibilidad.** ➤ *Actualidad.* **3. Imperio**, nación, estado.

potencial *adj.* **1. Virtual**, probable, posible. ➤ *Actual.* **2. Condicional.**

potenciar *v. tr.* **1. Desarrollar**, fortalecer. ➤ *Debilitar.* **2. Impulsar**, animar, fomentar. ➤ *Detener, frenar.*

potentado, da *s. m. y s. f.* Acaudalado, pudiente, adinerado. ➤ *Pobre.*

potente *adj.* Fuerte, enérgico, poderoso, vigoroso. ➤ *Impotente, débil.*

poterna *s. f.* Portillo.

potestad *s. f.* Facultad, autoridad, dominio, poder, jurisdicción.

potestativo, va *adj.* Facultativo, voluntario. ➤ *Obligatorio, preciso.*

potingue *s. m.* Pócima, brebaje, menjunje, ungüento.

potranca *s. f.* Jaca, potra.

potrear *v. tr.* Fastidiar, chinchorrear, incordiar, jorobar, molestar, mortificar. ➤ *Agradar, complacer.*

potroso, sa *adj.* Afortunado, dichoso. ➤ *Desgraciado, desafortunado.*

poyo *s. m.* Asiento, banco.

poza *s. f.* Lagunajo, charca, alberca.

pozo *s. m.* **1. Aljibe**, alberca, cisterna. **2. Foso.**

práctica *s. f.* **1. Conocimiento**, procedimiento, uso. ➤ *Teoría.* **2. Pericia**, habilidad, experiencia. ➤ *Inexperiencia, inutilidad.* **3. Hábito**, costumbre. **4. Sistema**, manera, procedimiento.

practicable *adj.* Realizable, factible. ➤ *Impracticable, irrealizable.*

practicante, ta *s. m. y s. f.* Médico, enfermero.

practicar *v. tr.* **1. Ejecutar**, realizar, efectuar. **2. Ensayar**, entrenar.

práctico, ca *adj.* Perito, conocedor, diestro. ➤ *Inexperto, novato.*

pradera *s. f.* Pastizal, pradería, dehesa.

prado *s. m.* Braña, pradera, herbazal.

pragmática *s. f.* Mandato, orden, decreto, ley.

pravedad *s. f.* Iniquidad, perversidad.

preámbulo *s. m.* **1. Prólogo**, proemio, prefacio, introducción, exordio. ➤ *Epílogo, final, resumen, conclusión.* **2. Circunloquio**, digresión.

prebenda *s. f.* **1. Sinecura**, momio, chollo, poltrona. **2. Enchufe.**

prebendado *s. m.* Canónigo.

precariedad *s. f.* Brevedad, eventualidad, inestabilidad. ➤ *Duración.*

precario, ria *adj.* Efímero, perecedero, eventual, inseguro. ➤ *Duradero.*

precaución *s. f.* Prevención, caución, tiento, desconfianza, cautela, prudencia, tacto. ➤ *Confianza, irreflexión.*

precaucionarse *v. prnl.* Guardarse, cautelarse, prevenirse. ➤ *Lanzarse.*

precaver *v. tr.* Evitar, prever, anticipar, preservar, eludir. ➤ *Arrostrar.*

precavido, da *adj.* Prudente, circunspecto, previsor, cauteloso, preparado, prevenido. ➤ *Desprevenido.*

precedencia *s. f.* Antelación, anterioridad, anteposición. ➤ *Posterioridad.*

precedente *p. a.* Antecedente, antedicho, preexistente, previo. ➤ *Siguiente.*

preceder *v. tr.* Aventajar, exceder, predominar. ➤ *Postergar, seguir.*

preceptista *adj.* Educador, instructor.

preceptivo, va *adj.* Normativo, sistemático, reglamentado. ➤ *Asistemático.*

precepto *s. m.* **1. Disposición**, ley, norma. **2. Instrucción**, norma.

preceptor, ra *s. m. y s. f.* Educador, profesor, ayo, maestro. ➤ *Alumno.*

preceptuar *v. tr.* Disponer, mandar, ordenar, prescribir. ➤ *Irregularizar.*

preces *s. f. pl.* Rezos, jaculatorias, plegarias, oraciones. ➤ *Imprecaciones.*

preciado, da *adj.* **1. Estimado**, apreciado. ➤ *Minusvalorado.* **2. Engreído**, soberbio. ➤ *Humilde, modesto.*

preciar *v. tr.* **1. Estimar**, valorar, apreciar. ➤ *Menospreciar, despreciar.* || *v. prnl.* **2. Presumir**, vanagloriarse, alabarse. ➤ *Despreciarse, humillarse.*

precintar *v. tr.* Sellar, lacrar, cerrar.

precio *s. m.* **1. Coste**, tasación, importe, monto. **2. Valía**, valor, estimación.

preciosidad *s. f.* Belleza, hermosura, atractivo, perfección. ➤ *Fealdad.*

precioso, sa *adj.* **1. Estimable**, apreciable, valioso, costoso. **2. Bonito**, bello, elegante, encantador. ➤ *Feo.*

precipicio *s. m.* Abismo, sima, despeñadero, talud, barranco, acantilado.

precipitación *s. f.* **1. Aceleración**, prisa, apresuramiento, arrebato. ➤ *Sosiego, calma.* **2. Tormenta**, temporal.

precipitadamente *adv. m.* Activamente, atropelladamente, presurosamente. ➤ *Reflexivamente.*

precipitado, da *adj.* **1. Apresurado**, atropellado, alocado. ➤ *Reflexivo, sosegado.* || *s. m.* **2. Sedimento.**

precipitar *v. tr.* **1. Lanzar**, tirar, despeñar. **2. Apresurar.** || *v. prnl.* **3. Lanzarse**, arrojarse. ➤ *Detenerse.*

precisar *v. tr.* **1. Definir**, concretar, fijar, determinar. **2. Constreñir**, obligar. || *v. intr.* **3. Necesitar**, hacer falta.

precisión *s. f.* **1. Exigencia**, necesidad. **2. Afinación**, puntería, exactitud. **3. Concreción**, especificación.

preciso, sa *adj.* **1. Forzoso**, inexcusable, obligado. ➤ *Innecesario.* **2. Puntual**, fijo. ➤ *Indeterminado.* **3. Claro**, distinto. ➤ *Ambiguo, confuso.*

preclaro, ra *adj.* Insigne, célebre, afamado, esclarecido, ilustre, famoso. ➤ *Secundario, vulgar, desconocido.*

precocidad *s. f.* Anticipación.

preconcebir *v. tr.* Idear, proyectar, prejuzgar, madurar. ➤ *Improvisar.*

preconizar *v. tr.* **1. Elogiar**, ensalzar, alabar. ➤ *Humillar, injuriar, difamar.* **2. Apadrinar**, apoyar, patrocinar.

precoz *adj.* **1. Anticipado**, prematuro, temprano. ➤ *Retardado, retrasado.* **2. Superdotado**, niño prodigio.

precursor, ra *adj.* **1. Antecesor**, predecesor. ➤ *Descendiente.* || *s. m. y s. f.* **2. Pionero**, adelantado.

predador, ra *adj.* Depredador.

predecesor, ra *s. m. y s. f.* Precursor, antecesor, antepasado. ➤ *Sucesor.*

predecir *v. tr.* Pronosticar, presagiar, augurar, vaticinar, profetizar.

predestinación *s. f.* Sino, destino, fatalidad, hado. ➤ *Libre albedrío.*

predestinar *v. tr.* Preelegir, consagrar, escoger, señalar, nacer para.

prédica *s. f.* Soflama, discurso, perorata.

predicación *s. f.* Apostolado, evangelización, catequesis, exégesis.

predicador *s. m.* Misionero, pastor, apóstol, evangelizador.

predicamento *s. m.* Prestigio, reputación, estimación, importancia.

predicar *v. tr.* **1. Evangelizar**, catequizar. **2. Sermonear**, reprender, amonestar. ➤ *Elogiar, ensalzar.*

predicción *s. f.* Pronóstico, presagio, augurio, vaticinio, profecía, conjetura.

predilección *s. f.* Privanza, favor, preferencia, inclinación. ➤ *Repulsión.*

predilecto, ta *adj.* Favorito, elegido.

predio *s. m.* Hacienda, posesión.

predisponer *v. tr.* Inclinar, tender.

predisposición *s. f.* Inclinación, tendencia, propensión. ➤ *Aversión.*

predominar *v. tr.* **1. Preponderar**, dominar, prevalecer. ➤ *Someterse, depender.* **2. Sobresalir**, exceder.

predominio *s. m.* Preponderancia, superioridad, autoridad, hegemonía, dominio. ➤ *Inferioridad, sumisión.*

preeminencia *s. f.* Prerrogativa, superioridad, preferencia, privilegio.

preeminente *adj.* Honroso, egregio, sublime, superior. ➤ *Bajo, humilde.*

preexistir *v. intr.* Anteceder, preceder, adelantar.

prefacio *s. m.* Preámbulo, prólogo, proemio. ➤ *Epílogo, final, desenlace.*

prefectura *s. f.* Comarca, provincia.

preferencia *s. f.* Prioridad, superioridad. ➤ *Postergación, inferioridad.*

preferente *adj.* Preeminente, superior, preponderante. ➤ *Inferior.*

preferible *adj.* Mejor, superior. ➤ *Peor.*

preferir *v. tr.* Escoger, elegir, anteponer, optar por. ➤ *Odiar, postergar.*

pregón *s. m.* Anuncio, manifiesto.

pregonar *v. tr.* **1. Divulgar**, publicar, proclamar. **2. Vocear**, anunciar.

pregonero, ra *adj.* Vocero, nuncio.

pregunta *s. f.* Cuestión, enigma, interrogación. ➤ *Respuesta, solución.*

preguntar *v. tr.* Inquirir, interrogar, interpelar, consultar. ➤ *Responder.*

prehistoria *s. f.* **1. Protohistoria**. **2. Albores**, comienzo, inicio. ➤ *Epílogo.*

prehistórico, ca *adj.* Antediluviano, antiquísimo. ➤ *Moderno, actual.*

prejuicio *s. m.* Inconveniente, escrúpulo, prevención, aprensión.

prelación *s. f.* Anticipación, precedencia, antelación, preferencia.

preliminar *adj.* Antecedente, introducción, prólogo. ➤ *Conclusión.*

preludiar *v. tr.* Anticipar, preparar.

preludio *s. m.* **1. Comienzo**, principio, preámbulo, prólogo. ➤ *Epílogo.* **2. Obertura**, entrada, introducción.

prematuro, ra *adj.* Temprano, anticipado, precoz, apresurado. ➤ *Maduro.*

premeditación *s. f.* Cálculo, pensamiento, cavilación. ➤ *Imprevisión.*

premeditadamente *adv. m.* Aposta.

premeditar *v. tr.* Preparar, proyectar, meditar, planear, urdir. ➤ *Improvisar.*

premiar *v. tr.* Recompensar, distinguir, galardonar. ➤ *Penalizar.*

premio *s. m.* **1. Galardón**, prima, recompensa. ➤ *Penalización, sanción.* **2. Prima**, sobreprecio. ➤ *Descuento.*

premiosidad *s. f.* Afectación, lentitud, morosidad. ➤ *Rapidez, ligereza.*

premisa *s. f.* Conjetura, hipótesis, supuesto, proposición. ➤ *Conclusión.*

premonición *s. f.* Conjetura, corazonada, presentimiento, presagio.

premonstratense *adj.* Mostense.

premura *s. f.* Perentoriedad, apuro, aprieto, urgencia. ➤ *Tranquilidad.*

prenda *s. f.* **1. Garantía**, empeño, fianza, aval. **2. Ropa**, atavío. **3. Virtud**, cualidad, capacidad. ➤ *Defecto.*

prendarse *v. prnl.* Encariñarse, aficionarse, enamorarse. ➤ *Desengañarse.*

prender *v. tr.* **1. Coger**, enganchar, asir, agarrar. ➤ *Soltar, desenganchar.* **2. Capturar**, aprisionar, aprehender, encarcelar. ➤ *Liberar, desencarcelar.* **3. Engancharse**, enredarse. ‖ *v. intr.* **4. Enraizar**, arraigar. ➤ *Desarraigar.*

prendería *s. f.* Trapería, mercadillo.

prendero, ra *s. m. y s. f.* Buhonero, chamarilero, ropavejero.

prendimiento *s. m.* Prisión, captura, detención. ➤ *Liberación.*

prensa *s. f.* **1. Periódicos**, publicaciones, medios, órganos. **2. Imprenta.**

prensar *v. tr.* Comprimir, estrujar.

preñada *adj.* Embarazada, encinta, grávida, gestante. ➤ *Infecunda.*

preocupación *s. f.* Cuidado, inquietud, prejuicio, prevención. ➤ *Despreocupación, tranquilidad, sosiego.*

preocupar *v. tr.* **1. Inquietar**, desasosegar. ➤ *Sosegar.* ‖ *v. prnl.* **2. Impacientarse**, inquietarse. ➤ *Calmarse.*

preparador, ra *s. m. y s. f.* Entrenador, instructor.

preparar *v. tr.* **1. Arreglar**, aparejar. ‖ *v. prnl.* **2. Disponerse**, prevenirse. ➤ *Despreocuparse, olvidarse.*

preparativos *s. m. pl.* Disposiciones, aparato, preliminares, trámites.

preponderancia *s. f.* Supremacía, predominio, prevalencia, superioridad. ➤ *Inferioridad, desventaja.*

preponderar *v. intr.* Predominar, dominar, prevalecer, sobresalir.

preposteración *s. f.* Subversión, trastorno, alteración, desorden. ➤ *Orden.*

preposterar *v. tr.* Alterar, desordenar.

prepotencia *s. f.* Superioridad, abuso. ➤ *Inferioridad, ecuanimidad.*

prerrogativa *s. f.* Dispensa, gracia, exención, privilegio, merced.

presa *s. f.* **1. Captura**, botín, trofeo. **2. Represa**, embalse, pantano.

presagiar *v. tr.* Predecir, pronosticar, augurar, adivinar, profetizar.

presagio *s. m.* **1. Indicio**, anuncio. **2. Predicción**, pronóstico, vaticinio.

presbicia *s. f.* Vista cansada, hipermetropía.

presbiterianismo *s. m.* Calvinismo.

presbítero *s. m.* Capellán, padre, sacerdote, cura.

presciente *adj.* Adivino, augur.

prescindible *adj.* Accesorio, secundario, relegable, descartable. ➤ *Imprescindible, indispensable.*

prescindir *v. intr.* **1. Omitir**, apartar, relegar, excluir. ➤ *Incluir, necesitar, considerar.* **2. Dejar a un lado**, dar de lado. ➤ *Contar con, preferir.*

prescribir *v. tr.* **1. Mandar**, disponer, determinar, ordenar. ➤ *Obedecer, ejecutar.* ‖ *v. intr.* **2. Recetar**, formular. **3. Concluir.** ➤ *Empezar, valer.*

prescripción *s. f.* Mandato, orden.

presea *s. f.* Joya, alhaja. ➤ *Baratija.*

presencia *s. f.* Apariencia, traza, disposición. ➤ *Ausencia, inexistencia.*

presenciar *v. tr.* Asistir, contemplar, observar, encontrarse. ➤ *Faltar.*

presentable *adj.* Aliñado, aseado, limpio, arreglado. ➤ *Impresentable.*

presentación *s. f.* **1. Asistencia**, comparecencia. **2. Exhibición.**

presentador, ra *s. m. y s. f.* Locutor.

presentar *v. tr.* **1. Mostrar**, exhibir, exponer. ➤ *Ocultar, encubrir.* **2. Ofrecer**, ofrendar, regalar. ‖ *v. prnl.* **3. Personarse.** ➤ *Huir, faltar.*

presente *adj.* **1. Actual.** ➤ *Pasado, futuro.* ‖ *s. m.* **2. Ofrenda**, regalo.

presentimiento *s. m.* Corazonada, barrunto, premonición, presagio.

presentir *v. tr.* Barruntar, presagiar.

preservación *s. f.* Amparo, conservación, cuidado, mantenimiento.

preservar *v. tr.* Resguardar, amparar, salvaguardar, poner a salvo, mantener.

preservativo *s. m.* **1. Preventivo. 2. Condón**, profiláctico.

presidencia *s. f.* **1. Cabecera. 2. Mandato**, gobierno.

presidente *s. m. y s. f.* Director, gobernador, gobernante. ➤ *Súbdito.*

presidiario, ria *s. m. y s. f.* Forzado, encarcelado, preso, recluso, interno.

presidio *s. m.* Penal, penitenciaría, correccional, cárcel, prisión.

presidir *v. tr.* Dirigir, gobernar, encabezar, regir, predominar.

presión *s. f.* **1. Aplastamiento**, comprensión. **2. Apremio**, coacción.

presionar *v. tr.* **1. Comprimir**, estrujar, exprimir. **2. Coaccionar**, influir.

preso, sa *adj.* Recluso, presidiario, prisionero, cautivo, penado, interno.

prestación *s. f. pl.* Azofra, servicio.

prestamente *adv. m.* Rápidamente, presto, a matacaballo. ➤ *Lentamente.*

préstamo *s. m.* **1. Empréstito**, anticipo, adelanto. **2. Extranjerismo.**

prestancia *s. f.* **1. Superioridad.** ➤ *Inferioridad.* **2. Garbo,** elegancia, gallardía, distinción. ➤ *Vulgaridad.*

prestar *v. tr.* **1. Dejar. 2. Facilitar,** aviar. ‖ *v. prnl.* **3. Brindarse,** acceder.

preste *s. m.* Oficiante, sacerdote.

presteza *s. f.* Rapidez, ligereza, diligencia, celeridad. ➤ *Lentitud.*

prestidigitación *s. f.* Ilusionismo, magia, trucos.

prestidigitador, ra *s. m. y s. f.* Ilusionista, mago.

prestigiar *v. tr.* Acreditar, aureolar, afamar, honrar. ➤ *Desacreditar, difamar.*

prestigio *s. m.* Reputación, crédito, ascendiente. ➤ *Desprestigio, descrédito.*

prestigioso, sa *adj.* **1. Acreditado,** insigne. ➤ *Desprestigiado.* **2. Famoso,** célebre, popular. ➤ *Desconocido.*

presto, ta *adj.* Pronto, ligero, diligente, dispuesto. ➤ *Lento, tardo, pesado.*

presumido, da *adj.* Vanidoso, fatuo, petulante. ➤ *Modesto, humilde.*

presumir *v. tr.* **1. Suponer,** temerse. ‖ *v. intr.* **2. Jactarse,** alardear, alabarse.

presunción *s. f.* **1. Vanidad,** orgullo, engreimiento, jactancia. ➤ *Modestia.* **2. Conjetura,** sospecha, suposición. ➤ *Ignorancia, desconocimiento*

presuntuoso, sa *adj.* Vano, fantasioso, engreído, petulante, fantasmón, fatuo, farolero. ➤ *Modesto, humilde.*

presuposición *s. f.* Conjetura, presentimiento, presupuesto, sospecha.

presupuesto *s. m.* Conjetura, supuesto, previsión, cálculo.

presuroso, sa *adj.* Apresurado, rápido, vertiginoso. ➤ *Lento, moroso.*

pretencioso, sa *adj.* Ampuloso, cursi, afectado, presuntuoso. ➤ *Natural.*

pretender *v. tr.* **1. Pedir,** aspirar, solicitar. ➤ *Renunciar.* **2. Procurar,** intentar, tratar de. ➤ *Desistir, conformarse.*

pretendiente *adj.* **1. Aspirante,** solicitante, candidato. ‖ *s. m.* **2. Novio.**

pretensión *s. f.* Aspiración, ambición.

preterición *s. f.* Pretermisión.

preterir *v. tr.* **1. Prescindir,** olvidar. **2. Excluir,** postergar, omitir.

pretérito, ta *adj.* Pasado.

pretextar *v. tr.* Alegar.

pretexto *s. m.* Excusa, disculpa, socapa, rebozo, alegato, coartada, evasiva.

pretil *s. m.* Antepecho, guardalado, barandilla, balaustrada, murete, baranda.

prevalecer *v. intr.* **1. Predominar,** preponderar, destacar. ➤ *Perder.* **2. Prender,** enraizar, arraigar.

prevaler *v. prnl.* Aprovecharse, valerse.

prevención *s. f.* **1. Disposición,** preparativo. **2. Previsión. 3. Precaución,** desconfianza, recelo.

prevenido, da *adj.* Avisado, preparado, apercibido. ➤ *Desprevenido.*

prevenir *v. tr.* **1. Aprestar,** aparejar, preparar. **2. Aconsejar,** advertir, anunciar, notificar. **3. Superar,** solucionar.

preventivo, va *adj.* Preparatorio, preservador, protector.

prever *v. tr.* Antever, barruntar, precaver, prevenir, conjeturar, pronosticar.

previo, via *adj.* **1. Anterior,** precedente. ➤ *Posterior.* ‖ *s. m.* **2. Enlatado.** ➤ *En vivo, en directo.*

previsión *s. f.* Prevención, predicción, cálculo, plan, cautela. ➤ *Imprevisión.*

previsor, ra *adj.* Precavido, cauto, prudente, prevenido. ➤ *Imprudente.*

previsto, ta *adj.* Esperado, anunciado. ➤ *Imprevisto, sorpresivo, súbito.*

prez *s. amb.* **1. Honra,** fama, estima. ‖ *s. m. y s. f.* **2. Oración,** súplica.

prieto, ta *adj.* Agarrado, mezquino, ruin, tacaño, miserable, avaro, codicioso. ➤ *Generoso, desprendido.*

prima *s. f.* **1. Premio,** gratificación, recompensa. **2. Sobreprecio,** gravamen.

primacía *s. f.* Prioridad, preeminencia. ➤ *Inferioridad, desventaja.*

primario, ria *adj.* **1. Primordial,** primitivo. ➤ *Secundario.* **2. Previo.**

primate *s. m. pl.* Antropoide, cuadrumano.

primavera *s. f.* **1. Entretiempo. 2. Vellorita,** prímula.

primaveral *adj.* Vernal.

primerizo, za *adj.* **1. Novato,** principiante, novel, inexperto. ➤ *Experto, veterano.* **2. Primípara.** ➤ *Multípara.*

primero, ra *adj.* Primordial, primitivo, primario, inicial, anterior. ➤ *Último, reciente, secundario, posterior.*

primípara *s. f.* Primeriza.

primitivamente *adv. m.* Anteriormente, antes. ➤ *Posteriormente.*

primitivo, va *adj.* **1. Primigenio,** primario, originario. ➤ *Derivado, imitado, nuevo, secundario.* **2. Rudimentario,** tosco ➤ *Evolucionado.*

primo, ma *s. m. y s. f.* **1. Pariente. 2. Cándido,** incauto, simple. ➤ *Astuto.*

primogenitura *s. f.* Mayorazgo, progenitura.

primor *s. m.* **1. Cuidado,** maestría, habilidad, destreza. ➤ *Descuido, chapuza, suciedad.* **2. Exquisitez,** finura, gracia. ➤ *Tosquedad, fealdad.*

primordial *adj.* Primario, originario, fundamental. ➤ *Derivado, secundario.*

primoroso, sa *adj.* Cuidadoso, fino.

prímula *s. f.* Vellorita, primavera.

principado *s. m.* **1. Dominio,** heredad. **2. Primacía,** superioridad.

principal *adj.* **1. Primero,** importante, capital, primordial. ➤ *Secundario, derivado, innecesario, accesorio.* **2. Distinguido,** noble. **3. Director,** presidente. ➤ *Subordinado, subalterno.*

principalmente *adv. m.* Máxime, ante todo, primordialmente.

príncipe *adj.* **1. Princeps.** ‖ *s. m.* **2. Delfín,** infante, alteza.

principesco, ca *adj.* Magnífico, esplendoroso. ➤ *Bajo, ruin, vulgar.*

principiante *adj.* Aprendiz, novicio, novato. ➤ *Experto, maestro.*

principiar *v. tr.* Iniciar, abordar, emprender. ➤ *Acabar, finalizar.*

principio *s. m.* **1. Inicio,** comienzo, partida. ➤ *Fin, conclusión.* **2. Embrión,** germen, origen, raíz. **3. Fundamento,** precepto, regla, norma.

pringado, da *adj.* **1. Pardillo,** tonto, primo. ➤ *Astuto, listillo.* **2. Implicado.**

pringar *v. tr.* **1. Untar,** mojar. **2. Ensuciar. 3. Denigrar,** infamar. ➤ *Enaltecer.* ‖ *v. intr.* **4. Corromperse.**

pringoso, sa *adj.* Grasiento, aceitoso, oleoso, lardoso, sucio, mugriento.

pringue *s. m. y s. f.* **1. Unto,** grasa. **2. Mugre,** porquería, suciedad.

prioridad *s. f.* **1. Precedencia,** anterioridad. **2. Primacía,** preeminencia.

prisa *s. f.* **1. Celeridad,** presteza, brevedad. ➤ *Pereza, lentitud.* **2. Urgencia,** apremio, premura. ➤ *Pasividad.*

prisión *s. f.* **1. Aprehensión,** prendimiento, detención, captura, arresto. **2. Cárcel,** presidio, celda, calabozo.

prisionero, ra *s. m. y s. f.* Cautivo, preso, detenido, penado, recluso.

privación *s. f.* **1. Desposeimiento,** despojo, expoliación. ➤ *Donación.* **2. Destitución,** suspensión, cese. **3. Carencia,** falta. ➤ *Abundancia.*

privado, da *adj.* **1. Íntimo,** particular, personal, familiar, doméstico. ➤ *Público.* ‖ *s. m.* **2. Valido,** favorito.

privanza *s. f.* Valimiento, favor.

privar *v. tr.* **1. Desposeer,** quitar, despojar. ➤ *Dar, regalar.* **2. Suspender,** destituir, cesar. ➤ *Nombrar, asignar.* **3. Impedir,** prohibir, vedar ➤ *Favorecer, alentar.* ‖ *v. prnl.* **4. Renunciar,** abstenerse. ➤ *Permitirse, gozar.*

privativo, va *adj.* Particular, personal, especial, propio. ➤ *Común, general.*

privilegiado, da *adj.* **1. Predilecto,** favorito, preferido. ➤ *Relegado.* **2. Favorecido,** afortunado. ➤ *Desdichado.*

privilegio *s. m.* Bula, ventaja, prerrogativa, gracia, exención, merced.

proa *s. f.* Prora. ➤ *Popa.*

probabilidad *s. f.* Posibilidad, viabilidad, contingencia. ➤ *Imposibilidad.*

probable *adj.* Creíble, posible, factible, viable. ➤ *Improbable, imposible.*

probado, da *adj.* Demostrado.

probadura *s. f.* Prueba, cata.

probar *v. tr.* **1. Experimentar,** ensayar, tantear, analizar, examinar. **2. Demostrar,** acreditar. **3. Catar.** ‖ *v. intr.* **4. Tratar,** procurar, intentar.

probatorio, ria *adj.* Acreditativo, justificativo, demostrativo.

probidad *s. f.* Honestidad, honradez, decencia, rectitud. ➤ *Deshonestidad.*

problema *s. m.* **1. Incógnita,** duda, cuestión. ➤ *Solución.* **2. Inconveniente,** molestia. ➤ *Facilidad.*

problemático, ca *adj.* Dificultoso, inseguro, enigmático. ➤ *Indiscutible.*

probo, ba *adj.* Íntegro, honrado, recto, honesto, decente. ➤ *Deshonesto.*

procacidad *s. f.* Descaro, desfachatez, desvergüenza, atrevimiento, insolencia. ➤ *Vergüenza, modestia.*

procaz *adj.* Deshonesto, insolente, licencioso. ➤ *Comedido, recatado.*

procedencia *s. f.* **1. Nacimiento**, fuente, origen, principio. ➤ *Destino, fin.* **2. Oportunidad**, pertinencia.

procedente *adj.* **1. Derivado**, originario, proveniente. ‖ *adj.* **2. Oportuno**, pertinente. ➤ *Improcedente.*

proceder¹ *v. intr.* **1. Venir**, provenir, nacer, emanar, derivarse. **2. Actuar**, conducirse, comportarse, portarse.

proceder² *s. m.* Comportamiento.

procedimiento *s. m.* Manera, modo, forma, método, sistema, fórmula.

proceloso, sa *adj.* Tempestuoso. ➤ *Calmado, apacible, bonancible.*

prócer *adj.* **1. Egregio**, eminente, insigne. ‖ *s. m.* **2. Magnate**, dignatario.

procesado, da *adj.* Acusado, inculpado, enjuiciado, incriminado.

procesar *v. tr.* Encausar, enjuiciar, encartar, empapelar. ➤ *Exculpar.*

procesión *s. f.* **1. Peregrinación**, romería, comitiva. **2. Hilera**, cola, fila.

proceso *s. m.* **1. Desarrollo**, progreso. **2. Sucesión**, transcurso, transformación, desarrollo. **3. Causa**, juicio.

proclama *s. f.* Bando, edicto, pregón.

proclamación *s. f.* **1. Anuncio**, divulgación, proclama. **2. Promulgación**, nombramiento, coronamiento.

proclamar *v. tr.* **1. Divulgar**, pregonar. **2. Promulgar**. **3. Vocear**, vitorear. ‖ *v. prnl.* **4. Declararse.**

proclive *adj.* Inclinado, tendente.

proclividad *s. f.* Propensión, inclinación, tendencia.

procrear *v. tr.* Generar, engendrar.

procurador, ra *s. m. y s. f.* Delegado, representante, gestor, tramitante.

procurar *v. tr.* Pretender, intentar, tantear, ensayar, probar, tratar de.

prodigalidad *s. f.* Derroche, despilfarro, liberalidad. ➤ *Escasez, tacañería.*

prodigar *v. tr.* **1. Derrochar**, desperdiciar, despilfarrar, disipar. ➤ *Ahorrar, restringir, contener.* **2. Elogiar**, alabar, decir requiebros. ➤ *Denostar.*

prodigio *s. m.* Portento, maravilla, asombro, pasmo, milagro, fenómeno.

prodigioso, sa *adj.* **1. Asombroso**, portentoso, milagroso. ➤ *Normal, vulgar.* **2. Admirable**, maravilloso, excelente, exquisito. ➤ *Corriente.*

pródigo, ga *adj.* **1. Malgastador**, despilfarrador, derrochador. ➤ *Ahorrativo.* **2. Generoso**, rumboso, dadivoso. ➤ *Tacaño, agarrado, avaro.*

pródromo *s. m.* Indisposición.

producción *s. f.* Creación, elaboración, fabricación.

producir *v. tr.* **1. Procrear**, engendrar. **2. Fructificar**. **2. Rendir**, redituar. **3. Causar**, motivar, procurar. **4. Manufacturar**, fabricar. ➤ *Consumir.*

productividad *s. f.* Rendimiento.

productivo, va *adj.* Beneficioso, fecundo, fértil, rentable. ➤ *Estéril.*

producto *s. m.* **1. Producción**, artículo, género. **2. Fruto**, beneficio, provecho, rédito, lucro. **3. Resultado.**

proejar *v. intr.* Bogar, remar.

proemio *s. m.* Prefacio, preámbulo, introducción. ➤ *Epílogo, resumen.*

proeza *s. f.* Hazaña, heroicidad, gesta, osadía, valentía. ➤ *Cobardía.*

profanación *s. f.* Sacrilegio, blasfemia, irreverencia. ➤ *Respeto, devoción.*

profanar *v. tr.* Violar. ➤ *Respetar.*

profano, na *adj.* **1. Secular**, laico. ➤ *Religioso, devoto.* **2. Ignorante**, lego. ➤ *Sabio, conocedor, instruido.*

profecía *s. f.* Vaticinio, presagio, augurio, predicción, pronóstico.

proferir *v. tr.* Articular, decir, prorrumpir. ➤ *Callar, enmudecer.*

profesar *v. tr.* **1. Desempeñar**, practicar. ‖ *v. intr.* **2. Abrazar**. ➤ *Renegar.*

profesión *s. f.* **1. Ocupación**, trabajo, quehacer. ➤ *Ocio.* **2. Carrera**, ejercicio, ministerio. ➤ *Cesantía, paro.*

profesor, ra *s. m. y s. f.* Maestro, doctor, enseñante, educador, preceptor.

profesorado *s. m.* Claustro.

profeta *s. m.* **1. Vidente**, augur, adivino. **2. Elegido**, enviado, inspirado.

profético, ca *adj.* Adivinatorio, premonitorio, inspirado.

profetisa *s. f.* Pitonisa, sibila.

profetizar *v. tr.* Presagiar, vaticinar, anunciar, predecir, pronosticar.

proficiente *adj.* Aprovechador.

profilaxis *s. f.* Higiene, prevención.

prófugo, ga *adj.* **1. Huido**, evadido. ‖ *s. m.* **2. Desertor**, fugitivo, fugado.

profundizar *v. tr.* Ahondar, indagar, examinar. ➤ *Ignorar, pasar por alto.*

profundo, da *adj.* **1. Hondo.** ➤ *Superficial.* **2. Penetrante.** ➤ *Débil.* **3. Recóndito**, difícil. ➤ *Accesible.*

profusión *s. f.* Prodigalidad, abundancia. ➤ *Escasez, defecto, tacañería.*

profuso, sa *adj.* Abundante, pletórico. ➤ *Escaso, defectuoso, tacaño.*

progenie *s. f.* Linaje, casta, familia.

progenitor *s. m.* Padre, antepasado.

progenitura *s. f.* Familia, linaje, casta.

programa *s. m.* **1. Esquema**, proyecto, esbozo. **2. Plan**, planificación.

programar *v. tr.* Planear, planificar, esbozar, proyectar. ➤ *Improvisar.*

progresar *v. intr.* **1. Avanzar**, adelantar, evolucionar. **2. Prosperar**, mejorar, desarrollar, crecer, perfeccionar.

progresión *s. f.* Progreso, adelantamiento, avance. ➤ *Retroceso.*

progresista *s. m. y s. f.* Liberal, progre. ➤ *Retrógrado, conservador.*

progresivo, va *adj.* Creciente, gradual, paulatino. ➤ *Regresivo.*

progreso *s. m.* **1. Proceso**, avance. ➤ *Retraso, retraimiento.* **2. Desarrollo**, mejora, perfeccionamiento, evolución. ➤ *Barbarie, involución, incultura.*

prohibición *s. f.* Impedimento, negativo, veto, interdicción, denegación, privación. ➤ *Concesión, permiso.*

prohibir *v. tr.* Privar, proscribir, denegar, limitar. ➤ *Conceder, permitir.*

prohibitivo, va *adj.* Desmedido, exagerado, excesivo. ➤ *Razonable.*

prohijamiento *s. m.* Adopción.

prohijar *v. tr.* Adoptar, ahijar.

prohombre *s. m.* Prócer, magnate.

proís *s. m.* Noray.

prójimo, ma *s. m. y s. f.* **1. Semejante.** **2. Sujeto**, individuo, socio, tipo.

prole *s. f.* Familia.

prolegómeno *s. m.* Prólogo, introducción. ➤ *Epílogo, final, conclusión.*

proletario, ria *s. m. y s. f.* Obrero, trabajador, asalariado. ➤ *Patrono.*

proliferación *s. f.* Abundancia, desarrollo, reproducción. ➤ *Escasez.*

proliferar *v. intr.* Abundar, multiplicar, reproducir, pulular. ➤ *Escasear.*

prolífico, ca *adj.* Fecundo, fértil, prolífero, productivo, fructífero. ➤ *Estéril.*

prolijidad *s. f.* Detalle, nimiedad, superfluidad. ➤ *Concisión, brevedad.*

prolijo, ja *adj.* Detallado, largo, esmerado, dilatado. ➤ *Parco, conciso.*

prologar *v. tr.* Presentar.

prólogo *s. m.* Proemio, prefacio, prolegómeno, preámbulo, introducción, exordio. ➤ *Epílogo, conclusión.*

prolongable *adj.* Extensible.

prolongado, da *adj.* Aplazado, dilatado, alargado. ➤ *Acortado, abreviado.*

prolongar *v. tr.* **1. Extender**, alargar, expandir. ➤ *Abreviar.* **2. Aplazar**, diferir, atrasar, demorar. ➤ *Acelerar.*

promediar *v. tr.* Dividir, repartir.

promedio *s. m.* Media, mitad, cociente.

promesa *s. f.* Oferta, voto, compromiso, juramento, empeño, promisión.

prometer *v. intr.* **1. Asegurar**, afirmar, cerciorar, certificar. **2. Jurar**, dar palabra de honor, empeñar la palabra. ‖ *v. prnl.* **2. Comprometerse.**

prometido, da *s. m. y s. f.* Pretendiente, futuro, novio.

prominencia *s. f.* Saliente, protuberancia. ➤ *Llanura, depresión.*

prominente *adj.* Saliente, alto, elevado, convexo. ➤ *Liso, cóncavo.*

promiscuidad *s. f.* Diversidad, mezcolanza, revoltijo, amalgama.

promiscuo, cua *adj.* **1. Revuelto**, confuso, mezclado. ➤ *Distinto.* **2. Libertino**, licencioso. ➤ *Puro, casto.*

promoción *s. f.* Hornada, quinta.

promotor, ra *adj.* Promovedor, iniciador, impulsor, organizador.

promover *v. tr.* **1. Suscitar**, iniciar, mover, procurar, impulsar, fomentar. **2. Ascender.** ➤ *Degradar, rebajar.*

promulgar *v. tr.* Difundir, propalar. ➤ *Derogar, callar, encubrir.*

pronosticador, ra *adj.* Agorero, augur, adivino, profeta, vaticinador.

pronosticar *v. tr.* Predecir, presagiar, augurar, vaticinar, profetizar.

pronóstico *s. m.* Predicción, presagio, profecía, vaticinio.

prontamente *adv. t.* Rápidamente, al punto, enseguida, prestamente.

prontitud *s. f.* Diligencia, actividad. ➤ *Lentitud, parsimonia, pereza.*

pronto, ta *adj.* **1. Rápido**, presto. ➤ *Lento.* ‖ *s. m.* **2. Arrebato**, arranque, salida. ‖ *adv. m.* **3. Presto**, aprisa.

prontuario *s. m.* Epítome, resumen.

pronunciación *s. f.* Dicción, articulación, modulación, enunciación.

pronunciado, da *adj.* Acusado, acentuado, marcado, evidente.

pronunciamiento *s. m.* Alzamiento, levantamiento, sublevación, insurrección, revuelta. ➤ *Sofocamiento.*

pronunciar *v. tr.* **1. Proferir**, decir, articular. ➤ *Callar.* **2. Sublevarse**, rebelarse. ➤ *Someterse, rendirse.*

propagación *s. f.* Difusión, diseminación, divulgación. ➤ *Restricción.*

propaganda *s. f.* Divulgación, publicidad, difusión.

propagar *v. tr.* **1. Reproducir**. **2. Divulgar**, esparcir, propalar, tener eco.

propalar *v. tr.* Difundir, propagar, esparcir, divulgar. ➤ *Acallar, ocultar.*

propasar *v. tr.* Excederse, extralimitarse, pasarse, abusar. ➤ *Contenerse.*

propender *v. intr.* Tender, decantarse, tirar, escorar. ➤ *Huir, evitar.*

propensión *s. f.* Tendencia, inclinación. ➤ *Desinterés, desgana, abulia.*

propenso, sa *adj.* Apegado, adicto, proclive, inclinado, tendente.

propiciar *v. tr.* Aplacar, calmar, atenuar, favorecer. ➤ *Obstaculizar.*

propicio, cia *adj.* Favorable, oportuno. ➤ *Desfavorable, inoportuno.*

propiedad *s. f.* **1. Dominio**, pertenencia, posesión, bienes. **2. Peculiaridad**, carácter, cualidad, rasgo. **3. Rigor**, exactitud. ➤ *Impropiedad.*

propietario, ria *adj.* Dueño, amo.

propileo *s. m.* Atrio.

propina *s. f.* Extra, plus, prima.

propincuo, cua *adj.* Cercano, próximo, allegado. ➤ *Lejano, ajeno.*

propio, pia *adj.* **1. Específico**, privativo. ➤ *General.* **2. Adecuado**, pertinente, oportuno. ➤ *Inadecuado, inoportuno, inconveniente.* **3. Real.**

proponer *v. tr.* **1. Plantear**, sentar, sugerir. ‖ *v. prnl.* **2. Intentar**, procurar. ➤ *Cejar, desistir.* **3. Presentar.**

proporción *s. f.* Conformidad, relación, armonía, equilibrio, relación. ➤ *Desproporción, inconveniencia.*

proporcionado, da *adj.* Adecuado, idóneo, conveniente, apto, equilibrado. ➤ *Desproporcionado, inadecuado.*

proporcionar *v. tr.* **1. Equilibrar.** ➤ *Desequilibrar.* **2. Dotar**, adecuar. **3. Facilitar**, suministrar, proveer, entregar, dar. ➤ *Quitar, dificultar, privar.*

proposición *s. f.* **1. Propuesta**, sugerencia. **2. Enunciado**, oración.

propósito *s. m.* **1. Intención**, ánimo. ➤ *Irreflexión.* **2. Mira**, fin, motivo.

propuesta *s. f.* Ofrecimiento, oferta.

propugnar *v. tr.* **1. Defender**, amparar. **2. Proponer.** ➤ *Impugnar.*

propulsar *v. tr.* Empujar, impulsar.

propulsión *s. f.* Impulso, empuje.

propulsor, ra *adj.* Motriz.

prorratear *v. tr.* Cotizar, escotar.

prorrateo *s. m.* Proporcionalidad, repartición, distribución.

prorrogable *adj.* Aplazable, demorable, retardable. ➤ *Inaplazable.*

prorrogación *s. f.* Aplazamiento, moratoria, plazo, prórroga.

prorrogar *v. tr.* Suspender, aplazar, diferir. ➤ *Cumplir, terminar, acabar.*

prorrumpir *v. tr.* **1. Brotar**, surgir, emerger. **2. Proferir**, exclamar.

prosa *s. f.* Narrativa. ➤ *Verso.*

prosaico, ca *adj.* Ramplón, soso, chabacano. ➤ *Elevado, noble.*

prosapia *s. f.* Alcurnia, estirpe, casta.

proscribir *v. tr.* **1. Desterrar**, exiliar, expatriar. ➤ *Repatriar.* **2. Vedar**, vetar, excluir, privar. ➤ *Permitir.*

proscripción *s. f.* Destierro, extrañamiento, exilio, deportación.

proscrito, ta *adj.* Reo, desterrado, condenado, expatriado, expulsado.

prosecución *s. f.* Continuación, prolongación. ➤ *Cese.*

proseguir *v. tr.* Prolongar, continuar, reanudar. ➤ *Detener, interrumpir.*

prosélito *s. m.* Neófito, adherido, militante, adepto, adicto. ➤ *Contrario.*

prosificar *v. tr.* ➤ *Versificar.*

prosista *s. m. y s. f.* Literato, narrador, novelista, escritor. ➤ *Poeta.*

prosodia *s. f.* Fonética, ortología, fonología, pronunciación.

prosopopeya *s. f.* **1. Personificación. 2. Ampulosidad**, ostentación, boato, pompa, teatro. ➤ *Sencillez.*

prospección *s. f.* Estudio, sondeo.

prospecto *s. m.* Octavilla, panfleto.

prosperar *v. tr.* **1. Progresar**, florecer. ➤ *Fracasar.* || *v. intr.* **2. Adelantar. 3. Mejorar**, medrar. ➤ *Arruinarse.*

prosperidad *s. f.* Bonanza, felicidad, fortuna, éxito, bienestar. ➤ *Desgracia.*

próspero, ra *adj.* **1. Florecer**, boyante. ➤ *Desventurado, desgraciado.* **2. Opulento**, rico. ➤ *Pobre, mísero.*

prostíbulo *s. m.* Mancebía, burdel.

prostitución *s. f.* **1. Trata. 2. Amancebamiento.**

prostituirse *v. prnl.* Corromperse, degradarse. ➤ *Ennoblecerse, honrarse.*

prostituto, ta *s. m. y s. f.* Chapero, meretriz, puta, puto, ramera, buscona.

protagonista *s. m. y s. f.* Héroe, figura, estrella, galán, heroína, actor principal. ➤ *Secundario, comparsa.*

protagonizar *v. tr.* Interpretar, representar, desempeñar.

protección *s. f.* Amparo, defensa, auxilio, resguardo, favor, apoyo, patrocinio. ➤ *Desamparo, indefensión.*

protector, ra *adj.* Defensor, bienhechor, amparador, valedor, patrocinador, padrino. ➤ *Atacante.*

proteger *v. tr.* **1. Escudar**, resguardar, respaldar, preservar, guardar. ➤ *Desamparar, atacar.* **2. Salvaguardar.**

proteico, ca *adj.* Cambiante, evolutivo.

proteínico, ca *adj.* Albuminoideo, proteico.

protervo, va *adj.* Perverso, malvado.

prótesis *s. f.* Ortopedia.

protesta *s. f.* Crítica, desaprobación.

protestante *adj.* Anglicano, calvinista, evangelista. ➤ *Católico, ortodoxo.*

protestantismo *s. m.* Luteranismo.

protestar *v. tr.* **1. Quejarse**, reclamar, reprochar. ➤ *Aguantar.* **2. Abuchear**, patear, silbar. ➤ *Ovacionar.*

protestón, na *adj.* Descontento, gruñón, sermoneador. ➤ *Conformista.*

protocolo *s. m.* **1. Registro**, acta, escritura. **2. Ceremonial**, etiqueta, ritual.

protohistoria *s. f.* Prehistoria.

prototipo *s. m.* **1. Norma**, patrón. **2. Arquetipo**, modelo, paradigma.

protozoo *s. m.* Microorganismo.

protuberancia *s. f.* Abombamiento, bulto, elevación, saliente. ➤ *Hoyo.*

provecho *s. m.* Ganancia, fruto, lucro, beneficio. ➤ *Pérdida, inutilidad.*

provechoso, sa *adj.* Beneficioso, rentable, fructífero, útil, conveniente. ➤ *Inútil, ruinoso, inconveniente.*

provecto, ta *adj.* **1. Antiguo.** ➤ *Nuevo.* **2. Anciano**, viejo, mayor. ➤ *Joven.*

proveedor, ra *s. m. y s. f.* Suministrador, abastecedor, avituallador. ➤ *Cliente, consumidor.*

proveer *v. tr.* Suministrar, surtir, aprovisionar. ➤ *Quitar, privar, consumir.*

provena *s. f.* Acodo.

proveniente *adj.* Originario, procedente, resultante, descendiente.

provenir *v. intr.* Proceder, emanar, dimanar, venir, derivar, descender.

proverbial *adj.* **1. Tradicional.** ➤ *Original.* **2. Conocido**, público, sabido, notorio. ➤ *Desconocido, ignoto.*

proverbio *s. m.* Sentencia, paremia, adagio, refrán, dicho, aforismo.

providencia *s. f.* **1. Resolución. 2. Provisión**, medida, prevención.

próvido, da *adj.* **1. Prevenido**, cuidadoso, diligente. **2. Benévolo**, propicio, favorable. ➤ *Desfavorable.*

provincia *s. f.* Circunscripción, departamento, comarca, demarcación.

provinciano, na *adj.* Paleto, pueblerino. ➤ *Urbano.*

provisión *s. f.* **1. Abastecimiento**, avituallamiento, aprovisionamiento. **2. Despensa**, vituallas, víveres.

provisional *adj.* Interino, accidental. ➤ *Estable, fijo, permanente.*

provisionalmente *adv. m.* Ínterin.

provisto, ta *adj.* Abastecido, dotado.

provocación *s. f.* Incitación, excitación, desafío. ➤ *Apaciguamiento.*

provocador, ra *adj.* Agitador, agresor, inductor. ➤ *Pacificador.*

provocante *adj.* Incitante.

provocar *v. tr.* **1. Aguijonear,** espolear. **2. Enfadar,** enojar, molestar. ➤ *Apaciguar, calmar.* **3. Estimular,** incitar. ➤ *Apaciguar, tranquilizar.*

provocativo, va *adj.* Incitante, inductor, instigador, desafiante.

proximal *adj.* ➤ *Distal.*

proximidad *s. f.* **1. Cercanía,** inmediación, vecindad. ➤ *Lejanía, antigüedad.* ‖ *s. f. pl.* **2. Afueras,** aledaños, contornos. ➤ *Centro.*

próximo *adj.* Contiguo, familiar, cercano, vecino. ➤ *Alejado, lejano.*

proyectar *v. tr.* **1. Arrojar,** despedir. **2. Planear,** planificar, urdir, maquinar.

proyectil *s. m.* Bomba, flecha, granada, lanza, saeta, bala, cohete, dardo.

proyectista *s. m. y s. f.* Decorador.

proyecto *s. m.* **1. Idea,** intención, plan. **2. Borrador,** croquis, esquema.

prudencia *s. f.* Seso, medida, juicio, discernimiento, aplomo, sabiduría, sensatez, moderación, parsimonia. ➤ *Indiscreción, descuido, insensatez.*

prudencial *adj.* Discrecional, facultativo, opcional.

prudenciarse *v. prnl.* Contenerse, moderarse, reprimirse. ➤ *Estallar.*

prudente *adj.* Cauteloso, cuerdo, discreto, mesurado, sensato, moderado. ➤ *Imprudente, indiscreto, insensato.*

prueba *s. f.* **1. Demostración,** justificación, evidencia, probanza, resultado. **2. Señal,** muestra. **3. Experimento,** probatura. **4. Desgracia,** infortunio.

prurito *s. m.* **1. Picor,** comezón. ➤ *Alivio.* **2. Deseo,** anhelo, ansia.

prusiato *s. m.* Cianuro.

psicofármaco *s. m.* Droga, alucinógeno.

psicópata *s. m. y s. f.* Desequilibrado, demente, loco, neurótico.

psicopatía *s. f.* Demencia, desequilibrio, locura.

psique *s. f.* Alma, espíritu, mente.

psiquiatra *s. m. y s. f.* Neurólogo.

psíquico, ca *adj.* Anímico, espiritual.

psitacismo *s. m.* Memorismo.

púa *s. f.* Aguijón, espina, pincho, puya.

pub *s. m.* Bar.

púber, ra *adj.* Adolescente. ➤ *Impúber.*

pubertad *s. f.* Adolescencia, juventud. ➤ *Climaterio.*

publicación *s. f.* **1. Aparición,** difusión, lanzamiento, revelación, divulgación. **2. Edición,** impresión, libro.

publicar *v. tr.* **1. Divulgar,** pregonar, difundir, propagar. **2. Editar,** imprimir.

publicidad *s. f.* Difusión, propaganda.

publicista *s. m. y s. f.* Periodista.

público, ca *adj.* **1. Evidente,** notorio, sabido. ➤ *Secreto, privado.* ‖ *s. m.* **2. Auditorio,** asistencia, espectadores.

pucherazo *s. m.* Cabildada, arbitrariedad, fraude, engaño.

puchero *s. m.* Cazuela, marmita, olla, pote, cacerola, cazo, perol.

pudendo, da *adj.* Vergonzoso, vergonzante, torpe, feo, indecente.

pudibundo, da *adj.* Gazmoño, mojigato, puritano. ➤ *Descocado, libertino.*

pudicicia *s. f.* Decencia, castidad, honestidad. ➤ *Impudicia, lascivia.*

púdico, ca *adj.* Limpio, puro, recatado, casto. ➤ *Lascivo, libertino.*

pudiente *adj.* Opulento, potentado, hacendado, rico. ➤ *Mísero, pobre.*

pudor *s. m.* Castidad, moderación, reserva, timidez, recato. ➤ *Impudicia.*

pudoroso, sa *adj.* Casto, gazmoño, recatado. ➤ *Inmoral, libertino.*

pudrir *v. tr.* Dañar, enmohecer, fermentar, ranciar, corromper, descomponer, estropearse. ➤ *Conservar.*

pueblo *s. m.* **1. Aldea,** poblado. ➤ *Ciudad.* **2. Clan,** raza, tribu. **3. País,** nación, estado. **4. Público,** vecindario.

puente *s. m.* Pasarela, viaducto.

puerco *s. m.* **1. Cerdo.** **2. Cochino,** marrano, guarro. ➤ *Limpio, aseado.*

puericia *s. f.* Infancia, niñez.

pueril *adj.* Aniñado, infantil. ➤ *Maduro.*

puerilidad *s. f.* **1. Ingenuidad,** inocencia. **2. Niñería,** chiquillada. **3. Futilidad,** nimiedad, intrascendencia.

puérpera *s. f.* Parida, parturienta.

puerta s. f. Portal, portalón, portilla, poterna, salida, cancela, postigo.

puerto s. m. **1. Rada**, bahía, dársena, ensenada. **2. Desfiladero**, quebrada.

puesta s. f. Crepúsculo, ocaso.

puesto, ta s. m. **1. Sitio**, lugar. **2. Situación**, disposición. ‖ s. m. y s. f. **3. Quiosco**, barraca. **4. Ocupación**, profesión, rango. **5. Cazadero**.

púgil s. m. Luchador, boxeador.

pugilato s. m. Lucha, boxeo, combate.

pugna s. f. Lucha, combate, contienda.

pugnar v. intr. **1. Reñir**, combatir. ➤ *Pacificar*. **2. Procurar**, solicitar. **3. Esforzarse**, porfiar, insistir. ➤ *Desistir*.

puja s. f. Mejora, aumento, oferta.

pujante adj. Fuerte, vigoroso, poderoso, potente. ➤ *Débil, enclenque*.

pujanza s. f. Brío, poder, energía, fortaleza. ➤ *Debilidad, flaqueza*.

pujar v. tr. Mejorar, subir.

pulcritud s. f. **1. Limpieza**, escrupulosidad. ➤ *Inmundicia, suciedad*. **2. Cuidado**, primor, minuciosidad. ➤ *Zafiedad*. **3. Finura**, delicadeza.

pulcro, cra adj. **1. Impecable**, inmaculado, limpio, aseado. ➤ *Sucio*. **2. Atildado**, cortés, correcto. ➤ *Zafio*.

pulgar s. m. Dedo gordo.

pulgón s. m. Piojuelo.

pulguillas s. m. Cascarrabias, gruñón.

pulido, da adj. Aseado, limpio, cuidadoso, delicado, liso. ➤ *Sucio, zafio*.

pulidor, ra s. m. Bruñidor.

pulimentar v. tr. Pulir, bruñir, abrillantar, lustrar, desbastar, alisar.

pulir v. tr. **1. Pulimentar**, afinar, esmerilar, lijar, bruñir, frotar. **2. Perfeccionar**, rematar. **3. Gastar**, derrochar.

pulmón s. m. Energía, vigor, fuerza.

pulmonía s. f. Neumonía.

pulpejo s. m. Talón.

pulpería s. f. Almacén, tienda.

pulpero, ra s. m. y s. f. Abacero, tendero.

pulposo, sa adj. Carnoso, fofo, pastoso, mollar. ➤ *Duro, seco*.

pulsador, ra adj. Encendedor, interruptor, timbre.

pulsar v. tr. **1. Tañer**, tocar, golpear. **2. Sondear**, tantear. **3. Latir**.

pulsátil adj. Palpitante. ➤ *Apagado*.

pulsativo, va adj. Palpitante, pulsátil.

pulsera s. f. **1. Brazalete**, ajorca, esclava. **2. Rizo**, tirabuzón, sortija.

pulso s. m. Tiento, tino.

pultáceo, a adj. **1. Blando**, fofo. ➤ *Duro*. **2. Gangrenado**, podrido.

pulular v. intr. **1. Renovar**, retoñar. **2. Hormiguear**, bullir, proliferar.

pulverización s. f. Atomización, fumigación, rociamiento.

pulverizador s. m. Aerosol, vaporizador, rociador, atomizador.

pulverizar v. tr. Destruir, machacar, desmenuzar, desintegrar, triturar.

puna s. f. **1. Páramo**, estepa, tierra alta. **2. Vértigo**, soroche.

punción s. f. Corte, incisión.

pundonor s. m. Decoro, honor, dignidad, orgullo. ➤ *Desvergüenza*.

pundonoroso, sa adj. Decoroso, puntilloso, respetable, digno.

pungente adj. Doloroso, hiriente.

punible adj. Castigable, condenable, sancionable. ➤ *Disculpable*.

punir v. tr. Condenar, sancionar, castigar. ➤ *Eximir, disculpar, perdonar*.

punta s. f. **1. Aguijón**, pico, púa. **2. Asta**, pitón, cuerno. **3. Extremo**.

puntada s. f. **1. Indirecta**, insinuación. **2. Punzada**. **3. Cosido**.

puntal s. m. Contrafuerte, pilar, sostén.

puntapié s. m. Patada, puntillazo, coz.

puntazo s. m. **1. Corte**. **2. Puntada**. **3. Pulla**, sarcasmo, indirecta.

puntería s. f. Acierto, pulso, vista.

puntiagudo, da adj. Aguzado, ahusado, afilado, picudo. ➤ *Chato, romo*.

puntilla s. f. **1. Encaje**. **2. Cortaplumas**, navaja, puñal, cachetero.

puntillazo s. m. Patada, puntapié.

puntillero s. m. Cachetero.

puntillo s. m. Pundonor.

puntilloso, sa adj. Quisquilloso, reparón, susceptible, pijotero.

punto s. m. **1. Lunar**, mota. **2. Señal**, marca, trazo. **3. Tanto**. **4. Segundo**, instante, momento. **5. Lugar**, sitio, zona, puesto. **6. Tema**, asunto. **7. Cuestión**, núcleo, esencia. **8. Pausa**.

puntuación s. f. Calificación, nota.

puntual *adj.* **1. Exacto**, cumplidor, preciso. ➤ *Informal.* **2. Seguro**, indudable, cierto. ➤ *Dudoso.* **3. Conveniente**, apropiado. ➤ *Inadecuado.*

puntualidad *s. f.* Exactitud, precisión, regularidad. ➤ *Informalidad.*

puntualización *s. f.* Matización, precisión, aclaración. ➤ *Generalización.*

puntualizar *v. tr.* Detallar, pormenorizar, precisar, matizar, concretar.

puntualmente *adv. m.* Exactamente, regularmente.

puntuar *v. intr.* Calificar, valorar.

punzada *s. f.* Puntada, ramalazo.

punzante *adj.* **1. Afilado**, agudo. **2. Lacerante**, doloroso. **3. Mordaz.**

punzar *v. tr.* Picar, pinchar.

puñal *s. m.* Cuchillo, navaja, daga, estilete, faca, machete.

puñalada *s. f.* Cuchillada, navajazo.

puñetazo *s. m.* Trompada, puñada, guantada, mamporro. ➤ *Caricia.*

puñetero, ra *adj.* **1. Complicado**, difícil. **2. Cargante**, molesto. ➤ *Grato.*

puño *s. m.* Empuñadura, mango, pomo.

pupila *s. f.* Meretriz, prostituta, ramera.

pupilaje *s. m.* Pensión, hospedaje.

pupilo, la *s. m. y s. f.* Huésped.

pupitre *s. m.* Escritorio, bufete.

puré *s. m.* Papilla, plasta, gacha, crema.

pureza *s. f.* **1. Perfección**, limpidez. ➤ *Impureza.* **2. Castidad**, virtud, inocencia, integridad. ➤ *Corrupción.*

purga *s. f.* Laxante.

purgante *adj.* Calomelanos, laxante.

purgar *v. tr.* **1. Depurar**, purificar. **2. Expiar. 3. Expeler**, evacuar.

purgatorio *s. m.* Penitencia, sufrimiento, penalidades. ➤ *Cielo.*

purificación *s. f.* Depuración, purgación, saneamiento, limpieza.

purificar *v. tr.* Acrisolar, depurar.

purista *adj.* **1. Académico. 2. Casticista. 3. Pedante**, rebuscado.

puritano, na *adj.* Austero, rígido, severo, riguroso. ➤ *Libertino, depravado.*

puro, ra *adj.* **1. Limpio**, purificado. ➤ *Sucio, impuro.* **2. Inocente**, inmaculado, virginal. ➤ *Deshonesto.*

púrpura *s. f.* **1. Ostro**, tinte. **2. Mixtión**, violado.

pus *s. m.* Podredumbre, purulencia, supuración, humor, secreción.

pusilánime *adj.* Miedoso, cobarde, apocado. ➤ *Valiente, atrevido.*

pusilanimidad *s. f.* Acobardamiento, cobardía, poquedad, cortedad, encogimiento, miedo. ➤ *Arrojo, valentía.*

pústula *s. f.* Absceso, úlcera, herida.

putada *s. f.* Guarrada, marranada, cochinada. ➤ *Favor.*

putañero *adj.* Putero, mujeriego.

putativo, va *adj.* Existimativo.

putear *v. intr.* **1. Putañear. 2. Jorobar**, jeringar, molestar, fastidiar.

putero *adj.* Faldero, mujeriego, putañero. ➤ *Virtuoso.*

puto, ta *s. m. y s. f.* Buscón, chapero, fulana, ramera, protituto.

putrefacción *s. f.* Descomposición, podredumbre, corrupción, alteración, fermentación, carroña. ➤ *Lozanía.*

putrefacto, ta *adj.* Descompuesto, podrido, corrompido, alterado, rancio, mohoso, purulento, fermentado, inmundo. ➤ *Lozano, fresco.*

putrescencia *s. f.* Putridez.

pútrido, da *adj.* Infecto, nauseabundo, podrido, corrompido, purulento.

puya *s. f.* Garrocha, vara, pica, rejón.

puyazo *s. m.* Garrochazo, lanzada, rejonazo.

Q q

quebrada *s. f.* **1. Desfiladero**, angostura, cañón, garganta, portillo. **2. Barranco**, hondonada, despeñadero.

quebradero de cabeza *s. m.* Preocupación, conflicto, inquietud, perturbación. ➤ *Despreocupación, sosiego.*

quebradizo, za *adj.* **1. Frágil**, endeble, rompible, delicado, vidrioso, deleznable. ➤ *Fuerte, resistente, duro, sólido.* **2. Débil**, enclenque. ➤ *Fornido, sano.* **3. Pusilánime**, apocado, timorato. ➤ *Entero.*

quebrado, da *adj.* **1. Arruinado**, en quiebra. **2. Herniado. 3. Débil**, enfermo, quebrantado, debilitado. ➤ *Sano.* **4. Abrupto**, áspero, accidentado, tortuoso, desigual, escabroso. ➤ *Llano.* ‖ *s. f.* **5. Desfiladero**, cañón, garganta. **6. Barranco**, despeñadero.

quebradura *s. f.* Fractura, estropicio, brecha, grieta, hendidura, rotura.

quebrantado, da *adj.* **1. Roto**, fracturado. ➤ *Entero.* **2. Dolorido.**

quebrantamiento *s. m.* **1. Quebradura**, fractura, ruptura, debilitamiento, deterioro. ➤ *Arreglo, compostura.* **2. Infracción**, vulneración, incumplimiento, transgresión, violación. ➤ *Cumplimiento, acatamiento.*

quebrantar *v. tr.* **1. Partir**, romper, fragmentar, tronchar, escacharrar. ➤ *Arreglar, reparar.* **2. Deteriorar**, estropear. ➤ *Consolidar.* **3. Moler**, machacar, destrozar. **4. Violentar**, violar, profanar, traspasar, vulnerar, forzar. ➤ *Respetar.* **5. Transgredir**, infringir. ➤ *Acatar.* **6. Amortiguar**, mitigar, templar, suavizar.

quebranto *s. m.* **1. Quebrantamiento**, fraccionamiento. **2. Debilitamiento**, agotamiento, decaimiento. ➤ *Ánimo, vigor, energía, fuerza.* **3. Pena**, compasión, aflicción, dolor, desánimo, desaliento, angustia, congoja.

➤ *Alegría, consuelo, contento.* **4. Deterioro**, perjuicio, daño, detrimento. ➤ *Recuperación.*

quebrar *v. tr.* **1. Resquebrajar**, romper, cascar, rajar, quebrantar, despedazar, hacer trizas. ➤ *Unir, consolidar, conservar, mantener.* **2. Incumplir**, infringir, traspasar, violar. **3. Tronchar**, doblar, torcer, arquear, encorvar, curvar. ➤ *Enderezar.* **4. Dificultar**, estorbar, entorpecer, interrumpir. ➤ *Facilitar.* **5. Templar**, moderar. ➤ *Fortalecer.* **6. Ajar**, afear, empalidecer, decolorar. ➤ *Embellecer.* **7. Superar**, vencer, triunfar, sobreponerse. ➤ *Fracasar.* ‖ *v. intr.* **8. Enemistarse**, distanciarse, enfriarse. ➤ *Rehacerse, unir.* **9. Doblegarse**, ceder, flaquear, replegarse, transigir. ➤ *Mantener.* **10. Hundirse**, arruinarse, fracasar. ➤ *Prosperar, enriquecerse, mejorar.*

queda *s. f.* **1. Reclusión**, retiro. **2. Atención**, aviso, campanada.

quedamente *adv. m.* Silenciosamente, calladamente. ➤ *Ruidosamente.*

quedamiento *s. m.* Aplacamiento.

quedar *v. intr.* **1. Detenerse**, parar, estar. ➤ *Irse, seguir.* **2. Subsistir**, restar. **3. Mantenerse**, continuar. **4. Acabar**, finalizar, cesar, terminar. ➤ *Empezar.* **5. Acordar**, decidir, pactar, avenirse. ‖ *v. prnl.* **6. Apoderarse**, adquirir. ➤ *Desprenderse, devolver.*

quedo, da *adj.* **1. Quieto**, callado, silencioso, bajo. ➤ *Móvil, rápido, alto.* ‖ *adv. m.* **2. Calladamente**, silenciosamente, bajo, en voz baja, en susurros. ➤ *Alto, escandalosamente.*

quehacer *s. m.* Trabajo, labor, faena, empleo, ocupación, tarea, actividad, deber. ➤ *Desocupación, vagancia.*

queja *s. f.* **1. Lamento**, gemido, quejido, clamor, suspiro, lamentación, llanto, desazón, disgusto, descontento, enojo. ➤ *Risa, alegría, contento, satisfacción*. **2. Protesta**, reclamación, demanda. ➤ *Aprobación*.

quejarse *v. prnl*. **1. Lamentarse**, gemir, protestar, sollozar, gimotear, suspirar, desahogarse, llorar, clamar. ➤ *Contentarse, consolarse, felicitarse*. **2. Reclamar**, protestar. ➤ *Aprobar*.

quejica *adj*. Llorón, quejumbroso, gimoteador, lastimero, protestón. ➤ *Fuerte, valiente, alegre, risueño*.

quejido *s. m*. Lamento, queja, gemido, plañido, lamentación, gimoteo.

quejoso, sa *adj*. Descontento, enfadado, disgustado, ofendido, mosqueado, quejumbroso, lacrimoso. ➤ *Satisfecho, alegre, gozoso, alborozado*.

quejumbroso, sa *adj*. **1. Llorica**, ñoño, quejica. **2. Lastimero**, llorón.

quelonio *adj*. Galápago, tortuga.

quema *s. f*. **1. Combustión**. **2. Llamas**, incendio, fuego.

quemadero *s. m*. Crematorio.

quemado, da *adj*. **1. Incendiado**, abrasado, chamuscado, incinerado, carbonizado. ➤ *Intacto, incólume*. **2. Harto**, agotado, furioso, irritado, enojado. ➤ *Tranquilo, calmado*.

quemador, ra *adj*. Ardiente, abrasador. ➤ *Helador*.

quemadura *s. f*. Ampolla, llaga, cremación, chamusquina, señal.

quemante *adj*. Abrasador, quemador, inflamatorio, candente. ➤ *Gélido*.

quemar *v. tr*. **1. Incendiar**, calcinar, abrasar, carbonizar, achicharrar. ➤ *Apagar*. **2. Escaldar**, herir. **3. Derrochar**, liquidar, saldar, abaratar. ➤ *Ahorrar*. **4. Desazonar**, irritar, enojar, alterar, acalorar. ➤ *Tranquilizar, calmar*. ‖ *v. intr*. **5. Arder**, abrasar. ‖ *v. prnl*. **6. Achicharrarse**, tostarse. **7. Apasionarse**, consumirse.

quemazón *s. f*. **1. Irritación**, picor. **2. Sarcasmo**, mordacidad, pulla, indirecta. **3. Resentimiento**, resquemor. **4. Saldo**, liquidación, rebajas.

quenopodiáceo, a *adj*. Salsoláceo.

quepis *s. m*. Ros.

querella *s. f*. **1. Riña**, reyerta, altercado, discusión, disputa, contienda, pe-

lea. ➤ *Paz, reconciliación*. **2. Litigio**, pleito, demanda, acusación, reclamación, queja. ➤ *Concordia*.

querellante *adj*. Litigante, pleiteante, demandante, denunciante.

querellarse *v. prnl*. Litigar, pleitear.

querencia *s. f*. **1. Afecto**, inclinación, atracción. ➤ *Rechazo, repulsión, desvío*. **2. Nostalgia**, apego. ➤ *Despego*.

querencioso, sa *adj*. Propenso, tendente, apegado.

querendón, na *adj*. Amante, cariñoso, empalagoso. ➤ *Desabrido, seco*.

querer¹ *s. m*. Estimación, afecto, ternura. ➤ *Odio, hostilidad, desdén*.

querer² *v. tr*. **1. Anhelar**, ambicionar, desear, apetecer, codiciar. ➤ *Resignarse, conformarse*. **2. Apreciar**, estimar, amar, adorar, venerar, idolatrar. ➤ *Odiar, despreciar, desdeñar*. **3. Proponerse**, pretender, empeñarse, intentar, determinar, procurar. ➤ *Resignarse, conformarse, desistir, dejar, cejar*. **4. Disponer**, resolver, decidir. **5. Avenirse**, asentir, convenir, pedir, necesitar, exigir, requerir.

querido, da *s. m. y s. f*. Amado, amigo, amante.

querubín *s. m*. **1. Ángel**. ➤ *Demonio*. **2. Serafín**, belleza, hermosura. ➤ *Feo*.

quesera *s. f*. Quesería.

quevedos *s. m. pl*. Anteojos, antiparras, lentes.

¡quia! *interj*. Increíble, de ningún modo, imposible, ca.

quicio *s. m*. Jamba.

quid *s. m*. Interés, intríngulis, clave, meollo, miga, porqué, razón, motivo, causa, esencia.

quídam *s. m*. **1. Cualquiera**, sujeto, tipo, individuo. **2. Don nadie**, fulano. ➤ *Personaje, figura*.

quid pro quo *expr. lat*. **1. Equivalencia**, sustitución. **2. Equívoco**, confusión, equivocación.

quiebra *s. f*. **1. Grieta**, fisura, abertura, rotura, fractura, hendidura. **2. Deterioro**, pérdida, menoscabo. **3. Ruina**, crac, bancarrota, suspensión de pagos, embargo, apremio. ➤ *Auge, florecimiento, logro, éxito, triunfo*.

quiebro s. m. Finta, ladeo, ademán, contoneo, regate, esguince.

quietar v. tr. Aquietar, sosegar, apaciguar. ➤ *Sublevar, enardecer.*

quietismo s. m. Inactividad, quietud, inacción, inercia. ➤ *Acción, movilidad.*

quieto, ta adj. 1. **Parado**, estático, inmóvil, pasmado, quedo, inactivo, detenido, paralizado. ➤ *Móvil, activo.* 2. **Sosegado**, apacible, tranquilo, silencioso. ➤ *Bullicioso, inquieto, nervioso.*

quietud s. f. 1. **Inmovilidad**, quietismo, estabilidad, sosiego, equilibrio, fijeza, pasividad. ➤ *Actividad, movilidad, desequilibrio, acción, movimiento.* 2. **Calma**, paz, tranquilidad, serenidad, apacibilidad, sosiego, reposo, descanso, bonanza. ➤ *Nerviosismo, movimiento, inquietud, conmoción, alteración, inestabilidad.*

quijada s. f. Maxilar, mandíbula.

quijones s. m. Ahogaviejas.

quijotada s. f. Quijotería, sacrificio, altruismo, idealismo.

quijote s. m. Idealista, altruista. ➤ *Positivista, idealista.*

quijotería s. f. Quijotada, ingenuidad, altruismo. ➤ *Realismo, egoísmo.*

quijotismo s. m. 1. **Caballerosidad**, idealismo, hidalguía. ➤ *Materialismo.* 2. **Presuntuosidad**, engreimiento, orgullo. ➤ *Humildad, sencillez.*

quilate s. m. Pureza, valor.

quillotra s. f. Querida, preferida, enamorada, amante, amiga, favorita. ➤ *Rechazada, enemiga, desdeñada.*

quillotrar v. tr. 1. **Incitar**, excitar, estimular, avivar, hostigar. 2. **Seducir**, galantear, enamorar. 3. **Cavilar**, meditar, pensar. 4. **Ataviar**, embellecer. || v. prnl. 5. **Lamentarse**, quejarse.

quillotro s. m. 1. **Estímulo**, aliento, incentivo. ➤ *Desaliento.* 2. **Atisbo**, señal, muestra, signo. 3. **Flirteo**, galanteo. 4. **Preocupación**, inquietud. 5. **Piropo**, galantería. ➤ *Grosería, ordinariez.* 6. **Atavío**, arreglo. ➤ *Descuido.* 7. **Querido**, preferido, enamorado, amante. ➤ *Rechazado, enemigo.*

quimera s. f. 1. **Utopía**, fábula, fantasía, ilusión, alucinación, sueño, ficción, delirio, ilusión, capricho. ➤ *Verdad, realidad, hecho, sucedido.* 2. **Gresca**, pendencia, desavenencia, riña. ➤ *Acuerdo, paz, avenencia.*

quimérico, ca adj. Ilusorio, imaginario, utópico, fantástico, imposible, legendario, irreal, fabuloso, mítico. ➤ *Factible, posible, material, real.*

quimerista adj. 1. **Iluso**, utópico, soñador, fantasioso, idealista. ➤ *Realista.* 2. **Camorrista**, matón, pendenciero. ➤ *Pacífico, tranquilo.*

quimono s. m. Bata, túnica, vestido, salto de cama.

quincalla s. f. Baratija, chuchería, bagatela, bisutería.

quincallería s. f. Trapería.

quinceañero, ra adj. Chaval, muchacho, adolescente. ➤ *Adulto, maduro.*

quincenal adj. Bisemanal.

quincha s. f. Muro, tapia, pared.

quinchar v. tr. Tapiar, vallar.

quinqué s. m. Candil, candileja.

quinquenio s. m. Lustro.

quinta s. f. 1. **Finca**, propiedad, villa, cortijo, hotelito, chalet, palacete, torre. 2. **Reemplazo**, reclutamiento, leva, enganche, alistamiento.

quintaesencia s. f. Extracto, pureza, refinamiento, esencia.

quintaesenciar v. tr. Sutilizar, apurar, perfeccionar, refinar, depurar.

quintana s. f. Finca, chalet, cortijo.

quintañón, na adj. Anciano, viejo, provecto. ➤ *Joven, mozo.*

quintar v. tr. Sortear.

quintería s. f. Masía, caserío, rancho.

quintero, ra s. m. y s. f. Labrador, labriego, colono. ➤ *Propietario.*

quinto, ta s. m. 1. **Recluta**, soldado, militar. 2. **Cortijo**, hacienda.

quíntuplo, pla adj. num. Quíntuple.

quiñazo s. m. Encontronazo, empujón, empellón, golpe.

quiñón s. m. Parcela, terreno.

quiosco s. m. 1. **Templete**, cenador, pérgola, glorieta, mirador. 2. **Tenderete**, caseta, puesto, puestecillo.

quiquiriquí s. m. 1. **Presumido**, jactancioso, petulante. 2. **Rizo**, quiqui, remolino, copete.

quiromántico, ca *adj.* **1. Augural**, cabalístico, adivinatorio. ‖ *s. m. y s. f.* **2. Brujo**, adivino, mago.

quirquincho *s. m.* Cachicamo.

quisicosa *s. f.* **1. Adivinanza**, dificultad, sutileza, acertijo. **2. Enigma**.

quisquilla *s. f.* **1. Engorro**, pequeñez, insignificancia. ➤ *Facilidad, importancia.* ‖ *adj.* **2. Chinche**, susceptible, quisquilloso.

quisquilloso, sa *adj.* **1. Chinche**, puntilloso, melindroso, meticuloso. ➤ *Descuidado.* **2. Delicado**, exigente. ➤ *Grosero.* **3. Susceptible**, irascible, sensible. ➤ *Indiferente, pacífico.*

quiste *s. m.* Bulto, tumor, protuberancia, grano, dureza, nódulo, hinchazón.

quita *s. f.* Perdón, remisión.

quitamanchas *s. m.* Sacamanchas.

quitamotas *s. m. y s. f.* Pelota, pelotillero, lisonjero, adulador. ➤ *Franco.*

quitar *v. tr.* **1. Arrancar**, retirar, separar, eliminar, estirpar, suprimir, remover, desalojar. ➤ *Poner.* **2. Sustraer**, robar, arrebatar, usurpar, hurtar, birlar, despojar, tomar, desposeer. ➤ *Devolver, dar, donar, restituir.* **3. Dificultar**, evitar. ➤ *Ayudar.* ‖ *v. prnl.* **4. Alejarse**, irse. ➤ *Permanecer.*

quitasol *s. m.* Parasol, guardasol.

quitasueño *s. m.* Preocupación, cavilación, angustia, temor.

quite *s. m.* **1. Parada**, regate. **2. Lance**, parada, suerte, pase.

quitinoso, sa *adj.* Córneo, duro.

quizá *adv. dud.* Acaso, probablemente, tal vez, posiblemente, a lo mejor, quién sabe. ➤ *Ciertamente.*

R r

rabal *s. m.* Arrabal, suburbio. ➤ *Centro.*

rabanero, ra *s. m. y s. f.* Verdulero, frutero.

rabanito, ta *s. m. y s. f.* Comunista, marxista. ➤ *Conservador.*

rabasaire *adj.* Colono, arrendador.

rabear *v. intr.* **1. Colear. 2. Cabecear.**

rabel *s. m.* Posaderas, nalgas, culo.

rabí *s. m.* Maestro, escriba, rabino.

rabia *s. f.* **1. Hidrofobia. 2. Cólera,** ira, furor, furia, enojo, irritación, exasperación, berrinche, rabieta. ➤ *Contento, calma, flema, tranquilidad.*

rabiar *v. intr.* **1. Anhelar,** desear. **2. Desesperarse,** enfurecerse. ➤ *Calmarse, sosegarse, apaciguarse.*

rábida *s. f.* Monasterio, ermita.

rabieta *s. f.* Pataleta, berrinche, perra, enfado, pataleo. ➤ *Conformidad.*

rabihorcado *s. m.* Pájaro burro.

rabino *s. m.* Doctor, sacerdote, rabí.

rabión *s. m.* Rápido, corriente.

rabioso, sa *adj.* **1. Hidrófobo. 2. Colérico,** enojado, airado. ➤ *Tranquilo, calmado, sosegado.* **3. Intenso,** violento, vehemente. ➤ *Mesurado.*

rabiza *s. f.* Prostituta, zorra, coima, hetaira, ramera, buscona, fulana.

rabo *s. m.* **1. Extremo,** terminación. **2. Cola,** rabadilla. **3. Pedúnculo.**

raboseada *s. f.* Ajamiento, deslustre, deterioro, desgaste. ➤ *Conservación.*

rabosear *v. tr.* Ajar, deteriorar, deslucir, rozar, desgastar. ➤ *Conservar.*

rabotada *s. f.* Grosería, salida, explosión, rabotazo. ➤ *Comedimiento.*

rabudo, da *adj.* Coludo. ➤ *Rabón.*

racanear *v. intr.* Tacañear, escatimar, roñosear. ➤ *Derrochar, dilapidar.*

racanería *s. f.* Tacañería, roñosería.

rácano, na *adj.* **1. Tacaño,** agarrado, roñoso. ➤ *Espléndido, rumboso, derrochador.* **2. Vago,** holgazán, perezoso. ➤ *Trabajador, diligente.*

racha *s. f.* **1. Ráfaga. 2. Lapso,** tiempo.

racial *adj.* Étnico.

racimo *s. m.* Agregado, conglomerado, manojo, ristra. ➤ *Unidad.*

raciocinación *s. f.* Entendimiento, razonamiento, juicio. ➤ *Inconsciencia.*

raciocinar *v. intr.* Colegir, deducir, inferir, razonar, pensar.

raciocinio *s. m.* Razonamiento, entendimiento, juicio, lógica. ➤ *Absurdo.*

ración *s. f.* **1. Parte,** porción, lote, escote, cupo, dosis. ➤ *Total.* **2. Asignación,** soldada. **3. Plato.**

racional *adj.* **1. Razonable,** lógico, coherente. **2. Plausible,** creíble, probable. ➤ *Inverosímil.* **3. Humano,** inteligente. ➤ *Irracional.*

racionalidad *s. f.* Cordura, entendimiento, inteligencia, sensatez, juicio. ➤ *Insensatez, locura.*

racionalismo *s. m.* ➤ *Idealismo.*

racionalista *adj.* Librepensador, materialista. ➤ *Idealista.*

racionalmente *adv. m.* Sensatamente, razonablemente, cuerdamente, juiciosamente. ➤ *Irracionalmente.*

racionamiento *s. m.* Cupo, reparto, tasa, restricción, cuota. ➤ *Derroche.*

racionar *v. tr.* **1. Restringir,** limitar. **2. Repartir,** asignar, adjudicar.

racismo *s. m.* Segregacionismo, xenofobia. ➤ *Universalismo, tolerancia.*

racista *s. m. y s. f.* Xenófobo, segregacionista.

rada *s. f.* Cala, fondeadero, bahía, ensenada, puerto, caleta, abra, golfo.

radiador *s. m.* Calefactor, calorífero.

radiante *adj.* **1. Brillante,** resplandeciente, rutilante, refulgente, luminoso, centelleante, deslumbrante, reluciente, fulgurante. ➤ *Opaco, oscuro, apagado, mate.* **2. Contento,** feliz, exultante, alegre, animado, ufano, jubiloso. ➤ *Triste, melancólico, apesadumbrado.*

radiar *v. tr.* **1. Radiodifundir**, emitir. **2. Irradiar**, chispear, fulgurar.

radicación *s. f.* Arraigo, solera, raíz.

radical *adj.* **1. Extremista**. **2. Intransigente**, intolerante, tajante. ➤ *Tolerante, permisivo*. **3. Fundamental**, esencial, elemental, básico, sustancial, principal. ➤ *Accidental, accesorio, secundario*. ǁ *s. m.* **4. Raíz**, lexema. ➤ *Desinencia, morfema*.

radicalismo *s. m.* Extremismo, fanatismo, sectarismo. ➤ *Eclecticismo*.

radicar *v. intr.* **1. Encontrarse**, hallarse, localizarse, situarse, ubicarse, estar. **2. Consistir**, fundarse. **3. Establecerse**, vivir, asentarse, arraigarse.

radícula *s. f.* Rejo.

radiodifusión *s. f.* Radiación, transmisión, emisión.

radioescucha *s. m. y s. f.* Oyente, radioyente.

radiografía *s. f.* Radioscopia.

radionovela *s. f.* Serial.

radioscopia *s. f.* Radiografía, diagnóstico.

radiotelefonía *s. f.* Comunicación, transmisión, radiodifusión.

radioyente *s. m. y s. f.* Radioescucha, oyente.

raedura *s. f.* **1. Raimiento**, raspadura. **2. Virutas**, raspaduras, arrebañaduras.

raer *v. tr.* **1. Limar**, rallar, raspar, frotar. **2. Rasar**, igualar, nivelar.

ráfaga *s. f.* **1. Racha**, torbellino, tromba. **2. Fulgor**, destello, flash.

rafal *s. m.* Villa, finca, cortijo, granja.

rafe[1] *s. m.* **1. Saliente**, cornisa, alero. **2. Relieve**, resalte.

rafe[2] *s. m.* Rugosidad.

rahez *adj.* Bajo, abyecto, rastrero, vil, despreciable. ➤ *Encomiable, loable*.

raído, da *adj.* **1. Ajado**, usado, estropeado, desgastado. ➤ *Nuevo, flamante, reciente*. **2. Libertino**, indecoroso. ➤ *Honesto, decoroso*.

raigambre *s. f.* Estabilidad, firmeza, seguridad, arraigo, prosapia, solera, raíz. ➤ *Inestabilidad, inconstancia*.

raimiento *s. m.* Raedura, ralladura.

raíz *s. f.* **1. Cepa**, bulbo, raigón, radícula, nabo. **2. Cimiento**, base. **3. Fun-**damento, principio, causa, origen, comienzo. **4. Lexema**, radical.

raja *s. f.* **1. Fisura**, abertura, grieta, rendija, hendidura, resquicio, corte, resquebrajadura. ➤ *Soldadura*. **2. Tajada**, rebanada, trozo, loncha, rodaja.

rajabroqueles *s. m. y s. f.* Fanfarrón, bravucón, jactancioso. ➤ *Humilde*.

rajadizo, za *adj.* Quebradizo.

rajado, da *adj.* Cobarde, pusilánime, gallina. ➤ *Valiente, osado*.

rajar *v. tr.* **1. Agrietar**, hender, resquebrajar, cuartear, romper, trocear, dividir, partir. ➤ *Soldar*. ǁ *v. intr.* **2. Presumir**, alardear. **3. Parlotear**, charlar, largar, cascar, cotillear, enrollarse. ➤ *Callar, silenciar*. ǁ *v. prnl.* **4. Retractarse**, echarse atrás, abandonar. ➤ *Afrontar*. **5. Cotillear**, desacreditar, difamar. ➤ *Alabar, loar, piropear*.

rajón, na *adj.* Baladrón, charlatán, fanfarrón. ➤ *Humilde*.

ralea *s. f.* **1. Condición**, calidad, género, clase. **2. Casta**, estofa, calaña.

rallador *s. m.* Raspador.

ralladura *s. f.* Raedura, raimiento, raspadura, limadura.

rallar *v. tr.* Frotar, limar, restregar, triturar, raspar, pulverizar, rascar, lijar.

ralo, la *adj.* Claro, disperso, espacioso. ➤ *Apretado, espeso, concentrado*.

rama *s. f.* **1. Vástago**, tallo, brote, vara, sarmiento, gajo. ➤ *Tronco*. **2. Descendientes**. **3. Subdivisión**, división, sección, clase, ramificación. **4. Ramal**, bifurcación, desviación.

ramaje *s. m.* Enramada, fronda.

ramal *s. m.* **1. Cabestro**, ronzal. **2. Bifurcación**, derivación, subdivisión, ramificación.

ramalazo *s. m.* Pinchazo, punzada, calambre.

rambla *s. f.* **1. Cauce**, vaguada, barranco. **2. Avenida**, paseo.

ramblazo *s. m.* Barranco, quebrada, torrentera.

ramera *s. f.* Prostituta, puta, fulana.

ramería *s. f.* **1. Prostíbulo**, burdel. **2. Prostitución**, lenocinio.

ramificación *s. f.* Derivación, resultado, consecuencia.

ramificar *v. intr.* **1. Brotar**, retoñar. ‖ *v. prnl.* **2. Bifurcarse**, subdividirse, separarse, escindirse, partirse. ➤ *Unirse, juntarse, concentrarse.* **3. Extenderse**, divulgarse, propagarse, incrementarse, complicarse. ➤ *Ocultarse, cortarse, pararse, limitarse.*

ramillete *s. m.* Manojo, ramo, atado.

ramilletero *s. m.* **1. Florero**, vaso, violetero. **2. Tiesto**, jardinero.

ramo *s. m.* **1. Ramillete. 2. Rama.**

ramojo *s. m.* Leña.

ramonear *v. intr.* **1. Podar. 2. Apacentar**, triscar, pastar, rumiar, tascar.

ramoneo *s. m.* Apacentamiento.

rampa *s. f.* Cuesta, declive, pendiente, talud, repecho. ➤ *Llano, llanura.*

ramplón, na *adj.* Chabacano, ordinario, zafio, rudo, vulgar, tosco, basto, grosero. ➤ *Selecto, fino, refinado.*

ramplonería *s. f.* **1. Cazurrería**, zafiedad. ➤ *Finura, distinción.* **2. Ordinariez**, tosquedad, grosería.

ranchería *s. f.* **1. Aldea**, poblado, campamento. **2. Cocina.**

ranchero, ra *s. m. y s. f.* **1. Cocinero. 2. Granjero**, estanciero, hacendado.

rancho *s. m.* **1. Alimento**, ración. **2. Choza**, chabola, chamizo, barracón. **3. Alquería**, granja, finca, dehesa.

ranciedad *s. f.* Antigüedad.

rancio, cia *adj.* **1. Fermentado**, picado, pasado, mohoso, añejo. ➤ *Reciente, nuevo.* **2. Tradicional**, trasnochado, anticuado. ➤ *Actual, moderno.*

randa *s. f.* Puntilla, bordado, encaje.

rango *s. m.* **1. Categoría**, clase, calidad. **2. Alcurnia**, copete, abolengo.

ranura *s. f.* Estría, resquicio, boquilla, acanaladura, surco, raja, hendidura, canal, roza. ➤ *Juntura, unión.*

rapacidad *s. f.* Rapiña, latrocinio, avaricia, cleptomanía, saqueo, avaricia, codicia. ➤ *Dadivosidad, generosidad.*

rapadura *s. f.* Tonsura, corte.

rapagón *s. m.* Barbilampiño, lampiño, desbarbado. ➤ *Barbado, barbudo.*

rapapolvo *s. m.* Bronca, filípica, regañina, sermón, reprimenda, reprensión. ➤ *Alabanza, elogio.*

rapar *v. tr.* Rasurar, pelar, afeitar, raer.

rapaz *adj.* **1. Ladrón**, avaricioso, ávido, cleptómano, ansioso, codicioso. ➤ *Generoso, desprendido.* ‖ *s. m.* **2. Chaval**, mocoso, chicuelo, mozo, joven. ➤ *Adulto, anciano.*

rapaza *s. f.* Niña, chavala, chiquita.

rapazada *s. f.* Muchachada, chiquillada.

rapazuelo, la *s. m. y s. f.* Chaval, mocoso, chicuelo.

rápidamente *adv. m.* Brevemente, en seguida, velozmente. ➤ *Lentamente.*

rapidez *s. f.* **1. Ligereza**, presteza, ímpetu, urgencia, prisa. ➤ *Lentitud, morosidad, pasividad, tardanza.* **2. Aceleración**, celeridad, vivacidad. ➤ *Ralentización, deceleración.*

rápido, da *adj.* **1. Veloz**, pronto, raudo. ➤ *Lento, tardo, pausado.* **2. Superficial**, precipitado. ➤ *Meditado.*

rapiña *s. f.* Pillaje, saqueo, hurto, expoliación, latrocinio, despojo, robo.

rapiñador, ra *adj.* Pirata, bandido.

rapiñar *v. tr.* Saquear, pillar, robar, expoliar. ➤ *Restituir, devolver, respetar.*

rapónchigo *s. m.* Ruiponce.

raposa *s. f.* Vulpeja, zorra.

raposería *s. f.* **1. Zorrería**, astucia. ➤ *Ingenuidad.* **2. Trampa**, treta, ardid.

raposo *s. m.* Tramposo, taimado, astuto, zorro. ➤ *Noble, honrado, veraz.*

rapsoda *s. m. y s. f.* Aedo, bardo, juglar, trovador.

rapsodia *s. f.* Centón.

raptado, da *adj.* Detenido, secuestrado, forzado. ➤ *Libre, devuelto.*

raptar *v. tr.* Secuestrar, arrebatar, robar. ➤ *Liberar, soltar, devolver.*

rapto *s. m.* **1. Secuestro**, retención, encierro, apresamiento, reclusión. ➤ *Liberación, libertad, devolución.* **2. Impulso**, arrebato, arranque, pronto. ➤ *Reflexión.* **3. Éxtasis**, ensimismamiento, arrobamiento, embelesamiento, enajenamiento.

raquear *v. intr.* Ratear, hurtar.

raqueta *s. f.* Pala, paleta.

raquítico, ca *adj.* **1. Flaco**, enteco, esmirriado, endeble, canijo, enclenque. ➤ *Robusto, gordo, fuerte, vigoroso.* **2. Escaso**, exiguo, miserable, mezquino. ➤ *Abundante, enorme.*

raquitis *s. f.* Anemia, delgadez.

rara avis in terris *expr. lat.* Rareza, singularidad. ➤ *Normalidad.*

rareza *s. f.* Anomalía, anormalidad, infrecuencia, curiosidad, extravagancia, singularidad, originalidad. ➤ *Vulgaridad, normalidad.*

raridad *s. f.* Anomalía, excepción.

raro, ra *adj.* **1. Excepcional**, extraño, inusual, insólito, anómalo, singular, inusitado, excepcional, inaudito, infrecuente. ➤ *Vulgar, común, corriente, frecuente, abundante.* **2. Sobresaliente**, extraordinario. ➤ *Ordinario.*

ras *s. m.* Nivel, igualdad.

rasante *s. f.* Nivel.

rasar *v. tr.* **1. Nivelar**, equilibrar, compensar, promediar. ➤ *Desigualar.* **2. Rozar**, tocar, raspar. ➤ *Distanciarse.*

rascacielos *s. m.* Torre.

rascador *s. m.* Cepillo, estropajo.

rascadura *s. f.* Arañazo, restregón, rozamiento, roce.

rascar *v. tr.* **1. Frotar**, friccionar, refregar, arañar, restregar, raspar, rozar. ➤ *Acariciar.* **2. Rasguñar**, rasgar, herir.

rascazón *s. f.* Picor, hormigueo.

rasera *s. f.* Espátula.

rasero *s. m.* Nivel, ras, rasera.

rasgado, da *adj.* Desgarrado, desgajado, hendido. ➤ *Entero, íntegro.*

rasgadura *s. f.* Arañazo, agrietado, rasgón, rotura, desgarrón.

rasgar *v. tr.* Romper, desgarrar, despedazar, deshilar, arrancar, rasguñar, rajar, quebrar, tronzar. ➤ *Unir, pegar.*

rasgo *s. m.* **1. Garabato**, trazo, plumazo. **2. Fisonomía**, expresión. **3. Peculiaridad**, particularidad, propiedad, atributo, nota, distinción.

rasgón *s. m.* Desgarrón, desgarro, siete.

rasguear *v. tr.* **1. Pulsar**, tocar, tañer. ‖ *v. intr.* **2. Trazar**, garabatear.

rasgueo *s. m.* Rasgueado, trazo.

rasguñadura *s. f.* Rasguño, arañazo.

rasguñar *v. tr.* **1. Arañar**, rascar. **2. Esbozar.**

rasguño *s. m.* Arañazo, rozadura, raspadura, raspón, rasguñón, señal.

rasilla *s. f.* Baldosa.

rasmillar *v. tr.* Arañar, rasguñar.

raso, sa *adj.* **1. Llano**, plano, liso, libre. ➤ *Accidentado, escarpado, dificultoso.* **2. Escampado**, claro, bonancible. ➤ *Encapotado.* ‖ *s. m.* **3. Satén.**

raspador *s. m.* Rallador, escarpelo.

raspadura *s. f.* **1. Decapado**, desgaste, raedura. **2. Ralladura**, raedura.

raspamiento *s. m.* Raedura, ralladura.

raspar *v. tr.* Escarpar, arañar, rozar, limar, frotar, raer, rallar, restregar.

raspilla *s. f.* Miosota.

rasponazo *s. m.* Escoriación, raspadura, raspón, arañazo, rasguño, señal.

rasposo, sa *adj.* **1. Rugoso**, áspero. **2. Severo**, desabrido. ➤ *Agradable.*

rastacuero *s. m. y s. f.* Advenedizo, nuevo rico.

rastra *s. f.* Señal, huella.

rastrar *v. tr.* Buscar, perseguir.

rastreador, ra *adj.* Buscador, explorador, perseguidor.

rastrear *v. tr.* Averiguar, informarse, indagar, perseguir, inquirir, buscar, explorar, batir, investigar, seguir.

rastreo *s. m.* Búsqueda, exploración.

rastrero, ra *adj.* Indigno, abyecto, despreciable, bajo, ruin, vil, innoble, miserable. ➤ *Noble, digno, sincero.*

rastrillar *v. tr.* Peinar, batir, explorar.

rastrillo *s. m.* Cogedor, horquilla.

rastro *s. m.* **1. Rastrillo. 2. Huella**, pista, marca, traza, vestigio, indicio, señal, estela. **3. Plaza**, mercado. **4. Mercadillo**, baratillo.

rastrojo *s. m.* Barbecho.

rasuración *s. f.* Afeitado, rapado.

rasurar *v. tr.* Rapar, depilar, cortar, pelar, afeitar.

ratear¹ *v. tr.* Distribuir, dividir, repartir.

ratear² *v. tr.* **1. Mangar**, robar, hurtar. ‖ *v. intr.* **2. Reptar**, gatear.

ratería *s. f.* Sisa, timo, estafa, hurto.

ratero, ra *adj.* **1. Carterista**, maletero, ladrón. **2. Vil**, infame. ➤ *Noble.*

raticida *s. m.* Matarratas, veneno.

ratificación *s. f.* Convalidación, revalidación, corroboración. ➤ *Anulación.*

ratificar *v. tr.* Legalizar, revalidar, corroborar, aprobar, sancionar, certificar, afirmar, acreditar. ➤ *Modificar, rectificar, anular, invalidar, desaprobar.*

ratificatorio, ria *adj.* Confirmatorio, validatorio. ➤ *Derogatorio.*

rato *s. m.* Lapso, instante, momento, periquete, santiamén, tiempo.

ratonar *v. tr.* Roer, mordisquear, desgastar.

ratonera *s. f.* **1. Cepo. 2. Ardid,** lazo.

raudal *s. m.* **1. Avenida,** inundación, diluvio, aluvión, caudal, catarata, torbellino. **2. Sinfín,** copia, cantidad, sinnúmero, multitud, abundancia, copiosidad, afluencia, plaga, exceso. ➤ *Escasez, carencia.*

raudo, da *adj.* Acelerado, veloz, precipitado. ➤ *Lento, moroso, tardo.*

raya *s. f.* **1. Línea,** renglón, marca, trazo, lista, tira, estría. **2. Confín,** linde, frontera, fin, límite, extremo, demarcación. **3. Pliegue,** doblez. **4. Tilde.**

rayado *s. m.* Renglonadura, listado.

rayano, na *adj.* **1. Contiguo,** próximo, vecino, lindante, limítrofe, fronterizo. **2. Semejante,** parecido.

rayar *v. tr.* **1. Marcar,** pautar, subrayar, señalar, linear. **2. Suprimir,** anular, enmendar, tachar. **3. Recalcar,** remarcar. ‖ *v. intr.* **4. Parecerse,** igualarse, acercarse. **5. Sobresalir,** superar, descollar, ganar, exceder.

rayo *s. m.* **1. Relámpago,** meteroro, centella, chispa, fulgor, destello. **2. Radio,** línea, varilla, barra. **3. Punzada,** pinchazo. **4. Estrago,** castigo.

raza *s. f.* **1. Ralea,** linaje, ascendencia. **2. Clase,** género, tipo, especie.

razia *s. f.* Correría, saqueo, incursión.

razón *s. f.* **1. Inteligencia,** raciocinio, juicio, discernimiento, sentido, entendimiento. **2. Motivo,** causa, móvil. **3. Justicia,** equidad, ecuanimidad, imparcialidad. **4. Relación,** detalle, cómputo. **5. Argumento,** prueba.

razonable *adj.* **1. Prudente,** sensato, ecuánime, justo. ➤ *Injusto, desproporcionado.* **2. Comprensivo,** benevolente, amistoso, tolerante. ➤ *Severo.* **3. Mediano,** arreglado, suficiente. ➤ *Descomunal, insuficiente.*

razonado, da *adj.* Meditado.

razonador, ra *adj.* Dialéctico, argumentador, explicativo. ➤ *Intuitivo.*

razonamiento *s. m.* Argumentación, explicación, deducción, prueba.

razonar *v. intr.* **1. Aducir,** argüir, argumentar, inferir. **2. Discurrir,** reflexionar, analizar. ‖ *v. tr.* **3. Exponer,** aducir, argumentar. ➤ *Obcecarse.*

reacción *s. f.* **1. Oposición,** resistencia, rebeldía, rechazo. ➤ *Aceptación, acatamiento.* **2. Reflejo,** respuesta, rebote. **3. Regresión.** ➤ *Progreso.*

reaccionar *v. intr.* **1. Evolucionar.** ➤ *Estacionarse.* **2. Restablecerse,** sanar. ➤ *Empeorar.* **3. Reanudar,** recomenzar. ➤ *Abandonar.* **4. Repeler,** rechazar. ➤ *Rendirse.* **5. Negarse,** obstinarse. ➤ *Aceptar, soportar.*

reaccionario, ria *adj.* **1. Carca,** rancio, retrógado. ➤ *Moderno.* **2. Conservador.** ➤ *Progresista.*

reacio, cia *adj.* Terco, desobediente, remolón, rebelde, remiso, indócil, indisciplinado, opuesto, adverso. ➤ *Diligente, obediente, disciplinado, dócil.*

reafirmar *v. tr.* Asegurar, consolidar, ratificar. ➤ *Abandonar.*

reagravación *s. f.* Recaída, empeoramiento. ➤ *Mejoría, recuperación.*

reagravar *v. tr.* Desmejorar, recaer, empeorar. ➤ *Mejorar, sanar.*

reajustar *v. tr.* Modificar, renovar. ➤ *Mantener, respetar.*

reajuste *s. m.* Reforma, modificación, reorganización. ➤ *Mantenimiento.*

real[1] *adj.* Cierto, efectivo, existente, auténtico, positivo, verídico. ➤ *Irreal, ideal, inexistente, imaginario.*

real[2] *adj.* Regio, principesco, soberano, dinástico. ➤ *Plebeyo.*

real[3] *s. m.* Campamento, alojamiento.

realce *s. m.* Relieve.

realengo, ga *adj.* Holgazán, vago, perezoso. ➤ *Laborioso, trabajador.*

realidad *s. f.* Materialidad, efectividad, verdad. ➤ *Inexistencia, irrealidad.*

realismo *s. m.* **1. Naturalismo.** ➤ *Romanticismo.* **2. Materialismo,** pragmatismo. ➤ *Idealismo.*

realista[1] *adj.* Materialista, práctico, sensato, positivista. ➤ *Idealista, iluso.*

realista[2] *adj.* Monárquico. ➤ *Republicano.*

realizable *adj.* Factible, posible, hacedero. ➤ *Imposible, irrealizable.*

realización *s. f.* Acontecimiento, materialización, perpetración.

realizar *v. ,tr.* Efectuar, acaecer, acontecer, obrar, cometer, elaborar, plasmar, construir, confeccionar, perpetrar. ➤ *Abstenerse, incumplir.*

realquilado, da *p. p.* **1. Subarrendado.** ‖ *adj.* **2. Inquilino,** huésped.

realquilar *v. tr.* Subarrendar, especular.

realzar *v. tr.* **1. Encumbrar,** resaltar, acentuar, elevar, levantar. ➤ *Rebajar, minorar.* **2. Enaltecer,** ensalzar, engrandecer. ➤ *Minimizar, despreciar.*

reanimación *s. f.* Desentumecimiento, tonificación, vigorización.

reanimar *v. tr.* **1. Avivar,** confortar, fortificar, reavivar, vivificar, reconfortar, fortalecer, restablecer. ➤ *Debilitar.* **2. Animar,** consolar, alentar. ➤ *Abatir, desanimar, desalentar.*

reanudación *s. f.* Reaparición, continuación, prosecución, renovación. ➤ *Interferencia, interrupción.*

reanudar *v. tr.* Proseguir, continuar, seguir, retomar, recomenzar. ➤ *Abandonar, interrumpir, dejar.*

reaparecer *v. intr.* Presentarse, resucitar, volver, retornar, regresar, renacer. ➤ *Marcharse, irse, desaparecer.*

reaparición *s. f.* Reanudación, vuelta, regreso, retorno. ➤ *Desaparición.*

rearme *s. m.* Militarización. ➤ *Desmilitarización, desarme.*

reasumir *v. tr.* Recuperar, reanudar, proseguir. ➤ *Abandonar, dejar.*

reata *s. f.* Recua, hilera.

reavivar *v. tr.* Reanimar, revivificar, vivificar. ➤ *Abatir, apagar.*

rebaba *s. f.* Borde, reborde, resalte.

rebaja *s. f.* Abaratamiento, descuento, deducción, oferta, saldo. ➤ *Aumento, incremento, revalorización.*

rebajado, da *adj.* Deducido, disminuido, barato. ➤ *Elevado, caro.*

rebajamiento *s. m.* Bajeza, menosprecio, mengua, degradación, humillación. ➤ *Elevación, valorización.*

rebajar *v. tr.* **1. Bajar,** disminuir, reducir, menguar, restar. ➤ *Alzar, subir,*

elevar, aumentar. **2. Degradar,** empequeñecer, menospreciar, humillar, desdeñar, doblegar, abatir, denigrar, menoscabar. ➤ *Exaltar, engrandecer, loar, elogiar.* **3. Abaratar,** liquidar, descontar, depreciar, deducir, aminorar. ➤ *Encarecer.* **4. Debilitar.**

rebalsa *s. f.* Embalse, presa.

rebanada *s. f.* Loncha, tajada, pedazo.

rebanar *v. tr.* Partir, trocear, cercenar.

rebañadera *s. f.* Garfio, gancho.

rebañar *v. tr.* **1. Apoderarse,** coger, acaparar. **2. Arrebañar,** untar.

rebaño *s. m.* **1. Manada,** vacada, piara, yeguada, hato. **2. Feligresía,** grey. **3. Masa,** multitud.

rebasadero *s. m.* Paso.

rebasamiento *s. m.* Superación, adelantamiento. ➤ *Retrasamiento.*

rebasar *v. tr.* Traspasar, exceder, sobrepasar, extralimitar, rebosar, desbordar, derramar, propasar, adelantar, pasar. ➤ *Contenerse, comedirse.*

rebatible *adj.* Insostenible, refutable, cuestionable. ➤ *Incuestionable, irrefutable, admisible.*

rebatimiento *s. m.* Contrarréplica, contradicción, refutación.

rebatir *v. tr.* **1. Contrarrestar,** oponer, impugnar, negar. ➤ *Ceder.* **2. Rechazar,** impugnar, resistir, afrontar, combatir, rehusar. ➤ *Acatar, admitir.* **3. Refutar,** argüir, argumentar.

rebato *s. m.* Alarma, aviso.

rebelarse *v. prnl.* **1. Alzarse,** amotinarse, insurreccionarse, insubordinarse, soliviantarse, indisciplinarse. ➤ *Plegarse, someterse, obedecer.* **2. Resistirse,** negarse, protestar. ➤ *Resignarse, sobrellevar.*

rebelde *adj.* **1. Amotinado,** insurrecto, sedicioso, subversivo, insubordinado. ➤ *Obediente, sometido.* **2. Indisciplinado,** indócil, desobediente. ➤ *Dócil, obediente.* **3. Reacio,** recalcitrante, refractario. ➤ *Sumiso.*

rebeldía *s. f.* **1. Desobediencia,** indocilidad. ➤ *Sumisión, docilidad.* **2. Levantamiento,** pronunciamiento, resistencia, sublevación, alzamiento. ➤ *Acatamiento, obediencia.*

rebelión *s. f.* Levantamiento, pronunciamiento, sedición, conspiración. ➤ *Obediencia, disciplina.*

rebenque *s. m.* Gruñón, refunfuñón.

reblandecer *v. tr.* Molificar, emolir, ablandar, relajar, mullir, suavizar. ➤ *Endurecer, fortificar, curtir.*

reblandecimiento *s. m.* Ablandamiento, enternecimiento, lenificación, maceración. ➤ *Endurecimiento.*

rebolludo, da *adj.* Rechoncho, repolludo, redondo. ➤ *Fino, ligero.*

rebombar *v. intr.* Retumbar.

reboño *s. m.* Barro, lodo, limo.

reborde *s. m.* Rebaba, saliente.

rebosar *v. intr.* **1.** **Desbordarse**, reverter, derramarse, irse, verterse. ➤ *Contener.* **2.** **Sobreabundar**, cundir.

rebotado, da *adj.* Rechazado.

rebotar *v. intr.* **1.** **Rechazar**, saltar. ‖ *v. tr.* **2.** **Ofuscar**, aturdir, conturbar. ➤ *Calmar, sosegar, tranquilizar.*

rebote *s. m.* Retroceso, salto.

rebotica *s. f.* Trastienda, almacén.

rebozar *v. tr.* **1.** **Tapar**, envolver, cubrir. ➤ *Descubrir, mostrar.* **2.** **Enharinar**, empanar. **3.** **Enlodar**, ensuciar, manchar. ➤ *Limpiar, asear.*

rebozo *s. m.* **1.** **Chal**, toca, mantilla. **2.** **Disimulo**, excusa, pretexto.

rebrotar *v. tr.* Retoñar, reverdecer. ➤ *Secarse, agostarse, mustiarse.*

rebujar *v. tr.* Envolver, tapar, arrebujar. ➤ *Destapar, desenvolver.*

rebujiña *s. f.* Barullo, lío, gresca.

rebujo[1] *s. m.* Tapujo, rebozo.

rebujo[2] *s. m.* Sobras, rebañaduras.

rebullicio *s. m.* Bulla, algarada, barullo, bullicio, escándalo. ➤ *Calma.*

rebullir *v. intr.* Agitarse, moverse, temblar. ➤ *Aquietarse, inmovilizar.*

reburujar *v. tr.* Arrebujar, tapar.

reburujón *s. m.* Lío.

rebuscado, da *adj.* Complicado, artificioso, afectado, atildado, amanerado. ➤ *Sencillo, llano, vulgar, natural.*

rebuscamiento *s. m.* Complejidad, complicación, dificultad, artificiosidad. ➤ *Sencillez, claridad.*

rebuscar *v. tr.* Escrutar, escudriñar, explorar, inquirir, analizar, examinar.

rebuznar *v. intr.* Roznar.

rebuzno *s. m.* Roznido.

recabar *v. tr.* **1.** **Lograr**, obtener, alcanzar, conseguir. ➤ *Desistir, perder.* **2.** **Solicitar**, reclamar. ➤ *Ceder.*

recadero, ra *s. m. y s. f.* Enviado, factótum, mandadero, propio, mozo.

recadista *s. m. y s. f.* Enviado, mandadero, recadero.

recado *s. m.* **1.** **Misiva**, aviso, mensaje, encargo, anuncio. **2.** **Víveres**, viandas.

recaer *v. intr.* **1.** **Agravarse**, empeorar. ➤ *Mejorar.* **2.** **Reiterar**, repetir, reincidir. **3.** **Incidir**, resultar, caer en.

recaída *s. f.* **1.** **Agravamiento**. ➤ *Recuperación, convalecencia.* **2.** **Reincidencia**, repetición, reiteración.

recalada *s. f.* Arribada, fondeo.

recalar *v. tr.* **1.** **Calar**, empapar. ➤ *Secar.* ‖ *v. intr.* **2.** **Llegar**, entrar, aparecer. ➤ *Marcharse, partir.* **3.** **Arribar**.

recalcar *v. tr.* **1.** **Apretar**, estrujar, machacar. **2.** **Estrujar**, comprimir. **3.** **Acentuar**, subrayar, insistir, repetir, machacar, resaltar, destacar. ‖ *v. prnl.* **4.** **Repetirse**. **5.** **Repantigarse**.

recalcitrante *adj.* Terco, reacio, reincidente, contumaz, rebelde, indisciplinado, obstinado, tozudo, porfiado. ➤ *Obediente, dócil, disciplinado.*

recalentar *v. tr.* **1.** **Tostar**, abrasar. ‖ *v. prnl.* **2.** **Agostarse**, marchitarse.

recamado, da *adj.* Engalanado, labrado, adornado, bordado.

recamar *v. tr.* Adornar, engalanar.

recámara *s. f.* **1.** **Habitación**, cuarto, alcoba, estancia. **2.** **Depósito**.

recambiable *adj.* Intercambiable.

recambiar *v. tr.* **1.** **Remudar**. **2.** **Cambiar**, reponer, sustituir.

recapacitar *v. tr.* Reflexionar, meditar, rememorar, recordar, reconsiderar, recapitular, arrepentirse. ➤ *Reincidir.*

recapitulación *s. f.* Compendio, resumen, sumario, síntesis, revisión.

recapitular *v. tr.* Compendiar, reseñar, resumir, sintetizar, repasar, revisar, rememorar, reflexionar, inventariar, sumar.

recargar *v. tr.* **1.** **Gravar**, encarecer. ➤ *Abaratar, rebajar.* **2.** **Emperifo-**

llar, abigarrar. ➤ *Descargar, simplificar.* **3. Acumular**, agravar, abrumar. ➤ *Disminuir, aligerar.*

recargo *s. m.* Gravamen, sobreprecio, aumento. ➤ *Rebaja, descuento.*

recatado, da *adj.* **1. Precavido**, prevenido, circunspecto, cauto. ➤ *Desprevenido, despreocupado.* **2. Decente**, púdico. ➤ *Descocado, impúdico.*

recatar *v. tr.* Esconder, encubrir, soterrar, disimular, enmascarar, ocultar, tapar. ➤ *Mostrar, publicar, enseñar, descubrir, alardear.*

recato *s. m.* **1. Circunspección**, decoro, sigilo. ➤ *Indiscreción, vanidad.* **2. Pudor**, castidad. ➤ *Impudor.*

recauchutar *v. tr.* Impermeabilizar, reencauchar.

recaudación *s. f.* **1. Cobro**, colecta, cuestación. ➤ *Pago.* **2. Tesorería.**

recaudador, ra *s. m. y s. f.* Almojarife, cobrador, exactor.

recaudamiento *s. m.* Cobro, colecta, cuestación, recaudación.

recaudar *v. tr.* Embolsarse, percibir, recibir, cobrar, recolectar, reembolsar, ingresar, reunir. ➤ *Pagar.*

recelar *v. tr.* Desconfiar, escamar, temer, dudar, sospechar, olerse, barruntar, suponer. ➤ *Confiar, avalar, fiar.*

recelo *s. m.* Barrunto, desconfianza, escama, sospecha, conjetura, suposición, duda, escrúpulo, indicio, presunción, prejuicio, incredulidad, temor, cuidado, recelamiento. ➤ *Confianza, seguridad.*

receloso, sa *adj.* Desconfiado, escamado, prevenido, suspicaz, temeroso. ➤ *Confiado, crédulo.*

recensión *s. f.* Información, nota, artículo, comentario, noticia, reseña.

recepción *s. f.* **1. Acogida**, admisión, recibimiento, aceptación, ingreso, entrada. ➤ *Expulsión, rechazo, despedida.* **2. Fiesta**, velada.

receptivo, va *adj.* Abierto, acogedor.

recepto *s. m.* Refugio, guarida.

receptor, ra *adj.* **1. Aceptador**, recibidor. ‖ *s. m.* **2. Radiorreceptor.** ➤ *Radioemisora.* ‖ *s. m. y s. f.* **3. Oyente.** ➤ *Emisor, hablante.*

receso *s. m.* Alto, pausa, vacación.

recetar *v. tr.* Ordenar, prescribir.

rechazable *adj.* Deplorable, recusable. ➤ *Admisible, aceptable.*

rechazar *v. tr.* **1. Repeler**, despedir, alejarse, apartar, rebotar, recusar. ➤ *Recibir, atraer.* **2. Oponerse**, afrontar, resistir. ➤ *Ceder, retirarse, rendirse.* **3. Refutar**, desdeñar, rebatir, negar, impugnar, contradecir. ➤ *Admitir, reconocer, aceptar.* **4. Desestimar**, declinar, rehusar, denegar. ➤ *Admitir, dar.* **5. Repudiar**, desdeñar, despreciar. ➤ *Alabar, encomiar.*

rechazo *s. m.* **1. Repudio**, devolución. ➤ *Acogimiento, admisión.* **2. Choque**, rebote. ➤ *Atracción.*

rechifla *s. f.* Befa, burla, chanza, mofa.

rechiflar *v. tr.* **1. Silbar**, criticar, abuchear. ➤ *Aclamar, ovacionar.* ‖ *v. prnl.* **2. Befarse**, bromear, ridiculizar. ➤ *Encomiar, alabar, aclamar.*

rechinante *adj.* Chirriante.

rechinar *v. intr.* **1. Crujir**, chirriar, gruñir, crepitar, gemir. **2. Enojarse**, rabiar, enfadarse. ➤ *Contentarse.*

rechoncho, cha *adj.* Rollizo, redondo, gordo. ➤ *Espigado, alto, enjuto.*

rechupete, de *loc.* Opíparo, sabroso, apetitoso, suculento.

recibí *s. m.* Recibo, talón.

recibidor *s. m.* Antesala, hall, vestíbulo, recibimiento, entrada, antecámara.

recibimiento *s. m.* **1. Acogida**, recepción. ➤ *Expulsión, exilio.* **2. Vestíbulo**, recibidor, zaguán, hall.

recibir *v. tr.* **1. Aceptar**, admitir, acoger, adoptar, recoger. ➤ *Rechazar, rehusar.* **2. Amparar**, apoyar. **3. Soportar**, sufrir, aguantar, sobrellevar. **4. Tolerar**, pasar, aprobar. ➤ *Rechazar, prohibir.* **5. Adoptar**, integrar. ➤ *Apartar, segregar.*

recibo *s. m.* **1. Recibimiento**, acogida. **2. Vestíbulo**, entrada. **3. Comprobante**, factura, finiquito, justificante.

recidiva *s. f.* Recaída.

recidivar *v. intr.* Recaer.

reciedumbre *s. f.* Aguante, firmeza, entereza, fortaleza, vigor, resistencia, energía. ➤ *Debilidad, endeblez.*

reciente *adj.* Flamante, caliente, nuevo, fresco, actual, moderno, último, novedoso, inédito, estrenado. ➤ *Viejo, vetusto, antiguo, pasado, añejo.*

recientemente *adv. t.* Últimamente, modernamente. ➤ *Antiguamente.*

recinto *s. m.* Contorno, lugar, perímetro, ámbito, estancia, local, circuito.

recio, cia *adj.* **1. Enérgico**, vigoroso, fuerte, robusto. ➤ *Débil, enfermizo.* **2. Grueso**, rollizo, gordo, corpulento. ➤ *Delgado, flaco, escuchimizado.* **3. Adusto**, huraño, áspero. ➤ *Amable, agradable.* **4. Grave**, duro, riguroso, áspero, rígido. ➤ *Fácil, llevadero, suave, benévolo.* **5. Rápido**, impetuoso, veloz. ➤ *Lento, calmoso.*

recipiente *adj.* **1. Recibidor**, recibo. ‖ *s. m.* **2. Cuenco**, vasija, vaso.

reciprocar *v. tr.* **1. Corresponder.** ‖ *v. prnl.* **2. Equivaler.**

reciprocidad *s. f.* Intercambio, permuta, correlación, correlatividad, reciprocación, relación, alternación.

recíproco, ca *adj.* Correlativo, mutuo, bilateral, relacionado.

recitación *s. f.* Declamación, lectura.

recitador, ra *adj.* Declamador, narrador, poeta, trovador.

recitar *v. tr.* **1. Declamar**, entonar, pronunciar, cantar, dictar, leer. **2. Referir**, contar, narrar, relatar.

reclamación *s. f.* **1. Demanda**, requerimiento, solicitud, petición, exigencia, pretensión. **2. Protesta**, reivindicación, oposición. ➤ *Conformidad.*

reclamante *adj.* Recurrente, demandante, solicitante, litigante.

reclamar *v. intr.* **1. Exigir**, protestar, solicitar, requerir, clamar, conminar, compeler, pedir, suplicar, reprochar. ➤ *Conformarse, acatar, desistir, resignarse.* ‖ *v. tr.* **2. Reivindicar**, demandar, quejarse. ➤ *Desistir.*

reclamo *s. m.* **1. Aviso**, llamada. **2. Aliciente**, incentivo, señuelo. **3. Anuncio**, publicidad, propaganda.

reclinar *v. tr.* Recostar, apoyar, sostener, descansar. ➤ *Levantar, erguir.*

recluir *v. tr.* Arrestar, confinar, enclaustrar, encerrar, encarcelar, apri-

sionar, enceldar, internar. ➤ *Liberar, soltar, salir, excarcelar, libertar.*

reclusión *s. f.* **1. Aislamiento**, retiro, enclaustramiento. **2. Prisión**, cárcel.

recluso, sa *adj.* Prisionero, presidiario, preso, penado, encarcelado, reo, interno, cautivo, forzado. ➤ *Libre.*

recluta *s. m.* **1. Quinto**, bisoño, soldado, turuta, militroncho. **2. Reclutamiento**, leva, alistamiento, enganche.

reclutamiento *s. m.* **1. Alistamiento**, enganche, leva. **2. Quinta.**

reclutar *v. tr.* Enganchar, enrolar, levar, afiliar, allegar.

recobrar *v. tr.* **1. Recuperar**, rescatar, retomar, reconquistar, reintegrar, reponer, restaurar. ➤ *Perder.* ‖ *v. prnl.* **2. Reponerse**, restablecerse, mejorar, sanar, aliviarse, recuperarse. ➤ *Empeorar, agravarse.* **3. Resarcirse**, desquitarse, amortizar. ➤ *Perder.*

recobro *s. m.* Recuperación.

recocer *v. tr.* **1. Recalentar.** ‖ *v. prnl.* **2. Apasionarse**, atormentarse.

recochinearse *v. prnl.* Ensañarse, burlarse, mofarse. ➤ *Respetar.*

recochineo *s. m.* Ensañamiento, chacota, befa, burla, ironía. ➤ *Respeto.*

recodo *s. m.* Esquina, revuelta, ángulo, recoveco, curva. ➤ *Recta.*

recogeabuelos *s. m.* Pasador, peineta.

recogedero *s. m.* Pala, rastra, badil.

recogedor *s. m.* Pala, badil.

recoger *v. tr.* **1. Retomar. 2. Juntar**, amontonar, acumular, reunir. ➤ *Apartar, separar, diseminar, esparcir.* **3. Recolectar**, cosechar, vendimiar. ➤ *Sembrar.* **4. Almacenar**, guardar, esconder, atesorar. **5. Limpiar**, ordenar, asear. **6. Plegar**, envolver, guardar. **7. Guardar**, retirar, reunir. ➤ *Sacar, usar.* **8. Asilar**, refugiar, adoptar, amparar. ➤ *Rechazar, echar, desamparar.* **9. Aceptar**, acoger, recibir. ➤ *Rechazar, rehusar.* **10. Aislar**, apartar. ➤ *Integrar.* **11. Estrechar**, encoger, ceñir, ajustar. ➤ *Soltar.* ‖ *v. prnl.* **12. Acogerse**, retraerse, refugiarse. **13. Retraerse**, encerrarse, aislarse, ensimismarse, abismarse. ➤ *Abrirse, comunicarse, relacionarse, distraerse.*

14. Ahorrar, escatimar. ➤ *Derrochar, gastar.* **15. Atarse**. ➤ *Soltarse.*

recogida *s. f.* Reunión, congregación, recolección. ➤ *Dispersión.*

recogido, da *adj.* **1. Aislado**, recluido, solitario. ➤ *Sociable.* **2. Pequeño**, reducido. ➤ *Grande, descomunal.*

recogimiento *s. m.* Concentración.

recolección *s. f.* **1. Vendimia**. **2. Cobranza**, colecta, recaudación. **3. Recopilación**, compendio, resumen.

recolectar *v. tr.* Cosechar, recoger, vendimiar, espigar, varear, racimar, acumular, almacenar. ➤ *Sembrar.*

recoleto, ta *adj.* **1. Austero**, retirado, solitario. ➤ *Extravertido, mundano.* **2. Apartado**, retirado, solitario. ➤ *Frecuentado, transitado.*

recomendable *adj.* Aconsejable, elogiable, estimable. ➤ *Despreciable, reprobable, rechazable.*

recomendación *s. f.* **1. Encomienda**, manda. **2. Amparo**, enchufe.

recomendado, da *s. m. y s. f.* Enchufado, enchufista, protegido, favorito.

recomendar *v. tr.* **1. Encomendar**, confiar, comisionar, remitir. **2. Enchufar**. **3. Amonestar**, aconsejar. **4. Alabar**, ensalzar, encomiar, exaltar.

recompensa *s. f.* Beneficio, galardón, premio, remuneración, merced.

recompensar *v. tr.* **1. Retribuir**, resarcir, remunerar, indemnizar. **2. Compensar**, galardonar, premiar, satisfacer, gratificar, honrar, condecorar. ➤ *Castigar, punir, denigrar.*

recomponer *v. tr.* Enmendar, arreglar, reparar. ➤ *Estropear, averiar.*

recompuesto, ta *adj.* Enmendado, arreglado, reparado. ➤ *Estropeado.*

reconcentrar *v. tr.* **1. Concentrar**, juntar, recoger. ➤ *Esparcir.* ‖ *v. prnl.* **2. Abstraerse**, ensimismarse.

reconciliación *s. f.* Apaciguamiento, armisticio, paz, concordia. ➤ *Guerra, riña, enemistad.*

reconciliar *v. tr.* Amigar, amistar, concordar, contentar. ➤ *Enemistar.*

reconcomerse *v. prnl.* Angustiarse, atormentarse, desazonarse, preocuparse. ➤ *Calmarse, confiarse.*

reconcomio *s. m.* Desconfianza, sospecha, inquietud. ➤ *Confianza, paz.*

recóndito, ta *adj.* Abstruso, hondo, secreto, reservado, oculto, profundo, inaccesible, escondido, encubierto. ➤ *Visible, patente, claro, accesible.*

reconducir *v. tr.* Acompañar, llevar.

reconfortante *adj.* Reparador, vigorizador, tónico.

reconfortar *v. tr.* Alentar, aliviar, descansar, fortalecer. ➤ *Debilitar, cansar.*

reconocer *v. tr.* **1. Averiguar**, registrar, cachear, explorar. **2. Inspeccionar**, mirar, examinar, buscar, tantear, observar, estudiar, revisar, sondear, auscultar, explorar. **3. Admitir**, aceptar, convenir, confirmar, aseverar. ➤ *Negar, rechazar, rebatir.* **4. Agradecer**. **5. Ratificar**, afirmar. ➤ *Negar, refutar.* ‖ *v. prnl.* **6. Inculparse**, culpabilizarse, admitir. ➤ *Exculparse, defenderse.*

reconocible *adj.* Identificable. ➤ *Irreconocible, inidentificable.*

reconocido, da *adj.* **1. Identificado**. **2. Agradecido**.

reconocimiento *s. m.* **1. Aceptación**, admisión, inspección. **2. Agradecimiento**, gratitud.

reconquistar *v. tr.* Recobrar, recuperar, retomar, rescatar, volver a tener, reintegrar, liberar, redimir. ➤ *Perder.*

reconstitución *s. f.* Reconstrucción, reorganización. ➤ *Descomposición.*

reconstituir *v. tr.* **1. Reorganizar**, rehacer, reconstruir, reinstalar, reedificar. ➤ *Destruir, descomponer.* **2. Fortalecer**, sanar, vigorizar, curar, restablecer, mejorar, reponerse, reparar, recuperarse, convalecer. ➤ *Empeorar, debilitarse, agravarse.*

reconstituyente *adj.* Analéptico, tónico, remedio.

reconstrucción *s. f.* Recomposición, reconstitución, reorganización, reedificación. ➤ *Destrucción, derribo.*

reconstruir *v. tr.* Recomponer, reorganizar. ➤ *Destruir, asolar, arrasar.*

reconvención *s. f.* Recriminación, regañina, reprensión, reprimenda, riña, reproche. ➤ *Alabanza, encomio, loa.*

reconvenir *v. tr.* Afear, amonestar, recriminar, reprochar, reñir, regañar, sermonear, dar un toque, llamar la atención, reprender. ➤ *Felicitar, elogiar, alabar, encomiar.*

reconvertir *v. tr.* Reestructurar.

recopilación *s. f.* **1. Compendio**, compilación. **2. Antología**, centón.

recopilado, da *adj.* Sintético, breve.

recopilar *v. tr.* Coleccionar, compilar, reunir, compendiar, resumir, sintetizar, seleccionar, extractar. ➤ *Dispersar.*

récord *s. m.* Marca, plusmarca.

recordable *adj.* **1. Evocable**, rememorable, memorizable. **2. Memorable**.

recordación *s. f.* Evocación, rememoración. ➤ *Olvido.*

recordar *v. tr.* **1. Acordarse**, evocar, rememorar, retener, memorizar, tener presente, reconstruir. ➤ *Olvidar, soterrar.* **2. Semejar**, tirar, parecerse. ‖ *v. intr.* **3. Recobrarse**, recuperarse.

recordatorio *s. m.* **1. Agenda**, vademécum. **2. Estampa**, estampilla.

recorrer *v. tr.* **1. Andar**, correr. **2. Repasar**. **3. Arreglar**, enmendar.

recorrido *s. m.* Camino, trayecto, ruta, viaje, itinerario, trecho. ➤ *Estancia.*

recortaduras *s. f. pl.* Parte, pedazo.

recortar *v. tr.* **1. Rebanar**, amputar, podar, cercenar. **2. Esquilar**, afeitar, pelar, trasquilar, rapar, mondar, atusar. **3. Empequeñecer**, disminuir, achicar ➤ *Agrandar, ampliar.* ‖ *v. prnl.* **4. Perfilarse**, siluetearse.

recorte *s. m.* **1. Cercenadura**, recortadura, monda. **2. Artículo**, noticia. ‖ *s. m. pl.* **3. Parte**, resto, sobras.

recoser *v. tr.* Remendar.

recosido *s. m.* Zurcido, remiendo, parche. ➤ *Siete, descosido.*

recostar *v. tr.* Apoyar, inclinar, retrepar, reclinar, descansar, acostar.

recoveco *s. m.* **1. Ángulo**, esquina, rincón, revuelta. ➤ *Recta.* **2. Artificio**, impostura, rodeo, fingimiento.

recreación *s. f.* Asueto, distracción, esparcimiento, solaz, diversión, vacación, ocio, recreo. ➤ *Trabajo, fatiga.*

recrear *v. tr.* Divertir, alegrar, deleitar, entretener, esparcirse, solazar, amenizar, festejar, distraer, holgarse. ➤ *Fastidiar, molestar, cansar, aburrir.*

recriminación *s. f.* Admonición, filípica, reprimenda, reproche, censura. ➤ *Alabanza, elogio, encomio.*

recriminador, ra *s. m. y s. f.* Sermoneador.

recriminar *v. tr.* **1. Acusar**, afear, reprochar, regañar, amonestar, reñir, increpar, sermonear, reprender, llamar la atención, acusar, llamar al orden, echar una reprimenda, echar en cara. ➤ *Elogiar, loar, felicitar, alabar, encomiar.* ‖ *v. prnl.* **2. Acusarse**, reñir.

recrudecer *v. intr.* Avivarse, enconarse, exacerbarse, redoblarse, empeorar, redoblar, incrementar, excitar, recaer. ➤ *Disminuirse, decrecer, remitir, suavizarse, aliviar.*

recrudescencia *s. f.* Intensificación, incremento. ➤ *Disminución.*

rectal *adj.* Intestinal.

rectamente *adv. m.* Derechamente, directamente, honestamente. ➤ *Torcidamente, aviesamente.*

rectangular *adj.* Cuadrilongo. ➤ *Circular, esférico.*

rectificable *adj.* Discutible, modificable, transformable, enderzable, mudable. ➤ *Fijo, indiscutible, irrefutable.*

rectificación *s. f.* Corrección, enmienda, modificación, cambio, reforma. ➤ *Ratificación, afirmación.*

rectificar *v. tr.* **1. Enmendar**, modificar, corregir, retocar, reparar, subsanar, enderezar, reformar, rehacer. ➤ *Ratificar, estropear, empeorar, insistir.* ‖ *v. prnl.* **2. Enderezarse**, corregirse, reformarse. ➤ *Pervertirse.*

rectitud *s. f.* **1. Derechura**. ➤ *Sinuosidad, curvatura.* **2. Honestidad**, honradez, integridad, justicia, equidad. ➤ *Deshonestidad, falsedad.*

recto, ta *adj.* **1. Directo**, derecho, erguido, tieso, seguido, rígido, rectilíneo. ➤ *Quebrado, doblado, torcido, curvo.* **2. Imparcial**, inflexible, probo, justo, íntegro, severo, firme, equitativo. ➤ *Injusto, parcial.*

rector, ra *s. m.* **1. Abad**, párroco. ‖ *s. m. y s. f.* **2. Director**, superior.

rectoría *s. f.* Priorato.

recua *s. f.* **1. Reata**, traílla. **2. Fila**, hilera, atajo, multitud, sinfín, cantidad.

recubrimiento *s. m.* Revestimiento, forro, funda, capa, baño.

recubrir *v. tr.* Barnizar, cromar, entoldar, laminar, revestir, empastar.

recudir *v. intr.* Concurrir.

recuento *s. m.* Cómputo, inventario.

recuerdo *s. m.* Rememoración, evocación, remembranza, reminiscencia, recordación, memoria. ➤ *Olvido.*

recuero *s. m.* Gañán, arriero.

recular *v. tr.* Retroceder, retirarse, retraerse, cejar, desandar, retornar, volver atrás. ➤ *Avanzar, adelantar.*

recuperable *adj.* Reversible, superable. ➤ *Irrecuperable, irreversible.*

recuperación *s. f.* **1. Recobro**, reparación, rescate. ➤ *Pérdida.* **2. Repesca.** ➤ *Aprobado.*

recuperar *v. tr.* **1. Recobrar**, reconquistar, rescatar, resarcirse, desquitarse, reintegrar, reconquistar. ➤ *Perder.* **2. Restaurar. 3. Amortizar.** ➤ *Suspender.* ‖ *v. prnl.* **4. Recobrarse**, sanar, convalecer, reponerse, restablecerse, despabilarse, mejorarse. ➤ *Empeorar, desmayarse, desvanecerse.*

recurrente *adj.* **1. Periódico**, repetido, insistente. ➤ *Irregular.* ‖ *s. m. y s. f.* **2. Demandante**, reclamante.

recurrible *adj.* Apelable, reclamable.

recurrir *v. intr.* **1. Apelar**, reclamar, demandar, acudir, suplicar, entablar recurso. ➤ *Acatar, abandonar.* **2. Ampararse**, acogerse, refugiarse.

recurso *v. m.* **1. Demanda**, petición, requerimiento, solicitud, apelación. **2. Bienes**, posibles, hacienda, capital, dinero, pasta. **3. Salida**, opción, remedio, escapatoria, posibilidad.

recusable *adj.* Rechazable, repudiable. ➤ *Aceptable, admisible.*

recusación *s. f.* Negativa, rechazo, repudio. ➤ *Aceptación, admisión.*

recusar *v. tr.* Denegar, rehusar, repudiar, rechazar, rehuir, negar, despreciar, despedir, devolver, excluir, descartar, repulsar, declinar, repeler. ➤ *Admitir, aceptar, recibir.*

red *s. f.* **1. Malla**, jábega, aparejo. **2. Celada**, engaño, lazo, ardid, trampa. **3. Entramado**, estructura. **4. Organización**, asociación, cadena.

redacción *s. f.* Narración, descripción.

redactar *v. tr.* Escribir, componer.

redactor, ra *adj.* Gacetillero, periodista, reportero.

redada *s. f.* Apresamiento, arresto.

redaños *s. m. pl.* Arrestos, agallas.

redargüir *v. tr.* Rechazar, impugnar.

rededor *s. m.* Derredor, cercanía, proximidad, contorno. ➤ *Lejanía.*

redención *s. f.* Liberación, rescate, salvación, absolución. ➤ *Condena.*

redentor, ra *adj.* **1. Emancipador**, eximente, libertador, rescatador. ➤ *Esclavizador.* ‖ *s. m.* **2. Salvador.**

redicho, cha *adj.* Pedante, enfático, afectado, campanudo, engolado. ➤ *Natural, sencillo.*

rediezmar *v. tr.* Recaudar.

redil *s. m.* Majada, apero, aprisco.

redimible *adj.* Salvable, perdonable. ➤ *Condenable.*

redimir *v. tr.* **1. Emancipar**, libertar, manumitir, soltar, salvar, rescatar, liberar, eximir, exculpar, excarcelar. ➤ *Condenar, encerrar, esclavizar, encarcelar, apresar.* **2. Librar**, cancelar. **3. Desobligar**, perdonar, despenar, relevar, eximir. ➤ *Obligar, cargar.*

rédito *s. m.* Beneficio, interés, rendimiento, renta. ➤ *Pérdida.*

redituar *v. tr.* Aprovechar, rentar.

redoblar *v. tr.* **1. Acrecentar**, duplicar, incrementar, doblar, repetir, bisar. ➤ *Disminuir, dividir, deducir, escindir.* **2. Reiterar**, reproducir.

redoma *s. f.* **1. Botella**, frasco, garrafón. **2. Fanal**, faro, linterna.

redomado, da *adj.* Ladino, taimado, sagaz, astuto, cauteloso, artero, mañoso, zorro. ➤ *Ingenuo, incauto, simple, infeliz.*

redomón, na *adj.* Bravío, salvaje, silvestre. ➤ *Doméstico, dócil.*

redondeado, da *adj.* Lobulado, esférico, curvado, combado. ➤ *Recto.*

redondear *v. tr.* Acabar, pulir.

redondel *s. m.* Arena, ruedo.

redondez *s. f.* Esfericidad, circularidad.

redondo, da *adj.* **1. Circular,** esférico, anular, cilíndrico, torneado, orbicular, redondeado, discoidal. ➤ *Cuadrado, recto.* **2. Sencillo,** llano, comprensible. ➤ *Complicado, sinuoso, retorcido.* **3. Cabal,** acertado. ➤ *Imperfecto, contrahecho.* ‖ *s. m.* **4. Círculo,** esfera.

redor *s. m.* Alfombra, felpudo.

redrojo *s. m.* Canijo, endeble, raquítico, pequeñajo. ➤ *Robusto, fuerte.*

reducción *s. f.* Decrecimiento, degradación, mengua, menoscabo, merma, disminución. ➤ *Aumento, ampliación.*

reducido, da *adj.* Pequeño, disminuido, ceñido, escaso, mermado, menguado. ➤ *Amplio, grande, abundante.*

reducir *v. tr.* **1. Transformar,** convertir, cambiar, mudar. **2. Abreviar,** acortar, empequeñecer, disminuir, estrechar, ceñir, aminorar, rebajar, menguar, achicar, restringir, contraer, adelgazar, sisar, cortar. ➤ *Aumentar, agrandar, ampliar, ensanchar, extender.* **3. Resumir,** sintetizar, abreviar, esquematizar. **4. Partir,** cortar, escindir. **5. Someter,** domeñar, domar, dominar. **6. Convencer,** convertir, disuadir. ‖ *v. prnl.* **7. Moderarse,** mitigarse, dominarse, controlarse. **8. Consistir,** limitarse. ➤ *Extenderse.*

reducto *s. m.* Asilo, defensa.

redundancia *s. f.* **1. Demasía,** exceso, sobra. ➤ *Escasez, parvedad.* **2. Reiteración,** pleonasmo.

redundante *adj.* Excesivo, reiterado, repetido, superfluo. ➤ *Parco, conciso.*

redundar *v. intr.* **1. Rebosar,** exceder. **2. Causar,** originar, resultar.

reduplicar *v. tr.* Acrecer, incrementar, intensificar. ➤ *Mermar, disminuir.*

reedición *s. f.* Reimpresión.

reedificación *s. f.* Reconstrucción. ➤ *Destrucción, derribo.*

reedificar *v. tr.* Reconstruir, rehacer. ➤ *Derruir, tirar, derribar.*

reeditar *v. tr.* Reimprimir.

reeducación *s. f.* Rehabilitación.

reeducar *v. tr.* Rehabilitar.

reelegir *v. tr.* Confirmar, ratificar, renovar. ➤ *Denegar, rechazar.*

reembolsar *v. tr.* Entregar, pagar, reponer, abonar. ➤ *Recibir, cobrar.*

reembolso *s. m.* Entrega, pago, reintegro, reposición. ➤ *Cobro, recibo.*

reemplazable *adj.* Intercambiable, renovable, sustituible. ➤ *Insustituible.*

reemplazar *v. tr.* **1. Relevar,** suplir, representar, sustituir, cambiar, renovar, suceder, permutar. ➤ *Continuar, mantener.* **2. Suplantar,** representar.

reemplazo *s. m.* **1. Relevo,** suplencia. **2. Enganche,** quinta, reclutamiento.

reemprender *v. tr.* Retomar, recomenzar. ➤ *Abandonar.*

reencarnación *s. f.* Regeneración, resurgimiento, resurrección, renacimiento. ➤ *Muerte, olvido.*

reencarnar *v. intr.* Reaparecer, resucitar.

reenviar *v. tr.* Devolver.

reestrenar *v. tr.* Reponer.

reestreno *s. m.* Reposición.

reestructurar *v. tr.* Reorganizar, sistematizar. ➤ *Desorganizar.*

reexaminar *v. tr.* Revisar, examinar, comprobar. ➤ *Obviar.*

refacer *v. tr.* Subsanar, reintegrar.

refección *s. f.* Refrigerio, piscolabis, tentempié. ➤ *Banquete, ayuno.*

refectorio *s. m.* Comedor.

referencia *s. f.* **1. Crónica,** informe, pormenor, relato. **2. Dependencia,** relación, correlación. **3. Envío,** nota.

referéndum *s. m.* Plebiscito, votación.

referente *adj.* Alusivo, concerniente, relativo, atañente, perteneciente.

referir *v. tr.* **1. Contar,** relatar, narrar, decir, mencionar, reseñar, explicar, detallar. ➤ *Callar, omitir.* **2. Encaminar,** ordenar, atener, dirigir. ➤ *Desorientar.* **3. Remitir,** aludir, encadenar. **4. Relacionar,** atañer, enlazar, concernir, vincular. ➤ *Desvincular.*

refinado, da *adj.* **1. Delicado,** distinguido, primoroso, puro, exquisito, fino, perfecto, cuidado, depurado. ➤ *Basto, imperfecto, tosco, grosero.* **2. Astuto,** taimado, ladino, sagaz, malvado, artero. ➤ *Ingenuo, simple.*

refinamiento *s. m.* **1. Delicadeza,** distinción, primor, fineza. ➤ *Tosque-*

dad, zafiedad. **2. Encarnizamiento**, crueldad, saña. ➤ *Benevolencia.*

refinar *v. tr.* **1. Depurar**, purificar, colar, tamizar, perfeccionar, limar, limpiar, cribar, clarificar, acrisolar, acendrar, purgar. ➤ *Ensuciar, impurificar.* ‖ *v. prnl.* **2. Educarse**, pulirse. ➤ *Asilvestrarse.*

refirmar *v. tr.* **1. Apoyar**, estribar, reclinar. **2. Aprobar**, confirmar, corroborar, ratificar. ➤ *Negar, refutar.*

refitolear *v. tr.* Chismorrear, entrometerse, cotillear.

refitolero, ra *adj.* **1. Metomentodo**, cominero. **2. Redicho**, pedante. **3. Peripuesto**, atildado, acicalado.

reflectante *adj.* Reverberante, irradiante, destelleante. ➤ *Opaco.*

reflectar *v. tr.* Reflejar, reverberar, rebotar, devolver, repercutir, destellear. ➤ *Absorber, refractar, refringir.*

reflector *s. m.* Proyector, foco.

reflejar *v. intr.* **1. Reflectar**, reverberar. ‖ *v. tr.* **2. Evidenciarse**, manifestarse. ➤ *Ocultar.*

reflejo, ja *adj.* **1. Automático**, espontáneo, inconsciente, involuntario. ‖ *s. m.* **2. Destello**, fulgor, reverbero. **3. Reacción**, respuesta, movimiento.

reflexión *s. f.* **1. Reverberación**. **2. Consideración**, meditación, ponderación. **3. Amonestación**, precaución.

reflexionar *v. tr.* Calcular, meditar, cavilar, recapacitar, considerar, pensar, rumiar, discurrir, dar vueltas, madurar, repasar, repensar, examinar, especular. ➤ *Repentizar, improvisar, despreocuparse, inadvertir.*

reflexivo, va *adj.* Caviloso, discreto, pensativo, prudente, sensato, especulador. ➤ *Irreflexivo, precipitado.*

reflorecer *v. intr.* Renovar, reverdecer, retoñar. ➤ *Agostarse, marchitarse.*

reflorecimiento *s. m.* Renuevo, retoño, brote. ➤ *Marchitamiento.*

refluir *v. intr.* Retroceder.

reflujo *s. m.* Bajamar, regolfo, retroceso, marea baja. ➤ *Marea alta.*

refocilación *s. f.* Diversión, placer.

refocilar *v. tr.* **1. Solazar**, entretener, regocijar, recrear, alegrar, divertir, go-

zar, deleitar. ➤ *Aburrir, cansar, entristecer, hastiar.* ‖ *v. prnl.* **2. Regodearse**, recrearse, extasiarse.

reforestar *v. tr.* Replantar.

reforma *s. f.* Corrección, enmienda, perfeccionamiento. ➤ *Conservación.*

reformable *adj.* Mutable, perfectible, renovable. ➤ *Fijo, inmutable, firme.*

reformación *s. f.* Corrección, enmienda, renovación. ➤ *Conservación.*

reformar *v. tr.* **1. Reparar**, restaurar, reponer, restablecer, rehacer, renovar, reconstruir, reconstituir, modificar, cambiar, arreglar, rectificar. ➤ *Mantener.* ‖ *v. prnl.* **2. Enmendarse**, enderezarse, corregirse.

reformatorio *s. m.* Correccional.

reforzado, da *adj.* Acorazado.

reforzar *v. tr.* **1. Acrecentar**, fortalecer, fortificar, engrosar, reparar, robustecer, consolidar. ➤ *Debilitar, desgastar, consumir.* **2. Mejorar**, corregir, restablecer. ➤ *Empeorar.* **3. Animar**, alentar, vigorizar. ➤ *Desanimar, desalentar.*

refracción *s. f.* Reflejo, refrangibilidad.

refractar *v. tr.* Refringir, desviar.

refractario, ria *adj.* **1. Desobediente**, inobediente, terco, testarudo, renuente, difícil, contumaz, indócil, obstinado, pertinaz. ➤ *Obediente, dócil, sumiso.* **2. Rebelde**, insumiso, reacio. ➤ *Obediente, partidario, dócil.* **3. Incombustible**, ininflamable. ➤ *Inflamable, combustible.*

refrán *s. m.* Adagio, aforismo, máxima, proverbio, sentencia, moraleja, dicho, pensamiento.

refranero *s. m.* Paremiología.

refrangibilidad *s. f.* Refracción.

refregar *v. tr.* Frotar, estregar.

refrenamiento *s. m.* Coerción.

refrenar *v. tr.* Comedirse, contenerse, moderarse, corregirse, sujetar. ➤ *Soltarse, excederse, extralimitarse.*

refrendación *s. f.* Certificación, ratificación. ➤ *Denegación.*

refrendar *v. tr.* **1. Legalizar**, legitimar. ➤ *Ilegalizar, ilegitimar.* **2. Ratificar**, autorizar, confirmar. ➤ *Negar, vetar, prohibir.*

refrescar *v. tr.* **1. Atemperar**, moderar, enfriar, refrigerar, helar. ➤ *Calentar, inflamar.* **2. Evocar**, rememorar. ‖ *v. intr.* **3. Reponerse**, restablecerse. **4. Enfriar**, atemperarse.

refresco *s. m.* **1. Bebida**, sorbete. **2. Refrigerio**, tentempié, piscolabis.

refriega *s. f.* Choque, escaramuza, lucha, pelea, riña, lid, contienda, altercado, reyerta, agarrada. ➤ *Paz.*

refrigerador *s. m.* Frigorífico, nevera, helador, cámara. ➤ *Horno.*

refrigerar *v. tr.* **1. Enfriar**, helar, refrescar, pasmar. ➤ *Calentar, inflamar, achicharrar, caldear, templar.* **2. Congelar**, conservar. **3. Refrescarse**, descansar.

refrigerio *s. m.* Piscolabis, refección, refresco, tentempié, colación, aperitivo, pincho, tapa. ➤ *Banquete, ayuno.*

refringencia *s. f.* Refracción.

refringente *adj.* Refractante.

refrito *s. m.* **1. Condimento**, salsa. **2. Imitación**, copia. ➤ *Original.*

refuerzo *s. m.* **1. Estribo**, soporte, sostén, defensa, puntal. **2. Amparo**, apoyo, auxilio, ayuda, socorro. ➤ *Desamparo, abandono, rémora.*

refugiado, da *s. m. y s. f.* Acogido, exiliado, desterrado. ➤ *Repatriado.*

refugiar *v. tr.* **1. Acoger**, amparar, asistir, guarecer, salvaguardar, cobijar, defender. ➤ *Desamparar, abandonar, expulsar.* ‖ *v. prnl.* **2. Resguardarse**, esconderse. ➤ *Exponerse.*

refugio *s. m.* Albergue, guarida, asilo.

refulgencia *s. f.* Brillo, fulgor, resplandor. ➤ *Opacidad, oscuridad.*

refulgente *adj.* Brillante, cegador, luminoso. ➤ *Opaco, oscuro.*

refulgir *v. intr.* Brillar, fulgurar, rutilar, relumbrar, lucir, chispear, relucir, resplandecer, irisar. ➤ *Apagarse.*

refundir *v. tr.* Reformar, rehacer.

refunfuñador, ra *adj.* Rezongón.

refunfuñar *v. intr.* Murmurar, rezongar, bufar, gruñir, mascullar, hablar entre dientes, protestar. ➤ *Contentarse, estar satisfecho.*

refunfuñón, na *adj.* Gruñón, cascarrabias, rezongón. ➤ *Risueño.*

refutable *adj.* Contestable, cuestionable, rebatible, contradecible, rechazable. ➤ *Irrebatible, incuestionable.*

refutar *v. tr.* Impugnar, negar, objetar, rebatir, contradecir, rechazar, replicar, desmentir, criticar. ➤ *Aceptar, afirmar, ratificar, admitir, apoyar, estar de acuerdo.*

regadío *s. m.* ➤ *Secano.*

regajo *s. m.* Reguera, charco.

regalado, da *adj.* **1. Fino**, primoroso. ➤ *Tosco, basto.* **2. Gozoso**, grato, gustoso. ➤ *Desagradable.* **3. Gratis**, rebajado. ➤ *Caro, prohibitivo.*

regalador, ra *adj.* Donante, dadivoso. ➤ *Tacaño, roñoso, agarrado.*

regalar *v. tr.* **1. Agasajar**, obsequiar, ofrendar, festejar, donar, conceder, legar. **2. Mimar**, halagar. **3. Recrear**, divertir, deleitar, solazar, festejar, alegrar. ➤ *Aburrir, fastidiar, hartar, hastiar, cansar.*

regalía *s. f.* **1. Privilegio**, prerrogativa, excepción. **2. Extra**, prima, gaje.

regalo *s. m.* **1. Donación**, ofrenda, obsequio. **2. Deleite**, placer, gusto. **3. Agasajo**, comodidad, descanso.

regalón, na *adj.* Holgón, torreznero.

regañar *v. intr.* **1. Disputar**, luchar, contender, chocar, pelear, discutir, andar a la greña. ➤ *Calmarse, pacificarse.* **2. Enfadarse**, encolerizarse, reñir, indisponerse, enemistarse, retirar el saludo, enojarse. ➤ *Contentarse, alegrarse, reconciliarse, hacer las paces.* ‖ *v. tr.* **3. Sermonear**, amonestar, reconvenir, reprender, recriminar, reñir, reprochar, reprobar, cantar las cuarenta, censurar. ➤ *Alabar, elogiar, felicitar, encomiar.*

regaño *s. m.* Amonestación, regañina, reprimenda, reproche, sermón, riña. ➤ *Alabanza, elogio, loa.*

regar *v. tr.* **1. Asperger**, irrigar, mojar, salpicar, rociar, baldear, bañar, inundar, humedecer. ➤ *Secar, enjugar.* **2. Desparramar**, salpicar. ➤ *Recoger.*

regate *s. m.* **1. Esguince**, escape. **2. Finta. 3. Trampa**, disimulo.

regatear *v. tr.* **1. Discutir**, ajustar. **2. Negar**, rechazar. ➤ *Aceptar, acceder.*

regateo *s. m.* Regate, pugna.

regatero, ra *adj.* Baratero.

regato *s. m.* Acequia, cauce, arroyo.

regazo *s. m.* **1. Seno**, rodillas, enfaldo. **2. Amparo**, cobijo, refugio.

regencia *s. f.* Administración, tutela, mando. ➤ *Obediencia.*

regeneración *s. f.* Reencarnación.

regenerar *v. tr.* **1. Recomponer**, rehacer, restaurar, reconstituir. ➤ *Regenerar, enviciar, echar a perder.* **2. Reformar**, corregir, enmendar, enderezar, restablecer, recuperar.

regentar *v. tr.* Regir, gobernar, dirigir, administrar, llevar el timón, mandar.

regicidio *s. m.* Atentado, magnicidio.

régimen *s. m.* **1. Sistema**, regla. **2. Administración**, política. **3. Dieta**.

regimiento *s. m.* Destacamento, guarnición.

regio, gia *adj.* **1. Real**, monárquico. **2. Espléndido**, fastuoso, ostentoso, majestuoso, soberbio, magnífico, grandioso, suntuoso, mayestático. ➤ *Pobre, humilde, sencillo, vulgar, ordinario.*

región *s. f.* **1. Comarca**, tierra, territorio, demarcación, país, zona, área, término. **2. Comunidad**, mancomunidad, provincia, autonomía.

regional *adj.* Comarcal, territorial.

regionalismo *s. m.* Localismo, provincialismo. ➤ *Centralismo.*

regionalista *adj.* Autonomista.

regir *v. tr.* **1. Dirigir**, manejar, gobernar, regentar, administrar, mandar. ➤ *Obedecer.* **2. Guiar**, conducir, encaminar, orientar. ➤ *Desorientar, liar, desencaminar.* ǁ *v. intr.* **3. Imperar**, valer, estar vigente.

registrador, ra *adj.* Medidor, voltímetro.

registrar *v. tr.* **1. Examinar**, escudriñar, inspeccionar, mirar, buscar, rebuscar, cachear, rastrear. **2. Apuntar**, notar, anotar, señalar, sentar, marcar. **3. Matricular**, entregar, inscribir.

registro *s. m.* **1. Batida**, búsqueda, exploración. **2. Archivo**. **3. Albalá**, cédula. **4. Catálogo**, inventario.

regla *s. f.* **1. Cartabón**, escuadra. **2. Norma**, estatuto, precepto, reglamen-

to, pauta, canon, criterio, ley, modelo. **3. Principio**, máxima. **5. Argumento**, juicio. **6. Sobriedad**, continencia, parquedad, prudencia, templanza. ➤ *Desmesura, inmoderación, abuso, desenfreno.* **7. Falsilla**, pauta. **8. Modelo**. **9. Menstruación**, período, mes, menstruo, desopilación.

reglado, da *adj.* **1. Sobrio**, morigerado, moderado, templado. ➤ *Extremado, desmedido, desenfrenado.* **2. Reglamentado**, sistematizado, prescrito, ordenado. ➤ *Libre, anárquico.*

reglaje *s. m.* Ajuste, regulación, reajuste. ➤ *Desajuste.*

reglamentación *s. f.* **1. Regulación**. **2. Reglamento**, normativa.

reglamentar *v. tr.* Normalizar, ordenar, regular, sistematizar, reglar, legalizar, preceptuar, pautar. ➤ *Desordenar.*

reglamentariamente *adv. m.* Regularmente, normativamente, canónicamente. ➤ *Arbitrariamente.*

reglamentario, ria *adj.* Acordado, convenido, regulado. ➤ *Arbitrario.*

reglamento *s. m.* Código, constitución, estatuto, regla, ordenamiento.

reglar *v. tr.* Reglamentar, codificar, regularizar, regular, normalizar, ordenar, sistematizar, pautar, preceptuar.

regocijado, da *adj.* Alborozado, gozoso, satisfecho, ufano, entusiasmado. ➤ *Triste, decaído, aburrido.*

regocijar *v. tr.* **1. Agradar**, festejar, distraer. ➤ *Aburrir, fastidiar.* ǁ *v. prnl.* **2. Divertirse**, holgarse, refocilarse, alegrarse, gozarse, contentarse, alborozarse, reírse, deleitarse, recrearse, solazarse. ➤ *Aburrirse, entristecerse, apenar, hastiar.*

regocijo *s. m.* **1. Celebración**, fiesta. **2. Alborozo**, gozo, contento, alegría, regodeo. ➤ *Tristeza, aburrimiento.*

regodearse *v. prnl.* **1. Deleitarse**, refocilarse, complacerse, regalarse, recrearse, solazarse. ➤ *Contenerse, moderarse, aburrirse, afligirse.* **2. Bromear**, burlarse. ➤ *Compadecerse.*

regodeo *s. m.* Deleite, complacencia.

regolaje *s. m.* Dicha, alborozo, jovialidad, felicidad. ➤ *Tristeza, muermo.*

regolfo s. m. Caleta, remanso, golfo.

regomeyo s. m. **1. Molestia,** mareo, fatiga, malestar. ➤ *Bienestar.* **2. Reconcomio,** inquietud, nerviosismo.

regordete, ta adj. Retaco, gordo, barrigudo, tapón, rechoncho, chaparro, tonel, cuerpo de uva, barril, panzudo. ➤ *Alto, esbelto, espigado.*

regosto s. m. Anhelo, deseo, ansia.

regraciar v. tr. Agradecer.

regresar v. intr. **1. Tornar,** retornar, venir, volver. ➤ *Salir, ir, marchar, partir, largarse.* ‖ v. tr. **2. Restituir,** retornar, devolver, reintegrar. ➤ *Quitar, desposeer.*

regresión s. f. Vuelta, regreso, retrocesión, involución, retroceso, retracción, retorno. ➤ *Avance, progresión.*

regreso s. m. Retorno, vuelta, venida.

regüeldo s. m. Eructo.

reguera s. f. Cauce, regajo, surco, acequia, canal.

reguero s. m. Acequia, hijuelo.

regulable adj. Graduable, ordenable.

regulación s. f. Medida, norma, orden, regla, ley. ➤ *Desorden, caos.*

regulado, da adj. Reglado, preceptivo, ordenado, legalizado.

regular[1] adj. **1. Normalizado,** pautado, reglamentado, regularizado, sistematizado. ➤ *Desordenado, caótico.* **2. Metódico,** morigerado, ajustado, ordenado. ➤ *Desordenado.* **3. Uniforme,** cadencioso, periódico. ➤ *Irregular.* **4. Intermedio,** mediano. ➤ *Extremado, enorme, nimio.*

regular[2] v. tr. Arreglar, reglar, sistematizar, ordenar, regularizar. ➤ *Desarreglar, desajustar.*

regularidad s. f. Orden, periodicidad, cadencia, método, estabilidad, pauta. ➤ *Desorden, caos, irregularidad.*

regularización s. f. Organización, reglamentación. ➤ *Liberalización.*

regularizar v. tr. Arreglar, normalizar, uniformar, reglar, sistematizar, metodizar, regular, ordenar. ➤ *Desorganizar, desordenar.*

regurgitación s. f. Vómito.

regurgitar v. intr. Vomitar, devolver, arrojar, expeler. ➤ *Tragar, asimilar.*

regusto s. m. **1. Gustillo,** saborcillo. **2. Regodeo,** resabio, afición.

rehabilitación s. f. Reincorporación, vindicación. ➤ *Desautorización.*

rehabilitar v. tr. Restablecer, reivindicar, reponer, restituir, reinstalar, devolver, salvar. ➤ *Desentronizar, deponer, destituir, inhabilitar, quitar.*

rehacer v. tr. **1. Reconstruir,** recomponer, reparar, arreglar, componer, reponer, reparar, restaurar. ➤ *Derruir, arruinar, deshacer.* ‖ v. prnl. **2. Reforzarse,** fortalecerse. **3. Tranquilizarse,** sosegarse, aplacarse. ➤ *Enfurecerse, encolerizarse, enervarse.*

rehala s. f. **1. Hato,** manada. **2. Jauría.**

rehalero s. m. Pastor, ovejero, zagal.

rehelear v. intr. Amargar. ➤ *Endulzar.*

rehén s. m. y s. f. **1. Prisionero,** cautivo. **2. Garantía,** prenda, fianza.

rehervir v. intr. Apasionarse, inflamarse, excitarse, entusiasmarse. ➤ *Desapasionarse, desinteresarse.*

rehilar v. intr. Trepidar, temblar, tiritar.

rehilo s. m. Estremecimiento.

rehogar v. tr. Condimentar, sofreír.

rehoyo s. m. Sima, precipicio, garganta.

rehuir v. tr. Eludir, soslayar, esquivar, obviar, huir, escurrir el bulto. ➤ *Afrontar, acometer, desafiar, enfrentarse.*

rehumedecer v. tr. Empapar, mojar.

rehundir v. tr. Ahondar.

rehús s. m. Desecho, desperdicio.

rehusar v. tr. Declinar, renunciar, negarse, rechazar, excusar, desdeñar, despreciar, desechar, repudiar, objetar. ➤ *Aceptar, admitir, afrontar.*

reíble adj. Risible.

reimpresión s. f. Reedición.

reimprimir v. tr. Reeditar.

reina s. f. **1. Emperatriz,** majestad, soberana. **2. Consorte real.**

reinado s. m. Cetro, reino, monarquía.

reinante adj. Gobernante.

reinar v. intr. **1. Dirigir,** gobernar, regir, regentar, mandar. ➤ *Subordinarse.* **2. Dominar,** predominar, imperar, preponderar, prevalecer, señorearse. ➤ *Supeditarse.* **3. Arraigar,** aumentar, crecer. ➤ *Disminuirse.*

reincidencia *s. f.* Recaída, reiteración.
reincidente *adj.* Incorregible, relapso, contumaz, rebelde, obstinado.
reincidir *v. intr.* Recaer, reiterar, repetir, insistir, obstinarse, reanudar. ➤ *Enmendarse, arrepentirse, corregir.*
reincorporación *s. f.* Rehabilitación, reingreso, reposición, restablecimiento, vuelta. ➤ *Dimisión, destitución.*
reincorporar *v. tr.* **1. Reintegrar,** devolver, reponer. **2. Rehabilitar,** reponer, restituir. ➤ *Cesar, deponer.*
reingresar *v. intr.* Reincorporarse.
reingreso *s. m.* Reincorporación, rehabilitación, reposición, reintegración. ➤ *Destitución, dimisión.*
reino *s. m.* **1. Nación,** país, estado. **2. Ámbito,** marco, dominio, campo.
reinserción *s. f.* Reincorporación.
reinsertar *v. tr.* Introducir, reincorporar, reimplantar ➤ *Marginar, aislar.*
reintegrable *adj.* Restituible, renovable, reponible.
reintegración *s. f.* Devolución, restitución, reposición.
reintegrar *v. tr.* **1. Reponer,** devolver, restituir. ➤ *Robar, quitar.* **2. Renovar,** acrecentar, reponer, reconstituir. ➤ *Mermar, restar, quitar.* || *v. prnl.* **3. Reincorporarse,** retornar, retomar. ➤ *Dimitir, cesar, apartarse.*
reír *v. intr.* **1. Sonreír,** desternillarse, estallar, mondarse, descoyuntarse, carcajearse, troncharse, partirse, reventar. ➤ *Llorar, gemir, entristecer.* **2. Festejar,** regocijarse, celebrar. || *v. prnl.* **3. Burlarse,** mofarse, bromear, tomar el pelo, pitorrearse, chancear.
reiteración *s. f.* Repetición, reproducción, reincidencia, insistencia.
reiterar *v. tr.* Repetir, reproducir, insistir, machacar, recalcar, iterar, porfiar, reincidir. ➤ *Desdecir, corregir.*
reiterativo, va *adj.* Repetitivo, reincidente, redundante, insistente.
reivindicación *s. f.* Demanda, petición, reclamación. ➤ *Renuncia.*
reivindicar *v. tr.* Reclamar, demandar, pedir, exigir, requerir, solicitar, conminar. ➤ *Renunciar, rechazar, entregar, dar, conceder, otorgar.*

reja *s. f.* Verja, cancela, cerca.
rejero, ra *s. m. y s. f.* Herrero.
rejón *s. m.* **1. Asta,** pica, alabarda. **2. Garrocha. 3. Púa.**
rejonazo *s. m.* Puyazo.
rejoneador, ra *s. m. y s. f.* Jinete, lidiador, torero.
rejonear *v. tr.* Aguijonear, lidiar, torear.
rejoneo *s. m.* Lidia.
rejuvenecer *v. tr.* **1. Renovar,** fortalecer, vigorizar, reverdecer, robustecer. ➤ *Avejentar, debilitar, envejecer, encanecer.* **2. Remozar,** modernizar, refrescar, actualizar. ➤ *Olvidar, postergar, desactualizar.*
rejuvenecimiento *s. m.* Modernización, recuperación, remozamiento, renovación, actualización. ➤ *Debilitación, envejecimiento.*
relación *s. f.* **1. Vinculación,** razón, contacto, trato, conexión, atingencia, ilación, concerniencia, correlación. ➤ *Desvinculación.* **2. Reciprocidad,** correspondencia. **3. Trato,** comunicación, amistad. **4. Razón,** fin. **5. Catálogo,** informe, enumeración, lista. **6. Escrito,** estudio, relato, explicación, narración, informe, descripción. **7. Correspondencia,** concordancia. || *s. f. pl.* **8. Amorío,** idilio.
relacional *adj.* Concerniente, inherente. ➤ *Ajeno, extraño.*
relacionar *v. tr.* **1. Narrar,** contar, referir, relatar, decir, explicar, describir, informar. ➤ *Callar.* **2. Comunicar,** amigar, emparentar, vincular, atañer, tocar, concernir, referirse. ➤ *Separar, desvincular, aislar.* || *v. prnl.* **3. Tratarse,** alternar, salir con, verse, frecuentarse, ligar. ➤ *Enemistarse, reñir.*
relajación *s. f.* **1. Sosiego,** tranquilidad, aflojamiento. ➤ *Histerismo, crispación.* **2. Perversión,** relajo, depravación. ➤ *Corrección, reforma.*
relajado, da *adj.* Aflojado, corrompido, desatado, laxo. ➤ *Tirante, tenso.*
relajante *adj.* Sedante, calmante.
relajar *v. tr.* **1. Laxar,** suavizar, aflojar, ablandar, soltar. ➤ *Atirantar, endurecer, contraer.* **2. Distender,** divertir. ➤ *Tensar.* **3. Atenuar,** aminorar,

rebajar. ➤ *Recrudecer, reforzar.* **4. Aliviar,** dulcificar, suavizar, debilitar, mitigar, paliar. ➤ *Agravar, endurecer.* ‖ *v. prnl.* **5. Herniarse,** distenderse. **6. Corromperse,** depravarse, envilecerse, desmadrarse, estragarse. ➤ *Regenerarse, enmendarse, purificarse, perfeccionarse.* **7. Sosegarse,** tranquilizarse, calmarse. ➤ *Enervarse, intranquilizarse.*

relajo *s. m.* **1. Depravación,** envilecimiento. **2. Mofa,** chanza, broma.

relamer *v. prnl.* **1. Chupar,** lamer, chupetearse, humedecerse. **2. Pintarrajearse,** componerse. ➤ *Descuidarse.* **3. Gloriarse,** envanecerse, pavonearse, jactarse, presumir, darse pote, darse pisto, enorgullecerse, hacer gala de. ➤ *Humillarse.*

relamido, da *adj.* Engolado, pedante, repulido. ➤ *Sencillo, natural.*

relámpago *s. m.* **1. Rayo,** centella. **2. Fogonazo,** chispa, resplandor.

relampaguear *v. intr.* Brillar, fulgurar, chispear, centellear, refulgir, destellar, resplandecer, titilar, relumbrar.

relanzar *v. tr.* Rehusar, negar, rechazar, repeler. ➤ *Aceptar, admitir.*

relapso, sa *adj.* Reincidente, incorregible, reiterador, pertinaz, reiterativo, insitente, contumaz. ➤ *Arrepentido.*

relatador, ra *adj.* Narrador.

relatar *v. tr.* Contar, narrar, describir, exponer, decir, explicar, informar, relacionar. ➤ *Callar, silenciar.*

relativizar *v. tr.* Atenuar, rebajar.

relativo, va *adj.* **1. Concerniente,** perteneciente, referente, relacionado, tocante, respectivo, correlativo. ➤ *Independiente, aislado.* **2. Parcial,** accidental, limitado. ➤ *Absoluto.*

relato *s. m.* **1. Descripción,** exposición, relación, narración, crónica, referencia. **2. Anales,** crónica, cuento, informe, novela, historia, historieta, fábula.

relator, ra *adj.* Cuentista, narrador.

relax *s. m.* Descanso, relajación.

relegación *s. f.* **1. Olvido,** postergación, preterición. ➤ *Preferencia.* **2. Confinamiento,** destierro, prisión.

relegar *v. tr.* **1. Confinar,** exiliar, expatriar, desterrar, expulsar, extrañar. ➤ *Acoger, refugiar.* **2. Apartar,** posponer, rechazar, olvidar, despreciar, desdeñar, arrinconar, postergar. ➤ *Anteponer, distinguir, ensalzar.*

relente *s. m.* Rocío, escarcha, sereno, humidad, frescor.

relevación *s. f.* Indulto, exclusión.

relevancia *s. f.* Alcance, importancia, trascendencia, significación, relieve. ➤ *Irrelevancia, insignificancia.*

relevante *adj.* **1. Sobresaliente,** excelente, notable. ➤ *Insignificante, nimio.* **2. Trascendente,** significativo. ➤ *Intrascendente, accesorio.*

relevar *v. tr.* **1. Excusar,** eximir, perdonar, liberar, absolver, remitir, condonar, exonerar. ➤ *Gravar, castigar, acusar, inculpar.* **2. Cesar,** sustituir, destituir. ➤ *Rehabilitar, reponer.* **3. Auxiliar,** apoyar, amparar, socorrer. ➤ *Abandonar, exponer, desamparar.* **4. Enaltecer,** engrandecer, exaltar, realzar, resaltar, remarcar, subrayar, acentuar. ➤ *Denostar, humillar, rebajar, desdibujar, disimular.* **5. Turnar,** reemplazar, alternar, cambiar, suplir. ➤ *Dejar, mantener.*

relevo *s. m.* Sustitución, cambio, turno.

relicario *s. m.* Agnusdéi, edículo.

relieve *s. m.* **1. Saliente,** realce, bulto, resalte, resalto, abultamiento, elevación, prominencia. ➤ *Depresión, hundimiento.* **2. Importancia,** consideración, trascendencia, mérito, fama, renombre, categoría, crédito, valor. ‖ *s. m. pl.* **3. Restos,** rebañaduras, residuos, recortes.

religa *s. f.* Aleación.

religación *s. f.* Aleación, fusión.

religar *v. tr.* Alear, fundir, fusionar.

religión *s. f.* **1. Dogma,** fe, ley. **2. Ley,** precepto, obligación, deber.

religiosamente *adv. m.* **1. Devotamente,** piadosamente. ➤ *Impíamente.* **2. Íntegramente,** puntualmente.

religiosidad *s. f.* **1. Devoción,** misticismo, piedad. ➤ *Ateísmo, impiedad.* **2. Formalidad,** celo, rectitud, puntualidad, exactitud. ➤ *Informalidad.*

religioso, sa *adj.* **1. Devoto**, beato, fervoroso, piadoso. ➤ *Impío, ateo.* **2. Formal**, recto, cumplidor. ➤ *Falso, relajado.* **3. Moderado**, austero, morigerado, templado. ➤ *Exagerado, inmoderado.* ‖ *s. m. y s. f.* **2. Fraile**, monje, madre, sor. ➤ *Seglar, laico.*

relimpiar *v. tr.* Escamondar.

relindo, da *adj.* Precioso, rebonito.

reliquia *s. f.* **1. Resto**, vestigio, residuo, despojo, retal, sobrante, ceniza, sobras, recortes. **2. Huella**, señal, indicio, ruina, resto. **3. Antigüedad**, antigualla. ➤ *Novedad.*

rellano *s. m.* Descansillo, meseta.

rellenar *v. tr.* **1. Atestar**, colmar, henchir, llenar, repletar, inundar, cegar, cargar, saturar, ocupar. ➤ *Vaciar, sacar, desocupar.* **2. Embutir**, condimentar, aderezar. **3. Cumplimentar**, cubrir. **4. Ahitar**, atiborrar, atracar. ➤ *Ayunar, abstenerse.*

relleno, na *adj.* **1. Saturado**, atiborrado, colmado. ‖ *s. m.* **2. Adobo**. **3. Accesorio**, adorno. ➤ *Esencia.*

reloj *s. m.* Cronómetro.

reluciente *adj.* Brillante, deslumbrante, fulgurante, resplandeciente, fulgente. ➤ *Apagado, sucio, empañado.*

relucir *v. intr.* **1. Brillar**, fulgurar, lucir, resplandecer, relumbrar, reflejar, centellear, refulgir, rutilar. **2. Destacar**, exceder, sobresalir. ➤ *Ocultarse.*

reluctante *adj.* Desobediente, reticente, opuesto, reacio. ➤ *Partidario.*

relumbrante *adj.* Deslumbrador, rutilante, efectista. ➤ *Discreto.*

relumbrar *v. intr.* Brillar, esplender, relucir, resplandecer, lucir, deslumbrar, centellear, refulgir.

relumbrón *s. m.* **1. Brillo**, destello, fogonazo. **2. Oropel**, fasto.

remachado, da *adj.* Aplastado.

remachar *v. tr.* **1. Roblar**, machacar, aplastar. ➤ *Extraer, sacar.* **2. Asegurar**, afianzar, recalcar, insistir, porfiar.

remadura *s. f.* Boga.

remanente *s. m.* Resto, sobra, sobrante, residuo, restante. ➤ *Carencia.*

remangado, da *adj.* Arremangado, arrugado. ➤ *Estirado, extendido.*

remangar *v. tr.* Decidir, disponer.

remango *s. m.* Decisión, presteza, prontitud, vivacidad, energía, brío, reprís. ➤ *Lentitud, torpeza, sosería.*

remansarse *v. prnl.* Aquietarse, pararse, sosegarse. ➤ *Precipitarse.*

remanso *s. m.* Cadozo, charca, regolfo, recodo, vado. ➤ *Rápido, corriente.*

remar *v. intr.* Bogar, ciar, batir los remos, paletear, cinglar.

remarcable *adj.* Destacable, notable, señalado. ➤ *Insignificante, nimio.*

remarcar *v. tr.* Acentuar, señalar, subrayar, destacar. ➤ *Olvidar, omitir.*

rematadamente *adv. m.* Completamente, totalmente.

rematado, da *adj.* Desesperado, fatal, incurable, insalvable, condenado.

rematar *v. tr.* **1. Concluir**, finalizar, terminar, ultimar, finiquitar, acabar. ➤ *Comenzar, empezar, iniciar.* **2. Aniquilar**, matar, suprimir. ➤ *Renacer.*

remate *s. m.* Extremo, término, punta, conclusión. ➤ *Inicio, comienzo.*

remedar *v. tr.* **1. Copiar**, fingir, simular. **2. Burlarse**, imitar, parodiar.

remediable *adj.* Compensable, corregible, curable, evitable, subsanable. ➤ *Inevitable, incurable, incorregible.*

remediar *v. tr.* **1. Corregir**, subsanar, sanear, salvar, enmendar, obviar, reparar. ➤ *Agravar, empeorar.* **2. Auxiliar**, amparar, ayudar, aliviar, echar una mano, socorrer, librar.

remedio *s. m.* **1. Recurso**, auxilio, ingenio, medio. **2. Fármaco**, medicina, medicamento, antídoto, específico. **3. Demanda**, apelación, recurso.

remedo *s. m.* Copia, parodia, simulacro, pantomina, imitación, reproducción, contrahechura. ➤ *Original.*

remembranza *s. f.* Evocación, memoria, rememoranza, rememoración, recuerdo, añoranza. ➤ *Olvido.*

rememoración *s. f.* Añoranza, evocación, recuerdo, memoria. ➤ *Olvido, omisión.*

rememorar *v. tr.* Evocar, mencionar, acordarse. ➤ *Olvidar, omitir.*

rememorativo, va *adj.* Conmemorativo, evocador, celebrativo.

remendado *s. m.* Zurcido, cosido, parche. ➤ *Desgarrón, descosido.*

remendar *v. tr.* **1. Zurcir**, recoser, coser. ➤ *Descoser.* **2. Componer**, reparar, apañar, restaurar. ➤ *Desgarrar.*

remero, ra *s. m. y s. f.* Remador, forzado, galeote, batelero, gondolero.

remesa *s. f.* Expedición, envío.

remesar *v. tr.* Enviar, expedir, remitir.

remezón *s. m.* Sacudida, seísmo, sismo, terremoto.

remiche *s. m.* Remero, forzado.

remiendo *s. m.* **1. Parche**, zurcido. **2. Apaño**, reparación, parche. **3. Composición**, enmienda, corrección.

remilgadamente *adv. m.* Afectadamente, melindrosamente.

remilgado, da *adj.* Afectado, dengue, melindroso, relamido, recompuesto, pulido, amanerado, repulido, dengoso. ➤ *Llano, tosco, natural, sencillo.*

remilgo *s. m.* Dengue, melindre, ñoñería. ➤ *Naturalidad, sencillez.*

reminiscencia *s. f.* Evocación, recuerdo, remembranza, rememoranza. ➤ *Olvido.*

remirado, da *adj.* Cauto, circunspecto, mirado. ➤ *Irreflexivo, inconsciente.*

remisión *s. f.* **1. Expedición**, remesa, envío. **2. Cita**, referencia.

remiso, sa *adj.* Irresoluto, reacio, reticente, cortado, indeciso, lento, dejado, perezoso, tardo, remolón, flojo, renuente. ➤ *Decidido, resuelto.*

remitente *s. m. y s. f.* Expedidor, emisor. ➤ *Destinatario.*

remitir *v. tr.* **1. Despachar**, expedir, facturar, remesar, mandar, enviar. ➤ *Recibir, percibir, retener, guardar.* **2. Absolver**, exculpar, eximir, indultar, perdonar, condonar, absolver, excusar, exonerar. ➤ *Culpar, condenar, inculpar, castigar.* **3. Aplazar**, suspender, dejar, diferir, dilatar, posponer, retardar. ➤ *Tramitar, ejecutar, continuar, seguir.* **4. Aplacarse**, flojear, aflojar. ➤ *Arreciar, acrecentarse.* ‖ *v. prnl.* **5. Ceñirse**, referirse, atenerse, ajustarse, sujetarse. ➤ *Extenderse.*

remojar *v. tr.* **1. Bañar**, duchar, humedecer, mojar, calar, regar, empapar, chapuzar, ensopar, salpicar. ➤ *Secar, enjugar.* **2. Festejar**, celebrar.

remolcar *v. tr.* **1. Arrastrar**, tirar, acarrear, transportar, atraer. **2. Persuadir**, seducir, convencer. ➤ *Disuadir.*

remoler *v. intr.* Parrandear, jaranear.

remolinarse *v. prnl.* Arremolinarse, agruparse. ➤ *Separarse, dispersarse.*

remolinear *v. tr.* Girar.

remolino *s. m.* **1. Torbellino**, tolvanera, vorágine. **2. Rizo**, onda. **3. Aglomeración**, confusión, multitud, muchedumbre. **4. Impetuoso**, lanzado. ➤ *Tranquilo, sosegado.*

remolón, na *adj.* Lento, apático, indolente, perezoso, cachazudo. ➤ *Activo, diligente, trabajador, laborioso.*

remolonear *v. intr.* Gandulear, retrasarse, vaguear, holgazanear, rezagarse, flojear, hacer el vago. ➤ *Trabajar.*

remolque *s. m.* **1. Arrastramiento**, transporte. **2. Roulotte**, caravana.

remontar *v. tr.* **1. Alzar**, elevar, levantar. ➤ *Bajar.* **2. Sublimar**, ascender, encumbrar, exaltar. ➤ *Abajar, degradar.* **2. Escalar**, subir, trepar. ➤ *Descender.* **3. Salvar**, vencer. **4. Espantarse**, ahuyentarse, huir, escaparse, fugarse, rehuir. ➤ *Afrontar, enfrentarse.* ‖ *v. prnl.* **5. Alzarse**, elevarse, ascender. ➤ *Descender.* **6. Irritarse**, enfadarse ➤ *Contentarse, sosegarse.* **7. Montar**, importar.

remoquete *s. m.* **1. Indirecta**, puya. **2. Requiebro**, piropo, galantería.

rémora *s. f.* Estorbo, impedimento, freno, dificultad, carga, obstáculo. ➤ *Facilidad, fluidez, viabilidad.*

remorder *v. tr.* Atormentar, desasosegar, inquietar, pesar. ➤ *Aquietar.*

remordimiento *s. m.* Arrepentimiento, contrición, mala conciencia, inquietud, desasosiego, reconcomio, compunción, pesadumbre, pesar, sentimiento. ➤ *Despreocupación.*

remosquearse *v. prnl.* Asustarse, recelar, sospechar, alarmarse. ➤ *Sosegarse, confiarse, tranquilizarse.*

remoto, ta *adj.* **1. Lejano**, alejado, aislado, retirado, distante, apartado. ➤ *Cercano, próximo, vecino.* **2. Anti-**

guo, arcaico, vetusto, desusado, pasado. ➤ *Actual.* **3. Inverosímil,** improbable, increíble. ➤ *Probable, cierto.*

remover *v. tr.* **1. Mudar,** transportar, cambiar, mover, desplazar, trastocar. ➤ *Mantener, permanecer, aquietar.* **2. Agitar,** menear, revolver, batir. **3. Apartar,** separar, evitar, rehuir, obviar, desembarazar. ➤ *Obstaculizar, atascar, trabar.* **4. Alterar,** revolver, transtornar, conmover, inquietar, perturbar, emocionar. ➤ *Tranquilizar, serenar, calmar.* **5. Cesar,** echar, expulsar, deponer. ➤ *Restituir, reponer.*

removimiento *s. m.* Remoción.

remozamiento *s. m.* Rejuvenecimiento, renovación. ➤ *Envejecimiento.*

remozar *v. tr.* Modernizar, rejuvenecer, renovar, vigorizar, refrescar, fortalecer, rehabilitar, robustecer. ➤ *Envejecer, arruinar, derribar, aviejar.*

rempujo *s. m.* Esfuerzo.

remudar *v. tr.* **1. Relevar,** sustituir. ➤ *Mantener, conservar.* **2. Mudarse.**

remuneración *s. f.* **1. Pago,** gratificación, retribución. **2. Sueldo,** jornal, paga, propina, recompensa, prima.

remunerador, ra *adj.* Retributivo, productivo, fructífero, ventajoso. ➤ *Desventajoso, improductivo.*

remunerar *v. tr.* **1. Galardonar,** premiar, gratificar, recompensar. ➤ *Sancionar.* **2. Retribuir,** satisfacer, liquidar, pagar, devengar, indemnizar, asalariar. ➤ *Deber, adeudar.*

remunerativo, va *adj.* Productivo, retributivo, provechoso, fructífero. ➤ *Improductivo, desventajoso.*

renacer *v. intr.* Resucitar, revivir, reencarnarse, vivificarse. ➤ *Apagarse.*

renacimiento *s. m.* Resurgimiento, resurrección, reencarnación.

renacuajo *s. m.* Pequeñajo.

renal *adj.* Nefrítico.

rencallo *adj.* Ciclán.

rencilla *s. f.* Rencor, enfado, discusión, pelea, disputa, pendencia, querella, polémica. ➤ *Concordia, paz.*

renco, ca *adj.* Ciclán.

rencor *s. m.* Enemistad, aborrecimiento, inquina, odio, encono, animosi-

dad, hincha, manía, fobia, saña, rabia, antipatía, tirria, aversión, resentimiento. ➤ *Amor, amistad, perdón.*

rencoroso, sa *adj.* Duro, resentido, vengativo, irreconciliable, vindicativo, enconado, sañudo. ➤ *Amistoso.*

renculillo *s. m.* Rabieta, pataleta.

rendaje *s. m.* Correaje, guarnición.

rendar *v. tr.* Arar, cavar, binar.

rendibú *s. m.* Respeto, atención, cortesía, halago, acatamiento. ➤ *Grosería.*

rendición *s. f.* Capitulación, claudicación, sumisión, sometimiento, entrega, dependencia, subordinación, resignación, abandono, acatamiento. ➤ *Resistencia, oposición, rechazo.*

rendido, da *adj.* **1. Sumiso,** obsequioso, galante. ➤ *Orgulloso.* **2. Agotado,** derrengado, exhausto, desfallecido, fatigado. ➤ *Descansado, fresco.*

rendija *s. f.* Agrietamiento, grieta, raja, fisura, hendidura, resquicio, hendedura, ranura, resquebrajadura.

rendimiento *s. m.* **1. Agotamiento,** fatiga, cansancio. ➤ *Vigor, fuerza, vitalidad.* **2. Sumisión,** humillación, docilidad. ➤ *Rebeldía, sublevación.* **3. Halago,** tributo, presente. **4. Provecho,** renta, rédito, producto.

rendir *v. tr.* **1. Avasallar,** dominar, vencer, sujetar, supeditar, doblegar, domeñar, someter, sojuzgar. ➤ *Sublevar, defenderse, rebelarse, levantar.* **2. Aprovechar,** fructificar, redituar. ➤ *Perder.* **3. Fatigar,** cansar, agotar, flaquear, debilitar, extenuar. ➤ *Descansar, reponer, confortar, animar.* ‖ *v. prnl.* **4. Claudicar,** capitular, postrarse, someterse, ceder, entregarse, sucumbir, supeditarse, doblegarse, acatar, bajar la cabeza, rajarse, renunciar. ➤ *Resistirse, plantarse.*

renegado, da *adj.* Apóstata. ➤ *Fiel.*

renegador, ra *adj.* Blasfemo, irreverente. ➤ *Piadoso, reverente.*

renegar *v. intr.* **1. Abjurar,** apostatar, negar, retractarse. ➤ *Abrazar, convertirse, confirmar, reafirmar.* **2. Abominar,** detestar, condenar, execrar, desaprobar, aborrecer. ➤ *Aprobar, bendecir.* **3. Blasfemar,** jurar, maldecir, imprecar, injuriar. ➤ *Alabar, loar.*

renegón, na *adj.* Blasfemo, malhablado, regañón, gruñón, maldiciente.

renegrido, da *adj.* Ennegrecido, retinto. ➤ *Empalidecido, claro.*

renga *s. f.* Jiba, joroba, chepa.

renglón *s. m.* Línea.

renglonadura *s. f.* Rayado, falsilla.

reniego *s. m.* Maldición, palabrota, juramento, taco, imprecación, injuria, insulto, vituperio, execración, blasfemia, juramento, voto, irreverencia, imprecación, reniego. ➤ *Elogio, lisonja, cumplido, loor, alabanza*

renitencia *s. f.* Turgencia, tersura.

renombrado, da *adj.* Acreditado, afamado, conocido, famoso. ➤ *Desconocido, anónimo, incógnito.*

renombre *s. m.* Prestigio, fama, gloria, celebridad, crédito, reputación, nombradía, popularidad. ➤ *Anonimato.*

renovable *adj.* Cambiable, permutable, reversible, mudable, reformable. ➤ *Fijo, irreparable, irremplazable.*

renovación *s. f.* Reforma, rejuvenecimiento, reposición. ➤ *Estancamiento.*

renovar *v. tr.* **1. Rehacer,** recomponer. **2. Reemprender,** reanudar, restablecer, seguir, continuar. ➤ *Interrumpir, dejar.* **3. Cambiar,** sustituir, reemplazar, trocar, remudar. ➤ *Conservar.* **4. Vigorizar,** rejuvenecer, remozar, restaurar, reformar, modernizar, reparar, regenerar. **5. Repetir,** reincidir, reiterar.

renqueante *adj.* Vacilante, titubeante.

renquear *v. intr.* **1. Cojear. 2. Dudar,** vacilar. ➤ *Decidirse, determinarse.*

renta *s. f.* **1. Rédito,** utilidad, ganancia, interés, porcentaje, beneficio, anualidad, rendimiento, devengo, fruto. ➤ *Pérdida.* **2. Alquiler,** arrendamiento, arriendo. **3. Ingreso,** caudal, haber.

rentabilidad *s. f.* Productividad, utilidad, rendimiento, fruto, beneficio, ganancia. ➤ *Improductividad.*

rentable *adj.* Productivo, provechoso, útil. ➤ *Improductivo.*

rentar *v. tr.* Redituar, rendir, valer, fructificar, producir, devengar.

rentero, ra *s. m. y s. f.* Arrendador, arrendatario.

rentista *s. m. y s. f.* **1. Accionista. 2. Acomodado,** burgués, pensionista.

renuencia *s. f.* Resistencia, oposición, rebeldía, repugnancia. ➤ *Acatamiento, obediencia, docilidad.*

renuente *adj.* Reacio, insumiso, reticente, indócil, remiso, desobediente, indisciplinado, rebelde, terco, indeciso, tardo. ➤ *Dócil, obediente, sumiso, decidido, determinado.*

renuevo *s. m.* Retoño, brote, vástago.

renuncia *s. f.* Abdicación, desistimiento, dimisión, retiro. ➤ *Aceptación.*

renunciable *adj.* Rehusable.

renunciante *adj.* Dimisionario, cesante, abdicante.

renunciar *v. tr.* **1. Dimitir,** abdicar, desistir, dejar, deponer, abandonar, prescindir, desechar, privarse, desasirse, despojarse, desprenderse, declinar. ➤ *Aceptar, admitir.* **2. Negar,** rechazar, rehusar. ➤ *Aceptar, tolerar.*

renuncio *s. m.* Error, mentira, falta.

reñido, da *adj.* **1. Desamigado,** enfadado. ➤ *Reconciliado.* **2. Disputado,** encarnizado, igualado.

reñidor, ra *adj.* Camorrista, pendenciero, matón, perdonavidas, agresivo. ➤ *Pacífico.*

reñir *v. intr.* **1. Batirse,** combatir, contender, pelear, luchar, disputar, altercar, bregar, enzarzarse, chocar, discutir, batallar. ➤ *Pacificar.* **2. Increpar,** amonestar, reprender, recriminar, corregir, amenazar, regañar, reprobar, reprochar, cantar las cuarenta, sermonear, apretar las clavijas, decir cuantas son dos y dos, censurar, reconvenir. ➤ *Alabar, ensalzar.* **3. Desavenirse,** querellarse, enemistarse, desamistarse, indisponerse, enojarse, regañar, enfadarse. ➤ *Reconciliarse.*

reo, a *s. m. y s. f.* **1. Convicto,** delincuente, culpado, criminal, culpable, penado. ➤ *Inocente.* **2. Demandado,** inculpado, acusado, encartado. ➤ *Absuelto, exculpado.*

reóforo *s. m.* Borne, clavija.

reordenación *s. f.* Reorganización.

reordenar *v. tr.* Reorganizar.
reorganización *s. f.* Reajuste, reconstrucción, renovación. ➤ *Conservación.*
reorganizar *v. tr.* Reajustar, rehacer, reconstituir, reconstruir, restablecer, reordenar, restaurar, cambiar, renovar, modificar. ➤ *Mantener, conservar.*
reóstato *s. m.* Regulador, resistencia.
repantigarse *v. prnl.* Empanturrarse, sentarse, aclocar, echarse, arrellanarse, extenderse, acomodarse, repanchingarse, retreparse, tumbarse, despatarrarse. ➤ *Erguirse, enderezarse.*
reparable *adj.* **1. Componible**, realizable, adaptable. ➤ *Irreparable.* **2. Admirable**, atendible. ➤ *Despreciable.*
reparación *s. f.* **1. Recuperación**, remedio, restauración, compostura, renovación, reparo, arreglo, reforma, apaño, remiendo, corrección, rehabilitación. ➤ *Desperfecto, deterioro, avería.* **2. Desagravio**, indemnización, explicación, expiación, enmienda, resarcimiento, compensación. ➤ *Ofensa, agravio, daño.*
reparador, ra *adj.* **1. Arreglador**, restaurador, componedor. ➤ *Destructor.* **2. Regañón**, chinche. **3. Vigorizante**, reconfortante. ➤ *Debilitador.*
reparar *v. tr.* **1. Enmendar**, arreglar, componer, subsanar, remediar, corregir, recomponer, rehacer, reformar, restaurar, remendar, reconstruir, pegar. ➤ *Destrozar, estropear, descomponer, romper.* **2. Apercibirse**, observar, percatarse, notar, advertir, mirar, darse cuenta, fijarse, reflexionar, pararse, considerar, atender. ➤ *Pasar por alto.* **3. Resarcir**, compensar, desagraviar, purgar, compensar, expiar. ➤ *Agraviar, ofender.*
reparo *s. m.* **1. Dique**, antepecho, arreglo. **2. Observación**, anotación. ➤ *Inadvertencia.* **3. Obstáculo**, pega, pero, inconveniente, objeción, tacha, defecto. ➤ *Facilidad.*
repartición *s. f.* Adjudicación, distribución, partición, reparto, entrega.
repartidor, ra *adj.* Distribuidor.
repartimiento *s. m.* Partición, repartición, reparto, distribución.

repartir *v. tr.* **1. Adjudicar**, asignar, atribuir. **2. Diseminar**, esparcir. **3. Parcelar**, partir, dividir, fraccionar. **4. Prorratear. 5. Clasificar.**
reparto *s. m.* Elenco.
repasar *v. tr.* **1. Examinar**, verificar, releer, comprobar. **2. Remendar**, recoser, zurcir, coser. **3. Corregir**, enmendar, retocar, perfeccionar.
repaso *s. m.* Revisión, lectura, examen.
repatriación *s. f.* Regreso, vuelta, retorno. ➤ *Exilio, expatriación.*
repatriado, da *adj.* ➤ *Exiliado.*
repatriar *v. tr.* Volver, regresar, retornar. ➤ *Exiliar, expatriar, desterrar.*
repecho *s. m.* Pendiente, rampa, subida, talud, cuesta. ➤ *Rellano.*
repeinado, da *adj.* Emperifollado, atildado, peripuesto. ➤ *Descuidado.*
repelencia *s. f.* Repugnancia, repulsión, asco. ➤ *Atractivo.*
repelente *adj.* **1. Asqueroso**, repugnante, odioso, repulsivo. ➤ *Agradable, placentero.* **2. Pedante**, redicho, engolado, cursi. ➤ *Sencillo, natural.*
repeler *v. tr.* **1. Despreciar**, rechazar, desechar, lanzar, expulsar, arrojar, tirar, despedir. ➤ *Atrapar, coger.* **2. Negar**, descartar, rehusar, contradecir, impugnar, argüir, objetar. ➤ *Aceptar, tolerar, aprobar, admitir.* **3. Repugnar**, asquear, repulsar, aborrecer, odiar. ➤ *Complacer, agradar, gustar, atraer, apetecer.*
repello *s. m.* Enlucido, encalado.
repelo *s. m.* Repeluzno, asco.
repelús *s. m.* Asco, repulsión, miedo.
repeluzno *s. m.* Contracción, miedo, susto, sacudida, estremecimiento.
repensar *v. tr.* Reflexionar, cavilar, meditar, sopesar, detenerse.
repente *s. m.* Pronto.
repentino, na *adj.* Pronto, inesperado, inopinado, insospechado, súbito, impensado, imprevisto, brusco. ➤ *Estudiado, esperado, previsto.*
repentización *s. f.* Improvisación.
repentizar *v. intr.* Improvisar. ➤ *Pensar, reflexionar.*
repercusión *s. f.* Alcance, eco, reflejo, trascendencia, secuela, efecto.

repercutirse *v. prnl.* Afectar, implicar, alcanzar, trascender, influir.

repertorio *s. m.* Catálogo, inventario, colección, compilación, lista, recopilación, compendio.

repetición *s. f.* **1. Redundancia**, reiteración, reproducción, periodicidad, iteración, reposición, recaída, insistencia, duplicado, reincidencia, calco, reedición, imitación, eco. **2. Tautología**, anáfora, complexión, polisíndeton, aliteración, epanadiplosis, epanolepsis, concatenación, perisología.

repetir *v. tr.* **1. Reiterar**, reincidir, volver, recalcar, machacar, insistir, rehacer, reproducir, duplicar, bisar, binar, iterar. ‖ *v. prnl.* **2. Recaer**, reproducirse, tornar. **3. Reincidir**, reiterar.

repetitivo, va *adj.* Machacón, insistente, reiterativo. ➤ *Único.*

repicar *v. tr.* **1. Tañer**, resonar, sonar, doblar, redoblar, voltear, repiquetear. ➤ *Silenciar.* ‖ *v. prnl.* **2. Preciarse**, presumir, vanagloriarse, jactarse, alardear, pavonearse. ➤ *Humillarse.*

repintarse *v. prnl.* Acicalarse, emperejilarse, emperifollarse, maquillarse.

repipi *adj.* Redicho, cursi, resabido, sabihondo. ➤ *Humilde, sencillo.*

repique *s. m.* Tañido, volteo, redoble.

repiquetear *v. tr.* **1. Tañer**, repicar. **2. Tabletear.**

repiqueteo *s. m.* Taconeo, tecleo.

repisa *s. f.* Anaquel, estante, apoyo, poyo, vasar, ménsula, tabla.

replantación *s. f.* Reforestación.

replantar *v. tr.* Reforestar.

replanteamiento *s. m.* Replanteo.

replantear *v. tr.* **1. Proyectar**, trazar. **2. Alterar**, modificar. ➤ *Mantener.*

replanteo *s. m.* Alteración, replanteamiento, cambio, modificación, innovación. ➤ *Duración, permanencia.*

repleción *s. f.* Colmo, hartura, saciedad. ➤ *Falta, vaciedad, vacío.*

replegar *v. tr.* **1. Plisar**, doblar, plegar. ‖ *v. prnl.* **2. Retirarse**, retroceder, recogerse. ➤ *Avanzar.*

repleto, ta *adj.* Ahíto, inflado, saciado, harto, relleno, colmado, rebosante, pletórico, atiborrado, desbordante, atestado, lleno. ➤ *Vacío, hambriento, desocupado, semilleno.*

réplica *s. f.* Contestación, respuesta, objeción, alegato, replicación.

replicación *s. f.* Argumentación, contestación, respuesta, réplica.

replicador, ra *adj.* Respondón, protestón, contestón.

replicar *v. intr.* Argumentar, contradecir, rebatir, responder, contestar, impugnar, oponer, rechazar, instar, argüir, objetar. ➤ *Admitir, aceptar.*

repliegue *s. m.* **1. Plisado**, doblez, dobladillo, bastilla. **2. Retirada**, retroceso, recogida. ➤ *Avance.*

repoblación *s. f.* **1. Asentamiento**, colonización, instalación. ➤ *Abandono, descolonización.* **2. Forestación.**

repoblar *v. tr.* **1. Colonizar**, instalarse, asentarse. ➤ *Abandonar.* **2. Reforestar**, replantar, sembrar, cultivar. ➤ *Deforestar, desertizar.*

repollo *s. m.* Berza, coliflor, lombarda.

repolludo, da *adj.* Achaparrado, rebolludo. ➤ *Espigado, esbelto.*

reponer *v. tr.* **1. Restituir**, rehabilitar, reintegrar, sustituir, instaurar, devolver, restablecer, reinstalar, rehacer, reparar, restituir. ➤ *Cesar, echar, destituir, sacar, gastar, quitar, sustraer.* **2. Reestrenar.** ➤ *Estrenar.* ‖ *v. prnl.* **3. Recobrarse**, rehacerse, serenarse, calmarse, apaciguarse, tranquilizarse, sosegarse, animarse. ➤ *Intranquilizarse, alterarse.* **4. Mejorar**, recobrarse, sanar, aliviarse, fortalecerse, recuperarse, curarse, restablecerse. ➤ *Debilitarse, enfermar, recaer, empeorar.*

reportaje *s. m.* Crónica, información, noticia, suceso, artículo, reseña.

reportar *v. tr.* **1. Apaciguarse**, contenerse, refrenarse, reprimirse. ➤ *Soltar, descargar, dejarse llevar.* **2. Conseguir**, obtener, sacar, alcanzar. **3. Ocasionar**, producir, acarrear, retribuir. **4. Informar.**

reportero, ra *adj.* Gacetillero, informador, periodista.

reposado, da *adj.* Apacible, cachazudo, calmoso, tranquilo, sosegado, quieto. ➤ *Nervioso, inquieto.*

reposar *v. intr.* **1. Acostarse**, dormir, sestear, echarse, yacer, tumbarse, dar una cabezada, echar una siesta. ➤ *Despertar, levantarse.* **2. Descansar**, parar, holgar, detenerse. ➤ *Trabajar, fatigarse.* **3. Sosegarse**, aquietarse, tranquilizarse. ➤ *Enervarse, inquietarse.* ‖ *v. prnl.* **4. Depositarse**, posarse, sedimentarse. ➤ *Disolverse.*

reposición *s. f.* Renovación, restitución, retorno, devolución, reinstalación, rehabilitación, restablecimiento, reintegración, instauración, renovación, restauración, regeneración, repetición, recambio, recuperación. ➤ *Sustracción, robo, desaparición.*

reposo *s. m.* Descanso, placidez, sosiego, calma, ocio. ➤ *Actividad.*

repostar *v. tr.* Proveer, suministrar, aprovisionar, pertrechar, abastecer.

repostería *s. f.* Bollería, confitería, pastelería, dulcería.

repostero, ra *s. m. y s. f.* Confitero, panadero, pastelero.

repoyo *s. m.* Rechazo, repudio.

repreguntar *v. tr.* Interrogar.

reprender *v. tr.* Abroncar, amonestar, increpar, reprochar, corregir, reñir, regañar, reconvenir, sermonear, reprobar, cantar la cuarenta, llamar la atención, apercibir, censurar. ➤ *Elogiar, alabar, encomiar, ensalzar, felicitar.*

reprensible *adj.* Censurable, criticable, vituperable. ➤ *Loable, elogiable, encomiable.*

reprensión *s. f.* **1. Censura**, desaprobación, increpación, bronca. ➤ *Elogio, loa, encomio.* **2. Reproche**, sermón, filípica. ➤ *Aplauso, elogio.*

represa *s. f.* Embalse, presa, estanque, balsa, pantano.

represalia *s. f.* **1. Desquite**, venganza. **2. Compensación**, satisfacción, castigo, desagravio. ➤ *Perdón.*

representación *s. f.* **1. Espectáculo**, farsa, teatro. **2. Función**, sesión, velada. **3. Signo**, imagen, ideograma, símbolo. **4. Delegación**, embajada.

representante *s. m. y s. f.* **1. Delegado**, portavoz, suplente, sustituto, vicario. **2. Viajante**. **3. Actor**, cómico.

representar *v. tr.* **1. Evocar**, imaginar. **2. Declarar**, referir, informar. **3. Interpretar**, escenificar, recitar, protagonizar, dramatizar, actuar, declamar, poner en escena. **4. Suplantar**, suplir, sustituir, reemplazar, relevar. **5. Encarnar**, significar, imitar, reproducir, simbolizar, personificar.

representativo, va *adj.* Característico, modélico, típico, peculiar, propio. ➤ *Atípico, raro.*

represión *s. f.* **1. Contención**, moderación, limitación. ➤ *Exceso, libertad.* **2. Prohibición**, coerción, coacción.

represivo, va *adj.* Coercitivo.

reprimenda *s. f.* Amonestación, reconvención, regañina, sermón, repaso, rapapolvo, reprobación, rociada, reproche, regaño. ➤ *Alabanza, elogio, felicitación.*

reprimir *v. tr.* **1. Apaciguar**, calmar, contener, domar, templar, refrenar. ➤ *Soltar, desahogar.* **2. Sofocar**, dominar, castigar. ➤ *Tolerar.*

reprivatizar *v. tr.* ➤ *Estatalizar, nacionalizar.*

reprobable *adj.* Censurable, criticable, reprensible, vituperable. ➤ *Elogiable, recomendable, loable.*

reprobación *s. f.* **1. Anatema**, censura, crítica, murmuración, condena, reconvención, desaprobación, acusación, vituperio, afeamiento, rechazo, reproche, reparo, condenación, desautorización, protesta, tacha, reprensión, maldición. **2. Suspenso**, cate, calabaza. ➤ *Aprobado, pase.* **3. Pita**, jaleo, silba, grita, siseo, bronca, abucheo. ➤ *Aplauso, ovación.*

reprobador, ra *adj.* Censor, crítico. ➤ *Lisonjeador.*

reprobar *v. tr.* **1. Afear**, amonestar, sermonear, reprender, condenar, reconvenir, censurar, desaprobar, acusar, criticar, execrar, rechazar, tachar. ➤ *Alabar, elogiar, alentar, loar, aprobar.* **2. Suspender**, catear, tumbar, cargar. ➤ *Aprobar, pasar.* **3. Pitar**, silbar, patear, sisear, gritar, protestar, abroncar, abuchear. ➤ *Aplaudir, ovacionar, aclamar.*

réprobo, ba *adj.* Maligno, malvado, pérfido, demonio, condenado, maldito, descomulgado, anatematizado. ➤ *Bienaventurado, bendito.*

reprochable *adj.* Censurable, reprensible, reprobable, vituperable. ➤ *Elogiable, loable, encomiable.*

reprochar *v. tr.* Reconvenir, afear, sermonear, recriminar, increpar, apercibir, reñir, reprender, regañar, dar un toque, amonestar, llamar al orden, cantar las cuarenta, reprobar. ➤ *Alabar, disculpar, felicitar, encomiar.*

reproche *s. m.* **1.** Censura, reparo, objeción, tacha, recriminación. ➤ *Elogio, alabanza.* **2. Bronca,** filípica, regañina, sermón. ➤ *Aplauso, elogio.*

reproducción *s. f.* **1. Imitación,** multiplicación, reiteración. ➤ *Creación, invención.* **2. Calco,** remedo, copia. ➤ *Original.*

reproducir *v. tr.* **1. Reiterar,** repetir, insistir, recalcar, machacar. **2. Calcar,** duplicar, fotografiar, copiar, imitar, remedar. ‖ *v. prnl.* **3. Engendrar,** retoñar, multiplicarse, propagarse, procrear, proliferar. ➤ *Extinguirse.*

reptar *v. intr.* Arrastrarse, culebrear, deslizarse, serpentear, gatear.

reptil *adj.* Saurio.

repucharse *v. prnl.* Amilanarse, cohibirse, cortarse, acobardarse, intimidarse. ➤ *Envalentonarse, crecerse.*

repudiable *adj.* Recusable, abominable, reprobable, rechazable, despreciable. ➤ *Aceptable, admisible.*

repudiación *s. f.* Rechazo, abominación, desprecio. ➤ *Aceptación.*

repudiar *v. tr.* Desestimar, recusar, rehusar, repeler. ➤ *Aceptar, admitir.*

repudio *s. m.* Abandono, dejación, rechazo, repulsa, negación, desprecio, aborrecimiento. ➤ *Aceptación.*

repudrirse *v. prnl.* Concomerse, corroerse, impacientarse, consumirse, inquietarse. ➤ *Calmarse, sosegarse.*

repuesto *s. m.* Reserva, retén, recambio, suplemento, accesorio.

repugnancia *s. f.* **1. Hastío,** desagrado, fobia, grima, aprensión, tedio. ➤ *Agrado, atracción.* **2. Asco,** náusea.

repugnante *adj.* Abominable, aborrecible, nauseabundo, repulsivo, grimoso, asqueroso, inmundo. ➤ *Atractivo, seductor, agradable, adorable.*

repugnar *v. intr.* Asquear, desagradar, repeler. ➤ *Encantar, deleitar.*

repujador, ra *s. m. y s. f.* Cincelador.

repujar *v. tr.* Adornar, cincelar, forjar.

repulgado, da *adj.* Pedante, redicho, cursi, afectado. ➤ *Sencillo, natural.*

repulgo *s. m.* Puntada, dobladillo.

repulido *adj.* Acicalado, melifluo, recompuesto, amanerado, engalanado, relamido, afectado, peripuesto, estirado, emperejilado, rebuscado. ➤ *Sencillo, natural.*

repulsa *s. f.* **1. Denegación,** desautorización, recusación. ➤ *Aceptación, tolerancia.* **2. Repudio,** repulsión, exclusión, recusación, repugnancia, desaire, expulsión, negativa, rechazo, destitución. ➤ *Aceptación, aprobación, admisión.*

repulsar *v. tr.* **1. Repeler,** rehusar, devolver, desechar. ➤ *Aceptar, admitir.* **2. Negar,** desdeñar, desestimar, denegar. ➤ *Dar, conceder, otorgar.*

repulsión *s. f.* **1. Repulsa,** repudio, rechazo. ➤ *Aceptación, admisión.* **2. Náusea,** aversión, desvío, aborrecimiento. ➤ *Atracción, simpatía.*

repulsivo, va *adj.* Desagradable, nauseabundo, repelente, asqueroso, sucio, hediondo, repugnante, inmundo. ➤ *Atractivo, agradable, atrayente.*

reputación *s. f.* **1. Consideración,** nombre. ➤ *Desprestigio, descrédito.* **2. Popularidad,** prestigio, crédito, renombre, fama, gloria, celebridad, notoriedad. ➤ *Anonimato.*

reputado, da *adj.* **1. Acreditado,** afamado, apreciado, ilustre. ➤ *Desacreditado, desprestigiado.* **2. Célebre,** famoso, conocido. ➤ *Desconocido.*

reputar *v. tr.* Juzgar, considerar, conceptuar, estimar, calificar, apreciar, presumir, pensar.

requebrar *v. tr.* Piropear, cortejar, galantear, lisonjear, adular, alabar, requebrar, agasajar. ➤ *Insultar, menospreciar, vituperar, injuriar.*

requemar *v. tr.* **1. Chamuscar**, socarrar, torrar, tostar, soflamar, quemar. **2. Secar**, mustiar, agostar. ‖ *v. prnl.* **3. Consumirse**, resentirse, reconcomerse, corroerse, desazonarse. ➤ *Tranquilizarse, calmarse.*

requerimiento *s. m.* Demanda, exigencia, aviso, petición, notificación.

requerir *v. tr.* **1. Intimar**, pretender, demandar, prevenir. ➤ *Desistir.* **2. Notificar**, comunicar, advertir. **3. Precisar**, pedir, solicitar, exigir, demandar. ➤ *Renunciar.*

requeté *s. m.* Carlista, tradicionalista.

requetebién *adv. m.* Estupendo, magnífico, fenomenal. ➤ *Fatal.*

requibeques *s. m. pl.* Requilorios.

requiebro *s. m.* Alabanza, elogio, lisonja, piropo. ➤ *Insulto, desprecio.*

requilorio *s. m.* Rodeo, excusa.

requintar *v. tr.* Sobrepujar, exceder.

requisa *s. f.* **1. Examen**, revista, inspección. **2. Recusación**, rechazo.

requisar *v. tr.* Confiscar, incautar, decomisar, expropiar, recoger. ➤ *Devolver, restituir.*

requisito *s. m.* Formalidad, menester, obligación, requerimiento, condición, precisión, indispensabilidad, circunstancia. ➤ *Accidente, accesorio.*

requisitorio, ria *adj.* Requerimiento, interpelación, mandato.

res *s. f.* Cabeza, animal, ganado.

resabiado, da *adj.* Enviciado, pervertido, desconfiado. ➤ *Inocente, ingenuo, confiado.*

resabiar *v. tr.* **1. Corromper**, enviciar, pervertir. ➤ *Regenerar, enmendar.* ‖ *v. prnl.* **2. Degustar**, gustar, paladear.

resabido, da *adj.* Sabelotodo, pedante, repipi, sabiondo. ➤ *Modesto.*

resabio *s. m.* **1. Dejo**, regusto. **2. Defecto**, inmoralidad, vicio.

resaca *s. f.* **1. Marea**, pleamar. **2. Barro**, lodo, hez, limo, abono. **3. Chusma**, populacho, vulgo.

resaltar *v. intr.* **1. Acentuarse**, alzarse, realzarse, sobresalir, destacar, levantarse. ➤ *Ocultarse.* **2. Destacar**, despuntar, señalarse, aventajar, des-

collar. ➤ *Confundirse.* **3. Botar**, saltar, rebotar, repercutir, resurtir.

resalte *s. m.* Borde, moldura, relieve, saliente. ➤ *Entrante.*

resalto *s. m.* Resalte, prominencia, relieve, saliente, saledizo, reborde, vuelo, moldura, rebaba. ➤ *Entrante.*

resarcible *adj.* Compensable, reparable, indemnizable. ➤ *Irreparable.*

resarcimiento *s. m.* Compensación, indemnización. ➤ *Agravio, pérdida.*

resarcir *v. tr.* **1. Indemnizar**, desagraviar, enmendar, reparar, restituir, compensar, subsanar. ➤ *Quitar, agraviar, dañar.* ‖ *v. prnl.* **2. Recuperarse**, recobrarse, rehacerse, desquitarse, reintegrarse. ➤ *Perder.*

resayo *s. m.* Talud, cuesta, terraplén.

resbaladizo, za *adj.* **1. Escurridizo**, deslizante, resbaloso. **2. Conflictivo**, problemático, peligroso.

resbalar *v. intr.* **1. Patinar**, caer, deslizarse, escurrirse. **2. Equivocarse**, errar, fallar. ➤ *Acertar.*

resbalón *s. m.* **1. Desliz**, traspié, patinazo. **2. Error**, fallo. ➤ *Acierto.*

rescaño *s. m.* Fragmento, pedazo, cacho, trozo. ➤ *Total, conjunto.*

rescatador, ra *adj.* Liberador, redentor, salvador, reconquistador. ➤ *Tirano, opresor, secuestrador, captor.*

rescatar *v. tr.* **1. Liberar**, recuperar, reconquistar, redimir, librar, libertar. ➤ *Capturar, coger, secuestrar, conquistar.* **2. Mercadear**, traficar. **3. Restaurar**, renovar. ➤ *Mantener.*

rescate *s. m.* Liberación, redención, salvación, recuperación. ➤ *Captura.*

rescindible *adj.* Anulable, derogable, revocable. ➤ *Fijo, irrevocable.*

rescindir *v. tr.* Abolir, anular, cancelar, invalidar, abrogar, deshacer, cesar, derogar. ➤ *Confirmar, ratificar.*

rescisión *s. f.* Abolición, anulación, cancelación, invalidación, revocación. ➤ *Ratificación, promulgación.*

rescoldo *s. m.* **1. Huella**, marca, señal. **2. Brasa**, ascua, chispa. **3. Recelo**, resquemor, escrúpulo, escozor.

resecación *s. f.* Agostamiento, deshidratación. ➤ *Frescor, humedad.*

resecar¹ *v. tr.* Extirpar, amputar.
resecar² *v. tr.* Deshidratar, marchitar. ➤ *Humedecer, regar, refrescar.*
resección *s. f.* Amputación, extirpación, supresión. ➤ *Implante.*
reseco, ca *adj.* Desértico. ➤ *Húmedo.*
resentido, da *adj.* Dolido, rencoroso, quejoso. ➤ *Agradecido, contento.*
resentimiento *s. m.* **1. Rabia**, rencor, resquemor, ojeriza, manía, animadversión, animosidad, enojo, enfado, pesar, disgusto. **2. Dolor**, flojera, desmayo, cansancio.
resentirse *v. prnl.* **1. Debilitarse**, desmayar, quebrantarse, dolerse, flaquear, aflojarse. ➤ *Fortalecerse, endurecerse, animarse.* **2. Enojarse**, cabrearse, disgustarse, irritarse, ofenderse, agraviarse, mosquearse, picarse, enfadarse. ➤ *Contentarse, desenfadarse, desenojarse.*
reseña *s. f.* **1. Artículo**, recensión, comentario, nota, crítica. **2. Informe**, resumen, dossier.
reseñar *v. tr.* **1. Narrar**, referir, relatar. **2. Criticar**, enjuiciar, comentar.
resero, ra *s. m. y s. f.* **1. Pastor**, vaquero. **2. Ganadero.**
reserva *s. f.* **1. Previsión**, repuesto. **2. Sigilo**, tapujo, disimulo. ➤ *Indiscreción.* **3. Discreción**, circunspección, comedimiento. **4. Reparo**, pega, objeción, escrúpulo.
reservadamente *adv. m.* Ocultamente, sigilosamente, discretamente, calladamente. ➤ *Abiertamente.*
reservado, da *adj.* **1. Callado**, desconfiado, receloso, comedido, cauteloso, solapado, introvertido, cerrado, serio. ➤ *Extravertido, abierto.* **2. Prudente**, circunspecto, diplomático, sagaz, moderado, cauto. ➤ *Incauto, imprudente, indiscreto, desatinado.* **3. Guardado**, depositado, ahorrado. ➤ *Gastado.*
reservar *v. tr.* **1. Ahorrar**, acumular, almacenar, retener, economizar. ➤ *Derrochar, gastar, malgastar, dilapidar.* **2. Diferir**, aplazar, retrasar, dilatar, retardar. ➤ *Adelantar, cumplir, emprender.* **3. Predestinar. 4. Ex-**

ceptuar, eximir. **5. Silenciar**, callar. ➤ *Descubrir, informar.* **6. Tapar**, encubrir, callar, silenciar, esconder, solapar, ocultar. ➤ *Descubrir, publicar, decir.* || *v. prnl.* **7. Precaverse**, guardarse. ➤ *Confiarse, entregarse.*
resfriado *s. m.* Constipado, catarro, resfrío, resfriamiento, trancazo.
resfriarse *v. prnl.* Acatarrarse, constiparse. ➤ *Curarse, sanar.*
resguardar *v. tr.* **1. Amparar**, escudar, garantizar, defender, precaver, prevenir, preservar, guarecer, abrigar, auxiliar, reservar, cautelarse, reparar. ➤ *Desamparar, abandonar, desproteger.* || *v. prnl.* **2. Guarecerse**, protegerse, refugiarse. ➤ *Exponerse.*
resguardo *s. m.* **1. Amparo**, custodia, defensa, garantía, protección. ➤ *Desamparo, abandono.* **2. Ticket**, talón, factura, justificante, comprobante.
residencia *s. f.* **1. Dirección**, domicilio, hogar, paradero, vivienda, casa, morada, señas, piso, apartamento. **2. Pensión**, hostal, fonda, hotel.
residencial *adj.* Selecto, lujoso. ➤ *Vulgar, arrabalero.*
residente *adj.* Afincado, domiciliado, habitante, inquilino. ➤ *Extraño.*
residir *v. intr.* **1. Habitar**, establecerse, avecindarse, parar, morar, radicar, vivir, ocupar, alojarse, arraigarse, naturalizarse, domiciliarse, anidar. ➤ *Vagabundear, viajar, vagar, errar.* **2. Basarse**, estribar, hallarse, radicar, consistir.
residual *adj.* Remanente, sobrante.
residuo *s. m.* **1. Resto**, sobra, sobrante, retal, recorte, remanente, restante, saldo, vestigio. ➤ *Conjunto, total.* **2. Desecho**, resto, viruta, desperdicio, despojo, raza, basura, escombro.
resigna *s. f.* Renuncia.
resignación *s. f.* Abandono, acatamiento, conformidad, sumisión, estoicismo, paciencia, mansedumbre, aguante. ➤ *Disconformidad, rebeldía, insumisión.*
resignar *v. tr.* **1. Abdicar**, dimitir, renunciar. || *v. prnl.* **2. Condescender**, conformarse, allanarse, doblegarse,

someterse, sujetarse, avenirse. ➤ *Re-belarse, alzarse, amotinarse, resistirse.* **3. Sacrificarse**, aguantar, conformarse, soportar, sufrir. ➤ *Rebelarse.*

resina *s. f.* Almáciga, látex, mucílago, caucho.

resinar *v. tr.* Sangrar.

resinoso, sa *adj.* Almastigado, resinífero.

resistencia *s. f.* **1. Aguante**, fortaleza, potencia, energía, vigor, firmeza, fuerza, correa. ➤ *Debilidad.* **2. Rebeldía**, desobediencia, oposición, negativa, reacción, indocilidad, obstinación, repulsa. ➤ *Renunciamiento.*

resistente *adj.* Duro, infatigable, robusto, sólido. ➤ *Blando, débil.*

resistible *adj.* Soportable, aguantable. ➤ *Insoportable, inaguantable.*

resistir *v. intr.* **1. Contrarrestar**, aguantar. ➤ *Doblegar.* **2. Contrade-cir**, contrariar, repugnar, impugnar, forcejear, plantarse, pelear, rebatir, rechazar, afrontar, desafiar, revolverse. ➤ *Aceptar, acatar, ceder, someterse.* ‖ *v. tr.* **3. Tolerar**, soportar, aguantar, sufrir. ➤ *Rebelarse.* **4. Dominar**. ➤ *Flaquear.* ‖ *v. prnl.* **5. Bregar**, forcejar, oponerse. ➤ *Aceptar, doblegarse.*

resobado, da *adj.* Manido, común, visto, vulgar. ➤ *Original, nuevo.*

resol *s. m.* Solana, bochorno, solanera, solazo, resistero. ➤ *Sombra, fresco.*

resollar *v. intr.* Jadear, resoplar, bufar, roncar, gruñir.

resoluble *adj.* Separable, solucionable. ➤ *Irresoluble, indivisible.*

resolución *s. f.* **1. Aplomo**, audacia, arresto, ánimo, valor, energía, arranque, audacia, atrevimiento, arrojo, osadía, empuje, bizarría, espíritu, brío, intrepidez. ➤ *Cortedad, timidez, temor, cobardía, indecisión, irresolución.* **2. Presteza**, viveza, celeridad, prontitud, actividad, alacridad. ➤ *Pasividad, lentitud.* **3. Decisión**, fallo, solución, conclusión, sentencia, determinación

resolutivo, va *adj.* Decisivo.

resoluto, ta *adj.* **1. Diestro**, expedito, versado. **2. Compendioso**, resumido.

resolver *v. tr.* **1. Decidir**, determinar, zanjar, despachar, solventar, satisfacer, ventilar, expedir. ➤ *Vacilar, dudar.* **2. Despejar**, solventar, solucionar, aclarar. ➤ *Confundir, liar.*

resonancia *s. f.* Eco, notoriedad, publicidad, repercusión, divulgación.

resonante *adj.* **1. Retumbante**, ruidoso. **2. Famoso**, sonado.

resonar *v. intr.* Retumbar, sonar, repercutir, tronar, rugir. ➤ *Silenciar.*

resondrar *v. tr.* Denostar, insultar, injuriar. ➤ *Alabar, elogiar, piropear.*

resoplar *v. intr.* Jadear, bufar, respirar, resollar.

resoplido *s. m.* Bufido, respiración.

resorción *s. f.* Absorción.

resorte *s. m.* **1. Muelle**, ballesta. **2. Recurso**, procedimiento, enchufe, influencia, medio.

respaldar *v. tr.* **1. Proteger**, apoyar, socorrer. ➤ *Desamparar, abandonar.* ‖ *v. prnl.* **2. Apoyarse**, estribarse.

respaldo *s. m.* **1. Amparo**, protección. ➤ *Desamparo, abandono.* **2. Respaldar**, espaldera, espaldar. ➤ *Asiento.* **3. Reverso**, envés, revés, dorso, espalda, vuelta. ➤ *Anverso, cara, frente.*

respectar *v. tr.* Atañer, pertenecer.

respectivamente *adv. m.* Respective.

respectivo, va *adj.* Mutuo, correspondiente, relativo, tocante, referente, recíproco, atinente, concerniente.

respetabilidad *s. f.* Decoro, solvencia, honorabilidad. ➤ *Indecencia.*

respetable *adj.* **1. Distinguido**, honorable, venerable, reverenciable, admirable, imponente. ➤ *Despreciable, desechable, indigno.* **2. Numeroso**, abundante, grande, considerable, elevado. ➤ *Escaso, pequeño, mínimo.* ‖ *s. m.* **3. Público**, espectadores, concurrencia, auditorio, oyentes.

respetar *v. tr.* Acatar, honrar, obedecer, reverenciar, venerar, considerar, deferir. ➤ *Desacatar, insultar.*

respeto *s. m.* **1. Obediencia**, reverencia, acatamiento. **2. Consideración**, deferencia, miramiento. ➤ *Desconsideración.* **3. Temor**, reparo, miedo.

respetuosamente *adv. m.* Atentamente. ➤ *Desconsideradamente.*

respetuosidad *s. f.* Cortesía, deferencia. ➤ *Irreverencia, grosería.*

respetuoso, sa *adj.* Cortés, deferente, atento, educado, reverente, mirado, cumplido, complaciente. ➤ *Descortés, grosero, maleducado, irrespetuoso.*

réspice *s. m.* Regañina, rapapolvo, reprimenda, reconvención, bronca, sermón, filípica, regaño, andanada, rociada, recorrido, repaso, respis. ➤ *Alabanza, elogio.*

respingar *v. intr.* Refunfuñar, rezongar, gruñir.

respingo *s. m.* **1. Sobresalto**, susto, movimiento, bote, brinco, salto. **2. Refunfuño**, reticencia, rezongo, gruñido, réplica, resistencia.

respirable *adj.* Aireado, oxigenado, puro, ventilado. ➤ *Irrespirable, contaminado, cargado.*

respiración *s. f.* Inhalación, inspiración, espiración, resuello, soplo.

respirar *v. intr.* **1. Inhalar**, inspirar, espirar, aspirar. **2. Aliviarse**, reconfortarse, reposar. **3. Airearse**, refrescarse. ‖ *v. tr.* **4. Mostrar**, denotar.

respiro *s. m.* **1. Recreo**, asueto, descanso. ➤ *Trabajo.* **2. Reposo**, tregua, sosiego, pausa, alivio, prórroga.

resplandecer *v. intr.* **1. Brillar**, fulgurar, relucir, relumbrar, irradiar, destellar, relampaguear, refulgir, lucir, alumbrar, iluminar, rutilar. ➤ *Oscurecerse, apagarse.* **2. Destacar**, realzar, resaltar, señalarse, aventajarse, descollar. ➤ *Pasar desapercibido, confundirse.* **3. Traslucirse**, reflejarse.

resplandeciente *adj.* Brillante, cegador, centelleante, reluciente, rutilante, refulgente. ➤ *Oscuro, opaco.*

resplandina *s. f.* Filípica, reprensión.

resplandor *s. m.* **1. Brillo**, aureola, fulgor. **2. Luminosidad**, claridad.

responder *v. tr.* **1. Replicar**, argumentar, contestar, satisfacer, resolver, alegar. ➤ *Preguntar, inquirir, interrogar.* **2. Objetar**, oponer. ➤ *Aceptar, admitir.* ‖ *v. intr.* **3. Agradecer**, corresponder, pagar. **4. Contradecir**, criticar, impugnar, protestar. **5. Garantizar**, fiar, avalar, asegurar.

respondón, na *adj.* Deslenguado, replicón, contestón, descortés, insolente, rezongón, descomedido, irrespetuoso. ➤ *Obediente, cortés, prudente, moderado, comedido.*

responsabilidad *s. f.* **1. Compromiso**, deber, obligación, carga, incumbencia, competencia, cometido. **2. Juicio**, sensatez, madurez, prudencia. ➤ *Irresponsabilidad, inconsciencia.*

responsabilizar *v. tr.* **1. Comprometer**, inculpar. ➤ *Exculpar.* ‖ *v. prnl.* **2. Comprometerse**, asumir, obligarse. ➤ *Desentenderse.*

responsable *adj.* **1. Avalista**, fiador, garante. **2. Formal**, ordenado, prudente, cabal, maduro, juicioso, sensato. ➤ *Irresponsable, inmaduro, irreflexivo.* **3. Reo**, convicto, culpable, autor, causante. ➤ *Inocente.*

respuesta *s. f.* **1. Contestación**, solución, réplica. ➤ *Pregunta, silencio, omisión.* **2. Consecuencia**, efecto.

resquebrajar *v. tr.* Abrir, agrietar, cuartear, rajar, resquebrar, hender.

resquebrar *v. tr.* Resquebrajarse, descascarillarse, agrietarse. ➤ *Unirse.*

resquemo *s. m.* Chamusquina.

resquicio *s. m.* **1. Ranura**, rendija. **2. Grieta**, hendidura, abertura. **3. Circunstancia**, oportunidad, pretexto.

resta *s. f.* **1. Sustracción.** ➤ *Adición, suma.* **2. Diferencia**, resto, residuo.

restablecer *v. tr.* **1. Restituir**, rehacer, reformar, reponer, restaurar, reintegrar, volver, devolver, reinstalar, rehabilitar, reanudar. ➤ *Eliminar, revocar, interrumpir, deteriorar.* ‖ *v. prnl.* **2. Curarse**, mejorar, reponerse, sanar, recuperarse, convalecer. ➤ *Enfermar, decaer, empeorar, recaer.*

restablecimiento *s. m.* Mejoría.

restallar *v. intr.* Crujir, chascar, chasquear, estallar, tronar, crepitar.

restallido *s. m.* Crujido, crepitación, chasquido. ➤ *Silencio.*

restante *adj.* **1. Remanente**, sobrante. ‖ *s. m.* **2. Resto**, residuo.

restaño *s. m.* Cauterización.

470

restar *v. tr.* **1. Deducir**, sustraer, quitar, disminuir, rebajar, detraer, cercenar. ➤ *Sumar, añadir.* ‖ *v. intr.* **2. Faltar**, quedar, permanecer, sobrar.

restauración *s. f.* **1. Retoque**, arreglo. **2. Reposición**, retorno, restablecimiento, restauración. ➤ *Exilio.*

restaurador, ra *s. m. y s. f.* **1. Reparador**, reconstructor. **2. Hostelero.**

restaurante *s. m.* Mesón, cantina, fonda, comedor.

restaurar *v. tr.* **1. Recuperar**, restablecer, recobrar. ➤ *Arruinar.* **2. Renovar**, arreglar, retocar, reparar.

restitución *s. f.* Reintegro, reposición, retorno. ➤ *Robo, sustracción.*

restituible *adj.* Reintegrable, renovable, restitutorio.

restituir *v. tr.* **1. Reintegrar**, devolver, dar. ➤ *Quitar, robar, quedarse con.* **2. Reponer**, restaurar, retornar, restablecer, regenerar, instaurar, rehacer. ➤ *Gastar, quitar, deshacer.* ‖ *v. prnl.* **3. Regresar**, retornar, tornar, reintegrarse. ➤ *Partir, irse, salir.*

resto *s. m.* Remanente, sobrante, restante, despojo, sobra, reliquia, residuo, recorte.

restregar *v. tr.* Refregar, rozar, fricar, frotar, friccionar. ➤ *Acariciar.*

restricción *s. f.* Cortapisa, modificación, reducción, limitación, recorte, acotación, delimitación. ➤ *Libertad.*

restrictivo, va *adj.* Limitador, coercitivo. ➤ *Libre.*

restricto, ta *adj.* Condicionado, reducido, limitado. ➤ *Libre, ilimitado.*

restringible *adj.* Limitable, reducible.

restringir *v. tr.* **1. Acortar**, limitar, reducir, ceñir, circunscribir, tasar, coartar, cercar, delimitar. ➤ *Ampliar, extender, liberar.* **2. Apretar**, constreñir, astringir, restriñir, comprimir, estrechar. ➤ *Soltar, aflojar.*

resucitar *v. tr.* **1. Revivir**, renacer, resurgir, despertar. ➤ *Matar, asesinar.* **2. Reponer**, restaurar, resurgir, restablecer, reanimar, renovar, vivificar, revivificar, reavivar. ➤ *Agostar, marchitar, debilitar.* ‖ *v. intr.* **3. Revivir**, renacer. ➤ *Morir, fallecer, fenecer.*

resuello *s. m.* Aliento, hálito, vaharada, resoplido, soplido, resoplo, jadeo, gruñido, rebufe.

resueltamente *adv. m.* Briosamente, decididamente. ➤ *Tímidamente.*

resuelto, ta *adj.* **1. Atrevido**, audaz, decidido, osado, determinado, denodado, arrojado, arriesgado, intrépido, valiente. ➤ *Tímido, cobarde, cortado, apocado, indeciso, temeroso, irresoluto.* **2. Rápido**, expedito, pronto. ➤ *Lento, tardo.* **3. Solventado**, zanjado, solucionado, satisfecho, despachado, ventilado. ➤ *Pendiente.*

resulta *s. f.* Fruto, producto, resultado, consecuencia, derivación, efecto. ➤ *Antecedente, premisa, causa.*

resultado, da *s. m.* Derivación, fruto, resulta, secuela, consecuencia, desenlace. ➤ *Antecedente, premisa, causa.*

resultante *p. a.* Consecuencia, producto. ➤ *Antecedente, premisa.*

resultar *v. intr.* **1. Derivar**, implicar, redundar, consistir, trascender, repercutir. ➤ *Causar.* **2. Inferir**, extraerse, deducirse. **3. Manifestarse**, evidenciarse, aparecer, comprobarse, reflejarse. ➤ *Ocultarse.* **4. Salir**, originarse, nacer, dimanar, arrancar, seguirse.

resumen *s. m.* Abreviación, compendio, extracto, síntesis, recapitulación, sumario. ➤ *Ampliación, explicación.*

resumir *v. tr.* **1. Compendiar**, extractar, sintetizar, abreviar, condensar, esquematizar, substanciar, recapitular. ➤ *Ampliar, explicar, añadir, amplificar.* ‖ *v. prnl.* **2. Comprenderse**, reducirse, resolverse. ➤ *Extenderse.*

resurgimiento *s. m.* Reaparición, renacimiento, rebrote. ➤ *Ocultación, desaparición.* **2. Vivificación**, reanimación, renovación. ➤ *Decadencia.*

resurgir *v. intr.* **1. Reaparecer**, rebrotar. ➤ *Ocultar, soterrar.* **2. Revivir**, reanimar, vivificar. ➤ *Agostarse.*

resurrección *s. f.* Reencarnación, revivificación, reanimación. ➤ *Muerte.*

resurtida *s. f.* Retroceso, rebote.

resurtir *v. intr.* Rebotar, rechazar.

retacar *v. tr.* Rellenar, henchir, embutir, atiborrar. ➤ *Vaciar.*

retacear *v. tr.* Disminuir, rebajar, reducir, tacañear. ➤ *Regalar, abundar.*

retaco, ca *adj.* Regordete, tachuela, pequeñajo, botijo, tapón, enano, botón, gordinflón. ➤ *Espigado, alto.*

retador, ra *adj.* Desafiante, provocador. ➤ *Apaciguador, pacificador.*

retaguardia *s. f.* Zaga, extremo, trasera. ➤ *Vanguardia, delantera.*

retahíla *s. f.* Letanía, sarta, lista, rosario, tira, fila, hilera.

retajadura *s. f.* Circuncisión, corte.

retajar *v. tr.* Cercenar, tajar, cortar.

retajo *s. m.* **1. Corte,** oblación, tajadura. **2. Despojo,** pellejo, piltrafa.

retal *s. m.* Recorte, retazo, sobra, corte.

retar *v. tr.* **1. Desafiar,** enfrentarse, envidiar, arrojar el guante, picar, pinchar. **2. Amonestar,** reñir, afear, reprender, tachar, reprochar, regañar, reconvenir, increpar. **3. Insultar,** denostar, injuriar. ➤ *Alabar, elogiar.*

retardación *s. f.* Retraso, atraso, demora, aplazamiento. ➤ *Premura.*

retardado, da *adj.* Calmoso, premioso, retrasado. ➤ *Rápido, pronto.*

retardar *v. tr.* Entorpecer, aplazar, demorar, posponer, retrasar, diferir, postergar, dilatar, rezagar, atrasar, detener. ➤ *Acelerar, adelantar, activar.*

retasar *v. tr.* Rebajar, abaratar, saldar. ➤ *Encarecer.*

retejar *v. tr.* Trastejar.

retemblar *v. intr.* Trepidar, vibrar.

retén *s. m.* Refuerzo, repuesto.

retención *s. f.* **1. Contención,** detención, retenimiento, represión, estancamiento. ➤ *Liberación.* **2. Atasco,** embotellamiento. ➤ *Fluidez.*

retener *v. tr.* **1. Detener,** guardar, conservar, reservar. ➤ *Dar, soltar.* **2. Memorizar,** recordar, acordarse. ➤ *Olvidar, soterrar.* **3. Mantener,** conservar. ➤ *Perder.* **4. Obstaculizar,** interrumpir, inmovilizar, dificultar, empantanar, estancar, paralizar. ➤ *Facilitar, agilizar, posibilitar, movilizar.* **5. Contener,** dominar, reprimir. ➤ *Desahogar.* **6. Arrestar,** detener. ➤ *Liberar.*

retentiva *s. f.* Recuerdo, memoria, reminiscencia. ➤ *Olvido.*

retentivo, va *adj.* Memorión.

retesar *v. tr.* Atiesar, atirantar. ➤ *Aflojar, suavizar.*

retestín *s. m.* Roña, suciedad, mierda.

reticencia *s. f.* **1. Desconfianza,** prevención. ➤ *Confianza.* **2. Precesión.**

reticente *adj.* **1. Ambiguo,** insincero, mentiroso. ➤ *Claro, directo, franco.* **2. Reservado,** receloso, desconfiado. ➤ *Franco, abierto, confiado.*

rético, ca *adj.* Retorrománico.

retículo *s. m.* Malla, red, tejido.

retintín *s. m.* Sarcasmo, sonsonete, reticencia, tonillo, soniquete, intención, ironía, segundas, énfasis.

retinto, ta *adj.* Ennegrecido, renegrido, oscuro, moreno. ➤ *Claro, pálido.*

retirada *s. f.* **1. Retiro,** retorno, retraimiento, vuelta. ➤ *Avance.* **2. Repliegue,** retroceso. ➤ *Ataque, carga.*

retirado, da *adj.* **1. Desviado,** lejano, alejado, apartado. ➤ *Próximo, vecino, cercano.* **2. Jubilado,** pensionista. ➤ *Activo.* **3. Solitario,** misántropo, huraño. ➤ *Sociable, comunicativo.*

retirar *v. tr.* **1. Alejar,** incomunicar, aislar, quitar, apartar, desviar, hacer a un lado. ➤ *Acercar, comunicar.* **2. Ocultar,** evitar. ➤ *Observar.* **3. Retractarse,** desdecirse. ➤ *Confirmar, reafirmarse.* **4. Denegar.** ➤ *Conceder, otorgar.* || *v. intr.* **5. Parecerse,** tirar, asimilar. ➤ *Divergir.* || *v. prnl.* **6. Aislarse,** encerrarse, separarse, recogerse, retraerse, incomunicarse. ➤ *Abrirse, comunicarse, permanecer, quedarse, unirse.* **7. Acostarse. 8. Recogerse. 9. Replegarse,** retroceder. **10. Dejar,** ausentarse. **11. Jubilarse.**

retiro *s. m.* **1. Aislamiento,** apartamiento, retraimiento. **2. Jubilación,** excedencia. **3. Pensión,** renta, paga.

reto *s. m.* Desafío, provocación, incitación, envite, pique, duelo, lance.

retobado, da *adj.* **1. Respondón,** rezongón. **2. Indómito,** obstinado, rebelde. ➤ *Sumiso, obediente.* **3. Astuto,** socarrón, taimado. ➤ *Ingenuo.*

retobo *s. m.* Desperdicio, resto, sobra.

retocado, da *adj.* **1. Mejorado,** perfilado, corregido. || *s. m.* **2. Retoque.**

retocar *v. tr.* **1. Modificar,** arreglar, transformar. **2. Renovar,** reparar, restaurar. **3. Rematar,** ultimar.

retomar *v. tr.* **1. Reconquistar.** ➤ *Perder.* **2. Seguir,** proseguir, reiniciar, reanudar. ➤ *Abandonar, dejar.*

retoñar *v. intr.* **1. Rebrotar,** pimpollecer. ➤ *Agostarse, mustiarse, marchitarse.* **2. Reaparecer,** reproducirse, revivir. ➤ *Arruinarse, acabarse.*

retoño *s. m.* **1. Brote,** rebrote, renuevo, vástago. **2. Cachorro,** cría.

retoque *s. m.* Modificación, arreglo, cambio, reforma, remate.

retorcer *v. tr.* **1. Ensortijar,** rizar, girar, enroscar, abarquillar, arrugar. ➤ *Alisar, extender.* **2. Argumentar,** replicar. ➤ *Estirar, desenrollar.* **3. Distorsionar,** malinterpretar, confundir. **4. Contorsionarse,** doblarse.

retorcido, da *adj.* **1. Maquiavélico,** tortuoso. ➤ *Sincero.* **2. Complicado,** artificioso. ➤ *Claro, sencillo, llano.*

retorcimiento *s. m.* Contorsión, torsión, doblez, arqueo, encorvamiento.

retórica *s. f.* **1. Oratoria,** poética. **2. Circunloquio,** alambicamiento, rebuscamiento. ➤ *Sencillez, claridad.*

retórico, ca *adj.* Altisonante, ampuloso, grandilocuente, enfático, rebuscado. ➤ *Claro, llano, sencillo.*

retornar *v. intr.* **1. Restituir,** tornar, reintegrar, devolver, reembolsar, regresar. ➤ *Quitar.* **2. Volver,** reintegrarse, venir, regresar, tornar. ➤ *Irse, partir, marchar.*

retorno *s. m.* **1. Reintegro,** devolución, restitución. ➤ *Desaparición, pérdida.* **2. Regreso,** venida. ➤ *Ida.*

retorsión *s. f.* Retorcimiento.

retozar *v. intr.* Corretear, triscar, jugar, brincar, saltar, potrear, juguetear.

retozón, na *adj.* Juguetón, saltarín, alegre, travieso. ➤ *Triste, retraído.*

retracción *s. f.* Contracción, disminución, merma, reducción, acortamiento. ➤ *Ampliación, extensión.*

retractable *adj.* Rectificable, mutable.

retractación *s. f.* Abjuración, conversión, revocación, arrepentimiento, enmienda. ➤ *Confirmación.*

retractar *v. tr.* Abjurar, rectificar, revocar, retirar, enmendar, arrepentirse, rescindir, desdecirse, volverse atrás, anular, rajarse, borrar lo dicho. ➤ *Afirmar, mantener, confirmar, ratificar.*

retracto *s. m.* Retroventa.

retraerse *v. prnl.* **1. Alejarse,** apartarse, retroceder, aislarse, incomunicarse. ➤ *Quedarse, juntarse.* **2. Enclaustrarse,** recogerse, retirarse, arrinconarse. ➤ *Salir, relacionarse.*

retraído, da *adj.* **1. Solitario,** retirado, misántropo. ➤ *Sociable, gregario.* **2. Apocado,** corto, tímido. ➤ *Hablador, sociable, comunicativo.*

retraimiento *s. m.* **1. Escondite,** guarida, refugio. ➤ *Descubierto.* **2. Cortedad,** timidez. ➤ *Sociabilidad.*

retranquear *v. tr.* Colocar, emplazar, trasladar, bornear.

retransmisión *s. f.* Comunicación, emisión, transmisión. ➤ *Recepción.*

retransmitir *v. tr.* Comunicar, emitir, difundir, radiar, televisar. ➤ *Captar.*

retrasado, da *adj.* **1. Diferido,** aplazado, retardado, pospuesto. ➤ *Adelantado.* || *adj.* **2. Deficiente,** anormal, subnormal. ➤ *Normal.*

retrasar *v. tr.* **1. Aplazar,** atrasar, demorar, dilatar, diferir, posponer, retardar. ➤ *Adelantar, anticipar, anteponer, llegar puntual.* || *v. prnl.* **2. Rezagarse,** colgarse, remolonear, retardarse. ➤ *Adelantar, aventajar, preceder.* **3. Demorarse,** tardar. ➤ *Anticiparse, adelantarse.*

retraso *s. m.* Aplazamiento, atraso, demora, dilación, tardanza. ➤ *Adelanto, anticipación, progreso, puntualidad.*

retratar *v. tr.* **1. Dibujar,** fotografiar, pintar. **2. Representar,** reseñar.

retratista *s. m. y s. f.* Pintor, fotógrafo, dibujante.

retrato *s. m.* **1. Fotografía,** imagen. **2. Representación. 3. Imagen,** sosia.

retrechero, ra *adj.* Resultón, atrayente, interesante, atractivo, embrujador, seductor, hechicero. ➤ *Desagradable, repugnante, repulsivo.*

retrepado, da *adj.* Apoyado, arrellanado, recostado. ➤ *Erguido, tumbado.*

retreparse *v. prnl.* Recostarse, apoyarse, acodarse, arrellanarse.

retrete *s. m.* Aseo, baño, excusado, letrina, váter, servicio, urinario.

retribución *s. f.* Premio, remuneración, paga, recompensa, pago, satisfacción, indemnización, subvención, reembolso, reintegro. ➤ *Cobro.*

retribuir *v. tr.* **1. Gratificar,** indemnizar, premiar, remunerar, satisfacer, recompensar, sufragar, subvencionar, abonar, costear. ➤ *Quitar, deber.* **2. Responder,** pagar, corresponder.

retributivo, va *adj.* Productivo, remunerador, remuneratorio.

retril *s. m.* Atril.

retroalimentación *s. f.* Feed-back, realimentación.

retroceder *v. intr.* **1. Rebotar,** recular, resurtir, refluir. ➤ *Avanzar, pasar.* **2. Recular,** replegarse, retirarse, desandar, ciar, volver grupas, dar marcha atrás. ➤ *Avanzar.*

retrocesión *s. f.* Reflujo, repliegue, retirada. ➤ *Avance.*

retroceso *s. m.* **1. Rebote,** reculada, regreso, repliegue. ➤ *Avance, paso.* **2. Recaída,** agravamiento. ➤ *Mejora.*

retrógrado, da *adj.* **1. Atrasado,** inculto, salvaje. ➤ *Adelantado.* **2. Rancio,** tradicionalista, conservador. ➤ *Liberal, avanzado, progresista.*

retronar *v. intr.* Retumbar.

retrospectivo, va *adj.* Evocador, pretérito, sugerente. ➤ *Futuro.*

retroventa *s. f.* Retracto.

retruécano *s. m.* Conmutación, equívoco, trueque, inversión.

retumbante *adj.* Atronador, ensordecedor, estruendoso, resonante. ➤ *Silencioso, callado, ahogado, apagado.*

retumbar *v. intr.* Atronar, retronar, resonar, tronar, bramar, restallar, rebombar, ensordecer. ➤ *Silenciar.*

reunión *s. f.* **1. Agrupación,** conjunto, grupo, camarilla, comité. **2. Tertulia,** velada, sarao, festejo, recepción. **3. Asamblea,** cónclave, congreso, concilio. **4. Unión,** fusión, aglomeración, amontonamiento, acumulación, apiñamiento. ➤ *Separación.*

reunir *v. tr.* Agrupar, amontonar, convocar, concentrar, concurrir, juntar, congregar, apiñar, unir, acopiar, aglutinar, acumular, aglomerar, vincular, acercar. ➤ *Separar, disgregar, esparcir, desunir, distanciar.*

revalidación *s. f.* Confirmación, ratificación, corroboración. ➤ *Anulación.*

revalidar *v. tr.* Confirmar, corroborar, ratificar, comprobar, reafirmar. ➤ *Refutar, rechazar, recusar, anular, renovar, retractar.*

revalorización *s. f.* Encarecimiento, subida, alza. ➤ *Rebaja.*

revalorizar *v. tr.* Subir, acrecentar, alzar, encarecer. ➤ *Rebajar.*

revaluar *v. tr.* Subir, alzar, revalorizar. ➤ *Devaluar, rebajar.*

revejido, da *adj.* Enteco, flacucho.

revelable *adj.* Confesable, ostensible, publicable. ➤ *Indecible, inconfesable.*

revelación *s. f.* Descubrimiento.

revelador, ra *adj.* Informativo, significativo, sintomático. ➤ *Irrelevante.*

revelandero, ra *s. m. y s. f.* Iluminado, vidente.

revelar *v. tr.* **1. Anunciar,** confesar, divulgar, pregonar, manifestar, decir, publicar, propalar, cantar, difundir. ➤ *Ocultar, soterrar, callar.* **2. Descubrir,** demostrar, delatar. ➤ *Encubrir.*

revendedor, ra *adj.* Especulador, intermediario, mediador, ventajista.

revender *v. tr.* Especular, mediar. ➤ *Comprar, adquirir, conservar.*

revenirse *v. prnl.* **1. Acidularse,** avinagrarse, acedarse, ranciarse, pasarse. ➤ *Conservarse.* **2. Consumirse,** gastarse, encogerse.

reventador, ra *s. m. y s. f.* Censor.

reventar *v. intr.* **1. Rajarse,** quebrarse, estallar. **2. Estallar,** explotar, detonar, explosionar, volar. **3. Anhelar,** apasionarse. ‖ *v. tr.* **4. Despachurrar,** aplastar. **5. Cansar,** hastiar, aburrir, agotar, agobiar. **6. Fastidiar,** molestar, incomodar. ➤ *Agradar.*

reventón *s. m.* **1. Estallido,** bombazo, explosión, voladura, estampido, deflagración, pinchazo, detonación. **2. Apuro,** trabajo, aprieto, problema.

rever *v. tr.* Revisar, repasar, examinar.

reverberación *s. f.* Reflejo, soflama, iridiscencia, destello, resol, repercusión, espejeo, refracción.

reverberante *adj.* Reflectante, brillante, destelleante. ➤ *Oscuro, opaco.*

reverberar *v. intr.* Espejear, fulgurar, resplandecer, destellar.

reverdecer *v. intr.* **1. Renovarse**, verdecer. ➤ *Agostarse, secarse.* **2. Rejuvenecer**, vigorizarse, vivificarse. ➤ *Envejecer, arruinarse, acabarse.*

reverencia *s. f.* **1. Admiración**, acatamiento, veneración, miramiento, cortesía, consideración. ➤ *Irreverencia, desconsideración, descortesía.* **2. Salutación**, cabezada, saludo, sombrerazo, zalema, genuflexión.

reverenciable *adj.* Augusto, honorable, respetable. ➤ *Despreciable.*

reverenciar *v. tr.* Adorar, admirar, respetar, honrar. ➤ *Profanar.*

reverente *adj.* Respetuoso, considerado. ➤ *Irreverente, irrespetuoso.*

reversible *adj.* Cambiable, variable.

reverso *s. m.* Cruz, revés, contrario, espalda, respaldo, dorso, revés, envés, trasera. ➤ *Anverso, cara, frente.*

reverter *v. intr.* Rezumar, desbordar.

revertir *v. intr.* Resultar, parar.

revés *s. m.* **1. Cruz**, dorso, reverso, verso, espalda, envés, contrario. ➤ *Cara, anverso, frente.* **2. Bofetada**, manotazo, soplamocos, tortazo, cachete. **3. Infortunio**, desgracia, contratiempo, desastre, accidente, fracaso, percance. ➤ *Suerte, dicha.*

revesado, da *adj.* **1. Embrollado**, enmarañado, lioso. ➤ *Fácil, sencillo, simple.* **2. Inquieto**, enredador.

revesar *v. tr.* Devolver, arrojar, vomitar.

revestido, da *adj.* Acolchado, recubierto, forrado. ➤ *Desguarnecido.*

revestimiento *s. m.* Cobertura, envoltura, cubierta, forro. ➤ *Interior.*

revestir *v. tr.* **1. Embozarse**, abrigarse, rebozarse, disfrazarse. **2. Entoldar**, recubrir. **3. Disimular**, ocultar, celar. ➤ *Manifestar.* **4. Fingir**, simular.

revirar *v. tr.* Desobedecer, indisciplinarse. ➤ *Obedecer, someterse.*

revisable *adj.* Rectificable.

revisar *v. tr.* Reexaminar, repasar, escrutar, inspeccionar, examinar.

revisión *s. f.* Comprobación, examen, revista, inspección, verificación.

revista *s. f.* **1. Análisis**, inspección. **2. Variedades**, vodevil. **3. Parada.**

revistar *v. tr.* Inspeccionar, controlar, examinar, comprobar, vigilar.

revitalizar *v. tr.* Vigorizar, fortalecer, reanimar, vivificar. ➤ *Debilitar.*

revivir *v. intr.* **1. Resurgir**, renovarse, resucitar. **2. Recobrarse**, reponerse, volver en sí. ‖ *v. tr.* **3. Recordar**, rememorar, evocar. ➤ *Olvidar, soterrar.*

revocable *adj.* Anulable, rescindible, derogable, abolible. ➤ *Irrevocable.*

revocación *s. f.* Anulación, cancelación, derogación. ➤ *Ratificación.*

revocar *v. tr.* **1. Abolir**, derogar, cancelar, anular, rescindir, desautorizar, invalidar, abrogar. ➤ *Ratificar, aprobar, revalidar, confirmar.* **2. Enlucir**, repintar, blanquear, enjalbegar.

revolcar *v. tr.* **1. Arrastrar**, revolver, derribar, maltratar, pisotear. **2. Ganar**, hundir, vencer. **3. Suspender**, catear. ➤ *Aprobar.* ‖ *v. prnl.* **4. Restregarse**, dar vueltas, refregarse, tumbarse. ➤ *Levantarse.*

revolotear *v. intr.* Mariposear, aletear.

revoloteo *s. m.* Mariposeo, revuelo, vuelo. ➤ *Bajada, descenso.*

revoltijo *s. m.* Popurrí, ensalada, potaje, amasijo, mezcolanza, enredo, batiburrillo, revoltillo, revuelto.

revoltillo *s. m.* **1. Batiburrillo**, mezcolanza, revoltijo. **2. Embrollo**, lío.

revoltoso, sa *adj.* **1. Sedicioso**, alborotador, sublevado, provocador, amotinado, insurrecto, rebelde, revolucionario. ➤ *Pacífico, respetuoso, sumiso.* **2. Enredador**, inquieto, vivaracho, perturbador, zascandil, travieso. ➤ *Tranquilo, modoso.*

revolución *s. f.* **1. Levantamiento**, sublevación, golpe de estado, alboroto, sedición, algarada, agitación, motín, perturbación, rebelión, revuelta, insurrección. ➤ *Acatamiento, orden.* **2. Vuelta**, trastorno, mudanza, giro.

revolucionar *v. tr.* **1. Amotinar**, alzar, levantar. **2. Alterar**, transformar.

revolucionario, ria *adj.* Insurrecto, sedicioso, subversivo, rebelde, alborotador. ➤ *Obediente, fiel, sumiso.*

revolver *v. tr.* **1. Menear**, remover, agitar. **2. Mezclar**, amalgamar. **3. Regresar**. **4. Descolocar**, enmarañar, embrollar, desordenar. ➤ *Ordenar, sistematizar.* ‖ *v. prnl.* **5. Ajetrearse**, moverse. **6. Nublarse**, encapotarse. ➤ *Despejarse*. **7. Reñir**, desafiar, enemistarse. ➤ *Amigarse, reconciliarse.*

revoque *s. m.* Enfoscado, enjalbegado, enlucido, revocadura, enjalbegamiento.

revuelco *s. m.* Caída, derrota, ofensa, pisoteo, revolcón.

revuelo *s. m.* Revuelta, torbellino, alteración, conmoción, perturbación, convulsión, revolución. ➤ *Calma.*

revuelto, ta *adj.* Enrevesado, embrollado, confuso. ➤ *Fácil, sencillo.*

revulsión *s. f.* Congestión, inflamación.

revulsivo, va *adj.* **1. Epispástico**, rubefaciente. **2. Purgante**, vomitivo.

rey *s. m.* Monarca, soberano, emperador, príncipe. ➤ *Ciudadano, súbdito.*

reyerta *s. f.* Bronca, gresca, pelotera, trifulca, contienda, altercado, riña, pugna, pelea, disputa, agarrada, lucha, cisco, refriega, revuelta. ➤ *Paz, armonía, concordia.*

rezagar *v. tr.* **1. Adelantar**, rebasar. **2. Aplazar**, retardar, detener, atrasar,diferir, posponer, postergar. ➤ *Adelantar.* ‖ *v. prnl.* **3. Retrasarse**, retardarse, perder puestos, perder terreno. ➤ *Adelantarse, ganar terreno, avanzar.*

rezar *v. tr.* Suplicar, implorar, pedir, alabar, orar, adorar, venerar, hablar, invocar, rogar, dar gracias. ➤ *Blasfemar.*

rezo *s. m.* Oración, jaculatoria, plegaria, invocación. ➤ *Blasfemia.*

rezongador, ra *adj.* Gruñón, cascarrabias, refunfuñón.

rezongar *v. intr.* Mascullar, refunfuñar, hablar entre dientes, murmurar, gruñir, rumiar, rezar. ➤ *Pronunciar.*

rezongón, na *adj.* Refunfuñador, gruñón, cascarrabias.

rezumar *v. tr.* **1. Sudar**, exudar, filtrar, transpirar, calar. ‖ *v. intr.* **2. Transpirar**, sudar. ‖ *v. prnl.* **3. Filtrarse**, mostrarse, traslucirse. ➤ *Ocultarse.*

ría *s. f.* Desembocadura, estuario. ➤ *Nacimiento, manantial.*

riachuelo *s. m.* Regato, arroyo, toma, arroyuelo, reguero, regajo, riatillo.

riada *s. f.* Inundación, desbordamiento, avenida, aluvión, tromba, raudal.

ribazo *s. m.* Margen, ribera, orilla.

ribera *s. f.* Costa, litoral, playa, ribazo, riba, ribero, margen, rompiente.

ribereño, ña *adj.* Costero, costeño, litoral. ➤ *Interior.*

ribete *s. m.* **1. Festón**, entredós, encaje, borde, vivo, bies, remate, filo. ‖ *s. m. pl.* **2. Seña**, huella, indicio.

ribetear *v. tr.* Adornar, festonear, orlar.

ricachón, na *s. m. y s. f.* Ricacho, acaudalado, nuevo rico. ➤ *Pobretón.*

ricino *s. m.* Rezno, cherva, higuerilla, palmacristi.

rico, ca *adj.* **1. Aristócrata**, noble. ➤ *Plebeyo, villano.* **2. Adinerado**, acaudalado, pudiente, potentado, ricachón, acomodado, magnate, opulento, poderoso, millonario, creso, ricacho. ➤ *Pobre, indigente, menesteroso, necesitado.* **3. Exuberante**, copioso, opulento, abundante, floreciente, fértil, fecundo, magnífico, pingüe. ➤ *Escaso, parco, raquítico.* **4. Gustoso**, sabroso, exquisito, apetitoso, bueno. ➤ *Soso, desabrido, repugnante, asqueroso, repulsivo.* **5. Excelente**, exquisito. ➤ *Vulgar.*

ricohombre *s. m.* Hidalgo, noble. ➤ *Plebeyo, villano.*

rictus *s. m.* Espasmo, crispamiento, gesto, contracción. ➤ *Sonrisa.*

ricura *s. f.* Exquisitez, preciosidad.

ridiculez *s. f.* **1. Incongruencia**, extravagancia. **2. Cursilería**, ñoñería

ridiculizar *v. tr.* Mofarse, reírse, parodiar, satirizar. ➤ *Honrar, respetar.*

ridículo, la *adj.* **1. Absurdo**, bufo, grotesco, extravagante, fachoso, cómico, risible, irrisorio, caricaturesco, esperpéntico, adefesio. ➤ *Elegante, noble, serio.* **2. Nimio**, escaso, pobre, mezquino, tonto, insignificante. ➤ *Abundante, copioso.* **3. Dengue**, cursi, ñoño, melindroso. ➤ *Grave.*

ridiculez *s. f.* **1. Tontería**, mamarrachada, bobada, payasada, extravagancia, majadería. **2. Miseria**, pobretería.

riego *s. m.* Irrigación, baldeamiento, cegadura, rociamiento. ➤ *Desecación.*

riel *s. m.* **1. Raíl**, carril, vía. **2. Barra.**

rielar *v. intr.* Esplender, fulgurar, resplandecer, titilar, rutilar, brillar, relampaguear, coruscar.

rienda *s. f.* **1. Brida**, cinta, cincha, cuerda, correaje. **2. Sujeción**, freno, contención, control, contienda, recato, mesura, comedimiento. ➤ *Abuso, descontrol.* ‖ *s. f. pl.* **3. Mando**, administración, gerencia, gobierno, regencia, conducción, manejo, timón.

riente *adj.* Exultante, radiante, risueño. ➤ *Sombrío, triste.*

riesgo *s. m.* Inseguridad, trance, peligro, exposición, aventura, albur, azar, apuro, suerte, ventura. ➤ *Seguridad.*

rifa *s. f.* Lotería, sorteo, tómbola.

rifeño, ña *adj.* Bereber.

rifirrafe *s. m.* Gresca, alboroto, contienda, bulla, pelea. ➤ *Calma.*

rifle *s. m.* Carabina, escopeta, mosquetón, fusil, máuser, trabuco, arcabuz.

rigidez *s. f.* **1. Dureza**, inflexibilidad, tiesura, reciedumbre. ➤ *Elasticidad, reblandecimiento, maleabilidad, flexibilidad, blandura.* **2. Inflexibilidad**, rigor, severidad, austeridad, dureza, firmeza. ➤ *Condescendencia, transigencia, indulgencia.*

rigor *s. m.* **1. Inflexibilidad**, rigidez, austeridad, dureza, severidad, inexorabilidad, intransigencia, inclemencia. ➤ *Bondad, tolerancia, permisibilidad, flexibilidad, contemporización.* **2. Rudeza**, aspereza, acritud, sequedad, crudeza, frialdad. ➤ *Amabilidad, afabilidad, dulzura.* **3. Propiedad**, exactitud. **4. Inclemencia**, crudeza, intensidad. ➤ *Bonanza.*

rigorismo *s. m.* Austeridad, inflexibilidad, rigidez. ➤ *Permisividad.*

rigorista *adj.* Austero, inflexible, intolerante. ➤ *Flexible, tolerante, permisivo.*

riguroso, sa *adj.* **1. Severo**, cruel, duro, inflexible, intolerante. ➤ *Tolerante, flexible, bondadoso, condescendiente.* **2. Austero**, rígido. ➤ *Flexible, permisivo.* **3. Inclemente**, crudo, extremado, glacial, desapacible. ➤ *Suave, bonancible, apacible.* **4. Cabal**, ajustado, detallado, exacto, estricto, preciso, constante, meticuloso. ➤ *Impreciso, inexacto.* **5. Crudo**, rudo, seco, desagradable, áspero. ➤ *Afable, cariñoso, dulce.*

rijosidad *s. f.* Lubricidad, sensualidad.

rijoso, sa *adj.* Sátiro, salaz, lúbrico.

rimador, ra *adj.* Versificador.

rimbombancia *s. f.* Ampulosidad, ostentación, pompa. ➤ *Sencillez.*

rimbombante *adj.* **1. Grandilocuente**, campanudo, hueco. ➤ *Sencillo, modesto.* **2. Resonante**, retumbante, estruendoso. ➤ *Silencioso.*

rimbombar *v. intr.* Retumbar, resonar, atronar. ➤ *Silenciar.*

rimero *s. m.* Cúmulo, montón, pila.

rinche, cha *adj.* Colmado, rebosante, lleno, pleno. ➤ *Vacío.*

rincón *s. m.* Codo, esquina, recoveco, recodo, esquinazo, ángulo, canto.

rinconera *s. f.* Cantonera.

ring *s. m.* Lona, cuadrilátero.

ringlera *s. f.* Hilera, fila.

ringlero *s. m.* Renglón, raya, pauta.

ringorrango *s. m.* Exceso, extravagancia, superfluidad. ➤ *Sobriedad.*

rinoceronte *s. m.* Abada.

riña *s. f.* Altercado, gresca, pendencia, agarrada, bronca, pelotera, camorra, alboroto, disputa, lucha, pelea, reyerta, trifulca, zipizape. ➤ *Paz, armonía.*

río *s. m.* **1. Arroyo**, torrente, regato, afluente, riachuelo, regajo, riatillo, riacho. **2. Afluencia**, cantidad, copia, profusión, exuberancia, raudal. ➤ *Escasez, ridiculez, poquedad, nimiedad.*

riostra *s. f.* Refuerzo, travesaño.

riostrar *v. tr.* Armar, reforzar.

ripio *s. m.* **1. Resto**, barredura, retal. **2. Desperdicio**, desecho. **3. Morcilla.**

riqueza *s. f.* **1. Acomodo**, bienestar, opulencia, fortuna, abundancia, patrimonio, dinero, hacienda, bienes, tesoro. ➤ *Pobreza, escasez, miseria, necesidad.* **2. Profusión,** exuberancia, cantidad, copia. ➤ *Escasez, falta.*

risa *s. f.* Carcajada, risotada, sonrisa, risita. ➤ *Llanto, sollozo.*

risco *s. m.* Escarpadura, peñón, tolmo, tormo, roca, farallón, peña.

riscoso, sa *adj.* Enriscado, escabroso.

risible *adj.* Irrisorio, ridículo, hilarante, cómico, jocoso, festivo, chistoso, gracioso, divertido, humorístico. ➤ *Triste, serio, grave.*

risión *s. f.* Mofa, chanza, burla.

ristra *s. f.* Ringlera, sarta, serie, fila, hilera, cola, rosario, hilada, hila, cadena.

risueño, ña *adj.* **1. Carialegre,** alegre, contento, riente, satisfecho, animado, festivo, sonriente. ➤ *Triste, enfadado, sombrío, afligido, serio, grave.* **2. Jocundo,** jovial. ➤ *Triste, ceñudo.* **3. Benéfico,** deleitable, placentero. ➤ *Perjudicial, desagradable.*

rítmico, ca *adj.* Cadencioso.

ritmo *s. m.* **1. Equilibrio,** cadencia, regularidad. ➤ *Desequilibrio.* **2. Proporción,** simetría. ➤ *Desproporción.*

rito *s. m.* Ceremonia, ceremonial, costumbre, ritual, liturgia.

ritual *adj.* **1. Ceremonial,** litúrgico. ‖ *s. m.* **2. Protocolo,** solemnidad, ceremonial.

rival *s. m. y s. f.* Adversario, antagonista, competidor, contrincante, contendiente, oponente, enemigo, émulo. ➤ *Compañero, ayudante, aliado.*

rivalidad *s. f.* Antagonismo, competencia, enfrentamiento. ➤ *Alianza.*

rivalizar *v. intr.* Competir, contender, pugnar, emular, porfiar, luchar, oponerse, enfrentarse. ➤ *Colaborar.*

rizado, da *adj.* Enrollado, ensortijado, retorcido. ➤ *Liso, recto, estirado.*

rizador *s. m.* Bigudí, ondulador, rulo, tenacillas.

rizar *v. tr.* **1. Ondular,** ensortijar, acaracolar, cabrillear, caracolar, escarolar. ➤ *Alisar, estirar.* **2. Encrespar,** ondular. **3. Plisar,** arrugar. ➤ *Planchar.*

rizo *s. m.* Caracol, tirabuzón, bucle.

rizoso, sa *adj.* Encrespado. ➤ *Liso.*

róbalo *s. m.* Lubina.

robar *v. tr.* **1. Saquear,** rapiñar, hurtar, coger, saltear, atracar, despojar, desvalijar, afanar, sustraer, trincar. ➤ *Devolver, restituir.* **2. Mangar,** estafar, limpiar, timar. ➤ *Restituir, reponer.*

robín *s. m.* Óxido, verdín, herrumbre.

roble *s. m.* Robusto, vigoroso, forzudo.

robledal *s. m.* Carvajal, robledo.

robledo *s. m.* Robledal.

roblonar *v. tr.* Aplastar, remachar.

robo *s. m.* **1. Hurto,** timo, estafa, saqueo, desvalijamiento, despojamiento, expolio. **2. Botín,** presa.

roborar *v. tr.* **1. Fortalecer,** afirmar, reforzar. ➤ *Debilitar.* **2. Afianzar,** ratificar, corroborar. ➤ *Negar, recusar.*

robótica *s. f.* Cibernética.

robustecer *v. tr.* Fortalecer, fortificar, vigorizar, arreciar, endurecer, acerar, avivar, revigorizar, rejuvenecer, tonificar. ➤ *Debilitar, extenuar, enflaquecer, desmejorar.*

robustecimiento *s. m.* Fortalecimiento, vigorización, endurecimiento. ➤ *Debilitamiento, enflaquecimiento.*

robustez *s. f.* Lozanía, potencia, fuerza. ➤ *Escualidez, debilidad.*

robusto, ta *adj.* **1. Firme,** recio, fuerte. ➤ *Endeble, enclenque, débil.* **2. Sano,** saludable. ➤ *Débil, enfermizo.*

roca *s. f.* Pedrusco, peñasco, piedra, peña, escollo, tolmo.

rocadero *s. m.* Coroza, capirote.

roce *s. m.* **1. Fricción,** rozamiento, rozadura, rascadura, frotamiento, frote, desgaste. **2. Comunicación,** sociedad, amistad, trato, relación, frecuentación, familiaridad. ➤ *Enemistad, separación, desavenencia, ruptura.*

rociada *s. f.* **1. Chorro,** salpicadura. **2. Chisme,** murmuración. **3. Reprimenda,** regañina, reconvención, riña. ➤ *Elogio, alabanza.*

rociado, da *adj.* Salpicado.

rociadura *s. f.* Asperges, aspersión.

rociar *v. tr.* **1. Pulverizar,** atomizar, regar, diseminar, irrigar, salpicar, asperjar, hisopear. **2. Desparramar.**

rocín *s. m.* **1. Jaco,** jamelgo, penco, matalón, rocinante. **2. Bruto,** burro, borrico. **3. Rudo,** lerdo, tosco, zote, grosero, paleto, cateto, bruto, animal, zafio. ➤ *Culto, refinado, educado.*

rocinal *adj.* Caballar.

rociniego, ga *adj.* Rocinal, caballar.

rocío *s. m.* Rociada, escarcha, helada.

rococó *adj.* Barroco, recargado.

rocoso, sa *adj.* Escabroso, peñascoso, riscoso, pedregoso, arriscado, roqueño, pedrizo, enriscado. ➤ *Llano, liso.*

rodada *s. f.* Rodera, carril, carrilada, estría, ranura, surco, carrilera.

rodadero, ra *s. m.* Despeñadero, precipicio, terraplén.

rodaja *s. f.* **1. Loncha**, lonja, pedazo, rebanada, rueda, raja. **2. Rueda**, disco, tejo, oblea. **3. Espuela**, estrella.

rodaje *s. m.* Filmación.

rodal *s. m.* Mancha.

rodapié *s. m.* Friso, zócalo, paramento.

rodar *v. intr.* **1. Girar**, rotar, voltear, virar, circular, rular, remolinear. **2. Desplazarse**, moverse. ➤ *Pararse, detenerse.* **3. Vagabundear**, merodear. ➤ *Asentarse, establecerse.*

rodear *v. intr.* **1. Circundar**, circunvalar, contornear, acordonar, envolver, encerrar, cerrar, circuir, acorralar, aislar. ➤ *Juntar, mezclar.* **2. Desviarse**, separarse, dar rodeos, ladear, desviarse, alejarse, zigzaguear. ➤ *Atajar, acortar.* **3. Divagar**, dar rodeos. ➤ *Ir al grano.* ‖ *v. tr.* **4. Acorralar**, cercar, circundar. ➤ *Romper el cerco.* **5. Acordonar**, bloquear, cerrar. ➤ *Abrir.*

rodela *s. f.* Broquel, escudo.

rodeo *s. m.* **1. Desvío**, desviación. **2. Evasiva**, insinuación, perífrasis, indirecta. **3. Subterfugio**, disimulo.

rodete *s. m.* Moño, rosca.

rodilla *s. f.* **1. Hinojo. 2. Rodea**, paño.

rodona *s. f.* Azotacalles, trotona.

rodrigón *s. m.* Estaca, rodriga, tutor.

roer *v. tr.* **1. Desgastar**, picar, carcomer, corroer, rosigar, gastar, socavar, comer, consumir, descantillar. **2. Raspar**, raer. **3. Atormentar**, inquietar, turbar. ➤ *Calmar, sosegar.*

rogante *adj.* Suplicante, demandante.

rogar *v. tr.* Solicitar, suplicar, impetrar, implorar, instar, invocar, pretender, llorar, orar, rezar. ➤ *Dar, conceder.*

rogativa *s. f.* Plegaria, rezo, súplica, ruego, impetración, prez, imploración.

roído, da *adj.* Desgastado, apolillado, carcomido, picado, corroído.

rojez *s. f.* Enrojecimiento, mancha, pigmentación, rubicundez, rubor. ➤ *Blancura, palidez.*

rojizo, za *adj.* Alazán, bermejo, buriel, rúbeo.

rojo, ja *adj.* **1. Bermejo**, colorado, coral, encarnado, escarlata, púrpura, carmesí, rubí, grana, bermellón. **2. Izquierdista**, marxista, comunista, socialista, anarquista. ➤ *Conservador.*

rollar *v. tr.* Enrollar. ➤ *Desenrollar.*

rollizo, za *adj.* **1. Cilíndrico**, redondo. **2. Gordo**, fornido. ➤ *Flaco.*

rollo *s. m.* **1. Cilindro**, rulo. **2. Aburrimiento**, pesadez. ➤ *Diversión.*

romadizarse *v. prnl.* Arromadizarse, acatarrarse, constiparse. ➤ *Curarse.*

romadizo *s. m.* Constipado, resfriado, catarro.

romana *s. f.* Balanza, báscula.

romance *adj.* **1. Neolatino**, románico. ‖ *s. m.* **2. Idilio**, amorío, flirteo.

romancear *v. tr.* Trasladar, verter.

romancero, ra *s. m. y s. f.* Juglar, bardo, trovador.

romanear *v. tr.* Tasar, medir, pesar.

romanesco, ca *adj.* Latino, romano.

románico, ca *adj.* Romance, neolatino.

romanista *adj.* Filólogo.

romanizar *v. prnl.* Latinizar.

romano, na *adj.* Católico, cristiano.

romántico, ca *adj.* Apasionado, sensible, tierno, novelero, sentimental, caballeroso, generoso, soñador, altruista, sensiblero, arrebatado, quijotesco. ➤ *Interesado, realista, práctico.*

romanza *s. f.* Canción, aria.

romería *s. f.* **1. Peregrinaje**, procesión, bordonería, romeraje, peregrinación. **2. Feria**, fiesta.

romo, ma *adj.* **1. Chato.** ➤ *Narigudo.* **2. Boto**, obtuso, redondeado. ➤ *Afilado, listo, agudo, puntiagudo.*

rompecabezas *s. m.* Puzzle, enigma, pasatiempo, laberinto, acertijo.

rompegalas *s. m. y s. f.* Andrajoso, descuidado, desaliñado. ➤ *Atildado.*

rompeolas *s. m.* Malecón, escollera.

romper *v. tr.* **1. Escindir**, desgarrar, deshacer, desintegrar. ➤ *Arreglar, rehacer, recomponer.* **2. Cascar**, partir, fraccionar. **3. Disolver**, vencer. **4. Hender**, astillar. **5. Brotar**, nacer. **6. Detener**, estorbar, suspender. **7. Conculcar**, infringir. ➤ *Acatar, respetar.* ‖ *v. intr.* **8. Comenzar**, nacer, salir. ➤ *Acabar, finalizar.* **9. Vencer**.

rompesacos *s. m.* Egílope.

rompesquinas *s. m.* Fanfarrón, matasiete, valentón. ➤ *Cobarde, gallina.*

rompible *adj.* Deteriorable, fragmentable, frágil, quebradizo, destrozable. ➤ *Duradero, irrompible.*

rompiente *s. m.* Arrecife, escollo, rompeolas, saliente, bajo, escollera.

rompimiento *s. m.* **1. Fractura**, quiebra. **2. Contienda**, pelea, lucha.

ronca *s. f.* Brama.

roncar *v. intr.* Bramar, gruñir, rugir.

roncear *v. intr.* Adular, lisonjear.

roncería *s. f.* **1. Remolonería**, lentitud, parsimonia. ➤ *Rapidez, celeridad, prontitud.* **2. Carantoña**, mimo, cariño. ➤ *Brusquedad.*

roncero, ra *adj.* **1. Haragán**, holgazán. ➤ *Diligente, laborioso.* **2. Adulador**, lisonjeador. ➤ *Sincero, brusco.*

ronchón *s. m.* Tumor, bulto.

ronco, ca *adj.* **1. Afónico**, enronquecido. **2. Bajo**, bronco, rauco, áspero, rudo. ➤ *Suave, agudo, claro.*

roncón *adj.* Baladrón, bocazas.

ronda *s. f.* **1. Rondalla**, tuna. **2. Vuelta**, convite. **3. Centinela**, guardia.

rondador, ra *s. m. y s. f.* Callejero, merodeador, sereno, vigilante.

rondalla *s. f.* Estudiantina, tuna.

rondar *v. intr.* **1. Patrullar**, guardar, velar, hacer la guardia, custodiar. **2. Callejear. 3. Cortejar**, galantear, requebrar, pelar la pava, piropear, adamar, echar los tejos. ➤ *Dejar, plantar, rechazar.* ‖ *v. tr.* **4. Molestar**, fastidiar, asediar, cercar, zumbar, importunar, incordiar. ➤ *Dejar en paz, ayudar, ser oportuno.*

rondó *s. m.* Letrilla.

ronquear *v. intr.* Enronquecer.

ronquera *s. f.* Carraspera, enronquecimiento, afonía.

ronquido *s. m.* **1. Respiración**, resuello, estertor. **2. Gruñido**, gañido.

ronzal *s. m.* Cabestro, ramal.

ronzar *v. tr.* Ronchar, mascar, roer.

roña *s. f.* **1. Mugre**, suciedad, sarna, porquería, costra, guarrería, mierda. **2. Herrumbre**, verdín, óxido, herrín, cardenillo, moho. ‖ *s. m.* **3. Avaro**, agarrado, roñoso. ➤ *Generoso, rumboso.* **4. Maña**, treta, ardid, farsa.

roñica *s. m. y s. f.* Avaro, roña, tacaño, miserable. ➤ *Dadivoso, espléndido.*

roñoso, sa *adj.* **1. Sarnoso**, tiñoso. ➤ *Sano.* **2. Puerco**, mugriento, sucio. ➤ *Limpio, reluciente.* **3. Herrumbroso**, oxidado, mohoso. ➤ *Pulido.* **4. Agarrado**, avaro, miserable, mezquino, tacaño, cicatero, ruin. ➤ *Dadivoso, generoso, desprendido.* **5. Tosco**, basto, áspero. ➤ *Fino, delicado.*

ropa *s. f.* **1. Indumentaria**, vestimenta, traje, vestido, ropaje, conjunto, vestidura, ajuar. **2. Hábito**, uniforme.

ropaje *s. m.* **1. Túnica**, toga. **2. Indumentaria**, vestidura, vestimenta.

ropavejería *s. f.* Trapería.

ropavejero, ra *s. m. y s. f.* Baratillero, prendero, trapero, ropero, chamarilero.

ropero *s. m.* Guardarropa, aparador.

ropilla *s. f.* Camisola, camisa.

ropón *s. m.* Chilaba, túnica, toga.

roqueda *s. f.* Peñascal.

roqueño, ña *adj.* Peñascoso, riscoso, rocoso, pedregoso. ➤ *Llano.*

rorro *s. m.* Bebé, criatura, nene, crío, chiquitín, pequeñín, niñín, angelito, cachorrillo, lactante. ➤ *Adulto.*

ros *s. m.* Quepis, teresiana.

rosca *s. f.* **1. Rosquilla**, bollo. **2. Michelín. 3. Vuelta**, curva. **4. Camarilla**.

rosetas *s. f. pl.* Palomitas, cotufas.

rosita *s. f.* **1. Zarcillo**, pendiente, arracada. ‖ *s. f. pl.* **2. Palomitas**.

roso *adj.* Calvo, pelado. ➤ *Peludo.*

rosquilla *s. f.* Golosina, dulce, pastel, rosca.

rosticería *s. f.* Asador, parrilla.

rostro *s. m.* Faz, facciones, fisonomía, rasgos, semblante, jeta, catadura.

rotación s. f. Giro, vuelta, revolución, vuelco, giramiento, viraje, volteo.

rotativo, va s. f. **1. Imprenta.** ‖ s. m. **2. Periódico,** semanario, diario.

rotatorio, ria adj. **1. Alternativo,** intermitente. ➤ Continuo. **2. Giratorio.** ➤ Rectilíneo.

roto, ta adj. **1. Harapiento,** desastrado. ➤ Elegante. **2. Sinvergüenza,** inmoral, libertino. ➤ Decente. ‖ s. m. **3. Plebeyo,** villano, vulgo. ➤ Aristócrata. **4. Paleto,** pueblerino.

rotonda s. f. Glorieta, plaza.

rótula s. f. Menisco.

rotulación s. f. Titulación, inscripción, título.

rotular v. tr. Titular.

rótulo s. m. **1. Encabezamiento,** letrero, etiqueta, marbete, título. **2. Anuncio,** pasquín, affiche, cartel.

rotundamente adv. m. Claramente, secamente, terminantemente.

rotundo, da adj. **1. Terminante,** concluyente, definitivo, claro. ➤ Dudoso, impreciso. **2. Grandioso,** ampuloso. ➤ Sencillo, fácil.

rotura s. f. Brecha, fractura, rasgadura, rompimiento, ruptura, quiebra, desgarro, siete, cisura, desgarrón, raja.

roturar v. tr. Romper, arar, cultivar.

royalty s. m. Regalía, patente.

roza s. f. Acequia, reguero, canal.

rozado, da adj. Ajado, destrozado, estropeado, sobado, desgastado, manoseado. ➤ Intacto, nuevo, flamante.

rozadura s. f. **1. Arañazo,** rasponazo, rozamiento, escoriación, escocedura, raspón, pupa, rasguño, raspadura. **2. Roce,** frotamiento, rozamiento, restregadura, fricción, frote.

rozagante adj. Brillante, lucido, ufano. ➤ Humilde, bajo, deslucido.

rozamiento s. m. **1. Desavenencia,** discordia, disensión, contienda. ➤ Amistad, reconciliación. **2. Fricción,** roce. ➤ Deslizamiento, tangencia.

rozar v. tr. **1. Ajar,** friccionar, frotar, restregar, tocar, sobar. ‖ v. intr. **2. Acariciar,** acercarse, aproximarse. ➤ Alejarse. **3. Limpiar,** desbrozar, despejar. ‖ v. prnl. **4. Tratarse,** relacio-

narse, comunicarse. ➤ Evitarse. **5. Trabarse,** atascarse, tartamudear, atorarse, trabucarse.

rozón s. m. Címbara, rozadera.

rúa s. f. Callejón, vía, calle, camino.

ruar v. intr. **1. Callejear,** errar, deambular. **2. Galantear,** rondar, cortejar.

rubefacción s. f. Rojez, sonrojo, rubor, rubicundez. ➤ Blancura, palidez.

rubefaciente adj. Epispástico, vesicante.

rúbeo, a adj. Rojizo, bermejo.

rubí s. m. Carbunclo, rubín.

rubicundez s. f. Congestión, enrojecimiento, rubefacción, sonrojamiento, sofocamiento. ➤ Palidez.

rubicundo, da adj. **1. Colorado,** sonrosado. ➤ Pálido, descolorido. **2. Pelirrojo,** rubio. ➤ Moreno, castaño.

rubio, bia adj. Blondo, bermejo.

rubor s. m. **1. Bochorno,** colores, sofoco, sonrojo, pavo, soflama, abochornamiento. ➤ Palidez, lividez. **2. Timidez,** vergüenza, empacho, corte, confusión, corrimiento. ➤ Seguridad, impasibilidad, desvergüenza.

ruborizado, da adj. Arrebatado, abochornado, turbado. ➤ Impasible.

ruborizar v. tr. **1. Abochornar,** avergonzar. ‖ v. prnl. **2. Enrojecer,** encenderse, sonrojarse. **3. Avergonzarse,** abochornarse, correrse.

ruborosamente adv. m. Pudorosamente. ➤ Desvergonzadamente.

ruboroso, sa adj. Colorado, pudendo, tímido. ➤ Desvergonzado.

rúbrica s. f. Firma, signatura, marca.

rubricar v. tr. **1. Firmar,** signar. **2. Visar,** legalizar, suscribir. ➤ Invalidar.

rudamente adv. m. Bruscamente, toscamente. ➤ Suavemente.

rudeza s. f. Brusquedad, descomedimiento, grosería, estulticia, tosquedad, bronquedad, violencia, descortesía. ➤ Finura, comedimiento, discreción.

rudimentario, ria adj. Elemental, embrionario, somero, superficial, primitivo, primario, inicial, rudimental, básico, tosco. ➤ Desarrollado, elaborado, perfeccionado, profundo, complicado.

rudimento *s. m.* **1. Embrión**, feto. ‖ *s. m. pl.* **2. Bosquejo**, esbozo, fundamento, noción, principio. ➤ *Culminación, desarrollo.*

rudo, da *adj.* **1. Basto**, grosero, tosco, áspero, rugoso. ➤ *Fino, pulido, suave, liso.* **2. Tonto**, memo, romo, zopenco, obtuso, zote, torpe, lerdo. ➤ *Listo, avispado, inteligente.* **3. Brusco**, descortés, duro, difícil, grosero, maleducado, desconsiderado, ordinario. ➤ *Cortés, educado, amable.*

rueca *s. f.* Huso.

rueda *s. f.* **1. Disco**, volante. **2. Rodaja**, loncha, rebanada, tajada, lonja. **3. Círculo**, corro.

ruedo *s. m.* Arena, plaza.

ruego *s. m.* **1. Súplica**, petición, imprecación, solicitud, imploración, impetración, instancia, demanda. ➤ *Exigencia.* **2. Oración**, prez, rezo, rogativa, plegaria. ➤ *Blasfemia.*

rufián *s. m.* **1. Chulo**, proxeneta, alcahuete, encubridor. **2. Bribón**, sinvergüenza, canalla, truhán, granuja, golfo, bergante, bellaco. ➤ *Santo, bendito, hombre de bien.*

rufianería *s. f.* Canallada, chulería, infamia, truhanería, granujada.

rufianesca *s. f.* Hampa, canalla.

rufo *s. m.* Proxeneta, rufián, chulo.

rugido *s. m.* **1. Bramido**. **2. Estruendo**, retumbo. **3. Borborigmo**.

rugidor, ra *adj.* Rugiente, bramador, retumbante. ➤ *Callado, silencioso, susurrante.*

rugiente *p. a.* Bramador, retumbante, rugidor. ➤ *Callado, silencioso, susurrante.*

rugir *v. impers.* **1. Bramar**. **2. Traslucirse**, notarse, descubrirse.

rugoso, sa *adj.* Arrugado, plegado, áspero, desigual, surcado. ➤ *Liso.*

ruido *s. m.* **1. Estrépito**, zumbido, estridencia, chirrido, rechinamiento, chasquido, crujido, estallido, sonido, fragor, estruendo. ➤ *Silencio.* **2. Gresca**, riña, altercado, algarabía, alboroto, baraúnda, bullicio, bulla, escándalo, follón. ➤ *Orden, calma.* **3. Fama**, popularidad. ➤ *Anonimato.*

ruidosamente *adv. m.* Escandalosamente, atronadoramente, estrepitosamente. ➤ *Silenciosamente.*

ruidoso, sa *adj.* **1. Atronador**, ensordecedor, estrepitoso. ➤ *Silencioso, callado, quedo.* **2. Popular**, célebre, famoso, conocido. ➤ *Desconocido.*

ruin *adj.* **1. Bajo**, vil, rastrero, despreciable, abyecto, infame. ➤ *Honrado, probo, digno, noble.* **2. Insignificante**, desmedrado, enclenque, pequeño, flaco, seco, raquítico, escuchimizado. ➤ *Grande, exuberante, fuerte.* **3. Perverso**, pérfido, malvado. ➤ *Honrado, bondadoso.* **4. Mezquino**, avariento, avaro, tacaño, roñoso, miserable. ➤ *Generoso, dadivoso, liberal.*

ruina *s. f.* **1. Decadencia**, demolición, destrucción, hundimiento, desolación, destrozo, caída, devastación. ➤ *Reconstrucción, levantamiento, construcción.* **2. Bancarrota**, depresión, insolvencia, quiebra, fracaso. ➤ *Riqueza, abundancia.* **3. Desgracia**, hundimiento, desastre, infortunio. ➤ *Resurgimiento, prosperidad.*

ruindad *s. f.* **1. Bajeza**, ignominia, vileza, maldad, bellaquería, villanía. ➤ *Nobleza.* **2. Infamia**, baldón, deshonra. ➤ *Honor, honra.*

ruinmente *adv. m.* Abaldonadamente, mezquinamente, bajamente, miserablemente. ➤ *Dignamente.*

ruinoso, sa *adj.* **1. Desmantelado**, destrozado. ➤ *Reconstruido.* **2. Caro**, costoso. ➤ *Barato, económico.*

ruiseñor *s. m.* Filomena, roncal.

rulero *s. m.* Rizador, tubo, rulo.

rulo *s. m.* **1. Rizador**, tubo, bigudí. **2. Rizo**, sortija, tirabuzón, bucle, onda.

rumbático, ca *adj.* Generoso, dadivoso, espléndido. ➤ *Agarrado, tacaño.*

rumbo[1] *s. m.* **1. Orientación**, dirección, trayectoria, sentido. **2. Derrotero**, vía, medio, senda, ruta, itinerario, camino, carretera.

rumbo[2] *s. m.* **1. Generosidad**, desprendimiento, desinterés, dadivosidad, garbo, magnanimidad, largueza. ➤ *Roñosería, cicatería, tacañería, racanería, avaricia, ruindad, mez-*

quindad. **2. Boato**, postín, ostentación, pompa, derroche. ➤ *Sencillez.*

rumbón, na *adj.* Generoso, dadivoso, espléndido. ➤ *Tacaño, avaro.*

rumbosamente *adv. m.* Generosamente. ➤ *Tacañamente.*

rumboso, sa *adj.* **1. Pomposo**, magnífico, ostentoso, lujoso, aparatoso, espléndido, suntuoso, fastuoso, rimbombante. ➤ *Sencillo, vulgar, modesto, comedido, humilde.* **2. Generoso**, liberal, dadivoso, desprendido, desinteresado, manirroto, garboso, derrochador, derrochón. ➤ *Tacaño, roñoso, cicatero, avaro, mezquino.*

rumiar *v. tr.* **1. Triturar**, masticar, mascar, tascar, mordisquear. **2. Reflexionar**, meditar, madurar, urdir, tramar.

rumor *s. m.* **1. Chisme**, habladuría, hablilla, bulo, historieta, cuento, enredo, comadreo, cotilleo. **2. Runrún**, zumbido, murmullo, ronroneo, susurro, son. ➤ *Silencio.*

rumorear *v. tr.* **1. Decirse**, discretear, comentarse, cotillearse, chismorrearse, comadrear. **2. Runrunear**, susurrar, bisbisear, murmurar.

rumoroso, sa *adj.* Continuado, murmurante, susurrante. ➤ *Silencioso.*

runfla *s. f.* Confusión, desorden, bullicio, muchedumbre, jaleo, lío.

runrunear *v. intr.* **1. Murmurarse. 2. Murmurar**, chismorrear, cotillear.

runruneo *s. m.* Murmullo, rumor.

rupestre *adj.* Prehistórico, cavernícola.

ruptura *s. f.* **1. Pendencia**, pelotera, desavenencia, separación, riña, pelea, enfado ➤ *Concordia, reconciliación, avenencia.* **2. Fractura**, fisura, rotura, brecha, cisura, rompimiento, desgarrón. ➤ *Unión, consolidación.*

rural *adj.* Campesino, agrario.

rusiente *adj.* Incandescente, candente, enrojecido. ➤ *Frío, helado.*

rusticano, na *adj.* Rústico.

rusticidad *s. f.* Basteza, ordinariez, tosquedad, zafiedad, grosería. ➤ *Finura, exquisitez.*

rústico, ca *adj.* **1. Rural**, campestre, agrario, agreste. ➤ *Urbano.* ‖ *s. m.* **2. Campesino**, labrador, aldeano, labriego, pueblerino, lugareño, paleto. ➤ *Ciudadano.* **3. Tosco**, grosero, palurdo, zote, patán, rudo, basto, zafio, ordinario, maleducado. ➤ *Fino, elegante, educado, cortés.*

rustir *v. tr.* **1. Aguantar**, sufrir, soportar. ➤ *Rebelarse.* **2. Asar**, tostar.

rustrir *v. tr.* Tragar, devorar, zampar.

ruta *s. f.* **1. Rumbo**, trayecto, itinerario, derrotero, periplo. **2. Camino**, vía, senda, carretera.

rutilancia *s. f.* Esplendor, resplandor, brillo, refulgencia. ➤ *Opacidad.*

rutilante *adj.* Brillante, relumbrante, resplandeciente, refulgente, relampagueante, deslumbrante, llameante, chispeante, rielante, coruscante, fulgurante. ➤ *Opaco, mate, apagado.*

rutilar *v. intr.* Fulgurar, relumbrar, resplandecer, brillar, refulgir, llamear, rielar, fulgurar, chispear, deslumbrar, coruscar. ➤ *Apagarse.*

rútilo, la *adj.* Áureo, resplandeciente.

rutina *s. f.* **1. Práctica**, usanza, uso, hábito, tradición, costumbre, automatismo. ➤ *Innovación, novedad.* **2. Apatía**, desgana, aburrimiento. ➤ *Interés, apasionamiento.*

rutinario, ria *adj.* **1. Habitual**, inveterado, tradicional, usual, acostumbrado, frecuente. ➤ *Novedoso, innovador, infrecuente, raro.* **2. Apático**, monótono, aburrido, desinteresado. ➤ *Interesante, entretenido.*

S

sábalo *s. m.* Saboga, trisa.

sabana *s. f.* Páramo, planicie, paramera, llanura, pampa. ➤ *Bosque, monte.*

sábana *s. f.* **1. Lienzo**, embozo, cobertor. **2. Capa**, capote, clámide.

sabanazo *s. m.* Amorío, aventura, adulterio, infidelidad.

sabandija *s. f.* Alimaña, bicho, reptil.

sabanilla *s. f.* Cobertor.

sabañón *s. m.* Friera.

sabedor, ra *adj.* Instruido, enterado, conocedor. ➤ *Ignorante.*

sabelotodo *s. m. y s. f.* Sabidillo, sabiondo, listillo.

saber¹ *s. m.* Sabiduría, ciencia, erudición, conocimiento, cultura. ➤ *Ignorancia, desconocimiento.*

saber² *v. tr.* **1. Conocer**, penetrar, discernir, dominar. ➤ *Desconocer, ignorar.* ‖ *v. intr.* **2. Parecer**, semejar.

sabichoso, sa *adj.* Perspicaz, sabidillo, sabedor, enterado. ➤ *Ignorante.*

sabidillo, lla *adj.* Sabelotodo.

sabido, da *adj.* **1. Notorio**, familiar, público. ➤ *Ignorado, oculto.* ‖ *adj.* **2. Conocedor**, erudito. ➤ *Ignorante.*

sabiduría *s. f.* **1. Mesura**, prudencia, cordura, juicio. ➤ *Imprudencia, desmesura.* **2. Erudición**, ilustración, saber, cultura, experiencia. ➤ *Ignorancia, desconocimiento, incultura.*

sabina *s. f.* Cedro.

sabino, na *s. m. y s. f.* Entrometido, metomentodo. ➤ *Discreto.*

sabio, bia *adj.* Erudito, docto, ilustrado, versado, sapiente, inteligente, letrado, competente, culto, perito, experto, lumbrera. ➤ *Ignorante, tonto, lerdo, inculto, iletrado.*

sabiondo, da *adj.* Repipi, sabidillo.

sablazo *s. m.* **1. Mandoble**, estocada. **2. Extorsión**, estafa, petardo.

sable *s. m.* **1. Cimitarra**, espada. **2. Petardo**, estafa, extorsión.

sablear *v. intr.* Petardear, pechar, mangar, extorsionar.

sablista *adj.* Sacadineros, sacacuartos, petardista, vividor. ➤ *Honrado.*

sabor *s. m.* **1. Gusto**, paladar, dejo, regusto, saborcillo, embocadura. **2. Huella**, sensación. **3. Anhelo**, ansia.

saboreamiento *s. m.* Degustación, paladeo, gusto. ➤ *Aborrecimiento.*

saborear *v. tr.* **1. Gustar**, paladear, chupar, relamerse. ‖ *v. prnl.* **2. Paladear**, degustar. **3. Complacerse**, deleitarse. ➤ *Repugnar, aborrecer.*

saboreo *s. m.* Degustación, paladeo.

sabotaje *s. m.* Atentado, boicot.

saboteador, ra *adj.* Boicoteador.

sabotear *v. tr.* Boicotear.

sabroso, sa *adj.* **1. Apetitoso**, suculento, rico, excelente, deleitoso, sápido. ➤ *Insípido, soso, insulso.* **2. Delicioso**, gustoso. ➤ *Repugnante.*

sabrosón, na *adj.* Simpático, salado.

sabueso *s. m.* **1. Perro**, can, dogo, podenco. **2. Detective**, policía, inspector. ➤ *Delincuente.*

saca¹ *s. f.* Extracción, exportación.

saca² *s. f.* Talego, costal, fardo.

sacabocados *s. m.* Barrena, berbiquí.

sacabotas *s. m.* Calzador, descalzador.

sacacorchos *s. m.* Descorchador, tirabuzón.

sacadineros *s. m. y s. f.* Sacacuartos, gorrón, sablista, petardista. ➤ *Incauto, inocente.*

sacador, ra *adj.* Sablista, mangante.

sacafaltas *adj.* Criticón.

sacaliña *s. f.* **1. Garrocha**, garfio, pértiga. **2. Treta**, ardid, socaliña.

sacamantas *s. m.* Alcabalero.

sacamuelas *s. m. y s. f.* **1. Dentista**, odontólogo, estomatólogo. **2. Charlatán**, parlanchín, cotorra, hablador, tarabilla, boquirroto, chicharra, parlero. ➤ *Mudo.* **3. Embaucador.**

sacapuntas *s. m.* Afilapuntas, cortalápices, afilalápices, cortaplumas.

sacar *v. tr.* **1. Extraer**, arrancar, quitar, desenterrar, vaciar, desaguar, exhumar. ➤ *Meter, introducir.* **2. Excluir**, apartar, separar, alejar. ➤ *Incluir, atraer.* **3. Conocer**, hallar, deducir, averiguar, inferir, resolver, colegir, descifrar, solucionar, concluir. **4. Escoger**, nombrar, seleccionar, votar, elegir. ➤ *Rechazar, repudiar.* **5. Lograr**, obtener, llevarse, ganar. ➤ *Perder.* **6. Verter**, copiar, trasladar.

sacarificar *v. tr.* Azucarar, endulzar.

sacarina *s. f.* Edulcorante.

sacatrapos *s. m.* Descargador, sacabalas.

sacerdote *s. m.* **1. Pastor**, lama, pope, brahmán, hechicero, rabino, mago. ➤ *Laico.* **2. Clérigo**, eclesiástico, cura, religioso, tonsurado, padre, confesor, párroco, fraile. ➤ *Seglar.*

sachar *v. tr.* Desyerbar, sallar.

sacho *s. m.* Escardillo, almocafre, garabato, zarcillo.

saciable *adj.* Colmable, saturable, satisfacible. ➤ *Insaciable.*

saciar *v. tr.* **1. Ahitarse**, inflarse, atracarse. ➤ *Moderarse, ayunar.* **2. Saturarse**, satisfacerse, hartar, llenar, colmar, atiborrar, empachar.

saciedad *s. f.* Empacho, hartazgo, hastío. ➤ *Deseo, necesidad.*

saco *s. m.* **1. Bolso**, costal, macuto, morral, talego, zurrón, bolsa, saca. **2. Sayo**, túnica. **3. Saqueo**, rapiña.

sacralizar *v. tr.* Consagrar, deificar. ➤ *Secularizar, vulgarizar.*

sacramentar *v. tr.* Consagrar.

sacrificadero *s. m.* Altar, ara.

sacrificar *v. tr.* **1. Ofrendar**, inmolar, ofrecer. **2. Degollar. 3. Exponer**, arriesgar. **4. Renunciar.** ‖ *v. prnl.* **4. Consagrarse**, dedicarse. **5. Resignarse**, conformarse, aguantarse, privarse, sufrir. ➤ *Rebelarse, liberarse.*

sacrificio *s. m.* **1. Inmolación**, oblación. **2. Altruismo**, abnegación.

sacrilegio *s. m.* Impiedad, irreverencia, violación, blasfemia, profanamiento, escarnio, irreligión. ➤ *Reverencia.*

sacrílego, ga *adj.* Impío, ateo, irreverente, laico. ➤ *Piadoso, religioso.*

sacristán, na *s. m. y s. f.* Metomentodo, cotilla, entrometido. ➤ *Discreto.*

sacrosanto, ta *adj.* Sagrado, pío, religioso, santo, sacro. ➤ *Impío.*

sacuara *s. f.* Bohordo, vara.

sacudido, da *adj.* **1. Arisco**, brusco, áspero, despegado, intratable. ➤ *Amable.* **2. Osado**, atrevido, desenfadado, resuelto. ➤ *Cortado, tímido.*

sacudidura *s. f.* Sacudida, zarandeo.

sacudimiento *s. m.* Convulsión, sacudida, agitación, conmoción.

sacudir *v. tr.* **1. Zarandear**, agitar, remover, conmover, revolver, menear, zamarrear. ➤ *Aquietar, parar, paralizar.* **2. Batanear**, aporrear. **3. Zurrar**, atizar, golpear, apalear, pegar, zumbar, cascar. **4. Rechazar**, tirar, arrojar. ‖ *v. prnl.* **5. Repeler**, rehusar, eludir. ➤ *Aceptar, recibir.*

sádico, ca *adj.* Bestial, cruel, despiadado. ➤ *Benévolo, masoquista.*

saeta *s. f.* **1. Flecha**, dardo, rehilete, hierro, venablo. **2. Aguja**, minutero, segundero, manecilla. **3. Cante**, copla.

saetazo *s. m.* Flechazo, lanzazo.

saetear *v. tr.* Asaetear, alancear.

saetera *s. f.* Tronera, ventanuco, aspillera, saetía. ➤ *Ventanal.*

saetero, ra *s. m. y s. f.* Arquero, ballestero, sagitario.

saetista *s. m. y s. f.* Coplista.

safismo *s. m.* Lesbianismo.

saga[1] *s. f.* Hechicera, bruja, maga.

saga[2] *s. f.* Fábula, leyenda, cuento.

sagacidad *s. f.* Cautela, disimulo, perspicacia. ➤ *Cortedad, ingenuidad.*

sagaz *adj.* **1. Sutil**, ladino, artero, prudente, perspicaz, previsor, lince, inteligente, taimado, astuto, avisado. ➤ *Noble, lerdo, bobo, incauto.* **2. Cauteloso**, circunspecto, previsor. ➤ *Ingenuo, lelo.*

ságoma *s. f.* Escantillón, plantilla.

sagrado, da *adj.* **1. Santo**, consagrado, sacro, sacrosanto, santificado, bendito. ➤ *Profano, mundano.* **2. Venerable**, intocable, intangible, inviolable, respetable, tabú. ➤ *Despreciable.*

sagrario s. m. Custodia, tabernáculo.

sahumador s. m. Perfumero, pomo.

sahumar v. tr. Aromatizar, incensar, perfumar. ➤ *Apestar.*

saibor s. m. Alacena, trinchante.

sainar v. tr. Cebar, sobrealimentar.

sainete s. m. **1. Paso**, entremés. **2. Farsa**, comedia. ➤ *Tragedia, drama.*

sainetesco, ca adj. Burlesco.

sajador, ra s. m. y s. f. **1. Cirujano**, sangrador. ‖ s. m. **2. Escarificador.**

sajar v. tr. Cortar, rajar, seccionar.

sal s. f. **1. Chispa**, agudeza, viveza, salero, ingenio. ➤ *Antipatía, insulsez, sosería.* **2. Gracia**, donaire, garbo, gallardía. ➤ *Desgarbo.* **3. Desgracia**, infortunio. ➤ *Placer, contento.*

sala s. f. Salón, pieza, habitación, cámara.

salabardo s. m. Redeña.

salacidad s. f. Deshonestidad, lascivia, lubricidad. ➤ *Castidad, decoro, pudor.*

saladamente adv. m. Graciosamente, agudamente. ➤ *Sosamente.*

salado, da adj. **1. Salobre**. ➤ *Soso, insípido.* **2. Ingenioso**, chistoso, agudo, gracioso. ➤ *Aburrido, manido.*

salamandra s. f. **1. Salamanquesa. 2. Brasero**, calentador. **3. Tritón.**

salamanquesa s. f. Estelión, lagartija, salamandra.

salame s. m. Lerdo, tonto, torpe, necio, bobo. ➤ *Inteligente, avispado, listo.*

salami s. m. Longaniza, salchichón.

salamín s. m. Lerdo, tonto, torpe, salame. ➤ *Listo, avispado.*

salar v. tr. **1. Acecinar**, curar. **2. Condimentar**, salpimentar, sazonar. **3. Deshonrar**, manchar, mancillar. ➤ *Honrar, alabar.* **4. Maldecir**, aojar.

salario s. m. Sueldo, remuneración, mensualidad, jornal, emolumentos, paga, honorarios, gratificación.

salaz adj. Deshonesto, lujurioso, lúbrico, lascivo. ➤ *Casto, púdico, puro.*

salazón s. f. Conserva.

salceda s. f. Sauceda, saucedal.

salchichón s. m. Embuchado, embutido, longaniza.

saldar v. tr. **1. Finiquitar**, cancelar. ➤ *Adeudar, deber.* **2. Liquidar**, rebajar. **3. Concluir**, terminar, zanjar.

saldista s. m. y s. f. Baratillero, trapero, ropavejero.

saldo s. m. **1. Liquidación**, pago, finiquito. ➤ *Deuda.* **2. Ganga.**

salero s. m. Chispa, donosura, garbo, gracia, donaire. ➤ *Sosería.*

saleroso, sa adj. **1. Ingenioso**, ocurrente, gracioso, chistoso, agudo. ➤ *Soso, aburrido, anodino.* **2. Garboso**, gallardo, airoso. ➤ *Patoso, desgarbado.*

saleta s. f. Recámara, antecámara.

salicor s. m. Sapina.

salida s. f. **1. Partida**, marcha, éxodo, huida, escape, fuga, evasión. ➤ *Retorno, regreso, llegada, arribada.* **2. Brote**, surgimiento, nacimiento, aparición, orto. ➤ *Ocultamiento, puesta.* **3. Abertura**, puerta, paso, vomitorio, desembocadura. ➤ *Entrada.* **4. Relieve**, resalte. ➤ *Entrante.* **5. Parrilla**, línea. ➤ *Meta, llegada.* **6. Gracia**, ingeniosidad, ocurrencia, chiste, agudeza. ➤ *Impertinencia, tontería, pavada.* **7. Escapatoria**, pretexto, disculpa, recurso, subterfugio, excusa. ➤ *Verdad.*

salidizo s. m. Jacalón.

salido, da adj. **1. Saltón**. ➤ *Incrustado.* **2. Verriondo**, encelado. **3. Lúbrico**, obsceno, cachondo. ➤ *Frío, casto.*

saliente s. m. Relieve, resalte, prominencia, bulto, punta, abultamiento, grano. ➤ *Incrustación, entrante.*

salir v. intr. **1. Emerger**, aparecer, brotar, aparecer, nacer, dimanar, surgir, emanar, saltar, manar. ➤ *Meterse, entrar, ocultarse, ponerse.* **2. Irse**, marchar, partir, dirigirse. ➤ *Volver, regresar, llegar, venir.* **3. Desembarazarse**, despegarse, liberarse. **4. Descollar**, sobresalir. **5. Traspasar**, desocupar, dejar, marcharse, irse. ➤ *Entrar, introducirse.* **6. Originarse**, resultar, dimanar. **7. Mostrarse**, manifestarse. **8. Prorrumpir. 9. Cortejar**, frecuentar. **10. Suspender**, vacar. ➤ *Ocupar.* **11. Resultar. 12. Desembocar**, llegar. ‖ v. prnl. **13. Desbordarse**, derramarse, verterse. **14. Evadirse**, escaparse, huir, evitar, poner pies en polvorosa, tomar las de Villadiego. ➤ *Afrontar, quedarse.*

salitral *s. m.* Nitral, salitrera.

saliva *s. f.* Baba, babaza, espumarajo.

salivación *s. f.* Insalivación.

salivar *v. intr.* Babear, babosear, escupir, salpicar.

salivazo *s. m.* Escupitajo, gargajo, pollo, esputo.

salmar *v. tr.* Ensalmar, enjalmar.

salmo *s. m.* Himno.

salmodia *s. f.* Canturreo, repetición, tabarra, melopea, mosconeo.

salmodiar *v. tr.* Canturrear.

salmonete *s. m.* Trilla.

salobral *s. m.* Salina.

salobre *adj.* Salado. ➤ *Soso, insulso.*

salón *s. m.* Aposento, habitación, sala.

salpa *s. f.* Pámpano, salema.

salpicadura *s. f.* Aspersión, rociada.

salpicar *v. tr.* **1. Pulverizar**, irrigar, esparcir, asperger, espurrear, hisopar, bautizar, regar, rociar. **2. Bañar**, mojar. **3. Desparramar**, desperdigar, diseminar. ➤ *Recoger, amontonar.* **4. Pagar**, saldar. ➤ *Deber, adeudar.*

salpicón *s. m.* Picadillo, adobo.

salpimentar *v. tr.* **1. Condimentar**, sazonar. **2. Amenizar**, aderezar.

salpresar *v. tr.* Cecinar, curar, salar.

salpullido *s. m.* Urticaria, eccema.

salsa *s. f.* Adobo, caldo, jugo, moje, aliño, caldillo.

salsear *v. intr.* Entrometerse.

salsoláceo, a *adj.* Quenopodiáceo.

saltabanco *s. m.* Saltimbanqui, prestidigitador, volatinero.

saltadero *s. m.* Trampolín, plataforma.

saltadizo, za *adj.* Delicado, frágil, quebradizo. ➤ *Duro, fuerte.*

saltador, ra *s. m. y s. f.* Brincador, atleta, gimnasta.

saltamontes *s. m.* Cigarra, langosta.

saltante *adj.* Brincante.

saltaojos *s. m.* Peonía.

saltaperico *s. m.* Buscapiés.

saltar *v. intr.* **1. Brincar**, botar, triscar, retozar, cabriolar. **2. Sumergirse**. **3. Arrojarse**, precipitarse, echarse, lanzarse. **4. Rebotar**, botar. **5. Descoucharse**, soltarse. **6. Brotar**. **7. Quebrarse**, estallar, reventar, explosionar. **8. Sobresalir**, descollar. **9. Soltar**, es-

petar. **10. Salvar**, cruzar, pasar. ‖ *v. tr.* **11. Montar**. **12. Omitir**, olvidar, silenciar, excluir, comerse, dejar en el tintero. ‖ *v. prnl.* **13. Conculcar**, quebrantar. ➤ *Acatar, respetar.*

saltarín, na *adj.* **1. Bailarín**, danzante. **2. Brincador**, retozón, inquieto.

saltatriz *s. f.* Bailarina, equilibrista.

salteador, ra *s. m. y s. f.* Atracador, bandido, bandolero, ladrón, malhechor, asaltante. ➤ *Asaltado, salteado.*

salteamiento *s. m.* Robo, saqueo.

saltear *v. tr.* Expoliar, robar, saquear.

salterio¹ *s. m.* Dulcémele.

salterio² *s. m.* Salteador, bandolero.

saltero, ra *adj.* Bravío, montuno.

salto *s. m.* **1. Brinco**, bote, cabriola, pirueta, volatín, rebote, retozo, voltereta. **2. Despeñadero**, abismo, barranco. **3. Olvido**, omisión. ➤ *Mención.*

saltón, na *adj.* Abombado, turgente.

salubre *adj.* Salutífero, sano, saludable. ➤ *Insalubre.*

salubridad *s. f.* Higiene, limpieza, salud, sanidad, desinfección. ➤ *Enfermedad, suciedad, insanidad.*

salud *s. f.* Salubridad. ➤ *Enfermedad.*

saludable *adj.* **1. Beneficioso**, conveniente, provechoso, bueno, moralizante, benéfico. ➤ *Inconveniente, perjudicial.* **2. Vigoroso**, lozano, sano, higiénico, fortalecedor, salubre, salutífero. ➤ *Enfermizo, morboso.*

saludar *v. tr.* Cumplimentar, felicitar.

saludo *s. m.* Ademán, cabezada, reverencia, salutación, inclinación, zalema, saludación, cortesía. ➤ *Descortesía.*

salva *s. f.* Descarga, andanada, cañonazo, disparo.

salvable *adj.* Eluctable, franqueable, superable. ➤ *Insalvable, ineluctable.*

salvación *s. f.* Redención, rescate, protección, seguridad. ➤ *Condenación.*

salvadera *s. f.* Arenillero.

salvado *s. m.* Afrecho, moyuelo, tástara.

salvador, ra *adj.* Defensor, amparo, redentor, liberador. ➤ *Opresor.*

salvaguardia *s. f.* **1. Salvoconducto**, pasaporte. **2. Garantía**, protección.

salvajada *s. f.* Atrocidad, brutalidad, vandalismo, bestialidad.

salvaje *adj.* **1. Incivilizado**, primitivo, bárbaro. ➤ *Civilizado.* **2. Bravío**, feroz, montés, fiero, indomesticado, montés, bravo. ➤ *Doméstico, domado.* **3. Agreste**, montuoso, selvático, montaraz. **4. Bruto**, cafre, bestia, animal, zafio, necio, asno, vándalo. ➤ *Sensato, sentado, razonable.*

salvajismo *s. m.* Barbarie, brutalidad.

salvamento *s. m.* Salvación, rescate.

salvar *v. tr.* **1. Asegurar**, amparar, defender, liberar, rescatar, escapar, guarecer, refugiar, proteger. ➤ *Abandonar, perder, desamparar.* **2. Redimir**. ➤ *Condenar.* **3. Saltar**, franquear, vadear, atravesar, capear, cruzar, escalar, rebasar. **4. Defender**, exculpar. ➤ *Acusar.* **5. Exceptuar**, excluir, evadir, eludir. ‖ *v. intr.* **6. Probar**, catar. ‖ *v. prnl.* **7. Redimirse**. ➤ *Condenarse.*

salvavidas *s. m.* Flotador, boya.

salvedad *s. f.* Observación, limitación, excepción, descargo, enmienda.

salvo, va *adj.* **1. Ileso**, indemne, incólume. **2. Excepto**, excluido. ➤ *Incluso.*

salvoconducto *s. m.* **1. Licencia**, pasaporte, pase, aval, salvaguardia, permiso. **2. Permiso**. ➤ *Prohibición.*

sambenitar *v. tr.* Desacreditar, vituperar, deshonrar. ➤ *Alabar, elogiar.*

sambenito *s. m.* Descrédito, difamación, deshonra. ➤ *Elogio, alabanza.*

samovar *s. m.* Tetera.

sanable *adj.* Curable, corregible, remediable. ➤ *Incurable, irreversible.*

sanalotodo *s. m.* Curalotodo.

sanano, na *adj.* Lerdo, bobo, torpe, necio, tonto. ➤ *Listo, avispado.*

sanar *v. tr.* **1. Curar**, remediar, aliviar, cuidar, atender, reparar, sanear. ➤ *Enfermar, empeorar.* ‖ *v. intr.* **2. Reponerse**, recuperarse, restablecerse, recobrarse, mejorar, resucitar, curarse, convalecer. ➤ *Recaer, desmejorarse.*

sanativo, va *adj.* Curativo.

sanatorio *s. m.* Clínica, hospital.

sanchopancesco, ca *adj.* Acomodaticio, materialista, pragmático, utilitarista, prosaico. ➤ *Idealista, quijotesco.*

sanción *s. f.* **1. Aprobación**, ratificación. ➤ *Veto.* **2. Castigo**, multa, pena. ➤ *Premio.* **3. Autorización**, permiso. ➤ *Prohibición.*

sancionar *v. tr.* **1. Autorizar**, ratificar, confirmar, aprobar, convalidar, homologar. ➤ *Desautorizar, prohibir, denegar, invalidar.* **2. Permitir**, autorizar. ➤ *Prohibir, vedar.* **3. Castigar**, multar, punir, penar, escarmentar. ➤ *Premiar, perdonar, indultar.*

sanco *s. m.* Barro, cieno, lodo, limo.

sandalia *s. f.* Chancla, chancleta, playeras, babucha, chinela, alpargata.

sandez *s. f.* Despropósito, necedad, simpleza, idiotez, bobería, estupidez, majadería, mentecatez, tontería, memez, torpeza. ➤ *Agudeza, sentencia.*

sandio, dia *adj.* Tonto, bobo, memo, lerdo, majadero. ➤ *Listo, avispado.*

sandunguero, ra *adj.* **1. Gracioso**, donairoso, ocurrente. ➤ *Soso, corto.* **2. Fiestero**, jaranero, parrandero.

sándwich *s. m.* Bocadillo, canapé, pepito, emparedado, panecillo.

saneado, da *adj.* **1. Conveniente**, depurado, purificado. ➤ *Sucio.* **2. Neto**, limpio. ➤ *Gravoso.*

saneamiento *s. m.* Higiene, limpieza, depuración. ➤ *Suciedad, polución.*

sanear *v. tr.* **1. Arreglar**, componer, remediar. ➤ *Abandonar.* **2. Higienizar**, purificar, desinfectar. ➤ *Ensuciar, infectar.* **3. Compensar**, indemnizar.

sanedrín *s. m.* Sinedrio.

sangrador, ra *s. m. y s. f.* Cirujano, sajador.

sangrar *v. tr.* **1. Sajar**. **2. Resinar**.

sangraza *s. f.* Sanguaza.

sangre *s. f.* Casta, familia, raza, linaje.

sangregorda *adj.* Flemático, cachazudo, calmoso. ➤ *Nervioso, inquieto.*

sangría *s. f.* **1. Desangramiento**, incisión, flebotomía. **2. Robo**, sisa.

sangriento, ta *adj.* **1. Sanguinolento**. **2. Sanguinario**. **3. Cruento**. ➤ *Incruento.* **4. Injurioso**, insultante.

sangriligero, ra *adj.* Agradable, encantador, simpático. ➤ *Antipático.*

sangripesado, da *adj.* Fastidioso, pelmazo, desagradable. ➤ *Agradable.*

sanguaza *s. f.* Sangraza.

sanguijuela *s. f.* Sanguisuela, sanguja.

sanguinariamente *adv. m.* Cruelmente, criminalmente.

sanguinario, ria *adj.* Feroz, vengativo, cruel, iracundo, sangriento, inhumano. ➤ *Humano, caritativo.*

sanguino, na *adj.* Sanguinario, feroz.

sanies *s. f.* Icor.

sanioso, sa *adj.* Icoroso.

sanjar *v. tr.* Sajar, sangrar.

sano, na *adj.* **1. Lozano**, robusto, saludable, fuerte, fresco. ➤ *Enfermo, indispuesto.* **2. Ileso**, indemne, intacto. **3. Honrado**, honesto, bienintencionado. ➤ *Falso, embaucador, malvado.* **4. Nuevo**, entero, completo, flamante. ➤ *Roto, estropeado, desportillado.* **5. Salubre**, higiénico, salutífero. ➤ *Insalubre, malsano, insano.*

sansón *s. m.* Hércules, forzudo.

santabárbara *s. f.* Polvorín.

santería *s. f.* Santurronería, beatería. ➤ *Impiedad, irreligiosidad.*

santero, ra *adj.* **1. Beato**, supersticioso. ‖ *s. m. y s. f.* **2. Limosnero**.

santiamén, en un *expr.* Instante, rato, periquete, segundo. ➤ *Eternidad.*

santidad *s. f.* Virtud, bondad, religiosidad, espiritualidad, sublimidad, perfección. ➤ *Maldad, impiedad.*

santificable *adj.* Consagrable.

santificación *s. f.* Canonización.

santificar *v. tr.* **1. Canonizar**, beatificar, glorificar, aureolar. **2. Consagrar**, dedicar, ofrecer, bendecir. **3. Adorar**, reverencia, honrar. ➤ *Profanar.*

santiguarse *v. prnl.* **1. Persignarse**, signarse, cruzarse. **2. Maltratar**.

santo, ta *adj.* **1. Puro**, bueno, justo. **2. Beato**, mártir. **3. Virtuoso**, bueno, honesto, inocente. ➤ *Malvado, falso, malo.* **4. Sagrado**, sacro. ➤ *Profano.* ‖ *s. m.* **5. Onomástica**.

santón, na *s. m. y s. f.* **1. Anacoreta**, penitente, asceta. **2. Santurrón**, beato, hipócrita. **3. Cacique**, mandón.

santoral *s. m.* **1. Hagiografía**. **2. Martirologio**, hagiología.

santuario *s. m.* Capilla, oratorio, iglesia, templo, monasterio, convento.

santurrón, na *adj.* **1. Beato**, santón. **2. Meapilas**, misticón, mojigato.

santurronería *s. f.* Beatería, gazmoñería, mojigatería, fariseísmo.

saña *s. f.* **1. Ferocidad**, fiereza, furia, furor, ira, crueldad. **2. Aborrecimiento**, encono, irritación, cólera, rencor.

sañudo, da *adj.* Airado, furioso, virulento, cruel. ➤ *Tranquilo, apacible.*

sápido, da *adj.* Sabroso, suculento. ➤ *Insípido, soso, desaborido.*

sapo *s. m.* **1. Batracio**, anuro. **2. Casualidad**. **3. Meretriz**, ramera, puta.

saqueador, ra *adj.* Asaltante, desvalijador, salteador, ladrón. ➤ *Víctima.*

saquear *v. tr.* Asaltar, atracar, rapiñar, depredar, pillar, entrar a saco, saltear, robar. ➤ *Respetar, restituir.*

saqueo *s. m.* Asalto, atraco, latrocinio, pillaje, salteo, rapiña. ➤ *Devolución.*

sarao *s. m.* Recepción, fiesta, gala.

sarasa *s. m.* Invertido, marica, barbilindo, pisaverde. ➤ *Macho, viril.*

sarcasmo *s. m.* Causticidad, mordacidad, indirecta, ironía, sátira, zaherimiento, retintín, pulla, sátira, burla, cinismo. ➤ *Delicadeza, suavidad.*

sarcásticamente *adv. m.* Cáusticamente, mordazmente, cínicamente.

sarcástico, ca *adj.* Agresivo, punzante, irónico, mordaz. ➤ *Delicado.*

sarcófago *s. m.* Sepulcro, féretro, tumba, ataúd, catafalco, sepultura.

sarcoma *s. m.* Cáncer.

sardineta *s. f.* **1. Insignia**, galón. **2. Latigazo**, golpe, papirotazo.

sarga *s. f.* Estameña.

sargenta *s. f.* Marimacho, mujerona, sargentona, hombruna, pandorga.

sargentear *v. tr.* **1. Mandar**, guiar. ➤ *Obedecer, acatar.* **2. Mandonear**.

sargento, ta *s. m. y s. f.* Suboficial.

sarmiento *s. m.* Codal, mugrón.

sarna *s. f.* Cancha, roña.

sarnoso, sa *adj.* Roñoso.

sarracear *v. intr.* Cercear.

sarrieta *s. f.* Soturno.

sarro *s. m.* Tártaro, placa.

sarta *s. f.* **1. Ristra**, rosario. **2. Retahíla**, serie, sucesión, fila, hilera, cadena, recua. **3. Colección**, secuencia.

sartén *s. f.* Cazuela, paella.

sartenada *s. f.* Fritada.

sastre, tra *s. m. y s. f.* Costurero, modisto, costurera, modista.

satán *s. m.* Lucifer, Belcebú, demonio, diablo, Mefistófeles. ➤ *Ángel, Dios.*

satánico, ca *adj.* **1. Diabólico**, infernal. ➤ *Celestial.* **2. Depravado**, maligno, malvado. ➤ *Bueno, virtuoso.*

satélite *s. m.* **1. Alguacil**, esbirro. **2. Adlátere**, acólito. **3. Astro.**

satén *s. m.* Raso.

satinado, da *adj.* Lustroso, pulido.

satinar *v. tr.* Pulir, tersar, lustrar.

sátira *s. f.* Crítica, diatriba, invectiva, epigrama, ironía, mordacidad, libelo, soflama, sarcasmo. ➤ *Alabanza.*

satíricamente *adv. m.* Mordazmente, sarcásticamente, irónicamente.

satírico, ca *adj.* Cáustico, incisivo, mordaz, acre, cínico. ➤ *Suave.*

satirizar *v. tr.* Censurar, criticar, pinchar, zaherir. ➤ *Alabar, elogiar, loar.*

sátiro *s. m.* Libidinoso, deshonesto, verde, lascivo, sensual. ➤ *Casto.*

satisfacción *s. f.* **1. Disculpa**, excusa, indemnización. ➤ *Deuda, queja.* **2. Orgullo. 3. Contento**, gusto, complacencia. ➤ *Insatisfacción, descontento.*

satisfacer *v. tr.* **1. Abonar**, saldar, costear, indemnizar, liquidar, cancelar, reembolsar, compensar, sufragar. ➤ *Deber, adeudar.* **2. Purgar**, expiar. **3. Acallar**, aquietar, dominar. **4. Vencer**, resolver, solventar. **5. Reparar.** ➤ *Agraviar.* **6. Gratificar**, recompensar, remunerar. **7. Observar**, acatar, guardar, cumplir. **8. Contentar**, ahitar, saturar, colmar, hartar. || *v. prnl.* **9. Saciarse**, repararse. **10. Convencerse**, contentarse, persuadirse.

satisfactorio, ria *adj.* Agradable, ameno, halagador, grato, próspero. ➤ *Desfavorable, insatisfactorio.*

satisfecho, cha *adj.* Creído, ufano, presuntuoso, presumido. ➤ *Humilde, modesto, insatisfecho, triste, pesaroso.*

sátrapa *s. m.* Astuto, avisado, malicioso, taimado, ladino. ➤ *Ingenuo.*

saturación *s. f.* Congestión, abarrotamiento, hartura. ➤ *Descongestión.*

saturar *v. tr.* Abarrotar, atiborrar, colmar, hartar, satisfacer, llenar, saciar,

ahitar, rebosar. ➤ *Vaciar, deshabitar, desocupar, carecer, apetecer.*

saturnal *s. f.* Orgía, fiesta, escándalo, bacanal. ➤ *Orden, recato.*

saturnino, na *adj.* Mohíno, tristón, triste, taciturno. ➤ *Alegre, juerguista.*

sauce *s. m.* Salce, salguero, saz.

saúco *s. m.* Sabuco, sabugo.

saudade *s. f.* Nostalgia, morriña.

saudoso, sa *adj.* Añorante, nostálgico.

sauna *s. f.* Sudadero, vaporario.

sauzgatillo *s. m.* Pimienta loca.

savia *s. f.* **1. Resina**, goma, suco. **2. Fuerza**, vigor, energía. ➤ *Debilidad.*

saya *s. f.* **1. Halda**, pollera, falda. **2. Sayo**, toga, túnica.

sayo *s. m.* **1. Capote**, saya, túnica. **2. Vestidura**, vestimenta, atavío, ropaje.

sayón *s. m.* **1. Corchete**, alguacil. **2. Verdugo. 3. Cruel**, feroz, brutal.

sazón *s. f.* **1. Madurez**, punto. **2. Coyuntura**, oportunidad, ocasión.

sazonado, da *adj.* Adobado, maduro, aliñado. ➤ *Agraz, inmaduro.*

sazonar *v. tr.* **1. Adobar**, condimentar, aliñar, aderezar, salar, salpimentar. **2. Madurar**, rematar, perfeccionar, terminar, concluir, fructificar.

scout *s. m. y s. f.* Explorador.

sebe *s. f.* Barda, espino, vallado, cerca.

sebo *s. m.* Unto, grasa, lardo.

seboso, sa *adj.* Mantecoso, aceitoso, grasiento, pringoso, untuoso, craso.

secadero *s. m.* Escurridero, tendedero.

secador *s. m.* Secapelo.

secafirmas *s. m.* Arenilla, salvadera, secante.

secamente *adv. m.* **1. Tajantemente**, rotundamente. **2. Desabridamente**, groseramente. ➤ *Cortésmente.*

secamiento *s. m.* Desecación, secado.

secano *s. m.* Secadal, seca. ➤ *Regadío.*

secante *adj.* **1. Enjugador**, desecador. **2. Cargante**, latoso, pesado. ➤ *Grato.*

secar *v. tr.* **1. Absorber**, desecar, drenar, enjugar, resecar, escurrir, orear, airear. ➤ *Empapar, mojar, encharcar, ensopar, regar.* **2. Sanar**, curar, cerrar, cicatrizar. **3. Agotar**, agostar, desecar. **4. Molestar**, fastidiar, aburrir. ➤ *Agradar, contentar.* || *v. prnl.*

5. Evaporarse, volatilizarse, disiparse. **6. Desecarse. 7. Agostarse**, marchitarse, ajarse, requemarse, revenirse, agostarse, asurarse. ➤ *Verdecer, brotar, florecer, vitalizar.* **8. Adelgazar**, enmagrecer, sutilizarse, enflaquecer. ➤ *Engordar.* **9. Abotargarse**, embotarse, endurecerse. ➤ *Sensibilizarse.*

secarrón, na *adj.* Duro, desabrido, áspero. ➤ *Amable, afable.*

secatón, na *adj.* Desaborido, insulso, torpe, soso. ➤ *Gracioso, chistoso.*

sección *s. f.* **1. Escisión**, corte, división. **2. Sector**, porción, trozo. **3. División**, comando. **4. Función**, representación. **5. Acto**, jornada, escena.

seccionar *v. tr.* Escindir, fraccionar, partir, cortar. ➤ *Unir, juntar, pegar.*

secesión *s. f.* Segregación, apartamiento, separación, división, disgregación. ➤ *Unión, incorporación, fusión.*

seceso *s. m.* Evacuación, deposición.

seco, ca *adj.* **1. Reseco**, árido. ➤ *Húmedo, mojado.* **2. Marchito**, ajado, mustio. ➤ *Lozano, verde.* **3. Enjuto**, delgado, chupado, flaco. ➤ *Gordo, grueso, obeso.* **4. Estéril**, áspero. ➤ *Fértil.* **5. Adusto**, desabrido, desagradable. ➤ *Amable, agradable, simpático.* ‖ *s. m.* **6. Puñetazo**, golpe.

secor *s. m.* Sequedad. ➤ *Humedad.*

secreción *s. f.* Exudación.

secretamente *adv. m.* Clandestinamente, furtivamente, ocultamente. ➤ *Abiertamente, públicamente.*

secretar *v. tr.* Segregar, exudar.

secretario, ria *s. m. y s. f.* **1. Administrativo**, pasante, oficinista, ayudante. **2. Notario. 3. Ministro.**

secretear *v. intr.* Discretear, susurrar, cuchichear, rumorear. ➤ *Divulgar.*

secreteo *s. m.* Rumoreo, discreteo.

secreter *s. m.* Escritorio, pupitre.

secreto *s. m.* **1. Arcano**, incógnita, misterio, enigma, cifra, clave. **2. Misterioso**, prodigio, oculto, escondido, recóndito, confidencial, ignorado, esotérico, reservado, impenetrable, íntimo, clandestino. ➤ *Conocido, sabido, visible, abierto.* **3. Escondite**, escondrijo, madriguera, laberinto.

secreto, ta *adj.* **1. Ignorado**, enigmático, incógnito, oculto. ➤ *Conocido, sabido.* **2. Confidencial**, íntimo, personal, reservado. ➤ *Público, patente.*

secretorio, ria *adj.* Endocrino, emuntorio.

secta *s. f.* **1. Cisma**, herejía, escisión. ➤ *Ortodoxia.* **2. Superstición.**

sectario, ria *adj.* Dogmático, intransigente, fanático. ➤ *Tolerante.*

sectarismo *s. m.* Fanatismo, intolerancia, partidismo, intransigencia. ➤ *Comprensión, tolerancia.*

sector *s. m.* Grupo, sección, porción.

secuaz *adj.* Adicto, fiel, adepto, seguidor, gregario. ➤ *Oponente, contrario.*

secuela *s. f.* **1. Derivación**, efecto, consecuencia, resulta. **2. Tara**, lesión.

secuencia *s. f.* **1. Sucesión**, sarta, cadena. **2. Colección**, serie. **3. Toma.**

secuestrador, ra *adj.* Raptor, terrorista, delincuente. ➤ *Secuestrado.*

secuestrar *v. tr.* **1. Confiscar**, requisar, retener, embargar. **2. Raptar**, robar.

secuestro *s. m.* **1. Rapto**, retención. **2. Confiscación**, requisa, embargo.

secular *adj.* **1. Tradicional**, antiguo. ➤ *Reciente, nuevo.* **2. Seglar**, laical.

secundar *v. tr.* Apoyar, auxiliar, cooperar, ayudar, favorecer, coadyuvar, colaborar, complementar, seguir. ➤ *Obstaculizar, vetar, abandonar.*

secundario, ria *adj.* Accesorio, complementario, auxiliar, subsiguiente, adjunto, accidental, episódico, dependiente, circunstancial. ➤ *Esencial, principal, primario, necesario.*

sed *s. f.* Anhelo, ansia, apetito, deseo.

seda *s. f.* Chiné, moaré, tisú.

sedación *s. f.* Mitigación, tranquilización. ➤ *Exacerbación, exaltación.*

sedante *adj.* Calmante, tranquilizante, analgésico, paliativo. ➤ *Estimulante.*

sedar *v. tr.* Adormecer, calmar, mitigar, apaciguar, sosegar, aplacar, aquietar, serenar. ➤ *Excitar, exaltar, enervar, irritar, trastornar, inquietar.*

sede *s. f.* **1. Diócesis**, obispado. **2. Emplazamiento**, ubicación.

sedentario, ria *adj.* **1. Quieto**, calmado. ➤ *Movido, animado.* **2. Asen-**

tado, estable. ➤ *Nómada, migratorio.*
3. Inmóvil, estacionario, quieto, inactivo, estático. ➤ *Móvil, activo.*

sedeño, ña *adj.* Suave.

sedería *s. f.* Mercería.

sedicente *adj.* Pretendido, supuesto.

sedición *s. f.* Insurrección, motín, rebelión, levantamiento, sublevación, conspiración, pronunciamiento, cuartelada, algarada, tumulto, agitación. ➤ *Obediencia, acatamiento, sumisión.*

sedicioso, sa *adj.* Amotinado, faccioso, insurrecto. ➤ *Obediente, fiel.*

sediente *adj.* Sediento.

sediento, ta *adj.* **1. Dipsómano. 2. Anhelante**, deseoso, ansioso.

sedimentación *s. f.* Decantación.

sedimentarse *v. prnl.* Precipitarse, concentrarse, asentarse, posarse, depositarse. ➤ *Flotar, diluirse.*

sedimento *s. m.* Hez, precipitado, residuo, poso, depósito, asiento.

sedoso, sa *adj.* Delicado, fino, suave, satinado. ➤ *Áspero, rugoso.*

seducción *s. f.* Halago, sugestión, zalema, atracción, fascinación, encandilamiento. ➤ *Repugnancia, repulsión.*

seducir *v. tr.* **1. Atraer**, tentar, perder, persuadir, corromper, sobornar, inducir. **2. Fascinar**, enamorar, encandilar, cautivar, sugestionar, arrebatar, hechizar, conquistar, embobar, flechar. ➤ *Repugnar, rechazar, repeler.*

seductivo, va *adj.* Seductor, atrayente.

seductor, ra *adj.* Cautivador, atrayente, hechicero, galán, fascinante, conquistador. ➤ *Repugnante, odioso.*

segadera *s. f.* **1. Guadaña**, falce, dalla, hoz. **2. Segadora.**

segador, ra *s. m. y s. f.* Dallador, guadañero.

segadora *adj.* Cortacésped, cosechadora.

segar *v. tr.* **1. Dallar**, guadañar, cortar, talar. **2. Matar**, suprimir, eliminar.

seglar *adj.* **1. Civil**, laico, lego, profano. ➤ *Religioso, profeso, monje.* **2. Terrenal**, mundano, secular, temporal, terreno. ➤ *Divino, deífico.*

segmentación *s. f.* División, escisión, sección. ➤ *Unión, reunión.*

segmentar *v. tr.* Partir, escindir, dividir, seccionar. ➤ *Unir, juntar, pegar.*

segmento *s. m.* Porción, sección, fracción, pedazo, fragmento, trozo, división, parte. ➤ *Todo, conjunto, total.*

segregación *s. f.* Desglose, secesión.

segregacionismo *s. m.* Racismo, apartheid. ➤ *Integración.*

segregacionista *adj.* Racista.

segregar *v. tr.* **1. Desglosar**, discriminar, desmembrar, apartar, desarticular, cortar. ➤ *Unir, juntar, incorporar, articular.* **2. Secretar**, gotear, rezumar, evacuar, excretar, expeler.

segregativo, va *adj.* Separatorio.

seguidamente *adv. m.* Inmediatamente, enseguida. ➤ *Posteriormente.*

seguidilla *s. f.* **1. Copla**, baile, canción. **2. Serie**, ristra, sucesión.

seguido, da *adj.* **1. Inmediato**, subsiguiente, sucesivo, continuo. ➤ *Discontinuo.* **2. Directo**, recto. ➤ *Desviado.*

seguidor, ra *s. m. y s. f.* Discípulo, partidario, secuaz. ➤ *Contrario.*

seguimiento *s. m.* Continuación, sucesión, resultado, prosecución.

seguir *v. tr.* **1. Secundar**, suceder, subseguir. ➤ *Preceder.* **2. Acosar**, perseguir. **3. Proseguir**, permanecer, continuar, reanudar. ➤ *Abandonar, desistir, interrumpir, detenerse.* **4. Acompañar**, escoltar, unirse. **5. Cursar**, desempeñar, practicar. **6. Imitar**, inspirarse, copiar. **7. Continuar**, devenir, verificarse. **8. Perseguir**, acosar, importunar, cazar, hostigar, pisar los talones. ‖ *v. prnl.* **8. Inferirse**, colegirse, derivarse, deducirse. **9. Proceder**, originarse, nacer.

segundar *v. intr.* Seguir, secundar.

segundero *s. m.* Aguja, minutero, saeta, manecilla.

segundo, da *adj.* **1. Posterior**, siguiente. ➤ *Primero.* ‖ *s. m.* **2. Lugarteniente**, ayudante. **3. Instante.**

seguridad *s. f.* Amparo, caución, invulnerabilidad, protección, inmunidad. ➤ *Desamparo, indefensión.*

seguro, ra *adj.* **1. Indemne**, intacto, salvo, ileso. ➤ *Tocado, dañado.* **2. Fijo**, estable, sólido, firme, inamovible, salvo, inexpugnable, inviolable. ➤ *Inestable, tambaleante, inseguro, vacilante.* **3. Incauto,** desprevenido. **4. Flemático,** tranquilo, sereno. ➤ *Desconfiado,, intranquilo.* **5. Abrigado,** protegido, guardado, garantizado. ➤ *Desprotegido, arriesgado.* **6. Cierto,** infalible, innegable, inquebrantable, indudable, inequívoco, invariable. ➤ *Dudoso, incierto.* ‖ *s. m.* **7. Certeza,** convicción, evidencia, seguridad. ➤ *Duda.* **8. Refugio. 9. Garantía. 10. Salvoconducto,** pasaporte.

seísmo *s. m.* Terremoto, temblor, sismo, sacudida, cataclismo, convulsión.

selacio, cia *adj.* Plagióstomo.

selección *s. f.* Opción, preferencia, elección. ➤ *Indistinción, indiferencia.*

seleccionar *v. tr.* Optar, preferir, destacar, separar, elegir, apartar, escoger, distinguir. ➤ *Confundir, relegar.*

selecto, ta *adj.* Distinguido, elegido, escogido, destacado. ➤ *Rechazado.*

sellado, da *adj.* Cerrado, lacrado.

selladura *s. f.* Timbrado.

sellar *v. tr.* **1. Estampillar,** validar, timbrar, estampar, rubricar, señalar, lacrar, imprimir, precintar, grabar, contrastar, emplomar. **2. Señalar,** subrayar. **3. Finalizar,** terminar.

sello *s. m.* **1. Estampilla. 2. Impresión,** estampación. **3. Póliza,** timbre. **4. Franqueo. 5. Cachet,** distinción.

selva *s. f.* Boscaje, espesura, floresta.

selvático, ca *adj.* **1. Montaraz,** agreste. ➤ *Cultivado.* **2. Tosco,** inculto, rústico, incivilizado. ➤ *Civilizado.*

selvatiquez *s. f.* Boscosidad, espesura.

selvoso, sa *adj.* Boscoso. ➤ *Desértico.*

semanal *adj.* Semanario.

semanario *s. m.* Hebdomadario.

semántica *s. f.* Lexicología, lexicografía, semasiología.

semblante *s. m.* Aspecto, figura

semblantear *v. tr.* Indagar, inquirir, investigar, escrutar. ➤ *Ignorar.*

semblanza *s. f.* **1. Parecido,** aire, analogía, semejanza, afinidad, similitud. ➤ *Desemejanza, disimilitud.* **2. Panegírico,** historia, biografía.

semblar *v. intr.* Parecerse, asemejarse.

sembrado *s. m.* Amelga, pegujal, senara, sembradío. ➤ *Erial.*

sembrar *v. tr.* **1. Plantar,** diseminar, amelgar. ➤ *Segar, recolectar.* **2. Arrojar,** repartir, desparramar, esparcir, dispersar, regar. ➤ *Recoger, ordenar.* **3. Difundir,** divulgar, lanzar, predicar, propalar. ➤ *Callar, ocultar.* **4. Sementar,** granear, resembrar. ➤ *Cosechar.*

semejante *adj.* **1. Afín,** análogo, idéntico, parejo, parecido, similar, equivalente, homólogo, comparable, aproximado, igual. ➤ *Distinto, desigual, desemejante, opuesto, diferente.* **2. Prójimo,** vecino. ➤ *Extraño.*

semejanza *s. f.* Analogía, afinidad, similitud. ➤ *Desemejanza, diversidad.*

semejar *v. intr.* Asemejarse, propender, asimilarse. ➤ *Desemejar.*

semen *s. m.* Esperma, simiente.

semental *adj.* Garañón.

sementera *s. f.* **1. Siembra.** ➤ *Cosecha.* **2. Senara,** sembrado. ➤ *Erial.*

sementero *s. m.* Semillero.

semibreve *s. f.* Redonda.

semicírculo *s. m.* Hemiciclo.

semidormido, da *adj.* Amodorrado, adormecido, adormilado. ➤ *Despierto.*

semilla *s. f.* **1. Pepita,** simiente, pipa, grano, almendra, germen, semen. **2. Causa,** origen, raíz, fuente, arranque, fundamento, procedencia. ➤ *Efecto.*

semillero *s. m.* Principio, causa, fuente.

seminario *s. m.* **1. Escuela,** internado, colegio. **2. Curso. 3. Fundamento,** principio. ➤ *Consecuencia, resultado.*

semínima *s. f.* **1. Negra. 2. Minucia.**

semita *adj.* Judío, hebreo, israelita.

semitismo *s. m.* Judaísmo, sionismo.

sempiterno *adj.* Eterno, inmortal, perdurable, interminable, infinito, perpetuo, duradero. ➤ *Finito, efímero, caduco, pasajero, circunstancial.*

senado *s. m.* **1. Cámara alta. 2. Congregación,** cónclave, reunión, congreso. **3. Multitud,** muchedumbre.

senador, ra *s. m. y s. f.* Asambleísta, congresista, parlamentario.

sencillez *s. f.* Candidez, franqueza, ingenuidad, naturalidad, simplicidad, inocencia, sinceridad, afabilidad. ➤

Engolamiento, soberbia, retorcimiento, dificultad, afectación.

sencillo, lla *adj.* **1. Natural**, simple. ➤ *Retorcido, recargado.* **2. Llano**, fácil, simple. ➤ *Oscuro, difícil, complicado.* **3. Espontáneo**, natural. ➤ *Rebuscado, sofisticado.* **4. Ingenuo**, inocente, cándido. ➤ *Falso, avisado.* || *s. m.* **5. Calderilla**, chatarra, suelto.

senda *s. f.* **1. Atajo**, vereda, trilla, trocha, sendero. **2. Dirección**, medio.

sendero *s. m.* Atajo, trocha, vereda.

senectud *s. f.* Ancianidad, decrepitud, vejez, vetustez, senilidad, longevidad. ➤ *Juventud, mocedad, niñez.*

senil *adj.* Caduco, decrépito, longevo, viejo, acabado, anciano, vetusto, provecto. ➤ *Joven, nuevo, juvenil.*

senilidad *s. f.* Decrepitud, vejez, ancianidad, longevidad. ➤ *Juventud.*

seno *s. m.* **1. Oquedad**, agujero, sima. **2. Sinuosidad**, entrante, hueco. **3. Pecho**, teta, mama. **4. Útero**, vientre.

sensación *s. f.* **1. Imagen**, percepción, representación. **2. Impresión**, pasión, sentimiento, emoción.

sensacional *adj.* Impresionante, chocante, extraordinario. ➤ *Ordinario.*

sensacionalista *adj.* Efectista, escandaloso, populachero. ➤ *Moderado.*

sensatamente *adv. m.* Discretamente, razonadamente. ➤ *Insensatamente.*

sensatez *s. f.* Cautela, cordura, discreción, prudencia, circunspección, juicio. ➤ *Insensatez, imprudencia.*

sensato, ta *adj.* Cauto, cuerdo, juicioso, reflexivo, discreto, circunspecto, prudente, sentado, razonable, sesudo. ➤ *Imprudente, irreflexivo, alocado.*

sensibilidad *s. f.* Sentimiento, delicadeza, intuición. ➤ *Insensibilidad.*

sensible *adj.* **1. Sensitivo**, impresionable. ➤ *Insensible.* **2. Perceptible**, manifiesto, apreciable, aparente. ➤ *Imperceptible, inapreciable.* **3. Manifiesto**, patente, evidente. ➤ *Oculto.* **4. Doloroso**, deplorable, lamentable, lastimoso, desgraciado, penoso. ➤ *Agradable, placentero.* **5. Sentimental**, sensiblero, tierno, emotivo, afectivo. ➤ *Duro, insensible, impasible,*

frío. **6. Frágil**, delicado, endeble, sutil. ➤ *Duro, fuerte.*

sensiblería *s. f.* Cursilería, sentimentalismo. ➤ *Moderación, objetividad.*

sensiblero, ra *adj.* Emotivo, cursi, ñoño, sentimental. ➤ *Moderado, frío.*

sensitivo, va *adj.* **1. Emocional**, sensible. ➤ *Duro, impasible.* **2. Sensual.**

sensual *adj.* **1. Sensible**, sensorial. ➤ *Espiritual.* **2. Deleitoso**, gustoso, sibarítico, voluptuoso, epicúreo. ➤ *Austero.* **3. Lujurioso**, lascivo, lúbrico, libidinoso. ➤ *Casto, puritano.*

sensualidad *s. f.* Concupiscencia, voluptuosidad, lubricidad, lascivia.

sensualismo *s. m.* Rijosidad, lascivia, lubricidad. ➤ *Frigidez.*

sentada *s. f.* **1. Asentada. 2. Manifestación**, protesta.

sentado, da *adj.* Pacífico, reposado, sosegado. ➤ *Nervioso, agitado.*

sentar *v. tr.* **1. Asentar. 2. Convenir.** || *v. intr.* **3. Caer**, cuadrar, combinar, ir, favorecer, adaptarse. **4. Digerir**, aprovechar. || *v. prnl.* **5. Asentarse**, aposentarse, tomar asiento, posar, repantigarse, retreparse, arrellanarse.

sentencia *s. f.* **1. Decisión**, resolución, juicio. **2. Aforismo**, apotegma, refrán, máxima, proverbio, dicho, adagio. **3. Veredicto**, dictamen, fallo, decreto. **4. Frase**, proposición, cláusula.

sentenciar *v. tr.* Resolver, fallar, dictaminar, condenar. ➤ *Suspender.*

sentencioso, sa *adj.* **1. Proverbial**, refranero, aforístico. **2. Grave**, enfático, solemne. ➤ *Sencillo, llano.*

sentido, da *adj.* **1. Sensible**, sensitivo, suspicaz, susceptible, delicado, quisquilloso. || *s. m.* **2. Percepción**, sensación. **3. Discernimiento**, sensatez, entendimiento, juicio, razón, conocimiento. **4. Significado**, acepción, significación, semántica. **5. Versión**, interpretación, lectura.

sentimental *adj.* **1. Tierno**, sensible, emotivo, conmovedor. ➤ *Duro, inconmovible.* **2. Cursi**, sensiblero.

sentimentalismo *s. m.* **1. Emotividad**, sensibilidad. **2. Sensiblería**, cursilería, ñoñería.

sentimiento *s. m.* **1. Emoción**, sensibilidad, conmoción, impresión, sensación, vibración, estremecimiento. ➤ *Flema, insensibilidad.* **2. Sensación**, pasión, impresión. **3. Dolor**, gozo, pesar, pena, tristeza, aflicción. ➤ *Alegría.*

sentina *s. f.* **1. Albañal**, cloaca, sumidero, vertedero, basurero, atarjea, alcantarilla, desagüe. **2. Lupanar**, burdel, mancebía, prostíbulo.

sentir *v. tr.* **1. Afectarse**, sufrir, vivir, notar, percibir, padecer, gozar, advertir, distinguir, darse cuenta, inmutarse, emocionarse, moverse, compadecerse, alterarse, estremecerse, excitarse, impresionarse, enternecerse, apasionarse. ➤ *Insensibilizarse.* **2. Afligirse**, conmoverse, dolerse, entristecerse. **3. Lamentar**, deplorar. ➤ *Alegrarse.* **4. Prever**, barruntar, adivinar, mosquearse, temerse, sospechar, intuir.

seña *s. f.* **1. Gesto**, pista. **2. Mueca**, señal. **3. Huella**, indicio, prueba, rastro.

señal *s. f.* **1. Muesca**, signo, sello, contraste, contraseña, marchamo, seña, distintivo. **2. Marca**, indicación, rótulo, inscripción, llamada, referencia, nota. **3. Mojón**, jalón, pilar, poste, hito, meta, guía. **4. Símbolo**, signo, imagen, insignia, representación, emblema. **5. Huella**, indicio, cicatriz, reliquia, quemadura. **6. Mancha**, marca, lunar. **7. Efigie**, estampa, idea, figura. **8. Adelanto**, prenda, anticipo. **9. Indicación**, pista, indicio, denotación, prueba, asomo, índice.

señalado, da *adj.* Notable, importante, singular, ilustre, insigne, famoso, esclarecido. ➤ *Vulgar, insignificante.*

señalamiento *s. m.* Determinación, indicación, designación.

señalar *v. tr.* **1. Destacar**, marcar, remarcar, subrayar, rayar, trazar. ➤ *Borrar, quitar.* **2. Apuntar**, mostrar, indicar, aludir, denotar, mencionar. ➤ *Omitir, soslayar.* **3. Designar**, prescribir, sugerir, determinar, nombrar. **4. Asignar**, destinar, dotar. **5. Rubricar**, firmar, suscribir **6. Nombrar**, especificar, citar, fijar, designar. ‖ *v. prnl.* **6. Singularizarse**, sobresalir,

distinguirse, evidenciarse, significarse, destacarse. ➤ *Pasar inadvertido.*

señalización *s. f.* Abalizamiento.

señalizar *v. tr.* Jalonar, abalizar.

señero, ra *adj.* **1. Solitario**, aislado. ➤ *Acompañado.* **2. Insigne**, destacado, famoso. ➤ *Insignificante.*

señor, ra *adj.* **1. Amo**, poseedor, propietario, dueño, cacique, patrono. **2. Noble**, título, hidalgo, patricio, aristócrata. ➤ *Villano, plebeyo.* ‖ *s. m.* **3. Dueño**, amo. ➤ *Vasallo.* **4. Héroe**, galán. ‖ *n. p. m.* **5. Dios**, Jesucristo.

señora *s. f.* **1. Dueña**, matrona, dama. **2. Cónyuge**, esposa. ➤ *Marido.*

señorear *v. tr.* **1. Dominar**, imperar, sujetar, mandar, disponer, imponerse. ➤ *Obedecer, acatar, servir.* **2. Adueñarse**, hacerse, someter, esclavizar, apoderarse, gobernar. **3. Domeñar**, refrenar, sujetar, disciplinar.

señorial *adj.* Feudal, aristocrático.

señoril *adj.* Aristocrático, aseñorado.

señorío *s. m.* **1. Poderío**, soberanía, poder. **2. Caballerosidad**, gentileza. **3. Patriciado**, aristocracia. ➤ *Plebe.*

señorito *s. m.* Lechuguino, pisaverde, señoritingo, hijo de papá.

señorón, na *adj.* Burgués, figurón, ricachón. ➤ *Pobretón.*

señuelo *s. m.* **1. Cebo**, reclamo. **2. Acicate**, aliciente, añagaza.

separación *s. f.* **1. Alejamiento**, apartamiento, desunión, escisión. ➤ *Acercamiento, unión.* **2. Repudio**, divorcio, ruptura. ➤ *Enlace, nupcias.*

separadamente *adv. m.* Apartadamente, singularmente. ➤ *Juntamente.*

separar *v. tr.* **1. Aislar**, alejar, apartar, marginar. ➤ *Aunar, unir, hermanar.* **2. Analizar**, diferenciar. ➤ *Identificar, unificar.* **3. Apartar**, cesar, deponer. ➤ *Nombrar, designar.* ‖ *v. prnl.* **4. Bifurcarse**, desviarse, alejarse. ➤ *Juntarse, unirse.* **5. Divorciarse**, desunirse, repudiarse. ➤ *Casarse, unirse.* **6. Desvincularse**, dividirse, disociarse. ➤ *Agremiarse, fusionarse.* **7. Apartarse**, abdicar, retirarse.

separata *s. f.* Colaboración, artículo, trabajo. ➤ *Volumen, libro, revista.*

separatismo *s. m.* Regionalismo, nacionalismo. ➤ *Centralismo.*

separatista *adj.* Nacionalista, regionalista.

separativo, va *adj.* Inhibitorio.

sepelio *s. m.* Enterramiento, entierro, inhumación. ➤ *Desenterramiento.*

sepia *s. f.* Calamar, cefalópodo.

septentrión *s. m.* **1. Norte. 2. Tramontana,** bóreas, aquilón.

septentrional *adj.* Ártico, boreal.

septicemia *s. f.* Infección, contagio, contaminación. ➤ *Desinfección.*

sepulcro *s. m.* Tumba, túmulo, sarcófago, sepultura, panteón, fosa, huesa.

sepultador, ra *adj.* Sepulturero, enterrador.

sepultar *v. tr.* **1. Inhumar.** ➤ *Exhumar, desenterrar.* **2. Encubrir,** esconder, soterrar. ➤ *Sacar, exponer.*

sepultura *s. f.* **1. Enterramiento,** inhumación. ➤ *Exhumación.* **2. Fosa,** hoyo. **3. Nicho,** tumba, panteón, sepulcro, mausoleo, sarcófago, cripta.

sepulturero, ra *s. m. y s. f.* Enterrador, sepultador.

sequedad *s. f.* **1. Aridez,** infertilidad. ➤ *Fertilidad, humedad.* **2. Brusquedad,** rudeza, desabrimiento, aspereza, dureza. ➤ *Dulzura, suavidad.*

séquito *s. m.* Acompañamiento, comparsa, cortejo, comitiva, escolta.

ser *s. m.* **1. Sustancia,** alma, esencia. **2. Criatura,** entidad, individuo, ente, objeto, cosa. ➤ *Nada.* **3. Vivir,** existir, estar, haber, preexistir, subsistir, coexistir, hallarse. ➤ *Inexistencia.*

sera *s. f.* Capacho, saco, espuerta.

seráfico, ca *adj.* Angelical, cándido.

serafín *s. m.* **1. Ángel,** arcángel, querube, querubín. ➤ *Demonio, diablo.* **2. Belleza,** hermosura. ➤ *Monstruo.*

serenar *v. tr.* **1. Aclarar,** sosegar, despejar, escampar. ➤ *Turbarse, exaltarse, agitar, revolver.* **2. Calmar,** tranquilizar, aquietar, moderar, apaciguar, consolar, templar. ➤ *Intranquilidad, alterar.* **3. Enfriarse,** sosegarse, templarse. ➤ *Enardecerse, exaltarse.* ‖ *v. intr.* **4 Lloviznar,** chispear.

serenata *s. f.* Ronda.

serenidad *s. f.* Dominio, impavidez, sosiego, temple, tranquilidad, calma, entereza, imperturbabilidad, paciencia, placidez, quietud, flema, apacibilidad, sangre fría. ➤ *Nerviosismo, exaltación, irritabilidad, intranquilidad.*

sereno, na *adj.* **1. Despejado,** apacible, escampado. ➤ *Cubierto, encapotado.* **2. Tranquilo,** relajado, templado, apacible, sosegado. ➤ *Exaltado, turbio.* ‖ *s. m.* **3. Vigilante,** guardia.

seriación *s. f.* Clasificación, ordenación, encadenamiento.

seriar *v. tr.* Agrupar, clasificar, ordenar. ➤ *Desordenar, desorganizar.*

sérico, ca *adj.* Fino, suave, sedoso. ➤ *Áspero, rugoso.*

serie *s. f.* **1. Inventario,** lista, sucesión, cadena, orden, ciclo, retahila, letanía, hilera, fila, cola, columna, sarta, ristra, rosario, recua, progresión, tirada. ➤ *Discontinuidad, unidad.* **2. Colección. 3. Serial,** teleserie.

seriedad *s. f.* Circunspección, formalidad, gravedad, prudencia, dignidad. ➤ *Frivolidad, superficialidad.*

serio, ria *adj.* **1. Sensato,** circunspecto, prudente, sentencioso, respetable, digno, ponderado, consciente. ➤ *Informal, alocado, insensato, inconsciente.* **2. Honrado,** formal. ➤ *Falso, embaucador.* **3. Adusto,** malhumorado, tieso, rígido, desabrido, seco, servero. ➤ *Alegre, sonriente, afable.*

sermón *s. m.* **1. Plática,** prédica, predicación, discurso, perorata, alocución. **2. Riña,** recriminación, reconversión, reprimenda, amonestación, regañina, repaso, rociada, reproche, increpación. ➤ *Alabanza, elogio.*

sermonearse *v. prnl.* Reconvenir, regañar, reñir, amonestar, reprender. ➤ *Alabar, elogiar, premiar.*

serón *s. m.* Capacho, espuerta.

serosidad *s. f.* Humor, mucosidad, fluxión, secreción, destilación, sudor, flujo, supuración, pus.

seroso, sa *adj.* Humoral, supurativo.

serótino, na *adj.* Sahornado.

serpentear *v. intr.* Gatear, zigzaguear, culebrear, reptar, serpear, arrastrarse.

serpenteo *s. m.* Culebreo, zigzag.

serpentín *s. m.* Conducto, tubo.

serpentina *s. f.* Cinta, banda.

serpiente *s. f.* Sierpe, crótalo, ofidio.

serpollar *v. intr.* Reverdecer, retoñar.

serpollo *s. m.* Brote, yema, retoño.

serrado, da *adj.* Cortado, dentado, irregular. ➤ *Regular, liso.*

serrallo *s. m.* Harén, gineceo.

serrar *v. tr.* Aserrar, partir, cortar.

serrería *s. f.* Aserradero.

serrín *s. m.* Viruta, residuo.

seruendo, da *adj.* Serondo, tardío.

servato *s. m.* Peucédano.

servible *adj.* Aprovechable, utilizable. ➤ *Inservible, desechable, inútil.*

servicial *adj.* **1. Comedido**, cumplidor, diligente. ➤ *Vago.* **2. Obsequioso**, complaciente, atento, amable.

servicialmente *adv. m.* Atentamente, diligentemente, solícitamente.

servicio *s. m.* **1. Servidumbre. 2. Regalo**, favor, beneficio, utilidad, provecho, interés, uso. **3. Culto**, ceremonia, oficio, reverencia. **4. Lavabo**, retrete, váter. **5. Colaboración**, cooperación, prestación, asistencia.

servidor, ra *s. m. y s. f.* Fámulo, doméstico, asistente, mozo, sirviente, criado, mercenario, escudero, paje, camarero, lacayo, recadero, mayordomo, ayo, ordenanza. ➤ *Amo, señor.*

servidumbre *s. f.* **1. Servicio**, asistencia. **2. Esclavitud**, vasallaje, yugo. **3. Sirvientes**, servidores, criados. **4. Carga**, deber, sujeción, obligación.

servil *adj.* **1. Bajo**, vulgar, insignificante, rastrero, vil, despreciable, abyecto, lameculos, esclavo, servilón. ➤ *Importante, grande.* **2. Adulador**, cobista, pelotillero. ➤ *Sincero, franco.*

servilismo *s. m.* Lisonja, adulación, coba. ➤ *Altanería.*

servilletero *s. m.* Anillo, aro.

servilmente *adv. m.* Vilmente, vulgarmente, indecorosamente.

servir *v. intr.* **1. Auxiliar**, emplearse, asistir, alquilarse, ayudar. ➤ *Dominar, mandar.* **2. Obedecer**, someterse, respetar, seguir, acatar, secundar. ➤ *Desacatar, desobedecer.* **3. Apro-**vechar, valer, interesar, ajustar, utilizarse, concertar, beneficiar. ➤ *Estorbar, ser inútil.* **4. Repartir**, escanciar, distribuir ‖ *v. tr.* **5. Adorar**, reverenciar. **6. Favorecer**, agasajar, halagar. **7. Galantear**, requerir. **8. Contribuir**, colaborar. ‖ *v. prnl.* **9. Condescender**, dignarse. ➤ *Negarse, rechazar.* **10. Usar**, gastar, utilizar.

servitud *s. f.* Servidumbre, esclavitud.

sesada *s. f.* Encéfalo, cerebro, sesos.

sesera *s. f.* Cráneo, mollera, cerebro, sesos, encéfalo.

sesgado, da *adj.* **1. Oblicuo**, transversal, diagonal, inclinado, ladeado, cruzado. ➤ *Recto, vertical, horizontal.* **2. Quieto**, tranquilo, sosegado, pacífico, reposado. ➤ *Intranquilo, belicoso.*

sesgar *v. tr.* Inclinar, ladear, tumbar, torcer. ➤ *Enderezar, levantar.*

sesgo *s. m.* **1. Soslayo**, torcimiento, inclinación, oblicuidad. **2. Derrotero**, rumbo, camino, marcha, curso.

sesión *s. f.* **1. Vista**, audición, reunión, junta. **2. Función**, pase.

seso *s. m.* **1. Cerebro**, encéfalo, sesada, sustancia gris, meollo, sesera. **2. Discreción**, mesura, moderación, prudencia, madurez, cordura, cautela, sensatez, reflexión, formalidad, precaución, tino. ➤ *Insensatez, locura.*

sesteadero *s. m.* Sestil.

sestear *v. intr.* Descansar, dormitar, reposar. ➤ *Velar, vigilar.*

sesudo, da *adj.* **1. Circunspecto**, cuerdo, discreto, reflexivo, sensato. ➤ *Insensato, desmesurado.* **2. Cerebral**, inteligente, listo. ➤ *Necio, tonto.*

seta *s. f.* Hongo, champiñón.

seto *s. m.* Macizo, emparrado, empalizada, valla, tapia, cerco, estacada.

seudónimo *s. m.* Apodo, sobrenombre, alias.

severidad *s. f.* Dureza, inflexibilidad, rigidez, rigurosidad, austeridad, seriedad, gravedad, intolerancia, intransigencia, aspereza, desabrimiento. ➤ *Blandura, permisividad, amabilidad, flexibilidad, tolerancia.*

severo, ra *adj.* **1. Despiadado**, estricto, implacable, inflexible. ➤ *Toleran-*

te, blando, permisivo. **2. Exacto**, riguroso, rígido. ➤ *Aproximado.*

sexo *s. m.* **1. Género**, naturaleza. **2. Genitales**, partes pudendas.

sexual *adj.* Amatorio, erótico, genital, venéreo, carnal, lascivo. ➤ *Espiritual.*

sexualidad *s. f.* Carnalidad, erotismo, sensualidad, lascivia. ➤ *Castidad.*

shock *s. m.* Impresión, trauma.

sialismo *s. m.* Ptialismo.

sibarita *adj.* Epicúreo, refinado, sensual, comodón, regalado. ➤ *Comedido, parco, espartano, austero.*

sibaritismo *s. m.* Epicureísmo, sensualismo, regalo. ➤ *Austeridad.*

sibil *s. m.* **1. Silo**, almacén, despensa. **2. Subterráneo**, túnel.

sibila *s. f.* Adivinadora, profetisa, pitonisa, sacerdotisa.

sibilante *adj.* Siseante, silbante.

sibilino, na *adj.* Ambiguo, confuso, indescifrable, ininteligible, misterioso, inextricable, profético, sutil, oscuro. ➤ *Claro, sencillo, inteligible, patente.*

sicalipsis *s. f.* Escabrosidad, obscenidad, grosería, picardía. ➤ *Inocencia.*

sicalíptico, ca *adj.* Lascivo, escabroso, verde, deshonesto, pornográfico, pícaro. ➤ *Casto, puro, inocente.*

sicario *s. m.* Esbirro, mercenario.

sicofante *s. m.* Impostor, calumniador, zaheridor, difamador, detractor.

sicote *s. m.* Mugre, roña, suciedad.

sideral *adj.* Astral, estelar, sidéreo.

siderurgia *s. f.* Acería, forja, fundición.

sidrería *s. f.* Chigre, lagar.

siega *s. f.* Segazón.

siempre *adv. t.* Perpetuamente, constantemente. ➤ *Nunca, jamás.*

sien *s. f.* Templa.

sierra *s. f.* **1. Serrucho**. **2. Aserradero**, serrería. **3. Cadena**, serranía.

siervo *s. f.* Esclavo, servidor, cautivo, villano. ➤ *Señor, amo, jefe.*

sieso *s. m.* Ano.

siete *s. m.* Desgarrón, roto, jirón, pingajo, descosido.

sietecolores *s. m.* Jilguero, pintacilgo.

sietemesino, na *adj.* **1. Prematuro**. **2. Esmirriado**, renacuajo, raquítico, enclenque. ➤ *Robusto, fuerte.*

sífilis *s. f.* Gálico, lúe.

sifón *s. m.* **1. Conducto**, tubo. **2. Agua carbónica**.

sigilación *s. f.* Ocultación, silencio.

sigilar *v. tr.* Encubrir, omitir, silenciar.

sigilo *s. m.* **1. Marca**, sello. **2. Disimulo**, reserva, secreto, ocultación. **3. Discreción**, cautela, silencio.

sigilosamente *adv. m.* Calladamente, encubiertamente. ➤ *Abiertamente.*

sigiloso, sa *adj.* Cauteloso, discreto, silencioso. ➤ *Indiscreto, cotilla.*

sigla *s. f.* Abreviatura, inicial.

siglo *s. m.* **1. Centuria**. **2. Edad**, época, período, tiempo.

signar *v. tr.* **1. Marcar**, cerrar, lacrar. **2. Persignarse**, santiguarse, cruzarse.

signatura *s. f.* Distintivo, marca, rúbrica, firma, señal.

significación *s. f.* **1. Acepción**, valor, sentido. **2. Trascendencia**, alcance, importancia. ➤ *Insignificancia.*

significado *s. m.* **1. Acepción**, valor, sentido. **2. Conocido**, reputado.

significar *v. tr.* **1. Designar**, representar, simbolizar. **2. Connotar**, denotar. **3. Notificar**, comunicar, informar. ➤ *Omitir, ocultar.* ‖ *v. prnl.* **4. Sobresalir**, destacar, caracterizarse.

significativo, va *adj.* **1. Característico**, elocuente, representativo. **2. Notable**, famoso, conocido, destacado. ➤ *Desconocido, insignificante.*

signo *s. m.* **1. Icono**, símbolo. **2. Marca**, indicio, huella, vestigio, síntoma, trazo, señal, emblema, pista, abreviatura, imagen. **3. Sino**, hado, destino.

siguiente *adj.* Subsecuente, subsiguiente, sucesivo, ulterior, posterior, sucesor. ➤ *Anterior, precedente, primero, antecente, preliminar.*

silabación *s. f.* Deletreo, vocalización.

silabario *s. m.* Cartilla, catón.

silabear *v. intr.* Deletrear, vocalizar.

silabeo *s. m.* Balbuceo, pronunciación, vocalización, deletreo.

silba *s. f.* Abucheo, pateo, pitada.

silbar *v. intr.* Abuchear, chiflar, patear, reventar. ➤ *Ovacionar, aplaudir.*

silbato *s. m.* Chiflato, pito.

silbo *s. m.* Pitido, silbido.

silenciar *v. tr.* **1. Omitir**, reservar, ocultar. ➤ *Hablar, publicar.* **2. Aplacar**, aquietar, acallar.

silenciario, ria *adj.* Callado, silente.

silencio *s. m.* Mudez, mutismo, sigilo.

silenciosamente *adv. m.* Calladamente, quedamente, mudamente.

silencioso, sa *adj.* **1. Callado**, reservado, taciturno, mudo, sigiloso. ➤ *Hablador, parlanchín.* **2. Insonoro**, silente. ➤ *Ruidoso, bullicioso.*

sílex *s. m.* Sílice.

sílfide *s. f.* **1. Hada**, nereida, ondina. ‖ *s. m. y s. f.* **2. Fino**, flaco. ➤ *Gordo.*

sílice *s. f.* Pedernal, sílex, ónice.

silla *s. f.* **1. Butaca**, sede, asiento. **2. Montura**, aparejo. **3. Cargo**, obispado, dignidad, preeminencia.

sillar *s. m.* Cimiento, sillarejo, bloque.

sillería *s. f.* Muro, paramento, paredón.

silletazo *s. m.* Trastazo, batacazo.

silletín *s. m.* Escabel, banqueta.

sillón *s. m.* Butacón, poltrona.

silo *s. m.* **1. Hórreo**, troj, granero. **2. Cueva**, túnel, subterráneo.

silogismo *s. m.* Argumentación, deducción, razón, razonamiento.

silueta *s. f.* **1. Forma**, figura, contorno, perfil, cerco, forma. **2. Sombra**.

silvano *adj.* Selvático, boscoso, forestal.

silvestre *adj.* **1. Agreste**, montaraz, salvaje, campestre, selvático, rústico, indómito. ➤ *Cultivado, domesticado.* **2. Rústico**, pedestre, cerril, zafio, bárbaro. ➤ *Urbano, culto, refinado.*

sima *s. f.* Abismo, depresión, oquedad, fosa, barranco, concavidad, pozo.

simado, da *adj.* Abismal.

simbiosis *s. f.* Coexistencia, convivencia, asociación. ➤ *Enfrentamiento.*

simbólico, ca *adj.* Alegórico, figurado, traslaticio, metafórico. ➤ *Real.*

simbolizar *v. tr.* **1. Representar**, encarnar, significar. ‖ *v. intr.* **2. Semejar**, parecerse. ➤ *Diferenciarse.*

símbolo *s. m.* Alegoría, ideograma, imagen, signo, efigie, insignia, metáfora, figura, ficción, parábola, sugerimiento, representación.

simetría *s. f.* **1. Conformidad**, armonía, equilibrio, proporción. ➤ *Dese-quilibrio, desproporción.* **2. Concordancia**, consonancia, equivalencia.

simétrico, ca *adj.* Armonioso, compensado, equilibrado, proporcionado.

simio, mia *s. m. y s. f.* Mono, primate.

símil *s. m.* Comparación, parecido, similitud, semejanza. ➤ *Diferencia.*

similar *adj.* Análogo, comparable, equivalente, parecido, semejante, simil, próximo, afín, igual. ➤ *Desemejante, diferente, opuesto, distinto.*

similicadencia *s. f.* Asonancia, consonancia, rima.

similitud *s. f.* Analogía, identidad, parecido, semejanza. ➤ *Desemejanza.*

simonía *s. f.* Delito, pecado.

simoníaco, ca *adj.* Mercenario, negociante.

simpatía *s. f.* **1. Afinidad**, inclinación, analogía, conformidad. ➤ *Disidencia, animadversión.* **2. Apego**, querencia, cariño. ➤ *Aversión, desafección, esquivez.* **3. Atracción**, propensión, amistad. ➤ *Animadversión, ojeriza.*

simpáticamente *adv. m.* Amorosamente, afectuosamente.

simpático, ca *adj.* Agradable, encantador, atractivo. ➤ *Desagradable.*

simpatizante *adj.* Admirador, prosélito, seguidor. ➤ *Contrario, enemigo.*

simpatizar *v. intr.* Avenirse, congeniar, llevarse bien, entenderse, amistar. ➤ *Aborrecer, odiar, repeler.*

simple *adj.* **1. Escueto**, estricto, neto. ➤ *Complejo, vario.* **2. Fácil**, sencillo, elemental, solo, único, puro, mondo y lirondo. ➤ *Difícil, complicado, enrevesado, múltiple.* **3. Cándido**, inocente. ➤ *Avispado, listo, precavido.* **4. Memo**, necio, pazguato, incauto, apacible, manso, bobo, simplón. ➤ *Listo, inteligente.* **5. Soso**, insípido, desabrido, insulso. ➤ *Sazonado, sabroso.*

simpleza *s. f.* Estupidez, memez, simplonería. ➤ *Ocurrencia, agudeza.*

simplicidad *s. f.* Sencillez, naturalidad, pureza, candidez, espontaneidad. ➤ *Complejidad, retorcimiento.*

simplificación *s. f.* Abreviación, acortamiento, compendio, resumen. ➤ *Amplificación, alargamiento.*

simplificar *v. tr.* **1. Facilitar**, allanar, descomponer, desenredar, reducir. ➤ *Complicar, dificultar, embrollar.* **2. Abreviar**, esquematizar, descomponer, resumir. ➤ *Desarrollar, ampliar.*

simposio *s. m.* Congreso, asamblea, seminario, reunión, junta, curso.

simulación *s. f.* Fingimiento, simulacro, apariencia, ficción, engaño, maniobra. ➤ *Verdad, realidad.*

simulacro *s. m.* **1. Efigie**, escultura. **2. Ilusión**, sueño, ficción, imitación. ➤ *Realidad, verdad.* **3. Ensayo**, maniobra, práctica, ejercicio, simulación.

simulador, ra *adj.* Farsante, impostor, superchero. ➤ *Sincero, franco.*

simular *v. tr.* Aparentar, falsear, falsificar, fingir, imitar, disimular, disfrazar, desfigurar, solapar. ➤ *Aclarar.*

simultáneamente *adv. m.* Conjuntamente, a la par, al mismo tiempo.

simultanear *v. tr.* Coincidir, coexistir, corresponderse, concurrir, sincronizar.

simultaneidad *s. f.* Coexistencia, coincidencia, concomitancia, sincronización, sincronía. ➤ *Acronía.*

simultáneo, a *adj.* Coexistente, coincidente, concurrente. ➤ *Divergente.*

simún *s. m.* Siroco.

sinalefa *s. f.* Aféresis, contracción.

sinapismo *s. m.* Bizma, emplasto, parche, cataplasma, tónico.

sinceramente *adv. m.* Abiertamente, públicamente, verazmente, honradamente. ➤ *Falsamente, hipócritamente.*

sincerar *v. tr.* **1. Defender**, descargar, exculpar, justificar. ➤ *Culpar.* ‖ *v. prnl.* **2. Abrirse**, descargar, desnudarse, revelar. ➤ *Disimular, ocultar.*

sinceridad *s. f.* Candidez, franqueza, honestidad, veracidad, naturalidad, ingenuidad, honradez, verdad, familiaridad, confianza, espontaneidad, sencillez, claridad. ➤ *Deslealtad, falsedad, hipocresía, simulación.*

sincero, ra *adj.* Veraz, honrado, abierto, franco, noble, honesto, real. ➤ *Retorcido, desleal, falso, hipócrita.*

sinclinal *adj.* Ancón, plegamiento.

síncopa *s. f.* Reducción, supresión, acortamiento. ➤ *Ampliación.*

sincopar *v. tr.* Abreviar, acortar, resumir, compendiar, sintetizar, extractar, condensar. ➤ *Ampliar, desarrollar.*

síncope *s. m.* Desfallecimiento, desmayo, vahído, mareo, desvanecimiento, aturdimiento, soponcio, rapto, colapso, telele, patatús. ➤ *Vuelta en sí.*

sincronía *s. f.* Coexistencia, simultaneidad, concurrencia, coincidencia. ➤ *Desigualdad, diferencia, acronía.*

sincrónico, ca *adj.* **1. Coincidente**, simultáneo, isócrono, concordante, coetáneo. ➤ *Sucesivo.* **2. Descriptivo**, estático. ➤ *Diacrónico.*

sincronismo *s. m.* Sincronía, coincidencia. ➤ *Diferencia.*

sindicación *s. f.* Agremiación, asociación, reunión. ➤ *Disociación, escisión.*

sindicado, da *adj.* Gremial, colegiado.

sindicar *v. tr.* Agremiarse, colegiarse, federarse, ligar, hermanar, asociar, juntar. ➤ *Disolverse, asindicarse.*

sindicato *s. m.* Gremio, asociación, colegio, federación, hermandad.

síndrome *s. m.* Indicio, signo, manifestación, síntoma.

sinécdoque *s. f.* Figura, metonimia.

sinecura *s. f.* Poltrona, chollo, prebenda.

sine die *loc. lat.* Ilimitado, indefinido.

sine qua non *loc. lat.* Indispensable, condicionado. ➤ *Innecesario.*

sinéresis *s. f.* Compresión, contracción.

sinergia *s. f.* Concurso, correlación, unión.

sínfisis *s. f.* Articulación.

sinfín *s. m.* Infinidad, abundancia, sinnúmero, cerro, cúmulo, pluralidad, montón, multitud, pila, muchedumbre. ➤ *Singularidad, carencia.*

sinfonía *s. f.* Introducción, obertura.

sinfónico, ca *adj.* Músico, polifónico.

sinfonista *s. m. y s. f.* Músico, compositor.

singar *v. intr.* Bogar.

singular *adj.* **1. Solo**, aislado, impar. ➤ *Plural.* **2. Extravagante**, excelente, original, único. ➤ *Vulgar, normal.*

singularidad *s. f.* Anomalía, excelencia, peculiaridad, distinción.

singularizar *v. tr.* **1. Caracterizarse**, destacar, diferenciar, particularizar, separar, señalar. ➤ *Confundir, generalizar.* ‖ *v. prnl.* **2. Destacarse**, individualizarse, sobresalir. ➤ *Ocultarse.*

siniestro, tra *adj.* **1. Izquierdo**, zurdo. ➤ *Diestro, derecho.* **2. Perverso**, maligno, malo, malintencionado, avieso, funesto. ➤ *Inocente, puro.* **3. Desgraciado**, infausto, aciago, funesto, espantoso, lúgubre, torcido, espeluznante, odioso. ➤ *Feliz, placentero, afortunado, bueno.* ‖ *s. m.* **4. Catástrofe**, desastre, desgracia, accidente, plaga, ruina, hecatombe, daño.

sinnúmero *s. m.* Sinfín, multitud, infinidad, abundancia. ➤ *Escasez.*

sinonimia *s. f.* Igualdad, equivalencia, correspondencia. ➤ *Antonimia, oposición, complementariedad.*

sinónimo, ma *adj.* Equisignificativo, equivalente, semejante, igual, mismo, parecido, parejo, equipolente. ➤ *Antónimo, contrario, opuesto.*

sinopsis *s. f.* **1. Esquema**, mapa conceptual. **2. Resumen**, síntesis.

sinóptico, ca *adj.* Breve, claro, esquemático, extractado, compendiado. ➤ *Ampliado, confuso, ininteligible.*

sinrazón *s. f.* Desafuero, injusticia, iniquidad, tropelía. ➤ *Justicia.*

sinsabor *s. m.* Contrariedad, pesadumbre, disgusto, pesar, desazón, pena, angustia. ➤ *Alegría, placer, dicha.*

sinsustancia *s. m. y s. f.* Insignificante, inconstante, ligero. ➤ *Serio, grave.*

sintaxis *s. f.* Construcción, ordenación, gramática.

síntesis *s. f.* **1. Deducción**, argumentación. **2. Resumen**, sinopsis, suma.

sintético, ca *adj.* **1. Extractado**, recopilado, resumido, compendiado, abreviado. ➤ *Aumentado, ampliado.* **2. Artificial**, industrial. ➤ *Natural, puro.*

sintetizable *adj.* Resumible, esquematizable. ➤ *Ampliable.*

sintetizar *v. tr.* Abreviar, compendiar, condensar, resumir, sintetizar, esquematizar, extractar, substanciar. ➤ *Ampliar, aumentar, desarrollar.*

síntoma *s. m.* **1. Indicio**, manifestación, síndrome. **2. Señal**, signo, barrunto, evidencia, revelación.

sintomático, ca *adj.* Manifiesto, revelador, significativo, indicativo.

sintonización *s. f.* Captación, recepción, conexión. ➤ *Desconexión.*

sintonizar *v. tr.* Captar, recibir, recoger.

sinuosidad *s. f.* Curvatura, meandro, circunvolución, serpenteo. ➤ *Recta.*

sinuoso, sa *adj.* **1. Ondulado**, serpenteante, quebrado. ➤ *Recto, directo, plano.* **2. Disimulado**, tortuoso, hipócrita. ➤ *Franco, sincero, veraz.*

sinvergonzonería *s. f.* Inmoralidad, vileza, villanía, picaresca, granujería. ➤ *Moralidad, honradez, probidad.*

sinvergüenza *adj.* Bandido, bribón, granuja, pícaro. ➤ *Honrado, decente.*

sionismo *s. m.* Hebraísmo, judaísmo, mosaísmo, semitismo.

sipo, pa *adj.* Picoso, virolento.

sir *s. m.* Señor.

sire *s. m.* Majestad.

sirena *s. f.* **1. Náyade**, ondina, nereida, ninfa. **2. Bocina**, pito, alarma.

sirga *s. f.* Cable, silga, cabo, maroma.

sirgar *v. tr.* Atoar, arrastrar.

sirimiri *s. m.* Orvallo, llovizna, calabobos.

siringa *s. f.* Flauta, caramillo.

sirle *s. m.* Cagarruta, excremento.

sirviente, ta *s. m. y s. f.* Servidor, criado, asistente, muchacho, fámulo, mozo, mercenario, dependiente, lacayo, mayordomo, doméstico, recadero, camarero, paje, escudero. ➤ *Amo, señor, patrono, jefe.*

sisa *s. f.* **1. Ratería**, hurto, robo, sustración, merma. ➤ *Restitución..* **2. Sesgo**, bies, oblicuidad, sesgadura.

sisador, ra *adj.* Escamoteador, sisón, ladrón. ➤ *Honrado, restituidor.*

sisal *s. m.* Cuerda, fibra, hilo.

sisar *v. tr.* **1. Afanar**, escamotear, sustraer, mermar, defraudar, rebajar, ratear, escamotear, hurtar. ➤ *Aumentar, añadir.* **2. Cortar**, sesgar, nesgar.

sisear *v. intr.* Chistar, cuchichear, abuchear, protestar, pitar, silbar.

siseo *s. m.* Cuchicheo, abucheo.

sismo *s. m.* Temblor, sacudida.

sistema *s. m.* **1. Estructura**, plan, método, técnica, régimen. **2. Organiza-**

ción, procedimiento. **3. Criterio**, pauta, principio, regla, norma.

sistemático, ca *adj.* Metódico, regular. ➤ *Asistemático, caótico.*

sistematización *s. f.* Codificación, organización, ordenación, estructuración. ➤ *Caos, desorden.*

sistematizar *v. tr.* Estructurar, normalizar, organizar, regularizar. ➤ *Desarreglar, desorganizar, desordenar.*

sitiado, da *adj.* Rodeado, copado.

sitiador, ra *adj.* Acosador, atacante.

sitiar *v. tr.* **1. Asediar**, rodear, cercar, bloquear, poner cerco, circundar, estrechar, poner sitio, circunvalar. **2. Acorralar**, intimidar, apremiar, arrinconar, importunar, aislar, atormentar.

sitiería *s. f.* Aldea, poblado.

sitiero, ra *s. m. y s. f.* Casero.

sitio *s. m.* **1. Paraje**, punto, parte, ubicación. **2. Finca**, cortijo. **3. Asedio**, bloqueo, cerco. ➤ *Liberación.*

situación *s. f.* **1. Colocación**, emplazamiento, ubicación. ➤ *Desplazamiento.* **2. Condición**, constitución. **3. Circunstancia**, coyuntura, factor.

situar *v. tr.* **1. Ubicar**, colocar, emplazar, poner, instalar, asentar, dejar, estacionar, plantar. ➤ *Sacar, coger, quitar, descolocar.* || *v. prnl.* **2. Acomodarse**, mejorar, medrar, prosperar. ➤ *Empobrecerse, arruinarse.*

siútico, ca *adj.* Cursi, snob.

soasar *v. tr.* Tostar, torrar.

soba *s. f.* **1. Manoseo**, sobo, magreo. **2. Zurra**, paliza, azotaina.

sobaco *s. m.* Axila.

sobado, da *adj.* **1. Desgastado**, manoseado, trillado. ➤ *Flamante, nuevo.* || *s. m.* **2. Bollo**, torta, dulce.

sobajamiento *s. m.* Ajamiento, deterioro, manoseo, desgaste.

sobajar *v. tr.* Ajar, deteriorar, desgastar, estropear, manosear. ➤ *Cuidar.*

sobajeo *s. m.* Ajamiento, deterioro, manoseo. ➤ *Cuidado, mimo.*

sobaquina *s. f.* Hedor, tufo.

sobar *v. tr.* **1. Amasar**, manosear, mezclar, manipular, tocar, palpar, magrar, sobajar, ajar, toquetear, tentar, resobar, hurgar. **2. Zurrar**, apalear,

pegar, golpear, brear, baquetear, sacudir, atizar, tundir. ➤ *Acariciar.* **3. Fastidiar**, importunar, incomodar, chinchar. ➤ *Agradar, complacer.*

soberanía *s. f.* Señorío, dominio, imperio, gobierno, mando, autoridad.

soberano, na *adj.* **1. Rey**, emperador, monarca, príncipe, señor. ➤ *Vasallo.* **2. Grande**, excelente, supremo.

soberbia *s. f.* **1. Inmodestia**, presunción, altanería. ➤ *Modestia.* **2. Arrogancia**, orgullo, altivez. ➤ *Humildad.*

soberbio, bia *adj.* **1. Altanero**, arrogante, impulsivo. ➤ *Modesto.* **2. Sublime**, excelente, perfecto. ➤ *Imperfecto, nimio.* **3. Impulsivo**, fogoso, arrebatado. ➤ *Tranquilo, cortado.*

sobón, na *adj.* **1. Pulpo**, pegajoso. **2. Magreador**.

sobornable *adj.* Comprable, corruptible, venal. ➤ *Insobornable.*

sobornar *v. tr.* Cohechar, comprar, untar, conquistar, corromper.

soborno *s. m.* Compra, cohecho, corrupción.

sobra *s. f.* **1. Abundancia**, desbordamiento, redundancia, superávit. ➤ *Carencia, escasez.* || *s. f. pl.* **2. Arrebañaduras**, migajas, restos. **3. Basura**, despojos, residuos, desperdicios.

sobradamente *adv. c.* Ampliamente, demasiado, largamente, de sobra, excesivo. ➤ *Escasamente, pobremente.*

sobradero *s. m.* Aliviadero.

sobrado *s. m.* **1. Arrebañaduras**, migajas, restos. **2. Anaquelería**.

sobrante *adj.* Excedente, excesivo, superfluo.

sobrar *v. intr.* **1. Abundar**, exceder, superar, rebasar, holgar, resobrar, superabundar. ➤ *Faltar, carecer, necesitar.* || *v. tr. y v. intr.* **2. Estorbar**, entorpecer. || *v. tr.* **3. Restar**, quedar, subsistir. ➤ *Acabarse, agotarse.*

sobreabundante *adj.* Excesivo, abundante, demasiado. ➤ *Escaso.*

sobreabundar *v. intr.* Rebosar, exceder, superar. ➤ *Carecer, faltar.*

sobrealimentar *v. tr.* Cebar, atracar, ahitar, engordar, atiborrar. ➤ *Ayunar, abstenerse, moderarse, desnutrir.*

sobrearar *v. tr.* Binar.

sobreasar *v. tr.* Tostar, torrar.

sobrecarga *s. f.* Sobornal.

sobrecargar *v. tr.* Abrumar, exceder, atiborrar, abarrotar, aplastar, colmar, recargar, incrementar, gravar. ➤ *Aligerar, aliviar, quitar, descargar.*

sobrecincho *s. m.* Sifué.

sobrecogedor, ra *adj.* Dramático, emocionante, espeluznante, terrible. ➤ *Agradable, aliviante, alegre.*

sobrecogerse *v. prnl.* Sorprenderse, asustarse, intimidarse, espantarse, amedrentarse, pasmarse, asombrarse, admirarse, horrorizarse, estremecerse. ➤ *Tranquilizarse, sosegarse, calmarse.*

sobrecogimiento *s. m.* Sorpresa, pasmo, conmoción, impresión.

sobredicho, cha *adj.* Antedicho, susodicho.

sobredorar *v. tr.* Disimular, excusar, ocultar, disculpar, encubrir.

sobreexcitar *v. tr.* Irritar, excitar, exacerbar, conmocionar. ➤ *Calmar.*

sobreganar *v. tr.* Adelantar, aventajar.

sobrehilar *v. tr.* Coser, hilvanar, pespuntear.

sobrehumano, na *adj.* **1. Heroico**, sobrenatural, ejemplar. ➤ *Terreno, bajo.* **2. Ímprobo**, agotador. ➤ *Fácil.*

sobrellevar *v. tr.* **1. Ayudar**, colaborar. **2. Aguantar**, soportar, sufrir, tolerar, resignarse, disimular. ➤ *Rebelarse, rechazar, protestar, irritarse.*

sobremesa *s. f.* Charla, tertulia.

sobrenadar *v. intr.* Flotar, boyar.

sobrenatural *adj.* Mágico, milagroso, sobrehumano, prodigioso, divino, maravilloso, taumatúrgico, quimérico. ➤ *Natural, corriente, normal.*

sobrenombre *s. m.* Mote, seudónimo, apodo, alias, remoquete, calificativo, apelativo.

sobrentender *v. tr.* Callar, suplir.

sobrentendido *s. m.* Implícito, tácito, virtual, latente, callado. ➤ *Explícito, abierto, expreso, manifiesto.*

sobreparto *s. m.* Puerperio.

sobrepasar *v. tr.* Superar, pasar.

sobreponer *v. tr.* **1. Superponer**, aplicar, añadir, apoyar, incorporar. ➤ *Levantar, quitar.* ‖ *v. prnl.* **2. Contenerse**, superarse, rehacerse, pasar, vencerse, dominarse. ➤ *Dejarse llevar, abandonarse.* **3. Exceder**, mejorar, sobrexceder, ganar, aventajar.

sobreprecio *s. m.* Aumento, adición, incremento. ➤ *Rebaja, descuento.*

sobrepuesto, ta *adj.* Aplicado, adicional, superpuesto.

sobrepujar *v. tr.* Aventajar, rebasar.

sobrero, ra *adj.* Sobrante, excedente.

sobresaliente *adj.* **1. Aventajado**, destacado. ‖ *s. m. y s. f.* **2. Suplente**.

sobresalir *v. intr.* **1. Aventajar**, destacar, resaltar, despuntar, descollar, señalarse, distinguirse, prevalecer. **2. Asustar**, inquietar, atemorizar, temer, intimidar, amedrentar, intranquilizar, alterar, turbar, acongojar, angustiar. ➤ *Tranquilizar, calmar, aquietar.*

sobresaltar *v. tr.* Atemorizar, azorar, alarmar. ➤ *Tranquilizar, sosegar.*

sobresalto *s. m.* **1. Alteración**, inquietud, turbación. ➤ *Tranquilidad.* **2. Miedo**, pánico, temor. ➤ *Valor.*

sobreseer *v. intr.* Cesar, suspender, diferir, aplazar, dejar, desistir.

sobresueldo *s. m.* Plus, prima.

sobretodo *s. m.* Pelliza, trenca, capote, gabán, zamarra, abrigo.

sobrevalorar *v. tr.* Sobrestimar, supervalorar. ➤ *Infravalorar.*

sobrevenida *s. f.* Advenimiento, acaecimiento, aparición. ➤ *Desaparición.*

sobrevenir *v. intr.* **1. Acaecer**, acontecer, ocurrir, suceder. **2. Darse**.

sobreviviente *adj.* Superviviente.

sobrevolar *v. tr.* Trasvolar, pasar, deslizarse. ➤ *Aterrizar.*

sobriedad *s. f.* Frugalidad, mesura, moderación, templanza. ➤ *Exceso.*

sobrio, bria *adj.* **1. Frugal**, moderado, parco, templado, ponderado, prudente, morigerado, abstemio, abstinente, mesurado. ➤ *Inmoderado, excesivo, glotón, voraz, intemperante, regalón, ebrio.* **2. Simple**, sencillo. ➤ *Complicado, complejo, recargado.*

soca *s. f.* Brote, retoño.

socaire *s. m.* Defensa, protección, refugio. ➤ *Intemperie, desamparo.*

socaliña *s. f.* Dolo, engaño, trampa.

socaliñar *v. tr.* Engañar, embaucar, sonsacar.

socaliñero, ra *adj.* Embaucador, tramposo. ➤ *Honesto, honrado.*

socapa *s. f.* Disimulo, excusa, pretexto.

socarrar *v. tr.* Calcinar, requemar, tostar, soflamar, achicharrar.

socarrón, na *adj.* Astuto, bellaco, burlón, taimado, solapado. ➤ *Franco, sincero, honrado, serio, grave.*

socarronería *s. f.* Humorada, sorna, astucia, marrullería, cinismo.

socavar *v. tr.* Minar, excavar.

socavón *s. m.* Agujero, derrumbamiento, sima, hondonada.

sochantre *s. m.* Veintenero, capiscol.

sociabilidad *s. f.* Cordialidad, llaneza, cortesía. ➤ *Adustez, antipatía.*

sociable *adj.* Comunicativo, tratable, abierto. ➤ *Misántropo, intratable.*

social *adj.* Sindical, mutuo, colectivo, comunitario. ➤ *Privado.*

socialdemócrata *s. m. y s. f.* Liberal.

socialismo *s. m.* Laborismo. ➤ *Capitalismo.*

socialista *adj.* Laborista, marxista. ➤ *Capitalista, conservador.*

socialización *s. f.* Incautación, nacionalización, expropiación. ➤ *Capitalismo, privatización.*

sociedad *s. f.* **1. Colectividad**, comunidad. **2. Hermandad**, asociación, gremio, consorcio, cooperativa, mutualidad. **3. Compañía**, firma, empresa, casa. **4. Club**, círculo, centro.

socol *s. f.* Ataharre.

socolar *v. tr.* **1. Desbrozar**, desmochar. **2. Repelar**, trasquilar, esquilar.

socolor *s. m.* Excusa, socapa, pretexto.

socorrer *v. tr.* Amparar, auxiliar, remediar, valer, asistir, acoger, favorecer, sufragar, subvenir, subvencionar, proteger, defender, ayudar, aliviar. ➤ *Desamparar, abandonar.*

socorrista *s. m. y s. f.* Bañero, voluntario.

socorro *s. m.* Amparo, asistencia, protección, favor. ➤ *Desamparo.*

socrático, ca *adj.* Dialéctico, dialogante.

soda *s. f.* Seltz, gaseosa.

sodomía *s. f.* Pederastia.

soez *adj.* Procaz, basto, indecente, vil, bajo, grosero, indigno. ➤ *Elevado, educado, refinado, decoroso, digno.*

sofá *s. m.* Diván, canapé, tresillo.

sofaldar *v. tr.* Descubrir, enseñar, exponer. ➤ *Bajar, cubrir, ocultar.*

sofisma *s. m.* Artificio, falacia, falsedad, paralogismo. ➤ *Dogma, verdad.*

sofisticado, da *adj.* **1. Antinatural**, elaborado, amañado. ➤ *Natural.* **2. Elegante**, refinado. ➤ *Modesto.*

sofisticar *v. tr.* Alambicar, falsificar, retorcer, adulterar, falsear, tergiversar.

sofístico, ca *adj.* Artificial, engañoso, amañado, tergiversado. ➤ *Real, veraz.*

sofito *s. m.* Plafón.

soflama *s. f.* Rubor, acaloramiento, enrojecimiento, ardor, sofoco.

soflamar *v. tr.* **1. Afrentar**, avergonzar. || *v. prnl.* **2. Socarrarse**, tostarse.

soflamero, ra *adj.* Perorante, charlatán.

sofocación *s. f.* Agobio, bochorno, asfixia, acaloramiento, ahogo.

sofocador, ra *adj.* Ahogador, asfixiante, agobiante.

sofocante *adj.* Asfixiante, tórrido, enervante, irritante.

sofocar *v. tr.* **1. Asfixiar**, estrangular, ahogar. **2. Agobiar**, fastidiar, fatigar. ➤ *Agradar, aliviar.* **3. Apagar**, extinguir, amortiguar, aplacar, atenuar. ➤ *Encender, avivar.* **4. Ruborizar**, correr, sonrojar, avengonzar, abochornar, importunar, soflamar. **5. Dominar**, reprimir, oprimir, reducir.

sofoco *s. m.* **1. Malestar**, indisposición. **2. Pesar**, desazón, disgusto.

sofocón *s. m.* Aturdimiento, turbación.

sofrenada *s. f.* Sobarba, sobrefrenada.

sofrenar *v. tr.* **1. Refrenar**. **2. Amonestar**, reñir, sermonear. **3. Dominar**, someter, sujetar. ➤ *Espolear.*

software *s. m.* Equipo lógico, soporte lógico.

soga *s. f.* Maroma, cabo, cuerda, soga.

soguear *v. tr.* **1. Burlarse**, dar soga, chancearse, reírse. **2. Atar**, amarrar.

soguilla *s. f.* Costalero, ganapán.

sojuzgador, ra *adj.* Dominante.

sojuzgar *v. tr.* Avasallar, someter, subyugar, sujetar, dominar, esclavizar, supeditar. ➤ *Liberarse, rebelarse, someterse, humillarse, obedecer.*

sol *n. p.* **1. Estrella,** luminaria. ‖ *s. m.* **2. Día,** jornada. **3. Astro,** lucero.

solada *s. f.* Heces, poso, sedimento.

solado, da *s. m.* Adoquinado, asfaltado, embaldosado, entarimado.

solamente *adv. m.* Sólo, exclusivamente, únicamente.

solana *s. f.* Azotea, solario, solanera.

solapa *s. f.* Fingimiento, disimulo, engaño, ficción. ➤ *Verdad, veracidad.*

solapado, da *adj.* Astuto, disimulado, ladino, taimado. ➤ *Abierto, sincero.*

solapar *v. tr.* Disfrazar, disimular, encubrir, tapar, esconder, fingir, falsear. ➤ *Mostrar, revelar, descubrir.*

solapo *s. m.* Revestimiento, teja, tapa.

solar *v. tr.* **1. Enladrillar,** empedrar, embaldosar, pavimentar, enlosar, asfaltar, entarimar. ‖ *s. m.* **2. Terreno,** suelo, campo, superficie, parcela.

solariego, ga *adj.* Linajudo, noble.

solárium *s. m.* Solana, terraza.

solaz *s. m.* Asueto, descanso, diversión, consuelo, placer, esparcimiento, recreo, gozo, diversión, expansión, entretenimiento. ➤ *Trabajo, ocupación, fatiga, cansancio, quehacer.*

solazar *v. tr.* Desfogarse, divertirse, esparcirse, recrearse, distraer, alegrar, entretener, expansionar. ➤ *Trabajar, laborar, aburrir, cansar, hastiar.*

solazoso, sa *adj.* Divertido.

soldada *s. f.* Emolumento, estipendio, jornal, paga, sueldo, honorarios.

soldado *s. m.* Guerrero, militar.

soldador, ra *s. m. y s. f.* **1. Mecánico.** ‖ *s. m.* **2. Soplete.**

soldar *v. tr.* **1. Adherir,** unir, pegar. ➤ *Despegar, desunir.* **2. Estañar.**

solear *v. tr.* Ventilar, secar. ➤ *Guardar.*

solecismo *s. m.* Barbarismo, incorrección. ➤ *Propiedad, corrección.*

soledad *s. f.* **1. Apartamiento,** incomunicación, abandono, aislamiento, encierro. ➤ *Compañía.* **2. Añoranza,** melancolía, pena, nostalgia, morriña, dolor, angustia. ➤ *Alegría, felicidad.*

solemne *adj.* Ceremonioso, fastuoso, majestuoso, pomposo. ➤ *Familiar.*

solemnidad *s. f.* Protocolo, ritual, gala.

solemnizar *v. tr.* Glorificar, honrar, festejar, conmemorar, engrandecer.

solenoide *s. m.* Bobina, circuito.

soler *v. intr.* Acostumbrar, frecuentar, repetirse, habituarse. ➤ *Omitir.*

solercia *s. f.* Añagaza, artería, artimaña.

solfa *s. f.* Paliza, aporreamiento.

solfear *v. tr.* Vocalizar, silabear, medir.

solicitación *s. f.* Requerimiento, llamada, convocatoria. ➤ *Rechazo.*

solicitador, ra *s. m. y s. f.* Agente.

solícitamente *adv. m.* Atentamente, educadamente. ➤ *Descuidadamente.*

solicitante *adj.* Aspirante, pretendiente.

solicitar *v. tr.* **1. Pretender,** pedir, gestionar, instar. **2. Negociar,** gestionar. **3. Requebrar,** enamorar, cortejar. **4. Requerir,** notificar, demandar.

solícito, ta *adj.* Diligente, cuidadoso, atento, afectuoso, activo, servicial. ➤ *Negligente, descuidado, desidioso.*

solicitud *s. f.* Instancia, memorial.

solidaridad *s. f.* **1. Apoyo,** defensa, protección. ➤ *Egoísmo.* **2. Fraternidad,** hermandad, altruismo.

solidario, ria *adj.* Adherido, unido, copartícipe, asociado, junto, socio, participante, comanditario.

solidarizar *v. tr.* Adherirse, asociarse. ➤ *Apartarse, separarse.*

solideo *s. m.* Birrete, boina.

solidez *s. f.* Consistencia, firmeza, fortaleza, resistencia, densidad, robustez. ➤ *Fragilidad, maleabilidad.*

solidificación *s. f.* Cristalización, condensación. ➤ *Licuefacción.*

solidificar *v. tr.* Coagular, condensar, congelar, cuajar, fraguar. ➤ *Licuar.*

sólido, da *adj.* **1. Duro,** denso, fuerte, macizo. ➤ *Blando, fluido, frágil.* **2. Firme,** tenaz, asentado. ➤ *Endeble.*

soliloquio *s. m.* Monólogo.

solio *s. m.* Sitial, trono, sede.

solitario, ria *adj.* **1. Único,** exclusivo. **2. Eremita,** ermitaño, misántropo, retraído. ➤ *Sociable, afable.*

soliviantar *v. tr.* Alborotar, amotinar, incitar, sublevar, mover, impulsar, rebelar, soliviantar. ➤ *Tranquilizar, aquietar, someter, rendir.*

sollozante *adj.* Lastimero, llorón.

sollozar *v. intr.* Gimotear, lloriquear, quejarse, llorar, hipar, lamentarse.

sollozo *s. m.* Gemido, lloriqueo, suspiro.

solmenar *v. tr.* Sacudir, agitar.

solo, la *adj.* **1. Exclusivo**, solitario, singular. **2. Aislado**, incomunicado. ➤ *Acompañado, comunicado.* **3. Desamparado**, desprotegido, abandonado. ➤ *Apoyado, protegido.*

soltar *v. tr.* **1. Aflojar**, desabrochar, desatar, desanudar, despegar, dejar, desamarrar, desprender, desenganchar, desabotonar, desceñir. ➤ *Atar, amarrar, coger, junta, tomar.* **2. Liberar**, independizar, libertar, manumitir. ➤ *Esclavizar, encerrar, retener.* ‖ *v. prnl.* **3. Acostumbrarse**, hacerse.

soltería *s. f.* Celibato. ➤ *Desposorio.*

soltero, ra *adj.* Célibe, mozo, libre, solterón, doncel, mancebo, casadero. ➤ *Esposo, esposa, casado.*

soltura *s. f.* Labia, elocuencia.

soluble *adj.* **1. Disoluble**, licuable. ➤ *Insoluble.* **2. Viable**, fácil, sencillo, resoluble. ➤ *Imposible, irrealizable.*

solución *s. f.* **1. Disolución. 2. Respuesta**, resolución. ➤ *Problema.* **3. Conclusión**, desenlace, finalización.

solucionar *v. tr.* Arreglar, resolver, zanjar, remediar. ➤ *Estropear.*

solutivo, va *adj.* Laxante.

solvencia *s. f.* Garantía, solidez, respetabilidad, crédito. ➤ *Deuda, débito.*

solventar *v. tr.* **1. Zanjar**, saldar, pagar. ➤ *Adeudar, deber.* **2. Resolver**, solucionar, arreglar, finiquitar.

solvente *adj.* **1. Adinerado**, próspero. **2. Acreditado**, formal, responsable.

somático, ca *adj.* Corporal.

somatología *s. f.* Anatomía.

sombra *s. f.* **1. Opacidad**, oscuridad. ➤ *Luz.* **2. Proyección. 3. Fantasma**, espectro, visión. **4. Parecido**, similitud.

sombrajo *s. m.* Entoldado, enramado.

sombrero *s. m.* **1. Bonete**, gorra, hongo, montera. **2. Sombrerillo.**

sombrío, a *adj.* **1. Sombreado**, umbrío, umbroso, oscuro, velado, opaco,

negro, tenebroso, lúgubre. ➤ *Claro, soleado, luminoso.* **2. Triste**, apenado, melancólico, taciturno, tétrico, mustio. ➤ *Alegre, jubiloso, sonriente.*

somero, ra *adj.* Superficial, epidérmico, ligero, sucinto, liviano, insustancial. ➤ *Profundo, hondo, sustancial.*

someter *v. tr.* **1. Sujetar**, rendir, vencer, humillar, conquistar, esclavizar, reducir, sojuzgar, subyugar, sujetar, domeñar, poseer. ➤ *Rebelarse, sublevarse.* **2. Vencer**, dominar. ‖ *v. prnl.* **3. Rendirse**, plegarse, entregar, supeditarse, sujetarse, resignarse, prestarse, avenirse, allanarse, humillarse. ➤ *Indisciplinarse, resistirse.*

sometimiento *s. m.* Acatamiento, claudicación, esclavitud, yugo, rendición. ➤ *Rebelión, desligadura.*

somnífero, ra *adj.* Calmante, soporífero, tranquilizante. ➤ *Excitante.*

somnolencia *s. f.* Abotargamiento, adormecimiento, sopor, aletargamiento, amodorramiento, modorra, sueño, torpor. ➤ *Vivacidad, ligereza.*

somorgujador, ra *s. m. y s. f.* Buzo.

son *s. m.* Voz, ruido, sonido. ➤ *Silencio.*

sonado, da *adj.* **1. Célebre**, conocido, popular, renombrado. ➤ *Desconocido, ignorado.* **2. Ruidoso**, sensacional. **3. Perturbado**, chiflado.

sonaja *s. f.* **1. Cascabel.** ‖ *s. f. pl.* **2. Pandero.**

sonajero *s. m.* Cascabelero.

sonar *v. intr.* **1. Tintinear**, resonar, retumbar, zumbar, crujir, chascar, chirriar, atronar, repiquetear, castañear, tronar, zumbar. ➤ *Silenciar.* **2. Citarse**, mencionarse. **3. Recordar**, parecer, sugerir, oler. ‖ *v. tr.* **4. Exonerar**, descargar. **5. Fracasar**, perder.

sonda *s. f.* **1. Plomada**, escandallo. **2. Catéter**, tienta.

sondar *v. tr.* **1. Escandallar**, medir, fondear, sondear, ahondar. **2. Averiguar**, rastrear, pulsar, buscar, sonsacar, pesquisar, explorar, escrutar.

sondear *v. tr.* Interrogar, investigar, pulsar, sonsacar, averiguar, indagar.

sondeo *s. m.* **1. Encuesta. 2. Sonsaca.**

soneto *s. m.* Poema, estrofa.

sonoridad *s. f.* Resonancia, vibración.

sonorización *s. f.* Lenición.

sonoro, ra *adj.* **1. Ruidoso**, fragoroso, estridente, rumoroso, estruendoso, sonoroso. **2. Resonante**, sonante, retumbante. ➤ *Insonoro, silencioso.*

sonriente *p. a.* Risueño.

sonrojar *v. tr.* Abochornar, avergonzar, ruborizar, sofocar, confundir, soflamar, abrasar, encender, turbar.

sonrojo *s. m.* Arrebol, rubor, sofoco.

sonrosado, da *adj.* Rubicundo.

sonsaca *s. f.* Sondeo.

sonsacamiento *s. m.* Averiguación.

sonsacar *v. tr.* Averiguar, sondear, investigar, pulsar, sacar, tentar, indagar, sondar, inquirir, indagar. ➤ *Revelar.*

sonsonete *s. m.* Retintín, tonillo, soniquete, estribillo.

soñador, ra *adj.* Iluso, utopista, novelero, fantasioso. ➤ *Realista, práctico.*

soñar *v. tr.* **1. Ensoñar**, imaginar, pensar, recordar, meditar, divagar. **2. Fantasear**, ilusionarse. ‖ *v. intr.* **3. Ansiar**, codiciar, desear, acariciar.

soñarrera *s. f.* Amodorramiento.

soñera *s. f.* Dormidera, somnolencia, sopor, amodorramiento.

sopa *s. f.* Caldo, sopicaldo, consomé.

sopanda *s. f.* Correón, correaje.

sopapear *v. tr.* Abofetear, aporrear.

sopapo *s. m.* Bofetada, guantazo, mojicón, pescozón, torta, cachete, mamporro, tortazo, soplamocos. ➤ *Caricia.*

sopar *v. tr.* Mojar, empapar.

sopesar *v. tr.* Ponderar, tantear.

sopista *s. m. y s. f.* Mendigo, pedigüeño, sablista. ➤ *Rico.*

soplado, da *adj.* Arreglado, acicalado.

soplamocos *s. m.* Guantazo, bofetada, sopapo, mojicón, trompada, bofetón, tortazo, cachete. ➤ *Caricia.*

soplar *v. tr.* **1. Quitar**, limpiar. **2. Inflar**, hinchar. ➤ *Desinflar.* **3. Bufar**, espirar, aventar, insuflar. **4. Birlar**, mangar, robar, hurtar. ➤ *Reponer, sustituir.* **5. Sugerir**, inspirar, apuntar. **6. Acusar**, chivarse, delatar. ‖ *v. prnl.* **7. Embriagarse**, emborracharse.

soplete *s. m.* Quemador, soldador, pistola.

soplo *s. m.* **1. Aliento**, hálito. **2. Tris**, santiamén. ➤ *Eternidad.* **3. Acusación**, delación. ➤ *Encubrimiento.*

soplón, na *adj.* Delator, acusica, chivato, acusón, denunciante, correveidile. ➤ *Leal, fiel, encubridor.*

soplonería *s. f.* Delación, chivatazo.

soponcio *s. m.* **1. Desmayo**, síncope, vahído, mareo, desvanecimiento, desfallecimiento, patatús. **2. Congoja**, pena, disgusto, berrinche, pataleta.

sopor *s. m.* Letargo, soñera, modorra, adormecimiento, somnolencia, aletargamiento. ➤ *Viveza, despabilamiento, insomnio.*

soporífero, ra *adj.* Adormecedor, narcótico, somnífero. ➤ *Estimulante.*

soportable *adj.* Aguantable, llevadero, sufrible, tolerable, pasable, pasadero, digerible. ➤ *Insufrible, insoportable, inaguantable.*

soportal *s. m.* Porche, porticada.

soportar *v. tr.* **1. Sobrellevar**, sufrir, tolerar, digerir, tragar. ➤ *Rebelarse, negarse.* **2. Padecer**, aguantar, sostener, resistir, sustentar. ➤ *Rechazar.*

sor *s. f.* Monja, religiosa, hermana.

sorber *v. tr.* Aspirar, absorber, chupar, libar, succionar, mamar. ➤ *Escupir.*

sorbo *s. m.* Bocanada, buche, cucharada, chupada, trago.

sordamente *adv. m.* Encubiertamente, ocultamente. ➤ *Abiertamente.*

sórdido, da *adj.* **1. Mugriento**, manchado, sucio, maloliente, desaseado, puerco, marrano. ➤ *Limpio, claro, aseado, pulcro.* **2. Deshonesto**, obsceno, grosero, impuro, indecente, inmoral, escandaloso, ruin, vil. ➤ *Puro, inocente, decente, honesto.* **3. Tacaño**, roñoso, avariento, avaro, mezquino, ruin. ➤ *Generoso, espléndido, rumboso, desprendido, dadivoso.* **4. Mísero**, indigente, escaso, miserable, pobre. ➤ *Abundante, rico.*

sordo, da *adj.* **1. Teniente**. ➤ *Oyente.* **2. Apagado**, amortiguado. ➤ *Estridente.* **3. Indiferente**, insensible.

sorites *s. m.* Razonamiento, silogismo,.

sorna *s. f.* **1. Pachorra**, cachaza, flema. **2. Socarronería**, maulería. **3.**

Sarcasmo, mordacidad, ironía, truhanería, guasa. ➤ *Seriedad, gravedad.*

sornar *v. intr.* Pernoctar, dormir.

sorprendente *adj.* Admirable, desusado, raro. ➤ *Vulgar, común.*

sorprender *v. tr.* **1. Atrapar**, pillar, asaltar, cazar, prender, pescar, apresar, descubrir, coger con la manos en la masa. ➤ *Escapar, esquivar, eludir.* **2. Asombrar**, desconcertar, sobrecoger, admirar, conmover, pasmar, quedarse o dejar de una pieza.

sorpresa *s. f.* Desconcierto, pasmo, sobresalto, asombro. ➤ *Indiferencia.*

sorpresivo, va *adj.* Extraño, imprevisto, súbito, asombroso. ➤ *Esperado.*

sortear *v. tr.* **1. Eludir**, rehuir, soslayar, escurrir, torear, escabullirse, esquinar. ➤ *Afrontar, acometer.* **2. Jugar**, embursar, rifar.

sorteo *s. m.* Rifa, lotería, tómbola.

sortija *s. f.* **1. Anillo**, sello, solitario, alianza. **2. Bucle**, guedeja, rizo.

sortilegio *s. m.* **1. Augurio**, revelación, pronóstico, auguración, profecía, vaticinio, agorería, predicción. **2. Encantamiento**, embrujo, embrujamiento, hechizo, ensalmo, hechizamiento, brujería, hechicería.

sosaina *s. m. y s. f.* Anodino, insulso, desangelado, pavisoso, soso, desabrido, insípido, desaborido, patoso. ➤ *Gracioso, airoso, saleroso.*

sosegado, da *adj.* Quieto, pacífico, calmoso. ➤ *Nervioso, alterado.*

sosegar *v. tr.* Apaciguar, enfriar, aplacar, pacificar, moderar, templar, aquietar, serenar, calmar, tranquilizar. ➤ *Encender, excitar, soliviantar, irritar, levantar, encolerizar.*

sosegate *s. m.* Cachete, coscorrón.

soseído, da *adj.* Ensimismado.

sosería *s. f.* Insipidez, pavada, zoncería. ➤ *Gracia, ocurrencia, agudeza.*

sosia *s. m.* Doble, par, gemelo, mellizo. ➤ *Distinto, diferente.*

sosiego *s. m.* Placidez, serenidad, reposo. ➤ *Intranquilidad, agitación.*

soslayar *v. tr.* **1. Eludir**, evitar, rehuir, sortear, escurrir, escabullirse. ➤ *Afrontar, acometer, emprender, enfrentarse.* **2. Ladear**, inclinar, torcer, sesgar. ➤ *Enderezar.*

soso, sa *adj.* **1. Insípido**, insulso, desaborido. ➤ *Sabroso, gustoso, salado.* **2. Inexpresivo**, desangelado, sosaina, patoso, desabrido, pavo, anodino, pavisoso. ➤ *Gracioso, chistoso, ocurrente, vivo, saleroso, sandunguero.*

sospecha *s. f.* Barrunto, desconfianza, suspicacia, conjetura. ➤ *Certeza.*

sospechar *v. tr.* **1. Barruntar**, conjeturar, entrever, presumir, imaginar, pensar, figurarse, creer. ➤ *Saber, convencerse.* **2. Escamarse**, recelar, desconfiar, temer, mosquearse, dudar, estar mosca. ➤ *Confiar, abandonarse.*

sospechoso, sa *adj.* **1. Equívoco**, indicioso, turbio. ➤ *Claro, sincero.* ‖ *s. m. y s. f.* **2. Rufián**, maleante.

sostén *s. m.* **1. Amparo**, sustento. ➤ *Abandono, desamparo.* **2. Sujetador**.

sostener *v. tr.* **1. Afirmar**, aguantar, apoyar, asegurar, reafirmar, mantener, ratificar, perseverar. ➤ *Soltar, tirar, retractarse, rendirse.* **2. Defender**, apoyar, demostrar, auxiliar, socorrer, proteger, favorecer, animar, levantar la moral. ➤ *Hundir, desanimar, perjudicar.* **3. Sobrellevar**, tolerar. ➤ *Rechazar.* **4. Amparar**, apoyar. ➤ *Abandonar, desamparar.* **5. Alimentar**, nutrir, mantener. **6. Sustentar**, sujetar, aguantar, soportar, resistir. ➤ *Tirar, caerse.* ‖ *v. prnl.* **6. Aguantar**, tenerse. ➤ *Caer, resbalar.*

sostenido, da *adj.* Constante, continuo, ininterrumpido. ➤ *Discontinuo.*

sostenimiento *s. m.* Apoyo, manutención, soporte. ➤ *Desprotección.*

sotabanco *s. m.* Buhardilla, desván.

sotana *s. f.* Túnica, hábito.

sótano *s. m.* Cueva, bodega, subterráneo, cripta, subsuelo. ➤ *Ático, desván.*

soterramiento *s. m.* Enterramiento, ocultación. ➤ *Desenterramiento.*

soterrar *v. tr.* **1. Enterrar**, sepultar, inhumar. ➤ *Sacar, desenterrar.* **2. Ocultar**, velar. ➤ *Enseñar, mostrar.*

soto *s. m.* Arboleda, bosque, monte.

sotreta *adj.* Perezoso, vago, zángano, holgazán. ➤ *Diligente, trabajador.*

sotuer *s. m.* Aspa.

suasorio, ria *adj.* Convincente, persuasorio. ➤ *Disuasorio.*

suave *adj.* **1. Fino**, terso, sedoso. ➤ *Recio, áspero.* **2. Agradable**, apacible. ➤ *Desagradable.* **3. Tranquilo**, calmado. ➤ *Rápido, vertiginoso.*

suavemente *adv. m.* Blandamente, dulcemente, delicadamente. ➤ *Acremente, bruscamente, ásperamente.*

suavidad *s. f.* Blandura, delicadeza, dulzura, finura. ➤ *Dureza, viveza.*

suavizante *adj.* Balsámico, paliativo. ➤ *Inflamatorio, irritante.*

suavizar *v. tr.* **1. Ablandar**, aplacar, dulcificar, mitigar, paliar, calmar, apaciguar, templar, enfriar, pacificar. ➤ *Acidular, agudizar, excitar, irritar, encizañar.* **2. Pulir**, pulimentar, lijar, limar, allanar, igualar, cepillar, alisar.

suba *s. f.* Inflación, subida, encarecimiento. ➤ *Bajada, rebaja.*

subalterno, na *s. m. y s. f.* Mandado.

subarrendar *v. tr.* Realquilar, subalquilar.

subarriendo *s. m.* Arrendamiento, arriendo, realquiler.

subasta *s. f.* Almoneda, puja, licitación, subastación, concurso.

subconsciencia *s. f.* Inconsciencia.

subcutáneo, a *adj.* Hipodérmico.

subdesarrollado, da *adj.* Atrasado, inculto, pobre, incivilizado. ➤ *Adelantado, progresivo, civilizado.*

subdesarrollo *s. m.* Atraso, incultura. ➤ *Adeianto, civilización, progreso.*

súbdito, ta *adj.* **1. Feudatario**, siervo, tributario, vasallo. ➤ *Autoridad, amo, gobernante.* ‖ *s. m. y s. f.* **2. Habitante**, ciudadano, contribuyente.

subdividir *v. tr.* Ramificar, escindir, diversificar, fraccionar. ➤ *Unir, fusionar.*

subdivisión *s. f.* Fracción, rama.

súber *s. m.* Corcho.

subestimar *v. tr.* Menospreciar, minimizar, despreciar. ➤ *Sobrevalorar.*

subida *s. f.* **1. Alza**, ascenso, aumento. ➤ *Baja, bajón, descenso.* **2. Pendiente**, cuesta, repecho. ➤ *Bajada.*

subido, da *adj.* **1. Concentrado**, intenso, excesivo. ➤ *Diluido, apagado.* **2. Sobresaliente**, destacado, elevado, descollante, prominente.

subimiento *s. m.* Alza, ascenso, aumento, remonte. ➤ *Baja, descenso.*

subir *v. intr.* **1. Ascender**, remontar, alzarse, escalar, encaramarse, trepar. ➤ *Descender.* **2. Montar.** ➤ *Bajar.* **3. Encumbrarse**, mejorar, progresar. **4. Extenderse**, agravarse. ➤ *Extinguirse.* **5. Ascender**, levarse. ‖ *v. tr.* **6. Escalar**, remontar. ➤ *Bajar, descender.* **7. Incrementar**, sumar. **8. Elevar**, izar, aupar, encaramar, levantar. ➤ *Bajar.* **9. Encumbrar**, sobrestimar, sobrevalorar. ➤ *Despreciar, rechazar.*

súbito, ta *adj.* Brusco, impetuoso, violento, imprevisto, inesperado, insospechado. ➤ *Previsto, esperado.*

subjetivo, va *adj.* Íntimo, personal, interno. ➤ *Objetivo, externo.*

sublevación *s. f.* Levantamiento, insurrección, motín, rebelión, enfrentamiento. ➤ *Acatamiento, obediencia.*

sublevar *v. tr.* **1. Rebelarse**, insurreccionar, pronunciarse, levantar, amotinar, soliviantar, alborotar. ➤ *Acatar, obedecer, someter, dominar, apaciguar, reprimir.* **2. Enfadarse**, enojarse, irritarse, indignar, exasperar, encrespar, cabrear, alterar. ➤ *Calmar, apaciguar, sosegar, tranquilizar.*

sublimar *v. tr.* Glorificar, exaltar, engrandecer, enaltecer, ennoblecer, dignificar, ensalzar, idealizar. ➤ *Despreciar, subestimar, denigrar, rebajar.*

sublime *adj.* Elevado, grandioso.

sublimidad *s. f.* Belleza, eminencia, excelencia, grandeza. ➤ *Vulgaridad.*

submarinismo *s. m.* Buceo.

submarinista *s. m. y s. f.* Buceador, buzo.

submúltiplo, pla *adj.* Divisor, factor.

subnormal *adj.* Anormal, deficiente.

suboficial *s. m.* Brigada, subalterno.

subordinación *s. f.* **1. Acatamiento**, dependencia, obediencia, sumisión, sometimiento. ➤ *Sublevación, desacato.* **2. Régimen. 3. Hipotaxis.**

subordinado, da *adj.* Inferior, sometido, subalterno, dependiente, auxiliar, ayudante, empleado. ➤ *Superior.*

subordinar *v. tr.* Someter, condicionar, subyugar, sojuzgar, reducir, encadenar. ➤ *Sublevar, levantar, rebelar.*

subrayar *v. tr.* **1. Rayar,** marcar, señalar, trazar. ➤ *Borrar.* **2. Recalcar,** insistir, remarcar, remachar, destacar.

subrepticiamente *adv. m.* Secretamente. ➤ *Abiertamente, públicamente.*

subrepticio, cia *adj.* Encubierto, furtivo, tortuoso, oculto, clandestino, sinuoso, velado, escondido. ➤ *Claro, abierto, público, patente, manifiesto.*

subrogación *s. f.* Reempleo, relevo, sustitución, suplantación, suplencia.

subrogar *v. tr.* Reemplazar, suplir, sustituir, revelar, cambiar, suplantar.

subsanar *v. tr.* **1. Remediar,** reparar, corregir, enmendar, remendar, compensar, desagraviar. ➤ *Estropear, dañar.* **2. Excusar,** suavizar, defender, exculpar, justificar. ➤ *Acusar.*

subsidio *s. m.* **1. Ayuda,** auxilio, socorro, subvención, asistencia, donación, sufragio. **2. Carga,** impuesto, tasa, arbitrio, gravamen, contribución.

subsiguiente *adj.* Posterior, sucesivo, ulterior. ➤ *Precedente, antecedente.*

subsistencia *s. f.* **1. Mantenimiento,** perduración, vida, conservación. ➤ *Muerte.* **2. Permanencia,** persistencia. ➤ *Desaparición.* **3. Manutención,** nutrición, alimentación.

subsistente *adj.* Válido.

subsistir *v. intr.* **1. Permanecer,** perdurar, persistir, conservarse, mantenerse, continuar. ➤ *Sucumbir, perderse, estropearse.* **2. Existir,** ser, vivir, sobrevivir. ➤ *Morir, perecer.*

subterfugio *s. m.* Efugio, escapatoria, excusa, pretexto, triquiñuela, evasiva, salida, disculpa, rodeo. ➤ *Realidad.*

subterráneo, a *adj.* **1. Hondo,** profundo. ➤ *Superficial.* **2. Oculto,** furtivo, ilegal. ‖ *s. m.* **3. Sótano,** túnel, galería, foso, pasadizo, mina, subsuelo.

subtitular *v. tr.* Doblar, traducir.

suburbano, na *adj.* Circundante, exterior, periférico. ➤ *Céntrico, central.*

suburbio *s. m.* Afueras, arrabal, barrio.

subvención *s. f.* Subsidio, socorro, sufragio, beca, donativo, gratificación.

subvencionar *v. tr.* Auxiliar, ayudar, financiar, sufragar, costear, socorrer.

subvenir *v. tr.* Socorrer, ayudar, amparar, sufragar, auxiliar, subvencionar, asistir, favorecer, sostener. ➤ *Perjudicar, dañar, abandonar.*

subversión *s. f.* Levantamiento, perturbación, trastorno. ➤ *Sumisión.*

subversivo, va *adj.* Revoltoso, revolucionario, sedicioso. ➤ *Pacífico.*

subversor, ra *adj.* Revoltoso, revolucionario, sedicioso. ➤ *Sumiso.*

subvertir *v. tr.* Conmocionar, perturbar, destruir, trastocar, alterar, soliviantar, revolver, desordenar, levantar. ➤ *Pacificar, calmar, serenar.*

subyacente *adj.* Latente, oculto, encondido. ➤ *Patente, público.*

subyacer *v. intr.* Esconderse, ocultarse. ➤ *Aparecer, figurar, mostrarse.*

subyugación *s. f.* **1. Opresión,** sometimiento. ➤ *Liberación.* **2. Fascinación,** atracción, embrujo. ➤ *Odio.*

subyugador, ra *adj.* **1. Opresor.** ➤ *Liberador.* **2. Fascinante.** ➤ *Repulsivo.*

subyugar *v. tr.* Sojuzgar, domeñar, someter, avasallar, conquistar, sujetar, esclavizar. ➤ *Liberar, redimir, libertar.*

succión *s. f.* Chupada, ventosa.

succionar *v. tr.* Chupar, mamar, sorber, absorber, libar. ➤ *Escupir, echar.*

suceder *v. intr.* **1. Reemplazar,** sustituir, subseguir, relevar, suplir. ➤ *Mantener.* **2. Heredar.** ➤ *Legar, donar.* ‖ *v. impers.* **3. Acontecer,** ocurrir, acaecer, pasar, darse, efectuarse.

sucesión *s. f.* **1. Sustitución,** reemplazo, relevo. **2. Ascendencia.**

sucesivo, va *adj.* Siguiente, subsiguiente. ➤ *Precedente, anterior.*

suceso *s. m.* Acontecimiento, efemérides, incidente, peripecia, lance.

sucesor, ra *adj.* Descendiente, heredero, continuador. ➤ *Antepasado.*

sucesorio, ria *adj.* Dinástico.

suche *s. m.* Espinilla, barrillo.

suciedad *s. f.* **1. Inmundicia,** porquería, basura, impureza, mancha, roña, excremento, mierda. ➤ *Limpieza.* **2. Grosería,** obscenidad, sinvergonzonería, guarrería, guarrada, asquerosidad.

sucinto, ta *adj.* Conciso, lacónico, somero, breve, compendioso, corto, extractado, condensado. ➤ *Extenso, pormenorizado, amplio, dilatado, prolijo.*

sucio, cia *adj.* **1. Mugriento**, marrano, desaseado, manchado, inmundo, sórdido, puerco, roñoso, asqueroso. ➤ *Limpio, impoluto, aseado, pulcro, higiénico.* **2. Grosero**, impúdico.

suculento, ta *adj.* Exquisito, gustoso, jugoso, sabroso. ➤ *Soso, desabrido.*

sucumbir *v. intr.* **1. Ceder**, rendirse, caer, inclinarse, subyugarse, doblegarse. ➤ *Vencer, superar, ganar, resistir, rebelarse.* **2. Morir**, perecer, finar, expirar, fenecer, fallecer, palmar. ➤ *Vivir, existir, respirar, sobrevivir.*

sucursal *adj.* Agencia, filial, dependencia, delegación, sección. ➤ *Central.*

sudar *v. intr.* **1. Transpirar**, trasudar. **2. Exudar**, rezumar, resudar, destilar. **3. Filtrarse**, rebosar, permear.

sudario *s. m.* Mortaja.

sudor *s. m.* Transpiración, trasudor.

sueldo *s. m.* Salario, paga, jornal, estipendio, emolumentos, mensualidad, honorarios, soldada, remuneración.

suelo *s. m.* **1. Terreno**, tierra. **2. Pavimento**, piso. **3. Planta**. **4. Solar**, superficie. **5. Campo**, sembrado.

suelta *s. f.* Abandono, excarcelación, liberación. ➤ *Prendimiento.*

suelto, ta *adj.* **1. Desembarazado**, desenvuelto, desatado, desamarrado, liberado, expedito. ➤ *Tardo, atado, sujeto, amarrado.* **2. Natural**, sencillo, llano. ➤ *Recargado, ampuloso.* **3. Ligero**, veloz, ágil, hábil, diestro. ➤ *Torpe, lento.* ‖ *s. m.* **4. Calderilla**.

sueño *s. m.* **1. Cabezada**, siesta, dormida. ➤ *Despertar, vigilia.* **2. Ilusión**, ensueño, fantasía, quimera, alucinación. ➤ *Realidad.* **3. Somnolencia**, modorra, sopor. ➤ *Despabilamiento.*

suerte *s. f.* **1. Chiripa**, casualidad. **2. Fortuna**, ventura, dicha. ➤ *Desgracia.* **3. Sino**, hado, destino, azar.

suficiente *adj.* **1. Asaz**, bastante. ➤ *Insuficiente.* **2. Hábil**, capaz, competente. ➤ *Incompetente.* **3. Engreído**, pagado, orgulloso. ➤ *Humilde.*

sufragáneo, a *adj.* Dependiente, subordinado.

sufragar *v. tr.* **1. Ayudar**, favorecer, amparar, auxiliar, socorrer. **2. Costear**, pagar, subvenir, contribuir, patrocinar.

sufragio *s. m.* Comicio, votación, elecciones, plebiscito, referéndum.

sufrido, da *adj.* Conformado, paciente, resignado, impertérrito. ➤ *Rebelde, insumiso, levantisco, caprichoso.*

sufriente *adj.* Paciente, sufridor, sufrido, doliente, víctima. ➤ *Verdugo.*

sufrimiento *s. m.* **1. Aguante**, resignación, entereza, paciencia. ➤ *Debilidad.* **2. Martirio**, pena, tormento, aflicción. ➤ *Placer, alegría, contento.*

sufrir *v. tr.* **1. Aguantar**, conformarse, conllevar, resignarse, tolerar, sacrificarse. ➤ *Rebelarse, rechazar, impacientarse.* **2. Resistir**, soportar, sostener. **3. Permitir**, consentir, transigir. ➤ *Prohibir, vetar, negar.* **4. Padecer**, penar, sentir, experimentar. ➤ *Gozar.*

sugerencia *s. f.* Insinuación, indicación, indirecta, idea, consejo.

sugerir *v. tr.* Aconsejar, incitar, insinuar, aludir, apuntar, deslizar, proponer, insinuar, dar a entender, dejar caer.

sugestión *s. f.* Fascinación, hechizo, sugerencia, hipnosis.

sugestionable *adj.* Influible, moldeable, persuasible. ➤ *Inconmovible.*

sugestionar *v. tr.* **1. Hipnotizar**, dictar, hechizar, embrujar, magnetizar, encantar, apoderarse de uno, encandilar. **2. Fascinar**, someter, dominar. ‖ *v. prnl.* **3. Fascinarse**, arrebatarse.

sugestivo, va *adj.* Atractivo, evocador, interesante, llamativo, tentador, cautivante. ➤ *Repugnante, asqueroso.*

suicidarse *v. prnl.* Autoinmolarse.

sujeción *s. f.* **1. Dependencia**, constreñimiento, subordinación. ➤ *Liberación.* **2. Atadura**, ligamento, trabazón. **3. Anticipación**, prolepsis.

sujetar *v. tr.* **1. Subordinar**, domeñar, subyugar, constreñir, supeditar, dominar, encadenar, someter, avasallar. ➤ *Soltar, rebelar, aflojar.* **2. Inmovilizar**, retener, trabar, atar, afianzar, remachar, asegurar. ➤ *Liberar, libertar.*

sujeto, ta *adj.* **1. Sostenido**, retenido. ➤ *Suelto.* **2. Expuesto**, proclive, tendente, propenso. || *s. m.* **3. Objeto**, tema, materia, asunto. **4. Individuo**, fulano, tipo, gachó, prójimo.

sulfurar *v. tr.* **1. Azufrar. 2. Encolerizar**, enojar, indignar, encender. ➤ *Calmar, apaciguar.* || *v. prnl.* **3. Encorajinarse**, exasperarse, irritarse. ➤ *Tranquilizarse, sosegarse.*

suma *s. f.* **1. Adición.** ➤ *Resta, sustración.* **2. Conjunto**, colección, recopilación. ➤ *Unidad.* **3. Total.** ➤ *Parte.*

sumar *v. tr.* **1. Completar**, compendiar, recopilar, resumir, reunir, recapitular. ➤ *Dispersar, extender.* **2. Totalizar**, adicionar, añadir, agregar, unir. ➤ *Restar, detraer.* **3. Hacer**, subir, valer, montar, llegar, ascender, importar, elevarse, llevar. || *v. prnl.* **4. Integrarse**, anexionarse, apoyar, acompañar, agregarse, seguir, corroborar. ➤ *Separarse, discrepar.*

sumario, ria *adj.* **1. Compendiado**, sucinto, abreviado, breve, resumido. ➤ *Extenso, dilatado.* || *s. m.* **2. Extracto**, sinopsis, resumen, índice.

sumergir *v. tr.* **1. Ahogar**, anegar, hundir, sumir, inmergir, introducir, empapar, bañar, sumir. ➤ *Emerger.* || *v. prnl.* **2. Embelesarse**, extraviarse.

sumersión *s. f.* Baño, buceo, inmersión. ➤ *Emergencia, emersión.*

sumidad *s. f.* Ápice, cumbre. ➤ *Base.*

sumidero *s. m.* Cloaca, desagüe, alcantarilla, canal.

suministrador, ra *adj.* Abastecedor, proveedor, repartidor.

suministrar *v. tr.* Administrar, surtir, abastecer, aprovisionar, proporcionar, procurar, facilitar, equipar, subvenir, repartir, proveer. ➤ *Desabastecer.*

suministro *s. m.* **1. Avituallamiento**, abastecimiento, dotación, provisión. **2. Provisión**, víveres, vituallas.

sumir *v. tr.* Sumergir, hundir, enterrar.

sumisión *s. m.* Subordinación, dependencia, rendimiento, acatamiento, obediencia, entrega, docilidad, mansedumbre, rendición, subyugación. ➤ *Rebelión, indisciplina, rebeldía.*

sumiso, sa *adj.* Obediente, subordinado, sometido. ➤ *Desobediente.*

sumo, ma *adj.* Elevado, máximo.

suncho *s. m.* Chilca.

suntuario, ria *adj.* Lujoso, ostentoso, costoso. ➤ *Humilde, pobre, sencillo.*

suntuosamente *adv. m.* Lujosamente, ostentosamente. ➤ *Humildemente.*

suntuosidad *s. f.* Alarde, aparato, esplendidez, boato, fastuosidad, magnificiencia, lujo, esplendor, derroche, grandiosidad. ➤ *Sencillez, naturalidad, humildad, simplicidad.*

suntuoso, sa *adj.* Espléndido, lujoso, opulento. ➤ *Sencillo, humilde.*

supeditación *s. f.* Dependencia, subordinación, sometimiento.

supeditar *v. tr.* **1. Doblegar**, domar, dominar, sojuzgar, avasallar. ➤ *Liberar, levantarse.* **2. Someter**, sujetar, violentar, reprimir. ➤ *Soltar, librar.*

superable *adj.* Salvable, vadeable, vencible. ➤ *Difícil, insuperable.*

superabundancia *s. f.* Copiosidad, demasía, exceso, proliferación. ➤ *Carencia, ausencia, falta, necesidad.*

superabundar *v. intr.* Derramar, proliferar, exceder. ➤ *Escasear, faltar.*

superación *s. f.* Dominio, vencimiento, victoria. ➤ *Derrota, atrasamiento.*

superar *v. tr.* **1. Sobrepujar**, exceder, vencer, aventajar, ganar, rebasar, pasar, destacar, resaltar, dominar, prevalecer. ➤ *Quedarse atrás, perder.* **2. Sortear**, vadear, salvar. || *v. prnl.* **3. Mejorar**, adelantar. ➤ *Empeorar.*

superávit *s. m.* Sobra, abundancia, beneficios, ganancia. ➤ *Pérdidas.*

superchería *s. f.* Engaño, dolo, fraude, artificio, embuste, engañifa, estafa, impostura, invención, falacia, mentira, falsedad, trola. ➤ *Verdad.*

superchero, ra *adj.* Embaucador, embustero, tramposo, falso, falaz, mentiroso. ➤ *Honrado, sincero.*

superferolítico, ca *adj.* Pulido, rebuscado, refinado. ➤ *Vulgar.*

superficial *adj.* **1. Periférico**, exterior. ➤ *Interno.* **2. Insustancial**, huero, aparente. ➤ *Sustancioso.* **3. Frívolo**, vano, irrelevante. ➤ *Profundo.*

superficie *s. f.* **1. Extensión.** ➤ *Volumen.* **2. Apariencia,** exterior. ➤ *Alma.*

superfluidad *s. f.* Demasía, colmo, exceso, prolijidad. ➤ *Necesidad.*

superfluo, flua *adj.* Innecesario, redundante, inútil, excesivo, sobrante. ➤ *Necesario, esencial, imprescindible.*

superior[1] *adj.* Principal, supremo, sobresaliente, culminante, dominante, cimero, excelente, eminente, prevaleciente, adelantado, aventajado. ➤ *Inferior, pésimo.*

superior[2] *s. m. y s. f.* **1. Prior,** abad. **2. Jefe,** líder, director, cabeza, mando.

superioridad *s. f.* Ventaja, primacía, predominio. ➤ *Inferioridad.*

supermercado *s. m.* Autoservicio.

supernumerario, ria *adj.* Excedente, sobrante. ➤ *Numerario.*

superponer *v. tr.* Sobreponer, solapar, tapar. ➤ *Descubrir, destapar.*

superposición *s. f.* Anteposición, añadido, solapo. ➤ *Postergación.*

superstición *s. f.* **1. Fetiche,** idolatría, magia, fetichismo, hechicería, totemismo. **2. Credulidad,** utilitarismo.

supersticioso, sa *adj.* Fetichista.

supervalorar *v. tr.* Sobrevalorar, sobrestimar. ➤ *Infravalorar, despreciar.*

supervisar *v. tr.* Comprobar, inspeccionar, verificar. ➤ *Descuidar.*

supervisión *s. f.* Inspección, verificación, vigilancia, revisión, observación. ➤ *Abandono, descuido.*

supervisor, ra *adj.* Interventor, observador, revisor, inspector.

supervivencia *s. f.* Duración, longevidad, persistencia, aguante. ➤ *Fin.*

supino, na *adj.* Horizontal, echado, tendido. ➤ *Vertical, alzado.*

suplantar *v. tr.* **1. Falsear,** sustituir, engañar, falsificar. **2. Desbancar,** desplazar, reemplazar.

supleción *s. f.* Sustitución.

suplementario, ria *adj.* Accesorio, adicional, subsidiario, complementario, adjunto. ➤ *Principal, esencial.*

suplemento *s. m.* Complemento, agregado, anejo, adjunto, añadido.

suplencia *s. f.* Intercambio, reemplazo, sustitución. ➤ *Titularidad.*

suplente *adj.* Sustituto, vicario, sucesor, auxiliar, interino. ➤ *Titular.*

supletorio, ria *adj.* Suplementario, complementario, añadido.

súplica *s. f.* Apelación, demanda, instancia, ruego, solicitud. ➤ *Concesión.*

suplicar *v. tr.* Rogar, implorar, demandar, impetrar, llorar, instar. ➤ *Conceder, dar, otorgar, atender, oír.*

suplicio *s. m.* Martirio, tortura, tormento, castigo, sufrimiento. ➤ *Placer.*

suplir *v. tr.* Reemplazar, sustituir.

suponer *v. tr.* Pensar, presuponer, atribuir, conjeturar, figurarse, imaginar, sospechar, creer, presumir, dar por cierto. ➤ *Saber, certificar.*

suposición *s. f.* Conjetura, hipótesis, presunción, sospecha. ➤ *Certeza.*

supremacía *s. f.* Hegemonía, predominio, preponderancia. ➤ *Dominio.*

supremo, ma *adj.* Sumo, máximo.

supresión *s. f.* Anulación, eliminación, omisión, abolición. ➤ *Inclusión.*

suprimir *v. tr.* Anular, eliminar, quitar, aniquilar, atajar, borrar, excluir, resumir, callar, abolir, extirpar, destruir, deshacer, exterminar, acabar, liquidar, matar. ➤ *Añadir, poner, incluir.*

supuración *s. f.* Purulencia, pus.

surcar *v. tr.* Atravesar, hender, cortar, caminar, andar, navegar, enfilar, arar.

surco *s. m.* Carril, sulco, hendedura, rodera, estela, ranura, rodada, estría.

surgir *v. intr.* **1. Emerger,** brotar, manar, surtir, fluir. ➤ *Desaparecer.* **2. Levantarse,** elevarse, salir, alzarse, manifestarse, aparecer, asomar, presentarse, revelarse. ➤ *Ocultarse, esconderse.*

surtido, da *p. a.* **1. Abastecido,** provisto. ‖ *s. m.* **2. Mezcla,** repertorio.

surtidor, ra *adj.* **1. Abastecedor,** proveedor. ‖ *s. m.* **2. Fuente,** manantial, caño, chorro. **3. Bomba,** depósito.

surtir *v. tr.* **1. Abastecer,** equipar, suministrar, aprovisionar, procurar. ➤ *Desabastecer.* ‖ *v. intr.* **2. Emerger,** brotar, saltar, surgir, fluir, chorrear.

susceptibilidad *s. f.* Pundonor, suspicacia, desconfianza. ➤ *Confianza.*

susceptible *adj.* **1. Cascarrabias,** sentido, irritable, quisquilloso, puntilloso, picajoso, melindroso, irascible, pelilloso, suspicaz, mosqueado. ➤ *Tranquilo, paciente, confiado.* **2. Dispuesto**, capaz, apto. ➤ *Incapaz.*

suscitar *v. tr.* Engendrar, originar, ocasionar, levantar, promover, motivar, producir, causar, provocar, incitar, influir, inducir. ➤ *Evitar.*

suscribir *v. tr.* **1. Rubricar**, sellar, firmar. **2. Acceder**, asentir, consentir, convenir. ➤ *Oponerse.* **3. Abonarse.**

suscripción *s. f.* Abono.

suspender *v. tr.* **1. Colgar**, pender, levantar, emperchar, tender, enganchar, ahorcar. ➤ *Soltar, arriar.* **2. Parar**, detener, frenar, diferir, retardar, interrumpir. ➤ *Impulsar, continuar.* ‖ *v. intr.* **3. Pasmar**, maravillar, asombrar, embelesar, aturdir, enajenar, admirar. **4. Catear**, cargar, escabechar, reprobar. ➤ *Aprobar.*

suspense *s. m.* Intriga, tensión, miedo.

suspensión *s. f.* **1. Admiración**, interrupción, parada. **2. Amortiguación. 3. Rapto**, éxtasis, arrebato.

suspenso *s. m.* **1. Insuficiente.** ➤ *Aprobado.* **2. Suspense**, intriga.

suspicacia *s. f.* Escama, malicia, recelo, sospecha. ➤ *Confianza.*

suspicaz *adj.* Receloso, desconfiado, reticente, malicioso, escamón, escaldado, susceptible, quisquilloso, mosqueado. ➤ *Confiado.*

suspición *s. f.* Sospecha, recelo, barrunto, aprensión. ➤ *Seguridad.*

suspirado, da *adj.* Anhelado, ansiado, esperado, deseado. ➤ *Indeseado.*

suspirar *v. tr.* Anhelar, ansiar, desear.

suspiro *s. m.* Exhalación, respiración, quejido, resoplido.

sustancia *s. f.* **1. Importancia**, entidad, valor. **2. Núcleo**, quid, fondo, esencia. ➤ *Accidente.* **3. Juicio**, madurez. ➤ *Insustancialidad, frivolidad.*

sustancial *adj.* **1. Inherente**, innato, natural, intrínseco. ➤ *Accidental.* **2. Fundamental**, esencial. ➤ *Accesorio.*

sustancioso, sa *adj.* Nutritivo.

sustentable *adj.* Defendible, razonable, argumentable, lógico.

sustentáculo *s. m.* Basamento, base, soporte, sujeción, sustentación.

sustentar *v. tr.* **1. Mantener**, alimentar. **2. Sujetar**, apoyar, soportar.

sustento *s. m.* Manutención.

sustitución *s. f.* Permuta, reemplazamiento, relevo, cambio, canje. ➤ *Permanencia, mantenimiento.*

sustituir *v. tr.* Reemplazar, relevar, suplantar, suplir, renovar, suceder, cambiar, subrogar, suplantar. ➤ *Mantener.*

sustituto, ta *s. m. y s. f.* Suplente.

susto *s. m.* Impresión, sorpresa, alarma, sobresalto, sobrecogimiento, emoción, estremecimiento. ➤ *Calma.*

sustracción *s. f.* **1. Hurto**, robo. ➤ *Restitución, reposición.* **2. Resta.**

sustraer *v. tr.* **1. Chorizar**, mangar, escamotear, hurtar, sisar, quitar, robar, desvalijar, saquear, limpiar, afanar, rapiñar, expoliar. ➤ *Reponer, devolver, restituir.* **2. Restar**, deducir, rebajar, detraer, quitar, disminuir. ➤ *Sumar, adicionar.* **3. Separar**, apartar, retirar, extraer, sacar. ➤ *Mezclar, reunir.* ‖ *v. prnl.* **4. Evadirse**, eludir, retirarse, apartarse, escabullirse. ➤ *Afrontar, permanecer.*

susurración *s. f.* Murmullo, crítica.

susurrante *adj.* Murmurante, cuchicheante, runruneante. ➤ *Estridente.*

susurrar *v. intr.* Cuchichear, bisbisear, musitar, murmurar, murmullar, balbucear, farfullar. ➤ *Gritar, chillar.*

susurro *s. m.* Murmullo, bisbiseo, rumor, cuchicheo, runrún, zumbido.

sutil *adj.* **1. Delgado**, delicado, tenue, etéreo, fino, vaporoso, suave. ➤ *Gordo, macizo, pesado, grueso, tosco.* **2. Agudo**, perspicaz, ingenioso, avispado, vivo, gracioso, sagaz. ➤ *Torpe, lerdo, ingenuo, bobo, inocente.* **3. Detallado**, cuidadoso, complicado, difícil. ➤ *Evidente, simple, fácil.*

sutileza *s. f.* **1. Agudeza**, perspicacia, ingenio, sagacidad. ➤ *Estupidez.* **2. Ocurrencia**, salida. ➤ *Exabrupto.*

sutilizar *v. tr.* Sofisticar, alambicar.

sutilmente *adv. m.* Agudamente, finamente. ➤ *Toscamente.*

T t

taba *s. f.* **1. Astrágalo. 2. Chuca.** ‖ *s. m.* **3. Árabe**, islamita, moro.

tabaco *s. m.* Rape, picadura, cigarro, cigarillo, puro.

tabahía *s. m.* Tabaque.

tabal *s. m.* Tambor, tamboril, atabal.

tabalada *s. f.* **1. Manotazo**, bofetada, tabanazo. **2. Caída**, porrazo, culada.

tabalario *s. m.* Nalgas, asentaderas.

tabalear *v. tr.* **1. Balancear**, menear, mecer. ‖ *v. intr.* **2. Repiquetear**, tamborilear, tamborear.

tabaleo *s. m.* Tamborileo.

tabanazo *s. m.* Sopapo, bofetada.

tabanco *s. m.* **1. Desván**, sobrado, sotabanco. **2. Puesto**, tenderete.

tábano *s. m.* Moscardón, moscón, tabarro, rezno, díptero.

tabaola *s. f.* Batahola, bulla, alboroto.

tabaquera *s. f.* **1. Petaca**, cigarrera, cajetilla, bolsa, pitillera. **2. Cazuela.**

tabaquería *s. f.* Estanco, expenduría, cigarrería.

tabaquero, ra *adj.* **1. Cigarrero. 2. Estanquero**, expendedor.

tabaquismo *s. m.* Nicotismo.

tabaquista *s. m. y s. f.* Fumador.

tabardillo *s. m.* **1. Tifus. 2. Acaloramiento**, insolación, tabardete. **3. Latoso**, cargante, molesto, alocado.

tabardo *s. m.* **1. Capote**, zamarra, abrigo. **2. Librea**, ropón. **3. Guerrera.**

tabarra *s. f.* Lata, molestia, fastidio, tostón, pesadez, matraca, joroba, importunación, molienda, machaconería, rollo. ➤ *Diversión, distracción.*

tabear *v. intr.* Charlar, conversar.

tabelión *s. m.* Escribano, notario.

taberna *s. f.* Bar, tasca, bochinche, cantina, bodega, bodegón, vinatería, figón.

tabernáculo *s. m.* Altar, custodia, sagrario, monumento.

tabernero, ra *s. m. y s. f.* Mesonero, bodeguero, vinatero. ➤ *Cliente.*

tabicar *v. tr.* **1. Tapiar**, tapar. **2. Taponar**, obstruir, condenar. ➤ *Abrir.*

tabido, da *adj.* **1. Consumido**, enflaquecido, débil, extenuado. ➤ *Fuerte, vigoroso, sano.* **2. Podrido.** ➤ *Fresco.*

tabique *s. m.* Muro, panel, pared, tapia, parapeto, antepecho, tapial.

tabla *s. f.* **1. Madero**, tablero, larguero, plancha, anaquel, tablilla, entrepaño, estante. **2. Lámina**, listón, chapa. **3. Pinza**, pliegue **4. Tablón de anuncios. 5. Lista**, catálogo, índice. **6. Relación**, serie, enumeración. **7. Tablada**, bancal. **8. Icono**, tríptico, pintura. ‖ *s. f. pl.* **9. Paridad**, igualdad, empate. **10. Barrera**, tercio, valla.

tablada *s. f.* Bancal.

tablado *s. m.* **1. Entablado**, armazón, andamio. **2. Plataforma**, estrado, tribuna, tarima. **3. Proscenio**, tablas, escenario. **4. Patíbulo**, cadalso.

tablaje *s. m.* **1. Tablazón. 2. Garito**, timba, casino, casa de juego.

tablajería *s. f.* **1. Carnicería. 2. Juego.**

tablajero *s. m. y s. f.* **1. Carnicero.** ‖ *s. m.* **2. Gariteiro.**

tablar *s. m.* Adral, tablero.

tablazón *s. f.* Armazón, entablado, entabladura, tablaje, maderamen.

tablero *s. m.* **1. Garito. 2. Tablar. 3. Ábaco. 4. Mamparo**, tabique.

tableta *s. f.* **1. Onza**, placa. ‖ *s. f.* **2. Pastilla**, grajea, comprimido, píldora.

tabletear *v. intr.* Entrechocar, repiquetear, resonar. ➤ *Silenciar.*

tableteo *s. m.* Repiqueteo, castañeteo, ruido. ➤ *Silencio.*

tablilla *s. f.* Listón, larguero.

tablón *s. m.* Curda, embriaguez, borrachera, ebriedad. ➤ *Sobriedad.*

tablonazo *s. m.* Fullería, trampa.

tabora *s. f.* Pantano, ciénaga.

tabú *s. m.* Veto, interdicción, proscripción, impedimento, obstáculo.

tabuco *s. m.* Cuartucho, cuchitril, sotabanco, covacha. ➤ *Sala, salón.*

taburete *s. m.* **1. Banquillo**, escañuelo, banco. **2. Banqueta**, alzapiés, escabel.

taca *s. f.* Mancha, huella, tiznón, señal.

tacán *adj.* Porfiado, veleidoso, antojadizo, caprichoso, veleta.

tacanear *v. tr.* Majar, aplastar, allanar.

tacañear *v. intr.* Cicatear, escasear, escatimar, regatear, racanear. ➤ *Prodigar, abundar, derrochar.*

tacañería *s. f.* Roñosería, mezquindad, cicatería, ruindad, avaricia. ➤ *Generosidad, largueza, esplendidez.*

tacaño, ña *adj.* **1. Astuto**, taimado, pícaro. ➤ *Ingenuo, simple, noble.* **2. Miserable**, ruin, avariento, roñoso, mezquino, rácano, avaro, cicatero, cutre, sórdido. ➤ *Manirroto, rumboso, desprendido, dadivoso, generoso, espléndido, derrochador.*

tacar *v. tr.* Marcar, manchar, señalar.

tacha *s. f.* **1. Mácula**, impureza, tara, anomalía. ➤ *Perfección, pulcritud, honor.* **2. Impugnación**. **3. Tachuela**.

tachadura *s. f.* **1. Corrección**, enmienda. **2. Borrón**, trazo, raspadura.

tachar *v. tr.* **1. Reprochar**, recriminar, censurar, culpar, acusar, incriminar, tildar, reprender, achacar, notar, imputar. ➤ *Defender, disculpar.* **2. Corregir**, suprimir, anular, enmendar, quitar, raspar, eliminar, borrar. ➤ *Poner, añadir.*

tachón[1] *s. m.* Corrección, enmienda, trazo, supresión.

tachón[2] *s. m.* Clavo, calamón, estoperol.

tachonado, da *adj.* Recamado, adornado, salpicado.

tachonar *v. tr.* Adornar, recamar.

tachoso, sa *adj.* Defectuoso, anómalo, imperfecto. ➤ *Perfecto.*

tácito, ta *adj.* **1. Sobreentendido**, omiso, implícito, presunto, virtual, supuesto, hipotético, elíptico. ➤ *Explícito, expreso, real.* **2. Silencioso**, cerrado, callado, reservado, taciturno, sigiloso. ➤ *Hablador, dicharachero, parlanchín, locuaz, charlatán.*

taciturnidad *s. f.* Reserva, pesadumbre, silencio, retraimiento. ➤ *Alegría, contento, locuacidad, expresividad.*

taciturno, na *adj.* Silencioso, tácito, ensimismado. ➤ *Alegre, jocoso.*

taco *s. m.* **1. Tapón**, cuña, zoquete. **2. Baqueta**, tirabala. **3. Palo de billar**, vara. **4. Cerbatana**, tiratacos. **5. Bloc**. **6. Piscolabis**, aperitivo, refrigerio, tentempié. **7. Voto**, juramento, palabrota, maldición, blasfemia. **8. Embrollo**, lío, enredo. ➤ *Solución.*

tacón *s. m.* Talón, alza, suela.

taconear *v. intr.* **1. Zapatear**, pisotear. **2. Henchir**, taponar, obturar.

taconeo *s. m.* Pisada, zapateo, pisoteo.

táctica *s. f.* **1. Método**, procedimiento, plan, sistema. ➤ *Improvisación.* **2. Estrategia**, maniobra, operación. **3. Tacto**, diplomacia, astucia, finura.

táctico, ca *adj.* **1. Metódico**, sistemático, estratégico. ➤ *Espontáneo.* ‖ *s. m. y s. f.* **2. Estratega**, militar.

tacto *s. m.* **1. Tiento**, palpamiento, toque, rozamiento, frotamiento, sobadura, manoseo, cosquilleo, magreo, palpación. **2. Delicadeza**, diplomacia, tino, táctica, destreza, maña, pulso, tiento, arte, cuidado, gracia. ➤ *Torpeza, ineptitud, inhabilidad.*

tacuacín *s. m.* Zarigüeya.

tafanario *s. m.* Nalgas, posaderas, culo, trasero.

tafo *s. m.* Hedor, peste, tufo. ➤ *Aroma.*

tagarote *s. m.* **1. Pasante**, escribano. **2. Espingarda**, perantón, larguirucho.

tahalí *s. m.* Tiracuello, cinturón, correa.

taheño, ña *adj.* Pelirrojo, barbitaheño.

tahona *s. f.* Horno, panadería.

tahonero, ra *s. m. y s. f.* Panadero, molinero.

tahúr, ra *s. m. y s. f.* **1. Gariteto**. **2. Tramposo**, fullero, marrullero. ➤ *Honesto.* **3. Jugador**, jugón, timbero.

tahurería *s. f.* Timba, boliche, tablaje.

taifa *s. f.* **1. Facción**, bandería. **2. Hampa**, chusma, caterva.

taikún *s. m.* Shogún.

taima *s. f.* **1. Taimería**, picardía, sutileza. **2. Murria**, tristeza, emperramiento.

taimado, da *adj.* Pillo, bellaco, astuto, sagaz, zorro, marrullero, ladino, tuno, tunante, hipócrita, artero, avisado, perillán. ➤ *Inocente, ingenuo, simple.*

taimería s. f. Picardía, malicia, sutileza, sagacidad. ➤ *Bondad, ingenuidad.*

tajada s. f. **1. Loncha**, trozo, corte, rebanada, parte, rodaja. **2. Carraspera**. **3. Curda**, melopea, borrachera, mona, embriaguez, chispa, cogorza, merluza.

tajaderas s. f. pl. Esclusa, compuertas.

tajadura s. f. Cortadura.

tajamar s. m. **1. Proa**, espolón. **2. Presa**, balsa, embalse, pantano.

tajante adj. Concluyente, terminante.

tajar v. tr. Hendir, partir, seccionar, cortar, rajar, abrir. ➤ *Unir, cerrar.*

tajea s. f. Alcantarilla.

tajo s. m. **1. Sección**, cortadura, incisión. ➤ *Unión, cierre.* **2. Tarea**, labor, faena. **3. Sima**, despeñadero, abismo. ➤ *Llanura, planicie.* **4. Corte**, borde, lámina, punta. **5. Picador**, tajadero. **6. Tajuelo**, banquillo, taburete.

tajuela s. f. Tajuelo, asiento, banqueta.

tala s. f. Poda, desmoche, podadura.

talabarte s. m. Tahalí.

talabartería s. f. Tafiletería, guarnicionería.

talabartero, ra s. m. y s. f. Guarnicionero, tafiletero.

talacho s. m. Zapapico, azada.

taladrar v. tr. **1. Trepanar**, horadar, agujerear, perforar, calar, atravesar, punzar. ➤ *Cerrar, obstruir, condenar, obturar.* **2. Ensordecer**, atronar. ➤ *Silenciar.* **3. Desentrañar**, comprender, penetrar, desenmascarar, meterse, sutilizar. ➤ *Ignorar, confundir.*

taladro s. m. **1. Barrena**, berbiquí, perforador, broca, escariador, fresa, punzón. **2. Orificio**, trepanación, ojal.

tálamo s. m. **1. Lecho. 2. Receptáculo**.

talanquera s. f. **1. Barrera**, defensa. **2. Refugio**, amparo, protección.

talante s. m. **1. Índole**, ánimo, humor, cariz, traza, viso, forma, tinte, pelaje, carácter, forma, guisa, disposición, temperamento. **2. Voluntad**, deseo, gusto, apetencia, antojo, gana, capricho. **3. Manera**, estilo, aire, son, modo, aspecto, figura, cara, facha.

talar v. tr. **1. Cercenar**, truncar, serrar, podar. **2. Arrasar**, exterminar, devastar, asolar, destruir. ➤ *Construir.*

tálea s. f. Empalizada, cerca, valla.

talega s. f. **1. Costal**, morral, saco, bolso, fardo. **2. Pañal**, culero. **3. Dinero**, caudal. **4. Faltas**, conciencia, pecados.

talento s. m. **1. Capacidad**, juicio, entendimiento, ingenio, aptitud, inteligencia, genio, sagacidad, sentido, pericia, discernimiento. ➤ *Ineptitud, cortedad.* **2. Razón**, habilidad, lucidez, conocimiento. ➤ *Torpeza.*

talión s. m. Represalia, desquite, venganza, revancha. ➤ *Perdón, olvido.*

talismán s. m. Amuleto, fetiche, mascota, reliquia, abracadabra, ídolo.

talla s. f. **1. Medida**, alzada, estatura, dimensión. **2. Escultura**, estatua.

tallar v. tr. **1. Esculpir**, labrar, cincelar, burilar, realzar, grabar, entallar. **2. Valorar**, valuar, apreciar, estimar, tasar. **3. Determinar**, comprobar.

talle s. m. Figura, traza, proporción, tipo.

taller s. m. **1. Obrador**, fábrica, factoría. **2. Escuela**, seminario.

tallo s. m. **1. Mástil**, troncho, rama, tronco, sarmiento, serpollo. **2. Brote**, retoño, pimpollo, renuevo, vástago.

talludo, da adj. **1. Espigado**, medrado, larguirucho. **2. Rutinario**, avezado, ducho, enviciado. ➤ *Nuevo.* **3. Maduro**, pasado. ➤ *Verde, joven.*

talón s. m. Calcañar, calcañal, zancajo.

talonario, ria s. m. Bloque, libreta, cuadernillo.

talud s. m. Pendiente, rampa, desnivel, declive, desplome, cuesta, repecho.

tamalero, ra s. m. y s. f. Fullero, tramposo, tahur. ➤ *Honrado, honesto.*

tamaño, ña adj. sup. **1. Descomunal**, gigantesco, inmenso, minúsculo, diminuto. || s. m. **2. Extensión**, volumen, dimensión, grandor, magnitud, extensión, longitud, anchura, altura, profundidad, superficie, grosor, medida.

tambaleante p. a. Inseguro, inestable, oscilante, bamboleante, vacilante. ➤ *Seguro, firme, fijo, decidido, sostenido.*

tambalear v. intr. Oscilar, bambolear, cabecear, vacilar, trastabillar, cojear, moverse, bascular, vaivenear, mecerse, vacilar. ➤ *Inmovilizar, asegurar, afirmar, estabilizar, equilibrar.*

tambaleo *s. m.* Vacilación, bamboleo, oscilación, tropezón. ➤ *Quietud, inmovilidad, firmeza.*

tambar *v. tr.* Tragar, engullir, zampar.

también *adv. m.* Asimismo, igualmente. ➤ *Tampoco, por el contrario.*

tambor *s. m.* **1. Atabal,** tamboril, támbora, parche, bordón, pandero. **2. Tamiz,** filtro, cernedor, criba, bastidor.

tamborear *v. intr.* Tabalear, repicar.

tamborilada *s. f.* Capirotazo, tabalada.

tamborilear *v. intr.* **1. Repiquetear,** redoblar, tamborear. || *v. tr.* **2. Elogiar,** ensalzar, encomiar, alabar, enaltecer. ➤ *Silenciar, criticar, callar.*

tamborileo *s. m.* Redoble, tamboreteo.

tambre *s. m.* Presa, azud.

tamiz *s. m.* Cernedor, colador, filtro, criba, cedazo, harnero, tamizo, cernedero, zaranda, garbillo, cándara.

tamizar *v. tr.* Cerner, colar, cribar, limpiar, escoger, seleccionar.

tamo *s. m.* Borra, guata, hebra, pelusa.

tampoco *adv. neg.* No. ➤ *También.*

tanda *s. f.* **1. Ciclo,** sucesión, turno, alternativa. **2. Partida,** cuadrilla, grupo. **3. Conjunto,** cantidad.

tanganillas, en *loc. adv.* Vacilantemente, inseguramente.

tangente *adj.* **1. Tangencial,** tocante, conexo, adyacente. **2. Lindante,** contiguo, próximo. ➤ *Alejado, separado.*

tangible *adj.* Corpóreo, palpable, perceptible, asequible, material. ➤ *Impalpable, imperceptible, inmaterial.*

tangir *v. tr.* **1. Tocar. 2. Tañer,** sonar.

tanque *s. m.* **1. Carro de combate,** carro blindado. **2. Cisterna,** cuba, aljibe, pozo, depósito, estanque.

tantán *s. m.* Gongo.

tantarantán *s. m.* **1. Tamborileo,** tabaleo, redoble. **2. Capirotazo,** sacudida, empellón, empujón.

tanteador, ra *s. m.* Marcador, medidor.

tantear *v. tr.* **1. Comparar,** cotejar, parangonar. **2. Apuntar,** computar. **3. Reflexionar,** sopesar, meditar, considerar. **4. Pulsar,** sondear, investigar, tentar, ensayar, probar, experimentar, sondar. **5. Estimar,** tasar. **6. Esbozar,** bosquejar, rasguñar.

tanteo *s. m.* Puntuación, puntos, resultado, marcador.

tañedor, ra *s. m. y s. f.* Tocador, pulsador, músico.

tañer *v. tr.* **1. Pulsar,** rasguear, rascar, puntear, herir, aporrear, tocar. **2. Voltear,** repicar, doblar. || *v. intr.* **3. Tamborilear,** repiquetear.

tañido *s. m.* **1. Sonido,** tañimiento. **2. Campaneo,** rasgueo, redoble, repique, repiqueteo, volteo.

tapa *s. f.* **1. Tapadera,** tapón, cierre, corcho, funda. **2. Portada,** cubierta. **3. Aperitivo,** entremés, loncha.

tapaboca *s. m.* **1. Bufanda,** pañuelo, echarpe, chal. **2. Réplica,** objeción, contraposición. ➤ *Afirmación, confirmación, ratificación.*

tapadera *s. f.* **1. Tapa,** cubierta, corcho, compuerta, funda. **2. Encubridor,** simulador, ocultador, testaferro.

tapado, da *adj.* Oculto, velado, encubierto, obstruido, atascado, escondido.

tapador *s. m.* Tapón, obturador.

tapadura *s. f.* Cubierta, embozo, envoltura, velo, funda.

tapagujeros *s. m.* **1. Albañil. 2. Suplente,** sustituto, auxiliar. ➤ *Titular.*

tapar *v. tr.* **1. Cerrar,** tapiar, obstruir, atrancar, cegar, obturar, atascar, tupir, taponar, interceptar, sellar. ➤ *Abrir, desatrancar, desatascar, descubrir.* **2. Arropar,** envolver, embozar, resguardar, taperujar, abrigar, enmantar, vestir, tapujar. ➤ *Desnudar, destapar, desvestir.* **3. Disimular,** velar, silenciar, camuflar, encubrir, disimular, simular, esconder, soterrar, solapar. ➤ *Descubrir, proclamar, divulgar, denunciar, publicar, decir, mostrar, enseñar, hacer gala de.*

taparrabo *s. m.* Tanga.

tapete *s. m.* **1. Alfombrilla,** felpudo. **2. Mantel,** cobertor, sobremesa.

tapia *s. f.* **1. Hormaza,** tabique, muro. **2. Tapial,** muro, pared. **3. Valla,** vallado, empalizada, cercado.

tapial *s. m.* Plancha, horma, encofrado.

tapiar *v. tr.* **1. Emparedar,** murar, amurallar. **2. Tabicar,** cegar, condenar, cerrar. ➤ *Abrir, descubrir.*

tapicero, ra *s. m. y s. f.* **1. Alfombrista**, decorador. **2. Guarnicionero**, guarnecedor, pasamanero.

tapiz *s. m.* Colgadura, cortina, paño, guardamecí, repostero.

tapizar *v. tr.* **1. Acolchar**, cubrir, revestir, guarnecer, forrar, enfundar. ➤ *Descubrir.* **2. Alfombrar**, colgar.

tapón *s. m.* **1. Taco**, corcho, tarugo. **2. Atasco**, embotellamiento. ➤ *Fluidez.*

taponamiento *s. m.* Atoramiento, obstrucción, embotellamiento, cierre.

taponar *v. tr.* **1. Tapar**, sellar, obstruir. ➤ *Desatascar.* **2. Obstaculizar**, embotellar, entorpecer, impedir.

taponazo *s. m.* Estrépito, chasquido, detonación, estampido.

tapujarse *v. prnl.* Arrebujarse, arroparse.

tapujero, ra *s. m. y s. f.* Contrabandista, estraperlista.

tapujo *s. m.* **1. Antifaz**, disfraz, tapado, capuchón, velo, máscara. **2. Artimaña**, engaño, reserva, componenda, astucia, pretexto, enredo, maña, trastienda, disimulo. **3. Rodeo**, embrollo, marrullería, fraude.

taquear *v. tr.* Atiborrar, atracar, atestar.

taquigrafía *s. f.* Estenografía, estenotipia, abreviatura.

taquilla *s. f.* **1. Casillero**, archivo. **2. Ventanilla**, boletería, cabina. **3. Ganancia**, beneficios, recaudación.

tara *s. f.* **1. Peso**, descuento, reducción, rebaja. **2. Defecto**, lacra, anomalía, degeneración, estigma. ➤ *Perfección.*

tarabilla *s. f.* **1. Tablilla**, junquillo. **2. Charlatán**, hablador, parlanchín. **3. Charla**, rollo. **4. Matraca**, carraca.

taracea *s. f.* **1. Taujía**, damasquinado, mosaico. **2. Filigrana**, encaje.

taracear *v. tr.* Incrustar, damasquinar, embutir, marquetear, adornar.

tarado, da *adj.* Degenerado, anormal, defectuoso, estropeado. ➤ *Normal.*

tarambana *s. m. y s. f.* Zascandil, calavera, irreflexivo, frívolo, alocado, ligero, tabardillo, atronado, aturdido, chalado, mujeriego, tolondro, atolondrado, inmaduro, imprudente. ➤ *Serio, sensato, comedido, circunspecto, juicioso, cuerdo, sentado.*

taranto, ta *adj.* **1. Alelado**, pasmado, atontado. **2. Ebrio**, curda. ➤ *Sobrio.*

tarar *v. tr.* Descontar, reducir.

tararear *v. tr.* Canturrear, entonar, salmodiar, silbar.

tararira *s. f.* **1. Jaleo**, juerga, algarabía. ‖ *s. m. y s. f.* **2. Revoltoso**, bromista, bullanguero, alborotado.

tarasca *s. f.* **1. Monstruo**, coco. **2. Tragón**, engullidor, tragaldabas. **3. Descarada**, atrevida. ➤ *Vergonzosa.*

tarascada *s. f.* **1. Mordedura**, mordisco, arañazo. **2. Injuria**, descaro, desaire, desabrimiento. ➤ *Elogio, balago.*

tarascar *v. tr.* Atacar, lesionar, dentellar. ➤ *Acariciar, respetar.*

tarascona *s. f.* Mordedura.

tarazar *v. tr.* **1. Destruir**, partir. **2. Importunar**, afligir, incordiar, fastidiar.

tarazón *s. m.* Pedazo, rodaja, cacho, fragmento, trozo, tajada. ➤ *Total.*

tardanza *s. f.* Pausa, morosidad, retraso, parsimonia, lentitud. ➤ *Prontitud.*

tardar *v. intr.* **1. Demorar**, retardar, aplazar, prorrogar, dilatar, atrasar, rezagar, diferir, prolongar, parar, tener cuajo, tener pachorra. ➤ *Aligerar, abreviar, apresurar, adelantar, activar.* **2. Durar**, invertir.

tarde *s. f.* **1. Crepúsculo**, anochecer, atardecer. ➤ *Mañana, noche.* ‖ *adv. t.* **2. Tardíamente**, con retraso. ➤ *Rápidamente, anticipadamente, pronto.*

tardear *v. intr.* Remolonear, eternizarse.

tardío, a *adj.* **1. Lento**, moroso, atrasado, retrasado, pausado. ➤ *Temprano.* **2. Extemporáneo**, intempestivo, inoportuno, inadecuado.

tardo, da *adj.* **1. Moroso**, pausado, calmoso, remolón, perezoso, lento. ➤ *Rápido, diligente, ágil.* **2. Tardío**, extemporáneo, intempestivo. ➤ *Oportuno.* **3. Torpe**, negado, zoquete, necio, obtuso. ➤ *Hábil, diestro, inteligente.*

tardón, na *adj.* **1. Moroso**, descuidado, cachazudo, flemático. ➤ *Activo, ágil, rápido.* **2. Torpe**, inhábil, negado, necio. ➤ *Diestro, hábil.*

tarea *s. f.* **1. Faena**, cometido, tajo, ocupación. **2. Empresa**, misión, deber. **3. Afán**, esfuerzo, cuidado.

tarifa s. f. Arancel, precio, coste, importe, tabla, honorarios, índice. ➤ *Exención, franquicia, dispensa.*

tarifar v. tr. **1. Evaluar**, justipreciar, tasar, calcular. ➤ *Eximir.* ‖ v. intr. **2. Pelear**, enfadarse, irritarse. ➤ *Amigarse, reconciliarse, tranquilizarse.*

tarima s. f. Estrado, plataforma, tablazón, entablado, entarimado, peana.

tarimera s. f. Alcahueta, chismosa.

tarja s. f. **1. Broquel**, adarga, rodela. **2. Zurra**, porrazo, verdugazo, azote.

tarjeta s. f. Etiqueta, papeleta, tarjetón, ficha, cartel, cédula, membrete.

tarquín s. m. Lodo, légamo, fango, cieno, barro, limo.

tarquinada s. f. Violación.

tarraya s. f. Esparavel, red.

tarso s. m. Tobillo, talón, calcañar.

tarta s. f. **1. Tartera**, fiambrera. **2. Dulce**, torta, bizcocho, pastel.

tártago s. m. **1. Desgracia**, infortunio, calamidad. ➤ *Fortuna, suerte.* **2. Broma**, burla, chasco. ➤ *Veras.*

tartalear v. intr. **1. Vacilar**, tambalearse, bambolearse, temblar. ➤ *Enderezarse, erguirse.* **2. Azorarse**, azararse, avergonzarse, turbarse, intimidarse, cortarse. ➤ *Serenarse, sosegarse.*

tartamudear v. intr. Farfullar, mascullar, balbucear, trabarse, tartajear, chapurrear, atragantarse. ➤ *Articular.*

tartamudeo s. m. Balbuceo, vacilación, titubeo. ➤ *Fluidez.*

tartamudo, da adj. Tartajoso, zazo, balbuciente, azorado, vacilante. ➤ *Claro, desembarazado, seguro.*

tartana s. f. Carricoche, calesa.

tártaro[1] s. m. **1. Sedimento. 2. Sarro.**

tártaro[2] s. m. Averno, abismo, báratro, orco, infierno. ➤ *Cielo, paraíso.*

tartera s. f. Fiambrera, merendera, portaviandas, recipiente.

tartufo s. m. Gazmoño, fariseo, tragasantos, hipócrita, santurrón. ➤ *Veraz.*

tarugo s. m. **1. Cuña**, calce, alza, taco, coda, botana, tablilla. **2. Necio**, tonto, negado, torpe, zoquete, animal, bruto, inepto, zopenco. ➤ *Lumbrera, genio.*

tasa s. f. **1. Tarifa**, tasación. **2. Pauta**, norma, canon, medida, regla.

tasación s. f. Tasa, justiprecio, valoración, ajuste, evaluación, estimación.

tasador, ra s. m. y s. f. Perito, juez, árbitro, regulador, evaluador.

tasajo s. m. **1. Cecina**, salazón, mojama, chacina. **2. Trozo**, pedazo.

tasar v. tr. **1. Valorar**, estimar, cuantiar, tarifar. **2. Concertar**, fijar, ajustar, regular. **3. Ordenar**, disponer, arreglar, regularizar, sistematizar. **4. Racionar**, restringir, escatimar, economizar. ➤ *Derrochar, dilapidar.*

tasca s. f. **1. Timba**, tablaje, garito. **2. Taberna**, cantina, tugurio, antro.

tascar v. tr. **1. Macerar**, golpear, espadillar. **2. Ramonear**, mascar, triturar, masticar, dentellar, pastar.

tastar v. tr. Probar, degustar, saborear.

tatuaje s. m. Marca, dibujo, grabado.

tatuar v. tr. Señalar, grabar, dibujar.

taumaturgia s. f. Hechizo, magia, encantamiento, nigromancia.

taumatúrgico, ca adj. Milagroso, maravilloso, mirífico, sobrenatural, mágico, prodigioso, sobrehumano. ➤ *Natural, humano, normal.*

taumaturgo, ga s. m. y s. f. Milagrero, mago, hechicero, nigromante.

taurino, na adj. **1. Taurómaco**, tauromáquico. **2. Taurófilo.**

tautología s. f. Pleonasmo, redundancia, reiteración, repetición.

taxativo adj. Limitativo, concluyente, categórico, expresado, preciso, delimitativo, determinante. ➤ *Indeterminado, impreciso, ilimitado.*

taxidermia s. f. Embalsamamiento, disecación, momificación.

taxidermista s. m. y s. f. Embalsamador, conservador, disecador.

taza s. f. Escudilla, pocillo, bol, cuenco.

tazar v. tr. **1. Romper**, cortar, partir, estropear. ➤ *Conservar.* **2. Raer**, rasgar.

té s. m. Tisana, cocción, infusión.

tea s. f. Antorcha, hacha, hachón, velón.

teatral adj. **1. Escénico**, dramático, dramatizable. **2. Aparatoso**, exagerado, estudiado, fantástico. ➤ *Natural, espontáneo, sobrio, verdadero.*

teatralizar v. tr. **1. Representar**, poner en escena. **2. Exagerar**, fingir.

teatralmente *adv. m.* Histriónicamente, espectacularmente, dramáticamente. ➤ *Naturalmente.*

teatro *s. m.* **1. Coliseo**, corral, palenque, anfiteatro, sala. **2. Tablado**, tablas, proscenio. **3. Dramaturgia**, dramática. **4. Montaje**, representación, puesta en escena.

techar *v. tr.* Cubrir, abovedar, tejar, entoldar, recubrir.

techo *s. m.* **1. Tejado**, techumbre, bóveda, artesonado, cubierta, cielo, raso, cerramiento, cúpula. ➤ *Suelo, piso, cimientos..* **2. Hogar**, morada, cobijo, amparo, domicilio, lar, casa.

tecla *s. f.* Palanca, clavija, pulsador, resorte, pieza.

teclear *v. intr.* **1. Presionar**, imprimir, pulsar. ‖ *v. tr.* **2. Ensayar**, gestionar, tantear, intentar, probar. ➤ *Lograr.*

tecleo *s. m.* Toque, pulsación, presión.

técnica *s. f.* **1. Tecnología**, método, regla, táctica. **2. Maña**, pericia, práctica.

técnico, ca *adj.* **1. Científico**, profesional, tecnológico. ‖ *s. m. y s. f.* **2. Ducho**, práctico, experto, especializado, erudito, maestro, entendido. ➤ *Lego, aprendiz, ignorante.*

tecnología *s. f.* Técnica, método, procedimiento, regla, ciencia.

tectónico, ca *adj.* **1. Estructural**. **2. Geológico**, telúrico, terrestre.

tediar *v. tr.* Aburrir, repudiar, desagradar, hastiar, saciar, aborrecer. ➤ *Contentar, agradar, gustar, divertir.*

tedio *s. m.* Murria, rutina, saciedad, esplín, desgana, aburrimiento, hastío, cansancio, enfado, disgusto, monotonía, aborrecimiento, fastidio. ➤ *Distracción, amenidad, diversión, contento, animación, alegría, viveza.*

tedioso, sa *adj.* Aburrido, pesado, fatigoso, monótono, inaguantable, fastidioso, rutinario, enfadoso, hastiante, aborrecible. ➤ *Distraído, agradable, oportuno, entretenido, ameno.*

tegumento *s. m.* **1. Capa**, revestimiento, película, cápsula. **2. Telilla**, tela, recubrimiento, binza, membrana.

teja *s. f.* Tejoleta, tejuela, álabe, canal.

tejadillo *s. m.* Capota, tapa, cubierta.

tejado *s. m.* Techumbre, techo, revestimiento, azotea, terraza, cerramiento, cubierta, techado. ➤ *Cimiento, suelo.*

tejar¹ *s. m.* Tejera, alfarería, ladrillería.

tejar² *v. tr.* Entejar, retejar, asolar.

tejaroz *s. m.* Tejadillo, aleta, saliente.

tejedor, ra *s. m. y s. f.* **1. Artesano**, tramador, urdidor, pañero. **2. Intrigante**, enredador. ‖ *s. f.* **2. Telar**, urdidora.

tejedura *s. f.* Apresto, trama, hilatura.

tejemaneje *s. m.* **1. Habilidad**, diligencia, agilidad, maña, destreza. ➤ *Desidia.* **2. Maquinación**, engaño, intriga, chanchullo, trampa, enredo.

tejer *v. tr.* **1. Tramar**, urdir, hilar, entretejer. ➤ *Deshacer, destejer, deshilar.* **2. Trenzar**, enlazar, entremezclar. **3. Maquinar**, pensar, idear.

tejero, ra *s. m. y s. f.* Tejador, retejador, alfarero.

tejido *s. m.* **1. Paño**, lienzo, tela, género, malla. **2. Género**, textura.

tejoleta *s. f.* Tarreña, tejuela.

tejón *s. m.* Melandro, mapache.

tela *s. f.* **1. Tejido**, lienzo, trapo, paño, género. **2. Película**, tegumento, membrana. **3. Embuste**, farsa, lío, trampa. **4. Tema**, materia, objeto, motivo.

telamón *s. m.* Atlante, estatua, columna.

telar *s. m.* Tejedora.

teleférico *s. m.* Telesilla, telesquí, funicular.

telegrafiar *v. tr.* Comunicar, transmitir, cablegrafiar, emitir, despachar.

telegrama *s. m.* Cable, comunicado, mensaje, parte, misiva, despacho.

telespectador, ra *s. m. y s. f.* Televidente.

televisar *v. tr.* Emitir, radiar.

telón *s. m.* Cortina, tapaescena, bastidor, decorado, linzo.

tema *s. m.* **1. Argumento**, teoría, premisa, sujeto, fondo, trama, ideas, base, tesis. ➤ *Forma, estilo.* ‖ *s. f.* **2. Manía**, contumacia, terquedad, porfía. **3. Monomanía**, rareza, chifladura.

tembladera *s. f.* Temblor, estremecimiento, espeluzno, escalofrío, tiritona, convulsiones, sacudimientos.

temblar *v. intr.* **1. Estremecerse**, tiritar, sacudirse. ➤ *Sosegarse, tranquili-*

zarse, aquietarse, serenarse, calmarse. **2. Trepidar,** tremar, retumbar, oscilar, vibrar, fluctuar. **3. Temer,** asustarse, amedrentarse, espantarse, sobrecogerse. ➤ *Desafiar, encararse, arrostrar.*
temblor *s. m.* **1. Estremecimiento,** espeluzno, escalofrío, convulsión, vibración. ➤ *Quietud, inmovilidad.* **2.Terremoto,** sacudida, seísmo.
tembloroso, sa *adj.* Trémulo, vibrante, convulso, estremecido, tremante.
temer *v. tr.* **1. Inquietarse,** preocuparse, intimidarse, alarmarse. ➤ *Serenarse, calmarse, sosegarse.* **2. Maliciarse,** escamarse, mosquearse, figurarse. ➤ *Saber.* ‖ *v. intr.* **3. Asustarse,** espantarse, atemorizarse, amedrentarse. ➤ *Confiar, envalentonarse, crecerse.*
temerario, ria *adj.* Irreflexivo, arriesgado, atrevido, alocado, audaz, osado, arrojado, valiente, decidido, inconsiderado, intrépido, imprudente, alocado. ➤ *Cobarde, temeroso, pusilánime, reflexivo, fundado, seguro, indeciso, timorato, prudente.*
temeridad *s. f.* Atrevimiento, arrojo, valentía, audacia, osadía, intrepidez, coraje, decisión, brío, imprudencia, denuedo. ➤ *Cobardía, temor, timidez, cautela, precaución, prudencia.*
temerón, na *adj.* Fanfarrón, farolero, matón, bravucón, matasiete, camorrista, perdonavidas. ➤ *Modesto, tímido, cobarde, cauteloso, precavido.*
temeroso, sa *adj.* Miedoso, aprensivo, timorato, apocado, tímido, asustadizo, cobarde. ➤ *Valiente, arrojado, temerario, atrevido, confiado.*
temible *adj.* Terrible, peligroso, amenazante, imponente, sobrecogedor, inquietante, espantoso, horrible, espeluznante, horripilante, terrorífico. ➤ *Tranquilizante, inofensivo, bueno, deseable, amable, adorable, delicioso.*
temor *s. m.* **1. Miedo,** intimidación, aprensión. ➤ *Valor.* **2. Desasosiego,** alarma, inquietud, prevención, desconfianza, recelo, cuidado, duda, sospecha, pánico, horror, terror, pavor, espanto, canguelo, resquemor. ➤ *Confianza, tranquilidad, seguridad.*

témpano *s. m.* **1. Bloque.** **2. Tambor,** tamboril, atabal, timbal.
temperamental *adj.* Impulsivo, vehemente, exaltado, efusivo, apasionado, vivo, pasional. ➤ *Frío, cerebral, moderado, flemático, reflexivo.*
temperamento *s. m.* **1. Temperatura,** atmósfera. **2. Temple,** naturaleza, personalidad, humor. **3. Vehemencia,** exaltación, impulsividad, apasionamiento. ➤ *Frialdad, flema.*
temperante *adj.* Abstemio, sobrio.
temperar *v. tr.* **1. Templar.** **2. Aliviar.**
temperatura *s. f.* **1. Nivel,** marca. **2. Fiebre,** calentura, hipertermia, pirexia. **3. Clima,** temperie, tiempo.
temperie *s. f.* Temperatura, benignidad, crudeza, humedad, sequedad, frío, calor, clima, tiempo.
tempestad *s. f.* **1. Tormenta,** temporal, borrasca, aguacero, diluvio. ➤ *Bonanza, calma.* **2. Tifón,** tromba, galerna, tornado, manga. **3. Alteración,** desorden, tumulto, disturbio, revuelta. ➤ *Orden, tranquilidad.*
tempestear *v. intr.* Diluviar, granizar, aborrascarse. ➤ *Calmar, amainar, serenarse.*
tempestivo, va *adj.* Cabal, apropiado, adecuado, preciso, oportuno. ➤ *Intempestivo, inoportuno, inadecuado.*
tempestuoso, sa *adj.* Tormentoso, borrascoso, cerrado, nublado, inclemente, cargado. ➤ *Despejado.*
templado, da *adj.* **1. Contenido,** prudente, sobrio, frugal, mesurado. ➤ *Extremado, desmesurado, desaforado.* **2. Cálido,** tibio, atemperado, suave. ➤ *Gélido, ardiente.* **3. Valeroso,** animoso, audaz, bragado, intrépido, aplomado. ➤ *Temeroso, miedoso, cobarde.*
templador *s. m.* Tensor, tensador.
templanza *s. f.* Moderación, parquedad, prudencia, morigeración. ➤ *Incontinencia, desmesura, inmoderación, abuso, exageración, desenfreno.*
templar *v. tr.* **1. Mitigar,** dulcificar, sosegar, atenuar, atemperar, moderar, suavizar, aplacar, apaciguar, apagar, calmar. ➤ *Extremar, acentuar, excitar, irritar, destemplar, recrudecer,*

avivar. **2. Entibiar**, tibiar, calentar. ➤ *Enfriar, refrescar.* **3. Tensar**, atirantar, estirar. ➤ *Aflojar, destensar.* **4. Rebajar**, mezclar, combinar. ➤ *Concentrar.* **5. Afinar**, armonizar. ➤ *Desafinar, destemplar.* ‖ *v. intr.* **6. Entibiarse**, encenderse.

temple *s. m.* **1. Tibieza**, calor. **2. Resistencia**, flexibilidad. ➤ *Blandura, inflexibilidad.* **3. Natural**, carácter, humor, temperamento, ánimo, actitud, talante. **4. Audacia**, entereza, bravura, valor. ➤ *Desánimo, timidez, cobardía, debilidad, pusilanimidad.* **5. Afinación**, afinamiento.

templete *s. m.* Pérgola, cenador, mirador, edículo, pabellón, quiosco.

templo *s. m.* Iglesia, santuario, basílica, capilla, catedral, mezquita, sinagoga, oratorio, ermita, casa de oración, abadía, parroquia, pagoda.

témpora *s. f.* Ayuno, abstinencia.

temporada *s. f.* Tiempo, época, período, etapa, estación, era, lapso.

temporal *adj.* **1. Transitorio**, provisorio, provisional, efímero, momentáneo. ➤ *Imperecedero, eterno, permanente, duradero.* **2. Seglar**, material, laico, humano, terrenal. **3. Pasajero**, perecedero, circunstancial. ➤ *Definitivo, permanente, duradero.* ‖ *s. m.* **4. Borrasca**, tifón, tempestad, cellisca.

temporalidad *s. f.* Materialidad, profanidad, mundanalidad. ➤ *Eternidad, espiritualidad, divinidad.*

temporero, ra *adj.* Jornalero, interino.

temporizar *v. intr.* **1. Adaptarse**, amoldarse, contemporizar. ➤ *Rebelarse, resistirse.* **2. Divertirse**, solazarse, entretenerse. ➤ *Aburrirse.*

temprano, na *adj.* **1. Prematuro**, anticipado, precoz, inmaduro, verde. ➤ *Rezagado, moroso, retrasado, tardío.* ‖ *adv. t.* **2. Anticipado**, tempranamente, pronto, con adelanto, precozmente. ➤ *Tarde, tardíamente.*

tenacear[1] *v. tr.* Agarrar, coger, prender, asir, pinzar. ➤ *Soltar, dejar.*

tenacear[2] *v. intr.* Machacar, perseverar, porfiar, insistir. ➤ *Desistir, abandonar, ceder.*

tenacidad *s. f.* Insistencia, perseverancia, constancia, obstinación, tesón, inflexibilidad, pertinacia, resistencia, terquedad, testarudez, porfía. ➤ *Renuncia, inconstancia, abandono, pasividad, volubilidad, variabilidad.*

tenaz *adj.* **1. Fuerte**, duro, resistente, consistente, inflexible. ➤ *Frágil, quebradizo, rompedizo, delicado.* **2. Constante**, enérgico, tozudo, contumaz, pertinaz, tesonero, firme. ➤ *Inconstante, voluble, débil.*

tenaza *s. f.* Alicates, pinzas, muelles, cogedera, fórceps.

tendedero *s. m.* Tendal, secadero, tenderete.

tendejón *s. m.* Tendajo, barraca, tenducho, tugurio, cobertizo.

tendel *s. m.* Tortada.

tendencia *s. f.* **1. Predisposición**, vocación, proclividad, propensión, gusto, disposición, afición, inclinación. ➤ *Aversión, antipatía, desagrado.* **2. Orientación**, dirección, rumbo. **3. Adhesión**, propensión, preferencia, interés, afecto, apego, simpatía. ➤ *Rechazo, odio, repugnancia.*

tendencioso, sa *adj.* Parcial, simpatizante, partidario, propenso, inclinado, afecto. ➤ *Adverso, enemigo, neutral, ecuánime, imparcial.*

tendente *adj.* Encaminado, propenso, destinado, inclinado, predispuesto.

tender *v. tr.* **1. Colgar**, suspender, estirar. **2. Esparcir**, diseminar, extender. ➤ *Recoger, plegar.* **3. Airear**, orear, secar, solear. **4. Colgar**, pender. ➤ *Descolgar.* **5. Inclinarse**, encaminarse, interesarse. ➤ *Rechazar, oponerse.* **6. Extender**, acercar. ➤ *Quitar, retirar.* **7. Inclinarse**, tirar a, encaminarse. **8. Enlucir**, revestir, revocar, encalar, blanquear. ‖ *v. intr.* **9. Aspirar**, ambicionar, propender. ‖ *v. prnl.* **10. Arrellanarse**, acomodarse, acostarse, abuzarse. ➤ *Levantarse, erguirse, despertarse.* **11. Negligir**, desinteresarse, abandonarse. ➤ *Interesarse, preocuparse, cuidarse.*

tendero, ra *s. m. y s. f.* Comerciante, vendedor, almacenista, dependiente, minorista, mercader, proveedor, negociante. ➤ *Cliente, comprador.*

tendido, da *adj.* **1. Tumbado**, echado, extendido. ➤ *Levantado, tieso, erguido.* ‖ *s. m.* **2. Grada**, tabloncillo. **3. Lavado**, colada. **4. Enlucido.**

tendón *s. m.* Ligamento, fibra, nervio.

tenebrosidad *s. f.* Lobreguez, opacidad, negrura, tinieblas, oscuridad. ➤ *Claridad, brillo, transparencia.*

tenebroso, sa *adj.* **1. Triste**, sombrío, lóbrego, lúgubre, tétrico, negro, oscuro, apagado, como boca de lobo. ➤ *Claro, alegre, evidente, brillante, luminoso, diáfano.* **2. Misterioso**, secreto, confuso, ininteligible. ➤ *Público, inteligible, comprensible.*

tenedor, ra *s. m. y s. f.* **1. Poseedor**, propietario, dueño. **2. Beneficiario**, depositario. ‖ *s. m.* **3. Cubierto**, trinchante, servicio. ➤ *Cuchara, cuchillo.*

tenencia *s. f.* Usufructo, propiedad, disfrute, depósito. ➤ *Desposesión.*

tener *v. tr.* **1. Sostener**, agarrar, sujetar, retener, coger, tomar, soportar, sustentar, mantener, aguantar. ➤ *Desasir, soltar, dejar, tirar.* **2. Frenar**, dominar, refrenar, sofrenar, sujetar. ➤ *Liberar, proseguir, continuar.* **3. Disfrutar**, usufructuar, poseer, pertenecer, haber, detentar, conservar, gozar de. ➤ *Carecer, necesitar.* **4. Encerrar**, comprender. ➤ *Excluir, exceptuar.* **5. Guardar**, realizar. **6. Comprometerse**, asumir, precisar. ➤ *Abstenerse, rechazar, desentenderse.* **7. Estimar**, apreciar, valuar, valorar. **8. Deber. 9. Incluir**, encerrar, comprender, abarcar, englobar, entrañar. ➤ *Excluir.* ‖ *v. prnl.* **10. Afirmarse**, sostenerse, sujetarse. ➤ *Caerse, derrumbarse.* **11. Enfrentarse**, opugnar, resistir, dar la cara. ➤ *Rehuir, evitar.* **12. Atenerse**, adherirse, seguir. ➤ *Desinteresarse, desentenderse.*

tenesmo *s. m.* Pujo.

tenia *s. f.* Solitaria, gusano, parásito.

teniente *adj.* **1. Verde**, temprano, inmaduro. ➤ *Maduro, sazonado.* **2. Tacaño**, agarrado, avaro. ➤ *Generoso, espléndido.* ‖ *s. m.* **3. Delegado**, sustituto, comisionado, encargado. ➤ *Principal.* **4. Oficial**, militar.

tenis *s. m.* Cancha, pista.

tenor[1] *s. m.* **1. Disposición**, estilo, suerte. **2. Tema**, texto, argumento.

tenor[2] *s. m.* ➤ *Bajo, barítono.*

tenorio *s. m.* Conquistador, burlador, donjuán, mujeriego, galanteador, galán. ➤ *Grave, tímido, misógino.*

tensar *v. tr.* Estirar, atirantar, atesar, presionar. ➤ *Aflojar, suavizar, soltar.*

tensión *s. f.* **1. Tirantez**, rigidez, atirantamiento. ➤ *Flojedad, relajamiento.* **2. Cohesión. 3. Enemistad**, violencia. ➤ *Distensión.* **4. Angustia**, zozobra, incertidumbre, nerviosismo. ➤ *Tranquilidad, serenidad, sosiego.*

tenso, sa *adj.* **1. Tirante**, estirado, duro, rígido, dilatado, templado, tieso, terso. ➤ *Flojo, relajado, flexible, laxo, fofo.* **2. Angustiado**, inquieto, nervioso, preocupado. ➤ *Tranquilo, despreocupado, sosegado, indiferente.*

tensor *s. m.* Tensador, templador.

tentación *s. f.* **1. Estímulo**, aguijón, incentivo, atracción, seducción, impulso, sugestión, excitación, incitación, fascinación, acicate, instigación. ➤ *Repugnancia, repulsión, rechazo, aversión.* **2. Señuelo.**

tentáculo *s. m.* Palpo, miembro, extremidad, prolongación.

tentadero *s. m.* Encierro, cercado.

tentador, ra *adj.* **1. Apetecible**, provocador, atrayente, cautivador. **2. Incitador**, seductor, engañador. ➤ *Repulsivo, repugnante, repelente.*

tentar *v. tr.* **1. Manosear**, manipular. **2. Provocar**, mover, incitar, espolear. **3. Tantear**, probar, procurar. ➤ *Abandonar, desinteresarse.*

tentativa *s. f.* Intentona, proyecto, ensayo, propósito, prueba, tanteo, experimento, probatura, sondeo.

tentemozo *s. m.* **1. Soporte**, apoyo, sostén. **2. Dominguillo**, tentetieso, tentempié. **3. Quijera**, cabezal.

tentempié *s. m.* Refrigerio, piscolabis, aperitivo, merienda. ➤ *Banquete.*

tentetieso *s. m.* Dominguillo, tentemozo, tentempié.

tenue *adj.* Delgado, débil, frágil, sutil, menudo, exiguo, fino, ligero, vaporoso, impalpable, delicado, vago. ➤ *Denso, espeso, grueso, pesado, fuerte, tupido, macizo, consistente.*

tenuidad *s. f.* Delicadeza, sutileza, fragilidad, finura, ligereza, vagorosidad. ➤ *Resistencia, densidad, vigor.*

teñido *s. m.* Pintado, tinto, pigmentado, coloreado, manchado. ➤ *Desteñido, incoloro.*

teñir *v. tr.* **1. Tintar**, colorear, pintar, entintar, tinturar. ➤ *Decolorar, desteñir.* **2. Matizar**, oscurecer, rebajar.

teogonía *s. f.* Mitología.

teologal *adj.* Divino, religioso, patrístico, escatológico, teológico. ➤ *Seglar, secular, terreno, material.*

teología *s. f.* Revelación, dogma, credo, doctrina.

teológico, ca *adj.* Divino, religioso, patrístico, escatológico. ➤ *Seglar, secular, terreno, material.*

teologizar *v. intr.* Revelar, evangelizar, predicar, espiritualizar.

teólogo, ga *s. m. y s. f.* Doctor, canónico, padre.

teorema *s. m.* Proposición, tesis, enunciado, demostración.

teorético, ca *adj.* Abstracto, especulativo, intelectual. ➤ *Práctico.*

teoría *s. f.* **1. Especulación**, elucubración, abstracción. ➤ *Empirismo, práctica, experimentación.* **2. Doctrina**, ciencia. **3. Hipótesis**, presuposición, supuesto, conjetura. ➤ *Realidad.* **4. Desfile**, comitiva, procesión.

teórico, ca *adj.* **1. Supuesto**, hipotético, especulativo, ideal. ➤ *Práctico, empírico.* **2. Ideólogo**, teorizante.

teorizante *adj.* Arbitrista, especulador, utopista, ideólogo.

teorizar *v. tr.* Suponer, imaginar, especular, idealizar. ➤ *Experimentar, ensayar, demostrar, comprobar.*

teoso, sa *adj.* Resinosa.

teosofía *s. f.* Iluminismo.

tepe *s. m.* Champa, tapín, torga, gallón.

terapeuta *s. m. y s. f.* Médico, curandero, sanador.

terapéutica *s. f.* Curación, medicación.

terapéutico, ca *adj.* Médico, curativo, beneficioso. ➤ *Dañino.*

teratología *s. f.* Monstruosidad, deformidad, anomalía, tara. ➤ *Perfección.*

teratológico, ca *adj.* Monstruoso, anormal, deforme. ➤ *Normal.*

tercera *s. f.* Alcahueta, celestina.

tercerear *v. intr.* Intervenir, mediar, arbitrar.

tercería *s. f.* **1. Mediación**, arbitraje, intervención. ➤ *Abstención, inhibición.* **2. Alcahuetería**, celestineo.

tercero, ra *adj.* Mediador, árbitro, intercesor, intermediario. ➤ *Parte.*

tercerola *s. f.* Fusil, escopeta.

terciar *v. tr.* **1. Sesgar**, cruzar, atravesar, ladear. ➤ *Enderezar.* **2. Equilibrar**, distribuir. **3. Labrar**, roturar. ‖ *v. prnl.* **4. Acaecer**, acontecer, suceder. ‖ *v. intr.* **5. Intervenir**, inmiscuirse, entremeterse, arbitrar, mediar.

tercio *s. m.* **1. Parte**, fracción, división. **2. Suerte**. **3. Milicia**, regimiento, cuerpo, legión, batallón.

terco, ca *adj.* Testarudo, cabezota, pertinaz, tozudo, insistente, obstinado, persistente, porfiado, incorregible, tenaz, contumaz, cabezón. ➤ *Variable, inconstante, dúctil, versátil.*

terebrante *adj.* Taladrante, agudo.

teredo *s. m.* Broma, carcoma.

tergiversable *adj.* Deformable, forzable, alterable, confundible, falseable, embrollable. ➤ *Invariable, verdadero.*

tergiversación *s. f.* Desfiguración, falseamiento, trastocamiento, ambigüedad, deformación, confusión, enredo. ➤ *Autenticidad, franqueza.*

tergiversador, ra *adj.* Alterador, retorcido, ambiguo, falseador, confuso, embrollado. ➤ *Recto, claro, sincero.*

tergiversar *v. tr.* Torcer, deformar, alterar, falsear, desfigurar, trabucar, mezclar, intrincar, liar, embrollar, enredar, forzar, desviar, embarullar, enmarañar. ➤ *Aclarar, interpretar, atenerse, desentrañar, esclarecer.*

teriaca *s. f.* Antídoto, vacuna, remedio, triaca, contraveneno. ➤ *Veneno.*

termas *s. f. pl.* Balneario, baños.

termes *s. m.* Comején, termita, sepe.

térmico, ca *adj.* Cálido, caliente, caldeado, calinoso, tropical, templado, tibio. ➤ *Frío, gélido, helado.*
terminacho *s. m.* **1. Palabrota**, taco. **2. Barbarismo**, vulgarismo.
terminación *s. f.* **1. Clausura**, conclusión, consumación, cesación. ➤ *Comienzo, consecución, apertura.* **2. Final**, desenlace, término, colofón. ➤ *Comienzo, principio, inicio, prólogo.* **3. Desinencia**, sufijo, morfema, flexión. ➤ *Raíz, prefijo.*
terminal *adj.* **1. Postrero**, postrimero, final, último, ulterior. ➤ *Primero, anterior, previo.* ‖ *s. m.* **2. Enchufe**, clavija. **3. Estación.** ➤ *Apeadero.*
terminante *p. a.* **1. Final**, último. ➤ *Inicial.* ‖ *adj.* **2. Categórico**, tajante, definitivo, rotundo. ➤ *Ambiguo, indeciso, inseguro, relativo, refutable.*
terminar *v. tr.* **1. Completar**, finalizar, clausurar, ultimar, concluir, acabar, finiquitar, rematar, liquidar. ➤ *Iniciar, comenzar, principiar, empezar, abrir.* **2. Rematar**, pulir, retocar, refinar. ‖ *v. intr.* **3. Consumirse**, extinguirse. ‖ *v. prnl.* **4. Ejecutar**, lograr.
terminista *s. m. y s. f.* Pedante, afectado, rebuscado. ➤ *Natural, sencillo.*
término *s. m.* **1. Fin**, final, terminación. ➤ *Origen, principio, inicio, comienzo.* **2. Extremidad**, tope, extremo. **3. Mojón**, frontera, hito, confín, lindero. **4. Circunscripción**, división, demarcación, jurisdicción, alfoz. **5. Intervalo**, lapso, período, fecha, vencimiento. **6. Aspecto**, faceta. **7. Palabra**, vocablo, giro, voz. **8. Circunstancia**, punto, extremo. **9. Maneras**, modales, modos. ‖ *s. m. pl.* **10. Puntualización**, detalle, pormenor, punto.
terminología *s. f.* Vocabulario, jerga.
termo *s. m.* Recipiente, cantimplora.
termómetro *s. m.* Termógrafo, piroscopio.
termosifón *s. m.* Calentador, termo.
termostato *s. m.* Regulador.
terna *s. f.* Trío, terceto, triunvirato.
ternasco *s. m.* Recental, cría, lechal.
terne *adj.* **1. Bravucón**, jactancioso, perdonavidas. ➤ *Cobarde, tímido,*

corto. **2. Tozudo**, cabezón, perseverante, obstinado. ➤ *Dúctil, tolerante, transigente.* **3. Sano**, saludable, fornido, robusto. ➤ *Débil, enclenque.*
ternero *s. m.* Eral, recental, becerro, choto, vaquilla.
ternerón, na *adj.* Sentimental, emotivo, tierno, zangolotino. ➤ *Cruel, frío.*
terneza *s. f.* Piropo, galantería, flor, madrigal, requiebro. ➤ *Grosería.*
ternilla *s. f.* Lámina, tejido, armazón.
terno *s. m.* **1. Traje**, vestido, indumentaria, ternada. **2. Palabrota**, taco, juramento, blasfemia.
ternura *s. f.* **1. Piropo**, adulación, flor, mimo, terneza. **2. Dulzura**, afabilidad, delicadeza, bondad, blandura, suavidad. ➤ *Dureza, aspereza, frialdad.* **3. Estima**, simpatía, inclinación, cariño, afecto. ➤ *Odio, desabrimiento, animosidad, desagrado.*
terquear *v. intr.* Obstinarse, empecinarse, porfiar, emperrarse, insistir. ➤ *Acatar, tolerar, transigir.*
terquedad *s. f.* Obstinación, testarudez, cabezonería, manía, contumacia, tozudez, persistencia, tenacidad, porfía, pertinancia. ➤ *Docilidad, transigencia, comprensión, versatilidad, inconstancia, variabilidad.*
terraja *s. f.* Rosca, cojinete, tornillo.
terraplén *s. m.* Desmonte, desnivel, pendiente, talud, zanja. ➤ *Llano.*
terraplenar *v. tr.* **1. Allanar**, desmontar, aplanar, nivelar. **2. Amontonar**, apilar, acumular.
terráqueo, a *adj.* Terrestre.
terrateniente *s. m. y s. f.* Hacendado, granjero, latifundista, propietario.
terraza *s. f.* **1. Bancal**, rellano, albarrada, glorieta. **2. Azotea**, tejado, solario.
terrazo *s. m.* **1. Pavimento. 2. Jarro.**
terremoto *s. m.* Seísmo, temblor, catástrofe, sacudida, cataclismo, sismo.
terrenal *adj.* Terrestre, terreno, temporal, material. ➤ *Celestial.*
terreno *s. m.* **1. Suelo**, superficie, tramo, terruño, gleba, tierra, parcela. **2. Ámbito**, medio, espacio, circunstancia, esfera. **3. Capa**, veta, humus. **4. Cancha**, campo, pista.

térreo, a *adj.* Terrizo, terroso, campestre, rural.

terrero, ra *adj.* **1. Térreo**, terrenal. ➤ *Celestial.* **2. Humilde**, bajo, sencillo, modesto. ➤ *Orgulloso, noble.*

terrestre *adj.* Terrenal, terreno, telúrico, terrícola, geológico, mundial. ➤ *Celestial, aéreo, marítimo.*

terribilidad *s. f.* Atrocidad, espanto, horror. ➤ *Agrado, atractivo, sosiego, tranquilidad.*

terrible *adj.* **1. Aterrador**, dantesco, horroroso, espeluznante, pavoroso, atroz, terrorífico, horrible, horripilante, horrendo. ➤ *Bello, atrayente, agradable, placentero, adorable, gracioso, delicioso, amable.* **2. Cruel**, inhumano, agrio, violento, espantoso. ➤ *Grato, tierno, dulce, manso.* **3. Tremendo**, enorme, gigantesco, formidable. ➤ *Insignificante, menudo.*

terrífico, ca *adj.* Terrorífico, espantoso, temible, tremebundo.

territorial *adj.* Jurisdiccional, nacional, comarcal.

territorio *s. m.* **1. Jurisdicción**, circunscripción, estado, demarcación. **2. Término**, partido, comarca, distrito, área, zona. **3. Lugar**, paraje, tierra, comarca, municipio, región, nación, país, provincia, continente.

terrizo, za *adj.* Térreo, terroso.

terromontero *s. m.* Cerro, collado, montículo, altozano, otero, colina, alcor. ➤ *Llano, planicie.*

terrón *s. m.* **1. Montón**, gleba, tormo, tabón. **2. Pastilla**, comprimido.

terror *s. m.* Susto, horror, pánico, temor, espanto, pavor, miedo, horripilación. ➤ *Serenidad, intrepidez, valentía, valor, tranquilidad, calma.*

terrorífico, ca *adj.* Espantoso, terrible, pavoroso, horripilante. ➤ *Atrayente, agradable, placentero.*

terrorismo *s. m.* Atentado, amenaza, sabotaje, secuestro. ➤ *Pacificación.*

terrorista *adj.* **1. Violento**, saboteador, revolucionario. ‖ *s. m.* **2. Guerrillero**, revolucionario.

terroso, sa *adj.* Turbio, sucio, polvoriento. ➤ *Limpio, claro.*

terruño *s. m.* Cuna, pueblo, patria, tierra natal, hogar.

tersar *v. tr.* Pulir, bruñir, alisar, abrillantar, pulimentar, lustrar. ➤ *Ensuciar, empañar, arrugar.*

terso, sa *adj.* **1. Brillante**, resplandeciente, límpido. ➤ *Opaco, empañado, sucio.* **2. Suave**, terso, liso. ➤ *Arrugado.* **3. Claro**, fluido, comprensible. ➤ *Incomprensible, ininteligible.*

tersura *s. f.* Limpieza, transparencia, lisura, suavidad, fluidez, claridad, limpidez. ➤ *Opacidad, empañamiento, impureza, aspereza, rugosidad.*

tertulia *s. f.* **1. Corrillo**, sociedad, peña, club, círculo, pandilla, café, grupo, casino. **2. Charla**, conversación, palique, parloteo, charloteo.

tesar[1] *v. tr.* Atirantar, atiesar, estirar, tensar. ➤ *Aflojar, soltar.*

tesar[2] *v. intr.* Recular, retroceder. ➤ *Avanzar, tirar.*

tesis *s. f.* **1. Opinión**, teoría, juicio, consideración, suposición. **2. Memoria**, estudio, disertación.

tesitura *s. f.* **1. Intensidad**, altura, voz, tono. **2. Postura**, humor, posición, talante, actitud.

teso *s. m.* Tozal, altozano, cerro.

teso, sa *adj.* Rígido, tirante, estirado, tieso, tenso. ➤ *Flojo, suelto.*

tesón *s. m.* Constancia, empeño, tenacidad, voluntad, esfuerzo, inflexibilidad, perseverancia, firmeza, paciencia, obstinación, insistencia. ➤ *Abandono, cesación, inconstancia, renuncia, desaplicación.*

tesonero, ra *adj.* Tenaz, perseverante, constante, insistente, asiduo. ➤ *Inconstante, blando, voluble.*

tesorería *s. f.* Pagaduría, depositaría, caja.

tesorero, ra *s. m. y s. f.* Administrador, cajero, delegado.

tesoro *s. m.* **1. Caudal**, valores, bienes, fortuna, riquezas. ➤ *Pobreza.* **2. Hacienda**, fisco, erario. **3. Mina**, hucha, tapado, ahorros.

testa *s. f.* **1. Testuz**, cara, frente, cabeza. **2. Sensatez**, talento, prudencia. ➤ *Torpeza, estupidez, incapacidad.*

testamentaría *s. f.* **1. Disposición**, reparto, apertura, partición. **2. Herencia**, caudal, hijuela.

testamentario, ria *adj.* **1. Sucesorio**, hereditario. ‖ *s. m. y s. f.* **2. Legatario**, ejecutor, albacea, fiduciario. ➤ *Heredero, beneficiario.*

testamentifacción *s. f.* Otorgamiento, inventario, delación.

testamento *s. m.* **1. Memoria**, última voluntad, otorgamiento, herencia. **2. Codicilo**, memoria.

testar *v. intr.* **1. Legar**, ceder, otorgar, disponer, testamentar, dejar, transmitir, hacer testamento. ‖ *v. tr.* **2. Testificar**, atestiguar, declarar.

testarada *s. f.* **1. Testarazo**, cabezazo, topetazo. **2. Obstinación**, terquedad.

testarazo *s. m.* Testarada, cabezazo, topetazo, calabazada.

testarudez *s. f.* Obstinación, porfía, intransigencia, pertinacia, empecinamiento, tozudez, tenacidad. ➤ *Flexibilidad, docilidad, sometimiento.*

testarudo, da *adj.* Pertinaz, obstinado, cabezota, emperrado, porfiado, terco, tenaz, intransigente, obcecado, tozudo, contumaz, cabezudo. ➤ *Dócil, condescendiente, comprensivo, sumiso, flexible, dúctil, transigente.*

testera *s. f.* Frontis, frontispicio, exterior, delantera, frente, fachada principal. ➤ *Reverso, espalda, trasera.*

testicular *adj.* Prostático, seminífero, seminal, glandular.

testículo *s. m.* Teste, gónada, criadilla, genitales, dídimo.

testificación *s. f.* Testimonio, certificación, prueba, revelación, deposición, declaración. ➤ *Abstención, incomparecencia, inhibición.*

testifical *adj.* Testificativo, certificatorio, probatorio, testimonial, acreditativo.

testificar *v. tr.* **1. Demostrar**, asegurar, afirmar, probar, aseverar, dar fe. **2. Declarar**, explicar, atestiguar, exponer, testimoniar. **3. Refrendar**, rubricar, certificar, legitimar.

testificativo, va *adj.* Demostrativo, testimonial, acreditativo, fehaciente. ➤ *Perjuro, falso, engañoso, aparente.*

testigo *s. m. y s. f.* **1. Declarante**, deponente, testificador, atestiguante, informador, testificante. **2. Presente**, circunstante. ‖ *s. m.* **3. Mojón**, hito.

testiguar *v. tr.* Testimoniar, certificar, deponer, declarar, atestiguar.

testimoniero, ra *adj.* Calumniador, impostor, injuriador, baldoneador. ➤ *Veraz, honrado, franco, sincero.*

testimonio *s. m.* **1. Atestiguación**, certificación, declaración. **2. Credencial**. **3. Calumnia**, falsedad, impostura.

testuz *s. f.* Testa, cabeza, pestorejo.

teta *s. f.* **1. Pecho**, ubre, mama, seno, busto, teta. **2. Pezón**, aréola, tetilla. **3. Montecillo**, montículo.

tétanos *s. m.* Pasmo, contracción, convulsión, rigidez.

tetar *v. tr.* Amamantar.

tetera *s. f.* Samovar, pote, cafetera.

tetina *s. f.* Chupete, tetilla.

tetón *s. m.* **1. Podadura**, rama, tocón, muñón. **2. Lechón**, cochinillo.

tetona *adj.* Pechugona, opulenta, rolliza, exuberante. ➤ *Flácida, escurrida.*

tetrágono *s. m.* Cuadrilátero.

tétrico, ca *adj.* Macabro, lóbrego, funesto, sombrío, pesimista, triste, melancólico, fúnebre, tenebroso. ➤ *Alegre, animado, optimista, festivo.*

tetuda *adj.* Pechugona, opulenta, rolliza, exuberante. ➤ *Flácida, escasa.*

teúrgia *s. f.* Hechizo, brujería, hechicería, ocultismo, espiritismo.

teúrgico, ca *adj.* Mágico, ocultista.

teúrgo, ga *s. m. y s. f.* Hechicero, ocultista, brujo, mago, espiritista.

texto *s. m.* **1. Contenido**, escrito, argumento. **2. Cita**, palabras, relato. **3. Manual**, obra, volumen, vademécum.

textual *adj.* **1. Literal**, calcado, fiel. ➤ *Inexacto, tergiversado, corregido.* **2. Idéntico**, exacto, preciso. ➤ *Falso, inexacto, distinto.*

textura *s. f.* **1. Trama**, enlace, urdimbre. **2. Disposición**, contextura, disposición, ligazón, tejedura.

teyú *s. m.* Iguana.

tez *s. f.* Cutis, dermis, epidermis, rostro, semblante, gesto, faz, piel, cara, fisonomía, aspecto, color.

tezado, da *adj*. Atezado, moreno.

tiberio *s. f*. **1. Ruido**, estruendo, confusión, estrépito, alboroto, desconcierto, maremágnum, barullo, turbulencia. ➤ *Orden, tranquilidad*. **2. Expendeduría**, despacho, puesto, mercado, bazar, botica, almacén, depósito, baratillo, bodega, quiosco, boliche, bazar, economato, almoneda.

tibia *s. f*. Espinilla, pierna.

tibiar *v. tr*. Caldear, calentar, temperar.

tibieza *s. f*. Frialdad, reserva, recelo.

tibio, bia *adj*. **1. Suave**, fresco, atemperado, agradable, templado. ➤ *Ardiente, helado*. **2. Escéptico**, holgazán, abandonado, apático, indiferente. ➤ *Apasionado, diligente, activo*.

tiburón *s. m*. **1. Marrajo**, lamia, tollo, escualo. ‖ *s. f*. **2. Especulador**, ambicioso, ventajista.

tic *s. m*. Gesto, crispamiento, temblor, espasmo, contracción, convulsión.

tictac *s. m*. Compás, ritmo.

tiempo *s. m*. **1. Lapso**, transcurso, espacio. **2. Era**, vida, temporada, existencia. **3. Fecha**, período, término, plazo. **4. Ambiente**, clima, temperatura, meteorología. **5. Movimiento**, ejercicio, ritmo.

tienda *s. f*. **1. Toldo**, lona, carpa, pabellón, tabernáculo. **2. Comercio**, despacho, expendeduría, abacería, economato, bazar, ultramarinos, carnicería, panadería, pescadería.

tienta *s. f*. Sonda, cala.

tiento *s. m*. **1. Tacto**, tino. **2. Bastón**, vara. **3. Balancín**. **4. Pulso**, seguridad, fijeza. **5. Cautela**, atención, prudencia, moderación, medida. **6. Trastazo**, cachete. **7. Ensayo**, floreo, afinación. **8. Palo**, palillo, bastoncillo.

tierno, na *adj*. **1. Novicio**, novato, joven, verde, reciente, moderno, nuevo, actual, fresco. ➤ *Maduro, pasado, viejo, antiguo*. **2. Sensiblero**, sentimental, impresionable, llorón, susceptible, delicado, sensible, sensitivo. ➤ *Duro, impasible*. **3. Amoroso**, cariñoso, afable, afectuoso, emotivo, amable, efusivo, cordial, mimoso. ➤ *Insensible, despegado, cruel, frío, an-*

tipático, reservado, arisco. **4. Verde**, agraz. ➤ *Pasado*. **5. Blando**, suave, flexible, muelle, débil, flojo, maleable, dócil, elástico, delicado. ➤ *Inflexible, duro, tieso, firme*.

tierra *n. p*. **1. Esfera**, globo, orbe, mundo. ‖ *s. f*. **2. Litosfera**. **3. Arena**, arcilla, barro, polvo, humus, légamo, mantillo. **4. Bancal**, surco, terraza. **5. Suelo**, firme, piso, superficie, campo. **6. Patria**, país, nación.

tieso, sa *adj*. **1. Recio**, sólido, agarrotado, rígido, duro, tenso, tirante, firme, sólido, envarado, estirado, erecto, yerto. ➤ *Encogido, flojo, blando, delicado, flexible*. **2. Sano**, fuerte, saludable, robusto. ➤ *Endeble, débil*. ➤ *Flojo, relajado*. **3. Esforzado**, valeroso, decidido, animoso, valiente. ➤ *Cobarde, pusilánime, indeciso, apocado*. **4. Serio**, severo, austero, reservado, circunspecto, comedido, mesurado, grave, sentencioso, adusto, seco. ➤ *Condescendiente, informal, frescales, despreocupado*. **5. Obstinado**, tenaz, tozudo, cabezota, terco, pertinaz, porfiado, cabezón, renuente. ➤ *Dócil, transigente, maleable, dúctil*. **6. Vanidoso**, pedante, fatuo, afectado, suficiente, ufano, orgulloso, empiringotado, envirotado. ➤ *Modesto, sencillo, humilde*.

tiesto *s. m*. Macetero, florero, jardinera, maceta, pote.

tiesto, ta *adj*. **1. Recio**, sólido, agarrotado, rígido. ➤ *Encogido, flojo, blando*. **2. Tieso**, tirante. ➤ *Flojo, relajado*. **2. Tenaz**, tozudo, cabezota. ➤ *Dócil, transigente, maleable*.

tiesura *s. f*. **1. Rigor**, tensión, tirantez, estiramiento. ➤ *Flojedad, blandura, flexibilidad*. **2. Afectación**, empaque, orgullo, soberbia, endiosamiento. ➤ *Sencillez, humildad, naturalidad*.

tífico, ca *adj*. Tifoideo.

tifoideo, a *adj*. Tífico, infeccioso, contagioso. ➤ *Aséptico, saludable*.

tifón *s. m*. Huracán, tornado, tromba, galerna, ciclón, manga, temporal, torbellino, vorágine, tempestad, ráfaga. ➤ *Calma, bonanza*.

tifus *s. m.* **1. Cólera**, tabardillo, peste, infección. **2. Claque**, alabarderos, invitados. ➤ *Público.*

tigre *s. m.* Ambicioso, sanguinario, egoísta. ➤ *Benigno, generoso.*

tijera *s. f.* **1. Herramienta**, cizalla. **2. Murmurador**, criticón, censurador.

tijeretada *s. f.* Tijerada, corte, sección, incisión, esquileo.

tijeretazo *s. m.* Tijerada, corte, sección, incisión, esquileo.

tijeretear *v. tr.* **1. Cortar**, rapar, pelar. **2. Entrometerse**, meter baza, inmiscuirse. ➤ *Respetar, inhibirse, desinteresarse.* **3. Murmurar**, criticar.

tila *s. f.* Tisana, cocción, infusión, calmante.

tílburi *s. m.* Carruaje.

tildar *v. tr.* **1. Acentuar**, señalar, marcar, indicar, rayar, notar, designar. **2. Borrar**, enmendar, raspar, corregir, suprimir, tachar. ➤ *Incluir, conservar.* **3. Acusar**, difamar, desacreditar, mancillar, censurar, denigrar, desprestigiar. ➤ *Ensalzar, alabar, respetar.*

tilde *s. amb.* **1. Trazo**, marca, señal, apóstrofo, virgulilla, rasgo. ‖ *s. f.* **2. Baldón**, estigma, difamación, mancilla, tacha. ➤ *Elogio, honra, alabanza.* **3. Minucia**, nimiedad, bagatela, fruslería, pizca.

tilín *s. m.* Cascabeleo, campanilleo.

tilingo, ga *adj.* Memo, lelo.

tillado *s. m.* Entarimado, tablado, tarima, suelo, entablado.

tillar *v. tr.* Entarimar, pavimentar.

tiltil *s. m.* Almiar.

timador, ra *s. m. y s. f.* Estafador, sablista, embaucador, defraudador, ladrón. ➤ *Honrado, digno, sincero.*

timar *v. tr.* Defraudar, estafar, sablear, robar, sonsacar, engañar, hurtar, sisar, petardear, embaucar, despojar. ➤ *Devolver, reintegrar.*

timba *s. f.* Garito, antro, tahurería.

timbirimba *s. f.* **1. Garito**, antro, tahurería, tasca. **2. Timba**, partida.

timbrar *v. tr.* Sellar, marcar, precintar, franquear, estampar, estampillar, señalar, rubricar.

timbrazo *s. m.* Sonido, llamada.

timbre *s. m.* **1. Estampilla**, póliza. **2. Gravamen**, impuesto. **3. Llamador**, pulsador, chicharra, campanilla. **4. Sonido**, sonoridad, tono, resonancia, fuerza. **5. Hazaña**, proeza, heroicidad, gesta. ➤ *Vileza, cobardía.*

timidez *s. f.* Desconfianza, duda, miedo, apocamiento, cobardía, vergüenza, cortedad, pusilanimidad, encogimiento, turbación, retraimiento, aturdimiento, temor, cobardía, desaliento, flaqueza, embarazo, indecisión, irresolución. ➤ *Decisión, valor, arrojo, desvergüenza, audacia, resolución, energía, desenvoltura.*

tímido, da *adj.* Asustadizo, apocado, pusilánime, vergonzoso, indeciso, angustiado, timorato, irresoluto, vacilante, cuitado, apagado, ñoño, encogido, detenido, modesto. ➤ *Valeroso, decidido, resuelto, osado, audaz, enérgico, desenvuelto.*

timo *s. m.* Fraude, estafa, sablazo, engaño. ➤ *Honradez, honestidad.*

timón *s. m.* **1. Mando**, gobierno, autoridad, riendas, dirección, dominio, superioridad. **2. Gobernalle**, gobierno, espadilla, pértiga, cercha, guarés.

timonear *v. intr.* Manejar, conducir, llevar, gobernar, dirigir.

timonel *s. m.* Timonero, conductor, guía, piloto.

timorato, ta *adj.* **1. Pusilánime**, apocado, vergonzoso, miedoso, tímido, indeciso. ➤ *Valeroso, decidido, audaz, resuelto.* **2. Mojigato**, gazmoño, ñoño. ➤ *Lanzado, audaz.*

timpanitis *s. f.* Flatulencia.

tímpano *s. m.* **1. Membrana**, telilla. **2. Frontón**, triángulo. **3. Atabal**, tambor.

tina *s. f.* **1. Barreño**, cuba, caldera, caldero, cubeta. **2. Pila**, artesa, bañera. **3. Jardinera**, macetero, maceta.

tinada *s. f.* **1. Haz de leña**. **2. Tenada**, boyera, corral, establo, cobertizo.

tinaja *s. f.* Pozal, cántaro, barrica.

tinción *s. f.* Teñido, teñidura.

tindalización *s. f.* Esterilización.

tindalizar *v. tr.* Esterilizar.

tínea *s. f.* **1. Mariposa**, larva, teruela. **2. Termes**, termita.

tingazo *s. m.* Tincazo, papirotazo.
tinglado *s. m.* **1. Galpón**, barraca. **2. Entablado**, entarimado, armazón. **3. Lío**, trampa, añagaza, intriga. ➤ *Franqueza, sinceridad, nobleza.*
tiniebla *s. f.* **1. Oscuridad**, negrura, sombras, lobreguez. ➤ *Claridad, luz, luminosidad.* ‖ *s. f. pl.* **2. Incultura**, analfabetismo, desconocimiento. ➤ *Conocimiento, cultura, sabiduría.* **3. Oscurantismo**, incertidumbre, confusión. ➤ *Certidumbre, conocimiento.*
tino *s. m.* **1. Acierto**, ojo, tiento, mano, vista. ➤ *Desacierto, inhabilidad, desmaña.* **2. Pulso**, puntería, acierto. ➤ *Torpeza, inseguridad.* **3. Prudencia**, discreción, moderación, ponderación, juicio. ➤ *Desequilibrio, exageración.*
tinta *s. f.* **1. Pigmento**, tinte, colorante, tono. ‖ *s. f. pl.* **2. Gamas**, matices.
tintar *v. tr.* Teñir, colorar, colorear.
tinte *s. m.* **1. Teñidura**, retinte. **2. Colorante**, tono, tinta. **3. Tintorería**. **4. Engaño**, barniz. ➤ *Verdad, autenticidad.* **5. Tintura**, capa, superficie.
tinterillo *s. m.* **1. Chupatintas**, cagatintas, oficinista, empleadillo. **2. Rábula**, picapleitos, abogadillo.
tintín *s. m.* Tintineo, repiqueteo, campanilleo. ➤ *Silencio.*
tintinar *v. intr.* Tintinear, sonar, resonar, entrechocar.
tintineo *s. m.* Tintín, campanilleo, repiqueteo. ➤ *Silencio.*
tinto, ta *adj.* Teñido, coloreado, retinto. ➤ *Decolorado, desteñido.*
tintorera *s. f.* Marrajo, lamia, tollo, escualo.
tintura *s. f.* **1. Barniz**, teñidura. **2. Cosmético**, maquillaje, pintura.
tiña *s. f.* **1. Gusanillo**, oruga. **2. Roña**, tiñería, favo, eccema. **3. Pobreza**, escasez, tacañería, avaricia. ➤ *Abundancia, generosidad, dadivosidad.*
tiñoso, sa *adj.* **1. Piojoso**, roñoso, sucio, sarnoso, pulgoso. ➤ *Pulcro, limpio, sano.* **2. Ruin**, mezquino, miserable, cicatero, agarrado. ➤ *Dadivoso, generoso, espléndido.*
tío, a *s. m. y s. f.* **1. Familiar**, pariente, tito. **2. Patán**, paleto, cateto, zafio.

tiorba *s. f.* Chata.
tiovivo *s. m.* Caballitos, atracción, carrusel, rueda, noria.
tipejo *s. m.* Mamarracho, esperpento, adefesio, fulano, individuo. ➤ *Hombrón, personaje, figura.*
tiperrita *s. f.* Estenotipista, dactilógrafa, estenógrafa, oficinista.
tipiadora *s. f.* Estenotipista, dactilógrafa, estenógrafa, oficinista.
típico, ca *adj.* **1. Característico**, particular, personal, representativo, simbólico, claro, inconfundible, peculiar. ➤ *General, corriente, común, confundible, atípico.* **2. Popular**, costumbrista, tradicional, folclórico.
tipificar *v. tr.* **1. Concertar**, conformar, normalizar. ➤ *Discrepar, desavenir.* **2. Estandarizar**, homologar, unificar. ➤ *Variar, diferenciar.*
tiple *s. m.* Soprano. ➤ *Contralto.*
tipo *s. m.* **1. Muestra**, prototipo, arquetipo, símbolo, ejemplo, modelo, espécimen, original. **2. Ideal**, paradigma. **3. Aire**, traza, planta, apostura, facha. **4. Índole**, condición, clase, categoría. **5. Mamarracho**, esperpento, adefesio, títere, tipejo, ente. **6. Sujeto**, fulano, tío, gachó, colega, tronco, individuo.
tipografía *s. f.* Composición, impresión, estenotipia, fotocomposición.
tipógrafo, fa *s. m. y s. f.* Impresor.
tiquismiquis *s. m. pl.* **1. Melindres**, miramientos, remilgos, escrúpulos, afectaciones, menudencias. ➤ *Naturalidad, unanimidad.* ‖ *s. m. y s. f.* **2. Remilgado**, melindroso.
tira *s. f.* Banda, cinta, faja, lista, correa, franja, brazal, venda.
tirabala *s. m.* Canuto, cerbatana.
tirabeque *s. m.* **1. Bisalto**, guisante. **2. Tirachinas**, tiratacos, tiragomas.
tirabotas *s. m.* Calzador.
tirabuzón *s. m.* **1. Descorchador**, sacatapón. **2. Bucle**, caracol, rizo, sortija.
tiracantos *s. m.* Echacantos, mamarracho, inútil, inepto. ➤ *Competente.*
tirachinos *s. m.* Tiragomas, tirabeque.
tiracuello *s. m.* Tiracol, cinturón, correa, tahalí.

tirada *s. f.* **1. Disparo**, expulsión, lanzamiento. **2. Trecho**, tramo, trayecto, extensión. **3. Ristra**, racha, sarta. **4. Edición**, impresión. **5. Lanzamiento**, edición. **6. Producción**, tiraje.

tirado, da *adj.* **1. Regalado**, saldo, ganga, barato, ruinoso, desvalorado, económico, rebajado, saldado. ➤ *Caro, excesivo, costoso, subido, alto.* **2. Fácil**, comido, chupado, sencillo, elemental, cómodo, simple, corriente. ➤ *Complicado, dificultoso.* **3. Ruin**, miserable, desvergonzado, sinvergüenza, golfo, bajo, vil, innoble, rastrero, indigno. ➤ *Noble, estimable, digno.* ‖ *s. m.* **4. Producción**, tirada, edición.

tirador, ra *s. m. y s. f.* **1. Cazador**, disparador. ‖ *s. m.* **2. Pomo**, mango, empuñadura, asidero, asa, agarrador, manivela, puño. **3. Tiragomas**, honda, tirachinas, tirabeque.

tiragomas *s. m.* Tirador, tirachinas, tirabeque.

tiraje *s. m.* Tirada, lanzamiento, producción, edición, impresión.

tiralevitas *s. m. y s. f.* Adulador, pelotillero, pelota, lisonjero. ➤ *Sincero.*

tiramira *s. f.* Sierra, montaña, serranía.

tiranía *s. f.* **1. Despotismo**, absolutismo, autocracia, totalitarismo, dictadura, dominio, supremacía, hegemonía, imposición, coacción, dominación, imperio, opresión. ➤ *Liberalismo, libertad, democracia, justicia.* **2. Avasallamiento**, atropello, injusticia. ➤ *Tolerancia, respeto, moderación.* **3. Esclavitud**, sometimiento. ➤ *Dominio, autocontrol, voluntad.*

tiránico, ca *adj.* Despótico, absoluto, dictatorial, opresivo, esclavizante, dominante. ➤ *Liberal, demócrata, justo.*

tiranizar *v. tr.* Someter, oprimir, rendir, reducir, derribar, sojuzgar, avasallar, humillar, subyugar, supeditar, despotizar, esclavizar, amartillar, sofocar, imponer, coaccionar, aherrojar, domeñar. ➤ *Emancipar, liberar, libertar, ayudar, permitir.*

tirano, na *adj.* Déspota, dictador, autócrata, opresor, dominador. ➤ *Blando, liberal, demócrata, benigno.*

tirante *adj.* **1. Embarazoso**, violento, difícil. **2. Tieso**, rígido, estirado, terso, teso. ➤ *Flojo, fofo, laxo.* ‖ *s. m.* **3. Correa**. **4. Tira**, goma, elástico. **5. Viga**, soporte, tabla, traviesa, puntal.

tirantez *s. f.* **1. Rigidez**, turgencia, tensión, estiramiento. ➤ *Flacidez, flojedad, relajamiento, laxitud.* **2. Enemistad**, hostilidad, animadversión, enfado, disgusto. ➤ *Amistad, tranquilidad, cordialidad, acercamiento.*

tirar *v. tr.* **1. Arrojar**, lanzar, echar, despedir, botar, enviar, volear. ➤ *Retener, recoger, coger, tomar, atrapar.* **2. Verter**, derramar, salpicar. ➤ *Contener.* **3. Proyectar**, impulsar, empujar. **4. Demoler**, abatir, tumbar, derruir, hundir, derribar, asolar. ➤ *Levantar, construir, reconstruir.* **5. Cañonear**, ametrallar, fusilar, torpedear, apuntar, hacer fuego, disparar, descargar, detonar, fulminar. **6. Desdoblar**, desencoger, desarrugar, estirar, atirantar, extender. ➤ *Doblar, plegar, arrugar, encoger.* **7. Dilapidar**, derrochar, disipar, despilfarrar, prodigar, desperdiciar. ➤ *Ahorrar, economizar, restringir, guardar.* **8. Editar**, publicar, lanzar. ‖ *v. intr.* **9. Agradar**, simpatizar, gustar, complacer. ➤ *Desagradar, repeler, disgustar, rechazar.* **10. Arrastrar**, remolcar, acarrear, conducir, llevar, atoar. **11. Subir el humo**, quemar. ➤ *Ahogarse, apagarse.* **12. Vegetar**, renquear, trapear. **13. Propender**, inclinarse, aficionarse, atraer, tender. ➤ *Inhibirse, evitar, repeler, disgustar.* **14. Imitar**, tender, semejarse. ➤ *Distinguirse, diferenciarse.* **15. Procurar**, ensayar, probar, intentar. ‖ *v. prnl.* **16. Acometer**, embestir, arremeter, precipitarse. **17. Acostarse**, yacer, caer, descansar. ➤ *Levantarse, erguirse, recoger, sujetar.*

tirilla *s. f.* Trincha, trabilla.

tiritaña *s. f.* Nimiedad, fruslería, ridiculez, nonada, pequeñez.

tiritar *v. intr.* Temblequear, trepidar, castañetear, estremecerse, temblar.

tiritera *s. f.* Estremecimiento, tembladera, fiebre, castañeteo, temblor.

tiritón *s. m.* Estremecimiento, tembladera, fiebre, castañeteo.

tiritona *s. f.* Estremecimiento, tembladera, fiebre, castañeteo.

tiro *s. m.* **1. Balazo**, carga, andanada. **2. Detonación**, explosión, descarga, disparo, rebufo, fuego, estampido, estallido, fogonazo. **3. Distancia**, trayectoria. **4. Posta**, yunta, pareja. **5.** Ventilación, viento. **6. Ancho**, anchura, holgura, amplitud. **7. Alcance**, recorrido. **8. Desventaja**, daño. ➤ *Beneficio, ventaja.* **9. Chasco**, burla, engaño. **10. Crítica**, indirecta, censura, insinuación, ataque, acusación. **11. Trayectoria**. **12. Chimenea**, conducto, túnel. **13. Hondura**, hondonada. **14. Lanzamiento**, salto, botadura, tirada, expulsión, proyección. ‖ *s. m. pl.* **15. Tahalí**, tiracuello.

tirocinio *s. m.* Enseñanza, instrucción, aprendizaje, adiestramiento.

tirón[1] *s. m.* Aprendiz, novicio, novato. ➤ *Maestro, veterano.*

tirón[2] *s. m.* Estirón, sacudida, empujón, enganchón, zarandeo.

tirotear *v. tr.* Balearse, ametrallar, hacer fuego, disparar.

tiroteo *s. m.* Disparos, balazos, refriega, enfrentamiento, descargas. ➤ *Paz, tranquilidad, concordia.*

tirria *s. f.* **1. Ojeriza**, tema, aborrecimiento, antipatía, manía, fila, aversión, odio, mala voluntad, monomanía. ➤ *Agrado, afecto, simpatía, atracción, predilección.* **2. Cabezonería**, terquedad, insistencia, porfía. ➤ *Abandono, desinterés.*

tirso *s. m.* Racimo, fusta, rama.

tisana *s. f.* Cocimiento, infusión, poción, brebaje.

tísico, ca *adj.* Tuberculoso.

tisú *s. m.* Brocado.

tisuria *s. f.* Incontinencia.

titán *s. m.* Coloso, gigante, superhombre, eminencia, águila, hércules. ➤ *Pigmeo, pequeño, endeble, débil.*

titánico, ca *adj.* Colosal, gigantesco, descomunal, grandioso, desmesurado, excesivo, inmenso, enorme, ciclópeo, sobresaliente, hercúleo. ➤ *Ni-*

mio, mezquino, insignificante, común, pequeño, mínimo, débil.

titeo *s. m.* Mofa, zumba, burla.

títere *s. m.* **1. Muñeco**, fantoche, polichinela, guiñol, marioneta. **2. Tipejo**, mamarracho, payaso, mequetrefe, pelele, espantajo, espantapájaros. ➤ *Elegante, gallardo, airoso, dominante, importante.* ‖ *s. m. pl.* **3. Circo**, espectáculo, pantomima, volatines.

titilación *s. f.* Temblor, centelleo, estremecimiento, parpadeo. ➤ *Fijeza, sosiego.*

titilante *adj.* Tembloroso, parpadeante, centelleante, chispeante. ➤ *Fijo, inmóvil, apagado.*

titilar *v. intr.* **1. Estremecerse**, temblar, agitarse, oscilar. ➤ *Pararse, detenerse.* **2. Refulgir**, parpadear, resplandecer, centellear. ➤ *Oscurecer.*

titileo *s. m.* **1. Temblor**, estremecimiento. ➤ *Fijeza, sosiego.* **2. Centelleo**, parpadeo.

titirimundi *s. m.* Cosmorama.

titiritaina *s. f.* Confusión, estruendo, algazara, bullicio. ➤ *Tranquilidad, silencio.*

titiritero, ra *s. m. y s. f.* Cómico, bufón, payaso, farandulero, saltimbanqui, volatinero.

tito *s. m.* Pepita, chito, hueso.

titubear *v. intr.* **1. Vacilar**, balancearse, trastabillar, dudar, oscilar, fluctuar, tropezar, flaquear. ➤ *Asegurarse, mantenerse, decidir, sostener.* **2. Azorarse**, tartamudear, balbucir. ➤ *Articular.* **3. Hesitar**, vacilar, confundirse. ➤ *Asegurarse, resolver, confiar.*

titubeo *s. m.* Vacilación, duda, perplejidad, turbación. ➤ *Seguridad, certidumbre, decisión, firmeza.*

titulado, da *s. m. y s. f.* Investido, diplomado, graduado, licenciado.

titular[1] *adj.* **1. Nominal**, nominativo. **2. Facultativo**, profesional, titulado. ‖ *s. m.* **3. Encabezamiento**, cabecera, inscripción, título.

titular[2] *v. tr.* **1. Rotular**, intitular, llamar, nombrar, denominar. ‖ *v. intr.* **2. Autorizar**. ‖ *v. prnl.* **3. Licenciarse**, doctorarse, graduarse, diplomarse.

título *s. m.* **1. Designación**, intitulación, nominación, denominación, nombre, lema, inscripción. **2. Etiqueta**, rótulo, letrero. **3. Dignidad**, cargo, tratamiento. **4. Testimonio**, documento. **5. Licencia**, certificado, autorización. **6. Señor**, noble, conde, duque, marqués, vizconde, barón.

tiza *s. f.* Yeso.

tiznado, da *adj.* Manchado, ahumado, pringado, sucio, ennegrecido, ensuciado. ➤ *Limpio, blanqueado.*

tiznar *v. tr.* **1. Ensuciar**, negrear, ennegrecer, ahumar, pringar, engrasar, deslustrar. ➤ *Limpiar, lustrar, blanquear.* **2. Mancillar**, desacreditar, denigrar, difamar, baldonar. ➤ *Elogiar, alabar, ensalzar.*

tizne *s. amb.* Mugre, grasa, carbonilla.

tiznón *s. m.* Tiznadura, mancha, suciedad, hollín, lamparón. ➤ *Limpieza, pulcritud, lustre.*

tizón *s. m.* **1. Leño**, tronco, brasa, rescoldo. **2. Carboncillo**, parásito, nublo. **3. Descrédito**, menoscabo, ofensa, oprobio, baldón, deshonra, tacha. ➤ *Crédito, honra, elogio.*

toalla *s. f.* **1. Paño**, trapo, lienzo. **2. Sobrecama**, cubrecama, telliza.

toba *s. f.* **1. Tosca**, tufo. **2. Sarro**, tártaro. **3. Costra**, corteza, recubrimiento.

toballeta *s. f.* Toalleta.

tobera *s. f.* Conducto, manga, boca.

tobogán *s. m.* Cuesta, rampa, deslizadero.

toca *s. f.* Manto, velo, capucha, toquilla.

tocadiscos *s. m.* Fonógrafo, gramófono, gramola.

tocado *s. m.* **1. Peinado**, moño, rizos, afeite, recogido. **2. Peineta**, galas, pasador, redecilla, diadema.

tocado, da *adj.* **1. Guillado**, maniático, chiflado, tarado. ➤ *Cuerdo, sensato.* **2. Podrido**, corrompido, dañado, pasado. ➤ *Fresco.* **3. Lesionado**, enfermo. ➤ *Sano, fuerte.*

tocador *s. m.* **1. Peinador**, cómoda, coqueta. **2. Neceser.**

tocador, ra *adj.* **1. Templador**, tañedor, instrumentista. ‖ *s. m.* **2. Llave**, templador.

tocamiento *s. m.* **1. Tocadura**, toque, tentón, tacto, sobeo. **2. Iluminación**, vocación. llamamiento, inspiración.

tocante *adj.* **1. Tocador**, acariciador, manoseador. **2. Referente**, atañente.

tocar[1] *v. tr.* **1. Palpar**, tentar, sobar, manosear, manipular, tantear, acariciar, frotar. **2. Tañer**, pulsar, ejecutar, interpretar. **3. Redoblar**, doblar, voltear. **4. Chocar**, rozar, golpear, pegar, besar, topar, tropezar. **5. Unir**, juntar, lindar. ➤ *Separar, distanciar.* **6. Probar**, comprobar, experimentar. **7. Mencionar**, aludir. ➤ *Profundizar, estudiar.* **8. Fondear. 9. Retocar**, acabar, pintar. ‖ *v. intr.* **10. Corresponder**, atañer, afectar, referirse. **11. Convenir**, cuadrar, importar. ➤ *Evitar.* **12. Corresponder**, alcanzar. **13. Lindar**, limitar, rayar, besar.

tocar[2] *v. tr.* **1. Acicalarse**, componerse, emperifollarse. ‖ *v. prnl.* **2. Taparse**, encasquetarse, cubrirse.

tocayo, ya *s. m. y s. f.* Homónimo.

tochedad *s. f.* Necedad, grosería, rudeza, tontería. ➤ *Agudeza.*

tocho, cha *adj.* **1. Tosco**, rudo, necio, lerdo, tonto. ➤ *Culto, inteligente, educado.* ‖ *s. m.* **2. Barra**, lingote.

tochura *s. f.* Necedad, grosería, rudeza.

tocinería *s. f.* Carnicería, charcutería, chacinería.

tocinero, ra *s. m. y s. f.* Carnicero, charcutero, lardero.

tocino *s. m.* Grasa, gordo, gordura.

tocología *s. f.* Obstetricia.

tocólogo, ga *s. m. y s. f.* Partero, comadrón, ginecólogo.

tocón *s. m.* **1. Tetón**, checa, toza. **2. Muñón. 3. Rabón**, reculo.

todabuena *s. f.* Todasana, castellar, androsemo.

todavía *adv. t.* **1. Aún.** ‖ *adv. m.* **2. Sin embargo**, con todo eso.

todo, da *adj.* **1. Global**, entero, total. ‖ *s. m.* **2. Totalidad**, conjunto, integridad. ➤ *Nada, parte, parcialidad.*

todopoderoso, sa *adj.* **1. Omnipotente**, omnímodo, supremo, absoluto. ➤ *Impotente.* ‖ *n. p.* **2. Dios**, Ser Supremo, Sumo Hacedor, Creador.

toga *s. f.* Manto, túnica, clámide, pretexta, ropa, investidura, veste.

togado, da *adj.* Magistrado, juez, abogado.

toilette *s. f.* Aseo, afeite, adorno, arreglo.

toisón *s. m.* Insignia, dignidad.

tolda *s. f.* Mesana.

toldilla *s. f.* Chupeta, castillo de popa.

toldo *s. m.* **1. Techo,** pabellón, carpa, cubierta. **2. Entoldado. 3. Fatuidad,** pedantería, pompa, ensoberbecimiento. ➤ *Humildad, sencillez.*

tole *s. m.* Bulla, bullicio, griterío, confusión. ➤ *Silencio, tranquilidad, sosiego.*

tolerable *adj.* Admisible, soportable, llevadero, aceptable. ➤ *Intolerable, inadmisible, insufrible, inaceptable.*

tolerancia *s. f.* **1. Respeto,** transigencia, condescendencia, consentimiento, paciencia, indulgencia resignación, calma, flema, pasividad, espera, aguante, anuencia. ➤ *Intolerancia, inflexibilidad, severidad, intransigencia, incomprensión.* **2. Margen,** separación, diferencia.

tolerante *p. a.* Condescendiente, comprensivo, indulgente, transigente. ➤ *Intolerante, severo, intransigente.*

tolerar *v. tr.* **1. Soportar,** aguantar, resistir, resignarse, sufrir, sobrellevar, conformarse, sacrificarse, disimular, pasar por. ➤ *Rechazar, recusar, repeler, rebelarse, protestar, sublevarse.* **2. Permitir,** transigir, contemporizar, condescender. ➤ *Prohibir, vetar, negarse, mantenerse.*

tolete *s. m.* **1. Escálamo,** cabilla. ‖ *adj.* **2. Tonto,** necio, retrasado, torpe. ➤ *Listo, inteligente, adelantado.*

tolla *s. f.* Tolladar, pantano, fangal, barrizal, ciénaga, lodazal, tremedal.

tolladar *s. m.* Pantano, ciénaga, fangal.

tollir *v. tr.* Tullir.

tollo *s. m.* Tolladar, pantano, fangal, barrizal, ciénaga.

tollón *s. m.* Garganta, desfiladero.

tolmera *s. f.* Tormagal, tormellera, tormera.

tolmo *s. m.* Piedra, berrueco, tormo, peñasco.

tolo *s. m.* Chichón, tolondro.

tolondro, dra *adj.* **1. Irreflexivo,** atolondrado, lelo. ➤ *Juicioso, reflexivo, listo.* ‖ *s. m.* **2. Chichón,** golpe.

tolondrón, na *adj.* **1. Irreflexivo,** atolondrado, lelo. ➤ *Juicioso, reflexivo, listo.* ‖ *s. m.* **2. Golpe,** chichón.

tolva *s. f.* Recipiente, depósito, embudo.

tolvanera *s. f.* Polvareda, ventisca, torbellino, remolino.

toma *s. f.* **1. Apropiación,** apoderamiento. ➤ *Devolución, restitución.* **2. Ocupación,** botín, apresamiento. ➤ *Liberación.* **3. Dosis. 4. Orificio,** entrada, data. **5. Acceso,** derivación, desviación. **6. Trago,** sorbo, buche.

tomadero *s. m.* **1. Agarradero,** asidero, asa. **2. Orificio,** data, entrada.

tomado, da *adj.* Ronco, velado, afónico, acatarrado.

tomador, ra *adj.* **1. Conquistador,** ocupador, apoderador. **2. Bebedor.** ‖ *s. m.* **2. Ladrón,** pillador, ratero.

tomar *v. tr.* **1. Asir,** agarrar, enganchar, coger, recoger, captar, abrazar, llevarse. ➤ *Dejar, soltar.* **2. Capturar,** apresar, arrebatar, ocupar, apoderarse, arrancar, usurpar, requisar, incautarse. ➤ *Devolver, restituir.* **3. Adoptar,** emplear. **4. Percibir,** recibir, aceptar, admitir, acoger. ➤ *Devolver, rechazar.* **4. Tragar,** comer, zampar, deglutir, beber, ingerir. ➤ *Devolver, vomitar.* **5. Ajustar,** contraer, contratar. **6. Juzgar,** interpretar. **7. Comprar,** obtener, percibir, ocupar, alquilar, marcar, contratar, adquirir. ➤ *Vender, desocupar, traspasar.* **8. Entregarse,** aplicarse, asumir, adoptar, reasumir, darse, apañar, apropiarse ,adueñarse, arrogarse, adjudicarse. ➤ *Abstenerse, abandonar, evitar, eludir, rehuir.* **9. Fecundar,** cubrir, montar, poseer. **10. Detraer,** pellizcar, espigar. **11. Robar,** hurtar, mangar, ratear, sisar, atracar, quitar, birlar, estafar, despojar, plagiar. ➤ *Respetar, devolver, restituir.* **12. Acopiar,** acaparar, rebañar, barrer, chupar, absorber, arramblar. ‖ *v. intr.* **13. Dirigirse,** encaminarse, ir, decidirse, optar.

tomate *s. m.* Agujero, roto, siete.

tómbola *s. f.* Sorteo, juego, rifa, lotería, fiesta benéfica.

tomillo *s. m.* Tumo, senserina.

tomismo *s. m.* Escolasticismo.

tomo *s. m.* **1. Ejemplar**, volumen, obra, libro. **2. Grueso**, bulto. **3. Consideración**, trascendencia, estima.

tomografía *s. f.* Radiografía.

tonada *s. f.* **1. Copla**, aria, canción. **2. Melodía**, aire. **3. Sonsonete**, dejo.

tonadilla *s. f.* Musiquilla, cancioncilla, tonada, aire, pasacalle, cantar, copla.

tonadillero, ra *s. m. y s. f.* Cantante, cupletista, artista, folclórica.

tonalidad *s. f.* **1. Escala**, tono, sonido. **2. Gama**, gradación, matiz.

tonante *adj.* Atronador, estruendoso, irascible, terrible. ➤ *Pacífico.*

tondiz *s. f.* Tundizno.

tonel *s. m.* Barrica, cubeta, bocoy, pipa, barril, cuba, tina, tonelete, candiota.

tonelaje *s. m.* **1. Capacidad**, volumen, aforo, porte. **2. Impuesto**, arancel.

tonelería *s. f.* **1. Pipería**, barrilería, cubería. **2. Tonelada**, bodega.

tonelero, ra *s. m. y s. f.* Barrilero, cubero, arquero.

tonelete *s. m.* Faldellín, armadura.

tongada *s. f.* Tanda, hilada, lámina, lecho, capa.

tongo *s. m.* Fraude, trampa, engaño.

tonicidad *s. f.* Energía, vigor, ánimo, fuerza, tensión, vivacidad. ➤ *Flojera.*

tónico, ca *adj.* Reconstituyente, estimulante, cordial, vivificante. ➤ *Debilitante, enervante, sedante.*

tonificación *s. f.* Fortalecimiento, vigorización, estimulación. ➤ *Debilitamiento, enervamiento.*

tonificador, ra *adj.* Vigorizador, estimulante, fortalecedor. ➤ *Debilitador.*

tonificante *adj.* Vigorizador, estimulante, tonificador. ➤ *Debilitante.*

tonificar *v. tr.* Entonar, vigorizar, fortalecer, reanimar, reconfortar, reforzar, estimular, reconstruir, animar, reconstituir. ➤ *Debilitar, desanimar, desmayar, decaer.*

tonillo *s. m.* **1. Soniquete**, sonsonete. **2. Pronunciación**, acento, deje. **3. Retintín**, intención.

tono *s. m.* **1. Modo**, punto. **2. Estilo**, matiz, tendencia. **3. Modulación**, pronunciación, dejo. **4. Aptitud**, ánimo, vigor, fuerza. **5. Tensión**, ánimo, receptividad. **6. Semitono**, intervalo. **7. Matiz**, tinte, colorido.

tonsura *s. f.* **1. Rapadura**, corte de pelo. **2. Ceremonia**, ordenación.

tonsurado, da *s. m.* Ordenado, sacerdote.

tonsurar *v. tr.* **1. Rapar**, esquilar, cortar el pelo. **2. Ordenar**, consagrar.

tontear *v. intr.* **1. Disparatar**, fantochear, bobear. **2. Coquetear**.

tontería *s. f.* **1. Mentecatería**, estupidez, incultura, necedad. ➤ *Inteligencia, cultura, sensatez, ingenio.* **2. Bobada**, memez, sandez. ➤ *Agudeza.* **3. Nimiedad**, nadería, insignificancia, nonada, bagatela. ➤ *Importancia.*

tontillo *s. m.* **1. Miriñaque**, polisón, guardainfante, cancán, faldellín. **2. Ahuecador**, verdugado.

tonto, ta *adj.* **1. Mentecato**, necio, lerdo, zafio, bobo, alelado, retrasado, idiota, corto, memo, bobalicón, abobado, obtuso, imbécil, torpe, inepto, zote, panoli. ➤ *Listo, inteligente, sagaz, agudo, despierto, talentudo, profundo.* **2. Tontería**, memez.

topa *s. f.* Polea.

topacio *s. m.* Gema, cristal, piedra preciosa.

topada *s. f.* Topetada, topetazo.

topadizo, za *adj.* Encontradizo.

topar *v. tr.* **1. Chocar**, dar, colisionar, golpear, trompicar, tropezar, topetar, topetear. ➤ *Evitar, eludir, separar.* **2. Encontrar**, descubrir. **3. Hallar**, aparecer. ‖ *v. intr.* **4. Estribar**, radicar, consistir, residir. **5. Embarazar**, obstaculizar, tropezar. ➤ *Facilitar.*

tope *s. m.* **1. Límite**, extremidad, canto. **2. Bloqueo**, seguro, tranquilla. **3. Protección**, refuerzo. **4. Obstáculo**, impedimento. ➤ *Facilidad.* **5. Topetón**, tropezón. **6. Contienda**, lucha, refriega, reyerta, riña. ➤ *Pacificación.*

topear *v. tr.* Topar, topetar, embestir.

topetada *s. f.* Cabezazo, encontronazo, topetazo.

topetar *v. tr.* Topar, embestir, chocar.

tópico *s. m.* **1. Remedio**, ungüento, preparado. **2. Vulgaridad**, cliché, ramplonería, trivialidad, frase hecha. ➤ *Genialidad, originalidad.* **3. Local**, peculiar, particular, regional. ➤ *General, total.* **4. Vulgar**, trivial, común, adocenado, manido. ➤ *Original.*

topinada *s. f.* **1. Torpeza**, desmaña, inhabilidad. ➤ *Pericia, desenvoltura, habilidad.* **2. Necedad**, ignorancia, cortedad. ➤ *Acierto, inteligencia.*

topinaria *s. f.* Talparia.

topo *s. m.* **1. Roedor**, taltuza. **2. Miope**, ciego. **3. Lerdo**, torpe, tonto.

topocho, cha *adj.* Rechoncho.

topografía *s. f.* Planimetría, altimetría, agrimensura.

topográfico, ca *adj.* Geodésico, taquimétrico, telemétrico.

topógrafo, fa *s. m. y s. f.* Agrimensor, ingeniero, geómetra.

toque *s. m.* **1. Tacto**, caricia, manoseo, roce, golpe, tocamiento, palpación, palpadura, rozamiento, sobadura, sobo. **2. Campanada**, timbrazo, tecleo, rasgueo, repique. **3. Meollo**, miga, esencia, quid. **4. Amonestación**, apercibimiento, advertencia, llamamiento, indicación, sugerencia. **5. Tiento**, examen, ensayo, prueba. **6. Llamada**, señal, diana, tañido, generala, retreta, retirada, marcha, rebato.

toquetear *v. tr.* Manosear, sobar.

toquilla *s. f.* **1. Toca**, pañuelo. **2. Chal**, pañoleta, echarpe, pelerina, mantón, manteleta.

torácico, ca *adj.* Pectoral, pulmonar, costal.

toral *adj.* Fundamental, esencial, básico. ➤ *Secundario, insignificante.*

tórax *s. m.* Torso, tronco, busto.

torbellino *s. m.* **1. Tolvanera**, ráfaga, revuelta, ciclón, remolino. ➤ *Calma.* **2. Aglomeración**, revuelo, tremolina, jaleo, confusión. ➤ *Ausencia, carencia, sosiego.* **3. Tarabilla**, impulsivo, apasionado, violento. ➤ *Calmo, pacífico, juicioso, moderado.*

torca *s. f.* Hondonada, depresión.

torcedero *s. m.* Huso, gancho.

torcedor *s. m.* **1. Huso**, gancho. **2. Suplicio**, pena, contrariedad, disgusto. ➤ *Alegría, satisfacción, consuelo.*

torcedura *s. f.* **1. Corcovo**, torsión, arqueadura, alabeo. ➤ *Enderezamiento, rectitud.* **2. Luxación**, dislocación, esguince, descoyuntamiento, desviación. ➤ *Corrección.*

torcer *v. tr.* **1. Retorcer**, rizar, ensortijar, enarcar, enroscar, retortijar, cimbrar, encrespar. ➤ *Desenroscar, desrizar, estirar, enderezar, desdoblar.* **2. Doblar**, arquear, alabear, curvar, combar, inclinar. ➤ *Enderezar, rectificar.* **3. Girar**, volver, virar. ➤ *Enderezar.* **4. Enfadarse**, agriarse, disgustarse, enojarse. ➤ *Contentarse, alegrarse.* **5. Dislocar**, luxar, descoyuntar. ➤ *Componer, enderezar.* **6. Equivocar**, confundir, errar. ➤ *Entender, clarificar, explicar.* **7. Convencer**, disuadir. ➤ *Empeñarse, empecinarse.* **8. Corromper**, pervertir, descarriar. ‖ *v. prnl.* **9. Picarse**, estropearse, agriarse, cortarse. ➤ *Conservarse.* **10. Fracasar**, frustrarse, fallar. ➤ *Triunfar, alcanzar, realizarse.* **11. Desviarse**, extraviarse, volver, mudar, trocar, distraer, despistar. ➤ *Enmendarse, corregirse, encarrilarse, empistarse.*

torcho *s. m.* Tocho.

torcida *s. f.* Pabilo, matula, algodón.

torcido, da *adj.* **1. Retorcido**, oblicuo, inclinado, curvo. ➤ *Recto, derecho, enderezado.* **2. Depravado**, corrompido, inmoral, perdido. ➤ *Virtuoso, puro, justo, honesto.* ‖ *s. m.* **3. Torta**, rosca, golosina.

torcijón *s. m.* **1. Retortijón**, apretón. **2. Torozón**.

torcimiento *s. m.* **1. Corcovo**, torsión, arqueadura, alabeo, curvatura. ➤ *Enderezamiento, rectitud.* **2. Rodeo**, circunloquio, perífrasis.

tordo, da *adj.* **1. Grisáceo**, berrendo, pardo, cano. **2. Estornino**.

toreador, ra *s. m. y s. f.* Torero, lidiador, diestro, matador.

torear *v. intr.* **1. Capear**, muletear, citar, lidiar. ‖ *v. tr.* **2. Burlar**, engañar.

3. Entretener, marear, entorpecer. ➤ *Ayudar.* **4. Cachondearse**, reírse. **5. Evitar**, eludir. ➤ *Afrontar, asumir.* **6. Insultar**, zaherir. ➤ *Respetar.*

toreo *s. m.* **1. Lidia**, tienta, capea. **2. Tauromaquia**, lidia, fiesta.

torería *s. f.* Diestros, matadores.

torero, ra *adj.* **1. Taurino**, taurómaco. ‖ *s. m. y s. f.* **2. Diestro**, lidiador, matador, toreador, novillero, rejoneador, banderillero, estoqueador, espada. ‖ *s. f.* **3. Bolero**, guayabera.

torés *s. m.* Bocel, moldura, columna.

torete *s. m.* **1. Becerro**, novillo. **2. Inconveniente**, pega. ➤ *Facilidad.* **3. Actualidad**, hablilla, novedad.

toril *s. m.* Cuadra, redil, establo, chiquero.

torillo *s. m.* Actualidad, hablilla.

toriondez *s. f.* Celo, estro.

toriondo, da *adj.* Encelado.

tormenta *s. f.* **1. Temporal**, borrasca, diluvio, nevada, tempestad, vendaval, galerna, aguacero, huracán, tronada. ➤ *Bonanza, buen tiempo, calma, paz.* **2. Infortunio**, infelicidad, contratiempo. ➤ *Fortuna, suerte.* **3. Enfurecimiento**, furia, ira, enardecimiento. ➤ *Calma, serenidad.*

tormento *s. m.* **1. Tortura**, suplicio, castigo, martirio, maltrato. ➤ *Cuidado, mimo, caricia, consideración, placer, disfrute.* **2. Tristeza**, amargura, desolación, aflicción, angustia, ansiedad, congoja, pena, cuita, desesperanza, malestar, opresión. ➤ *Alegría, placer, felicidad, satisfacción, gozo.*

tormentoso, sa *adj.* **1. Aborrascado**, nublado, cubierto. ➤ *Soleado, despejado.* **2. Tempestuoso**, proceloso, inclemente. ➤ *Tranquilo, calmado.*

tormo *s. m.* Terrón.

torna *s. f.* Devolución, reintegro.

tornadera *s. f.* Bieldo.

tornadizo, za *adj.* Mudable, variable, inconstante, voluble, veleidoso, versátil, ligero, caprichoso. ➤ *Constante, firme, leal, perseverante, inmutable.*

tornado *s. m.* Tromba, manga, ciclón.

tornadura *s. f.* **1. Restitución**, reintegro. **2. Regreso**, retorno. **3. Pértica.**

tornar *v. tr.* **1. Restituir**, reponer, reintegrar, devolver. ➤ *Quedarse, retener.* **2. Transformar**, cambiar, trocar. ➤ *Mantener.* ‖ *v. intr.* **3. Retornar**, volver. ➤ *Quedarse, marcharse.* **4. Repetir. 5. Reponerse**, recuperarse. ➤ *Desmayarse, desvanecerse.*

tornasol *s. m.* **1. Girasol. 2. Irisación**, fulgor, brillo. ➤ *Opacidad.*

tornasolado, da *adj.* Irisado, iridiscente, jaspeado, refulgente, brillante. ➤ *Opaco, apagado, mate.*

tornasolar *v. tr. y v. prnl.* Irisar, relucir, destellar. ➤ *Oscurecer, apagarse.*

tornatrás *s. m. y s. f.* Mestizo.

tornaviaje *s. m.* Regreso, vuelta, retorno. ➤ *Ida, partida.*

tornavoz *s. m.* **1. Pantalla**, amplificador. **2. Eco**, resonancia. **3. Concha.**

tornear *v. tr.* **1. Girar.** ‖ *v. intr.* **2. Girar. 3. Luchar**, justar, desafiar, retar. **4. Pensar**, reflexionar, cavilar.

torneo *s. m.* **1. Justa**, liza, combate, desafío, lucha, pelea. **2. Concurso**, prueba, certamen, competición.

tornero, ra *s. m. y s. f.* Mecánico, operario, torneador.

tornillero *s. m.* Prófugo, huido, tránsfuga, traidor. ➤ *Leal, fiel.*

tornillo *s. m.* **1. Tirafondo**, perno. **2. Abandono**, traición, fuga, deserción. ➤ *Lealtad, fidelidad, permanencia.*

torniquete *s. m.* **1. Contador**, control, paso. **2. Vendaje**, ligadura.

torniscón *s. m.* Cachete, torta, soplamocos, revés. ➤ *Caricia, mimo.*

torno *s. m.* Rodeo, recodo, vuelta.

toro *s. m.* **1. Buey**, cornúpeta, res, astado. ➤ *Vaca.* **2. Fornido**, forzudo. ➤ *Debilucho, enclenque, alfeñique.*

toronja *s. f.* Pomelo, naranja, cidro.

toronjil *s. m.* Toronjina, melisa, cidronela.

torpe *adj.* **1. Inhábil**, negado, incapaz, lento. ➤ *Hábil, ágil, desenvuelto.* **2. Lerdo**, ceporro, penco. **3. Deshonesto**, indecoroso, inmoral, obsceno. ➤ *Decoroso, honesto.* **4. Feo**, desangelado, desaliñado. ➤ *Bello, hermoso.*

torpedeamiento *s. m.* **1. Disparo**, ataque. **2. Entorpecimiento**, traba.

torpedear *v. tr.* **1. Disparar**, atacar, lanzar. **2. Obstaculizar**, impedir, vetar, prohibir, dificultar. ➤ *Autorizar, favorecer, facilitar.*

torpedo *s. m.* Proyectil, obús, misil.

torpeza *s. f.* **1. Inhabilidad**, ineptitud, desmaña, incompetencia. ➤ *Habilidad, aptitud, preparación.* **2. Necedad**, simpleza, tontería, chorrada. ➤ *Agudeza, sutileza.*

tórpido, da *adj.* Entumecido, torpe, adormecido. ➤ *Ágil.*

torrado, da *adj.* Tostado.

torre *s. f.* **1. Fortificación**, torreón. **2. Torreón**, minarete, faro, campanario, alminar, atalaya, roque, vigía. **3. Finca**, villa, granja.

torrear *v. tr.* Fortificar, amurallar, guarnecer. ➤ *Desguarnecer.*

torrecilla *s. f.* Azud.

torrefacción *s. f.* Tostadura, tostación, tueste, tostado, calcinación, calcinamiento, cochura.

torrencial *adj.* Caudaloso, impetuoso, incontenible, abundante, tempestuoso, violento, desencadenado, arrasador, inundador. ➤ *Suave, lento, seco.*

torrente *s. m.* **1. Riada**, avenida de agua, rápido. ➤ *Sequía, escasez.* **2. Multitud**, masa. ➤ *Soledad, escasez.*

torrentera *s. f.* Álveo, madre, lecho.

torrero, ra *s. m. y s. f.* Farero, vigía, vigilante.

tórrido, da *adj.* Caluroso, abrasador, sofocante, canicular, ardiente, tropical. ➤ *Frío, helado, gélido.*

torrija *s. f.* Picatoste, tostada, tajada.

torsión *s. f.* Torcedura, corcovo, desvío. ➤ *Enderezamiento, rectitud.*

torso *s. m.* **1. Pecho**, tórax, busto, tronco. **2. Talla**, escultura.

torta *s. f.* **1. Galleta**, bizcocho, bollo, rosca, pastel, tarta. **2. Bofetada**, cachete, tortazo, revés, sopapo, soplamocos. ➤ *Mimo, caricia.*

tortada *s. f.* **1. Tarta**, pastel. **2. Tendel.**

tortazo *s. m.* Bofetada, revés, manotazo, sopapo. ➤ *Mimo, caricia.*

tortero, ra *s. m. y s. f.* **1. Repostero**, bollero, confitero, pastelero, panadero. ‖ *s. m.* **2. Cesto**, canasta.

torticero, ra *adj.* Ilegal, irrazonable, irregular, arbitrario, ilegítimo, injusto. ➤ *Legal, recto, justo, razonable.*

tórtola *s. f.* Paloma, cocolera, zurita, pichón.

tortolito, ta *adj.* **1. Inexperto**, novato, inhábil. ➤ *Experimentado, veterano.* **2. Enamorado**, acaramelado.

tórtolo *s. m.* **1. Enamorado**, acaramelado, tierno. ➤ *Frío, distante, indiferente.* ‖ *s. m. pl.* **2. Novios**, parejita.

tortuga *s. f.* Concha, coraza, peto.

tortuosidad *s. f.* Retorcimiento, sinuosidad, disimulo, sutileza. ➤ *Derechura, franqueza, claridad, rectitud.*

tortuoso, sa *adj.* **1. Torcido**, sinuoso, laberíntico, retorcido, ondulado, anfractuoso, serpentino, meándrico. ➤ *Derecho, recto, directo, llano.* **2. Solapado**, cauteloso, disimulado, taimado, astuto, reservón. ➤ *Abierto, confiado, claro, sincero, franco.*

tortura *s. f.* **1. Tormento**, martirio, suplicio. ➤ *Placer, alegría.* **2. Incertidumbre**, agonía, inquietud, tribulación, desazón. ➤ *Despreocupación, seguridad, certidumbre, satisfacción.*

torturador, ra *adj.* Torturante, verdugo, cruel, lacerante, martirizante. ➤ *Bueno, consolador, placentero.*

torturar *v. tr.* **1. Martirizar**, sacrificar, inmolar, acosar, crucificar, atormentar. ➤ *Consolar, mimar, acariciar, cuidar, regalar.* **2. Mortificar**, penar, sufrir, angustiar, inquietar, atormentar, acongojar, apenar. ➤ *Calmar, contentar, serenar, alegrar.*

torunda *s. f.* Hila, gasa, algodón.

torva *s. f.* Nevada, cellisca, tormenta.

torvisco *s. m.* Matagallina, matapollo, bolaga.

torvo, va *adj.* Amenazador, avieso, terrible, iracundo, patibulario, hosco, horripilante, horrible, inquietante, ceñudo, atemorizador. ➤ *Agradable, benévolo, simpático, atractivo, risueño, cautivador, dulce.*

torzal *s. m.* Hilo, cordón, cordoncillo.

torzuelo *s. m.* Halcón, terzuelo.

tos *s. f.* Estornudo, tosecilla, expectoración, espasmo, sacudida.

tosca *s. f.* **1. Toba. 2. Sarro**, tártaro.

tosco, ca *adj.* **1. Ordinario**, vulgar, ramplón, imperfecto, basto, burdo, grosero, mazacote, áspero. ➤ *Fino, refinado, pulido, depurado, primoroso, bruñido.* **2. Ignorante**, zafio, inculto, palurdo, zote, patán, chabacano. ➤ *Culto, educado, refinado.*

toser *v. intr.* Estornudar, expectorar, carraspear. ➤ *Contenerse, reprimirse.*

tosigar[1] *v. tr.* Emponzoñar, intoxicar.

tosigar[2] *v. tr.* Atosigar, acuciar, presionar, meter prisa. ➤ *Tranquilizar.*

tósigo *s. m.* **1. Ponzoña**, veneno, tóxico. ➤ *Antídoto, contraveneno.* **2. Inquietud**, pena, zozobra, incertidumbre, angustia. ➤ *Alegría, placer.*

tosigoso, sa[1] *adj.* Emponzoñado, intoxicado, venenoso. ➤ *Puro, inofensivo.*

tosigoso, sa[2] *adj.* Carrasposo, carraspeante, asmático, jadeante.

tosquedad *s. f.* Brutalidad, grosería, zafiedad, chabacanería, ordinariez, palurdez, vulgaridad. ➤ *Finura, agrado, cultura, educación, exquisitez.*

tostada *s. f.* Torrija, picatoste, tostón, torta.

tostado, da *adj.* **1. Asado**, torrefacto, horneado, torrado. ➤ *Crudo.* ‖ *adj.* **2. Atezado**, moreno, curtido, bronceado, soleado. ➤ *Blanco, pálido.*

tostadura *s. f.* Tueste, asado, horneado, torrefacción. ➤ *Crudeza.*

tostar *v. tr.* **1. Tostar**, dorar, cocinar, ahornar, asar, torrefactar, torrar, soflamar. **2. Chamuscar**, achicharrar, carbonizar, calcinar. ➤ *Enfriar.* **3. Broncear**, curtir, dorar, atezar, asolear. ➤ *Palidecer, empalidecer, blanquear.*

tostón *s. m.* **1. Torrado**, garbanzo tostado. **2. Torrija**, picatoste, torta. **3. Tabarra**, rollo, matraca, monserga, latazo. ➤ *Entretenimiento, diversión.*

total *adj.* **1. Universal**, completo, íntegro, entero, general. ➤ *Parcial, incompleto, local, fragmentado, particular.* ‖ *s. m.* **2. Adición**, anexión, suma, agregación, resultado. ➤ *Resta, deducción.* **3. Totalidad**, conjunto, todo, resumen. ➤ *Nada, cero.* ‖ *adv. m.* **4. En resumen**, en suma.

totalidad *s. f.* Integridad, universalidad, generalidad. ➤ *Parcialidad.*

totalitario, ria *adj.* Absolutista, dictatorial, tiránico, autocrático. ➤ *Liberal, democrático, demócrata, popular.*

totalitarismo *s. m.* Absolutismo, tiranía, dictadura. ➤ *Democracia.*

totalitarista *adj.* Absolutista, dictatorial, tiránico. ➤ *Liberal, democrático, demócrata, popular.*

totalizar *v. tr.* Sumar, añadir, adicionar. ➤ *Restar, separar, deducir.*

tótem *s. m.* **1. Ídolo**, mito, deidad. **2. Talismán**, emblema, efigie.

totemismo *s. m.* Veneración, superstición, culto, creencia, religión.

tótum revolútum *s. m.* Enredo, confusión, mezcla, mezcolanza, batiburrillo. ➤ *Orden, método, disposición.*

tour *s. m.* Vuelta, gira, viaje, tournée.

tóxico, ca *adj.* **1. Veneno**, toxina, droga, tósigo, bebedizo, ponzoña, filtro. ➤ *Contraveneno, antídoto, antitóxico.* **2. Venenoso**, ponzoñoso, deletéreo, virulento, emponzoñado, envenenado, infectado. ➤ *Antídoto, contraveneno, sano, bueno, beneficioso, inocuo, inocente, inofensivo.*

toxicomanía *s. f.* Drogadicción.

toxicómano, na *adj.* Drogadicto, drogado. ➤ *Abstemio.*

toxina *s. f.* Veneno.

toza *s. f.* Madero, leño.

tozal *s. m.* Teso, cerro, altozano.

tozar *v. intr.* **1. Topetar. 2. Porfiar.**

tozo, za *adj.* Achaparrado, bajo, rechoncho. ➤ *Esbelto, alto, grande.*

tozolada *s. f.* Porrazo.

tozudez *s. f.* Obstinación, terquedad, testarudez, tenacidad, cabezonería, contumacia. ➤ *Flexibilidad, comprensión, transigencia, conformidad.*

tozudo, da *adj.* Obstinado, testarudo, porfiado, cabezón, tenaz, terco, contumaz. ➤ *Transigente, flexible, comprensivo, conforme, razonable.*

tozuelo *s. m.* Occipucio, cogote, nuca.

traba *s. f.* **1. Abrazadera**, trabazón, grillete. **2. Lazo**, atadura, ligadura, sujeción, enlace, yugo, amarre. **3. Estorbo**, obstáculo, inconveniente, impedimento, barrera, dificultad, embarazo, óbice, rémora, freno. ➤ *Facilidad, ayuda, cooperación.*

trabacuenta *s. f.* Equivocación, trascuenta, confusión, error. ➤ *Exactitud, acierto.*

trabado, da *adj.* **1. Ligado**, atado, sujeto, atascado. ➤ *Desligado, libre, desatado.* || *adj.* **2. Coherente**, lógico, homogéneo. ➤ *Heterogéneo, incoherente, desigual, ilógico.* **3. Nervudo**, fornido, membrudo. ➤ *Débil, flojo.*

trabadura *s. f.* Trabazón.

trabajado, da *adj.* **1. Rendido**, extenuado, aplanado, fatigado. ➤ *Descansado, relajado, nuevo.* **2. Agobiado**, atareado. **3. Cuidado**, detallado, minucioso. ➤ *Descuidado, negligente.*

trabajador, ra *adj.* **1. Emprendedor**, laborioso, diligente, voluntarioso, activo. ➤ *Vago, haragán, parásito, gandul, ocioso.* || *s. m. y s. f.* **2. Operario**, artesano, asalariado, proletario.

trabajar *v. intr.* **1. Dedicarse**, ejercer. ➤ *Holgar, vaguear, gandulear.* **2. Procurar**, intentar. **3. Afanar**, esforzar, perseverar, insistir. ➤ *Abandonar, desistir.* **4. Producir**, rendir. **5. Germinar**, crecer. ➤ *Agostar.* **6. Oponerse. 7. Esforzarse**, luchar, sudar. || *v. tr.* **8. Ejercitar**, manejar. **9. Practicar**, amaestrar. **10. Inquietar**, fastidiar, aburrir, chinchar, molestar. **11. Agobiar**, abrumar. || *v. prnl.* **12. Aplicarse**, empeñarse, dedicarse. ➤ *Desinteresarse, abandonar.*

trabajera *s. f.* Joroba, obligación, incomodidad, pesadez, engorro, fastidio. ➤ *Facilidad, gusto, placer.*

trabajo *s. m.* **1. Actividad**, labor, faena. ➤ *Ocio.* **2. Creación**, obra. **3. Empleo**, oficio, profesión. **4. Penalidad**, molestia, tormento. ➤ *Placer.*

trabajoso, sa *adj.* **1. Laborioso**, costoso, fatigoso, agotador, exigente. ➤ *Fácil, sencillo, cómodo.* **2. Triste**, macilento, lánguido. ➤ *Alegre.*

trabamiento *s. m.* Trabazón.

trabar *v. tr.* **1. Sujetar**, enlazar, prender, ligar. ➤ *Separar, soltar, desunir, desenlazar.* **2. Agarrar**, inmovilizar,

entablar. ➤ *Soltar, desasir.* **3. Condensar**, espesar, concentrar. **4. Iniciar**, acometer, emprender. ➤ *Abandonar, pacificar.* **5. Concordar**, relacionar, concertar. **6. Retener**, paralizar, suspender. || *v. prnl.* **7. Enredarse**, atascarse. ➤ *Desenredarse, desencajarse, liberarse.* **8. Trabucarse**, tartamudear, titubear.

trabazón *s. f.* **1. Unión**, conexión, sujeción, contacto, juntura, relación, continuación, acoplamiento. ➤ *Desunión, separación, inconexión, independencia.* **2. Densidad**, cohesión, consistencia. ➤ *Liquidez.* **3. Lazo**, afinidad, coordinación, atracción. ➤ *Repulsión.* **4. Lógica**, homogeneidad. ➤ *Heterogeneidad, incoherencia.*

trabilla *s. f.* Cinta, cincha, tirilla, ceñidor.

trabucación *s. f.* Embarullamiento, confusión, ofuscación. ➤ *Acierto, calma, orden.*

trabucaire *s. m.* Rebelde, sedicioso, sublevado. ➤ *Pacífico, sumiso, leal.*

trabucar *v. tr.* **1. Cambiar**, alterar, descomponer, desbaratar, desordenar. ➤ *Ordenar, enderezar, arreglar, colocar, componer.* **2. Trastornar**, confundir, perturbar. ➤ *Clarificar, aclarar.* **3. Torcer**, deformar, alterar, falsear, desfigurar. ➤ *Aclarar, interpretar, atenerse.* **4. Trastocar**, cambiar, alterar. ➤ *Mantener, conservar.*

trabucazo *s. m.* Pesadumbre, susto.

trabuco *s. m.* Arcabuz, mosquete, sofión, escopeta.

traca *s. f.* Ristra, pirotecnia.

tracamundana *s. f.* **1. Trueque**, cambalache, cambio. **2. Lío**, alboroto, jaleo, bullicio.

tracción *s. f.* **1. Arrastre**, remolque, empuje, arrastramiento. ➤ *Parada, detención.* **2. Atirantamiento**, tirón.

tracería *s. f.* Adorno, decoración.

tracista *adj.* **1. Planificador**, tramoyista, estructurador. **2. Embustero**, trapacero, trapisondista. ➤ *Sincero, veraz.*

tracto *s. m.* **1. Trecho**, parte, trozo, espacio. **2. Lapso**, intervalo.

tractor *s. m.* Remolque, tiro, cabestrante.

tradición *s. f.* **1. Leyenda**, romance, fábula, crónica, narración, testimonio, creencia, conseja, mito. **2. Hábito**, raigambre, consuetud, costumbre, uso, práctica, folclore, usanza. ➤ *Novedad, modernidad, innovación.*

tradicional *adj.* Ancestral, inveterado, habitual, típico, folclórico, proverbial. ➤ *Nuevo, extraño, raro, actual.*

tradicionalismo *s. m.* Conservadurismo, reacción. ➤ *Progresismo.*

tradicionalista *adj.* Reaccionario, conservador, costumbrista. ➤ *Revolucionario, liberal, progresista.*

traducción *s. f.* **1. Versión**, interpretación, traslación. ➤ *Original.* **2. Explicación**, sentido, paráfrasis.

traducir *v. tr.* **1. Trasladar**, verter, interpretar, descifrar, volver. **2. Mudar**, trocar, cambiar, permutar. ➤ *Permanecer, quedarse.* **3. Explicar**, aclarar, glosar, esclarecer, dilucidar, vulgarizar. ➤ *Embrollar, confundir.*

traductor, ra *adj.* Intérprete, glosador, comentarista.

traer *v. tr.* **1. Trasladar**, conducir, transferir, transportar, trasplantar. **2. Acercar**, aproximar, atraer. ➤ *Alejar, quitar, llevar.* **3. Acarrear**, originar, producir, causar, ocasionar, resultar. **4. Exigir**, imponer, coercer. ➤ *Ceder.* **5. Convencer**, mover, sugestionar. **6. Manejar**, llevar. **7. Vestir**, usar, portar. || *v. prnl.* **8. Urdir**, tramar, conspirar. **9. Lucir**, ostentar, ponerse.

trafagador, ra *s. m. y s. f.* Traficante, comerciante, negociante.

trafagar *v. intr.* **1. Viajar**, vagar, errar, correr. **2. Trajinar**. **3. Negociar**.

trafagón, na *adj.* Trajinante, hacendoso, afanoso, expeditivo, apresurado. ➤ *Vago, holgazán, lento.*

trafalmejas *adj.* Zascandil, alocado, zarandillo, tarambana, bullicioso, imprudente. ➤ *Serio, sensato, juicioso.*

traficante *adj.* Mercader, especulador, negociador, comerciante, vendedor, marchante, tratante. ➤ *Comprador.*

traficar *v. intr.* **1. Cambiar**, vender, especular, comprar, facturar, comerciar, cambalachear, contratar, trapi-

chear, mercantilizar. **2. Andar**, deambular, vagabundear, viajar, errar.

tráfico *s. m.* **1. Negocio**, comercio, operación, especulación. **2. Tránsito**, paso, caravana. **3. Transporte**, viaje.

tragacete *s. m.* Flecha, dardo.

tragaderas *s. f. pl.* **1. Garganta**, gaznate, faringe. **2. Tolerancia**, aguante, manga ancha. ➤ *Intransigencia, intolerancia.* **3. Credulidad**, ingenuidad, inocencia. ➤ *Malicia, picardía.*

tragadero *s. m.* **1. Sumidero**, desagüe. || *s. m. pl.* **2. Credulidad**, ingenuidad, inocencia. ➤ *Malicia, picardía.*

tragador, ra *adj.* Glotón, comilón, tragón, ávido. ➤ *Sobrio, moderado.*

trágala *s. m.* Zaherimiento, pulla, burla, mofa. ➤ *Lisonja, elogio.*

tragaldabas *s. m. y s. f.* Tragón, tragador, glotón, comilón, insaciable, ávido. ➤ *Sobrio, inapetente, moderado.*

tragaleguas *s. m. y s. f.* Andarín.

tragaluz *s. m.* Claraboya, lucerna, ventanuco, ventana, lumbrera, saetera, ojo de buey, vano, ventano, tronera.

tragantón, na *adj.* Tragón, tragador, glotón, comilón, voraz, ávido, insaciable. ➤ *Sobrio, inapetente, moderado.*

tragar *v. tr.* **1. Ingerir**, engullir, deglutir, comer, pasar. ➤ *Devolver, arrojar, vomitar.* **2. Glotonear**, zampar, devorar, tragonear. ➤ *Ayunar, vomitar, devolver.* **3. Chupar**, hundir, abismar, absorber. **4. Admitir**, aceptar, tolerar, permitir, aguantar. ➤ *Rechazar, rebelarse, quejarse.* **5. Disimular**, hacerse el loco, fingir. **6. Dilapidar**, invertir, emplear. ➤ *Ahorrar, economizar.*

tragasantos *s. m. y s. f.* Beato, santurrón, devoto, gazmoño, ñoño, piadoso. ➤ *Impío, irreverente.*

tragavirotes *s. m.* Ensoberbecido, endiosado, tieso, infatuado. ➤ *Humilde.*

tragedia *s. f.* **1. Drama**, melodrama. ➤ *Comedia.* **2. Desdicha**, infortunio, desgracia, fatalidad, desastre, fracaso, calamidad, catástrofe, contratiempo. ➤ *Fortuna, suerte, alegría, ventura.*

trágico, ca *adj.* **1. Dramático**, trágedico, teatral. ➤ *Cómico.* **2. Desgraciado**, desastroso, adverso, aciago, infortunado. ➤ *Fausto, agradable, afortunado, alegre, gracioso.*

tragicomedia *s. f.* Comedia, melodrama, farsa.

tragicómico, ca *adj.* **1. Teatral**, melodramático. **2. Jocoserio.** ➤ *Serio, grave, trágico.*

trago *s. m.* **1. Sorbo**, ingestión, bocanada, buche. **2. Adversidad**, disgusto, contrariedad, amargura, desventura. ➤ *Suerte, fortuna, dicha.*

tragón, na *adj.* Tragador, glotón, comilón, insaciable, devorador, zampabollos, zampatortas, zampón, voraz, ávido, hambrón. ➤ *Sobrio, inapetente, moderado, ayunador, desganado.*

tragonear *v. tr.* Devorar, engullir, zampar. ➤ *Ayunar, moderarse.*

tragonía *s. f.* Glotonería, gula, voracidad. ➤ *Moderación, ayuno.*

traición *s. f.* **1. Deslealtad**, conjura, complot, conspiración. ➤ *Lealtad, rectitud, honestidad.* **2. Infidelidad**, deslealtad, ingratitud, engaño. ➤ *Fidelidad, lealtad, nobleza, honestidad.*

traicionar *v. tr.* Renegar, estafar, abandonar, desertar, conspirar, delatar, entregar, vender, descubrir, engañar. ➤ *Ayudar, defender, ser leal.*

traída *s. f.* Condición, canalización, transporte.

traído, da *adj.* Usado, ajado, raído, manoseado, deslucido, gastado. ➤ *Nuevo, flamante, lozano, lucido.*

traidor, ra *adj.* Infiel, renegado, desertor, falso, felón, intrigante, conspirador, vil, ingrato, infame, desleal, perjuro, delator, judas, alevoso, traicionero. ➤ *Leal, noble, fiel, constante, confiable,* auténtico, *digno.*

tráiler *s. m.* Avance, anuncio.

traílla *s. f.* **1. Cadena**, atadura, correaje. **2. Allanadora**, niveladora, arrobadora. **3. Jauría**, muta, perrería.

traillar *v. tr.* Aplanar, igualar, explanar, nivelar. ➤ *Amontonar, apilar.*

trainera *adj.* Lancha, barcaza.

traíña *s. f.* Jábega, mandil, red.

traje *s. m.* **1. Ropaje**, indumento, atavío, vestidura, ropa. **2. Hábito**, uniforme, indumentaria.

trajín *s. m.* **1. Quehacer**, afán, ocupación. ➤ *Ocio.* **2. Confusión**, traqueteo, pandemonium. ➤ *Tranquilidad, sosiego, calma, permanencia, pasividad, descanso.* **3. Tráfico**, ajetreo, tránsito, acarreo, viaje, circulación.

trajinante *s. m. y s. f.* **1. Porteador**, acarreador, transportista, recadero. **2. Zascandil**, tarambana. ➤ *Parado.*

trajinar *v. tr.* **1. Transportar**, portear, trasladar. ➤ *Dejar.* ‖ *v. intr.* **2. Ajetrearse**, afanarse, gestionar. ➤ *Holgazanear, vaguear, detenerse.* ‖ *v. tr.* **3. Tirarse**. **4. Molestar**, importunar.

tralla *s. f.* **1. Soga**, cordel, cuerda. **2. Azote**, zurriago, fusta, vergajo.

trallazo *s. m.* **1. Latigazo**, zurriagazo, azote. ➤ *Caricia.* **2. Crujido**, estallido.

trama *s. f.* **1. Malla**, red, tejido, urdimbre. **2. Dolo**, intriga, maquinación, complot. **3. Asunto**, argumento, tema.

tramar *v. tr.* **1. Urdir**, tejer. ➤ *Deshacer, destejer.* **2. Confabular**, maquinar, conspirar, intrigar, conjurar, conchabar, planear, fraguar, organizar, forjar. ➤ *Sincerarse, descubrir.*

tramitar *v. tr.* Diligenciar, gestionar, expedir, negociar, instruir, solucionar, despachar, solventar, gestionar, proceder, oficiar. ➤ *Dificultar, entorpecer, demorar, obstaculizar.*

trámite *s. m.* **1. Traspaso**, travesía, pasaje, tránsito. **2. Requisito**, procedimiento, oficio, formalidad, proceso.

tramo *s. m.* **1. Separación**, intervalo. **2. Trozo**, trecho, sector, pedazo, segmento, porcion, ramal, tiro, fragmento. **3. Trayecto**, recorrido, espacio.

tramojo *s. m.* **1. Atadijo**, lazo, vencejo. **2. Apuro**, preocupación, pega. ➤ *Tranquilidad, despreocupación, flema.*

tramolla *s. f.* Cordón, cordoncillo, soguilla, mecate, bramante.

tramoya *s. f.* **1. Escenografía**, decorado, bambalina, ingenio, maquinaria, artificio. **2. Intriga**, farsa, disimulo, engañifa, engaño, manganilla. ➤ *Autenticidad, sinceridad.*

tramoyista *s. m. y s. f.* **1. Decorador**, escenógrafo. **2. Embustero**, mentiroso, embaucador. ➤ *Sincero, honrado.*

tramoyón, na *adj.* Tramoyista.

trampa *s. f.* **1. Garlito**, cepo, red, lazo, cebo, artimaña, liga. **2. Escotilla**, trampilla, tapa. **3. Astucia**, fraude, emboscada, intriga, engaño, estratagema, asechanza, insidia, treta, zancadilla, celada. ➤ *Verdad, autenticidad.* **4. Fullería**, tahurería, tejadillo, trapacería, floreo. **5. Débito**, impago, deuda. ➤ *Pago, abono.* **6. Bragueta.**

trampal *s. m.* Tremedal, tolla, pantano, cenagal, atolladero.

trampantojo *s. m.* Engaño, farsa, enredo, trampa, ilusión. ➤ *Claridad, sinceridad, franqueza.*

trampeador, ra *adj.* Tramposo, petardista, tahúr, estafador. ➤ *Noble, sincero, honrado, pagador.*

trampear *v. intr.* **1. Estafar**, defraudar, sablear. ➤ *Devolver, restituir.* **2. Ir tirando**, vegetar, conllevar, sufrir. ‖ *v. tr.* **3. Timar**, sonsacar, estafar.

trampería *s. f.* Trampa, engaño, deuda.

trampero, ra *s. m. y s. f.* Cazador, lacero, montero.

trampilla *s. f.* **1. Abertura**, ventanillo, ventanuco. **2. Tapa. 3. Bragueta.**

trampolín *s. m.* **1. Plataforma. 2. Ventaja**, apoyo. ➤ *Desventaja.*

tramposo, sa *adj.* **1. Embustero**, petardista, estafador, sablista. ➤ *Sincero, honrado, pagador.* **2. Tahúr**, fullero, florero. ➤ *Honrado.*

tranca *s. f.* **1. Bastón**, garrota, estaca, porra, cachava, barra. **2. Cancilla.**

trancada *s. f.* **1. Zancada**, tranco, paso. **2. Bastonazo**, trancazo, golpe.

trancanil *s. m.* Bao, cuaderna.

trancar *v. intr.* Atrancar, obstruir.

trancazo *s. m.* Estacazo, porrazo, garrotazo, leñazo. ➤ *Mimo, caricia.*

trance *s. m.* **1. Brete**, lance, paso, aprieto. **2. Rapto**, suspensión, éxtasis.

tranchete *s. m.* Chaira, cheira, trinchete, cuchilla.

tranco *s. m.* **1. Zancada**, trancada, salto, pisada, paso. **2. Escalón**, suelo, tranquillo, umbral. ➤ *Dintel.*

trangallo *s. m.* Palo, carlanca, tarangallo, trabanco.

tranquear *v. intr.* Apalancar.

tranquilar *v. tr.* Marcar, rayar.

tranquilidad *s. f.* Serenidad, calma, sosiego, placidez, flema. ➤ *Desasosiego, inquietud, sobresalto, excitación.*

tranquilizador, ra *adj.* Consolador, confortador, relajante, sosegador. ➤ *Excitante, inquietante, perturbador.*

tranquilizante *adj.* Calmante, sedativo, barbitúrico, hipnótico, paliativo. ➤ *Excitante, agravante, estimulante.*

tranquilizar *v. tr.* Sosegar, satisfacer, calmar, serenar, relajar, confortar, sedar, templar, moderar, aplacar, apaciguar, reposar, adormecer. ➤ *Inquietar, preocupar, irritar, intranquilizar, agitar, turbar, destemplar.*

tranquillo *s. m.* **1. Habilidad**, truco, maña, práctica. ➤ *Torpeza, desmaña, impericia.* **2. Escalón**, suelo, tranco.

tranquilo, la *adj.* **1. Pacífico**, sosegado, calmo, sereno. ➤ *Agitado, inquieto, nervioso, excitado.* **2. Despreocupado**, flemático, apático, indolente. ➤ *Desazonado, temeroso, inseguro.*

transacción *s. f.* **1. Condescendencia**, contemporización, transigencia. ➤ *Desavenencia, intransigencia.* **2. Acuerdo**, trato, arreglo, negociación, convenio, negocio, pacto, avenencia, componenda, concesión. ➤ *Desacuerdo, ruptura, disentimiento.*

transatlántico, ca *adj.* **1. Ultramarino**, transoceánico, transmarino. ‖ *s. m.* **2. Navío**, barco, buque.

transbordador *s. m.* Barcaza, ferry.

transbordar *v. tr.* Pasar, transferir. trasladar, transportar, llevar, mudar.

transbordo *s. m.* Traslado, transferencia, transporte.

transcribir *v. tr.* **1. Reproducir**, duplicar, copiar, repetir, traducir. **2. Transliterar**, trasladar.

transcripción *s. f.* **1. Traslación**, traducción, reproducción. **2. Arreglo.**

transcurrir *v. intr.* **1. Sucederse**, deslizarse, correr, andar, avanzar. ➤ *Detenerse, pararse, retroceder.* **2. Pasar**, suceder, acontecer, producirse.

transcurso *s. m.* Paso, sucesión, intervalo, duración, intervalo, curso. ➤ *Detención, parada, inmovilización.*

transepto *s. m.* Crucero.
transeúnte *adj.* **1. Paseante**, viandante, peatón, deambulante. ➤ *Conductor, automovilista.* **2. Trashumante**, turista, peregrino, excursionista, ambulante. ➤ *Residente.* **3. Temporal**, temporero, provisional, provisorio. ➤ *Fijo, definitivo, permanente.*
transferencia *s. f.* **1. Traspaso**, traslado. ➤ *Permanencia, retención.* **2. Cesión**, abono, pago, traspaso.
transferir *v. tr.* **1. Traspasar**, transvasar, pasar, transmitir. **2. Dilatar**, retrasar, aplazar, diferir, posponer, preferir, demorar. ➤ *Adelantar, acelerar.* **3. Renunciar**, ceder. ➤ *Mantener.*
transfiguración *s. f.* Mutación, metamorfosis, transformación, transmutación. ➤ *Permanencia.*
transfigurar *v. tr.* Transformarse, metamorfosearse, cambiar, modificar, variar, transmutar. ➤ *Permanecer, quedar, mantener.*
transfijo, ja *adj.* Traspasado, herido.
transfixión *s. f.* Transverberación, perforación, atravesamiento.
transflor *s. m.* Transparencia.
transflorar *v. intr.* Transparentarse.
transformable *adj.* Convertible, cambiable, mudable, versátil. ➤ *Fijo, invariable, inalterable.*
transformación *s. f.* Cambio, reforma, mudanza, evolución, variación. ➤ *Inalterabilidad, permanencia, continuidad, inmutabilidad.*
transformador *s. m.* Convertidor, amplificador, rectificador.
transformar *v. tr.* Mudar, modificar, transfigurar, metamorfosearse, variar, cambiar, reformar, convertir, alterar. ➤ *Permanecer, subsistir, conservarse.*
transformismo *s. m.* Evolucionismo.
tránsfuga *s. m. y s. f.* Desertor, prófugo, fugitivo, evasor, huidor.
transfundir *v. tr.* Trasvasar.
transfusión *s. f.* Suministro, trasvase, trasfundición.
transgredir *v. tr.* Infringir, quebrantar, violar, vulnerar, desobedecer, incumplir, contravenir, faltar. ➤ *Cumplir, acatar, obedecer, respetar.*

transgresión *s. f.* Infracción, quebrantamiento, violación, atropello, delito, contravención, falta, vulneración. ➤ *Acatamiento, cumplimiento.*
transgresor, ra *adj.* Desobediente, contraventor, infractor, inobservante. ➤ *Respetuoso, cumplidor, acatador.*
transición *s. f.* Cambio, mudanza, paso, mutación, alteración, metamorfosis, transmutación, transformación. ➤ *Permanencia, mantenimiento.*
transido, da *adj.* Fatigado, acongojado, preocupado, angustiado, penetrado, consumido, dolorido, afligido. ➤ *Satisfecho, complacido, contento.*
transigencia *s. f.* Condescendencia, consentimiento, flexibilidad, permisividad, tolerancia, contemporización. ➤ *Intolerancia, intransigencia.*
transigente *adj.* Benévolo, conforme, contemporizador, tolerante. ➤ *Opositor, intransigente, intolerante.*
transigir *v. intr.* Consentir, permitir, soportar, tolerar, condescencer, dignarse, contemporizar, atemperar, pactar, admitir, otorgar, acomodarse, prestarse, conceder, ceder, acceder, entregarse, doblegarse, resignarse. ➤ *Prohibir, vetar, oponerse, negarse.*
transilvano, na *adj.* Boyardo.
transitable *adj.* Practicable, franqueable, vadeable. ➤ *Intransitable, infranqueable, impracticable.*
transitar *v. intr.* Andar, caminar, circular, recorrer, atravesar, cruzar, franquear, surcar, viajar, pasear, vadear. ➤ *Parar, estacionar, quedarse.*
tránsito *s. m.* **1. Circulación**, paso, tráfico, pasada, cruce, viaje, traslación, trámite, paseo, trayecto. **2. Escala**, parada. **3. Óbito**, fallecimiento.
transitoriedad *s. f.* Fugacidad, interinidad. ➤ *Eternidad, perennidad.*
transitorio *adj.* Pasajero, temporal, momentáneo, corto, fugaz, breve, provisional, accidental, caduco, perecedero, eventual. ➤ *Duradero, permanente, eterno, vitalicio.*
translúcido, da *adj.* Transparente, diáfano, claro, opalino, esmerilado, trasluciente. ➤ *Opaco, velado, oscuro.*

transmarino, na *adj.* Ultramarino.

transmigración *s. m.* Metempsicosis.

transmigrar *v. intr.* Emigrar, pasar, trasladarse. ➤ *Permanecer.*

transmisión *s. f.* Comunicación, contagio.

transmisor *s. m.* Conductor, emisor, emisora.

transmitir *v. tr.* **1. Traspasar,** adjudicar, ceder, endosar, legar, transferir, delegar, enajenar. ➤ *Retener, conservar, guardar.* **2. Retransmitir,** televisar, radiar. **3. Comunicar,** anunciar, enterar, enseñar, ilustrar, instruir, adiestrar, contar, narrar, relatar, revelar, propalar, difundir. ➤ *Callar, silenciar.* **4. Contagiar,** contaminar, infectar, inocular.

transmudar *v. tr.* Transmutar.

transmutable *adj.* Variable, alterable, mudable. ➤ *Inalterable, invariable.*

transmutación *s. f.* Transformación, alteración, mudanza, variación, metamorfosis, trocamiento. ➤ *Permanencia, inalterabilidad, inmutabilidad.*

transmutar *v. tr.* Variar, alterar, mudar, transformar, metamorfosear, transmudar, cambiar, trocar, transfigurar, modificar. ➤ *Permanecer, mantenerse, quedarse, conservarse.*

transparencia *s. f.* Claridad, limpidez, nitidez. ➤ *Oscuridad, opacidad.*

transparentar *v. tr.* **1. Clarear,** traslucir. || *v. prnl.* **2. Traslucirse.**

transparente *adj.* Diáfano, cristalino, claro. ➤ *Opaco, turbio.*

transpirable *adj.* Respirable.

transpiración *s. f.* Sudor.

transpirar *v. intr.* Sudar, resudar, rezumar, destilar, exudar, segregar.

transponer *v. tr.* **1. Traspasar,** cambiar, cruzar, atravesar, trasplantar, mudar. ➤ *Permanecer, mantenerse.* || *v. prnl.* **2. Esconderse,** desaparecer, eclipsar, agazaparse. ➤ *Aparecer, asomar.* **3. Ponerse.** ➤ *Salir.* **4. Adormilarse,** abotargarse, amodorrarse, echar una cabezada. ➤ *Despertarse, espabilarse, despabilarse.*

transportable *adj.* Manejable, movedizo, móvil, portátil.

transportar *v. tr.* **1. Acarrear,** conducir, llevar, portar, trasladar, transferir, trasplantar, traer, pasar, exportar, mudar, cargar. ➤ *Dejar.* || *v. prnl.* **2. Extasiarse,** arrobarse, alucinar.

transporte *s. m.* **1. Acarreo,** conducción. **2. Arrobamiento,** éxtasis.

transportista *s. m. y s. f.* Porteador, transportador, conductor.

transposición *s. f.* Metátesis.

transubstanciar *v. tr.* Transformar, metamorfosear, convertir.

transvasar *v. tr.* Trasegar, trasfundir, trasladar, mudar, decantar, abocar, envasar, verter. ➤ *Mantener, retener.*

transversal *adj.* **1. Oblicuo,** inclinado, sesgado. ➤ *Recto.* **2. Colateral.**

trapa *s. amb.* Ruido, trápala, vocerío, alboroto, bullicio. ➤ *Silencio, calma.*

trapacear *v. intr.* Embrollar, engañar, trampear, timar, embaucar.

trapacista *adj.* Engañador, mangante.

trapajo *s. m.* Andrajo, jirón, harapo.

trápala *s. f.* **1. Bulla,** jaleo, alboroto. || *s. m.* **2. Charlatanería,** cháchara. || *s. m. y s. f.* **3. Charlatán,** parlanchín. **4. Mentiroso,** embustero.

trapalear *v. intr.* **1. Taconear. 2. Alborotar,** charlatanear.

trapatiesta *s. f.* Riña, alboroto, ruido, confusión. ➤ *Silencio, calma, paz.*

trapaza *s. f.* Fraude, engaño, timo.

trapear *v. tr.* Fregar. ➤ *Ensuciar.*

trapecio *s. m.* Columpio.

trapecista *adj.* Malabarista, saltimbanqui, volatinero.

trapense *adj.* Benedictino, cisterciense.

trapería *s. f.* Prendería, quincallería, tenducho.

trapero, ra *s. m. y s. f.* Quincallero, ropavejero, chamarilero, casquero, chatarrero.

trapichear *v. intr.* **1. Intrigar,** urdir, tramar. **2. Chamarilear.**

trapicheo *s. m.* **1. Intriga,** ardid. **2. Cambalache,** regateo.

trapichero, ra *s. m. y s. f.* Camarilero, buhonero.

trapillo *s. m.* Ahorrillos. ➤ *Riqueza.*

trapío *s. m.* **1. Garbo,** gracia, salero. ➤ *Sosería.* **2. Bravura,** coraje, valentía.

trapisonda *s. f.* **1. Alboroto**, confusión, jaleo, agitación. ➤ *Calma, paz, concordia.* **2. Maraña**, embrollo, enredo, lío, tejemaneje, intriga, engañifa.

trapisondear *v. intr.* Enredar, alborotar, liar, armar, embrollar. ➤ *Calmar.*

trapisondista *s. m. y s. f.* Enredador, liante, embrollador. ➤ *Fiable, serio.*

trapo *s. m.* **1. Harapo**, jirón, pingo, andrajo, trapajo, guiñapo, retal. **2. Cortinaje**, telón. **3. Velamen.**

tráquea *s. f.* Garganta.

traquetear *v. tr.* Ajetrear, baquetear, sacudir, golpear, agitar, zarandear.

traqueteo *s. m.* Vibración, agitación.

traquido *s. m.* **1. Estallido**, tiro, detonación. **2. Crujido**, chasquido.

trascabo *s. m.* Traspié, zancadilla.

trascendencia *s. f.* Entidad, importancia, relevancia. ➤ *Futilidad.*

trascendental *adj.* Grave, relevante, importante. ➤ *Nimio, intrascendente.*

trascender *v. intr.* **1. Difundirse**, propagarse, manifestarse, extenderse. **2. Contagiarse**, contaminarse, infectarse. **3. Sobrepasar**, desbordarse. ‖ *v. tr.* **4. Penetrar**, averiguar, comprender. ➤ *Desconocer, ignorar.*

trascendido, da *adj.* Penetrante, agudo, sagaz. ➤ *Torpe, ignorante.*

trasconejarse *v. prnl.* **1. Atrasarse**, retrasarse. **2. Perderse**, traspapelarse, extraviarse. ➤ *Encontrar, hallar.*

trascordarse *v. prnl.* Equivocar, olvidar. ➤ *Acordarse, recordar.*

trasegador, ra *adj.* Bebedor, borracho.

trasegar *v. tr.* **1. Trastornar**, revolver, descolocar, trastear, desordenar. ➤ *Ordenar, colocar.* **2. Trasvasar. 3. Beber**, empinar el codo, soplar.

trasero, ra *adj.* **1. Posterior**, último. ‖ *s. f.* **2. Zaga**, culata. ➤ *Delantera.* ‖ *s. m.* **3. Culo**, nalgas. ‖ *s. m. pl.* **4. Antepasados.** ➤ *Descendientes.*

trasfollo *s. m.* Alifafe, lesión.

trasgo *s. m.* **1. Duende**, régulo, genio, fantasma, engendro, gnomo, espectro. **2. Trasto**, travieso, revoltoso.

trashoguero, ra *adj.* **1. Holgazán**, perezoso, zángano. ➤ *Trabajador, diligente.* ‖ *s. m.* **2. Trasfuego.**

trashumancia *s. f.* Emigración.

trashumante *adj.* Errabundo, nómada, vagabundo. ➤ *Sedentario.*

trashumar *v. intr.* Errar, trasladar, llevar. ➤ *Asentar, fijar.*

trasiego *s. m.* **1. Mudanza**, traslado, movimiento. **2. Transvase. 3. Trago.**

traslación *s. f.* Movimiento, giro.

trasladar *v. tr.* **1. Mover**, cambiar, transportar, mudar, traspasar, trasplantar, dirigirse, encaminarse, ir, acudir, venir, andar, transferir, recorrer, llegar. ➤ *Quedarse, dejar, permanecer.* **2. Pasar**, variar, alterar. **3. Traducir**, verter, parafrasear.

traslado *s. m.* **1. Acarreo**, trasiego, traslación, mudanza. **2. Copia.**

traslapar *v. tr.* Solapar.

traslapo *s. m.* Solapo.

traslaticio, cia *adj.* Metafórico, simbólico, figurado. ➤ *Real.*

trasloar *v. tr.* Adular, alabar, elogiar.

traslucirse *v. prnl.* **1. Adivinarse**, clarearse, transparentarse, columbrarse, advertirse, vislumbrarse. ➤ *Ser opaco.* **2. Inferirse**, suponerse, deducirse, presumirse, sospecharse, conjeturarse.

traslumbrar *v. tr.* Cegar, deslumbrar.

trasnochado, da *adj.* **1. Ajado**, estropeado. ➤ *Intacto.* **2. Desmejorado**, demacrado, macilento. ➤ *Saludable.* **3. Anacrónico**, anticuado, rancio, extemporáneo, inoportuno, demodé. ➤ *Actual, moderno, actualizado.*

trasnochador, ra *adj.* Calavera, juerguista, noctámbulo, nocturno, juerguista. ➤ *Madrugador, serio, grave.*

trasnochar *v. intr.* **1. Velar**, vigilar. ➤ *Dormir, trasponerse.* ‖ *v. tr.* **2. Reflexionar**, consultar con la almohada.

traspapelar *v. tr.* Perderse, extraviarse, desaparecer, confundirse, entremezclarse. ➤ *Encontrar, hallar.*

traspasar *v. tr.* **1. Cruzar**, franquear, pasar, trasponer, salvar, atravesar. **2. Trasladar**, transferir. **3. Rebasar**, exceder. ➤ *Contener.* **4. Abusar**, exagerar, quebrantar, infringir, conculcar. ➤ *Acatar, respetar, obedecer.* **5. Ceder**, entregar. **6. Horadar**, perforar, trepanar, atravesar, calar. **7. Herir.**

traspaso *s. m.* Transferencia, transmisión, cesión.

traspié *s. m.* **1. Resbalón**, tropezón. **2. Zancadilla**.

traspintarse *v. prnl.* Malograrse, arruinarse. ➤ *Lograrse, triunfar.*

traspintarse *v. prnl.* Trasparentarse.

trasplantar *v. tr.* **1. Esquejar**, replantar. ‖ *v. prnl.* **2. Emigrar**, trasladarse.

trasplante *s. m.* Colocación, implantación, mudanza.

traspuesto, ta *adj.* Aturdido.

traspunte *s. m.* Apuntador, soplón.

trasquiladura *s. f.* **1. Peladura**, corte, esquileo. **2. Menoscabo**, reducción.

trasquilar *v. tr.* Chamorrar, tusar.

trastada *s. f.* **1. Bribonada**, jugarreta, picardía, pillada, tunantada, pillería, travesura, jugada, mala pasada. **2. Engaño**, subterfugio, artimaña.

trastazo *s. m.* Porrazo, trancazo, costalada, tortazo, golpazo.

trastear *v. intr.* Trasladarse, mudarse.

trastejo *s. m.* Confusión, ajetreo, agitación, jaleo. ➤ *Orden, calma.*

trastero, ra *adj.* Buhardilla, desván, leonera.

trastienda *s. f.* Rebotica, almacén.

trasto *s. m.* **1. Bártulo**, armatroste, cachivache, artefacto, chisme, chirimbolo. **2. Zascandil**, enredador, pillo. ‖ *s. m. pl.* **3. Herramientas**, enseres.

trastocar *v. tr.* **1. Alterar**, trastornar, revolver, perturbar, liar, confundir, trabucar, mezclar, desarreglar, enredar, desordenar, embrollar. ➤ *Ordenar, arreglar, dejar.* ‖ *v. prnl.* **2. Enloquecer**, chiflarse, chalarse, irse.

trastornar *v. tr.* **1. Invertir**, subvertir, perturbar, revolver, trabucar, confundir, mezclar, desarreglar, desordenar, trasegar, enredar. ➤ *Ordenar, desenredar.* **2. Desordenar**, alterar. **3. Persuadir**, convencer. **4. Enloquecer**, chalarse, chiflarse. ‖ *v. prnl.* **5. Turbarse**, inquietarse, agitarse, perturbarse, disgustarse, confundirse, apenarse, perder la cabeza. ➤ *Serenarse, calmarse, reflexionar.*

trastorno *s. m.* Desarreglo, perturbación, desorden, inquietud, disgusto.

trastrocar *v. tr.* Invertir, volver, trastornar, mudar. ➤ *Permanecer.*

trasudar *v. tr.* Sudar, destilar.

trasudor *s. m.* Transpiración.

trasunto *s. m.* **1. Traslado**, copia. **2. Imagen**, representación. ➤ *Original.*

trasvase *s. m.* Decantación, trasfusión, trasiego.

trasver *v. tr.* Atisbar, vislumbrar.

trasverter *v. intr.* Desbordarse, reverter, salirse, rebosar. ➤ *Contener.*

trasvolar *v. tr.* Sobrevolar.

trata *s. f.* Negocio, prostitución, alcahuetería, comercio.

tratable *adj.* Afable, amable, sociable, cortés, educado, correcto, atento, considerado. ➤ *Arisco, frío, misántropo, huraño, insociable, intratable.*

tratadista *s. m. y s. f.* Erudito, especialista, experto, técnico. ➤ *Lego.*

tratado *s. m.* **1. Acuerdo**, pacto, ajuste. **2. Libro**, texto, manual, estudio.

tratamiento *s. m.* **1. Dignidad**, título. **2. Medicación**, posología, cura. **3. Sistema**, método, procedimiento.

tratante *s. m. y s. f.* Traficante, comerciante, negociante. ➤ *Cliente.*

tratar *v. tr.* **1. Manipular**, manejar, usar, gestionar, proceder, procurar, disponer. **2. Comerciar**, negociar. **3. Relacionarse**, codearse, amistarse, alternar, conocer, alternar, frecuentar, intimar, familiarizarse, comunicarse, visitarse, convivir, rozarse. **4. Cortejar**, salir. **5. Cuidar**, atender, portarse, asistir, conducirse. ➤ *Descuidar, desatender.* **6. Discurrir**, hablar, debatir, debatir, deliberar, pensar, conversar, ver, examinar, parlamentar, discurrir, disputar. **7. Versar**, girar, referirse, recoger, profundizar. ‖ *v. intr.* **8. Pretender**, intentar. **9. Traficar**, negociar, comprar, vender.

tratero, ra *s. m. y s. f.* Destajista.

trato *s. m.* **1. Camaradería**, familiaridad, intimidad, confianza. **2. Acuerdo**, convenio, contrato. **3. Dignidad**.

trauma *s. m.* **1. Lesión**. **2. Complejo**.

traumatismo *s. m.* Contusión, golpe, herida, daño, magulladura, magullamiento, equimosis, lesión.

travesaño *s. m.* **1. Barra**, barrote. **2. Crucero**.

travesear *v. intr.* Retozar, agitarse, zascandilear, avispar. ➤ *Aquietarse*.

travesía *s. f.* **1. Calleja**, callejón, callejuela, pasaje, ronda, corredera, pasadizo, vía, vial, costanilla, calle. **2. Trecho**, trayecto, viaje, recorrido, itinerario, etapa. **3. Gratificación**.

travestir *v. tr.* Disfrazar, encubrir, enmascarar, disimular. ➤ *Mostrar*.

travesura *s. f.* **1. Agudeza**, sutileza, desenfado, sagacidad, ingenio, perspicacia, desenvoltura, penetración. ➤ *Torpeza, bobería, timidez, embarazo*. **2. Barrabasada**, trastada, diablura, chiquillada, enredo, niñada.

travieso, sa *adj.* **1. Juguetón**, revoltoso, diablillo, guerrero, retozón, enredador. ‖ *s. f.* **2. Trecho**, trayecto.

trayecto *s. m.* Recorrido, camino, trecho, ruta, itinerario, travesía, viaje.

trayectoria *s. f.* **1. Dirección**, órbita, recorrido, derrota, ruta. **2. Conducta**, proceder, actuación, actitud.

traza *s. f.* **1. Alzado**, planta. **2. Medio**, modo, manera. **3. Arbitrio**, recurso. **4. Apariencia**, aspecto, pinta. **5. Vestigio**, señal, rastro. **6. Aptitud**, destreza, maña. ➤ *Incompetencia, torpeza*.

trazado *s. m.* Planteamiento, proyecto, traza, diseño, plano, croquis.

trazar *v. tr.* **1. Dibujar**, rayar, caligrafiar, indicar, marcar, señalar, subrayar. **2. Diseñar**, esbozar, delinear, proyectar, disponer, bosquejar. **3. Idear**, planear. **4. Exponer**, formular.

trazo *s. m.* **1. Esbozo**, diseño, bosquejo. **2. Raya**, línea, rasgo.

trébedes *s. f. pl.* Trípode.

trebejo *s. m.* **1. Útil**, apero, bártulos, enseres, avíos, aparejos, utensilios, herramientas. **2. Cacharro**, trasto.

trébol *s. m.* Trifolio.

trecho *s. m.* Intervalo, tramo, transcurso, espacio, recorrido, trayecto, tirada, tiempo, camino, distancia.

tregua *s. f.* **1. Suspensión**, interrupción, detención, espera, descanso, armisticio, paro, paréntesis, inciso. ➤ *Ininterrupción, insistencia, porfía*. **2.**

Asueto, pausa, licencia, intermisión. ➤ *Porfía, tenacidad, constancia*.

tremebundo, da *adj.* Espantoso, monstruoso, terrorífico, espantable, horrendo, tremendo, terrible, temible, espeluznante, horripilante, truculento. ➤ *Tranquilo, apacible, sosegado*.

tremedal *s. m.* Tembladal, cenagal, barrizal, charca, pantano.

tremendismo *s. m.* Realismo.

tremendo, da *adj.* **1. Espantoso**, espeluznante, horripilante, respetable, terrible, formidable, temible, tremebundo, imponente, grave, venerable, admirable. ➤ *Despreciable, ridículo*. **2. Formidable**, enorme, excesivo, fenomenal, gigantesco, colosal, fantástico, considerable, grandioso. ➤ *Insignificante, menudo, pequeño*.

tremolante *p. a.* Fluctuante, movedizo, ondeante, ondulante. ➤ *Quieto*.

tremolar *v. tr.* **1. Ondear**, agitarse, enarbolar, ondular, flamear, vibrar. ➤ *Aquietar, inmovilizar*. **2. Campear**.

tremolina *s. f.* Alboroto, follón, jaleo, bullicio. ➤ *Calma, tranquilidad*.

trémulo, la *adj.* Temblón, tembloroso, estremecido, tremulante, trepidante, tembleque, vibrante, convulso. ➤ *Tranquilo, ecuánime, sereno*.

tren *s. m.* **1. Cadena**. **2. Boato**, fausto, pompa, ostentación. **3. Ferrocarril**.

trencilla *s. f.* Galón, jineta, galoncillo.

trenza *s. f.* Coleta, entrelazado, moño.

trenzadera *s. f.* Atadura, lazo.

trenzar *v. tr.* Tejer, peinar, entrelazar.

trepanar *v. tr.* Agujerear, perforar, taladrar, abrir, calar, horadar.

trépano *s. m.* Barrena.

trepar *v. intr.* Ascender, escalar, encaramarse, encumbrarse, gatear, repechar, remontar. ➤ *Bajar, descender*.

trepidación *s. f.* Temblor, traqueteo, vibración, estremecimiento.

trepidante *adj.* Agitado, convulso, vibrante. ➤ *Quieto, calmado, lento*.

trepidar *v. intr.* Titubear, dudar, vibrar, retemblar, temblequear, tiritar, vacilar, estremecerse, palpitar, agitarse, convulsionarse, sacudirse. ➤ *Calmar, tranquilizar*.

trestanto *s. m.* Triple.

treta *s. f.* Artimaña, estratagema, malicia, trampa, engaño, ardid, martingala, artificio, jugarreta, truco, celada.

triaca *s. f.* **1. Antídoto**, contraveneno, remedio. ➤ *Veneno, ponzoña.* **2. Recurso**, auxilio, solución.

triar *v. tr.* **1. Elegir**, entresacar, seleccionar, escoger. ➤ *Desechar.* ‖ *v. prnl.* **2. Transparentarse**, traslucirse.

tribu *s. f.* Clan, etnia, raza, pueblo, horda, familia, cabila, casta, linaje.

tribual *adj.* **1. Primitivo. 2. Gregario.**

tribulación *s. f.* **1. Angustia**, cuita, amargura, pena, congoja, aflicción, adversidad, sinsabor. ➤ *Alegría, contento, placer, satisfacción.* **2. Desgracia**, quebranto, sufrimiento, dolor.

tribulante *adj.* Angustioso, acongojante, inquietante. ➤ *Placentero, alegre.*

tribuna *s. f.* Estrado, tarima, grada.

tribunal *s. m.* Juzgado, audiencia, corte, supremo, palacio de justicia.

tributar *v. tr.* Contribuir, enfeudar, pechar. ➤ *Recaudar, cobrar.*

tributario, ria *adj.* Feudatario.

tributo *s. m.* Diezmo, impuesto, contribución, arbitrio, tributación, gabela, carga, gravamen, subsidio.

triciclo *s. m.* Bicicleta, velocípedo.

triclinio *s. m.* Asiento, diván, sofá.

tricotar *v. tr.* Tejer.

trifulca *s. f.* Alboroto, follón, jaleo.

trigo *s. m.* Cereal.

trigueño, ña *adj.* Morocho, rubio.

triguero *s. m.* **1. Cedazo**, cernedero, tamiz, criba. **2. Espárrago.**

trilingüe *adj.* Políglota. ➤ *Unilingüe.*

trilla *s. f.* **1. Salmonete. 2. Trillo.**

trillado, da *adj.* Manido, aburrido, vulgar, común. ➤ *Original, novedoso.*

trillar *v. tr.* **1. Desparvar**, rastrillar, abalear, traspalar, balear, despajar. **2. Frecuentar**, acostumbrar, hollar, cursar, menudear. **3. Maltratar**, pisotear, humillar, quebrantar, machacar. ➤ *Favorecer, mimar.*

trimotor *s. m.* Aeronave, avión.

trinar *v. intr.* **1. Cantar**, gorjear, piar. **2. Cabrearse**, molestarse, enojarse. ➤ *Serenarse, contentarse, alegrarse.*

trinca *s. f.* **1. Triunvirato. 2. Atadura.**

trincaesquinas *s. m.* Parahúso.

trincar *v. tr.* **1. Sujetar**, apretar, agarrar, asir, retener, aprisionar, apresar, oprimir, sujetar. ➤ *Soltar, liberar, librar.* **2. Robar**, afanar, limpiar, hurtar, quitar, desvalijar, soplar, substraer, ratear, expoliar. ➤ *Reponer, devolver, restituir, reintegrar.* **3. Beber**, libar, apurar, escanciar. **4. Ligar**, ensojar, trabar, enlazar, encordelar. ➤ *Soltar, destrabar, desatar.* ‖ *v. intr.* **5. Pairar.**

trincha *s. f.* Ceñidor, ajustador.

trinchar *v. tr.* **1. Seccionar**, cortar, recortar, dividir, desmenuzar, romper, rebanar. **2. Mangonear**, inmiscuirse.

trinchera *s. f.* **1. Foso**, parapeto. **2. Zanja. 3. Gabardina**, impermeable.

trinchero *s. m.* Aparador, cómoda, armario, mueble.

trinchete *s. m.* Chaira, cuchilla.

trinitaria *s. f.* Pensamiento.

trino *s. m.* Gorjeo, gorgorito.

trinquete[1] *s. m.* **1. Garfio. 2. Aldaba.**

trinquete[2] *s. m.* **1. Frontón. 2. Mástil.**

trío *s. m.* Terceto, terna, triunvirato.

tripa *s. f.* **1. Vientre**, panza, intestino. **2. Entresijo**, interior. ➤ *Superficie.*

tripería *s. f.* Casquería.

tripero, ra *s. m. y s. f.* **1. Casquero. 2. Glotón**, tragaldabas, voraz. ➤ *Comedido, ayunador, mesurado.*

triple *adj. num.* Tresdoble, tríplice.

trípode *s. amb.* Trébede.

tripudo, da *adj.* Panzudo, gordinflón, tripón, barrigudo, barrigón, gordo, tonel. ➤ *Flaco, delgado, esquelético.*

tripulación *s. f.* Marinería, personal, dotación, equipaje, gente, equipo.

tripulante *s. m. y s. f.* Marinero, piloto. ➤ *Pasajeros.*

tripular *v. tr.* **1. Gobernar**, pilotar, conducir. **2. Chapurrar**, mezclar.

tripulina *s. f.* Tremolina, algarabía, alboroto, vocerío. ➤ *Calma, silencio.*

trique *s. m.* Detonación, estallido, estampido, descarga.

triquiñuela *s. f.* Rodeo, treta, artería, subterfugio, efugio, escapatoria, regate, evasiva, eufemismo, ardid, astucia, argucia, truco, engaño, celada.

tris *s. m.* Periquete, santiamén, soplo.

trisar *v. tr.* Hender, quebrar, rajar.

triscar *v. tr.* Retozar, enredar.

trismo *s. m.* Contracción, espasmo, calambre, rigidez. ➤ *Relajación.*

triste *adj.* **1. Afligido**, melancólico, descontento, compungido, desconsolado, pesaroso, atribulado, disgustado, amargado, inconsolable, nostálgico, dolorido, mustio, apenado, tristón, contrito, sombrío, doliente, macilento. ➤ *Alegre, despreocupado, contento, alborozado, regocijado, radiante.* **2. Mohíno**, taciturno. **3. Deplorable**, aciago, funesto, desgraciado, infausto, agobiante, lloroso, lamentable, angustioso, luctuoso, patético, aflictivo, lúgubre, tétrico, doloroso, penoso, amargo. ➤ *Agradable, gozoso, placentero, jubiloso.* **4. Insignificante**, insuficiente, pueril, trivial, pobre, mísero, ineficaz. ➤ *Importante, cuantioso.*

tristeza *s. f.* Aflicción, pesar, pena, cuita, desconsuelo, entristecimiento, angustia, congoja, ahogo, amargura, tribulación, duelo, sufrimiento, quebranto, pesadumbre, tormento, luto, dolor. ➤ *Alegría, contento, dicha, felicidad, júbilo, alborozo.*

tristón, na *adj.* Mohíno, taciturno, pesaroso, entristecido. ➤ *Alegre, campechano, cachondo.*

triturable *adj.* Desmenuzable, rompible, machacable, masticable, troceable. ➤ *Irrompible.*

trituración *s. f.* Majadura, desmenuzamiento, machacadura.

triturar *v. tr.* **1. Ofender**, vejar. ➤ *Halagar, cuidar.* **2. Contradecir**, refutar, responder. ➤ *Asentir.* **3. Desmenuzar**, trocear, picar, moler, masticar.

triunfador, ra *adj.* Vencedor, ganador, exitoso. ➤ *Perdedor.*

triunfal *adj.* Glorioso, victorioso, invicto, triunfante. ➤ *Derrotado.*

triunfante *adj.* Apoteósico, exitoso, exultante, victorioso, glorioso.

triunfar *v. intr.* **1. Derrotar**, ganar, vencer, arrollar, batir, superar, reducir, aplastar, destrozar. ➤ *Perder, fra-*

casar. **2. Despilfarrar**, malgastar ➤ *Ahorrar, escatimar.*

triunfo *s. m.* Despilfarrar, dilapidar.

triunvirato *s. m.* Terceto, terna, trinca.

triunviro *s. m.* Magistrado, gobernante.

trivial *adj.* **1. Manido**, ordinario, usual, vulgar, sabido, conocido. ➤ *Original, novedoso, extraordinario, excepcional.* **2. Baladí**, común, insustancial, frívolo, insignificante. ➤ *Importante, trascendental, grave.*

trivialidad *s. f.* Tópico, futilidad, lugar común. ➤ *Originalidad.*

trivializar *v. tr.* Disminuir, futilizar.

trivio *s. m.* Humanidades, letras.

triza *s. f.* Añicos, migaja, pizca.

trizar *v. tr.* Despedazar, agrietar.

trocable *adj.* Permutable, canjeable.

trocar *v. tr.* **1. Canjear**, conmutar, intercambiar, cambiar, mudar, variar. ➤ *Mantener, conservar.* **2. Trastocar**, tergiversar, deformar. || *v. prnl.* **3. Desfigurarse**, tranformarse.

trocear *v. tr.* Deshacer, desmenuzar, despedazar, trocear. ➤ *Reconstruir.*

trocha *s. f.* Sendero, atajo, vereda.

trofeo *s. m.* Condecoración, premio.

troglodita *adj.* **1. Cavernario**, cavernícola. **2. Grosero**, hosco, tosco, glotón, comilón, antediluviano, salvaje.

troj *s. f.* Silo, bodega, granero.

trola *s. f.* Engaño, falsedad, mentira, gazapo, patraña, embuste, bola, cuento, coladura, farsa, fábula, calumnia, infundio. ➤ *Verdad, autenticidad.*

trolebús *s. m.* Tranvía.

trolla *s. f.* Esparavel.

tromba *s. f.* Manga, tifón, ciclón, huracán, tempestad, racha, ráfaga.

trompa *s. f.* **1. Cuerna**, bocina, caracola. **2. Peonza**, trompo, juguete. **3. Fuelle. 4. Borrachera**, curda.

trompada *s. f.* Cachete, sopapo, bofetada, puñetazo. ➤ *Caricia.*

trompazo *s. f.* Batacazo, porrazo, costalada, trompada, puñetazo, leñazo, manotazo, cachiporrazo, golpazo, encontronazo, caída, tortazo.

trompeta *s. f.* Añafil, corneta.

trompetazo *s. m.* **1. Estridencia**. ➤ *Silencio.* **2. Clarinada**.

trompicar *v. tr.* **1. Zancadillear.** ‖ *v. intr.* **2. Resbalar**, tropezar.

tronada *s. f.* Borrasca, tormenta.

tronado, da *adj.* **1. Ajado**, estropeado, raído. ➤ *Nuevo, cuidado.* **2. Maltrecho**, empobrecido. **3. Chalado.**

tronar *v. intr.* Detonar, estallar, retumbar, resonar.

troncha *s. f.* **1. Tajada**, loncha. **2. Ganga**, chollo.

tronchar *v. tr.* **1. Quebrar**, truncar, destrozar. ‖ *v. prnl.* **2. Agotarse**, extenuarse. ➤ *Recuperarse, descansar.* **3. Desternillarse**, partirse, mondarse.

tronco *s. m.* **1. Torso. 2. Tallo**, troncho. **3. Linaje**, origen, casa. ➤ *Rama.*

tronera *s. f.* **1. Saetera**, ventanuco, respiradero. **2. Sinvergüenza**, carota, perdido, tarambana. ➤ *Juicioso.*

tronica *s. f.* Hablilla, patraña, chisme.

tronío *s. m.* Boato, lujo, pompa, ostentación. ➤ *Humildad, sencillez.*

trono *s. m.* **1. Sitial. 2. Sagrario**, altar.

tronzar *v. tr.* **1. Partir**, trocear. **2. Drapear**, plisar. **3. Cansar**, fatigar.

tropa *s. f.* **1. Masa**, multitud, turba, muchedumbre, caterva, manada, hatajo. **2. Ejército**, hueste, mesnada, milicia, partida, falange. **3. Manada.**

tropel *s. m.* **1. Hervidero**, remolino, enjambre, tumulto, torrente, oleada, torbellino. **2. Maraña**, lío, desorden, agitación, alboroto, confusión. ➤ *Orden.* **3. Prisa**, precipitación, aceleramiento, atropellamiento. ➤ *Lentitud.*

tropelía *s. f.* Abuso, desafuero, arbitrariedad, injusticia. ➤ *Justicia.*

tropezar *v. intr.* **1. Chocar**, topar, trompicar, trastabillar, hocicar, dar de bruces. **2. Oponer**, chocar, descubrir, hallar, toparse. **3. Deslizarse**, pecar, culpar, faltar. ➤ *Cumplir.*

tropical *adj.* Cálido, caliente, ardiente. ➤ *Frío, helado, polar.*

trópico, ca *adj.* **1. Figurado.** ➤ *Real.* ‖ *s. m.* **2. Paralelo.**

tropiezo *s. m.* **1. Incomodidad**, molestia. ➤ *Facilidad.* **2. Falta**, yerro, equivocación, culpa. ➤ *Acierto.*

tropismo *s. m.* Dirección, orientación. ➤ *Inmovilidad.*

tropo *s. m.* Imagen, símbolo, figura.

troquel *s. m.* Cuño, matriz, sello.

trotamundos *s. m. y s. f.* Vagabundo, nómada, aventurero. ➤ *Sedentario.*

trotar *v. intr.* **1. Montar**, cabalgar. ➤ *Galopar.* **2. Apresurarse**, acelerarse. ➤ *Detenerse, pasear.*

trote *s. m.* **1. Carrera. 2. Aperreo.**

trotero *s. m.* Correo, mensajero.

trotona *s. f.* Ama, aya, nodriza, niñera.

trotonería *s. f.* Cabalgada, marcha, trote.

trova *s. f.* Cantar, canción, copla.

trovador, ra *adj.* Aedo, bardo, juglar.

trovar *v. intr.* **1. Versificar**, componer, rimar. ‖ *v. tr.* **2. Tergiversar**, trastocar, confundir, malinterpretar.

troza *s. f.* Leño, tronco.

trozar *v. tr.* Romper, partir, dividir.

trozo *s. m.* Porción, cacho, sección, parte, pedazo, fracción, fragmento, jirón, loncha, gajo. ➤ *Todo, conjunto.*

trucado, da *adj.* Falseado, artificial.

trucar *v. tr.* Trampear, arreglar, falsear.

trucha¹ *s. m. y s. f.* Truchimán.

trucha² *s. f.* Tenducho, tenderete.

trucidar *v. tr.* Despedazar, destripar.

truco *s. m.* Estratagema, ardid, artimaña, treta, trampa, engañifa, astucia, engaño, chasco, celada.

truculento, ta *adj.* Atroz, excesivo, duro, violento. ➤ *Blando, agradable.*

trueno *s. m.* Detonación, explosión, descarga, estrépito, estallido, disparo, fragor, retumbo, estampido, estruendo. ➤ *Silencio, insonoridad, calma.*

trueque *s. m.* Cambio, mudanza, variación, cambalache, canje, permutación, compensación, conmutación, permuta, vuelta, trocamiento.

trufaldín, na *s. m. y s. f.* Farsante, comediante, cómico, actor.

trufar *v. intr.* Mentir, engañar.

truhán, na *adj.* Granuja, sinvergüenza, bellaco, pillo, tunante, bribón, pícaro, perillán. ➤ *Honrado, sincero.*

truhanear *v. intr.* **1. Bromear**, burlarse, guasear. **2. Engañar**, petardear.

truhanería *s. f.* **1. Canallada**, bellaquería, bribonada. **2. Picaresca.**

truja *s. f.* Troj, almacén, silo.

trujal *s. m.* Lagar, prensa, molino.

trujamán, na *s. m. y s. f.* **1. Traductor**, intérprete. **2. Consejero**, experto.

trulla *s. f.* **1. Bulla**, jaleo. **2. Turba**, muchedumbre, tropel.

truncado, da *adj.* Inacabado, incompleto, parcial, seccionado. ➤ *Completo, acabado, entero.*

truncamiento *s. m.* Mutilación, frustración, paralización.

truncar *v. tr.* **1. Fraccionar**, seccionar, dividir. **2. Decapitar**, degollar, descabezar, guillotinar, desmochar. **3. Suprimir**, eliminar, amputar, cercenar, reducir, tronchar. ➤ *Añadir.* **4. Interrumpir**, cortar, discontinuar, detener, quebrar, estropear, suspender, frustrar, parar, cesar. ➤ *Continuar, proseguir, seguir, reanudar.*

trust *s. m.* Monopolio, holding.

tuba *s. f.* Bugle.

tubérculo *s. m.* **1. Rizoma. 2. Nódulo.**

tuberculosis *s. f.* Tisis.

tuberculoso, sa *adj.* Tísico.

tubería *s. f.* Cañería, canal, conducto.

tubo *s. m.* Caño, conducto, vaso.

tucura *s. f.* Langosta.

tuerce *s. m.* **1. Torcedura. 2. Desdicha**, desgracia, desventura. ➤ *Suerte.*

tuerto, ta *adj.* **1. Torcido.** ➤ *Derecho, recto.* || *s. m.* **2. Ofensa**, baldón, oprobio. ➤ *Honor, alabanza.*

tuétano *s. m.* Médula, caña.

tufarada *s. f.* Emanación, vaharada.

tufillas *s. m. y s. f.* Cascarrabias, susceptible, tiquismiquis.

tufo *s. m.* Peste, pestilencia, vaharada, hedor, emanación, fetidez. ➤ *Aroma.*

tugurio *s. m.* Cabaña, antro, cuchitril, chabola, cueva, cuartucho, chamizo. ➤ *Palacio.*

tul *s. m.* Gasa, muselina.

tullido, da *adj.* Imposibilitado, impedido, minusválido, inválido, baldado, lisiado, atrofiado, paralítico, anquilosado. ➤ *Ileso, intacto, sano.*

tullir *v. tr.* **1. Baldar**, lisiar. || *v. prnl.* **2. Paralizarse**, imposibilitarse, anquilosarse. ➤ *Recuperarse.*

tumba *s. f.* Enterramiento, sepulcro, panteón, fosa, sepultura, nicho.

tumbacuartillos *s. m. y s. f.* Borracho, bebedor. ➤ *Abstemio.*

tumbado, da *adj.* Acostado, echado, tendido. ➤ *Levantado, erguido.*

tumbaollas *s. m. y s. f.* Tragaldabas, tragón, tripero, comilón. ➤ *Ayunador, inapetente.*

tumbar *v. tr.* **1. Abatir**, tirar, derrocar, revolcar, lanzar, derribar. ➤ *Levantar, erguir, alzar, aupar.* **2. Ladear**, escorar. **3. Turbar**, impresionar. **4. Caer**, voltear, bolear, desplomar, desmoronar, derrumbar. || *v. prnl.* **5. Acostarse**, echarse, encamarse, tenderse. ➤ *Levantarse.* **6. Abandonar**, aflojar.

tumbón, na *adj.* **1. Perezoso**, holgazán, zángano. || *s. f.* **2. Hamaca**, diván.

tumefacción *s. f.* Inflamación.

tumefacto, ta *adj.* Congestionado, inflamado.

tumor *s. m.* **1. Inflamación**, absceso, bulto, hinchazón, excrecencia, nodo. **2. Cáncer**, ántrax, quiste, bubón.

tumoroso, sa *adj.* Canceroso.

túmulo *s. m.* Tumba, sepultura, mausoleo, panteón.

tumulto *s. m.* **1. Levantamiento**, revuelta, rebelión, motín. ➤ *Sometimiento, acatamiento.* **2. Jaleo**, alboroto, ruido, bullicio. ➤ *Silencio.*

tumultuar *v. tr.* Alborotar, amotinar.

tumultuoso, sa *adj.* **1. Agitado**, alborotado. ➤ *Calmado.* **2. Desordenado**, desorganizado. ➤ *Ordenado.*

tuna¹ *s. f.* Chumbera.

tuna² *s. f.* Estudiantina, rondalla.

tunantada *s. f.* Pillada, bribonada.

tunante *adj.* Pícaro, bribón, granuja.

tunda *s. f.* Paliza, somanta, zurra, azotaina, vapuleo.

tundear *v. tr.* Azotar, vapulear.

tundir¹ *v. tr.* Abatanar.

tundir² *v. tr.* Aporrear, baldar, golpear.

tunear *v. intr.* Golfear, picardear.

túnel *s. m.* Galería, corredor, pasillo.

tunera *s. f.* Cacto, nopal.

tunería *s. f.* Golfería.

tungo *s. m.* Testuz, pestorejo.

tungsteno *s. m.* Wolframio.

túnica *s. f.* **1. Brial**, ropón. **2. Casulla. 3. Membrana**, película, piel.

túnico s. m. Casulla, hábito, túnica.

tupé s. m. **1. Copete**, flequillo. **2. Descaro**, desfachatez, frescura, atrevimiento. ➤ *Timidez, apocamiento.*

tupición s. f. **1. Obstrucción**, taponamiento. **2. Espesura**. ➤ *Claro.*

tupido, da adj. Compacto, prieto, espeso, consistente. ➤ *Ralo, suelto.*

tupir v. tr. **1. Apelmazar**, atorar, ocluir, taponar, entupir, compactar. ➤ *Aflojar.* ‖ v. prnl. **2. Ahitarse**, hartarse.

tur s. m. Excursión, gira, tour.

turba[1] s. f. Carbón.

turba[2] s. f. Aglomeración, masa, turbamulta, enjambre, tumulto, agolpamiento, torrente, patulea, horda, multitud, tropel, populacho.

turbación s. f. **1. Aturdimiento**, confusión, embarazo, vergüenza. **2. Desorganización**, confusión, desorden.

turbadamente adv. m. Azoradamente. ➤ *Tranquilamente.*

turbador, ra adj. Desconcertante, emocionante, inquietante, excitante. ➤ *Sosegador, tranquilizador.*

turbamulta s. f. Turba, multitud, masa, gentuza, caterva, chusma.

turbar v. tr. **1. Desordenar**, descomponer. **2. Aturdir**, aturullar, azorar, desconcertar, azarar, demudar, inmutar, sorprender, deslumbrar, enajenar. ➤ *Serenar, tranquilizar, calmar.* **3. Trastornar**, emocionar, impresionar. **4. Alborotar**, alterar, conturbar, ofuscar, consternar, atribular, perturbar, desasosegar, desquiciar. ➤ *Ordenar, apaciguar.* **5. Estorbar**, molestar.

turbiedad s. f. Deslustre. ➤ *Claridad.*

turbina s. f. Generador, motor.

turbio, bia adj. **1. Sucio**, embarrado. ➤ *Claro, limpio, límpido.* **2. Revuelto**, turbulento, azaroso, mezclado, alterado. **3. Confuso**, borroso, opaco, velado, nebuloso, tenebroso. **4. Dudoso**, equívoco, sospechoso. ➤ *Claro.* ‖ s. m. pl. **5. Sedimento**, poso.

turbión s. m. Manga, tempestad.

turbonada s. f. Tormenta, tempestad.

turbulencia s. f. **1. Algarada**, revuelta, cisco, follón, confusión. ➤ *Paz, calma.* **2. Agitación**. ➤ *Limpidez.*

turbulento, ta adj. **1. Agitado**, alborotado. ➤ *Tranquilo.* **2. Agitador**, sublevador, revoltoso. ➤ *Pacificador.*

turgencia s. f. Protuberancia, abultamiento, hinchazón. ➤ *Flacidez.*

turgente adj. Inflado, hinchado.

turibulario s. m. Turiferario.

turiferario s. m. Turibulario, turífero.

turista s. m. y s. f. Veraneante, visitante, excursionista. ➤ *Natural, vecino.*

turlerín s. m. Ladrón, descuidero.

turnar v. intr. Relevarse, cambiar.

turnio, nia adj. Bizco.

turno s. m. **1. Tanda**, sucesión. **2. Vez**.

turrar v. tr. Asar, calcinar, requemar.

turrón s. m. Golosina, dulce.

turronería s. f. Pastelería.

turulato, ta adj. Alelado, estupefacto.

tusa s. f. Meretriz, ramera, puta.

tusón s. m. **1. Vellón**, zalea. **2. Toisón**.

tute s. m. Faena, labor, tarea, trabajo.

tutela s. f. Amparo, custodia, guarda, dirección, defensa, apoyo, guía, patrocinio, tutoría, sostén, protección, orientación. ➤ *Abandono, desamparo.*

tutelaje s. m. Amparo, protección.

tutelar[1] adj. Protector, custodio.

tutelar[2] v. tr. Custodiar, amparar, defender, proteger. ➤ *Desguarnecer.*

tutor, ra s. m. y s. f. **1. Custodio**, protector. **2. Instructor**, maestro.

tutumo s. m. Güira.

tutumpote s. m. Mandamás, cacique.

U u

ubérrimo, ma *adj. sup.* Fecundo, óptimo, opulento, pletórico, prolífico, rico, productivo. ➤ *Estéril, yermo.*

ubicación *s. f.* Sede, situación, enclave.

ubicar *v. tr.* **1.** Colocar, asentar, estar, situar, poner. ➤ *Descolocar.* ‖ *v. intr.* **2.** Encontrarse, hallarse, localizar.

ubicuidad *s. f.* Omnipresencia.

ubicuo, cua *adj.* Omnipresente.

ubre *s. f.* Pezón, mama, teta, seno.

ubrera *s. f.* Lamparón, excoriación.

ucase *s. m.* Decreto, orden.

uchú *s. m.* Ají.

ufanarse *v. prnl.* Engreírse, gloriarse, ensoberbecerse, pavonearse, jactarse, envanecerse, presumir. ➤ *Humillarse, avergonzarse, achicarse, rebajarse.*

ufanía *s. f.* Alegría, desenvoltura, vanidad, jactancia. ➤ *Tristeza, timidez.*

ufanidad *s. f.* Vanidad, arrogancia, desenvoltura. ➤ *Timidez, poquedad.*

ufano, na *adj.* **1.** Presuntuoso, engreído, presumido, vano. ➤ *Humilde, modesto.* **2.** Contento, orgulloso, satisfecho. ➤ *Descontento.* **3.** Resuelto, desenvuelto. ➤ *Tímido, torpe.*

úlcera *s. f.* Llaga, herida, pústula, tumor, caries, absceso, cáncer, chancro.

ulcerar *v. tr.* Llagar, pudrir, herir.

ulterior *adj.* Posterior, siguiente, subsiguiente, consecutivo. ➤ *Anterior, precedente, primero.*

ulteriormente *adv. m.* Posteriormente, después. ➤ *Anteriormente.*

ultílogo *s. m.* Advertencia, epílogo.

ultimación *s. f.* Conclusión, finalización, remate, fin. ➤ *Inicio, principio.*

ultimado, da *adj.* **1.** Completo, finalizado. **2.** Último. ➤ *Primero.*

últimamente *adv. m.* Recientemente.

ultimar *v. tr.* **1.** Acabar, concluir, finalizar, terminar, finiquitar, rematar, dar fin. ➤ *Comenzar, empezar, iniciar, principiar.* **2.** Matar, asesinar.

último, ma *adj.* **1.** Posterior, zaguero, postrero. ➤ *Inicial.* **2.** Extremo.

ultra *adj.* Reaccionario, conservador.

ultrajante *adj.* Infamante, injurioso, ofensivo. ➤ *Elogioso, beneficioso.*

ultrajar *v. tr.* **1.** Agraviar, deshonrar, insultar, injuriar, vejar, agraviar, ofender. ➤ *Respetar, honrar.* **2.** Humillar, despreciar. ➤ *Ensalzar, alabar.*

ultraje *s. m.* Afrenta, agravio, ofensa, vilipendio. ➤ *Alabanza, elogio.*

ultrajoso, sa *adj.* Afrentoso, insultante, vejatorio, injuriante. ➤ *Elogioso.*

ultramarino, na *adj.* Colonial.

ultramontano, na *adj.* Reaccionario, ultra, conservador. ➤ *Progresista.*

ulular *v. intr.* Gritar, aullar, clamar.

umbral *s. m.* **1.** Tranco. ➤ *Dintel.* **2.** Inicio, comienzo, limen. ➤ *Término.*

umbroso, sa *adj.* Sombreado, sombrío. ➤ *Luminoso, claro.*

unánime *adj.* Acorde, avenido, concorde, general, conforme. ➤ *Opuesto, encontrado, disconforme.*

unanimidad *s. f.* Avenencia, concordancia, acuerdo. ➤ *Desacuerdo, disconformidad, disentimiento.*

unción *s. f.* **1.** Piedad, reverencia. **2.** Fervor, entusiasmo, vehemencia.

uncir *v. tr.* Enyugar, unir.

undecágono, na *adj.* Endecágono.

undívago, ga *adj.* Ondoso, ondulante.

undoso, sa *adj.* Ondoso, ondulante.

ungido *s. m.* **1.** Consagrado, coronado, investido, señalado. ➤ *Destronado, separado.* **2.** Untado, frotado.

ungimiento *s. m.* Consagración.

ungir *v. tr.* **1.** Untar. **2.** Consagrar.

ungüento *s. m.* Bálsamo, pomada.

unicamarista *adj.* Unicameral.

únicamente *adv. m.* Sólo, solamente.

único, ca *adj.* **1.** Impar, singular, exclusivo. ➤ *Común.* **2.** Especial, inapreciable, inestimable. ➤ *Vulgar.*

unicolor *adj.* Monocromo.

unidad *s. f.* **1. Unión**, cohesión. ➤ *Disgregación, desintegración.* **2. Concordancia**, conformidad, acuerdo. ➤ *Desacuerdo, disconformidad.*

unido, da *adj.* Aliado, casado, fundido, incorporado, junto, cohesionado. ➤ *Separado, alejado, distinto.*

unificación *s. f.* Fusión, unión, vinculación, cohesión, agregación. ➤ *Desunión, disgregación, separación.*

unificar *v. tr.* Asociar, uniformar, unir, vincular, aunar, juntar, agrupar, centralizar, mezclar, reducir, compactar. ➤ *Separar, disolver, dividir, desunir.*

uniformar *v. tr.* Regularizar, igualar, tipificar, unificar, nivelar, identificar, equilibrar, homogeneizar, analogar. ➤ *Desigualar, desequilibrar.*

uniforme *adj.* **1. Conforme**, equivalente, igual, coincidente, similar, equilibrado, parejo, isócrono, semejante, monótono. ➤ *Distinto, diferente, desigual, disforme.* ‖ *s. m.* **2. Hábito.**

uniformidad *s. f.* Homogeneidad, identidad, igualdad, analogía, semejanza. ➤ *Heterogeneidad, variedad.*

unilateral *adj.* Limitado, parcial. ➤ *Ilimitado, objetivo, bilateral.*

unilateralidad *s. f.* Limitación, parcialidad. ➤ *Generalidad, bilateralidad.*

unión *s. f.* **1. Avenencia**, concordia. ➤ *Discordia.* **2. Casamiento**, nupcias, esponsales. ➤ *Divorcio.* **3. Combinación**, fusión. **4. Alianza**, confederación. **5. Encadenamiento**, conexión. **6. Cicatrización**, cierre.

unir *v. tr.* **1. Fundir**, fusionar, casar. ➤ *Disgregar, disolver, dividir.* **2. Adjuntar**, agregar, aglutinar, juntar, conectar, anexionar. ➤ *Apartar, disgregar, separar.* **3. Vincular**, concordar, enlazar, conjugar. ➤ *Apartar, dividir.* **4. Cicatrizar**, cerrarse. ➤ *Abrirse.* **5. Pringar**, ungir, engrasar, rebozar, pintar, aceitar, embetunar, embrear, alquitranar, empecinar, sañar, cubrir, manchar, ensuciar. ‖ *v. prnl.* **6. Afiliarse**, aliarse, ligarse, asociarse, confederarse, confabularse, sindicarse, reunirse. ➤ *Separarse, desasociarse.*

7. Arrimarse, amigarse, acompañar. ➤ *Apartarse.* ‖ *v. intr.* **8. Sobornar**, corromper, cohechar, comprar.

unitario, ria *adj.* Indivisible, cohesionado. ➤ *Fragmentario, múltiple.*

universal *adj.* General, absoluto, mundial. ➤ *Particular, restringido.*

universalizar *v. tr.* Extender, pluralizar. ➤ *Restringir, concretar.*

universalmente *adv. m.* Totalmente.

universitario, ria *adj.* **1. Académico**, colegial, docente. ‖ *s. m. y s. f.* **2. Estudiante**, graduado, profesor.

universo *s. m.* Cosmos, orbe, mundo.

unívoco, ca *adj.* Monosémico.

untar *v. tr.* **1. Engrasar**, pringar, bañar. **2. Comprar**, corromper, sobornar. ‖ *v. prnl.* **3. Pringarse**, enlodarse. ➤ *Limpiarse.* **4. Apropiarse**, rebañar.

unto *s. m.* **1. Ungüento**, pomada. **2. Sebo**, grasa, tocino, gordura.

untuosidad *s. f.* Crasitud, empalago, pegajosidad, viscosidad. ➤ *Sequedad.*

untuoso, sa *adj.* Aceitoso, grasiento, craso, pegajoso, viscoso.

uñada *s. f.* Rasguño, zarpazo.

uñarada *s. f.* Zarpazo, arañazo.

uñero *s. m.* Panadizo.

uranógrafo, fa *s. m. y s. f.* Astrónomo, cosmógrafo.

urbanamente *adv. m.* Atentamente, educadamente. ➤ *Groseramente.*

urbanidad *s. f.* Educación, formación, modales, cortesía, comedimiento, civismo, finura, discreción, amabilidad, atención, afabilidad. ➤ *Grosería, incorrección, zafiedad, incivismo, descortesía, descomedimiento.*

urbanización *s. f.* Complejo, núcleo residencial.

urbanizar *v. tr.* **1. Educar**, formar. **2. Edificar**, construir. ➤ *Derribar.*

urbano, na *adj.* **1. Ciudadano**. ➤ *Rural.* ‖ *s. m. y s. f.* **2. Agente**, guardia, policía. ➤ *Civil.*

urbe *s. f.* Ciudad, metrópoli, capital, población, emporio. ➤ *Pueblo, aldea.*

urbícola *s. m. y s. f.* Ciudadano. ➤ *Aldeano, pueblerino.*

urdimbre *s. f.* Estructura, armazón, entramado, trama.

urdir *v. tr.* Fraguar, preparar, tramar, intrigar, conspirar, maniobrar, maquinar.

urente *adj.* Abrasador, ardiente.

urgencia *s. f.* **1. Prisa**, premura. **2. Necesidad. 3. Exigencia.**

urgente *adj.* Apremiante, perentorio.

urgir *v. intr.* Apremiar, apurar, instar, acuciar, atosigar, agobiar, precisar, necesitar, apresurar. ➤ *Tranquilizar.*

urinario *s. m.* Retrete, váter, meadero, mingitorio.

urna *s. f.* Cofre, arca, estuche, joyero.

urraca *s. f.* Gaya, picaza, cotorra, marica.

urticante *adj.* Picante, punzante, quemante. ➤ *Calmante, emoliente.*

urticaria *s. f.* Erupción, picazón, sarpullido.

usado, da *adj.* **1. Ajado**, deteriorado, raído, deslucido. ➤ *Nuevo, flamante.* **2. Ducho**, experimentado, experto, práctico. ➤ *Inexperto, novel, inhábil.*

usanza *s. f.* **1. Hábito**, costumbre, práctica. **2. Moda**, uso, tradición.

usar *v. tr.* **1. Utilizar**, emplear, aplicar, dedicar, practicar, manejar, tratar, gastar. ➤ *Desusar, desechar, inutilizar.* **2. Servirse**, valerse, disfrutar. ➤ *Abandonar.* **3. Acostumbrar**, soler.

uso *s. m.* **1. Utilización**, empleo. **2. Costumbre**, hábito. **3. Estilo.**

ustible *adj.* Combustible, inflamable.

usual *adj.* **1. Acostumbrado**, frecuente, habitual, ordinario. ➤ *Inusual.* **2. Manejable**, práctico. ➤ *Complicado.*

usuario, ria *adj.* Beneficiario.

usufructo *s. m.* **1. Disfrute**, goce. ➤ *Propiedad.* **2. Provecho**, beneficio.

usufructuar *v. tr.* **1. Aprovechar**, gozar. ‖ *v. intr.* **2. Fructificar.**

usura *s. f.* Beneficio, ganancia, lucro.

usurear *v. intr.* Especular.

usurero, ra *s. m. y s. f.* **1. Avaro**, mezquino, miserable. ➤ *Espléndido, generoso.* **2. Especulador**, prestamista.

usurpación *s. f.* Adquisición, usufructo, apropiación. ➤ *Reposición, donación.*

usurpador, ra *adj.* Apropiador, detentador, ladrón. ➤ *Cedente, dador.*

usurpar *v. tr.* Arrancar, quitar, robar, asumir, arrogarse, arrebatar, apoderarse, despojar, apropiarse, detentar, expoliar. ➤ *Reponer, sustituir, devolver, dar, retribuir.*

usuta *s. m.* Chancla, sandalia.

utensilio *s. m.* **1. Avío**, bártulo, enser. **2. Material**, medio, trebejo.

útero *s. m.* Seno, matriz.

útil *adj.* **1. Fructífero**, provechoso, rentable, eficaz, práctico, conveniente, beneficioso, lucrativo, ventajoso, productivo, favorable, fértil, bueno, rentable. ➤ *Infructuoso, inútil, baldío, improductivo.* **2. Servible**, utilizable, disponible, hábil, aprovechable. ➤ *Inservible, inutilizable.*

útiles *s.* Enseres, aparejos, aperos, herramientas, adminículos, trastos, bártulos, cachivaches, medios, avíos, utensilios, instrumentos.

utilidad *s. f.* **1. Idoneidad**, aptitud, capacidad. ➤ *Incompetencia, incapacidad.* **2. Rendimiento**, lucro, provecho, ganancia, fruto. ➤ *Pérdida.*

utilitario, ria *adj.* Funcional, práctico.

utilitarismo *s. m.* Materialismo, positivismo. ➤ *Idealismo, romanticismo.*

utilizable *adj.* Aprovechable, apto, idóneo, hábil. ➤ *Inservible, inutilizable.*

utilización *s. f.* Uso, empleo, disfrute.

utilizar *v. tr.* Gastar, manejar, servirse, emplear, aprovechar, usar, aplicar, gozar, explotar, valerse, disfrutar, dedicar, consagrar. ➤ *Desaprovechar.*

utopía *s. f.* Absurdo, fantasía, ficción, quimera, ideal, desvarío. ➤ *Realidad.*

utópico, ca *adj.* Fantástico, ficticio, ilusorio, quimérico, falso, teórico, soñado, imaginado, ideal, mítico, legendario, supuesto. ➤ *Real, práctico.*

úvula *s. f.* Campanilla.

uxoricida *adj.* Asesino, criminal.

uxoricidio *s. m.* Crimen, asesinato.

V

vacación *s. f.* Asueto, descanso, ocio. ➤ *Trabajo, ocupación, quehacer.*

vacada *s. f.* Rebaño, vaquería.

vacante *adj.* Desierto, desocupado, disponible, libre. ➤ *Ocupado.*

vaciadero *s. m.* Desagüe, conducto.

vaciador, ra *s. m. y s. f.* Afilador.

vaciar *v. tr.* **1. Desocupar**, despejar, desembarazar. ➤ *Abarrotar, atestar, colmar.* **2. Trasvasar**, derramar, verter. ➤ *Llenar.* **3. Afilar.** ➤ *Embotar.*

vaciedad *s. f.* Necedad, sandez, tontería, bobada, estupidez. ➤ *Agudeza.*

vacilación *s. f.* **1. Oscilación.** **2. Duda**, titubeo, indecisión, perplejidad, irresolución. ➤ *Decisión, resolución.*

vacilar *v. intr.* **1. Trepidar**, oscilar. **2. Balancearse**, tambalearse, trastabillar, bambolearse, temblar. ➤ *Estabilizarse.* **3. Titubear**, flaquear, dudar, fluctuar, tontear. ➤ *Creer, estar seguro.* ‖ *v. tr.* **4. Pitorrearse**, reírse.

vacile *adj.* Cachondeo, pitorreo.

vacilón, na *adj.* Bromista, guasón.

vacío, a *adj.* **1. Vacuo**, hueco. ➤ *Lleno, completo, ocupado, repleto.* **2. Deshabitado**, desierto, despoblado, desembarazado. ➤ *Abarrotado, atestado, habitado, poblado.* **3. Vano**, presuntuoso, fatuo. ‖ *s. m.* **4. Concavidad**, oquedad, holgura. **5. Blanco**, intervalo, laguna. **6. Abismo**, precipicio.

vacunación *s. f.* Inoculación, inmunización, profilaxis. ➤ *Contagio.*

vacunar *v. tr.* Inmunizar, prevenir.

vacuo, cua *adj.* **1. Insustancial**, vacío, trivial, baladí, nimio. **2. Vacante**, libre. ‖ *s. m.* **3. Concavidad**, hueco.

vadeable *adj.* Franqueable, practicable, vencible. ➤ *Infranqueable.*

vadear *v. tr.* **1. Atravesar**, cruzar, pasar. **2. Superar**, vencer, salvar. **3. Tantear**, inquirir. ‖ *v. prnl.* **4. Conducirse**, portarse, manejarse.

vademécum *s. m.* **1. Manual**, prontuario, texto, libro. **2. Cartapacio.**

vado *s. m.* Paso.

vafo *s. m.* Vaho, vapor.

vagabundear *v. intr.* Brujulear, vagar, golfear, merodear, rondar, zanganear, errar, caminar, vaguear, callejear, corretear. ➤ *Permanecer, encerrarse.*

vagabundeo *s. m.* Callejeo, toletole.

vagabundo, da *adj.* **1. Nómada**, trotamundos, ambulante. ➤ *Sedentario, estable.* **2. Perezoso**, vago, holgazán. ➤ *Trabajador, diligente, ocupado.*

vagancia *s. f.* Ociosidad, pereza, haraganería, vagabundeo, indolencia, inacción, desocupación, poltronería. ➤ *Laboriosidad, diligencia, actividad.*

vagar[1] *s. m.* **1. Ocio**, inactividad. ➤ *Trabajo.* **2. Espacio**, lentitud, pausa.

vagar[2] *v. intr.* Haraganear, holgarse, holgazanear. ➤ *Trabajar, laborar.*

vagar[3] *v. intr.* Merodear, mariposear, vagabundear, errar. ➤ *Permanecer.*

vagaroso, sa *adj.* Impreciso, inestable, vago. ➤ *Preciso, estable.*

vago, ga[1] *adj.* **1. Ocioso**, desocupado. ➤ *Ocupado.* **2. Gandul**, remolón, haragán, poltrón, holgazán, perezoso. ➤ *Trabajador, laborioso, diligente.*

vago, ga[2] *adj.* **1. Indeciso**, indeterminado. **2. Vaporoso**, ligero, indefinido.

vaguada *s. f.* Cañada, rambla, torrentera.

vaguear[1] *v. intr.* Remolonear, holgazanear, gandulear, holgar. ➤ *Trabajar.*

vaguear[2] *v. intr.* Vagar, errar, callejear.

vaguedad *s. f.* Imprecisión, indefinición, indeterminación, indecisión. ➤ *Precisión, concisión, concreción.*

vaharada *s. f.* Aliento, soplo, hálito.

vaharera *s. f.* Boquera, excoriación.

vahído *s. m.* Desmayo, vértigo, mareo, desvanecimiento, turbación, colapso.

vaho *s. m.* Hálito, respiración, aliento, exhalación, emanación, efluvio, vapor.

vainica *s. f.* Deshilado, adorno, costura.

vaivén *s. m.* Balanceo, oscilación, zig-zag, abaniqueo, mecimiento, inestabilidad, inconstancia. ➤ *Estabilidad.*

vale *s. m.* **1. Talón,** pagaré. **2. Recibo.**

valedero, ra *adj.* Válido, vigente.

valedor, ra *s. m. y s. f.* Defensor, protector, tutor. ➤ *Protegido, tutelado.*

valentía *s. f.* **1. Intrepidez,** osadía, arrojo, valor, coraje, temeridad, bravura, arrestos, denuedo, atrevimiento, acometividad, furia, ardor, resolución, animosidad, ánimo, agallas, entereza, hombría, heroísmo, gallardía, bizarría. ➤ *Cobardía, poquedad, pusilanimidad, temor, miedo.* **2. Bravuconada,** baladronada, fanfarronería, jactancia.

valentón, na *adj.* Jaque, matasiete, fanfarrón, bravucón. ➤ *Apocado.*

valentonada *s. f.* Bravuconada.

valer¹ *v. tr.* **1. Amparar,** proteger. ➤ *Desproteger, desamparar.* **2. Montar,** sumar, importar, costar, subir, elevarse. ‖ *v. intr.* **3. Equivaler. 4. Significar. 5. Servir,** importar. **6. Prevalecer,** aventajar. ‖ *v. prnl.* **7. Servirse,** usar, utilizar. **8. Apoyarse,** ayudarse.

valer² *s. m.* Valor, valía, precio.

valerosidad *s. f.* Valentía, arrojo, coraje, denuedo, valor. ➤ *Cobardía.*

valeroso, sa *adj.* **1. Animoso,** brioso, denodado. ➤ *Miedoso.* **2. Valioso,** estimado, provechoso. ➤ *Improductivo.*

valía *s. f.* **1. Valor,** coste, estimación, precio, cuantía. **2. Valimiento,** privanza, favor. **3. Facción,** parcialidad.

validación *s. f.* **1. Aprobación,** autorización, confirmación. ➤ *Veto, prohibición.* **2. Firmeza,** seguridad.

validar *v. tr.* Aprobar, autorizar, ratificar, sancionar, aceptar, certificar, admitir, homologar, confirmar, convalidar, legitimar. ➤ *Prohibir, vetar, rectificar, invalidar, anular.*

validez *s. f.* Autenticidad, vigencia, efectividad. ➤ *Desautorización.*

valido, da *adj.* **1. Recibido,** apreciado, estimado. ➤ *Desestimado.* ‖ *s. m.* **2. Protegido,** privado, favorito.

válido, da *adj.* Autorizado, vigente, legítimo. ➤ *Nulo, derogado, abolido.*

valiente *adj.* **1. Intrépido,** osado, valeroso, esforzado, audaz, temerario. ➤ *Cobarde, corto, tímido.* **2. Eficaz,** activo. **3. Excelente,** primoroso, especial. **4. Grande,** excesivo.

valimiento *s. m.* **1. Favoritismo,** nepotismo. ➤ *Caída.* **2. Protección,** defensa, auxilio, amparo. ➤ *Desamparo.*

valioso, sa *adj.* Estimable, provechoso, preciado, rico. ➤ *Despreciable.*

valla *s. f.* Empalizada, tapia, cerca, cercado, cerco, vallado, barrera, talanquera, barandilla, estacada, palenque, seto, espino, alambrada, verja.

valladar *s. f.* **1. Barrera,** defensa, tope, obstáculo. **2. Valla,** vallado.

valladear *v. tr.* Tapiar, vallar.

vallado *s. m.* Empalizada, valla, cerco.

vallar *v. tr.* Cerrar, emparedar, cercar.

valle *s. m.* **1. Cañón,** depresión, hoya, vaguada, garganta. **2. Cuenca.**

valor *s. m.* **1. Idoneidad,** aptitud, utilidad. ➤ *Incapacidad, nulidad.* **2. Capacidad,** estimación. **3. Entidad,** importancia, significación, alcance, trascendencia. **4. Agallas,** brío, coraje, valentía. ➤ *Cobardía, corted..d, apocamiento.* **5. Insolencia,** desvergüenza. **6. Renta,** fruto, producto.

valoración *s. f.* Evaluación, justiprecio, tasación, estimación.

valorar *v. tr.* **1. Tasar,** justipreciar, cuantiar, valuar, evaluar, tallar. **2. Estimar,** apreciar, considerar, reconocer, tener en cuenta. ➤ *Ignorar, aborrecer, menospreciar, minusvalorar, desestimar.* **3. Valorizar,** aumentar, acrecentar, encarecer. ➤ *Rebajar.*

valorización *s. f.* Tasación, valoración, estimación.

valorizar *v. tr.* **1. Tasar,** valorar, estimar **2. Aumentar,** elevar, encarecer. ➤ *Rebajar.* **3. Estimar,** apreciar.

valuar *v. tr.* Valorar, apreciar, tasar.

valva *s. f.* Concha, cáscara.

válvula *s. f.* Bombilla, diodo, lámpara.

vanagloria *s. f.* Engreimiento, fatuidad, presunción, jactancia, orgullo. ➤ *Humildad, modestia, timidez.*

vanagloriarse *v. prnl.* Engreírse, fanfarronear, jactarse, alardear, ensorberbecerse, bombearse, envanecerse, presumir, gloriarse, pavonearse, preciarse. ➤ *Humillarse, avergonzarse, rebajarse, degradarse, achicarse.*

vandalaje *s. m.* Hampa.

vandálico, ca *adj.* Demoledor, devastador, salvaje. ➤ *Civilizado, educado.*

vandalismo *s. m.* Brutalidad, salvajada, devastación, asolación, expoliación, destrucción, barbarie, depredación, ruina, pillaje. ➤ *Construcción, reconstrucción.*

vanguardia *s. f.* Avanzada, frente, delantera, primera linea. ➤ *Retaguardia.*

vanguardista *adj.* Audaz, moderno, avanzado. ➤ *Anticuado, conservador.*

vanidad *s. f.* Jactancia, presunción, fausto, pompa, ostentación. ➤ *Humildad, modestia.*

vanidoso, sa *adj.* Creído, fatuo, orgulloso, engreído, altivo, impertinente. ➤ *Modesto, vergonzoso, humilde.*

vanistorio *s. m.* Ridiculez, engreimiento, vanidad, afectación.

vano, na *adj.* **1. Vacío**, huero, hueco, vacuo, vacante, desocupado. ➤ *Lleno, entero, relleno, repleto, ocupado.* **2. Irreal**, fantástico, imaginario, ilusorio, efímero, inexistente, inestable. ➤ *Real, entero, lleno, existente, tangible.* **3. Ineficaz**, improductivo, nulo, infructuoso, inútil. ➤ *Provechoso, útil, eficaz, productivo.* **4. Fatuo**, vanidoso, orgulloso, arrogante, presuntuoso. ➤ *Modesto.* **5. Infundado**, injustificado. ➤ *Firme, fundado.* ‖ *s. m.* **6. Hueco**, ventana, arco, puerta, luz.

vapor *s. m.* **1. Neblina**, gas, niebla, vaho. **2. Vahído**, desmayo, vértigo.

vaporario *s. m.* Sauna.

vaporear *v. tr.* Evaporar, gasificar.

vaporización *s. f.* Gasificación.

vaporizador *s. m.* **1. Aerosol. 2. Pulverizador.**

vaporizar *v. tr.* **1. Gasificar. 2. Fumigar**, dispersar, pulverizar.

vaporoso *adj.* Tenue, ligero, etéreo, sutil, impalpable, vago, aéreo, flotante. ➤ *Pesado, macizo, plomizo.*

vapulamiento *s. m.* Azotaina, paliza, somanta, zurra, vapuleo.

vapulear *v. tr.* **1. Zarandear. 2. Zurrar**, atizar, cascar, golpear. **3. Amonestar**, reñir, reprender, criticar.

vapuleo *s. m.* Paliza, somanta, zurra.

vaquería *s. f.* **1. Vacada**, manada, rebaño. **2. Granja**, lechería, rancho.

vara *s. f.* **1. Rama. 2. Palo**, listón, pica, bastón, pértiga, palitroque, fusta, apoyo, estaca. **3. Puya**, garrochazo.

varapalo *s. m.* **1. Bastonazo**, estacazo, garrotazo. **2. Disgusto**, pesar, pena, pesadumbre, desazón. ➤ *Alegría, contento, placer, satisfacción.*

varar *v. intr.* Embarrancar, estancarse, detenerse, encallar, aboncharse, embancar, abordar, naufragar. ➤ *Zarpar, navegar.*

varear *v. tr.* **1. Apalear**, bastonear, golpear. **2. Garrochar**, herir, picar. ‖ *v. prnl.* **3. Enflaquecerse**, adelgazar.

variabilidad *s. f.* Versatilidad, mutabilidad, volubilidad, frivolidad, inestabilidad. ➤ *Constancia, permanencia.*

variable *adj.* **1. Cambiante**, mudable, versátil. ➤ *Constante, permanente.* **2. Inconstante**, frívolo, inestable.

variación *s. f.* Alteración, mudanza, transformación, cambio, modificación. ➤ *Permanencia, uniformidad.*

variado, da *adj.* **1. Compuesto**, mixto, heterogéneo. ➤ *Homogéneo, uniforme.* **2. Polícromo**, multicolor. ➤ *Apagado, monótono, monocromo.*

variante *s. f.* **1. Circunvalación**, atajo, senda. ‖ *s. m.* **2. Encurtido.**

variar *v. tr.* **1. Alterar**, modificar, cambiar, diferenciar, reformar, renovar, diferir, trastocar, innovar, corregir. ➤ *Perseverar, conservar, mantener.* ‖ *v. intr.* **2. Mudar**, transformar, metamorfosear. ➤ *Permanecer.*

varice *s. f.* Abultamiento, dilatación, hinchazón, variz.

varicela *s. f.* Erupción, sarpullido.

variedad *s. f.* **1. Diversidad**, heterogeneidad. ➤ *Homogeneidad.* **2. Inconstancia**, inestabilidad. **3. Mudanza**, alteración, variación. ➤ *Permanencia.*

varilarguero *s. m.* Garrochista, picador.

varillaje *s. m.* Bastidor, entramado, armazón, montura.

vario, ria *adj.* **1. Distinto**, disforme, diverso, diferente. **2. Cambiante**, inestable, inconstante, mudable. ➤ *Constante, inmutable, fijo.* **3. Indiferente**, indeterminado. ➤ *Concreto.* ‖ *adj. pl.* **4. Algunos**, unos cuantos.

variopinto, ta *adj.* Heterogéneo, variado. ➤ *Monótono, uniforme.*

varón *s. m.* Hombre, macho. ➤ *Mujer, hembra.*

varonil *adj.* **1. Masculino**, viril, hombruno. ➤ *Femenino.* **2. Esforzado**, valeroso, brioso, firme, animoso, agalludo, valiente, bragado, enérgico. ➤ *Cobarde, tímido, afeminado, débil.*

vasa *s. f.* Vajilla, servicio de mesa.

vasallaje *s. m.* Enfeudación, pleitesía, reconocimiento. ➤ *Rebelión.*

vasallo, lla *adj.* Feudatario, súbdito, siervo, tributario, servidor. ➤ *Señor.*

vasar *s. m.* Anaquel, aparador, balda, repisa, soporte, estante.

vascuence *s. m.* Vasco, euskera.

vasera *s. f.* Bandeja, salvilla.

vasija *s. f.* Ánfora, tinaja, barreño, recipiente, vaso, alcuza, copa, depósito.

vaso *s. m.* **1. Recipiente**, cuenco, copa. **2. Búcaro. 3. Vena**, arteria, capilar.

vástago *s. m.* **1. Brote**, renuevo, retoño. **2. Hijo**, descendiente. ➤ *Padre.*

vastedad *s. f.* Amplitud, infinidad, dilatación, anchura. ➤ *Angostura.*

vasto, ta *adj.* Ancho, extenso, amplio, dilatado, extendido, capaz, despejado, anchuroso, espacioso, holgado, inmenso, enorme. ➤ *Estrecho, exiguo, angosto, apretado, reducido.*

váter *s. m.* **1. Inodoro. 2. Cuarto de baño**, retrete.

vaticinador, ra *adj.* Adivino, anunciador, profeta, vate, augur.

vaticinar *v. tr.* Adivinar, augurar, profetizar, predecir, pronosticar, anticipar, anunciar, presagiar. ➤ *Ignorar.*

vaticinio *s. m.* Augurio, pronóstico, profecía, predicción, presagio.

vecindad *s. f.* **1. Ciudadanos**, habitantes. **2. Vecindario. 3. Proximidades**, contornos, cercanías, inmediaciones.

vecindario *s. m.* **1. Municipio. 2. Censo**, padrón. **3. Vecindad**.

vecino, na *s. m. y s. f.* **1. Conciudadano**, convecino, habitante, compadre, ciudadano, inquilino, munícipe, domiciliado. ‖ *adj.* **2. Lindante**, contiguo, inmediato, cercano, adyacente, limítrofe, próximo. ➤ *Lejano, distante, apartado, remoto.* **3. Semejante**, coincidente. ➤ *Distinto, diferente.*

veda *s. f.* Coto, prohibición, veto, limitación. ➤ *Permiso, autorización.*

vedamiento *s. m.* Veda, impedimento, prohibición, veto. ➤ *Autorización.*

vedar *v. tr.* **1. Abolir**, proscribir, prohibir. ➤ *Permitir, legalizar.* **2. Obstaculizar**, estorbar, impedir, embarazar, acotar. ➤ *Facilitar, admitir.*

vedija[1] *s. f.* **1. Pelambrera. 2. Greña**, mata, mechón.

vedija[2] *s. f.* Verija, genitales, partes pudendas.

vega *s. f.* Vergel, jardín, huerta, valle.

vegetación *s. f.* Flora.

vegetal *s. m.* Planta. ➤ *Animal, mineral.*

vegetalismo *s. m.* Vegetarianismo.

vegetar *v. intr.* Apoltronarse, holgazanear, vaguear. ➤ *Trabajar, laborar.*

vegetarianismo *s. m.* Naturismo.

vegetariano, na *adj.* Naturista.

veguero, ra *s. m. y s. f.* **1. Agricultor**, labrador. **2. Cigarro**, puro.

vehemencia *s. f.* Ardor, fogosidad, pasión, viveza, exaltación, violencia, ímpetu, virulencia. ➤ *Contención, calma, moderación.*

vehemente *adj.* **1. Impetuoso**, virulento. ➤ *Calmoso.* **2. Exaltado**, apasionado, febril, ardiente, ardoroso, arrebatado, efusivo, fogoso, extremista, caluroso, impulsivo, violento. ➤ *Flemático, pasivo, pusilánime, frío.*

vehículo *s. m.* Automóvil, coche, vagón, artefacto, carricoche.

veinteañero, ra *adj.* Joven. ➤ *Viejo.*

veintenero *s. m.* Sochantre.

vejación *s. f.* Desprecio, difamación, humillación. ➤ *Elogio, alabanza.*

vejar *v. tr.* Avasallar, escarnecer, mortificar, maltratar, molestar, jorobar, humillar, oprimir, perseguir, gibar, ofender, herir. ➤ *Alabar, elogiar, tratar bien.*

vejatorio, ria *adj.* Avasallador, escarnecedor, mortificador. ➤ *Digno.*

vejestorio *s. m.* Anciano, viejo, carrozón, carcamal. ➤ *Joven, niño.*

vejez *s. f.* **1. Longevidad**, antigüedad, desgaste, ancianidad, senectud, decrepitud, vetustez, caduquez, ocaso. ➤ *Juventud, mocedad, pubertad, niñez.* **2. Chochez**, senilidad. ➤ *Vigor.*

vela *s. f.* **1. Vigilia**, vigilancia. **2. Ronda**, romería. **3. Vigilante**, centinela. **4. Cirio**, candela. **5. Velamen**, lona.

velación *s. f.* Vigilia.

velada *s. f.* **1. Tertulia**, conversación, reunión. **2. Verbena**, gala, fiesta.

velado, da *adj.* Cubierto, escondido, oculto, latente. ➤ *Manifiesto, patente.*

velador, ra *adj.* **1. Guardián**, vigilante. ‖ *s. m.* **2. Candelero**. **3. Mesita**.

velar[1] *v. intr.* **1. Trasnochar**, despertarse, no pegar ojo, desvelarse, despabilarse. ➤ *Dormir, adormecer.* **2. Custodiar**, proteger, vigilar, cuidar. ➤ *Desamparar, descuidar, desatender.* ‖ *v. tr.* **3. Vigilar**, guardar.

velar[2] *v. tr.* Tapar, celar, ocultar, cubrir, atenuar, disimular, envolver, esconder, enmascarar, solapar, disfrazar. ➤ *Destapar, descubrir, abrir, revelar.*

velatorio *s. m.* **1. Acompañamiento**, vela. **2. Tanatorio**.

veleidad *s. f.* Capricho, antojo, inconstancia, volubilidad, ligereza, variabilidad, mutabilidad, versatilidad. ➤ *Firmeza, inmutabilidad, constancia.*

velero *s. m.* Barco, goleta, buque.

veleta *s. m. y s. f.* Frívolo, caprichoso, veleidoso. ➤ *Firme, constante.*

vello *s. m.* Pelusa, pelo, bozo.

vellosidad *s. f.* Pilosidad.

velloso, sa *adj.* Lanudo, piloso, velludo, peludo. ➤ *Lampiño, depilado.*

velo *s. m.* **1. Manto**, mantilla, rebozo, toca. **2. Subterfugio**, disimulación, excusa, pretexto. **3. Nube**, cortina.

velocidad *s. f.* Celeridad, agilidad, presteza, ligereza, prontitud, rapidez. apresuramiento. ➤ *Lentitud, torpeza.*

velocípedo *s. m.* Bicicleta, triciclo.

veloz *adj.* **1. Rápido**, ligero, presuroso, acelerado, apresurado, vertiginoso. ➤ *Calmoso, lento, tardo, despacioso, retardado.* **2. Raudo**, vivo, ágil, activo, vivaz. ➤ *Torpe.*

vena *s. f.* **1. Yacimiento**, veta, filón. **2. Numen**, musa, inspiración.

venablo *s. m.* Flecha, saeta, dardo.

venal[1] *adj.* Capilar, arterial.

venal[2] *adj.* Corruptible, sobornable. ➤ *Incorruptible, insobornable.*

venalidad *s. f.* Corrupción, inmoralidad. ➤ *Honradez, integridad, probidad.*

vencedor, ra *adj.* Ganador, triunfador. ➤ *Perdedor.*

vencer *v. tr.* **1. Derrotar**, dominar. ➤ *Perder.* **2. Aventajar**, superar. **3. Contener**, dominar. **4. Aguantar**, resistir, sobreponerse. **5. Subir**, alcanzar. ‖ *v. intr.* **6. Acabar**, terminar, finalizar. **7. Contenerse**, dominarse, refrenarse. ➤ *Dejarse llevar.* ‖ *v. prnl.* **8. Ladearse**, torcerse, inclinarse.

vencible *adj.* Eluctable, eludible, salvable. ➤ *Inevitable.*

vencimiento *s. m.* Cumplimiento.

venda *s. f.* Faja, gasa, lienzo.

vendaje *s. m.* Cura, compresa.

vendar *v. tr.* **1. Entablillar**, atar, fajar, escayolar. **2. Obstruir**, obstaculizar.

vendaval *s. m.* Huracán, tifón.

vendedor, ra *s. m. y s. f.* Expendedor, comerciante, feriante, tendero.

vender *v. tr.* **1. Mercar**, comerciar, traficar, saldar, liquidar. ➤ *Comprar, adquirir.* **2. Denunciar**, delatar, traicionar, entregar, conspirar, abandonar. ➤ *Ayudar, cumplir, defender.*

vendimia *s. f.* **1. Cosecha**. ➤ *Siembra.* **2. Fruto**, beneficio, provecho.

vendimiar *v. tr.* **1. Cosechar**, recolectar, recoger. ➤ *Sembrar, plantar.* **2. Rapiñar**, saquear. ➤ *Respetar, restituir.* ‖ *v. prnl.* **3. Matar**, asesinar.

veneficiar *v. tr.* Aojar, maleficiar.

veneficio *s. m.* Aojamiento, hechizo.

venéfico, ca *s. m. y s. f.* Hechicero.

venenífero, ra *adj.* Venenoso, ponzoñoso. ➤ *Inocuo, saludable.*

veneno *s. m.* **1. Tósigo**, ponzoña, filtro, bebedizo, tóxico. ➤ *Antídoto, revulsivo, contraveneno, antitóxico.* **2. Perjuicio**, daño, mal. ➤ *Beneficio.*

562

venenoso, sa *adj.* Letal, mefítico, ponzoñoso. ➤ *Inocuo, sano.*

venerable *adj.* Estimable, respetable, honorable. ➤ *Despreciable.*

veneración *s. f.* Acatamiento, culto, homenaje, reverencia. ➤ *Profanación.*

venerar *v. tr.* Honrar, reverenciar, adorar, respetar, acatar, servir, postrarse. ➤ *Despreciar, deshonrar, desairar.*

venéreo, a *adj.* Genital, sexual.

venero *s. m.* **1. Fuente,** fontanar, riachuelo, manantial. **2. Origen,** principio, inicio, prólogo, causa. ➤ *Final.*

vengador, ra *adj.* Justiciero, vengativo, vindicatorio. ➤ *Clemente.*

venganza *s. f.* Desquite, represalia, revancha. ➤ *Perdón, clemencia.*

vengar *v. tr.* Desquitarse, vindicar, satisfacer, reparar, desagraviar. ➤ *Perdonar, absolver, tolerar, indultar.*

vengativo, va *adj.* Rencoroso, sanguinario, vengador. ➤ *Indulgente.*

venia *s. f.* Autorización, permiso, licencia, conformidad. ➤ *Prohibición, veto.*

venial *adj.* Intrascendente, ligero, pequeño, mínimo. ➤ *Mortal, grave.*

venida *s. f.* **1. Advenimiento,** llegada. **2. Regreso,** retorno, vuelta. ➤ *Ida.*

venidero, ra *adj.* **1. Futuro.** ➤ *Pasado, presente.* ‖ *s. m. pl.* **2. Sucesores,** descendientes. ➤ *Antepasados.*

venir *v. intr.* **1. Ir,** andar, caminar. **2. Acercarse,** aparecer. ➤ *Faltar, irse.* **3. Comparecer,** personarse, acudir, presentarse. ➤ *Faltar, ausentarse.* **4. Acomodarse,** ajustarse, encajar. **5. Retomar,** retornar. ➤ *Dejar.* **6. Decretar,** resolver, decidir, acordar. **7. Colegirse,** deducirse, inferirse. **8. Dar,** producirse. **9. Proceder,** provenir, originarse. **10. Aparecer,** figurar. **11. Ocurrir,** suceder, acontecer, acaecer, sobrevenir.

venta *s. f.* **1. Cesión,** mercadería, transacción. ➤ *Compra, adquisición.* **2. Fonda,** parador, hostal, posada.

ventaja *s. f.* **1. Utilidad,** provecho, ganancia, ganga, prebenda, mina, sinecura, momio. **2. Supremacía,** preeminencia, superioridad, delantera. ➤ *Inferioridad, desventaja.*

ventajista *adj.* Aprovechado, desaprensivo, oportunista, especulador. ➤ *Moral, escrupuloso, honrado.*

ventajoso, sa *adj.* Conveniente, provechoso, oportuno, favorable. ➤ *Contraproducente, inútil, perjudicial.*

ventana *s. f.* Tragaluz, vidriera, mirador.

ventanal *s. m.* Vidriera, balcón.

ventanillo *s. m.* Trampilla, postigo.

ventano *s. m.* Tronera, ventanuco.

ventarrón *s. m.* Vendaval, tifón, huracán, galerna. ➤ *Brisa.*

ventear *v. tr.* **1. Olfatear,** olisquear, husmear. **2. Orear,** tender, airear. ➤ *Encerrar.* **3. Atisbar,** fisgar, indagar, meter las narices, inquirir, investigar, averiguar, buscar. ‖ *v. prnl.* **4. Ventosear. 5. Adulterarse,** destruirse.

ventero, ra *s. m. y s. f.* Hostelero, posadero, mesonero. ➤ *Cliente.*

ventilación *s. f.* Aireación, oreación.

ventilar *v. tr.* **1. Airear,** orear, renovar. **2. Ondear,** flamear. **3. Resolver,** tratar, dilucidar, discutir, examinar.

ventisca *s. f.* Nevasca, borrasca.

ventolera *s. f.* **1. Vanidad,** soberbia. **2. Capricho,** veleidad, extravagancia.

ventorrero *s. m.* Altozano, altiplanicie, cerro. ➤ *Llanura, vega.*

ventorrillo *s. m.* Venta, posada, hostal, bodegón.

ventosa *s. f.* Respiradero, abertura.

ventosear *v. intr.* Expeler, peder, zullarse, ventear.

ventosidad *s. f.* Pedo, cuesco, flatulencia, gas.

ventura *s. f.* **1. Felicidad,** dicha. **2. Acaso,** fortuna, suerte, contingencia, casualidad. **3. Riesgo,** peligro.

venturoso *adj.* Afortunado, dichoso, suertudo, satisfecho, feliz, eufórico, optimista, alegre. ➤ *Desafortunado, desgraciado, aciago, desventurado.*

venus *s. f.* Belleza, beldad.

venustidad *s. f.* Belleza, perfección, lindeza, primor, hermosura, gracia, atractivo. ➤ *Fealdad, tosquedad.*

ver *v. tr.* **1. Apercibir,** catar, mirar. **2. Entender,** reconocer. **3. Examinar,** considerar, observar. **4. Visitar. 5. Estudiar,** inspeccionar, vigilar. **6. Ex-**

perimentar, cerciorarse. **7. Pensar**, reflexionar, meditar. **8. Prevenir**, presentir, predecir. **9. Conocer**, juzgar, criticar. **10. Intentar**, probar. ‖ *v. prnl.* **11. Avistarse**, distinguirse. **12. Reunirse**. **13. Hallarse**, estar, encontrarse, ubicarse. **14. Columbrarse**, vislumbrarse, representarse.

vera *s. f.* Orilla, ribera, lado.

veracidad *s. f.* Fidelidad, sinceridad, verdad, autenticidad, franqueza, claridad. ➤ *Falsedad, falsía, insinceridad, fingimiento.*

veranda *s. f.* Terrado, terraza, pórtico, galería, mirador.

veraneante *adj.* Forastero, turista.

veraniego, ga *adj.* Estival.

verano *s. m.* Estío.

veraz *adj.* Sincero, franco, verídico, fidedigno, verdadero, auténtico. ➤ *Mentiroso, falso, embaucador, falaz, mendaz, trolero, embustero.*

verbal *adj.* Oral. ➤ *Gestual, gráfico.*

verbena *s. f.* Sarao, velada, fiesta.

verbenero, ra *adj.* Alegre, bullicioso, parrandero. ➤ *Callado, silencioso.*

verberación *s. f.* Azotaina, paliza.

verbo *s. m.* Vocablo, voz.

verborrea *s. f.* Locuacidad, palique, charlatanería, verbosidad, labia. ➤ *Parquedad, brevedad, concisión.*

verbosidad *s. f.* Labia, locuacidad, facundia, oratoria, charlatanería, palique, palabrería, cháchara, desparpajo, pico, monserga, desenvoltura. ➤ *Concisión, brevedad, discreción.*

verboso, sa *adj.* Locuaz, parlanchín, charlatán. ➤ *Callado, parco.*

verdad *s. f.* **1. Franqueza**, honradez. ➤ *Embuste, irrealidad.* **2. Certeza**, exactitud. ➤ *Inexactitud.* **3. Veracidad**, sinceridad, autenticidad. ➤ *Falsedad, mentira.* **4. Realidad**, efectividad.

verdadero, ra *adj.* **1. Real**, efectivo, cierto, auténtico, evidente, genuino, indudable, legítimo, indiscutible, exacto, probado, fundado. ➤ *Irreal, discutible, inexacto, dudoso.* **2. Veraz**, sincero. ➤ *Mentiroso, falso.*

verde *adj.* **1. Tierno**, inmaduro. ➤ *Maduro, pasado.* **2. Principiante**,

inexperto. ➤ *Ducho, práctico.* **3. Lúbrico**, lascivo, lujurioso. ‖ *s. m.* **4. Follaje**. ‖ *s. m. pl.* **5. Hierbas**, pastos.

verdecer *v. intr.* Reverdecer, verdear.

verdemar *s. m.* Glauco.

verdor *s. m.* Mocedad, vigor, juventud. ➤ *Ancianidad, senectud, madurez.*

verdoso, sa *adj.* Aceitunado, cetrino, glauco.

verdugazo *s. m.* Flagelación, latigazo, azote. ➤ *Caricia, mimo.*

verdugo *s. m.* **1. Cardenal**, moretón, roncha. **2. Martirizador**, victimario.

verdugón *s. m.* **1. Brote**, retoño, renuevo. **2. Señal**, cardenal, roncha.

verduguillo *s. m.* Zarcillo, pendiente.

verdulería *s. f.* Ordinariez, grosería, chabacanería. ➤ *Finura, elegancia.*

verecundo, da *adj.* Vergonzoso, avergonzado, tímido, pudoroso. ➤ *Resuelto, decidido, desvergonzado.*

vereda *s. f.* Atajo, senda, trocha, camino.

veredicto *s. m.* **1. Dictamen**, fallo, sentencia. **2. Parecer**, juicio.

verga *s. f.* **1. Pene**, falo. **2. Vara**, palo.

vergajazo *s. m.* Trallazo, latigazo.

vergajo *s. m.* Fusta, tralla, azote.

vergel *s. m.* Espesura, jardín, huerta, selva. ➤ *Desierto, páramo.*

vergelero, ra *s. m. y s. f.* Hortelano, jardinero.

vergonzoso, sa *adj.* **1. Deshonroso**, oprobioso. ➤ *Digno.* **2. Tímido**, encogido. ➤ *Osado, desvergonzado.*

vergüenza *s. f.* **1. Bochorno**, rubor, pudor, sonrojo, turbación, timidez, abochornamiento, aturdimiento, cortedad. ➤ *Osadía, atrevimiento.* **2. Dignidad**, honor, pundonor, honrilla. ➤ *Desvergüenza, descaro, indignidad.* **3. Deshonra**. ➤ *Honra.*

vericueto *s. m.* Atajo, senda, paso.

verídico, ca *adj.* Veraz, verdadero, sincero, cierto. ➤ *Falso, mentiroso.*

verificación *s. m.* Comprobación, demostración, confirmación. ➤ *Duda.*

verificar *v. tr.* **1. Confirmar**, comprobar, constatar. **2. Evidenciar**, justificar, demostrar, probar. ‖ *v. prnl.* **3. Acontecer**, cumplirse, suceder.

verismo *s. m.* Realismo, tremendismo.

verja *s. f.* Cancela, cerca, reja, enrejado.

verme *s. m.* Gusano.

vermiforme *adj.* Agusanado.

vermú *s. m.* Aperitivo.

vernáculo, la *adj.* Específico, oriundo, propio, doméstico, nativo, local, peculiar. ➤ *Foráneo, extraño.*

vernal *adj.* Primaveral. ➤ *Invernal.*

verosímil *adj.* Aceptable, creíble, plausible, posible, probable, admisible, sostenible. ➤ *Increíble, imposible, inaceptable, inverosímil, improbable.*

verosimilitud *s. f.* Posibilidad, probabilidad, coherencia, racionalidad. ➤ *Inverosimilitud, imposibilidad.*

verraco *s. m.* Gorrino, marrano, puerco, cerdo, tocino, cochino.

verriondez *s. f.* Celo, estro.

verriondo, da *adj.* Encelado, cachondo. ➤ *Frígido.*

verruga *s. f.* Abultamiento, carnosidad, bulto, excrecencia.

versado, da *adj.* Práctico, instruido, ejercitado, experto, conocedor, perito. ➤ *Inexperto, inmaduro, torpe.*

versallesco, ca *adj.* Cortés, galante.

versar *v. intr.* Tratar, hablar, perorar.

versátil *adj.* **1. Cambiante,** mutable, voluble, mudable. ➤ *Constante, inmutable, perseverante, tenaz, férreo.* **2. Caprichoso,** inconstante, antojadizo. ➤ *Centrado, serio.*

versatilidad *s. f.* Variabilidad, volubilidad. ➤ *Estabilidad, permanencia.*

versículo *s. m.* Antífona.

versificación *s. f.* Métrica, ritmo.

versificador, ra *adj.* Poeta.

versificar *v. intr.* **1. Rimar,** trovar, metrificar. ‖ *v. tr.* **2. Poetizar.**

versión *s. f.* Exégesis, explicación, interpretación, traducción. ➤ *Original.*

verso *s. m.* Metro. ➤ *Prosa.*

vertebración *s. f.* Sistematización.

vertebrar *v. tr.* Sistematizar, cohesionar.

vertedero *s. m.* Albañal, cloaca, pozo negro, basurero, depósito.

verter *v. tr.* **1. Volcar,** vaciar, derramar, evacuar, volver, inclinar. ➤ *Llenar.* ‖ *v. intr.* **2. Afluir,** salirse, rebosar, fluir, desbordarse, extravasarse, desembocar. ➤ *Contenerse.*

vertical *adj.* Enhiesto, erecto, pino, empinado, perpendicular, tieso, rígido, derecho, erguido. ➤ *Horizontal, apaisado, yacente, plano, tendido.*

vértice *s. m.* Cénit, punta, cúspide, ápice, cima, culmen. ➤ *Pie, base.*

verticidad *s. f.* Giro, orientación.

verticilo *s. m.* Androceo.

vertiente *s. f.* Costanera, ladera, declive.

vertiginoso, sa *adj.* Galopante, rápido, acelerado, presuroso. ➤ *Lento.*

vértigo *s. m.* **1. Náusea,** desmayo, mareo, vahído, desvanecimiento. ➤ *Recuperación.* **2. Prisa,** aceleración, apresuramiento. ➤ *Lentitud, calma.*

vesania *s. f.* Demencia, locura, enajenación. ➤ *Cordura, juicio.*

vesánico, ca *adj.* Alelado, enajenado, chalado, loco, lunático. ➤ *Cuerdo.*

vesicante *adj.* Rubefaciente.

vesícula *s. f.* **1. Ampolla. 2. Burbuja.**

véspero *s. m.* Anochecer, atardecer. ➤ *Amanecer, alba.*

vestal *s. f.* Sacerdotisa, virgen, pitonisa.

vestíbulo *s. m.* Recibidor, entrada.

vestido *s. m.* Indumentaria, traje, ropa.

vestidura *s. f.* Ropaje, sayo, vestido.

vestigio *s. m.* Indicio, rastro, huella, pista, traza, marca, resto, estela, residuo, impresión, signo, señal.

vestimenta *s. f.* Hábito, ropaje, vestido.

vestir *v. tr.* **1. Arropar,** envolver, revestir, uniformar, trajear, emperifollar, ataviar, engalanar. ➤ *Desnudar, desvestir, desarropar.* **2. Ornar,** amplificar. ‖ *v. intr.* **3. Llevar,** ponerse, usar.

vestuario *s. m.* Equipo, vestidos.

veta *s. f.* **1. Lista,** faja, banda, ribete. **2. Vena,** filón, mina, yacimiento.

vetar *v. tr.* Prohibir, obstaculizar, vedar, desaprobar, censurar. ➤ *Permitir, tolerar, autorizar, favorecer, facilitar.*

vetear *v. tr.* Jaspear, salpicar, rayar.

veteranía *s. f.* Experiencia, pericia.

veterano, na *adj.* Avezado, formado, experto, antiguo, experimentado, ducho. ➤ *Bisoño, novato, primerizo.*

vetilla *s. f.* Pequeñez, nadería, insignificancia, fruslería, nimiedad.

veto *s. m.* Prohibición, impedimento, obstáculo, denegación, impugnación,

negativa, oposición. ➤ *Permiso, apro-*
bación, confirmación, asentimiento.

vetustez *s. f.* Ancianidad, senilidad, vejez. ➤ *Juventud, niñez, mocedad.*

vetusto, ta *adj.* Anciano, antiguo, añejo, arcaico, viejo, rancio, senil, caduco, decrépito. ➤ *Nuevo, joven.*

vez *s. f.* **1. Oportunidad**, ocasión, momento. **2. Turno**, tanda, mano.

vía *s. f.* **1. Calle**, camino, avenida, ruta,
cañada, senda, sendero, vereda, ca-
rretera, calzada, pista, ronda, galería,
atajo, paseo, travesía. **2. Carril**. **3.
Medio**, procedimiento, forma.

viabilidad *s. f.* Facilidad, posibilidad,
aptitud. ➤ *Dificultad, imposibilidad.*

viable *adj.* Posible, factible, hacedero.
➤ *Imposible, inviable.*

vía crucis *expr. lat.* **1. Calvario**, Vía
Sacra. ‖ *s. m.* **2. Dolor**, aflicción, sufrimiento. ➤ *Alegría, contento.*

viada *s. f.* Arrancada.

viajante *s. m. y s. f.* Representante.

viajar *v. intr.* Peregrinar, recorrer, correr, caminar, andar, vagar, marchar,
transitar. ➤ *Permanecer.*

viaje *s. m.* **1. Marcha**, recorrido, trayecto, itinerario. **2. Vía**, camino.

vianda *s. f.* **1. Manjar**, alimento, comida, sustento. **2. Plato.**

viandante *s. m. y s. f.* **1. Caminante**,
peatón, transeúnte, paseante. **2. Vagabundo.**

viaraza *s. f.* Furia, cólera, ira. ➤ *Calma.*

viborear *v. intr.* Caracolear, serpentear,
culebrear, reptar, deslizarse, serpear.

vibración *s. f.* Trepidación, oscilación.

vibrante *adj.* Cimbreante, intenso, vibrátil, trepidante, oscilante. ➤ *Quieto.*

vibrar *v. tr.* Cimbrear, trepidar, blandir,
rielar, mimbrear, ondular, oscilar, agitarse. ➤ *Aquietar, inmovilizar.*

vibrátil *adj.* Vibrante, cimbreante, trepidante, oscilante. ➤ *Inmóvil.*

vibratorio, ria *adj.* Trepidante.

viciar *v. tr.* **1. Depravar**, envilecer,
pervertir. ➤ *Educar, formar, perfeccionar.* **2. Adulterar**, falsificar. **3.
Falsear**, tergiversar. ‖ *v. prnl.* **4. Enviciarse**, corromperse. ➤ *Apartarse.*
5. Pandearse, combarse.

vicio *s. m.* **1. Defecto**, imperfección.
➤ *Virtud.* **2. Yerro**, engaño. **3. Inmoralidad**, deshonestidad. **4. Lacra.
5. Adicción. 6. Alabeo**, pandeo. **6.
Sinvergonzonería**, libertinaje.

vicisitud *s. f.* Acontecimiento, suceso.

víctima *s. f.* **1. Mártir**. ➤ *Victimario,
verdugo.* **2. Martirizado**, perjudicado, torturado, afectado, damnificado.

victimario *s. m.* Verdugo. ➤ *Víctima.*

victo *s. m.* Alimento, comida, sustento.

victoria *s. f.* Triunfo, éxito, ventaja. ➤
Derrota, pérdida, desventaja.

victorioso, sa *adj.* Ganador, invicto,
triunfante, vencedor, campeón, triunfal. ➤ *Perdedor, vencido.*

vid *s. f.* Cepa, parra.

vida *s. f.* **1. Vitalidad**, vigor, energía,
dinamismo. **2. Curso**, tiempo, transcurso. **3. Comportamiento**, proceder, pauta. **4. Biografía**, semblanza.

vide *expr. lat.* Llamada, nota, véase, referencia.

videncia *s. f.* Clarividencia, perspicacia, aruspicina, profecía, iluminación.

vidente *s. m. y s. f.* Futurólogo, profeta, adivino, médium, mago, ilumina-
do, agorero, inspirado, zahorí, hechicero, augur, nigromante.

vidorra *s. f.* Comodidad, descanso,
holganza. ➤ *Trabajo, labor.*

vidriar *v. tr.* Barnizar, esmaltar, lacar.

vidriera *s. f.* Cristalera, ventanal, vitral.

vidriero, ra *s. m. y s. f.* Cristalero.

vidrio *s. m.* Cristal.

vidrioso, sa *adj.* **1. Delicado**, frágil,
quebradizo. ➤ *Irrompible.* **2. Difícil**,
espinoso. **3. Deslizante**, resbaladizo.

viejo, ja *adj.* **1. Anciano**, añoso, decrépito, caduco, provecto, veterano,
maduro. ➤ *Joven.* **2. Antiguo**, lejano,
añejo, rancio, vetusto, fósil, primitivo,
primordial, prehistórico, en desuso.
➤ *Moderno, actual, reciente.* **3. Desusado**, arcaico, inactual. ➤ *Actual.*
4. Pasado, gastado, ajado, deteriorado, estropeado, deslucido, usado,
arruinado, acabado. ➤ *Cuidado,
nuevo, fresco, lustroso.* ‖ *s. m. y s. f.*
5. Anciano, abuelo, vejestorio, carcamal. ➤ *Joven, niño, mozo.*

viento *s. m.* **1. Brisa**, bufa, vendaval, soplo, corriente, racha, céfiro, ventolera, ventarrón, ventisca, huracán, ciclón, tornado. **2. Pedo**, cuesco.

vientre *s. m.* **1. Barriga**, tripa, abdomen, intestinos, panza. **2. Tripas.**

vierteaguas *s. m.* Moldura, bateaguas.

viga *s. f.* Madero, travesaño.

vigencia *s. f.* Eficacia, validez, actualidad. ➤ *Abolición, prescripción.*

vigente *adj.* Eficaz, valedero, válido. ➤ *Cancelado, abolido, prescrito.*

vigía *s. f.* **1. Atalaya**, torre. **2. Centinela**, oteador, torrero, observador, vigilante. **3. Vigilancia**, vela, custodia.

vigilancia *s. f.* **1. Custodia**, cuidado, protección. **2. Ronda**, guardia.

vigilante *s. m. y s. f.* **1. Custodio**, guarda, supervisor. **2. Carabinero**, gendarme, agente de policía.

vigilar *v. intr.* Atender, cuidar, proteger, custodiar, velar, observar, inspeccionar, espiar, acechar, guardar, examinar. ➤ *Desatender, abandonar, desamparar, descuidar.*

vigilia *s. f.* **1. Trasnochada**. **2. Insomnio**, desvelo. ➤ *Somnolencia.* **3. Abstinencia**, ayuno, sacrificio.

vigor *s. m.* **1. Aliento**, ánimo, fibra, enjundia, salud, robustez, reciedumbre, actividad. ➤ *Desánimo, desaliento, debilidad, laxitud.* **2. Brío**, ímpetu, viveza, energía, vitalidad.

vigorizador, ra *adj.* Beneficioso, energético, fortificante. ➤ *Debilitador.*

vigorizar *v. tr.* Entonar, fortificar, nutrir, reanimar, fortalecer, robustecer, animar. ➤ *Debilitar, extenuar.*

vigoroso, sa *adj.* Activo, energético, vital. ➤ *Débil, extenuado.*

vil *adj.* **1. Ruin**, bajo, despreciable. ➤ *Importante, excelente.* **2. Abyecto**, infame, indigno. ➤ *Digno, honesto.* **3. Traidor**, falso. ➤ *Honrado, fiel.*

vileza *s. f.* Bellaquería, indignidad, ruindad, villanía, infamia, bajeza.

vilipendiador, ra *adj.* Vituperador, denostador, denigrador. ➤ *Adulador.*

vilipendiar *v. tr.* Denostar, despreciar, injuriar, insultar, desacreditar, difamar, denigrar, calumniar, escarne-

cer, deshonrar, desprestigiar, infamar, vituperar. ➤ *Alabar, respetar, honrar, enaltecer, adular, lisonjear.*

vilipendio *s. m.* Afrenta, difamación, oprobio, infamia. ➤ *Loa, alabanza.*

vilipendioso, sa *adj.* Afrentoso, denigrante, escarnecedor. ➤ *Honroso.*

villa *s. f.* **1. Quinta**, finca, chalé. **2. Burgo**, ciudad, pueblo, población. **3. Consistorio. 4. Ayuntamiento.**

villanada *s. f.* Bellaquería, ruindad, vileza, alevosía. ➤ *Caballerosidad.*

villancico *s. m.* Canción, cantar, tonada.

villanía *s. f.* **1. Alevosía**, indignidad, infamia, vileza. **2. Grosería**, taco.

villano, na *adj.* **1. Aldeano**, campesino, labriego, rústico. **2. Patán**, rudo, grosero, tosco. ➤ *Cortés, educado.* **3. Alevoso**, bellaco, vil, sinvergüenza.

villoría *s. f.* Alquería, granja, masería.

villorrio *s. m.* Aldea, pueblo, caserío. ➤ *Urbe, ciudad, metrópoli.*

vilordo, da *adj.* Calmoso, cachazudo, parsimonioso, flemático, tardo, perezoso. ➤ *Diligente, rápido.*

vinagreras *s. f. pl.* Aceiteras.

vinagreta *s. f.* Adobo, aliño, condimento.

vinatería *s. f.* Bodega, taberna.

vinatero, ra *s. m. y s. f.* Bodeguero.

vinculación *s. f.* Dependencia, enlace, maridaje, unidad, lazo, unión, parentesco. ➤ *Desunión, alejamiento.*

vincular *v. tr.* **1. Asociar**, unir, conectar. ➤ *Separar, alejar.* **2. Obligar.**

vínculo *s. m.* Ligamen, conexión, lazo.

vindicación *s. f.* Rehabilitación, reivindicación, venganza. ➤ *Cesión.*

vindicador, ra *adj.* Vengador.

vindicar *v. tr.* **1. Disculpar**, exculpar, amparar. ➤ *Inculpar, culpar, acusar.* **2. Reivindicar**, reclamar. ➤ *Ceder.*

vindicatorio, ria *adj.* Vengador.

vino *s. m.* **1. Caldo**, morapio, mosto. ‖ *adj.* **2. Granate**, burdeos.

vinolencia *s. f.* Borrachera, moña.

vinolento, ta *adj.* Borracho, bebedor.

viña *s. f.* Campo, majuelo, parral, viñedo.

viñedo *s. m.* Viña.

viñeta *s. f.* **1. Distintivo**, emblema, insignia. **2. Dibujo**, ilustración.

violación *s. f.* Forzamiento, infracción, transgresión, fuerza. ➤ *Respeto.*

violado, da *adj.* Amoratado, violeta.

violador, ra *adj.* Delincuente, forzador, infractor. ➤ *Víctima.*

violar *v. tr.* **1. Conculcar**, vulnerar, quebrantar, atropellar, transgredir. ➤ *Acatar, obedecer, someterse.* **2. Violentar**, forzar, desflorar. ➤ *Respetar.* **3. Deshonrar**, vulnerar. ➤ *Honrar, venerar.* **4. Estropear**, ajar. ➤ *Cuidar.*

violencia *s. f.* **1. Brusquedad**, crueldad, ferocidad. **2. Exceso**, coacción, atropello, agresión, profanación. **3. Desfloración**, violación.

violentar *v. tr.* **1. Forzar**, obligar, atentar. ➤ *Respetar.* **2. Tergiversar**, falsear, malinterpretar. **3. Ganzuar**, forzar, burlar. **4. Airar**, burlar.

violento, ta *adj.* **1. Impetuoso**, arrebatado. **2. Agresivo**, airado, brusco. ➤ *Calmado, contenido, tranquilo.*

violeta *s. m.* Malva, violáceo.

violonchelo *s. m.* Chelo.

virador *s. m.* Cabrestante.

virago *s. f.* Machorra, marimacho.

viraje *s. m.* Giro, vuelta.

virar *v. intr.* Girar, torcer, desviarse.

virgen *s. m. y s. f.* Célibe, intacto.

virgiliano, na *adj.* Bucólico.

virginal *adj.* Limpio, inmaculado, incólume. ➤ *Sucio, mancillado.*

virginidad *s. f.* Doncellez, pureza, integridad, castidad, candidez, virtud, inocencia. ➤ *Impureza, malicia.*

virguería *s. f.* Exceso, refinamiento, floritura, filigrana. ➤ *Sobriedad.*

viril *adj.* Varonil, masculino, hombruno. ➤ *Femenino, mujeril.*

virilidad *s. f.* Hombría, masculinidad, valor. ➤ *Femineidad.*

virrey *s. m.* Jedive, gobernador.

virtual *adj.* **1. Eventual**, posible, supuesto. ➤ *Efectivo.* **2. Intrínseco**, tácito. ➤ *Explícito.* **3. Imaginado**, imaginario, irreal, aparente. ➤ *Real.*

virtualidad *s. f.* Potencia, capacidad.

virtud *s. f.* **1. Poder**, eficacia, potestad. valor, fuerza, vigor. ➤ *Ineficacia, inoperancia, debilidad.* **2. Bondad**, fe, esperanza, caridad, paciencia. ➤ *Mal-*dad. **3. Potencia**, capacidad. ➤ *Incapacidad.* **4. Decencia**, decoro, honra, castidad. **5. Moralidad**, honradez, honestidad. ➤ *Inmoralidad, vicio.*

virtuosismo *s. m.* Habilidad, pericia, arte. ➤ *Ignorancia, incompetencia.*

virtuoso, sa *adj.* **1. Bueno**, honesto, moral. ➤ *Deshonesto, vicioso.* **2. Hábil**, diestro, artista. ➤ *Principiante.*

virulencia *s. f.* Acrimonia, intensidad, exacerbación, acritud. ➤ *Suavidad.*

virulento, ta *adj.* **1. Tóxico**, venenoso, purulento, maligno, infectado, ponzoñoso. ➤ *Inocuo.* **2. Enconado**, insidioso, sañudo, punzante, ardiente, malicioso, agresivo, acre, exacerbado. ➤ *Bondadoso, amistoso, suave.*

virus *s. m.* Bacilo, microbio, toxina.

viruta *s. f.* Residuo, raspadura.

visado *s. m.* Documento, permiso, salvoconducto. ➤ *Prohibición, veto.*

visaje *s. m.* Ademán, gesto, mueca.

visar *v. tr.* Aprobar, certificar, rubricar.

vis a vis *loc. adv.* Frente a frente, cara a cara. ➤ *Indirectamente.*

víscera *s. f.* Entrañas, intestinos, tripas.

visceral *adj.* Apasionado.

vis cómica *s. f.* Gracia, salero, comicidad, ingenio, humor. ➤ *Sosería.*

viscosidad *s. f.* Gelatina, mucílago, untuosidad.

viscoso, sa *adj.* Mucilaginoso, pegadizo, glutinoso, pegajoso.

visible *adj.* **1. Observable. 2. Palpable**, indudable, manifiesto, evidente. **3. Destacado**, importante, conspicuo.

visión *s. f.* **1. Vista.** ➤ *Ceguera.* **2. Espantajo**, adefesio, monigote. **3. Espectro**, fantasma, espejismo, ilusión, aparición. **4. Opinión**, perspectiva.

visionario, ria *adj.* Fantasioso, iluso, utopista, soñador. ➤ *Realista.*

visita *s. f.* **1. Entrevista**, reunión. **2. Visitante**, invitado. ➤ *Anfitrión.*

visitador, ra *s. m. y s. f.* **1. Inspector**, registrador. ‖ *s. m.* **2. Viajante**.

visitante *adj.* Forastero, invitado.

visitar *v. tr.* Frecuentar, ver. ➤ *Evitar.*

vislumbrar *v. tr.* **1. Columbrar**, entrever. **2. Sospechar**, barruntar, oler, intuir, presentir. ➤ *Saber, confirmar.*

vislumbre *s. f.* **1. Centelleo**, destello. **2. Sospecha**, intuición. ➤ *Certeza.*

viso *s. m.* **1. Centelleo**, resplandor, deslumbre. **2. Enagua**, saya. **3. Apariencia**, aspecto, figura, cariz, pinta.

visor *s. m.* Mira, ocular.

víspera *s. f.* **1. Vigilia. 2. Anochecer.**

vista *s. f.* **1. Visita**, entrevista, concurrencia. **2. Imagen**, cuadro, foto. **3. Sesión**, juicio. **4. Astucia**, olfato. **5. Visión**, percepción. ➤ *Ceguera.*

vistazo *s. m.* Ojeada, ojo. ➤ *Examen.*

vistosidad *s. f.* Majeza, brillantez.

vistoso, sa *adj.* Llamativo, brillante, lucido. ➤ *Apagado, deslucido.*

visual *adj.* Ocular, óptico.

vital *adj.* **1. Fisiológico**, biológico. **2. Imprescindible**, indispensable, básico, fundamental. ➤ *Accesorio, superfluo.* **3. Vigoroso**, plétorico, optimista, animoso. ➤ *Apagado, exánime.*

vitalicio, cia *adj.* Duradero, indefinido. ➤ *Transitorio, pasajero.*

vitalidad *s. f.* **1. Longevidad. 2. Movilidad**, nervio, empuje, vigor. ➤ *Atonía, melancolía.*

vitalizar *v. tr.* Vigorizar, reforzar.

vitamínico, ca *adj.* Energético, vitaminado.

vitando, da *adj.* **1. Desechable**, aborrecible. ➤ *Aconsejable.* **2. Odioso**, execrable, vil, abominable, despreciable.

vitola *s. f.* **1. Faja**, banda. **2. Aspecto**, figura, pinta, facha, traza, apariencia.

vítor *s. m.* Aclamación, aplauso, ovación, viva, hurra. ➤ *Pitada, abucheo.*

vitorear *v. tr.* Ovacionar, alabar, aclamar, aplaudir, glorificar, proclamar, alardear, animar, encomiar, palmotear. ➤ *Denostar, abuchear, insultar, silbar, patear.*

vítreo, a *adj.* Transparente, cristalino, límpido. ➤ *Opaco, turbio.*

vitualla *s. f.* Provisiones, víveres.

vituperable *adj.* Abominable, reprensible, reprobable. ➤ *Elogiable, loable.*

vituperador, ra *adj.* Calumniador, detractor, difamador, vilipendiador. ➤ *Ensalzador, apologístico.*

vituperar *v. tr.* Censurar, criticar, execrar, afear, infamar, acusar, condenar, reprochar, difamar, insultar, reprobar, recriminar, vilipendiar, injuriar. ➤ *Alabar, loar, elogiar, ensalzar.*

vituperio *s. m.* Censura, execración, reprobación. ➤ *Alabanza, loa, elogio.*

vituperioso, sa *adj.* Afrentoso, insultante, ofensivo. ➤ *Elogioso.*

viudedad *s. f.* **1. Viudez.** ➤ *Matrimonio.* **2. Asignación**, paga, pensión.

vivacidad *s. f.* **1. Nervio**, vigor, energía. ➤ *Atonía.* **2. Lustre**, viveza, esplendor, colorido. ➤ *Desvaimiento.*

vivaque *s. m.* Acantonamiento, reales.

vivaquear *v. intr.* Acuartelarse, descansar. ➤ *Levantar, marchar.*

vivaracho, cha *adj.* Pizpireto, despierto, jovial, avispado, espabilado. ➤ *Triste, mohíno, tímido.*

vivaz *adj.* **1. Longevo. 2. Brioso**, enérgico, impetuoso. ➤ *Apagado.* **3. Inteligente**, listo, perspicaz, sagaz, agudo, eficaz, despierto. ➤ *Lerdo, torpe, tardo, apocado, tímido, cuitado.*

víveres *s. m. pl.* Vituallas, avíos, suministro, provisiones, comestibles.

vivero *s. m.* Criadero, semillero.

viveza *s. f.* **1. Rapidez**, presteza, agilidad. ➤ *Lentitud, calma.* **2. Vehemencia**, pasión, nervio, ardimiento. ➤ *Flema.* **3. Penetración**, sagacidad, sutileza, agudeza. ➤ *Ingenuidad, simpleza.* **4. Gracia**, ocurrencia, ingeniosidad. ➤ *Simpleza, lugar común, tópico.* **5. Brillo**, brillantez, fulgor, lustre. ➤ *Opacidad.* **6. Donaire**, gallardía. ➤ *Tosquedad, torpeza.*

vívido, da *adj.* **1. Ingenioso**, sagaz, agudo. ➤ *Torpe, lerdo.* **2. Vivaz.**

vividor, ra *adj.* **1. Activo**, trabajador. ➤ *Vago, perezoso.* ‖ *s. m. y s. f.* **2. Aprovechado**, vivales, gorrón.

vivienda *s. f.* Morada, habitación, domicilio, piso, casa, hogar, mansión, residencia, habitáculo, techo.

viviente *adj.* Orgánico, vivo.

vivificación *s. f.* Resurgimiento, renacimiento. ➤ *Apagamiento.*

vivificar *v. tr.* Avivar, reanimar, reavivar, animar, confortar, alentar, estimular, excitar, tonificar, reconfortar. ➤ *Desanimar, enfermar, apagar.*

vivir *v. intr.* **1. Existir**, estar, durar, ser. **2. Alargarse**, perdurar, persistir, prolongarse, permanecer. ➤ *Agostarse, morir, expirar, fallecer, fenecer.* **3. Morar**, residir, habitar, hospedarse, domiciliarse. ‖ *v. tr.* **4. Sufrir**, soportar.

vivo, va *adj.* **1. Vital. 2. Intenso**, fuerte, enérgico. **3. Agudo**, ocurrente, sutil, ingenioso. ➤ *Torpe.* **4. Raudo**, presto. ➤ *Tardo, lento.* **5. Diligente**, pronto, ágil. **6. Expresivo**, efusivo.

vocablo *s. m.* Palabra, término, voz, expresión, verbo, locución, dicho.

vocabulario *s. m.* **1. Léxico**, terminología, diccionario, glosario, catálogo, repertorio. **2. Traductor**, intérprete.

vocación *s. f.* Preferencia, tendencia, disposición, aptitud, afición, facilidad, propensión, don. ➤ *Repulsión.*

vocal *adj.* **1. Oral**, verbal. ‖ *s. m. y s. f.* **2. Consejero**, consultor, secretario. ‖ *s. f.* **3. Fonema.** ➤ *Consonante.*

vocalización *s. f.* **1. Modulación. 2. Entonación**, solfeo.

vocalizar *v. intr.* Modular, entonar.

vocear *v. intr.* Chillar, gritar, vociferar, tronar, llamar, bramar, desgañitarse, aullar, rugir. ➤ *Callar, silenciar.*

vocerío *s. m.* Barullo, alboroto, algarabía, griterío. ➤ *Silencio, calma.*

vocero, ra *s. m. y s. f.* Delegado, portavoz, representante.

vociferador, ra *adj.* Voceador, gritón.

vociferante *adj.* Bramador, gritón.

vociferar *v. intr.* Bramar, berrear, chillar, vocear, clamar. ➤ *Callar.*

vocinglería *s. f.* Bulla, griterío, alboroto, algarabía. ➤ *Silencio, calma.*

vodevil *s. m.* Revista, variedades.

voladero, ra *adj.* Breve, raudo.

voladizo *s. m.* Alero, saledizo.

voladura *s. f.* Arrojamiento, bombazo.

volandero, ra *adj.* **1. Accidental**, imprevisto, fortuito. **2. Pasajero**, itinerante, nómada. ➤ *Sedentario, estable.*

volante *s. m.* **1. Pliegue**, plisado. **2. Escrito**, billete, boleto. **3. Rueda.**

volar *v. intr.* **1. Planear**, revolotear, elevarse, alzarse, cernerse, remontarse, surcar, hender, batirse. ➤ *Andar, nadar.* **2. Apresurarse**, acelerarse,

darse, prisa. ➤ *Eternizarse.* **3. Esfumarse**, escabullirse, desvanecerse, evaporarse. ➤ *Aparecer.* ‖ *v. tr.* **5. Dinamitar**, explosionar, bombardear.

volatería *s. f.* Cetrería.

volátil *adj.* **1. Aéreo**, etéreo. ➤ *Terrestre.* **2. Cambiante**, versátil, mudable, voluble. ➤ *Fijo, constante, inmutable.*

volatilización *s. f.* Evaporación, evaporización, desaparición.

volatilizar *v. tr.* **1. Gasificar**, evaporar. ‖ *v. prnl.* **2. Evaporarse.**

volatín *s. m.* Acrobacia, salto.

volatinero, ra *s. m. y s. f.* Equilibrista, funámbulo, saltimbanqui.

volcán *s. m.* Grieta, fumarola.

volcánico, ca *adj.* **1. Eruptivo. 2. Apasionado**, vehemente, ardoroso, incontenible. ➤ *Frío, flemático.*

volcar *v. tr.* **1. Inclinar**, verter, ladear, desnivelar, desplomar. ➤ *Sostener, tener.* **2. Perturbar**, trastornar, trastocar, marear. **3. Fastidiar**, jeringar.

volquete *s. m.* Camión.

voltario, ria *adj.* **1. Inestable**, desequilibrado. ➤ *Firme.* **2. Voluble**, veleidoso, tornadizo. ➤ *Constante.*

voltear *v. tr.* **1. Girar**, rodar, virar. **2. Trocar**, trastornar. ‖ *v. intr.* **3. Cabriolar**, caracolear, dar vueltas.

volteo *s. m.* Repique.

voltereta *s. f.* Cabriola, pirueta, tumbo, volatín, salto.

volterianismo *s. m.* Escepticismo, nihilismo. ➤ *Fideísmo, creencia.*

volteriano, na *adj.* Cínico, incrédulo, escéptico. ➤ *Creyente, idealista.*

voltímetro *s. m.* Contador, medidor, registrador.

volubilidad *s. f.* Inconstancia, levedad, mudanza. ➤ *Estabilidad.*

voluble *adj.* Tornadizo, mudable.

volumen *s. m.* **1. Tamaño**, entidad. **2. Tomo**, texto, libro, ejemplar. **3. Bulto**, cuerpo, capacidad, mole, espacio, magnitud, dimensión, masa.

voluminoso, sa *adj.* Grande, grueso, abultado. ➤ *Reducido, pequeño.*

voluntad *s. f.* **1. Albedrío**, arbitrio, gana, voluntariedad, libertad, gusto, espontaneidad, capricho, merced. ➤

Necesidad. **2. Propósito**, aspiración, ánimo. **3. Orden**, decreto, precepto. ➤ *Libertad.* **4. Cariño**, amistad, amor, afición, afecto, agrado, benevolencia. ➤ *Odio, rechazo, repudio.* **5. Intención**, anhelo, afición, gana, afán, ansia, apetencia, antojo. ➤ *Desánimo, abulia, desgana, inapetencia.*

voluntario, ria *adj.* **1. Volitivo. 2. Espontáneo.** ➤ *Forzado, obligado.*

voluntarioso, sa *adj.* **1. Antojadizo**, empecinado, tenaz, voluble. ➤ *Tenaz.* **2. Diligente.** ➤ *Dejado, perezoso.*

voluptuosidad *s. f.* Epicureísmo, sensualidad, goce, libido. ➤ *Ascetismo.*

voluptuoso, sa *adj.* Sensual, apasionado, libidinoso, mórbido, carnal, concupiscente, lascivo, lujurioso. ➤ *Ascético, honesto, casto.*

voluta *s. f.* Enrollado, espiral, caracol.

volver *v. tr.* **1. Girar**, revolver. **2. Dirigir**, guiar. **3. Restituir**, reponer. **4. Trastocar**, tornar, mudar. **5. Vomitar**, devolver. **6. Persuadir**, convencer. **7. Rechazar**, devolver. ‖ *v. intr.* **8. Retornar**, tornar. ➤ *Marcharse, irse.* **9. Restablecerse.** ‖ *v. prnl.* **10. Acedarse**, avinagrarse.

vomitado, da *adj.* Devuelto.

vomitar *v. tr.* **1. Devolver**, regurgitar, nausear, basquear. **2. Lanzar**, arrojar. **3. Confesar**, descubrir, desembuchar. **4. Reponer**, devolver, restituir.

vómito *s. m.* **1. Arcada**, basca. **2. Devuelto**, vomitado.

vomitorio *s. m.* Acceso, salida.

voracidad *s. f.* Adefagia, glotonería, gula, tragonería, intemperancia. ➤ *Desgana, inapetencia, sobriedad.*

vorágine *s. f.* Confusión, turba, torbellino, remolino, agitación. ➤ *Calma.*

voraz *adj.* **1. Comilón**, devorador, tragaldabas, ansioso, ávido, hambriento, hambrón, insaciable, tragón. ➤ *Sobrio.* **2. Destructor**, intenso, enérgico, consumidor, violento. ➤ *Conservador.*

vortiginoso, sa *adj.* Giratorio.

votación *s. f.* Elección, plebiscito, sufragio, referéndum, comicios.

votador, ra *adj.* Elector, votante. ➤ *Electo, candidato.*

votante *adj.* Elector, votador, compromisario. ➤ *Electo, candidato.*

votar *v. intr.* **1. Jurar**, renegar, blasfemar, maldecir. **2. Elegir**, opinar.

votivo, va *adj.* Expiatorio, ofrendado.

voto *s. m.* **1. Compromiso**, ofrenda, promesa. **2. Sufragio**, elección. ➤ *Abstención.* **3. Opinión**, parecer, propuesta. **4. Elector**, votante. **5. Oración. 6. Taco**, palabrota.

voz *s. f.* **1. Cantante**, vocalista. **2. Opinión. 3. Orden**, decreto. **4. Diátesis.**

vuelco *s. m.* **1. Giro**, volteo, tumbo. ➤ *Enderazamiento.* **2. Cambio**, transformación, alteración. ➤ *Persistencia.*

vuelo *s. m.* **1. Revoloteo. 2. Planeo**, evolución. **3. Amplitud. 4. Alero.**

vuelta *s. f.* **1. Revolución**, giro. **2. Circunvalación**, rodeo, desvío. **3. Devolución**, reintegro. **4. Regreso**, retorno. ➤ *Ida.* **5. Reiteración**, reincidencia, repetición. **6. Revés**, envés. ➤ *Frente.* **7. Cambio**, mutación. **8. Grosería**, contestación, réplica.

vulgar *adj.* **1. Plebeyo**, ordinario. ➤ *Refinado, aristocrático.* **2. Corriente**, habitual, común, normal, popular. ➤ *Interesante, notable, especial, específico, privativo, singular, raro.*

vulgaridad *s. f.* **1. Chabacanería**, grosería. ➤ *Refinamiento.* **2. Tópico**, cliché, ramplonería, frase hecha.

vulgarización *s. f.* Adocenamiento, divulgación, generalización, popularización. ➤ *Limitación, ocultación.*

vulgarizar *v. tr.* **1. Adocenar**, popularizar. ➤ *Restringir.* **2. Divulgar**, propagar, explicar, difundir. ➤ *Ocultar.*

vulgo *s. m.* Masa, populacho, chusma, gente, plebe, morralla. ➤ *Aristocracia.*

vulneración *s. f.* Herida, infracción, daño. ➤ *Beneficio, provecho.*

vulnerar *v. tr.* **1. Herir**, dañar, lesionar, lisiar, golpear, malherir. ➤ *Curar.* **2. Transgredir**, violar, desobedecer, contravenir, incumplir, infringir, quebrantar. ➤ *Obedecer, respetar, cumplir, acatar, respetar.* **3. Dañar**, perjudicar, ofender, lastimar, menoscabar. ➤ *Beneficiarse, aliviar, ayudar.*

vulturno *s. m.* Calina, calor, bochorno.

walkie-talkie *s. m.* Emisor.
wáter *s. m.* **1. Inodoro. 2. Aseo**, excusado, retrete, cuarto de baño.

week-end *expr.* Fin de semana, descanso, asueto. ➤ *Trabajo.*
wolframio *s. m.* Tungsteno.

xenofobia *s. f.* Chauvinismo, patriotería, fanatismo, intransigencia. ➤ *Hospitalidad, tolerancia, cortesía.*

xenófobo, ba *adj.* Chauvinista, patriotero. ➤ *Hospitalario, cordial.*
xerocopia *s. f.* Xerografía.

ya *adv. t.* **1. Ahora**, en este instante. ➤ *Después.* ‖ *conj. distrib.* **2. Ora**, bien.

yacente *adj.* Durmiente, acostado, tumbado. ➤ *Erguido, levantado.*

yacer *v. intr.* **1. Echarse**, tumbarse. ➤ *Levantarse, erguirse.* **2. Descansar**, reposar. **3. Mantenerse**, permanecer. **4. Fornicar**, cohabitar. **5. Pacer.**

yacija *s. f.* **1. Jergón**, lecho, catre, camastro. **2. Sepulcro**, tumba, fosa.

yacimiento *s. m.* **1. Mina**, filón, cantera, veta, depósito. **2. Excavación.**

yactura *s. f.* Menoscabo, extorsión, quiebra, daño. ➤ *Ganancia, beneficio.*

yanqui *adj.* Gringo, norteamericano.

yantar[1] *s. m.* Comida, sustento, alimentación. ➤ *Ayuno, abstinencia.*

yantar[2] *v. tr.* Nutrirse, alimentarse, comer, manducar, tragar. ➤ *Ayunar.*

yapa *s. f.* Propina, regalo.

yate *s. m.* Goleta, velero, balandro.

yegua *s. f.* Jaca, potra. ➤ *Caballo.*

yeguada *s. f.* Yegüería, manada.

yegüero, ra *s. m. y s. f.* Acemilero, yegüerizo.

yelmo *s. m.* Casco, morrión, celada.

yema *s. f.* Renuevo, botón.

yermar *v. tr.* Asolar, arrasar, despoblar.

yermo, ma *adj.* **1. Deshabitado**, abandonado, desolado, desierto. ➤ *Habitado, poblado.* **2. Árido**, infecundo. ➤ *Cultivado, fértil, sembrado.*

yero *s. m.* Alcarceña.

yerro *s. m.* **1. Delito**, culpa, pecado. ➤ *Virtud.* **2. Error**, errata, fallo, falta, desacierto. ➤ *Acierto, perfección.*

yerto, ta *adj.* Entumecido, inmóvil, agarrotado, gélido, inerte, tieso, rígido. ➤ *Flexible, cálido, vivo, móvil.*

yeso *s. m.* Clarión, tiza, cal, escayola.

yesón *s. m.* Aljezón.

yezgo *s. m.* Cimicaria.

yoga *s. m.* Ascética, meditación.

yola *s. f.* Barca, embarcación, nave.

yugo *s. m.* Dominio, esclavitud, opresión, sujeción, tiranía. ➤ *Libertad.*

yuntero, ra *s. m. y s. f.* Yuguero.

yusión *s. f.* Orden, imposición.

yute *s. m.* Arpillera.

yuxtaponer *v. tr.* Acercar, juntar, adosar, arrimar, enfrentar. ➤ *Separar.*

yuxtaposición *s. f.* Acercamiento, aproximación, adosamiento, superposición. ➤ *Apartamiento, separación.*

Z

zabordar *v. intr.* Varar, encallar.

zacapela *s. f.* Bulla, alboroto, gresca.

zacateca *s. m.* Enterrador, sepulturero.

zacatín *s. m.* Mercado, bazar.

zafacoca *s. f.* Paliza, zurra, contienda.

zafacón *s. m.* Cubo, basurero.

zafarse *v. prnl.* **1. Esconderse**, escabullirse, apartarse. ➤ *Afrontar.* **2. Desembarazarse**, eludir. ➤ *Afrontar.*

zafarrancho *s. m.* **1. Destrozo**, desastre. **2. Pelea**, trifulca, gresca.

zafiamente *adv. m.* Toscamente, bruscamente, groseramente. ➤ *Suavemente, educadamente.*

zafiedad *s. f.* Chabacanería, ordinariez, tosquedad, grosería. ➤ *Finura.*

zafio, fia *adj.* Ordinario, vulgar, maleducado, rudo, inculto, cerril, patán, cafre, rústico. ➤ *Educado, culto.*

zafo, fa *adj.* Salvo, libre. ➤ *Afectado.*

zafra *s. f.* Cascotes, desechos.

zaga *s. f.* **1. Trasera**, dorso, reverso. ➤ *Delantera, anverso.* ‖ *s. m.* **2. Retaguardia**. ➤ *Delantera, vanguardia.*

zagal, la *s. m. y s. f.* **1. Adolescente**, chaval, chico, mozo. **2. Pastor**.

zaguán *s. m.* Portal, vestíbulo, hall, porche, entrada. ➤ *Salida, interior.*

zaguero, ra *adj.* **1. Último**, rezagado, postrero, trasero, posterior. ➤ *Primero.* ‖ *s. m.* **2. Defensa**. ➤ *Delantero.*

zahareño, ña *adj.* **1. Indomable**, bravo, salvaje. ➤ *Sumiso, manso.* **2. Huraño**, rebelde, arisco, intratable, insociable. ➤ *Accesible, cortés.*

zaharrón *s. m.* Mamarracho, botarga.

zaheridor, ra *adj.* Vejador, mortificador, mordaz, satírico, mortificante. ➤ *Agradable, amable, complaciente.*

zaherimiento *s. m.* Humillación, mortificación, burla, sátira, mofa. ➤ *Alabanza, ensalzamiento, elogio.*

zaherir *v. tr.* Mortificar, ultrajar, vejar, ofender, mofarse, agraviar, humillar, afrentar, injuriar, despreciar. ➤ *Alabar, ensalzar, elogiar, honrar.*

zahondar *v. tr.* Cavar, socavar, profundizar, ahondar.

zahorar *v. intr.* Alborotar, festejar.

zahorí *s. m.* **1. Adivino**. **2. Sagaz**, agudo, perspicaz. ➤ *Torpe, obtuso.*

zahoriar *v. tr.* Escrutar, examinar, observar, escudriñar. ➤ *Ignorar.*

zaino, na *adj.* **1. Hipócrita**, traidor, falso. ➤ *Noble, fiel, leal.* **2. Castaño**.

zalagarda *s. f.* **1. Encerrona**, celada. **2. Refriega**, reyerta, bronca, pelea. **3. Cepo**, trampa. **4. Zalamería**. **5. Zipizape**, marimorena, zapatiesta.

zalamería *s. f.* Adulación, lisonja, zalema, halago, coba. ➤ *Desprecio, sinceridad, sobriedad, insulto, ofensa.*

zalamero, ra *adj.* Halagador, adulador, lisonjeador, pamplinero, cobista. ➤ *Arisco, bosco, sobrio, sincero.*

zalea *s. f.* Pelliza, zamarra.

zalear *v. tr.* **1. Zarandear**, menear. **2. Zacear**, espantar. ➤ *Atraer, llamar.*

zalema *s. f.* **1. Saludo**, inclinación, genuflexión. **2. Lisonja**, adulación.

zamacuco, ca *s. m. y s. f.* **1. Torpe**, zote, ceporro, bruto. ➤ *Culto, inteligente, listo.* **2. Ladino**, zorro, astuto. ➤ *Noble, sincero.* ‖ *s. m.* **3. Borrachera**, ebriedad. ➤ *Sobriedad.*

zamarra *s. f.* Zamarro, pelliza, zalea, chaquetón.

zamarrear *v. tr.* **1. Agitar**, destrozar. **2. Menear**, sacudir, zarandear. **3. Acorralar**, derrotar, arrinconar.

zamarro *s. m.* **1. Pelliza**, zalea. **2. Ladino**, taimado, astuto. ➤ *Ingenuo.*

zambardo *s. m.* **1. Suerte**, chiripa, potra. ➤ *Gafe.* **2. Estropicio**, avería.

zambo, ba *adj.* **1. Patizambo**, deforme. ➤ *Normal.* **2. Mestizo**, mulato.

zambombazo *s. m.* **1. Golpetazo**, batacazo. **2. Estallido**, estruendo.

zambra s. f. Jarana, bullicio, juerga.

zambullidor, ra adj. Buzo.

zambullidura s. f. Chapuzón, inmersión, buceo. ➤ Emersión.

zambullir v. tr. **1. Sumergir**, hundir. ➤ Flotar. || v. prnl. **2. Ocultarse.** ➤ Aparecer. **3. Bucear.** ➤ Emerger.

zampar v. tr. **1. Hundir**, esconder. **2. Tragar**, engullir, embutir, atiborrarse. ➤ Refrenarse, comedirse. **3. Asestar**, propinar. || v. prnl. **4. Colarse.**

zampatortas s. m. y s. f. **1. Zampabodigos**, zampabollos, tragón, zampón, tragaldabas. **2. Torpe**, patoso.

zampón, na adj. Zampatortas, zampabollos, tragaldabas. ➤ Parco.

zampoña s. f. **1. Caramillo. 2. Trivialidad**, simpleza, tontería, frivolidad.

zampuzar v. tr. **1. Zambullir.** ➤ Emerger. **2. Zampar.** ➤ Comedirse.

zancada s. f. Tranco, paso.

zancadilla s. f. Trampa, ardid, traba, estorbo, engaño, dificultad. ➤ Facilidad.

zancudo, da adj. Zanquilargo, patilargo, zancón. ➤ Paticorto.

zanganada s. f. Majadería, despropósito, impertinencia. ➤ Acierto.

zanganear v. intr. Holgazanear, gandulear. ➤ Trabajar, ocuparse.

zángano s. m. **1. Vago**, remolón, gandul. ➤ Trabajador. || s. m. y s. f. **2. Patoso**, desmañado, soso. ➤ Hábil.

zangarriana s. f. Melancolía, abatimiento, pesadumbre, tristeza, disgusto. ➤ Optimismo, contento, alegría.

zangolotear v. tr. **1. Agitar**, sacudir, zarandear, menear. || v. intr. **2. Enredar**, holgazanear, vagar.

zanguanga s. f. Farsa, ficción, cuentitis, engaño, simulación. ➤ Verdad.

zanguango, ga adj. Vago, holgazán, gandul. ➤ Activo, dinámico, diligente.

zanja s. f. **1. Fosa**, foso, cuneta, excavación. **2. Arroyada**, surco.

zanjar v. tr. **1. Cavar**, excavar. **2. Solucionar**, solventar, terminar, acabar.

zanjón s. m. Despeñadero, precipicio.

zanqueador, ra adj. Andador, andarín.

zanquilargo, ga adj. Zancón, zancudo, patilargo. ➤ Paticorto.

zapador s. m. Gastador.

zapapico s. m. Azada, alcotana.

zapar v. intr. Cavar.

zapatazo s. m. Patada, puntapié.

zapateado s. m. Zapateo, taconeo.

zapatear v. tr. **1. Taconear**, patear, patalear. **2. Insultar**, atormentar, atosigar, ofender. ➤ Considerar, respetar.

zapatero, ra s. m. y s. f. Remendón.

zapateta s. f. Cabriola, brinco, salto.

zapatiesta s. f. Jaleo, discusión, follón, confusión, embrollo, riña. ➤ Calma.

zapatilla s. f. Babucha, pantufla.

zaquizamí s. m. **1. Desván**, sobrado. **2. Cuartucho**, cuchitril, tugurio.

zar s. m. Emperador, señor, monarca.

zarabanda s. f. Jaleo, jolgorio, bulla, algazara, jarana, estrépito, alboroto. ➤ Silencio, tranquilidad, sosiego.

zarabandista adj. Juerguista.

zaragata s. f. Bulla, pendencia, algarabía, riña, pelea, bronca. ➤ Paz.

zaragatero, ra adj. Embarullador, parrandero, bullanguero. ➤ Tranquilo.

zaragutear v. tr. Enredar, chapucear, embarullar, atropellar, embrollar. ➤ Apaciguar, pulir, perfeccionar.

zaragutero, ra adj. **1. Embrollador**, liante. **2. Enmarañado**, confuso.

zaranda s. f. **1. Cedazo**, colador, criba. **2. Trompa**.

zarandajas s. f. pl. Minucia, bagatela, insignificancia, menudencia.

zarandar v. tr. **1. Cribar**, colar. **2. Separar**, elegir, calificar, clasificar. **3. Agitar**, sacudir, zarandear.

zarandeo s. m. Meneo, sacudida, ajetreo, actividad, agitación. ➤ Quietud, descanso, calma, reposo.

zarandillo s. m. Inquieto, enredador, bullicioso, revoltoso. ➤ Tranquilo.

zarco, ca adj. Azul, garzo.

zarpa s. f. Garra.

zarpar v. tr. Marchar, levar anclas, partir. ➤ Fondear, anclar.

zarpazo s. m. Arañazo, uñada.

zarpear v. tr. Rociar, manchar.

zarrapastrón, na adj. Desaliñado, sucio. ➤ Limpio, elegante.

zarrapastroso, sa adj. Descuidado, harapiento, sucio, desastrado ➤ Elegante, pulcro, aseado, limpio.

zarria *s. f.* **1. Zarrapastra**, lodo, barro. **2. Andrajo**, guiñapo, pingajo, harapo.

zarza *s. f.* Cambrón, escaramujo, espino.

zarzamora *s. f.* Mora.

zarzaperruna *s. f.* Galabardera.

zascandil *s. m.* Enredador, tarambana, ligero, mequetrefe, chiquilicuatro, informal. ➤ *Serio, formal, juicioso.*

zascandilear *v. intr.* Enredar, holgazanear. ➤ *Reposar, descansar.*

zascandileo *s. m.* Zangoloteo.

zatara *s. f.* Armadía, armazón.

zeta *s. f.* Zeda, ceta.

zeugma *s. f.* Adjunción.

zigzag *s. m.* Serpenteo, ondulación, culebreo.

zigzaguear *v. intr.* Culebrear, hacer eses, serpear.

zipizape *s. m.* Alboroto, zapatiesta, escándalo, trifulca, bronca, jaleo, pelea, zalagarda, pelotera, riña. ➤ *Calma, tranquilidad, armonía.*

zócalo *s. m.* **1. Basamento**, base. **2. Rodapié**, franja, friso. **3. Plaza**.

zocato, ta *adj.* **1. Zurdo**. ➤ *Diestro*. **2. Izquierdo**, siniestro. ➤ *Derecho.*

zoco *s. m.* Mercadillo, baratillo.

zofra *s. f.* Tapiz, tapete, alfombra.

zoilo *s. m.* Criticón, murmurador, censor. ➤ *Objetivo, desapasionado, elogiador.*

zollipar *v. intr.* Llorar, gemir, lamentarse, gimotear, sollozar. ➤ *Sosegarse, callarse, reír, alegrarse.*

zollipo *s. m.* Lloro, gemido, lamento, gimoteo. ➤ *Carcajada, risa.*

zolocho, cha *adj.* Simple, torpe, alelado, lerdo. ➤ *Agudo, listo, inteligente.*

zombi *s. m. y s. f.* Alelado, embobado, pasmado. ➤ *Despabilado, despierto.*

zona *s. f.* **1. Banda**, franja. **2. Área**, demarcación, país, división, circunscripción, término, partido, distrito.

zoncera *s. f.* Sosería, ñoñería, mojigatería, simpleza, tontería, mentecatez. ➤ *Ingenio, agudeza, salero, gracia.*

zonzo, za *adj.* **1. Soseras**, sosaina, mojigato. ➤ *Divertido, ameno, gracioso, saleroso*. **2. Patoso**, anodino. ➤ *Ingenioso, ocurrente, agudo.*

zootecnia *s. f.* Ganadería, cría.

zopas *s. m. y s. f.* Ceceante.

zopenco, ca *adj.* Torpe, lerdo, memo, zote, bruto. ➤ *Agudo, listo, culto.*

zopo, pa *adj.* Deforme, contrahecho.

zoquete *s. m.* **1. Taco**, tarugo. **2. Mendrugo**. **3. Gordinflón**, rechoncho. ➤ *Esbelto, delgado*. **4. Torpe**, ignorante, inculto, zote. ➤ *Culto, listo.*

zoquetudo, da *adj.* Ordinario, burdo, bruto, lijoso, áspero, basto. ➤ *Fino, pulido, terso, suave.*

zorongo *s. m.* **1. Cachirulo**. **2. Moño**.

zorra *s. f.* **1. Raposa**, vulpeja. **2. Maliciosa**, pícara, taimada. **3. Fulana**, pelandusca, prostituta, puta, zorrón. **4. Curda**, cogorza, borrachera, mona.

zorrastrón, na *adj.* Zorro, taimado, disimulado. ➤ *Noble, sincero, cándido.*

zorrería *s. f.* Treta, ardid, engaño. ➤ *Sinceridad, honradez, nobleza.*

zorro *s. m.* Sagaz, taimado, astuto.

zorruno, na *adj.* Vulpino.

zote *adj.* Memo, mentecato, tarugo, zopenco, necio. ➤ *Listo, avispado.*

zozobra *s. f.* Intranquilidad, desasosiego, estremecimiento, ansiedad. ➤ *Serenidad, sosiego, tranquilidad, paz.*

zozobrar *v. intr.* **1. Naufragar**, hundirse, irse a pique. ➤ *Flotar, emerger, salir*. **2. Peligrar**. ➤ *Salvar, asegurar, ganar*. **3. Afligirse**, vacilar, acongojarse, intranquilizarse, alarmarse. ➤ *Calmarse, sosegarse, vencer, ganar.*

zozobroso, sa *adj.* Inquieto, acongojado, angustiado, vacilante, intranquilo. ➤ *Sereno, tranquilo, sosegado.*

zueco *s. m.* Zanco, abarca, almadreña, madreña.

zulacar *v. tr.* Embetunar, engomar.

zulla *s. f.* Caca, zurullo.

zullarse *v. prnl.* Defecar, cagar.

zullenco, ca *adj.* Pedorro.

zumba *s. f.* **1. Esquila**. **2. Broma**, burla, guasa. ➤ *Seriedad, gravedad.*

zumbar *v. intr.* **1. Ronronear**, retumbar. ➤ *Callar, silenciar.* ‖ *v. tr.* **2. Golpear**, pegar, asestar. ➤ *Cuidar, mimar*. **3. Burlarse**, tomar el pelo. ➤ *Respetar*. **4. Rondar**, rayar.

zumbido *s. m.* Ronroneo, murmullo, ruido, susurro. ➤ *Silencio.*

zumbón, na adj. Bromista, guasón, socarrón, burlón, gamberro. ➤ Serio, formal, triste, severo.

zumo s. m. **1. Jugo**, extracto, esencia, néctar. **2. Beneficio**, renta, ganancia, provecho. ➤ Pérdida.

zumoso, sa adj. Jugoso, sustancioso, acuoso, suculento, caldoso, rezumante. ➤ Seco, insustancial.

zunchar v. tr. Remendar, zurcir, recomponer. ➤ Descomponer, descoser.

zuncho s. m. Grapa, abrazadera, refuerzo, aro.

zupia s. f. **1. Sedimento**, residuo, poso. **2. Despojo**, desecho, sobras, desperdicio. **3. Mejunje**, potingue.

zurcido s. m. Remiendo, refuerzo, cosido, costura. ➤ Roto, descosido.

zurcir v. tr. **1. Repasar**, remendar, arreglar. ➤ Descoser. **2. Tramar**.

zurdo, da adj. Izquierdo, siniestro. ➤ Derecho, diestro.

zureo s. m. Arrullo, canturreo.

zuro, ra adj. Zurito, palomo silvestre.

zurrar v. tr. **1. Pegar**, golpear, sacudir. ➤ Respetar, acariciar. **2. Derrotar**, vencer. ➤ Perder. **3. Humillar**, atacar, criticar. ➤ Halagar, ensalzar.

zurrarse v. prnl. **1. Cagarse. 2. Acoquinarse**, amedrentarse, atemorizarse. ➤ Atreverse, envalentonarse.

zurraspa s. f. Palomino.

zurriagazo s. m. **1. Latigazo**, vergajazo, palo, varazo. ➤ Caricia, mimo. **2. Infortunio**, adversidad, desgracia, desdicha. ➤ Fortuna, suerte. **3. Desprecio**, humillación, desdén, insulto, desaire. ➤ Estima.

zurriago s. m. Tralla, fusta, verga, mimbre, correa, látigo, azote.

zurriburri s. m. **1. Jaleo**, desorden, alboroto, algazara, barullo, confusión. ➤ Orden, paz, tranquilidad. **2. Villano**, ruin, truhán. ➤ Digno, noble. **3. Ralea**, chusma. ➤ Elite, minoría.

zurrir v. intr. Sonar, cencerrear, chirriar, traquetear. ➤ Silenciar, acallar.

zurrón s. m. Morral, talego, macuto, mochila, alforja, bolsa.

zurullo s. m. Zulla, caca, excremento.

zutano, na s. m. y s. f. Perengano, fulano, mengano.